제2판

은 행 법

정 순 섭

知元出版社

〈제2판〉

preface

서 문

2017년 이 책의 제1판을 발간한지 벌써 7년이 지났다. 그동안 금융시장에는 디지털화라는 큰 변화가 있었다. 일반적으로 핀테크나 디지털금융 등으로 불리는 이 현상은 단순히 기술기업의 금융업 진출에 그치는 것이 아니다. 기존 금융업의 업무와 기능을 요소별로 분해하여 재결합하는 과정을 통하여 금융시장에 근본적인 변화를 초래할 것으로 예상되고 있다. 그 과정에서 금산분리를 포함한 전통적인 은행법원칙을 변화된 환경에 어떻게 적용할 것인지는 중요한 입법 및 해석상 과제가 되고 있다.

또 하나의 중요한 변화는 지배구조법의 개정을 통한 내부통제제도의 변화이다. 규제의 완화라고 일반적으로 이야기하는 규제의 내부화를 가능하게 하는 이론적 기초로서 원칙중심규제의 의미에 대해서는 국내에서도 많은 논의가 이루어지고 있다. 제재를 위하여 구체적이고 명확한 법적 근거를 요한다는 법리적 한계 등으로 국내법체계에서 적용하는 것이 현실적으로 쉽지 않지만, 변화되는 금융환경에 현재의 금융규제가 규제로서의 실효성을 유지하기 위해서는 반드시 나아가야 할 방향이라고 확신한다. 지배구조법의 개정은 그러한 방향으로의 전환을 위한 첫걸음이라고 평가할 수 있고, 책무구조도는 그 법적 근거를 확보하기 위한 입법적 노력 중의 하나이다. 금융상품판매분쟁의 와중에서 도입되어 규제적 요소가 강조된 것도 사실이지만 그 진정한 법적 의미를 찾아내는 것은 법률가들의 역할이 될 것이다.

한편 개정 자산유동화법은 자산유동화법의 금융법상 지위를 부실채권정리를 위한 특례법에서 구조화금융의 기본법으로 변모시키고 있다. 블록체인금융은 새로운 형태의 자산으로서뿐만 아니라 화폐제도나 증권결제제도에도 영향을 미칠 가능성이 나타나고 있다. 인공지능의 금융에의 적용은 금융업의 효율성을 높임과 동시에 차별적 취급이나 거래거절과 같은 전통적인 쟁점의 적용 양상을 변모시킬 것이다. 새로운 기술발전은 은행거래의 기초에 이미 본질적인 변화를 만들기 시작한 것으로 평가된다.

그리고 금융소비자법의 시행은 은행의 금융상품판매규제에도 큰 변화를 가져왔다. 은행법상 불공정영업행위규제로 대표되는 금융상품판매와 관련한 규제도 금융소비자법에서 다른 금융상품과 동일한 규제에 속하게 되었다. 그럼에도 불구하고 은행 고유의 판매위험은 여전히 존재한다. 은행법에서는 이러한 문제에 대한 깊이 있는 논의가 더욱 중요하게 되었다.

이 책은 제1판과 마찬가지로 은행규제법과 은행거래법을 모두 포함하고 있어 그 내용과 분량이 방대하다. 이번 개정판에서는 지나치게 기술적인 부분은 과감하게 삭제하여 분량을 조정하였다. 그럼에도 그동안 이루어진 입법과 판례 그리고 해석론을 중심으로 하는 이론적 성과를 담으려다 보니 제1판과 거의 같은 분량을 유지할 수밖에 없었다.

개정판의 발간에도 많은 분들의 도움이 있었다. 법무법인 태평양의 김상철변호사, 연세대학교 법학전문대학원의 김유성교수, 고려대학교 법학전문대학원 류경은교수, 법무법인 세한의 송창영변호사, 그리고 서울대학교 법학전문대학원의 정준혁교수와 이정수교수는 원고를 충실히 읽어 주었다. 성신여대 법과대학의 이민경교수는 원고를 읽어 주었을 뿐 아니라 전체적인 편집과 교정을 맡아 주었다. 항상 도움을 아끼지 않은 아내 신정완 그리고 이번 달에 결혼하여 새로운 가족을 맞이한 딸 유진과 사위 게리에게도 깊은 고마움을 전한다. 언제나 그렇듯이 이 책에 아낌없는 지원을 다해주고 있는 지원출판사의 정종률대표님께도 감사드린다. 이 책의 법령에 관한 설명은 2024.7.30. 현재를 기준으로 한다.

2024. 8. 8.
정 순 섭

〈제1판〉

preface

서 문

은행은 예금과 대출을 통하여 국민들에 저축수단을 제공하면서 기업활동에 필수적인 자금을 공급한다. 예금을 이용한 지급결제업무는 상거래를 포함한 경제활동의 기본적 인프라로서 기능하고 있다. 은행법은 이러한 은행의 건전한 경영과 은행이용자의 보호를 위한 중추적인 법률이다.

오늘날 은행은 전통적인 예금과 대출은 물론 자본시장과 보험시장에서도 때로는 상품의 제조자로서 그리고 판매자로서 지위를 가지고 있다. 은행법의 연구도 전통적인 은행상품을 넘어 금융시장 전체로 확대될 수밖에 없는 이유이다.

은행법에 대한 연구는 은행규제뿐만 아니라 은행거래도 대상으로 해야만 전체적인 이해가 가능하다. 은행법에 대해서는 자본시장법이나 보험업법에 비하여 상대적으로 판례와 행정사례의 수도 적다. 그러나 은행법과 같은 취지의 규제를 가진 상호저축은행 등 예금취급기관에 대해서는 판례가 드물지 않아 이해에 많은 도움을 주고 있다.

필자가 발간을 계획하고 있는 금융법시리즈의 제1권인 이 책은 전통적인 은행규제에서 출발하여 은행거래를 살펴보고 은행시장 인프라를 공부하는 차례로 구성되어 있다. 제1편과 제2편에서는 현행 은행법에 규정되어 있는 은행규제를 상세히 살펴보았다. 제3편의 은행거래는 은행규제의 이해를 위한 기초로서 필요한 최소한의 거래를 포함하였다. 제4편에서는 은행시장의 기초로서 지급결제제도와 중앙은행제도, 외국환규제와 국제은행규제를 설명하였다. 이어서 제5편에서는 은행도산을, 그리고 제6편에서는 은행지주회사 및 정보규제를 살펴본 후 마지막으로 제7편에서 은행감독과 은행의 책임을 정리하였다.

이 책을 쓰는 데도 많은 분들의 도움을 받았다. 먼저 이 책의 큰 방향을 지도해 주신 서울법대의 김건식 교수님과 박준 교수님께 깊이 감사드린다. 박준교수님께서는 원고 전체를 읽고 많은 의견을 주셨다. 서울남부지법의 김상철 판사와 법무법인 세한의 송창영변호사, 금융감독원의 장진택 팀장, 김·장 법률사무소의 이정수변호사와 정성구 변호사는 세심하게 원고를 읽어 주었다. 특히 이정수변호사는 색인 작성에도 많은 도움을 주었다. 이 책의 출판을 흔쾌히 허락해주신 지원출판사 정종률대표께도 깊이 감사드린다. 그리고 항상 믿음과 지원을 아끼지 않는 아내 신정완과 딸 정유진에게도 다시 한번 고마움을 표한다.

2017. 8. 정순섭

목 차(요약)

목 차

제 1 편 총 설

제 2 편 은행업의 규제

제 3 편 은행의 거래

제 4 편 은행시장의 기초

제 5 편 은행도산

제 6 편 은행지주회사 및 정보규제

제 7 편 은행과 책임

표·그림목차

〈표 목차〉

〈그림 목차〉

주요법령약어

가상자산 이용자 보호 등에 관한 법률	[가상자산법]
개인금융채권의 관리 및 개인금융채무자의 보호에 관한 법률	[개인채무법]
공중 등 협박목적을 위한 자금조달행위의 금지에 관한 법률	[공중협박자금법]
개인정보보호법	[개인정보법]
금융거래지표의 관리에 관한 법률	[지표, 금융지표법]
금융복합기업집단의 감독에 관한 법률	[금융복합감독법]
금융산업의 구조개선에 관한 법률	[금산, 금산법]
금융소비자보호에 관한 법률	[금융소비자법, 금소]
금융실명거래 및 비밀보장에 관한 법률	[실명, 금융실명법]
금융위원회의 설치 등에 관한 법률	[금융위설치법]
금융지주회사법	[지주, 금융지주법]
금융회사의 지배구조에 관한 법률	[지배구조법. 지배]
기업구조조정 촉진법	[기촉법]
대부업의 등록 및 이용자보호에 관한 법률	[대부업법]
민법	[민]
방문판매등에 관한 법률	[방문판매법]
범죄수익은닉의 규제 및 처벌 등에 관한 법률	[범죄수익법]
보증인 보호를 위한 특별법	[보증인보호법]
보험업법	[보험]
상법	[상]
상호저축은행법	[저축. 저축은행법]
서민의 금융생활 지원에 관한 법률	[서민금융법]
신용정보의 이용 및 보호에 관한 법률	[신용, 신용정보법]
약관의 규제에 관한 법률	[약관, 약관법]
여신전문금융업법	[여전, 여전법]
예금자보호법	[예보, 예보법]
유사수신행위의 규제에 관한 법률	[유사수신법]
온라인투자연계금융업 및 이용자 보호에 관한 법률	[온투법]
외국환거래법	[외환]

은행법	[법]
은행법시행령	[령]
은행업감독규정	[규정]
이중상환청구권부 채권 발행에 관한 법률	[이중상환채권법]
인터넷전문은행 설립 및 운영에 관한 특례법	[인터넷은행법]
인터넷전문은행 설립 및 운영에 관한 특례법시행령	[인터넷은행령]
자산유동화에 관한 법률	[유동, 유동화법]
자본시장과 금융투자업에 관한 법률	[자본, 자본시장법]
자동차 등 특정동산 저당법	[특정동산저당법]
전기통신금융사기 피해 방지 및 피해금 환급에 관한 특별법	[통신금융사기법]
전자금융거래법	[전금법]
정보통신망 이용촉진 및 정보보호 등에 관한 법률	[정통망법]
주식회사등의 외부감사에 관한 법률	[외감법]
주택금융공사법	[주금]
채무자 회생 및 파산에 관한 법률	[회생, 회생법]
특정경제범죄 가중처벌 등에 관한 법률	[특경가법]
특정금융거래정보의 보고 및 이용등에 관한 법률	[특금, 특정금융정보법]
한국은행법	[한은, 한은법]
형법	[형]

주요기관명약어

금융위원회	[금융위]
증권선물위원회	[증선위]
금융감독원	[금감원]
금융감독원장	[금감원장]
공정거래위원회	[공정위]
기획재정부	[기재부]
예금보험공사	[예보]
한국은행 금융통화위원회	[금통위]
한국은행 금융통화운영위원회	[금통운위]
한국은행 은행감독원	[은감원]
한국은행총재	[한은총재]
헌법재판소	[헌재]

주요참고문헌

Ⅰ. 국내문헌

김건식·정순섭, 『자본시장법 제4판』, 박영사, 2023 [정순섭, 자본]

김용재, 『은행법원론 제3판』, 박영사, 2019 [김용재]

박준·한민, 『금융거래와 법 제4판』, 박영사, 2024 [박준·한민]

서형석·이용선, 『은행법』, 한학사, 1976 [서형석·이용선]

이병화, 『(축조해설) 은행법』, 삼우사, 2008 [이병화]

정순섭, 『금융법』, 홍문사, 2023 [정순섭, 금융]

정순섭, 『신탁법』, 지원출판사, 2021 [정순섭, 신탁]

정찬형 편집대표, 『(주석)금융법. 1. 은행법』, 한국사법행정학회, 2007 [주석은행법]

정찬형·최동준·도제문, 『은행법강의 제3판』, 박영사, 2015 [정찬형외]

한국은행 은행감독원, 『은행법해설』, 한국은행, 1993 [은행감독원]

Ⅱ. 외국문헌

Ross Cranston, Emilios Avgouleas, Kristin van Zwieten, Christopher Hare and Theodor van Sante, Principles of Banking Law 3nd ed, Oxford University Press, 2018 [Cranston]

E.P. Ellinger, Eva Lomnicka and Christopher Hare, Ellinger's Modern Banking Law, Oxford University Press 2010 [Ellinger]

Charles Proctor, Mann and Proctor on the Legal Aspect of Money 8th ed, Oxford University Press, 2023 [Proctor]

神田秀樹·神作裕之·みずほフィナンシャルグループ(編), 『金融法講義』, 岩波書店, 2017 [神田秀樹외]

小山嘉昭, 『銀行法精義』, きんざい, 2018 [小山]

제 1 편

총 설

제1장 서 설
제2장 은행업
제3장 은 행

제1장 서 설

제1절 은행과 은행법

금융은 수요자와 공급자 사이의 자금의 흐름을 말한다. 금융은 자금의 흐름을 통하여 투자와 위험관리, 비현금지급 등의 기능을 제공한다. 투자는 주로 예금과 증권을, 위험관리는 보험과 파생상품을 통하여 이루어진다. 지급결제에서는 전통적 지급수단인 법화(法貨)의 역할이 줄어들면서 예금 그 밖의 비현금지급수단의 비중이 크게 증가하고 있다. [1-1]

은행은 금융시장의 중개자로서 예금과 대출의 자산변환기능을 통하여 자금을 중개한다. 예금과 대출을 본질적 요소로 정의되는 '은행업'을 경영하는 은행에 대한 규제법이 은행법이다. 그러나 금융시장에서 은행의 모습은 고정된 것이 아니라 시장과 환경의 변화에 따라 유연하게 적응하는 생물체와 같다. 은행은 직접금융시장에서도 중개역할을 수행한다. 은행의 자본시장에서의 역할은 자본시장법이 규율한다. 은행의 보험대리점으로서의 역할에 대해서는 보험업법이 적용된다. 그 결과 은행의 업무는 은행법뿐만 아니라 자본시장법과 보험업법 등 금융법 전반의 적용을 받게 되었다. 따라서 은행에 대한 정확한 법적 이해를 위해서는 금융법 전반에 대한 이해가 필요하다. 그러나 기관으로서의 은행에 대한 규제법은 은행법이므로 은행에 대한 법적 이해의 출발점은 여전히 은행법이다. [1-2]

은행법은 형식적으로는 1950.5.5. 법률 제139호로 제정되어 1954.8.15.에 시행된 법률을 말한다. 실질적으로는 은행을 대상으로 하는 금융규제법을 의미한다. 금융규제법으로서의 은행법은 은행거래를 떠나서는 정확히 이해할 수 없다. 좁은 의미의 은행법은 은행규제법을 그리고 넓은 의미의 은행법은 은행규제법과 은행거래법을 포함한다. 이 책에서 말하는 은행법은 넓은 의미의 은행법이다. [1-3]

제2절 금융시장과 금융규제에서는 시장구조와 금융규제법의 관계를 설명한다. 제3절 은행법의 연혁과 제4절 은행법의 목적에서는 은행법의 연혁과 목적을 살펴본다. 제5절 은행법의 법원(法源)과 적용범위, 그리고 제6절 다른 법률과의 관계에서는 은행법의 범위를 정리한다. [1-4]

제2절 금융시장과 금융규제

Ⅰ. 서 언

[1-5] 은행법의 이해를 위해서는 첫째, 직접금융시장과 간접금융시장에서의 당사자 사이의 위험부담구조와 법률관계의 특성에 따른 규제[1]중점의 차이, 둘째, 은행중심시스템과 시장중심시스템에서 은행법의 기능, 셋째, 금융환경변화와 기술발전에 따른 은행법의 방향을 정리할 필요가 있다.

Ⅱ. 직접금융·간접금융과 은행법

1. 개 관

[1-6] 금융시장은 중개기관의 개입 여부를 기준으로 **간접금융시장**과 **직접금융시장**으로 구분된다. 양 시장에서의 **당사자 사이의 위험부담구조와 법률관계의 차이**에 따라 각 시장의 기본규제법인 은행법과 자본시장법의 접근이 달라진다는 점에서 금융규제법상 구분의 의미는 매우 크다. 국내 기업자금조달은 간접금융시장을 통한 은행대출이 직접금융시장을 통한 조달에 비하여 여전히 많다. 특히 중소기업의 경우 간접금융시장 조달규모가 압도적으로 높은 비중을 차지하고 있다.

〈표 1-1〉 국내 직접금융시장과 간접금융시장의 규모

(단위 : 조원)

구 분			2018	2019	2020	2021	2022
간접금융(기업대출)	합계		824.1	869.0	976.3	1,065.7	1,170.3
	대		154.7	152.3	171.8	179.3	216.9
	중소		669.4	716.7	804.6	886.4	953.4
직접금융	합계		169.8	175.5	194.5	231.5	204.6
	기업금융	대	41.5	47.6	48.3	70.6	47.3
		중소	3.1	3.1	4.7	5.2	5.0
	금융채		109.1	10.9	120.7	139.6	138.0
	ABS		16.1	14.9	20.9	16.1	14.2

(자료) 통계청

주: 1) 증권공모를 통한 자금조달 규모를 나타내며, 플로우 개념임
2) 금융채는 여전채, 종금채, 증권회사 발행 회사채 등을 말함
3) ABS는 전체 ABS 중 공모사채에 해당하는 금액만 직접금융 조달실적으로 집계
4) 기업금융(대기업, 중소기업)은 금융채 및 ABS 제외

2. 간접금융시장

[1-7] 간접금융시장에서는 자금의 최종공급자와 최종수요자인 가계나 기업 또는 정부를 연결하는 중개기관의 **금융중개기능(intermediation)**이 강조된다. 은행은 불특정다수인으로부터

---

1) 금융법 용어로서의 규제(regulation)와 감독(supervision)은 혼용되고 있다. 엄밀하게는 규제는 규칙의 제정을, 감독은 규칙의 집행을 말한다.

예금으로 조달한 자금을 차입자에게 대출의 형태로 공급한다. 그 과정에서 은행은 예금을 대출로 변환하여(자산변환기능) 자금중개기능을 수행하는 것이다. 간접금융시장은 부채에 의한 자본조달이 이루어지는 타인자본시장(debt financing)이다.

〈그림 1-1〉 간접금융과 은행법

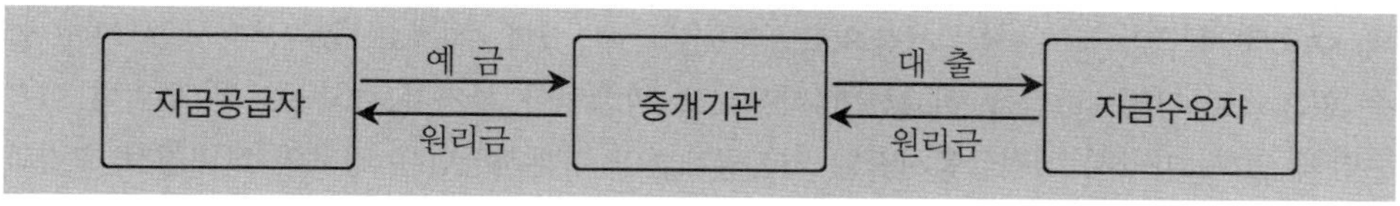

간접금융시장에서 자금의 최종공급자(예금자)는 중개기관(은행)을 통하여 수요자(차입 [1-8]
자)의 위험을 간접적으로 부담하고, 양자 사이의 법률관계도 중개기관을 통하여 간접적으로 형성된다(**위험부담구조와 법률관계의 간접성**). 따라서 간접금융시장에 관한 기본규제법인 은행법은 **중개기관의 건전성 확보**에 초점을 둘 수밖에 없고, 내용도 주로 건전성수단으로 구성된다.

은행법의 규율대상인 예금이나 대출의 경우 예금자와 은행 또는 은행과 차입자 사 [1-9]
이의 정보비대칭성을 우려할 정도로 복잡하거나 다양한 위험을 내포하지 않았다. 따라서 정보비대칭성규제는 은행법의 일차적인 관심사항이 되지 않았다. 그러나 금융시장의 환경변화에 따라 예금이나 대출과 같은 금융상품도 파생상품과 결합하는 등의 형식으로 복잡화·다양화되고 있다. 이러한 변화에서 천천히 그러나 끊임없이 진행되고 있는 금융규제법의 근본적 변화의 단초를 찾을 수 있다.

3. 직접금융시장

직접금융시장은 **탈중개화(disintermediation)**라는 말로 표현되듯이 금융중개기능이 없다. [1-10]
정확하게 말하면 금융중개기능이 있지만, 간접금융시장과는 달리 중개기관이 직접 위험을 부담하는 당사자로서 법률관계에 개입하지 않는다. 직접금융시장은 만기에 따라 단기금융시장(money market)이나 자본시장 또는 증권시장 등으로 불리고 있다. 직접금융시장은 부채에 의한 타인자본조달과 주식에 의한 자기자본조달(equity financing)이 모두 가능하다.

〈그림 1-2〉 직접금융과 자본시장법

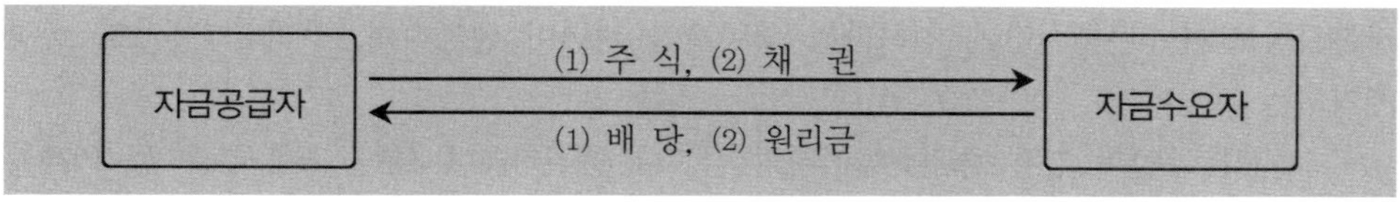

직접금융시장에서 자금의 최종공급자(투자자)는 중개기관을 통하지 않고 수요자(발행 [1-11]
인)의 위험을 직접 부담하고, 양자 사이의 법률관계도 직접적이다(**위험부담구조와 법률관계의**

직접성). 중개나 인수를 담당하는 중개기관(증권회사)이 있어도 직접 당사자로 개입하여 위험을 부담하지 않는다.

[1-12] 따라서 직접금융시장에서 규제의 중점은 주식이나 채권과 같은 직접금융상품의 가치에 영향을 미치는 요소인 정보의 비대칭성 교정에 있을 수밖에 없다. 증권가치에 영향을 미치는 요소는 발행인인 기업의 과거 성과와 장래 전망을 의미하는 **기업요소**와 시장에서의 수요와 공급을 의미하는 **시장요소**로 구분할 수 있다. 시장요소는 본질상 사전에 알 수 없으므로 기업요소만을 비교하면 아무래도 발행인이 투자자보다 정보의 우위에 있을 수밖에 없다. 따라서 직접금융시장의 기본규제법인 자본시장법은 **정보의 비대칭성 교정과 불공정거래 방지**에 초점이 맞추어지게 된다.

Ⅲ. 은행중심·시장중심 금융체계와 은행법

1. 의 의

[1-13] **금융체계**(금융시스템, financial system)는 주도적 역할을 기준으로 **은행중심시스템**(bank-based system)과 **시장중심시스템**(market-based system)으로 분류할 수 있다. 전자는 주로 은행을 중심으로, 후자는 주로 자본시장을 통하여 자금중개기능이 이루어지는 체계를 말한다.

[1-14] 우리나라는 독일, 일본과 함께 전자에, 미국과 영국은 후자에 속한다고 평가된다. 이러한 금융체계의 이원적 발전의 원인은 ① 산업화시기 성장주도 산업의 특성과 경제력 집중에 대한 사회적 태도의 차이나, ② 대륙법과 영미법이라는 법체계의 차이에서 찾는 견해가 있다.

[1-15] ①에 따르면 영국의 경우 산업화시기 성장주도 산업이 경공업위주여서 많은 외부자금수요가 없어 은행은 주로 단기무역금융을 중심으로 발전했고, 미국에서는 경제력집중에 대한 우려가 있어 전국적인 대규모은행이 아닌 주단위 지점중심 소규모은행으로 발전함으로써 자본시장중심으로 외부자금조달이 이루어졌다는 것이다.[2] ②는 대륙법이 영미법에 비하여 투자자보호에 효율적이지 못하여 보호자로서의 은행을 중심으로 금융체계가 발전했다는 설명이다.[3]

2. 법체계와 금융체계

[1-16] 법체계와 금융체계의 관련성은 흥미로운 주제이다. 많은 연구자들이 법체계의 차이가 금융체계의 내용을 결정하는 중요한 요소가 된다고 본다. 대륙법체계는 본질적으로 자본시장보다는 은행시장과 친하다는 일반적인 관념이 존재하며, 우리나라에서도 종종 제기되는 논점이다.

[1-17] 그러나 독일의 경우 증권선물거래의 금지나 증권거래에 대한 조세 부과 등 19세기 전반에 걸친 일련의 반시장적·은행친화적 법령제정을 통하여 은행을 지원하고 시장을 제

2) 한국은행, 한국의 금융제도, 2018, 10면.
3) 한국은행, 위의 책, 11면.

약한 사례가 지적되고 있다. 그러나 그러한 법령이 가지는 반시장적·은행친화적인 결과는 대륙법의 필연적인 산물이라기보다 특히 지주를 중심으로 하는 이익단체의 영향력에 의한 정책적 판단의 우연한 결과라고 할 수 있다.[4] 일본도 근대 금융시장 발전 초기에 국가의 지나친 개입으로 자본시장 발전의 기틀을 약화시킨 사례가 보고되어 있다. 1930년대 초 대규모 사채 부실이 문제되자 신용평가와 같은 시장기능을 통하여 보완한 것이 아니라 '**사채정화운동**'(**社債淨化運動**)이라는 이름으로 국가의 개입에 의한 문제해결을 시도한 것이다.[5] 독일, 일본, 한국이 공통적으로 거친 국가주도의 경제개발과정에서 중점육성산업으로 자금을 집중하기 위해서 자본시장보다는 은행이 훨씬 효율적이었을 것이라는 추측도 충분히 설득력이 있다.

결국 대륙법체계와 특정한 금융체계 사이에 밀접한 인과관계를 발견할 수 없다. 오히려 정치·경제적 환경에 따른 정책적 선택의 결과가 장기적으로 금융체계의 형성에 영향을 미친 것이라고 보는 것이 옳다. [1-18]

Ⅳ. 금융시장의 변화와 은행법

1. 개 관

금융시장은 증권화를 비롯한 금융중개기능의 시장화, 탈국경화를 통한 국제경쟁에의 노출, 파생상품 등 금융상품의 발전에 의한 상품 및 업종별 구별의 불명확성 확대, 정보통신기술의 발달에 따른 금융상품 제조·판매 및 위험관리 비용의 절감 등 금융업자의 조직과 기능에 중대한 변화를 맞이하고 있다. 특히 다음 3가지 사항에 주목한다. [1-19]

2. 자본시장 및 보험시장에서의 은행의 역할

가. 은행과 자본시장

자본시장에서 은행이 어느 정도 기능을 수행하게 할 것인가? 특히 미국에서는 은행의 지급결제기능의 안전성과 관련하여 제한 필요성이 주장되어 왔다. 미국의 **1933년 글라스-스티걸법**은 대공황 당시 은행의 증권업무가 증권투기나 불공정거래를 초래하고 가격폭락과 은행도산의 원인이 되었다는 지적에 근거하여 은행의 증권업무를 엄격히 제한하였다. 이러한 제한은 1990년대 말 이후 일부 완화되는 경향을 보이다가 2008년 글로벌 금융위기 이후 다시 강화되는 추세를 보이고 있다.[6] 우리나라도 금융업종별 전업주의를 채택하여 은행의 증권업무는 원칙적으로 금지되고 있다. [1-20]

그러나 금융시장의 환경변화 특히 증권화와 파생상품의 발전으로 전통적인 은행업과 증권업의 분리에 근거한 규제체계는 이미 한계를 보이고 있다. 미국의 서브프라임 모기 [1-21]

---

4) Caroline Fohlin, "Does civil law tradition and universal banking crowd out securities markets? Pre-World War I Germany as counter-example," Enterprise & Society Vol.8 Issue3, 2007, pp633-635.

5) 堀内昭義·池尾和仁(編), 『金融サービス』, NTT出版, 2004, 156면.

6) 아래 제3장 제4절 Ⅲ. 은행업과 증권업의 분리([3-61]-[3-69]) 참조.

지사태를 계기로 촉발된 2008년 글로벌 금융위기는 그러한 한계가 현실화한 대표적 사례이다. 따라서 업종별 전업주의에 기초한 금융규제체계는 재검토할 시기가 되었다고 판단된다. 국내에서도 2000년대 초 기능별 규제의 도입을 위한 금융법체계의 개편 논의가 이루어졌고, 그 결과물로 증권규제와 선물규제의 통합을 모체로 하는 자본시장법이 제정되기에 이르렀다.

나. 은행영업모델의 변화

[1-22] 대출영업모델은 **대출-보유모델**(O&H, Originate to Hold)과 **대출-유통모델**(O&D, Originate to Distribute)로 구분할 수 있다. 전자는 대주가 만기까지 대출채권을 보유하는 모델을, 후자는 대주가 대출 후 즉시 대출채권을 유통시키는 모델을 말한다. 후자의 경우 유통의 방법은 채권양도, 대출참가, 자산유동화 등으로 다양하게 발전하고 있다.

[1-23] 양 모델은 은행의 관점에서 수익, 위험, 자금의 이용이라는 3가지 측면에서 차이가 있다. 전자의 경우 수익은 원리금, 만기까지 차주 위험을 보유하고, 당해 대출금은 만기까지 다른 용도로 활용할 수 없다. 후자의 경우 수익은 수수료, 차주 위험은 없고, 자금은 대출채권의 유통 후 즉시 다른 용도로 활용할 수 있다. 대출심사 및 관리라는 관점에서 양 모델의 차이는 중요하다. 전자의 경우 만기까지 대출채권을 보유하게 되므로 엄격한 대출심사와 관리가 이루어진다. 후자의 경우 대출 후 즉시 그 채권을 양도하므로 엄격한 대출심사와 관리를 할 동기가 없다. 특히 후자의 영업모델에서 차주의 선정과 심사 자체를 대출중개인(mortgage broker)을 통한 대출모집에 의존하게 될 경우 전통적인 대출과정에서 이루어졌던 대출심사와 관리를 통한 위험관리는 사라질 우려도 있다. 2008년 글로벌 금융위기의 전주곡인 미국 서브프라임 모기지 사태는 전형적인 사례이다.

[1-24] 이러한 금융시장의 변화를 고려할 때 은행의 역할은 전통적 의미의 간접금융 중개기관에서 자본시장에서의 적극적 기능을 수행하는 간접금융기관으로 재정립될 필요가 있다. 이러한 형태를 '시장형 간접금융 중개기관'이라고 한다. 이러한 기능의 재정립은 새로운 변화보다는 이미 진행되고 있는 현상을 규범적으로 반영하는 측면이 강하다. 은행의 시장형 간접금융 중개기관으로서의 법적 지위를 확립하기 위해서는 기능별 규제원칙[7]에 의한 은행법의 체계 개편이 불가피하다.

다. 은행과 보험의 융합

[1-25] 보험시장에서의 은행의 역할도 여전히 관심의 대상이다. 방카슈랑스로 대표되는 은행과 보험의 융합현상은 여전히 은행에 의한 보험판매라는 판매조직 논의에 한정되어

7) 기능별 규제를 소개한 것으로, Heidi Mandanis Schooner and Michael W. Taylor, Global Bank Regulation: Principles and Policies, Academic Press, 2009; Steven L. Schwarcz, "Regulating Financial Change: A Functional Approach," Minnesota Law Review Vol.100, 2016, pp1441-1494.

있다. 그러나 파생상품을 매개로 한 은행상품과 보험상품의 결합을 통한 새로운 금융상품이나 금융업의 등장 가능성은 여전히 유효하다.

라. 은행법의 발전방향

특히 자본시장의 발전이 필요한 국내금융시장에서 은행법의 규제원칙을 현재의 기관별 규제에서 기능별 규제로 전환하는 **은행법의 증권화(the Securitization of the Banking Law)**가 필요하다.[8] 이는 자본시장에서의 은행의 적극적 역할을 강조하는 시장형 간접금융기관으로서의 지위를 명확히 하는 것을 의미한다. [1-26]

은행의 보험상품의 판매조직으로서의 역할에 대해서는 보험업법의 테두리에서 해소될 문제이다. 그러나 은행상품과 보험상품의 융합에 대해서는 은행법과 보험업법의 양면에서 심층적인 논의가 필요할 것이다. [1-27]

다만 첫째, 현행법상 유지되고 있는 업종별 전업주의의 변경은 관련당사자간의 이해관계와 금융업종별 위험에 대한 평가 등과 관련하여 사회적 합의를 요하는 사안이다. 입법형식을 현재와 같이 업종별 규제법으로 유지할 것인지에 대한 논의도 필요하다. 둘째, 은행의 위험업무 취급을 제한하는 것이 최근의 국제적인 흐름인 점도 고려되어야 한다. [1-28]

3. 중소서민금융 및 지역금융기능의 고려

은행법제의 개편은 은행이 중소서민금융 및 지역금융에서 담당해 온 역할과 관련하여 중소서민·지역금융의 공급기능 확보에 대한 논의를 요한다. 이러한 역할은 첫째, 상호저축은행과 신용협동조합, 새마을금고 등 상호금융조합을 포함한 중소서민금융기관의 역할 증대와 둘째, 은행의 공공성이라는 관점에서의 검토를 요한다. [1-29]

4. 기술발전과 은행법

기술발전이 은행법에 미치는 영향은 영업채널과 금융상품으로 나누어 볼 수 있다. 첫째, 영업점을 중심으로 한 전통적인 은행영업채널은 기술발전과 함께 CD(cash dispenser, 현금자동지급기), ATM(automatic teller's machine, 현금자동입출금기 또는 자동금융거래단말기), 폰뱅킹(phone-banking; telebanking), 인터넷뱅킹, 모바일뱅킹 등으로 발전하고 있다.[9] 둘째, 기술발전에 따른 새로운 금융상품의 도입은 특히 파생상품과 지급결제수단에서 살펴볼 수 있다. [1-30]

이러한 기술발전의 결과물에 대한 은행법의 접근방식으로는 첫째, 영업채널이나 금융상품의 형태상 변화에 주목하여 은행법을 지속적으로 개정하고 새로운 개념을 도입하는 [1-31]

---

8) '은행법의 증권화'라는 용어는 Heidi Mandanis Schooner, "Functional Regulation: The Securitization of Banking Law," Patricia A. McCoy (ed), Financial Modernization After Gramm-Leach-Bliley, Mathew Bender and Company, Inc., 2002의 제목을 인용한 것이다.

9) 2015년 한국의 은행 영업채널별 만족도는 모바일, ATM, 온라인, 폰뱅킹, 영업점 순으로 모바일채널이 가장 높고, 영업점이 가장 낮은 것으로 조사되었다. Bain&Company, Customer Behavior and Loyalty in Retail Banking, 2015.11.18.

방식과 둘째, 영업채널이나 금융상품의 형태상 변화가 아니라 그러한 제도나 상품의 기능과 위험을 중심으로 규제체계를 정립하는 방식을 생각할 수 있다.

[1-32] 예컨대 영업점 없이 오로지 온라인기반으로 은행업을 경영하는 인터넷전문은행에 대하여 전자의 방식에서는 새로운 은행 인가 단위로 추가하거나 특례법을 제정하려고 할 것이다. 후자의 방식에서는 단순한 형식의 변화로 보아 은행 인가 요건 중 영업시설에 대한 심사기준을 달리할 뿐이다. 지급수단에 대하여 전자식인지를 기준으로 적용법규를 달리하는 것도 전자의 방식이다. 지급수단이 전자식이든 장표식이든 은행법 관점에서 달라져야 할 것은 없다.

[1-33] 따라서 기술발전에 따른 영업채널이나 금융상품의 형태나 수단의 변화에 중립적인 기능과 위험에 기초한 은행법의 해석과 운용이 요구된다. 나아가 이제 기술의 발전은 핀테크나 디지털금융으로 표현되듯이 단순한 영업점이나 금융상품의 유형을 넘어서 은행업과 비금융업의 융합이라는 새로운 형태로 나타나기 시작했다. 따라서 전통적으로 은행에 적용되어 왔던 자회사나 부수업무의 범위나 금융업종별 분업주의에 대한 시각도 새롭게 정립될 필요가 있다.

제3절 은행법의 연혁[10)]

Ⅰ. 은행법의 제정 [시행 1954.8.15][법률 제139호, 1950.5.5, 제정]

은행법은 은행에 관한 기본법이다. 1945년 이후 은행에 대해서는 조선총독부가 제정 [1-34]
한 「은행령」[11)]이 적용되었다. 그러나 급격한 환경변화로 은행법이 정비될 필요가 있었다. 정부가 자문을 요청한 브룸필드와 젠슨의 「은행법」 초안[12)]이 재무부, 법제처, 국무회의를 거치면서 수정된 후 1950.5.5 국회를 통과하여 1954.8.15. 시행되었다.[13)]

Ⅱ. 1차 개정 [시행 1962.5.24][법률 제1075호, 1962.5.24, 일부개정]

1962년부터 시작된 경제개발계획의 지원을 위해 은행의 자산운용한도 확대와 자본 [1-35]
충실화를 목적으로 하였다. 주요 개정내용은 ① 위험자산보유비율을 확대(자기자본의 10배→15배)하고, 최저자본금을 인상(1억원→1억 5천만원)하고, 자본총액에 달할 때까지 순이익의 10%를 적립하게 하였고, ② 유가증권 투자한도액을 인상(요구불예금의 20%→25%)하고, 그 제한을 받지 않는 투자대상으로 국채를 추가하였으며, ③ 은행 임원에 대한 벌칙을 신설하여 책임경영체제를 강조하였다.

Ⅲ. 2차 개정 [시행 1966.7.28][법률 제1801호, 1966.7.28, 일부개정]

외국은행 국내지점의 자본금규제를 완화하였다. 주요 개정내용은 외국은행 국내지점의 [1-36]
자본금을 시행령으로 정하게 하면서, 영업기금을 자본금으로 간주하게 한 것이다.

Ⅳ. 3차 개정 [시행 1969.1.28][법률 제2095호, 1969.1.28, 일부개정]

자산운용규제를 완화하면서 유동성 확보를 강화하였다. 주요 개정내용은 ① 자산운용 [1-37]
규제방식을 위험자산규제방식에서 지급보증규제방식으로 변경하여 지급보증한도를 자기자본의 15배 이내로 제한하고, ② 자기자본을 초과하는 업무용부동산의 취득을 금지하고, 자기자본의 10%를 초과하는 주식 소유를 금지하였으며, ③ 최저자본금을 15억원(지방은행은 1억 5천만원) 이상으로 규정하였다.

---

10) 이하 설명은 은행감독원, 3-4면과 국회 입법자료를 기초로 한 것이다. 이하 은행법 연혁에 관한 설명은 다른 법률의 제개정에 의한 것을 제외하고 은행법 개정에 의한 것만을 포함하였다. 다른 법률의 제개정을 통한 은행법 개정으로 중요한 것은 지배구조법 제정에 따른 은행법상 지배구조관련 규정의 삭제와 금융소비자법 제정에 따른 은행법상 금융상품 판매관련 규제의 삭제를 들 수 있다. 이에 대해서는 제5장 제3절 지배구조규제([5-9]-[5-217])와 제6장 영업행위규제([6-1]-[6-182])의 설명을 참조.

11) 일본의 은행법 연혁에 대해서는 小山, 1-51면; 本間晶·笠原基和·冨永剛晴, 『銀行法』, きんざい, 2017, 3-12면("本間晶외").

12) Arthur Irving Bloomfield and John P. Jensen, Banking Reform in South Korea, Federal Reserve Bank of New York, 1951.

13) 제정 은행법은 시행일자를 시행령에 위임하였고(부칙 42조), 정부귀속주 불하문제, 증자 문제, 한국전쟁의 발발 등으로 시행이 연기되었다. 서형석·이용선, 28면; 은행감독원, 4면. 시행령은 1954.8.15을 시행일로 규정하였다. 「은행법 시행기일에 관한 건」 [시행 1954.8. 15.][대통령령 제928호, 1954.8.15., 제정]

V. 4차 개정 [시행 1978.1.1][법률 제3034호, 1977.12.30, 일부개정]

[1-38] 경제규모의 확대와 금융업무의 국제화를 반영한 것이다. 주요 개정내용은 ① 지급보증한도를 인상(자기자본의 15배→20배)하고, ② 최저자본금을 인상(15억원(지방은행은 1억 5천만원)→250억원(지방은행은 10억원))하였으며, ③ 은행결산을 변경(연 2회→1회)하고 결산일을 원칙적으로 12월 31일로 하고, ④ 융자기간 1년 초과인 신용대출금지를 해제하고 임직원 대출제한을 완화하여 은감원장이 정하는 소액대출예외를 인정하였다.

Ⅵ. 5차 개정 [시행 1983.1.1][법률 제3608호, 1982.12.31, 일부개정]

[1-39] 은행자율화의 장해요인인 규제를 완화하고, 대주주에 대한 편중여신 등의 부작용 방지장치를 마련하는 것이었다. 주요 개정내용은 ① 은행경영에 관한 은감원장의 포괄적인 지시·명령권을 삭제하고, ② 동일인 주식보유한도를 발행주식총수의 8%로 제한하였으며, ③ 동일인 여신규제를 강화하고, ④ 은행의 건전경영저해행위를 하는 임원에 대한 금통운위의 업무집행정지명령권 및 해임권고권을 신설하는 등 부실경영에 대한 임원의 경영책임을 법정하였다.

Ⅶ. 6차 개정 [시행 1991.12.31][법률 제4468호, 1991.12.31, 일부개정]

[1-40] 금융의 개방화·국제화 등 금융환경 변화에 대응할 수 있도록 은행경영의 자율성을 확대하고, 금융시장의 불건전성과 불안정성의 증대에 대비하여 은행경영의 건전성확보장치를 마련하고, 외국은행지점에 대한 규제근거를 명확히 하는 개정이다. 주요 개정내용은 ① 자기자본의 충실, 적정한 유동성의 유지 등 경영건전성 확보의무를 신설하고, ② 대출기간제한을 완화(금통운위가 필요성을 인정하는 경우 10년 이상 장기대출 허용)하고, ③ 유가증권투자한도를 변경(요구불예금의 25% 이내→자기자본 범위내)하고, ④ 동일인 대출한도(자기자본의 25%→20%)와 지급보증한도(자기자본의 50%→40%)를 축소하고, ⑤ 금통운위는 파산 또는 예금지급불능 위험이 있는 은행에 대하여 여·수신제한, 예금의 전부 또는 일부의 지급정지 등의 조치를 할 수 있게 하고, ⑥ 외국은행 국내지점에 대한 장을 신설하고, ⑦ 은행 자회사를 통하여 다른 금융업무를 겸영할 경우 자회사에 대한 여신제한·임직원겸직금지 등의 장치를 마련했다.

Ⅷ. 7차 개정 [시행 1994.12.31][법률 제4833호, 1994.12.31, 일부개정]

[1-41] 금융자율화의 지속적 추진과 이에 상응한 책임경영체제의 확립을 유도하고, 편중여신 억제를 통한 은행건전성을 강화하며, 소유구조와 경영체제를 다원화하여 은행의 경쟁력 강화를 도모하려는 개정이다. 주요 개정내용은 ① 자본금의 감소 및 준비금의 자본전입을 제외한 자본금의 변경을 은감원장에 대한 사후보고사항으로 변경하고, ② 동일인

주식소유한도를 축소(의결권있는 발행주식총수의 8%→4%)하되, 금융전업기업가 등은 예외로 하고, ③ 대출(자기자본의 20%→15%)과 채무의 보증 또는 인수(자기자본의 40%→30%)의 동일인 여신한도를 축소하고, ④ 은행의 자회사규제를 완화하고, ⑤ 동일인 여신한도규제로서 거액여신규제를 도입하였다.

Ⅸ. 8차 개정 [시행 1997.1.13][법률 제5253호, 1997.1.13, 일부개정]

경영환경 변화에 대처하여 은행의 경쟁력을 높이기 위해 주주대표 및 외부의 금융 [1-42]
전문가 등으로 구성되는 비상임이사 중심의 이사회제도를 도입함으로써 은행의 책임경영체제를 확립하고 은행의 구조조정 등 경영혁신을 유도함과 아울러 외국인의 국내 현지법인 설립 허용 등에 대비하여 은행 주식소유한도 관련제도를 보완하려는 개정이다. 주요 개정내용은 ① 이사회는 상임이사와 비상임이사로 구성하되, 비상임이사가 상임이사보다 많게 하고, ② 경영목표 및 평가, 임직원의 보수를 포함한 예산 및 결산, 거액부실여신 및 사고처리 대책, 합병 등 조직의 중요한 변경에 관한 사항 등은 이사회의 심의·의결을 거치게 했으며, ③ 은행장후보 및 감사후보에 대한 후보추천위원회제도를 도입하고, ④ 전액 외국인출자은행과 금융전업기업가가 지배하는 은행과 그 밖에 소유지분 분포상 경제력집중의 우려가 없다고 인정되는 은행에 대하여는 비상임이사 중심의 이사회제도에 관한 일부 규정의 적용을 면제하고, ⑤ 합작은행 및 전액 외국인출자은행의 주주와 금융전업기업가로서 은감원장의 승인을 얻은 경우에는 4%를 초과하여 승인을 얻은 범위까지 주식소유를 허용했으며, ⑥ 은감원장이 은행의 외부감사인에 대하여 감사결과 및 경영건전성 관련자료의 제출을 요구할 수 있는 근거를 마련했다.

Ⅹ. 9차 개정 [시행 1998.4.1][법률 제5499호, 1998.1.13, 전부개정]

「금융감독기구의 설치등에 관한 법률」의 제정에 따른 금융감독체계 개편내용을 반 [1-43]
영하고, 은행의 책임경영체제를 강화하는 한편, 은행경영의 자율성을 높이려는 개정이다. 주요 개정내용은 ① 은행업에 대한 인가권을 금통운위에서 재정경제원장관으로 이관하고, ② 은행의 영업소 신설 이전 등에 대한 인가제도를 폐지하고, 금감위가 영업소 신설 이전 등에 대한 기준과 절차를 정하게 했으며, ③ 은행업무의 범위를 재정경제원장관이 정하게 하여 다른 금융업종과의 업무영역조정기능을 일원화하였고, ④ 은행에 대한 감독권자를 금통운위와 은감원장에서 금감위와 금감원장으로 변경하였다.

Ⅺ. 10차 개정 [시행 1998.2.24][법률 제5520호, 1998.2.24, 일부개정]

기업재무구조 개선 및 구조조정을 촉진하며 은행의 일반기업 출자한도를 확대하기 [1-44]
위해 은행의 타회사 주식소유한도를 확대(종목당 10%→15%)하고, 기업구조조정촉진을 위해 필요한 것으로 금감위 승인을 얻은 경우 종목당 15%를 초과하여 출자할 수 있게 하였다.

XII. 11차 개정 [시행 1998.5.25][법률 제5540호, 1998.5.25, 일부개정]

[1-45] 전문경영인에 의한 책임경영체제를 강화하기 위해 외국인의 경우 외국인과 합작한 은행에 한하여 그 임원이 될 수 있도록 했던 제한을 폐지하여 외국인과 합작한 은행이 아닌 은행에서도 유능한 외국인을 임원으로 선임할 수 있게 개정하였다.

XIII. 12차 개정 [시행 1999.4.1][법률 제5745호, 1999.2.5, 일부개정]

[1-46] IMF와의 정책협의 결과를 반영하여 동일인 여신한도 규제를 국제기준에 맞추어 정비함으로써 은행건전성을 높이고, 행정규제기본법에 의한 규제정비계획에 따라 최대주주 변경절차를 간소화하는 등 규제를 폐지 또는 완화하려는 개정이다. 주요 개정내용은 ① 자기자본의 정의를 국제결제은행(Bank for International Settlements, BIS) 기준에 따라 기본자본과 보완자본의 합계액으로 변경하고, ② 최대주주가 되고자 하는 자 또는 최대주주로서 최대주주가 아닌 자로 되고자 하는 자에 대한 금감위 승인제도를 폐지했으며, ③ 임원의 임기 및 이사의 수에 관한 규정을 삭제하여 자율에 맡기고, ④ 종래 별개로 관리했던 동일인에 대한 대출, 지급보증, 유가증권의 매입 등 위험수반금융거래를 통합한 '신용공여' 개념을 기준으로 한도관리하게 한 것이다.

XIV. 13차 개정 [시행 2000.4.22][법률 제6177호, 2000.1.21, 일부개정]

[1-47] 은행업의 인가 및 감독에 관한 기본 사항을 법률에서 직접 규정하고, 감사위원회제도를 도입하는 한편, 소수주주권의 행사요건을 완화하는 등 은행의 건전성과 자율성을 제고하기 위한 제도적 장치를 마련하려는 개정이다. 주요 개정내용은 ① 정관변경, 자본금감소를 금감위 인가에서 신고로 전환하고, ② 부실경영에 대한 소수주주의 견제기능을 강화하기 위해 은행의 소수주주에 대하여는 상법상 소수주주권 행사요건을 완화하고, ③ 은행의 건전경영을 위해 은행 이사회에는 총위원의 3분의 2이상을 사외이사로 하는 상법상 감사위원회 설치를 의무화했으며, ④ 은행건전성 감독을 투명화하기 위해 금감위가 정하던 은행경영지도기준을 시행령으로 정하게 하였다.

XV. 14차 개정 [시행 2002.7.28][법률 제6691호, 2002.4.27, 일부개정]

[1-48] 은행소유규제를 사후감독중심으로 전환하여 건전한 금융자본의 출현과 은행의 자율책임경영을 촉진하는 한편, 은행의 다른 은행 주식 소유를 허용하는 등 미비점을 개선·보완하려는 개정이다. 주요 개정내용은 ① 동일인의 은행주식보유한도를 높이고(4%→10%), 금감위 승인을 얻은 때에는 10% 초과보유를 허용하고, ② 비금융주력자에 의한 은행지배 방지를 위해 비금융주력자의 4% 초과 은행주식보유를 금지하되, 4% 초과 주식의 의결권 포기를 조건으로 금감위 승인을 얻은 경우에는 10%까지 주식보유를 허용했으며,

③ 10% 초과 은행주식보유주주에 대하여는 금감위가 적격성을 심사하고, 부적격자에 대하여는 초과보유 은행주식의 처분명령제도를 도입하고, ④ 은행 경영의 효율성을 높이기 위해 은행 임직원의 자회사 임직원 겸직을 허용하고, 은행의 다른 은행 주식 취득을 허용하고, ⑤ 은행의 전체 대주주에 대한 신용공여를 자기자본의 일정비율로 제한하고, 은행이 대주주별로 일정한 금액 이상의 신용공여를 하고자 하는 때에는 재적이사 전원의 찬성을 얻게 하고, ⑥ 은행의 대주주 주식 취득을 자기자본의 일정비율로 제한하고, 은행이 대주주 발행주식을 일정금액 이상 취득하고자 하는 때에는 재적이사 전원의 찬성을 얻게 하였으며, ⑦ 신용공여한도·주식취득한도 등을 위반한 은행에 대한 과징금제도를 도입하고, 비금융주력자 등이 주식처분명령을 불이행하는 경우 이행강제금을 부과할 수 있게 하였다.

XVI. 15차 개정 [시행 2008.3.14][법률 제8905호, 2008.3.14, 일부개정]

금융위로부터 해임 또는 징계면직의 조치를 받기 전에 퇴임·퇴직함으로써 임원결격 요건의 적용을 회피하는 행위를 방지하기 위해 임원결격사유를 강화하고, 퇴임 임원 등에 대한 조치내용을 기록·유지하게 함으로써 임원결격사유 규정의 실효성을 높이려는 개정이다. [1-49]

XVII. 16차 개정 [시행 2009.10.10][법률 제9784호, 2009.6.9, 일부개정]

비금융주력자 등에 대한 은행주식 보유규제를 완화하되 은행 대주주 등에 대한 검사·감독은 강화함으로써 은행업의 경쟁력을 높이려는 개정이다. 주요 개정내용은 공적연기금의 은행 주식보유규제 완화 등, 사모투자전문회사 등에 대한 비금융주력자 판단기준 완화 등, 비금융주력자의 은행주식 보유제한 완화(4% → 9%), 은행 대주주 감독 강화 등이다. [1-50]

XVIII. 17차 개정 [시행 2010.11.18][법률 제10303호, 2010.5.17, 일부개정]

은행의 경쟁력 강화를 위해 은행의 업무영역 및 자산운용상 자율성을 확대하며, 은행 경영의 투명성과 책임성을 제고하고, 금융소비자보호를 강화하기 위해 불공정영업행위를 금지하는 한편, 국민이 법 문장을 이해하기 쉽게 정비하려는 개정이다. 주요 개정내용은 ① 은행업 인가요건을 법률에서 규정하고, 인가 후에도 자본금요건을 유지하게 하고, ② 국외현지법인 등의 신설 시 금융위 사후보고로 전환하되 예외적으로 사전신고하게 하고, ③ 이사회의 독립성을 강화하기 위해 사외이사 비중을 전체 이사 수의 50% 이상에서 과반수로 상향하고, 사외이사의 결격사유를 법률에서 규정하였으며, ④ 감사위원회의 전문성을 높이기 위해 위원 중 1명 이상은 회계 또는 재무 전문가를 선임하게 하고, 감사위원이 되는 사외이사 선임에서 대주주의 의결권 행사를 제한하고, ⑤ 지배구조내부규범을 [1-51]

정하여 공시하게 하였으며, ⑥ 은행의 고유업무를 법률에서 직접 규정하고, 겸영업무와 부수업무에 대하여 신고주의를 도입하고, ⑦ 겸영업무 개편 등에 따른 이해상충방지의무를 부과하고, ⑧ 상품 또는 유가증권에 대한 투기를 목적으로 하는 자금대출금지규정 등 현실과 맞지 않는 규제를 삭제하고, ⑨ 꺾기 등 은행의 불공정 영업행위를 금지하고, ⑩ 은행이 예금, 대출 등 은행상품을 광고하는 경우 은행이용자가 오해하지 않게 이자율의 범위 및 산정방법 등을 명확히 표시하게 한 것이다.

XIX. 18차 개정 [시행 2014.2.14][법률 제12101호, 2013.8.13, 일부개정]

[1-52] 2009년 금산분리제도를 완화하였으나, 재벌에게 자본이 집중되는 심각한 경제적 불균형을 초래할 수 있고, 은행의 사금고화 및 이해상충 문제, 대주주인 기업부실의 은행전이 등으로 인하여 은행의 건전성 및 금융체계 안정성에 부정적 영향을 미칠 우려가 있으므로, 금산분리제도를 다시 강화하려는 개정이다. 주요 개정내용은 투자회사·사모투자전문회사·투자목적회사를 비금융주력자로 판단하는 기준을 강화하고, 사전적격성 심사규정을 삭제하는 등 관련 규정을 정비하고, 비금융주력자의 은행 주식보유한도를 9%에서 4%로 축소하는 등 관련 규정을 정비한 것이다.

XX. 19차 개정 [시행 2016.7.30][법률 제14129호, 2016.3.29, 일부개정]

[1-53] 바젤은행감독위원회(Basle Committee on Banking Supervision, BCBS)의 자본규제개혁방안을 반영하고, 은행의 경영건전성을 제고하며, 은행에 고객응대업무를 수행하는 직원보호의무 및 조치를 명시하려는 개정이다. 주요 개정내용은 ① 자본금 감소에 대한 승인 제도를 도입하고, ② 조건부자본증권의 발행근거와 절차 등을 마련했으며, ③ 부당한 편익제공이나 부당거래지원 등 불건전영업행위를 금지하고, ④ 금융사고 예방대책에 관한 내부통제기준 마련 근거를 신설하고, ⑤ 고객응대직원에 대한 보호조치 의무 근거를 마련한 것이다.

XXI. 20차 개정 [시행 2017.10.19.][법률 제14826호, 2017.4.18., 일부개정]

[1-54] 은행 제재의 실효성을 높이기 위해 과징금과 과태료의 부과한도를 인상하고, 과징금 체납자의 부담 완화를 위해 가산금 징수기간을 설정하는 등 미비점을 개선·보완하려는 개정이다. 주요개정내용은 첫째, 내부통제기준 및 불공정영업행위 규제의 준수의무자를 은행으로 일원화하고, 둘째, 은행에 대한 과징금한도를 상향하며, 가산금 징수기간이 60개월을 넘지 않게 하는 것이다.

XXII. 21차 개정 [시행 2019.6.12.][법률 제15936호, 2018.12.11., 일부개정]

금리인하요구권 제도가 금융이용자에게 알려지지 않고 있어 신용상태가 개선된 채무자도 이를 활용하지 못하고 있는 상황을 개선하기 위한 개정이다. 주요개정내용은 은행과 신용공여계약을 체결한 자는 재산 증가나 신용평가등급 상승 등 신용상태 개선이 나타났다고 인정되는 경우 은행에 금리인하를 요구할 수 있게 하고, 신용공여계약을 체결하려는 고객에게 은행은 금리인하요구 권리가 있음을 알리게 하며, 이를 위반한 경우 2천만원 이하의 과태료를 부과하게 하여 금융이용자의 금융편의를 도모하려는 것이다. [1-55]

XXIII. 22차 개정 [시행 2020.1.1.][법률 제16190호, 2018.12.31., 일부개정]

금융상품 약관에 관한 사전신고주의에 최근 인적 자원의 한계 등으로 증가하는 심사 수요 증가를 따르지 못해 심사가 지연되어 소비자에게 금융서비스를 적시에 제공하지 못하는 문제가 있고, 일단 사전심사를 통과한 후에는 금융회사의 책임을 묻는 데 한계가 있는 점을 개선하려는 것이다. 주요 개정내용은 사후보고제로 전환하되, 소비자 권익에 중대한 영향을 미치는 경우 등에는 사전신고를 하게 하여 금융산업의 경쟁력을 강화하는 동시에 소비자 권익을 보호하려는 것이다. [1-56]

XXIV. 23차 개정 [시행 2020.8.20.][법률 제17293호, 2020.5.19., 일부개정]

금리인하요구권을 알리지 않은 상호저축은행 및 여신전문금융회사에게 과태료를 부과하는 저축은행법 및 여전법과 달리, 은행법은 은행의 임직원 등에게 과태료를 부과하고 있어 형평성에 맞지 않고 은행의 임직원에게 업무상 과도한 부담으로 작용할 수 있다는 비판을 고려하여 은행에 대하여도 2천만원 이하의 과태료를 부과하게 하는 개정이다. [1-57]

XXV. 24차 개정 [시행 2021.7.21.][법률 제18126호, 2021.4.20., 일부개정]

2011년 국제회계기준 도입으로 기업회계기준에서 대차대조표를 재무상태표(statement of financial position)로 변경한 것을 반영하였다. [1-58]

XXVI. 25차 개정 [시행 2022.6.8.][법률 제18573호, 2021.12.7., 일부개정]

은행관리감독의 엄격화와 은행의 우월적 지위로부터 일반소비자를 보호하기 위하여 은행 주주가 은행에 사실상 영향력을 행사하고 있는 자인지 여부를 확인하기 위해 은행 및 주주에게 필요한 자료를 요구할 수 있는 근거를 마련하고, 은행이 비업무용 자산을 보유하게 된 경우 이를 금융위에 보고하게 하며, 은행약관을 변경하는 경우 준수사항을 정하는 한편, 외국은행 국내지점의 국내의무보유자산이 일정액에 미달하는 경우 보전의무를 부과하는 개정이다. [1-59]

XXVII. 26차 개정 [시행 2023.9.22.][법률 제19261호, 2023.3.21., 일부개정]

[1-60] 하위법령에서 규정하는 은행의 정기주주총회 보고의무를 법률에 규정하고, 정기주주총회에 보고하지 않거나 사실과 다르게 보고한 경우 과태료를 부과하는 한편, 은행이 금융위 인가를 받아야 하는 행위 중 '폐업'을 '전부 또는 대통령령으로 정하는 중요한 일부의 폐업'으로 구체화하는 개정이다.

제4절 은행법의 목적

Ⅰ. 규 정

은행법은 은행의 건전한 운영과 자금중개기능의 효율성 제고, 예금자 보호와 신용질서 유지를 통한 금융의 안정을 목적으로 한다(1조).[14] 은행법의 목적은 금융안정과 예금자 보호의 2가지로 정리할 수 있다. [1-61]

은행법의 목적은 은행법의 해석지침이 되고 입법과제를 찾아내기 위한 기준이 된다. 은행법상 목적조항은 제정 당시에는 규정되지 않았다. 이를 처음 규정한 1982.12. 개정 은행법은 "금융기관의 건전한 운영을 기하고 예금자를 보호하며 신용질서를 유지함으로써 국민경제 발전에 기여함"을 목적으로 신설하였다.[15] 2000.1. 개정 은행법은 이 조항을 현재의 내용으로 개정하였다. 이하 은행법의 목적을 금융체계위험(systemic risk)의 방지를 의미하는 금융안정과 예금자보호로 나누어 살펴본다.[16] [1-62]

Ⅱ. 금융안정

1. 의 의

은행법은 은행의 건전성과 금융시장 또는 금융체계의 건전성을 목적으로 한다. 은행법은 이를 '**은행의 건전한 운영**'과 '**자금중개기능의 효율성 제고**', '**신용질서 유지**'를 통한 '**금융시장의 안정**'이라고 규정한다(1조). [1-63]

2. 은행의 건전한 운영

은행의 건전한 운영은 개별 은행의 건전성을 의미하는 미시건전성과 전체 은행시스템의 건전성을 추구하는 거시건전성으로 구분된다. 미시건전성 확보를 위해 요건을 갖춘 자에게만 은행업을 허용하는 진입규제, 위험업무의 제한을 통한 업무범위규제, 대주주와 임원의 자격을 비롯한 지배구조규제, 자기자본비율을 중심으로 한 재무건전성규제, 대주주와의 거래제한을 포함한 경영건전성규제 등이 이루어진다. 거시건전성은 특히 2008년 글로벌 금융위기 이후 미시건전성 규제의 한계가 지적되면서 강조되기 시작하였다. [1-64]

---

14) 금융규제에 대한 일반적 설명으로는 Charles Goodhart, Philipp Hartmann, David T. Llewellyn, Liliana Rojas-Suarez and Steven Weisbrod, Financial Regulation: Why, How and Where Now? 1st ed, Routledge, 1998.

15) 동 개정안 및 심사보고서 등에서 목적조항의 의의에 대한 설명은 찾을 수 없으나, 국회 소관 상임위원회에서의 재무부장관 제안설명 중에 "현행법은 목적조항이 없으나 은행의 건전한 경영을 기하고 예금자보호를 통한 신용질서의 확립을 천명하는 목적조항을 신설함으로써 입법목적이나 취지를 이해할 수 있도록 하였으며"라는 설명이 있다. 제114회 국회 재무위원회회의록 제10호, 1982.10.27., 5면.

16) 은행법은 목적 조항에서 국민경제의 발전에 이바지함을 최종적인 목적으로 규정하고 있다. 이와 관련하여 국민경제의 발전이 은행법의 상위목적이고 은행의 건전한 경영, 예금자 보호 및 신용질서 유지 등은 상위목적을 달성하기 위한 하위목적이라는 해석도 있을 수 있다. 은행감독원, 13면; 주석은행법, 41면. 그러나 이는 국내 경제관련법령에 통상적으로 규정되는 것으로서 은행법상 특별한 의미를 찾을 수 있는 것은 아니다.

3. 자금중개기능의 효율성 제고

[1-65] 은행의 본질적 기능은 불특정다수인으로부터 외부자금을 조달하여 대출하는 자금중개기능이다. 외부자금조달이 없으면 은행법상 은행으로 규제할 필요도 없다. 자금중개기능은 한정적인 자원의 효율적인 배분을 위한 제도적 기초가 된다.

4. 신용질서 유지

[1-66] 은행은 자금중개와 지급결제기능을 통하여 신용질서를 구축한다. 은행이 신용질서의 주축이 되고 있어 은행법은 신용질서의 유지를 목적으로 규정한 것이다. 은행법상 불공정영업행위나 불건전영업행위의 금지를 포함한 영업행위규제는 신용질서의 유지를 위한 핵심규정이다.

5. 금융시장의 안정

가. 의 의

[1-67] 금융안정을 **금융기관의 안정**과 **금융시장의 안정**으로 구분하는 경우가 있다.[17] 금융기관의 안정은 개별 금융기관이 자체 능력으로 정상적인 영업활동을 할 수 있고 시장참가자들이 이를 신뢰하는 상태를 말한다. 금융시장의 안정은 금리나 주가와 같은 금융시장에서 형성되는 가격이 국민경제의 기초여건을 반영하고 있어 기초여건의 변화가 없는 한 가격변동이 심하지 않은 상태를 말한다.

[1-68] 그러나 은행법의 목적으로서의 **금융시장의 안정**을 한정적으로 해석할 필요는 없고, 취지상 금융시장과 금융기관을 포함한 금융안정 자체 또는 금융체계위험의 방지를 의미하는 것으로 해석된다. 한국은행은 첫째, 개별 금융기관의 건전성, 둘째, 금융시장 및 금융거래의 안정성, 셋째, 가계, 기업, 금융기관, 해외부문을 포함하는 개별 경제주체의 행위와 이들 간 상호작용의 결과로 나타나는 거시건전성, 넷째, 금융기관과 금융시장을 규율하는 각종 제도의 정합성 등이 금융안정의 핵심요소라고 설명한다.[18]

나. 금융체계위험의 의의와 범위

[1-69] **금융체계위험**(system risk)은 한 기업이나 시장 혹은 지급결제제도에서 발생한 파탄이 다른 기업이나 시장 혹은 금융체계 전체에 광범위한 혼란을 야기할 위험을 말한다. 금융체계위험은 기관형과 시장형의 2가지로 구분할 수 있다.[19]

---

17) 한국은행, 한국의 통화정책, 2017, 27면 각주 37.

18) 한국은행, 위의 책, 28면. 한국은행법은 목적조항에 통화신용정책을 수행할 때에는 금융안정에 유의해야 한다는 내용을 추가하였다(1조 2항).

19) Steven L. Schwarcz, "Systemic Risk," Georgetown Law Journal Vol. 97, 2008, pp193-249. 국내에서의 설명으로, 금감원, 금융감독개론, 2024, 60-61면.

기관형 금융체계위험은 주로 은행을 대상으로 한다. 금융체계위험을 주로 예금이라는 지급결제수단을 담당하는 은행의 특수성에 기초하여 인식하는 것이다. 은행의 파탄위험이 지급결제제도라는 네트워크를 통하여 다른 은행으로 전파되고 나아가 국경을 넘어서 세계적인 위험으로 확대될 수 있다는 것이다. [1-70]

비은행금융회사, 특히 증권회사와 보험회사에 대해서 금융체계위험을 인식할 수 있는가? 이에 대해서는 지급결제제도를 구성하지 않고, 보유자산 유동성이 높은 점 등을 근거로 증권회사나 보험회사에 대해서는 금융체계위험의 존재를 인정하지 않는 주장도 있다.[20] 그러나 (i) 금융환경의 변화, 특히 장외파생상품 거래의 비약적인 증가, (ii) 하나의 금융기업집단에 속하는 구성기업 사이의 연결고리를 통한 각종 위험의 전파 등에 따른 **시장형 금융체계위험**의 가능성을 인정하지 않을 수 없다. 이를 시장형 금융체계위험이라고 부른다.[21] 1998년 아시아와 러시아 금융위기 과정에서 발생한 LTCM사태나 2008년 글로벌 금융위기에서 문제된 리먼브라더스 등 투자은행이나 AIG와 같은 보험회사그룹의 파탄은 이러한 상황을 정확하게 나타내고 있다. 흔히 **그림자금융(shadow banking)**이라고 부르는 **비은행금융중개기능**의 금융체계위험의 가능성도 주목되고 있다.[22] [1-71]

다. 금융체계위험의 방지

은행법은 은행으로부터 촉발되는 금융체계위험을 사전에 예방하여 안정된 금융체계를 유지하는 것을 1차적인 목적으로 한다. 금융체계위험의 방지를 위한 규제를 **건전성규제**라고 한다. 종래 금융체계위험의 방지를 위한 은행법상 건전성 규제는 주로 개별은행의 건전성 확보를 위한 **미시건전성규제**를 중심으로 논의되어 왔다. 그러나 2008년 글로벌 금융위기 이후에는 금융체계 전체의 건전성 확보를 위한 **거시건전성규제**에 대해서도 많은 논의가 이루어지고 있다. 은행법상 '금융시장의 안정'이라는 목적은 미시건전성과 거시건전성을 포함한 금융체계위험의 방지를 내용으로 하는 것으로 이해된다. 은행법상 '자금중개기능의 효율성 제고'와 '신용질서 유지'라는 목적은 그러한 거시적 관점을 은행법에 규정한 것이다. [1-72]

Ⅲ. 예금자 보호

1. 의 의

은행법은 예금자 보호를 목적으로 한다(1조). 예금자 보호는 은행의 건전성규제의 기초가 되면서, 전통적인 영업행위의 상대방 보호라는 관점에서의 영업행위규제라는 2 [1-73]

---

20) 김용재, 22-25면.

21) '비은행發 시스템리스크'라고 한다. 금융위외, 비은행권 거시건전성 관리강화방안, 2019.1.

22) Iris H.-Y. Chiu and Iain G. MacNeil(eds), Research Handbook on Shadow Banking: Legal and Regulatory Aspects, 2018.

가지 의미를 가진다. 후자의 의미에서 예금자보호는 예금자의 개념을 확대하여 대출 그 밖의 은행거래의 상대방을 모두 포함하는 것으로 보는 것이 옳을 것이다.

2. 은행의 건전성과 예금자보호

[1-74] 은행법상 예금자보호는 단순한 영업행위규제에 그치지 않고 원본보전상품으로서의 특성상 은행의 건전성 규제와 연결될 수밖에 없다. 따라서 원본보전상품으로서의 예금을 취급하는 이상 은행에 대한 건전성 규제는 다른 금융업종에 비하여 강화될 수밖에 없다.

3. 은행의 영업행위와 예금자 보호

[1-75] 은행법상 예금자보호는 은행이 예금자와 거래할 때 준수해야 할 적절한 기준을 제시하여 부적절한 영업행위에 의한 손해나 손실의 발생가능성을 사전에 방지하는 영업행위 규제(conduct of business regulation) 혹은 비건전성 규제(non-prudential regulation)를 대상으로 한다. 주로 거래관련 정보의 공시, 은행과 임직원의 자격과 신뢰성, 거래의 공정성과 건전성, 금융상품의 판매 및 권유방법 등에 관한 기준의 제시와 관리 등으로 이루어진다.

[1-76] 특히 은행에서 전통적인 예금과 대출의 형태를 벗어난 복잡한 구조의 상품을 거래하기 시작하면서 이러한 관점에서의 접근이 강조되고 있다. 다만 은행이 금융투자상품이나 보험상품을 거래할 때는 은행법이 아니라 자본시장법이나 보험업법이 적용된다.

4. 지급측면에서의 금융소외와 예금자 보호

[1-77] 한편 은행법은 예금이라는 지급수단을 제공함으로써 경제활동의 출발점인 지급기능에의 접근을 가능하게 한다. 은행법상 예금자보호는 지급기능을 통한 금융서비스에의 접근성 보호로 연결된다. 국민의 대부분이 결제성 계좌를 보유하지 못할 경우 금융거래는 물론 생활필수품의 구입을 포함한 기본적인 경제활동에도 참여할 수 없게 된다. 이와 같은 지급측면에서의 금융소외를 제거하는 것도 은행법의 중요한 목적이다.[23)]

---

23) 우리나라는 2021년 기준 국민의 대부분(98.8%)이 은행 등 예금취급기관에 결제성예금계좌를 보유하고 있다. 송상현·김성수·오건우·최윤석, 2021년 지급수단 및 모바일금융서비스 이용행태 조사결과, 지급결제 조사자료제2022-1호, 한국은행 금융결제국, 2022.5, 10면.

제5절 은행법의 법원(法源)과 적용범위

Ⅰ. 의 의

은행법은 은행과 은행의 금융상품 및 금융거래, 그리고 은행이 참가하는 금융시장을 규제한다. 기술의 발전에 따라 변화를 거듭하는 금융시장의 모든 측면을 법률로 규제하려는 시도는 불가피하게 시장과 법률 사이에 시차를 발생시킨다. 따라서 은행규제의 많은 부분은 시행령이나 감독규정을 포함한 하위규정으로 위임될 수밖에 없다. [1-78]

Ⅱ. 대한민국에 있는 모든 은행

1. 은행의 범위

은행에 적용되는 법규와 관련하여 은행법은 '대한민국에 있는 모든 은행'은 은행법, 한국은행법, 금융위설치법, 지배구조법 및 이에 따른 규정 및 명령에 따라 운영되어야 한다고 규정한다(3조 1항). 여기서 은행에는 은행법에 따른 은행, 특별법에 따라 설립된 산업은행과 중소기업은행 등 특수은행, 수협은행과 상호저축은행중앙회 등 은행법상 은행으로 간주되는 자, 농협은행과 같이 법률상 은행업무가 허용되고 은행법이 적용되는 자, 외국은행 국내지점 등이 모두 포함된다. [1-79]

인터넷전문은행은 은행법상 은행이다. 따라서 인터넷은행법에 특별한 규정이 있는 경우를 제외하고는 은행법이 적용된다(인터넷은행법 3조 1항). 특히 인터넷은행법에서 의무규정만 두고 제재규정이 없는 경우에도 처벌규정은 은행법이 적용된다. 예컨대 은행법과 인터넷은행법은 최저자본금유지의무를 두고 있다(9조, 8조 2항 1호; 인터넷은행법 4조 2항). 은행법은 은행의 임원등이나 직원이 최저자본금을 유지하지 않은 경우 1년 이하의 징역 또는 3천만원 이하의 벌금에 처하는 규정을 두고 있다(68조 1항 1호). 그러나 인터넷은행법에는 임직원에 대한 처벌 규정이 없다. 이러한 경우 인터넷전문은행의 임직원도 은행법 위반으로 같은 처벌을 할 수 있다(인터넷은행법 3조, 68조 1항 1호). 또한 인터넷은행법 및 은행법 이외의 다른 법률을 해석·적용할 때 인터넷전문은행은 은행법에 따라 인가를 받아 설립된 은행으로 본다(인터넷은행법 3조 2항). [1-80]

2. 외국은행의 국내지점·대리점

은행업 인가(58조 1항)를 받은 외국은행의 지점 또는 대리점은 은행법에 따른 은행으로 보며, 외국은행의 국내 대표자는 은행법에 따른 은행의 임원[24]으로 본다(59조 1항 본문). 다만, 지점 또는 대리점으로서의 법적 실체를 고려하여 법인성(4조), 최저자본금(9조), 동일인 주식보유한도(15조, 15조의3-15조의5, 16조, 16조의2-16조의5), 대주주등에 대한 검사 [1-81]

24) 은행법은 임원의 정의를 두고 있지 않아 은행의 지배구조와 관련해서는 지배구조법상 정의를 사용한다. 지배구조법은 임원을 이사, 감사, 집행임원(상법에 따른 집행임원을 둔 경우로 한정) 및 업무집행 책임자라고 정의하고 있다(2조 2호).

(48조의2) 및 동일인 주식보유한도 관련 기관전용 사모집합투자기구등에 대한 제재(53조의2)에 관한 규정은 적용하지 않는다(59조 1항 단서).

[1-82] 이 규정으로 적용을 배제되지 않은 다른 은행법 규정은 모두 적용되는가? 은행법에서 명시적으로 적용을 배제하지 않은 조항 중에서도 금융채의 발행과 같이 성질상 지점에 적용할 수 없는 규정도 있다. 따라서 명시적으로 적용을 배제되지 않은 규정도 개별규정별로 적용 여부를 판단할 수밖에 없다.

Ⅲ. 은행의 국외현지법인과 국외지점

1. 개 관

[1-83] 은행의 국외현지법인과 국외지점도 은행법의 적용범위에 포함되는가? 국외현지은행은 대한민국 외에 소재하는 자회사등(37조 2항 단서) 중 은행을, 국외지점은 대한민국 외에 소재하는 지점을 말한다(13조 1항). 은행의 국외현지은행과 국외지점에 대해서는 신설계획의 규제(13조)를 받는 이외에 은행법의 적용대상이 되는지 문제된다.

[1-84] 은행의 국외현지은행과 국외지점은 현지국의 은행규제를 적용받는 것이 원칙일 것이다. 그러나 현지국 감독기관은 본국감독기관의 은행그룹 전체의 건전성 감독에 필요한 접근성을 보장해야 한다는 국제은행감독의 기본원칙을 적용할 것이다.[25] 여기서는 현지국의 은행법 이외에 우리나라의 은행법도 적용되는지 여부를 살펴본다.

2. 은행의 국외현지은행

가. 의 의

[1-85] 국내 은행을 포함한 거주자가 대한민국 외의 국가에서 은행업을 경영하기 위해 그 국가의 은행법에 따라 설립한 현지은행은 문언상 '대한민국에 있는 은행'에 해당하지 않고, 현지은행에 대해서는 소재지법에 따라 설립된 외국은행이라는 점에서 은행법이 적용되지 않는다는 해석이 있다.[26] 국외현지은행은 은행법이 적용되는 은행은 아니지만, 은행법상 해외진출규제의 대상이 되고 연결감독의 대상이 될 수 있다.

나. 해외진출규제

[1-86] 은행 등 금융회사등의 금융·보험업을 위한 해외진출에 대해서는 외국환거래법 및 「금융회사등의 해외진출에 관한 규정」에 따라 금융위에 신고의무를 지고, 금감원장은 신고받은 해외직접투자사업에 대하여 해외직접투자 관리대장 작성과 신고내용의 이행여부 확인 등의 방법으로 사후관리를 한다(동 규정 6조 1항 1호·2호).

---

25) Basel Committee on Banking Supervision, Core Principles for Effective Banking Supervision, April 2024, pp35-37.

26) 은행감독원, 18면; 이병화, 50면.

다. 연결감독

모회사인 국내 은행과 그 국내외 자회사등에 해당하는 은행은 연결기준으로 감독을 받게 되므로 감독의 대상에는 포함된다. 국외현지법인에 대한 연결감독은 경영실태평가, 경영지도비율의 준수, 리스크관리체제의 평가 등을 통하여 이루어진다. [1-87]

금감원장의 은행 경영실태평가에는 국외현지법인과 국외지점이 당연히 포함된다(규정 33조 2항, 3항, 5항). 은행은 자기자본비율과 유동성커버리지비율 등 경영지도비율을 유지해야 한다(34조; 규정 26조 1항 본문). 이 경우 자기자본비율은 은행 연결재무상태표를 기준으로 한다(규정 26조 2항 단서). 은행은 주요 위험의 변동상황을 자회사등과 연결하여 종합적으로 인식하고 감시해야 한다(규정 30조 4항). [1-88]

3. 은행의 국외지점

국내 은행의 국외지점은 '대한민국에 있는 은행'의 법인의 일부이므로 은행법의 적용대상에 포함된다.[27] 위 [1-81]에서 살펴본 바와 같이 그 지점이나 대리점이 소재하는 국가도 당연히 자국 은행법의 적용범위에 포함할 것이다. [1-89]

Ⅳ. 은행규제법과 은행거래법

은행규제법의 법원은 은행법, 동 시행령, 동 시행규칙, 은행업감독규정을 포함한다. 지배구조법과 금융소비자법 그리고 금산법도 중요하다. 금융위설치법과 한국은행법, 공정거래법도 포함된다. 은행거래법에 대해서는 민법과 상법, 유동화법, 회생법 등도 중요한 법원이다. [1-90]

27) 이병화, 50면.

제6절 다른 법률과의 관계

Ⅰ. 기본원칙

[1-91] 은행에 대하여 은행법과 한국은행법은 상법 그 밖의 법령에 우선하여 적용된다(3조 2항). 한국은행법은 지급준비 등에 관한 특칙이 적용되는 것이고 특별히 상법 그 밖의 법령과 저촉되는 내용은 없다. 따라서 은행법의 우선적용은 상호 저촉되는 내용이 있는 경우에 은행에 대해서는 은행법이 상법 그 밖의 법령에 우선하여 적용된다는 것이다. 은행법의 지배구조에 관한 규정을 지배구조법으로 이관한 현재 은행법과 상법이 충돌하는 부분은 거의 없다.

Ⅱ. 자본시장법, 보험업법과의 관계

[1-92] 은행이 자본시장법상 금융투자업을 겸영금융투자업자로 운영할 경우 영업행위규제는 자본시장법이 적용된다. 그러나 건전성규제는 은행법이 적용된다. 은행이 보험업법상 금융기관보험대리점으로서 보험상품의 모집업무를 운영할 때도 영업행위규제는 보험업법이 적용된다.

Ⅲ. 특수은행법과의 관계

[1-93] 산업은행법은 동법에 특별한 규정이 없으면 은행법을 적용한다(3조 1항 본문). 은행법상 인가와 자본금(8조-11조, 12조), 예비인가(11조의2), 국외현지법인(13조), 업무범위(27조, 27조의2, 28조), 이해상충방지체계(28조의2), 신탁업무에 대한 지급준비금과 지급준비자산, 대출의 최장기한 및 담보의 종류에 대한 제한(30조 1항 단서, 2항 3호), 당좌예금의 취급제한(32조), 동일차주에 대한 신용공여한도(35조), 다른 회사에 대한 출자제한(37조 1항·2항), 증권투자한도(38조 1호), 이익준비금 적립(40조), 정관변경 등의 보고(47조 1호-5호·7호·9호), 금감원장의 검사(48조), 적립금 보유 및 손실처리의 요구(50조), 은행·임직원·퇴임임원 제재(53조, 54조, 54조의2), 합병 등(55조-57조), 벌칙(67조, 68조 1항 1호·2호·5호·6호·8호)은 적용하지 않는다(산업은행법 3조 1항 단서).

[1-94] 중소기업은행법은 동법에 특별한 규정이 없으면 은행법을 적용한다(3조 3항). 산업은행법과 같은 취지의 은행법 적용배제규정을 두고 있다(52조 1항). 수출입은행법은 은행법 적용 자체를 배제한다(2조 3항).

Ⅳ. 공정거래법과의 관계

[1-95] 경쟁촉진을 목적으로 하는 공정거래법과 건전성확보를 위해 경쟁에 일정한 제한을 가하는 은행법은 긴장관계를 유지해 왔다.[28] 과도한 경쟁이 은행 건전성을 침해할 수 있

28) Stijn Claessens, Competition in the Financial Sector: Overview of Competition Policies, IMF WP/09/45,

다는 논의는 여전히 유효하다. 특히 진입규제에서 경쟁제한성을 어떻게 반영할 것인지가 문제된다. 최근에는 금융업 내에서의 경쟁제한은 금융체계의 효율성과 소비자의 후생을 저해하는 측면이 있어 경쟁제한조치를 완화하는 추세이다.29)

은행거래에 대해서도 공정거래법을 적용한 사례가 있다. 대부분의 시장금리가 약 30% 하락한 기간 중 대출금리를 인하하지 않은 행위를 공정거래법상 거래상 지위의 남용으로 판단한 사례가 있다(대법원 2009. 10. 29. 선고 2007두20812 판결; 대법원 2010. 3. 11. 선고 2008두4695 판결). 은행이 자회사가 발행한 사모사채를 저리로 인수하는 방법으로 과다한 경제상 이익을 제공함으로써 자회사를 지원하는 행위를 구 공정거래법상 '현저히 유리한 조건의 거래'(23조 1항 7호, 현행 45조 1항 9호에 해당)에 해당한다고 판단한 사례도 있다(대법원 2011. 9. 8. 선고 2009두11911 판결). [1-96]

은행 합병등 조직변경의 경우 공정위는 경쟁제한성을 적극적으로 평가하여 합병에 의한 경쟁상 폐해의 유무를 판단하고 있다. 은행약관에 대해서도 1차적으로 금감원이 심사하지만 일반약관규제기관으로서 공정위도 같은 권한을 가진다. [1-97]

V. 지배구조법과의 관계

은행 지배구조에 관하여 다른 금융관계법령에 특별한 규정이 있는 경우를 제외하고는 지배구조법에서 정하는 바에 따르고(4조 1항), 지배구조법에 특별한 규정이 없으면 상법을 적용한다(4조 2항). [1-98]

VI. 금융소비자법과의 관계

금융소비자법은 금융소비자 보호에 관하여 다른 법률에서 특별히 정한 경우를 제외하고는 금융소비자법이 우선 적용된다(6조). [1-99]

2009; David Harrison, Competition Law and Financial Services, Routledge; 1st ed, 2014; Andrea Lista, EU Competition Law and the Financial Services Sector, Routledge, 2013; OECD, Competition and Financial Markets: KEY FINDINGS, 2009; 江川絵理, 「独禁法と事業法の緊張関係のもとでの 判断事例に関する考察： 銀行合併へのインプリケーション」, 『金融研究』 第34巻第1号, 2015, 147-179면. EU의 금융업과 경쟁에 대해서는 European Commission, Competition in the financial services sector. 〈http://ec.europa.eu/competition/sectors/financial_services/overview_en.html〉.

29) 금감원, 금융감독개론, 2013, 16면.

제2장 은행업

제1절 서 설

은행법상 '은행업'은 은행규제의 기초가 되는 핵심개념이다. 은행법은 '은행업' 정의에 따라서 '은행'을 정의하고 '은행업무'의 범위를 정한다. 은행의 정의와 은행업무의 범위는 은행법의 적용범위를 정하는 기준이 된다. 자본시장분야에서 자율규제의 기조를 유지해 오던 국가들도 은행에 대해서는 비교적 초기부터 법령에 기초한 공적규제시스템을 갖추고 있었다. 은행업 정의는 입법례에 따라 다양하다. [2-1]

우리나라는 예금과 대출을 요소로 은행업을 정의하고 있다. 은행업의 정의에 영향을 미치는 요소는 다양하다. 첫째, 현실적으로 은행이 수행하는 업무와 은행에 기대하는 역할이 시대에 따라 변해 온 점이 고려되어야 한다. 둘째, 대출을 은행규제의 관점에서 반드시 은행업 정의의 요소로 해야 하는지에 대한 검토가 필요하다. 셋째, 은행법상 은행 정의에 포함되어 있는 "유가증권 기타 채무증서의 발행에 의하여 조달한 자금을 대출하는 것"을 은행업으로 규제할 것인지도 문제된다. [2-2]

은행법상 은행을 전제로 할 경우 국내법상 은행은 시중은행, 지방은행, 인터넷전문은행, 그리고 특수은행으로 구성된다. 여기에 예금취급기관인 상호저축은행과 신용협동조합이나 새마을금고, 산림조합을 포함할 경우 그 구성은 지나치게 복잡해진다. 이들 기관 사이의 전환에 관한 제도도 없다. 최근 이루어진 지방은행의 시중은행 전환도 은행법상으로는 신규인가로 처리할 수밖에 없었다. 국내법상 은행 및 그와 동일한 기능을 수행하는 금융기관에 대한 규제체계를 되돌아볼 때가 된 것으로 판단된다. [2-3]

제2절 은행업의 정의방식에서는 외국입법례를 중심으로 은행업의 정의유형을 살펴본다. 국내법상 은행업의 정의를 수정할 필요성도 논의할 단계가 되었다고 본다. 제3절 은행법상 은행업의 정의에서는 현행 은행법상 은행업의 정의를 설명한다. 제4절 은행 기능의 본질적 요소와 은행업의 정의에서 은행의 특수성과 조직원리를 살펴본다. 디지털기술의 발전은 은행의 위험에 대한 인식에도 새로운 관점이 필요함을 나타내고 있다. [2-4]

제2절 은행업의 정의방식

Ⅰ. 의 의

1. 문 제

[2-5] 은행업 정의의 어려움은 오래전부터 지적되어 왔다.[1] 이러한 곤란성은 3가지 측면에서 설명할 수 있다. 첫째, 자본시장법상 금융투자업이나 보험업법상 보험업의 정의는 금융투자상품이나 보험상품과 같은 상품에 기초하고 있는데, 은행업 정의는 자금중개기능에 기초하고 있다. 둘째, 은행업 정의는 은행법의 목적에 따라 정해지고 경제적 개념 내지 사회통념과 반드시 일치할 필요는 없다.[2] 셋째, 은행업은 시대와 장소에 따라 달라진다.[3] 1950년대와 2020년대의 은행업은 상품이나 거래의 종류와 형태에서 많은 차이를 가진다. 최근의 디지털 기술의 발전은 비금융영역에서도 은행과 유사한 기능의 등장가능성을 더욱 높이고 있다.

[2-6] 그러나 은행업의 외관과 형식이 달라진다 해도 은행이 수행하는 본질적 기능에는 차이가 없다. 문제는 그러한 본질적 기능을 찾아내고 이를 조문화하는 것이 쉽지 않다는 데 있다.

2. 유 형

[2-7] 은행의 정의는 은행업 인가 유무라는 법적 형식, 예금과 대출 등 업무, 자금중개라는 경제적 기능 등 여러 기준으로 정의될 수 있다.[4] 자본시장분야에서 자율규제의 기조를 유지해 오던 국가들도 은행에 대해서는 비교적 초기부터 법령에 기초한 공적규제시스템을 갖추고 있었다.[5] 그러나 은행업 및 은행의 정의는 자금중개라는 경제적 기능을 중심으로 하는 것이 가장 정확하다. 법적 형식이나 업무를 기준으로 정의하면 유사기능을 수행하는 기관이나 법인과의 구분이 곤란한 경우가 발생한다. 은행의 경제적 기능을 법률상 규정하는 방법으로는 그러한 기능을 나타내는 업무를 중심으로 정의하는 것이 옳을 것이다.

[2-8] 이하 은행업 정의의 유형분류는 은행의 본질적 기능을 나타내는 업무를 중심으로 한 것이다. 은행법상 은행업 정의의 입법례는 ① 여수신중심정의방식, ② 수신중심정의방식, ③ 한정적 열거방식으로 나눌 수 있다.[6] ①과 ②의 방식은 은행의 본질적 기능을

---

1) C. C. Johnston, "Judicial Comment on the Concept of 'Banking Business'," Osgoode Hall Law Journal Vol.2, 1962, p346.
2) 小山, 62면.
3) Ellinger, pp80-81; C. C. Johnston, 위의 논문, p346.
4) Richard Scott Carnell, Jonathan R. Macey and Geoffrey P. Miller, The Law of Banking and Financial Institutions, 4th ed, Aspen Publishers, 2008, pp34-40.
5) 미국의 연방은행법(The National Bank Act)은 1874년 제정되었다. June 20, 1874, ch.343, § 1, 18 Stat. 123.

포섭하기 위한 최소 요소를 묘사하는 점에서 은행업무를 열거하는 ③의 방식과 구분된다. ①과 ②의 방식은 은행의 본질적 기능에 대한 인식에 차이가 있을 뿐 접근방식은 같다. 현행 은행법은 여수신중심정의방식을 채택하고 있다.

Ⅱ. 여수신중심정의방식

여수신중심정의방식은 은행업을 '예금 등 수신을 통하여 조달한 자금을 대출 등으로 운용하는 것을 영업으로 하는 것'으로 정의하는 방식이다. 미국과 일본, 호주 등이 이러한 입법례에 속한다. [2-9]

미국 은행은 연방 인가를 받은 연방은행(national bank)과 주 인가를 받은 주은행(state bank)으로 구성된다(이원적 은행제도). 은행지주회사법[7]은 은행을 (A) 연방예금보험법상 부보은행과 (B) 예금자가 수시로 인출할 수 있는 예금의 수입과 상업대출을 영업으로 하는 미국이나 주 등의 법률에 따라 설립된 기관이라고 정의하고 있다(12 USC §1841(c)(1)). [2-10]

호주의 1959년 은행법(Banking Act)[8]은 은행업을 "예금의 수입과 대출의 양자를 하는 것 또는 이 정의를 위해 규칙에서 규정하는 다른 금융행위"라고 정의하고 있다. [2-11]

일본의 은행법은 은행업을 "① 예금 또는 정기적금의 수입과 자금의 대출 또는 어음할인을 함께 하는 것 또는 ② 환거래를 하는 것의 어느 하나를 행하는 영업"이라고 정의하고 있다(2조 2항). 이를 정리하면 일본의 은행법상 은행업은 ① 예금 또는 정기적금의 수입과 자금의 대출 또는 어음할인을 함께 하는 것을 영업으로 하는 것, ② 예금 또는 정기적금의 수입과 자금의 대출을 함께 하는 것을 영업으로 하는 것, ③ 예금 또는 정기적금의 수입과 어음할인을 함께 하는 것을 영업으로 하는 것, ④ 환거래를 하는 것을 영업으로 하는 것 중 하나에 해당하는 것이라고 할 수 있다.[9] 또한 일본의 ⑤ 예금 또는 정기적금의 수입을 통하여 조달한 자금을 대출이 아닌 유가증권투자 등에만 운용하는 경우는 은행법상 은행에는 해당하지 않지만, 예금자보호와 규제공백 방지를 위해 은행업으로 간주하여("간주은행업") 은행법을 적용하고 있다(동법 3조).[10] 일본 은행업 정의의 가장 중요한 특징은 환업무만을 경영하는 경우도 은행으로 보는 것이다.[11] [2-12]

---

6) Cranston, pp6-9.
7) Bank Holding Company Act 1956, Public Law 84-511, 70 Stat. 133.
8) Act No. 6 of 1959.
9) 小山, 62면.
10) 은행업의 유형에서 우리나라와 일본의 차이점은 다음 3가지로 정리할 수 있다. 첫째, 유가증권 기타 채무증서의 발행에 의하여 조달된 자금으로 대출업무를 수행하는 경우는 우리 은행법상으로는 은행업에 해당하지만, 일본의 은행법상으로는 은행업에 해당하지 않는다. 둘째, 환업무만을 수행하는 경우는 우리 은행법상으로는 은행업에 해당하지 않지만, 일본의 은행법상으로는 은행업에 해당한다. 셋째, 예금 또는 정기적금의 수입을 통하여 조달한 자금을 대출이 아닌 유가증권투자 등에만 운용하는 경우는 우리 은행법상으로는 은행에 해당하지 않지만, 일본의 은행법상으로는 간주은행으로서 은행법의 적용대상이다.
11) 일본은 1900년대 초부터 환업무만을 하는 회사가 사실상 은행 역할을 수행해온 것이 배경이 되었다고 한다. 本間晶외, 21면.

[2-13] EU법[12]상 은행은 공중으로부터 예금이나 상환성 자금을 수입하여 자기계산으로 신용을 공여하는 업무를 경영하는 자를 말한다(Article 4(1)).

Ⅲ. 수신중심정의방식

[2-14] 영국법은 은행업에 대한 명시적 정의를 두고 있지 않다.[13] 일반적으로 예금수입과 대출, 당좌계좌의 개설과 추심을 은행업의 요소로 취급하고 있다. 그러나 대출만으로는 은행업을 구성할 수 없다고 보는 것이 일반적이다.[14] 은행업으로 취급되는 업무 중에서 규제되는 것은 「금융서비스 및 시장법」(Financial Services and Markets Act 2000, FSMA)[15]상 예금수입뿐이며, 다른 은행업무에 대해서는 규제가 존재하지 않는다.[16] 예컨대 변호사법(Solicitors Act 1974) 등에서 사용하는 은행의 정의는 "예금수입에 대한 FSMA 2000 제4편 허가를 취득한 자 또는 EEA 회사"에 기초하고 있다.[17]

[2-15] 예금수입(accepting deposits)은 ① 예금으로 수취한 금전을 타인에게 대출하거나, ② 예금을 수입한 자의 다른 업무가 전부 또는 현저한 정도로 예금으로 수취한 금전의 원금이나 이자로 조달되는 것을 말한다(규제대상업무령, Article 5(1)(a),(b)). 예금수입이 FSMA상 규제대상업무가 되기 위해서는 영업성을 가져야 한다.[18] 여수신정의방식과의 차이는 대출을 은행업의 요소로 하지 않는 것이다.[19]

Ⅳ. 은행업무열거방식

[2-16] 독일의 은행법(KWG)[20]은 예금수입업무, 저당증권업무, 여신업무, 할인업무, 중개업무, 보호예수업무, 만기전매도대출채권의 환매업무,[21] 보증업무, 어음·수표추심 및 여행자수표업무, 인수업무, 청산기관업무를 은행업으로 열거하고 있다(§1(1) 1-11). 은행(credit institution)은

---

12) Directive 2006/48/EC of the European Parliament and of the Council of 14 June 2006 relating to the taking up and pursuit of the business of credit institutions (recast) (Text with EEA relevance), OJ L 177, 30.6.2006, pp1-200.
13) Ellinger, p79. 보통법상 은행업의 정의에 대해서는 Ellinger, pp79-86.
14) Ellinger, p82.
15) 2000 c. 8.
16) John Odgers(ed), Paget's Law of Banking 15th ed, LexisNexis UK, 2018, pp7-8 [1.5].
17) Ellinger, pp86-87.
18) The Financial Services and Markets Act 2000 (Carrying on Regulated Activities by Way of Business) Order 2001, SI 2001/1177, Article 2(1)(a),(b).
19) 영국의 금융행위청(Financial Conduct Authority, FCA)은 은행을 첫째, ① 예금수입을 포함한 Ⅳ편 허가(Part IV permission)를 가진 자로서 ② 신용기관(a credit institution)이거나 그가 가진 Ⅳ편 허가가 은행에 대한 건전성기준(GENPRU 및 BIPRU)상의 규칙준수를 요구하고 있는 자인 경우로서 ③ 주택조합(building society)과 우호공제조합(friendly society) 또는 신용협동조합(credit union)를 제외한 자와 둘째, EEA 은행의 두 가지로 정의하고 있다. FCA Handbook Glossary, Bank.
20) 2014.7 독일연방은행의 영문번역본 Banking Act(Gesetz über das Kreditwesen, KWG)를 참조하였다.
21) 7 the entering into of a commitment to repurchase previously sold claims in respect of loans prior to their maturity

은행업을 상업적으로 또는 상업적으로 조직된 기업이 필요한 수준으로 경영하는 자를 말한다(§1(1)). 과거 지급결제업무를 은행업으로 열거하고 있었지만 2007년 EU의 지급업무지침(Payment Services Directive)의 시행과 함께 은행법에서 삭제되었다. 열거방식을 채택하고 있지만 독일 은행법상 은행업은 수신과 여신, 증권업무 등을 포괄적으로 포함하고 있음을 확인할 수 있다.

제3절 은행법상 은행업의 정의

Ⅰ. 의 의

[2-17] 은행법상 은행업은 "예금을 받거나 유가증권 또는 그 밖의 채무증서를 발행하여 불특정 다수인으로부터 채무를 부담함으로써 조달한 자금을 대출하는 것을 업으로 하는 것" 이다(2조 1호).

[2-18] 제정 은행법은 **은행**을 **금융기관**이라고 하면서 **은행업**과 **금융기관**의 정의를 분리되지 않은 형태로 규정했다. 동법은 "금융기관이라 함은 예금의 수입, 유가증권 또는 기타 채무증서의 발행에 의하여 일반민중으로부터 채무를 부담함으로써 획득한 자금을 대출하는 업무를 규칙적, 조직적으로 영위하는 한국은행 이외의 모든 법인을 말한다"라고 규정하였다. 동 규정상 은행업은 "예금의 수입, 유가증권 또는 기타 채무증서의 발행에 의하여 일반민중으로부터 채무를 부담함으로써 획득한 자금을 대출하는 업무"를, 그리고 '금융기관'은 이 업무를 "규칙적, 조직적으로 영위하는 한국은행 이외의 모든 법인"을 말한다(3조). 은행업과 금융기관의 정의를 분리하여 규정한 것은 1998.1. 개정 은행법이다(2조 1호· 2호). 동 개정에서는 조문분리 외에 '일반민중'을 '불특정 다수인'으로 변경하였다. 2010.5. 개정 은행법은 '금융기관'이라는 명칭을 '은행'으로 변경하였다(2조 2호).[22]

[2-19] 현행법상 은행업 정의는 ① 예금의 수입 또는 유가증권 기타 채무증서의 발행에 의하여 불특정다수인으로부터 채무를 부담함으로써 조달한 자금을, ② 대출하는 것을, ③ 업으로 행하는 것의 3가지를 개념 요소로 한다.[23] 이하 각각의 요소에 대하여 살펴본다.

Ⅱ. 은행법상 정의

1. 은행자금조달방법

가. 개 관

[2-20] 은행업의 요소로서의 자금조달방법은 ① 예금의 수입이나 ② 유가증권 기타 채무증서의 발행을 통하여 ③ 불특정다수인으로부터 채무를 부담함으로써 자금을 조달하는 것이다. 은행은 자금잉여부문으로부터 조달한 자금을 자금부족부문에 공급하는 자금중개를 본질적 기능으로 하므로 외부자금을 조달하지 않는 법인은 은행이 될 수 없다.[24]

나. 예금의 수입

[2-21] '예금의 수입'은 "금융기관이 불특정 다수인으로부터 일정한 기간을 정하거나 또는 정하지 않고 예금증서와 교환하여 금전의 예입을 받는 것"을 말한다.[25] 예금은 은행 등

---

22) 그러나 한국은행법은 은행과 은행지주회사를 **금융기관**이라고 정의한다(11조 1항).
23) 상법상 기본적 상행위인 수신·여신·환 기타의 금융거래(상 46조 8호)에 해당한다.
24) 은행감독원, 34면.
25) 은행감독원, 34-35면.

법률이 정하는 금융기관을 수치인으로 하는 금전소비임치계약으로서 수치인은 임치물인 금전등을 보관하고 그 기간 중 이를 소비할 수 있고 임차인의 청구에 따라 동종 동액의 금전을 반환할 것을 약정함으로써 성립하는 것이다(대법원 1985. 12. 24. 선고 85다카880 판결). 은행은 반드시 모든 종류의 예금을 거래해야 하는 것은 아니며, 일부 예금만을 수입해도 은행으로서의 자격을 상실하는 것은 아니다.[26]

상호저축은행의 예적금은 은행법상 예금에 해당하지만, 은행법은 '상호저축은행업무만을 경영하는 회사'를 은행의 정의에서 배제하고(6조), 저축은행법도 은행법 적용을 배제하고 있다(36조 1항). [2-22]

또한 다른 법령에 의하여 인허가 등을 취득하지 않고 불특정 다수인으로부터 "장래에 원금의 전액 또는 이를 초과하는 금액을 지급할 것을 약정하고 예금·적금·부금·예탁금 등의 명목으로 금전을 수입하는 행위"를 유사수신행위로서 금지하고 있다(유사수신법 3조, 2조 2호). [2-23]

다. 유가증권 또는 그 밖의 채무증서의 발행

'유가증권 그 밖의 채무증서의 발행'은 은행이 유가증권 그 밖의 채무증서를 발행하여 자금을 조달하는 것을 말한다. 은행이 발행할 수 있는 '유가증권'에는 "「상법」에 따른 사채, 상각형 조건부자본증권, 은행주식 전환형 조건부자본증권, 은행지주회사주식 전환형 조건부자본증권, 그 밖에 제1호부터 제4호까지의 사채에 준하는 사채로서 대통령령으로 정하는 사채"가 포함된다(33조, 령 19조 5항). "그 밖의 채무증서"로는 양도성예금증서가 있다. 양도성예금증서는 예금이면서 상법상 유가증권에도 해당한다(대법원 2009. 3. 12. 선고 2007다52942 판결). [2-24]

은행은 '예금의 수입'과 '유가증권 그 밖의 채무증서의 발행' 등 모든 타인자본 조달방법을 취급해야 하는 것은 아니므로, 사채를 발행하여 조성된 자금으로 대출업무를 수행하는 것은 은행업에 해당한다.[27] 따라서 특별법상 허용된 경우를 제외하고는 은행업 인가를 취득해야 한다. 사채 등의 발행자금으로 대출업무를 하는 자본시장법상 종합금융투자사업자와 증권금융회사(77조의3 10항, 330조 3항), 그리고 여전법상 여신전문금융회사에 대해서는 은행법 적용을 배제하고 있다(52조 1항). [2-25]

그러나 사채발행자금으로 대출하는 것을 업으로 하는 자에 대하여 은행규제를 적용해야 하는가? 입법론으로는 '유가증권 그 밖의 채무증서의 발행'만으로 자금을 조달하는 경우는 은행업의 정의에서 제외하는 것이 옳다. 반면 '유가증권 그 밖의 채무증서의 발행'만으로 조달한 자금으로 대출하는 경우를 은행업의 정의에 포함하는 것이 그림자금융의 규제를 위해 필요하다는 의견도 있다. [2-26]

26) 은행감독원, 35면.
27) 은행감독원, 37면. 정찬형외 60면. 반대: 주석은행법, 55면.

라. 불특정다수인으로부터 채무를 부담함으로써 조달한 자금

[2-27] 은행업 정의에서 '불특정 다수인'은 '거래의 상대방이 법률이나 정관 등에 의해 특정되지 않은 2인 이상'임을 말하며, 불특정다수인이 은행에 대한 채권자가 된다는 것이다.[28] 따라서 특정 조합원만을 대상으로 하는 신용협동조합, 새마을금고 등 상호금융조합은 은행이 아니다.[29]

[2-28] 법원도 불특정다수의 의미를 유연하게 해석한다. "예금을 받거나 유가증권 등을 발행하여 전혀 면식이 없는 사람들에게 채무를 부담하고 그들로부터 조달한 자금을 대출하는 경우"뿐만 아니라, "외견상 특정 직업군에 속한 사람으로부터 자금을 조달하는 것으로 예정되어 있지만 실제로는 자금조달행위의 구조나 성격상 그 특정 직업군에 속한 사람은 물론, 그 관계인이나 제3자로부터도" 예금을 받거나 유가증권 등을 발행하여 조달한 자금을 대출해 왔다면, "예금의 수입 또는 유가증권 등의 발행에 의하여 불특정 다수인으로부터 채무를 부담함으로써 조달한 자금을 대출하는 행위"라고 보아야 한다(대법원 2016. 10. 27. 선고 2016도9654 판결).[30]

[2-29] 이러한 자본조달이 은행 그 밖의 금융회사와 같은 기관 간에만 이루어지는 경우도 동일하게 해석해야 한다.[31]

2. 은행자금운용방법

[2-30] 은행은 예금 등으로 불특정다수인으로부터 조달한 자금을 대출하는 것을 업으로 한다. 여기서 대출은 주로 직접적인 대출의 형태로 나타나지만, 자본시장을 통한 간접적인 형태로도 이루어질 수 있다. 대출업무는 자금의 대출업무와 어음할인업무로 구성된다(27조 2항 2호). 예금과 마찬가지로 모든 종류의 대출업무를 해야만 은행이 되는 것은 아니다.[32]

[2-31] 대출업무와는 구별되는 파생상품거래를 통한 신용공여행위가 이루어지는 경우는 어떻게 볼 것인가? 예컨대 은행이 총수익률스왑에서 보장제공자가 되는 등의 방식으로

28) 은행감독원, 37면.

29) 은행감독원, 37면; 주석은행법, 55면. 전주지법 2010. 3. 17. 선고 2009고단1664-1 판결(은행업과 마찬가지로 수신업무와 대출업무 등 신용사업을 영위하지만 원칙적으로 불특정다수인이 아니라 공동유대에 속하는 조합원을 대상으로 하는 것에 불과하고, 조합원이 아닌 자에게 조합의 사업을 이용하게 하더라도 이는 조합원의 이용에 제한이 없는 범위 내에서 허용되는 예외적인 것으로서 그로써 신용협동조합이 은행법상 금융기관에 해당한다고 볼 수는 없다.").

30) "△△상조회 규약에서는 회원이 될 수 있는 자를 공소외 주식회사 △△지역 재직자로 한정하였으나, 실제 △△상조회는 □□신협과 동일한 형태로 운영되었고, △△상조회 규약상 회원자격을 갖추지 못한 □□신협의 기존 조합원에 대한 자금조달 및 대출도 대환대출의 방식 등으로 계속" 한 △△상조회를 은행으로 볼 수 있는지가 문제된 사안이다. 원심도 "이처럼 회원자격의 범위가 특정되어 있었으나 실제 회원이 될 수 있는 대상자는 회원자격의 범위와 무관하였으므로 결국 회원대상자가 구체적으로 특정되었다고 보기 어렵다"고 판시하였다.

31) 기관간 자본조달시장의 구조에 대해서는, José Gabilondo, Institutional Credit Markets: Structure, Funding, and Regulation, Edward Elgar Publishing, 2023.

32) 은행감독원, 37면.

신용을 공여하는 경우를 생각할 수 있다. 은행법은 '대출하는 것을 업으로 한다'고 규정하고 있으므로 반드시 대출이 이루어져야 은행업에 해당할 수 있다.

3. 업으로

은행법상 '업으로'를 해석한 판례는 없지만, 대부업법상 '업으로'(2조 1호 본문)에 대해서 법원은 "같은 행위를 계속하여 반복하는 것"을 의미하고, "여기에 해당하는지 여부는 단순히 그에 필요한 인적 또는 물적 시설을 구비하였는지 여부와는 관계없이 금전의 대부 또는 중개의 반복·계속성 여부, 영업성의 유무, 그 행위의 목적이나 규모·횟수·기간·태양 등의 여러 사정을 종합적으로 고려하여 사회통념에 따라 판단"해야 한다고 보았다(대법원 2008. 2. 29. 선고 2007도11068 판결; 대법원 2008. 10. 23. 선고 2008도7277 판결; 대법원 2012. 3. 29. 선고 2011도1985 판결; 대법원 2012. 7. 12. 선고 2012도4390 판결; 대법원 2013. 9. 27. 선고 2013도8449 판결).[33] 업으로의 판단에서 영업성의 유무를 고려하고 있지만, 영리성을 요건으로 하는 것은 아니다(대법원 1996. 12. 10. 선고 94도2235 판결).[34] [2-32]

4. 여신업무와 수신업무의 병행

여신과 수신업무 중 하나만을 운영하는 경우는 은행업에 포함될 수 없다.[35] 대출업무를 하지만, 예금 수입이나 유가증권 그 밖의 채무증서의 발행을 하지 않는 경우는 은행업이 아니다. 예컨대, 대부업법에 따른 대부업자는 대출업무를 하더라도 은행법상 은행업을 경영한다고 볼 수는 없다. 같은 이유에서 사채업자의 고리대금행위도 은행업이 아니다. [2-33]

예금 수입이나 유가증권 그 밖의 채무증서의 발행을 통하여 조달한 자금을 대출이 아닌 증권 투자에만 운용하는 경우는 은행업에 해당할 수 없는가? 대출을 전혀 하지 않는 경우는 은행에 해당할 수 없다. 이 경우 유사수신법은 적용될 수 있다. [2-34]

같은 맥락에서 여수신업무를 하지 않고, 오로지 환업무만을 하는 자는 은행법상 은행업은 해당하는가? 은행법상 은행업에 해당하지 않는다. 그러면 원화가 아닌 외화로만 여신업무와 수신업무를 경영하는 경우는 은행에 해당하는가? 외국환거래법의 규율을 받을 뿐 별도로 은행법상 인가를 요하지 않는다는 견해가 있다.[36] 그러나 국내에서 수신업무와 여신업무를 병행하면 그 표시통화가 원화이든 외화이든 불문하고 은행업에 해당한다. 외국환거래법상 외국환업무에 해당할 경우에는 동법상 규제를 추가로 받을 뿐이다. [2-35]

---

33) 신용정보법 제50조 제2항 제7호, 제40조 제4호에서 '업으로'의 의미에 대하여 대법원 2012. 9. 13. 선고 2012도5525 판결. 자본시장법은 영업성을 "이익을 얻을 목적으로 계속적이거나 반복적인 방법으로 행하는 행위"라고 정의하고 있다(6조 1항).

34) "구 영화법(1993. 3. 6. 법률 제4541호로 개정되기 전의 것) 제4조 제1항에 의하여 등록을 필요로 하는 영화제작을 업으로 하는 자를 반드시 영리를 목적으로 하는 경우에 한정한다고는 볼 수 없으며, 이는 영리를 목적으로 하는지 여부에 관계없이 계속·반복적으로 영화를 제작하고자 하는 자를 의미한다."

35) 은행감독원, 39면.

36) 주석은행법, 50-51면.

제4절 은행 기능의 본질적 요소와 은행업의 정의

Ⅰ. 의 의

[2-36] 은행업의 정의에서 먼저 살펴야 할 것은 은행 기능의 본질적 요소이다. 이를 어떻게 보는지에 따라 은행업 정의가 달라진다. 3가지 측면에 유의해야 한다.

[2-37] 첫째, 은행을 다른 비은행금융회사와 구분하는 요소로서 주로 은행의 특수성과 공공성이 논의되고 있다. 이를 인정할 것인지와 그 범위에 따라 은행업 정의는 달라진다. 은행의 특수성이나 공공성에 대한 강조는 은행으로부터 위험업무의 분리[37]로 연결될 수 있다.

[2-38] 둘째, 은행업의 정의에서 또 고려할 것은 은행업무가 은행이용자의 수요에 맞추어 변화해 온 점이다. 종래 은행법은 은행업 정의를 기초로 은행을 정의하면서도 겸영업무나 부수업무라는 이름으로 은행업무의 범위를 확대해 왔다. 이와 같이 은행업 정의가 역사적 환경과 경제적 여건에 따라 변해 온 점을 고려하면 은행의 본질적 기능에 대한 탐구는 은행을 정의하기 위한 유용한 수단이 된다. 은행업무의 형태나 명칭은 변화하지만, 은행규제의 근거가 되는 기능과 위험은 변하지 않는다. 은행기능으로서의 수신과 여신이 모두 은행업 정의에 반영되어야 하는지도 문제이다.

[2-39] 셋째, 은행의 본질적 기능에 기초한 은행업의 정의와 은행이 현실적으로 수행하고 있는 은행의 업무범위는 다른 개념이다. 이런 관점에서 은행법은 은행업의 정의(2조 1항 1호)와 은행의 업무범위(27조, 27조의2, 28조)를 구별한다. 그 결과 은행업무와 비은행금융회사 업무가 혼재되거나 상호 결합되어 있음을 고려할 때[38] 은행을 다른 비은행금융회사와 구분하는 은행업의 본질적 요소를 확보할 필요가 있다.

Ⅱ. 은행 기능의 본질적 요소

1. 은행의 특수성

가. 의 의[39]

[2-40] 은행의 특수성은 은행에 대하여 건전성규제와 같은 특별한 규제와 예금보험을 포함한 특별한 보호가 적용되는 이유이다. 은행은 다른 금융기관과 차별화되는 특수한 기능을 수행하므로 특별한 규제와 보호의 대상이 되어야 한다는 것이다.[40] 전통적으로 은행은 저축보관기관으로서, 예금계좌의 개설 및 운영이나 어음·수표의 지급 등을 통한 지급결제

---

37) 미국의 볼커규칙이나 영국의 소매은행업무와 투자·도매은행업무의 분리(ring-fencing) 등의 논의가 대표적이다.

38) C. C. Johnston, 위의 논문, p346.

39) 이하 은행의 특수성에 관한 논의는 정순섭, "금융규제체계개편론 : 은행의 업무범위에 대한 국제적 논의를 중심으로," 상사판례연구 제24집 제4권, 2011, 3-4면.

40) 이러한 관점을 보이는 글로는, Tadashi Nunami, "Are Banks Special?: The 'Volcker Rule' and Future of the US Banking Industry" The Securities Analysts Association of Japan 2011.

기관으로서 특수한 지위를 유지해 왔다.[41] 특수성 논쟁은 결국 금융체계위험과 연결되는 것으로서 ① 은행은 특수한 기능을 하고 있고, ② 그 기능이 제대로 수행되지 않으면 금융체계위험이 현실화될 수 있으므로, ③ 규제를 통한 위험통제와 예금보험을 통한 보호가 불가피하다는 것이다.

고전적인 논의에서는 '거래계좌'의 제공, 다른 기관에 대한 유동성 백업, 통화정책의 전달경로라는 3가지를 은행의 본질적 특징으로 제시하면서 지급수단의 운영자로서의 특수성을 강조하고 있다.[42] 지급제도의 중요성과 지급수단으로서의 예금의 역할을 고려할 때 주된 지급수단의 운영자인 은행에 대해서 특히 위험업무로부터의 차단장치를 둔다는 의미에서 은행법상 특수한 지위를 인정하는 것은 여전히 옳은 결론이다. [2-41]

나. 은행의 특수성과 은행업의 정의

은행의 특수성은 결국 지급수단인 예금의 창조라는 은행 기능을 기초로 한다. 이러한 기능을 중심으로 보면 지급업무 자체를 은행업 정의에 반영하는 방법도 있다. 그러나 지급업무 자체를 은행의 고유한 기능으로 보는 것은 적어도 현실적으로는 부적절하다. 실제로 우리나라뿐만 아니라 미국과 일본 그리고 EU를 포함한 많은 국가 또는 지역에서 지급업무는 은행이 아닌 금융투자업자 등에 의해서도 수행되고 있다.[43] 독일은 1961년 은행법에서 '비현금 지급결제와 청산업무'를 은행업무로 규정하다가(§1(1)9), 2008년 EU 지급업무지침의 영향으로 삭제했다.[44] 다만 예금을 수단으로 하는 지급업무는 은행의 배타적 고유업무로서 은행 이외의 자는 수행 자체가 금지된다. 따라서 은행업을 '예금의 수입'을 기본요소로 정의하는 것이 은행의 특수성 즉 은행의 본질적 기능과 고유한 위험을 은행규제 대상으로 포함하는 방안이 될 것이다. 그러나 입법론으로 지급업무와의 관계에서 환업무의 의미를 명확하게 할 필요는 있을 것으로 본다. [2-42]

2. 은행의 공공성

가. 의 의

은행도 영리를 추구하는 주식회사로서 헌법상 영업의 자유가 보장되어야 한다. 그러나 [2-43]

---

41) Alan Tyree and Prudence Weaver, Weerasooria's Banking Law and the Financial System in Australia, LexNexis Butterworths, 2006, p195.

42) E. Gerald Corrigan, "Are Banks Special?", Annual Reports 1982 Federal Reserve Bank of Minneapolis, January 1982. 저자는 2000년에 기고한 글에서도 은행의 특수성이 여전히 유지되고 있다고 주장하였다. E. Gerald Corrigan, "Are Banks Special? A Revisitation", The Region, Special Issue 2000, Federal Reserve Bank of Minneapolis. 최근의 논의로 Andreas Busch, Banking Regulation and Globalization, 2009, pp23-26; Heidi Mandanis Schooner and Michael W. Taylor, Global Bank Regulation: Principles and Policies, 2009, pp1-17.

43) 각국의 은행업과 지급결제업무의 관계에 대한 논의는 정순섭, "금융규제체계개편론 : 은행의 업무범위에 대한 국제적 논의를 중심으로," 상사판례연구 제24집 제4권, 2011, 44-45면.

44) Committee on Payment and Settlement System, Red Book, 2003, Payment Systems in Germany, p151.

은행의 특수성으로 인하여 은행업을 완전히 기업의 자유에 맡길 수 없는 한계도 존재한다. 또한 은행은 주된 자금조달수단인 예금에 따른 높은 부채비율, 단기조달과 장기운용에 따른 만기 불일치, 예금자 등 채권자에 의한 감시기능의 부재, 은행네트워크를 통한 위험전이 등으로 인한 특수한 위험구조를 가지고 있다. 은행의 기능 및 위험구조의 특수성이란 관점에서 국가는 은행의 건전성과 영업행위에 대한 규제를 통하여 직접적 또는 간접적으로 은행 경영에 관여하고 있다.[45]

[2-44] 이러한 국가적 개입의 근거는 헌법상 법률에 의한 국민의 권리에 대한 제한 근거가 되는 '공공복리'라고 볼 수 있지만(헌법 37조 2항), 특히 은행법에서는 '공공성'이라는 개념을 사용한다.[46] 은행은 일반사업회사[47]와 같이 단순히 영리를 추구하는 것이 아니라 은행이 속한 사회의 구성원 전체의 공공복리의 향상에 기여할 책임을 진다는 것을 의미한다. 위에서 논의한 은행의 공공성을 강조하는 근거가 되어 왔다.[48]

나. 은행의 공공성과 사회적 책임

[2-45] 은행의 공공성과 기업의 사회적 책임(corporate social responsibility, CSR)의 관계에 대해서도 논의가 있다.[49] 그러나 은행의 공공성은 은행이 수행하는 기능 그 자체의 공공적 성질을 의미하는 것으로서 기업의 사회적 책임과는 구분된다. 은행은 금융기관으로서의 공공성을 가지면서 동시에 기업으로서 사회적 책임을 지는 것이다. 따라서 은행의 공공성은 특히 예금을 통한 결제업무의 제공이라는 은행 기능 자체의 공공성을 의미한다.

다. 은행의 공공성에 관한 논의

1) 공공성의 근거

[2-46] 은행의 공공성의 근거에 대해서는 2가지 논의가 있다. 첫째는 ① 은행업무가 복수의 방대한 신용조직으로 연결되어 있으므로 그 중 어딘가에서 파탄이 발생하면 연쇄반응으로 영향이 널리 미치는 점에서 그 제도 및 업무운영의 적부는 한 나라의 신용질서 유지 나아가 한 나라의 경제운용에 중대한 영향이 있는 점, ② 은행의 주된 채권자가 예금자 즉 일반대중인 점에서 국민의 예금을 보호하기 위해 국가가 은행업무에 대하여 필요최소한도의 개입을 할 수밖에 없는 점, ③ 은행의 자금공급기능이 한 나라의 경제활동 전체에 미치는 영향이 매우 크다는 점의 3가지를 근거로 은행의 공공성을 인정하는 견해[50]

---

45) 주석은행법, 34-40면.

46) 일본의 은행법은 이를 명문으로 규정하였다. 小山, 52-53면; 本間晶외, 15면. James R. Barth, Gerard Caprio Jr and Ross Levine, Rethinking Bank Regulation: Till Angels Govern, Cambridge University Press, 2007.

47) 이 책에서는 금융업을 경영하는 '금융회사'가 아닌 주식회사를 '일반사업회사'라고 한다.

48) 특히 2008년 글로벌 금융위기 이후 제기된 금융의 역할에 대한 비판을 소개하면서 금융의 본래적 기능을 강조한 것으로, Robert J. Shiller, Finance and the Good Society, Princeton University Press, 2012.

49) 손상호, "은행의 공공성과 사회적 책임," 주간 금융브리프 제14권 제43호, 2005, 3-9면; 원동욱, "금융기관의 공공성과 CSR," 금융법연구 제10권 제1호, 2013, 115-159면.

이다. 둘째는 은행은 국민 일반으로부터 예금을 받아 기업·개인·공공부문 등에 대하여 필요자금을 공급함으로써 경제활동의 중추를 점하는 자금중개기능을 발휘하고, 이로써 국민경제의 건전한 발전에 기여하는 사명을 담당하는 점에서 사기업의 입장을 넘어서 높은 공공성을 가진다고 보는 견해[51]이다.

[2-47] 국내에도 은행의 공공성의 근거를 "금융기관은 그 본질적 기능으로서 불특정다수인으로부터 예금을 수입하여 각 경제주체에 필요한 자금을 공급하는 금융중개기능을 수행하는 동시에 예금통화의 창출·공급 및 지급결제기능을 담당함은 물론 통화신용정책의 중간매개기관으로서의 역할도 수행하는 등 국민경제내의 중추적인 역할을 담당"하는 점과 "은행업의 경우 개별 금융기관의 경영위기나 도산이 전체 금융기관은 물론 국민경제에도 심대한 영향을 미치게 된다는 점에서 일반기업에 비해 외부효과(external effect)가 매우 크다"는 점에서 찾기도 한다.[52]

2) 은행의 공공성과 기업성

[2-48] 은행의 공공성은 영리성이나 수익성을 강조하는 기업성[53]과 충돌하는 것으로 알려져 왔다. 은행업의 본질을 실물경제에 대한 자금조달창구로서의 보조적인 역할로 볼 것인지 아니면 그 자체 독자적인 가치를 창출하는 산업으로 인식할 것인지가 문제된다. 최근 금융위기를 겪으면서 은행을 포함한 금융업자의 영리 추구를 위한 과도한 위험 인수가 위기의 원인이라고 보는 인식이 확대되고 있다.[54] 이러한 인식에 따라 은행의 공공성이 더욱 강조되고 있다.

[2-49] 그러나 은행의 공공성은 기업성과 조화롭게 해석되어야 한다. 은행의 공공성을 주장하는 견해도 은행의 기업성을 망각해서는 안 된다는 점을 강조한다.[55] 결국 동태적인 경제사회구조에서 공공성을 지나치게 강조하는 것은 과보호행정의 폐해로 연결되어 은행경영의 활력을 상실하게 하는 결과를 초래할 우려가 있다는 것이다.[56] 법원도 "자금을 대출하여 이자수입을 얻는 것은 은행 본래의 영업이고 담보가 보장되는 이상 대출규모를 확장하여 수익을 도모하는 것은 영리기업인 은행으로서는 당연한 일"이라고 하여 은행의 기업성을 인정하고 있다(대법원 1987. 1. 20. 선고 86다카1262 판결). 일본의 은행법은 목적 조항에서 '은행업무의 공공성'과 함께 '은행업무의 운영에 관한 자율적인 노력'을 강조하여

50) 小山, 53면; 서형석·이용선, 17-20면.

51) 氏兼裕之·仲浩史(編),『銀行法の解說』, 金融財政事情研究会, 2004, 31-32면.

52) 은행감독원, 13면.

53) '경제성'이라는 용어도 사용한다. 서형석·이용선, 20면. 일본에서는 '사기업성'이라는 용어가 사용된다. 小山, 58-59면. '기업성'이라고 부르기도 한다. 本間晶외, 16면.

54) 노경목, "취재수첩: 국내기업이 먼저라는 獨 은행가들", 한국경제신문 2014.1.14., A34면.

55) 자립자존의 기업가정신이나 경쟁원리에 따른 경영개선을 위한 자율적인 경영노력은 은행이 국민경제에 맡겨진 사명을 달성하기 위해 필요불가결한 요소라는 것이다. 서형석·이용선, 21-22면; 氏兼裕之·仲浩史(編), 앞의 책, 32면; 小山, 58-59면; 本間晶외, 16-17면.

56) 氏兼裕之·仲浩史(編), 위의 책, 2004, 32면.

이러한 취지를 명시하고 있다(1조 1항·2항). 영국에는 정부가 기후변화와 인권에 관한 정책을 은행 이사회에 요구하면 주주 일반의 이익을 위해 은행의 성공을 촉진할 이사의 의무에 반한다고 판단한 판결(R(on the application of People and Planet) v HM Treasury [2009] EWC 3020, [34])이 있다.[57)]

[2-50] 은행법은 목적조항에서 "은행업무의 운영에 관한 자율적인 노력을 존중" 등과 같은 내용을 규정하고 있지 않다. 그러나 은행법은 은행업 인가요건으로 법적 형태가 이익배당이 가능한 주식회사일 것을 요구하고 있어([3-49]) 은행의 공공성과 기업성에 대한 조화로운 해석·운용을 규정하고 있는 것으로 생각된다.

3) 공공성과 은행의 의무

[2-51] 은행중심금융체계에 속하는 우리나라에서는 은행이 국가주도의 경제발전과정에서 주된 자금공급원 역할을 담당함으로써 산업에 대한 후원자적 기능을 수행해 왔다(헌재 1998. 9. 30. 98헌가7 등).[58)] 또한 지급제도의 운영자로서의 은행의 특수성을 고려한 건전성 규제와 예금보험제도, 전통적인 은행상품인 예금의 안전성, 다른 금융업자에 비해 상대적으로 높은 대국민 신뢰도 등을 이유로 은행의 공공성에 대한 국민적 기대가 여전히 매우 높다. 국내에서는 은행의 공공성을 은행 이사의 선관주의의무 또는 은행 고객[59)]에 대한 주의의무의 수준을 높이는 근거로 인식하기도 한다.

[2-52] 대법원에서 은행의 공공성을 언급한 것은 은행의 기업부실대출에 관하여 은행 임원의 선관주의의무위반을 이유로 한 손해배상을 청구한 제일은행 주주대표소송에 관한 판결이 최초이다(대법원 2002. 3. 15. 선고 2000다9086 판결). 대법원은 "은행은 주식회사로 운영되기는 하지만, 이윤추구만을 목표로 하는 영리법인인 일반의 주식회사와는 달리 예금자의 재산을 보호하고 신용질서 유지와 자금중개 기능의 효율성 유지를 통하여 금융시장의 안정 및 국민경제의 발전에 이바지해야 하는 공공적 역할을 담당하는 위치에 있다"고 하고, 은행 이사는 '일반 주식회사 이사의 의무'에서 나아가 '은행의 그 공공적 성격에 걸맞은 내용의 선관의무'까지 다할 것이 요구된다고 보고 있다("밑줄 필자", [대법원판결1]).[60)]

57) Stephen F. Copp, "Section 172 of the Companies Act Fails People and Planet?", Company Lawyer Vol.31, 2010, pp406-408.

58) "은행은 불특정 다수인의 예금을 기반으로 조성된 한정된 재원을 효율적으로 배분하여 산업발전을 지원함으로써 국가경제에 기여하는 공공성과 공기업적 성격을 지닌다". 헌재 1999. 7. 22. 98헌가3도 같은 취지.

59) 은행법은 은행의 거래상대방을 '은행이용자' 또는 '고객'으로 표현한다. 이 책에서도 상황에 따라 은행이용자 또는 고객이라는 용어를 함께 사용한다.

60) "따라서 금융기관의 이사가 위와 같은 선량한 관리자의 주의의무에 위반하여 자신의 임무를 해태하였는지의 여부는 그 대출결정에 통상의 대출담당임원으로서 간과해서는 안 될 잘못이 있는지의 여부를 금융기관으로서의 공공적 역할의 관점에서 대출의 조건과 내용, 규모, 변제계획, 담보의 유무와 내용, 채무자의 재산 및 경영상황, 성장가능성 등 여러 가지 사항에 비추어 종합적으로 판정해야 할 것이다." 대법원 2002. 3. 15. 선고 2000다9086 판결.

수취은행이 수취인에 대한 대출채권 등을 자동채권으로 하여 착오송금된 금원 상당의 예금채권과 상계하는 것이 신의칙 위반 내지 권리남용에 해당하는지 여부와 관련하여 대법원은 이러한 상계는 "특별한 사정이 없는 한 공공성을 지닌 자금이체시스템의 운영자가 그 이용자인 송금의뢰인의 실수를 기화로 그의 희생하에 당초 기대하지 않았던 채권회수의 이익을 취하는 행위로서 상계제도의 목적이나 기능을 일탈하고 법적으로 보호받을 만한 가치가 없으므로, 송금의뢰인에 대한 관계에서 신의칙에 반하거나 상계에 관한 권리를 남용하는 것"으로 본다(대법원 2010. 5. 27. 선고 2007다66088 판결)("밑줄 필자", [대법원판결2]). [2-53]

장외파생상품거래에 대한 대법원판결에서도 은행의 '공신력'에 관하여 언급하고 있다. 동 판결에서는 "은행은 그 인가요건, 업무범위, 지배구조 및 감독 체계 등 여러 면에서 투자를 전문으로 하는 금융기관 등에 비해 더 큰 공신력을 가지고 있다"고 하고, 이러한 공신력으로 인해 "은행의 권유는 기업의 의사결정에 강한 영향을 미칠 수 있으므로, 은행으로서는 위와 같이 위험성이 큰 장외파생상품의 거래를 권유할 때에는 다른 금융기관에 비해 더 무거운 고객 보호의무를 부담한다"고 보고 있다(대법원 2013. 9. 26. 선고 2012다13637 전원합의체 판결; 대법원 2013. 9. 26. 선고 2013다26746 전원합의체 판결; 대법원 2013. 9. 26 선고 2012다1146 전원합의체 판결; 대법원 2013. 9. 26. 선고 2011다53683 전원합의체 판결)("밑줄 필자", [대법원판결3]). [2-54]

4) 평 가

[대법원판결1]에서 말하는 '공공적 성질'은 자금중개기관으로서의 은행의 기능, [대법원판결2]의 '공공성'은 지급기관으로서의 은행의 기능, 그리고 [대법원판결3]에서 말하는 '공신력'은 은행규제가 '투자를 전문으로 하는 금융기관 등'에 대한 규제에 비하여 엄격한 점에 기초한 것으로 판단된다. 문제는 이러한 은행의 공공성에 대한 고려가 은행 이사의 의무를 '일반 주식회사 이사의 의무'에서 나아가 '은행의 그 공공적 성격에 걸맞은 내용의 선관의무'까지 확대하거나 은행의 권유는 기업의 의사결정에 강한 영향을 미칠 수 있으므로, 다른 금융기관에 비해 더 무거운 고객 보호의무를 부담하게 하는 근거가 될 수 있는지 여부이다. [2-55]

은행의 공공성이 은행 이사의 의무를 일반 주식회사 이사의 의무보다 강화하는 기제가 될 수 있다. 은행의 지급결제나 자금중개기능은 일반사업회사나 비은행금융회사의 기능과는 차원이 다른 공공성을 가진다. 그런 관점에서 [대법원판결1]과 [대법원판결2]의 접근방법은 은행업무의 특수성에 비추어 이해되는 면이 있다. 그러나 주식회사인 은행 이사의 주의의무를 일반 주식회사와 달리 볼 근거가 없다는 견해[61]도 있다. [2-56]

나아가 은행의 공신력을 은행에 대하여 "투자를 전문으로 하는 다른 금융기관에 비해 더 무거운 고객 보호의무"를 부담하게 하는 근거로 볼 수 있는지는 의문이다. [2-57]

---

61) 송옥렬, 상법강의, 홍문사, 2024, 1055면.

라. 은행의 공공성과 임직원 처벌

1) 의 의

[2-58] 은행의 공공성에 대한 인식을 확인할 수 있는 사례로 임직원의 직무관련 수재행위 및 이에 대한 증재행위를 처벌하는 특경가법 해당 조항(5조 1항·4항 1호·2호, 6조 1항)의 위헌 논란이 있다.[62] 동법은 "금융기관 임직원의 공정성과 공익성을 보장하기 위하여 이들의 직무에 관한 금품수수행위를 공무원의 뇌물수수와 같은 수준으로 엄단함으로써 금융업무와 관련된 각종 비리와 부정의 소지를 없애"는 것을 입법목적으로 제정되었다.[63] 위 조항들에 대한 위헌 논의는 금융업무의 공공성과 사경제영역의 자율성에 대한 인식 차이가 반영된 것이다.[64]

2) 합헌

[2-59] 헌재는 특경가법 제5조 제1항에 대해서는 "금융기관의 임·직원에게는 공무원에 버금가는 정도의 청렴성과 업무의 불가매수성(不可買收性)이 요구되고", 이들의 직무관련 수재행위를 "별도의 배임행위가 있는지를 불문하고 형사제재를 가함으로써 금융업무와 관련된 각종 비리와 부정의 소지를 없애고, 금융기능의 투명성·공정성을 확보할 필요"가 있다는 이유로 일관되게 합헌으로 판단하고 있다(헌재 1999. 5. 27. 98헌바26).[65] 특경가법 제5조 제4항 제1호와 제2호에 대해서는 같은 이유로 합헌으로 보는 판례(헌재 2005. 6. 30. 2004헌바4,2005헌바44(병합))가 다수이지만 책임과 형벌 간의 비례성원칙에 위반되고 다른 범죄와 관계에서 형벌체계의 균형성 및 평등원칙에 위반된다고 보아 위헌결정을 한 사례도 있다(헌재 2006. 4. 27. 2006헌가5). 그 후 특경가법 제5조 제4항 제1호(헌재 2013. 7. 25. 2011헌

---

62) 특경가법 제5조(수재 등의 죄) ① 금융회사등의 임직원이 그 직무에 관하여 금품이나 그 밖의 이익을 수수(收受), 요구 또는 약속하였을 때에는 5년 이하의 징역 또는 10년 이하의 자격정지에 처한다.
④ 제1항부터 제3항까지의 경우에 수수, 요구 또는 약속한 금품이나 그 밖의 이익의 가액(이하 이 조에서 "수수액"이라 한다)이 3천만원 이상일 때에는 다음 각 호의 구분에 따라 가중처벌한다.
1. 수수액이 1억원 이상일 때: 무기 또는 10년 이상의 징역
2. 수수액이 5천만원 이상 1억원 미만일 때: 7년 이상의 유기징역
⑤ 제1항부터 제4항까지의 경우에 수수액의 2배 이상 5배 이하의 벌금을 병과한다.
특경가법 제6조(증재 등의 죄) ① 제5조에 따른 금품이나 그 밖의 이익을 약속, 공여 또는 공여의 의사를 표시한 사람은 5년 이하의 징역 또는 3천만원 이하의 벌금에 처한다.

63) 국회 법제사법위원회, 특정경제범죄가중처벌등에관한법률안 심사보고서, 1983.12, 5면.

64) 다만 특경가법의 적용대상인 금융회사등은 은행뿐만 아니라 한국은행, 금감원, 증권회사, 보험회사, 상호저축은행과 그 중앙회, 농협과 농협은행, 수협과 수협은행, 신협과 그 중앙회, 새마을금고와 그 연합회, 신용보증기금과 기술보증기금을 모두 포함한다(특경가법 2조 1호 가목-차목). 따라서 반드시 은행의 공공성에 한정된 논의는 아니다.

65) 특경가법 제5조 제1항에서 '금융기관의 임·직원'의 범위에 금융업과 무관한 업종별 협동조합의 임·직원까지 포함시키고, '직무'의 범위에서도 금융업무와 무관한 경제사업과 관련된 직무까지 포함시키는 것과 관련하여 동일한 판단을 한 것으로 헌재 2001. 3. 21. 99헌바72,2000헌바12(병합). 특경가법 제5조 제1항에 대하여 평등원칙 및 형벌체계상의 균형성에 위배되지 않는다고 판단한 헌재 2012. 12. 27. 2011헌바217도 있다.

바397; 헌재 2015. 5. 28. 2013헌바35,319,438(병합); 헌재 2017. 12. 28. 2016헌바281)와 동법 제5조 제4항 제2호(헌재 2012. 12. 27. 2011헌바217; 헌재 2017. 12. 28. 2017헌바193)에 대해서도 합헌 결정을 한 사례가 있다.

마. 은행의 공공성과 은행업의 정의

이와 같이 은행의 공공성은 주로 기업성에 대한 제한이나 주주나 은행이용자에 대 [2-60]
한 은행의 의무수준 강화 또는 은행 임직원의 수재행위에 대한 가중처벌의 근거로 작동되어 왔다.

은행의 공공성은 기업성에 대한 제한요소로 작용할 수도 있다. 은행의 지나친 이윤 [2-61]
추구를 위한 위험업무의 취급을 금지 또는 제한해야 한다는 주장의 근저에는 은행의 지급기능을 저해할 우려가 있는 위험업무를 은행으로부터 분리하자는 은행의 특수성에 대한 고려와 함께 지급이나 자금중개와 같은 은행 기능의 공공성에 대한 고려도 존재한다. 그러나 이러한 고려는 은행의 과도한 위험인수의 금지나 위험한도의 규제 또는 과도한 임원보수규제와 같은 규제차원에서 반영되는 것으로 충분하다. 최근 금융위기 이후에 이루어진 은행의 위험업무 분리나 임원보수규제와 같은 움직임은 모두 이러한 인식에 기초한 것이다. 은행의 공공성을 은행의 의무수준을 강화하는 기제로 활용하는 접근방식은 위에서 본 대법원 판결에도 나타나고 있다. 특경가법에서 은행 임직원의 수재행위를 가중처벌하는 것도 은행을 포함한 금융기관의 공공성에 기초한 것이다.

이와 같은 은행의 공공성은 은행규제의 목적조항에 반영되는 것으로 충분하다. 대법원 [2-62]
판결에서도 설시한 바와 같이 은행법상 목적조항(1조)은 은행의 공공성을 전제로 하고 있다.

Ⅲ. 은행업 정의의 본질적 요소 : 예금의 수입

은행법상 은행업 정의는 자금조달방법(예금)과 자금운용방법(대출)으로 구성되는 은행 [2-63]
의 자금중개기능을 명시한 것이다. 이상 논의한 바와 같이 은행 기능의 본질적 요소는 은행의 특수성 즉 지급수단으로서의 예금의 개설 및 지급제도의 운영자로서의 본질을 의미하는 것이다. 따라서 은행을 비은행금융회사와 구분하는 기준은 예금기능이다. 은행의 공공성은 법적으로는 은행이 은행이용자에 대하여 부담하는 의무 수준에 대한 판단기준 또는 은행의 기업성에 대한 제한요소로 작용할 뿐이다. 은행의 공공성과 은행업 정의가 반드시 연동될 수 있는 문제는 아니다. 따라서 은행업의 정의는 은행의 특수성을 반영하여 지급수단인 '예금의 수입'을 기본요소로 정의하는 것이 은행의 본질적 기능과 고유한 위험을 은행규제의 대상으로 포함할 수 있는 최소한의 요건이 될 것이다. 요컨대 은행업의 정의에는 반드시 예금의 수입이라는 요소가 포함되어야 한다는 것이다.

Ⅳ. 실질적 판단

1. 실질적 접근의 필요성

[2-64] 특정 법인의 은행 해당 여부는 그 법인의 업무가 은행업에 해당하는지 여부에 대한 판단을 선결과제로 한다. 은행법상 인가대상인 은행업에 해당하는지 여부는 은행업 규제에 관한 법의 규정 및 취지에 비추어 "사업의 명칭이나 법률적 구성형식에 구애됨이 없이 그의 실체나 경제적 성질을 실질적으로 고찰하여 판단하여야 한다."[66]

2. '성질상 본래의 의미의 은행업무나 그에 필수적으로 부수되는 것'

[2-65] 법원은 「부가가치세법」상 면세대상의 하나인 은행업에 관한 판단에서 "성질상 본래의 의미의 은행업무나 그에 필수적으로 부수되는 것"이라는 기준을 사용하고 있다(대법원 2004. 2. 13. 선고 2002두10384 판결).[67] 쟁점은 부가가치세법상 은행의 복권판매대행용역이 면세대상인 금융·보험용역의 하나인 은행업에 해당하는지 여부였다.

[2-66] 법원은 "은행업에는 예금의 수입, 자금 대출, 환업무 등 본질적 요소가 포함된 본래의 의미의 은행업무와 그에 필수적으로 부수되는 업무만이 포함된다고 해석"되므로 은행이라도 위와 같은 본래의 의미에서 벗어나는 용역을 제공하는 경우에는 이를 면세대상인 금융·보험용역에 포함된다고 볼 수 없고, 은행의 복권판매대행용역은 그 성질상 본래의 의미의 은행업무나 그에 필수적으로 부수되는 것으로 볼 수 없어 면세대상인 금융·보험용역에 해당하지 않는다고 판단하였다. 부수업무를 은행업무에 필수적인지 여부를 기준으로 다시 구분한 것이다.[68]

---

66) cf. 대법원 2013. 4. 26. 선고 2011도13558 판결("보험업 규제에 관한 법의 규정 및 취지에 비추어 보면, 허가의 대상이 되는 보험업에 해당하는지 여부는 사업의 명칭이나 법률적 구성형식에 구애됨이 없이 그의 실체나 경제적 성질을 실질적으로 고찰하여 판단하여야 한다.").

67) 적용법령인 부가가치세법 제12조 제1항 제10호는 면세대상의 하나로 '금융·보험용역으로서 대통령령이 정하는 것'을 들고 동 시행령(2000. 12. 29. 대통령령 제17041호로 개정되기 전의 것) 제33조 제1항은 "법 제12조 제1항 제10호에 규정하는 금융·보험용역은 다음 각 호에 게기하는 사업을 하는 자가 제공하는 것으로 한다."고 규정하면서 제1호에서 '은행업'을 규정하고 있었다.

68) 2013년 부가가치세법시행령 개정으로 면세대상 은행업무 범위를 '「은행법」에 따른 은행업무 및 부수업무로서 다음 각 목의 용역'이라고 하고, 예금·적금의 수입 또는 유가증권 및 그 밖의 채무증서 발행, 자금 대출 또는 어음할인, 내국환·외국환, 채무보증 또는 어음인수, 상호부금, 팩토링, 수납 및 지급 대행, 지방자치단체의 금고대행, 전자 상거래와 관련한 지급대행을 한정적으로 열거하고 있다(부가가치세법시행령 40조 1항 1호 가목-차목).

제3장 은 행

제1절 서 설

은행업의 수행주체를 은행이라고 한다. 은행은 은행업과 함께 은행법의 적용범위를 [3-1]
정하는 기준이 된다. 은행의 정의는 은행업의 정의에 기초하고 있지만, 비은행예금취급기관과의 구별이 필요하다. 은행과 비은행예금취급기관의 규제상 차이의 유지와 통합 가능성은 은행법상 예금취급기관 규제에 대한 장기적인 과제이다. 상호저축은행이나 상호금융조합의 규제상 취급이 문제된다.

은행법상 은행에도 시중은행과 지방은행, 인터넷전문은행과 같은 여러 유형이 존재 [3-2]
한다. 최근에는 지방은행이 시중은행으로 전환되었지만 은행법상 관련제도가 명시되어 있지는 않았다. 앞으로 이러한 은행 유형별 규제의 차별화와 함께 상호 전환가능성에 대비한 적극적 해석론과 함께 입법적 대응이 요구된다.

은행의 조직원리로서 금융자본과 산업자본의 분리, 그리고 은행업과 증권업의 분리 [3-3]
는 여전히 은행법상 가장 난해한 해석상 및 입법상 과제를 안고 있다. 은행의 조직원리로서 효율성과 안전성의 균형이라는 관점에서 접근이 필요하다. 최근 인터넷전문은행과 같은 새로운 기술발전의 은행법상 수용 가능성이라는 관점에서도 접근할 필요가 있다.

디지털 기술의 발전은 새로운 형태의 은행유사기관의 등장을 가능하게 하고 있다. [3-4]
은행법이 그러한 변화에 대응하기 위해서는 은행법 자체의 개편이라는 입법론은 물론 유연하고 탄력적인 해석을 통한 법적 확실성의 제공이 무엇보다 중요하다.

제2절 은행업의 수행 주체에서는 은행의 의의와 종류를 살펴본다. 특히 시중은행과 [3-5]
지방은행, 인터넷전문은행의 구분이 중요하다. 디지털기술의 발전을 고려할 때 이러한 유형구분이 가능한지 논의가 필요하다. 제3절 은행의 법인성에서는 은행의 법적 형태 요건으로서의 법인성을 정리한다. 제4절 은행의 특수성과 소유·업무규제에서는 은행과 산업자본의 분리와 은행과 증권의 분리를 설명한다.

제2절 은행업의 수행 주체

Ⅰ. 은행의 의의

[3-6] 은행은 "은행업을 규칙적·조직적으로 경영하는 한국은행 이외의 모든 법인"을 말한다(2조 1항 2호). 여기서 '규칙적'이란 은행업을 계속적·반복적으로 취급하는 것을, '조직적'이란 영업을 위한 상인적인 설비와 경영조직을 갖춘 경우를 말한다.[1] '규칙적'과 '조직적'은 기술의 발전을 반영할 수 있도록 유연하게 해석되어야 한다. 여기서 조직적은 특정한 기술을 전제로 한 개념이 아니기 때문이다.

[3-7] 한국은행은 한국은행법의 적용을 받는 중앙은행으로서 거래상대방이 한정(정부와 은행)되고, 은행업에 해당할 수 있는 업무(민간과의 거래 및 비은행 영리기업에 대한 여신)가 통화정책수행을 위한 경우로 제한되어 있어(한은 79조·80조) 은행법 규제의 대상으로 할 필요가 없다.

Ⅱ. 은행의 종류

1. 의 의

[3-8] 은행의 종류는 기준에 따라 다양하게 나눌 수 있다. 특히 시중은행과 지방은행, 상업은행과 장기은행, 일반은행과 인터넷전문은행, 일반은행과 특수은행의 구분에 관하여 살펴본다.

2. 시중은행과 지방은행

가. 의 의

[3-9] 은행법은 '전국을 영업구역으로 하지 아니하는 은행'을 '지방은행'이라고 한다(2조 10호 가목). 은행법은 지방은행이 아닌 은행에 대해서는 따로 명칭을 규정하고 있지 않지만, 시중은행[2]이라고 한다. 지방은행에 대해서는 영업구역의 제한 외에 동일인 주식보유한도(15조 1항 2호)와 최저자본금요건(8조 2항 1호)이 시중은행과 다르다. 지방은행은 1997년 외환위기 이후 대부분 정리되고 현재 부산·경남·광주·전북·제주은행 5개가 남아있다.

[3-10] 형식상 시중은행과 지방은행의 영업구역이 다르지만 실질적인 차이가 없고, 인터넷뱅킹 등을 통하여 영업구역제한이 사실상 의미를 상실해 가고 있는 현재 지방은행제도를 유지할 실익이 있는지 의문이다.

나. 지방은행 영업구역제한의 법적 의의

[3-11] 지방은행 영업구역 제한의 법적 의의는 무엇인가? 지점설립이 제한되는 지역의 거주자를 상대로 예금 등의 계약체결이 금지되는 것은 아니다. 다만 예금권유 등의 영업활

---

1) 서형석·이용선, 61-62면; 은행감독원, 39면.

2) 전국은행이라고 부르기도 한다. 서형석·이용선, 133면.

동이 제한될 뿐이다. 그리고 현재 지방은행은 설립된 지역 이외에 서울과 광역시, 세종시 그리고 경기도에 지점을 설치할 수 있다. 또한 지방은행은 과거의 대구은행이 경남에서 그리고 경남은행이 경북에서 영업했던 것과 같이 상호간 영업구역을 확대할 수도 있다. 인터넷뱅킹을 통할 경우 사실상 영업구역의 제한은 의미를 상실한다.

다. 지방은행 영업구역의 변경

지방은행의 영업구역은 정관에 규정된다. 은행의 영업구역변경은 금융위 보고사항 [3-12]
이다(47조 10호; 령 24조의3 2항 4호; 규정 84조 3항 1호). 금감원장은 지방은행의 영업구역 변경이 지방경제의 발전 등 설립취지에 부합하는 것을 포함한 은행의 건전한 경영을 해칠 우려가 없는지를 심사하여 그 기준에 부적합한 경우에는 그 은행에 대하여 그 시정 또는 보완을 권고할 수 있다(47조 10호; 령 24조의3 2항 4호; 규정 84조 4항 3호). 지방은행이 영업구역을 전국으로 변경하는 경우 단순한 영업구역의 변경이 아니라 새로운 은행업 인가의 취득을 요한다. 그 실질은 인가내용의 변경에 해당하는 것으로서 기존 영업의 폐업 등은 필요없는 것으로 운용하는 것이 옳다.[3]

라. 영업구역과 영업시설의 관계

전국은행은 전국을, 지방은행은 특정지역을 영업구역으로 한다. 영업구역의 법적 의 [3-13]
미가 특히 영업시설로서의 영업소 설치의무와 관련하여 문제된다. 은행은 영업구역에 어느 정도의 영업소를 유지해야 하는가 또는 지점을 두지 않고 온라인 영업채널에만 의존하는 것도 가능한가 등의 문제가 대표적이다.

영업구역은 그 은행이 영업할 수 있는 지역적 범위를 의미한다. 이를 영업구역 내 [3-14]
영업소 설치의무로 볼 경우 특별시나 광역시도 시군구읍면동의 어느 단계를 기준으로 판단할 것인지 불명확하다. 그러나 은행법상 이러한 의미의 영업소설치의무를 인정하기는 어려울 것이다.

신규인가를 받은 은행이 특정지역에 한정하여 영업소를 설치하는 경우와 특정 지역 [3-15]
에 있던 기존 영업소 전체를 폐쇄하는 경우는 구별해야 한다. 특정지역의 영업 전체를 양도하는 경우도 다른 문제일 것이다. 특정지역에 있던 기존 영업소 전체를 폐쇄하는 경우에는 기존 고객의 접근성 유지를 위한 조치를 취할 의무가 있다. 다만 그 형태는 반드시 지점에 한정되지 않고 대리점을 이용할 수도 있을 것이다.

3. 상업은행과 장기은행

은행법은 상업금융업무와 장기금융업무를 구분한다. '상업금융업무'란 대부분 요구불 [3-16]
예금을 받아 조달한 자금을 1년 이내의 기한으로 대출하거나 금융위가 예금총액을 고려

3) 금융위·금감원, 지방은행의 시중은행 전환시 인가방식 및 절차, 2024.1. 이러한 방식에 따라 대구은행이 시중은행으로 인가를 받았다. 금융위·금감원, 32년 만에 시중은행 탄생 –금융위원회, 대구은행의 시중은행 전환 인가 결정–, 2024.5.16.

하여 정하는 최고 대출한도를 초과하지 않는 범위에서 1년 이상 3년 이내의 기한으로 대출하는 업무를 말한다(2조 1항 3호). 여기서 '대부분'은 요구불예금으로 조달한 자금이 거의 전부라는 의미이다.4) '장기금융업무'란 자본금·적립금 그 밖의 잉여금, 1년 이상의 기한부예금 또는 금융채 발행자금을 1년을 초과하는 기한으로 대출하는 업무를 말한다(2조 1항 4호).

[3-17] 1998.1. 개정 전에도 은행법은 상업금융업무와 장기금융업무 겸영근거를 두었다(19조). 그러나 실제로는 요구불예금은 제한없이 수입하지만 금융채 발행이 제한되는 상업은행과 금융채를 발행할 수 있지만 요구불예금의 수입에는 제약이 있는 장기은행을 구분하고 있었다. 은행법상 은행은 전자에 속했다. 산업은행은 예금수입은 가능하지만, 요구불예금은 자금을 공급받은 사업체, 국가 및 지방자치단체 등으로부터 수입하는 경우로 제한되어 있었다(18조 7호 라목). 요구불예금에 대한 제한은 민영화를 위한 2009.5. 산업은행법 개정에서 삭제되었다.

[3-18] 은행은 상업금융업무와 장기금융업무를 겸영할 수 있고, 기간연장이나 대환 등으로 사실상 만기가 1년을 초과할 수 있으며, 구분계리도 하지 않으므로 상업금융과 장기금융의 구분은 규제상 의미가 없다.5)

4. 인터넷전문은행

가. 의 의

[3-19] 인터넷전문은행에 대해서는 인터넷은행법을 제정했다.6) 동법상 인터넷전문은행은 "은행업을 주로 전자금융거래의 방법으로 영위하는 은행"을 말한다(2조).7) 케이뱅크은행과 한국카카오은행에 대한 인가는 인터넷전문은행에 대한 특칙이 없는 은행법에 따른 은행업 인가로서8) 금융위는 은행업을 '전자금융거래(전금법 제2조 제1호에 따른 거래)의 방법으로 영위해야 함'을 인가의 부대조건으로 부과하였다. 한국토스은행에 대한 인가는 인터넷은행법에 따른 것이다.

---

4) 주석은행법, 70면. 요구불예금 외의 1년 미만의 저축성예금도 포함된다는 의미로 보는 견해도 있다. 이병화, 35면.

5) 이병화, 35면.

6) [시행 2019. 1. 17.][법률 제15856호, 2018. 10. 16., 제정]

7) 금융위, 금융용어사전.

8) 19대 국회에 제출되었던 인터넷전문은행 제도 도입을 위한 은행법 개정안(2015. 7. 3. 신동우의원 발의, 2015. 10. 6. 김용태의원 발의 등 2건)은 임기만료로 폐기되었다. 20대 국회에서 제출된 개정안으로 은행법 일부개정법률안(의안번호 296, 발의연월일 : 2016. 6. 16., 강석진의원 대표발의), 은행법 일부개정법률안(의안번호 765, 발의연월일 : 2016. 7. 8., 김용태의원 대표발의), 인터넷전문은행 설립 및 운영에 관한 특례법안(의안번호 3305, 발의연월일 : 2016. 11. 4., 정재호의원 대표발의), 인터넷전문은행 설립 및 운영에 관한 특례법안(의안번호 3487, 발의연월일 : 2016. 11. 11., 김관영의원 대표발의), 인터넷 전문은행 설립 및 운영에 관한 특례법안(의안번호 3615, 발의연월일 : 2016. 11. 16., 유의동의원 대표발의).

현재 우리나라의 인터넷전문은행은 물적설비나 영업방식 그리고 소유규제에 차이가 있을 뿐 일반은행과 법적 지위에 전혀 차이가 없다. 첫째 물적 설비의 차이도 디지털기술의 발전을 고려할 때 앞으로 일반은행과의 차이는 상대화될 것이다. 둘째, 대출 상대방 등에 제한이 있지만 본질적인 차이라고 생각되지 않는다. 인가조건으로 처리할 수 있는 사항이다. 셋째, 소유규제는 은행법상 일반은행과 구분되는 특칙으로 충분히 해결할 수 있는 문제이다. 동일한 기능에 대한 동일한 규제라는 기능별 규제의 원칙상 그리고 법체계를 고려할 때 불필요한 입법이다. 은행법의 적극적인 개정과 유연한 해석을 통해 해결할 문제이다. [3-20]

나. 전자금융거래 방법과 예외

1) 방법

전자금융거래는 전금법에 따른 거래를 말한다(전금법 2조 1호). 이는 은행이 전자적 장치(CD, ATM, 컴퓨터, 전화기 등)를 통하여 거래하고, 이용자는 은행 임직원과 직접 대면하지 않고 자동화된 방식으로 거래하는 것을 말한다. 국내법상 인터넷전문은행은 완전 무점포 형태를 말한다. [3-21]

이러한 인터넷전문은행의 영업방법의 특성을 고려하여 은행의 서류 게시 등의 방법에 대한 특칙을 두고 있다. 인터넷전문은행은 인터넷홈페이지 등을 통하여 전자적 방법으로 관련 서류를 공시함으로써 다른 법률상의 본점, 지점 또는 영업점에서의 서류 게시·비치 또는 열람제공 의무를 갈음할 수 있다(인터넷은행법 17조). 또한 인터넷전문은행은 은행업무(27조, 27조의2 및 28조)를 수행할 때 다른 법령에도 불구하고 관련 법령에 따라 제출, 제공 또는 수령해야 하는 문서 또는 서면자료를 전자문서(전자문서 및 전자거래 기본법 2조 1호)의 제출, 제공 또는 수령으로 갈음할 수 있고, 관련 법령에 따라 자필로 적도록 한 사항은 전자서명(전자서명법 2조 2호)이나 녹취로 확인하는 것으로 갈음할 수 있다(인터넷은행법 18조). [3-22]

일반은행이 은행업무를 오프라인채널과 함께 인터넷채널로도 제공하는 인터넷뱅킹과는 구분된다. 국제적으로 인터넷을 이용한 은행은 완전 무점포 형태, 오프라인 시설을 보완적으로 이용하는 형태, 모바일 채널을 이용하는 형태 등으로 발전하고 있다. [3-23]

2) 예외

인터넷전문은행이 전자금융거래 방법으로 은행거래를 시도했으나 그 거래를 전자금융거래 방법으로 최종 종료하지 못한 고객에 대해 극히 예외적으로 한정된 장소에서만 전자금융거래 외의 방법으로 은행업을 경영하는 것이 조건에 반하는지 여부가 문제된다. 은행법 제1조의 예금자 등 금융소비자 보호 필요성을 감안할 때, 전자금융거래의 방법으로 한다는 조건에 반한다고 보기 어렵다.[9] 이러한 해석은 인터넷은행법 제16조에 의하여 명문화되었다. [3-24]

[3-25] 인터넷은행법은 이용자 보호 및 편의증진을 위해 은행종사자(지배 2조 1호)가 이용자와 직접 대면하거나 의사소통을 하여 영업하는 방법으로 은행업을 영위할 수 있는 예외를 인정하고 있다(16조 전단; 동 시행령 7조 1항). 이 방법은 장애인 또는 65세 이상 노인의 보호 및 편의증진을 위하여 불가피한 경우, 인터넷전문은행의 이용자가 통신금융사기법상 전자금융거래제한대상자로 지정된 경우, 전자금융거래의 방법으로 거래를 하기 위한 정보통신기기의 분실 및 고장 등 기술적인 사유가 발생한 경우, 상속, 유증, 담보권 실행 또는 강제집행 등으로 인하여 전자금융거래 외의 방법으로 권리관계를 확인할 필요가 있는 경우, 그 밖에 법령상 또는 기술상 제약으로 전자금융거래의 방법으로 거래를 하기 어렵거나 인터넷전문은행 이용자의 보호 및 편의증진을 위하여 불가피한 경우로서 금융위가 정하여 고시하는 경우에 사용할 수 있다(인터넷은행법 16조 전단; 동 시행령 7조 2항 1호-4호).

[3-26] 이 경우 인터넷전문은행은 그 사유가 있음을 전자서명을 포함한 서명, 기명날인, 녹취로 확인해야 한다(인터넷은행법 16조 전단; 동 시행령 7조 3항 1호-3호). 이 경우 인터넷전문은행은 그 영업의 내용, 방식, 범위 등을 7일 전에 금융위에 보고해야 한다(인터넷은행법 16조 후단; 동 시행령 7조 4항).

5. 특수은행

[3-27] 특별한 금융정책목적을 위해 제정된 특별법에 따라 설립·운영되는 은행으로서 산업은행법상 산업은행, 중소기업은행법상 중소기업은행 등을 말한다. 설립근거법에서 적용제외하는 경우 외에는 은행법이 적용된다(산업은행법 3조 1항; 중소기업은행법 3조 3항 및 52조 1항). 수출입은행법은 수출입은행에 대하여 한국은행법, 은행법 및 지배구조법을 적용배제하고 있다(2조 3항).

Ⅲ. 은행 해당 여부의 결정

1. 의 의

가. 결정의 의의

[3-28] 법인의 은행 해당 여부는 금융위가 결정한다(7조 1항). 은행 해당 여부의 판단을 위해서는 그 업무의 은행업 해당 여부에 대한 판단이 선행되어야 한다. 은행법상 은행업 해당 여부는 법의 규정 및 취지에 비추어 "사업의 명칭이나 법률적 구성형식에 구애됨이 없이 그의 실체나 경제적 성질을 실질적으로 고찰하여 판단하여야 한다"(대법원 2001. 12. 24. 선고 2001도205 판결; 대법원 2013. 4. 26. 선고 2011도13558 판결). 금융위는 은행 해당 여부의 결정을 위해 필요하면 해당 법인에 장부 그 밖의 서류 제출을 요구할 수 있다(7조 2항).

---

9) 금융위·금감원, 유권해석 : 인터넷전문은행이 일정 조건 하에서 제한적인 대면영업 및 업무처리가 가능한지, 2016.12.30.

본조는 제정 은행법 제5조에서 "법인으로서 본법의 정한 금융기관으로 간주함에 있어서 의문이 생한 때에는 한국은행감독부장이 결정"한다고 되어 있던 것을 1998.1. 은행법 개정에서 제7조로 옮겨 현재와 같이 규정한 것이다. [3-29]

나. 결정의 효과

본조의 의의에 대하여 1998.1. 은행법 개정 전 제5조를 대상으로 은행 인가가 없어도 은행으로 간주할 수 있는 권한을 은감원장에게 부여하고 있는 중대한 예외규정으로 보는 견해[10]와 은행 해당 결정이 있으면 법률행위의 추인 및 행정행위의 치유를 인정하는 민법 및 행정법의 일반원칙과 본조의 취지를 고려하여 처벌대상이 되지 않는다는 입장의 가능성을 제기하는 견해[11]가 있다. 그러나 은행에 해당한다고 결정될 경우 그 업무를 인가 없이 경영한 자는 5년 이하의 징역 또는 2억원 이하의 벌금에 처한다(66조 2항, 8조). 따라서 금융위의 은행 해당 여부의 결정은 범죄의 구성요건요소에 대한 판단을 행정기관에 맡긴 것으로서 매우 중요한 법적 의의를 가진다. 금융위의 결정이 법원을 구속하지는 않는다. 그러나 은행감독기관의 판단을 법원도 은행규제의 일관성이라는 관점에서 중요한 요소로 고려하게 될 것이다. [3-30]

이 조항은 특정인의 영업이 은행에 해당하는지 불분명할 때 금융위가 결정한다는 것이지, 은행업 인가를 대체하는 것은 아니다.[12] [3-31]

개인이 은행업에 해당하는 업무를 경영할 경우에는 은행법 제4조에 따라 법인이 아니면 은행업을 경영할 수 없으므로 그 자체 무인가 은행경영행위가 될 것이다([3-52]). 이 경우에도 그 경영하는 행위가 은행업에 해당하는지 여부에 대한 판단이 필요하다. [3-32]

2. 은행으로 간주되는 자

수산업협동조합중앙회가 설립하는 수협은행은 은행법상 은행으로 본다(수산업협동조합법 141조의4 2항). 상호저축은행중앙회의 내국환 등 업무(저축법 36조 4항, 25조의2 1항 6호-11호), 새마을금고중앙회의 내국환업무나 신용사업부문(새마을금고법 6조 1항, 67조 1항 5호 다목·마목),[13] 신용협동조합중앙회의 내국환업무 및 신용사업부문(신용협동조합법 6조 3항, 78조 1항 5호 다목·라목)은 은행법상 은행으로 본다. [3-33]

이들 중앙회의 일부 사업부문을 은행으로 보는 규정을 둔 것은 개별 신협·금고 및 저축은행이 독자적으로 취급하기 어려운 지급결제기능을 중앙기구를 통해 수행할 수 있도록 함으로써 이용자의 편의를 제고하는 한편 이들 기관의 경쟁력을 높이기 위한 것이다.[14] [3-34]

---

10) 서형석·이용선, 66면.
11) 은행감독원, 44면.
12) 주석은행법, 130면.
13) 새마을금고연합회가 아닌 지역새마을금고가 영위하고 있는 금융사업은 노동조합법 제71조 제1항 제4호에 정하여진 은행사업에 해당하지 않는다(대법원 2003. 12. 26. 선고 2003두8906 판결).

[3-35] 농협은행의 지위는 독특하다. 농업협동조합법에 따라 농협중앙회가 설립한 농협은행에 대해서는 동법에 특별한 규정이 없으면 은행법 및 지배구조법을 적용한다(농업협동조합법 161조의11 1항·8항 본문). 다만, 은행법상 인가와 인가취소 등에 관한 규정(8조, 53조 2항 1호·2호, 56조, 66조 2항)은 적용하지 않으며, 금융위가 인가관련사항 이외의 사유로 영업정지나 인가취소를 하거나(53조 2항 3호-6호) 합병 등을 인가하는(55조 1항) 경우에는 농림축산식품부장관과 미리 협의해야 한다(농업협동조합법 161조의11 8항 단서). 농협은행을 은행법상 은행으로 간주한 것은 아니지만 사실상 은행과 동일한 규제를 받고 있다.

3. 은행이 아닌 것으로 간주되는 자

[3-36] 보험사업자와 상호저축은행업무 또는 신탁업무만을 경영하는 회사는 은행으로 보지 않는다(6조). 보험사업자와 신탁업자는 보험업법이나 자본시장법상 대출기능을 가진 점에서 은행업과 유사하다. 그러나 보험사업자나 신탁업자의 자금조달수단에 해당하는 보험료 수입과 금전신탁은 은행법상 예금이나 채무증서의 발행을 통한 불특정 다수인으로부터의 자금조달과는 전혀 다르다. 여기서 보험사업자에는 보험업법에 따른 보험회사뿐만 아니라 우체국보험 등 법률에 따라 보험업을 경영하는 자도 모두 포함된다. 상호저축은행은 여수신업무를 수행하지만 신용창조기능에서 통화 금융기관업무와 차이가 있고 저축은행법상 별도의 규제가 적용된다는 이유로 은행에서 제외한 것이다.[15)]

4. 외국은행의 국내지점 또는 대리점의 경우

[3-37] 은행업 인가를 받은 외국은행의 지점 또는 대리점은 은행법상 은행으로 본다(59조 1항 본문). 국내에 법인이나 지점을 보유하지 않은 외국은행이 단순히 국내기업에 대출하는 행위는 은행법상 국내에서 은행업을 경영하는 것으로 볼 수 없다.[16)] 따라서 은행법상 은행에 해당하지 않는다. 다만 대부업법의 적용 가능성은 생각해 볼 수 있다.

Ⅳ. 상호 규제

1. 소극적 상호규제

가. 의 의

1) 입법취지

[3-38] 은행법은 소극적 상호규제를 채택하고 있다. 한국은행과 은행이 아닌 자는 상호 중에 '은행'이라는 문자를 사용하거나 업무를 표시할 때 은행업 또는 은행업무라는 문자를

---

14) 노철우, "한국은행법 및 은행법상 금융기관의 범위 : 개별 법률에서 한국은행법 및 은행법상의 금융기관으로 보는 경우를 중심으로," 금융법연구 제3권 제2호, 2006, 116면.

15) 은행감독원, 41면.

16) 금융위, 유권해석: 국내 법인 또는 지점을 보유하지 않은 외국은행이 국내기업에 대출하는 것의 은행법 위반여부, 2014.3.14.

사용할 수 없으며, 은행·은행업 또는 은행업무와 같은 의미를 가지는 외국어 문자로서 시행령으로 정하는 문자를 사용할 수 없다(14조; 령 3조의4). 은행이라는 신인도가 높은 상호를 사용하여 예금자 그 밖의 은행이용자의 이익을 침해하고 은행업에 대한 사회적 신뢰를 저해할 가능성을 우려한 것이다. 영국은 은행에 대한 상호규제를 폐지하고, FSMA상 규제대상업무에 대한 일반적 금지규정(FSMA, section 24)과 부실표시의 일반법리로 해결하고 있다.

2) 사용이 금지되는 문자

상호 중에 사용이 금지되는 것은 '은행'이라는 문자이다. 그리고 업무를 표시할 때 [3-39]
사용이 금지되는 문자는 '은행업' 또는 '은행업무'이다. 또한 'bank' 또는 'banking'이나 그 한글표기문자 또는 그와 같은 의미를 가지는 다른 외국어문자나 그 한글표기문자도 상호나 업무표시에 사용이 금지된다(14조; 령 3조의4). 은행으로 오인할 수 있는 모든 문자의 사용이 금지된다고 보는 것이 옳을 것이다. 이를 위반하여 유사상호를 사용한 자에게는 1억원 이하의 과태료를 부과한다(69조 1항 2호).

나. 적극적 규제의 부재

상호의 적극적 규제는 금융업자가 경영하는 업종을 나타내는 문자를 상호에 표시하 [3-40]
도록 하는 것을 말한다. 보험업법상 보험회사는 상호 또는 명칭에 주로 경영하는 보험업의 종류를 표시해야 한다(8조 1항). 그러나 은행이 상호에 은행임을 표시할 적극적 상호규제는 없다.

은행법상 상호의 적극적 규제를 가진 일본에서는 예금자의 혼동 가능성과 은행 [3-41]
여부의 판단에 불필요한 시간과 비용이 소요된다는 등의 문제를 우려하는 입장이 강하다.[17] 적극적 규제를 두고 있는 국가에서는 프랑스의 소시에테 제네랄과 같이 은행이라는 문자를 명칭에 사용하지 않는 외국은행 국내지점의 취급이 문제된다. 일본의 은행법은 외국은행 국내지점에 대해 상호규제의 적용을 배제하고 있다(47조 2항).

다. 상호변경

은행과 외국은행 국내지점의 상호변경은 금융위 보고사항이다(47조 5호, 47조 10호; 령 [3-42]
24조의3 2항 2호 가목). 인가사항으로 하는 입법례도 있다. 상호가 가지는 법적 의미를 생각해 볼 필요가 있다.

2. 상호규제의 적용범위

첫째, 은행법상 상호규제는 혈액은행, 안구은행, 은행부동산과 같이 업무가 명백히 [3-43]
구별되는 경우도 적용되는가? 입법취지에 비추어 명백히 구별되어 은행이용자의 혼동을

---

17) 小山, 90-91면; 本間晶외, 44면.

초래할 가능성이 없는 경우에는 적용되지 않는다고 보는 것이 옳다.[18] 독일 은행법은 소극적 상호규제를 두지만(§39), 은행업을 경영하는 외관을 배제한 상태에서 사용하는 자에게는 적용되지 않는다(§41).

[3-44] 둘째, 산업은행과 중소기업은행은 각 설립법에서 명칭을 규정하고 있고, 수출입은행법은 은행법의 적용을 배제하고 있다(수출입은행법 2조). 각 근거법에서 그 은행과 유사한 명칭의 사용을 금지하고 있다(산업은행법 8조; 중소기업은행법 8조; 수출입은행법 7조). 은행법과 이들 근거법과의 관계를 고려할 때 산업은행법과 중소기업은행법에도 은행법상 상호규제의 적용을 배제하는 규정이 필요하다.

[3-45] 셋째, 은행업과 증권업의 겸영을 허용하는 국가의 금융업자가 증권업을 위해 국내지점을 두는 경우 그 지점의 상호에 은행 또는 그에 해당하는 외국어 문자를 사용할 수 있는가? 지점 명칭을 본점 상호와 다르게 할 수 있는 점에서 허용된다는 견해와 은행법상 소극적 상호규제의 취지에 위반된다는 견해가 있을 수 있다.[19] 은행법상 상호규제는 외국금융업자 국내지점에는 적용되지 않는다고 해석하는 것이 옳다. 독일의 은행법도 국외 소재 은행이 그 본국에서 사용하는 명칭을 상호에 영업이나 광고를 위해 사용하는 경우에는 상호규제가 적용되지 않는다(§41).

3. 명의대여

[3-46] 은행은 자신의 명의를 대여하여 타인에게 은행업을 경영하게 할 수 있는가? 일본의 은행법은 금지규정을 두고 있다(9조). 은행법은 명시적인 규정을 두고 있지 않지만, 일신전속적인 인가제도의 취지[20]를 고려할 때 명문의 규정이 없어도 업무위탁이나 대리점으로 하는 경우를 제외하고는 당연히 금지된다. 무인가 은행업으로 처벌해야 할 것이다.

4. 등록서비스표의 사용

[3-47] 은행의 상호와 직접 관련된 것은 아니지만 상표법상 은행의 서비스표 등록이 문제된 사례가 있다. 법원은 식별력이 없는 '우리'와 '은행'이 결합된 등록서비스표는 그 결합으로 새로운 관념을 도출하거나 새로운 식별력을 형성하는 것도 아니므로, 상표법 제6조 제1항 제7호의 '수요자가 누구의 업무에 관련된 서비스업을 표시하는 것인가를 식별할 수 없는 서비스표'에 해당한다고 판단하였다(대법원 2009. 5. 28. 선고 2007후3301 판결).

---

18) 서형석·이용선, 76면; 은행감독원, 57면; 정찬형외, 92면; 주석은행법, 166-167면. 다만 1955.7.8.자 은감원장 질의에 대한 법무부장관회신에서는 '인혈채취기관은 그 상호 중에 은행이라는 명칭을 사용할 수 없다'고 해석한 사례가 있다. 서형석·이용선, 76면.

19) 은행감독원, 58면.

20) 이병화, 74면.

제3절 은행의 법인성

Ⅰ. 의 의

법인이 아니면 은행업을 경영할 수 없다(4조). 은행에 법인성을 요구하는 근거는 첫째, 법인의 영속성은 은행업의 계속성에 적합한 점, 둘째, 대규모 인적·물적 설비를 요하는 은행업은 개인에게 부적합한 점, 셋째, 일반거래자의 감시가 용이한 점, 넷째, 규칙적, 조직적 사업에 적당한 점, 다섯째, 법인은 법률에 따라 설립되므로 규제가 용이한 점 등이다.[21] [3-48]

은행법은 법인일 것을 요구할 뿐 구체적 형태는 규정하고 있지 않다. 그러나 은행 [3-49]
법상 인가요건으로서의 주주구성계획과 대주주요건(8조 2항 3호·4호), 동일인 주식보유한도 제한(15조-16조의4), 대주주와의 거래제한(35조의2-35조의5), 금융채 발행과 주총결의(33조 3항), 자기주식 담보대출 등 자기주식관련 거래의 제한(38조, 37조), 회계장부열람등 거부(43조), 금융위의 주총에 대한 임원 해임권고(54조 1항) 등 주식회사를 전제로 하는 규정을 고려하면 주식회사일 것을 요구하는 것으로 해석된다.[22] 감독규정은 은행이 주식회사인 것을 전제로 한다. 금감원장은 정관변경 등에 관한 보고내용이 주식회사의 본질을 침해하지 않는지 등을 심사하여 부적합한 경우에는 그 은행에 대하여 시정 또는 보완을 권고할 수 있다(규정 84조 4항 2호).

일본의 은행법은 은행이 주식회사일 것을 요구하고 있다(4조의2). 그 이유는 주식회 [3-50]
사의 조직은 특정한 자금력에 의존하지 않고 폭넓게 자금을 모을 수 있는 점, 자금조달면에서 대규모 사업에 적합한 점, 사원 등 구성원의 인적 조건이 경영에 영향을 미치는 정도가 적은 점, 정보공개원칙이 가장 철저한 점, 주주총회, 이사회 등 내부조직이 잘 구분되어 있는 점 등으로 설명되고 있다.[23] 지배구조가 가장 엄격하고, 대규모 자금 조달과 운용에 적합한 구조인 점 등이 감안된 것이다.

Ⅱ. 외국은행의 국내지점 등

은행법상 인가를 받은 외국은행의 국내지점 또는 대리점은 은행으로 보아(59조 1항 [3-51]
본문) 은행법을 적용하지만, 지점이나 대리점으로서의 법적 실체를 고려하여 법인요건을 배제하고 있다(59조 1항 단서, 4조). 외국은행 국내지점 등은 법인격상 외국은행의 일부이지만, 규제상 독립적인 은행으로 간주된다. 지점의 경우 도산절차에서 복잡한 문제를 발생시킨다([20-93]-[20-94]).

21) 서형석·이용선, 49-50면.
22) 은행감독원, 32면; 이병화, 53면; 주석은행법, 108-109면.
23) 小山, 80면. 같은 취지로 本間晶외, 41면.

Ⅲ. 개인의 은행업 경영

[3-52] 개인이 은행업에 해당하는 업무를 경영할 경우 은행법 제4조에 따라 법인이 아니면 은행업을 경영할 수 없으므로 그 자체 무인가 은행업 경영행위가 될 것이다([3-32]). 인가 없이 은행업을 경영한 개인도 5년 이하의 징역 또는 2억원 이하의 벌금에 처한다(66조 2항).

[3-53] 단기금융업무를 경영하기 위해서는 일정한 자격을 갖춘 금융기관이 금융위의 인가를 받도록 하는 자본시장법 제360조 제1항에 위반한 경우에 대하여 법원은 "금융기관이든 금융기관이 아닌 개인이나 기업이든" 금융위 인가를 받지 않고 단기금융업무를 경영한 경우에는 자본시장법 제444조 제22호에 따라 처벌을 받는다고 판단하였다(대법원 2012. 3. 29. 선고 2011도17097 판결).

제4절 은행의 특수성과 소유·업무규제

Ⅰ. 은행의 특수성

1. 은행은 특수한가?

은행의 특수성을 강조한 선구적인 연구에서는 거래계좌의 제공, 다른 기관에 대한 유동성 백업, 통화정책의 전달경로라는 3가지를 은행의 특징으로 제시하면서 지급수단의 운영자 및 지급제도의 참가자로서의 은행의 특수성을 강조하였다.[24] 다양한 논의가 있을 수 있지만, 특히 지급제도의 참가자로서 은행의 기능은 여전히 다른 비은행금융회사에 비하여 특수한 성격을 유지하고 있는 것으로 평가된다. [3-54]

2. 은행소유·업무규제의 원칙

산업조직구성의 기본원리라고 할 수 있는 효율성과 안전성은 은행업에도 그대로 적용된다. 금융산업 조직은 원칙적으로 시장자율에 맡기는 것이 옳지만, 안전성의 관점에서 일부 사항을 법령으로 규제하고 있다. 대표적인 것이 은행과 산업자본의 분리를 말하는 '**금산분리**'와 은행업과 증권업의 분리를 의미하는 '**은증분리**'이다. [3-55]

Ⅱ. 은행과 산업자본의 분리

1. 의 의

은행과 산업자본의 분리를 의미하는 금산분리(은산분리)는 은행법상 조직규제의 기본 원칙 중 하나이다. 산업위험의 은행업으로의 전파를 우려하는 금산분리는 첫째, 산업자본이 은행을 소유할 수 있는지 여부, 둘째, 은행이 비금융회사를 소유할 수 있는지 여부, 셋째, 은행의 비은행업무 수행 가부의 문제로 나타난다. 첫째 문제는 은행법상 동일인 주식보유한도의 형태로, 둘째 문제는 은행의 출자제한으로, 셋째 문제는 은행의 업무범위규제로 나타난다. 금산법 제24조도 은행의 비금융회사 출자를 제한하는 규정이지만 금산분리의 관점보다는 은행을 통한 기업결합의 제한을 목적으로 하는 점에서 차이가 있다. 상세한 내용은 동일인 주식보유한도, 은행의 출자제한, 은행의 업무범위규제에서 살펴보고 여기서는 금산분리의 논리와 한계를 정리한다. [3-56]

2. 문제점

전통적으로 은행과 산업의 결합은 ① 이해상충, ② 위험의 전파, ③ 경제력의 집중의 3가지 관점에서 문제되어 왔다.[25] ①과 ②와 같은 안전성에 대한 우려는 대주주에 대한 [3-57]

---

24) E. Gerald Corrigan, "Are Banks Special?", Annual Reports 1982, Federal Reserve Bank of Minneapolis, January 1982.

25) Cranston, pp30-35. 위험의 전파와 이해상충을 지적한 것으로 Matthias Haentjens and Pierre de Gioia Carabellese, European Banking and Financial Law 2nd ed, Routledge, 2020, p115.

사전적 및 사후적 행위규제로 대체할 수 있다는 주장이 있다. ③의 위험은 공정거래법의 적용으로 해소할 수 있을 것이다. 다음 3가지 문제만 지적해 둔다.

[3-58] 첫째, 경제규모와의 관련성이다. 이러한 금산분리정책이 은산그룹이 지나치게 과도한 영향력을 행사할 수 있는 소규모 경제체제에서는 합리적인 지적이라고 할 수 있지만, 미국과 같이 크고 경쟁적인 국가에서는 산업과 은행의 결합이 비금융주력자들의 전통적인 금융업자에 대한 도전을 허용하여 경쟁을 약화하기보다는 강화할 것이라는 지적이 있다.[26]

[3-59] 둘째, 안전성에 대한 우려는 대주주에 대한 행위규제로 대체할 수 있다는 주장에 대해서는 여전히 부정적인 국내기업의 지배구조에 대한 평가가 함께 고려되어야 한다.

[3-60] 셋째, 산업자본이 은행을 소유하지 못함으로써 효율성의 관점에서 발생하는 문제점은 명백하지 않다. 이 문제는 은행의 관점과 산업자본의 관점에서 살펴볼 수 있다. 최근 핀테크의 발전을 수용하기 위해 인터넷전문은행에 대해서는 일정한 요건을 갖춘 통신사업자에 한하여 금산분리의 예외를 인정하였다. 이러한 관점에서 인터넷은행법은 “금융과 정보통신기술이 융합한 인터넷전문은행”의 효율성을 강조하고 있다(1조).

Ⅲ. 은행업과 증권업의 분리

1. 분업주의와 겸업주의

[3-61] 은행업과 증권업의 겸영 가부는 은행법체계를 결정하는 기준의 하나이다. 미국과 유럽은 각각 겸영을 제한하는 분업주의(separate banking system)와 겸영을 허용하는 겸업주의(universal banking system)를 대표한다.[27] 분업주의는 겸영에 따른 이해상충 등 위험관리를, 그리고 겸업주의는 업무다양화를 통한 산업경쟁력 강화를 추구하는 접근이라고 할 수 있다. 안전성과 효율성의 관점에서는 전자는 안전성을 후자는 효율성을 강조한다. 그러나 겸업주의도 업무다양화에 따른 위험분산을 통하여 안전성을 추구한다.

2. 금융업의 겸영모델

[3-62] 은행업과 증권업의 겸영에 관한 논의의 완전성을 위해서는 다양한 겸영 모델을 살펴봐야 한다. 입법례를 비교하면 겸영모델로는 ① 자회사모델, ② 지주회사모델, ③ 본체겸영모델의 3가지로 나눌 수 있다. 우리나라는 ①과 ②를 허용한다. 다만 현재 은행이 본체에서 취급할 수 있는 자본시장법상 금융투자업무나 보험업법상 보험업무는 〈표 5-2〉 은행의 업무범위 중 겸영업무로 열거된 업무에 한정된다.

[3-63] 이와 관련하여 은행의 자기자본에 의한 증권매매를 자본시장법상 투자매매업으로 볼 것인지 여부가 문제된다. 자본시장법상 투자매매업은 시장조성기능을 가진 것을 대상

26) Charles W. Calomiris, U.S. Bank Deregulation in Historical Perspective, Cambridge University Press, 2006, xxix.

27) 〈https://www.bundesbank.de/Navigation/EN/Service/Glossary/glossary.html〉

으로 하는 것이므로 거래소 회원인 증권회사가 아닌 은행의 장내시장에서의 증권매매는 당연히 투자매매업에 해당하지 않는다. 장외파생상품의 매매도 은행 자체의 투자나 헤지를 목적으로 하는 경우는 투자매매업에 해당하지 않는다.

3. 은행업과 증권업의 분리

가. 의 의

[3-64] 전통적으로 '은행업과 증권업의 분리'라는 제목으로 논의되어 왔던 문제는 '은행업과 자본시장업무의 분리'라는 형태로 확대되고 있다. 미국은 1933년 글라스-스티걸법 이후 1990년 그램-리치-블라일리법을 거쳐 2010년 도드-프랑크법상 볼커규칙으로 발전해 왔다. 영국의 2013년 은행개혁법은 소매은행의 분리(Ring-fencing)제도를 채택했다. 일본도 은행법 제12조의 타업금지와 금융상품거래법 제33조의 은행의 금융투자업 영위금지를 통하여 은행과 증권업의 분리를 엄격하게 시행하고 있다.

나. 미국: 볼커규칙

[3-65] 미국 금융규제법상 은행업과 증권업의 분리가 처음으로 규정된 것은 1933년 글라스-스티걸법이다. 이는 ① 은행의 재무건전성 확보, ② 예금자와 투자자의 이해상충 방지, ③ 은행의 우월적 지위의 남용방지 등을 입법취지로 한다. 글라스-스티걸법의 엄격한 분리 정책은 1999년 그램-리치-블라일리법을 통하여 상당 부분 완화되었다. 이러한 완화입법은 2008년 서브프라임사태를 계기로 촉발된 글로벌 금융위기를 극복하는 과정에서 2010년 도드-프랑크법에서 볼커규칙(Volker Rule)을 도입하는 방식으로 다시 강화되었다.[28)]

[3-66] 볼커규칙은 ① 은행·은행지주회사에 의한 고객업무와 무관한 자기계정거래(proprietary trading)와 헤지펀드 및 사모투자펀드(private equity fund, PEF)의 소유 또는 스폰서의 금지와 ② 금융업자의 규모 제한을 기본내용으로 한다. 특히 예금보험 그 밖의 안전장치가 헤지펀드 등의 업무를 수행하는 은행에게 불공정한 특혜를 부여하기 위한 것이 아님을 강조하고 있다. 자기계정거래는 '금융체계상 위험한 증권보유'와 '경제적으로 중요한 금융중개기능'을 혼합함으로써, 그리고 헤지펀드 등은 과도한 레버리지를 통하여 은행의 금융체계 위험을 확대할 수 있다는 것이다. 볼커규칙은 글로벌 금융위기의 영향으로 시장이 은행의 위험을 감축시킬 것이라는 신뢰를 포기하고 규제당국에 은행의 위험업무방지를 위한 권한을 부여한 것이다.

[3-67] 도드-프랑크법은 이러한 제안을 2가지로 규정하였다(619조, 1956 은행지주회사법(Bank Holding Company Act, BHCA) 13조). 첫째, '은행조직'(banking entity)의 자기계정거래와 헤지펀드 또는 PEF에 대한 지분, 파트너쉽, 그 밖의 소유적 권리(ownership interest)의 취득이나 보유 또는 헤지펀드나 PEF에 대한 스폰서를 금지한다(BHCA 13(a)(1)). '은행조직'에는 부보

28) Nicole A. Garcia(ed), Banks, Securities and the Volcker Rule: Background and Issues, Nova Science Publishers, Inc., 2011.

예금기관, 은행지주회사, 이들의 비예금기관인 자회사나 관계회사가 포함된다. 둘째, 동일한 업무를 행하는 FRB감독 비은행금융회사에 대하여는 추가적인 자기자본요건 및 정량적 제한이 적용된다(BHCA 13(a)(2)).[29]

[3-68] 그리고 ① 금융업자의 규모가 합병 등을 통하여 일정 규모 이상 확대되는 것을 제한하고, ② 금융업자가 금융안정에 위협이 된다고 판단할 때는 특정업무의 종료, 다른 회사와의 합병 등 금지, 금융업무나 상품의 제공 금지, 자산양도나 분리매각 등 조치를 명령할 수 있으며(도드-프랑크법 121조), ③ 은행의 장외파생상품거래에 대해서는 헤지 등 요건을 충족하는 경우를 제외하고 연방지원의 대상에서 제외한다(도드-프랑크법 716조).

다. 영국: 업무분리(Ring-Fencing)

[3-69] 영국에서는 예금보유액 250억 파운드 이상인 은행을 대상으로 소매 및 상업은행업무와 도매 또는 투자은행업무의 "분리 또는 업무분리"(separate, or ring-fence)를 요구하는 은행개혁법(The Financial Services (Banking Reform) Act 2013)이 제정되었다. 이 법은 2008년 글로벌 금융위기 이후 은행구조개혁을 권고한 독립은행위원회(Vickers Commission) 보고서에 기초한 것이다.[30]

29) 지난 2017.6.5. 미국 하원은 볼커규칙의 폐지를 포함한 도드-프랑크법의 개선법률인 Financial Choice Act 2017(H.R.10)를 통과시켰다. 하지만, 상원에서 추가적인 입법논의가 이루어지지 않았다.

30) Independent Commission on Banking, Final Report Recommendations September 2011.

제2편

은행업의 규제

제4장 진입규제

제1절 서 설

은행의 건전성 보호를 위한 출발점은 진입규제이다. 이런 의미에서 진입규제는 건전성규제의 한 내용이라고 할 수 있다. 은행업을 경영할 수 있는 주체를 엄격한 진입요건을 충족하는 자로 한정함으로써 은행의 건전성 확보를 통한 예금자 보호와 금융체계의 안정이라는 은행법의 목적을 달성할 수 있는 것이다. 이런 의미에서 진입규제는 은행규제의 출발점이라고 할 수 있다. [4-1]

은행의 진입규제는 금산분리원칙의 이행수단인 동일인 주식보유한도를 핵심요건으로 한다. 동일인 주식보유한도규제의 구체적인 내용을 이해하기 쉽게 정리하는 것은 어려운 과제이다. 다양한 사회적 논의와 역사적 경험의 결과물을 제도화한 것이므로 문언상으로도 쉽게 이해할 수 없는 내용과 구조를 취하고 있다. 은행의 신규인가가 시장경쟁에 미칠 영향을 어느 정도 평가할 것인지도 중요한 과제이다. [4-2]

금융업 진입규제로서의 인가의 법적 성질과 인가에서 인가기관의 권한범위도 중요한 문제영역이다. 인가기관의 지나친 재량권 행사에 대한 우려로 인가요건을 매우 구체적으로 열거하고 있어서 실제 문제가 되는 신청자를 적절히 배제할 수 있는 방법에 대한 고민이 필요하다. 계속적 규제의 철학이 담긴 인가요건의 유지, 무인가 은행업 경영의 법률효과 등도 중요한 해석상 문제를 제공한다. [4-3]

제2절 기본원칙에서는 진입규제의 기본원칙으로서 기관별 진입규제와 기능별 진입규제의 차이를 살펴본다. 제3절 동일인 주식보유한도에서는 은행법상 금산분리 규제를 정리한다. 제4절 인가구조와 적용범위에서는 인가의 법적 성질을 중심으로 인가요건과 절차를 살펴본다. 제5절 인가요건의 유지 등에서는 자본금제도를 중심으로 계속적 규제의 의의를 살펴본다. 제6절 무인가 은행업 경영의 효과에서는 인가 없이 은행업을 경영한 경우의 실효성 확보수단을 정리한다. 제7절 조직변경 등에서는 합병 등의 경우 은행법상 규제와 함께 공정거래법상 문제도 간략히 언급한다. [4-4]

제2절 기본원칙

Ⅰ. 서 언

[4-5] 금융업의 진입규제는 기관별 진입규제와 기능별 진입규제로 구분할 수 있다. 전자는 은행법상 은행과 같은 기관을 진입단위로 하는 것이다. 후자는 자본시장법상 진입규제와 같이 기능별 진입요건의 설정을 기초로 한다. 은행법과 자본시장법을 중심으로 간략히 살펴본다.

Ⅱ. 기능별 진입규제

1. 의 의

[4-6] 자본시장법은 금융투자업 중 투자매매업, 투자중개업, 집합투자업, 신탁업에 대한 진입규제를 인가로, 투자자문업 및 투자일임업에 대한 진입규제를 등록으로 하고 있다. 자본시장법상 기능별 진입규제는 기능별 진입요건의 차별화와 업무범위의 확장이라는 2가지를 요소로 한다.[1]

[4-7] 첫째, 금융투자업과 금융투자상품 그리고 투자자로 구성되는 동일한 금융기능에 대해서는 동일한 요건이 적용되도록 금융기능별로 진입요건을 마련하고, 둘째, 금융투자업자는 필요한 업무단위를 추가함으로써 업무범위를 확장하도록 하는 방식을 말한다. 기능별 진입규제의 핵심은 사업모델을 금융업자 스스로 결정할 수 있게 하는 것이다.

2. 진입요건의 차별화

[4-8] 기능별 진입규제는 금융기능의 특성을 반영하여 진입요건을 차등화한다. 첫째, 금융투자업의 특성을 고려하여 인가는 등록에 비해 요건을 엄격하게 하고, 객관적 요건만을 요구하는 등록과 달리 사업계획의 타당성과 같은 재량판단요건도 추가한다. 인가에서도 투자매매업에 대해서는 집합투자업이나 신탁업 등에 비해 요건을 강화한다. 둘째, 금융투자상품의 위험에 따라 장외파생상품 등을 대상으로 하는 경우 일반상품에 비하여 요건을 강화한다. 셋째, 투자자의 위험감수능력에 따라 일반투자자를 상대로 하는 경우 전문투자자를 상대로 하는 경우보다 요건을 강화한다.

[4-9] 특히 자기자본요건과 관련하여 인가단위별 5억원 이상, 등록단위별 1억원 이상의 자기자본을 갖추도록 하되, 금융기능별 위험을 반영하여 인가는 등록에 비해 엄격하게 하고, 업무의 종류별로 자기자본요건을 달리한다(자본 시행령 16조·21조). 금융투자상품의 특성을 고려하여 장외파생상품, 증권, 장내파생상품의 순서로 자기자본을 낮추고 있다. 투자자 특성도 고려하여 전문투자자만을 대상으로 하면 자기자본요건을 일반투자자와 전문투자자를 모두 대상으로 할 경우에 비해 50%만 요구한다.

---

1) 정순섭 자본, 제16장 진입규제.

3. 업무단위의 확장

금융투자업 중 투자매매업, 투자중개업, 집합투자업, 신탁업과 투자자문업 및 투자일임업 중 일부의 인가와 등록을 하고 금융투자업을 경영하는 업자는 다른 금융투자업을 경영하기 위해서는 신규인가나 등록이 아니라 변경인가나 변경등록을 요하게 된다. 금융투자업과 금융투자상품 그리고 투자자로 구성되는 금융기능 전체를 대상으로 단일인가·등록제도를 유지하면서 필요한 경우 범위를 줄이거나 늘릴 수 있게 한 것이다. [4-10]

Ⅲ. 기관별 진입규제

은행법상 은행업 인가단위는 시중은행인가와 지방은행인가, 인터넷전문은행인가단위의 3가지로 구성된다. 기관별 진입규제의 핵심은 사업모델을 은행 스스로 설정하는 것이 아니라 법령 자체에서 업무범위를 한정해 두고 그 전체를 수용하게 한다. 진입요건의 차별화나 업무단위의 확장과 같은 개념은 존재할 수 없다. 따라서 자본금요건도 기능별 진입규제와는 달리 인가단위별로 구분하여 고정금액을 규정한다. [4-11]

Ⅳ. 비 교

진입규제에서 기관별 규제와 기능별 규제의 본질적 차이는 사업모델 설계의 유연성에 있다. 전자는 사업모델 자체를 입법자가 확정해 주는 구조라고 할 수 있다. 후자는 금융업을 경영하려는 자의 위험선호도에 따라 유연한 사업모델의 설계가 가능하다. 입법자와 금융업자 중 누가 사업모델의 설계를 효율적으로 할 수 있는지 생각해 볼 필요가 있다. 입법자의 역할은 위험의 통제에 머물러야 한다. [4-12]

물론 기능별 진입규제가 모든 금융업종에 타당한지에 대해서는 논의가 필요하다. 그러나 규제목적상 필요한 경우에는 은행법과 같이 은행의 일정한 위험업무를 제한하거나 금지하는 방법을 적용할 수 있다. 이러한 제한 또는 금지의 가능성을 전제로 사업모델을 금융업자가 결정할 수 있게 하고, 상응하는 진입요건을 부과하는 것은 합리적인 접근이라고 생각된다. [4-13]

제3절 동일인 주식보유한도

Ⅰ. 의의와 적용범위

1. 의 의

[4-14] 은행법은 1982.12. 은행 민영화를 추진하면서 대기업의 사금고화 방지 등을 위해 동일인 주식보유한도규제를 도입하였다. 그 후 은행법은 산업자본의 은행 지배 방지를 원칙으로 하면서 다양한 변화를 경험해 왔다. 은행법상 주식보유한도규제는 첫째, 금융주력자 한도를 원칙적 규제로 하고, 둘째, PEF 한도, 셋째, 비금융주력자 한도, 넷째, 외국은행 한도로 구성된다. 동일인 주식보유한도는 은행 진입규제의 핵심을 이루고 있으므로 은행 인가에 앞서 살펴본다.

2. 규제의 범위

가. 동일인

1) 의 의

[4-15] 은행법상 동일인은 본인 및 특수관계인(2조 8호)을, 그리고 특수관계인은 본인과 특수관계에 있는 자를 말한다(령 1조의4 1항 1호-9호). '특수관계'는 일정한 친족, 지분보유, 고용, 의결권의 공동행사 등을 요소로 한다.

<1> 친족관계

① 배우자, 6촌 이내의 혈족 및 4촌 이내의 인척(령 1조의4 1항 1호).[2]

<2> 지분관계

② 본인 및 ① 또는 ④의 사람이 임원의 과반수를 차지하거나 이들이 ③ 또는 ⑤의 자와 합하여 50% 이상을 출연하였거나 이들 중의 1명이 설립자로 되어 있는 비영리법인·조합 또는 단체(령 1조의4 1항 2호).

③ 본인 및 ①·②·④의 자가 의결권 있는 발행주식이나 지분 총수의 30% 이상을 소유하고 있거나 이들이 최다수 주식소유자로서 경영에 참여하고 있는 회사(령 1조의4 1항 3호).

⑤ 본인 및 ①부터 ④까지의 자가 의결권 있는 발행주식이나 지분 총수의 30% 이상을 소유하고 있거나 이들이 최다수 주식소유자로서 경영에 참여하고 있는 회사(령 1조의4 1항 5호).

⑥ 본인이 공정거래법상 기업집단을 지배하는 계열주인 경우에 그가 지배하는 기업집단에 속하는 회사[3] 및 그 회사의 임원(령 1조의4 1항 6호).

⑦ 본인이 계열주와 ① 또는 ②에 따른 관계에 있는 자이거나 계열주가 지배하는 기업집단에 속하는 회사의 임원인 경우에 그 계열주가 지배하는 기업집단에 속하는 회사 및 그 회사의 임원(령 1조의4 1항 7호).

⑧ 본인이 기업집단에 속하는 회사인 경우에 그 회사와 같은 기업집단에 속하는 회사 및 그 회사의 임원(령 1조의4 1항 8호).

<3> 고용관계

④ 본인, ② 또는 ③의 자에게 고용된 사람(령 1조의4 1항 4호).[4]

<4> 의결권 행사

⑨ 본인 또는 ①부터 ⑧까지의 자와 합의 또는 계약 등으로 은행의 발행주식에 대한 의결권 및 의결권행사를 지시할 수 있는 권한을 공동으로 행사하는 자(령 1조의4 1항 9호).

<5> 제 외

그러나 일정한 민간투자대상사업을 하는 특수목적회사의 주식을 취득·보유하는 경우에는 그 특수목적회사를, 채권금융기관이 기업구조조정을 위해 불가피하게 다른 회사의 주식을 취득하는 경우에는 그 다른 회사를, 그리고 은행의 자회사등(37조 2항 단서)[5]인 기관전용 사모집합투자기구(private equity fund, PEF)[6]나 은행지주회사의 자회사등인 PEF가 투자한 다른 회사는 특수관계인의 범위에서 제외한다(령 1조의4 2항 1호-3호).

동일인은 은행법상 규제목적을 위해 이해관계를 공동으로 하는 것으로 인정되는 다수인을 하나의 집단으로 보는 것이다.[7] 의결권 행사를 함께 할 가능성이 있는 집단을 정의한 것이지 하나의 독립된 권리주체를 상정한 것은 아니다.[8] [4-16]

본인은 주주여야 하는가? 2002.4. 은행법 개정에서 '주주 1인과 그와 특수관계에 있는 자'를 '본인 및 그와 특수관계에 있는 자'라고 변경한 점을 근거로 투자자가 주주가 아니라도 그를 중심으로 동일인 여부를 판단한다는 취지로 보는 견해[9]가 있다. 여기서 본인은 의결권 행사를 함께 할 가능성이 있는 집단의 실질적 의사결정자를 말하는 것이 [4-17]

---

2) 다만, 공정거래법 시행령 제3조의2 제1항 제2호 가목에 따른 독립경영자 및 같은 목에 따라 공정위가 동일인관련자의 범위로부터 분리를 인정하는 사람은 제외한다.

3) 계열주가 단독으로 또는 공정거래법 시행령 제3조 제1호 각 목의 어느 하나 및 같은 조 제2호 각 목의 어느 하나에 해당하는 관계에 있는 자와 합하여 같은 조 제1호 및 제2호의 요건에 해당하는 외국법인을 포함한다.

4) 사용자가 법인·조합 또는 단체인 경우에는 임원을 말하고, 개인인 경우에는 상업사용인, 고용계약에 따라 고용된 사람 또는 그 개인의 금전이나 재산으로 생계를 유지하는 사람을 말한다.

5) 여기서 자회사등은 은행이 의결권 있는 지분증권의 15%를 초과하는 지분증권을 소유하는 회사 등을 말한다(37조 2항 단서).

6) 기관전용 사모집합투자기구는 엄밀하게는 헤지펀드나 PEF를 모두 포함하지만 은행법 규제목적상으로는 PEF가 주로 문제되므로 이 책에서는 PEF라고 한다.

7) 정찬형외, 101면.

8) 주석은행법, 81면.

9) 고동원, 「금융규제와 법」, 박영사, 2008, 138면; 주석은행법, 81면.

므로 반드시 주주일 필요는 없다. 은행감독기관은 동일인이 모두 주주일 것을 요구하지 않는다.

[4-18] 공정거래법상 기업집단의 범위 판단에서는 계열주인 '동일인'을 기준으로 판단하는 데 비하여, 은행법상 동일인 판단에서 본인을 정하는 기준이 없어 불명확하다는 지적이 있다.[10] 그러나 본인은 동일인으로 판단되는 주주 집단을 지배하는 자를 찾는 개념으로서 상황에 따라 변경될 수 있는 점을 고려한 것이므로 개념상 당연한 결과일 뿐 불명확하다고 하기는 어렵다. 다만 공정거래법과 같은 방식을 도입할 필요는 인정된다.

2) 동일인의 확인

[4-19] 금융위 또는 은행은 그 은행의 주식을 보유하는 동일인과 그 동일인의 보유주식의 범위를 확인하기 위해 그 은행의 주주에게 필요한 자료 제출을 요구할 수 있다(15조 8항). 자료 제출 요구와 관련하여 필요한 사항은 시행령으로 정한다(15조 9항). 은행법은 은행을 규제대상으로 하므로 그 주주에 대해서 특칙을 둔 것이다.

3) 특수관계인 개념의 불명확성 논의

[4-20] 은행법 등 금융규제법은 규제수단으로 '특수관계인' 개념을 사용하는 경우가 많다.[11] 이에 대해서는 첫째, 법률마다 특수관계인의 기준과 범위에 차이가 있고, 둘째, 혈연 등 불명확한 기준으로 구성되어 있어서 법률 간의 정합성 도모와 민법상 친족 개념이 아니라 경제적 이해관계자를 중심으로 재정립하자는 의견[12]이 있다. 그러나 다음 2가지 전제를 충족할 수 있는 개선논의가 필요하다. 첫째, 예측가능한 기준으로서의 '경제적 이해관계'를 규정할 수 있을지 의문이다. 둘째, 자본시장법상 대량보유보고나 공개매수에서의 특수관계인 개념도 동일하게 변경되어야 한다.

나. 은 행

[4-21] 동일인 주식보유한도규제의 적용대상인 은행은 은행법에 따라 설립된 은행이다. 따라서 외국은행(58조 1항)에 대해서는 적용되지 않는다. 그리고 외국은행 국내지점·대리점에 대해서는 동일인 주식보유한도규제의 적용을 배제하고 있다(59조 1항 단서, 15조, 16조, 16조의2).

다. 주 식

[4-22] 동일인 주식보유한도는 '주식'의 보유를 규제하는 것이다. 따라서 주식이 아닌 신주인수권 그 밖의 주식을 취득할 수 있는 권리를 보유하는 것은 포함되지 않는다. 위임장

---

10) 고동원, 위의 책, 146면.

11) 다양한 법률에서 사용되는 특수관계인 개념은, 김은경·김동훈·김봉철, 규제합리화를 위한 특수관계인 관련 법령 정비 방안, 법무부 연구용역보고서, 2009.

12) 최준선, "상법상 '특수관계인' 개념의 문제점," [자유경제원 토론회] 법률상 특수관계 규제, 도대체 얼마나 심각한가?, 2016.5.31., 자유경제원 리버티홀, 3-21면.

권유도 같은 이유에서 대상이 되지 않는다.[13] 그러나 아래의 보유 개념에 해당하는지는 문제될 수 있다.

라. 보 유

'보유'는 동일인이 자기 또는 타인의 명의로 주식을 소유하거나 계약 등에 의하여 의결권을 가지는 것(2조 9호 다목)을 말한다. '보유'는 '소유'보다는 넓어서 '계약 등에 의하여 의결권을 가지는 것'도 포함한다. 따라서 합의나 약정 또는 다양한 형태의 파생상품거래 등을 통하여 의결권을 행사할 수 있을 경우에는 보유에 해당하는지 문제될 수 있다. [4-23]

'계약 등에 의하여 의결권을 가지는 것'의 의미를 어떻게 해석할 것인가? 첫째, 자본시장법상 대량보유보고의 대상인 공동보유자의 정의 중 '합의나 계약 등에 따라 의결권의 행사를 지시할 수 있는 권한을 포함한 의결권을 공동으로 행사하는 행위를 할 것을 합의한 자'(자본 시행령 141조 2항 3호)의 범위와 같다고 볼 것인가? 결국 '계약 등에 의하여 의결권을 가지는 것'이 '의결권의 행사를 지시할 수 있는 권한'을 가지는 경우를 포함한다고 보는 것이 옳을 것이다. [4-24]

둘째, '계약 등에 의하여 의결권을 행사할 수 있는 것'을 '계약 등에 의하여 의결권을 가지는 것'으로 볼 수 있는가? 의결권행사의 위임을 통하여 의결권을 행사하는 것도 '계약 등에 의하여 의결권을 가지는 것'으로 볼 수 있다면 위임장권유에 의하여 확보한 의결권도 한도규제의 대상에 포함된다는 결론이 나온다. 그러나 특정 주주총회에서의 의결권 행사를 위임받는 것은 보유의 개념에 포함되지 않는다고 보아야 할 것이다. [4-25]

셋째, 총수익률스왑(total return swap)과 같은 파생상품거래를 통하여 의결권과 경제적 이해관계가 분리되어 전통적인 의결권 규율법리가 실효성을 상실할 수 있다. 그러나 이 문제는 은행법에 한정된 것은 아니다. [4-26]

Ⅱ. 규제의 내용

1. 금융주력자

가. 10% 원칙

1) 의 의

동일인은 은행의 의결권 있는 발행주식총수의 10%를 초과하여 주식을 보유할 수 없다(15조 1항 본문). 다만, 다음 5가지 경우는 예외로 한다(15조 1항 단서, 지주 13조). [4-27]

13) 김용재, 105-106면. 동 견해는 위임장권유에 의한 지배권 취득은 은행지배권이전에 관한 법률(Change in Bank Control Act of 1978)상 은행감독기관에의 사전통지사항(12 U.S.C. Section 1817(j))이 아니라는 취지의 미국 판례를 소개하고 있다. Citizens First Bancorp, Inc. v. Harreld, 559 F. Supp. 867 (W.D. Ky. 1982). 상호주의 의결권 제한(상 369조 3항)과 관련하여 "특정 주주총회에 한정하여 각 주주들로부터 개별안건에 대한 의견을 표시하게 하여 의결권을 위임받아 의결권을 대리행사하는 경우에는 회사가 다른 회사의 발행주식 총수의 10분의 1을 초과하여 의결권을 대리행사할 권한을 취득하였다고 하여도 위 규정이 유추적용되지 않는다". 대법원 2001. 5. 15. 선고 2001다12973 판결.

2) 예 외

(가) 정부 또는 예보가 은행 주식을 보유하는 경우(15조 1항 1호)

[4-28] 정부나 예보가 보유하는 경우에는 금산분리원칙이 우려하는 문제가 없고, 구조조정 등을 위해 한도초과보유가 필요하기 때문이다.

(나) 지방은행의 의결권 있는 발행주식총수의 15% 이내에서 보유하는 경우(15조 1항 2호)

[4-29] 지방은행의 주식보유한도는 15%이다. 1982년 주식보유한도 도입 시 지방은행은 지역경제 개발자금의 원활한 지원 등을 위해[14] 적용대상에서 제외하였다(17조의3 1항 단서; 령 4조 3호).[15] 그 후 1994.12. 은행법 개정에서 지방은행에 대해서도 15% 보유한도를 도입했다(17조의3 3호). 은행에 관한 기본법으로서의 은행법의 기능에 비추어 일반은행과 지방은행 간의 형평성 문제를 지적하는 비판도 존재한다.[16]

(다) 한도초과승인을 받아 보유하는 경우(15조 3항)

① 의 의

[4-30] 동일인은 그 은행의 의결권 있는 발행주식총수의 10%(지방은행의 경우에는 15%), 25%, 33%를 각각 초과할 때마다 금융위 승인을 받아 은행 주식을 보유할 수 있다(15조 3항 1호-3호). 이 경우 10% 원칙(15조 1항 본문)은 적용되지 않는다. 다만, 금융위는 은행업의 효율성과 건전성에 기여할 가능성, 그 은행 주주의 보유지분 분포 등을 고려하여 필요하다고 인정되는 경우에만 위 3단계 한도 외에 따로 구체적인 보유한도를 정하여 승인할 수 있으며, 동일인이 승인받은 한도를 초과하여 주식을 보유하려는 경우에는 다시 금융위의 승인을 받아야 한다(15조 3항 단서).

② 승인요건

[4-31] 한도초과승인을 할 때 은행주식보유자의 자격, 주식보유와 관련한 승인요건·절차, 그 밖에 필요한 사항은 그 은행의 건전성을 해칠 위험성, 자산규모 및 재무상태의 적정성, 그 은행으로부터 받은 신용공여의 규모, 은행업의 효율성과 건전성에 기여할 가능성 등을 고려하여 시행령으로 정한다(15조 5항; 령 [별표 1] 한도초과보유주주의 초과보유 요건(제5조 관련)).

[4-32] 금융위는 그 은행이 부실금융기관(금산 2조 2호), 부실금융회사(예보 2조 5호), 부실우려금융회사(예보 2조 6호), 경영지도기준(34조 2항) 미준수에 해당할 경우에는 한도초과보유 승인요건을 갖추지 않은 경우에도 승인할 수 있다(15조 7항). 금융위는 한도초과승인을 하지 않는 경우 일정 기간 이내에 신청인에게 사유를 명시하여 알려야 한다(15조 4항).

---

14) 한국은행, 한국의 금융제도, 2018, 176면.
15) 은행법상 은행 주식보유한도규제의 연혁에 대한 소개로는, 고동원, "은행 소유 규제의 현황과 개선 과제," 성균관법학 제22권 제2호, 2010, 245-299면.
16) 국회 재정경제위원회 전문위원 김문희, 은행법중개정법률안(정부제출) 검토보고, 2001. 12, 21-22면.

③ 투자회사의 특칙

투자회사가 한도승인을 받아 은행주식을 보유하는 경우 그 투자회사에 대하여는 자본시장법상 자산운용한도 규정[17]을 적용하지 않는다(15조 6항). 은행주식을 장기보유하면서 경영에 깊이 관여하지 않는 국내자본을 육성하려는 배려로 설명하는 견해[18]가 있다. [4-33]

(라) 비금융주력자의 주식보유(16조의2 1항)

비금융주력자는 금융주력자의 주식보유한도의 적용대상이 아니다. 따라서 비금융주력자는 은행의 의결권 있는 발행주식총수의 4%(지방은행의 경우에는 15%)를 초과하여 주식을 보유할 수 없다([4-54]-[4-74]). [4-34]

(마) 은행지주회사에 대한 특례

은행지주회사는 은행법상 금융주력자의 10% 보유한도(15조 1항 본문)에도 불구하고 의결권 있는 발행주식총수의 10%를 초과하여 은행주식을 보유할 수 있다(지주 13조). 첫째, 은행지주회사는 주식소유를 통한 은행지배를 주된 사업으로 하는 점, 둘째, 은행주식회사의 주식보유에 대해서는 은행과 같은 동일인 주식보유한도 규제를 적용하고 있는 점을 고려할 때 당연한 예외라고 할 수 있다.[19] [4-35]

나. 주식보유상황 등 보고의무

1) 보고의무

(가) 의 의

동일인(시행령으로 정하는 자를 제외)은 은행주식을 일정 비율 이상 보유하거나 그 밖에 변동이 있을 때 은행주식보유상황 또는 주식보유비율의 변동상황 확인을 위해 필요한 사항을 금융위에 보고해야 한다(15조 2항). [4-36]

은행법상 주식보유상황 등의 보고의무는 동일인 주식보유한도규제의 실효성 확보를 위해 은행주식보유상황 또는 주식보유비율 변동상황 확인에 필요한 자료를 확보하는 기능을 가진다.[20] 이 조항을 근거로 소수주주가 보고의무를 불이행한 동일인을 상대로 책임을 물을 수 있는가? 이 제도는 소수주주 보다는 예금자 일반의 보호를 위한 것으로서 은행의 손해를 소수주주들이 청구할 수 있는 것은 아니라고 본다.[21] [4-37]

---

17) 자본시장법상 집합투자업자의 자산운용에 관한 3가지 제한을 말한다(81조 1항 1호 가목-다목).
가. 각 집합투자기구 자산총액의 10% 이내의 범위에서 시행령으로 정하는 비율을 초과하여 동일종목 증권에 투자하는 행위
나. 각 집합투자업자가 운용하는 전체 집합투자기구 자산총액으로 동일법인 등이 발행한 지분증권 총수의 20%를 초과하여 투자하는 행위
다. 각 집합투자기구 자산총액으로 동일법인 등이 발행한 지분증권 총수의 10%를 초과하여 투자하는 행위.

18) 김용재, 105면.

19) 금감원 감독총괄국 지주회사감독팀, 금융지주회사법해설, 2003, 105면.

20) 주석은행법, 175면.

21) 주석은행법, 175면.

[4-38] 이런 점에서 은행법상 주식소유상황 등의 보고의무는 적대적 M&A에 대한 방어기회보장과 대량수요정보공시를 목적으로 하는 자본시장법상 대량보유보고(147조)나 미공개중요정보이용행위의 예방을 위한 임원 등 주식소유상황보고(173조)와는 차이가 있다.

(나) 보고사유와 요령

[4-39] 보고의무가 발생하는 경우는 4% 초과 보유시의 신규보고와 최대주주가 되거나 1% 이상 변동, PEF등의 사원구성변동 등의 경우의 변동보고로 구성된다(15조 2항 1호-5호).

① 동일인은 은행(지방은행은 제외)의 의결권 있는 발행주식총수의 4%를 초과하여 주식을 보유하게 되었을 때 신규보고를 하게 된다. ② 위 ①에 해당하는 동일인이 그 은행의 최대주주가 되었을 때, ③ 위 ①에 해당하는 동일인의 주식보유비율이 그 은행의 의결권 있는 발행주식총수의 1% 이상 변동되었을 때, ④ 은행의 의결권 있는 발행주식총수의 4%를 초과하여 보유한 PEF의 경우 그 사원의 변동이 있을 때, ⑤ 은행의 의결권 있는 발행주식총수의 4%를 초과하여 보유한 투자목적회사의 경우 그 주주 또는 사원의 변동이 있을 때[22]에는 변동보고가 이루어진다.

[4-40] 보고의무의 주체는 동일인이다(15조 2항). 다만 정부, 예보, 산업은행[23]은 보고의무가 면제된다(령 4조의2 1항). 본인과 특수관계인이 함께 보고하는 경우에는 보유주식수가 가장 많은 자를 대표자로 선정하여 연명으로 보고할 수 있다(령 4조의2 3항 후단).

[4-41] 보고사항은 동일인, PEF의 경우 주주 또는 사원, 사원의 출자액, 주식보유 또는 변동의 현황 및 사유, 주식보유목적 및 은행에 대한 경영 관여 여부에 관한 사항 등이다(령 4조의2 2항 1호-5호).

[4-42] 보고의무를 지는 동일인은 보고사유에 해당하게 된 날[24]부터 10영업일 이내에 보고사항을 금융위에 보고해야 한다(령 4조의2 3항 전단). 다만 기금등 그 밖에 금융위가 정하여 고시하는 자는 보고사유에 해당하게 된 날이 속하는 분기의 다음 달 10일까지 보고할 수 있다(령 4조의2 4항).

2) 보고의 절차와 방법

[4-43] 보고의무를 적용할 때 보고의 절차·방법·세부기준, 그 밖에 필요한 사항은 그 은행의 건전성을 해칠 위험성, 자산규모 및 재무상태의 적정성, 그 은행으로부터 받은 신용공여의 규모, 은행업의 효율성과 건전성에 기여할 가능성 등을 고려하여 시행령으로 정한다

22) 그 투자목적회사의 주주 또는 사원인 PEF의 사원의 변동이 있을 때를 포함한다.
23) 금산법상 금융안정기금의 부담으로 주식을 취득하는 경우로 한정한다.
24) 그 동일인이 은행의 주식을 취득하거나 매각하지 않았음에도 불구하고 보고 사유에 해당하게 된 경우에는 그 사유에 해당하게 된 사실을 안 날을 말한다.

(15조 5항 1호-4호). 그 외에 주식보유상황 등의 보고에 필요한 사항은 금융위가 정하여 고시한다(령 4조의2 5항).

2. PEF등의 특칙

가. 주식보유에 대한 승인요건 등

기관전용 사모집합투자기구 또는 투자목적회사('PEF등')가 한도초과보유승인(15조 3항) [4-44]
을 받고자 하는 경우 요건은 다음과 같다(15조의3 2항 1호·2호).

첫째, PEF의 업무집행사원에 관한 요건으로서 법인으로서 자신이 업무집행사원으로 [4-45]
있거나 그 재산운용을 위탁받은 PEF등의 다른 사원 또는 주주의 특수관계인이 아닐 것과 자신이 업무집행사원으로 있거나 그 재산운용을 위탁받은 PEF등의 다른 사원 또는 주주가 그 PEF등의 재산인 주식 또는 지분에 대하여 영향력을 행사하는 것을 배제할 수 있을 정도의 자산운용 능력·경험 및 사회적 신용을 갖출 것을 요구한다. 둘째, 그 밖에 PEF등의 주식보유가 그 은행의 건전성에 미치는 영향 등을 고려하여 시행령으로 정하는 요건을 갖추어야 한다.

나. 조건부승인

금융위는 PEF등에 대한 한도초과보유승인을 할 때 그 은행 주주의 지분분포·구성 [4-46]
내역, 그 PEF등의 사원 또는 주주의 구성내역 등을 고려하여 그 PEF등이 은행의 주요 경영사항에 대하여 사실상 영향력 행사의 가능성이 높은 경우에는 경영관여 등과 관련하여 필요한 조건을 붙일 수 있다(15조의3 6항).

다. 자료제출요구와 변경사항 보고의무

금융위는 PEF등의 한도초과보유승인(15조 3항)을 위한 심사를 할 때 PEF등에 대한 [4-47]
승인요건(15조의3 2항)에 해당하는지 여부를 확인하기 위해 필요한 경우에는 그 PEF등 또는 그 재산운용 등을 담당하는 업무집행사원에게 그 PEF등의 정관, 그 밖에 그 주주 또는 사원 사이에 체결된 계약내용 등 시행령으로 정하는 정보 또는 자료의 제공을 요구할 수 있다(15조의3 3항). 한도초과보유승인을 받아 은행 주식을 보유한 PEF등이 금융위에 제출한 정보 또는 자료의 내용에 변경이 있는 경우에는 지체 없이 그 사실을 금융위에 보고해야 한다(15조의4).

라. 불승인사유의 통지의무

금융위는 PEF등에 대한 한도초과보유승인을 하지 않는 경우에는 시행령으로 정하는 [4-48]
기간 이내에 신청인에게 그 사유를 명시하여 통지해야 한다(15조의3 4항). PEF등에 대한 한도초과보유승인의 절차·심사방법, 승인요건의 세부기준, 그 밖에 필요한 사항은 시행령으로 정한다(15조의3 7항).

마. 금지사항

1) 의 의

[4-49] PEF등 또는 그 주주·사원은 한도초과보유승인(15조 3항)을 받아 은행 주식을 보유한 경우 PEF의 업무집행사원 이외의 자가 PEF의 은행 의결권 행사에 영향을 주는 행위, PEF가 비금융회사의 주요주주가 되어 경영에 영향력을 행사하는 행위, 은행법령에 위반되는 행위[25]를 모두 금지하고 있다(15조의5 1호-4호).

2) '이 법 또는 이 법에 따른 명령'에 위반하는 행위의 처벌

[4-50] 제3호의 '이 법 또는 이 법에 따른 명령을 위반하는 행위'에 대해서는 법체계적으로 논의가 필요하다. 은행법에는 이 규정 외에도 '이 법 또는 이 법에 따른 명령'에 위반하는 행위를 요건으로 하는 규정이 다수 존재한다.[26] 이와 관련하여 다음 사례를 참고할 수 있다.

[4-51] 구 새마을금고법상 '이 법과 이 법에 의한 명령…에 위반하는 행위를 함으로써 금고 또는 연합회에 손해를 끼쳤을 때' 형벌을 부과하는 내용의 규정에 대하여 헌재는 첫째, 내용을 짐작할 수 있는 구체적 내용을 규정 자체에서 담고 있지 않아 예측가능성이 없고, 둘째, '이 법에 의한 명령' 부분은 법에서 정한 시정명령인지 아니면 시행령인지 알 수 없으며, 셋째, 명령을 시정명령으로 보든 시행령으로 보든 정해질 내용의 예측가능성이 없고, 넷째, 수범자가 일반인이 아닌 새마을금고의 임직원이라도 규정 자체에 처벌행위유형이 없는 이상 금지행위의 실질을 예측하기 어렵다는 이유로 죄형법정주의를 선언한 헌법 제12조 제1항, 제13조 제1항에 위반된다고 판단하였다.[27]

[4-52] 은행법상 이들 규정에 위반해도 형벌은 적용되지 않으므로 죄형법정주의 문제는 발생하지 않는다. 그러나 첫째, 위 새마을금고법 사안에서 헌재가 지적한 문제점은 은행법 규정에도 그대로 존재하고, 둘째, 은행법 규정을 근거로 주식처분명령이나 기관 및 임직원

---

25) 이외에 4호에서 '주주 또는 사원 사이에 이 법 또는 다른 금융 관련 법령을 위반하는 계약을 체결하는 행위 등 대통령령으로 정하는 행위'를 규정하고 있지만 시행령에 특별한 규정이 없다. 그러나 3호에 위반되는 것으로 볼 수 있을 것이다.

26) 15조의5 3호(이 법 또는 이 법에 따른 명령을 위반하는 행위), 53조 1항(은행이 이 법 또는 이 법에 따른 규정·명령 또는 지시를 위반하여 은행의 건전한 경영을 해칠 우려가 있다고 인정되…는 경우), 53조 2항 5호(이 법 또는 이 법에 따른 명령이나 처분을 위반하여 예금자 또는 투자자의 이익을 크게 해칠 우려가 있는 경우) 54조 1항(은행의 임원이 이 법 또는 이 법에 따른 규정·명령 또는 지시를 고의로 위반하…는 경우) 54조 2항(은행의 직원이 이 법 또는 이 법에 따른 규정·명령 또는 지시를 고의로 위반하…는 경우) 69조 1항 11호(그 밖에 이 법 또는 이 법에 따른 규정·명령 또는 지시를 위반한 은행) 53조의2 1항(PEF등이 제15조의5를 위반하는 경우) 53조의2 3항(PEF등이 제15조의5 각 호의 어느 하나에 해당하는 경우) 53조의2 4항(PEF등의 재산 운용 등을 담당하는 업무집행 사원이 제15조의5 각 호의 어느 하나에 해당하는 경우). 금융지주법 8조의7 3호(이 법 또는 이 법에 따른 명령을 위반하는 행위)도 같다.

27) 헌재 2001. 1. 18. 99헌바112.

제재 등 침익적 처분은 가능하므로 개정하는 것이 타당할 것이다. 자본시장법은 별표 형식으로 '이 법 또는 이 법에 따른 명령'에 위반되는 행위유형을 열거하고 있다.

3) 위반시 제재

PEF등과 그 주주 또는 사원이 금지사항(15조의5)을 위반하는 경우 그 PEF등은 초과보유주식에 대한 의결권을 행사할 수 없으며 초과보유주식은 지체 없이 처분해야 한다(53조의2 1항). 금융위는 PEF등이 초과보유주식 처분의무를 준수하지 않는 경우에는 1개월 이내의 기간을 정하여 초과보유주식의 처분을 명령할 수 있다(53조의2 2항, 1항). 초과보유주식은 4% 초과보유주식을 말하는 것으로 보아야 한다는 견해가 있다.[28] 은행법 제15조의3은 PEF등이 금융주력자임을 전제로 하는 규정이다. PEF등과 그 주주 또는 사원이 한도초과보유승인요건인 금지사항(15조의5)을 위반하는 경우에 그 PEF등이 비금융주력자가 되는 것으로 볼 수는 없을 것이다. 여기서 초과보유주식은 은행법 제15조 제1항의 10% 초과 보유 주식을 말하는 것으로 보아야 한다. 금융위는 PEF등과 그 재산운용 등을 담당하는 업무집행사원이 금지사항(15조의5)에 해당하는 경우 제재할 수 있다(53조의2 3항·4항). [4-53]

3. 비금융주력자의 주식보유한도 특칙과 예외

가. 의 의

비금융주력자[29]는 금융주력자의 보유주식한도에 관한 10% 원칙(15조 1항)에도 불구하고 은행의 의결권 있는 발행주식총수의 4%(지방은행의 경우에는 15%)를 초과하여 주식을 보유할 수 없다(16조의2 1항). 비금융주력자는 5유형으로 구분된다(2조 9호 가목-마목). [4-54]

① 동일인 중 비금융회사인 자의 자본총액의 합계액이 동일인 중 회사인 자의 자본총액의 합계액의 25% 이상인 경우의 그 동일인(2조 9호 가목). [4-55]

비금융회사는 금융업이 아닌 업종을 운영하는 회사를 말한다. 금융업은 시행령에서 통계청장이 고시하는 한국표준산업분류(통계법 22조 1항)에 따른 금융 및 보험업('금융업'), 금융업을 경영하는 회사에 대한 전산·정보처리 등 용역 제공, 금융업을 경영하는 회사가 보유한 부동산이나 그 밖의 자산 관리, 금융업 관련 조사·연구, 그 밖에 금융업을 경영하는 회사의 고유 업무와 직접 관련되는 업무에 해당하는 업종 또는 업무를 말한다(2조 1항 9호 가목; 령 1조의5 1항 1호·2호). 자본총액은 재무상태표상 자산총액에서 부채총액을 뺀 금액이다.

② 동일인 중 비금융회사인 자의 자산총액의 합계액이 2조원 이상인 경우의 그 동일인(2조 1항 9호 나목; 령 1조의5 2항). [4-56]

---

28) 고동원, "은행 소유 규제의 현황과 개선 과제," 성균관법학 제22권 제2호, 2010, 279면.

29) 공정거래법 제32에 따라 상호출자제한기업집단등에서 제외되어 비금융주력자에 해당하지 않게 된 자로서 그 제외된 날부터 시행령으로 정하는 기간이 지나지 않은 자를 포함한다.

[4-57] ③ 자본시장법상 투자회사로서 위 ①과 ②의 자가 그 발행주식총수의 4%를 초과하여 주식을 보유하는 경우의 그 투자회사(2조 1항 9호 다목).

[4-58] ④ 자본시장법상 PEF로서 다음 각각의 어느 하나에 해당하는 PEF(2조 1항 9호 라목)

1) 위 ①, ②, ③의 하나에 해당하는 자가 PEF 출자총액의 10% 이상 지분을 보유하는 유한책임사원인 경우. 이 경우 지분계산에서는 그 사원과 다른 유한책임사원으로서 그 사원의 특수관계인의 지분을 포함한다.
2) 위 ①, ②, ③의 하나에 해당하는 자가 PEF의 무한책임사원인 경우. 다만, 위 ①, ②, ③의 하나에 해당하지 않는 무한책임사원이 다른 PEF를 통하여 비금융회사의 주식 또는 지분에 투자함으로써 위 ①, ②, ③의 하나에 해당하게 된 경우로서 그 PEF의 유한책임사원[30]이 그 다른 PEF에 출자하지 않은 경우에는 이를 제외한다.
3) 다른 상호출자제한기업집단에 속하는 각각의 계열회사가 취득한 PEF의 지분의 합이 PEF 출자총액의 30% 이상인 경우. 상호출자제한기업집단과 계열회사는 각각 공정거래법상 상호출자제한기업집단과 계열회사를 말한다.

[4-59] ⑤ 위 ④에 해당하는 PEF[31]가 투자목적회사의 주식 또는 지분의 4%를 초과하여 취득·보유하거나 임원의 임면 등 주요 경영사항에 대하여 사실상의 영향력을 행사하는 경우의 그 투자목적회사(2조 1항 9호 마목).

[4-60] ⑥ 인터넷전문은행에 대한 특례

비금융주력자는 인터넷전문은행의 의결권 있는 발행주식 총수의 34% 이내에서 주식을 보유할 수 있다(인터넷은행법 5조 1항). 이 규정은 은행법상 주식보유한도에 관한 규정(16조의2 1항·2항)에 우선한다. 이 경우 인터넷전문은행에 대해서도 은행법상 동일인 주식보유한도 등(15조), 한도초과주식의 의결권 제한 등(16조), 한도초과보유주주등에 대한 적격성심사 등(16조의4) 및 이행강제금(65조의9)에 관한 규정을 적용한다(인터넷은행법 5조 2항 본문). 다만, 인터넷전문은행의 한도초과보유주주의 자격 및 승인요건은 출자능력, 재무상태 및 사회적 신용, 경제력 집중에 대한 영향, 주주구성계획의 적정성, 정보통신업 영위 회사의 자산 비중, 금융과 정보통신기술의 융합 촉진 및 서민금융 지원 등을 위한 기여 계획을 감안하여 별표로 정한다(인터넷은행법 5조 2항 단서 1호-5호; 별표 한도초과보유주주의 요건(제5조 관련), 은행법 15조 5항, 3항).

나. 한도초과승인

[4-61] 비금융주력자의 4% 주식보유한도에도 불구하고 비금융주력자가 그 한도(지방은행인 경우는 제외)를 초과하여 보유하려는 은행 주식에 대한 의결권을 행사하지 않는 조건으로 재무건전성 등 시행령으로 정하는 요건을 충족하여 금융위 승인을 받은 경우에는 10%

30) 그 사원과 다른 유한책임사원으로서 그 사원의 특수관계인을 포함한다.
31) 자본시장법상 투자목적회사의 주식 또는 지분을 취득한 자(동법 249조의13 1항 3호 나목·다목) 중 위 ①, ②, ③의 하나에 해당하는 자를 포함한다.

까지 주식을 보유할 수 있다(16조의2 2항, 15조 1항 본문). 이 경우 의결권 행사 여부는 매 주주총회별로 은행감독기관이 확인해야 한다.

[4-62] 이 규정은 당초 정부안[32]에서는 "비금융주력자는 … 100분의 4를 초과하여 보유하는 주식에 대하여는 의결권을 행사할 수 없다"는 의결권 제한규정으로 되어 있었다(안 16조의2 2항). 이에 대해 첫째, 의결권 제한이 산업자본만 대상으로 하는 점에서 형평성에 위배되고, 둘째, 헌법상 사유재산권 제한 규정(23조)을 지나치게 확대 해석하고 있어 위헌 소지가 있다는 주장이 있었다.[33] 결국 현재와 같은 형태로 입법되었다.[34]

다. 비금융주력자의 예외

1) 의 의

[4-63] 일정한 비금융주력자에 대해 금융주력자의 주식보유한도(15조 1항 본문, 3항)를 적용한다(16조의2 3항). 전환계획승인을 받은 비금융주력자, 외국인투자촉진법상 외국인 주식보유비율 이내에서 보유하는 비금융주력자, 승인을 받은 기금등에 대하여 이러한 예외를 인정한다.

2) 전환계획의 승인을 받은 비금융주력자

(가) 전환계획의 승인

[4-64] 비금융주력자는 2년 이내에 금융주력자로 전환하기 위한 전환계획을 금융위에 제출하여 승인을 받을 수 있다(16조의2 3항 1호). 이 경우 전환계획의 승인요건 그 밖에 승인심사에 필요한 사항은 시행령으로 정한다(16조의2 7항).

(나) 전환계획에 대한 평가 및 점검 등

[4-65] 전환계획 승인을 신청하려는 비금융주력자는 전환계획을 금융위에 제출하며, 금융위는 전환계획에 대한 전문기관 평가가 필요하다고 인정하는 경우 금융위가 정하는 바에 따라 평가할 수 있다(16조의3 1항).

[4-66] 금융위는 전환계획승인을 받아 비금융주력자의 주식보유한도(16조의2 1항)를 초과하여 은행 주식을 보유하는 비금융주력자인 전환대상자의 전환계획 이행상황을 시행령으로 정하는 바에 따라 정기적으로 점검하고 그 결과를 인터넷 홈페이지 등을 이용하여 공시해야 한다(16조의3 2항). 금융위는 점검 결과 전환대상자가 전환계획을 불이행하고 있다고 인정되는 경우에는 6개월 이내의 기간을 정하여 그 이행을 명할 수 있다(16조의3 3항).

[4-67] 금융위로부터 전환계획 이행명령(16조의3 3항)을 받은 전환대상자 또는 차입금의 급격한 증가, 거액의 손실 발생 등 재무상황의 부실화로 인하여 은행과 불법거래를 할 가

---

32) 은행법중개정법률안(의안번호 161231, 제출일자 2001. 11. 26., 제출자 : 정부).
33) 국회 재정경제위원회 전문위원 김문희, 은행법중개정법률안(정부제출) 검토보고, 2001. 12, 12-13면.
34) 국회 재정경제위원회 전문위원 김문희, 위 보고서, 39면.

능성이 크다고 인정되는 경우(48조의2 1호 나목)로서 업무보고서 제출(43조의2 1항)에 따른 금감원장의 검사 결과 은행과의 불법거래 사실이 확인된 전환대상자는 비금융주력자의 주식보유한도인 4%(16조의2 1항)를 초과하여 보유하는 은행 주식에 대하여 의결권행사가 제한된다(16조의3 4항 1호·2호).

[4-68] 금융위는 전환대상자가 전환계획 이행명령을 불이행하는 경우나 은행과의 불법거래 사실이 확인된 경우에 해당하면 6개월 이내의 기간을 정하여 비금융주력자의 주식보유한도인 4%(16조의2 1항)를 초과하여 보유하는 은행 주식의 처분을 명령할 수 있다(16조의3 5항 1호·2호, 3항).

3) 외국인투자촉진법상 외국인 주식보유비율 이내에서 보유하는 비금융주력자

[4-69] 외국인투자촉진법에 따른 외국인의 은행에 대한 주식보유비율 이내에서 주식을 보유하는 비금융주력자(16조의2 3항 2호)도 예외의 적용대상이다. 외국인이 최대주주인 경우를 전제로 한 예외이다. 다만 비금융주력자가 이 예외에 따라 주식을 보유할 수 있는 은행 수는 1개로 제한한다(16조의2 6항).

[4-70] 비금융주력자가 이 예외에 따라 은행 주식을 보유한 후 외국인의 주식보유비율을 초과하게 된 경우에는 그 초과보유주식에 대하여 의결권 행사가 제한된다(16조의2 4항). 금융위는 1년 이내의 기간을 정하여 비금융주력자의 초과보유주식 처분을 명령할 수 있다(16조의2 5항 본문). 다만, 금융위는 비금융주력자의 초과보유주식규모, 증권시장상황 등에 비추어 부득이하다고 인정되는 경우에는 기간을 정하여 주식의 처분기한을 연장할 수 있다(16조의2 5항 단서).

4) 승인받은 기금등

[4-71] 「국가재정법」 제5조에 따른 기금 또는 그 기금을 관리·운용하는 법인과 법률에 따라 기금의 관리·운용을 위탁받은 법인을 포함한 '기금등'으로서 이해상충방지, 감독 및 검사, 그 밖의 요건을 모두 갖추어 금융위 승인을 받은 비금융주력자도 예외규정의 적용대상이다(16조의2 3항 3호 가목-다목). 일반 산업자본과는 달리 연기금이 국회통제의 대상이 되는 점을 감안하여 산업자본에 편입되는 연기금에 대해서는 예외적으로 주식보유한도규정의 적용을 배제함으로써 국내 잉여자금의 은행자본으로의 유입을 확대하려는 취지를 반영한 것이다.[35)]

[4-72] 첫째, 은행 주식을 보유한 기금등과 은행의 예금자, 다른 주주 등 이해관계자 사이에 발생할 수 있는 이해상충을 방지하기 위해 의결권 행사기준, 은행 주주로서 취득한 정보의 관리, 그 밖에 금융위가 정하는 이해상충방지요건을 충족하는 체계를 갖추어야 한다(16조의2 3항 3호 가목; 령 11조의3 1항).

[4-73] 둘째, 이해상충 방지를 위해 금감원으로부터 필요한 범위 내에서 감독 및 검사를

35) 국회 정무위원회, 은행법 일부개정법률안 심사보고서, 2009. 4, 12-13면.

받아야 한다(16조의2 3항 3호 나목; 규정 15조의6).

셋째, 그 밖에 기금등의 주식보유가 은행 건전성에 미치는 영향 등을 고려하여 기금등이 「국가재정법」 제79조에 따라 정한 자산운용지침을 준수해야 한다(16조의2 3항 3호 다목; 령 11조의3 2항). 기금등의 승인의 절차·방법, 그 밖에 승인 심사에 필요한 사항은 시행령으로 정한다(16조의2 7항). [4-74]

Ⅲ. 동일인 주식보유한도 규제 위반의 효과

1. 은행법상 효과

가. 의결권 제한과 위법사항시정조치

동일인이 주식보유한도(15조 1항·3항 또는 16조의2 1항·2항)를 초과하여 은행 주식을 보유하는 경우 한도초과주식에 대하여는 의결권을 행사할 수 없으며, 지체 없이 그 한도에 적합하도록 해야 한다(16조 1항). 의결권 제한은 금융위나 동일인의 별도 조치 없이 자동으로 효력이 발생한다. '그 한도에 적합하도록' 하는 위법사항시정조치는 승인을 받거나 처분을 하는 것으로서 본인과 특수관계인이 함께 처리해야 할 것이다. [4-75]

나. 조건부자본증권의 특칙

은행주식 전환형 조건부자본증권(33조 1항 3호)이 은행 주식으로 전환됨에 따라 동일인이 다음에 해당하게 되는 경우에는 각각 그 구분에 따라 처리한다(16조 2항 1호-3호). [4-76]

1) 금융주력자에 대한 주식보유한도(15조 1항·3항)를 초과하여 은행 주식을 보유하는 경우

다음 절차를 모두 완료해야 하며, 그 완료 전까지는 한도초과보유주식에 대한 의결권행사가 제한된다(16조 2항 1호 가목·나목). [4-77]

① 일정한 기간 이내에 금융주력자의 주식보유한도(15조 1항·3항)를 초과하는 은행주식 보유사실을 금융위에 보고할 것. 보고절차와 방법 등은 금융위가 정하여 고시한다(16조 4항).

② 일정한 기간 이내에 금융위의 한도초과주식보유승인(15조 3항)을 받거나 금융주력자의 주식보유한도(15조 1항·3항) 초과분을 정리하는 조치를 완료할 것. 다만, 불가피한 사유가 있는 경우에는 금융위 승인을 받아 6개월 이내의 범위에서 기간을 연장할 수 있다.

2) 비금융주력자에 대한 주식보유한도(16조의2 1항)(지방은행의 경우는 제외)를 초과하고, 의결권 제한 조건부 주식보유한도(16조의2 2항) 이내에서 은행 주식을 보유하게 되는 경우

한도초과보유주식에 대한 의결권 행사가 제한되며, 다음 절차를 모두 완료해야 한다(16조 2항 2호 가목·나목). [4-78]

① 일정한 기간 이내에 비금융주력자에 대한 주식보유한도(16조의2 1항)를 초과하는 은행

주식보유사실을 금융위에 보고할 것. 조건부자본증권에 관한 보고절차와 방법 등은 금융위가 정하여 고시한다(16조 4항).

② 일정한 기간 이내에 의결권 제한 조건부 주식보유승인(16조의2 2항)을 받거나 비금융주력자에 대한 주식보유한도(16조의2 1항) 초과분을 정리하는 조치를 완료할 것. 불가피한 사유가 있는 경우 금융위 승인을 받아 6개월 이내의 범위에서 기간을 연장할 수 있다.

3) 비금융주력자에 대한 주식보유한도(16조의2 1항)(지방은행의 경우만 해당) **또는 의결권 제한 조건부 주식보유한도**(16조의2 2항)**를 초과하여 은행 주식을 보유하게 되는 경우**

[4-79] 한도초과보유주식에 대한 의결권 행사가 제한되며, 초과분을 정리하여 지체 없이 한도에 적합하도록 해야 한다(16조 2항 3호).

다. 주식처분명령

[4-80] 금융위는 동일인이 위법사항시정의무나 조건부자본증권에 관한 의무를 미준수하는 경우 6개월 이내의 기간을 정해 한도초과보유주식의 처분을 명령할 수 있다(16조 3항, 1항·2항).

[4-81] 한도초과보유 PEF등에 대하여는 처분명령에 관한 일반규정(16조 3항)이 아니라 PEF 등에 대한 특칙이 적용된다(53조의2 6항, 5항 1호). 금융위는 PEF등이 초과보유주식 처분의무를 미준수하는 경우 1개월 이내의 기간을 정하여 초과보유주식의 처분을 명령할 수 있다(53조의2 5항, 2항). 다만 위법사항시정의무를 위반한 PEF등의 주식처분의무를 규정한 제53조의2 제1항은 준용하고 있지 않으므로(53조의2 5항 전단, 2항-4항), 제53조의2 제2항을 준용할 때 주의를 요한다. 은행법 제53조의2 제2항은 'PEF등이 초과보유주식 처분의무를 준수하지 아니하는 경우'에 주식처분명령을 할 수 있는 조항이기 때문이다(53조의2 2항, 1항). 은행법에서 명시적으로 제1항을 제외하고 제2항부터 제4항까지를 준용하고 있으므로 PEF등의 주식처분을 통한 위법사항시정의무가 발생하는 것은 아니라고 할 것이다.

라. 그 밖의 제재

[4-82] 주식보유한도(15조 1항·3항)를 초과하여 은행주식을 보유하는 경우와 주식처분명령(16조의4 5항)을 받은 경우 PEF등과 그 주주 또는 사원에 대하여는 처분명령 등에 관한 규정(53조의2 2항-4항)을 준용한다(53조의2 5항 전단). 이 경우 업무집행사원이 개인인 경우 업무집행사원의 임원에 관한 조치규정(53조의2 4항 2호)을 준용한다(53조의2 5항 후단).

2. 사법상 효력

가. 의 의

[4-83] 은행법상 동일인 주식보유한도규제에서 금융위 승인을 받을 경우 예외를 인정한다(15조 3항, 16조의2 2항). 이때 그 승인을 받지 않고 은행주식을 한도를 초과하여 보유하는

경우 사법상 효력이 문제된다. 은행법상 한도초과주식보유승인을 받지 않은 경우의 사법상 효력이 문제된 사례는 없지만, 금산법 제24조의 승인의 효력을 밝힌 판례는 있다(대법원 2003. 11. 27. 선고 2003다5337 판결).

나. 금산법 제24조와의 비교

금산법 제24조는 금융기관 및 동일계열 금융기관의 20% 이상의 다른 회사 주식 취득 등을 금융위 승인사항으로 규정하고 있다. 은행법상 한도초과주식보유승인은 금산분리를 위한 것이지만, 금산법 제24조는 금융기관을 이용한 기업결합행위 규제에 목적이 있다. 법원은 금산법 제24조의 취지를 "금융기관의 사기업에 대한 지배를 제한함과 동시에 관련 시장에서의 경쟁을 보장하고 금융기관의 부실화를 예방하여 자본의 충실화를 기하기 위한 것"으로 설명한다(대법원 2003. 11. 27. 선고 2003다5337 판결). [4-84]

금산법 제24조 위반행위의 사법상 효력에 대하여 법원은 첫째, 위반행위의 사법상 효력까지 부인해야 할 정도로 현저히 반사회성, 반도덕성을 지닌 것이라고 할 수 없고, 둘째, 위반행위를 일률적으로 무효라고 할 경우 주식거래의 안전을 해칠 우려가 있고 금융기관간의 건전한 경쟁 촉진과 금융업무의 효율성 제고를 통한 금융산업의 균형 있는 발전에 이바지한다는 입법취지에 반할 수 있다는 이유로 위 규정은 단속규정이라고 판단했다(대법원 2003. 11. 27. 선고 2003다5337 판결). [4-85]

다. 저축은행법 제13조의2와의 비교

상호저축은행의 비상장회사의 주식보유한도 제한규정(해당 회사 발행주식총수의 100분의 10 이내)(저축은행법 18조의2 1호; 동 감독규정 30조 1항 4호) 위반행위의 사법상 효력을 인정한 판례도 참고할 수 있다. 법원은 첫째, 대상 규정의 보유한도를 초과한 주식 취득이 무효라거나 이를 전제로 하는 규정이 없는 점, 둘째, 대상 규정의 주된 취지는 저축은행의 사기업에 대한 지배를 제한함과 동시에 관련 시장에서 경쟁을 보장하고 상호저축은행의 부실화를 예방하여 자본 충실화를 기하기 위한 것이므로 이러한 규정을 위반한 저축은행의 주식보유행위 자체가 그 사법상 효력까지도 부인하지 않으면 안 될 정도로 현저히 반사회성, 반도덕성을 지닌 것이라고 할 수 없을 뿐만 아니라, 그 행위의 사법상 효력을 부인해야만 비로소 입법목적을 달성할 수 있다고 볼 수 없는 점, 셋째, 위 규정에 위반한 저축은행의 주식 보유행위를 일률적으로 무효라고 할 경우 담보권실행으로 인한 주식 취득 등 불가피한 사정이 있는 경우에도 그 효력이 부인되어 주식거래의 안전을 해칠 우려가 있을 뿐만 아니라 저축은행의 부실화를 방지하고자 하는 법취지에 반하는 결과가 될 수 있는 점을 근거로 효력규정이 아니라 단속규정으로 판단하였다(대법원 2024. 6. 17. 선고 2020다291531 판결). [4-86]

라. 은행법상 한도초과주식보유승인 위반행위의 사법상 효력

[4-87] 은행법 제15조 제3항의 승인을 받지 않고 한도초과주식을 보유한 행위에 대해서도 금산법 제24조 위반에 대한 대법원 판결과 동일하게 판단할 것인가? 이에 대해서는 첫째, 은행법 제15조 제3항과 금산법 제24조는 입법취지와 적용대상이 다르고, 둘째, 금산분리를 위한 핵심규제수단이라는 점을 이유로 금산법 제24조에 대한 판례 법리를 은행법 논의에 그대로 적용할 수 없고, 은행법 제15조 제3항은 강행규정으로 보아 그에 위반되는 행위의 사법상 효력은 부정해야 한다는 견해[36]가 있다. 그러나 이 문제는 은행법상 한도초과주식보유승인 위반행위에 대한 의결권제한과 주식처분명령제도를 고려하여 판단해야 한다. 무효인 거래로 취득한 주식에 대한 처분명령은 생각할 수 없기 때문이다. 위반행위로 취득한 주식에 대한 의결권 제한과 처분명령을 두고 있는 상황에서 위반행위의 사법상 효력까지 부정하기는 어려울 것이다.[37]

Ⅳ. 한도초과보유주주등에 대한 적격성심사

1. 의 의

[4-88] 금융위는 한도초과보유주주등의 주식보유 후에도 초과보유요건등을 충족하는지를 심사한다(16조의4 1항). 금융위는 심사에 필요한 경우 은행 또는 한도초과보유주주등에 대하여 필요한 자료나 정보제공을 요구할 수 있다(16조의4 2항). 금융위는 초과보유요건등의 충족 여부를 심사할 경우 비금융주력자의 예외규정의 적용대상인 '승인받은 기금등'(16조의2 3항 3호)에 대하여 그 승인요건을 충족하고 있는지를 심사해야 한다(16조의4 6항).

2. 초과보유요건

[4-89] 초과보유요건은 금융주력자의 한도초과승인요건(15조 5항) 및 PEF등에 대한 승인요건(15조의3 7항)을 말한다. 금융위는 인터넷전문은행의 주식보유자에 대해 한도초과보유주주의 초과보유요건등을 심사하는 경우(16조의4 1항)에는 인터넷은행법상 별표의 요건을 심사해야 한다(인터넷은행법 5조 3항, 2항, 별표 한도초과보유주주의 요건(제5조 관련)).

3. 위반시 조치

가. 충족명령

[4-90] 금융위는 한도초과보유주주등에 대한 적격성심사 결과 해당 주주등이 초과보유요건등을 충족하지 못한다고 인정되는 경우에는 6개월 이내의 기간을 정하여 초과보유요건등을 충족하도록 명할 수 있다(16조의4 3항).

---

36) 김용재, "인터넷전문은행의 도입에 즈음한 은산분리 정책의 재검토: 은행법상 소유규제 위반시 사법적 효력," 금융법연구 제12권 제3호, 2015, 63면.
37) 정찬형외, 102면.

[4-91] 론스타는 외환은행 지분 51.02%를 보유한 최대주주였지만, 2003년 외환카드 주가조작 사건과 관련해 유죄가 확정되면서(대법원 2011. 3. 10. 선고 2008도6335 판결)[38] 한도초과보유 승인요건 중 사회적 신용요건('금융관련법령을 위반하여 처벌받은 사실이 없을 것'(령 [별표1] 제6호 마목))을 충족할 수 없어 2011.10.25. 충족명령이 내려졌다.[39]

나. 의결권 제한

[4-92] 충족명령을 받은 한도초과보유주주등은 명령을 이행할 때까지 10%(15조 3항 1호)(한도초과보유주주등이 비금융주력자인 경우에는 4%(16조의2 1항)) 초과보유주식에 대하여는 의결권을 행사할 수 없다(16조의4 4항). 론스타는 외환은행 주식에 대한 한도초과보유승인요건 중 사회적 신용요건을 충족할 수 없어 10% 초과분(41.02%)에 대한 의결권 행사가 제한되었다.

다. 주식처분명령

[4-93] 금융위는 초과보유요건등의 충족명령을 받은 한도초과보유주주등이 명령을 이행하지 않는 경우 6개월 이내의 기간을 정하여 그 주주등의 10%(15조 3항 1호) 초과보유주식의 처분을 명할 수 있다(16조의4 5항).

[4-94] 론스타 사안에서 한도초과보유주주가 충족명령을 이행할 수 없는 경우 한도초과지분에 대해서 금융위가 처분을 명령할 수 있었다. 금융위가 처분의 구체적 방식을 정할 수 있는지에 대하여 찬반양론이 나누어졌다.[40] 금융위는 구체적인 처분방식을 지정하지 않고 처분명령을 내렸다.[41] 명시적 근거없이 징벌적 처분을 명하기는 어려울 것이다.

V. 외국은행 등의 특례

1. 의 의

[4-95] 은행법은 동일인 주식보유한도와 관련하여 외국은행등에 대한 특례를 규정하고 있다. 외국은행등은 외국에서 은행업을 주로 경영하는 회사 또는 그 법인의 지주회사를 말한다(16조의5 1항 본문). 금융위는 외국은행등을 포함하는 동일인이 비금융주력자에 해당하는지를 판단할 때 일정한 요건 아래 외국은행등의 자회사등을 제외할 수 있다. 이 특례는 2009.6 은행법 개정에서 국제적 신인도가 높고 본국의 충분한 금융감독을 받는 해외은행·은행지주회사에 대해서 비금융주력자 판단기준을 완화한 것이다.

[4-96] 외국은행등은 첫째, 해외에서 지배하고 있는 비금융회사의 자산이 2조원 이상인 경우에 산업자본에 해당되어 국내은행 주식보유에 제약을 받고 있고, 둘째, 국내은행감독기

38) 금융위 은행과, "'11.10.6일 외환카드 주가조작 판결관련 참고자료," 2011.10.6.
39) 금융위·금감원, 금융감독원의 (주)한국외환은행의 한도초과보유주주에 대한 적격성 심사 보고 및 금융위원회의 충족명령 의결, 2011.10.25.
40) 김효연, "론스타의 징벌적 매각과 산업자본 논란," 국회입법조사처 이슈와 논점 제325호, 2011.11.17., ; '조건없는 매각명령' 법적 근거는, 연합뉴스 2011.11.18.
41) 금융위·금감원, 보도자료: 금융위, 론스타에 6개월내 주식 처분 명령, 2011.11.18.

관이 동일인 관계에 있는 해외 은행그룹 계열사를 모두 조사하는데 현실적인 한계가 있고, 셋째, 외국은행등이 해외 비금융회사를 지배하여 발생하는 문제는 본국 금융감독으로 방지되고 있는 점을 감안한 것이다.[42]

2. 요 건

가. 제외대상 비금융주력자

[4-97] 은행법상 외국은행등에 대한 특례는 외국은행등을 포함하는 동일인이 자산 및 자본기준에 따른 비금융주력자(2조 1항 9호 가목·나목)에 해당하는지 여부를 판단할 때에만 적용된다.

나. 자격요건과 신청의 존재

[4-98] 외국은행등이 국제적 신인도, 본국감독기관의 감독, 그 국가 감독당국과 업무협조의 존재 등 요건을 모두 충족하는 경우로서 그 외국은행등의 신청이 있는 경우에 한정된다.

다. 일정한 외국법인의 제외

[4-99] 외국은행등이 직접적·간접적으로 주식 또는 출자지분을 보유하는 외국법인으로서 외국법에 따라 설립된 법인(또는 이에 준하는 것으로서 금융위가 인정하는 단체·조합 등을 포함)을 동일인의 범위에서 제외할 수 있다(16조의5 1항 본문). 이 경우 본인과 특수관계인을 합산하는 동일인 개념(2조 1항 8호)은 적용되지 않는다.

[4-100] 다만, 그 외국법인이 그 외국은행등이 주식을 보유하는 은행의 주식을 직접적·간접적으로 보유하는 경우에는 제외할 수 없다(16조의5 1항 단서). 금융위는 제외요건의 세부기준, 그 외국은행등의 신청절차 및 방법 등에 관하여 필요한 사항을 정하여 고시할 수 있다(16조의5 2항).

42) 국회 정무위원회, 은행법 일부개정법률안 심사보고서, 2009.4, 29-30면.

제4절 인가구조와 적용범위

Ⅰ. 의의와 법적 성질

1. 의 의

은행업을 경영하려는 자는 금융위 인가를 받아야 한다(8조 1항). 은행업 인가제도는 무인가 은행업을 규제하여 "금융시장의 안정과 은행의 건전성을 확보하고 자금중개기능의 효율성을 높이며 예금자를 보호하고 신용질서를 유지하려는데"에 있다(대법원 2016. 10. 27. 선고 2016도9654 판결). [4-101]

2. 법적 성질

은행법상 인가를 강학상 인가로 볼 것인가? 은행업은 규제목적상 일반적으로 금지되지만, 요건을 갖추어 인가를 받은 경우에만 허용된다. 추인이나 보충행위로서의 성질보다는 일반적 금지의 해제로서의 성격이 더 강하다. 은행업 인가 등 금융규제법에서 '인가'라는 용어를 사용하는 사례가 있으나, 이는 주로 특허적 성격이 강한 사업에 대한 허가의 의미로 사용된 것으로서 강학상 의미의 인가와는 다르다.[43] [4-102]

Ⅱ. 인가의 적용범위

1. 인가 대상 : 은 행

은행법상 인가는 은행을 대상으로 한다. 법인이 은행에 해당하는지는 금융위가 결정한다(7조 1항). 은행법상 인가 대상인 은행의 의의와 범위에 대해서는 제2장 은행업([2-1]-[2-66])과 제3장 은행([3-1]-[3-69])에서 설명한다. [4-103]

2. 은행업의 인가 단위 : 지방은행의 시중은행 전환과 은행업 인가

은행법은 시중은행과 지방은행의 인가를 같은 규정으로 규제하면서 지방은행에 대한 특칙을 두고 있지 않다. 시중은행과 지방은행의 차이는 소유규제와 최저자본금 그리고 영업구역의 범위에 있다. 지방은행의 영업구역도 법령이 아닌 정관 규정사항이다. 인터넷전문은행에 대해서는 인터넷은행법에서 규제한다. [4-104]

그러면 지방은행이 시중은행이 되고자 하는 경우에는 별도의 은행업 인가를 요하는가? 이 경우에는 단순히 영업구역의 변경에 관한 금융위 보고(47조 10호; 령 24조의3 2항 4호; 규정 84조 3항 1호)로 충분하다는 견해와 별도의 인가가 필요하다는 견해가 있을 수 [4-105]

---

43) 법제처, 법령입안·심사기준, 2012, 140면; 이병화, 66면; 주석은행법, 134면. 인가에 해당하지만 허가로서의 성질을 겸유한다는 설명으로 서형석·이용선, 77면. 은행감독원, 48-49면(인가는 제3자의 법률행위를 보충하여 그 법률상의 효력을 완성시키는 행정행위)과 61면(인가는 본래의 의미의 인가라기보다는 적법요건으로서의 허가에 해당)은 은행법상 인가의 의미에 대하여 서로 다르게 적고 있다. 인가로 설명하는 견해로 정찬형외, 359면.

있다.44) 그러나 은행법상 시중은행과 지방은행은 영업구역의 차이를 전제로 자본금요건과 동일인 주식보유한도 등에 차이를 둔 것이므로 은행업 인가단위를 2가지로 규정한 것으로 보아야 한다. 따라서 지방은행이 시중은행이 되기 위해서는 별도의 은행업 인가를 받아야 한다. 그러나 은행법 구조상 그 실질은 인가의 변경으로 보아 처리할 수 있을 것으로 본다.

Ⅲ. 인가요건

1. 원 칙

[4-106] 은행업 인가를 받으려는 자는 인가요건을 갖추어야 한다(8조 2항). 은행법은 자본시장법이나 보험업법과는 달리 인가요건으로 그 법적 형태가 주식회사일 것을 명시하고 있지 않다. 그러나 사실상 주식회사의 법적 형태를 전제하고 있는 것으로 해석된다([3-49]).

[4-107] 금융위는 은행업 인가를 할 때 은행법상 명시적인 요건만을 심사해야 하는가? 은행법상 명시적인 요건 이외에 은행법의 취지와 목적을 고려하여 심사해야 한다는 의견45)이 있다. 그러나 은행업감독규정에서 상세한 심사기준을 정하고 있어 규정상으로는 재량의 여지가 많은 것은 아니다.46) 그러나 이러한 심사기준도 금융위 의결사항이므로 금융위는 이에 한정되지 않고 은행법의 취지와 목적을 고려하여 심사해야 한다.

[4-108] 인터넷전문은행 인가에서 금융당국은 감독규정상 심사기준을 적용하되 인터넷전문은행 도입취지에 부합되도록 사업계획의 혁신성, 주주구성과 사업모델의 안정성, 금융소비자 편익 증대, 국내 금융산업 발전 및 경쟁력 강화에 기여, 해외진출 가능성을 고려사항으로 하고 있다.47)

2. 자본금

[4-109] 은행 인가를 위한 자본금요건을 시중은행 1천억원 이상, 지방은행 250억원 이상, 인터넷전문은행은 250억원 이상으로 할 수 있다(8조 2항 1호 단서, 인터넷은행법 4조 1항). 여기서 자본금은 납입자본금을 말한다. 은행의 자기자본은 BIS 기준에 따른 기본자본과 보완자본의 합계액을 말한다(2조 1항 5호, 2항; 령 1조의2).

[4-110] 외국은행의 지점 또는 대리점에 대하여 은행 자본금에 관한 규정을 적용할 때에는 시행령으로 정하는 바에 따른다(63조). 외국은행 지점에 대해서는 ① 본점이 은행등에 외화자금을 매각하여 그 지점에 공급한 원화자금, ② 외국은행지점 적립금에서의 전입금, ③ 외국은행지점 이월이익잉여금에서의 전입금, ④ 한국은행에 외화자금을 매각하여 조달한 원화자금, ⑤ 외국은행의 본점 또는 국외지점으로부터 상환기간이 1년을 초과하는

44) 주석은행법, 142면.
45) 정찬형외, 81면.
46) 은행업감독규정 〈별표 2-2〉 은행업 인가 심사기준(제5조 관련).
47) 금감원, 금융회사 인허가 매뉴얼, 2023.7, 65면.

차입자금 중 국내운용자금으로서 금융위가 인정한 영업기금을 자본금으로 본다(63조; 령 26조 1호-5호).[48] 하나의 외국은행이 국내에 복수의 지점을 두는 경우 각 지점의 영업기금을 합산한 금액을 그 외국은행의 자본금으로 본다(규정 11조 8항).

3. 자금조달방안

은행업 경영에 드는 자금조달방안이 적정해야 한다(8조 2항 2호). 감독규정은 은행업 경영 및 사업계획에 소요되는 자금조달이 현실성이 있고, 추가적인 자본조달이 가능할 것(감독규정 〈별표 2-2〉 은행업 인가 심사기준(제5조 관련), 1.나.)을 심사기준으로 제시하고 있다. [4-111]

4. 주주구성계획

가. 의 의

주주구성계획이 은행법상 동일인 주식보유한도 등 주주규제(15조, 15조의3, 16조의2)에 적합해야 한다(8조 2항 3호). 이와 함께 감독규정은 최근 5년간 부실금융기관으로 결정된 당해 부실금융기관의 최대주주·주요주주[49] 또는 그 특수관계인이었던 자 또는 부실금융기관에 준하는 금융기관으로서 영업의 허가·인가취소 등의 처분을 받은 당해 금융기관의 최대주주·주요주주 또는 그 특수관계인이었던 자는 은행의 한도초과보유주주가 될 수 없다는 심사기준을 제시하고 있다.[50] [4-112]

나. 주주구성계획 심사와 동일인 주식보유한도 승인의 관계

인가 요건으로서의 주주구성계획의 적합성 심사와 별도로 동일인 주식보유한도 승인(15조 3항, 16조의2 2항)이 필요한지 여부가 문제된다. [4-113]

이에 대하여 인가권자 및 승인권자가 같고 주주구성계획 적합성심사요건과 동일인 한도초과주식보유 승인요건이 같으므로 은행업 인가만으로 충분하다는 견해의 가능성을 인정하면서도, 은행업 인가는 은행업을 경영하려는 법인을 그리고 한도초과주식보유승인은 개별 주주를 대상으로 하는 행정행위이므로 별도 승인이 필요하다는 견해[51]가 있다. 행정행위로서의 인가와 승인의 대상이 다르고, 실무상 인가와 승인의 심사가 동시에 이루어질 수 있으므로 업무중복을 초래하는 문제도 없다. [4-114]

---

48) 외국은행지점의 영업기금은 갑기금과 을기금으로 구분하고(규정 11조 1항), 갑기금은 위 ①부터 ③까지의 자금으로 구성하되 지점마다 30억원 이상이어야 한다(규정 11조 2항·3항). 을기금은 재무상태표상 자본총계의 200%를 초과할 수 없다(규정 11조 4항).

49) 의결권있는 발행주식총수의 10% 이상을 보유한 주주를 말한다.

50) 이 경우 그 대주주가 법원의 판결에 의하여 부실책임이 없다고 인정된 자, 부실책임의 정도가 경미하다고 금융위가 인정하는 자 또는 금융위가 정하는 「부실금융기관 대주주의 경제적 책임 부담기준」에 의하여 경제적 책임부담의무를 이행 또는 면제받은 자인 경우에는 그렇지 않다. 규정 〈별표 2-2〉 은행업 인가 심사기준(제5조 관련), 2.가.

51) 주석은행법, 141면.

[4-115] 입법론으로는 인가시점에 주주구성계획의 적합성 요건을 충족하여 은행업 인가를 받은 경우에는 대상 주주도 한도초과주식보유승인을 받은 것으로 보고, 그 주주에 대해서는 한도초과보유주주에 대한 적격성 심사의 대상이 되는 것으로 규정하자는 의견이 있다.[52]

5. 대주주

가. 의 의

[4-116] 은행법상 대주주는 형식적 기준과 실질적 기준에 따라 2가지로 정의된다. 지배구조법상 대주주 정의와는 차이가 있다.

[4-117] **형식적 기준에 따른 대주주**는 은행의 주주 1인을 포함한 동일인이 은행의 의결권 있는 발행주식 총수의 10%(지방은행의 경우에는 15%)를 초과하여 주식을 보유하는 경우의 그 주주 1인을 말한다(2조 1항 10호 가목).

[4-118] **실질적 기준에 따른 대주주**는 은행의 주주 1인을 포함한 동일인이 은행의 의결권 있는 발행주식 총수[53]의 4%를 초과하여 주식을 보유하는 경우로서 그 동일인이 최대주주이거나 시행령으로 정하는 바에 따라 임원을 임면하는 등의 방법으로 그 은행의 주요 경영사항에 대하여 사실상 영향력을 행사하고 있는 자인 경우의 그 주주 1인을 말한다(2조 1항 10호 나목). 이 경우의 4% 한도는 지방은행에 대해서는 적용하지 않는다. 여기서 '은행의 주요 경영사항에 대하여 사실상 영향력을 행사하는 자'는 단독으로 또는 다른 주주와의 합의·계약 등으로 은행장 또는 이사의 과반수를 선임한 주주나 경영전략, 조직변경 등 주요 의사결정이나 업무집행에 지배적인 영향력을 행사한다고 인정되는 자로서 금융위가 지정한 자를 말한다(령 1조의6 1항 1호·2호). 금융위는 은행의 주주가 사실상 영향력을 행사하고 있는 자인지 여부를 확인하기 위하여 은행 및 주주에게 필요한 자료의 제출을 요구할 수 있다(35조의5 3항). 다만 이 경우의 자료제출을 거부한 자는 1억원 이하의 과태료를 부과한다(69조 1항 11호).

나. 대주주의 적격성

[4-119] 대주주가 충분한 출자능력, 건전한 재무상태 및 사회적 신용을 갖추어야 한다(8조 2항 4호). 대주주의 출자능력과 재무건전성, 사회적 신용에 대해서는 한도초과보유주주 승인요건과 비금융주력자의 의결권 제한 조건부 보유승인요건을 적용한다. 구체적으로는 부채비율을 포함한 재무건전성기준, 출자자금의 조달내역, 최근 5년간 벌금형 이상의 형벌 유무 등을 기준으로 판단한다.[54]

---

52) 주석은행법, 141면 각주 15.

53) 비금융주력자가 의결권 행사 포기를 조건으로 한도초과주식보유를 승인 받은 경우의 그 주식도 제외한다(16조의2 2항).

54) 령 [별표 1] 한도초과보유주주의 초과보유 요건(제5조 관련); 령 [별표 2] 비금융주력자의 의결권을 행사

다. 외국 금융회사 또는 당해 외국 금융회사의 지주회사의 경우

은행설립을 신청한 외국 금융회사나 그 지주회사에 대해서는 은행 설립에 대하여 [4-120]
필요한 본국감독당국의 적법한 동의, 본국 감독당국으로부터의 체계적 감독, 재무 및 경영 상태의 양호성과 국제적 신인도, 보유하고 있는 자회사 및 영업점의 체계적·합리적 관리, 은행 관리 및 영업활동과 관련하여 감독상 필요한 정보의 충분한 제공능력을 심사기준으로 제시하고 있다(규정 〈별표 2-2〉 은행업 인가 심사기준(제5조 관련), 6).

6. 사업계획의 타당성과 건전성

가. 의 의

사업계획의 타당성과 건전성 요건은 추정재무제표와 수익전망의 타당성과 실현가능 [4-121]
성, 경영지도기준의 충족, 적절한 내부통제장치와 적절한 업무방법을 갖출 것의 4가지를 기준으로 심사한다(8조 2항 5호; 령 1조의7 1항 1호-4호). 상세한 심사기준은 감독규정에서 제시한다.

나. 추정재무제표와 수익 전망이 타당하고 실현 가능성이 있을 것

감독규정은 ① 경영목표나 경쟁상황 등을 종합적으로 고려한 경영전략 마련, ② 사 [4-122]
업계획의 객관적 자료에 근거한 추정과 시장상황에 비춘 타당성, ③ 사업계획을 고려한 추정재무제표의 작성과 추정 영업손익·영업비용의 증감에 있어 일관성의 유지와 합리적 설명의 가능성을 심사기준으로 제시하고 있다(규정 〈별표 2-2〉 은행업 인가 심사기준(제5조 관련), 3.가).

은행법상 진입규제와 관련하여 경쟁제한성을 직접적인 진입요건으로 규정하고 있 [4-123]
지는 않다. 다만 진입요건의 하나인 사업계획의 타당성판단에서 "추정재무제표와 수익전망이 사업계획에 비추어 타당하고 실현가능성이 있을 것"과 관련하여 "2) 사업계획이 객관적인 자료를 근거로 추정이 이루어졌으며, 시장상황에 비추어 타당성이 있을 것"을 심사기준으로 제시하고 있다.[55] 또한 인터넷전문은행에 대한 인가심사 시 주요고려사항의 하나인 사업계획의 혁신성의 내용으로 "기존 은행시장을 보다 경쟁적으로 변화시킬 수 있는지 여부"를 제시하고 있다.[56] 이는 사업계획의 타당성과 관련하여 경쟁관련사항을 고려한다는 취지로 이해된다.

다. 경영지도기준을 충족할 수 있을 것

감독규정은 은행법상 경영지도기준(34조 2항)의 충족과 금산법상 적기시정조치기준을 [4-124]

하지 아니하는 주식보유승인 요건(제11조 제2항 관련); 규정 〈별표 2-2〉 은행업 인가 심사기준(제5조 관련), 2.나.

55) 금감원, 금융회사 인허가 매뉴얼, 2023.7, 69면.

56) 금감원, 위의 자료, 65면.

상회하는 재무상태를 심사기준으로 제시하고 있다(규정 〈별표 2-2〉 은행업 인가 심사기준(제5조 관련), 3.나).

라. 위험관리와 금융사고 예방 등을 위한 적절한 내부통제장치와 은행이용자 보호를 위한 적절한 업무방법을 갖출 것

[4-125] 감독규정은 ① 이사회와 경영진의 관계, 이사회 구성 및 운영방향, 감사위원회 권한과 책임 등의 투명성과 은행이용자 또는 주주 보호와 재무 및 영업의 건전성 유지에의 적합성, ② 임직원의 법규준수, 위험관리 및 임직원 위법행위 예방을 위한 적절한 감독 및 내부통제체계의 구축, ③ 준법감시인의 업무상 독립성 보장과 이사회 등 회의 참석 및 자료 접근권의 보장, ④ 준법감시인, 사외이사, 감사위원회 위원 등의 업무수행에 필요한 지식과 경험 보유, ⑤ 이사회구성계획의 지배구조법상 이사회의 구성방법(12조 내지 23조) 부합, ⑥ 영업내용 및 방법의 법령 및 건전한 금융거래질서 부합, ⑦ 사외이사, 감사위원회 구성 등 지배구조의 적법성을 심사기준으로 제시하고 있다(규정 〈별표 2-2〉 은행업 인가 심사기준(제5조 관련), 3.다).

7. 발기인 및 임원

[4-126] 발기인(개인인 경우만 해당) 및 임원의 자격요건(8조 2항 6호)에 대해서는 발기인 및 임원이 지배구조법상 자격요건(5조·6조·19조·26조·28조)을 충족할 것을 심사기준으로 제시하고 있다(규정 〈별표 2-2〉 은행업 인가 심사기준(제5조 관련), 4).

8. 인적·물적 설비

가. 의 의

[4-127] 은행업을 경영하기에 충분한 인력, 영업시설, 전산체계 그 밖의 물적 설비를 갖추어야 한다(8조 2항 7호). 여기서 물적 설비는 은행업 경영에 필요한 전산설비와 통신수단, 전산설비 등의 물적 설비를 안전하게 보호할 수 있는 보안설비, 정전, 화재 등의 사고가 발생할 경우 업무연속성 유지에 필요한 보완설비를 말한다(령 1조의7 2항 2호 가목-다목). 인터넷전문은행은 영업점이 없으므로 물적 설비에 대한 심사기준이 달라져야 한다.

나. 인 력

[4-128] 은행업에 관한 전문성과 건전성을 갖춘 인력과 은행업 경영을 위한 전산요원 등 필요인력을 적절하게 갖추어야 한다(령 1조의7 2항 1호). 감독규정은 사업계획 및 경제상황 등에 비추어 인가신청업무영위에 필요한 인력의 확보, 자본금 규모 및 추가자본 확충계획에 비춘 점포수, 인원수, 영위업무범위의 적정성, 리스크관리, 여신심사, 파생상품 등 특정부문과 관련된 전문인력 확보계획의 적정성을 심사기준으로 제시하고 있다(규정 〈별표 2-2〉 은행업 인가 심사기준(제5조 관련), 5.가).

다. 영업시설

1) 의 의

감독규정은 영업시설에 관한 사항으로서 ① 리스크관리, 내부통제 및 여신심사체계 의 구축의 적정성, ② 업무범위 및 규모에 부합하는 영업시설 및 전산체계의 구축, ③ 정관의 관계법규 부합 및 은행이용자 권익의 불침해, ④ 이해상충부서 간 별도 업무공간을 갖추는 등 정보차단벽의 설치, ⑤ 부서인원 대비 충분한 업무공간 및 사무장비 확보, ⑥ 내부기관 및 감독기관 등의 감독·검사업무 수행에 법적장애 부재를 심사기준으로 제시하고 있다(규정 〈별표 2-2〉 은행업 인가 심사기준(제5조 관련), 5.나). [4-129]

2) 영업소

(가) 의 의

상법상 영업소는 상인의 영업활동의 근거이고 기업활동을 지휘·통솔하는 장소적 중심이다.[57] 본·지점의 지휘·감독아래 기계적으로 제한된 보조적 사무만을 처리하는 영업소는 상법상의 영업소인 본점·지점에 준하는 영업장소라고 볼 수 없다(대법원 1978. 12. 13. 선고 78다1567 판결). [4-130]

그러나 은행의 영업소는 금융질서 유지와 예금자보호의 입장에서 규제대상이 되어야 하는지라는 관점에서 인식되어야 한다.[58] 엄밀한 의미에서 상법상 영업소에 해당하지 않아도 금융질서유지와 예금자보호를 위해 규제대상이 되어야 할 경우 은행법상 영업소에 포함된다. [4-131]

이런 관점에서 은행법상 영업소는 방문판매법상 '영업장소'와도 구별된다. 방문판매법상 '방문판매'는 판매업자가 '그의 영업소, 대리점 그 밖에 총리령으로 정하는 영업장소 외의 장소에서' 판매하는 것을 말한다(2조 1호). 방문판매법 시행규칙은 영업장소를 영업소, 대리점, 지점, 출장소 등 명칭에 관계없이 고정된 장소에서 3개월 이상 계속적으로 영업할 것, 판매에 필요한 시설을 갖출 것, 영업 중에는 소비자가 자유의사에 따라 출입할 수 있을 것, 영업장소 내에서 소비자가 자유의사에 따라 재화 또는 용역을 선택할 수 있는 상태를 유지할 것의 요건을 모두 갖춘 장소로 정의하고 있다(2조 1호-4호). 방문판매법상 영업장소는 오프라인상 영업점이지만, 은행법상 영업소는 오프라인상 영업점에 한정되지 않는다. [4-132]

(나) 종 류

은행의 영업소는 본점과 지점, 대리점, 그 밖의 영업소로 구성된다. 영업소의 의의와 관련하여 다음 4가지를 살펴본다. [4-133]

---

57) 김홍기, 상법강의, 박영사, 2015, 117면.
58) 小山, 100면.

[4-134] 첫째, 지점은 "본점 지휘 아래 독립적 영업활동의 중심이 되는 영업소"를 말한다.[59] 지점에의 해당 여부는 명칭이 아니라 실질에 따라 판단해야 한다. 분점, 출장소, 파출소, 임시점포 등 다양한 명칭을 사용하더라도 그 실질이 지점장 지휘 아래 독립적 영업활동이 이루어지는지를 기준으로 판단해야 한다. 이러한 독립적 영업활동이 이루어지지 않으면 그 밖의 영업소로서 본점이나 지점의 일부를 구성한다.

[4-135] 둘째, 대리점은 상법상 대리상으로서 은행업무의 전부나 일부를 대리하는 영업소를 말한다.[60] 대리점주의 영업소이지만 대리의 형태로 은행의 영업이 이루어지는 점에서 은행의 영업소로 본다. 은행법은 국내 은행의 대리점에 관하여 법률상 근거(34조의3 1항 1호, 58조 1항, 68조 1항)만을 둘 뿐 구체적인 운영방법은 규정하고 있지 않다. 다만 대리점주가 법인인 경우와 개인인 경우를 인정하고 있다(68조 1항). 대리점 계약을 통하여 예금이나 대출계약의 체결을 위임할 수 있는가? 은행의 업무위탁에 관한 규정이 적용된다. 단순한 영업소의 한 종류로서가 아니라 은행대리업 자체를 은행법에서 명시적으로 규정하는 것이 옳다.

[4-136] 셋째, CD나 ATM을 설치한 무인점포도 영업소에 해당하는가? 상법상 영업소에는 해당하지 않지만, 은행법상 영업소에는 해당한다.[61] 버스 등을 이용한 이동식 영업소도 영업소로 보고 있다.[62] 점포외현금자동설비나 포터블단말기도 그 밖의 영업소에 해당할 수 있다.

[4-137] 넷째, 사무소는 정보의 수집이나 제공, 조사, 업무연락 등의 사무를 수행하기 위해 직원을 상주시키는 영업소 이외의 시설을 말한다.[63] 시행령은 '영업소, 사무소 등 영업시설'(령 21조의2 4항 1호)이라고 규정하여 사무소를 영업소에서 제외하고 있다.

(다) 영업소의 이전 등

[4-138] 과거 본점 이전, 지점 신설이나 이전도 금융위 인가사항이었다. 현재는 본점의 다른 시·도로의 이전만 금융위 보고사항(47조 3호)이다. 은행 점포의 중복이나 난립 등의 예방 또는 경쟁제한을 위한 조치였지만 은행의 업무용부동산 총량규제[64]를 도입하는 대신 규제를 완화한 것이다.[65]

[4-139] 은행의 국외지점 설치는 ① 그 은행이 재무건전성에 문제가 있거나 경영건전성 평가결과가 일정 기준 이하인 경우, ② 국외지점이 그 은행이 국외지점을 설립하려는 때에 수행하고 있는 업무를 수행하려는 경우, ③ 국외지점이 있는 국가가 투자적격 이하이

---

59) 은행감독원, 75면.
60) 은행감독원, 75면.
61) 정찬형외, 98면.
62) 은행감독원, 76면.
63) 은행감독원, 74면.
64) 자기자본의 60%를 초과하는 업무용 부동산 소유는 금지된다(38조 3호; 령 21조의2 5항).
65) 금감원, 금융감독개론, 2013, 16면.

거나 비수교국인 경우 ④ 그 밖에 금융위가 정하여 고시하는 경우에는 금융위 신고사항이다(13조 2항; 령 3조의3 1호, 3호-5호).

외국은행 국내지점의 신설이나 폐지는 금융위 인가사항(58조 1항), 다른 시·도로의 이전은 금융위 신고사항(58조 3항), 동일한 시·도로의 이전은 금융위 보고사항(47조 9호)이다. 오프라인영업점이 없는 인터넷전문은행의 경우 전산체계 그 밖의 물적 설비를 중심으로 심사하게 된다. [4-140]

(라) 영업소의 변화

전통적으로 은행 규모는 영업소 특히 지점 수로 표현되었다. 그러나 인터넷뱅킹 등 비대면 거래의 발전과[66] 저금리기조의 지속에 따른 은행 수익 하락으로 지점은 은행의 고정비용을 상징하는 부담으로 변하고 있다. 국내은행들은 지속적으로 지점 수를 줄이고 있다.[67] 비용절감을 위한 경영노력으로 보이지만 기술발전의 결과물이다. [4-141]

이에 따라 폰뱅킹을 거쳐 인터넷뱅킹과 모바일뱅킹 등으로 영업채널이 급속히 이동하고 있다. 그러나 이러한 영업채널의 변화는 규제상 문제를 발생시킨다. 특히 중요한 것은 방문판매법의 적용 가능성과 고령자등에 대한 금융포용의 문제이다. 첫째, 2021.12.7. 방문판매법 개정으로 금융소비자법상 '금융상품판매업자'(2조 3호)와 '예금성 상품, 대출성 상품, 투자성 상품 및 보장성 상품'(3조)에 관한 계약을 체결하기 위한 거래에는 방문판매법은 적용되지 않는다(방문판매법 3조 2호). 둘째, 금융포용문제는 기술발전의 성과를 공유하는 관점에서 접근해야 한다. 전국을 영업구역으로 하는 시중은행이 전국 모든 지역에, 그리고 일정 지역을 영업구역으로 하는 지방은행이 그 영업구역 전체에 어느 정도의 영업소를 둘 것인지는 경영상 판단사항이다. 그러나 기존 영업소를 폐지할 경우에는 금융소비자보호관점에서 기존 고객에 대한 서비스 유지방안이 고려되어야 한다. [4-142]

대안으로 복합점포도 논의되고 있다. 은행 지점 중에는 은행과 증권 점포가 인접해 있는 형태의 금융프라자 방식이나 은행과 증권간 공동 출입문과 상담실을 운영하는 방식의 복합점포도 확대되고 있다. 은행·증권·보험업을 함께 하는 복합점포도 논의되고 있다.[68] [4-143]

라. 전산체계 그 밖의 물적 설비

감독규정은 전산체계 및 그 밖의 물적설비와 관련하여 ① 업무관련 전산설비의 안정성 및 성능의 충분한 검증과 향후 영업의 급속한 확대에도 업무처리에 지장을 초래하지 [4-144]

---

66) 2022년 중 인터넷뱅킹(모바일뱅킹 포함)을 통한 입출금·자금이체서비스 이용비중은 77.7%, 인터넷뱅킹(모바일뱅킹 포함)을 통한 조회서비스 이용비중은 93.2%를 기록하였다. 한국은행, 2022년 중 국내은행 인터넷뱅킹서비스 이용현황, 공보 2023-03-14호, 2023.3.7.

67) 2023.9월 말 기준 5대 시중은행의 점포 수(출장소 포함)는 3931개로 2019년 말(4661개) 대비 약 15.7% 감소했다. 강우석, "은행 가는데 1시간"… 점포 4년새 16% 줄어 금융약자 소외 우려, 동아일보, 2024.1.22. 지점을 포함한 은행 내부구조의 변화를 가장 주목할 은행업 변화의 하나로 본다. Cranston, p3.

68) 금융위·금감원, 보도자료: 방카슈랑스 제도를 준수하는 범위 내에서, 은행·보험·증권 복합점포를 2017.6월까지 시범 운영합니다, 2015.7.3.

않을 정도의 구축 여부, ② 침입탐지, 침입방지시스템, 방화벽 등 보안체계의 구축, ③ 정보이용자 확인 및 전산실 출입통제 시스템의 구축, ④ 모든 데이터에 대한 백업장치 구축 및 백업자료의 별도 장소 보관·관리, ⑤ 전산설비, 통신수단, 그 밖에 물적 설비의 안전 보호를 위한 있는 검증된 보안설비의 구축, ⑥ 파업 등 불시사태에 대비한 비상계획의 마련, ⑦ 정전·화재 등 사고 발생 시 업무연속성 유지설비의 확보, ⑧ 비상사태 발생 시 즉시 구현가능한 비상계획의 마련을 심사기준으로 제시하고 있다(규정 〈별표 2-2〉 은행업 인가 심사기준(제5조 관련), 5.다).[69]

Ⅳ. 인가절차

1. 예비인가와 본인가

가. 예비인가

1) 의 의

[4-145] 예비인가는 "인가 사항에 대한 사전심사 및 확실한 실행을 위하여 인가 이전에 예비적으로 행하는 의사표시"를 말한다(전자금융감독규정 43조). 본인가를 받으려는 자는 금융위에 예비인가를 신청할 수 있다(11조의2 1항). 금융위는 예비인가를 결정할 때 예비인가를 받으려는 자가 본인가 요건을 충족할 수 있는지를 확인해야 한다(11조의2 2항). 예비인가제도는 인적·물적 시설을 갖추기에 앞서 예비인가를 받게 함으로써 인가가능성이 전혀 없는 자의 불필요한 투자를 방지하려는 것이다.[70] 일반적으로 은행업 인가를 신청하고자 하는 자는 본인가 신청 전에 예비인가를 신청한다. 금융위는 예비인가에 조건을 붙일 수 있다(11조의2 3항). 조건은 일반적으로 인적·물적 시설을 본인가전에 갖추도록 하는 내용이다. 본인가 시 금융위는 예비인가에 붙은 조건의 이행 여부를 확인한다(11조의2 4항).

2) 효 력

[4-146] 예비인가의 효력과 관련하여 첫째, 예비인가를 행정소송의 대상인 처분으로 볼 수 있는지 여부와 둘째, 예비인가의 내용에 구속되어 인가를 할 법적 의무를 지는지 여부가 문제된다. 예비인가도 행정처분에 해당하고, 소정 요건을 갖추어 본인가를 신청할 경우 특별한 사정이 없는 한 예비인가의 내용에 구속되어 인가할 법적 의무를 지고 신청인으로서는 그에 대응하는 권리를 갖게 된다(서울고법 1990. 2. 28. 선고 89구1737 판결(확정)). 그러나 예비인가가 인가로서의 효력을 가지는 것은 아니다.

---

69) 전금법(21조) 및 동 감독규정(7조-37조)상 관련기준도 준수해야 한다.
70) 정찬형외, 81면.

나. 본인가

금융위는 예비인가를 받은 자가 본인가를 신청하는 경우 예비인가 조건의 이행 여부와 본인가 요건의 충족 여부를 확인한 후 본인가를 결정한다(11조의2 4항). 위에서 본 바와 같이 예비인가는 예비인가 조건을 이행하고 본인가 요건을 갖추어 본인가를 신청할 경우 특별한 사정이 없는 한 예비인가의 내용에 구속되어 인가할 법적 의무를 지고 신청인으로서는 그에 대응하는 권리를 갖게 되는 행정처분이다. 그러나 본인가 시점까지 예비인가 조건을 불이행하고 본인가 요건을 갖추지 못한 경우 본인가를 할 수 없는 것은 당연하다. [4-147]

2. 인가의 신청과 공고

인가를 받으려는 자는 신청서를 금융위에 제출해야 한다(11조 1항). 신청서의 내용과 종류는 시행령으로 정한다(11조 2항). 금융위는 인가(8조)를 하거나 인가를 취소(53조 2항)한 경우 지체 없이 그 내용을 관보에 공고하고 인터넷 홈페이지 등을 이용하여 일반인에게 알려야 한다(12조). [4-148]

Ⅴ. 조건부 인가

1. 의 의

금융위는 은행업 인가를 하는 경우 금융시장의 안정, 은행의 건전성 확보 및 예금자 보호를 위해 필요한 조건을 붙일 수 있다(8조 4항). 이 제도는 "은행의 공공성을 감안하여 획일적인 인가를 피하고 구체적 사정에 적응키 위해"[71) 1983.12 은행법 개정에서 도입된 것이다. 여기서 '조건'은 장래의 불확실한 사실의 성부에 행정행위의 효력을 의존하게 하는 조건에 한정되지 않고, 기한과 부담을 포함한 부관 전체를 의미하는 것으로 이해된다.[72) 인터넷전문은행에 대한 은행업인가에서 조건으로 붙인 '은행업을 전금법상 전자금융거래의 방법으로 영위해야 함"[73)을 진정한 의미의 조건이라고 할 수는 없다. [4-149]

조건의 내용상 한계와 관련하여 조건의 내용은 인가 목적에 비추어 필요한 한도에서 비례의 원칙을 유지해야 한다.[74) 은행법이 최초 도입 시 단순히 '조건'이라고 했던 것에 '금융시장의 안정, 은행의 건전성 확보 및 예금자 보호를 위해 필요한 조건'이라는 내용상 한계를 추가한 것은 2010.5. 개정 은행법이다. 조건부 인가는 인가정책상 인가업무단위로 규정되어야 할 사항을 입법기술상 조건이라는 형태로 반영하는 측면이 있다. 은행법상 인가업무단위를 세분화할 수 없는 구조이기 때문이다. 따라서 은행업무의 본질적 내용에 해당하는 사항을 조건으로 제한할 수는 없을 것이다. [4-150]

---

71) 은행감독원, 64면.

72) 은행감독원, 64면 각주 6); 주석은행법, 137면.

73) 금융위·금감원, 보도자료: ㈜케이뱅크 은행(제1호 인터넷전문은행) 은행업 인가, 2016.12.14.

74) 은행감독원, 64면.

2. 조건의 취소나 변경

[4-151] 조건부 인가를 받은 자는 사정변경 그 밖에 정당한 사유가 있는 경우에는 금융위에 조건의 취소나 변경을 신청할 수 있다(8조 5항 전단). 이 경우 금융위는 2개월 이내에 조건의 취소나 변경 여부를 결정하고, 그 결과를 지체 없이 신청인에게 문서로 알려야 한다(8조 5항 후단).

3. 조건 위반과 무인가 영업

[4-152] 조건부 인가를 받은 은행이 조건을 위반한 경우 무인가 영업이 되는지 아니면 단순한 조건위반이 되는가? 은행법은 조건 위반을 무인가 은행업과 구별하고 있다(53조 2항 2호). 금융위는 조건부인가를 한 경우에는 그 이행 여부를 확인해야 한다(령 1조의7 4항).

[4-153] 인터넷전문은행은 전자금융거래방법으로 은행업을 경영할 것을 조건으로 은행업 인가를 받았다. 그런데 인터넷전문은행이 전자금융거래방법으로 은행거래를 시도했으나 그 거래를 최종 종료하지 못한 고객에 대해 극히 예외적으로 한정된 장소에서만 전자금융거래 외의 방법으로 은행업을 경영하는 것이 조건에 반하는지 여부에 대하여 감독기관은 예금자 등 금융소비자 보호 필요성을 감안할 때, 상기 부대조건에 반한다고 보기 어렵다고 판단하였다([3-24]).[75]

75) 금융위·금감원, 유권해석 : 인터넷전문은행이 일정 조건 하에서 제한적인 대면영업 및 업무 처리가 가능한지, 2016.12.30.

〈표 4-1〉 은행업 인가절차 일반 흐름도

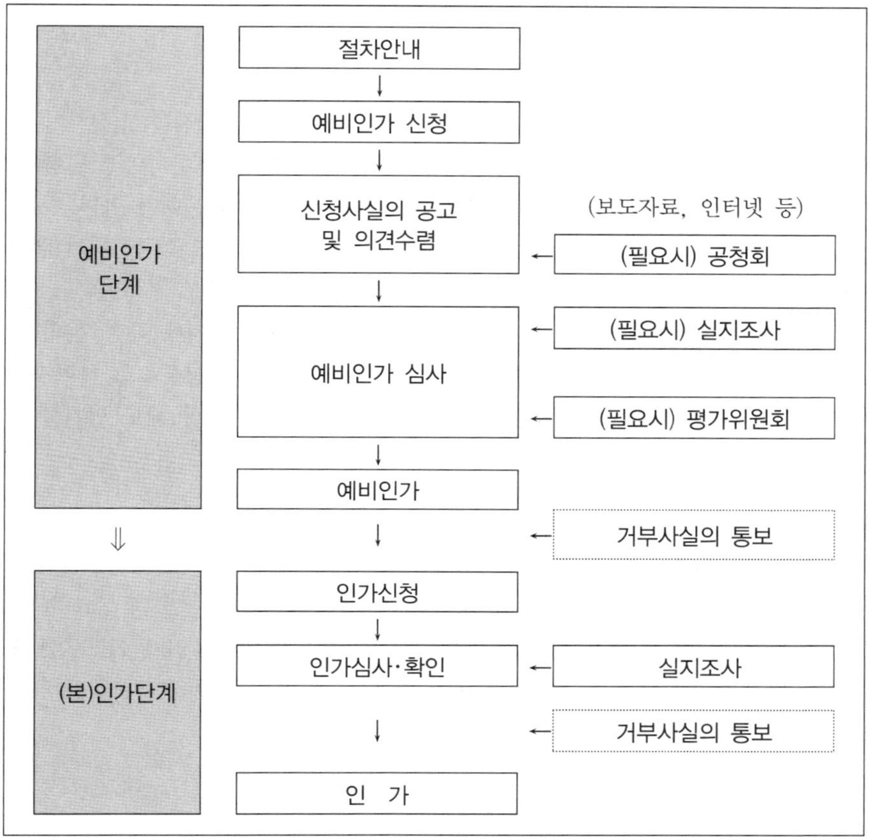

(자료) 금감원, 금융회사 인허가 매뉴얼, 2023, 58면.

Ⅵ. 외국은행의 은행업 인가

1. 의 의

외국은행이 국내에서 은행업을 경영하는 방법은 지점·대리점을 신설하거나 현지법 [4-154] 인을 설립하는 것이다. 은행법은 외국은행의 국내지점·대리점 신설 인가를 위한 특별 규정을 두고 있다. 외국은행이 국내에서 현지법인인 은행을 설립하거나 인수하는 경우에는 일반적인 은행업 인가 규정이 적용된다. 다만 동일인 주식보유한도규제와 대주주 변경승인에서 외국은행의 요건에 관한 특례규정을 두고 있을 뿐이다.

2. 외국은행 국내지점·대리점 인가

가. 인가의 특례

1) 기본원칙

[4-155] 외국은행이 대한민국에서 은행업을 경영하기 위해 지점·대리점을 신설하거나 폐쇄하는 경우 금융위 인가를 받아야 한다(58조 1항). 여기서 '외국은행'은 '외국 법령에 따라 설립되어 외국에서 은행업을 경영하는 자'를 말한다. 따라서 외국은행이 아닌 자는 대한민국에서 은행업을 경영하기 위해 지점·대리점을 신설할 수 없다. 외국은행이 본국에서 취급하는 업무의 범위가 우리나라 은행법상 은행업무와 다른 경우도 불문한다.

[4-156] 외국은행의 국내영업소 형태가 지점과 대리점으로 한정되는지에 대한 논의가 있던 때도 있었으나[76] 외국은행의 국내사무소 신설을 금융위 사전신고사항으로 하여(58조 3항) 명확히 하였다. 외국은행이 최초 지점 이외에 추가로 지점을 설립할 때도 인가를 요한다(규정 별표 2의5).[77]

2) 신설 인가요건과 조건부 인가

[4-157] 이 경우 국내은행의 인가요건(8조 2항)이나 합병·해산·폐업의 인가(55조)에 관한 규정은 적용되지 않는다. 금융위는 외국은행의 지점·대리점의 신설인가를 할 때 그 외국은행의 본점 및 대표자에 관한 사항을 확인해야 한다(령 24조의10 1항). 금융위가 외국은행 국내지점·대리점의 신설 인가를 하는 경우 조건을 붙일 수 있다(58조 2항; 8조 4항·5항). 조건의 의의와 법적 효력은 국내은행에 대한 것과 같다.

3) 영업소의 이전

[4-158] 외국은행이 국내에서 인가받은 지점 또는 대리점을 다른 시·도로 이전하는 경우 금융위에 사전 신고하면 된다(58조 3항). 외국은행 지점 등의 같은 시·도로의 이전이나 사무소 폐쇄는 보고사항이다(47조 9호).

4) 폐쇄 인가요건과 조건부 인가

[4-159] 금융위는 외국은행의 지점·대리점의 폐쇄를 인가할 때는 폐쇄에 따른 자산부채 정리계획이 적정하고 국내 예금자 등 채권자 보호에 지장을 주지 않는지, 내국인 근무 직원에 대한 퇴직금 지급 등의 조치계획이 적정한지를 심사해야 한다(령 24조의10 2항 1호·2호). 외국은행 국내지점·대리점의 신설이나 폐쇄 인가에도 조건을 붙일 수 있다(58조 2항; 8조 4항·5항).

나. 외국은행지점등 단일체의 원칙

[4-160] 외국금융업자의 지점 또는 대리점에 대한 규제는 ① 국내지점 또는 대리점을 각각

---

76) 은행감독원, 239면.

77) 고동원, "외국은행 국내지점에 대한 규제·감독의 개선 방향," 금융감독연구 제1권 제1호, 2014, 67-68면.

하나의 금융업자로 보는 입장과 ② 국내지점 또는 대리점 전부를 하나의 금융업자로 보는 입장으로 구분된다. 은행법은 1998.1. 개정에서 후자의 입장을 취하고 있다(59조 2항).

은행법상 외국은행지점등 단일체의 원칙은 규제단위로서 복수의 지점이나 대리점을 단일한 은행으로 본다는 것이다. 그래서 업무범위, 신용공여규제, 증권투자한도, 업무용부동산소유한도 등 규제에서 복수의 외국은행지점을 모두 합산하여 준수여부를 관리한다.[78] [4-161]

외국은행 지점등 단일체의 원칙과 진입규제의 관계도 문제된다. 당초 은행법은 외국은행이 대한민국내에서 지점 또는 대리점을 신설하고자 할 때에는 '지점 또는 대리점마다' 은감원장의 추천에 의하여 금통운위의 인가를 받아야 한다고 규정하고 있었다(37조의2 1항 전단). 지점 또는 대리점의 폐쇄·이전 및 사무소의 신설·폐쇄의 경우에도 같은 입장이었다(37조의2 1항 후단). 현행 감독규정도 외국은행이 최초 지점 이외에 추가로 지점을 설립할 때도 인가를 받도록 한다(규정 별표 2의5). 다만 하나의 외국은행이 국내에 복수의 지점을 두는 경우 각 지점의 영업기금을 합산한 금액을 그 외국은행의 자본금으로 본다(규정 11조 8항). 이렇게 의제된 자기자본은 외국은행지점등의 여신한도, 증권투자한도, 업무용부동산소유한도, 국내자산보유의무, 외국환포지션한도 등 규제의 기준이 된다.[79] [4-162]

3. 외국은행의 국내 은행업 진출과 상호주의

가. 의 의

외국은행의 국내진출과 관련하여 상호주의를 취하는 입법례도 있다. 일본의 은행법상 외국은행과 그 특수관계인을 주주로 하는 자가 은행업 면허를 신청한 경우 그 외국은행등이 신청인의 일정 비율을 초과하는 의결권을 보유하고 있는 때에는 내각총리대신은 면허기준 외에 당해 외국은행등의 주된 영업소 소재국에서 일본의 은행이 일본의 은행법과 동등한 취급을 받는다고 인정할 수 있는지를 심사해야 한다(4조 3항).[80] 이 규정은 현지법인을 대상으로 하지만 국내지점에도 적용된다(47조 3항). [4-163]

나. 효 과

이러한 상호주의는 국내 은행의 진출을 불허하는 국가에 주된 영업소 소재지를 둔 외국은행의 국내 진출을 제한할 수 있다. 상호주의는 국내 은행의 진출을 허용하지 않는 국가가 자국 은행의 국내 진출을 희망할 경우 그 주된 영업소 소재국의 개방을 촉진하는 효과가 있다.[81] 상호주의의 보장을 위해 특수관계인을 포함하고 본점소재지가 아니라 주된 영업소 소재지를 기준으로 판단하는 구조를 취한다. [4-164]

---

78) 고동원, 위의 논문, 65면.

79) 이종호, "외국은행 국내지점 규제에 관한 법적 연구," 박사학위논문 성균관대학교, 2017, 34면.

80) 다만 당해 심사가 국제약속의 성실한 이행을 방해하게 되는 경우 그 밖의 정령으로 정하는 경우에는 예외로 한다.

81) 小山, 76면.

다. 우리나라의 경우

[4-165] 은행법은 일본과 달리 외국은행의 국내진출에 대한 상호주의를 취하지 않는다. 은행법상으로는 인가요건 중 대주주요건으로 대주주가 외국 금융회사 또는 당해 외국 금융회사의 지주회사인 경우의 심사기준을 제시하고 있을 뿐이다(규정 <별표 2-2> 은행업 인가 심사기준(제5조 관련), 6).

[4-166] 인가 실무상으로는 상호주의의 원칙에 기초하고 있는 것으로 판단된다. 명문의 규정을 두지 않아도 상호주의의 원칙을 적용할 수 있는가? 헌법상 외국인의 법적 지위에 대하여 상호주의의 원칙을 채택하고 있으므로(6조 2항) 개별법에서 평등주의를 선언하지 않는 한 상호주의의 원칙을 적용할 수 있을 것이다.

4. 시장개방과 건전성규제

[4-167] 건전성규제와 경쟁정책의 관계는 외국금융기관에 대한 시장개방에 관한 합의인 GATS (General Agreement on Trade in Services)의 운용에서 문제될 수 있다.[82] GATS는 수량규제 및 경제적 필요성기준(economic needs test)을 진입요건으로 하는 것을 금지한다. GATS의 금융서비스 부속서(Annex on Financial Services)는 건전성예외로서 국내의 '건전성 이유에 따른 조치'를 허용한다. 금융서비스합의서에서는 '건전성 이유'를 투자자, 예금자, 보험계약자 또는 금융서비스제공자가 신인의무를 부담하고 있는 자의 보호나 금융체계의 신뢰성과 안정성 확보라고 규정하고 있다. 그 내용에 관하여는 국가 간에 해석이 다를 수 있다. 예컨대 자국은행을 일정 수 유지하는 것을 건전성규제로 정당화할 수도 있어서 경쟁을 중시하는 국제적인 조류와 충돌할 수 있기 때문이다. 우리나라는 모회사요건, 최저자본금요건, 최저영업기금요건을 건전성 이유에 따른 조치로 열거하고 있다.[83]

Ⅶ. 은행업 인가와 영업개시의무

1. 의 의

[4-168] 은행업 인가를 받은 자는 금융위가 기한을 따로 정하거나 연장한 경우를 제외하고 인가를 받은 날부터 6개월 이내에 영업을 시작해야 한다(규정 5조 12항, 5조의4 4항). 영업개시의무이다. 자본시장법상 금융투자업 인가를 받은 자도 금융위가 기한을 따로 정하거나 연장한 경우를 제외하고 인가일로부터 6개월 이내에 영업을 개시할 의무를 진다(동 시행령 17조 10항).[84] 자본시장법은 인가를 받은 날 또는 등록을 한 날로부터 6개월 이내에 영업을 개시하지 않은 경우를 인가나 등록취소사유로 하고 있다(동 시행령 373조 4항 1호).

82) 김종민·정순섭, 금융규제와 시장원리에 관한 연구, 금융연구원, 2009. 11, 22-23면.
83) WORLD TRADE ORGANIZATION GATS/SC/48/Suppl.3/Rev.1 18 November 1999 (99- 5017) Trade in Services REPUBLIC OF KOREA Schedule of Specific Commitments Supplement 3 Revision.
84) 자본시장법상 영업개시의무에 대해서는 정순섭 자본, 743-744면.

'인가를 받은 날'과 '영업', 그리고 인가를 받은 날부터 6개월 이내에 은행업을 시작하지 못한 경우의 법적 효과가 문제된다.

2. 인가를 받은 날과 영업의 의의

인가를 받은 날은 인가의 효력발생일을 말한다. 실무상으로는 은행업 인가를 위한 금융위 의결일이 효력발생일이 된다. [4-169]

여기서 '6개월 이내에 영업'이라고 할 때 영업의 의미가 문제된다. 자본시장법상으로는 예컨대 집합투자업자가 6개월 이내에 펀드가 조성되지 않아 운용을 못했지만 이를 위한 마케팅 등의 활동을 열심히 한 경우를 영업을 한 것으로 볼 것인지의 문제이다. 자본시장법의 입법취지상 인가를 받거나 등록을 한 본업 그 자체의 개시 여부를 따지는 것이 옳을 것이다. 자본시장법시행령은 이러한 문제를 고려하여 집합투자업자의 경우 집합투자재산을 운용하는 것을, 투자자문업자 또는 투자일임업자의 경우 투자자문계약 또는 투자일임계약을 체결한 후 투자자문에 응하거나 투자일임재산을 운용하는 것을 영업으로 본다(동 시행령 373조 4항 1호). [4-170]

은행의 경우 인가 대상인 은행업 즉 예금의 수입과 대출, 환업무를 말한다. 그중 일부 업무를 시작하는 것으로 충분할 것이다. 겸영업무나 부수업무를 하는 것으로 영업을 시작했다고 하기는 어려울 것이다. [4-171]

3. 영업개시의무 위반과 인가의 효력

은행법상 영업개시의무에 위반할 경우 인가의 효력이 없어진다고 보아 설립절차를 처음부터 다시 진행해야 한다는 견해[85]가 있다. 그러나 인가의 실효에 관한 명시적 규정이 없음에도 이렇게 해석할 수 있는지는 의문이다. [4-172]

자본시장법은 이를 인가나 등록취소사유로 규정하고 있다. 자본시장법상 규정은 구 증권거래법과 구 간투법, 구 신탁업법의 규정을 참고로 한 것이다. 구법상으로도 법률효과는 다르게 규정되어 있었다. 증권거래법과 간투법은 허가취소사유(증권거래법 55조 1항 2호; 간투법 167조 1항 6호), 신탁업법은 인가실효사유로 규정하고 있었다(6조 1항). 법적 확실성을 위해서는 구 신탁업법의 예에 따라 인가실효사유로 규정하는 것이 옳을 것이다. [4-173]

은행법상 영업개시의무는 감독규정에 근거를 두고 있어 실효성 있는 제재가 어려울 것이다. 법적 근거를 법률로 상향조정하고 그 위반 시에는 인가가 실효되는 것으로 규정하는 것이 옳다. [4-174]

---

85) 고동원, 금융규제와 법, 박영사, 2008, 438면. 외국은행 지점 인가에 대한 설명이지만, 은행 인가에 관한 규정을 그대로 준용하고 있으므로 은행 인가 일반에 대한 설명으로 이해된다.

제5절 인가요건의 유지 등

Ⅰ. 의 의

[4-175] 은행업 인가요건 중 최저자본금은 인가 후에도 유지하게 하는 인가요건의 유지의무가 적용된다. 자본금의 감소에 대해서도 금융위의 승인을 요구한다. 그러나 대주주 적격성 요건은 은행법상 한도초과보유주주의 적격성 심사를 통하여 이루어지고 있다.

Ⅱ. 최저자본금요건

1. 의 의

[4-176] 은행 최저자본금은 1천억원 이상이지만(8조 2항 1호 본문),[86] 지방은행은 250억원 이상으로 할 수 있다(8조 2항 1호 단서).[87] 인터넷전문은행의 최저자본금도 시중은행의 1/4인 250억원 이상으로 할 수 있다(인터넷은행법 4조 1항). 은행은 최저자본금을 유지해야 한다(9조, 8조 2항 1호; 인터넷은행법 4조 2항). 최저자본금에 대해서는 다음 4가지 사항을 생각해 본다.

[4-177] 첫째, 최저자본금은 은행의 재무적 기초가 되고 예금자 신뢰의 유지 근거가 된다는 것이 일반적인 설명이다.[88] 그러나 보통주자본비율 등 자기자본비율규제를 받고 있는 상황에서 납입자본금에 기초한 최저자본금규제가 특별한 의미를 가지는 것은 아니다.

[4-178] 둘째, 최저자본금을 은행법에서 직접 규정하는 것에 대해서도 경제환경의 변화에 따른 탄력적인 적용을 위해서는 시행령 등 하위규정에 위임하는 것이 적절하다는 의견[89]도 있다. 은행의 설립에 필요한 인적·물적 설비와 자기자본비율규제 등 경영지도비율을 고려할 때 인가요건 중 사업계획의 타당성과 건전성 심사로 해소될 수 있다고 생각한다.

[4-179] 셋째, 시중은행과 지방은행의 자본금 차이는 전국을 영업구역으로 하는 시중은행이 보다 큰 자본력을 필요로 한다는 점과 은행의 난립방지를 위한 것이라는 설명[90]이 있다. 그러나 형식상 시중은행과 지방은행의 영업구역에 차이가 있어도 실질적으로 큰 차이가 없고, 인터넷뱅킹 등을 통하여 사실상 영업구역 제한이 의미를 상실해 가고 있는 현재 지방은행제도를 유지할 실익이 있는지 의문이다([3-11]).[91]

[4-180] 넷째, 미국이나 일본의 경우에는 은행난립방지도 최저자본금제도의 중요한 이유였다.[92] 그러나 우리나라의 경우 미국이나 일본과의 경제규모의 차이와 은행시장의 경쟁도 등을 고려할 때 최저자본금이 난립방지를 위해 역할을 하고 있다고 볼 수 없다. 단지

86) 1950년 은행법 제정 당초 최저자본금 1억원이 1962년 15억원, 1977년 250억원, 1991년 1,000억원으로 변경되었다.
87) 1969년 최초 도입 시 1.5억원, 1977년 10억원, 1982년 30억원, 1991년 250억원으로 변경되었다.
88) 서형석·이용선, 132-133면.
89) 小山, 86-87면.
90) 정찬형외, 85면.
91) 이병화, 75면.
92) 小山, 87-88면.

1,000억원 또는 250억원이라는 최저자본금이 부담스러워 은행을 설립하지 않을 가능성은 없다.

2. 위반시 제재

가. 인가 취소 가부

은행이 최저자본금 규제를 위반한 경우 금융위는 '은행이 이 법 또는 이 법에 따른 규정·명령 또는 지시를 위반하여 은행의 건전한 경영을 해칠 우려가 있다고 인정'되는 경우로서 금감원장의 건의에 따라 시정명령을 할 수 있다(53조 1항 1호; 인터넷은행법 13조 1항 1호). 은행이 시정명령을 불이행하는 경우 금융위는 영업전부정지(6개월 이내)를 명하거나 인가를 취소할 수 있다(53조 2항 4호; 인터넷은행법 13조 2항 1호). [4-181]

금융위는 시정명령 없이 최저자본금 유지의무위반을 '은행이 이 법 또는 이 법에 따른 명령이나 처분을 위반하여 예금자 또는 투자자의 이익을 크게 해칠 우려가 있는 경우'로 보아 영업전부정지(6개월 이내)를 명하거나 인가를 취소할 수 있다(53조 2항 5호; 인터넷은행법 13조 2항 2호). 그러나 이 규정은 요건이 지나치게 포괄적이어서 법체계상 문제가 있다. [4-182]

현실적으로 은행이 최저자본금 요건을 준수할 수 없을 정도의 상태라면 적기시정조치 등을 통한 구조조정의 대상이 될 것이므로 실익이 있는 논의는 아니라고 할 것이다. [4-183]

나. 형사처벌

은행의 임원등이나 직원이 최저자본금을 유지하지 않은 경우 1년 이하의 징역 또는 3천만원 이하의 벌금에 처한다(68조 1항 1호). '임원등'은 임원, 지배인, 대리점주, 대리점주가 법인인 경우에는 그 업무집행사원, 임원, 지배인, 그 밖의 법인의 대표자, 또는 청산인을 말한다. 인터넷전문은행에 대해서도 같은 처벌을 할 수 있다(인터넷은행법 3조). [4-184]

Ⅲ. 자본금 감소의 승인

1. 의 의

가. 의 의

은행이 주식수 감소, 주식 금액의 감액으로 자본금을 실질적으로 감소시키는 행위를 하려는 경우에는 금융위 승인을 받아야 한다(10조 1항; 령 2조 1항). 종래의 자본금 감소 신고를 승인으로 변경한 것은 은행 건전성 관리 강화와 은행이용자의 권익 침해 예방을 위한 것이다. [4-185]

금산법은 은행 등 금융기관의 자본감소절차에 관한 특례(5조의2), 금융위의 자본감소 명령을 받은 경우의 특례(12조), 적기시정조치의 일환으로 자본감소를 명령받은 금융기관, 주식의 시가가 액면가에 미달되는 금융기관으로서 적기시정조치의 일환으로 자본증가를 [4-186]

명령받은 금융기관의 자본금 감소절차의 특례(13조의2)를 두고 있다. 증자에 대해서는 특별한 규제가 없다.

나. 적용범위

1) 자본금의 실질적 감소

[4-187] 승인대상 자본금 감소는 '은행이 주식 수를 줄이거나 주식의 금액을 낮추어 자본금을 실질적으로 감소시키는 것'이다(10조 1항; 령 2조 1항). **실질적**의 의미와 관련하여 자기주식 취득이나 이익소각 외에 무상감자나 결손금 보전을 위한 감자와 관련하여 논의가 있을 수 있다.

2) 자기주식의 취득

[4-188] 자기주식의 취득은 자본금 감소에 해당하는가? 미국은 자기주식의 취득을 자본금 감소로 보아 주총결의와 함께 감독기관의 승인을 받게 한다(12 USC § 59; 12 CFR 7.2020). 그러나 우리나라의 회사법상 자기주식취득에 대해서는 취득재원과 취득방법 등에 관한 엄격한 규제가 적용되는 등 법제의 차이가 존재한다. 현행법상으로도 자기자본비율에서 '해당 은행이 보유하고 있는 자기주식 등 실질적으로 자본충실에 기여하지 않는 것'은 기본자본 및 보완자본에 포함시킬 수 없다(2조 2항; 령 1조의2 3호; 규정 〈별표1〉).

3) 이익소각

[4-189] 이익소각도 자본금 감소에 포함되는가? 승인대상인 자본금 감소는 '자본금을 실질적으로 감소시키는 것'을 말하므로(10조 1항; 령 2조 1항), 자본금이 아닌 이익잉여금 감소를 초래하는 이익소각은 포함되지 않는다.[93]

4) 다른 행위에 수반되는 자본금 감소

[4-190] 은행의 분할이나 분할합병 등 조직변경의 부수적 효과로 자본금이 감소되는 경우 자본금 감소의 승인을 요하는가? 원인행위인 분할이나 분할합병 등 조직변경 인가에서 이미 같은 목적의 심사가 이루어지므로 금융위 승인을 요하지 않는다고 볼 것이다.[94] 금산법상 금융위의 자본감소명령을 받은 경우의 자본금 감소 등(12조·13조의2)도 같이 볼 것이다.

2. 절 차

가. 요 건

[4-191] 자본금감소의 승인을 받으려는 자는 자본금 감소가 관계법령에 위반되지 않을 것, 재무구조 개선목적 등 자본금 감소의 불가피성이 인정될 것, 예금자 등 은행이용자의 권

93) 주석은행법, 152면.
94) 주석은행법, 153면.

익을 침해하지 않을 것의 3가지 승인요건을 갖추어 신청해야 한다(10조 2항 1호-3호). 자본금은 요건과 절차를 모두 충족하더라도 최저자본금 미만으로 감소할 수는 없다.

나. 신청과 승인

자본금감소의 승인을 받으려는 자는 자본금감소 목적, 자본금 변동내용, 자본금감소 절차 및 일정 등, 그 밖에 승인신청에 필요한 사항을 적은 승인신청서를 금융위에 제출해야 한다(령 2조 2항 1호-4호). 승인신청서에는 정관, 승인신청사유에 관한 이사회나 주주총회의 의결이 있는 경우에는 그 의사록, 승인신청사유와 관련된 계약서가 있는 경우에는 그 사본, 그 밖에 승인 심사에 필요한 서류를 첨부해야 한다(령 2조 3항 1호-4호). [4-192]

금융위는 자본금감소의 신청이 있는 때에는 신청일로부터 30일 이내에 승인 여부를 결정해야 한다(10조 3항). 신청한 자본금감소가 위 3가지 승인요건을 갖추지 못할 경우에는 승인할 수 없다(10조 2항 1호-3호). [4-193]

3. 위반시 효력

승인없는 자본금감소의 사법상 효력은 어떤가? 자본금감소를 신고에서 승인으로 변경한 취지를 고려해도 승인없는 자본금 감소의 사법상 효력을 무효라고 보기는 어려울 것이다. [4-194]

은행법상 은행의 자본금 감소를 금융위 신고사항으로 하고 있을 때의 논의로서 은행이 자본금감소 신고 없이 자본금을 감소하여 최저자본금 유지의무를 위반한 경우 이를 이유로 인가를 취소할 수 있다는 명문의 규정이 없으므로 인가 취소할 수 없다는 견해[95]가 있었다. 자본금감소가 금융위 승인사항인 현재 승인 없이 자본금을 감소하여 최저자본금 유지의무를 위반하게 된 경우에도 같은 해석이 타당한가? 자본금감소를 인가사항으로 하고 있는 일본에서는 은행업 면허의 취소 여부는 면허권자에게 맡겨야 한다는 이유에서 실효사유가 되지 않는다는 견해[96]가 있다. 우리나라에서는 위에서 본 최저자본금유지의무위반과 인가취소에 대한 논의가 그대로 적용되어 인가를 취소할 수 있다고 해석된다. [4-195]

승인 없이 자본금을 감소한 경우 3년 이하의 징역 또는 1억원 이하의 벌금에 처한다(67조 1호, 10조 1항). 형벌로 엄격히 처벌하고 있다. [4-196]

Ⅳ. 정관 변경의 보고

정관은 주식회사인 은행의 조직과 활동에 관한 근본규칙을 기재한 서면을 말한다. 정관 변경에는 주주총회의 특별결의를 요하는 등 상법상 절차를 갖추는 외에 지체 없이 금융위에 사후 보고하는 등 은행법상 절차도 갖추어야 한다(47조 1호; 령 24조의3 1항). [4-197]

95) 정찬형외, 87면.
96) 小山, 89면.

제6절 무인가 은행업 경영의 효과

Ⅰ. 행정적 제재

[4-198] 무인가 은행업 경영에 대한 행정적 제재는 없다. 다만 금융위는 은행이 거짓이나 그 밖의 부정한 방법으로 은행업 인가를 받은 경우나 인가내용 또는 인가조건을 위반한 경우에 해당하면 그 은행에 대하여 영업전부정지(6개월 이내)를 명하거나 은행업 인가를 취소할 수 있다(53조 2항 1호).

Ⅱ. 형사적 제재

[4-199] 무인가 은행업을 경영하는 자는 5년 이하의 징역 또는 2억원 이하의 벌금에 처한다(66조 2항). 금융위가 은행 해당 여부의 결정을 담당하는 것은 무인가 은행업에 대한 형벌과 관련하여 중요한 의미가 있다.

[4-200] 개인의 무인가 은행업 경영을 형사처벌하는 것과 관련하여 무인가 단기금융업무를 영위한 자를 처벌하는 자본시장법 360조 1항 및 444조 22호 중 "제360조 제1항을 위반하여 인가를 받지 아니하고 해당 업무를 영위한 자" 부분이 죄형법정주의의 명확성원칙에 위배되는지 여부에 대한 헌재의 판단은 중요한 의미가 있다. 헌재는 그 "입법 취지는 단기금융업무의 건전성 확보를 통하여 투자자를 보호하기 위한 것"으로 보면서 "처벌조항은 그 대상을 금융기관으로 한정하고 있지 않고 '인가를 받지 아니하고 해당 업무를 영위한 자'라고 규정하여 인가를 받지 아니한 금융기관은 물론 금융기관이 아닌 자도 처벌조항에 따라 처벌될 수 있음이 분명하다"라고 하여 죄형법정주의의 명확성원칙에 위배되지 않는다고 판단하였다(헌재 2015. 9. 24. 자 2013헌바102 결정). 결론적으로 개인의 무인가 은행업 경영도 처벌할 수 있다([3-52]).

Ⅲ. 민사적 제재

[4-201] 무인가 은행업을 경영하는 경우 그 행위의 사법상 효력은 무효인가? 무인가 은행업 경영 자체를 사법상 무효라고 볼 것은 아니다.[97] 자본시장법 제17조를 위반하여 투자일임업이나 투자자문업을 등록하지 않은 자와 사이에 체결된 투자일임계약이나 투자자문계약을 사법상 무효로 볼 것인지에 대하여 법원은 단속규정이라고 보아 유효로 판단했다(대법원 2019. 6. 13. 선고 2018다258562 판결[투자일임업]; 대법원 2024. 5. 9. 선고 2023다311665 판결[투자자문업]).

[4-202] 재무부장관 인가나 설립등기 등 절차를 마치지는 않았지만 신용협동조합연합회의 내인가를 받고 그 감독 하에 사실상 신용협동조합으로서의 모든 업무를 취급한 사안에서 "장차 그 인가와 등기를 경유할 대비단계에서 신용협동조합이란 명칭을 사용하여 업무를

97) 은행감독원, 61면; 주석은행법, 134면.

개시한 것이라면 위 조합은 고객에 대한 관계에서 신용협동조합법이 규정한 업무에 관한 기본적인 운용방침을 지켜야 할 의무가 있다"고 판단한 사례가 있다(대법원 1988. 11. 22. 선고 87다카734 판결). 예비인가를 받았더라도 본인가를 받기 전에는 무인가 신협이므로 무인가 금융회사의 경영행위의 사법상 효력은 인정한 것으로 볼 수 있을 것이다.

대출의 경우에는 사법상 효력이 특별히 문제되지 않겠지만, 무인가로 수입한 예금 [4-203]
등의 반환과 관련하여 예금자에 해당하는 자의 보호가 문제될 수 있다. 영국은 예금자에 해당하는 자가 계약상 반환을 받을 수 없는 경우 법원에 반환청구하고, 법원은 예금자에 해당하는 자가 예금을 수입한 자를 합리적으로 법에 위반되지 않는다고 신뢰하였는지 여부를 판단하여 반환 여부를 결정하게 한다(FSMA section 29(1)-(4)).

제7절 조직변경 등

Ⅰ. 조직변경

1. 서 언

[4-204] 은행은 상법이나 금산법상 절차에 따라 합병할 수 있다. 당사자자치에 맡겨져 있는 상법상 합병등과는 달리 은행법과 금산법은 은행의 합병등을 금융위 인가사항으로 하고 있다. 은행의 공공성, 은행의 조직변경이 초래하는 경제적 효과를 고려한 것이다. 은행의 합병등의 인가제도의 취지는 무인가 합병 등의 사법상 효력을 판단할 때 기준이 된다. 합병등을 통한 조직변경은 정보보호문제나 이해상충문제도 초래할 수 있다.[98]

2. 은행의 합병등 규제

가. 은행법상 규제

[4-205] 은행이 분할, 합병, 분할합병, 해산 또는 은행업 전부 또는 중요한 일부의 폐업,[99] 영업전부 또는 중요한 일부의 양도·양수,[100] 등 조직변경행위를 하려는 경우 금융위의 사전인가를 요한다(55조 1항 1호-3호). 은행의 조직변경이 예금자와 금융시장에 미치는 영향을 고려한 것이다.

[4-206] 금융위는 분할 또는 합병의 인가를 할 때는 금융산업의 효율화와 신용질서의 유지에 지장을 주는지, 분할 또는 합병에 따른 영업계획 및 조직운영계획이 적정한지, 분할 또는 합병에 따른 은행의 소유구조 변경이 법령에 적합한지, 상법 및 자본시장법, 그 밖의 관계 법령에 따른 절차 이행에 하자가 없는지를 심사해야 한다(령 24조의9 1항 1호-4호). 영업양수의 인가는 분할이나 합병에 관한 규정을 준용한다(령 24조의9 3항).

[4-207] 금융위는 해산 또는 은행업 폐업의 인가를 할 때는 그 은행의 경영 및 재무상태 등에 비추어 부득이한지, 예금자 등 이용자보호와 신용질서 유지에 지장을 주지 않는지, 상법

---

98) Cranston, pp17-18.

99) '중요한 일부의 폐업'은 은행업무 일부의 폐업으로서 첫째, 폐업하려는 업무에 속하는 자산의 합계액이 직전 사업연도 말 기준 재무제표(연결재무제표를 작성하는 은행의 경우 연결재무제표, 41조 1항 본문)에 표시된 자산총액의 10% 이상인 폐업이나 둘째, 폐업하려는 업무에 속하는 영업이익이 직전 사업연도 말 기준 재무제표에 표시된 영업이익의 10% 이상인 폐업을 말한다(55조 1항 2호; 령 24조의9 5항 1호·2호). 한국씨티은행의 소매은행업무 폐지에 따른 보완입법으로서 정량기준으로 명확성을 도모한 것이다.

100) 중요한 일부의 양수도는 은행업무, 부수업무 또는 겸영업무 일부의 양도·양수로서 첫째, 양도·양수하려는 업무에 속하는 자산의 합계액이 직전 사업연도 말 기준 재무제표에 표시된 자산총액의 10% 이상인 양도·양수, 둘째, 양도·양수하려는 업무에 속하는 영업이익의 합계액이 직전 사업연도 말 기준 재무제표에 표시된 영업이익의 10% 이상인 양도·양수, 셋째, 양수하려는 업무에 속하는 부채의 합계액이 직전 사업연도 말 기준 재무제표에 표시된 부채총액의 10% 이상인 양수를 말한다(령 24조의9 6항 1호-3호). 자산의 합계액은 "직전 사업연도 말 기준 재무제표에 표시된 자산의 합계액과 양도·양수 계약서에 표시된 자산의 합계액 중 큰 금액"을, 그리고 부채의 합계액은 "직전 사업연도 말 기준 재무제표에 표시된 부채의 합계액과 양도·양수 계약서에 표시된 부채의 합계액 중 큰 금액"을 말한다.

및 자본시장법 그 밖의 관계 법령에 따른 절차이행에 하자가 없는지를 심사해야 한다(령 24조의9 2항 1호-3호). 영업양도의 인가는 해산이나 폐업에 관한 규정을 준용한다(령 24조의9 3항). 영업의 일부양도의 경우 영업양도 후 할 수 없는 업무의 정리계획이 적정해야 한다.

금융위는 인가에 조건을 붙일 수 있고(55조 2항; 8조 4항·5항), 인가의 세부요건, 신청 서류 그 밖에 필요사항을 정할 수 있다(령 24조의9 4항). [4-208]

나. 금산법상 규제

은행이 금산법에 따른 합병을 하려면 금융위의 사전 인가를 받아야 한다(금산 4조 1항). 금융위는 인가할 때 합병목적이 금융산업 합리화와 금융구조조정 촉진 등을 위한 것인지, 합병이 금융거래를 위축시키거나 기존 거래자에게 불이익을 줄 우려가 없는 등 금융산업 효율화와 신용질서 유지에 지장이 없는지, 합병이 금융기관 간 경쟁을 실질적으로 제한하지 않는지, 합병 후에 하려는 업무범위가 관계 법령 등에 위반되지 않고 영업계획이 적정한지, 합병 후 업무를 할 수 있는 조직 및 인력의 체제와 능력을 갖추고 있는지, 상법, 자본시장법, 그 밖의 관계 법령에 위반되지 않고, 그 절차의 이행에 흠이 없는지, 자기자본비율, 부채 등이 적절한 수준인지, 주요 출자자가 충분한 출자능력과 건전한 재무상태를 갖추고 있는지를 심사해야 한다(금산 4조 3항 1호-8호). [4-209]

금융위는 심사기준에 비추어 금융산업의 건전한 발전을 위해 필요하면 인가에 조건을 붙일 수 있다(금산 4조 5항). 은행이 영업 전부를 다른 금융기관에 양도하고 소멸하는 경우와 다른 금융기관의 영업 전부를 양수하는 경우에는 합병 규정을 준용한다(금산 26조, 4조). [4-210]

다. 은행법과 금산법상 합병규제의 관계

금산법은 금융기관의 합병 등에 관하여 동법에서 정하는 것을 제외하고는 그 금융기관의 영업의 인가·허가 등의 근거법과 상법, 비송사건절차법, 그 밖의 관계 법령에 따른다고 규정하고 있다(24조의4). 이 조항을 근거로 금산법이 은행법에 우선한다고 할 수는 없다. 당사자가 금산법에 따른 합병절차를 선택한 경우에만 일부 조항이 우선 적용되기 때문이다. 일단 금산법상 인가를 취득한 경우에는 은행법상 인가를 다시 받을 필요는 없다(금산 5조 1항). [4-211]

그러나 다음 3가지 이유에서 일반적으로는 상법이나 은행법이 아닌 금산법상 합병절차를 따르게 될 것이다.[101] 첫째, 금산법상 합병규제는 "같은 종류 또는 다른 종류의 금융기관과 서로 합병하여 같은 종류 또는 다른 종류의 금융기관이 될 수 있는" 합병을 대상으로 한다(3조). 금산법상 합병당사회사의 일방 또는 쌍방이 부실금융기관인지 여부도 [4-212]

101) 김기영·김경연, "금융기관간 합병과 관련한 법적 문제점 - 특히 은행간 합병의 경우를 중심으로," BFL 제7호, 2004, 22-23면; 김종승, "금융회사 간 합병심사 및 개선방안에 관한 연구 - 금산법상의 은행간 합병심사기준을 중심으로," 금융법연구 제13권 제1호, 2016, 10면. 사실상 금산법이 은행법에 우선하여 적용된다고 설명하기도 한다. 주석은행법, 580면.

불문한다(대법원 2009. 4. 23 선고 2005다22701,22718 판결). 은행법상 합병 등의 규제는 합병당사자가 은행인 경우에 적용되었으나(개정전 55조 1항 1호), 2016.3. 은행법 개정 이후 비은행금융회사와의 합병에도 적용된다. 둘째, 금산법상 합병절차를 따를 경우 주주총회 소집통지기간 단축 등 절차상 상법에 대한 특례(5조)[102]가 적용되지만, 은행법상 합병절차를 따를 경우 그러한 특례가 적용되지 않는다. 셋째, 금산법상 합병에 따른 신설 또는 존속금융기관은 합병 전 업무로서 그 금융기관에 적용되는 법령에 따라 수행할 수 없는 업무 중 일정한 업무를 금융위 인가를 받아 10년 이내의 범위에서 계속할 수 있다(금산 8조 2항; 동 시행령 5조의3 2항). 이러한 인가를 받지 못한 경우에도 합병등기일 등으로부터 6개월까지는 합병 전의 금융기관이 수행하던 업무를 계속할 수 있다(금산 9조 1항 본문).

3. 공정거래법상 규제

가. 의 의

[4-213] 1999년 개정으로 공정거래법은 금융·보험 사업자도 적용대상으로 하게 되어,[103] 은행합병 등의 경우에도 공정위의 기업결합 심사를 거치게 된다. 금융위는 공정위 심사결과를 감안하되 금산법 등 금융법 관련 사항을 종합적으로 검토하여 최종 승인 여부를 결정한다.

나. 공정위와 금융위의 관계

[4-214] 금산법상 금융위가 금융기관 간의 합병을 인가하려면 경쟁제한성에 대하여 공정위와 사전 협의해야 한다(4조 4항, 3항 3호). 은행합병에 대하여 금융위와 별도로 공정위가 심사권한을 가지는지 여부에 대한 논의가 있지만 실무적으로는 금융위가 공정위 심사결과가 적정할 것을 요구하고 있으므로 의미가 없다(규정 〈별표 2-3〉 합병 등 인가 심사기준(제5조의2 관련), 2.나).[104] 금융위와 공정위 간 합의[105]에 따른 것으로서 법적 근거에 대한 논의는 있을 수 있지만, 적절한 접근으로 볼 수 있다. 공정거래법은 관계중앙행정기관의 장이 다른 법률의 규정에 의하여 미리 당해 기업결합에 관해 공정위와 협의한 때에는 기업결합신고의무를 면제하고 있다(공정거래법 11조 4항).

---

102) 헌재는 금산법상 특례규정에 대하여 금융산업 구조개선이라는 목적에 비추어 주주 재산권의 과도한 제한이나 주주 평등권을 침해한 것이라고 보기 어렵다고 판단하였다. 헌재 2008. 12. 26. 2005헌바34.

103) 정호열·송석은·안현중, 은행업 분야의 전문규제와 경쟁정책의 조화에 관한 연구, 금융연구원, 2013.5, 30-34면.

104) 김기영·김경연, "금융기관간 합병과 관련한 법적 문제점 - 특히 은행간 합병의 경우를 중심으로," BFL 제7호, 2004, 35면. 금융지주법상 금융위는 금융지주회사 인가를 할 때 관련시장에서의 경쟁제한성 관련 사항을 미리 공정위와 협의해야 한다(3조 4항). 금융지주회사의 자회사등의 편입 승인이나 신고수리를 할 때 금융위는 당해 자회사등의 편입이 관련시장에서의 경쟁제한성에 관하여 공정위와 협의해야 한다(지주 17조 2항, 18조 2항).

105) 금감위·공정위, 보도자료: 금감위-공정위 공동으로 금융회사에 대한 규제 효율화방안 마련, 2007.11.27.

다. 경쟁제한성심사기준

1) 의 의

공정위에 의한 은행 합병의 경쟁제한성 심사에서는 은행시장 참가자의 범위와 관련 시장의 획정이 중요하다. 이하 하나금융지주의 외환은행 자회사편입과 관련한 공정위 심사결과를 중심으로 정리한다.[106] [4-215]

2) 은행시장 참가자의 범위

은행시장 참가자의 범위와 관련하여 공정위는 ① 농·수협은행 및 기업은행, ② 그 밖의 특수은행, ③ 외국은행 국내지점으로 구분하여 검토하고 있다. ① 농·수협은행 및 기업은행은 상품 및 업무범위가 일반은행과 거의 동일한 점을 고려하여 직접적인 경쟁관계를 인정하고 소비자도 대체관계로 본다. ② 그 밖의 특수은행에 대해서는 업무가 일반은행과 전혀 다른 수출입은행이나, 정책금융 비중이 높은 산업은행은 검토대상에서 제외하지만, 시장별로 업무의 유사성을 고려하고 있다. ③ 외국은행 국내지점은 지점수가 적은 점, 거래상대방이 주로 외국기업인 점, 취급업무가 투자은행업무 중심인 점에서 국내은행과 차이가 있는 점을 고려하여 검토 대상에서 제외하고 있다. [4-216]

3) 관련 시장의 획정

관련 시장은 상품시장과 지리적 시장으로 나누어 심사한다. 첫째, 상품시장은 수신시장, 여신시장, 외환시장으로 나누고, 각각의 시장은 다시 거래상대방, 거래목적 등에 따라 수요대체성 등을 고려하여 시장을 획정한다. 은행시장 획정 시 엄격한 수요대체성에 입각하여 '보다 세분화된 시장 단위'로 검토하는 것이 현재의 공정위 입장이다. 둘째, 지리적 시장은 시중은행 간 합병의 경우 합병당사회사가 모두 전국적 영업활동을 하고 있으므로, 지역에 따른 업무내용의 차이가 거의 없고 공통의 가격정책을 유지하고 있으므로 모든 상품시장을 전국시장 기준으로 검토하되 무역거래 분야에 대해서는 지역별로 획정하여 추가 검토하고 있다. 합병당사자가 지방은행인 경우에는 기준이 달라져야 할 것이다. [4-217]

4) 대체시장이나 상품의 고려

은행시장 참가자의 범위나 관련시장의 획정에서 은행과 동일하거나 유사한 상품이나 업무를 제공하는 비은행금융회사나 일반사업회사를 고려해야 하는가? [4-218]

첫째, 수신상품의 경우 은행과 비은행 예금수취기관 사이, 특히 예금보험의 적용을 받는 은행과 상호저축은행 사이에는 직접적인 경쟁관계가 발생할 수 있다. 지급결제도 마찬가지다. 그러나 상호저축은행은 영업구역의 지역적 제한을 받는 점에서 은행과 같은 [4-219]

106) 공정위, 보도자료: 공정위, 하나금융지주의 외환은행 인수에 대해 경쟁제한성이 없다고 판단, 2011.3.10.

시장이라고 하기 어렵다. 기술발전에 따라 등장하는 새로운 형태의 지급업무에 대해서는 발전과정을 보아 판단할 문제이다. 둘째, 여신상품의 경우 예금을 조달수단으로 하는 대출기관이 은행에 한정되는 점에서 문제는 한정적이다. 셋째, 파생상품은 그 자체 또는 다른 금융상품에 결합되어 위험관리기능을 수행할 수 있다. 은행과 자본시장법상 금융투자업자는 파생상품거래에 대해서는 직접적인 경쟁관계에 있다. 넷째, 신용카드업이나 투자자문업 등 은행의 겸영업무에 대해서는 은행과 그 업무를 본업무로 하는 금융업자와 사이에 직접적인 경쟁관계가 발생할 수 있다.

4. 무인가 합병등의 효력

[4-220] 은행 임원등이나 직원이 인가(55조 1항)를 받지 않고 합병등을 한 경우 1년 이하의 징역 또는 3천만원 이하의 벌금에 처한다(68조 1항 6호).

[4-221] 무인가 합병등의 사법상 효력은 있는가? 은행의 특수성과 공공성, 은행조직변경이 예금자 및 금융시장에 미치는 영향을 고려할 때 무효라고 본다.107) 일본의 은행법은 무효임을 명시하고 있다(30조 1항).

Ⅱ. 인가 취소에 의한 해산

[4-222] 은행은 은행업 인가가 취소된 경우 해산한다(56조 2항, 53조; 인터넷은행법 13조 3항). 이 경우 해산에 대한 별도 인가가 필요 없다. 인가취소는 해산을 예정하고 있으므로 인가취소를 할 때 해산까지 고려했기 때문이다. 이론상 은행업 인가가 취소되어도 주식회사로서 존속할 수 있지만, 해산사유가 발생한 은행의 존속을 허용하는 것이 부적절하다는 점에서 해산을 강제하는 것이다.108)

Ⅲ. 청산인의 선임

1. 의 의

[4-223] 은행이 해산하거나 파산한 경우 금감원장 또는 그 소속 직원 1명이 청산인이나 파산관재인으로 선임된다(57조 1항). 이 경우의 금감원장 또는 그 소속 직원은 그 임무에 대하여 보수를 청구할 수 없다(57조 2항). 다만, 임무수행에 든 정당한 경비는 그 재산에서 받을 수 있다(57조 2항 단서). 인가취소에 의한 해산의 경우 이해관계인이나 금융위의 청구 또는 법원의 직권으로 청산인을 선임하거나 해임할 수 있다(56조 3항).

2. 외국은행 국내지점의 인가취소와 청산인

[4-224] 외국은행의 지점등이 인가 취소되거나 취소간주되는 경우(53조 2항, 60조 1항·3항)에는

---

107) 김종승, "은행 간 합병의 적합성 및 경쟁제한성 심사에 관한 법적 연구," 박사학위논문, 연세대학교 법학전문대학원, 2016. 8, 36면.
108) 정찬형외, 172면; 주석은행법, 594면.

그 지점등은 폐쇄되며 대한민국에 있는 재산 전부를 청산해야 한다(61조 1항). 청산의무를 부과하는 이유는 외국은행 지점등이 인가 취소된 경우 그 재산이 국외로 유출될 가능성을 우려한 것이다.[109]

국내에 다수의 지점을 보유하고 있는 외국은행의 일부 지점에 대해서만 청산사유가 발생한 경우 청산절차는 어떤가? 잔존지점이 폐쇄되는 지점의 자산과 부채를 승계할 것이므로 채권자 보호에 문제가 없다는 견해가 있다.[110] 그러나 외국은행지점등의 경우 일괄하여 청산하는 것이 외국은행지점등 단일체의 원칙(59조 2항)의 취지에 맞는지 생각해 볼 필요는 있다. 실무상 잔존지점의 청산절차를 진행하지는 않는다. [4-225]

이 경우 법원은 이해관계인이나 금융위의 청구 또는 법원의 직권으로 청산인을 선임하거나 해임할 수 있다(61조 2항). 청산에 관하여는 채권자에 대한 최고 등 상법상 주식회사의 청산에 관한 규정(상 620조 2항, 535조-537조, 542조)을 준용한다(61조 3항). [4-226]

109) 은행감독원, 249면; 고동원, 금융규제와 법, 박영사, 2008, 477면.
110) 고동원, 위의 책, 477면.

제5장 건전성규제

제1절 서 설

건전성규제는 은행의 건전성을 확보함으로써 금융체계위험의 방지를 목적으로 하는 [5-1]
모든 규제수단을 말한다. 특히 은행의 경우 전통적인 기관형 금융체계위험의 출발점으로서 엄격한 건전성 규제의 대상이 되어 왔다. 그러나 시장형 금융체계위험에 대해서도 함께 고려하는 종합적인 접근이 중요하다.

건전성규제는 개별 은행의 건전성, 특히 자기자본비율규제를 대상으로 하는 미시건 [5-2]
전성규제를 중심으로 이루어져 왔다. 그러나 2008년 글로벌 금융위기 이후 미시건전성 규제로는 금융체계위험에 대한 완전한 예방수단이 되지 못한다는 반성이 이루어졌다. 이와 함께 금융체계 전체의 건전성을 의미하는 거시건전성규제에 대한 관심이 높아지고 있다.

현재는 개별은행의 진입규제, 업무범위규제, 재무건전성규제, 그 밖의 경영건전성규 [5-3]
제를 의미하는 미시건전성규제와 함께 거시건전성규제에 대한 이해도 함께 이루어져야만 건전성규제의 전체 모습을 알 수 있다. 거시건전성규제는 중앙은행의 기능과 함께 설명되어야 한다. 이 논의는 금융법상 금융당국과 중앙은행의 관계에 관한 전통적인 논의와 맥을 같이 하는 것으로 볼 수 있다.

제2절 의의와 범위에서는 특히 2008년 글로벌 금융위기 이후 국내외에서의 발전을 [5-4]
중심으로 미시건전성규제와 거시건전성규제의 의의와 범위를 살펴본다. 제3절 지배구조규제에서는 은행의 지배구조에 대한 지배구조법상 규제를 정리한다. 상법상 지배구조규율과의 관계도 중요한 관심사항이다. 제4절 업무범위규제에서는 고유업무·겸영업무·부수업무로 구성되는 은행업무 규제체계를 설명한다. 업무범위규제는 업종간 이해관계의 대립도 중요한 요소이다. 제5절 재무건전성규제에서는 자기자본비율을 중심으로 은행의 재무건전성 확보를 위한 다양한 규제수단과 접근을 정리한다. 제6절 기타 경영건전성규제에서는 대주주와의 부당거래 등 은행 경영상 건전성 확보를 위한 관심사항을 살펴본다.

제2절 의의와 범위

Ⅰ. 의 의

[5-5] **건전성규제**(prudential regulation)는 은행의 건전성을 확보함으로써 금융체계위험을 방지하려는 규제이다. 은행은 전통적인 기관형 금융체계위험의 출발점으로서 엄격한 규제가 적용되었다. **미시건전성규제**(microprudential regulation)는 개별 은행의 건전성을 위하여 진입규제, 지배구조규제, 업무범위규제, 재무건전성규제, 그 밖의 경영건전성규제를 적용한다. 그러나 그동안 금융위기의 원인은 개별 은행의 건전성만으로는 극복할 수 없는 거시적 문제의 산물인 경우가 많았다. 따라서 거시적 차원에서의 건전성 확보를 위한 **거시건전성규제**(macroprudential regulation)가 강조되게 되었다.

Ⅱ. 미시건전성규제와 거시건전성규제의 관계

[5-6] 미시건전성규제는 금융체계안정을 위한 전제로서 표준화된 감독기준을 적용하는 경영실태평가, 적기시정조치, 자기자본규제, 충당금적립기준 조정 등을 포함한다.

[5-7] 거시건전성규제는 시계열차원과 횡단면차원의 금융체계위험에 따라 차별화된다.[1] 전자는 주로 금융 및 경기사이클 국면에서 경제주체의 과도한 쏠림행위와 경기순응성으로 인해 경제에 신용이나 유동성 과잉공급이 누적되거나 반대로 급속히 되돌려지면서 발생하는 위험이다. 후자는 금융기관 간 공통 익스포져, 위험집중, 상호연계성 및 의존성 등으로 인해 한 부문의 위기가 다른 부문, 경제주체 또는 국가 등으로 전염 또는 확산될 수 있는 위험이다. 규제수단은 경기대응적 감독기준을 적용하는 거시경제여건 변화에 따른 위험요인분석과 담보인정비율(loan to value, LTV), 충당금적립기준 조정 등이다.

Ⅲ. 거시건전성 규제의 법적 기반 확보

[5-8] 규제의 목적·주체·권한의 명확화와 함께 금융체계위험의 확인, 적절한 정책대응의 형성, 규정제정과 감독 및 집행을 통한 위험의 완화 기능을 강조하고 있다.[2] 규제주체로는 금융당국과 중앙은행이 중요하다.

---

1) 이하 논의는 한국은행, 한국의 거시건전성정책, 2015, 63-124면.
2) IMF, Implementing Macroprudential Policy—Selected Legal Issues, June 17, 2013. IMF, Key Aspects of Macroprudential Policy, June 10, 2013.

〈표 5-1〉 미시건전성 감독과 거시건전성 감독의 비교

	미시건전성 감독	거시건전성 감독
감독목표	· 최종목표: 금융안정의 달성 · 중간목표: 개별 금융회사의 건전성 유지	· 최종목표: 금융안정의 달성 · 중간목표: 금융체계의 안정성 유지
감독수단	· 표준화된 감독기준 적용 · 경영실태평가, 적기시정조치 · 자기자본규제, 충당금 적립기준 조정 등	· 경기대응적 감독기준 적용 · 거시경제여건 변화에 따른 리스크요인 분석 · LTV비율, 충당금 적립기준 조정 등
위험요인에 대한 인식	· 외생적인 것으로 간주 · 공통의 충격을 주어진 조건으로 인식	· 내생적인 것으로 간주 · 공통의 충격을 위험요인으로 인식
위험의 측정	· 개별 금융회사가 직면하는 위험이라는 관점(상향식)	· 전체 금융체계가 불안이라는 관점 (하향식)

(자료) 금감원, 금융감독개론, 2024, 53면.

제3절 지배구조규제

Ⅰ. 서 언

1. 의 의

[5-9] 지배구조(corporate governance)는 기업의 운영과 지배에 관한 시스템[3]이다. **기업의 경영진, 이사회, 주주와 다른 지분보유자들간의 일련의 관계**로서 **기업 목적을 확정하고 그 목적 달성 및 기업 성과에 대한 감시수단을 결정하는 구조**를 제공한다.[4]

[5-10] 은행은 외국은행 국내지점과 특수은행을 제외하고 주식회사여야 한다(8조 2항 3호·4호)([3-49]).[5] 따라서 은행의 지배구조도 일반 주식회사와 같은 문제의식에 기초하지만, 회사법과 함께 지배구조법이 적용된다. 전통적인 회사법 규율로는 해소할 수 없는 금융업 특유의 문제를 해결하기 위한 접근이다. 은행 지배구조의 기본원칙은 사외이사 중심의 이사회 주도 경영, 감사위원회 중심의 감독구조, 준법감시인 중심의 내부통제구조의 3가지이다.

2. 금융규제와 회사법의 관계[6]

가. 서 언

[5-11] 은행 지배구조도 대리인문제(agency problems)에 대한 대응으로 발전해 온 점에서 일반사업회사의 그것과 같다. 그러나 은행의 지배구조 규제는 과도한 위험인수를 방지하고 건전경영을 도모함으로써 예금자와 같은 이해관계자, 나아가 금융체계 전체에 대한 영향을 고려하는 점에서 주로 주주 등 기업내부자의 관점에서 주주와 이사회로 대표되는 경영진 간의 견제와 균형을 목적으로 하는 일반사업회사의 그것과는 다르다.[7] 지배구조법 제정 전에도 금융규제법은 회사법상 지배구조에 관한 특칙을 규정하고 있었다. 예컨대 은행은 상법상 회계장부와 서류의 열람 또는 등사의 청구(상 466조 1항)를 은행이용자의 권익을 심하게 해칠 염려가 있을 때에는 거부할 수 있다(43조).

---

3) Report of the Committee on the Financial Aspects of Corporate Governance, December 1992, [2.5].

4) Organisation for Economic Co-operation and Development, Experiences from the Regional Corporate Governance Roundtables, 2003, p88.

5) 금융투자업자와 보험회사 등도 일부 예외를 제외하고 같다(자본 12조 2항 1호 가목·18조 2항 1호 가목, 보험 6조 1항 4호, 저축 3조, 여전 5조 등).

6) 이하 Ⅰ과 Ⅱ의 설명은 정순섭, "금융회사의 지배구조와 금융규제," BFL 제79호, 2016, 6-18면에 기초한 것이다. 상세한 인용과 주장은 그 논문을 참조하기 바란다.

7) Kern Alexander, "UK Corporate Governance and Banking Regulation: The Regulator's Role As Stakeholder," Stetston Law Review Vol. XXXIII, 2004, p992.

나. 금융규제와 회사법의 관계

1) 논의의 정리

특히 은행 지배구조 분야에서 금융규제와 회사법의 관계에 대해서는 다양한 견해가 [5-12] 있다. 주식회사로서의 법적 형태와 위험구조의 특수성에 따른 금융규제의 개입 필요성 등에 대한 다양한 고려의 결과이다.

첫째, 은행 지배구조는 주주 외에 예금자 등 채권자도 대상으로 하는 점에서 일반 [5-13] 사업회사와는 차별화되므로 회사법상 지배구조보다는 금융감독법상 규제강화로 대응해야 한다는 견해[8]이다. 이 견해는 은행 이외의 금융회사에 대해서도 정도 차이는 인정하면서 같은 접근을 강조한다. 특히 금융업자의 지배구조가 금융위기의 원인이었는지는 논란의 대상이라고 하면서도, 인센티브구조를 왜곡한 보상체계, 이사회 구성이나 역할의 실패, 위험관리 및 내부통제의 실패, 복잡한 기업구조 등을 지배구조상 실패사례로 강조하고 있다.

둘째, 지배구조에 관한 금융규제와 회사법의 관계를 저촉·보완·대체관계로 보는 견해[9] [5-14] 이다. 이 견해는 주주이익과 금융규제목적이 대립할 수 있으므로 금융규제목적을 위해 회사법원칙을 수정할 수 있다고 한다. 회사법상 지배구조규율의 준수가 경영자와 주주의 이익 일체화를 의미할 수 있는 점에서 경영자의 과도한 위험인수를 촉발할 수 있고, 오히려 금융규제의 개입 여지가 발생한다는 것이다.[10] 이 견해는 금융규제는 주식회사의 법적 의의를 침해하지 않는 범위에서 금융업자의 지배구조를 대상으로 해야 한다고 주장한다.

셋째, 전통적인 지배구조는 주주가치 최대화 구조에서 경영자의 위험인수를 촉진할 [5-15] 수밖에 없는 점, 금융안정성이라는 공적이익과 이윤최대화라는 가치는 충돌할 수밖에 없는 점, 주주와 채권자의 은행위험에 대한 감시기능에는 한계가 있을 수밖에 없는 점 등을 근거로 은행지배구조에 대한 규제적 접근방법을 강조하는 견해[11]가 있다. 여기서 규제적 접근방법이란 주주의 사적이익으로부터 금융안정성이라는 공적이익으로의 초점전환과 지배구조에 대한 주주와 시장규율에의 의존의 폐기와 규제감독의 개입을 의미한다.[12] 은행

---

8) Klaus J. Hopt, "Corporate Governance of Banks and Other Financial Institutions after the Financial Crisis," Journal of Corporate Law Studies, 13(2), 2013, pp219-253, 이 논문의 주장은 pp251-253에 요약되어 있다.

9) 加藤貴仁,「金融機関のコーポレート·ガバナンス：会社法と金融規制の関係に関する 一考察」,『金融研究』第35巻第2号, 2016, 71-106면.

10) 금융위기의 한 원인으로서 금융기관 경영자의 과도한 위험인수를 드는 것에 대하여 다툼은 없지만, 금융기관의 경영자가 주주이익을 무시하고 자기이익추구행위를 한 것인지, 주주이익을 중시한 지배구조가 경영자에게 과도한 위험인수를 하게 한 것인지에 대해서는 다양한 견해가 있다. 加藤貴仁, 위의 논문, 81면 각주 29.

11) Andreas Kokkinis, "Primer on Corporate Governance in Banks and Financial Institutions" in Iris H.Y. Chiu(ed), The Law on Corporate Governance in Banks, Edward Elgar Publishing, 2015, pp1-41.

12) Kokkinis, 위의 논문, p36.

지배구조의 특징을 주주가치 최대화와 건전성 확보라는 가치의 충돌상황으로 이해하는 견해[13]와 은행규제가 지배구조의 대체물이라고 보는 견해[14]도 같은 취지라고 할 수 있다. 이러한 입장에 따르면 금융규제기관은 주주 이외의 예금자나 채권자 나아가 금융체계 전체를 대표하는 지위에 있다는 평가도 가능하다.[15]

[5-16] 넷째, 금융업자의 지배구조규제를 금융규제의 일부로 보면서 (i) 지배적인 대주주의 부재로 인한 전통적인 지배구조의 작동 불능과 (ii) 금융업자가 대형화될수록 높아지는 금융체계위험에 대한 지배구조규제의 사전방지역할을 강조하는 주장[16]도 있다.

[5-17] 국내에는 금융업자에 대해서도 상법상 지배구조가 원칙적으로 적용되어야 한다는 입장에서 회사법상 지배구조규율만을 주장하는 견해[17]와 원칙적으로 회사법으로 규율하고 특히 필요한 사항을 금융관계법에 규정하되 업종별 개별법에서 규정하자는 견해[18]도 있다.

2) 은행 지배구조의 특수성

[5-18] 은행 지배구조는 국가별로 다양성과 차별성이 존재하므로 국제적인 보편기준을 찾기는 어렵다. 금융회사 지배구조가 금융위기에서 어떤 역할을 했는지도 국가별로 다르다. 그러나 아래 보수제도와 기관구성에 관하여 보는 바와 같이 전통적인 회사법원리에 의존하여 은행 지배구조의 모든 면을 규율하는 것 또한 현실성이 부족한 것은 명백하다. 주식회사로서의 기본 틀에 대한 규율은 여전히 회사법 영역에 속하지만, 은행 지배구조의 모든 면을 주주와 시장규율에만 의존하는 것은 현실적이지 못하다.

[5-19] 지배구조법은 회사법과의 관계에서 목적이 다른 금융규제사항을 내용으로 하며 금융규제목적과 무관한 사항을 포함하는 것은 존재이유에 대한 의문으로 연결될 수 있다. 이러한 관점에서 지배구조법을 구 증권거래법상 상장법인특례와 같이 이해하는 것은 옳지 않다. 지배구조법의 적용범위와 관련하여 해석 및 개정논의에서 특히 유의할 사항이다.

---

13) Patrick Bolton, “Is Bank Governance Different?” Paper Presented at the Transatlantic Corporate Governance Dialogue organised by the European Corporate Governance Institute, the Brookings Institution and Columbia Law School: Corporate Governance and the new Financial Regulation: Complements or Substitutes?, 25 October 2010, Brussels.

14) Renée Adams and Hamid Mehran, “Is Corporate Governance Different for Bank Holding Companies?” Federal Reserve Bank of New York Economic Policy Review Vol.9, 2003, p124.

15) Alexander, 앞의 논문, p1007. 금융규제기관은 금융체계위험의 감축을 위해 은행이나 증권회사의 효율적인 경영을 확인할 공익을 대변한다. 같은 논문, p1011.

16) Bernard Shull, “Corporate Governance, Bank Regulation and Activity Expansion in the United States” in Benton E. Gup(ed), Corporate Governance in Banking: A Global Perspective, Edward Elgar Publishing, 2007, p13.

17) 최병규, “금융회사 지배구조법 제정과 대주주 적격성 심사의 문제점,” 손해보험 통권 제533호, 2013, 11면. 보험업에 한정된 주장으로 생각된다.

18) 박영준, “금융회사 지배구조법의 쟁점사항에 대한 검토,” 보험법연구 제9권 제2호, 2015, 196면.

다. 보수제도

회사법상 이사의 보수규제는 회사재산의 사외유출 방지라는 회사이익 또는 주주보호의 관점에서 이루어진다. 상법은 임원보수총액을 정관으로 정하거나 주주총회 승인을 받게 한다(상 388조). "이사들의 고용계약과 관련하여 사익 도모의 폐해를 방지함으로써 회사와 주주 및 회사채권자의 이익을 보호하기 위한 것"으로 본다(대법원 2016. 1. 28. 선고 2014다11888 판결).[19) [5-20]

그러나 은행 등 금융업자의 성과보수는 임직원의 성과동기와 연동되어 문제될 수 있다. 특히 단기성과에 기초한 성과보수 비중이 높을 경우 금융업자의 임직원은 과도한 위험에 기초한 단기성과에 집중할 수밖에 없다. 2008년 금융위기에서의 투자은행의 파탄과 관련하여 경영자의 보수구조가 문제라는 지적이 있다.[20) 은행 임직원의 강력한 단기 성과동기를 회사법상 지배구조규율로는 통제할 수 없다. 금융규제목적상 엄격한 규제가 적용되어야 하는 부분이다. 지배구조법은 은행 등의 성과보수에 관하여 "임직원이 과도한 위험을 부담하지 아니하도록 보수체계를 마련"하는 것을 기본원칙으로 한다(지배 22조). [5-21]

라. 기관구성

국내에서 은행 등 금융업자의 기관구성에 대해서는 지배주주가 있는지 여부에 따라 나누어 생각해야 한다. [5-22]

첫째, 일반적으로 지배주주가 존재하지 않는 은행의 기관구성상 과제는 은행장(금융지주회사의 경우 회장)의 영향력 통제이다. 국내에서는 금융지주회사의 후계승계상 혼란이나 금융지주회사의 회장과 그 자회사인 은행의 장 사이의 다툼이 지배구조상 문제로 부각된 적이 있다. [5-23]

둘째, 강력한 대주주가 있는 경우 대주주의 적격성을 확인하는 것이 기관구성의 일차과제가 될 수밖에 없다. 상호저축은행 사례에서 볼 수 있듯이 지배주주의 명확한 경영의사를 회사법상 지배구조규율로 해소하는 것은 불가능에 가깝다. 이런 상황에서 회사법 원칙에 따라 대주주가 아닌 임원의 자격만을 확인하는 것은 금융규제목적상 큰 의미가 없다. [5-24]

---

19) 최문희, "임원의 보수규제에 관한 고찰: 최근의 국제적 동향과 입법례를 중심으로," 경영법률 제20집 제3호, 2010, 167면.

20) Lucian A. Bebchuk, Alma Cohen, and Holger Spamann, "The Wages of Failure: Executive Compensation at Bear Stearns and Lehman 2000-2008," Yale Journal on Regulation, 27, 2010, pp274-275. 국제기구에서의 논의로는 Basel Committee on Banking Supervision, Compensation Principles and Standards Assessment Methodology, January 2010; Financial Stability Forum, FSF Principles for Sound Compensation Practices, 2 April 2009; Financial Stability Board, FSB Principles for Sound Compensation Practices: Implementation Standards, 25 September. 미국과 EU, 그리고 일본의 비교로는 兒玉啓宗, 「金融機関に対する報酬規制は合理的か？」, 『金融研究』 第35巻第1号, 2016, 107-144면이 유용하다.

[5-25] 이러한 기관구성상 문제는 전통적인 회사법원칙에 대체하여 금융규제법으로서의 지배구조규제가 적용될 수밖에 없다. 지배구조법은 첫째 문제 중 후계승계와 관련하여 경영승계에 관한 원칙과 절차를 포함한 지배구조내부규범을 작성하게 하고(14조), 최고경영자[21]의 경영승계 등 지배구조 정책 수립을 이사회의 권한으로 명시하고 있다(15조 1항 6호). 둘째 문제와 관련하여 최대주주의 자격심사 제도를 도입하고 있다(지배 32조). 은행에 대해서는 한도초과보유주주의 자격심사제도가 동일한 기능을 가지는 점을 고려하여 동 제도의 적용을 배제하고 있다(지배 31조 1항· 32조 1항).

3. 지배구조법과 다른 법률의 관계

[5-26] 은행 지배구조에 관하여는 (i) 은행법에 특별규정이 있으면 은행법이, (ii) 은행법에 특별규정이 없으면 지배구조법이, (iii) 지배구조법에 특별규정이 없으면 상법이 적용된다(지배 4조). 다만 소수주주권 행사에 대해서는 상법상 소수주주권 규정과의 선택적 적용을 인정한다(지배 33조 8항).

Ⅱ. 금융규제목적과 지배구조

1. 의 의

[5-27] 지배구조법은 개별 금융회사의 미시건전성 보호와 금융체계의 거시건전성 보장 그리고 금융소비자의 보호라는 금융회사 지배구조규제의 3가지 기능을 모두 포함하고 있다(1조).

2. 건전성규제와 지배구조

[5-28] 은행의 지배구조규제는 건전성규제의 일부로 이해되어야 한다.[22] 지배구조의 효율성과 안전성을 보장함으로써 개별 은행의 미시건전성 보호는 물론 그 은행을 포함한 금융체계 전체의 거시건전성에도 기여하는 것이다. 이런 관점에서 2008년 금융위기 이후 <단기실적 위주의 성과보수제도> → <단기실적주의> → <과도한 위험인수> → <금융회사의 파탄> → <금융체계위험의 현실화>라는 연결고리의 출발점인 성과보수제도에 관심이 집중된 것은 어떤 면에서는 당연하다고 할 수 있다.

[5-29] 바젤은행감독위원회는 특히 은행지배구조를 효과적인 은행감독을 위한 핵심원칙으로 설명하고 있다. 2012년에 발표되어 2024년 개정된 「효과적인 은행감독을 위한 핵심원칙」에서는 은행 지배구조를 건전성 규칙과 요건을 구성하는 핵심원칙 중 하나(원칙 14)로 명시하고 있다.[23]

---

21) 지배구조법상 **최고경영자**는 대표이사 또는 대표집행임원을 말한다(지배구조령 13조 1항 4호). 내부통제등 총괄관리의무의 주체인 **대표이사등**은 대표이사와 대표집행임원 외에 외국금융회사 국내지점의 대표자를 포함한다(지배 30조의2 2항).

22) 정순섭, "금융회사의 조직규제 : 금융회사 지배구조의 금융규제법상 의미를 중심으로," 상사판례연구 제24집 제2권, 2011, 10-11면. 같은 의견으로 송옥렬, 새로운 금융환경하의 은행의 구조와 행위에 대한 법적 고찰, KIF Working Paper 2013-04, 2013.4, 10-11면.

3. 금융규제목적과 적용범위

지배구조법을 건전성규제로 이해하는 것은 그 적용범위를 정하고 해석·운용할 때 기준이 된다. 지배구조법상 지배구조규제는 금융체계적 영향의 정도에 따라 결정되는 것이지 금융업자의 업종별 특성에 영향을 받을 사항은 아니다. 금융규제로서의 지배구조규제의 목적이 건전성보호에 있다고 보면 그 적용범위도 금융체계적 영향을 고려할 수밖에 없기 때문이다. 지배구조법도 이러한 취지를 반영하여 은행의 국외 현지법인이나 국외지점, 자산규모가 일정 기준 이하인 금융회사 등을 적용제외한다(3조 1항-3항). [5-30]

4. 법령상 직접적 규율의 한계

가. 법령상 규제와 지배구조규제의 자율성

은행의 지배구조도 법령에서 정하는 사항을 제외하고는 주식회사의 정관이나 내규 등을 통하여 자율적으로 규율되는 것이 옳다. 회사법은 물론 지배구조법상 지배구조규율도 법목적상 불가피한 사항에 한정되어야 한다. 은행 지배구조에 관한 사항을 모두 법령에서 규정하려는 시도는 오히려 효과를 달성하지 못할 우려가 있다. 지배구조법상 시행령이나 감독규정에 위임한 사항에 대해서는 법 시행 후 타당성 확인이 필요하다. [5-31]

나. 원칙중심규제의 적용

원칙중심규제는 ① 상세한 규정보다 광범위한 표준, ② 결과에 기초한 규제, ③ 경영진의 책임 증대라는 3가지를 구성요소로 하는 것으로서[24] 규제수단으로서 **원칙과 결과 지향적인 상위규정**에 대한 의존도를 높이고 **세목적인 규정**의 비중을 낮추려는 것이다.[25] 법령에는 기대하는 규제결과나 효과를 명시하고 이행방법은 은행 스스로 선택하는 구조이다. [5-32]

지배구조를 포함한 조직규제는 원칙중심규제 방식을 고려할 수 있는 영역이다. 국내에 적용할 때 예상되는 문제점을 고려해도[26] 경영승계와 보수규제, 이사회 운영 등 분야에서는 고려할 수 있을 것이다. [5-33]

다. 지배구조내부규범의 작성

은행은 지배구조내부규범을 마련해야 한다(지배 14조 1항). 이 규범은 "주주와 예금자, 투자자, 그 밖의 금융소비자의 이익을 보호하기 위해 그 은행의 이사회의 구성과 운영, [5-34]

---

23) Basel Committee on Banking Supervision, Core Principles for Effective Banking Supervision, April 2024, pp37-39.
24) Julia Black, Martyn Hopper and Christa Band, "Making a Success of Principles- based Regulation," Law and Financial Markets Review Vol.1, 2007, p191.
25) Financial Services Authority, Principles-based Regulation-Focusing on the Outcomes That Matter, April 2007, p6.
26) 정순섭, "원칙중심규제의 논리와 한계," 상사판례연구 제22집 제1권, 2009, 37-72면.

이사회내 위원회[27]의 설치, 임원의 전문성 요건, 임원 성과평가 및 최고경영자의 자격 등 경영승계에 관한 사항 등에 관하여 지켜야 할 구체적인 원칙과 절차"를 말한다(지배 14조 1항). 이 규범에는 이사회의 구성과 운영, 이사회내 위원회의 설치와 운영, 임원, 최고경영자의 자격 등 경영승계관련 사항을 포함해야 한다(지배구조령 13조 1항 1호-4호). 금융지주회사는 이사회의 심의·의결을 거쳐 소속 자회사등이 이 규범에 반영할 원칙과 절차 등을 정할 수 있다(지배구조령 13조 2항).

[5-35] 은행은 지배구조내부규범을 제정·변경한 경우 그 내용, 매년 이 규범에 따른 이사회등 운영현황을 인터넷 홈페이지 등에 공시해야 한다(지배 14조 3항 1호·2호). 공시하지 않거나 거짓으로 공시한 자는 3천만원 이하의 과태료를 부과한다(지배 43조 2항 2호의5).

Ⅲ. 대주주

1. 의 의

[5-36] 은행법상 대주주는 형식적 기준과 실질적 기준을 고려하여 두 가지로 정의하고 있다(2조 1항 10호 가목·나목)([4-116]-[4-118]).

2. 대주주 변경승인

[5-37] 지배구조법상 금융회사의 주식을 취득·양수하여 대주주가 되고자 하는 자는 건전한 경영을 위해 요건을 갖추어 금융위의 사전 승인을 받아야 한다(지배 31조 1항). 다만 은행법상 동일인 주식취득한도규제를 통하여 같은 취지의 승인제도(15조 3항, 16조의2 2항)가 있음을 반영하여 은행은 대주주 변경승인 대상에서 제외하였다(지배 31조 1항).

3. 대주주 적격성심사

[5-38] 지배구조법은 금융회사의 최대주주 중 최다출자자 1인을 대상으로 적격성심사를 의무화하고 있다(지배 32조). 이는 금융회사의 건전성을 유지하기 위하여 금융위에 금융회사의 최대주주 중 최다출자자 1인에 대하여 주기적으로 적격성 심사를 하게 하고 그 심사와 조치에 필요한 사항들을 규정한 것이다(대법원 2018. 3. 27. 선고 2017도20616 판결). 그러나 은행은 한도초과보유주주의 적격성심사(15조 5항)를 통하여 동일한 심사가 이루어지는 점을 감안하여 대상에서 제외하였다(지배 32조 1항·31조 1항).

---

27) 여기서 이사회내 위원회는 지배구조법상 설치가 강제되는 위원회(16조 1항)와 임원으로 구성되는 위원회를 말한다(지배구조령 13조 1항 2호).

Ⅳ. 업무집행기관

1. 이사회

가. 의의와 기능

상법상 이사회는 이사로 구성되는 주식회사의 업무집행에 관한 상설적 의사결정기관이다. 그 기능은 집행과 감독을 포함하지만, 최근에는 감독이 강조되고 있다. 은행 이사회도 업무집행기관으로서 의사결정기능을 수행하면서 사외이사를 중심으로 한 감독기능으로 중점이 이동되고 있다. 현재의 은행 지배구조는 사외이사 중심의 이사회주도형이다. [5-39]

나. 이사회의 구성과 운영

1) 구 성

은행은 사외이사를 3명 이상 두어야 하고(지배 12조 1항), 사외이사의 수는 이사 총수의 과반수가 되어야 하므로(지배 12조 2항 본문) 은행 이사는 최소 5명 이상이어야 한다. 은행은 사외이사의 사임·사망 등으로 사외이사의 수가 법상 요건에 미치지 못하게 된 경우 '사유발생 후 최초로 소집되는 주주총회'에서 법정요건을 충족하게 조치해야 한다(지배 12조 3항). 사외이사선임의무를 불이행하거나 이사회 구성요건을 충족하지 않은 자에게는 1억원 이하의 과태료를 부과한다(지배 43조 1항 2호·3호, 12조 1항-3항). [5-40]

자본시장법은 기업 의사결정기구의 성별 대표성을 확보하기 위하여 최근 사업연도말 현재 자산총액이 2조원 이상인 주권상장법인의 경우 이사회의 이사 전원이 특정 성(性)의 이사로 구성되지 않게 노력하도록 하였다(자본 165조의 20).[28) [5-41]

2) 의장선임 등

이사회는 매년 사외이사 중에서 이사회 의장을 선임한다(지배 13조 1항). 이사회의 효율적인 기능수행을 위해 사외이사로 한정해야 한다는 주장도 있다. 그러나 지배구조법상으로는 사외이사가 아닌 자를 이사회 의장으로 선임할 수 있다(지배 13조 2항). 이사회 의장은 안건제출권 등을 통하여 이사회 논의를 사실상 주도할 수 있다. [5-42]

이사회 의장을 사외이사 아닌 이사로 선임할 경우 이사회는 사유를 공시하고, 사외이사를 대표하는 자로서 선임사외이사를 선임해야 한다(지배 13조 2항). 선임사외이사는 사외이사 전원으로 구성되는 사외이사회의의 소집 및 주재, 사외이사의 효율적 업무수행을 위한 지원, 사외이사의 책임성 제고를 위한 지원 등의 업무를 수행한다(지배 13조 3항 1호-3호). 은행 및 그 임직원은 선임사외이사가 업무를 원활하게 수행할 수 있도록 적극 협조해야 한다(지배 13조 4항). [5-43]

사외이사가 아닌 자를 이사회 의장으로 선임하면서 그 사유를 공시하지 않거나 거짓으로 공시한 자에게는 3천만원 이하의 과태료를 부과한다(지배 43조 2항 2호의4, 13조 2항). [5-44]

---

28) [시행 2020. 8. 5.][법률 제16958호, 2020. 2. 4., 일부개정].

선임사외이사를 선임하지 않거나 선임사외이사의 업무를 방해하거나 협조를 거부한 자에게는 1억원 이하의 과태료를 부과한다(지배 43조 1항 4호·5호, 13조 2항·4항).

다. 이사회의 권한

[5-45] 이사회의 심의·의결사항은 경영목표 및 평가, 정관변경, 예산 및 결산, 해산·영업양도 및 합병 등 조직의 중요한 변경, 내부통제기준(지배 24조) 및 위험관리기준(지배 27조)의 제개정 및 폐지, 내부통제 및 위험관리 정책의 수립 및 감독, 최고경영자의 경영승계 등 지배구조 정책 수립, 대주주·임원 등과 회사 간의 이해상충행위 감독이다(지배 15조 1항 1호-7호).

[5-46] 이사회의 심의·의결사항은 정관으로 정한다(지배 15조 2항). 상법상 이사회의 권한(393조 1항) 중 지배인의 선임·해임과 지점의 설치·이전·폐지에 관한 권한은 정관에 따라 위임할 수 있다(지배 15조 3항).

[5-47] 이사회의 권한은 정관에서 구체적으로 명시되어야 한다. 이사회의 권한은 사외이사를 포함한 이사의 책임성의 출발점이 되기 때문이다. 이사회의 기능을 평가할 때 국내에서는 사외이사의 반대비율을 기준으로 하는 경우가 많다. 그러나 중요한 것은 이사회에서 심의·의결할 사항으로서 이사회를 거치지 않은 사항의 비율이다. 그러한 평가를 위한 기준으로서 이사회의 심의·의결사항은 정관에서 구체적으로 명시되어야 한다.

라. 이사회의 운영 등

[5-48] 은행은 이사회의 구성과 운영, 이사회내 위원회 설치에 관한 사항을 지배구조내부규범에 규정해야 한다(지배 14조 1항). 은행은 매년 지배구조내부규범에 따른 이사회 등의 운영현황을 인터넷 홈페이지 등에 공시해야 한다(지배 14조 3항 1호·2호).

마. 이사회내 위원회

[5-49] 이사회 내 위원회(상 393조의2)는 사외이사 주도경영의 전문성과 독립성 강화 장치로서 필수적으로 설치해야 한다. 은행은 임원후보추천위원회, 감사위원회, 위험관리위원회, 보수위원회, 내부통제위원회를 설치해야 한다(지배 16조 1항 전단 1호-5호).[29] 은행 정관에 따라 감사위원회가 보수관련사항(지배 22조 1항 1호-3호)을 심의·의결하는 경우 보수위원회를 설치하지 않을 수 있다(지배 16조 2항 본문). 같은 취지에서 은행 정관에 따라 감사위원회 또는 위험관리위원회가 내부통제관련사항(지배 22조의2 1항 1호-5호)을 심의·의결하고, 점검·평가 및 필요한 조치를 요구하는 경우(지배 22조의2 2항)에는 내부통제위원회를 설치하지 않을 수 있다(지배 16조 3항). 다만 이사회내 위원회가 이사회의 책임을 면제하는 것은 아니다.

---

29) 이 경우 감사위원회는 상법상 감사위원회로 본다(지배 16조 1항 후단, 상 415조의2).

위원회 위원의 과반수는 사외이사로 구성하고, 위원회의 대표는 사외이사로 한다(지배 [5-50]
16조 4항·5항). 각 위원회의 구성과 운영의 상세한 사항은 해당 부분에서 살펴본다. 이사회내 위원회를 설치하지 않거나 위원회 위원의 과반수를 사외이사로 두지 않은 자에게는 1억원 이하의 과태료를 부과한다(지배 43조 1항 6호·7호, 16조 1항·4항).

2. 임 원

가. 의 의

지배구조법상 임원은 이사, 감사, 집행임원, 업무집행책임자를 말한다(2조 2호). 지배 [5-51]
구조법은 임원의 자격요건(소극적 요건과 적극적 요건)을 규정하고 있다(5조 1항·3항). 여기서 적극적 자격요건은 지배구조법상 내부통제등 관리의무(30조의2 1항)를 지는 임원에 대한 것이다(5조 3항). 그리고 은행의 사외이사에 대해서는 적극적 자격요건이 규정되어 있다(6조 3항).

나. 자격요건

1) 입법취지

지배구조법은 임원의 소극적 자격요건(결격사유)을 규정하고 있다. 그 입법취지는 무 [5-52]
엇인가? 구 은행법상 임원의 결격사유에 대하여 "굳이 은행법을 통하여 임원의 결격요건을 규정하지 않더라도 주주총회나 이사회를 통하여 그 자격 여부를 가릴 수 있는 충분한 사안들"이라는 이유로 폐지할 것을 주장하는 견해[30]도 있다. 구 증권거래법상 임원 결격사유에 대하여 헌재는 직업선택의 자유에 위반되지 않는다고 판단하였다.[31] 요컨대 임원이 은행 의사결정에서 차지하는 역할을 고려하여 반사회적 세력의 은행진출을 차단함으로써 금융체계를 보호하는 데 목적이 있다. 가장 기본적인 규제라고 할 수 있다.

2) 소극적 자격요건

지배구조법상 은행의 임원이 될 수 없는 소극적 자격요건은 다음과 같다(지배 5조 1항). [5-53]
직업선택의 자유를 제약한다는 주장과 반사회적 세력으로부터 금융체계를 보호해야 한다는 측면을 모두 고려한 접근이 필요하다. 그러나 실무상으로는 후자가 더 강조될 수밖에 없을 것이다.

---

30) 전삼현, 은행자율과 법, 자유기업센터, 1998, 99-108면.

31) 구체적으로는 "증권회사의 경영을 책임지는 임원은 고도의 윤리의식과 준법의식을 가질 것이 요청되고 특히 금융관련법령의 위반행위는 국가경제에의 막대한 피해발생에 직접적으로 연결되는 점"에 비추어 첫째, 위반행위자에 대하여 엄격한 책임 추궁의 일환으로 임원자격을 제한할 필요가 있는 점, 둘째, 증권회사의 준법경영을 위해서는 금융관련법령을 위반한 처벌전력에 내재된 성격이나 습성에 의하여 되풀이될 수 있는 경영진의 위법행위를 예방할 필요가 있는 점, 셋째, 금융관련법령을 위반한 처벌전력이 없는 깨끗한 경영진을 유지하여 대외적으로 신용을 확보함이 필요한 점을 근거로 들고 있다. 헌재 2001. 3. 21. 99헌마150 전원재판부.

(가) 행위능력관련

[5-54] ① 미성년자·피성년후견인 또는 피한정후견인, 그리고 ② 파산선고를 받고 복권되지 않은 사람이다. 은행의 업무집행기관으로서 행위능력이 없거나 제한되는 자를 선임할 수는 없다.

(나) 형벌의 집행관련

[5-55] ③ 금고 이상의 실형을 선고받고 그 집행이 끝나거나(집행이 끝난 것으로 보는 경우를 포함) 집행이 면제된 날부터 5년이 지나지 않은 사람, ④ 금고 이상의 형의 집행유예를 선고받고 그 유예기간 중에 있는 사람, ⑤ 은행법 또는 금융관계법령에 따라 벌금 이상의 형을 선고받고 그 집행이 끝나거나(집행이 끝난 것으로 보는 경우를 포함) 집행이 면제된 날부터 5년이 지나지 않은 사람이다. ④의 임원 결격사유 제한기간은 그 유예기간이다.

[5-56] 위 ③에서 '집행이 끝난 것으로 보는 경우'는 가석방제도를 고려한 것이다. 가석방처분을 받은 후 그 처분이 실효 또는 취소되지 않고 가석방기간을 경과한 때에는 형의 집행이 끝난 것으로 본다(형 76조 1항).

[5-57] 위 ④와 ⑤의 결격사유와 관련하여 금융관련법령에 따라 벌금 이상의 실형을 선고받은 자가 5년간 증권회사의 임원이 될 수 없게 한 구 증권거래법 제33조 제2항 제3호의 위헌 여부가 문제되었다(헌재 2001. 3. 21. 99헌마150 전원재판부). 첫째, 직업선택의 자유 침해 여부에 대하여 헌재는 "증권회사의 경영을 책임지는 임원은 고도의 윤리의식과 준법의식을 가질 것이 요청되고 특히 금융관련법령의 위반행위는 국가경제에의 막대한 피해발생에 직접적으로 연결되는 점"에 비추어 위반행위자에 대한 엄격한 책임추궁의 일환으로 임원자격 제한의 필요가 있는 점, 증권회사의 준법경영을 위해 금융관련법령을 위반한 처벌전력에 내재된 성격이나 습성에 의하여 반복될 수 있는 위법행위를 예방할 필요가 있는 점, 금융관련법령을 위반한 처벌전력이 없는 경영진을 유지하여 대외적 신용을 확보할 필요가 있는 점을 근거로 위헌 주장을 받아들이지 않았다. 둘째, '금융관련법령을 위반하여 벌금형을 선고받은 자'에 대하여 '다른 법령의 위반으로 벌금형을 선고받은 자' 또는 '금융관련법령을 위반하여 금고 이상의 형의 집행유예를 선고받은 자'와 구별하여 5년간 증권회사의 임원자격제한을 하는 것이 평등원칙에 위반되는지 여부에 대하여 헌재는 ① 비금융관련법령 위반으로 인한 처벌전력이 반영하는 성격이나 습성이 증권회사 경영에 반드시 영향을 미친다고 볼 수 없고, 미친다 해도 그 정도는 미미 또는 우연적인 것에 불과한 점, ② 금융관련법령 위반으로 인한 금고 또는 징역에 대한 집행유예가 선고된 때 벌금형보다 무거운 형벌이지만 임원 자격 제한에서도 형의 경중에 따라 기간에 차이를 두어야 하는 것은 아닌 점을 근거로 평등의 원칙에 위반하지 않는다고 판단하였다.[32)]

---

32) 이에 대해서는 이 사건 법률조항은 "벌금형을 선고받은 자에 대하여는 보다 중한 형인 금고·징역형의

(다) 제재관련

⑥ 영업허가 등의 취소대상 금융회사의 임직원 등이다. 금융관계법령에 따른 영업의 허가·인가·등록 등의 취소, 적기시정조치(금산 10조 1항), 행정처분(금산 14조 2항)을 받은 금융회사의 임직원 또는 임직원이었던 사람으로서 그 조치일로부터 5년이 지나지 않은 사람을 말한다. 다만 "해당 조치의 원인사유가 발생한 당시의 임직원으로서 그 조치를 받게 된 원인에 대하여 직접 또는 이에 상응하는 책임이 있는" 다음 사람으로 한정한다(지배구조령 7조 1항 1호-5호). [5-58]

1. 감사 또는 감사위원회 위원(지배 19조)
2. 금융관계법령에 따른 영업의 허가·인가·등록 등의 취소, 행정처분(금산 14조 2항)(지배 5조 1항 6호 가목·다목)의 원인사유의 발생과 관련하여 위법·부당한 행위로 금융위 또는 금감원장으로부터 주의·경고·문책·직무정지·해임요구, 그 밖에 이에 준하는 조치를 받은 임원(업무집행책임자는 제외)
3. 적기시정조치(금산 10조 1항)(지배 5조 1항 6호 나목)의 원인사유 발생과 관련하여 위법·부당한 행위로 금융위 또는 금감원장으로부터 직무정지·해임요구, 그 밖에 이에 준하는 조치를 받은 임원
4. 금융관계법령에 따른 영업의 허가·인가·등록 등의 취소, 적기시정조치(금산 10조 1항). 행정처분(금산 14조 2항)(지배 5조 1항 6호 각 목)의 원인사유 발생과 관련하여 위법·부당한 행위로 금융위 또는 금감원장으로부터 직무정지요구 또는 정직요구 이상에 해당하는 조치를 받은 직원(업무집행책임자를 포함)
5. 위 2부터 4까지의 제재 대상자로서 그 제재를 받기 전에 퇴임하거나 퇴직한 사람

위 지배구조령의 감사 또는 감사위원(7조 1항 1호)에 해당하는 구 저축은행법에 따라 상호저축은행의 임원직을 상실하게 되는 '감사 또는 감사위원회 위원'에 대해서 법원은 "그 취소사유의 발생에 관하여 직접 또는 이에 상응하는 책임이 있는 감사 또는 감사위원회 위원만"을 의미한다고 한정적으로 판단하였다(대법원 2011. 9. 8. 선고 2009다31260 판결). 당시의 저축은행법시행령은 지배구조령상 "그 조치를 받게 된 원인에 대하여 직접 또는 이에 상응하는 책임이 있는"(7조 1항)이라는 제한을 두지 않았다. [5-59]

⑦ 은행법 또는 금융관계법령에 따라 임직원 제재조치(퇴임 또는 퇴직한 임직원의 경우 해당 조치에 상응하는 통보를 포함)를 받은 사람으로서 조치의 종류별로 5년을 초과하지 않는 범위에서 제한기간이 지나지 않은 사람이다. 여기서 '제한기간'은 임원과 직원 그리고 제재조치의 종류별로 정해진 3-5년의 기간을 말한다(지배 5조 1항 7호; 지배구조령 7조 2항). [5-60]

집행유예를 선고받은 자보다 더 무겁게 증권회사 임원의 자격을 제한하는 역차별이 발생"한다는 반대의견이 있다. 재판관 김효종의 반대의견.

[1] 임원에 대한 제재조치(지배 5조 1항 7호; 지배구조령 7조 2항 1호 가목-다목)
가. 해임, 해임요구 또는 해임권고: 해임일, 해임요구일 또는 해임권고일부터 5년
나. 직무정지, 직무정지요구 또는 업무집행정지: 직무정지 종료일, 직무정지요구일 또는 업무집행정지 종료일부터 4년
다. 문책경고: 문책경고일부터 3년
[2] 직원에 대한 제재조치(지배 5조 1항 7호; 지배구조령 7조 2항 2호 가목-다목)
가. 면직요구: 면직요구일부터 5년
나. 정직요구: 정직요구일부터 4년
다. 감봉요구: 감봉요구일부터 3년
[3] 재임 또는 재직 당시 금융관계법령에 따라 그 소속기관 또는 금융위·금감원장 외의 감독·검사기관으로부터 위 [1] 또는 [2]의 제재조치에 준하는 조치를 받은 사실이 있는 경우 위 [1] 또는 [2]에서 정하는 기간(지배 5조 1항 7호; 지배구조령 7조 2항 3호)
[4] 퇴임하거나 퇴직한 임직원이 재임 또는 재직 중이었더라면 위 [1]부터 [3]까지의 조치를 받았을 것으로 인정되는 경우 그 받았을 것으로 인정되는 조치의 내용을 통보받은 날부터 위 [1]부터 [3]까지에서 정하는 기간

(라) 기타 일반적 결격사유

[5-61] ⑧ 그 은행의 공익성 및 건전경영과 신용질서를 해칠 우려가 있는 경우로서 시행령으로 정하는 사람이다. '시행령으로 정하는 사람'이란 그 은행, 그 은행의 자회사등(37조 2항 단서), 그 은행의 자은행(37조 5항), 그 은행을 자회사로 하는 은행지주회사 또는 그 은행지주회사의 자회사등(지주 4조 1항 2호)과 '여신거래가 있는 기업과 특수관계에 있는 등 그 은행의 자산운용과 관련하여 특정 거래기업 등의 이익을 대변할 우려가 있는' 사람을 말한다(지배 5조 1항 8호; 지배구조령 7조 3항 1호).

[5-62] 첫째, 여기서 '여신거래가 있는 기업과 특수관계'는 '해당 은행의 자산운용과 관련하여 특정 거래기업 등의 이익을 대변할 우려가 있는' 사유에 대한 예시적 규정으로 보아야 한다. 따라서 그 외에도 '해당 은행의 자산운용과 관련하여 특정 거래기업 등의 이익을 대변할 우려가 있는' 사유가 있다면 임원의 결격사유가 된다. 둘째, 여신거래의 의미는 은행법상 신용공여로 해석해야 할 것이다. 셋째, 단순히 '여신거래가 있는'이라고 규정하고 있으므로 여신거래의 규모는 불문한다.[33] 넷째, '특수관계에 있는'의 의미는 문언상 정확히 일치하지는 않지만, 지배구조법상 특수관계인(지배 2조 6호 가목; 지배구조령 3조)으로 볼 수밖에 없을 것이다.

33) cf. 그 금융회사가 은행 또는 금융지주회사가 아닌 금융회사인 경우 결격사유는 그 금융회사와 여신거래 규모가 금융위가 정하여 고시하는 기준 이상인 기업과 특수관계가 있는 사람으로서 그 금융회사의 자산운용과 관련하여 특정 거래기업 등의 이익을 대변할 우려가 있는 사람으로 되어 있다(지배 5조 1항 8호; 지배구조령 7조 3항 3호).

3) 적극적 자격요건

지배구조법상 내부통제등관리의무(30조의2 1항)를 지는 임원은 책무구조도(30조의3 1항) [5-63] 에서 정하는 자신의 책무를 수행하기에 적합한 전문성, 업무경험, 정직성 및 신뢰성을 갖춘 사람이어야 한다(5조 3항). 그러나 판단을 위한 구체적 기준이 없다는 지적도 이루어지고 있다. "금융회사가 자율적으로 자격 여부를 확인하고 그 사실을 보고·공시하도록 하는 형식적 의무"로 설명하기도 한다.[34] 대주주의 적격성유지요건(지배 31조 1항)과 비교할 때 선임하는 은행이 적극적 자격요건을 요구하는 취지를 임원의 선임과정에서 고려해야 한다는 의미로 이해된다.

4) 자격요건 위반의 효과

은행은 소극적 자격요건에 해당하는 자를 임원으로 선임할 수 없다. 선임 당시에 [5-64] 이미 소극적 자격요건에 해당하는 경우에는 선임 자체를 무효로 보아야 할 것이다. 그리고 은행 임원으로 선임된 사람이 소극적 자격요건에 해당하게 된 경우에는 그 직을 잃는다(지배 5조 2항 본문). 다만, 위 ⑦에 해당하는 사람으로서 직무정지, 업무집행정지 또는 정직요구(재임 또는 재직 중이었더라면 조치를 받았을 것으로 통보를 받은 경우를 포함) 이하의 제재를 받은 경우 그 직을 잃지 않는다(지배 5조 2항 단서; 지배구조령 7조 4항).

5) 임면 등

(가) 임원후보추천위원회

임원후보추천위원회("추천위")는 임원후보를 추천한다(지배 17조 1항). 추천위가 후보 [5-65] 추천하는 임원은 사외이사, 대표이사, 대표집행임원, 감사위원에 한정된다(지배 17조 1항). 추천위는 3명 이상의 위원으로 구성한다(지배 17조 2항). 은행은 주주총회 또는 이사회에서 임원을 선임하려는 경우 추천위의 추천을 받은 사람 중에서 선임해야 한다(지배 17조 3항). 추천위가 사외이사 후보를 추천하는 경우에는 주주제안권을 행사할 수 있는 요건을 갖춘 주주가 추천한 사외이사 후보를 포함시켜야 한다(지배 17조 4항). 추천위 위원은 본인을 후보로 추천하는 추천위 결의에 관하여 의결권을 행사하지 못한다(지배 17조 5항).[35]

추천위를 3명 이상의 위원으로 구성하고, 그 위원 과반수는 사외이사로 하되 추천 [5-66] 위 대표는 사외이사로 하는 규정(지배 17조 2항, 16조 4항·5항)은 최초로 3명 이상의 사외이사로 구성되는 이사회(지배 12조 1항)를 구성하는 은행이 그 임원을 선임하는 경우에는 적용하지 않는다(지배 17조 6항). 실무상 문제를 반영한 것이다.

추천위를 통하여 임원후보를 추천하지 않은 자, 구성방법을 위반하여 추천위를 구성 [5-67]

---

34) 국회 정무위원회 수석전문위원 고상근, "금융회사의 지배구조에 관한 법률 일부개정법률안 검토보고서 〈금융회사 내부통제 강화〉 ▣ 윤한홍의원 대표발의(의안번호 제2124376호), 2023.11.2. 44면.

35) 추천위 구성에 관한 규정(17조 2항과 16조 3항·4항)은 최초로 이사회를 구성하는 은행이 그 임원을 선임하는 경우에는 적용하지 않는다(지배 17조 6항).

한 자, 추천위 추천자가 아닌 자를 임원으로 선임한 자, 주주제안권을 행사할 수 있는 요건을 갖춘 주주가 추천한 사외이사 후보를 포함시키지 않은 자에게는 1억원 이하의 과태료를 부과한다(지배 43조 1항 8호-11호, 17조 1항-4항).

(나) 임원의 자격요건 적합 여부 보고 등

[5-68] 은행은 임원[36]을 선임하려는 경우, 책무구조도에서 정하는 임원의 직책을 변경하려는 경우, 책무구조도상 임원의 책무가 추가되는 경우(지배 30조의2 1항) 자격요건 충족 여부를 확인한다(지배 7조 1항 1호-3호, 5조·6조; 지배구조령 8조의2). 임원의 선임 등으로 자격요건 충족 여부를 확인한 은행은 지체 없이 선임사실 및 자격요건 적합 여부를 인터넷 홈페이지 등에 공시하고 금융위에 보고한다(지배 7조 2항). 임원을 해임(사임 포함)한 경우에도 같다(지배 7조 3항).

[5-69] 임원의 자격요건 적합 여부를 확인하지 않은 자, 임원의 선임사실 및 자격요건 적합 여부에 관한 공시 또는 보고를 하지 않거나 거짓으로 공시 또는 보고한 자, 임원의 해임(사임을 포함)에 관한 공시 또는 보고를 하지 않거나 거짓으로 공시 또는 보고한 자에게는 3천만원 이하의 과태료를 부과한다(지배 43조 2항 1호·1호의2·1호의3, 7조 1항-3항).

다. 사외이사

1) 의 의

[5-70] 사외이사는 상시적인 업무에 종사하지 않는 이사로서 지배구조법에 따라 선임되는 사람을 말한다(지배 2조 4호). '상시적인 업무'는 업무내용과 근무형태 등을 고려하여 판단한다. 현행법상 사외이사는 **이사회중심 은행 지배구조의 핵심장치**로서 역할을 담당한다. 현재 국내에서는 상법 및 지배구조법상 사외이사의 역할에 대해서 매우 부정적인 평가가 이루어지고 있다. 주된 논거는 이사회 안건에 대한 사외이사의 낮은 반대율이다.

[5-71] 그러나 첫째, 기업지배구조도 제도인 만큼 그 성과는 사외이사제도 도입 전의 상황과 비교할 필요가 있는 점, 둘째, 이사회에서의 사외이사의 역할은 '반대'가 아니라 '감시'인 점, 셋째, 사외이사의 감시기능이 작동할 수 있도록 은행 경영상 중요사항이 이사회에 상정되도록 하는 제도적 장치가 필요한 점을 고려할 필요가 있다. 특히 이사회 안건상정과 관련하여 이사회의장을 사외이사로 하는 방안과 함께 이사회 심의·의결사항을 정관에 구체적으로 규정하는 방안을 생각해 볼 수 있다.

2) 자격요건

(가) 제도적 기능

[5-72] 사외이사는 임원자격요건(지배 5조)과 함께 아래 요건도 갖추어야 한다. 사외이사에 요구되는 덕목은 독립성, 책임성, 전문성이다. 지배구조법은 독립성·책임성을 소극적 자

36) 내부통제등관리의무(30조의2 1항)의 주체인 임원을 포함한다(지배 7조 1항 1호).

격요건, 전문성을 적극적 자격요건으로 규정한다. 독립성·책임성 확보를 위해 소극적 요건을 강화하자는 주장도 있지만, 너무 엄격하면 사외이사 후보군을 과도하게 제약할 수 있다.

(나) 소극적 자격요건

다음 사람은 은행 사외이사가 될 수 없다(지배 6조 1항 본문). 은행과의 직접 또는 간 [5-73]
접적인 이해관계를 가진 자를 한정적으로 열거한 것이다.

① 최대주주 및 그의 특수관계인(최대주주 및 그의 특수관계인이 법인인 경우 그 임직원)[37]
② 주요주주 및 그의 배우자와 직계존속·비속(주요주주가 법인인 경우 그 임직원)
③ 그 은행 또는 그 계열회사(공정거래법 2조 12호)의 상근 임직원 또는 비상임이사이거나 최근 3년 이내에 상근 임직원 또는 비상임이사이었던 사람
④ 그 은행 임원의 배우자 및 직계존속·비속
⑤ 그 은행 임직원이 비상임이사로 있는 회사의 상근 임직원
⑥ 그 은행과 그 금융회사와 주된 법률자문, 경영자문 등의 자문계약을 체결하고 있는 법인 등 중요한 거래관계(지배구조령 8조 1항 1호-7호)가 있거나 사업상 경쟁관계 또는 협력관계에 있는 법인의 상근 임직원이거나 최근 2년 이내에 상근 임직원이었던 사람
⑦ 그 은행에서 6년 이상 사외이사로 재직하였거나 그 은행 또는 그 계열회사에서 사외이사로 재직한 기간을 합산하여 9년 이상인 사람
⑧ 그 밖에 은행의 사외이사로서 직무를 충실하게 이행하기 곤란하거나 그 은행 경영에 영향을 미칠 수 있는 사람으로서 시행령으로 정하는 사람(지배구조령 8조 3항 1호·2호, 4호-10호)

(다) 적극적 자격요건

은행의 사외이사는 '금융, 경영, 경제, 법률, 회계, 소비자보호 또는 정보기술 등 금 [5-74]
융회사의 금융업 영위와 관련된 분야에서 연구·조사 또는 근무한 경력이 있는 사람으로서 사외이사 직무 수행에 필요한 전문지식이나 실무경험이 풍부하다고 해당 금융회사가 판단하는 사람'이어야 한다(지배 6조 3항; 지배구조령 8조 4항). 판단하기는 쉽지 않지만, 은행 업무에 관한 높은 수준의 경영판단이 가능한 사람이어야 한다는 의미이다.

(라) 자격요건 위반의 효과

은행은 위 소극적 자격요건에 해당하는 자를 사외이사로 선임할 수 없다. 선임 당 [5-75]
시에 이미 소극적 자격요건에 해당하는 경우에는 선임 자체를 무효로 보아야 한다. 은행의 사외이사가 된 사람이 소극적 자격요건에 해당하게 된 경우에는 그 직을 잃는다(지배 6조 2항). 취지상 그 사외이사에 대하여 "소극적 자격요건이 발생한 날"에 그 직을 잃는다.

---

37) 다만, 사외이사가 됨으로써 최대주주의 특수관계인에 해당하게 되는 사람은 사외이사가 될 수 있다(지배 6조 1항 단서).

3) 선임과 임원의 자격요건 적합 여부 보고 등

[5-76] 은행은 사외이사를 선임하려는 경우 등에 사외이사의 자격요건(5조·6조)을 충족하는지를 확인해야 한다(지배 7조 1항 1호-3호; 지배구조령 8조의2). 은행은 사외이사를 선임한 경우 등에 지체 없이 그 선임사실 및 자격요건 적합 여부를 인터넷 홈페이지 등에 공시하고 금융위에 보고해야 한다(지배 7조 2항). 은행은 사외이사를 해임(사임을 포함)한 경우에는 지체 없이 그 사실을 인터넷 홈페이지 등에 공시하고 금융위에 보고해야 한다(지배 7조 3항). 사외이사의 선임관련의무를 위반한 자에게는 3천만원 이하의 과태료를 부과한다(지배 43조 2항 1호·1호의2·1호의3, 7조 1항-3항).

4) 사외이사의 직무수행

[5-77] 은행은 사외이사의 원활한 직무수행을 위해 충분한 자료나 정보를 제공해야 한다(지배 18조 1항). 사외이사는 그 은행에 대하여 직무수행에 필요한 자료나 정보의 제공을 요청할 수 있다(지배 18조 2항 전단). 이 경우 은행은 특별한 사유가 없으면 이에 따라야 한다(지배 18조 2항 후단). 특별한 사유는 결국 자료나 정보의 충분성과 필요성을 기준으로 판단하게 될 것이다. 이에 위반하여 자료나 정보를 제공하지 않거나 거짓으로 제공한 자에게는 3천만원 이하의 과태료를 부과한다(지배 43조 2항 3호, 18조).

라. 임원의 의무

1) 구 성

[5-78] 은행법상 임원은 은행에 대하여 상법상 임원으로서의 일반적 의무와 함께 지배구조법상 겸직금지와 경업피지의무를 부담한다. 이와 함께 지배구조법은 겸직 등과 관련한 승인과 보고절차를 규정하고 있다.

2) 겸직금지

(가) 겸직금지의무

[5-79] 은행의 상근 임원은 다른 영리법인의 상시적 업무에 종사할 수 없다(지배 10조 1항 본문). 정실대출 등을 통한 이해상충 또는 은행의 건전성 저해의 우려를 고려한 것이다.[38] '상시적인 업무'는 업무내용과 근무형태 등을 고려하여 판단한다. 사외이사, 비상임이사와 직원은 대상이 아니다.

[5-80] 그러나 부실기업의 효율적 정리나 은행채권관리에 필요한 경우는 겸직할 수 있다. 회생법상 관리인(74조), 금산법상 관리인(10조 1항 4호), 금융회사 해산 등의 사유로 청산인으로 선임되는 경우에는 상시적 업무에 종사할 수 있다(지배 10조 1항 단서). 이 경우 금융회사는 은행에 한정되지 않는다.

---

38) 은행감독원, 189면.

은행의 상근 임원은 그 **은행이 의결권 있는 발행주식총수의 15%를 초과하는 주식을 보유하는 다른 회사**의 상근 임직원을 겸직할 수 있다(지배 10조 2항 1호·4호; 지배구조령 10조 1항).[39] 이해상충 또는 은행의 건전성 저해의 우려가 적은 경우를 예외로 한 것이다. [5-81]

(나) 경업피지의무

은행의 임직원은 한국은행, 다른 은행 또는 은행지주회사의 임직원을 겸직할 수 없다(지배 10조 3항 본문). 한국은행은 예금지급준비금의 보유등 은행과의 거래관계, 그리고 다른 은행이나 은행지주회사는 거래상 경쟁관계를 고려한 것이다.[40] 다만, 자은행(37조 5항)의 임직원은 겸직할 수 있다(지배 10조 3항 단서). 그리고 은행의 임직원이 그 은행이 소속된 은행지주회사의 임직원을 겸직하는 것은 가능하다.[41] 지배구조법상 은행지주회사의 임직원이 그 지주회사의 자회사등의 임직원을 겸직하는 경우가 허용되기 때문이다(지배 10조 4항 1호). [5-82]

(다) 승인과 보고

지배구조법은 임직원의 겸직규제를 첫째, **그 임직원이 다른 회사의 임직원을 겸직하려는 경우**, 둘째, 이해상충 또는 은행의 건전성 저해 우려가 적은 경우, 셋째, 그 은행의 사외이사, 비상임이사 또는 비상근감사가 다른 금융회사의 임원을 겸직하는 경우의 3가지로 구분한다. [5-83]

첫째, 은행은 그 임직원이 다른 회사의 임직원을 겸직하려는 경우(지배 10조 2항-4항)에는 이해상충 방지 및 은행 건전성 등에 관하여 임직원겸직기준과 겸직업무의 범위 등에 관한 확인서를 갖추어 금융위의 사전 승인을 받아야 한다(지배 11조 1항 본문; 지배구조령 11조 1항 1호·2호). [5-84]

둘째, **대표이사 등이 다른 회사의 상시적인 업무를 수행하는 임직원을 겸직하는 경우 등[42]을 제외한 이해상충 또는 은행의 건전성 저해 우려가 적은 경우**에는 겸직업무범위, 겸직업무처리기록 유지 등 필요한 사항을 기재한 서면으로 금융위에 보고해야 한다(지배 11조 1항 단서 1호-3호; 지배구조령 11조 2항 1호-3호, 11조 8항 1호-3호). [5-85]

셋째, 지배구조법 제10조에 따른 겸직을 제외하고 **그 은행의 사외이사, 비상임이사 또는 비상근감사가 다른 금융회사의 임원을 겸직하는 경우** 은행은 겸직회사에서 수행하는 업무범위, 겸직업무의 처리기록 유지, 그 밖에 이해상충 방지 또는 금융회사의 건전성 유 [5-86]

---

39) 시행령으로 추가할 수 있으나 현재 은행관련사항은 없다.

40) 은행감독원, 189면.

41) 금융위, 금융회사 지배구조에 관한 법률 설명서, 2016.10, 26면.

42) 다만 다음 경우에는 금융위에 보고할 수 있다(지배구조령 11조 3항 1호·2호).

1. 최근 3년 이내에 겸직 승인(지배 11조 1항 본문)을 받은 경우로서 그 금융회사의 임직원이 인사교체 등으로 변경되었고 새로 변경된 임직원이 겸직하는 업무·겸직하는 회사가 전임자가 겸직하였던 업무·겸직하였던 회사와 동일한 경우
2. 그 금융회사의 임직원이 외국 자회사등의 임직원을 겸직하려는 경우

지를 위해 필요한 사항을 관련서류를 첨부하여 반기별 겸직 현황을 매 반기 경과 후 1개월 이내에 금융위에 제출해야 한다(지배 11조 2항; 지배구조령 11조 9항).

(라) 위반 시 제재

① 행정적 제재

[5-87] 지배구조법에 위반하여 겸직하게 하거나 겸직한 자 및 겸직승인을 받지 않은 자나 겸직보고를 하지 않거나 거짓으로 보고한 자에게는 3천만원 이하의 과태료를 부과한다(지배 43조 2항 2호·2호의2·2호의3, 10조·11조). 금융위는 은행이 겸직기준을 충족하지 않는 경우 또는 보고 방법 및 절차를 따르지 않거나 보고사항을 불이행하는 경우에는 그 임직원 겸직을 제한하거나 그 시정을 명할 수 있다(지배 11조 3항).

② 민사적 제재

[5-88] 임직원을 겸직하게 한 금융지주회사와 그 자회사등은 금융업의 영위와 관련하여 임직원 겸직으로 인한 이해상충행위로 고객에게 손해를 끼친 경우 연대하여 그 손해를 배상할 책임이 있다(지배 11조 4항 본문). 다만, 금융지주회사와 그 자회사등이 임직원 겸직으로 인한 이해상충 발생 가능성에 대하여 상당한 주의를 한 경우, 고객이 거래 당시에 임직원 겸직에 따른 이해상충 행위라는 사실을 알고 있었거나 이에 동의한 경우[43]에는 그렇지 않다(지배 11조 4항 단서 1호-3호).

[5-89] 지배구조법 제11조 제4항 단서는 상당한 주의와 악의의 항변을 규정한 것으로서 입증책임을 손해배상책임을 질 자에게 전환하는 것이다. 여기서 '상당한 주의'는 겸직에 따른 실효성 있는 이해상충방지체계의 구축에 관한 것이어야 한다. '상당한 주의를 하였음'을 증명한다는 것은 '자신의 지위에 따라 합리적으로 기대되는 수준의 노력을 다하여 이해상충방지체계를 구축하였고, 그렇게 신뢰할 만한 합리적인 근거가 있었음'을 증명하는 것이다. 악의의 항변은 고객이 겸직에 따른 이해상충을 알고 있었거나 동의하였음을 의미한다.

3) 주의의무

[5-90] 임원 특히 이사는 선량한 관리자로서의 주의의무를 부담한다(상 382조 2항, 민 681조). 부당대출과 관련하여 이사의 주의의무가 논의되고 있다. 이사의 주의의무는 이사로서의 전문성을 전제로 한다. 임원으로서 요구되는 전문성을 갖추지 못한 사람이 임원이 되는 경우는 그 자체로서 특정한 사안이 주어질 경우 주의의무에 위반할 가능성이 높아진다.

---

43) 법률상 그 밖에 금융지주회사와 그 자회사등의 책임으로 돌릴 수 없는 사유로 손해가 발생한 경우로서 시행령으로 정하는 경우도 제외되지만(지배 11조 4항 3호). 현재 시행령에서 규정하는 사항이 없다.

3. 업무집행책임자

가. 의 의

1) 개 념

업무집행책임자는 "이사가 아니면서 명예회장·회장·부회장·사장·부사장·행장·부행장·부행장보·전무·상무·이사 등 업무를 집행할 권한이 있는 것으로 인정될 만한 명칭을 사용하여 은행의 업무를 집행하는 사람"을 말한다(지배 2조 5호). 지배구조법에서 새로 도입한 개념이다. [5-91]

업무집행책임자는 은행법 등 금융법상 이사가 아니지만 이사에 해당하는 업무를 집행하는 사람을 규제하기 위해 도입된 것이다. 상법상 집행임원이라는 용어를 사용하면 상법상 집행임원채택회사로서 지배구조가 완전히 바뀌는 문제를 피하면서, 미등기임원에 대한 규제를 위한 개념이다. 정의 자체는 상법상 사실상 이사 중 업무집행자의 정의를 일부 수정하여 도입한 것이다(상 401조의2 1항 3호). [5-92]

2) 요 소

업무집행책임자는 ① 이사가 아닐 것, ② 명예회장·회장·부회장·사장·부사장·행장·부행장·부행장보·전무·상무·이사 등 업무를 집행할 권한이 있는 것으로 인정될 만한 명칭을 사용할 것, ③ 은행의 업무를 집행할 것의 3요건을 모두 충족하는 사람이다. [5-93]

① 이사가 아닐 것. 업무집행책임자는 등기 이사가 아닌 자로서 사실상 이사의 직무를 수행하는 자를 규제하기 위하여 도입된 개념이다. 따라서 그 취지상 사실상 이사나 집행임원과 구별이 필요하다. 그러나 업무집행책임자는 영국법상 주요직무종사자(approved person)나 고위경영진(senior manager)제도를 모델로 한 것으로서 상법상 이사에 해당하는지는 중요하지 않다. 등기 이사가 아닌 자에게 이사로서의 책임을 지게 해야 한다는 발상에서 출발한 사실상 이사나 집행임원과는 그 취지가 다르다. [5-93-1]

② 명예회장·회장·부회장·사장·부사장·행장·부행장·부행장보·전무·상무·이사 등 **업무를 집행할 권한이 있는 것으로 인정될 만한 명칭**을 사용할 것. 법문상 명예회장 등의 명칭은 예시적인 것으로서 이사로서의 업무집행권한이 있다고 인정되는 명칭은 모두 포함된다. 업무집행책임자에 해당하는지 여부는 형식보다는 실질에 기초하여 판단되어야 한다. 그런 관점에서는 업무집행자가 수행하는 업무의 내용이 더 중요하다. [5-93-2]

③ **은행의 이사에 준하는 권한과 책임을 가지고** 업무를 집행하는 것. 첫째, '은행의 이사에 준하는 권한과 책임을 가지고'는 업무내용을 기준으로 은행의 위험에 영향을 미칠 수 있는 결정을 할 수 있는지를 따지는 것이다. 둘째, 실제로 그 업무를 집행해야 한다. [5-93-3]

나. 법적 지위

[5-94] 지배구조법은 업무집행책임자를 임원으로 보아(2조 2호), 임원의 자격요건을 적용하면서(5조), 특별관계자의 범위, 후보추천과 제재 등의 규정에서는 임원에서 제외하고 있다(17조 1항, 35조 1항·2항; 지배구조령 3조). 업무집행책임자는 준법감시인 등 주요직무종사자의 직위를 상향조정하여 독립성과 책임성을 부여하기 위하여 도입된 것이다.

[5-95] 지배구조법상 주요업무집행책임자 이외에 준법감시인과 위험관리책임자도 사내이사나 업무집행책임자로 임명해야 한다(25조 2항 본문, 28조 2항). 그 이외의 업무도 업무집행책임자로 임명할 수 있다.

[5-96] 주요업무집행책임자와 그 은행의 관계에 관하여는 민법상 위임에 관한 규정을 준용한다(지배 8조 3항). 상법상 임원에 준하는 법적 지위를 규정한 것이다. 주요업무집행책임자가 아닌 업무집행책임자와 은행의 관계도 민법상 위임으로 보아야 한다.

다. 주요업무집행책임자의 임면과 업무

[5-97] 주요업무집행책임자는 경영전략 수립 등 전략기획 업무, 재무, 예산 및 결산 회계 등 재무관리 업무, 자산운용 등에 대한 위험관리 업무를 집행하는 업무집행책임자를 말한다(지배 8조 1항; 지배구조령 9조 1호-3호). 업무집행책임자 중에서 일정한 주요업무에 종사하는 자의 독립성과 책임성 확보를 위해 별도의 규제단위로 설정한 것이다.

[5-98] 주요업무집행책임자는 이사회 의결을 거쳐 임면한다(지배 8조 1항). 준법감시인과 위험관리책임자도 이사회 의결로 임면한다(25조 3항, 28조 2항). 이사회 의결을 거치지 않고 주요업무집행책임자나 준법감시인 또는 위험관리책임자를 임면한 자에게는 1억원 이하의 과태료를 부과한다(지배 43조 1항 1호·19호, 8조 1항·25조 3항·28조 2항).

[5-99] 주요업무집행책임자의 임기는 정관에 다른 규정이 없으면 3년을 초과할 수 없다(지배 8조 2항). 독립성을 위하여 최장 3년의 임기를 보장한 것이다. 따라서 임기를 3년보다 짧게 정할 수는 있을 것이다.

[5-100] 주요업무집행책임자는 이사회의 요구가 있으면 언제든지 이사회에 출석하여 요구한 사항을 보고해야 한다(지배 9조). 조문 형식은 출석 및 보고의무로 되어 있지만, 이사회에 직접 보고할 수 있는 독립적 지위를 나타내는 것이다. 이사회 심의·의결을 위하여 필요하면 주요경영담당책임자와 직접 면담해야 하고 결국 이사회의 경영책임으로 연결될 것이다. 이사회안건과 직접 관련되지 않은 업무를 담당하는 책임자도 보고를 요구할 수 있다.

V. 감사위원회

1. 의 의

[5-101] 은행은 이사회내 위원회로서 감사위원회를 설치해야 한다(지배 16조 1항 2호). 이 경우 감사위원회는 상법(415조의2)상 감사위원회로 본다. 감사는 회사의 업무감사를 주된 직무로

하는 주식회사의 필요적 상설기관이다(상 409조). 감사의 제도적 기능에 대해서는 주주총회에서 선임되고(상 409조), 주주총회에 보고하는 점(상 413조) 등을 고려할 때 주로 주주 등 이해관계인의 관점에서 회사업무를 감독하는 것으로 이해된다.

감사위원회는 이사회내 위원회로 되어 있으나 기능에 대해서는 감사에 관한 규정을 준용하고 있어(상 415조의2 6항) 감사와의 차이를 두고 논란이 있다. 지배구조법에 따른 감사위원회를 설치한 경우에는 상근감사를 둘 수 없다(지배 19조 8항 단서). 다만 필요한 경우 상근감사위원을 둔다. 은행은 은행지주회사에 내부감사업무를 위탁할 수 있다(지주령 [별표 3] 금융지주회사의 업무에 대한 세부 내용(제11조 제2항 관련) 2.자). 그러나 금융지주회사의 자회사 간에는 서로 준법감시인(지배 25조 1항)의 업무, 내부감사업무, 위험관리업무를 위탁할 수 없다(지주 47조 1항 단서; 지주령 26조 1항 1호-3호). 다만 위탁이 제한되는 것은 그 업무에 관한 의사결정권한까지 위탁하는 경우만 해당한다. 그러나 자회사등 사이의 위험전이, 고객과의 이해상충 또는 건전한 거래질서를 해할 우려가 없는 경우로서 금융위가 고시하는 업무는 제외한다(지주 47조 1항 단서; 지주령 26조 1항 단서). [5-102]

2. 감사위원회의 구성 및 감사위원의 선임 등

가. 구 성

감사위원회는 3명 이상의 이사로 구성하되, 감사위원 중 1명 이상은 회계 또는 재무전문가여야 한다(지배 19조 1항). 또한 사외이사가 감사위원의 3분의 2 이상이어야 한다(지배 19조 2항). 이 경우 이사회내 위원회 위원의 과반수는 사외이사로 구성한다고 규정한 지배구조법 제16조 제3항은 적용되지 않는다. [5-103]

감사위원의 사임·사망 등으로 감사위원의 수가 감사위원회의 구성요건에 미치지 못하게 된 경우에는 그 사유가 발생한 후 최초로 소집되는 주주총회에서 요건을 충족하도록 조치해야 한다(지배 19조 3항). [5-104]

나. 선 임

1) 추천위

감사위원 후보는 추천위에서 추천하되, 위원 총수의 3분의 2 이상의 찬성으로 의결한다(지배 19조 4항). 은행은 감사위원이 되는 사외이사 1명 이상에 대해서는 다른 이사와 분리하여 선임하게(지배 19조 5항) 하여 분리선출원칙을 규정하고 있다. 감사위원의 선임·해임권은 주주총회에 있다(지배 19조 6항 전단). [5-105]

2) 의결권 제한

(가) 의 의

감사위원이 되는 이사의 선임에 대해서는 주주의 3% 의결권 제한이 적용된다. 지배구조법은 상법상 의결권행사제한을 준용하면서 최대주주와 연결된 일정한 주주그룹의 의 [5-106]

결권 행사 제한을 추가하고 있다.

(나) 개별 주주의 의결권 제한

[5-107] 의결권 없는 주식을 제외한 발행주식총수의 3%를 초과하는 수의 주식을 가진 주주는 그 초과주식에 관하여 감사위원 선임에서는 의결권을 행사하지 못한다(지배 19조 6항 후단, 상 409조 2항). 회사는 정관으로 이 비율을 낮출 수 있다(지배 19조 6항 후단, 상 409조 3항). 여기서 의결권 행사가 제한되는 주주는 개별 주주를 말한다.

(다) 최대주주 및 그 특수관계인등의 의결권 제한

[5-108] 최대주주와 그 특수관계인, 최대주주 또는 그 특수관계인의 계산으로 주식을 보유하는 자, 최대주주 또는 그 특수관계인에게 의결권이나 의결권 행사 지시권한을 위임한 자가 소유하는 은행의 의결권 있는 주식의 합계가 그 은행의 의결권 없는 주식을 제외한 발행주식 총수의 3%를 초과하는 경우 그 주주는 3% 초과주식에 관하여 감사위원이 되는 이사를 선임하거나 해임할 때에는 의결권을 행사하지 못한다(지배 19조 7항 본문; 지배구조령 16조 2항). 다만, 은행은 정관으로 3%보다 낮은 비율을 정할 수 있다(지배 19조 7항 단서).

[5-109] 최대주주 또는 그 특수관계인에게 의결권이나 의결권 행사 지시권한을 위임한 자의 경우에는 그 위임분만 포함한다.

[5-110] 의결권 행사가 제한되는 '그 주주'는 최대주주와 그 특수관계인, 최대주주 또는 그 특수관계인의 계산으로 주식을 보유하는 자, 최대주주 또는 그 특수관계인에게 의결권이나 의결권 행사 지시권한을 위임한 자를 말한다. 결국 이 그룹에 포함되는 자들은 스스로 의결권 행사 결과가 3% 제한에 위반되지 않는 의결권 행사방법을 정하도록 강제하는 취지라고 이해된다.

3. 감사위원회에 대한 지원 등

[5-111] 감사위원회는 은행 비용으로 전문가의 조력을 구할 수 있다(지배 20조 1항). 은행은 감사위원회 업무를 지원하는 담당부서를 설치해야 한다(지배 20조 2항). 감사업무 지원부서가 준법감시인의 업무를 겸할 수 있는가? 감사기능과 준법감시기능의 차이를 고려하면 별도 조직으로 유지하는 것이 옳을 것이다. 은행은 감사위원회의 업무내용을 적은 보고서를 정기적으로 금융위에 제출해야 한다(지배 20조 3항).

[5-112] 은행은 감사위원의 원활한 직무수행을 위해 충분한 자료나 정보를 제공해야 한다(지배 20조 4항, 18조 1항). 감사위원은 그 은행에 대하여 직무수행에 필요한 자료나 정보의 제공을 요청할 수 있다(지배 20조 4항, 18조 2항 전단). 이 경우 은행은 특별한 사유가 없으면 이에 따라야 한다(지배 20조 4항, 18조 2항 후단). 여기서 특별한 사유는 사외이사의 경우와 같이 충분성과 필요성의 해석문제이다.

4. 위반 시 제재

지배구조법상 요건을 모두 충족하는 감사위원회를 설치하지 않은 자, 감사위원회의 구성요건을 충족시키지 않은 자, 감사위원의 선임절차를 준수하지 않은 자에게는 1억원 이하의 과태료를 부과한다(지배 43조 1항 12호-14호, 19조 1항-7항). [5-113]

지배구조법에 위반하여 감사위원에 자료나 정보를 제공하지 않거나 거짓으로 제공한 자, 감사위원회 담당부서를 설치하지 않은 자, 감사위원회 활동보고서를 제출하지 않은 자에게는 3천만원 이하의 과태료를 부과한다(지배 43조 2항 3호-5호, 18조·20조 2항-4항). [5-114]

Ⅵ. 내부통제와 준법감시[44)]

1. 의 의

준법감시인을 포함한 내부통제제도가 처음 법제화된 것은 금융업자부터이다. 1997년 외환위기 이후 특히 금융업자의 내부통제 필요성이 강조되면서 2000.1. 은행법 등 금융법 개정을 통하여 도입되었다. 한편 일반사업회사에 대해서는 2011년 상법 개정[45)]에서 상장회사에 대하여 준법통제기준과 준법지원인제도를 도입하였다. 은행의 내부통제는 건전성 규제수단으로 인식되고 있다. 그러나 감사 또는 감사위원회, 자율규제 등 회사의 경영활동에 관한 다른 수단과 구별이 필요하다. [5-115]

2. 내부통제의 의의와 법적 지위

가. 의의와 범위

1) 의 의

내부통제는 전통적으로 재무보고의 신뢰성 확보절차로 인식되다가 회사업무의 적정과 효율을 보장하기 위한 절차로 확대되었다. 세계적 통합기준인 COSO보고서에서는 "이사회 및 회사 경영진이 경영의 실효성과 효율성, 재무 보고의 신뢰성, 법규준수 등의 세 가지 목적을 달성하기 위한 절차"라고 정의하고 있다.[46)] 국내에서도 동일하게 정의되고 있다.[47)] 내부통제는 경영효율, 재무신뢰, 법규준수를 확보함으로써 회사의 건전한 경영을 사전적으로 담보하기 위한 핵심절차로 이해된다.[48)] [5-116]

---

44) 이하 설명은 정순섭, "금융회사 내부통제의 금융법상 지위 - 규제의 내부화·민영화의 관점에서," 선진상사법률연구 통권 제49호, 2010, 87-104면에 기초한 것이다.

45) 최근 사업연도 말 현재의 자산총액이 5천억원 이상인 상장회사를 대상으로 하며, 다른 법률에 따라 내부통제기준 및 준법감시인을 두어야 하는 상장회사는 제외한다(상 542조의13 1항; 동 시행령 39조).

46) The Committee of Sponsoring Organizations of the Treadway Commission("COSO"), Internal Control- Integrated Framework(1992), p13.

47) 은행실무에서도 '내부통제기준'을 "법령을 준수하고 경영을 건전하게 하며 주주 및 예금자 등을 보호하기 위하여 은행의 임직원이 직무를 수행할 때 준수하여야 할 기준 및 절차"라고 정의한다. 은행연합회, 은행권 표준내부통제기준(제정 2016.7.19.), 3조 3호.

48) 은행연합회가 제정한 은행권 표준내부통제기준(제정 2016.7.19.)도 경영건전성의 확보를 목적으로 하고

2) 회사법·지배구조법·금융소비자법·외감법상 내부통제제도

[5-117] 현행법상 내부통제제도는 회사법과 지배구조법, 외감법으로 삼원화되어 있다. 회사법은 준법지원제도와 준법지원인, 지배구조법은 내부통제기준과 준법감시인, 외감법은 내부회계관리제도와 내부회계관리자를 각각 규정하고 있다. 은행은 자금세탁행위와 공중협박자금조달행위의 효율적 방지를 위해 보고책임자를 임명하고 내부보고체제를 수립해야 한다(특금 5조). 내부통제제도의 일부로 볼 수도 있지만, 자금세탁방지제도에서 설명한다 ([8-191]-[8-229]).

[5-118] 회사법은 적용대상 상장회사에 대하여 준법통제기준을 마련하고 준법지원인을 1명 이상 두게 한다. 준법통제기준은 '법령을 준수하고 회사경영을 적정하게 하기 위해 임직원이 그 직무를 수행할 때 따라야 할 준법통제에 관한 기준 및 절차'를, 그리고 준법지원인은 '준법통제기준의 준수에 관한 업무를 담당하는 사람'을 말한다(상 542조의13 1항).

[5-119] 지배구조법은 은행에 대하여 내부통제기준을 마련하고 준법감시인을 1명 이상 두게 한다. 내부통제기준은 '법령을 준수하고, 경영을 건전하게 하며, 주주 및 이해관계자 등을 보호하기 위해 금융회사의 임직원이 직무를 수행할 때 준수하여야 할 기준 및 절차'(지배 24조 1항)를, 준법감시인은 '내부통제기준의 준수 여부를 점검하고 내부통제기준을 위반하는 경우 이를 조사하는 등 내부통제 관련 업무를 총괄하는 사람'(지배 25조 1항)을 말한다. 금융소비자법은 일정한 범위의 법인인 금융상품판매업자등에 대하여 내부통제기준을 마련한 의무를 추가하고 있다(금소 16조 2항; 금소령 10조 1항 1호-5호). 그러나 금융소비자법상 내부통제기준은 지배구조법상 내부통제제도의 일부를 구성하는 것으로 이해하는 것이 옳을 것으로 본다.

[5-120] 외감법은 적용대상 주식회사에 대하여 내부회계관리제도를 마련하고 내부회계관리자를 1명 두도록 한다. 내부회계관리제도는 '신뢰할 수 있는 회계정보의 작성과 공시를 위한 내부회계관리규정과 이를 관리·운영하는 조직'을, 그리고 내부회계관리자는 '내부회계관리제도의 관리·운영을 책임지며, 이를 담당하는 상근이사 또는 그 이사의 업무를 집행하는 자'를 말한다(외감법 2조의2 1항·3항).

[5-121] 외감법상 내부통제제도는 기업회계에 한정된 것으로 다른 제도와 차별화되지만, 회사법과 지배구조법상 준법통제와 내부통제는 표현의 차이가 있을 뿐 같은 것이다. 금융회사의 지배구조에 관하여 지배구조법에 특별한 규정이 없으면 상법을 적용한다(지배 4조 2항). 그런데 상법은 다른 법률에 따라 내부통제기준 및 준법감시인을 두는 상장회사는 동법상 준법통제기준과 준법지원인 설치의무를 면제하여(상 542조의13 1항; 동 시행령 39조 단서) 이러한 취지를 반영하고 있다. 비상장회사인 은행에 대해서는 애초에 상장회사를 대상으로 하는 상법상 준법지원인제도가 적용되지 않는다(상 542조의13 1항). 은행은 지배

있다(동 기준 1조).

구조법상 내부통제기준과 준법감시인, 외감법상 내부회계관리제도와 내부회계관리자를 설치할 의무를 진다.

나. 내부통제의 은행법상 지위

1) 금융규제의 구분

금융규제는 다양하게 나눌 수 있지만, 내부통제와 관련해서는 외부적 규제와 내부적 [5-122] 규제의 구분이 중요하다. 이 구별은 규제주체와 법적 근거를 기준으로 한 것이다.

외부적 규제는 은행 외부에서 법령상 규제를 법령상 기관과 절차를 통하여 적용·확 [5-123] 인하는 것을 말한다. 외부적 규제는 강제성의 정도에 따라 공적규제와 자율규제로 구분할 수 있다. 우리나라에서 공적규제는 금융위설치법상 금융위와 금감원(3조·24조)이, 자율규제는 거래소(시장감시위원회)와 금융투자협회(자본 286조 1항 1호, 402조)가 담당한다.

내부적 규제는 은행의 내부에서 법령상 규제 및 그 회사에서 임의적으로 설정한 원 [5-124] 칙과 내용을 역시 법령 및 그 회사에서 임의적으로 설정한 기관과 절차를 통하여 적용·확인하는 것을 말한다. 내부통제는 준법감시, 감사 또는 감사위원회 등과 함께 내부적 규제에 속하는 것으로 판단된다. 이들 내부적 규제 장치는 그 목적과 보호이익에서 차별화된다.

2) 금융규제의 완화와 규제형식의 변화

(가) 금융시장의 발전과 금융규제의 역할

금융규제를 외부적 규제와 내부적 규제로 구분할 때 규제 완화는 외부적 규제의 완 [5-125] 화를 의미한다. 금융규제 완화는 국제적 추세이며 우리나라에서도 다양한 개혁이 이루어지고 있다. 이러한 규제 완화는 종래 국가에서 규율하던 금융업자의 사업모델을 시장에 반환하는 과정이라고 할 수 있으며 본질적으로 시장참여자의 책임강화를 수반한다.

(나) 금융위기와 금융규제의 강화 움직임

2008년 글로벌 금융위기 이후 금융규제의 강화가 국내외에서 강조되고 있다. G20를 [5-126] 중심으로 자본규제, 회계제도, 헤지펀드, 신용평가, 장외파생상품, 금융회사 임직원에 대한 보상체계 등을 중심으로 규제강화가 진행되고 있다. 국내에서도 특히 금융소비자 보호에 관한 관심이 크게 높아지면서 규제강화의 목소리가 나오고 있다. 또 금융위기 이후의 금융규제 강화 추세와 관련하여 고려해야 할 것은 금융위기 시에 승인된 금융규제 강화 조치는 금융위기의 해소와 함께 반드시 재조정된다는 점이다.[49]

---

49) Howard Davies and David Greene, Global Financial Regulation: The Essential Guide, Polity Press, 2008, pp12-15.

(다) 외부적 규제의 완화와 내부적 규제의 강화

[5-127] 금융업이 국가경제에서 차지하는 비중을 고려할 때 금융규제의 완화는 금융규제의 소멸을 의미할 수는 없다. 금융규제의 완화는 외부적 규제의 완화를 의미하는 것이며 은행의 내부통제는 그에 비례해서 강화되어야 한다. 따라서 규제의 완화는 규제의 소멸이 아니라 규제의 내부화를 의미하는 것이다.

[5-128] 내부통제는 규제의 내부화를 위한 수단이며, 외부적 규제의 완화 정도에 비례해서 강화되어야 한다. 내부통제의 수준과 범위는 회사가 직면하는 위험의 수준과 범위에 연동되어 있기 때문에 모든 사항을 법에서 정할 수 없다. 다만 금융규제목적상 금융규제법은 내부통제의 원칙과 절차에 대한 근거규정과 그 위반에 대한 제재조치를 명확히 해야 한다. 원칙중심규제는 규제의 내부화의 대표적인 현상이라고 할 수 있으며, 내부통제는 원칙중심규제의 적용이 가능한 분야라고 생각된다.

다. 내부통제와 다른 감시 장치의 구별

[5-129] 내부통제는 은행에 대한 내부적 규제라는 점에서 외부적 규제에 속하는 자율규제와 구별된다. 내부통제는 외부적 규제를 대체하는 수단으로서 외부적 법규제에 대한 준수 여부의 확인을 목적으로 하는 점에서 역시 같은 내부적 규제에 속하지만 경영진의 업무수행 전반에 대한 적법성 확인을 목적으로 하는 감사 또는 감사위원회와 구별된다.

3. 내부통제체제의 구축

가. 의 의

[5-130] 은행은 '내부통제기준'을 마련해야 한다(지배 24조 1항). 내부통제기준은 "법령을 준수하고, 경영을 건전하게 하며, 주주 및 이해관계자 등을 보호하기 위해 금융회사의 임직원이 직무를 수행할 때 준수하여야 할 기준 및 절차"를 말한다. 다만 은행지주회사가 은행의 내부통제기준을 마련하는 경우 그 은행은 내부통제기준을 마련하지 않을 수 있다(지배 24조 2항). 내부통제기준을 마련하지 않은 자에게는 1억원 이하의 과태료를 부과한다(지배 43조 1항 16호, 24조 1항).

[5-131] 내부통제제도가 작동하기 위해서는 **내부통제기준의 마련의무나 준수의무**와 같은 자구해석에 집중하는 형식적 해석론은 한계가 있다. 우리 법체계상 유연한 해석에는 한계가 있다고 해도 은행의 임원은 은행이 노출될 수 있는 다양한 위험을 통제할 수 있는 **실효성있는 내부통제제도를 구축할 의무**가 있다는 원칙중심규제적 관점에서 접근해야 제도로서의 목적을 달성할 수 있을 것이다.[50] 책무구조도는 이러한 인식의 전환을 기초로 임원의 개별책임을 구체화하기 위한 법적 근거로서 도입된 것이다.

---

50) 정순섭, 금융, 205-206면.

나. 내부통제와 이사의 의무

1) 대표이사의 총괄관리의무

지배구조법은 은행의 대표이사등에게 내부통제에 관한 총괄관리의무를 명시하고 있다(30조의4). 대표이사등은 대표이사 외에 대표집행임원(상법상 집행임원을 둔 경우), 외국금융회사의 국내지점의 대표자를 포함한다(30조의2 2항). 내부통제등은 내부통제와 위험관리를 합쳐 부르는 말이다(30조의2 2항). 대표이사등의 총괄관리의무는 관리조치와 보고로 구성된다. [5-132]

은행의 대표이사등은 '내부통제등의 전반적 집행 및 운영에 대한 최종적인 책임자'로서 총괄적인 관리조치를 실효성 있게 해야 한다(지배 30조의4 1항).[51] 필요한 사항은 시행령으로 정한다(지배 30조의4 3항; 령 25조의4). [5-133]

은행의 대표이사등은 관리조치의 내용과 결과, 관리조치의 수행과정에서 알게 된 내부통제등에 관한 중요한 사항, 임원이 보고하는 내부통제관리관련사항(지배 30조의2 2항) 중 중요한 사항[52]에 관하여 이사회에 보고해야 한다(지배 30조의4 2항 1호-4호). 보고 등에 관하여 필요한 사항은 시행령으로 정한다(지배 30조의4 3항). [5-134]

2) 임원의 내부통제관리의무

지배구조법은 일정한 범위의 은행 임원에게 내부통제등관리의무를 부과한다(30조의2). 여기서 임원은 첫째, 그 은행의 책무에 사실상 영향력을 미치는 다른 회사 임원을 포함하며, 둘째, 금융회사의 자산규모, 담당하는 직책의 특성 등을 고려하여 시행령으로 정하는 임원을 제외하고, 셋째, 시행령으로 정하는 직원을 포함한다(30조의2 1항). 둘째와 관련하여 문제는 사외이사의 포함 여부이다. 시행령은 이사회의장이 아닌 사외이사를 제외한다(령 25조의2 1항). 셋째와 관련하여 시행령은 준법감시인(지배 25조 2항 단서), 위험관리책임자(지배 28조 2항 및 25조 2항 단서), 담당업무에서 임원에 준하여 해당 업무를 수행하는 직원으로서 해당 업무를 담당하는 임원이 없는 경우를 포함하고 있다(령 25조의2 2항 1호-3호; 동 감독규정 14조의2). 여기서 말하는 임원은 책무구조도의 작성대상이면서(지배 30조의3) 내부통제등관리의무위반의 제재대상(35조의2)이 된다. 임원의 내부통제등관리의무도 관리 [5-135]

---

51) 관리조치는 ① 내부통제등 정책·기본방침 및 전략의 집행·운영, ② 임직원이 법령 및 내부통제기준등을 준수하기 위하여 필요한 인적·물적 자원의 지원 및 그 지원의 적정성에 대한 점검, ③ 임직원의 법령 또는 내부통제기준등 위반사실을 대표이사등이 적시에 파악할 수 있도록 하기 위한 제보·신고 및 보고 등에 대한 관리체계의 구축·운영, ④ 각 임원이 내부통제관련 관리의무(지배 30조의2)를 적절하게 수행하고 있는지 여부에 대한 점검, ⑤ 임직원의 법령 또는 내부통제기준등 위반을 초래할 수 있는 시행령으로 정하는 잠재적 위험요인 또는 취약분야에 대한 점검, ⑥ 임직원의 법령 또는 내부통제기준등 위반이 장기화 또는 반복되거나 조직적으로 또는 광범위하게 이루어지는 것을 방지하기 위한 조치로서 시행령으로 정하는 조치, ⑦ ①부터 ⑥까지 및 ⑧에 따른 관리조치를 하는 과정에서 알게 된 법령 및 내부통제기준등의 위반사항이나 내부통제등에 관한 미흡한 사항에 대한 시정·개선 등 필요한 조치, ⑧ 그 밖에 내부통제등의 효과적 작동을 위한 시행령으로 정하는 조치를 말한다(지배 30조의4 1항 1호-8호).

52) 지배구조령에는 따로 규정하고 있지 않다.

조치와 보고로 구성된다.

[5-136] 은행 임원은 지배구조법상 책무구조도(30조의3 1항)에서 정하는 자신의 책무와 관련하여 내부통제등이 효과적으로 작동하도록 관리조치[53]를 해야 한다(30조의2 1항). 필요한 사항은 시행령으로 정한다(지배 30조의2 3항).

[5-137] 은행 임원은 이상의 관리조치의 내용과 결과, 관리조치 수행과정에서 알게 된 내부통제등에 관한 사항, 이에 준하는 사항으로서 시행령으로 정하는 사항에 관하여 대표이사등에게 보고해야 한다(지배 30조의2 2항 1호-3호). 이에 관하여 필요한 사항은 시행령으로 정한다(지배 30조의2 3항).

3) 책무구조도와 임원의 내부통제관련 개별책임

(가) 의의

[5-138] 책무구조도는 "지배구조법상 내부통제등관리의무(30조의2)를 이행하여야 하는 임원과 임원의 직책별로 책무를 배분한 문서"(지배 30조의3 1항)를 말한다. 책무구조도는 대표이사등이 작성한다(지배 30조의3 1항).

[5-139] 책무구조도는 금융상품판매와 관련한 내부통제기준마련의무의 위반을 이유로 은행장에게 부과된 제재처분의 효력이 법원에서 부인된 사건(대법원 2022. 12. 15. 선고 2022두54047 판결; 서울고법 2024. 2. 29. 선고 2022누38955 판결[54])을 계기로 도입된 것이다. 영국의 고위경영진인증제도에서 규정하고 있는 책무의무제도(Duty of Responsibility, FSMA section 66A(5))를 모델로 임직원의 개인책임을 명확화하기 위한 목적으로 도입된 것이다.[55] 규제에 위반한 금융회사의 고위경영진이 **합리적인 조치(reasonable steps)**를 취하지 않은 경우 책임명세서와 책무구조도 등을 고려하여 판단한다(FSMA section 66A(5)(a)-(d) / DEPP 6.2.9-C G 03/05/2017). 이는 금융당국에게 고위경영진이 그 위반행위를 예방하거나 중단시키기 위하여 상당한 조치를 취하였음을 증명하지 못하면 금융회사에서의 책무의무 위반을 이유로 직접 제재할 수 있게 한다. 이 제도는 개별임원의 책임명세서(Statements of Responsibilities, SoR)를 정리한 경영진 책무구조도(management responsibilities map)를 기반으로 한다.[56]

---

53) 관리조치는 지배구조법 및 금융관계법령에 따른 내부통제기준등이 적정하게 마련되었는지 여부에 대한 점검, 내부통제기준등이 효과적으로 집행·운영되고 있는지 여부에 대한 점검, 임직원이 법령 또는 내부통제기준등을 충실하게 준수하고 있는지 여부에 대한 점검, 이상의 점검 과정에서 알게 된 법령 및 내부통제기준등의 위반사항이나 내부통제등에 관한 미흡한 사항에 대한 시정·개선 등 필요한 조치, 이러한 시정·개선 등 조치의 이행여부 점검 등 사후관리조치, 내부통제기준등 준수를 위한 교육·연수·훈련 등의 실시, 법령 또는 내부통제기준등을 위반한 임직원에 대한 조사, 징계 및 징계 요구를 말한다(30조의2 1항 1호-5호; 지배구조령 25조의2 3항 1호-3호).

54) 대법원 2024. 7. 25. 선고 2024두39455 판결(심리불속행 기각 확정).

55) 영국 의회는 이러한 제도를 도입한 목적이 '개인책임을 가능하게 하는 것'(Making individual responsibility a reality)임을 분명히 밝히고 있다. UK Parliamentary Commission on Banking Standards, Changing banking for good, First Report of Session 2013-14, Volume I: Summary, and Conclusions and recommendations, 12 June 2013.

56) Financial Conduct Authoruity, FG19/2 Senior Managers and Certification Regime: Guidance on

(나) 적용범위

책무구조도의 적용범위는 적용대상인 금융회사와 임원 그리고 책무의 3가지를 기준 으로 정해진다. 적용대상인 금융회사의 범위는 지배구조법에서 정하고 있지만 은행은 당연히 포함된다. 임원은 지배구조법상 내부통제등관리의무를 지는 은행의 임원을 말한다 ([5-133]). 이하 임원과 책무를 중심으로 살펴본다. [5-140]

책무는 "지배구조법, 상법, 형법, 금융관계법령(지배구조령 2조 7호) 및 그 밖에 시행령으로 정하는 금융관련법령[57]에서 정한 사항으로서 시행령으로 정하는 책무"를 말한다(지배 30조의3 1항; 지배구조령 25조의3 2항). 여기서 책무는 "금융관계법령등에 따라 금융회사 또는 금융회사 임직원이 준수해야 하는 사항에 대한 내부통제등의 집행 및 운영에 대한 책임"을 말한다(지배구조령 [별표 1] 2). [5-141]

지배구조령은 책무를 ① 지정 책임자가 총괄적으로 수행하는 책무(금융관계법령등에서 준법감시인, 위험관리책임자 등 금융회사의 특정 책임자를 지정하여 수행하게 하는 업무와 관련한 책무),[58] ② 금융영업 관련 책무(금융회사가 허가·인가·승인·등록·신고 등("허가등")을 받은 업무와 그 부수업무 및 겸영업무와 관련한 책무),[59] ③ 경영관리 관련 책무(금융회사가 허가등을 받은 업무와 그 부수업무 및 겸영업무의 영위를 위해 수행하는 경영관리 업무와 관련한 책무)[60]로 구분하고 있다(지배구조령 [5-142]

---

statements of responsibilities and Responsibilities Maps for FCA firms, March 2019.

57) 금융관련법령은 첫째, 개인정보법, 공익신고자보호법, 공중협박자금금지법, 금융지표법, 금융복합감독법, 기업구조조정투자회사법」, 공정거래법, 서민금융법, 약관법, 통신금융사기법, 보험사기방지특별법, 이중상환채권법, 인터넷은행법, 화재로 인한 재해보상과 보험가입에 관한 법률, 농림수산업자 신용보증법, 기촉법, 개인금융채권의 관리 및 개인금융채무자의 보호에 관한 법률, 주택도시기금법, 가상자산법, 범죄수익법, 마약류 불법거래 방지에 관한 특례법, 특경가법, 농어가목돈마련저축에 관한 법률, 공적자금관리특별법, 공적자금상환기금법, 금융중심지의 조성과 발전에 관한 법률("제1호법률"), 둘째, 금융관계법령과 금융관련법령(30조의3 1항) 또는 제1호 법률에서 위임한 사항이나 그 시행에 필요한 사항을 규정하는 대통령령, 총리령 또는 부령("제2호법령"), 금융관계법령과 금융관련법령(30조의3 1항), 제1호법률 또는 제2호법령에서 위임한 사항이나 그 시행에 필요한 사항을 정한 행정규칙을 말한다("제3호규칙")(지배구조령 25조의3 1항 1호-3호).

58) 은행의 경우 가. 책무구조도의 마련·관리 업무와 관련된 책무, 나. 내부감사업무와 관련된 책무, 다. 위험관리업무와 관련된 책무, 라. 준법감시업무와 관련된 책무, 마. 자금세탁방지업무와 관련된 책무, 바. 내부회계관리업무와 관련된 책무, 사. 정보보안업무와 관련된 책무, 아. 개인정보 및 신용정보 등 보호업무와 관련된 책무, 자. 그 밖에 금융관계법령등에 따른 지정 책임자가 수행하는 책무가 적용될 수 있다.

59) 은행의 경우 가. 자금 대출 또는 어음 할인 업무와 관련된 책무, 나. 예금 및 적금 업무와 관련된 책무, 라. 내국환·외국환 업무와 관련된 책무, 마. 투자매매업무와 관련된 책무, 바. 투자중개업무와 관련된 책무, 아. 투자자문업무와 관련된 책무, 자. 투자일임업무와 관련된 책무, 차. 신탁업무와 관련된 책무, 파. 보험모집 및 보험계약 체결 업무와 관련된 책무, 더. 신용카드업무와 관련된 책무, 서. 전자금융업무와 관련된 책무, 어. 혁신금융서비스업무와 관련된 책무, 저. 본인신용정보 관리업무와 관련된 책무, 처. 연금(개인연금 및 퇴직연금을 포함한다) 업무와 관련된 책무, 커. 그 밖에 금융관계법령등에 따른 금융영업 관련 책무가 적용될 수 있다.

60) 은행의 경우 가. 이사회 운영업무와 관련된 책무, 나. 인사업무와 관련된 책무, 다. 보수업무와 관련된 책무, 라. 고유자산 운용업무와 관련된 책무, 마. 건전성 및 재무관리 업무와 관련된 책무, 바. 공시업무와 관련된 책무, 사. 업무의 위탁 및 수탁 업무와 관련된 책무, 아. 광고업무와 관련된 책무, 자. 자회사 관리

25조의3 2항 [별표1] 3-5). 지배구조령 [별표 1]에서 제시하는 책무는 예시적인 것으로 해석되어야 한다. 그 이유는 모든 금융회사에 단일하게 적용되는 직무구조가 있을 수 없기 때문이다. 지배구조령도 은행은 "위 표에 따른 책무를 각 금융회사별 조직, 업무특성, 업무범위 등에 맞게 세분하거나 병합하는 등" 적절히 조정할 수 있다고 하여(지배구조령 25조의3 2항 [별표1] 6) 이러한 취지를 규정하고 있다.

(다) 요건

[5-143] 책무구조도는 첫째, 책무별로 담당하는 임원이 반드시 존재할 것, 둘째, 책무별로 담당하는 임원이 복수로 존재하지 않을 것, 셋째, 책무의 배분이 특정 임원에게 편중되지 않을 것의 3요건을 갖추어야 한다(지배 30조의3 2항 1호-3호; 지배구조령 25조의3 3항).

(라) 절차

[5-144] 은행의 대표이사등이 책무구조도를 마련하려는 경우에는 이사회 의결을 거쳐야 한다(지배 30조의3 3항 본문). 내부통제에 관한 이사회의 최종적 책임을 위한 제도적 기반이 되는 조항이다. 다만, 외국금융회사의 국내지점의 경우 그 대표자가 참여하는 내부 의사결정기구의 의결에 따른다(지배 30조의3 3항 단서; 지배구조령 25조의3 4항). 이 절차(지배 30조의3 3항)를 거치지 않고 책무구조도를 마련한 자는 과태료를 부과한다(43조 1항 22호의2).

[5-145] 은행은 책무구조도를 금융위에 제출해야 하고 미제출시 과태료가 부과된다(지배 30조의3 4항, 43조 2항 8호의2).

[5-146] 금융위는 제출된 책무구조도가 형식미비, 중요사항의 누락, 기재내용의 불분명, 이에 준하는 사항으로서 금융위가 고시하는 사항에 해당하는 경우에는 책무구조도의 기재내용을 정정하거나 보완하여 제출할 것을 요구할 수 있다(지배 30조의3 5항 1호-4호). 금융위는 이러한 정정·보완제출요구권을 행사하기 위한 전제로서 형식적 심사권을 가진다.

(마) 변경

[5-147] 책무구조도의 의의와 제출 등에 관한 규정(지배 30조의2 1항-5항)은 제출된 책무구조도의 기재내용에 책무를 배분받는 임원, 직책, 책무, 보고체계가 변경되는 경우에도 적용한다(지배 30조의3 6항; 지배구조령 25조의3 5항 본문). 다만 직책의 명칭 등 소관 업무영역의 변경이 없는 단순 수정의 경우에는 적용되지 않는다(지배구조령 25조의3 5항 단서). 책무구조도의 작성방법, 기재내용, 제출방법 및 정정·보완요구 등에 관하여 필요한 사항은 금융위가 고시한다(지배 30조의3 7항, 1항-6항).

업무와 관련된 책무, 차. 영업점 관리업무와 관련된 책무, 카. 영업점 외 판매채널 관리업무와 관련된 책무, 타. 전산시스템 운영·관리 업무와 관련된 책무, 파. 그 밖에 금융관계법령등에 따른 경영관리 관련 책무가 적용될 수 있다.

4) 내부통제등 관리의무 위반에 대한 제재

금융위는 임원이 내부통제등관리의무(지배 30조의2)를 위반하거나 대표이사등이 내부통제등총괄관리의무(지배 30조의4)를 위반하는 경우 임직원을 제재할 수 있다(지배 35조의2 1항, 지배 35조). 이 경우 제재대상인 임직원에 대한 관리·감독책임이 있는 임직원에 대한 조치는 제외한다(지배 35조의2 1항, 35조 5항). [5-148]

금융위는 관리의무위반에 대한 제재조치를 하는 경우 임직원의 법령 또는 내부통제기준등 위반행위의 발생 경위, 정도와 그 결과 그리고 당해 위반행위의 발생을 방지하기 위하여 상당한 주의를 다하여 내부통제등관리의무와 내부통제등총괄관리의무(지배 30조의2, 30조의4)를 수행하였는지 여부를 고려하여 제재조치를 감경하거나 면제할 수 있다(지배 35조의2 2항 1호·2호). 여기서 중요한 것은 상당한 주의의 판단기준이다. 유사한 사례로 자본시장법 제162조 제1항의 사업보고서 거짓기재등에 따른 손해배상책임을 배상의무자인 이사가 면하기 위하여 증명해야 하는 상당한 주의의 기준을 참고할 수 있을 것이다. 여기서 '상당한 주의를 하였음에도 불구하고 이를 알 수 없었음'을 증명한다는 것은 **'자신의 지위에 따라 합리적으로 기대되는 조사를 한 후 그에 의하여 허위기재 등이 없다고 믿을 만한 합리적인 근거가 있었고 또한 실제로 그렇게 믿었음'을 증명하는 것**을 말한다(대법원 2002. 9. 24. 선고 2001다9311,9328 판결, 대법원 2007. 9. 21. 선고 2006다81981 판결; 대법원 2014. 12. 24. 선고 2013다76253 판결; 대법원 2022. 7. 28. 선고 2019다202146 판결). 최근 상법상 이사의 내부통제관리의무와 관련하여 대표이사나 업무집행이사는 물론 사외이사와 비상임이사까지 상법상 이사의 감시의무에 기초하여 내부통제체계구축의무를 인정하고 있는 점이 중요한 판단기준이 될 것으로 본다.[61] 특히 대표이사는 회사의 영업에 관하여 재판상 또는 재판 외의 모든 행위를 할 권한이 있으므로(상법 제389조 제3항, 제209조 제1항), "모든 직원의 직무집행을 감시할 의무를 부담함은 물론, 이사회의 구성원으로서 다른 대표이사를 비롯한 업무담당이사의 전반적인 업무집행을 감시할 권한과 책임이 있음"을 고려해야 한다(대법원 2021. 11. 11. 선고 2017다222368 판결). 은행의 내부통제제도를 통하여 관리되는 대상 위험을 대표이사 주관으로 정기적으로 확인하는 절차적 통제를 실질화함으로써 상당한 주의를 다하였음을 증명할 수 있을 것으로 본다. [5-149]

금융위는 임원 또는 대표이사등에 대하여 제재조치를 하는 경우 그 은행에 대하여 기관제재(지배 34조 1항 1호-5호)를 할 수 있다(지배 35조의2 3항 전단). 은행에 대한 조치는 금감원장의 건의를 따르거나 금감원장에게 처분을 위탁할 수 있다(지배 35조의2 3항 후단, 2조 1호 가목, 34조 2항 1호). [5-150]

5) 상법상 이사의 내부통제관리의무와의 관계

지배구조법에서 은행 이사의 내부통제구축의무를 부과하지 않아도 회사법상 이사의 [5-151]

61) 정순섭, 금융, 205-206면.

감시의무가 인정되고 그 연장선에서 내부통제 구축의무가 발생한다. 지배구조법상 의무와 회사법상 의무는 행정제재와 민사제재라는 실효성 확보수단에서 크게 차이가 있다.

> "이사의 임무는 단지 이사회에 상정된 의안에 대하여 찬부의 의사표시를 하는 데에 그치지 않으며 대표이사를 비롯한 업무담당이사의 전반적인 업무집행을 감시할 수 있는 것이므로, 대표이사나 다른 업무담당이사의 업무집행이 위법하다고 의심할 만한 사유가 있음에도 악의 또는 중대한 과실로 인하여 감시의무를 위반하여 이를 방치한 때에는 이로 말미암아 제3자가 입은 손해에 대하여 배상책임을 면할 수 없으며"(대법원 2008. 9. 11. 선고 2007다31518 판결).[62]

[5-152] 이사의 감시의무와 관련하여 전통적으로 업무집행을 담당하지 않는 사외이사가 업무집행이사보다 의무 수준이 낮다는 것이 판례의 입장이었다. 그러나 최근에는 사외이사에 대해서도 감시의무위반을 적극적으로 인정하고 있다.

> "일정한 업무분장하에 회사의 일상적인 업무를 집행하는 업무집행이사는 회사의 업무집행을 전혀 담당하지 아니하는 평이사에 비하여 보다 높은 주의의무를 부담한다고 보아야 한다"(대법원 2008. 9. 11. 선고 2007다31518 판결).

> "대표이사 및 다른 이사들의 업무집행을 감시·감독할 의무…는 사외이사라거나 비상근이사라고 하여 달리 볼 것이 아니다"(대법원 2019. 11. 28. 선고 2017다244115 판결).

> "업무집행을 담당하지 않는 사외이사 등은 내부통제시스템이 전혀 구축되어 있지 않는데도 내부통제시스템 구축을 촉구하는 등의 노력을 하지 않거나 내부통제시스템이 구축되어 있더라도 제대로 운영되고 있지 않다고 의심할 만한 사유가 있는데도 이를 외면하고 방치하는 등의 경우에 감시의무위반으로 인정될 수 있다"(대법원 2022. 5. 12. 선고 2021다279347 판결).

[5-153] 감시의무의 구체적 내용은 회사의 규모나 조직, 업종, 법령의 규제, 영업상황 및 재무상태에 따라 크게 다를 수 있지만, 본질적 내용은 다르지 않다.

> "감시의무의 구체적인 내용은 회사의 규모나 조직, 업종, 법령의 규제, 영업상황 및 재무상태에 따라 크게 다를 수 있는바, 주식회사 D와 같이 고도로 분업화되고 전문화된 대규모의 회사에서 공동대표이사 및 업무담당이사들이 내부적인 사무분장에 따라 각자의 전문 분야를 전담하여 처리하는 것이 불가피한 경우라 할지라도 그러한 사정만으로 다른 이사들의 업무집행에 관한 감시의무를 면할 수는 없고, 그러한 경우 무엇보다 합리적인 정보 및 보고시스템과 내부통제시스템을 구축하고 그것이 제대로 작동하도록 배려할 의무가 이사회를 구성하는 개개의 이사들에게 주어진다"(대법원 2008. 9. 11. 선고 2007다31518 판결).

[5-154] 이사회중심의 경영구조에서 이사회 기능이 감시로 집중되는 상황에서 내부통제는 이사회의 감시기능을 보조함으로써 존재의의를 가질 수 있다. 내부통제 및 위험관리 정책의 수립 및 감독을 중심으로 하는 내부통제에 관한 최종적 책임은 이사회에 귀속된다(지배 15조 1항 5호의2).[63] 또한 이사회는 "내부통제등의 전반적 집행 및 운영에 대한 최종

---

62) 주식회사의 이사는 담당업무는 물론 다른 업무담당이사의 업무집행을 전반적으로 감시할 의무가 있으므로, 주식회사의 이사가 다른 업무담당이사의 업무집행이 위법하다고 의심할 만한 사유가 있음에도 불구하고 이를 방치한 때에는 이사에게 요구되는 선관주의의무 내지 감시의무를 해태한 것이므로 이로 말미암아 회사가 입은 손해에 대하여 배상책임을 면할 수 없다. 대법원 2004. 12. 10. 선고 2002다60467, 60474(병합) 판결; 대법원 2007. 9. 21. 선고 2005다34797 판결.

63) 첫째, 이사와 경영진 간의 정보의 비대칭성을 시정하기 위한 정보의 흐름이라는 관점에서 내부통제는

적인 책임자"가 되는 은행의 대표이사등(지배 30조의4 1항)의 내부통제등 총괄 관리의무의 이행을 감독한다(지배 15조 4항).

일반사업회사와 비교할 때 금융회사의 이사회 특히 사외이사 기능에 대해서는 금융 당국의 상시감독의 존재, 준법감시인을 중심으로 하는 내부통제조직의 역할, 규정중심규제에 입각한 매우 상세한 감독규정의 적용과 같은 사항이 긍정적 요소로 작용한다. 다만 이러한 사유로 이사회 특히 사외이사의 책임이 감경되는 것은 아니다. [5-155]

다. 내부통제기준의 내용

1) 기본사항

내부통제기준에는 내부통제의 실효성 확보를 위해 필요한 사항이 포함되어야 하고 그 내용은 법률로 다음과 같이 정하고 있다(지배 24조 1항; 지배구조령 19조 1항). [5-156]

"업무분장 및 조직구조, 임직원의 업무수행 시 준수절차, 내부통제와 관련한 이사회, 임원 및 준법감시인의 역할, 내부통제를 수행하는 전문인력과 지원조직, 경영의사결정에 필요한 정보의 효율적 전달체제구축, 임직원의 내부통제기준 준수 여부의 확인절차·방법과 내부통제기준을 위반한 임직원의 처리, 임직원의 금융관계법령 위반행위 등의 방지절차나 기준(임직원의 금융투자상품 거래내용의 보고 등 불공정행위를 방지하기 위한 절차나 기준을 포함), 내부통제기준의 제정 또는 변경 절차, 준법감시인의 임면절차, 이해상충 관리방법 및 절차 등, 상품 또는 서비스에 대한 광고 제작 및 내용과 관련한 준수사항, 임직원 겸직이 겸직요건을 충족하는지에 대한 평가·관리, 그 밖에 내부통제기준에서 정하여야 할 세부사항으로서 금융위가 정하여 고시하는 사항"

2) 내부통제위원회

은행은 내부통제기준의 운영과 관련하여 이사회내 위원회로 내부통제위원회를 두어야 한다(지배 16조 1항 5호, 22조의2). 지배구조법은 종래 최고경영자를 위원장으로 하던 경영조직을 이사회내 위원회로 개편하였다(령 19조 2항 삭제). 2가지 예외가 인정된다. 첫째, 은행에는 적용되지 않겠지만, 자산규모, 영위하는 금융업무 등을 고려하여 시행령으로 정하는 금융회사에 대해서는 내부통제위원회에 관한 사항을 적용하지 않는다(지배 3조 3항 4호의2). 둘째, 은행은 내부통제관련 점검·평가 및 필요한 조치 요구(지배 22조의2 2항)에 대해서는 정관으로 감사위원회나 위험관리위원회가 담당하게 할 수 있다(지배 22조의2 3항; 지배구조령 17조의2). 이 경우에는 내부통제위원회를 설치하지 않을 수 있다(지배 16조 3항, 22조의2 2항). [5-157]

내부통제위원회는 내부통제의 기본방침 및 전략 수립, 임직원의 직업윤리와 준법정신을 중시하는 조직문화의 정착방안 마련, 지배구조내부규범(14조 1항)의 마련 및 변경, [5-158]

이사회를 위한 경쟁적인 정보제공통로로 기능할 수 있는 점과 둘째, 준수 동기의 관점에서 단기실적에 치중할 수밖에 없는 경영진의 입장에서는 내부통제가 경영상 비용이나 장애물로 인식될 수밖에 없는 점을 고려하면 이 점은 명백하다. Melvin A. Eisenberg, "The Board of Directors and Internal Control," Cardozo Law Review Vol.19, 1997-1998, pp244-250.

내부통제기준의 제개정(24조 1항), 그 밖에 금융위가 정하여 고시하는 사항을 심의·의결한다(22조의2 1항 1호-5호).

[5-159] 내부통제위원회는 대상 임원과 대표이사등이 각각 관리조치와 보고(지배 30조의2, 30조의4)를 적절하게 수행하고 있는지를 점검·평가하고 미흡한 사항에 대해서는 개선 등 필요한 조치를 요구해야 한다(22조의2 2항).

3) 내부통제조직의 구성

[5-160] 은행은 금융위가 정하여 고시하는 바에 따라 내부통제전담조직을 마련해야 한다(지배 24조 1항; 지배구조령 19조 3항). 내부통제기준에 관하여 필요한 사항은 금융위가 정하여 고시한다(지배 24조 1항; 지배구조령 19조 4항). 여기서 전담조직이 독립부서일 필요는 없을 것이다. 내부통제전담조직은 감사지원업무를 할 수 있는가? 감사기능과 내부통제 및 준법감시의 차별성을 고려할 때 양 업무는 지원조직차원에서도 분리하는 것이 타당하다.

라. 금융사고 예방

1) 내부통제기준에의 반영

[5-161] 은행은 지점 금융사고관리, 지점 업무운영에 관한 자체검사, 은행이용자의 정보보호, 전산사무·현금수송사무 등 금융사고 가능성이 높은 사무 관련 사항에 관하여 금융사고 예방대책을 마련하여 내부통제기준에 반영하고 이를 준수해야 한다(34조의3 1항 1호-4호; 령 20조의3 1항-4항). 여기서 지점은 대리점, 국외현지법인 및 국외지점을 포함한다. 은행이 이를 위반한 경우에는 1억원 이하의 과태료를 부과한다(69조 1항 5호의3).

[5-162] 과거 은행 임직원을 금융사고 예방대책에 관한 내부통제기준 준수의무자로 하는 조항이 있었지만(구 34조의3 2항), 개인제재에서 기관제재로 전환하는 취지에서 준수 및 제재대상을 은행 또는 임직원에서 은행으로 일원화했다(34조의3 1항). 다만 은행 임직원은 은행법 준수의무가 있어 이에 위반한 경우 제재대상에서 제외할 수 없다(54조 1항·2항).

2) 금융사고관련 보고 및 공시의무

[5-163] 은행은 은행 경영에 중대한 영향을 미칠 수 있는 금융사고관련 사항을 금융위가 정하는 요령과 방법에 따라 금융위에 보고하고, 인터넷 홈페이지 등을 이용하여 공시해야 한다(34조의3 3항; 령 20조의3 5항·6항). 은행은 **금융사고 금액**이 3억원 이상인 경우 금융사고가 발생한 날의 다음 날까지 그 금융사고 내용을 금융위에 보고하고, 금융사고가 발생한 날부터 15일 이내에 은행 인터넷 홈페이지 등을 이용하여 공시해야 한다(34조의3 3항; 령 20조의3 5항 본문). 금융사고 금액은 그 금융사고가 발생한 때 은행이 입은 피해 금액으로서 회수가 될 것으로 예상되는 금액을 차감하지 않은 금액을 말한다. 다만, 그 금융사고 금액이 10억원 미만인 경우에는 공시하지 않을 수 있다(34조의3 3항; 령 20조의3 5항 단서). 이를 위반한 은행에게는 5천만원 이하의 과태료를 부과한다(69조 2항).

3) 금융사고예방과 기술발전

은행은 금융사고 예방을 위하여 인공지능 등 다양한 기술을 접목하고 있다. 특히 지급결제에서의 이상거래 적출을 위하여 인공지능과 같은 새로운 기술을 활용하는 것은 중요한 관심사항 중의 하나이다.[64) [5-164]

4. 준법감시인

가. 의 의

준법감시인은 내부통제기준의 준수 여부를 점검하고 그 위반을 조사하는 등 내부통제 관련 업무를 총괄하는 사람을 말한다(지배 25조 1항). 은행은 준법감시인을 1명 이상 두어야 한다. 준법감시인은 선량한 관리자의 주의로 직무를 수행해야 한다(지배 29조). [5-165]

은행지주회사는 자회사인 은행으로부터 준법감시업무를 위탁받아 수행할 수 있다(지주령 [별표 3] 2.아.). 그러나 금융지주회사의 자회사 간에는 서로 준법감시인(지배 25조 1항)의 업무, 내부감사업무, 위험관리업무를 위탁할 수 없다(지주 47조 1항 단서; 지주령 26조 1항 1호-3호). 다만 위탁이 제한되는 것은 업무에 관한 의사결정권한까지 위탁하는 경우만 해당한다. 그러나 자회사등 사이의 위험전이, 고객과의 이해상충 또는 건전한 거래질서를 해할 우려가 없는 경우로서 금융위가 고시하는 업무는 제외한다(지주 47조 1항 단서; 지주령 26조 1항 단서). [5-166]

나. 임면 등

1) 지 위

은행은 사내이사 또는 업무집행책임자 중에서 준법감시인을 선임해야 한다(지배 25조 2항 본문). 다만, 외국은행 국내지점은 사내이사 또는 업무집행책임자가 아닌 직원 중에서 준법감시인을 선임할 수 있다(지배 25조 2항 단서). 이 경우 외국은행 국내지점은 「기간제 및 단시간근로자 보호 등에 관한 법률」에 따른 기간제근로자 또는 단시간근로자를 준법감시인으로 선임할 수 없다(지배 25조 5항). 준법감시인의 독립성 강화를 위한 것이다. [5-167]

2) 임 면

외국은행 국내지점을 제외한 은행이 준법감시인을 임면할 경우에는 이사회 의결을 거쳐야 하며, 해임할 경우에는 이사 총수의 3분의 2 이상의 찬성으로 의결한다(지배 25조 3항). 준법감시인의 독립성 보장을 위한 장치로 도입된 것이다. 은행은 준법감시인을 임면했을 때는 그 사실을 금융위에 보고해야 한다(지배 30조 2항). [5-168]

64) Ajit Desai, Anneke Kosse and Jacob Sharples, "Finding a needle in a haystack: a machine learning framework for anomaly detection in payment systems", BIS Working Papers No 1188, May 2024.

3) 임 기

[5-169] 준법감시인의 임기는 2년 이상으로 한다(지배 25조 4항). 이 또한 준법감시인의 독립성 보장을 위한 것이다. 이를 연장하는 것은 허용되지만 단축하는 것은 비록 정관변경이나 주주총회 결의에 의하더라도 금지된다.

4) 감사 및 감사위원회와의 관계

[5-170] 감사 및 감사위원회와 준법감시인의 관계는 감사기능과 준법감시기능의 구분과 관련하여 논의되어 왔다. 지배구조법은 준법감시인과 감사 및 감사위원회의 관계를 독립적인 것을 전제로 하고 있다. 이를 명확히 하기 위해 과거 지금은 삭제된 은행법 23조의3 2항에서 준법감시인을 "감사위원회에 보고하는 자"라고 규정했던 것을, 준법감시인은 "필요하다고 판단하는 경우 조사결과를 감사위원회 또는 감사에게 보고할 수 있다"라고 변경하였다(지배 25조 1항).

다. 보수규제

[5-171] 은행은 준법감시인에 대하여 회사의 재무적 경영성과와 연동하지 않는 별도의 보수지급 및 평가 기준을 마련하여 운영해야 한다(지배 25조 6항). 은행의 재무적 경영성과와 무관하게 중립적으로 업무를 할 수 있는 근거를 마련한 것이다. 재무적 경영성과에 영향을 받을 경우 독립적인 기능 수행이 어려울 것이라는 점을 고려하면 역시 준법감시인의 기능적인 독립성 보장을 위한 것이다.

라. 자 격

1) 소극적 자격 요건

[5-172] 지배구조법은 준법감시인의 소극적 자격요건으로서 최근 5년간 은행법 또는 금융관계법령을 위반하여 금융위 또는 금감원장, 그 밖의 관련기관[65]으로부터 임직원에 대한 제재조치(지배 35조 1항·2항) 중 문책경고 또는 감봉요구 이상에 해당하는 조치를 받은 사실이 없을 것을 규정하고 있다(지배 26조 1항 1호).

[5-173] 사전적으로 이 요건을 충족하지 못하는 사람이 준법감시인이 된 경우 그 선임은 무효라고 보아야 한다. 준법감시인이 된 사람이 사후적으로 이 요건을 충족하지 못하게 된 경우에는 그 직을 잃는다(지배 26조 2항).

2) 적극적 자격 요건

[5-174] 지배구조법은 준법감시인의 적극적 자격요건으로 일정한 경력을 열거하고 있다. 구체적으로는 금융위설치법상 검사대상기관(38조) 또는 이에 상당하는 외국금융회사에서

---

65) '관련기관'이란 그 임직원이 소속되어 있거나 소속되었던 기관이나 금융위와 금감원장이 아닌 자로서 금융관계법령에서 조치 권한을 가진 자를 말한다(지배 26조 1항 1호; 지배구조령 21조 1항 1호·2호).

10년 이상 근무한 사람, 금융관련분야의 석사학위 이상의 학위소지자로서 연구기관 또는 대학에서 연구원 또는 조교수 이상의 직에 5년 이상 종사한 사람, 변호사 또는 공인회계사의 자격을 가진 사람으로서 그 자격과 관련된 업무에 5년 이상 종사한 사람, 기재부, 금융위, 증선위, 감사원, 금감원, 한국은행, 예보, 그 밖에 금융위가 고시하는 금융관련기관에서 7년 이상 근무한 사람[66], 그 밖에 이에 준하는 자격이 있다고 인정되는 사람으로서 시행령으로 정하는 사람[67]을 열거하고 있다(지배 26조 1항 2호 가목-마목). 다만, 기재부, 금융위, 증선위, 감사원, 금감원, 한국은행, 예보, 그 밖에 금융위가 고시하는 금융 관련 기관에서 퇴임하거나 퇴직한 후 5년이 지나지 않은 사람은 제외한다(지배 26조 1항 2호 단서). 내부통제와 관련된 직무종사경력을 요건으로 할 것인지, 기본요건으로서 최소한의 법률적 소양을 요구할 것인지에 대해서는 논의가 있다.

마. 독립성 보장

은행은 준법감시인의 독립적 직무 수행을 보장해야 한다(지배 30조 1항). 은행 및 그 임직원은 준법감시인의 직무 수행에 필요한 자료나 정보제출을 요구하는 경우 이에 성실히 응해야 한다(지배 30조 3항). 은행은 준법감시인이었던 사람에 대하여 그 직무수행과 관련된 사유로 부당한 인사상의 불이익을 줄 수 없다(지배 30조 4항). [5-175]

바. 겸직금지

준법감시인은 법률상 제한업무를 수행하는 직무를 담당할 수 없다(지배 29조 후문 1호-5호). 제한업무는 자산운용업무, 그 은행의 본질적 업무 및 그 부수업무, 그 은행의 겸영업무, 그 밖에 이해가 상충할 우려가 있거나 내부통제에 전념하기 어려운 경우로서 시행령으로 정하는 업무를 말한다. 은행의 경우 '본질적 업무'는 은행법 제27조에 따른 은행업무를 말한다(지배구조령 24조 1항 1호). 그 은행이 인가를 받은 업무와 직접적으로 관련된 필수업무로 본 것이다. [5-176]

사. 위반 시 제재

지배구조법상 준법감시인을 두지 않은 자, 사내이사나 업무집행책임자 중에서 준법감시인을 선임하지 않은 자, 외국은행 국내지점에서 기간제근로자 또는 단시간근로자를 준법감시인으로 선임한 자, 이사회의결절차를 거치지 않고 준법감시인을 임면한 자에게는 1억원 이하의 과태료를 부과한다(지배 43조 1항 17호-20호, 25조 1항-3항, 5항). [5-177]

---

66) 이 경우 예보의 직원으로서 예금자보호법상 부실금융회사(2조 5호) 또는 부실우려금융 회사(2조 6호)와 정리금융회사(36조의3)의 업무수행을 위해 필요한 경우에는 7년 이상 근무 중인 사람을 포함한다(지배 26조 1항 2호 라목 후단).

67) 여기서 '시행령으로 정하는 사람'은 은행연합회 등 금융업협회 그 밖에 이에 준하는 기관으로서 시행령으로 정하는 기관에서 7년 이상 종사한 사람을 말한다(지배 26조 1항 2호 마목; 지배구조령 21조 2항 2호 가목-사목).

[5-178] 지배구조법에 위반하여 준법감시인에 대한 별도의 보수지급 및 평가 기준을 운영하지 않은 자, 준법감시인이 겸직금지업무를 담당하거나 이를 담당하게 한 자, 준법감시인의 임면사실을 보고하지 않거나 거짓으로 보고한 자에게는 3천만원 이하의 과태료를 부과한다(지배 43조 2항 6호-8호, 25조 6항·29조·30조 2항).

5. 고객응대직원의 보호

[5-179] 은행은 은행법상 업무를 운영할 때 고객응대직원을 고객의 폭언이나 성희롱, 폭행 등으로부터 보호하기 위해 직원이 요청하는 경우 그 고객으로부터의 분리 및 업무담당자 교체, 직원에 대한 치료 및 상담 지원, 고객응대직원을 위한 상시적 고충처리기구 마련,[68] 그 밖에 직원보호에 필요한 법적조치 등 시행령으로 정하는 조치를 해야 한다(52조의4 1항 1호-4호; 령 24조의7 1호-5호). 고객응대직원은 '고객을 직접 응대하는 직원'으로서 은행 창구와 콜센터에서 대고객업무를 담당하는 직원을 말한다.

[5-180] 직원은 은행에 대하여 이러한 보호조치를 요구할 수 있고(52조의4 2항), 은행은 이러한 요구를 이유로 직원에게 불이익을 줄 수 없다(52조의4 3항). 이를 위반하여 보호조치를 하지 않거나 직원에게 불이익을 준 은행에게는 3천만원 이하의 과태료를 부과한다(69조 3항).

[5-181] 은행 영업상 고객응대가 많고 감정노동[69]의 강도가 높은 고객응대직원의 고객으로부터의 물리적·정신적 피해를 보호하기 위해 은행이 적극적으로 조치를 취할 의무를 부과하는 법적 근거를 둔 것이다.[70] 일반 사법상 인정되는 사용자의 의무[71]를 특히 은행법에 명시한 의미가 있다. 입법체계상으로는 노동관련법에서 금융 이외의 다른 분야와 함께 일반법으로 규정하는 것이 적절했을 것으로 생각된다.

---

68) 다만, 「근로자참여 및 협력증진에 관한 법률」 제26조에 따라 고충처리위원을 두는 경우에는 고객을 직접 응대하는 직원을 위한 고충처리위원의 선임 또는 위촉.

69) 감정노동이란 '소비자들이 우호적이고 보살핌을 받고 있다는 느낌을 만들어낼 수 있도록 외모와 표정을 유지하고, 자신의 실제 감정을 억압하거나 실제 감정과 다른 감정을 표현하는 등 감정을 관리하는 노동'을 의미한다. 김종진·송민지, 한국 사회 감정노동 실태와 개선방향 연구, (사)한국노동사회연구소, 2014.12, 4면.

70) 국회 정무위원회 수석전문위원 진정구, 저축은행법 일부개정법률안 은행법 일부개정 법률안 보험업법 일부개정법률안 자본시장과 금융투자업에 관한 법률 일부개정법률안 여신전문금융업법 일부개정법률안 【 김기식의원 대표발의 】 검토보고서, 2015.10, 12면.

71) 법원은 "고용관계 또는 근로관계는 이른바 계속적 채권관계로서 인적 신뢰관계를 기초로 하는 것이므로, 고용계약에 있어 피용자가 신의칙상 성실하게 노무를 제공할 의무를 부담함에 대하여, 사용자로서는 피용자에 대한 보수지급의무 외에도 피용자의 인격을 존중하고 보호하며 피용자가 그 의무를 이행하는 데 있어서 손해를 받지 아니하도록 필요한 조치를 강구하고 피용자의 생명, 건강, 풍기 등에 관한 보호시설을 하는 등 쾌적한 근로환경을 제공함으로써 피용자를 보호하고 부조할 의무를 당연히 부담하는 것"이라는 입장이다. 대법원 1998. 2. 10. 선고 95다39533 판결 등.

Ⅶ. 위험관리

1. 의 의

은행은 영업활동에 수반되는 위험에 대비하여 위험관리체제를 갖춘다. 은행이 영업상 노출되는 위험에는 신용위험, 시장위험, 운영위험, 법적위험, 유동성위험, 결제위험 등이 포함된다. 바젤은행감독위원회는 독립적인 위험관리책임자 중심의 위험관리기능(원칙6), 위험의 인식·측정·관리(원칙7), 조직간 및 이사회와 최고경영진에 대한 보고를 통한 위험 소통(원칙8) 등의 위험관리체제 구축원칙을 은행지배구조원칙으로 권고하고 있다.72) 이러한 위험관리활동은 법령상의 근거가 있는 경우는 물론 없는 경우에도 당연히 이루어져야 한다. 지배구조법은 이를 법률상 제도로 도입하였다. [5-182]

2. 위험관리체제의 구축

가. 의 의

은행은 위험관리기준을 마련해야 한다(지배 27조 1항). 위험관리기준은 '자산의 운용이나 업무의 수행, 그 밖의 각종 거래에서 발생하는 위험을 제때에 인식·평가·감시·통제하는 등 위험관리를 위한 기준 및 절차'를 말한다. [5-183]

은행지주회사가 은행의 위험관리기준을 마련한 경우 그 은행은 위험관리기준을 마련하지 않을 수 있다(지배 27조 2항). 그리고 은행지주회사는 자회사인 은행으로부터 위험관리업무를 위탁받아 수행할 수 있다(지주령 [별표 3] 금융지주회사의 업무에 대한 세부 내용(제11조 제2항 관련) 2. 차). 그러나 금융지주회사의 자회사 간에는 서로 준법감시인(지배 25조 1항)의 업무, 내부감사업무, 위험관리업무를 위탁할 수 없다(지주 47조 1항 단서; 지주령 26조 1항 1호-3호). 다만 위탁이 제한되는 것은 그 업무에 관한 의사결정권한까지 위탁하는 경우만 해당한다. 그러나 자회사등 사이의 위험전이, 고객과의 이해상충 또는 건전한 거래질서를 해할 우려가 없는 경우로서 금융위가 고시하는 업무는 제외한다(지주 47조 1항 단서; 지주령 26조 1항 단서). [5-184]

나. 위험관리체제와 이사의 의무

금융규제법상 은행의 위험관리체제구축의무를 부과하지 않아도 회사법상 이사의 의무로 같은 의무가 인정된다. 은행의 위험에 대하여 이사들에게 개별적인 위험관리거래를 할 구체적 의무가 있다고 볼 것인가? 이 문제는 특히 파생상품거래와 관련하여 거래를 해서 손해를 입은 경우와 거래를 하지 않아서 손해를 입은 경우에 문제가 되어 왔다. 그러나 은행 이사에게 특정 거래에서 발생하는 구체적인 위험관리를 위한 개별적 거래의무를 [5-185]

72) Basel Committee on Banking Supervision, Guidelines: Corporate governance principles for banks, July 2015.

인정하기는 어려울 것이다.[73] 오히려 이사는 은행의 전체적인 위험을 인식·측정·관리할 수 있는 위험관리체제 구축의무가 인정된다.[74] 지배구조법은 은행 이사의 위험관리체제 구축의무를 규제법화한 것이다.

다. 위험관리기준의 내용

1) 기본사항

[5-186] 위험관리기준에는 은행 위험관리의 실효성 확보를 위해 위험관리의 기본방침, 은행의 자산운용 등과 관련하여 발생할 수 있는 위험의 종류, 인식, 측정 및 관리, 은행이 부담 가능한 위험 수준의 설정, 적정투자한도 또는 손실허용한도의 승인, 위험관리전담조직의 구조 및 업무분장, 임직원 업무수행 시 준수할 위험관리절차, 임직원의 위험관리기준 준수 여부 확인절차·방법과 위험관리기준을 위반한 임직원 처리, 위험관리기준의 제정이나 변경, 위험관리책임자의 임면, 그 밖에 위험관리기준에서 정하여야 할 세부사항으로서 금융위가 고시하는 사항이 포함되어야 한다(지배 27조 3항; 지배구조령 22조 1항 1호-10호).

2) 위험관리조직의 구성

(가) 위험관리위원회

[5-187] 은행은 이사회내 위원회로서 위험관리위원회를 두어야 한다(지배 16조 1항 3호). 위원의 과반수는 사외이사로 구성하고, 그 대표는 사외이사로 한다(지배 16조 3항·4항). 위험관리위원회는 위험관리의 기본방침 및 전략수립, 은행이 부담 가능한 위험수준 결정, 적정투자한도 및 손실허용한도 승인, 위험관리기준의 제개정, 그 밖에 금융위가 고시하는 사항을 심의·의결한다(지배 21조 1호-5호).

(나) 위험관리전담조직

[5-188] 은행은 금융위가 고시하는 바에 따라 위험관리전담조직을 마련해야 한다(지배 27조 3항; 지배구조령 22조 2항). 전담조직이 독립부서일 필요는 없지만, 취지상 은행거래를 담당하는 현업부서와는 구별되어야 할 것이다.

3. 위험관리책임자

가. 의 의

[5-189] 위험관리책임자는 '자산의 운용이나 업무의 수행, 그 밖의 각종 거래에서 발생하는

73) 이사의 위험관리의무에 대한 논의로 Christine Hurt, "The Duty to Manage Risk," The Journal of Corporation Law Vol. 39, 2014, pp253-293.

74) 미국에서는 제분회사의 이사회가 헤지경험이 부족한 경영자를 선임하고 이러한 경영자에 대한 감시를 소홀히 하였으며, 원료가격변동에 대한 헤지활동을 지도하고 경영자를 적절하게 감독하기 위해 필요한 기본지식을 얻지 않아 결과적으로 곡물수익의 보호에 필요한 조치를 취하지 않음으로써 U$424,038의 손실을 초래하였다고 하여 이사의 책임을 인정한 사례가 있다. Brane v Roth, 590 N.E.2d 587(Ind. Ct. App. 1992).

위험을 점검하고 관리하는 사람'을 말한다(지배 28조 1항). 은행은 위험관리책임자를 1명 이상 두어야 한다(지배 28조 1항). 위험관리책임자는 선량한 관리자의 주의로 그 직무를 수행해야 한다(지배 29조).

나. 임면 등

1) 지 위

[5-190] 은행은 사내이사 또는 업무집행책임자 중에서 위험관리책임자를 선임해야 한다(지배 28조 2항, 25조 2항 본문). 다만, 외국은행 국내지점은 사내이사 또는 업무집행책임자가 아닌 직원 중에서 위험관리책임자를 선임할 수 있다(지배 25조 2항 단서). 이 경우 외국은행 국내지점은 기간제근로자 또는 단시간근로자를 위험관리책임자로 선임할 수 없다(지배 25조 5항). 위험관리책임자의 독립적 지위를 보장하기 위한 것이다.

2) 임 면

[5-191] 외국은행 국내지점을 제외한 은행이 위험관리책임자를 임면할 경우에는 이사회의 의결을 거쳐야 하며, 해임할 경우에는 이사 총수의 3분의 2 이상의 찬성으로 의결한다(지배 28조 2항, 25조 3항). 위험관리책임자의 독립성 보장을 위한 장치의 하나로 도입된 것이다. 은행은 위험관리책임자를 임면했을 때는 그 사실을 금융위에 보고해야 한다(지배 30조 2항).

3) 임 기

[5-192] 위험관리책임자의 임기는 2년 이상으로 한다(지배 28조 2항, 25조 4항). 이 또한 위험관리책임자의 독립성 보장을 위한 것이므로 이를 연장하는 것은 허용되지만 단축하는 것은 비록 정관변경이나 주주총회의 결의에 의하더라도 허용되지 않는다.

다. 보수규제

[5-193] 은행은 위험관리책임자에 대하여 회사의 재무적 경영성과와 연동하지 않는 별도의 보수지급 및 평가 기준을 마련하여 운영해야 한다(지배 28조 2항, 25조 6항). 준법감시인과 마찬가지로 독립적인 업무수행을 위한 제도적 기초로 마련된 조항이다.

라. 자 격

1) 소극적 자격 요건

[5-194] 위험관리책임자는 최근 5년간 지배구조법 또는 금융관계법령을 위반하여 금융위 또는 금감원장, 그 밖에 관련기관[75]으로부터 임직원에 대한 제재조치(지배 35조 1항·2항) 중 문책경고 또는 감봉요구 이상에 해당하는 조치를 받은 사실이 없는 사람이어야 한다(지배 28조 3항 1호).

---

75) '관련기관'이란 그 임직원이 소속되어 있거나 소속되었던 기관이나 금융위와 금감원장이 아닌 자로서 금융관계법령에서 조치권한을 가진 자를 말한다(지배 28조 3항 1호; 지배구조령 23조 2항, 21조 1항 1호·2호).

[5-195] 사전적으로 이 요건을 충족하지 못하는 사람이 위험관리책임자가 된 경우 그 선임은 무효라고 보아야 한다. 위험관리책임자가 된 사람이 사후적으로 이 요건을 충족하지 못하게 되면 그 직을 잃는다(지배 28조 4항).

2) 적극적 자격 요건

[5-196] 위험관리책임자는 위험관리에 대한 전문적인 지식과 실무경험을 갖춘 사람으로서 적극적 자격요건을 충족해야 한다(지배 28조 3항 2호 가목-라목). 지배구조법은 적극적 자격요건으로 준법감시인과 동일한 경력을 요구한다. 그러나 금감원, 한국은행, 예보, 그 밖에 금융위가 정하는 금융 관련 기관에서 7년 이상 종사한 사람은 지배구조법상 위험관리 또는 그에 준하는 업무를 말하는 위험관리관련업무에 종사했어야 한다. 다만, 금감원, 한국은행, 예보, 그 밖에 금융위가 정하는 금융 관련 기관에서 퇴임하거나 퇴직한 후 5년이 지나지 않은 사람은 제외한다(지배 28조 3항 2호 단서).

마. 겸직금지

[5-197] 위험관리책임자는 법률상 제한업무를 수행하는 직무를 담당할 수 없다(지배 29조 1호-5호). 제한업무는 준법감시인의 경우와 같다.

바. 독립성 보장

[5-198] 은행은 위험관리책임자의 독립적 직무 수행을 보장해야 한다(지배 30조 1항). 은행 및 그 임직원은 위험관리책임자가 직무수행에 필요한 자료나 정보의 제출을 요구하는 경우 이에 성실히 응해야 한다(지배 30조 3항). 은행은 위험관리책임자이었던 사람에 대하여 그 직무수행과 관련된 사유로 부당한 인사상의 불이익을 줄 수 없다(지배 30조 4항).

사. 위반 시 제재

[5-199] 위험관리기준을 마련하지 않거나 위험관리책임자를 두지 않은 자에게는 1억원 이하의 과태료를 부과한다(지배 43조 1항 21호·22호, 27조 1항).

[5-200] 위험관리책임자에 대한 별도의 보수지급 및 평가 기준을 운영하지 않은 자(지배 28조 2항·25조 6항), 위험관리책임자가 겸직금지업무를 담당하거나 위험관리책임자에게 이를 담당하게 한 자(지배 29조), 위험관리책임자의 임면사실을 보고하지 않거나 거짓으로 보고한 자(지배 30조 2항)에게는 3천만원 이하의 과태료를 부과한다(지배 43조 2항 6호-8호).

4. 법적위험의 관리

가. 의 의

[5-201] 은행거래에서 법적위험은 법률상 이유로 손실을 입을 위험을 말한다.[76] 법적위험은

76) Roger McCormick, Legal Risk in the Financial Markets, 2nd ed, Oxford University Press, 2010; Final Report of the Legal Risk Review Committee, October 1992.

법률상 이유로 계약이 무효화됨으로써 손실을 입을 집행위험과 규제에 위반하여 제재 대상이 되거나 명성이나 평판에 오점을 남기는 평판위험으로 나눌 수 있다. 법적위험의 존재는 거래를 할 동기와 유인을 위축시키게 된다. 따라서 각국은 법적위험을 해소하기 위하여 다양한 노력을 하고 있다.

나. 해결수단

1) 행정적 조치

금융거래에 관한 법률문제에 대하여 금융감독기관을 포함한 권한있는 기관에서 적극적이고 탄력적으로 법을 해석운용함으로써 불확실성을 제거하는 방안이다. 미국 증권거래위원회의 비조치의견서(No-action Letter), 일본 금융청의 법령해석사전확인제도, 금융위와 금감원의 비조치의견서 등을 들 수 있다. 그러나 첫째, 행정기관인 금융규제기관이 법의 최종적인 해석권자가 아닌 점과 둘째, 그 적용범위도 주로 규제분야에 한정된다는 점이 한계로 지적된다. [5-202]

2) 사법적 조치

법원의 재판을 통하여 특정문제에 대한 법적 확실성을 부여하는 방안이다. 법원의 법해석권자로서의 지위를 이용하여 행정적 해결보다는 확실성과 최종성을 높일 수 있는 방안이라고 할 수 있다. 그러나 첫째, 재판절차는 수동적인 절차로서 적극적인 문제해결자의 역할을 자임할 수 없고, 둘째, 많은 시간과 비용이 소요된다는 한계가 지적되고 있다. [5-203]

3) 입법적 조치

금융거래의 법적 안정성에 의문을 제기하는 법률문제가 있는 경우 국회에서 입법을 통하여 그 문제를 즉시에 해결하는 방안이다. 그 확실성과 최종성에서 가장 효율적인 방안이라고 할 수 있다. 일괄정산네팅(close-out netting)[77]의 유효성을 확인한 회생법 제120조와 제336조가 대표적인 사례이다. 그러나 국회입법과정을 통과하기 위해서는 공개적인 토의와 의사의 합치를 위하여 많은 시간이 소요되는 점을 문제로 지적할 수 있다. [5-204]

4) 비정부조직의 활동

각국에서 법적위험의 해소를 위해 민간기관의 역할을 강조하고 있는 점도 주목된다. 미국의 Financial Markets Lawyers Group,[78] 영국의 Financial Markets Law Committee,[79] EU의 [5-205]

77) 일괄청산네팅은 '당사자 일방에 도산 등 일정한 해지사유가 발생한 경우에 당사자간에 이행기가 도래하지 않은 개별계약 및 결제되지 않은 개별계약 등 일정한 범위의 거래로부터 발생한 채권채무의 전액에 관하여, 이행기나 통화의 이동을 불문하고, 일정한 방법으로 현재가치화하여 미리 약정한 통화표시 채권으로 환산한 후 차감계산한 차액만의 지급으로 계약해지 후의 결제를 하는 방법'을 말한다([12-28]). 일괄청산네팅을 회생법은 '정산', 은행업감독업무시행세칙은 '상계'라고 부른다. 이 책에서는 청산(clearing)과의 구별을 위하여 정산 또는 일괄정산네팅이라는 용어를 사용한다.

78) 〈www.newyorkfed.org/FMLG/〉

European Financial Markets Lawyers Group,[80] 일본의 금융법위원회[81] 등이 대표적이다. 이들 기관은 정부조직은 아니지만 그 금융시장의 가장 권위있는 법률가들이 참여하여 현안에 대한 법률의견을 정리하여 제시함으로써 법적위험에 대한 시장참가자의 인식과 제도 개선에 기여하고 있다.

다. 법률의견서

[5-206] 법률의견서(legal opinion)는 국제적으로는 통상 금융거래의 완료(closing)를 위하여 제공되는 거래의견서(closing legal opinion)를 말한다.[82] 그러나 국내에서는 은행의 업무처리 시 발생하는 법적 쟁점에 관한 변호사의 검토의견도 법률의견서라고 부른다. 법적위험의 관리라는 관점에서는 후자도 법률의견서에 포함시킬 수 있다. 이러한 의견서는 변호사가 전문가책임으로 작성한다. 변호사는 법률의견서의 내용에 대하여 불법행위책임을 질 수 있다. 일반적으로 그 책임은 그 법률의견서의 수신인인 최초의 거래당사자에게만 미친다는 단서를 붙이고 있다. 최초 금융거래의 당사자가 아닌 채권양수인 등에게는 책임을 지지 않는 것이 원칙이다.[83]

[5-207] 은행 이사가 법률의견서에 근거하여 판단한 것만으로 이사로서의 의무를 다한 것으로 볼 수 있는가? 부동산개발 프로젝트금융을 위한 부지매입대금을 대출하면서 "그 사업부지에 관하여 토지 소유자들과 XX주택과 사이에 매매계약의 효력을 다투는 법적 쟁송이 예상된다는 취지의 법률의견서"를 제출받은 금융기관 이사에 대하여 법원은 "최소한 법적 쟁송으로 인해 위 사업부지의 매입이 상당 기간 지연될 가능성에 대해서는 인식하였던 것"으로 보고 있다(대법원 2011. 10. 13. 선고 2009다80521 판결). 주식매매와 관련한 옵션계약에서 배임죄로 기소된 피고인이 각종 안전장치를 마련하였고 전문법무법인으로부터 옵션계약이 국내법상 문제없다는 법률의견서까지 받았으므로 배임죄 성립에 요구되는 임무위배가 없었다는 주장을 하였으나 역시 받아들여지지 않았다(서울고법 2005. 6. 10. 선고 2003노1555 판결). 사안별로 판단할 문제이지만, 단순히 변호사의 법률의견서를 받은 것만으로 이사의 주의의무를 다한 것으로 볼 수는 없다.[84]

[5-208] 국내에도 법률의견서의 형사소송법상 증거능력이 문제된 사례가 있다. 법원은 변호사가 의뢰인에게 법률자문을 한 내용을 기록한 법률의견서는 형사소송법상 전문증거로

---

79) 〈www.fmlc.org/〉
80) 〈www.efmlg.org/〉
81) 〈http://www.flb.gr.jp/〉
82) Philip R. Wood, International Loans, Bonds, Guarantees, Legal Opinions, 3rd ed, Sweet & Maxwell, 2019, p547 [43-001]. cf, Michael Gruson, Stephan Hutter, Michael Kutschera, Legal Opinions in International Transactions 4th ed, Kluwer Law International, 2003, p9.
83) Sarah Paterson, "Legal Opinions" in Sarah Paterson and Rafal Zakrzewski(eds), McKnight, Paterson, & Zakrzewski on the Law of International Finance 2nd ed, 2017, p419 [8.2.2].
84) 상세한 논의로는, 정대익, "법률자문의 신뢰와 이사의 책임조각 가능성," 비교사법 제23권 제4호, 2016, 1803-1840면.

보아야 하고, 이를 의뢰인에 대한 유죄의 증거로 사용하기 위해서는 작성자인 변호사가 법정에 출석해 진정하게 작성되었음을 진술해야 하며, 변호사가 정당하게 증언 거부권을 행사해 진술하지 않으면 그 법률의견서를 증거로 할 수 없다고 판단하였다(대법원 2012. 5. 17. 선고 2009도6788 전원합의체 판결).[85]

Ⅷ. 보수규제

1. 의 의

회사재산의 사외유출 방지라는 회사이익 또는 주주보호의 관점에서 이루어지는 회 [5-209]
사법상 이사의 보수규제와 달리, 금융규제법상 보수규제는 성과보수제도에 따른 임직원의 강력한 단기성과동기를 통제하기 위한 목적으로 이루어진다. 지배구조법은 "임직원이 과도한 위험을 부담하지 아니하도록 보수체계를 마련"하는 것을 은행 보수규제의 기본원칙으로 하고 있다(22조).

여기서 성과보수는 보수의 일정비율 이상을 성과에 연동하여 미리 정해진 산정방식에 [5-210]
따라 지급하는 보수를 말한다(지배 22조 3항 전단).

2. 보수위원회

보수위원회는 '적용대상 임직원'에 대한 보수 결정 및 지급방식, 보수지급에 관한 [5-211]
연차보고서의 작성 및 공시, 그 밖에 금융위가 정하여 고시하는 사항을 심의·의결한다(지배 22조 1항 1호-3호). 지배구조법상 보수규제의 대상은 단기성과주의에 의한 과도한 위험인수를 초래할 수 있는 임직원으로 엄격히 한정되어야 한다.

3. 성과보수규제

가. 보수체계

은행은 임직원이 과도한 위험을 부담하지 않게 보수체계를 마련해야 한다(지배 22조 [5-212]
2항). 이는 보수의 산정기준과 지급방법에 반영되어야 한다. 보수지급방법으로 은행은 적용대상 임직원에 대하여 보수의 일정비율 이상을 성과보수로 일정기간 이연하여 지급해야 한다(지배 22조 3항 전단).

여기서 '적용대상 임직원'은 감사, 감사위원, 준법감시인 및 위험관리책임자는 제외 [5-213]
임원, 금융투자업무담당자, 단기 실적에 따른 성과보수를 지급할 경우 과도한 위험을 추구하는 등 부작용이 나타날 수 있는 업무[86]에 종사하는 직원 중 고용계약에 따라 담당업무로부터 발생하는 이익의 일부를 성과보수로 받는 직원을 말한다(지배 22조 3항; 지배구

85) 소개로는, 김우진, "변호인 작성의 법률의견서의 증거능력," 형사판례연구 21호, 2013, 487-521면.
86) 은행의 경우 대출, 지급보증 및 어음의 할인·인수, 팩토링, 신용카드의 발행업무 그 밖에 단기실적에 따른 성과보수를 지급할 경우 부작용이 나타날 수 있다고 은행이 판단하여 정하는 업무를 말한다(지배구조령 17조 2항 3호 가목-라목).

조령 17조 2항). 사외이사, 비상임이사, 감사위원은 직무상 은행의 단기경영성과에 연동된 보수를 받기에 부적합하고, 준법감시인 및 위험관리책임자에 대해서는 재무적 경영성과에 연동되지 않는 보수체계를 두도록 하고 있다.

[5-214] 적용대상 임직원은 은행에 단기성과주의에 의한 과도한 위험인수를 초래할 수 있는 임직원으로 엄격히 한정되어야 한다. 금융위가 고시하는 직원, 기간제근로자 또는 단시간 근로자는 제외할 수 있다. 이 경우 성과에 연동하는 보수의 비율, 이연 기간 등 세부사항은 시행령으로 정한다(지배 22조 3항 후단).

나. 보수공시

[5-215] 은행은 적용대상 임직원의 보수지급에 관한 연차보고서를 작성하고 결산 후 3개월 이내에 인터넷 홈페이지 등에 그 내용을 공시해야 한다(지배 22조 4항). 여기서 적용대상 임직원은 성과보수이연지급대상인 임원 및 직원을 말한다(지배 22조 4항; 지배구조령 17조 2항).

[5-216] 이 연차보고서에는 보수위원회의 구성, 권한 및 책임 등, 임원의 보수총액(기본급, 성과보수, 이연 성과보수 및 이연 성과보수 중 그 회계연도에 지급된 금액 등)이 포함되어야 한다(지배 22조 5항 1호·2호).

Ⅸ. 소수주주권

[5-217] 지배구조법은 은행의 소수주주권 행사에 관한 특례를 규정하고 있다(33조 1항-7항). 그러나 지배구조법은 소수주주권에 관한 특례는 상법 해당 규정에 따른 소수주주권 행사에 영향을 미치지 않는다고 하여(33조 8항) 양법의 선택적 적용을 허용하고 있다.

제4절 업무범위규제

Ⅰ. 서 언

은행법은 업무범위를 고유업무, 겸영업무, 부수업무로 구분하여 규정하고 있다. 고유업무는 업종별로 핵심기능에 해당하는 업무를 말한다. 겸영업무는 원칙적으로 다른 업종의 금융업무를 은행이 하는 것을 말한다. 부수업무는 고유업무에 부수하는 비금융업무를 말한다. 은행의 업무범위를 규제하는 이유로는 이해상충방지, 우월적 지위의 남용방지, 타업리스크의 방지, 본업전업의 효율성 등이 강조되고 있다. [5-218]

Ⅱ. 은행업무 - 고유업무

1. 의 의

은행은 고유업무로서 은행업무를 경영할 수 있다. 은행업무는 '은행법 또는 그 밖의 관계 법률의 범위에서 운영할 수 있는 은행업에 관한 모든 업무'를 말한다(27조 1항). 은행업무는 예금·적금 수입 또는 유가증권, 그 밖의 채무증서 발행, 자금대출 또는 어음할인, 내국환·외국환을 말한다(27조 2항). [5-219]

여기서 '은행법 또는 그 밖의 관계 법률의 범위에서'의 의미는 무엇인가? 은행업무의 범위와 방법을 규정한 것으로 은행에 허용되는 금융투자업의 범위와 방법을 정한 자본시장법, 은행이 모집할 수 있는 보험상품의 범위와 모집방법을 정한 보험업법, 외국환업무의 방법을 정한 외국환거래법, 이자의 최고한도를 정한 이자제한법, 그 밖에 상거래의 일반원칙을 정한 상법, 어음법, 수표법, 한국은행법 등을 말한다.[87] [5-220]

고유업무는 해당 업종의 본질적 업무라는 의미이지, 다른 업종에서 할 수 있는지는 또 다른 입법정책적 판단사항이다. 예를 들면, 은행의 고유업무 중 예금업무는 금산분리 등의 규제로 다른 업종에서 취급할 수 없다. [5-221]

다만 현금자동입출금기를 통해 예금인출, 잔액조회, 계좌이체 등 일정 부분만을 기계적으로 대행하는 업무는 은행법 관계법령 소정의 은행업무에 해당하지 아니하므로 부가가치세가 면제되지 않는다고 본 판결은 은행업무의 범위를 판단할 때 중요한 기준이 될 수 있다(서울행법 2007. 5. 1. 선고 2006구합38847 판결). [5-222]

87) 은행감독원, 113면.

〈표 5-2〉 은행의 업무범위

구분	규율방식	주요업무
고유	열거(27조)	·예금·적금의 수입 또는 유가증권, 그 밖의 채무증서의 발행 ·자금의 대출 또는 어음의 할인 ·내국환·외국환
겸영	열거+신고 (28조)	① 타금융관련법령에서 인·허가 및 등록 등을 받아야 하는 업무 ·[자본시장법] 파생상품 매매·중개, 파생결합증권 매매, 국채등의 인수·매출, 국채등의 매매, 국채등의 모집·매출 주선, 집합투자증권 투자매매 및 중개, 환매조건부 매매, 신탁업, 담보부사채에 관한 신탁업, 집합투자업, 투자자문업, 일반사무관리회사, 명의개서대행회사, 개인종합자산관리계약(ISA) 관련 투자일임업 ·[보험업법] 보험대리점 ·[근로자퇴직급여 보장법] 퇴직연금사업자 ·[여전법] 신용카드업 ·타 금융관련법령에 따른 금융업무로서 인·허가 및 등록을 받은 업무 추가(포괄주의) ② 타금융관련법령에서 은행이 운영할 수 있도록 한 업무 ③ 기타 금융업무(비본질적 겸영업무) ·유동화자산 관리 및 채권추심 업무 수탁 ·기업 인수·합병의 중개·주선·대리 ·기업 경영·구조조정·금융 관련 상담·조력 ·증권의 투자 및 대차거래 업무 ·상업어음 및 무역어음의 매출 ·금융상품 및 무역보험, 소기업, 소상공인 공제판매 대행 ·대출 및 대출채권매매 중개 ·국외지점 소개국가 법령에 따라 해당지점이 영위가능한 업무 ·신용정보서비스, 상법에 따른 사채관리회사 업무
부수	포괄+부분 신고 (열거업무 신고 불요) (27조의2)	·채무의 보증 또는 어음의 인수 ·상호부금(相互賦金) ·팩토링(기업의 판매대금채권의 매수·회수 및 이와 관련된 업무) ·보호예수(保護預受) ·수납 및 지급대행 ·지방자치단체의 금고대행 ·전자상거래와 관련한 지급대행 ·은행업과 관련된 전산시스템 및 소프트웨어의 판매 및 대여 ·금융 관련 연수, 도서 및 간행물 출판업무 ·금융 관련 조사 및 연구업무 등 ·부동산의 임대 ·수입인지, 복권, 상품권, 입장권 등의 판매대행 ·은행의 물적설비를 활용한 광고대행 등
		·은행법령에 열거되어 있지 않으나 은행업무에 부수하는 업무 *요건 : ① 은행의 경영건전성, ② 예금자 등 은행 이용자의 보호, ③ 금융시장 등의 안정성 각각의 저해 여부

(자료) 금융위

2. 자금조달

가. 예 금

은행법상 은행은 제한 없이 예금을 수입할 수 있다. 그러나 당좌예금에 대해서는 특칙이 있다. 당좌예금은 예금자입장에서는 출납예금으로서의 기능 외에 어음·수표의 발행을 통한 신용수단이 되는데, 은행입장에서는 당좌대월 등을 통한 신용창조의 원천이 되면서 요구불예금으로서 항상 지급준비를 요하는 제약이 있다.[88] 이런 점을 고려하여 당좌예금은 단기성예금을 재원으로 단기운용을 하는 상업금융업무를 운영하는 은행만이 취급할 수 있다(32조). [5-223]

나. 금융채

1) 금융채의 발행

(가) 의 의

은행은 금융채를 발행할 수 있다(33조 1항 본문). 금융채의 발행조건 및 방법 등에 관하여 필요한 사항은 시행령으로 정한다(33조 2항). 외국은행 국내지점도 금융채를 발행할 수 있는가? 외국은행 국내지점도 은행법상 은행으로 간주되고 있고, 은행법 제59조 제1항 단서에서 금융채발행에 관한 은행법 제33조를 배제하고 있지 않으므로 의문이 제기될 수 있다. 그러나 은행법상 금융채는 상법상 사채 또는 이에 준하는 사채로서 상법상 주식회사만 발행할 수 있다. 따라서 상법상 주식회사가 아닌 외국은행 국내지점은 은행법상 금융채를 발행할 수 없다.[89] 입법론으로는 허용하는 것도 검토할 수 있다. 예컨대 외국은행이 그 본국법에 따라 채권을 발행하면서 취급점포를 국내지점으로 한정하고, 그 자금용도도 국내지점용으로 하며, 투자자는 그 국내지점자산으로부터 우선변제받을 수 있게 하는 등의 요건에 따라 발행할 경우에 특별히 문제가 있는 것인지 생각해 볼 필요가 있다. [5-224]

(나) 종 류

은행이 발행할 수 있는 금융채는 상법상 사채, 상각형 및 은행주식 전환형 조건부자본증권, 은행지주회사주식 전환형 조건부자본증권, 기타 사채를 말한다(33조 1항 1호-5호). [5-225]

상각형과 전환형 조건부자본증권은 주권상장법인인 은행이 자본시장법 제165조의11 제1항에 따라 발행하는 사채를 말한다(33조 1항 2호·3호). 은행지주회사주식 전환형 조건부자본증권은 상법상 사채, 전환사채 및 신주인수권부사채(상 469조 2항, 513조 및 516조의2)와 다른 종류의 사채로서 그 사채의 발행 당시 예정사유가 발생하는 경우 발행인인 비상장은행 주식으로 전환됨과 동시에 그 전환된 주식이 상장은행지주회사의 주식과 교환된다는 [5-226]

88) 은행감독원, 45면.
89) 법무부 유권해석(법무심의관실 3470(2005. 7. 5)). 이종호, "외국은행 국내지점 규제에 관한 법적 연구," 박사학위논문 성균관대학교, 2017, 238-239면.

조건이 붙은 사채를 말한다(33조 1항 4호). 다만, 은행지주회사주식 전환형 조건부자본증권은 자본시장법상 주권비상장법인(9조 15항 4호)인 비상장은행만이 발행할 수 있다(33조 1항 단서). 여기서 상장은행지주회사는 그 사채의 발행 당시 비상장은행의 발행주식 총수를 보유한 자본시장법상 주권상장법인인 은행지주회사를 말한다. 비상장은행이 발행한 전환형 조건부자본증권을 그 은행의 주식으로 전환하는 것은 투자자들에게 큰 의미가 없으므로 거래 가능한 상장은행지주회사의 주식으로 전환할 수 있게 하여 증권의 발행을 돕는 것이다.

[5-227] 기타 사채는 은행이 BIS기준에 따라 발행한 채무증권 또는 금융업자가 금융관련법령(및 이에 상당하는 외국금융관련법령)에 따라 발행할 수 있는 채무증권으로서 금융위가 고시한 사채를 말한다(33조 1항 5호; 령 19조 5항).

(다) 발행한도

[5-228] 은행법상 금융채 발행한도는 자기자본의 5배이다(33조 1항 본문; 령 19조 1항 본문). 다만, 금융채의 신규 발행 없이 자기자본의 감소, 합병, 전환 등 사유로 금융채 발행금액이 자기자본의 5배를 초과하게 되는 경우에는 그 발행금액이 자기자본의 5배 이내가 될 때까지 새로 금융채를 발행할 수 없다(33조 1항 본문; 령 19조 1항 단서).

[5-229] 은행이 이미 발행한 금융채를 상환하기 위해 새로 금융채를 발행하는 경우에는 상환할 금융채의 발행금액은 사채발행한도에 산입하지 않는다(33조 1항 본문; 령 19조 2항 전단). 총발행금액이 달라지지 않기 때문이다. 이 경우 상환하기로 한 금융채는 새로 금융채를 발행한 후 1개월 이내에 상환해야 한다(33조 1항 본문; 령 19조 2항 후단).

(라) 발행절차

[5-230] 금융위는 은행이 이사회의결 또는 주주총회결의를 거치지 않고 금융채를 발행한 경우 그 은행에 대하여 금융채 발행금지(6개월 이내)를 명할 수 있다(33조 3항, 33조의2·33조의3).

(마) 발행방법

[5-231] 은행은 금융채를 매출기간을 미리 정하여 매출의 방법으로 발행할 수 있다(령 19조 3항). 일반사업회사의 경우 채권은 사채전액의 납입 완료 후가 아니면 발행할 수 없으므로(상 478조 1항) 매출발행이 불가능하지만, 산업은행의 산업금융채권 등에 대하여 인정되어 온 점(산업은행법시행령 12조 2항)을 감안하여 은행법상 은행에도 인정한 것이다.[90]

2) 조건부자본증권의 발행

(가) 조건부자본증권의 의의

[5-232] 조건부자본증권은 은행의 손실흡수능력의 강화를 위해 발행 당시 미리 정한 예정사유가 발생한 경우 그 발행인의 보통주로 전환되거나 원리금이 소각되는 사채를 말한다.[91]

---

90) 이병화, 200면.

91) 정순섭, "조건부자본증권에 대한 법적 연구," 상사법연구 제30권 제3호, 2011, 9-45면; 최영주, "은행의

주권상장법인인 은행은 자본시장법에 따라 조건부자본증권을 발행할 수 있다. 그러나 대부분의 은행이 주권비상장법인인 점을 고려하여 은행법에 발행근거를 명시한 것이다.

(나) 조건부자본증권의 만기

조건부자본증권(33조 1항 2호-4호)의 만기는 그 발행은행이 청산·파산하는 때로 할 수 [5-233] 있다(령 19조 6항). 이는 조건부자본증권의 기타 기본자본 인정요건이 강화된 것을 반영한 것이다. 과거 ① 영구채 또는 ② 만기 30년 이상 채권으로 은행이 동일조건으로 만기를 연장할 수 있을 경우 기타 기본자본으로 인정되었지만, 바젤은행감독위원회의 기준 개정으로 영구채만 인정된다.[92] 은행은 조건부자본증권의 만기를 발행은행이 청산·파산하는 때로 할 수 있어 영구채 형태의 조건부자본증권을 발행할 수 있다.

(다) 은행지주회사주식 전환형 조건부자본증권의 발행절차

① 이사회 결의와 주총특별결의

비상장은행이 은행지주회사주식 전환형 조건부자본증권을 발행하려면 비상장은행 [5-234] 및 상장은행지주회사는 각각의 정관으로 정하는 바에 따라 은행지주회사주식 전환형 조건부자본증권의 총액 등 시행령으로 정하는 사항을 포함한 주식교환계약서를 작성하여 비상장은행의 경우 이사회의 의결, 상장은행지주회사의 경우 이사회의 의결과 주주총회의 특별결의(상 434조)를 거쳐야 한다(33조의3 1항 1호·2호).

② 등록발행

은행법은 비상장은행이 은행지주회사주식 전환형 조건부자본증권을 「공사채 등록법」상 [5-235] 등록기관에 예탁결제원 명의로 등록하여 발행한다(33조의3 2항; 자본 309조 5항)고 규정하고 있다. 그러나 전자증권법 시행과 함께 공사채등록법은 폐지되었다(전자증권법 〈제14096호, 2016. 3. 22.〉 부칙 2조 1항). 현재 조건부자본증권은 전자증권법상 전자등록방식으로 발행된다.[93]

③ 등 기

비상장은행 및 상장은행지주회사는 비상장은행이 은행지주회사주식 전환형 조건부 [5-236] 자본증권을 발행한 경우 납입완료일로부터 2주일 이내에 각각의 본점 소재지에서 은행지주회사주식 전환형 조건부자본증권의 총액 등 시행령으로 정하는 사항을 등기해야 한다(33조의3 3항).

④ 주식매수청구권의 행사

은행지주회사주식 전환형 조건부자본증권의 발행을 위한 상장은행지주회사의 이사 [5-237] 회의결(33조의3 1항 2호)이 있는 경우 그 의결에 반대하는 상장은행지주회사의 주주가 주

조건부자본증권 발행에 관한 연구 : 은행법 개정안을 중심으로," 금융감독연구, 2015, 1-26면.

92) 금융위·금감원, 보도자료: 은행지주회사의 조건부자본증권 발행근거 마련, 2016.7.19., 2면.

93) 전자증권법상 사채는 자본시장법상 조건부자본증권을 포함한다(2조 1호 나목).

주총회 전에 상장은행지주회사에 대하여 서면으로 그 의결에 반대하는 의사를 통지한 경우 그 주주총회의 결의일부터 20일 이내에 주식의 종류와 수를 적은 서면으로 상장은행지주회사에 대하여 자기가 소유하고 있는 주식의 매수를 청구할 수 있다(33조의3 4항 전단). 이 경우 주식의 매수기간 및 매수가액의 결정 등에 관하여는 상법상 반대주주의 주식매수청구권 행사에 관한 규정(상 374조의2 2항-5항)을 준용한다(33조의3 4항 후단).

⑤ 신규발행주식의 유보

[5-238] 비상장은행 및 상장은행지주회사는 비상장은행이 은행지주회사주식 전환형 조건부자본증권을 발행하는 날부터 주식 전환 및 교환의 효력발생일과 만기일 중 먼저 도래하는 날까지 전환 및 교환으로 인하여 새로 발행할 주식의 수를 유보해야 한다(33조의3 5항).

⑥ 효력발생일

[5-239] 은행지주회사주식 전환형 조건부자본증권의 비상장은행 주식으로의 전환 및 그 전환된 주식의 상장은행지주회사 주식과의 교환은 예정사유가 발생한 날부터 제10영업일이 되는 날에 그 효력이 발생한다(33조의3 6항; 령 19조의2 3항). 비상장은행은 주식 전환 및 교환의 효력이 발생하는 경우에도 주권을 발행하지 않을 수 있다(33조의3 7항; 상 355조 1항).

⑦ 지배의 변동과 조건부자본증권의 변경

[5-240] 비상장은행이 은행지주회사주식 전환형 조건부자본증권을 발행한 이후 상장은행지주회사가 비상장은행을 지배하지 않게 된 때는 그 때까지 발행된 예정사유가 발생하지 않은 은행지주회사주식 전환형 조건부자본증권은 예정사유 및 전환의 조건이 동일한 은행주식 전환형 조건부자본증권으로 변경되는 것으로 본다(33조의3 8항 본문). 여기서 지배는 금융지주법상 지배(2조 1항 1호)를 말한다(지주령 2조 3항). 다만, 주식교환계약서에서 달리 정한 경우에는 그에 따른다(33조의3 8항 단서).

(라) 은행지주회사주식 전환형 조건부자본증권의 소규모 발행절차 등에 관한 특례

[5-241] 비상장은행이 발행하는 은행지주회사주식 전환형 조건부자본증권의 발행가액이 상장은행지주회사 자본총액의 5%를 초과하지 않는 경우에는 절차상 특례가 적용된다(33조의4 1항). 여기서 자본총액은 재무상태표상 자산총액에서 부채총액을 뺀 금액을 말한다. 이 경우에는 반대주주의 주식매수청구권(33조의3 4항)도 적용되지 않는다(33조의4 4항).

3) 커버드본드의 발행

[5-242] 은행은 이중상환채권법에 따라 **이중상환청구권부 채권**(covered bond)을 발행할 수 있다. 동법상 커버드본드는 발행기관에 대한 상환청구권과 함께 발행기관이 담보로 제공하는 기초자산집합(커버풀, Cover Pool)에 대하여 제3자에 우선하여 변제받을 권리를 가지는 채권으로서 동법에 따라 발행되는 것을 말한다(2조 3호). 기초자산집합은 이중상환청구권부 채권의 원리금 상환을 담보하는 자산으로서 등록된 것을 말한다(이중상환채권법 2조 4호).

커버드본드는 은행 보유자산, 특히 주택담보대출을 기초자산집합으로 하여 발행하는 담보부사채이다. 은행이 그 자산을 그대로 보유하면서 투자자가 그 자산에 대한 우선변제권을 확보할 수 있다. 따라서 투자자가 기초자산집합에 대한 우선변제권을 가지면서 **발행인에 대한 원리금상환청구권**과 함께 **그 책임재산에 대한 청구권**을 함께 보유할 수 있는 점에서 이중상환청구권부 채권이라고 한다. [5-243]

커버드본드는 금융위기 상황에서 은행의 자금조달이 곤란한 경우에 우량자산을 기초자산집합으로 활용함으로써 자금조달을 가능하게 하는 수단으로 도입된 것이다. [5-244]

4) 사채등의 등록 - 공사채등록법의 폐지

2016.3. 전자증권법의 제정과 함께 공사채등록법은 폐지되었다. 은행의 등록방식의 금융채 발행을 위한 법적 근거를 은행법에 두게 되었다(33조의5). 전자증권법은 2019.9.16. 시행되었다. [5-245]

사채등[94]의 소유자·질권자, 그 밖의 이해관계자는 그 사채등을 발행하는 발행은행에 각각 그 권리를 등록할 수 있다(33조의5 1항). 등록한 사채등에 대해서는 증권이나 증서를 발행하지 않으며, 발행은행은 이미 증권이나 증서가 발행된 사채등을 등록하는 경우에는 그 증권이나 증서를 회수해야 한다(33조의5 2항). 사채등의 소유자는 언제든지 발행은행에 사채등의 등록을 말소하고 사채등이 표시된 증권이나 증서의 발행을 청구할 수 있다(33조의5 3항 본문). 다만, 전자증권법상 전자등록방식으로 발행된 경우와 같이 사채등의 발행조건에서 증권이나 증서를 발행하지 않기로 정한 경우에는 청구할 수 없다(33조의5 3항 단서). 등록한 사채등을 이전하거나 담보권의 목적으로 하거나 신탁재산으로 위탁한 경우에는 그 사실을 등록하지 않으면 발행은행이나 그 밖의 제3자에게 대항하지 못한다(33조의5 4항). 등록한 사채등을 법령에 따라 담보로서 공탁하거나 임치하는 경우에는 그 사실을 등록함으로써 담보를 갈음할 수 있다(33조의5 5항). 사채등의 등록 및 말소의 방법과 절차, 등록부의 작성·비치 및 관리 등에 필요한 사항은 시행령으로 정한다(33조의5 6항; 령 19조의4 1항·2항). 그러나 전자증권법상 전자등록방식으로 발행할 수 있으므로 특별히 적용가능성은 많지 않을 것으로 생각된다. [5-246]

3. 자금운용

은행법상 자금운용에는 대출이 포함되어야 한다. 대출이 아닌 유가증권 투자로도 운용할 수 있지만 대출업무를 전혀 하지 않는 경우를 은행이라고 보기 어렵다. 다만 인터넷전문은행은 중소기업(중소기업기본법 2조 1항)에 대한 신용공여를 제외한 법인에 대한 신용공여를 할 수 없다(인터넷은행법 6조). 이 제한은 은행법상 고유업무 및 부수업무규제(27조, [5-247]

94) 은행법상 "사채, 그 밖에 등록에 적합한 것으로서 시행령으로 정하는 권리"라고 규정되어 있지만, 시행령에서는 추가하고 있지 않다.

27조의2 1항)에 우선한다. 여기서 제한되는 신용공여는 은행법상 신용공여와 같다(2조 1항 7호). 대출에 대해서는 제9장 대출([9-1]-[9-96])에서 살펴본다.

4. 환업무

가. 의 의

[5-248] 환업무는 격지자간의 자금의 이동업무를 말한다.[95] 국내에서 이루어지는 것을 내국환, 국제적으로 이루어지는 것을 외국환이라고 한다. 외국환에 대해서는 외국환거래법이 추가로 적용된다. 내국환은 채무자가 은행을 통하여 채권자에게 자금을 송부하는 송금환과 채권자가 은행을 통하여 채무자에 대한 채권의 회수를 의뢰하는 추심환으로 구분된다. 내국환에 대해서는 제10장 환거래([10-1]-[10-67])에서, 그리고 외국환에 대해서는 제18장 외국환규제([18-1]-[18-103])에서 상세히 설명한다.

나. 환업무와 고유업무

[5-249] 은행법상 환업무가 은행의 고유업무인가?[96] 찬성론은 "내·외국환업무가 은행의 고유업무에 해당하는지에 대해서는 해석상 다소 논란이 있을 수 있"지만, "환업무가 은행의 예금업무와 관련하여 이루어지는 것을 고려할 때 은행의 고유업무로 취급하는 것이 타당하다"고 주장한다.[97] 반대론은 은행법상 금융위 인가를 요하는 '은행업'(8조 1항)은 "예금을 받거나 유가증권 또는 그 밖의 채무증서를 발행하여 불특정 다수인으로부터 채무를 부담함으로써 조달한 자금을 대출하는 것을 업(業)으로 하는 것"을 말하고(1조 1항 1호), 내국환·외국환업무는 인가를 받은 은행이 운영할 수 있는 은행업무의 하나로 규정되어 있으므로(27조 1항, 2항 3호), 내국환·외국환업무는 '은행'이 영위할 수 있는 업무이지 '은행만'이 영위할 수 있는 고유업무라고 할 수 없다고 주장한다.[98] 그러나 은행법 조문체계가 불명확해도[99] 환업무는 은행의 고유업무로 보는 것이 당연하다. 다만 은행의 고유업무로 보는 환업무는 아래에서 보는 바와 같이 협의의 지급결제에 한정된다.

---

95) 일본에서는 환업무를 "고객으로부터 격지자간에 직접 현금을 수송하지 않고 자금을 이동하는 구조를 이용하여 자금을 이동하는 것을 내용으로 하는 의뢰를 받아 이를 인수하는 것 또는 이를 인수하여 수행하는 것"이라고 정의하고 이를 은행의 배타적 고유업무라고 본다. 小山, 144-145면; 最三小判 2000.3.12. 刑集五五卷二号 97면.

96) 정순섭, "금융규제체계개편론 - 은행의 업무범위에 대한 국제적 논의를 중심으로," 상사판례연구 제24집 제4권, 2011, 40-41면.

97) 김홍기, "은행의 증권관련업무 영위에 대한 자본시장법 적용의 법적 문제," 은행법연구 제1권 제2호, 2008, 3-47면. "환업무 자체가 은행의 탄생 및 여·수신업과 밀접하게 관련된다는 역사성을 감안할 때에는 역시 은행의 고유업무로 보아야 할 것"이라는 주장도 같은 취지로 생각된다. 김용재, "미국에서의 은행업과 증권업의 겸영 제한," 증권법연구 제11권 제3호, 2010, 252면. 이병화, 176면; 정찬형·도제문, 은행법, 2005, 272면.

98) 다만 이 주장도 은행법 조문체계상 그러한 해석이 불가피하다는 것이지, 환업무가 본질상 은행의 고유업무라는 사실을 부정하는 것은 아니며, 입법적인 명확화를 주장한다. 고동원, "2010년 개정『은행법』의 법적 검토," 은행법연구 제3권 제2호, 2010, 9-11면.

99) 일본의 은행법은 '은행업'을 ① 예금 또는 정기적금의 수입과 자금의 대출 또는 어음 할인을 하는 것과

다. 환업무와 지급결제업무[100)]

1) 의 의

은행법은 지급결제에 관하여 정의하고 있지 않다. 지급결제(payment settlement)는 지급·청산·결제의 3단계로 이루어진다([16-1]-[16-63]). 법률상 '지급결제'는 지급과 청산을 거쳐 최종적으로 중앙은행의 당좌예금계좌간의 자금이체 등을 통하여 지급은행에서 수취은행으로 자금이 이동되는 결제까지 포함하는 좁은 의미로 정의되어야 한다("협의의 지급결제업무"). [5-250]

따라서 금융투자업자와 같이 투자자예탁금을 이용하여 자금이체업무를 하지만, 차액결제는 대행은행을 통하여 수행하는 것[101)]을 두고 협의의 '지급결제업무'라고 할 수는 없다. 그러나 광의의 지급결제업무에는 속한다. 광의의 지급결제업무는 지급인과 수취인 사이에 현금의 이동 없이 자금을 이동시키는 모든 업무를 포함한다. 이 책에서는 광의의 지급결제업무를 지급업무라고 부른다. 지급업무를 위한 수단을 지급수단, 그 수행주체는 지급업자라고 한다. [5-251]

〈표 5-3〉 지급결제업무의 정의

<table>
<tr><td colspan="2">광의의 지급결제업무</td></tr>
<tr><td>협의의 지급결제업무</td><td>자금이체업무(단순송금)</td></tr>
<tr><td colspan="2">광의의 환업무</td></tr>
</table>

그러면 자금이체업무는 무제한 허용되는 것으로 볼 것인가? 은행 이외의 기관이 자금이체업무를 하기 위해서는 첫째, 공중으로부터 자금을 수취하여 일정 기간 예치할 것, 둘째, 당해 자금을 대가로 발행한 지급결제수단의 소유자 또는 소유자가 지정한 수취인에게 반환할 것의 2가지 요건을 갖추어야 한다.[102)] 여기서 말하는 '지급결제수단'에 대해서는 우선 은행법상 '예금'에 해당하는지를 검토해야 한다. [5-252]

---

② 환거래를 행하는 것(2조 2호)이라고 규정하고 있어 환거래를 하면 은행이 되므로 환거래는 은행이 아니면 할 수 없다고 해석되어 왔다. 조문체계상 '은행업'을 예금을 받거나 유가증권 또는 그 밖의 채무증서를 발행하여 불특정 다수인으로부터 채무를 부담함으로써 조달한 자금을 대출하는 것을 업(業)으로 하는 것으로, 그리고 은행업을 규칙적·조직적으로 경영하는 한국은행 외의 모든 법인을 '은행'으로 정의한 후, 환업무를 은행이 할 수 있는 은행업무 중 하나로 규정하는 우리나라의 은행법(2조 1호·2호; 27조 1항·2항)과는 조문체계상 차이가 있는 것이 사실이다.

100) 정순섭, "금융규제체계개편론 - 은행의 업무범위에 대한 국제적 논의를 중심으로," 상사 판례연구 제24집 제4권, 2011, 41-48면.

101) 금융투자업자의 자금이체업무란 "고객이 증권계좌 자금의 입·출금이 수반되는 자금이체를 요구할 경우 동 자금이체 지시를 소액결제시스템을 통해 처리하고 동 처리결과를 정산하여 익일 오전 차액결제를 통해 이행하는 일련의 업무"를 말한다. 고객의 자금이체지시를 소액결제시스템을 통하여 직접 처리하되 이에 따른 차액결제는 대행은행에 위탁하여 처리하고, 금융투자업자는 결제대금을 익일 차액결제시점(오전 11:00)까지 대행은행에 납입한다. 한국은행 금융결제국, 금융투자회사의 자금이체 업무 해설, 2011.4, 4면.

102) 岩原紳作, 『電子決濟と法』, 有斐閣, 2003, 527면.

2) 환업무와 지급결제

[5-253] 은행법상 환업무가 지급업무를 규정한 것으로 볼 수 있는가? 이와 관련하여 은행법상 '환'을 "격지자간의 채권채무의 결제 또는 자금 수수를 당사자 간의 직접적인 현금 수수 없이 은행을 중개기관으로 하여 결제하는 업무"라고 정의하고, 이를 "'지급결제' 내지 '자금이체'에 관한 업무라고 이해"하는 견해[103]가 있다. 현금 수수 없이 이루어지는 격지지간의 자금이동을 광의의 환업무(광의의 지급결제업무)인 지급업무라고 할 수 있다.

3) 지급결제업무와 고유업무

(가) 외국입법례

[5-254] 지급업무를 은행의 고유업무로 볼 것인지에 대해서는 다양한 입법례가 존재한다.[104] EU는 2007년 '지급업무지침'[105]을 제정하여 '지급업무'(payment services)를 은행을 포함한 '지급기관'(payment institutions)에 허용하였다. 독일은 종래 1961년 은행법(KWG)에서 '비현금 지급결제와 청산업무'를 은행업무로 규정하여(1조 1항 9호),[106] 독일연방은행과 같이 특별법에 의하지 않는 한 은행업 인가를 받은 자만이 지급업무를 경영할 수 있었고, 비은행금융회사는 지급업무를 경영할 수 없었다.[107] 현재 독일에서 은행 이외의 기관이 지급업무를 취급하려고 할 경우에는 지급결제감시법(ZAG)에 따라 인가를 취득하면 된다. 은행은 그 인가가 면제된다.[108] EU는 지급업무를 은행의 고유업무로 보는 전통적 입장을 폐기하였다.[109]

---

103) 고동원, "2010년 개정『은행법』의 법적 검토", 은행법연구 제3권 제2호, 2010, 8-9면. cf. 주석은행법, 379면("환이란「격지간의 채권채무의 결제 또는 자금수수를 당사자간의 직접적인 현금수수 없이 은행을 매개로 결제하는 금융거래」").

104) 은행업무로서의 지급결제업무의 법적 지위에 대해서는 岩原紳作, 앞의 책, 526-532면.

105) Directive 2007/64/EC of the European Parliament and of the Council of 13 November 2007 on payment services in the internal market amending Directives 97/7/EC, 2002/65/EC, 2005/60/EC and 2006/48/EC and repealing Directive 97/5/EC Text with EEA relevance, Official Journal L 319, 05/12/2007 P.0001-0036. 독일은 규제사항은 지급결제감시법(the Payment Services Oversight Act, Zahlungsdiensteaufsichtsgesetz, ZAG)의 제정으로, 그리고 사법사항은 독일 민법을 개정하는 형식으로 시행하였다.

106) 독일연방은행(Deutsche Bundesbank)의 번역본을 참조하였다. 〈http://www.bundesbank.de/download/bankenaufsicht/pdf/kwg.en.pdf〉. 현재 독일의 은행법상 지급업무에 관한 근거는 삭제되었다.

107) Committee on Payment and Settlement System, Red Book, 2003, Payment Systems in Germany, p151.

108) Markus Escher and Daniela Eschenlohr, The Payment Services Directive implementation in Germany-regulatory part(Zahlungsdiensteaufsichtsgesetz/ZAG): Summary of the Government Draft of October 22, 2008, 12/30/2008, pp5-8.

109) Gabriella Gimigliano and Marta Božina Beroš(eds), The Payment Services Directive II: A Commentary, Edward Elgar Publishing, 2021, pp8-9; Despina Mavromati, The Law of Payment Services in the EU: The EC Directive on Payment Services in the Internal Market, Kluwer Law International, 2008, pp152-153.

미국은 환거래 또는 지급업무에 관하여 은행을 규제하는 근거는 없다. 주된 지급수단인 예금을 은행이 취급하므로 은행이 주된 지급업무의 취급기관이 될 수밖에 없다. 다만 은행 이외의 자가 수행하는 광의의 지급업무는 송금업자법(Money Transmitter Law)으로 규율한다. [5-255]

일본에서는 격지자간의 자금이동업무 자체를 지급업무로 이해하고 이를 은행의 배타적 업무로 해석하고 있다.[110] 「자금결제에 관한 법률」(법률 59호 2009.6.24)은 이러한 인식에 기초하여 송금업에 해당하는 자금이동업(2조 2항, 3항)을 규제하는 법률이다.[111] [5-256]

(나) 우리나라의 논의

우리나라의 경우 협의의 지급결제업무는 은행 이외의 기관에게는 허용될 수 없다는 의미에서 은행의 배타적 고유업무에 해당한다. 협의의 지급결제업무가 아닌 자금이체업무를 은행의 고유업무라고 볼 것인가? 다음 2가지 이유에서 은행법상 '예금'을 수단으로 하는 지급결제업무만을 은행의 고유업무로 이해하는 것이 옳다.[112] [5-257]

첫째, 지급업무를 은행의 고유업무로 이해하고 이를 은행의 특수성을 인정하는 근거로 삼는 전통적인 접근방법은 지급수단인 예금을 은행이 거래하는 데 착안한 것이다. 따라서 지급수단이 예금이 아닌 모든 격지자간의 자금이동업무를 은행의 고유업무로 이해할 이론상 및 입법상 근거는 없다. 전통적으로 예금이 지급수단으로 이용되고 있는 점을 고려하여 모든 지급업무는 은행의 고유업무라는 인식이 정립된 것으로 생각된다.[113] [5-258]

둘째, 지급업무의 수행주체로 은행을 규정하게 된 것은 역사적으로 가장 신뢰도가 높은 금융업자가 은행이었다는 사실에 기인한다.[114] 따라서 은행 이외의 신뢰를 확보한 금융업자가 등장할 경우 그들에게 지급업무를 허용하는 것은 입법정책사항이다. [5-259]

그렇다고 은행 이외의 금융업자나 비금융회사로 자금이체업무가 무한정 확대되어도 무방하다는 주장은 옳지 않다.[115] 자금이체업무도 광의의 지급결제제도에 포함되는 것이므로 효율성보다는 안전성이 강조되어야 한다. 결국 은행 이외의 자가 지급업무를 수행 [5-260]

---

110) 岩原紳作, 앞의 책, 516-519면.

111) 高橋康文(編著), 逐條解說 資金決濟法, 2010; 모리시타 데쓰오, "자금결제법에 대하여", 「BFL」 제41호, 2010, 46-57면.

112) 정순섭, 금융환경변화와 자본시장규제에 관한 의견, 국회정무위원회, 자본시장과 금융투자업에 관한 법률 시행 관련 공청회, 2008.12.4., 46면.

113) '환업무는 은행의 예금업무와 연관되어 발생하는 업무'(고동원, "은행의 경쟁력 향상을 위한 은행업무 범위의 확대방안," 은행법연구 제1권 제1호, 2008, 10면)라거나 '은행 등 결제기관은 결제수단, 결제매체, 결제인프라와 깊이 관련 있는 결제주체가 된다'(도제문, "왜, 은행이 차액지급결제제도의 주체인가?(1)," 월간 금융 2006.5월호, 37면)는 등의 표현은 이러한 인식에 기초한 것으로 생각된다.

114) Cranston, p231; 주석은행법, 380면.

115) 보험회사의 지급결제업무를 허용하기 위한 보험업법개정안이 국회에 제출되기도 했다. 보험업법 일부개정법률안(의안번호 3109, 제출연월일: 2008. 12. 18, 제출자: 정부) 제14조 4호(대통령령으로 정하는 바에 따른 자금이체업무). 보험회사의 지급결제업무와 관련하여 제기된 다양한 의견에 대해서는 국회 정무위원회 수석전문위원 손준철, 금융관계법률안(58건) 검토보고서, 2009.11, 259-264면.

할 경우에는 ① 지급수단을 자본시장법상 투자자예탁금과 같이 지급업자의 위험으로부터 완전히 분리하거나,116) ② 지급업무를 수행하는 금융업자를 위험업무로부터 분리하는 방안 중 하나를 강제할 수밖에 없다. 이러한 규제원칙을 포함하여 모든 지급수단과 지급업무, 지급업자 그리고 지급제도를 대상으로 하는 규제법을 제정할 필요가 있다.117)

Ⅲ. 겸영업무

1. 의 의

[5-261] 겸영업무는 은행업이 아닌 업무로서 은행이 직접 운영하는 업무를 말한다(28조 1항). 겸영업무는 은행법이 아닌 다른 법령의 규제를 받는 금융업무에 한정된다.

2. 신고주의

[5-262] 은행이 겸영업무를 운영하려는 경우에는 금융위에 신고해야 한다(28조 2항). 신고시점은 업무의 종류에 따라 〈표 5-2〉 은행의 업무범위의 겸영업무 중 ① 타 금융관련법령에서 인·허가 및 등록 등을 받아야 하는 업무는 관련 법령에 따라 인가·허가 및 등록 등을 신청할 때, ② 타 금융관련법령에서 은행이 운영할 수 있도록 한 업무와 ③ 기타 금융업무(비본질적 겸영업무)는 그 업무를 운영하려는 날의 7일 전까지 신고해야 한다.

[5-263] 금융위는 겸영업무 신고내용이 은행의 경영건전성을 해치는 경우, 예금자 등 은행이용자의 보호에 지장을 가져오는 경우, 또는 금융시장 등의 안정성을 해치는 경우에 해당할 우려가 있는 때는 그 업무의 운영을 제한하거나 시정명령을 할 수 있다(28조 3항, 27조의2 4항 1호-3호). 겸영업무 신고는 포괄주의의 취지를 고려하여 유연하게 운영되어야 한다.

3. M&A 중개 등

[5-264] 은행법은 '기업의 인수 및 합병의 중개·주선 또는 대리 업무'를 은행의 겸영업무로 규정하고 있다(28조 1항 3호; 령 18조의2 4항 3호). 자본시장법상 투자매매업자 또는 투자중개업자가 수행할 수 있는 기업금융업무에는 '기업의 인수 및 합병의 중개·주선 또는 대리 업무'와 '기업의 인수·합병에 관한 조언업무'가 포함된다(71조 3호; 동 시행령 68조 2항 3호·4호). 자본시장법은 '기업의 인수 및 합병의 중개·주선 또는 대리업무'를 투자매매업자 또는 투자중개업자가 수행할 수 있는 기업금융업무로 규정하지만, 엄밀하게 겸영업무나 부수업무에 해당하는지에 대해서는 규정을 두고 있지 않다.

---

116) EU 지급업무지침은 지급결제수단의 안전장치요건(Safeguarding requirements)으로서 지급기관은 '지급거래를 위해 수취한 자금'을 [1] 자기가 보관하는 다른 자금과의 혼동을 방지하고 수취일 익일까지 보관할 경우에는 은행등에 별도 예치하거나 관할 당국이 지정하는 안정·유동·저위험 자산에 투자하고, 특히 지급기관의 도산 시 지급기관의 다른 채권자로부터 지급업무이용자를 위해 격리하거나, 또는 [2] 지급기관과 동일한 그룹에 속하지 않는 보험회사나 은행으로부터의 보험증권이나 그 밖에 이에 상응하는 보증으로 부보할 것을 요구한다(Article 9(1)).

117) 정순섭, "금전의 법적 측면에 관한 연구-'지급결제수단'의 다양화에 대한 법적 대응을 중심으로," 상사판례연구 제22집 제2권, 2008, 38면.

은행법과 자본시장법에서 규정하는 '기업의 인수 및 합병의 중개·주선 또는 대리 업무'에서 중개, 주선, 대리의 의미는 동일하다. [5-265]

4. 기업의 경영, 구조조정 및 금융 관련 상담·조력 업무

은행직원들이 퇴직하면서 은행에서 담당하던 자문업무를 가지고 나와 독자적으로 설립한 회사에서 수행하여 일정한 대가를 수취한 행위가 은행에 대한 배임죄를 구성하는가? 법원에서는 다른 회사의 지분 인수에 관한 자문행위를 은행이 할 수 있는 업무로 볼 수 있는지를 주로 검토하고 있다. 이에 대하여 원심은 '주식 매매의 중개'라기 보다 '기업의 금융에 대한 상담 및 조력'에 해당한다고 보았다(서울고법 2010. 2. 10. 선고 2009노1507 판결). 결국 본건 거래와 이에 대한 금융자문의 본질적이고 주요한 부분은 "단순한 '주식매매의 중개'라기보다는, 주식매매의 중개를 포함하는 포괄적인 금융자문의 성격을 가진다고 보는 것이 합리적"이라고 판단하였다(대법원 2012. 10. 11. 선고 2010도2986 판결).[118] 대법원은 원심의 결론을 수긍하였다. [5-266]

5. 금적립계좌등

가. 의 의

자본시장법은 골드뱅킹을 "은행등이 투자자와 체결하는 계약에 따라 발행하는 금적립계좌 또는 은적립계좌"라고 정의하고, "투자자가 은행등에 금전을 지급하면 기초자산인 금(金) 또는 은(銀)의 가격 등에 따라 현재 또는 장래에 회수하는 금전등이 결정되는 권리가 표시된 것으로서 금융위원회가 정하여 고시하는 기준에 따른 파생결합증권"으로 성질 결정하고 있다(자본 7조 1항 단서 3호; 동 시행령 7조 2항 1호). 금적립계좌 등의 발행은 자본시장법상 투자매매업으로서 은행의 겸영업무에 속한다. 다만 그 발행을 위해 투자매매업 인가를 요하지 않는 것으로 규정하여 은행의 골드뱅킹거래를 허용하고 있다(자본 77조 1항 전단; 동 시행령 77조의2). 또한 은행의 부수업무에 속하는 "금 관련 금융상품의 개발 및 판매"(령 18조 1항 4호; 규정 25조 2항 1호)에서 금 관련 금융상품에는 금적립계좌등은 포함되지 않는다. [5-267]

법원은 첫째, "골드뱅킹은 원고 고객들이 실제로 금을 거래한 것이고, 골드뱅킹 통장은 원고 고객들의 금 거래사실 및 금 보유사실을 증명하는 증표에 불과할 뿐"이고, 둘째, "골드뱅킹에 있어서는 국제 금 시세 및 원·달러 환율의 변동을 매개로 하여 수익이 계산되는 조건 등에 따라 가공된 수익이 산출되는 것이 아니라, 국제 금 시세 및 원·달러 환율의 변동 그 자체에 의하여 수익이 결정되므로, '미리 정해진 방법'이라는 것이 존재하지 않"고, 셋째, "골드뱅킹에 있어서 수익이 '금 가격의 변동과 연계'되어 발생되는 [5-268]

118) 최문희, "연금기금의 사모펀드 투자사례와 금융투자상품 분쟁 해결 법리의 적용," BFL 제72호, 2015, 6-23면.

것이 아니"므로, 골드뱅킹은 자본시장법상 증권(4조)에 해당한다고 볼 수 없다고 판단하였다(서울행법 2013. 8. 30. 선고 2012구합32413 판결).[119]

나. 실물 금에 대한 거래

[5-269] 은행이 고객과 골드뱅킹거래를 하고, 금시세 상승에 따라 고객이 금적립계좌에서 출금한 금액 또는 실물 금의 거래가격이 당초 입금액을 초과하는 이익을 소득세 과세대상이 아니라고 보아 배당소득세 원천징수를 하지 않고, 고객도 종합소득세를 신고·납부하지 않자, 과세관청이 은행에 배당소득세 및 법인세를, 고객에 종합소득세를 부과한 사례가 있다.

[5-270] 자본시장법은 금적립계좌를 파생결합증권으로 규정하고 있다(자본 7조 1항 단서 3호; 동 시행령 7조 2항 1호). 기획재정부는 골드뱅킹의 이익의 배당소득 여부에 대하여 소득세법 시행령 제26조의3은 기초자산 가격의 변동과 연계하여 미리 정하여진 방법에 따라 이익을 얻거나 손실을 회피하기 위한 계약상의 권리를 나타내는 증권·증서에서 발생한 수익의 분배금은 배당소득에 포함된다고 규정하고 있으며, 골드뱅킹의 경우 금 실물(기초자산) 가격의 변동에 따라 은행에서 정하여 고시하는 입·출금 금액에 따라 지급금액이 결정되므로 동 시행령에 따른 배당소득에 해당한다고 판단하였다.[120]

[5-271] 그러나 법원은 금적립계좌의 소득은 집합투자기구로부터의 이익과 유사성이 없을 뿐만 아니라 소득 분배의 성격이 없다는 등의 이유로, 위 소득을 배당소득으로 보고 한 처분은 위법하다고 판시하였다.[121]

Ⅳ. 부수업무

1. 의의와 범위

가. 의 의

[5-272] 은행은 은행업무에 부수하는 업무인 부수업무를 경영할 수 있다(27조의2 1항). 은행법은 종래 부수업무를 「은행업무에 부수하는 업무의 범위에 관한 지침」에서 한정적 열거주의 방식으로 규제하다가 2010.5. 은행법 개정으로 신고주의에 기초한 포괄주의방식으로 변경하였다.

---

119) 나아가 법원은 "금융위원회가 골드뱅킹을 파생결합증권으로 본 것은 골드뱅킹이 자본시장법에서 정하고 있는 파생결합증권의 속성을 가지고 있기 때문이 아니라, 골드뱅킹 투자자를 보호하기 위해 골드뱅킹 업무에 자본시장법상의 감독규정을 활용하기 위한 것"이고, "금융위원회가 골드뱅킹을 파생결합증권에 해당한다고 보았다는 사정만으로 골드뱅킹의 경제적 실질이 달라진다고 볼 수 없다"고 판단하였다. 서울행법 2013. 8. 30. 선고 2012구합32413 판결.

120) 기획재정부, 보도참고자료: '골드뱅킹 과세 파문' 보도 관련(매일경제, 2011.11.15.), 2010.11.14.

121) 대법원 2016. 11. 10. 선고 2016두261 판결; 서울고법 2016. 1. 20. 선고 2013누29362 판결; 서울행법 2013. 10. 4. 선고 2012구합35405 판결; 대법원 2016. 10. 27. 선고 2015두1212 판결; 서울고법 2015. 1. 16. 선고 2013누27373 판결; 서울행법 2013. 8. 30. 선고 2012구합32413 판결.

부수업무와 관련하여 부수성의 의미가 문제될 수 있다. 첫째, 부수업무는 고유업무와 유사한 업무에 한정할 것인가? 부수업무를 허용하는 취지는 은행의 여유 인력이나 물적 설비를 이용하여 이윤을 창출하고 은행이용자에게 서비스를 제공하는 데 있다. 따라서 부수업무의 범위를 은행업무와 유사한 것에 엄격하게 한정할 이유가 없다. 둘째, 부수업무는 부수적인 업무로 한정되는가? 고유업무의 자산 대비 부수업무의 자산 비율을 규제하는 등의 방식이 가능할 것이다. 이 문제는 은행업 인가제도의 취지와 관련된 것으로서 은행업 인가 자체를 형해화할 정도로 부수업무의 비중이 높아서는 곤란할 것이다. [5-273]

나. 신고주의

은행이 부수업무를 경영하려는 경우에는 그 업무를 경영하려는 날의 7일 전까지 금융위에 신고해야 한다(27조의2 2항 본문). 다만, 부수업무 중 법정부수업무는 신고 없이 경영할 수 있다(27조의2 2항 단서). 은행이 부수업무신고를 하는 경우 업무계획 및 예상손익에 관한 서류 등을 첨부해야 한다(27조의2 3항). 신고서식과 첨부서류는 금감원장이 정한다(규정 25조 3항). [5-274]

금융위는 부수업무의 신고내용이 은행의 경영건전성을 해치는 경우, 예금자 등 은행이용자의 보호에 지장을 가져오는 경우, 또는 금융시장 등의 안정성을 해치는 경우에는 그 부수업무의 운영을 제한하거나 시정할 것을 명할 수 있다(27조의2 4항). [5-275]

금융위는 신고받은 부수업무 및 제한 또는 시정명령을 한 부수업무를 인터넷 홈페이지 등에 공고해야 한다(27조의2 5항). 은행에 의하여 이미 신고되어 공고된 업무에 대해서는 별도 신고없이 경영할 수 있다. [5-276]

2. 지급보증

가. 의 의

지급보증은 은행이 타인의 채무를 보증하거나 인수하는 것을 말한다(2조 1항 6호). 인수는 어음의 인수이다. 신용장 개설이나 환어음 인수 또는 환어음이나 약속어음 보증 등도 지급보증에 속한다. [5-277]

지급보증은 은행이 거래처의 위탁에 따라 그 거래처가 제3자에 대하여 부담하는 채무를 보증해 주는 거래로서, 은행과 거래처 사이에 체결된 보증위탁계약에 기초하여 은행이 채권자와 사이에 보증계약을 체결함으로써 성립한다(대법원 1998. 10. 27. 선고 98다27784 판결). 그 내용은 첫째, 은행은 거래처가 주채무를 불이행할 경우 그 주채무를 이행할 의무를 지며, 둘째, 지급보증계약은 은행이 지급보증서에 보증 의사표시를 하여 피보증인인 거래처가 채권자에게 전달하는 방식으로 체결되고, 셋째, 보증범위는 지급보증서 등에 표시된 보증의사의 해석을 통하여 결정된다(대법원 1998. 10. 27. 선고 98다27784 판결). [5-278]

나. 차입과 지급보증

[5-279] 지급보증이 차입에 속하는지가 다투어진 사례가 있다. 차입이 제한되는 금융기관의 지급보증을 차입으로 보게 되면 그 지급보증의 사법상 효력에 영향을 미친다. 판례는 긍정설과 부정설로 나뉜다.

[5-280] 첫째, 수표법상 지급보증(53조)이 농업협동조합법상 차입에 해당하는지에 대하여 원심은 "피고의 지급보증행위는 여신행위의 일종인 대부에 포함된다고 할 수 없고, 오히려 차입에 속하는 채무부담행위라고 해석"된다고 판시하였다(광주고법 1970. 11. 17. 선고 69나129 판결). 그러나 대법원은 "지급보증에 의거 일방적으로 채무만 부담할 따름이고, 다른 곳으로부터 자금을 융통받는 것이 아니어서" "차입과는 전혀 관계없는 광의의 여신업무의 일종"이라고 판시하였다(대법원 1971. 3. 9. 선고 70다2910 판결).

[5-281] 둘째, 구 상호신용금고법상 상호신용금고의 지급보증이 동법상 차입에 해당하는지에 대하여 법원은 구 상호신용금고법 제17조 제1항 본문에서 금지하는 '자기자본을 초과하는 차입'에서의 '차입'은 그 명칭이나 종류·방식 여하에 관계없이 그 실질상 금전소비대차상의 채무를 부담하는 모든 행위를 가리킨다고 할 것이므로, 상호신용금고가 타인을 주채무자로 하여 보증을 한 경우도 여기에 해당한다고 보고, 구 상호신용금고법 제17조 제1항의 규정은 효력규정이라 할 것이므로 이에 위반한 채무부담행위는 무효라고 판단하였다(대법원 2002. 4. 9. 선고 2000다42625 판결).

[5-282] 그러나 금융법령에서 제한하는 차입은 대출이나 채권발행을 통한 자금조달행위이고, 지급보증을 통한 채무부담행위는 신용공여한도(저축법 12조)로 규제하므로 지급보증을 차입이라고 해석할 이유는 없다.

다. 은행의 지급보증과 보험업법상 보증보험

1) 법적 성질

[5-283] 지급보증과 보험업법의 관계에 대하여 법원은 흥미로운 판단을 하고 있다. 법원은 "보증보험과 지급보증 모두 채무자가 채무를 이행하지 않는 경우 보험회사 또는 금융기관이 그 채무를 이행하기로 하고 그에 대한 대가로 채무자로부터 보험료나 수수료를 받는 점에서 동일한 목적과 기능을 수행하고 구조도 유사하므로 그 실체나 경제적 실질은 같다"고 판단하였다(대법원 2013. 4. 26. 선고 2011도13558 판결; 대법원 2014. 9. 4. 선고 2012다67559 판결). "계약당사자 측면에서 차이가 있으나, 지급보증계약도 금융기관과 채무자 사이의 보증위탁계약 체결 후 금융기관이 지급보증서라는 형식의 서면에 보증의 의사표시를 하여 피보증인인 채무자로 하여금 채권자에게 전달하는 방식으로 체결되는 점을 고려하면 실제 계약체결과정에 있어서도 보증보험계약과 지급보증계약 사이에 별다른 차이가 없다"는 것이다.

2) 업무의 취급 가부

그러면 보험업 허가를 받지 않은 은행은 지급보증을 업무로 취급할 수 없는가? 법 [5-284] 원은 대부업자의 임직원이 지급보증서를 발급하고 일정한 수수료를 받은 사안에서 "은행법과 여신전문금융업법 등 관련 법령에 따라 인가 또는 허가 등을 받은 금융기관이 지급보증 업무의 형태로 실질적으로 보증보험업을 하는 것은 적법하다고 할 것"이나,[122) "관련 법령에 따라 인가 또는 허가 등을 받은 금융기관이 아닌 자가 금융위원회의 허가 없이 실질적으로 보증보험업을 경영하는 경우에는 구 보험업법 제4조 제1항에 위반된다"고 한다(대법원 2013. 4. 26. 선고 2011도13558 판결).

그러나 원심은 "보험회사의 보증보험과 금융기관의 지급보증은 보험회사 또는 금융 [5-285] 기관이 채무자와의 계약에 따라 채무자로부터 일정한 돈(보증료 또는 보험료)을 받고 일정 기간 동안 채무자의 채무를 보증한다는 점에서 차이가 없"고, "보험회사의 보증보험과 금융기관의 지급보증은 계약의 형식과 내용, 보증료 또는 보험료의 결정 방식, 계약자의 인식 등에서만 차이가 있다고 할 것"으로서, "지급보증서 발급행위를 보험회사의 보증보험 영업이라고 단정할 수 없고, 오히려 금융기관의 지급보증에 유사한 것으로 보일 뿐"이며, "피고인들이 보증보험업무를 한다는 인식이 있었다고 볼 수도 없다"고 판단하였다 (서울중앙지법 2011. 9. 23. 선고 2011노2531 판결).

3) 동일한 기능의 금융상품에 대한 규제

현행법은 은행업, 금융투자업, 보험업 등 업종별로 엄격히 구분되는 기관별·상품별 [5-286] 규제체계를 형성하고 있다. 지급보증과 보증보험의 관계에 관한 대법원의 인식은 이러한 체계에 기초한 것이다. 지급보증의 위험보장기능에[123) 주목하여 보험업법상 보험상품으로 성질결정한 것이다. 그러나 지급보증은 신용위험의 부담이라는 점에서는 대출과 같지만 자금공여가 주채무의 불이행이 있는 경우에 이루어진다는 차이가 있을 뿐이다. 위험관리라는 금융기능을 업종별로 다른 형식으로 제공하는 데 따른 당연한 결과라고 할 수 있다. 파생상품과 보험상품의 관계도 같다.[124)

현행법상으로는 위 대법원 판결의 원심에서 지적하는 바와 같이 "계약의 형식과 내용, [5-287] 보증료 또는 보험료의 결정 방식, 계약자의 인식 등"의 차이(서울중앙지법 2011. 9. 23. 선고

---

122) 은행은 부수업무 중 지급보증 업무는 금융위에 신고하지 않고 운영할 수 있으나(27조의2), 은행업을 경영하려는 자는 금융위의 인가를 받아야 하고(8조), 여전법상 여신전문금융회사는 지급보증업무를 운영할 수 있으나(46조 1항 5호, 동 시행령 16조 2호), 금융위의 허가를 받거나 금융위에 등록해야 한다(2조 15호, 3조).

123) 김진오, "보험업법이 규정하는 보험상품의 개념요소로서 '위험보장의 목적'을 판단하는 기준," BFL 제68호, 2014, 56-67면.

124) 이에 대해서는 정경영, "파생금융상품의 법적 성격 및 감독제도: 신용부도스왑을 포함한 신용파생상품은 보험이며 보험업법의 적용을 받는가?," 금융법연구 제9권 제1호, 2012, 3-32면. 김홍기, "파생상품과 보험규제," 법학연구 제17권 제2호, 2007, 189-213면도 참조.

2011노2531 판결)에 기초하여 각 업종별 금융규제법의 적용대상이 된다고 할 수밖에 없다. 이러한 현재의 방식은 동일한 기능을 가진 금융상품이나 거래에 대하여 업종별로 규제의 차이에 따른 규제차익이 발생할 수 있다.[125)]

라. 자금보충약정과 지급보증

[5-288] 자금보충약정은 "금융기관이 특수목적법인에게 대출을 하면 특수목적법인이 그 대출금으로 채무보증제한기업집단에 속하는 회사의 계열회사에게 대출을 하는 과정에서 채무보증제한기업집단에 속하는 회사가 금융기관과 특수목적법인의 대출계약과 관련하여 '특수목적법인의 대출원리금 상환재원이 부족한 경우 후순위 대출 방식으로 특수목적법인에 부족금액을 대여하고 이를 불이행하는 경우 특수목적법인의 대출금채무를 병존적으로 인수하는 의무를 부담'하는 약정"을 말한다(대법원 2019. 1. 17. 선고 2015다227000 판결).[126)] 자금보충약정의 법적 성질은 민법상 금전소비대차계약이지만 제3자가 계약이행을 요구할 수 있다.[127)] 형식상 지급보증과 구분되지만, 실질상 차이가 없다.

[5-289] 이러한 자금보충약정이 공정거래법에서 금지하는 '채무보증의 탈법행위'[128)]에 해당하여 사법상 효력이 문제된 사안에서, 법원은 위 자금보충약정이 공정거래법상 탈법행위에 해당하는지는 별론으로 하더라도, 공정거래법 제10조의2 제1항, 제15조에서 금지하는 탈법행위가 사법상 당연무효라고 볼 수 없다고 판단하였다(대법원 2019. 1. 17. 선고 2015다227000 판결).

3. 금지금등의 거래

[5-290] 은행은 부수업무로서 지금형주화(금화 은화 및 금화·은화모양 메달)·금지금·은지금의 판매대행, 금지금 매매·대여, 금 관련 금융상품의 개발 및 판매를 할 수 있다(령 18조 1항 4호; 규정 25조 2항 1호). 은행법상 은행은 금속이나 원자재를 매매하거나 거래할 수 없다. 금산분리의 관점에서 일반상품 위험이 은행시스템으로 전파되는 것을 방지하기 위한 것이다. 다만 금과 은에 대해서는 가치저장 및 지급수단으로서의 기능을 고려하여 은행의 거래를 허용하고 있다.

---

125) 이러한 관점에서 특히 논의되는 것은 신용파생상품, 채무면제 또는 유예서비스, 날씨파생상품 등이다. "'보험·파생상품' 규제차익 둬 공정경쟁 유도해야," 한국금융신문, 2006.5.24.

126) 유사한 약정으로, 서울고법 2015. 8. 20. 선고 2014나47735 판결. 상고심은 대법원 2019. 1. 10. 선고 2015다57904 판결.

127) 윤지훈·김제완, "자금보충약정 불이행에 대한 구제수단으로서 손해배상 법리의 문제점- 대상판결 : 대법원 2019. 1. 10. 선고 2015다57904 판결", 은행법연구 제13권 제2호, 2020, 125면.

128) 구 공정거래법(2017. 4. 18. 법률 제14813호로 개정되기 전의 것) 제10조의2 제1항 본문은 '채무보증제한기업집단에 속하는 회사는 국내계열회사에 대하여 채무보증을 하여서는 안 된다.'고 정하고, 제15조 제1항은 '누구든지 제10조의2 제1항의 규정의 적용을 면탈하려는 행위를 하여서는 안 된다.'고 정하고 있다.

실제 거래는 은행이 '자신의 고객 乙등이 원화를 입금하면 국제 금 시세 등을 기준 [5-291]
으로 한 거래가격에 해당하는 금을 그램(g)단위로 기재한 골드뱅킹 통장을 교부하고 고객들이 인출을 요청할 경우 출금일의 거래가격에 해당하는 금액 또는 실물 금을 지급하는' 형태로 이루어진다.[129] 2003.7. 음성적인 금거래로 인한 국내 금시장의 구조적 문제점을 해소하고 지하경제를 양성화할 목적으로 도입됐다.[130]

2011.7.6. 은행이 은행법상 허용되지 않는 귀금속(플래티늄 및 팔라듐) 대여거래를 취급 [5-292]
하여 제재받은 사례가 있다.[131] 이 사례에서 은행은 플래티늄(백금) 및 팔라듐 등 귀금속 대여거래가 은행법상 금지된다는 사실을 알면서도 귀금속 대여 관련 상품마케팅, 거래조건 결정, 거래승인, 계약 및 결제 관련 업무 등 모든 실질적인 업무를 수행하는 한편 관계사로 하여금 동 거래의 법률상 계약당사자가 되어 거래의 기장 등을 수행토록 하는 편법적인 방법을 사용하여 플래티늄, 팔라듐 등 귀금속 대여거래 업무를 부당하게 취급한 것이 문제되었다.

4. 채권의 양수·회수 등

가. 변호사법 제112조 제1호의 적용 여부

은행은 대출채권의 회수를 위해 추심행위를 하게 된다. 부수업무로 인정되는 팩토링 [5-293]
을 위해 기업의 매출채권의 매수·회수 및 관련 업무를 할 수도 있다. 이러한 채권의 양수·회수 등의 업무와 관련하여 소송 등의 권리실행행위를 할 수도 있다. **법령에서 허용하는 채권의 양수·회수 업무에 수반된 소송 등 권리실행행위를 업으로 하는 경우**, 변호사법 제112조 제1호[132]가 적용되는가? 법원은 "부실채권의 유통을 위한 시장이 확대됨에 따라 대부업법을 포함한 다수의 법령에서 채권의 양수·회수 업무를 허용하는데, 이러한 법령에서 허용하는 행위에 수반된 소송 등 권리 실행 행위는 비록 이를 업으로 하더라도 **새로운 사회적·경제적 필요에 따른 정당한 업무의 범위 내의 행위로서, 민사 사법제도의 공정한 운영을 확보하고 남소의 폐단을 방지하고자 하는 처벌조항의 입법 목적을 해할 우려가 없다고 인정**되므로, 위와 같은 행위에 대하여 처벌조항은 적용되지 않는다"고 판시하였다(대법원 2016. 8. 18. 선고 2015도19521 판결).

---

129) 대법원 2016. 11. 10. 선고 2016두261 판결; 서울고법 2016. 1. 20. 선고 2013누29362 판결; 서울행법 2013. 10. 4. 선고 2012구합35405 판결; 대법원 2016. 10. 27. 선고 2015두1212 판결; 서울고법 2015. 1. 16. 선고 2013누27373 판결; 서울행법 2013. 8. 30. 선고 2012구합32413 판결.

130) 골드뱅킹이 최초로 도입된 것은 2002. 11.경 기획재정부의 '은행업무 중 부수업무의 범위에 관한 지침(재경부 고시 제2000-8호)'에 의한 것이다.

131) 제재내역공시 : 〈http://www.fss.or.kr/fss/kr/bsn/announce/openinfo_view.jsp?req_page=null&exam_mgmt_no=201000766&em_open_seq=1〉.

132) 제112조(벌칙) 다음 각 호의 어느 하나에 해당하는 자는 3년 이하의 징역 또는 2천만원 이하의 벌금에 처한다. 이 경우 벌금과 징역은 병과할 수 있다.

1. 타인의 권리를 양수하거나 양수를 가장하여 소송·조정 또는 화해, 그 밖의 방법으로 그 권리를 실행함을 업(業)으로 한 자

나. 대부채권의 양도와 양수인의 자격 제한

1) 대부채권의 양수인의 자격 제한

[5-294] 여신금융기관은 적격양수인이 아닌 자에게 **대부계약에 따른 채권**을 양도할 수 없다(대부업법 9조의4 3항; 동 시행령 6조의4). 적격양수인은 등록대부업자, 예보 및 정리금융회사, 자산관리공사, 주택금융공사, 농업협동조합자산관리회사를 포함한다(대부업법시행령 6조의4 6호; 대부업등 감독규정 12조).

[5-295] 여신금융기관이 부실채권 매각을 통하여 대출금 회수를 시도하는 것은 당연하다. 그러나 불법 사채업자나 개인투자자의 무분별한 부실채권 매입과 그에 따른 불법추심이 문제되면서 개정 대부업법은 이를 제한한 것이다. 이에 위반하여 대부계약에 따른 채권을 양도한 자는 3년 이하의 징역 또는 3천만원 이하의 벌금에 처한다(대부업법 19조 2항 5호).

2) 대부채권과 양도의 의미

[5-296] 대부업법상 양도가 제한되는 **대부계약에 따른 채권**의 의미가 문제된다. 그 해당 여부는 채권의 실질에 따라 판단해야 한다. 대부계약에 따른 채권은 대부업법상 금전의 대부계약에 따라 발생한 채권을, 그리고 '대부'는 '어음할인·양도담보, 그 밖에 이와 비슷한 방법을 통한 금전의 교부'를 포함한다(대부업법 2조 1호). 일반적으로 신용공여의 성격을 가지는 거래에 따른 채권은 모두 포함될 것이다. 재화나 용역의 대가로 발생한 상사매출채권은 금전채권이라도 대부채권에 해당하지 않는다.

[5-297] '양도'는 채권의 매매를 말한다. 양도담보도 포함될 것이다. 그러면 자산유동화를 위한 채권의 양도도 포함되는가? 이렇게 해석하면 유동화법상 유동화전문회사나 신탁업자가 적격양수인에 해당하지 않을 경우 자산유동화 자체가 불가능하게 될 것이다. 여신금융기관이 변제자의 법정대위(민 481조)를 원인으로 대부채권을 개인에게 양도하는 행위는 제외되어야 한다. 양도는 양도인의 관점에서 자발적인 것에 한정되어야 한다.

다. 개인금융채권의 양도와 추심의 제한

[5-298] 개인채무법은 개인채무와 관련하여 은행(채권금융회사등)의 채권양도와 추심에 관한 특칙을 두고 있다. **개인금융채권**은 채권금융회사등이 "금전의 대부, 대위변제, 이러한 행위로 발생한 채권의 양수, 그 밖에 어음할인 등 시행령으로 정하는 행위"(개인금융채권원인행위)를 원인으로 보유하게 된 개인금융채무자에 대한 금전채권(개인채무법 2조 1호 가목-라목)을 말한다. 채권금융회사등은 개인금융채권을 보유하고 있는 은행 등(개인채무법 2조 2호 가목-다목)을, 그리고 개인금융채무자는 개인금융채권원인행위를 원인으로 채권금융회사등에 채무를 변제할 의무가 있는 사람과 보증인 및 채무인수인(개인채무법 2조 3호)을 말한다.

[5-299] 채권금융회사등은 ① 채무조정의 절차가 끝나지 않은 개인금융채권 등을 양도할 수 없고, ② 기한의 이익이 상실된 개인금융채권이나 그 밖에 대통령령으로 정하는 개인금융

채권을 양도하려는 경우에는 양도예정사실 등을 통지해야 하며, ③ 대통령령으로 정하는 기간 이상 연체된 개인금융채권 양도시 양수인에게 추심 인력의 규모·전문성이 있는지 평가해야 하고, ④ 채권양도내부기준을 마련해야 한다(개인채무법 10조-13조).

한편 채권금융회사등이 개인금융채권의 추심을 위탁할 때도 ① 채권추심회사에만 위탁해야 하고, ② 추심위탁사실을 개인채무자에 통지해야 하며, ③ 채권추심회사에 대한 평가 및 관리감독을 의무화하면서, ④ 채권추심위탁내부기준을 마련해야 한다(개인채무법 25조-30조). [5-300]

V. 실효성 확보

은행의 업무범위규제를 위반한 행위도 사법상 효력은 인정될 수 있는가? 은행 업무범위규제가 가지는 건전성규제상 의미를 고려할 때 취지상으로는 사법상 효력을 부정하는 것이 옳을 것이다. 그러나 미등록 금융투자업자의 행위의 사법상 효력도 인정하는 현재의 판례(대법원 2019. 6. 13. 선고 2018다258562 판결[투자일임업관련]; 대법원 2024. 5. 9. 선고 2023다311665 판결[투자자문업관련])상 사법상 효력을 인정될 수 있을 것으로 본다. 입법론으로는 거래상대방인 은행이용자가 그 효력을 정하게 하는 것이 옳다. 은행법상 은행의 업무범위규제위반에 대한 실효성 확보수단으로는 행정제재가 있다. [5-301]

첫째, 은행에 대해서, 금융위는 은행법을 위반하여 은행의 건전한 경영을 해칠 우려가 있다고 보아 그 위반행위에 대한 시정명령이나 영업일부정지(6개월 이내)를 할 수 있다(53조 1항 1호·2호). 금융위는 시정명령을 불이행하는 은행에 대하여 영업전부정지(6개월 이내)를 명하거나 은행업 인가를 취소할 수 있다(53조 2항 4호). 또한 금융위는 시정명령을 거치지 않고 은행법을 위반하여 예금자 또는 투자자의 이익을 크게 해칠 우려가 있는 경우로 보아 직접 영업전부정지나 인가취소를 할 수도 있다(53조 2항 4호). [5-302]

둘째, 은행의 임직원에 대해서, 금융위는 은행 임원이 은행법을 고의로 위반하는 경우로 보아 금감원장의 건의에 따라 그 임원의 업무집행정지를 명하거나 주주총회에 그 임원해임을 권고할 수 있으며, 금감원장에게 경고 등 적절한 조치를 하게 할 수 있다(54조 1항). 금감원장은 은행 직원이 은행법을 고의로 위반하는 경우로 보아 면직·정직·감봉·견책 등 적절한 문책처분을 할 것을 그 은행의 장에게 요구할 수 있다(54조 2항). 퇴임·퇴직한 임직원에 대해서도 재임 중이었거나 재직 중이었더라면 받았을 것으로 인정되는 제재조치를 통보할 수 있다(54조의2 1항). [5-303]

셋째, 은행에 대해서는 5천만원 이하의 과태료를, 그리고 임직원에게는 2천만원 이하의 과태료를 부과한다(69조 1항 11호, 2항 8호). [5-304]

Ⅵ. 다른 업무의 금지

[5-305] 일본의 은행법은 은행은 은행법과 그 밖의 법률에 근거가 있는 업무만을 경영할 수 있다는 타업금지규제를 두고 있다(12조). 은행이 본업이 아닌 다른 업무를 경영함으로써 입을 손실위험을 고려한 것이다. 우리 은행법은 타업금지규정을 두고 있지 않다. 그러나 은행법상 은행업무, 겸영업무, 부수업무에 해당하지 않는 업무를 취급할 수 없다고 본다. 이 경우 처벌근거가 있는가? 겸영업무의 경우 업무의 종류가 열거되어 있으므로 그에 따르지 않은 경우 그 규정 위반으로 처벌할 수 있다. 그러나 부수업무의 경우 신고주의를 채택하고 있어 신고의무위반으로 처벌하게 될 것이다.

제5절 재무건전성규제

Ⅰ. 서 설

은행법상 은행의 재무건전성규제는 자기자본비율, 자산건전성 분류규제, 여신한도규 [5-306]
제, 출자제한 등으로 이루어진다. 신용위험을 중심으로 시장위험과 운영위험 등 은행이 업무상 직면하는 다양한 위험에 대한 사전적 통제기준을 설정하는 법적 의의를 가진다.

Ⅱ. 자기자본비율규제

1. 의 의

자기자본규제는 자기자본 보유에 따른 손실흡수능력과 기회비용 등을 종합적으로 [5-307]
고려하여 결정된 '적정 수준'의 자기자본 보유를 은행에 강제하는 것이다.[133] 자기자본규제는 ① 은행의 재무건전성 규제기준 제시, ② 은행의 체계적 리스크관리와 자산운용의 자율성 확보, ③ 적기시정조치의 발동기준으로서 기능한다.[134] 금융규제법은 업종별로 특징을 고려한 자기자본규제를 적용하고 있다.

재무건전성규제는 주로 경제학적 방법론을 적용하는 분야이다. 법률가의 역할을 생 [5-308]
각해 보는 것도 의미가 있다. 예컨대 신종자본증권이 은행의 손실흡수능력에 영향을 미치는 것은 법률상 허용되어야 가능하다.

2. 연 혁

바젤은행감독위원회는 자기자본비율규제에 관한 통일기준을 처음 권고한 1988년 이 [5-309]
후 최근의 바젤 Ⅲ까지 총 3차례에 걸쳐 은행 재무건전성 유지에 관한 기본원칙을 제시해 왔다.

1988년 바젤은행감독위원회는 '자본측정 및 자본기준에 관한 국제적 수렴'(International [5-310]
convergence of capital measurement and capital standards, 1988)을 발표하였다(바젤 I). 1996년 시장위험을 반영하기 위한 개정이 이루어졌다.[135]

2005년 자산에 대해서 차주의 신용도와 무관하게 위험가중치를 적용하는 Basel I의 [5-311]
문제를 개선하기 위해 차주의 신용등급에 따라 위험가중치에 차이를 두는 '바젤 Ⅱ: 자본측정과 자본기준의 국제적 수렴: 수정구조'(Basel Ⅱ: International Convergence of Capital Measurement and Capital Standards: A Revised Framework, 2005)가 발표되었다.

133) Bayless Manning, Legal Capital, Foundation Press, 1990; David Andrew Singer, Regulating Capital: Setting Standards for the International Financial System, Cornell University Press, 2007; Simon Gleeson, International Regulation of Banking: Capital and Risk Requirements, 2nd ed, 2012; 吉井一洋(編), 『バーゼル規制とその実務』, きんざい, 2014.

134) 금감원, 보험회사 위험기준 자기자본(RBC)제도 해설서(전면 개정판), 2012, 3-4면.

135) Basle Committee on Banking Supervision, Amendment to the capital accord to incorporate market risks, 1996.

[5-312] 2011년 글로벌 금융위기를 거치면서 제기된 문제점을 반영하여 '바젤 Ⅲ: 은행 및 은행시스템에 대한 글로벌 규제구조'(Basel Ⅲ: A global regulatory framework for more resilient banks and banking systems - revised version June 2011)가 발표되었다. 바젤 Ⅲ는 보통주자본을 중심으로 한 자기자본의 질적 강화, 레버리지비율과 유동성규제비율의 도입 등을 특징으로 한다.

[5-313] 바젤은행감독위원회의 권고는 법적 구속력이 없다. 그 회원국의 금융감독기관이 국내법상 근거를 마련하여 집행하는 구조를 취하고 있다. 이러한 접근법을 연성법(soft law)이라고 한다. 은행법상 자기자본 정의는 BIS 기준에 따르고 있고(2조 1항 5호), 금융위가 경영지도기준을 정할 때에는 BIS가 권고하는 은행의 건전성감독 원칙을 충분히 반영해야 한다(34조 3항).

3. 현행법상 자기자본비율규제

가. 자기자본의 의의

1) 의 의

[5-314] 은행법상 **자기자본**은 BIS 기준에 따른 **기본자본과 보완자본의 합계액**을 말한다(2조 1항 5호, 2항; 령 1조의2). 기본자본과 보완자본의 산정기준은 금융위가 고시한다(2조 2항; 령 1조의2 1호-3호; 규정 〈별표 1〉). 인터넷전문은행에 대해서는 특칙이 적용된다(규정 〈별표 1-2〉). 여기서 BIS는 엄밀하게는 바젤은행감독위원회를 말한다. 관행상 표현이 입법에 반영된 것이다.

2) 기본자본

[5-315] 기본자본은 보통주자본과 기타기본자본의 합계액으로 한다(2조 2항; 령 1조의2 1호 가목·나목; 규정 〈별표 1〉). 보통주자본은 보통주 발행으로 인한 자본금(이와 유사한 출자금을 포함) 및 자본잉여금, 기타 자본잉여금(보통주 외 기타자본증권의 발행에 따른 자본잉여금은 제외), 이익잉여금, 기타 포괄손익누계액을 말한다. 그리고 기타기본자본은 영구적 성격을 지닌 자본증권의 발행으로 인한 자본금·자본잉여금 등으로서 은행의 손실을 기본자본 다음의 순위로 보전할 수 있는 것 및 금감원장이 정하는 기준(규정 26조 2항)을 충족하는 신종자본증권 등 자본증권을 말한다.

3) 보완자본

[5-316] 보완자본은 **기본자본에 준하는 성격의 것**으로서 기본자본에 포함되지 않는 후순위채권 등 은행의 청산 시 은행 손실을 보전할 수 있는 것, 자산건전성 분류결과 정상 및 요주의로 분류된 자산에 대하여 적립된 대손충당금등, 금감원장이 정하는 기준을 충족하는 후순위채권 등 자본증권을 말한다(2조 2항; 령 1조의2 2호; 규정 〈별표1〉). 자기자본규제를 도입할 때 각국 회계제도의 차이에 따라 국제적인 규제의 불평등이 생길 수 있다는 지

적이 있었다.136) 신주발행은 경영권이나 시장상황 등을 고려해야 한다. 이런 점을 고려하여 보완자본을 널리 인정하게 된 것이다.

4) 제외항목

제외항목으로서 그 은행이 보유하고 있는 자기주식 등 실질적으로 자본충실에 기여 [5-317] 하지 않는 것은 기본자본 및 보완자본에 포함시킬 수 없다(2조 2항; 령 1조의2 3호; 규정 〈별표1〉). 영업권 상당액, 기타 무형자산, 이연법인세자산, 확정급여형 연금자산, 유동화거래 매각이익은 보통주 자본에서 공제한다. 주식할인발행차금, 자기주식 및 자기발행 자본증권 보유금액, 자기자본비율 제고를 목적으로 타 금융기관과 상호보유한 자본증권은 그 자본에서 공제한다. 그 밖에 은행의 손실에 충당할 수 없는 자산 또는 자본항목으로서 금감원장이 정하는 사항도 공제한다.

나. 자기자본비율

자기자본비율은 위험가중자산에 대한 자기자본의 비율로서 연결기준으로 산출한다. [5-318] 총자본비율 8%, 기본자본비율 6%, 보통주자본비율 4.5% 이상을 유지해야 한다(34조 2항; 령 20조; 규정 26조 1항 1호).

여기에 자본보전완충자본(2.5%) 및 경기대응완충자본(최대 2.5%)을 추가로 부과할 수 [5-319] 있다. 자본보전완충자본은 은행의 손실흡수능력을 높이기 위해 추가로 유지해야 하는 자본을 말한다(규정 26조 4항). 경기대응완충자본은 신용공급에 따른 경기변동이 금융체계 및 실물경제에 미치는 효과를 고려하여 은행에 적립을 요구하는 추가적인 자본을 말한다(규정 26조의3 1항). 금융체계상 중요한 은행에 대해서는 1%의 추가자본을 부과할 수 있다(현재 1%).137)

〈표 5-4〉 2025년 금융체계상 중요 은행의 최저적립필요 자본비율(%)

	기본 적립비율	자본보전 완충자본*	경기대응 완충자본**	추가자본		적립필요 자본
보통주비율	4.5	+2.5	+1.0	+1.0	⇒	9.0
기본자본비율	6.0	+2.5	+1.0	+1.0		10.5
총자본비율	8.0	+2.5	+1.0	+1.0		12.5

* 모든 은행에 상시적으로 2.5%의 완충자본 부과(은행업감독규정 제26조제4항)
** '24.5.1부터 1% 부과

(자료) 금융위·금감원

136) Hal S. Scott and Shinsaku Iwahara, In Search of a Level Playing Field: The Implementation of the Basle Capital Accord in Japan and the United States, Group of Thirty, 1994. 정순섭 금융, [8-102].

137) 금융위·금감원, 2025년도 금융체계상 중요한 은행·은행지주회사 및 금융체계상 중요한 금융기관 선정 결과, 2024.7.10.

다. 유동성커버리지비율

[5-320] 유동성커버리지비율(liquidity coverage ratio, LCR)은 향후 30일간 순현금유출액에 대한 고유동성자산의 비율을 말한다. 현재 기준은 100% 이상이다(34조 2항; 령 20조; 규정 26조 1항 2호).

라. 예대율

[5-321] 예대율은 시장성 수신에 의존한 과도한 자산성장을 억제하기 위해 대출을 예수금 범위 이내로 제한하는 것이다. 양도성예금증서를 제외한 원화예수금에 발행만기 5년 이상의 커버드본드 발행잔액의 합계액에 대한 일부 정책대출을 제외한 원화대출금 비율을 100% 이하로 유지해야 한다(34조 2항; 령 20조; 규정 26조 1항 3호).

마. 실효성 확보수단

[5-322] 금융위는 은행이 경영지도기준을 충족시키지 못하는 등 경영건전성을 크게 해칠 우려가 있거나 경영건전성을 유지하기 위해 불가피하다고 인정될 때에는 증자, 배당제한, 유동성이 높은 자산의 확보, 일정규모의 조건부자본증권의 발행·보유 등 경영개선조치를 요구할 수 있다(34조 4항).

Ⅲ. 자산건전성 분류기준[138]

[5-323] 은행은 정기적으로 차주의 채무상환능력과 금융거래내용등을 감안하여 보유자산등의 건전성을 **5단계(정상·요주의·고정·회수의문·추정손실)**로 분류하고, 적정수준의 대손충당금 등을 적립·유지해야 한다(규정 27조).

Ⅳ. 이익준비금의 적립

[5-324] 상법상 주식회사는 이익배당액의 10% 이상을 자본금의 50%가 될 때까지 적립해야 한다(458조 본문). 은행법상 적립금이 자본금의 총액이 될 때까지 결산 순이익금을 배당할 때마다 그 순이익금의 10% 이상을 적립해야 한다(40조). 자본금은 납입자본금을, 결산순이익금은 손익계산서상의 당기순이익을 말한다.[139] 이러한 이익준비금의 적립으로 은행배당을 간접적으로 제한하는 효과가 발생한다. 불측의 손실에 대비하는 건전경영을 위한 것으로 설명되고 있다.[140] 그러나 이익금을 포함한 보통주 자본을 직접 규제하는 바젤Ⅲ 시행에 맞추어 이익준비금 적립의무를 상법수준으로 합리화하기 위한 논의가 있다.[141] 보험회사와 금융투자업자는 별도 규제 없이 상법을 적용하고 있다.

---

138) 금감원, 자산건전성 분류업무 해설, 2015.8.
139) 은행감독원, 106면.
140) 은행감독원, 106면.
141) 금융위, 은행법 일부개정법률(안) 입법예고, 금융위원회공고 제2016-314호, 2016.10.21.

V. 금융체계상 중요한 은행 선정

1. 선정과 기준

우리나라의 금융체계상 중요금융기관제도는 금산법상 자체정상화 및 부실정리계획의 대상인 **금융체계상 중요한 금융기관**과 은행업감독규정 및 금융지주회사감독규정상 추가자본요건의 대상인 **금융체계상 중요한 은행 및 은행지주회사**로 이원화되어 있다. 이는 **국내 금융체계상 중요한 금융기관**(domestic systemically important financial institution, D-SIFI)이다. [5-325]

금융위는 매년 금융체계상 중요도를 기준으로 **금융체계상 중요한 은행**을 선정한다(규정 26조의2 1항 전단). 이 경우 금융위는 **금융체계상 중요한 은행지주회사**(금융지주회사감독규정 25조의2)의 소속 자회사인 은행을 금융체계상 중요한 은행으로 선정할 수 있다(규정 26조의2 1항 후단).[142] 은행의 규모, 다른 금융회사와의 연계성 등 국내 금융시스템에 미치는 영향력을 의미하는 **금융체계상 중요도**는 규모, 상호연계성, 대체가능성, 복잡성, 국내 특수요인을 평가지표로 산정한다(규정 26조의2 2항 1호-5호).[143] [5-326]

2. 금융체계상 중요한 은행 추가자본

금융위는 금융체계상 중요한 은행에 추가자본("금융체계상 중요한 은행 추가자본")의 적립을 요구할 수 있으며, 금융체계상 중요한 은행 추가자본은 [규정 〈별표 2-12〉에서 정하는 기준에 따른 자본비율], [모회사인 은행지주회사에 금융지주회사감독규정 제25조의2에 따라 부과된 금융체계상 중요한 은행지주회사 추가자본에 해당하는 자본비율], [바젤은행감독위원회에서 정하는 **글로벌 금융체계상 중요한 은행**(G-SIB; Global Systemically Important Banks)에 해당하는 경우 바젤은행감독위원회가 요구하는 자본비율] 중 가장 큰 값으로 한다(규정 26조의2 4항 1호-3호).[144] [5-327]

금융체계상 중요한 은행으로 선정된 외국은행 국내지점은 선정 사실을 본국 감독당국에 통보해야 하며, 유동성커버리지비율을 100% 이상으로 유지해야 한다(규정 26조의2 5항 본문, 26조 1항 2호). 다만, 금융체계상 중요한 은행 추가자본은 적용하지 않는다(규정 26조의2 5항 단서, 4항). [5-328]

금융체계상 중요한 은행 추가자본을 포함한 자본비율로서 규정 <별표 2-10>에서 정하는 자본비율에 은행 자본비율이 미달되는 경우 기본자본 중 임의적으로 이자를 지급하지 않을 수 있는 자본증권의 당해 이자지급을 포함한 이익배당, 자사주매입 및 주식보 [5-329]

---

142) 금융위는 국민, 신한, 우리, 하나, 농협을 금융체계상 중요한 은행으로 선정하였다. 금융위·금감원, 보도자료: 2025년도 금융체계상 중요한 은행·은행지주회사 및 금융체계상 중요한 금융기관 선정 결과, 2024.7.10.

143) 이러한 평가지표의 구체적인 산출기준 및 금융체계상 중요도에 대한 평가점수의 산출방식은 금감원장이 정한다(규정 26조의2 3항).

144) 금융위·금감원, 보도자료: 2025년도 금융체계상 중요한 은행·은행지주회사 및 금융체계상 중요한 금융기관 선정 결과, 2024.7.10., 1면.

상을 포함한 성과연동형 상여금지급이 제한된다(규정 26조의2 6항, 26조 4항). 건전성규제목적의 배당제한등의 조치에 명시적인 근거를 확보한 것이다. 다만 이러한 조치는 취지상 은행의 자율에 맡길 사항으로서 건전성규제와 손실흡수능력의 확보에 필요한 최소한에 그쳐야 한다. 금융체계상 중요한 은행 추가자본 적립 및 배당제한 등 필요한 사항은 금감원장이 정한다(규정 26조의2 7항, 4항·6항).

[5-330] 금융체계상 중요한 은행의 추가자본적립이나 유동성커버리지비율과 같은 의무는 그 선정일의 익년도 1월 1일부터 부과된다(규정 26조의2 8항 본문, 4항·5항). 다만, 금융위가 금융체계상 중요한 은행 선정을 해제하기로 결정하거나, 금융체계상 중요한 은행 추가자본 적립수준을 결정일 현재보다 하향하기로 결정하는 경우에는 그 결정일을 자본적립수준 조정 시점으로 한다(규정 26조의2 8항 단서, 4항).

3. 금산법상 금융체계상 중요한 금융기관 선정

[5-331] 금융위는 금융체계상 중요한 금융기관을 선정하는 경우(금산 9조의2; 동 시행령 5조의4 2항) 위 1.에 따라 선정한 금융체계상 중요한 은행을 금융체계상 중요한 금융기관으로 선정한다(규정 26조의2 9항). 금산법상 자체정상화계획 제출의무가 부과된다(9조의3).

4. 글로벌 금융체계상 중요한 은행인 경우

[5-332] 금융체계상 중요한 은행이 **글로벌 금융체계상 중요한 은행**인 경우에는 일반적인 거액익스포저비율규제(규정 26조 1항 6호)에도 불구하고 다른 글로벌 금융체계상 중요한 은행에 대한 거액익스포저비율을 15% 이하로 유지해야 한다(규정 26조의2 10항 본문). 다만, 글로벌 금융체계상 중요한 은행으로 신규 선정된 은행이 이 한도를 초과하게 되는 경우에는 선정 시점부터 12개월 이내에 이 한도에 맞추어야 한다(규정 26조의2 10항 단서).

Ⅵ. 여신한도규제

1. 의 의

[5-333] 은행법상 여신한도규제는 동일인, 동일차주, 거액의 3가지로 구성된다. **동일인한도**는 동일한 개인이나 법인 각각에 대한 한도를, **동일차주한도**는 동일인 및 그와 신용위험을 공유하는 자로 구성되는 집단에 대한 한도를, **거액한도**는 동일인 또는 동일차주 각각에 대한 여신액이 자기자본의 10%를 초과하는 거액여신인 경우에 적용되는 한도를 말한다.

[5-334] 여신한도규제는 신용위험 관리를 통한 건전성확보를 위한 것이지만,[145] 대출채권의 회수가능성에 대한 우려를 직접 반영한 것은 아니다(대법원 2012. 4. 12. 선고 2010다75945 판결). 은행법상 여신한도규제의 취지에 균등한 여신기회 보장이 포함되는가? 법원은 구 상호신용금고법상 여신규제를 "특정인에 대한 과대한 편중여신을 규제함으로써 보다 많은

145) Basel Committee on Banking Supervision, Core Principles for Effective Banking Supervision, April 2024, Principle 19.

사람에게 여신의 기회를 주고자 함"이라고 설명한다(대법원 1997. 8. 26. 선고 96다36753 판결). 구 단기금융업법 제11조의 동일인 자금운용한도도 같은 취지로 보고 있다(대법원 1987. 12. 8. 선고 86다카1230 판결; 대법원 1988. 1. 19. 선고 86다카1384 판결). 은행법상 여신한도규제도 자산건전성 확보와 함께 자금중개기능의 공정한 수행을 위한 것으로 볼 수 있다. 은행의 출자제한과 마찬가지로 은행의 산업자본 지배방지수단으로 볼 여지도 있다.[146]

2. 종 류

가. 채무자의 범위

1) 동일인

은행은 동일인(동일한 개인이나 법인 각각)에 대하여 자기자본의 20%를 초과하는 신용 [5-335] 공여를 할 수 없다(35조 3항 본문). 다만 인터넷전문은행의 한도는 자기자본의 15%이다(인터넷은행법 7조 2항 본문).

2) 동일차주

은행은 동일차주(동일한 개인·법인 및 그 개인·법인과 시행령으로 정하는 신용위험을 공유하는 [5-336] 자)에 대하여 자기자본의 25%를 초과하는 신용공여를 할 수 없다(35조 1항 본문). "시행령으로 정하는 신용위험을 공유하는 자"란 동일한 기업집단(공정거래법 2조 2호)에 속하는 회사를 말한다(령 20조의4). 다만 인터넷전문은행의 한도는 자기자본의 20%이다(인터넷은행법 7조 1항 본문).

3) 거 액

동일인 또는 동일차주 각각에 대한 은행의 신용공여가 자기자본의 10%를 초과하는 [5-337] 거액 신용공여인 경우 그 총합계액은 자기자본의 5배를 초과할 수 없다(35조 4항 본문). 인터넷전문은행도 같다.

나. 신용공여자의 범위

은행에 자회사등이 있는 경우 은행과 자회사등의 동일인에 대한 신용공여액을 합산 [5-338] 하여 규제할 것인가? 일본의 은행법은 은행과 자회사 그 밖에 은행과 특수관계 있는 자의 동일인에 대한 신용공여액은 합산하여 은행 및 그 자회사등의 자기자본 순합계액의 일정 비율을 초과할 수 없도록 **합산신용공여등한도액**을 규제한다(13조 2항).[147] 영국에서도 은행과 그 자회사 등 일정한 요건을 충족하는 경우에는 개별회사기준은 물론 연결기준으로도 거액여신규제를 적용한다.[148]

---

146) 외국입법례는 금감원, 주요국의 거액 신용공여 및 관계자여신 규제제도, 2006.3; 三菱UFJリサーチ&コンサルティング株式会社,「諸外国における 大口信用供与等規制に係る調査」(金融庁 委託調査), 2012.6.

147) 日野正晴,『ベーシック金融法—規制と会計』, 中央経済社, 2005, 45면.

148) Bob Pen, "Banking Regulation" in Sarah Paterson and Rafal Zakrzewski(eds), McKnight, Paterson, &

[5-339] 은행법에는 이러한 규정이 없다. 금융지주법은 동일차주에 대한 금융지주회사 및 자회사등의 신용공여 합계액은 금융지주회사 및 자회사등의 자기자본 순합계액의 25%를 초과할 수 없게 규제한다(45조 1항). 이는 특정 거래처의 부실로 인해 그룹 전체가 동반 부실화되는 것을 방지하려는 것이다.[149)]

다. 한도규정의 위임

[5-340] 은행법은 한도를 법률에서 규정하지만, 그 한도를 하위규정에 위임할 수 있는가? 새마을금고 임원의 동일인한도 초과대출에 대한 처벌하면서, 한도를 시행령에 위임한 구 새마을금고법(66조 2항 6호)의 "제26조의 규정에 의한 명령" 중에서 "대출의 한도" 부분이 포괄위임입법금지원칙에 위배되는지가 쟁점이 된 사례가 있다. 헌재는 법에서 대출한도라는 구체적 범위를 위임하면서 상한을 정하지 않았더라도 대출한도의 제한필요성 및 위임의 불가피성, 수범자의 예측가능성 측면에서 위임입법의 한계를 벗어난 것이라고 할 수 없다고 판단하였다(헌재 2004. 8. 26. 2004헌바14).[150)]

3. 범 위

가. 신용공여의 의의와 범위

1) 의 의

[5-341] **신용공여**란 대출, 지급보증 및 자금지원적 성격인 유가증권 매입, 그 밖에 금융거래상의 신용위험이 따르는 은행의 직접적·간접적 거래를 말한다(2조 1항 7호). 1999.2. 은행법 개정에서 종래 대출 및 지급보증 한도 등을 별개로 관리했던 것을 변경하여 대출, 지급보증, 유가증권의 매입 등 위험을 수반하는 금융거래를 통합하여 설정한 신용공여 개념을 기준으로 한도를 관리하게 한 것이다. 자기자본 및 신용공여의 구체적 범위는 시행령의 위임에 따라 금융위가 정한다(2조 2항).

[5-342] 신용공여는 대출, 지급보증, 지급보증에 따른 대지급금 지급, 어음 및 채권 매입, 그 밖에 거래상대방의 지급불능 시 이로 인하여 은행에 손실을 끼칠 수 있는 거래, 은행이 직접적으로 위의 거래를 한 것은 아니나 실질적으로 그에 해당하는 결과를 가져올 수 있는 거래로서 구체적인 범위는 감독규정으로 정한다(령 1조의3 1항 1호-6호; 규정 〈별표 2〉).

Zakrzewski on the Law of International Finance 2nd ed, 2017, p108 [2.23.3].

149) 금융위, 법령해석: 비은행지주회사가 자회사가 발행한 주식을 취득하거나, 비은행지주회사와 그 자회사등 상호간에 신용공여를 하는 경우, 「금융지주회사법」 제34조(대주주와의 거래 등의 제한)와 제45조(신용공여한도)가 적용되는지 여부, 2015.12.2.

150) 첫째, 이 사건 대출한도 혹은 대강의 기준을 법률에서 정할 내용을 시행령에 위임하여 예측가능성을 침해하고 죄형법정주의이념에 위반하였고, 둘째, 이 사건 시행령조항은 위임입법의 한계를 벗어나 새로운 범죄구성요건을 창설한 것이므로 위헌이라는 반대의견이 있었다(재판관 김영일의 반대의견). 현행 새마을금고법은 동일인 대출한도를 "자기자본의 100분의 20 또는 총자산의 100분의 1 중 큰 금액의 범위에서 대통령령으로 정하는 한도"라고 규정하고 있다(29조 1항).

금융위는 은행에 손실을 끼칠 가능성이 매우 적은 것으로 판단되는 거래와 금융시장에 미치는 영향 등 그 거래상황에 비추어 신용공여 범위에 포함시키지 않는 것이 타당하다고 판단되는 거래는 신용공여 범위에서 제외할 수 있다(령 1조의3 2항 1호-2호; 규정 〈별표 2〉).

2) 검토사항

신용공여의 범위에 포함할 것인지가 문제되는 상품이나 거래를 예시하면 다음과 같다. 물론 여기에 한정되는 것은 아니다. [5-343]

첫째, 일본은 대출과 같지만, 은행 간 자금과부족 조정을 위한 단기대출인 콜론을 제외한다.[151] 그러나 우리나라는 콜론을 포함한다. [5-344]

둘째, 중앙정부와 중앙은행이 보증한 신용공여, 동 기관이 발행·보증한 증권으로 담보된 신용공여, 자행예금에 의해 담보된 신용공여, 지방자치단체 등이 보증한 신용공여, 동 기관이 발행·보증한 증권에 의해 담보된 신용공여도 신용공여에서 제외한다. 신용위험이 없다고 본 것이다. [5-345]

셋째, 유동화전문회사에 대한 신용공여의 경우 신용공여의 상대방 확정이 문제된다. 자산보유자와 유동화전문회사 간 자산매매가 매각거래인 경우에는 유동화자산의 각 채무자에 대한 신용공여로 간주하고, 차입거래인 경우에는 자산보유자에 대한 신용공여로 간주한다. [5-346]

넷째, 신용파생상품에 대해서는 보장매입자와 보장매도자, 계약형태와 채권 형태로 구분하여 신용공여액을 정한다. [5-347]

다섯째, 자금지원적 성격인 유가증권 매입의 판단기준은 무엇인가? 발행시장에서 사모방식으로 취득하는 것은 당연히 포함된다. 그러나 법문상으로는 유가증권의 매입이라고 하고 있어 자본시장법상 공모시장에서의 모집이나 매출에 응한 취득이나 매입, 또는 유통시장에서의 매입을 포함하는 것으로 볼 것인가? 일정한 범위의 공모사채는 포함될 수 있다. [5-348]

나. 판단기준

1) 명의차주와 실질차주가 다른 경우 실질차주를 기준으로 판단

대출계약의 당사자확정이 문제된다([9-53]-[9-57]). 명의차주와 실질차주가 다른 경우 여신한도규제는 누구를 기준으로 적용할 것인가? 대출금이 실질적으로 귀속되는 자를 기준으로 한다(대법원 2013. 10. 24. 선고 2013도7201 판결).[152] 새마을금고법은 동일인 대출한도 규제를 적용할 때 **본인의 계산으로 다른 사람의 명의에 의하여 행하는 대출**은 본인 대출로 본다(29조 2항). [5-349]

---

151) 小山, 266면.
152) 같은 취지로 대법원 2004. 10. 15. 선고 2003도7018 판결; 대법원 2010. 5. 13. 선고 2009도13879 판결 등.

2) 동일인 여신한도규제와 대환

(가) 의의와 구조

[5-350] 대환은 현실적인 자금수수가 없어 기존채무의 변제기 연장에 불과한 경우가 많다. 그러나 보증채무를 부담하는 금융기관이 채무자에게 새로운 대출을 하여 채무자로 하여금 주채무를 변제하게 하고 자신이 그 대출채권을 가지게 되는 경우나, 이미 발행한 회사채를 보증한 금융기관이 그 지급자금의 확보를 위해 새로이 발행하는 회사채에 대하여 보증하는 것(대법원 2005. 4. 29. 선고 2002도7262 판결; 대법원 2007. 6. 01. 선고 2006도1813 판결), 그리고 금융기관이 채무자가 발행한 회사채를 인수하여 그 인수대금으로 채무자의 기존 신용대출의 변제에 충당한 사정만으로는 대환이라고 할 수 없다(대법원 2007. 6. 1. 선고 2006도1813 판결; 대법원 2008. 12. 11. 선고 2005다51471 판결). 대출로 인하여 실제 자금이동이 있었다고 본 것이다.

(나) 법적 성질과 여신한도규제

[5-351] 대환은 기존채무가 동일성을 유지한 채 존속하는 준소비대차이다(대법원 2012. 2. 23. 선고 2011다76426 판결). 따라서 대환은 저축은행법에서 규제하는 '개별차주에 대한 한도를 초과하는 신용공여'에 해당하지 않는다(대법원 2001. 6. 29. 선고 2001도2189 판결 등). 그러나 대출로 인하여 실제 자금이동이 있으면 신용공여에 해당한다(대법원 2012. 6. 28. 선고 2012도2087 판결).

3) 기업대출 가장행위

[5-352] 저축은행 담당자들이 개인대출한도 제한규정(당시 저축은행법 제12조 제1항)을 회피하기 위해 대출신청인들에게 사업자등록을 권유하거나 기존에 사업자등록이 있어도 실제 사업을 영위하고 있지 않은 대출신청인들에게 대출받을 것을 권유한 후 중소기업대출 형식으로 개인대출한도를 초과하여 대출한 행위를 개인대출한도제한규정에 위반한 것으로 본 사례가 있다(대법원 2010. 4. 29. 선고 2009도7017 판결).

4. 적용제외

[5-353] 동일차주에 대한 여신규제는 다음 경우에는 적용하지 않는다(35조 1항 단서). 이 경우에는 동일인여신규제와 거액여신규제도 적용하지 않는다(35조 3항 단서, 35조 4항 단서).

① 국민경제를 위해 또는 은행채권확보 실효성을 높이기 위해 필요한 경우(35조 1항 1호). 이 사유로 은행 신용공여가 자기자본의 25%를 초과할 수 있는 경우는 다음과 같다(령 20조의5 1항).

[1] 회생절차 진행 중이거나 기업구조조정 등을 위해 은행공동으로 경영정상화를 추진 중인 회사에 대한 추가 신용공여

[2] [1]에 해당하는 회사의 인수자에 대한 인수계약에 따른 추가 신용공여
[3] 사회기반시설사업추진 등 산업발전 또는 국민생활안정을 위해 불가피하다고 금융위가 인정하는 경우

② 은행이 추가신용공여를 하지 않았지만 자기자본 변동, 동일차주 구성변동 등으로 한도를 초과하는 경우(35조 1항 2호)
이 사유로 은행신용공여가 자기자본의 25%를 초과할 수 있는 경우는 환율변동에 따른 원화환산액 증가, 그 은행의 자기자본 감소, 동일차주구성의 변동, 신용공여를 받은 기업 간의 합병 또는 영업의 양수도, 그 밖에 급격한 경제여건 변화 등 불가피한 사유로 은행 귀책사유 없이 신용공여한도를 초과했다고 금융위가 인정하는 경우이다(령 20조의5 2항).

인터넷전문은행에도 국민경제를 위해 또는 채권확보의 실효성을 높이기 위해 필요한 경우, 인터넷전문은행이 추가로 신용공여를 하지 않았음에도 자기자본변동 등으로 한도 초과하는 경우 등 예외적인 경우에는 동일차주 및 동일인 한도가 적용되지 않는다(인터넷은행법 7조 1항 단서, 2항 단서; 인터넷은행령 3조). [5-354]

5. 여신규제위반행위의 법적 효과

가. 은행법상 효과

은행법상 여신규제위반에 대해서는 과징금(65조의3)과 형벌(67조 2호)이 부과될 수 있다. 은행이 추가신용공여를 하지 않았지만 자기자본변동, 동일차주 구성변동 등으로 한도를 초과하는 경우(35조 1항 2호)에는 한도초과일로부터 1년 이내에 동일차주·동일인·거액 여신한도(35조 1항·3항·4항 본문)에 맞게 해야 한다(35조 2항 본문). 다만, 시행령상 부득이한 경우에는 금융위가 기간을 정해 연장할 수 있다(35조 2항 단서). 인터넷전문은행의 동일인한도와 동일차주한도도 같다(인터넷은행법 7조 3항, 1항 2호; 동 시행령 3조 2항). [5-355]

나. 사법상 효과

1) 사법상 효력

은행법상 사례는 없지만, 같은 취지의 구 상호신용금고법 제12조 위반행위의 사법상 효력을 판단한 사례는 있다. 법원은 동 규제를 단속규정으로 보아 한도위반대출 등도 사법상 효력에는 영향이 없다고 판단하였다(대법원 1997. 8. 26. 선고 96다36753 판결; 대법원 1996. 8. 23. 선고 96다18076 판결). [5-356]

동일인 대출한도를 회피하기 위해 실질적 주채무자가 제3자를 형식상 주채무자로 하고, 금융기관도 이를 양해하여 제3자에 대하여는 채무자로서의 책임을 지우지 않을 의도 아래 제3자 명의로 대출관계서류를 작성한 경우, 통정허위표시로서 무효라고 본 판결도 있다(대법원 2001. 5. 29. 선고 2001다11765 판결). 이 판결은 동일인 대출한도 위반행위의 사법상 효력이 아니라 차명대출을 통정허위표시로서 무효라고 판단한 것이다. [5-357]

2) 임직원의 은행에 대한 손해배상책임

(가) 동일인 대출한도위반만으로 바로 손해배상책임이 성립하는지 여부

[5-358] 동일인 대출한도규제는 대출채권의 회수가능성을 직접적으로 고려한 것은 아니므로 그 한도 초과만으로 바로 대출채권을 회수하지 못할 손해가 생겼다고 볼 수는 없다(대법원 2012. 4. 12. 선고 2010다75945 판결).

(나) 동일인 대출한도위반 이외에 손해배상책임의 요건을 갖춘 경우

[5-359] 금융기관 임직원이 동일인 대출한도를 초과하여 대출하면서 충분한 담보를 확보하지 않는 등 임무를 해태하여 금융기관이 대출금을 회수하지 못하는 손해를 입게 한 경우 임직원은 대출로 인하여 금융기관이 입은 손해를 배상할 책임이 있다(대법원 2015. 10. 29. 선고 2011다81213 판결).

[5-360] 명의를 달리하는 복수의 대출이 실질적으로 동일인 대출한도 초과라는 이유로 대출에 대한 새마을금고 임직원의 손해배상책임이 문제되었다. 법원은 "복수의 대출이 실질적으로 동일인 대출한도 초과대출이라는 점" 외에 "대출 당시 대출채무자의 재무상태, 다른 금융기관 차입금, 기타 채무를 포함한 전반적인 금융거래상황, 사업현황 및 전망과 대출금 용도, 소요기간 등에 비추어 볼 때 채무상환능력이 부족하거나 제공된 담보의 경제적 가치가 부실해서 대출채권 회수에 문제가 있음에도 이루어진 대출이라는 점", 그리고 "대출에 관여한 새마을금고 임직원이 그 대출이 동일인 대출한도 초과대출로서 채무상환능력이 부족하거나 충분한 담보가 확보되지 아니한 상태에서 이루어진다는 사정을 알았거나 알 수 있었음에도 대출을 실행하였다는 점"에 대한 증명이 필요하다고 판단하였다(대법원 2012. 4. 12. 선고 2010다75945 판결).

(다) 손해액의 산정

[5-361] 은행이 입은 통상손해는 임직원이 규정을 준수해 적정담보를 취득하고 대출했으면 회수할 수 있었을 미회수 대출원리금이며, 특별한 사정이 없는 한 이러한 통상손해에는 약정이자와 지연이자가 포함된다(대법원 2015. 10. 29. 선고 2011다81213 판결). 다만 '동일인 대출한도를 초과하는 급부·대출 또는 어음의 할인'에 해당하지 않는 대환대출은 동일인 대출한도 초과대출에 따른 초과액 상당의 손해의 발생 여부 및 그 액수를 정할 때 포함할 수 없다(대법원 2006. 2. 24. 선고 2005다38492 판결).

다. 형사법상 효과

1) 대향범

[5-362] 동일인 여신한도규제 위반에서 대출한 자를 처벌하면서 대출받은 자를 공범으로 처벌할 수 있는가? 동일인 여신한도규제 위반에서 대주와 차주는 대향범의 관계에 있게 된다(대법원 2002. 7. 22. 선고 2002도1696 판결). 형법상 대향범의 법리에 따르면 매도, 매수와 같이

2인 이상의 서로 대향된 행위의 존재를 필요로 하는 관계에서는 공범이나 방조범에 관한 형법총칙 규정의 적용이 있을 수 없다.

따라서 자기자본의 25% 초과 신용공여제한에 관한 종합금융회사에 관한 법률 위반 [5-363] 행위와 동일인 대출한도에 관한 구 상호신용금고법 위반행위는 "대주와 차주는 대향적 행위의 존재를 필요로 하는 대립적 범죄로서, 일정한 경우 대출을 한 자를 처벌함으로써 그와 같은 대출의 발생을 방지하려는 데 목적이 있고, 규정형식상 대출을 한 자만을 처벌하고, 따로 대출받은 자에 대하여 처벌규정이 없는 점"에 비추어, "대출 받은 자의 행위에 대하여는 상대방의 대출행위에 대한 형법총칙의 공범규정은 적용되지 않는다"(대법원 2002. 7. 22. 선고 2002도1696 판결).

실질차주가 법인이고 형식차주가 대표이사인 경우에 대표이사(피고인)가 위 대향적 [5-364] 범죄에 관하여 공범이 될 수 있는가? 법원은 "피고인이 위 각 대출에 있어 대출을 받은 자의 지위에 있었는지 여부에 의하여 결정될 것"인데, 형식상 차주는 개인이지만, 실질적으로는 법인이므로, 위 대출에서 피고인이 대출받은 자의 지위에 있었다고 볼 수 없으므로 피고인을 공범으로 인정했다(대법원 2002. 7. 22. 선고 2002도1696 판결). 다만 대출받은 자가 대주주일 경우에는 부당한 영향력 행사(35조의4)에 해당할 수 있다.

2) 배임죄

여신한도를 위반한 대출사실만으로 은행에 업무상배임죄를 구성하는 재산상 손해가 [5-365] 발생했다고 볼 것인가? 법원은 초과대출 사실만으로 업무상배임죄를 인정하던 입장을 대출채권의 회수불능을 기준으로 재산상 손해 유무를 판단해야 한다고 변경했다(대법원 2008. 6. 19. 선고 2006도4876 전원합의체 판결).

[다수의견] 여신규제를 "새마을금고 자체의 적정한 운영을 위해 마련된 것이지 대출채무자의 신용도를 평가해서 대출채권의 회수가능성을 직접적으로 고려하여 만들어진 것은 아니"라고 보므로, 대출한도규제위반으로 직접 재산적 손해가 발생했다고 볼 수 없고 별도의 재산상 손해의 발생 여부를 판단해서 업무상배임죄의 성립 여부를 판단해야 한다는 입장이다.

[별개의견] 여신규제를 "특정 소수의 회원에게 과도하게 편중 대출하는 것을 제한하여 모든 회원에게 골고루 대출이 이루어지도록 하는 등으로 새마을금고의 자금이 그 사업목적에 들어맞게 사용되도록 하려는 데" 있다고 보고, "이것이 재산적 가치에 포함되는 것으로 보는 이상" 그 한도초과대출금에 해당하는 만큼 부당하게 감소시킴으로써 그 자금이 그 목적사업을 위해 사용되는 것이 저해되었거나 저해될 위험이 초래된 것이다. 이러한 의미에서 새마을금고는 그만큼의 재산상의 손해를 입은 것이어서 업무상배임죄가 성립하며, 이때 그 한도초과대출금의 회수가능 여부는 고려할 것이 아니라고 한다. 새마을금고가 입는 손해는 재산상의 이익이나 손해에 해당하지만 가액을 산정할 수 없다고 한다.

이러한 판례법리를 은행도 적용할 수 있는가? 은행법상 여신한도규제의 입법취지를 [5-366] 균등한 여신기회의 제공이라고 보더라도 위 판결의 [별개의견]과 같은 법리를 적용하기는 어려울 것이다.

Ⅶ. 은행 등의 출자제한

1. 의 의

가. 취 지

[5-367] 은행은 다른 회사등의 의결권 있는 지분증권의 15%를 초과하는 지분증권을 소유할 수 없다(37조 1항). 그 취지는 은행과 산업자본의 분리와 같은 것으로서 산업자본의 은행 지배로 발생하는 문제는 은행이 일반사업회사를 자회사로 둘 경우에도 방향을 달리할 뿐 동일하게 발생할 수 있다.

나. 자회사등의 출자 승인

1) 의 의

[5-368] 이러한 문제의 우려가 적은 경우 출자를 제한할 필요성이 낮다. 은행은 ① 금융위가 정하는 업종에 속하는 회사등에 출자하는 경우 또는 ② 기업구조조정촉진을 위해 필요한 것으로 금융위 승인을 받은 경우에는 의결권 있는 지분증권의 15%를 초과하는 지분증권을 소유할 수 있지만, ③ 출자총액의 제한을 받는다(37조 2항 본문). 여기서 **은행이 의결권 있는 지분증권의 15%를 초과하는 지분증권을 소유하는 회사 등**을 자회사등이라 한다(37조 2항 단서). 은행의 자회사등에 대한 출자에 관한 세부사항은 시행령으로 정한다(37조 4항).

2) 출자대상업종 해당성 또는 기업구조조정촉진 필요성과 금융위 승인

[5-369] 출자대상업종은 금융업 및 금융업과 관련되는 업종으로서 감독규정에서 정하고 있다(37조 2항; 규정 49조 1호-14호). 이 경우에는 금융위 승인이 필요 없다.[153] 기업구조조정촉진을 위해 필요한 경우는 금융위 승인을 요한다. 이는 기촉법상 기업구조조정을 위해 필요한 경우 등을 말한다.

3) 출자총액제한

[5-370] 은행의 자회사등에 대한 출자총액은 ① 은행 자기자본의 20%에 해당하는 금액(37조 2항 1호; 령 21조 1항)이나 ② 은행과 그 은행의 자회사등의 경영상태 등을 고려하여 금융위가 고시하는 요건을 충족하는 경우에는 은행 자기자본의 30%에 해당하는 금액(37조 2항 2호; 령 21조 4항)을 초과할 수 없다(37조 2항 단서).

---

153) 2010년 은행법 개정에서 종래 "금융위원회가 정하는 업종에 속하는 회사 또는 기업구조 조정 촉진을 위해 필요한 것으로 금융위원회의 승인을 얻은 경우"라고 했던 것을 "금융 위원회가 정하는 업종에 속하는 회사등에 출자하는 경우 또는 기업구조조정 촉진을 위해 필요한 것으로 금융위원회의 승인을 받은 경우"로 변경하여 이 점을 명확히 하였다. 그 이전의 논의로는 고동원, 금융규제와 법, 박영사, 2008, 90-91면.

금융위는 다른 회사의 지분증권을 취득할 수 있는 은행의 요건으로 은행의 경영상태, 은행이 이미 출자한 자회사등(37조 2항 단서)의 경영상태, 자회사등에 대한 출자의 총한도에 관한 요건을 정할 수 있다(37조 2항 2호; 령 21조 2항). 여기서 출자총액을 산정할 때 원본보전약정이 있는 신탁계정에서의 출자액은 포함하되, 법령에 따른 출자금액과 구조조정 등에 드는 금액으로서 금융위가 인정하는 금액은 제외한다(37조 2항 2호; 령 21조 3항). [5-371]

다. 구 별

금산법 제24조는 금융기관 및 동일계열 금융기관의 20% 이상의 다른 회사 주식 취득 등을 금융위 승인사항으로 규정하고 있다. 그 취지는 "금융기관의 사기업에 대한 지배를 제한함과 동시에 관련 시장에서의 경쟁을 보장하고 금융기관의 부실화를 예방하여 자본의 충실화를 기하기 위한 것"이다(대법원 2003. 11. 27. 선고 2003다5337 판결). [5-372]

은행법 제37조와 금산법 제24조의 관계를 어떻게 볼 것인가? 은행법 제37조가 금산분리의 취지를 반영한 것임에 비하여 금산법 제24조는 금융기관을 이용한 기업결합 제한을 목적으로 한다. [5-373]

그러나 유사한 규제를 이중으로 받게 하는 것을 피하기 위해서 금산법은 '그 금융기관의 설립근거가 되는 법률에 따라 인가·승인 등을 받은 경우'에는 승인의무를 면제하고 있다(금산 24조 1항 단서). 따라서 은행법 제37조에 따른 승인을 받으면 금산법 제24조의 승인은 면제된다. [5-374]

2. 자회사등과의 거래 제한

가. 은행법상의 제한

은행의 자회사등에 대한 출자가 승인된 경우에도 은행은 그 은행의 자회사등과 거래할 때 이해상충 가능성이 있는 행위를 할 수 없다(37조 3항). 은행법은 다음 행위를 부당한 거래로 규정하고 있다. [5-375]

> **① 그 은행의 자회사등에 대한 신용공여로서 '시행령으로 정하는 기준'을 초과하는 신용공여**(37조 3항 1호 본문)

'시행령으로 정하는 기준'이란 자회사등 각각에 대해서는 그 은행 자기자본의 10%를, 자회사등 전체에 대해서는 그 은행 자기자본의 20%를 말한다(령 21조 5항). 그러나 은행의 추가신용공여가 없었음에도 불구하고 환율변동에 따른 원화환산액의 증가, 그 은행의 자기자본 감소, 자회사등 간의 합병 또는 영업의 양도·양수, 또는 그 밖에 금융위가 정하여 고시하는 사유로 이 기준을 초과하게 된 경우에는 시정계획을 그 사유발생일로부터 1개월 이내에 금융위에 제출해야 한다(령 21조 7항 1호-4호). 다만 은행 이사회에서 합병하기로 결의한 자회사등에 대한 신용공여가 불가피한 경우나 은행 공동으로 경영정상화를 추진 중인 자회사등에 대한 신용공여를 합의한 경우는 제외한다(37조 3항 1호 단서; 령 21조 6항 1호·2호). [5-376]

② 그 은행의 자회사등의 지분증권을 담보로 하는 신용공여와 그 은행의 자회사등의 지분증권을 사게 하기 위한 신용공여(37조 3항 2호)

[5-377] 그 은행의 주식을 담보로 하거나 그 은행의 주식을 사게 하기 위한 신용공여를 제한하는 것과 같은 이유에서 금지하는 것이다. 은행법은 직접·간접을 불문하고 그 은행의 주식을 담보로 하는 대출을 금지한다(38조 4호). 자기주식을 담보로 취득할 경우 은행의 재산적 기초가 위태롭게 될 위험을 방지하기 위한 것이다. 또한 직접·간접을 불문하고 그 은행의 주식에 대한 매입자금 대출도 금지한다(38조 5호). 은행의 자기주식 매입자금 대출은 회수불능이 되면 자본금 환급과 같은 결과가 발생하는 등 재산적 기초를 위태롭게 할 수 있기 때문이다. 본호에서는 '직접·간접을 불문하고'라는 문언이 없지만, 계산의 주체가 은행이면 모두 금지된다.

③ 그 은행의 자회사등의 임직원에 대한 대출(37조 3항 3호 본문)

[5-378] 금융위가 정하는 소액대출[154]은 제외한다(37조 3항 3호 단서). 다만, 대출조건은 일반고객과 동일해야 한다(규정 53조 1항 단서). 은행의 임직원에 대한 대출을 제한하는 것(38조 6호)과 같은 이유에 따른 것이다. 그 취지는 "그 신용이나 담보를 고려하지 아니한 채 부당하게 대출 등이 이루어짐으로써 상호신용금고의 자본구조가 악화될 우려가 있으므로 이를 방지"하기 위한 것이다(대법원 1994. 10. 28. 선고 94다28604 판결).

④ 그 밖에 그 은행의 건전경영을 해치거나 예금자 등 은행이용자의 이익을 해칠 우려가 있는 행위로서 시행령으로 정하는 행위(37조 3항 4호; 령 21조 8항 1호-3호)

[5-379] 시행령에서는 정당한 사유 없이 자회사등이 부담할 경비를 부담하는 행위, 법령에 따른 제공이나 제공받는 경우는 제외하고 업무상 알게 된 은행이용자에 대한 정보를 은행이용자의 동의 없이 자회사등에 제공하거나 자회사등으로부터 제공받는 행위, 그 밖에 정당한 사유 없이 자회사등을 우대하는 행위로서 금융위가 정하여 고시하는 행위를 규정하고 있다(37조 3항 4호; 령 21조 8항 1호-3호).

나. 공정거래법상의 제한

[5-380] 은행의 자회사 채권 인수가 공정거래법상 '현저히 유리한 조건의 거래'(45조 1항 9호)에 해당하는지 문제된 사례가 있다. 원고인 K은행은 2004.3.30. 계열사(K캐피탈)가 발행한 BBB등급의 무보증사모사채 500억원을 만기 2년 6월, 적용금리 연 5.86%(3개월 후취)로 인수했다. K캐피탈은 위 사모사채 인수일의 9일 후인 2004.4.8. 발행금액 670억원, 만기 1년, 발행이자율 및 발행수익률 각 연 8.0%, BBB 등급의 무보증공모사채를 발행했다.

[5-381] 법원은 공모사채의 발행조건이 원고와 K캐피탈의 사모사채인수의 거래조건들에 비

154) "금융위가 정하는 소액대출"은 일반자금대출 20백만원(급부 포함)이내, 주택자금대출 (일반 자금대출 포함) 50백만원 이내를 말한다(규정 53조 1항 본문; 56조 1항 1호· 2호). 다만, 대출조건은 일반고객과 동일해야 한다(규정 53조 1항 단서).

하여 만기 등의 면에서 우위를 점하고 있어 공모사채의 발행수익률을 그대로 사모사채인수의 정상금리로 삼을 수는 없지만, 첫째, 사모사채인수에 실제 적용된 금리는 사모사채인수의 정상금리의 최하한을 어느 정도 추단할 수 있게 해 주는 공모사채의 발행수익률보다도 뚜렷이 낮은 점과 둘째, 사모사채인수의 규모도 상당히 큰 점을 근거로 원고의 사모사채인수는 현저히 유리한 조건의 거래에 해당한다고 판단하였다(대법원 2011. 9. 8. 선고 2009두11911 판결).155)

3. 모은행과 자은행

가. 의 의

모은행과 자은행 규제(37조 6항-8항)에서 '모은행' 및 '자은행'은 은행이 다른 은행의 의결권 있는 발행주식 총수의 15%를 초과하여 주식을 소유하는 경우의 그 은행과 그 다른 은행을 말한다(37조 5항 전단). 이 경우 모은행과 자은행이 합하여 자은행이 아닌 다른 은행의 의결권 있는 발행주식 총수의 15%를 초과하여 주식을 소유하는 경우 그 다른 은행은 그 모은행의 자은행으로 본다(37조 5항 후단). [5-382]

나. 자은행의 금지행위

모은행과 자은행 사이의 이해상충 가능성을 고려하여 자은행의 일정한 행위는 금지된다(37조 6항). [5-383]

① 모은행등이 발행한 주식을 소유하는 행위(37조 6항 1호 본문)

여기서 모은행등은 모은행 및 그 모은행의 다른 자은행을 말한다(37조 6항 1호 본문). 다만 이러한 금지규정을 이해상충 가능성이 없는 경우까지 적용할 필요는 없다. 따라서 자은행이 모은행(37조 5항에 따른 모은행)의 새로운 다른 자은행 발행주식을 이미 소유하고 있는 경우, 모은행의 새로운 자은행이 그 모은행 또는 그 자은행 발행주식을 이미 소유하고 있는 경우, 상법 제342조의2 제1항에 따라 모은행등(37조 6항 1호)의 발행주식을 소유하는 경우는 금지대상에서 제외한다(37조 6항 1호 단서; 령 21조 9항 1호-3호). [5-384]

상법 제342조의2 제1항은 자회사가 그 발행주식총수의 50%를 초과하는 주식을 가진 회사인 모회사의 주식을 주식의 포괄적 교환이나 포괄적 이전, 회사의 합병 또는 다른 회사의 영업전부양수로 인한 때나 회사의 권리실행목적 달성에 필요한 때에 한하여 취득할 수 있도록 허용하는 규정이다. 은행법상 모은행·자은행의 정의와 상법상 모회사·자회사의 정의는 다르므로 자은행과 모은행이 상법상 요건을 충족할 경우에 적용되는 규정이다. 또한 상법상 자회사는 모회사 주식을 취득일로부터 6달 이내에 처분해야 한다(상 342조의2 2항). 은행법상 자은행이 모은행등의 주식을 취득한 경우에도 동일하게 적용되어야 한다. [5-385]

155) 공정위는 그 행위에 대해 과징금을 부과했다. 공정위 의결 2008.8.20, 제2008- 241호.

② 다른 은행의 의결권 있는 발행주식의 15%를 초과하여 주식을 소유하는 행위(37조 6항 2호)

[5-386] 손자은행을 금지하려는 것이다.

③ 시행령으로 정하는 기준을 초과하여 모은행등에 신용공여를 하는 행위(37조 6항 3호)

[5-387] 여기서 '시행령으로 정하는 기준'은 (i) 모은행에 대한 신용공여의 금지, (ii) 다른 자은행에 대한 신용공여는 그 자은행 자기자본의 10% 이내, (iii) 다른 자은행에 대한 신용공여의 합계액은 그 자은행 자기자본의 20% 이내를 말한다(령 21조 11항 1호-3호).

[5-388] 다만 이해상충 가능성이 낮은 경우에는 규제를 완화하고 있다. 모자관계 형성 이전에 이미 모은행에 신용공여를 한 경우, 모은행의 새로운 자은행에 대한 신용공여규모가 이미 위 (ii)와 (iii)에 따른 한도를 초과한 경우, 환율변동에 따른 원화환산액의 증가, 그 은행의 자기자본 감소, 기업 간 합병 또는 영업양수, 그 밖에 금융위가 인정하는 불가피한 사유(령 20조의7 4항 1호·2호·4호 및 5호)로 위 기준을 위반하게 된 경우(령 21조 12항 1호-3호)에는 그 사유발생일로부터 2년 이내에 위 기준에 적합하도록 하되, 자은행의 신용공여규모 등에 비추어 부득이하다고 인정되는 경우 금융위는 그 기간을 연장할 수 있다(령 21조 11항 단서).

④ 그 밖에 그 자은행의 건전경영을 해치거나 예금자 등 은행이용자의 이익을 해칠 우려가 있는 행위로서 시행령으로 정하는 행위(37조 6항 4호)

[5-389] 시행령은 모은행등의 발행주식을 담보로 하거나 이를 매입시키기 위한 신용공여와 금융위가 정하는 소액대출[156]을 제외한 모은행등의 임직원에 대한 대출을 그러한 행위로 규정하고 있다(령 21조 13항 1호·2호).

다. 모자은행간 신용공여

[5-390] 모자은행간 신용공여는 담보확보의무를 요건으로 한다. 자은행과 모은행등 상호 간에 신용공여를 하는 경우 신용공여액의 150% 범위에서 유가증권, 부동산 등 담보 종류에 따라 금융위가 고시하는 비율 이상의 담보를 확보해야 한다(37조 7항 본문; 령 21조 14항).

[5-391] 다만, 시행령으로 정하는 요건에 해당하는 경우에는 담보확보의무가 적용되지 않는다(37조 7항 단서). 시행령은 그 자은행과 모은행등의 구조조정에 필요한 신용공여, 그 자은행이 모은행의 자은행이 되기 전에 한 신용공여, 자본시장법상 자금중개회사를 통한 통상적 수준 이내에서의 단기자금거래, 추심 중인 자산을 근거로 제공한 일시적 신용공여, 당일 자금상환을 조건으로 제공한 통상적 수준 이내에서의 당좌대출을 그런 경우로 규정하고 있다(37조 7항 단서; 령 21조 15항 1호-5호).

---

156) "금융위가 정하는 소액대출"은 일반자금대출 20백만원(급부 포함)이내, 주택자금대출 (일반자금대출 포함) 50백만원 이내를 말한다(령 21조 13항 2호; 규정 53조 1항 본문, 56조 1항 1호·2호). 다만, 대출조건은 일반고객과 동일해야 한다(령 21조 13항 2호; 규정 53조 1항 단서).

라. 모자은행간 불량자산 거래의 금지

자은행과 모은행등 상호 간에는 **불량자산**을 거래할 수 없다(37조 8항 본문). '불량자산'은 경영내용, 재무상태 및 미래의 현금흐름 등을 고려할 때 상환에 어려움이 있거나 있을 것으로 판단되는 채무자 등에 대한 채권 등으로서 요주의 이하로 분류된 자산을 말한다(령 21조 16항; 규정 52조의5 1항, 27조). 다만, 그 자은행과 모은행등의 구조조정에 필요한 거래 등 금융위가 정하는 요건에 해당하는 경우에는 그렇지 않다(37조 8항 단서). [5-392]

4. 은행의 출자규제의 효과

가. 은행법상 효과

은행의 출자규제에 위반에 대해서는 과징금과 벌금이 규정되어 있다. 다만 과징금 산정의 기준이 문제된다. [5-393]

첫째, 은행의 지분증권 소유한도(37조 1항·2항, 6항 2호)를 초과한 경우 초과 소유한 지분증권의 장부가액 합계액의 30% 이하(65조의3 4호), 자회사 지분증권관련 신용공여규제(37조 3항 2호)를 위반하여 신용공여를 한 경우에는 그 신용공여액의 5% 이하(65조의3 5호), 모은행 주식소유금지(37조 6항 1호)를 위반하여 주식을 소유한 경우에는 소유한 주식의 장부가액 합계액의 5% 이하(65조의3 6호), 적정 담보를 확보하지 않고 신용공여한 경우(37조 7항 본문)에는 그 신용공여액의 30% 이하(65조의3 7호), 불량자산을 거래한 경우(37조 8항 본문)에는 그 불량자산 장부가액의 30% 이하(65조의3 8호)의 과징금을 부과한다. 장부가액을 기준으로 한 것은 제재시점별로 과징금액이 달라질 수 있기 때문이다. [5-394]

둘째, 은행의 15% 지분증권 취득 금지(37조 1항), 자회사등과의 거래규제(37조 3항) 또는 자은행과 모은행간 거래규제(37조 6항-8항)를 위반한 자는 3년 이하의 징역 또는 1억원 이하의 벌금에 처한다(67조 3호). [5-395]

나. 사법상 효력

은행법상 은행의 출자규제위반행위의 사법상 효력이 문제된 경우는 없지만, 금산법 제24조를 단속규정으로 판단한 판례는 있다(대법원 2003. 11. 27. 선고 2003다5337 판결). 은행법상 출자규제위반행위의 사법상 효력도 무효라고 하기는 어려울 것이다. [5-396]

Ⅷ. 위험 투자 등의 금지

1. 의 의

은행법은 은행의 증권투자 등 위험자산운용을 제한하고 있다(38조). 2010.5. 은행법 개정에서 제정 은행법부터 규정되어 있던 자산운용규제인 상품 또는 유가증권에 대한 투기적 목적으로 하는 대출 및 정치자금의 대출 금지규정 등을 현실과 맞지 않는 점을 감안하여 삭제하였다. [5-397]

2. 증권투자한도

[5-398] 대상증권에 대한 투자의 총합계액이 은행 자기자본의 100%에 해당하는 금액을 초과하는 투자는 금지된다(38조 1호 전단; 령 21조의2 1항). 금융위는 필요한 경우 투자한도의 범위에서 대상증권에 대한 투자한도를 따로 정할 수 있다(38조 1호 후단). 대상증권은 다음과 같다.

가. 채무증권으로서 상환기간이 3년을 초과하는 것(38조 1호 가목 본문). 다만, 국채 및 한국은행 통화안정증권, 정부가 원리금 지급을 보증한 채권(債券)(금산 11조 6항 2호)은 제외(38조 1호 가목 단서).
나. 지분증권(38조 1호 나목 본문). 다만, 일정한 금융기관이 금융위가 정하는 바에 따라 기존 대출금 등을 출자전환함으로써 소유하게 된 주식(금산 11조 6항 1호)은 제외(38조 1호 나목 단서).
다. 파생결합증권 중 상환기간이 3년을 초과하는 것(38조 1호 다목; 령 21조의2 2항).
라. 수익증권, 투자계약증권 및 증권예탁증권으로서 상환기간이 3년을 초과하는 것(38조 1호 라목; 령 21조의2 3항).

[5-399] 은행법상 증권투자한도규제는 가격변동위험이 큰 주식, 유동성위험이나 금리변동위험이 큰 지분증권이 또는 장기채권투자를 규제해 은행의 건전성을 유지하기 위한 것이다.[157] 은행법상 증권투자한도에서 상환기간을 발행만기와 잔존만기 중 어느 것으로 볼 것인가? 규제취지를 고려할 때 상환기간은 발행만기가 아닌 현시점을 기준으로 만기일까지의 잔존만기로 보는 것이 옳다.[158]

[5-400] 금융당국은 이들 증권에 대한 추가 투자 없이 시장가격변동으로 한도를 초과하게 된 경우도 은행법 위반에 해당한다고 볼 것인가? 시장가격변동으로 인한 한도초과는 일차적으로 해소의무를 부과하고 이를 불이행할 경우에 처벌하는 것이 옳을 것이다.

3. 비업무용 부동산의 소유

가. 의 의

[5-401] 시행령으로 정하는 업무용 부동산이 아닌 부동산의 소유도 금지된다(38조 2호). **시행령으로 정하는 업무용 부동산**은 영업소, 사무소 등 영업시설, 연수시설, 복리후생시설, 이들 시설 용도로 사용할 토지·건물 및 그 부대시설을 말한다(령 21조의2 4항 1호-4호).

[5-402] 은행의 저당권 등 담보권실행으로 취득한 부동산은 제외한다(38조 2호). 적용범위가 문제된다. 여기서 담보권의 실행을 법원 경매를 통한 경우로 한정하는 견해[159]가 있다. 이에 따르면 법원 경매를 통하지 않고 채무자가 직접 은행에 부동산을 인도하는 대물변

157) 금감원, 금융감독개론, 2024, 285면.
158) 금융당국, 채권 투자 한도 유의…"잔존만기 꼼꼼히 살펴야", 연합인포맥스, 2017.1.24.
159) 은행감독원, 166면.

제는 허용되지 않게 된다. 남용가능성을 우려한 것으로 생각되지만, 가격의 공정성 등이 확보될 경우 그렇게 엄격하게 해석할 것은 아니다.

나. 위반시 효과

1) 처분의무

은행은 소유물 그 밖의 자산 중 은행법에 따라 취득 또는 보유가 금지되거나 저당 권 등 담보권실행으로 취득한 자산이 있는 경우 법규정에 부합되지 않는 날부터 3년 이내에 처분해야 한다(39조; 규정 58조 1항 본문). **법규정에 부합되지 않는 날**은 계약체결일이 아니라 취득 또는 보유의 법적 효력이 확정된 시점을 말한다. 다만, 공매유찰 및 공매보류 사유로 비업무용자산 처분연기보고를 한 경우에는 연기보고일 이후 1년 이내에 처분하면 된다(39조; 규정 58조 1항 단서). [5-403]

2) 사법상 효력

법원은 비업무용부동산 취득금지를 정한 구 상호신용금고법 제18조의2 제2호가 효력규정이 아니라고 판단하였다(대법원 2008. 12. 24. 선고 2006다53672 판결). 비업무용부동산의 취득금지를 위반한 부동산 취득행위 자체가 사법상 효력까지 부인해야 할 정도로 현저히 반사회성, 반도덕성을 지닌 것이라고 할 수 없고, 그 행위의 사법상 효력을 부인해야만 비로소 입법목적을 달성할 수 있다고 볼 수도 없다는 것이다. 따라서 위 금지규정에 위반되는 행위의 사법상 효력에는 영향이 없다고 볼 것이다. [5-404]

4. 업무용 부동산의 소유

자기자본의 60%를 초과하는 업무용 부동산 소유는 금지된다(38조 3호; 령 21조의2 5항). 자금의 고정화를 방지하여 은행의 건전경영을 유도하는 것이다.[160] 1998.1 은행법 개정 전에는 '업무용 부동산에 대한 투자'를 금지하고 있어 임차가 포함되는지 논의가 있었다(27조 1항 2호의2). 현재는 소유라고 하고 있어 문제되지 않는다. [5-405]

은행이 업무용 부동산을 새로 취득하지 않았음에도 손실발생 등으로 자기자본이 감소하여 한도를 초과하게 된 경우에는 초과하게 된 날부터 1년 이내에 그 한도에 적합하게 해야 한다(령 21조의2 6항 본문). '초과하게 된 날'은 자기자본감소를 초래한 손실발생확정일이다. 다만, 금융위는 은행이 초과보유한 업무용 부동산의 규모, 부동산시장의 상황 등에 비추어 부득이하다고 인정되는 경우에는 그 은행의 신청에 따라 그 기간을 연장할 수 있다(령 21조의2 6항 단서). [5-406]

---

160) 은행감독원, 167면.

5. 은행주식담보대출

가. 의 의

[5-407] 직접·간접을 불문하고 그 은행의 주식을 담보로 하는 대출은 금지된다(38조 4호). 여기서 **직접 또는 간접**은 명의를 불문하고 은행의 계산으로 이루어지는 대출을 금지한다는 의미로 해석된다. 자기주식을 담보로 취득할 경우 은행의 재산적 기초가 위태롭게 될 위험을 방지하기 위한 것으로서 상법상 자기주식의 질취금지(상법 341조의2)와 같은 취지라고 설명하기도 한다.[161] 이는 은행 파탄 시에 재무건전성 확보를 위한 기초가 될 수 없는 점을 고려한 것이다.

나. 적용범위

[5-408] 은행법은 그 은행의 주식을 담보로 하는 대출을 금지하고 있으므로 담보의 종류는 불문한다. 문언상 주식담보임이 명확하고 그 법적 구조도 묻지 않는다. 따라서 자기주식을 질권이나 양도담보의 대상으로 하는 것은 물론이고, 담보적 기능을 가진 그 밖의 법적 구조를 모두 포함한다고 해석하는 것이 취지상 옳을 것으로 본다.

[5-409] 그러면 은행이 거래와 관련하여 자기주식을 보증금으로 취득하는 것도 제한되는가? 은행의 건전성 유지를 위한 규제의 취지를 고려하여 이 경우도 금지되어야 한다.[162]

[5-410] 은행이 은행계정이 아닌 신탁계정에서 신탁업자로서 하는 신탁대출에 대해서도 적용되는가? 신탁대출에 대해서는 은행법이 적용되지 않고 신탁업자에 대한 자본시장법상 규제가 적용된다. 현재 자본시장법은 신탁업자의 자기주식 담보취득을 금지하고 있지 않다. 신탁대출을 위한 자기주식담보취득은 허용된다.[163] 신탁대출에서 대출위험을 부담하는 것은 수탁자로서의 은행이고, 궁극적으로는 신탁재산이기 때문이다. 다만 수탁자로서의 은행이 자기주식을 담보로 대출하는 것이 수탁자로서의 주의의무와 충실의무에 부합하는지는 살펴볼 필요가 있다.

다. 자기주식 담보대출과 자기주식 취득

[5-411] 미국 은행법도 은행의 자기주식담보대출을 금지한다(12 USC §83). 과거 미국은 은행의 자기주식 담보대출뿐만 아니라 자기주식의 취득이나 보유 자체를 금지했다. 그 취지는 자본훼손과 은행 도산 시 채권자에 대한 결과적인 피해를 방지하기 위한 것이라고 설명되었다.[164] 2000년 법률 개정(2000—Pub. L. 106-569)으로 자기주식취득금지는 삭제되었지만, 목적제한과 함께 자본금감소 절차를 따라야 한다(12 USC § 59; 12 CFR 7.2020).

161) 은행감독원, 182면.
162) 은행감독원, 183면.
163) 은행감독원, 183면.
164) Deitrick v Greaney, 309 U.S. 190 (1940).

은행법은 제정 당초(27조 5호)부터 자기주식 담보대출금지를 규정하고 있다. 상법상 자기주식의 취득을 제한하는 것은 자사주 유상취득은 실질적으로 주주에 대한 출자환급이라는 결과를 가져와 자본충실원칙에 반하고 회사재산을 위태롭게 한다는 데 있다(대법원 1993. 2. 23. 선고 92도616 판결). 상법은 2011.4. 개정에서 자기주식취득도 재원·방법의 제한을 전제로 허용했다(상 341조 1항 1호). 또한 상법은 자기주식의 질취를 취득제한의 탈법행위로 이용될 가능성을 고려하여 제한한다. 그러나 1984.4. 상법 개정에서 재무관리 등 필요를 고려하여 발행주식총수의 5% 범위 내에서 자기주식질취가 가능해졌다(상 341조의3). [5-412]

은행도 상법과 자본시장법에 따라 자기주식을 취득하거나 처분할 수 있다(상 341조, 341조의2, 자본 165조의3). 다만 은행은 취득이나 처분 후 다음 달 10일까지, 한도초과취득인 경우에는 지체 없이 금감원장에게 보고해야 한다(은행업감독업무세칙 99조 3항, 4항 10호). 은행이 가진 자기주식은 실질적으로 자본충실에 기여하지 않는 것으로 보아 은행법상 자기자본인 기본자본 및 보완자본에 포함할 수 없다(2조 2항; 령 1조의2 3호). [5-413]

6. 은행주식 매입자금대출

직접·간접을 불문하고 그 은행의 주식에 대한 매입자금 대출도 금지된다(38조 5호). 은행의 자기주식 매입자금 대출은 회수불능이 되면 자본금 환급과 같은 결과가 발생하는 등 재산적 기초를 위태롭게 할 수 있다는 지적이 있다.[165] 은행의 자기주식 취득자금대출은 시세조종의 수단이 될 수도 있다. 여기서 **직접 또는 간접**은 명의를 불문하고 은행의 계산으로 이루어지는 대출을 금지한다는 의미로 해석된다. [5-414]

상법상 제3자의 주식취득자금을 회사가 출연하고 주식취득에 따른 손익이 회사에 귀속되는 경우라면 상법 제341조가 금지하는 자기주식의 취득에 해당한다(대법원 2003. 5. 16. 선고 2001다44109 판결). 그러나 회사가 제3자의 자기주식취득을 위한 금융지원을 했지만, 그 주식의 손익이 귀속되지 않으면 자기주식 취득에 해당하지 않는다(대법원 2011. 4. 28. 선고 2009다23610 판결). 그러나 대출을 업무로 하는 은행이 자기주식 매입자금을 대출하는 것은 금지하는 것이다. [5-415]

7. 임직원대출

은행은 그 임직원에 대해 대출할 수 없다(38조 6호). 다만 금융위가 정하는 소액대출[166]은 제외한다. 같은 내용의 구 상호신용금고법 제37조의 취지를 "신용이나 담보를 고려하지 아니한 채 부당하게 대출 등이 이루어짐으로써 상호신용금고의 자본구조가 악화될 우려가 있으므로 이를 방지"하기 위한 것으로 본다(대법원 1994. 10. 28. 선고 94다28604 판결). [5-416]

---

165) 은행감독원, 184면.

166) "금융위가 정하는 소액대출"은 일반자금대출 20백만원(급부 포함)이내, 주택자금대출 (일반자금대출 포함) 50백만원 이내, 사고금정리대출(일반자금 및 주택자금대출 포함) 60백만원 이내를 말한다(규정 56조 1항 1호-3호).

[5-417] 임직원대출금지에 위반한 대출의 사법상 효력은 있는가? 법원은 구 상호신용금고법 제37조에 위반한 대출 등에 대하여 "무효로 본다면 … 상호신용금고법의 취지에 실질적으로 반하는 결과"가 된다는 이유로 위 규정은 단속규정이고, 이에 위반한 대출 등의 사법상의 효력은 유효하고 판단하였다(대법원 1994. 10. 28. 선고 94다28604 판결). 은행법상 임직원대출금지에 위반한 경우도 달리 해석할 이유가 없다.

8. 타사주식 담보대출

[5-418] 종래 은행법은 다른 주식회사 발행주식의 20%를 초과하는 주식을 담보로 하는 대출을 금지하였다(구 38조 5호). 당시 금감원은 국내외 주식회사는 물론 그 이외의 회사에 대한 지분 등도 포함한다고 해석했다.[167]

[5-419] 이 제도는 2010년 은행법 개정에서 폐지되었다. 그 이유는 ① 은행의 위험관리능력과 자기자본비율 등 건전성규제를 통하여 담보가치의 적정성은 은행이 스스로 판단할 수 있고, ② 주식이 아닌 자산도 가격위험이 있으므로 주식에 대해서만 담보한도를 설정할 근거가 부족하며, ③ 자산유동화 등을 위한 특수목적기구의 증가에 따라 은행이 특별목적기구에 대출하는 경우 그 경영자를 견제하기 위하여 경영자 등이 보유한 특별목적기구 주식을 담보로 할 필요성이 증가하는 점 등을 고려한 것이다.[168]

[5-420] 대신에 은행이 다른 회사 등의 지분증권의 20%를 초과하는 지분증권을 담보로 대출한 때에는 그 사실을 금융위에 보고해야 한다(47조 8호). 과거 엄격히 금지해 왔던 지분율 20% 초과 주식담보대출을 허용하면서 사후감독체계로 전환한 것이다. 따라서 은행이 지분율 20% 초과 주식담보대출을 취급하면서, 그 사실을 보고한 이후에 대출규모 증가, 만기일 변경 등 당초 보고사항에 변경이 있다면 재보고하는 것이 입법취지에 부합한다.[169] 이에 위반하면 1억원 이하의 과태료를 부과한다(69조 1항 11호).

---

167) 금감원 홈페이지 〉 소비자정보 〉 Q&A 〉 공개Q&A 조회 은행법 제38조 제5호의 해석, 2008.1.2(금감원 은행감독국).

168) 국회 정무위원회 전문위원 손준철, 금융관계법률안(44건) 【11월 25일 상정】 검토보고서, 2009.11, 31면.

169) 금융위·금감원, 유권해석: 은행법 제47조 제8호 지분증권 담보대출과 관련된 법령해석 요청, 2016.12.19.

제6절 그 밖의 경영건전성 규제

Ⅰ. 경영정보의 공시 등

1. 경영공시

가. 의 의

[5-421] 경영공시는 은행의 경영정보를 공시하는 제도이다. 예금자와 투자자를 보호하기 위해 은행은 재무 및 손익관련 사항, 자금조달 및 운용관련 사항, 은행법상 제재조치(53조), 금산법상 적기시정조치나 행정처분(금산 10조·14조)관련 사항을 공시해야 한다(43조의3; 령 24조 1호-3호).

[5-422] 경영공시를 통하여 첫째, 주주, 채권자 및 이해관계자 등 시장참여자들이 은행의 재무상황 및 경영성과 등에 대하여 보다 정확하게 평가할 수 있게 하여 합리적인 의사결정을 지원하고, 둘째, 은행의 각종 위험정보를 공시하게 하여 스스로의 위험관리능력 증진 등 책임경영체제 확립에 기여하고, 셋째, 은행의 경영투명성을 제고할 수 있다.[170]

[5-423] 경영공시제도는 1998.1. 은행법 전부개정으로 도입되었고, 바젤은행감독위원회의 권고를 반영하였다.[171] 은행의 경영공시는 주기와 항목을 기준으로 정기경영공시, 수시경영공시, 정기주주총회보고로 구분된다.

나. 공시의 주기, 항목 및 방법

1) 정기경영공시

[5-424] 은행은 결산일로부터 3개월 이내에 은행경영에 중요한 영향을 미치는 정기경영공시 항목을 공시해야 한다(43조의3; 령 24조 2항; 규정 41조 1항 본문). 다만, 분기별 가결산 결과에 대한 공시자료는 가결산일로부터 2개월 이내에 공시한다(규정 41조 1항 단서).

[5-425] 공시항목은 ① 조직 및 인력, ② 재무 및 손익, ③ 자금조달·운용, ④ 건전성·수익성·생산성 등을 나타내는 경영지표, ⑤ 경영방침, 리스크관리 등 은행경영에 중요한 사항을 말한다. 구체적인 공시항목 및 방법은 금감원장이 정한다(규정 41조 2항; 은행업감독업무시행세칙 별표23과 별책서식).

2) 수시경영공시

[5-426] 이는 은행의 경영건전성을 크게 해치거나 해칠 우려가 있는 사항이 발생할 경우 즉시 관련내용을 공시하는 것이다(규정 41조 3항 본문).

[5-427] 그 은행 또는 은행이 속한 은행지주회사가 주요사항보고서(자본 161조) 제출대상이거나

170) 금감위, 보도자료: 금융기관의 경영공시제도 개선, 1998.10.10.; 금감위·금감원, 보도자료: 비상장 은행의 경영공시(수시공시) 강화, 2005.3.26. 간단한 설명으로는 심영, “금융기관의 경영정보 공시제도,” 비교사법 제13권 제2호, 2006, 420면.

171) 금감원, 보도참고자료: 은행경영공시제도 개편, 2001.7.30.

거래소공시규정(자본 391조)에 따라 공시하는 경우 수시경영공시를 생략할 수 있다(규정 41조 3항 단서). 주요사항보고서나 거래소공시로 수시경영공시목적을 충분히 달성할 수 있기 때문이다.

[5-428] 공시항목은 ① 부실여신이 발생한 경우, ② 적기시정조치와 긴급조치를 받은 경우, ③ 유동성커버리지비율 및 원화예대율을 위반한 경우, ④ 재무구조에 중대한 변동을 초래하는 사항이 발생한 때, ⑤ 은행 경영환경에 중대한 변동을 초래하는 사항이 발생한 때, ⑥ 재산 등에 대규모 변동을 초래하는 사항이 발생한 때, ⑦ 채권채무관계에 중대한 변동을 초래하는 사항이 발생한 때, ⑧ 투자 및 출자관계에 중대한 변동을 초래하는 사항이 발생한 때, ⑨ 손익구조에 중대한 변동을 초래하는 사항이 발생한 때, ⑩ 기타 은행경영에 중대한 영향을 미칠 수 있는 사항이 발생한 때, ⑪ 사외이사후보추천위원회에 추천한 사외이사후보가 사외이사로 선임된 경우 그 추천한 주주 및 임원에 대한 신용공여 또는 주요거래가 발생한 때이다(규정 41조 3항 1호-11호).

3) 정기주주총회 보고사항

[5-429] 은행은 그 회계연도 중 변동된 부실여신 현황, 100억원 이상의 대출 및 지급보증 이용자에 대해 그 회계연도 중 신규 발생한 채권재조정 현황, 그 회계연도 중 지출한 기부금내역, 자회사등의 영업성과와 재무상태에 관한 경영평가 결과를 정기주주총회에 보고해야 한다(43조의4 1항 1호-5호; 령 24조의2). 그 밖에 은행의 경영건전성에 영향을 미치고 주주가 알아야 할 필요가 있는 사항을 시행령으로 추가할 수 있다. 보고사항에 관한 세부기준, 보고방법과 절차에 관하여 필요한 사항은 금융위가 정한다(43조의4 2항; 규정 41조 6항 1호-5호). 종래 감독규정에 있던 은행의 정기주주총회 보고의무를 법률에 규정하고, 의무위반 시 과태료를 부과한다(69조 2항 2호).

다. 공시위반에 대한 조치

[5-430] 은행이 경영공시규제를 위반하는 경우 1억원 이하의 과태료를 부과한다(69조 1항 11호). 금감원장은 은행이 정기 및 수시 경영공시항목을 허위공시하거나 중요사항을 누락하는 등 불성실하게 공시한 경우 그 은행에 대해 정정공시나 재공시를 요구할 수 있다(규정 41조 5항).

2. 업무보고서 등의 제출

[5-431] 업무보고서는 은행이 매월의 업무내용을 기술한 업무보고서를 다음 달 말일까지 금감원장에게 제출하는 것을 말한다(43조의2 1항; 은행업감독업무시행세칙 99조). 은행은 전자문서의 방법으로 제출할 수 있다(65조의2). 이 보고서에는 내용과 형식에 대한 책임을 담보하기 위해 대표자와 담당책임자 또는 그 대리인이 서명·날인해야 한다(43조의2 2항).

[5-432] 그 밖에 금감원장은 은행에 '감독 및 검사 업무를 수행하기 위해' 자료를 요구할 수 있다(43조의2 3항). 정기적으로 제출되는 업무보고서만으로는 감독검사에 필요한 정보를

적시에 충분히 확보하기 어려운 점을 고려한 것이다.[172] 금융위설치법상으로도 금감원장은 업무수행에 필요하다고 인정할 때에는 은행에 대하여 업무 또는 재산에 관한 보고, 자료제출, 관계자 출석 및 진술을 요구할 수 있다(금융위설치법 40조 1항). 전자를 은행의 수인의무 그리고 후자를 금감원의 임의조사권이라고 설명하는 견해[173]가 있다. 양자 모두 금감원의 감독검사목적상 은행에 대한 자료요구권을 규정한 것이지만, 은행법 제43조의2는 그 위반에 대해서 제재를 규정하고 있는 점[174]에서 은행의 의무를 강조한 것이다.

은행법상 '감독 및 검사 업무를 수행하기 위해 요구하는'(43조의2 3항)과 금융위설치법상 '업무수행에 필요하다고 인정할 때'(금융위설치법 40조 1항)의 필요성은 어느 정도의 구체성을 요하는가? 특정한 사건이나 문제의 발생을 요하는 것이라고는 볼 수 없으며, 일상적인 감독 및 검사업무 수행에 필요한 경우를 넓게 포함한다고 보아야 한다. [5-433]

3. 재무제표의 공고 등

가. 의 의

은행은 결산일 후 3개월 이내에 금융위가 정하는 서식에 따라 결산일 현재의 재무상태표, 그 결산기의 손익계산서 및 금융위가 정하는 연결재무제표를 공고해야 한다(41조 1항 본문). 상법상 재무상태표 공고의무(상 449조 3항)의 대상을 확대하고 공고시기를 명시한 것이다. 다만, 부득이한 사유로 3개월 이내에 공고할 수 없는 서류에 대하여는 금융위의 승인을 받아 그 공고를 연기할 수 있다(41조 1항 단서). 3월 이내에 공고할 내용이 확정되지 않는 경우에 대비한 것이다. 이러한 재무상태표, 손익계산서 및 연결재무제표에는 대표자 및 담당책임자가 서명·날인해야 한다(41조 2항). 내용에 대한 책임소재를 명확히 한 것이다. [5-434]

나. 재무상태표 등의 제출

은행은 매월 말일 기준의 재무상태표를 다음 달 말일까지 한국은행 서식에 따라 한국은행에 제출해야 하며, 한국은행은 이를 한국은행 통계월보[175]에 게재해야 한다(42조 1항). 이 재무상태표에는 내용 및 형식에 대한 책임을 담보하기 위해 담당책임자 또는 그 대리인이 서명·날인해야 한다(42조 2항). 여기서 담당책임자 또는 그 대리인은 외감법상 재무제표의 작성책임자인 은행의 대표이사와 회계담당 임원, 그리고 회계담당 임원이 없는 경우에는 회계업무를 집행하는 직원을 말한다(외감법 6조 1항). [5-435]

---

172) 은행감독원, 234.
173) 정찬형외, 403면.
174) 업무보고서 제출의무를 위반한 은행에 대해서는 1억원 이하의 과태료를(69조 1항 7호의3, 43조의2), 그리고 은행법 제43조의2를 위반하여 보고서 제출을 게을리하거나 보고서에 사실과 다른 내용을 적은 은행의 임원등 또는 직원에 대해서는 2천만원 이하의 과태료를 부과한다(69조 5항 7호, 43조의2).
175) 제정 한국은행법은 한국은행 조사부의 통계월보 발행근거 규정을 두었지만(37조 1항), 1997.12. 개정에서 삭제되었다.

[5-436] 은행은 법률에 따라 재무상태표 외에 한국은행 업무수행에 필요한 정기적 통계자료나 정보를 한국은행에 제공해야 한다(42조 3항). 한국은행법이 한국은행에 통화신용정책 수립에 필요한 은행업무 그 밖의 통계자료의 수집·작성과 경제조사를 위해 필요한 자료와 정보를 정부기관이나 법인 또는 개인에게 요구할 수 있는 권한을 부여하고 있는 것(86조)에 대응하여 은행의 제출의무를 규정한 것이다.

다. 전자문서에 의한 공고 등

[5-437] 은행이 제무제표의 공고를 하거나 재무상태표 등 자료를 제출할 때에는 각각 금융위, 한국은행 총재 또는 금감원장이 정하는 바에 따라 전자문서의 방법으로 할 수 있다(65조의2).

라. 자료공개거부

[5-438] 은행은 상법상 주주의 회계장부와 서류의 열람 또는 등사 청구가 있는 경우에도 **은행이용자의 권익을 심하게 해칠 염려가 있을 때**에는 청구를 거부할 수 있다(43조, 상 466조 1항). 이 조항은 은행이용자의 금융거래상 비밀보장을 위한 것으로서 은행이용자의 권익을 심하게 해칠 염려가 있을 때는 은행이용자의 거래상 비밀보호가 주주의 권리에 우선한다는 의미라고 설명된다.[176] 주주가 변호사 그 밖의 대리인을 통하여 청구하는 경우도 같다. **회계장부와 서류**는 은행이용자의 거래정보를 확인할 수 있는 모든 회계장부와 서류를 포함한다. 금융실명법상 비밀보장에 관한 추가적 보호장치로서 간접적인 거래정보의 유출을 제한하는 의미가 있다.

4. 은행의 회계

가. 의 의

[5-439] 은행회계는 첫째, 은행의 건전경영 및 신용질서유지 등 감독을 통한 정책목표 달성을 위해 적절히 규제되고 있는 점, 둘째, 일반투자자 이외의 다수 예금자 등 공공의 이익보호를 위한 지급능력의 적정표시가 중시될 뿐만 아니라, 통화금융정책의 수립 및 운용에 유익한 정보제공 등의 정책 목적이 강조되고 있는 점, 셋째, 은행회계는 순수한 회계목적의 달성 이외에도 금융사고의 예방 및 내부통제의 확보수단으로 이용되고 있다는 점에서 엄격한 금융규제의 대상이 되고 있다.[177] 특히 2008년 글로벌 금융위기를 계기로 특정한 회계원칙이 위기 확대에 중요한 원인이었다고 지적되면서 은행회계의 금융규제상 의미가 강조되고 있다.[178]

---

176) 서형석·이용선, 176-178면.

177) 은행연합회, 『은행회계해설(상)』, 2018, 3면.

178) Basel Committee on Banking Supervision, The interplay of accounting and regulation and its impact on bank behaviour, Working Paper 31, July 2017; Basel Committee on Banking Supervision, The interplay of accounting and regulation and its impact on bank behaviour: Literature review, BCBS

나. 적용법규

은행회계에 대해서는 상법, 외감법 등 일반회계법률이 적용된다. 원칙적으로 외감법 [5-440]
상 한국채택국제회계기준(5조 1항 1호)을 적용하여 재무제표를 작성한다(규정 32조 1항), 그러나 동 회계기준에서 규정하지 않은 회계처리에 대해서는 금감원장이 정한다(규정 32조 2항).

다. 결산일과 사업연도

은행 결산일은 12월 31일이다(41조 3항 본문). 은행 결산일을 특정한 것은 회계기간을 [5-441]
일치시킴으로써 경영의 상호비교를 쉽게 하려는데 목적이 있다.[179] 보험회사의 결산일도 12월 31일이다(보험 118조 1항; 동 시행령 61조).[180] 금융투자업자는 12월 31일과 3월 31일 중 선택할 수 있다.

다만, 금융위는 결산일 변경을 지시할 수 있으며, 은행은 금융위 승인을 받아 결산 [5-442]
일을 변경할 수 있다(41조 3항 단서). 일부 외국은행이 본국은행의 결산일에 맞추기 위해 결산일을 변경하였다. 일본계(3월 31일), 호주계(9월 30일), 캐나다계(10월 31일) 등은 각각 결산일을 정하고 있다.[181]

은행 결산일을 12월 31일로 하고 있으므로 사업연도는 매년 1월 1일부터 12월 31일 [5-443]
까지이다.

Ⅱ. 대주주와 거래제한 등

1. 대주주 및 특수관계인에 대한 신용공여 등

가. 의 의

대주주 및 특수관계인에 대한 신용공여규제는 양적 규제(나.), 출자지원용 신용공여 [5-444]
규제(다.), 불리한 조건의 신용공여등 규제(라.)의 3가지로 구성된다. 여기에 라.의 불리한 조건의 신용공여등 규제에는 자산무상양도와 불리한 조건의 자산매매나 교환도 포함된다. 여기서 신용공여 등의 규제대상인 특수관계인은 **국외현지법인을 제외한 특수관계인**에 한정된다(35조의2 1항). 국외현지법인은 '대한민국 외에 소재하는 은행의 자회사등'을 말한다(13조 1항, 37조 2항). 은행법상 특수관계인은 시행령에서 정하고 있다(2조 1항 8호; 령 제1조의4)([4-14]).

이와 관련 금지대상을 시행령에 위임하는 저축은행법 제37조 제1항 제3호 등[182]의 [5-445]

Working Papers No 28, January 2015.

179) 은행연합회, 『은행회계해설(상)』, 2018, 6면.

180) 보험업법시행령 개정으로 종래 3.31로 되어 있던 보험회사의 장부폐쇄일을 12.31로 변경했다.

181) 은행연합회, 『은행회계해설(상)』, 2018, 6면.

182) 관련 조항은 저축은행법(2010. 3. 22. 법률 제10175호로 개정된 것) 제37조 제1항 제3호와 이를 위반할 경우 형사처벌을 하도록 규정한 구 저축은행법(2007. 7. 19. 법률 제8522호로 개정되고, 2010. 3. 22. 법률 제10175호로 개정되기 전의 것) 제39조 제2항 제2호 중 '제37조 제1항 제3호의 규정에 위반한

포괄위임금지원칙 위배 여부가 문제되었다(헌재 2016. 2. 25. 2013헌바367 결정). 헌재는 신용공여 금지 대상을 정하는 문제는 "저축은행에의 영향력 행사 가부와 국민경제적 영향 등 다양한 요소를 복합적으로 고려하여야 하는 기술적·전문적·가변적인 사항으로서, 이에 유연하게 대응하기 위해는 그 구체적인 세부사항을 전문성과 탄력성 있는 행정입법에 위임하여야 할 필요성이 인정"되고, "저축은행의 부실화 방지와 예금주 보호라는 이 사건 법률조항의 입법목적과 기타 관련 조항의 내용 등을 종합하여 보면, 대통령령으로 정해질 '대주주·상호저축은행의 임직원·상호저축은행과 친족 또는 특수한 관계에 있는 자'는 충분히 예측할 수 있다"는 점을 근거로 포괄위임금지원칙에 반한다고 보기 어렵다고 결정하였다(헌재 2016. 2. 25. 2013헌바367 결정).[183)]

나. 대주주 및 특수관계인에 대한 신용공여의 제한

1) 의 의

(가) 취 지

[5-446] 이 조항은 2002.4. 은행법 개정에서 동일인 주식보유한도를 4%에서 10%로 상향함으로써 사전적 소유제한은 완화하면서 감독을 강화할 때 은행의 자율책임경영을 촉진하는 취지에서 도입된 것이다.

(나) 개별 대주주에 대한 규제

[5-447] 은행이 그 대주주 및 특수관계인(국외현지법인을 제외)에게 할 수 있는 신용공여는 **그 은행 자기자본의 25% 범위에서 시행령으로 정하는 비율(현재 25%, 령 20조의7 1항)에 해당하는 금액과 그 대주주의 그 은행에 대한 출자비율에 해당하는 금액** 중 적은 금액을 초과할 수 없다(35조의2 1항). 여기서 후자의 금액은 대주주가 보유하는 그 은행의 의결권 있는 주식 수를 그 은행의 의결권 있는 발행주식 총수로 나눈 비율에 그 은행의 자기자본을 곱한 금액으로 한다(령 20조의7 2항).

[5-448] 다만 인터넷전문은행의 경우에는 대주주에 대한 신용공여 자체가 금지된다(인터넷은행법 8조 1항 본문). 다만, 기업 간 합병 또는 영업의 양수, 동일인 구성의 변동 등에 따라 대주주 아닌 자에 대한 신용공여가 대주주에 대한 신용공여로 되는 경우 및 그 밖에 영업과정에서 인터넷전문은행의 귀책사유가 아닌 사유로 발생한 불가피한 경우는 제외한다(인터넷은행법 8조 1항 단서; 인터넷은행령 5조 1항 1호·2호). "그 밖에 영업과정에서 인터넷전문은행의 귀책사유가 아닌 사유로 발생한 불가피한 경우"는 구체적인 사유를 금융위가 고시한다.

자' 부분 및 구 저축은행법(2010. 3. 22. 법률 제10175호로 개정되고, 2013. 8. 13. 법률 제12100호로 개정되기 전의 것) 제39조 제2항 제3호 중 '제37조 제1항 제3호를 위반한 자' 부분이다.

183) 대법원도 저축은행법 제37조 제1항 제3호, 저축은행법 시행령 제30조 제2항 제8호가 포괄위임입법 금지원칙이나 명확성 원칙에 위배되는지 여부가 문제된 사안에서 동조항이 형벌법규의 포괄위임입법 금지원칙이나 죄형법정주의의 명확성원칙에 반하는 것으로 볼 수 없다고 판시하였다. 대법원 2013. 1. 24. 선고 2012도10629 판결.

(다) 전체 대주주에 대한 규제

은행이 그 은행의 전체 대주주에게 할 수 있는 신용공여는 '그 은행 자기자본의 25% 범위에서 시행령으로 정하는 비율'(현재 25%, 령 20조의7 3항)에 해당하는 금액을 초과할 수 없다(35조의2 2항). [5-449]

(라) 다른 은행과 교차 여신의 금지

은행은 위 (나)와 (다)의 신용공여한도를 회피하기 위해 다른 은행과 교차신용공여를 할 수 없다(35조의2 3항). 규제회피시도를 차단하려는 것이다. 인터넷전문은행에 대해서는 위 (나)의 신용공여한도 회피를 위한 교차신용공여를 금지하고 있다(인터넷은행법 8조 2항). [5-450]

(마) 이사회의 결의와 공시

은행은 그 은행의 대주주에 대해 '대통령령으로 정하는 금액 이상의 신용공여'나 '대통령령으로 정하는 거래'를 하려는 경우에는 이사회의 사전 의결을 거쳐야 한다(35조의2 4항 후단). 여기서 '대통령령으로 정하는 금액'이란 단일거래금액이 자기자본의 0.1%에 해당하는 금액 또는 50억원 중 적은 금액을 말한다(령 20조의7 5항 전단). 구체적 산정기준은 금융위가 고시한다(령 20조의7 5항 후단). '대통령령으로 정하는 거래'란 자본시장법상 공모로 발행되는 사채권을 취득하는 거래를 말한다(령 20조의7 6항). 이 경우 이사회는 재적이사 전원의 찬성으로 의결한다(35조의2 4항 후단). [5-451]

(바) 보고와 공시

은행은 그 대주주에 대하여 '대통령령으로 정하는 금액' 이상의 신용공여를 한 경우에는 지체 없이 그 사실을 금융위에 보고하고 인터넷 홈페이지 등을 이용하여 공시해야 한다(35조의2 5항). 여기서 '대통령령으로 정하는 금액'이란 단일거래금액이 자기자본의 0.1%에 해당하는 금액 또는 50억원 중 적은 금액을 말한다(령 20조의7 5항 전단). 이 경우 단일거래금액의 구체적인 산정기준은 금융위가 정하여 고시한다(령 20조의7 5항 후단). 은행은 그 은행의 대주주에 대한 신용공여에 관한 사항을 분기별로 인터넷 홈페이지 등을 이용하여 공시해야 한다(35조의2 6항). [5-452]

(사) 비자발적 위반과 변경계획의 승인

은행이 추가로 신용공여를 하지 않았음에도 불구하고 환율변동에 따른 원화환산액의 증가, 그 은행의 자기자본 감소, 동일인 구성의 변동, 기업 간 합병 또는 영업의 양수, 그 밖에 금융위가 인정하는 불가피한 사유로 위 ① 개별 대주주규제, ② 전체 대주주규제, ③ 교차 규제에서 정한 한도를 초과하게 된 경우에는 그 사유발생일로부터 3개월 이내에 시정계획을 금융위에 제출하여 승인을 받아야 한다(령 20조의7 4항). 인터넷전문은행이 같은 사유로 비자발적으로 신용공여한도를 초과하게 되는 경우에는 그 신용공여를 하게 된 [5-453]

날부터 1년 이내에 이를 해소해야 한다(인터넷은행법 8조 4항 본문, 1항 단서). 다만, 부득이한 사유에 해당하는 경우에는 금융위가 그 기간을 정해 연장할 수 있다(인터넷은행법 8조 4항 단서).

2) 대주주 여신규제와 대환

[5-454] 동일인 여신한도규제에서의 대환에 관한 취급은 대주주 신용공여에도 마찬가지로 적용된다(대법원 2014. 6. 26. 선고 2014도753 판결). 실제 자금지원이 이루어지는지 여부가 기준이다.

다. 대주주 등의 다른 회사에 대한 출자지원을 위한 신용공여의 금지

[5-455] 은행은 그 은행의 대주주 및 특수관계인의 다른 회사에 대한 출자를 지원하기 위한 신용공여를 할 수 없다(35조의2 7항). 은행을 이용한 기업지배를 방지하려는 것이다.

라. 대주주 및 특수관계인에 대한 불리한 거래의 금지

1) 의 의

[5-456] 은행은 그 은행의 대주주 및 특수관계인에게 자산을 무상양도하거나 통상의 거래조건에 비추어 그 은행에게 현저하게 불리한 조건으로 매매 또는 교환하거나 신용공여를 할 수 없다(35조의2 8항). 이 조항에서 금지하는 행위유형은 자산무상양도, 현저하게 불리한 자산매매나 교환, 현저하게 불리한 신용공여의 3가지이다. 인터넷은행법은 불리한 거래의 상대방을 은행법상 대주주와 특수관계인(국외현지법인을 제외)으로 규정하고 있다(인터넷은행법 8조 3항; 은행법 35조의2 1항).

[5-457] 문제는 첫째, 자산매매와 신용공여의 구분, 둘째, 현저하게 불리한 조건의 의미, 셋째, 자산무상양도의 적용범위이다. 대법원은 부실계열사가 개발하는 골프장 회원권을 매입한 보험회사에 대하여 금융위가 은행법 35조의2 8항과 동일한 내용인 보험업법 제111조 제1항 제2호의 신용공여에 해당함을 이유로 부과한 과징금부과처분의 취소를 구한 사건에서 첫째와 둘째 문제를 정리하고 있다. 같은 법리가 은행법에도 적용된다.

2) 자산매매와 신용공여의 구분

[5-458] 먼저 **대주주와 현저하게 불리한 조건으로 자산을 매매하는 행위**와 **현저하게 불리한 조건으로 대주주에게 신용을 공여하는 행위**는 개념상 구별되고, "'신용공여'는 금융거래상의 신용위험을 수반하는 거래를 개념적 표지로 하는 것으로서 거래 상대방의 장래의 지급능력에 따라 그 상환이 지급불능에 빠질 위험이 있거나 그와 실질적으로 동일한 위험을 수반하는 금융상의 거래를 의미"하므로, "상대방에게 지원·교부된 자금이 특정한 상품 또는 용역의 거래를 전제로 하여 그와 대가관계에 있는 것임이 인정되는 때에는 자산을 매매하는 행위"로 볼 수 있다(대법원 2015. 10. 29. 선고 2013두23935 판결; 대법원 2019. 5. 30. 선고 2014두281 판결).

따라서 대가의 지급조건이 통상적인 거래 관행에 비추어 은행에게 현저히 불리[184] 하더라도, 이는 자산매매이지 신용공여라고 볼 수 없다는 것이다(대법원 2015. 10. 29. 선고 2013두23935 판결).[185] 금융위는 2016. 8. 23. 동 사안에 대하여 '대주주와 현저하게 불리한 조건으로 자산을 매매하는 행위'에 해당한다는 이유로 다시 과징금 380백만원을 부과했다. 대법원은 부실계열사가 개발하는 골프장 회원권을 매입한 보험회사에 대하여 금융위가 은행법 35조의2 8항과 동일한 내용으로 되어 있는 보험업법 제111조 제1항 제2호 소정의 자산매매에 해당함을 이유로 과징금을 부과한 사안에서 '대주주와 현저하게 불리한 조건으로 자산을 매매하는 행위'를 인정했다(대법원 2019. 5. 30. 선고 2014두281 판결). [5-459]

3) 현저하게 불리한 조건의 의미

통상의 거래조건에 비추어 그 은행에게 현저하게 불리한 조건의 의미에 대하여 객관적으로 불리한 조건이면 충분하고 구체적으로 은행의 자산부실을 초래하는 것까지 요구하지는 않는다. 법원은 보험업법 제111조 제1항 제2호와 관련하여 "반드시 해당 거래로 인해 보험회사의 자산운용의 안정성·수익성 등에 악영향을 미치고 그로 인하여 보험금 지급능력을 저하시키는 등으로 보험계약자 등의 권리나 이익을 현저하게 해치는 정도에 이르러야만 위 규정에 해당한다고 볼 것은 아니"라고 판시하였다(대법원 2015. 10. 29. 선고 2013두23935 판결). [5-460]

4) 자산무상양도의 적용범위

은행이 모회사인 금융지주회사가 설립한 학교법인에 출연하는 행위가 대주주의 특수관계인에 대한 자산무상양도에 해당하는지 여부가 문제된 사례가 있다.[186] 조문을 엄격히 해석하면 대주주가 설립하거나 50% 이상 출연한 비영리법인·조합·단체는 대주주의 특수관계인(령 1조의4 1항 2호)으로서 은행으로부터 자산을 무상으로 양도받을 수 없게 되어 은행의 사회공헌활동에 장애요인이 될 수 있다. [5-461]

이를 고려하여 은행법시행령 개정으로 사회복지법인·장학재단 등 상속세 및 증여세법에 따른 공익법인 등은 여기서 말하는 특수관계인에 포함되지 않게 함으로써 은행의 공익법인등에 대한 자산무상양도를 허용했다(령 20조의7 8항 1호; 법 2조 1항 8호). 그러나 대주주가 사익목적으로 은행에게 공익법인 등에 자산을 무상양도하게 영향력을 행사하는 행위는 대주주의 부당한 영향력 행사로서 금지한다(35조의4 4호; 령 20조의9 2호). [5-462]

---

184) 공정위가 보험회사인 원고가 회원권을 특수관계인으로부터 현저히 유리한 조건으로 매입한 것을 공정거래법상 부당지원행위(23조 1항 7호, 현행 45조 1항 9호에 해당)로 보아 과징금을 부과한 처분 등이 적법한 것으로 확정되었다. 대법원 2013. 5. 9. 선고 2013두2266 판결. 또 3개 홈쇼핑사업자의 회원권 매입행위에 대해서도 같은 취지의 판결이 이루어졌다. 대법원 2013. 11. 28. 선고 2013두1188 판결.

185) 원심은 원고의 행위가 보험업법 제111조 제1항 제2호 소정의 자산거래 및 신용공여행위에 모두 해당한다고 판단하였다. 서울고법 2013. 10. 18. 선고 2013누6260 판결.

186) 삼성생명·외환은행, 병원·학교 기부 못한다, 서울경제신문 8면, 2013.5.8.

마. 위반시 제재

[5-463] 대주주에게 신용공여·무상양도를 한 자와 그로부터 신용공여·무상양도를 받은 대주주 또는 자산을 매매·교환한 당사자는 10년 이하의 징역 또는 5억원 이하의 벌금에 처한다(66조 1항 2호, 35조의2 1항-3항, 7항·8항). 금융위는 대주주 신용공여한도(35조의2)를 위반한 경우 과징금을 부과할 수 있다(65조의3 2호·15호).

[5-464] 대주주 검사관련 자료제공 등의 요구(35조의5 1항·2항) 불이행, 대주주 초과신용공여(35조의2 4항) 또는 대주주 초과 지분증권 취득(35조의3 4항)에 대하여 이사회 의결 불이행 은행, 대주주 초과신용공여 공시(35조의2 5항·6항) 또는 대주주 초과 지분증권취득공시(35조의3 5항·6항)에 대한 금융위 보고 또는 공시 불이행 은행, 거짓 재무제표 공고(41조)를 한 은행, 법위반의 업무보고서 제출 및 거짓 기재(43조의2), 법위반의 경영공시나 거짓 공시(43조의3)한 은행, 검사의 거부·방해 또는 기피(48조)한 은행은 1억원 이하의 과태료를 부과한다(69조 1항 4호, 6호·7호, 7호의2-7호의5).

2. 대주주가 발행한 지분증권의 취득한도 등

가. 취득한도 등

1) 취득한도

[5-465] 은행은 **자기자본의 1% 범위에서 시행령으로 정하는 비율**(현재 1%, 령 20조의8 1항)에 해당하는 금액을 초과하여 그 은행의 대주주(자회사등을 제외한 특수관계인 포함)가 발행한 지분증권을 취득할 수 없다(35조의3 1항 본문). 금융위는 이 한도 내에서 지분증권 종류별로 취득한도를 따로 정할 수 있다(35조의3 2항).

[5-466] 그러나 인터넷전문은행은 그 대주주가 발행한 지분증권을 취득할 수 없다(인터넷은행법 9조 1항 본문). 다만, 담보권실행 등 권리행사에 필요한 경우, 대물변제로 인하여 대주주(35조의3 1항 본문)가 발행한 지분증권을 수령하는 경우, 기업 간 합병 또는 영업양수, 동일인구성의 변동 등에 따라 이미 소유하고 있는 지분증권이 대주주가 발행한 지분증권으로 되는 경우 그 밖에 영업과정에서 인터넷전문은행의 귀책사유가 아닌 사유로 발생한 불가피한 경우로서 금융위가 고시하는 경우에는 취득할 수 있다(인터넷은행법 9조 1항 단서; 동 시행령 6조 1항 1호-3호). 인터넷전문은행이 이 예외에 따라 대주주가 발행한 지분증권을 취득하는 경우 그 지분증권을 취득일로부터 1년 이내에 처분해야 한다(인터넷은행법 9조 2항 본문). 거래가 불가피한 경우에 예외를 인정하되 처분을 의무화한 것이다. 다만, 인터넷전문은행이 보유한 지분증권의 규모가 커서 1년 이내에 처분하기 어려운 경우, 급격한 증권시장 변화 등으로 1년 이내에 지분증권을 처분하면 인터넷전문은행의 건전성에 부정적 영향을 끼칠 것이 우려되는 경우와 같이 부득이한 경우에는 금융위가 기간을 정해 연장할 수 있다(인터넷은행법 9조 2항 단서; 동 시행령 6조 2항 1호·2호).

2) 신탁업무와 대주주 지분취득

은행이 신탁업무를 운영하면서 취득하는 것도 은행이 자기계산으로 취득하는 것과 같은 취득한도의 적용을 받는다(35조의3 1항 본문). 그러나 은행이 특정금전신탁에 의하여 지분증권을 취득하는 것은 지분증권의 취득으로 보지 않는다(35조의3 1항 본문; 령 20조의8 2항). 이때 특정금전신탁에서 운용방법의 지정은 증권의 종목지정을 의미한다. [5-467]

3) 취득한도의 예외

은행지주회사(지주 2조 1항 5호)의 자회사등(지주 4조 1항 2호)인 은행이 그 은행지주회사의 다른 자회사등이 업무집행사원인 기관전용 사모집합투자기구에 출자하는 경우에는 대주주 지분증권의 취득한도를 적용하지 않는다(35조의3 1항 단서). [5-468]

나. 새로이 대주주가 된 자의 지분증권 취득한도

은행의 대주주가 아닌 자가 새로 대주주가 됨에 따라 은행이 대주주 지분증권 취득한도를 초과하게 되는 경우 그 은행은 1년 이내에 그 한도초과 지분증권을 처분해야 한다(35조의3 3항; 령 20조의8 3항 본문). 다만 금융위는 은행이 초과보유한 지분증권 규모, 증권시장 상황 등에 비추어 부득이하다고 인정되는 경우에는 그 기간을 정하여 처분기간을 연장할 수 있다(령 20조의8 3항 본문). [5-469]

다. 일정 규모 이상의 대주주 지분취득과 이사회의결

은행이 그 은행의 대주주가 발행한 지분증권을 단일거래금액이 자기자본의 0.1%에 해당하는 금액 또는 50억원 중 적은 금액 이상으로 취득하려는 경우에는 미리 이사회의 의결을 거쳐야 한다(35조의3 4항 전단; 령 20조의8 4항). 이 경우 단일거래금액은 단일한 매매계약에 의한 취득금액을 기준으로 산정한다(규정 16조의5 3항). 단일거래금액에서 자본시장법상 증권시장(또는 이와 유사한 시장으로서 외국에 있는 시장)에서 취득하는 금액은 제외한다. 이 경우 이사회는 재적이사 전원의 찬성으로 의결한다(35조의3 4항 후단). [5-470]

라. 일정 규모 이상의 대주주 지분취득과 금융위 보고 등

은행이 그 은행의 대주주가 발행한 지분증권을 단일거래금액이 자기자본의 0.1%에 해당하는 금액 또는 50억원 중 적은 금액 이상으로 취득한 경우에는 지체 없이 그 사실을 금융위에 보고하고 인터넷 홈페이지 등을 이용하여 공시해야 한다(35조의3 5항; 령 20조의8 4항). 단일거래금액에서 자본시장법상 증권시장 또는 이와 유사한 시장으로서 외국에 있는 시장에서 취득하는 금액은 제외한다. [5-471]

마. 대주주 지분취득사실의 공시

은행은 그 은행의 대주주가 발행한 지분증권의 취득에 관한 사항을 분기별로 인터넷 [5-472]

홈페이지 등을 이용하여 공시해야 한다(35조의3 6항; 령 20조의8 5항). 이해상충의 일차적 대응은 정보를 공시하는 것이다.

바. 은행의 의결권 행사 제한과 예외

[5-473] 은행은 그 대주주가 발행한 지분증권의 의결권을 행사할 때 그 대주주 주주총회에 참석한 주주의 지분증권수에서 그 은행이 소유한 지분증권수를 뺀 지분증권수의 의결내용에 영향을 미치지 않도록 의결권을 행사해야 한다(35조의3 7항 본문). 중립투표를 규정한 것이다. 그러나 대주주의 합병, 영업양수도, 임원선임 그 밖에 이에 준하는 사항으로서 그 은행에 손실을 입히게 될 것이 명백하게 예상되는 경우에는 중립투표의무가 적용되지 않는다(35조의3 7항 단서).

3. 대주주의 부당한 영향력 행사의 금지

가. 의 의

[5-474] 은행의 대주주는 은행이익에 반하여 대주주의 사익을 취할 목적으로 부당한 영향력을 행사하는 일정한 행위를 할 수 없다(35조의4). 부당한 영향력 행사의 의미는 일체의 사익추구행위를 포함하는 것으로 넓게 해석해야 할 것이다. 대주주의 은행 사금고화를 방지하려는 규정[187]으로서 대주주에게도 "제한적인 범위 내에서 공공성을 감안한 법률상의 충성의무를 부과하고 있는 것"이라고 보는 설명도 있다.[188] 여기서 대주주도 자회사등을 제외한 특수관계인을 포함한다(35조의3 1항).

나. 금지행위

1) 미공개정보 등의 요구

[5-475] 부당한 영향력 행사를 위해 은행에 대하여 '외부에 공개되지 않은 자료 또는 정보의 제공'을 요구하는 행위를 말한다(35조의4 1호 본문, 인터넷은행법 10조 1호). 다만, 법률상 인정되는 소수주주권 행사에 해당하는 경우[189]는 허용된다. 이와 관련하여 다음 3가지를 정리할 필요가 있다.

---

187) 김용재, 217면.

188) 김용재, 217면. cf. 정찬형외, 111면("충실의무").

189) 다음 2가지 경우를 말한다.
첫째, 상법상 발행주식의 총수의 3% 이상에 해당하는 주식을 가진 주주가 이유를 붙인 서면으로 회계장부·서류 열람·등사청구권을 행사하는 경우(35조의4 1호 단서, 인터넷은행법 10조 1호 단서; 상법 466조 1항)
둘째, 6개월 전부터 계속하여 은행의 발행주식총수의 0.05% 이상(최근 사업연도 말 현재 자산총액이 5조원 이상인 은행은 0.025%)에 해당하는 주식을 주식소유, 주주권 행사에 관한 위임장의 취득, 주주 2인 이상의 주주권 공동행사의 방법(지배구조령 28조 1항 각 호)으로 보유한 자가 상법상 회계장부·서류 열람·등사청구권(상법 466)을 행사하는 경우(35조의4 1호 단서, 인터넷은행법 10조 1호 단서; 지배 33조 6항, 지배구조령 28조 2항 1호).

첫째, '외부에 공개되지 아니한 자료 또는 정보'의 의미가 문제된다. ① '외부'에 은행감독기관도 포함되는가? 포함되지 않는다. 은행감독기관에만 공개되는 업무보고서는 외부에 공개된 것으로 볼 수 없다. ② '공개'의 판단기준은 무엇인가? 정보의 공개성 판단기준으로 공개방법을 규정하는 자본시장법상 미공개중요정보이용행위(174조)와 달리 은행법은 공개방법을 명시하고 있지 않다.[190] 자본시장법상 미공개중요정보이용행위에 해당할 경우에는 동법상 처벌 대상이 된다. 따라서 공개방법을 자본시장법과 같이 엄격하게 해석할 필요는 없을 것이다. 은행법상 경영공시, 자본시장법상 법정공시 및 거래소공시, 은행의 보도자료나 인터넷 홈페이지 게재 등을 통한 경우는 공개된 것으로 볼 수 있다. 그러나 공개주체에 대해서는 자본시장법과 같이 은행 및 은행으로부터 공개업무를 위임받은 자가 아닌 자의 보도 등을 통하여 사실상 공개된 경우는 공개된 것으로 볼 수 없다. ③ '자료 또는 정보'의 범위는 대주주의 부당한 영향력 행사를 통한 사익추구에 이용될 수 있는 모든 자료와 정보를 포함한다. [5-476]

둘째, 상법상 회사는 주주의 회계장부·서류 열람·등사청구가 부당함을 증명하지 않으면 이를 거부하지 못한다(상 466조 2항). 그러나 은행법상 은행은 상법상 주주의 회계장부·서류 열람·등사청구가 있는 경우에도 은행이용자의 권익을 심하게 해칠 염려가 있을 때에는 이를 거부할 수 있다(43조). 은행법 제43조가 상법 제466조 제2항에 대한 특별규정으로서 우선 적용되어 은행은 이 경우에도 거부할 수 있다고 볼 것이다. [5-477]

셋째, 상법과 지배구조법상 소수주주권의 관계에 관하여는 지배구조법이 양법의 선택적 적용을 허용하여 문제되지 않는다(지배 33조 8항). [5-478]

2) 인사 또는 경영개입

경제적 이익 등 반대급부 제공을 조건으로 다른 주주와 담합하여 그 은행의 인사나 경영에 부당한 영향력을 행사하는 행위를 말한다(35조의4 2호, 인터넷은행법 10조 2호). 이러한 담합은 반드시 서면계약에 의할 필요는 없고 상황증거를 고려하여 인정할 수 있다. [5-479]

3) 경쟁사업자의 사업방해

경쟁사업자의 사업활동을 방해할 목적으로 신용공여의 조기회수를 요구하는 등 은행경영에 영향력을 행사하는 행위(35조의4 3호, 인터넷은행법 10조 3호)를 말한다. 경쟁사업자는 대주주의 사업과 경쟁관계에 있는 사업을 하는 사업자를 말한다. 여기서 대주주도 자회사등을 제외한 특수관계인을 포함하므로(35조의3 1항). 특수관계인의 사업도 경쟁사업의 범위에 포함된다. **은행의 경영에 영향력을 행사하는 행위**도 포괄적으로 해석한다. **신용공여의 조기회수를 요구하는 행위**는 예시적인 것이다. [5-480]

---

190) 자본시장법상 정보공개방법에 대해서는 정순섭 자본, 429-430면.

4) 신용공여 등

[5-481] 은행법은 같은 취지에서 법정비율(35조의2 1항·2항)을 초과하여 은행으로부터 신용공여를 받는 행위(35조의4 3호의2), 은행이 교차신용공여(35조의2 3항) 금지를 위반하게 하여 다른 은행으로부터 신용공여를 받는 행위(35조의4 3호의3), 은행이 대주주의 다른 회사 출자지원을 위한 신용공여(35조의2 7항) 금지를 위반하게 하여 신용공여를 받는 행위(35조의4 3호의4), 은행이 대주주에 대한 자산무상양도 등(35조의2 8항) 금지를 위반하게 하여 대주주에게 자산무상양도 등을 하게 하는 행위(35조의4 3호의5)도 모두 금지한다. 인터넷전문은행도 인터넷은행법상 관련 규정을 위반하게 하여 인터넷전문은행으로부터 신용공여를 받는 행위, 다른 은행으로부터 신용공여를 받는 행위, 대주주에게 자산무상양도 등을 하게 하는 행위도 금지된다(인터넷은행법 10조 4호-6호, 8조 1항-3항).

5) 대주주의 주식소유

[5-482] 법정비율(35조의3 1항)을 초과하여 은행이 대주주의 주식을 소유하게 하는 행위(35조의4 3호의6)도 금지된다. 인터넷전문은행법도 인터넷은행법상 관련규정을 위반하게 하여 인터넷전문은행이 대주주가 발행한 지분증권을 취득하게 하는 행위도 금지된다(인터넷은행법 10조 4호-6호, 9조 1항).

6) 기타 금지행위

[5-483] 그 밖에 이에 준하는 행위로서 경쟁사업자에 대한 차별적 신용공여와 공익법인등에 대한 기부행위 등을 금지하고 있다.

[5-484] 첫째, 경쟁사업자에 대한 차별적 신용공여는 신용공여 시 **정당한 이유** 없이 금리, 담보 등 계약조건을 불리하게 하도록 요구하는 행위(35조의4 4호; 령 20조의9 1호)를 말한다. 대주주가 은행 신용공여에 개입할 정당한 이유는 찾기 어려울 것이다. 금리와 담보는 계약조건을 예시한 것이다. 경쟁사업자는 사업방해금지조항(35조의4 3호, 인터넷은행법 10조 3호)과 같은 뜻이다.

[5-485] 둘째, 은행에게 공익법인등(령 20조의7 8항)에 대하여 자산을 무상으로 양도하게 하거나 통상의 거래조건에 비추어 그 은행에게 현저하게 불리한 조건으로 매매·교환 또는 신용공여를 하게 하는 행위도 금지된다(35조의4 4호; 령 20조의9 2호). 이는 은행의 사회공헌활동을 위해 공익법인 등에 대한 은행의 자산무상양도를 허용하면서(령 20조의5 8항; 법 2조 1항 8호), 대주주가 사익목적으로 은행에게 공익법인 등에 대하여 자산을 무상양도하게 하는 등 영향력을 행사하는 행위는 금지하고 있는 것이다(령 20조의7 2호)([5-461]-[5-462]).

다. 위반의 효과

[5-486] 금융위는 대주주가 부당한 영향력행사 금지(35조의4)를 위반한 경우에는 각각 초과한 신용공여액 이하(16호, 35조의4, 35조의2 1항·2항), 해당 신용공여액 또는 해당 자산의 장부

가액 이하(17호, 35조의4, 35조의2 7항·8항), 초과취득한 주식의 장부가액 합계액 이하(18호, 35조의4, 35조의3 1항)의 과징금을 부과할 수 있다(65조의3 16호-18호). 대주주의 부당한 영향력행사 금지(35조의4)를 위반한 자는 10년 이하의 징역 또는 5억원 이하의 벌금에 처한다(66조 1항 4호). 대주주의 부당한 영향력행사 금지에 위반한 행위의 사법상 효력에는 영향이 없을 것이다.

4. 대주주에 대한 자료 제출 요구 등

금융위는 은행 또는 그 대주주가 대주주에 대한 신용공여, 대주주가 발행한 지분증권의 취득, 대주주의 부당한 영향력행사 금지(35조의2-35조의4)를 **위반한 혐의**가 있다고 인정할 때에는 은행 또는 그 대주주에 대하여 필요한 자료 제출을 요구할 수 있다(35조의5 1항). 인터넷전문은행의 경우도 마찬가지다(인터넷은행법 11조, 8조-10조). 자료제출을 거부하는 자는 1억원 이하의 과태료를 부과한다(69조 1항 4호; 인터넷은행법 23조 1항 1호, 11조). [5-487]

금융위는 회사인 은행 대주주의 부채가 자산을 초과하는 등 재무구조 부실화로 인하여 **은행의 경영건전성을 현저히 해칠 우려**가 있는 경우[191]에는 그 은행 또는 그 대주주에 대하여 필요한 자료제출을 요구할 수 있으며, 그 은행에 대해 대주주에 대한 신규신용공여금지, 사채권취득거래제한(령 20조의7 6항), 대주주가 발행한 주식의 신규취득금지를 할 수 있다(35조의5 2항; 령 20조의10 2항 1호·3호). [5-488]

일반적으로 은행감독기관의 권한은 은행 자체를 대상으로 하는 것이지 그 대주주에는 미치지 않는 것이 원칙이다. 그러나 이 조항은 은행법상 대주주규제의 실효성 확보를 위한 기초자료의 확보를 가능하게 한다. 조치사유인 **위반한 혐의**나 **은행의 경영건전성을 현저히 해칠 우려**에 대해서는 취지상 은행감독기관의 폭넓은 판단권한을 인정할 수밖에 없다. [5-489]

---

191) 부채가 자산을 초과하는 경우, 대주주에 대한 신용공여가 가장 많은 은행(그 대주주가 대주주인 은행은 제외)이 금융위가 고시하는 자산건전성 분류기준에 따라 그 대주주의 신용위험을 평가한 결과 금융위원회가 정하여 고시하는 기준 이하로 분류된 경우, 신용평가회사 둘 이상이 투자부적격 등급으로 평가한 경우에 해당하여 그 은행과 불법거래할 가능성이 크다고 인정되는 경우(35조의5 2항; 령 20조의10 1항 1호·3호).

제6장 영업행위규제

제1절 서 설

전통적으로 은행법은 간접금융시장의 기본규제법으로서 은행과 은행이용자 간의 정보의 비대칭성 교정을 목적으로 하는 영업행위규제보다는 중개기관인 은행의 건전성규제에 초점을 맞추어 왔다. 은행법상 영업행위규제는 주로 대표적인 여신취급기관으로서의 은행의 우월적 지위에 대한 우려에 따른 불공정영업행위의 규제와 약관규제로 발전해 왔다. [6-1]

그러나 최근 은행이 취급하는 금융상품의 범위가 종래의 전형적인 예금이나 대출을 넘어서 장외파생상품의 매매나 금융투자상품 또는 보험상품의 판매와 같은 다양한 분야로 확대되면서 정보제공의무와 이해상충방지, 광고규제 등의 분야도 빠르게 발전하고 있다. 그리고 은행이 아니라 은행이용자의 우월적 지위에 대한 고려에서 이익공여와 같은 불건전영업행위에 대한 규제도 새로이 추가되고 있다. [6-2]

은행의 영업행위규제 중 금융상품 판매규제는 금융소비자법의 시행과 함께 동법으로 이관되었다. 자본시장법이나 보험업법상 판매규제도 마찬가지이다. 따라서 은행의 영업행위규제를 볼 때에도 금융소비자법을 함께 살펴보아야 하게 되었다. 이러한 현상은 자본시장법이나 보험업법의 경우와 같다. 은행법은 판매규제에 해당하는 내용이 많지 않아 특별한 문제의식이 추가로 발생하지는 않는다. 그러나 은행이 금융투자상품이나 보험상품을 판매할 때 적용되었던 자본시장법이나 보험업법상 규제도 금융소비자법으로 이관되었으므로 오히려 간명해진 측면도 존재한다. [6-3]

제2절 은행과 은행이용자의 법률관계에서는 영업행위규제의 기초인 당사자 간의 법률관계에 관한 기본이론을 점검한다. 제3절 은행의 금융거래거절과 제4절 불공정영업행위의 금지에서는 은행의 우월적 지위를 고려한 규제를 그리고 제5절 불건전 영업행위의 금지에서는 은행이용자의 우월적 지위를 고려한 규제를 살펴본다. 제6절부터 제9절까지는 정보제공의무와 이해상충관리 그리고 약관규제와 광고규제를 정리한다. 제10절 금융상품의 판매에서는 금융투자상품과 보험상품의 판매에서 은행의 특별한 규제를 살펴본다. [6-4]

제2절 은행과 은행이용자의 법률관계

Ⅰ. 서 설

[6-5] 은행은 예금, 대출 등 거래를 통하여 은행이용자와 다양한 법률관계를 갖게 된다. 최근 은행의 금융투자상품이나 보험상품 판매로 은행과 은행이용자의 법률관계는 더욱 복잡해지고 있다. 은행과 은행이용자 간에 발생하는 다양한 법률문제를 해결하기 위해서는 당사자 간의 법률관계, 구체적으로는 은행이 은행이용자에 대하여 부담하는 의무의 본질을 이해할 필요가 있다. 은행은 은행이용자에 대하여 독립적인 당사자로서 대등한 지위에 있다고 볼 것인지, 아니면 은행이 은행이용자에 대하여 보호의무나 자문의무를 부담하는지에 대한 판단은 양자 간에 발생하는 분쟁의 해결을 위한 출발점이 된다. 특히 은행의 공공성이나 공신력을 강조하는 입장에서는 은행의 은행이용자에 대한 의무 수준이 다른 금융회사에 비하여 높다고 보게 된다.

Ⅱ. 은행과 은행이용자의 법률관계

1. 독립적 당사자관계 또는 보호관계

가. 일반론

[6-6] 은행과 은행이용자의 법률관계에 대해서는 **독립적 당사자관계**로 볼 것인지 아니면 은행이 보호의무를 부담하는 **보호관계**로 볼 것인지에 대한 논의가 있다.[1] 영미법상으로는 **신인관계**(fiduciary relationship)에 해당하는지를 중심으로 논의되고 있다.[2]

[6-7] 은행은 은행법에 따른 업무를 취급할 때 은행이용자의 권익을 보호해야 한다(52조 1항 본문). 이 규정은 일반원칙을 선언한 것이다. 일반론으로는 은행이 은행이용자와의 **모든 거래**에서 보호의무를 부담한다고 보기는 어렵다. 영미법에서도 은행이 은행이용자와의 모든 거래관계에서 신인의무를 부담한다고 보는 것은 아니다.

나. 구체적·개별적 판단

[6-8] 은행과 은행이용자의 관계에서는 개별 상품이나 거래의 기능과 위험 그리고 구조적 특징, 은행이용자의 거래지식이나 경험을 포함한 전문성 등 다양한 사정을 종합적으로 고려하여 은행의 보호의무의 유무를 판단할 수밖에 없다. 또한 은행이 금융투자상품이나 보험상품을 판매하면 금융소비자법은 물론 자본시장법이나 보험업법상 다양한 의무를 부담한다.

---

1) 정순섭 금융, 136-140면.
2) M H Ogilvie, Bank and Customer Law in Canada, Irwin Law, 2007; Peter Cartwright, Banks, Consumers and Regulation, Hart Publishing, 2005; Peter Cartwright, Consumer Protection in Financial Services, 1st ed, Kluwer Law International, 1999.

2. 은행이용자와 소비자

은행이용자를 소비자로 인식할 것인지도 논의가 필요하다. 예금이나 대출과 같은 대표적인 은행상품을 **소비**한다고 볼 수 있는지에 대한 논의도 과거에는 존재했다. 그 배경에는 금융거래의 상대방에 대하여 소비 또는 소비자라는 용어를 사용함으로써 보호의 대상이라는 가치판단이 개입될 수 있다는 거래계의 우려가 상당 부분 반영된 것이다. 그러나 최근에는 예금이나 대출과 같은 은행상품의 이용을 소비로 인식할 수 있다는 입장이 강하다. 우리나라도 금융소비자법[3]과 같이 소비라는 용어를 금융상품이나 금융거래에 대하여 직접 사용하는 법률이 나타나고 있다. [6-9]

Ⅲ. 은행과 보증인

1. 보증인의 이익을 고려할 의무

은행의 은행이용자에 대한 보호의무와 관련하여 은행에게 **보증인의 이익을 고려하여 채무자에게 대출을 삼가야 할 신의칙상의 의무**가 있는지가 문제된 사례가 있다. 법원은 은행에게는 보증인의 이익을 고려하여 대출을 삼가함으로써 채권회수가 불능상태에 빠지지 않도록 조치할 신의칙상의 의무가 있다고 할 수 없다고 판단하였다(대법원 1987. 1. 20. 선고 86다카1262 판결). 자금을 대출하여 이자수입을 얻는 것은 은행 본래의 영업이고 담보가 보장되는 이상 대출규모를 확장하여 수익을 도모하는 것은 영리기업인 은행으로서는 당연한 일이며 인적 담보란 채권의 회수불능에 대비한 은행자신의 보호책이라는 것이 그 이유이다. 다만 채권자의 보증인에 대한 정보제공 의무는 문제될 수 있다([6-128]). [6-10]

2. 보증인의 기명날인 또는 서명

가. 의의

보증인보호법은 보증의 효력발생요건으로 보증인의 기명날인 또는 서명을 요구한다(3조 1항). 보증인보호법은 보증에 관하여 민법에 대한 특례를 규정함으로써 아무런 대가 없이 호의(好意)로 이루어지는 보증으로 인한 보증인의 경제적·정신적 피해를 방지하고, 금전채무에 대한 합리적인 보증계약 관행을 확립함으로써 신용사회 정착에 이바지함(1조)을 목적으로 제정되었다(대법원 2017. 12. 13. 선고 2016다233576 판결).[4] 보증인보호법이 보증인의 기명날인 또는 서명을 요구하는 것은 "보증 의사를 명확하게 표시하게 함으로써 보증 의사의 존부 및 내용에 관하여 분명한 확인수단을 보장하여 분쟁을 예방하는 한편, 보증인으로 하여금 가능한 한 경솔하게 보증에 이르지 아니하고 숙고의 결과로 보증을 하도록 하려는 취지"에서 나온 것이다(대법원 2013. 6. 27. 선고 2013다23372 판결; 대법원 2017. 12. 13. 선고 2016다233576 판결). [6-11]

---

3) [시행 2021. 3. 25.][법률 제17112호, 2020. 3. 24., 제정]
4) 박재억, "구 보증인보호법 제3조 제1항과 보증인의 자필서명", 대법원판례해설 제113호, 2018, 214-233면.

나. 기명날인의 대행

[6-12] 대부업자(원고)가 대부중개업자를 통해 팩스로 받은 연대보증계약서에 연대보증인으로 이름이 기재되어 있는 피고를 상대로 대출원리금지급을 구한 사안에서, 법원은 보증인보호법 제3조 제1항에서 정한 '보증인의 서명'은 원칙적으로 보증인이 직접 자신의 이름을 쓰는 것을 의미한다고 판단하였다(대법원 2017. 12. 13. 선고 2016다233576 판결).

[6-13] 민법상 같은 취지의 규정[5]에 관하여 법원은 '보증인의 서명'은 원칙적으로 보증인이 직접 자신의 이름을 쓰는 것을 의미하므로 타인이 보증인의 이름을 대신 쓰는 것은 이에 해당하지 않지만(대법원 2019. 3. 14. 선고 2018다282473 판결(대법원 2017. 12. 13. 선고 2016다233576 판결 등 참조)), '보증인의 기명날인'은 타인이 대행하는 방법으로 할 수 있다고 하여 같은 취지로 판단하고 있다(대법원 2019. 3. 14. 선고 2018다282473 판결).

5) 보증은 그 의사가 보증인의 기명날인 또는 서명이 있는 서면으로 표시되어야 효력이 발생한다(민법 428조의2 1항 전문). "보증에 관한 현행 규정만으로는 보증인의 보호에 불충분하고, 「보증인 보호를 위한 특별법」은 그 적용 범위가 아무런 대가 없이 호의(好意)로 이루어지는 보증으로 제한되어 있으므로 일반 보증인을 보호하기 위하여 보증 방식 및 근보증(根保證)에 관한 규정 등을 마련"한 것이다. [시행 2016. 2. 4.][법률 제13125호, 2015. 2. 3., 일부개정]

제3절 은행의 금융거래거절과 차별적 취급의 금지

Ⅰ. 서 언

은행은 거래상대방에 대한 위험관리, 지역별·산업별 또는 그 밖의 위험집중에 따른 위험노출한도관리 등의 다양한 이유로 금융거래를 거절할 수 있다. 그러나 은행업에 필요한 정당한 사유 없이 이루어진 **금융거래거절**은 차별적 취급으로서 은행은 법적 책임을 질 수도 있다. 은행은 은행이용자를 공평하게 취급할 의무를 부담하기 때문이다. [6-14]

은행의 금융거래거절은 상대방의 관점에서는 **금융포용** 또는 **금융업에 대한 접근성**의 문제로 나타난다.[6] 따라서 은행의 금융거래거절은 은행의 권리이자 의무이면서 동시에 내재적 한계가 존재하는 것이다. 정당한 사유없는 금융거래거절은 차별적 취급으로 연결된다. [6-15]

이와 구별할 것은 공정거래법상 거래거절행위이다. CD공동망의 참가은행들이 공동으로, 특정 은행으로 하여금 다른 신용카드회사 고객의 가상계좌서비스와 연결된 CD공동망을 사용하지 못하게 단절한 공동의 거래거절행위는 그 거래거절에 정당한 사유가 있으므로 부당한 공동거래거절행위(공정거래법 23조 1항 1호, 현행 45조 1항 1호에 해당)에 해당하지 않는다고 판단한 사례가 있다(대법원 2006. 5. 12. 선고 2003두14253 판결). 그 근거로는 첫째, CD공동망 운영에는 전산망 구축과 유지에 상당한 비용과 노력을 투자한 참가은행들의 의사가 존중되어야 하는 점, 둘째, 신용카드회사가 CD공동망을 이용함으로써 참가은행들보다 부당하게 경쟁우위에 설 가능성이 크고, 위와 같은 공동의 거래거절로 인하여 신용카드시장에서 다른 거래처를 용이하게 찾을 수 없어 거래기회가 박탈되었다고는 할 수 없는 점 등을 들고 있다. [6-16]

Ⅱ. 금융거래거절사유

1. 의 의

은행은 금융거래를 거절할 때 그 사유를 고지할 의무를 부담하는가? 신용정보법은 금융거래의 거절사유 고지에 관하여 명문의 규정을 두고 있다. 그러나 은행이 대출 등 금융거래를 거절할 수 있는 사유가 신용정보법에 규정된 사항에 한정되는 것은 아니다. [6-17]

2. 금융거래거절사유의 범위

가. 신용정보법상 거래거절사유

신용정보법상 은행이 개인신용평가회사등으로부터 제공받은 개인신용정보에 근거하여 상대방과의 상거래관계 설정을 거절하거나 중지한 경우에는 그 신용정보주체의 요구가 있으면 상거래관계설정의 거절·중지근거가 된 신용정보 등 일정한 사항(신용 시행령 31조 2항 [6-18]

6) Peter Cartwright, Banks, Consumers and Regulation, Hart Publishing, 2005, 금융포용의 관점에서 특히 지급결제업무의 중요성이 강조되고 있다.

1호-3호)을 본인에게 고지해야 한다(신용 36조 1항; 동 시행령 31조 1항 1호·2호).

[6-19] 여기서 상거래에 금융거래가 포함되는가? 신용정보법은 **신용정보**란 **금융거래 등 상거래에서 거래 상대방의 신용을 판단할 때 필요한 정보**(2조 1호)라고 하여 금융거래가 상거래에 포함됨을 명시하고 있다. 따라서 신용정보법 제36조 제1항에서 말하는 "상대방과의 상거래관계 설정을 거절하거나 중지한 경우"에는 금융거래거절이 당연히 포함된다.

[6-20] 다만 신용정보법 제36조는 거절사유를 "신용정보제공·이용자가 … 신용정보집중기관으로부터 제공받은 개인신용정보 … 에 근거하여 상대방과의 상거래관계 설정을 거절하거나 중지한 경우"로 한정하고 있어서 일반적인 거래거절사유로 이해될 수는 없다. 이 조문은 잘못된 신용정보에 근거해서 거래를 거절하는 경우, 거래상대방에게 그 신용정보를 정정할 기회를 주기 위한 것이다. 그러나 법률상 거래거절사유인 것은 명백하다.

나. 법령상 근거가 없는 경우의 거절사유

[6-21] 법령상 근거가 없어도 은행은 금융거래를 거절할 수 있는가? 은행의 당연한 권리로서 신용정보법상 거절사유가 없는 경우에도 은행의 위험관리목적상 정당한 사유가 있는 경우에는 거래를 거절할 수 있다. 실무에서는 대출약정서상 "은행이 채권보전상 또는 기타 필요하다고 인정하는 경우에는 대출금의 일정액의 지급을 유예"할 수 있는 근거를 두고 있다.[7)]

3. 금융거래거절사유의 고지

가. 신용정보법상 거래거절사유의 고지

[6-22] 은행이 대출 등 금융거래를 거절할 경우 신용정보법상 사유고지의무를 부담한다(36조 1항). 은행이용자는 고지받은 본인정보내용에 이의가 있으면 고지받은 날부터 60일 이내에 그 신용정보를 수집·제공한 개인신용평사회사등에게 그 정보의 정확성 확인을 요청할 수 있다(신용 36조 2항).

나. 법령상 근거가 없는 경우의 고지

[6-23] 법령상 근거가 없는 경우 은행의 금융거래거절사유 고지의무를 인정할 수 있는가? 금융거래거절의 정당한 사유를 고지하는 것은 은행이용자의 자기보호를 위해 필요하므로 은행의 은행이용자에 대한 의무라고 할 수 있다. 금감원은 고객들이 대출거절사유를 편리하게 고지받고, 은행의 업무처리절차상 부담도 과중하지 않도록 거절사유고지에 관한 표준절차를 마련하고 있다.[8)] 대출상품 가입조건 미충족, 고객의 채무상환능력 부족, 담보의

---

7) 서울지법 2003. 3. 14. 선고 2002나57057 판결(환송후원심); 대법원 2002. 10. 25. 선고 2002다21769 판결(파기환송판결); 서울지법 2002. 3. 19. 선고 2000나68558 판결(환송전 원심); 서울지법 동부지원 2000. 9. 6. 선고 2000가소23506 판결.

8) 금감원, 은행권의 대출 거절사유 고지제도 개선 - 대출이 거절된 이유를 모르신다구요? 이제는 알 수 있습니다, 2014.4.29; 금감원, 저축은행 자체 채무조정제도 및 대출거절사유 고지제도 개선, 2015.2.3.

부족, 연체이력 등 기타 대출취급기준 미충족이 여기에 해당한다.9)

Ⅲ. 금융거래거절과 은행의 책임

1. 취 지

[6-24] 은행의 금융거래거절의 정당성 판단은 금융거래의 단계별로 이루어져야 한다. 금융거래거절은 첫째, 계약체결 전에 계약체결 자체를 거절하는 유형과 둘째, 계약체결 후 계약상 의무의 이행을 거절하는 유형으로 구분할 수 있다.

2. 계약체결의 거절

가. 의 의

[6-25] 은행이 은행이용자와 금융거래를 위한 교섭에 들어가기 전에 일정한 기준을 정하여 금융거래를 제한하는 경우가 있다. 예금계좌개설 제한과 대출거래자격제한을 살펴본다.

나. 예금계좌개설

[6-26] 예금계좌는 개설·유지에 비용이 들 뿐만 아니라 불법적으로 악용되는 사례도 있어 개설·유지를 어렵게 하는 조치가 이루어지고 있다. 계좌개설·유지기준의 수립과 집행은 은행으로서의 당연한 업무에 속한다.

[6-27] 은행은 금융거래목적확인제도에 따라 계좌를 개설할 때 재직증명서나 사업자등록증, 소득 증빙자료 등을 요구하기도 한다. 금감원은 단기간 내 다수 계좌의 개설을 제한하거나 일정 기간 거래 내역이 없는 소액계좌의 거래를 중지하는 등의 제도를 시행하고 있다.10) 일정한 소액계좌에 대하여 계좌유지수수료를 부과하려는 움직임도 있다.11) 결제계좌의 이자율과 계좌유지수수료의 수준은 결제서비스의 과금체계와도 연결된다.12)

[6-28] 그러나 예금계좌의 개설은 효과적이고 안전한 지급제도와 지급업무가 금융포용에 핵심적이고, 다른 금융업무는 물론 경제활동을 위한 출발점이 되는 점에서 특히 중요한 의미를 가진다.13)

---

9) 우리은행, 대출거절사유고지제도 〈https://spot.wooribank.com/pot/Dream?withyou=LNLON0014〉
10) 금감원, 보도자료 : 대포통장 근절대책 비은행권 확대 시행, 2013.4.12.
11) 씨티은행, 계좌유지 수수료 5천원 부과한다, 머니투데이, 2016.8.16.
12) 日本銀行決済機構局,「銀行の決済サービスの課金体系に関する考察」, 決済システムレポート別冊シリーズ, 2020.2.
13) 이런 관점을 강조한 것으로 Committee on Payments and Market Infrastructures and World Bank Group, Payment Aspects of Financial Inclusion, CPMI Papers No 144, April 2016. 특히 핀테크의 맥락에서 동일한 논의로, Committee on Payments and Market Infrastructures and World Bank Group, Payment aspects of financial inclusion in the fintech era, April 2020.

다. 대출상품연령상한제 등

[6-29] 은행 대출상품이 55-70세로 연령상한을 정해놓고 신용등급과 무관하게 대출을 제한한 사례,[14] 지적장애인에 대한 가계대출은 무효라고 명시하거나 '대출신청 자격 자체를 불인정'하여 지적장애인에 대한 대출을 획일적으로 제한한 사례,[15] 장애인 체크카드발급과 관련하여 장애인증명서와 후견인등기사항증명서가 제출되어 지적장애인코드를 입력하면 대면창구거래 외 모든 거래가 정지된 사례[16] 등의 경우는 부당한 거래거절로 볼 가능성이 높을 것이다.

라. 대출약속 후 계약체결거절

[6-30] 대출계약은 체결되지 않았지만 **대출약속**을 한 후 대출계약의 체결을 거부하는 경우이다. 신디케이티드 대출에서 참여은행이 참여의사를 통지한 후 이를 철회하는 경우도 여기에 해당한다([13-25]). 이 경우는 대출약속이 어느 정도의 약속이었는지에 관한 사실판단과 함께 계약체결 전이므로 책임을 인정할 이론적 근거와 손해의 인식방법도 문제된다. 대출예약에 위반한 것인지 아니면 은행의 신의칙상 의무위반으로 볼 것인지에 대한 논의가 있을 수 있다.[17]

3. 계약이행의 거절

[6-31] 대출약정 체결 후 대출금 지급유예규정에 따라 IMF 구제금융으로 인한 금융시장불안을 이유로 대출금인출을 거절한 은행이 사유 해소 후에도 대출금을 지급하지 않은 사안에서 금융거래거절의 정당성이 문제되었다.

[6-32] 원고는 1997.4.14. 건설사의 안내로 피고(신용카드회사)와 분양대금 대출계약을 체결했지만, 일부 중도금 대출이 이루어진 후 IMF 구제금융의 여파로 피고는 원고에게 대출연기와 금리인상 등을 통보하였다. 그 후 원고는 피고에게 나머지 대출금 지급통지를 했고, 피고는 1999.1.1.부터 이 사건 대출약정과 같은 조건으로 대출을 재개했지만, 원고에 대한 나머지 대출을 실행하지 않았다. 이 사건 대출약정에는 피고가 채권보전상 기타 필요하다고 인정하는 경우에는 대출금 일부의 지급을 유예하기로 했다.

---

14) 나이 많다는 이유만으로 대출 거절 못한다, 경향비즈, 2013.9.2.

15) 금감원, 보도자료: 지적장애인을 부당하게 차별하는 대출관행 개선, 2011.7.6. 국가인권위원회도 금융회사가 지적장애인에 대해 획일적으로 대출을 제한하는 것은 부당한 차별에 해당한다고 결정하였다, 2011.5.17.

16) 지적장애인 체크카드 발급거절 "장애차별" : 장애인인권침해예방센터, 해당 은행 인권위 진정, 에이블뉴스, 2015.11.19.

17) 은행이 대출은행에 대하여 지급보증예약체결 후 대우사태의 발생 등 사정변경을 이유로 지급보증서 발급을 거절한 사안에서 은행 거래거절의 정당성이 문제된 사례가 있다. 은행의 은행에 대한 지급보증서발급거절이므로 은행의 차주에 대한 거래거절과는 사안이 다르다. 대법원 2004. 8. 20. 선고 2004다11193 판결; 서울고법 2004. 1. 9. 선고 2002나 37384 판결; 서울지법 2002. 5. 30. 선고 2000가합90674 판결.

법원은 첫째, 대출약정상 대출금 일부의 지급유예규정이 피고에게 궁극적인 지급거절권이나 일방적인 계약해제권을 부여하는 취지로 해석할 수는 없는 점, 둘째, 피고가 나머지 대출금에 대한 지급유예사유로 명시한 금융시장의 불안정은 피고가 이 사건 대출약정과 같은 조건으로 대출을 개시한 1999.1.경에는 해소되었다고 할 것인데 여전히 원고의 나머지 대출금 지급청구를 거절하였던 점 등을 근거로 "위 규정의 존재만으로 피고의 이 사건 대출약정에 따른 나머지 대출금의 지급채무가 소멸하였다고 볼 수 없다"고 판단하였다(대법원 2002. 10. 25. 선고 2002다21769 판결(파기환송판결)).[18) [6-33]

대출약정상 대출금 인출유예에 관한 명시적 근거를 두고 있는 경우에도 그 사유 소멸 후에는 대출금인출을 재개해야 한다는 것이다. [6-34]

4. 채무조정의 거절

한편, 개인채무법은 개인채무의 양도와 추심의 특례와 함께 채무조정요청권을 도입하였다([5-295]). 은행은 개인금융채무자의 채무조정요청을 부당하게 거절하거나 그 처리를 지연할 수 없다(개인채무법 31조 1항). 채무조정은 "은행 등 채권금융회사등이 보유한 개인금융채권에 대하여 원리금 감면 또는 이자율 조정, 새로운 대출을 통한 기존 채무의 변제, 분할 변제, 변제기간 연장, 그 밖에 채무의 내용을 변경하는 것으로서 금융위가 고시하는 방법으로 그 채무내용을 변경하는 것"을 말한다(개인채무법 2조 6호 가목-마목). 요청거절을 제한하는 점에서 금융거래거절과 같은 취지이다. [6-35]

Ⅳ. 차별적 취급의 금지

1. 취 지

은행은 은행이용자를 거래의 모든 단계에서 정당한 사유 없이 차별적으로 취급해서는 안 된다.[19) 대출금리 산출 시 신용도나 기여도에 따른 금리차이를 차별이라고 할 수는 없을 것이다. 특히 금융서비스제공자의 의사결정을 지원하기 위한 디지털기술의 사용 확대가 소비자에 대한 부적절하고 차별적인 결과로 연결되어서는 안된다는 점을 강조하고 있다. 예컨대 인공지능을 활용한 신용심사에서 특정 성별을 차별취급하는 문제가 제기되기도 했다.[20) [6-36]

---

18) 서울지법 2002. 3. 19. 선고 2000나68558 판결 (환송전 원심); 서울지법 동부지원 2000. 9. 6. 선고 2000가소23506 판결. 환송후원심은 서울지법 2003. 3. 14. 선고 2002나57057 판결.

19) G20/OECD HIGH-LEVEL PRINCIPLES ON FINANCIAL CONSUMER PROTECTION, 2022, Equitable and Fair Treatment of Consumers.

20) 2019.11. 애플사가 발급한 애플카드가 동일 신용도에도 불구 남성의 신용카드한도를 여성 대비 10~20배 이상 높게 설정했다는 이슈가 제기되었다. 금융위·금감원, 보도자료: 「금융분야 인공지능(AI) 가이드라인」이 시행됩니다. - 금융권 인공지능(AI) 활용을 활성화하고 인공지능(AI) 기반 금융서비스에 대한 신뢰를 제고하기 위한 모범규준 마련·발표 -, 2021.7.8., 5면.

2. 차별적 취급의 유형

[6-37] 은행의 금융거래상 은행이용자에 대한 차별적 취급은 위에서 본 금융거래거절 이외에 예금이나 대출의 금리 차별과 같은 가격의 불공정한 적용을 들 수 있다.

[6-38] 대출상품연령상한제와 장애인에 대한 대출이나 체크카드 발급거절 사례는 전형적인 차별적 취급이다. 또한 ① 기업 도산시 은행이 입을 손실이 대·중소기업간 차이가 없음에도 중소기업에 높은 손실률을 적용하거나, ② 중소기업에 대해 대기업보다 높은 목표이익률을 부과하거나 ③ 담보대출의 낮은 손실위험을 감안한 금리감면을 적용하지 않아 오히려 충분한 담보를 제공한 중소기업에 불리한 금리를 적용하는 등의 경우는 차별적 취급이다.[21]

3. 법령상 차별거래금지 원칙

가. 의 의

[6-39] 특히 장애인에 대한 금융거래거절이나 차별적 취급은 금융상품 및 서비스의 제공자의 금전대출, 신용카드 발급, 보험가입 등 각종 금융상품금융상품 및 서비스 제공에서의 장애인의 정당한 사유없는 차별행위를 금지하는 「장애인차별금지 및 권리구제 등에 관한 법률」(“장애인차별금지법”) 제17조 위반이 문제될 수 있다. 가정법원이 갑 등에 대한 한정후견을 개시하며 갑 등의 예금 이체·인출에 관하여 30일 합산 금액이 100만 원 이상인 경우에는 한정후견인의 동의를 받도록 갑 등의 행위능력을 제한하는 결정을 하였는데, 우정사업본부가 100만 원 미만 거래의 경우 통장, 인감 등을 지참한 후 은행창구를 통해서만, 100만 원 이상 300만 원 미만 거래의 경우에는 한정후견인의 동의서를 지참하더라도 단독으로 거래할 수 없고 한정후견인과 동행하여 은행창구를 통해서만 거래할 수 있도록 제한한 사안에서, 위 제한 조치는 “장애인차별금지 및 권리구제 등에 관한 법률이 금지하고 있는 차별행위에 해당하고, 위와 같은 제한에 정당한 사유가 있다고 인정하기 어렵다”고 판단하였다(대법원 2023. 9. 27. 선고 2020다301308 판결). 또한 국가인권위원회는 자필작성이 불가한 장애인에 대해서도 신용카드 발급신청서의 직접 작성을 요구한 여전업법 시행령 규정은 정당한 사유 없이 장애인차별금지법 제17조를 위반한 차별행위로 판단하였다.[22]

[6-40] 금융소비자법상 은행은 금융상품계약을 체결하는 경우 정당한 사유 없이 성별·학력·장애·사회적 신분 등을 이유로 계약조건에 관하여 금융소비자를 부당하게 차별할 수 없다(15조). 장애인차별금지법은 **금전대출, 신용카드 발급, 보험가입 등 각종 금융상품 및**

21) 금감원, 동일 담보제공시 대기업·중소기업간 불합리한 금리차별 사라진다, 2013.6.13.
22) 장애인에 대한 신용카드 발급거부에 의한 차별[국가인권위원회 09진차0001023, 2010.10. 20., 차별]. 이 결정 이후 여전법시행령 제6조의8 제1항 제3호가 개정되었다. 여전법 시행령[대통령령 제23643호, 2012.2.28., 일부개정].

서비스에서의 **장애인임을 이유로 하는 차별**을 금지하는 법률이다. 금융소비자법은 **금융상품 또는 금융상품자문에 관한 계약을 체결하는 경우**에 **성별·학력·장애·사회적 신분 등을 이유로 하는 계약조건에 관한 금융소비자의 부당한 차별**을 금지하는 법률이다. 장애인차별금지법상 금융상품 및 서비스가 금융소비자법의 적용대상인 금융상품 또는 금융상품자문보다 그 범위가 더 넓다, 그러나 차별사유는 장애인차별금지법상 장애인에 한정되는 것과 달리 금융소비자법은 성별·학력·장애·사회적 신분 등으로 훨씬 넓다. 장애인차별금지법이 그 위반에 대하여 손해배상책임과 형벌 그리고 과태료를 규정하고 있는 데 비하여(47조, 49조, 50조), 금융소비자법은 제재규정이 없다.

나. 정당한 사유의 판단

금융거래거절이 차별적 취급에 해당하는지의 판단은 결국 정당한 사유에 관한 평가 [6-41] 의 문제가 된다.[23] 은행이 신용위험의 관리나 업종별 또는 지역별 위험집중방지를 위해 금융거래를 거절하는 것은 정당한 사유가 있다고 할 것이다. 대출거래에서 차주의 신용에 따라 가산금리를 차별화하는 것은 당연하다. 금리의 과다나 과소를 판단하는 것은 개별거래별로 개별 은행이용자별로 판단되어야 할 사항이며 일반화하기 어렵다. 은행이 그 영업기여도에 따라 은행이용자별로 금리를 다르게 적용하거나 단골고객에게 우대환율을 적용하는 것을 부당한 차별이라고 하기는 어려울 것이다.

V. 금융거래거절 및 차별적 취급과 은행의 책임

정당한 사유가 없는 금융거래거절을 포함한 차별적 취급의 경우 은행은 행정적 제재 [6-42] 이외에 은행이용자에 대하여 손해배상책임을 지게 된다. 이 경우 은행이용자에 발생한 손해를 어떻게 인식할 것인가? 순수한 재산적 손해 이외에 위자료가 문제될 것이다(대법원 2023. 9. 27. 선고 2020다301308 판결). 인공지능 등 새로운 기술발전에 따라 금융분야에서의 차별적 취급에 대해서도 은행의 책임이 강조되기 시작하였다.[24]

---

23) 인공지능을 활용한 금융거래에서 이러한 기준을 객관적으로 명확하게 확보할 수 있는지 문제되고 있다. 박상철, “금융의 AI 활용과 금융소비자 보호: 차별금지 설명요구권, 6대 판매규제 준수를 중심으로”, BFL 제107호, 2021, 41-42면.

24) 금융위·금감원, 금융분야 AI 운영 가이드라인, 2021, 2. 거버넌스의 구축, 라. 구체적으로 거버넌스구조, 판단구조에 차별적 요소의 포함 여부, 편향과 차별의 최소화방안, 공정성판단기준의 설정 여부 등이 고려되어야 한다. 금융위 외, 금융분야 AI 개발·활용 안내서, 2022.

제4절 불공정영업행위의 금지

Ⅰ. 의 의

[6-43] 은행은 대출성상품 그 밖에 시행령으로 정하는 금융상품 판매와 관련하여 은행의 우월적 지위를 이용하여 금융소비자의 권익을 침해하는 불공정영업행위를 할 수 없다(금소 20조; 금소령 15조).

[6-44] **불공정영업행위**(금소 20조)와 **불건전영업행위**(34조의2)는 구별된다. 전자는 은행의, 그리고 후자는 은행이용자(고객, 금융소비자)의 우월적 지위를 대상으로 한다. 전자는 시장원리의 유지를, 후자는 부당한 영업행위의 규제를 목적으로 한다. 불건전영업행위금지는 불공정영업행위금지와 입법취지가 유사하므로 하나의 조항으로 통합하거나 두 조항을 서로 가까이 배치할 필요가 있다는 지적[25]이 있으나 양 조항은 취지가 전혀 다르다.

Ⅱ. 유 형

1. 구속성 거래

가. 취 지

[6-45] 금융소비자법상 **구속성거래**는 "대출성 상품, 그 밖에 대통령령으로 정하는 금융상품에 관한 계약체결과 관련하여 금융소비자의 의사에 반하여 다른 금융상품의 계약체결을 강요하는 행위"를 말한다(금소 20조 1항 1호; 금소령 15조 4항 1호 가목-마목). 구체적으로는 ① 금융소비자에게 자신이 판매하는 다른 금융상품의 계약체결을 강요하는 행위, ② 금융소비자에게 제3자 명의를 사용하여 다른 금융상품의 계약체결을 강요하는 행위, ③ 금융소비자에게 다른 금융상품직접판매업자[26]를 통해 다른 금융상품에 관한 계약체결을 강요하는 행위, ④ 금융소비자가 중소기업인 경우 그 대표자 또는 관계인에게 다른 금융상품의 계약체결을 강요하는 행위, ⑤ 그 밖에 이러한 행위에 준하는 것으로서 금융위가 고시하는 금융소비자의 의사에 반하여 다른 금융상품의 계약체결을 강요하는 행위를 말한다. 전통적으로 은행이 여신거래를 통한 우월적 지위를 통하여 은행이용자에게 예금 등을 강요하는 거래를 **구속성예금거래** 또는 **꺾기**라고 한다.

[6-46] **구속성예금**에 대해서는 과거 규제금리 하에서 실질대출가격결정과 대출채권의 담보기능 등 긍정적 기능을 지적하기도 했으나, 은행이용자의 의사에 반하는 전형적인 불공정행위로서 엄격히 규제되어야 한다.[27] 구속성거래에 대한 규제는 첫째, 규제대상에 차주

---

25) 국회 정무위원회 수석전문위원 진정구, 은행법 일부개정법률안【의안번호 12205, 정부 제출】금융지주회사법 일부개정법률안【의안번호 12206, 정부 제출】검토보고서, 2015. 3, 43면.

26) 금융소비자법상 금융상품판매업자는 직접판매업자와 판매대리·중개업자로 구분된다. 전자는 금융상품판매업자 중 금융상품직접판매업을 영위하는 자를, 그리고 후자는 금융상품판매업자 중 금융상품판매대리·중개업을 영위하는 자를 말한다(2조 3호). 은행이 자체 예금이나 대출을 판매할 경우에는 금융상품직접판매업자가 된다.

이외에 차주의 관계인을 포함하였으며, 둘째, 차주의 의사에 반하는 거래의 강요를 규제하고 있다. 은행법에서는 구속성거래의 요건은 상대방 의사에 반하는지 여부라는 주관적 요건과 여신거래금액에 대한 비율 또는 최소금액을 보는 객관적 요건으로 이원화되어 있었다. 그러나 금융소비자법은 금융소비자의 의사에 반하여 금융거래를 강요하는 행위로 일원화하고 있다.[28]

나. 적용범위

구속성거래는 첫째, 대출성 상품, 그 밖에 시행령으로 정하는 금융상품에 관한 계약 체결과("**대상상품**"), 둘째, 관련하여("**관련성**"), 셋째, 금융소비자의 의사에 반하여 다른 금융상품의 계약체결을 강요하는 행위("**강요**")를 말한다. [6-47]

① 대상상품은 '대출성상품 그 밖에 시행령으로 정하는 금융상품'이다. 첫째, 대출성 상품은 대출(금소 2조 1호 가목·라목), 신용카드·시설대여·연불판매·할부금융(금소 2조 1호 마목), 대부, 연계대출, 대출(금소령 2조 1항 1호, 3호, 5호 또는 6호), 금융소비자에게 금전등을 제공하고 장래에 금전등 및 그에 따른 이자 등의 대가를 받기로 하는 금융상품으로서 금융위가 고시하는 금융상품(금소령 2조 1항 7호)을 말한다(금소 20조 1항 1호·2호, 3조 2호; 금소령 3조 2항 1호-4호). 둘째, '그 밖에 시행령으로 정하는 금융상품'은 시행령에서 따로 정하고 있지 않다. 은행이 우월적 지위에 있는 대표적인 금융상품인 여신거래를 대상상품으로 정의한 것이다. [6-48]

② 여기서 '관련하여'는 예금가입 등을 여신거래를 위한 조건으로 하는 것을 말한다. 해석상 관련성의 의미는 불명확할 수 있으므로 금융소비자법은 매우 상세하게 행위 유형을 규정하고 있다. [6-49]

③ '금융소비자의 의사에 반하여'에서 차주의 의사에 반하는지 여부는 차주의 주관적 의사를 기준으로 한다. 그러나 대출시점과 예금가입시점, 대출액과 예금액의 비율 등을 고려한 정황증거로도 판단할 수 있다. [6-50]

다. 자신이 판매하는 다른 금융상품의 계약체결 강요

은행이 여신거래와 관련하여 자신이 판매하는 다른 금융상품의 계약체결을 강요하는 행위(금소령 15조 4항 1호 가목)이다. 예금이나 집합투자증권 또는 보험의 가입을 강요하는 행위가 대표적이다. 한편(2019.12.31. 개정전), 구 은행법시행령에서 금지하던 여신거래와 관련하여 차주의 의사에 반하는 은행상품의 해약 또는 인출제한행위(령 24조의4 1항 2호 삭제)도 포함된다. 여기서 '해약 또는 인출을 제한하는 행위'는 차주의 동의 없이 담보권을 설정 [6-51]

27) 은감원, 구속성 예금 해설, 1994, 3-4면.

28) 은행법에서는 일정한 취약거래자를 상대로 여신거래금액의 1%를 초과하는 은행상품을 판매하거나 보험이나 집합투자증권을 판매한 경우에는 주관적 요건을 요하지 않는 구조였지만, 금융소비자법은 이를 폐지하였다.

하거나 정당한 사유 없이 주의 또는 사고계좌로 전산등록하는 방법으로 은행상품의 해약 또는 인출을 제한하는 행위를 말한다(령 24조의4 1항 2호; 규정 88조 2항 삭제).

라. 제3자의 명의를 사용한 다른 금융상품의 계약체결 강요

[6-52] 위 다.의 행위를 제3자의 명의를 사용하여 체결할 것을 강요하는 행위(금소령 15조 4항 1호 나목)를 말한다. 대출을 차입하려는 갑에게 을의 명의로 갑의 계산으로 예금이나 집합투자증권 또는 보험의 가입을 강요하는 행위가 대표적이다.

마. 다른 금융상품직접판매업자를 통한 다른 금융상품에 관한 계약체결 강요

[6-53] 위 다.와 라.의 행위를 여신거래를 하는 은행이 아니라 다른 금융상품직접판매업자인 금융회사와 할 것을 강요하는 행위(금소령 15조 4항 1호 다목)이다. A은행이 대출을 받으려는 갑에게 그 계열사인 B증권회사나 C보험회사를 통하여 집합투자증권 또는 보험의 가입을 강요하는 행위가 대표적이다. 은행과 그 다른 회사가 계열회사관계에 있는지 여부는 불문한다.

바. 중소기업의 대표자등에 대한 다른 금융상품의 계약체결 강요

[6-54] 차주가 중소기업인 경우 그 대표자 또는 관계인에 대한 강요행위(금소령 15조 4항 1호 라목)도 규제한다. **중소기업**은 중소기업기본법상 중소기업 중 통계법에 따른 한국표준산업분류상 금융업, 보험 및 연금업, 금융 및 보험 관련 서비스업을 영위하는 중소기업과 주채무계열에 소속된 중소기업을 제외한 중소기업이다(금소령 15조 4항 1호 라목; 금소규정 14조 3항 1호·2호). 관계인은 중소기업의 대표자·임직원 및 그 가족이다(금소규정 14조 3항). 가족은 배우자 및 직계혈족(민 779조 1항 1호)이다.

사. 그 밖에 이러한 행위에 준하는 행위

[6-55] 여기에는 **대출성 상품에 관한 계약("금전제공계약")을 체결하고 계약이 최초로 이행된 날 전·후 각각 1개월 내에** 적용대상계약을 체결하는 행위가 포함된다(금소령 15조 4항 1호 마목; 금소규정 14조 4항 1호·2호).

[6-56] 적용대상계약은 첫째, 보장성 상품 또는 투자성 상품(집합투자증권, 금전에 대한 신탁계약, 투자일임계약 및 온투법상 연계투자에 관한 계약으로 한정)에 관한 계약으로서 ① 중소기업과 그 대표자, 개인신용평점이 하위 10%에 해당하는 사람, 피성년후견인 또는 피한정후견인과의 계약, ② ①에 해당하지 않는 금융소비자와의 계약으로서 금융소비자가 계약에 따라 매월 금융상품직접판매업자에 지급해야 하는 금액("월지급액")[29]이 금전제공계약에 따라 금융소비자가 제공받거나 받을 금액의 1%를 초과하는 경우에 해당하는 계약을 말한다(금소규정 14조 4항 1호 가목·나목). 둘째, 예금성 상품(금융소비자가 입금과 출금을 수시로 할 수 있는

29) 금감원장이 정한 바에 따라 산출한 금액으로서 월 단위로 지급하는 방식이 아닌 경우에는 월 단위로 환산한 금액을 말한다.

금융상품은 제외)에 관한 계약으로서 위 ①에 해당하는 금융소비자의 월지급액이 금전제공계약에 따라 금융소비자가 제공받거나 받을 금액의 1%를 초과하는 경우를 말한다(금소규정 14조 4항 2호).[30)]

"대출성 상품에 관한 계약("금전제공계약")을 체결하고 계약이 최초로 이행된 날 전·후 각각 1개월 내"는 '여신실행일 전후 1개월 이내'를 말한다. 이 경우 여신실행일은 약정일자인지 아니면 자금인출일자로 볼 것인가? 인출일자를 기준으로 해야 할 것이다. 약정일자를 기준으로 하면 잠탈가능성이 높아진다. 물론 인출일자로 해도 1개월이라는 기간에 대한 잠탈가능성은 남는다. 입법기술상 한계에 속한다. [6-57]

대출실행 전에 받은 예금 등을 담보로 해서 그 담보범위 내에서 대출을 취급하는 경우, 금리우대를 위한 거래실적이 필요하다는 이유로 대출실행전에 예금가입을 요구하는 경우, 신용대출을 하면서 보험상품을 판매하고 1개월 경과 후 보험증권에 질권을 설정하는 경우는 어떻게 볼 것인가? 1개월 기준을 규정한 이상 형식적으로 판단할 수밖에 없다. 그러나 법취지를 고려하여 탈법행위에 해당하는지를 엄격히 심사해야 한다. [6-58]

아. 자본시장법 및 보험업법과의 관계

1) 자본시장법상 집합투자증권 판매 규제와의 관계

자본시장법도 집합투자증권을 판매하는 은행이 집합투자증권 판매업무와 은행법에 따른 업무를 연계하여 정당한 사유 없이 고객을 차별하는 행위를 금지한다(자본 250조 6항 2호). 자본시장법상 은행의 집합투자증권 판매규제는 집합투자증권 판매를 은행법상 업무에 연계시키는 구조를 대상으로 하는 점에서 동일한 규제목적을 가진 것으로 볼 수 있다. 그러나 자본시장법상 규제는 차별적 취급을 요소로 하는 점이 다르다. 다만 자본시장법은 형벌(자본 445조 28호)을, 그리고 금융소비자법은 과징금이나 과태료(57조 1항 2호, 69조 1항 3호, 6호 나목)를 제재수단으로 하고 있다. [6-59]

2) 보험업법상 보험상품 판매규제와의 관계

보험업법은 은행이 금융기관보험대리점으로서 보험상품을 모집할 때 대출등을 제공하는 조건으로 대출등을 받는 자에게 그 은행이 대리 또는 중개하는 보험계약의 체결을 요구하거나 특정한 보험회사와의 보험계약의 체결을 요구하는 행위와 대출등을 받는 자의 동의를 미리 받지 않고 보험료를 대출등의 거래에 포함시키는 행위를 금지한다(100조 1항 2호). [6-60]

보험상품을 대상으로 하는 금융소비자법상 불공정영업행위규제와 보험업법상 금융기관보험대리점규제는 대상 행위에 차이가 있다. 보험업법상으로는 과태료(209조 2항)를 부과한다. [6-61]

---

30) 다만, 월지급액이 10만원 이하인 경우나 계약에 따라 금융상품직접판매업자에 지급하는 금액이 총 100만원 이하인 경우는 제외한다.

3) 금융소비자법상 규제와 자본시장법 및 보험업법상 규제의 관계

[6-62] 업무수행주체를 불문하고 금융상품별로 판매규제와 그 위반에 대한 제재의 수준을 같게 하는 것이 옳을 것이다. 금융소비자법상 불공정영업행위로서의 집합투자증권이나 보험의 판매규제는 거래상대방과 기간 그리고 상품 유형을 형식적 기준에 따라 한정하고 있어 위반 여부에 대한 판단이 쉽지 않다. 행위요소와 제재수단의 차이 등을 고려할 때 동일한 행위에 대해서도 금융소비자법과 자본시장법 그리고 은행법과 보험업법이 함께 적용될 수 있다고 본다.

2. 대출성 상품등에 관한 계약체결과 관련한 부당한 담보등의 요구

가. 취 지

[6-63] 금융소비자법상 금지되는 담보등요구는 "대출성 상품, 그 밖에 대통령령으로 정하는 금융상품에 관한 계약체결과 관련하여 부당하게 담보를 요구하거나 보증을 요구하는 행위"를 말한다(금소 20조 1항 2호; 금소령 15조 4항 2호 가목·나목). 구체적으로는 ① 담보 또는 보증이 필요 없음에도 이를 요구하는 행위나, ② 그 계약의 체결에 통상적으로 요구되는 일반적인 담보 또는 보증 범위보다 많은 담보 또는 보증을 요구하는 행위를 말한다.

나. 적용범위

[6-64] 담보등요구행위는 첫째, 대출성 상품, 그 밖에 대통령령으로 정하는 금융상품에 관한 계약체결과, 둘째, 관련하여, 셋째, 부당하게 담보를 요구하거나 보증을 요구하는 행위를 말한다. 첫째와 둘째의 요건은 위 1.나. 적용범위 [6-47]-[6-49]에서 살펴본 것과 동일하다. 시행령에서는 대상상품을 추가하고 있지 않다.

다. 담보 또는 보증이 필요 없음에도 이를 요구하는 행위

[6-65] 과도하게 담보나 보증을 요구하는 행위(금소령 15조 4항 2호 가목)를 금지하는 것이다. 담보 또는 보증이 필요한지 여부는 원칙적으로 은행이 신용위험관리의 관점에서 판단할 사항이다. 그러나 객관적으로 담보나 보증이 필요없을 정도의 높은 신용을 가진 금융소비자에게 담보나 보증을 요구하는 행위는 금지되는 것이다.

라. 계약체결에 통상적으로 요구되는 일반적인 담보등의 범위보다 많은 담보등의 요구

[6-66] 은행법은 제3자인 물상보증인의 연대보증을 요구하는 행위나 포괄근담보 또는 포괄근보증과 같은 개별거래를 금지하는 방식으로 규제하고 있었다. 그러나 금융소비자법은 "해당 계약의 체결에 통상적으로 요구되는 일반적인 담보 또는 보증 범위"를 기준으로 이보다 많은 내용의 담보나 보증을 요구하는 행위(금소령 15조 4항 2호 나목)를 금지한다. "해당 계약의 체결에 통상적으로 요구되는 일반적인 담보 또는 보증 범위"는 원칙적으로 은행이 신용위험관리의 관점에서 판단할 사항이다. 그러나 객관적으로 담보나 보증이 필요

없을 정도로 높은 신용을 가진 금융소비자에게 담보나 보증을 요구하는 행위는 금지되는 것이다. 금융소비자법은 포괄근담보나 포괄근보증과 같은 개별행위유형은 별도로 규정하고([6-87]) 있다.

3. 은행 또는 그 임직원의 업무와 관련한 편익요구나 제공받는 행위

은행 임직원의 편익 요구나 수취를 금지하는 것이다(금소 20조 1항 3호). 제정 은행법은 은행 임직원은 대출업무에 관하여 직접·간접을 불문하고 증여 기타 회뢰의 요구, 수득 또는 이에 관한 약속을 할 수 없다는 규정을 두었다(29조). 특경가법도 은행 임직원이 그 직무에 관하여 금품이나 그 밖의 이익을 받는 등의 행위를 엄격하게 처벌하고 있다(5조-9조). [6-67]

여기서 **업무관련성**은 편익 제공을 업무 조건으로 하는 것이다. 수신이나 환업무 등의 차별적 취급도 있을 수 있으므로 업무관련성은 여신에 한정할 것은 아니다. 제공자는 은행이용자와 이해관계자를 포함한다. 부당성은 은행업무와 관련하여 정당한 사유의 유무를 기준으로 한다. **편익**은 금전적 이익과 물품을 포함한 모든 재산적·비재산적 이익을 말한다. [6-68]

요구하거나 제공받는 당사자는 반드시 은행이나 그 임직원에 한정될 필요는 없고 그와 생계를 같이 하는 자도 포함하는가? 제공자도 반드시 은행과 거래하는 금융소비자에 한정되는가? 구 은행업감독규정은 '직접 또는 간접적으로'라고 하여 이러한 취지를 규정하고 있었다(령 24조의4 4항; 규정 88조의2 3항 5호 삭제). 그러나 금융소비자법상으로 금융위는 이를 별도행위유형으로서 "금융상품판매업자 또는 그 임원·직원이 업무와 관련하여 직접적·간접적으로 금융소비자 또는 이해관계자로부터 금전, 물품 또는 편익 등을 부당하게 요구하거나 제공받는 행위를 금지행위로 추가하고 있다(금소규정 14조 6항 3호). 따라서 은행이나 그 임직원과 생계를 같이 하는 자에 대한 또는 금융소비자가 아닌 이해관계자에 의한 편익의 제공행위는 3. 은행 또는 그 임직원이 업무와 관련하여 편익을 요구하거나 제공받는 행위(금소 20조 1항 3호)에는 해당하지 않지만, 결과는 같다. [6-69]

구 은행업감독규정은 부당편익사례로 은행이 제공받은 금전 등의 이익이 사회상규에 반하거나 공정한 업무수행을 저해하는 경우나 또는 거래상대방과 비정상적인 금융상품 거래계약체결 등을 통해 이루어지는 경우를 들고 있었다(령 24조의4 4항; 규정 88조의2 3항 5호 가목·나목 삭제). 그러나 금융소비자법은 이러한 규정을 두고 있지 않지만 결과는 같다. [6-70]

4. 대출성 상품의 경우 일정한 구속성 행위

금융소비자법은 대출성 상품의 경우 ① 자기 또는 제3자의 이익을 위해 금융소비자에게 특정 대출상환방식을 강요하는 행위, ② 법정제외행위 외에 수수료, 위약금 그 밖에 어떤 명목이든 중도상환수수료를 부과하는 행위, ③ 개인대출 등 시행령으로 정하는 대출상품계약과 관련하여 제3자의 연대보증을 요구하는 경우를 금지한다(금소 20조 1항 4호 가목-다목). [6-71]

[6-72] 위 ①은 특정 대출상환방식을 강요하는 행위를 금지하는 것이다. 분할상환이나 만기일시상환과 같은 대출상환방식은 금융소비자가 자신의 재무상황과 장래의 수입·지출 등 자기의 이익을 고려하여 선택할 사항이다. 이러한 선택을 은행이 자기 또는 제3자의 이익을 위하여 금융소비자에게 특정 대출상환방식을 강요하는 행위는 금지되는 것이다. 은행입장에서 정당한 목적이 있는 경우도 같다.

[6-73] 위 ②는 중도상환수수료를 부과하는 행위를 금지한 것이다. 위 ②에서 법정제외행위는 1) 대출계약이 성립한 날부터 3년 이내에 상환하는 경우, 2) 다른 법령에 따라 중도상환수수료 부과가 허용되는 경우, 3) 금융소비자가 여전법에 따른 시설대여, 연불판매 또는 할부금융에 관한 계약을 해지한 경우로서 계약에 따른 재화를 인도받지 못한 경우나 인도받은 재화에 하자가 있어 정상적 사용이 어려운 경우에 해당하지 않는 경우를 말한다(금소령 15조 1항 1호·2호). 금융소비자 보호 및 건전한 거래질서를 해칠 우려가 없는 행위로 본 것이다.

[6-74] 위 ③에서 "개인에 대한 대출 등 대통령령으로 정하는 대출상품의 계약과 관련하여 제3자의 연대보증을 요구하는 경우"란 ① 개인인 금융소비자와 체결하는 대출성 상품 계약에 제3자의 연대보증을 요구하는 경우,[31] ② 법인인 금융소비자와 체결하는 대출성 상품 계약에 제3자의 연대보증을 요구하는 경우,[32] ③ 조합·단체인 금융소비자와 체결하는 대출성 상품 계약에 제3자의 연대보증을 요구하는 경우[33]를 말한다(금소령 15조 2항 1호-3호).

5. 연계·제휴서비스등의 부당한 축소·변경

[6-75] 연계·제휴서비스등이 있는 경우 그 서비스등을 부당하게 축소·변경하는 행위를 금지하는 것이다(금소 20조 1항 5호 본문; 금소령 15조 3항 1호·2호). 여기서 연계·제휴서비스등은 금융상품과 연계되거나 제휴된 금융상품 또는 서비스 등을 말한다(금소령 13조 7항 1호). 연계·제휴서비스등이 있는 경우 연계·제휴서비스등을 부당하게 축소하거나 변경하는 행위는 ① 연계·제휴서비스등을 축소·변경한다는 사실을 금융위가 고시하는 바에 따라 미리 알리지 않고 축소하거나 변경하는 행위나 ② 연계·제휴서비스등을 정당한 이유 없이 금융소비자에게 불리하게 축소하거나 변경하는 행위를 말한다(금소법 20조 1항 5호 본문; 금소령 15조 3항 1호·2호).

---

31) 다만, (ⅰ) 사업자등록증 상 대표자의 지위에서 대출성 상품 계약을 체결하는 경우 해당 사업자등록증에 기재된 다른 대표자나 (ⅱ)「건축물의 분양에 관한 법률」에 따른 분양대금을 지급하기 위해 대출성 상품 계약을 체결하는 경우 같은 법에 따른 분양사업자 및 해당 건축물의 시공사인 제3자에 대해서는 연대보증을 요구할 수 있다(금소령 15조 2항 1호 가목·나목).

32) 다만, (ⅰ) 해당 법인의 대표이사 또는 무한책임사원, (ⅱ) 해당 법인에서 가장 많은 지분을 보유한 자, (ⅲ) 해당 법인의 의결권 있는 발행 주식 총수의 30%(배우자·4촌 이내의 혈족 및 인척이 보유한 의결권 있는 발행 주식을 합산)을 초과하여 보유한 자, (ⅳ) 그 밖에 대출성 상품 계약의 목적·성격 및 대상 등을 고려하여 금융위가 고시하는 자인 제3자에 대해서는 연대보증을 요구할 수 있다(금소령 15조 2항 2호 가목-라목).

33) 다만, 해당 조합·단체의 대표자에 대해서는 연대보증을 요구할 수 있다(금소령 15조 2항 3호 단서).

위 ①에서 "금융위가 고시하는 바에 따라 미리 알리"는 방법은 금융상품판매업자등이 연계·제휴서비스등을 축소·변경사실을 서면 교부, 우편 또는 전자우편, 전화 또는 팩스, 휴대전화 문자메시지 또는 이에 준하는 전자적 의사표시 중 2개 이상의 방법으로 축소·변경하기 6개월 전부터 매월 고지하는 것을 말한다(금소규정 14조 2항 1호-4호). 다만, 휴업·파산, 경영상의 위기 또는 연계·제휴서비스등을 제공하는 자의 일방적인 연계·제휴서비스등 제공 중단 등 6개월 전부터 고지하기 어려운 불가피한 사유가 있는 경우에는 그 상황발생 즉시 고지해야 한다(금소규정 14조 2항 단서). [6-76]

위 ②에서 금지하는 행위는 연계·제휴서비스등이 3년 이상 제공된 후 그 연계·제휴서비스등으로 인해 해당 금융상품의 수익성이 현저히 낮아진 경우는 제외한다(금소령 15조 3항 2호 단서). 최소한 3년 이상 제공과 현저한 수익성의 저하를 요건으로 한다. 여기서 제공은 기회의 제공으로서 실제 금융소비자가 제공된 서비스를 이용하지 않은 경우도 포함한다. [6-77]

다만 연계·제휴서비스등을 불가피하게 축소하거나 변경해도 금융소비자에게 그에 상응하는 다른 연계·제휴서비스등을 제공하는 경우와 금융상품판매업자등의 휴업·파산·경영상의 위기 등에 따른 불가피한 경우는 제외한다(금소 20조 1항 5호 단서). 이 예외사유에 해당하는지 여부는 객관적으로 판단되어야 할 것이다. [6-78]

6. 그 밖에 은행의 우월적 지위를 이용한 금융소비자권익침해행위

금융소비자법시행령은 금지되는 행위로 ① 금융소비자의 계약의 변경·해지 요구 또는 계약의 변경·해지에 대해 정당한 사유 없이 금전을 요구하거나 그 밖의 불이익을 부과하는 행위, ② 계약 또는 법령에 따른 금융소비자의 이자율·보험료 인하 요구에 대해 정당한 사유 없이 이를 거절하거나 그 처리를 지연하는 행위, ③ 적합성원칙의 적용을 위한 금융소비자정보확인(금소 17조 2항)에 따라 확인한 금융소비자의 정보를 이자율이나 대출한도 등에 정당한 사유 없이 반영하지 않는 행위, ④ 그 밖에 이에 준하는 것으로서 금융위가 고시하는 행위를 규정하고 있다(금소 20조 1항 6호; 금소령 15조 4항 3호 가목-라목). 금융위는 위 ④에 속하는 행위로 다음 11가지 유형을 추가하고 있다(금소규정 14조 6항 1호-11호). [6-79]

④ 은행이 **계약이 최초로 이행된 날** 전·후 각각 1개월 내에 공제상품(중소기업협동조합법 115조 1항, 중소기업 인력지원 특별법 35조의6 1항), 온누리상품권 및 지방자치단체가 발행한 상품권(전통시장 및 상점가 육성을 위한 특별법 2조 12호)을 제외한 상품권[34]에 관한 계약을 체결하는 행위. 이 경우 공제상품은 금융소비자가 중소기업인 경우로서 금융소비자의 월지급액이 금전제공계약에 따라 금융소비자가 제공받거나 받을 금액의 1%를 초과하는 경우로 한정한다. 여기서 **계약이 최초로 이행된 날**은 은행이용자가 대출자금을 인출하는 등 계약상 의무가 이행된 날을 말한다. [6-80]

34) 권면금액에 상당하는 물품 또는 용역을 제공받을 수 있는 유가증권을 말한다.

[6-81] ⑤ 은행이 보장성 상품[35]에 관한 계약체결을 위해 금융소비자에 금융상품에 관한 계약체결과 관련하여 이자율 우대 등 특혜를 제공하는 행위. 은행이 예금이나 대출의 이자율에 특혜를 제공하는 경우를 말한다.

[6-82] ⑥ 은행 또는 그 임원·직원이 업무와 관련하여 직접적·간접적으로 금융소비자 또는 이해관계자로부터 금전, 물품 또는 편익 등을 부당하게 요구하거나 제공받는 행위. 편익의 수령자(은행 또는 그 임직원과 그와 생계를 같이 하는 자) 또는 제공자(금융소비자와 이해관계자)에 관하여 은행 또는 그 임직원이 업무와 관련하여 편익을 요구하거나 제공받는 행위(금소 20조 1항 3호)와의 관계가 정리될 필요가 있다([6-68]-[6-69]).

[6-83] ⑦ 은행이 금전제공계약을 체결한 자의 의사에 반하여 보험에 관한 계약조건 등을 변경하는 행위.

[6-84] ⑧ 금융소비자가 계약해지를 요구하는 경우에 계약해지를 막기 위해 재산상 이익의 제공, 다른 금융상품으로의 대체 권유, 또는 해지 시 불이익에 대한 과장된 설명을 하는 행위.

[6-85] ⑨ 금융소비자가 금융소비자법(46조 1항)상 청약을 철회하였다는 이유로 금융상품에 관한 계약에 불이익을 부과하는 행위. 다만, 같은 은행에 같은 유형의 금융상품에 관한 계약에 대하여 1개월 내 2번 이상 청약철회의사를 표시한 경우는 제외한다.

[6-86] ⑩ 금융소비자가 금융상품에 관한 계약에 따라 예치한 금액을 돌려받으려 하는 경우에 그 금액을 정당한 사유 없이 지급하지 않는 행위. 이 유형으로는 여신거래와 관련하여 여신거래 영업소 이외의 다른 영업소를 이용하여 이루어지는 거래를 제한하여 실질적으로 차주의 자금사용을 제한하는 행위가 있을 수 있다.

[6-87] ⑪ 금융소비자 또는 제3자로부터 담보나 보증을 취득하는 계약과 관련하여 해당 계약서에 그 담보나 보증의 대상이 되는 채무를 특정하지 않는 행위나 해당 계약서상의 담보나 보증이 장래 다른 채무에도 적용된다는 내용으로 계약을 하는 행위. 포괄근담보나 포괄근보증을 금지하는 것이다. 포괄근담보는 "현재 발생하였거나 장래에 발생할 다수의 채무 또는 불확정 채무를 일정한 한도에서 담보하기 위한 물건 또는 권리를 제공하는 것"을, 그리고 포괄근보증은 "현재 발생하였거나 장래에 발생할 다수의 채무 또는 불확정 채무를 일정한 한도에서 보증하는 것"을 말한다.[36] 담보나 보증 범위가 지나치게 광범위해 담보제공자의 과도한 부담과 예상하지 못한 피해를 야기하는 문제를 고려한 것이다.[37] 위에서 살펴본 해당 계약의 체결에 통상적으로 요구되는 일반적인 담보 또는 보증

35) 신용생명보험(보험업법 시행령 [별표 5] 1호)은 제외한다.

36) 금융위·금감원, 보도자료: 금융소비자 보호를 위한 은행의 근저당 제도 개선, 2012.4.13, 2면.

37) 포괄근담보는 "현재 발생하였거나 장래에 발생할 다수의 채무 또는 불확정 채무를 일정한 한도에서 담보하기 위한 물건 또는 권리를 제공하는 것"을, 그리고 포괄근보증은 "현재 발생하였거나 장래에 발생할 다수의 채무 또는 불확정 채무를 일정한 한도에서 보증하는 것"을 말한다. 금융위·금감원, 보도자료: 금융소비자 보호를 위한 은행의 근저당 제도 개선, 2012.4.13, 2면.

범위보다 많은 담보 또는 보증을 요구하는 행위(금소령 15조 4항 2호 나목)([6-66])에 추가적으로 구체적인 금지행위유형을 규정한 것이다.

⑫ 대출에 관한 계약("기존 계약")을 체결했던 금융소비자와 기존 계약을 해지하고 그 계약과 사실상 동일한 계약(기존 계약에 따라 금융소비자에 지급된 금전등을 상환받는 계약, "신규 계약")을 체결한 후에 기존 계약의 유지기간과 신규 계약의 유지기간을 합하여 3년이 넘었음에도 대출계약이 성립한 날부터 3년 이내에 상환하는 경우(금소 20조 1항 4호 나목 1))에 해당한다는 이유로 금융소비자의 계약해지에 대해 중도상환수수료를 부과하는 행위 등 계약의 변경·해지를 이유로 금융소비자에 수수료 등 금전의 지급을 부당하게 요구하는 행위. [6-88]

⑬ 근저당이 설정된 금전제공계약의 금융소비자가 채무를 모두 변제한 경우에 그 담보제공자에 근저당설정을 유지할 것인지를 확인하지 않는 행위. [6-89]

⑭ 수표법상 지급제시기간 내 같은 법에 따라 발행된 자기앞수표에 도난, 분실 등 사고가 발생했다는 신고가 접수되었음에도 불구하고 그 날부터 5영업일 이내에 신고를 한 자가 아닌 자기앞수표를 제시한 자에게 해당 금액을 지급하는 행위. 다만, 해당 기간 내 신고한 자가 공시최고절차(민 521조)를 신청했다는 사실을 입증할 수 있는 서류를 제출하지 않은 경우는 제외한다. [6-90]

Ⅲ. 위반시 효과

1. 행정적 제재

금융위는 은행에 대하여 불공정영업행위의 중지 등 시정조치를 명할 수 있다(금소 49조 1항). 또한 금융위는 은행이 불공정영업행위(금소 20조 1항)에 해당하는 행위를 한 경우 그 위반행위와 관련된 계약으로 얻은 수입 또는 이에 준하는 금액("수입등")의 50% 이내에서 과징금을 부과할 수 있다(금소 57조 1항 본문).[38] 그리고 금융위는 은행이나 은행이 금융상품판매대리나 중개를 맡긴 금융상품판매대리·중개업자가 불공정영업행위(금소 20조 1항)에 해당하는 행위를 한 경우 1억원 이하의 과태료를 부과한다(금소 69조 1항 3호·6호 나목). 은행이 금융기관보험대리점으로서 보험업법 제100조 제1항을 위반한 경우에는 5천만원 이하의 과태료를 부과한다(보험 209조 2항). 은행이 자본시장법 제250조 제6항 제2호를 위반한 경우에는 3년 이하의 징역 또는 1억원 이하의 벌금에 처한다(자본 445조 28호). [6-91]

---

38) 금융소비자법시행령은 수입등을 산정할 때 "그 명칭 여하를 불문하고 계약 체결 및 그 이행으로 인해 금융소비자로부터 얻는 모든 형태의 금전등을 그 대상으로 한다"고 규정하고 있다(48조 1항 본문). 금융당국은 예금의 경우 예금원금, 대출의 경우 대출원금, 투자상품의 경우 투자원금을 수입등으로 보고 있다. 금융위, 보도자료: 「금융소비자보호법 시행령 제정안」 입법예고(10.28.~12.6.), 2020.10.27., 10면. 그러나 법률상 '수입등'이라는 용어의 일반적 의미에 부합하는지 의문이 있다.

2. 위법계약해지

[6-92] 금융소비자는 불공정영업행위규제(금소 20조 1항)를 위반하여 **적용대상 금융상품**에 관한 계약을 체결한 경우 **금융소비자가 계약체결에 대한 위반사항을 안 날부터 1년 이내**에[39] 서면등으로 해당 계약의 해지를 요구할 수 있다(금소 47조 1항; 금소령 38조 2항). **적용대상 금융상품**은 **금융소비자와 은행 간 계속적 거래가 이루어지고 금융소비자가 해지 시 재산상 불이익이 발생하는 금융상품** 중 원화표시 양도성 예금증서와 표지어음 그 밖에 이와 유사한 금융상품을 제외한 것을 말한다(금소령 38조 1항; 금소규정 31조 1항). 금융소비자와 은행 간 계속적 거래가 이루어지고 금융소비자가 해지 시 재산상 불이익이 발생하는 금융상품에는 집합투자증권이 포함된다. 금융상품판매의 구조상 집합투자증권의 판매를 계속적 거래로 볼 수는 없다. 그러나 금융소비자법은 "계약의 체결로 … 집합투자규약이 적용되는 경우에는 그 적용기간을 포함한다"고 하여 계속적 거래로 의제한 것이다(금소규정 31조 1항). 입법론으로는 위법계약해지권을 위법계약취소권으로 정비하는 것이 법체계상 옳을 것이다.

3. 사법상 효력

[6-93] 금융소비자법상 불공정거래행위 규제에 위반한 예금 등의 가입 강요에 의한 예금계약 등의 사법상 효력은 있는가?

[6-94] 먼저 구속성 거래의 위법성에 대하여 은행의 대출담당직원이 차주를 속여 대출금에 대한 선이자 및 이면담보 명목으로 대출금의 일부를 받아 편취한 사안에서, 법원은 "금융기관이 대출을 하면서 그 중 일정 금액을 적금으로 가입하도록 하는 소위 '꺾기'와 관련하여, 대출 당시 적용되던 은행업감독규정 제88조 제1호에서 금지하고 있었지만, 대출과정에서 '꺾기'가 행하여졌다는 것이 바로 위법한 행위로 평가되는 것은 아니고, 이와 같은 대출관행이 존재한다는 점도 일반적으로 알려져 있다고 보아야 할 것"이라고 판단하였다(대법원 2006. 10. 26. 선고 2004다63019 판결). 이 판결은 대출담당직원이 대출과정에서 선이자 및 이면담보 명목으로 2억원을 수수한 것은 외형상 객관적으로 피고 은행의 사무집행행위와 관련된 것이라고 판단하였다.

[6-95] 그러나 금융소비자법 자체에서 꺾기를 불공정영업행위로 규제하고 있는 상황에서도 같은 판단을 할 수 있는가? 은행의 우월적 지위를 이용한 불공정영업을 근절하고 취약거래자의 보호를 위해 꺾기의 기초가 된 원 여신거래의 사법상 효력은 그대로 인정되지만, 그 여신거래를 위해 강요되어 이루어진 예금 등의 거래는 모두 무효라고 해석하는 것이 옳다.

---

39) 이 경우 해당 기간은 계약체결일부터 5년 이내의 범위에 있어야 한다(금소령 38조 2항).

제5절 불건전 영업행위의 금지

Ⅰ. 의 의

은행은 불건전영업행위를 할 수 없다(34조의2 1항,2항; 령 20조의2). 은행법상 불건전영업행위는 은행의 우월적 지위를 규제하는 불공정영업행위와는 달리 은행이용자의 우월적 지위를 규율한다. 거액예금자 등 은행에 대하여 거래상 우월적 지위를 가지는 자가 은행에 불건전한 거래를 요구하거나 은행이 예금 등을 유치하기 위해 편익을 제공하는 등의 행위를 대상으로 한다. 요컨대 은행이용자에게 정상적인 수준을 넘어 재산상 이익을 제공하는 행위 등을 금지함으로써 은행건전성과 신뢰도를 높이려는 것이다(34조의2 1항·2항; 령 20조의2). [6-96]

은행의 불건전영업행위는 부당편익 제공, 부당거래 지원, 재산상 이익 제공, 정보의 부당이용 등을 포함한다. 성격상 규제대상행위의 유형을 사전적으로 구체적으로 열거하는 데는 한계가 있다. 따라서 은행감독기관의 적극적인 해석이 요구된다고 할 것이다. [6-97]

Ⅱ. 유 형

1. 실제 자금 수취없는 입금처리 등에 의한 부당편익제공행위

은행이용자에게 부당편익을 제공하기 위해 자기앞수표·양도성예금증서 등을 선발행하는 등 실제 자금을 수취하지 않았음에도 입금처리하는 행위가 포함된다(34조의2 1항 1호; 령 20조의2 1호). [6-98]

2. 은행상품의 비정상적 취급에 의한 부당거래의 지원행위

은행이용자의 조세포탈·회계분식·부당내부거래 등 부당거래를 지원하기 위해 은행이용자가 대출을 받아 그 재원을 예금하고 예금담보대출을 받게 하는 행위 또는 타인이 은행이용자 명의로 양도성예금증서 또는 자본시장법상 채무증권을 발행·매매하게 하는 행위를 말한다(34조의2 1항 2호; 령 20조의 2 2호). 회계분식은 외감법 제13조에 따른 회계처리기준을 위반하여 재무제표 또는 연결재무제표를 작성·공시하는 것을 말한다(규정 78조 5항). 사금융행위나 자금세탁 등에 관여하는 행위도 포함될 것이다. [6-99]

3. 은행업무등과 관련하여 정상적 수준을 초과한 재산상 이익의 제공

가. 의 의

은행이용자에게 은행업무등과 관련하여 정상적 수준을 초과하여 재산상 이익을 제공하는 행위를 말한다(34조의2 1항 3호; 령 20조의2 3호). 은행업무등은 은행업무, 부수업무 또는 겸영업무를 말한다. 여기서 **정상적인 수준**은 첫째, 일정한 절차적 요건을 충족하는 경우로서 둘째, 제공규모 및 횟수 등을 감안하여 일반인이 통상적으로 이해하는 수준에 반하지 않는 수준을 말한다(령 20조의2 3호; 규정 29조의3 1항 1호-3호). 재산상이익은 금전· [6-100]

물품·편익 등을 말하며, 경제적 가치가 3만원 이하인 물품·식사 또는 20만원 이하의 경조비·조화·화환을 제외한다.

[6-101] 법인계좌와 같은 거액예금자를 유치하기 위해 재산상 이익을 제공하는 등의 행위가 대상이 될 것이다. 거액예금자에 대한 편익제공은 소액예금자에 대한 차별적 취급의 출발점이 될 수 있는 점을 고려한 것이다.

나. 정상적인 수준의 판단

1) 취 지

[6-102] 정상적인 수준의 판단을 위한 기준은 절차적 요건과 실질적 요건으로 구성된다. 절차적 요건은 내부통제 등의 절차와 기준의 준수라는 객관적 기준을 말하는데 비하여, 실질적 요건은 일반인의 관점에서의 주관적 기준으로서 결코 쉽지 않은 판단이 될 것이다. 따라서 절차적 요건을 위반한 경우에는 정상적 수준을 벗어나는 것으로 판단할 가능성이 높다.

2) 절차적 요건

[6-103] 절차적 요건은 첫째, 준법감시인에 대한 사전보고와 관련기록 유지, 둘째, 이사회 의결이나 보고, 셋째, 적정성 점검 및 평가절차 등 내부통제기준 운영, 넷째, 제공현황, 적정성점검 및 평가결과 등의 이사회 보고, 다섯째, 최근 5개 사업연도 중 특정 은행이용자에 대한 재산상 이익이 10억원을 초과한 경우와 종전 공시된 재산상 이익에서 추가 10억원이 제공된 경우 인터넷 홈페이지 등을 이용한 공시의 5가지를 말한다(령 20조의2 3호; 규정 29조의3 1항 1호-5호). 여기서 이사회 또는 이사회 의결은 외국은행지점의 경우 국내대표자와 그 승인을 말한다.

3) 실질적 요건

[6-104] 실질적 요건은 제공규모 및 횟수 등을 감안하여 일반인이 통상적으로 이해하는 수준에 반하지 않는 수준을 넘어서는 안 된다는 것이다. 이 수준은 결국 사회상규와 같은 것이다. 그러나 일반인이 통상적으로 이해하는 수준이나 사회상규의 해석은 결코 쉽지 않을 것이다.

다. 공익법인 등에의 기부

[6-105] 사회복지법인·장학재단 등 「상속세 및 증여세법」에 따른 공익법인 등에 대한 기부행위도 여기서 말하는 재산상 이익의 제공행위에 해당할 수 있다. 은행법은 이들이 대주주의 특수관계인에 포함되지 않도록 규정함으로써 은행의 공익법인등에 대한 자산무상양도를 원칙적으로 허용한다(령 20조의7 8항 1호; 법 2조 1항 8호). 같은 취지에서 공익법인 등에의 기부를 은행업무등과 관련하여 정상적 수준을 초과한 재산상 이익의 제공행위라고 볼 수는 없을 것이다.

4. 그 밖에 은행업무등과 관련하여 취득한 정보 등을 활용하여 은행의 건전운영 또는 신용질서를 해치는 행위

은행과 은행이용자 간, 특정 은행이용자와 다른 은행이용자 간에 이해상충이 발생할 수 있는 거래에 활용하기 위해 은행업무등과 관련하여 취득한 정보 등을 이용하는 행위도 금지된다(34조의2 1항 4호; 령 20조의2 4호). 은행이 차주의 여신관리목적상 취득한 도산 가능성을 포함한 신용위험에 관한 정보를 자기나 다른 거래처의 신용파생상품거래에 이용하게 할 목적으로 제공하는 경우가 여기에 해당할 수 있다. [6-106]

은행법은 이미 은행의 임직원 또는 임직원이었던 자가 업무상 알게 된 미공개정보 또는 자료를 외부에 누설하거나 업무목적 외로 이용하는 행위를 금지하고 있다(21조의2). 여기서 업무는 은행의 임직원이 '그 지위에 수반하여 취급하는 일체의 사무'를 뜻하며, "그 권한에 속하는 직무행위뿐 아니라 그와 밀접한 관계가 있는 사무 및 그와 관련하여 사실상 처리하고 있는 사무"도 업무에 포함된다(대법원 2017. 3. 9. 선고 2014도144 판결). 외부는 은행의 대주주 또는 그 대주주의 특수관계인을 포함한다. 이 규제는 금산법상 은행 임직원 등의 비밀유지의무(11조의2)와는 주체나 정보 범위에서 차이가 있다([20-44]). [6-107]

5. 기타 불건전영업행위

본인확인을 하지 않고 예금을 지급하는 행위,[40] 거래처의 통장 또는 인감 등을 보관하는 행위, 창구를 거치지 않고 예금을 입출금하는 행위, 예금잔액증명서에 허위사실을 기재하거나 중요사항을 누락하여 발급하는 등의 방법으로 은행이용자의 자금력 위장에 직·간접적으로 관여하는 행위, 집합건물의 소유 및 관리에 관한 법률에 따른 집합건물 담보대출에 관하여 1) 원칙적으로 동 담보건물의 건축자금에 한하여 취급할 것과 2) 입주자 또는 입주예정자 등 제3자의 기득권 보호를 위한 조치를 강구한 후 취급할 것이라는 기준을 준수하지 않는 행위, 당좌대출에 대한 부채잔액증명서 발급시 미결제타점권 입금액(자기앞수표, 송금수표, 우편환증서 및 국고수표는 제외)이 있는 경우 그 내용을 별도 기재하지 않는 행위도 불건전영업행위에 포함된다(령 20조의2 5호; 규정 29조의3 2항 본문 1호-6호). 다만, 은행의 감사통할책임자의 확인 및 영업점장의 승인을 받은 경우에는 이를 제외한다. 이 경우 은행은 그 처리사항에 관한 기록 및 보관 등 관리를 철저히 해야 한다(규정 29조의3 2항 단서). [6-108]

Ⅲ. 위반 시 효과

불건전영업행위를 한 은행에게는 1억원 이하의 과태료를 부과한다(69조 1항 5호의2). 불건전영업행위규제에 위반한 은행상품거래의 사법상 효력을 무효라고 볼 수는 없을 것이다. [6-109]

---

40) 다만, 통장과 인감이 있는 경우나 「국민기초생활 보장법」 제45조 및 「노인복지법」 제48조 등 관련법령에 따라 시장·군수·구청장, 복지실시기관 및 노인복지시설의 장에 대해 사망자의 유류예금을 지급하는 경우는 제외한다.

제6절 정보제공의무

Ⅰ. 서 설

1. 의 의

[6-110] 은행의 정보제공의무는 은행이용자에 대한 것과 제3자에 대한 것으로 구분할 수 있다. 은행이 은행이용자에 대하여 은행법상 그리고 사법(私法)상 정보제공의무를 부담하는 것은 당연하다. 그러나 은행이용자가 아닌 제3자 예컨대 은행조회서를 조회한 회계법인에 대해서도 정보제공의무를 부담하는지 문제된다. 은행의 은행이용자에 대한 비밀유지의무와 정보제공의무의 관계도 논의할 필요가 있다.

[6-111] 금융투자상품이나 보험상품의 판매에 대하여 은행이 부담하는 정보제공의무에 대해서는 자본시장법과 보험업법이 적용된다. 이 책에서는 따로 설명하지 않는다.

2. 은행법상 정보제공의무

가. 취 지

[6-112] 은행은 은행이용자의 보호와 금융분쟁의 방지를 위해 은행이용자에게 금융거래상 중요정보를 제공하는 등 적절한 조치를 마련해야 한다(52조의2 2항). 은행은 이를 위해 공시의무와 금융거래단계별 정보제공조치를 취해야 한다(52조의2 3항 1호·2호; 령 24조의6 2항). 금융위는 은행이용자의 보호 등이 필요하다고 인정하는 경우 은행의 정보제공조치에 대하여 시정 또는 보완을 명할 수 있다(52조의2 5항).

나. 금리 등의 공시의무

1) 의 의

[6-113] 은행은 금리, 계약해지 및 예금자보호 등 은행이용자의 유의사항을 공시해야 한다(52조의2 2항; 령 24조의6 2항 1호). 공시시항은 이자(대출가산금리 포함), 부대비용, 계약해지, 거래제한, 예금자보호, 은행이용자의 유의사항(지연배상금률·지연배상금액 등 지연배상금 포함), 기타 계약의 주요내용을 포함한다(규정 89조 1항 1호-7호). 다만, 겸영업무에 대하여는 해당 법령에서 정하는 사항을 따른다(규정 89조 1항 단서).

2) 공시방법

[6-114] 공시방법은 인터넷홈페이지 등에 공시 또는 비교공시하는 것이다(규정 89조 1항 본문). 은행은 금융거래상의 계약조건 등을 인터넷홈페이지 등에 공시 또는 비교공시할 때(규정 89조 1항 본문), 은행상품 거래와 관련하여 미확정사항을 확정적으로 표시하는 행위, 구체적인 근거와 내용을 제시하지 않으면서 다른 금융상품보다 비교우위가 있음을 나타내는 행위, 기타 오해 또는 분쟁의 소지가 있는 표현을 사용하는 행위를 할 수 없다(규정 89조 2항 1호-3호).

3) 설명의무

은행은 은행상품에 관한 계약을 체결하거나 계약체결을 권유하는 경우에는 위의 공시 사항이 기재된 자료를 은행이용자에게 제공하고 그 내용을 설명해야 한다(령 24조의6 2항 2호; 규정 89조 3항 본문). 겸영업무에 대하여는 해당 법령에서 정하는 사항을 따른다(규정 89조 3항 단서). [6-115]

은행은 위의 설명내용에 대해 은행이용자가 이해하였음을 은행이용자의 서명, 기명날인, 녹취, 그 밖에 금감원장이 정하는 방법 중 하나 이상의 방법으로 확인을 받아 이를 유지·관리해야 한다(규정 89조 4항). [6-116]

다. 금융거래단계별 설명의무

은행은 금융거래[41] 단계별로 계약체결을 권유하는 경우에는 계약조건, 거래비용 등 계약의 주요 내용을, 은행이용자가 청약하는 경우에는 약관을 그리고 계약을 체결하는 경우에는 계약서류를 제공하고 그 내용을 설명해야 한다(52조의2 2항; 령 24조의6 2항 2호 가목-다목). [6-117]

은행은 상품의 중요내용을 설명할 때 중요사항을 거짓 또는 왜곡하여 설명하거나 중요사항을 누락할 수 없다(규정 89조 5항). 중요사항은 은행이용자의 합리적인 판단 또는 해당 상품가치에 중대한 영향을 미칠 수 있는 사항을 말한다. 왜곡은 불확실한 사항에 대하여 단정적 판단을 제공하거나 확실하다고 오인하게 할 소지가 있는 내용을 알리는 행위를 말한다. 다만, 정보제공의 필요성이 없어 금융위가 고시하는 경우[42]에는 정보나 자료의 제공 및 설명을 생략할 수 있다(령 24조의6 2항 2호 단서). [6-118]

은행이용자[43]는 약관 및 계약서류에 대한 열람을 신청할 수 있고, 은행은 정당한 사유가 없으면 이에 따라야 한다(령 24조의6 3항). 이 경우 신청을 거부할 정당한 사유는 찾기 어려울 것이다. [6-119]

라. 위반 시 제재

은행법상 정보제공의무(52조의2 2항)를 위반한 은행에게는 1억원 이하의 과태료를 부과한다(69조 1항 9호). 은행이용자는 은행법상 정보제공의무 위반을 이유로 불법행위에 따른 손해배상청구를 할 수도 있다. [6-120]

---

41) 금융소비자법에 따른 금융상품의 계약에 따른 거래는 제외한다. 동법 제19조의 설명의무가 적용되는 점을 고려한 것이다.

42) ① 기본계약을 체결하고 그 계약내용에 따라 계속적·반복적으로 거래를 하는 경우, ② 이미 체결된 계약과 동일한 내용으로 갱신하는 경우, ③ 은행이용자가 은행상품 관련 정보 등을 제공받거나 설명받기를 거부하는 의사를 서면, 전신·모사전송, 전자우편 및 이와 비슷한 전자통신, 그 밖에 금감원장이 정하는 방법으로 표시하는 경우, ④ 그 밖에 금감원장이 정하는 경우를 말한다(규정 89조 6항).

43) 금융소비자법에 따른 금융소비자는 제외한다. 동법상 금융소비자는 금융상품판매업자가 보관하는 계약체결에 관한 자료, 계약의 이행에 관한 자료, 금융상품등에 관한 광고 자료, 금융소비자의 권리행사에 관한 자료 등을 요구할 수 있는 점(금소 28조 3항·1항; 금소령 26조 1항 1호-7호)을 고려한 것이다.

3. 일반사법(私法)상 설명의무

[6-121] 은행법의 규정이 없어도 일반사법상 은행에 "거래상의 주요 정보를 적합한 방법으로 명확하게 설명하여야 할 신의칙상의 의무"가 인정된다(대법원 2013. 11. 28. 선고 2013다23891 판결). 법원은 "은행은 그 인가요건, 업무범위, 지배구조 및 감독 체계 등 여러 면에서 투자를 전문으로 하는 금융기관 등에 비해 더 큰 공신력을 가지고 있"고, 이러한 공신력으로 인해 "은행의 권유는 기업의 의사결정에 강한 영향을 미칠 수 있으므로, 은행으로서는 위와 같이 위험성이 큰 장외파생상품의 거래를 권유할 때에는 다른 금융기관에 비해 더 무거운 고객 보호의무를 부담한다"고 보고 있다(대법원 2013. 9. 26. 선고 2012다13637 전원합의체 판결; 대법원 2013. 9. 26. 선고 2013다26746 전원합의체 판결; 대법원 2013. 9. 26. 선고 2012다1146 전원합의체 판결; 대법원 2013. 9. 26. 선고 2011다53683 전원합의체 판결). 이러한 고객보호의무도 은행의 설명의무를 인정하는 중요한 근거로 이해되고 있다.

Ⅱ. 사 례

1. 대출자격과 채무인수

[6-122] 대출과 관련하여 설명의무가 문제된 최초의 사례는 대출자격 및 채무인수에 관한 사안이다. 피고가 부동산매매를 하면서 매수인의 매수대금을 은행에서 대출받기로 했으나 매수인이 신용불량자로 등록되어 있어 그 명의로 대출을 받을 수 없자, 매도인인 피고 명의로 대출을 받아 매매대금을 지급하고 매수인이 소유권을 취득한 후 신용불량자등록 해제절차를 밟아 그 등록이 해제되면 대출금채무를 인수하기로 하였다.

[6-123] 법원은 **은행 직원이** 피고에게 매수인을 위해 은행과 사이에 금전소비대차약정의 체결을 권유하면서 매수인이 신용불량자로 등록되어 있어서 그 명의로 소유권이 이전되어도 채무인수가 불가능하고, 신용불량자등록 해제 등을 통하여 채무인수가 이루어지지 않을 경우 피고가 대출금을 상환해야 한다는 점 등에 관하여 충분한 정보를 제공하거나 정확하게 설명해 **금전소비대차약정의 의미와 위험성 등에 대하여 충분히 숙지한 상태에서 거래에 임할 수 있도록 해야 할 주의의무**가 있음을 인정하였다(대법원 2004. 11. 26. 선고 2002다72743 판결). 그리고 은행 직원이 이 의무를 게을리하여 피고가 금전소비대차약정에 따른 채무를 부담하는 손해를 입게 했으므로, 은행(원고)은 직원의 사용자로서 민법 제756조에 의하여 피고의 손해를 배상할 책임이 있다고 판단했다(대법원 2004. 11. 26. 선고 2002다72743 판결).[44]

---

44) 해설로는 박종민, "은행 대출담당자의 설명의무의 범위(불법행위 성립 여부)," 대법원 판례해설 2004년 하반기 51호, 2005, 306-332면; 전보성, "금융기관이 대출 계약 시 부담하는 경고의무: 프랑스법을 중심으로," 사법논집 제47집, 2008, 642-648면.

2. 대출금리

변동금리부 대출[45]을 받은 원고들이 변동금리의 구성요소 중 변동가능부분에 대한 설명의무의 유무가 문제된다. 원고들이 설명의무위반을 이유로 손해배상을 청구한 사건이다. [6-124]

법원은 은행법 제52조, 제52조의3 제2항 등을 근거로 "은행은 대출업무를 취급할 때 은행 이용자의 권익을 보호해야 하므로 변동금리방식의 외화대출을 하는 경우에는 은행 이용자의 합리적 의사결정을 위해 이자율의 범위 및 산정 방법, 이자의 지급 및 부과 시기 등 대출상품의 거래조건에 관하여 설명하여야 한다"고 하여 설명의무를 인정하고 있다(대법원 2016. 7. 7. 선고 2013다35764,35771 판결). [6-125]

그러나 "이자율의 범위 및 산정 방법에 관하여 설명할 때 대출금리가 국제 금융시장이나 국내 시중은행이 주기적으로 공고하는 기준금리에 정률의 금리를 가산하는 방식이어서 국내외에서 통용되는 기준금리의 변동에 따라 대출금리가 변동하게 되는 경우라면, 은행으로서는 **변동금리의 의미와 기준금리의 종류에 관하여 설명하여야** 하나 **기준금리를 결정하는 요소와 내용까지 구체적으로 설명하여야 하는 것은 아니다**"라고 하여 은행이 대출금리와 관련하여 부담하는 설명의무의 범위를 한정하고 있다(대법원 2016. 7. 7. 선고 2013다35764,35771 판결). [6-126]

3. 담보취득가격

은행이 대출채권에 대한 물적담보를 보충할 목적으로 후취담보취득 조건부 연대보증계약을 체결하면서 보증인들의 보증기간을 보증한 대출의 목적인 계획시설을 후취담보로 취득 완료할 때까지로 하고, 계획시설에 대한 '대출은행의 담보취득가격'이 보증한 대출금에 미달하면 그 미달금액에 대하여는 대출금 회수일까지 보증채무를 계속 존속시키기로 약정한 사안에서 위 연대보증계약의 체결 당시 대출은행이 보증인들에게 위 '대출은행의 담보취득가격'이란 용어의 의미가 '감정원의 감정가격'이 아니라 '대출은행이 계획시설에 대한 감정원의 감정가격을 기초로 그 담보가치를 평가한 최종심사가격'을 뜻한다는 것을 설명하지 않은 것이 약관법에 위배되지 않는다고 한 사례가 있다(대법원 2008. 5. 8. 선고 2006다57193 판결). [6-127]

4. 보증과 주채무자의 자력

채권자인 은행과 보증계약을 체결한 보증인이 주채무자의 자력 또는 재산상태에 관한 정보제공을 요청한 경우 채권자에게는 정보제공의무가 있으므로 채권자인 은행이 잘못된 [6-128]

---

45) 변동금리의 종류는 사안별로 '1월 MOR(Market Opportunity Rate로 해당 은행의 내부 기준금리) + ○%(정률의 가산금리)', '3월 기준금리 + ○%', '외화대출기준금리 + ○%', '내부금리(3월물) + ○%', '외화대출 기준금리 + ○%'으로 되어 있다.

정보제공으로 보증인에 대하여 채무불이행책임을 부담할 수 있다.[46] 법원은 은행에게는 보증인의 이익을 고려하여 대출을 삼가함으로써 채권회수가 불능상태에 빠지지 않도록 조치할 신의칙상의 의무가 있다고 할 수 없다고 판단하였다(대법원 1987. 1. 20. 선고 86다카1262 판결)([6-10]). 보증인보호법이 적용될 경우 은행은 보증인에게 주채무관련 신용정보를 제공할 의무를 부담한다(8조 1항·3항).

Ⅲ. 은행조회서

1. 의 의

[6-129] 은행조회서는 은행의 고객인 회사가 외부감사, 합병실사 등을 위해 은행에 작성을 요청하는 서류이지만 조회서의 발송과 회수는 「회계감사기준」[47]에 따라 회사가 아닌 외부감사인이 한다.[48] 은행조회서는 주로 외감법에 따른 법정감사목적으로 발송되지만 그 밖에 임의감사나 합병실사 등의 목적으로 고객인 회사가 은행에 요청할 수 있다.[49] 이는 「공인회계사법」에 따라 이루어지는 감사도 「회계감사기준」 준수의무가 있으므로 「회계감사기준」에 따라 조회서를 발송하는 것이며, 조회서 회신여부는 은행이 고객과의 관계를 감안하여 결정할 수 있지만, 조회서의 발송과 회수는 회사가 아닌 외부감사인이 한다.[50] 은행조회서는 원칙적으로 회사의 은행거래에 대한 조회이므로 정보제공 요구범위는 해당 회사가 은행과 거래한 모든 내역을 포함한다.[51]

2. 은행조회서의 부실기재와 투자자에 대한 책임

가. 취 지

[6-130] 은행이 작성한 잘못된 은행조회서에 기초하여 작성된 감사보고서의 기재사항을 신뢰하고 투자한 투자자에게 은행이 직접 손해배상책임을 지는지 여부가 문제된 사례가 있다. 쟁점은 첫째, 은행이 고객이 아닌 회계법인의 요청으로 발급하는 은행조회서 작성에 관하여 주의의무를 부담하는지 여부와 둘째, 은행의 주의의무 위반으로 인하여 제3자인 투자자에 대하여 직접 책임을 지는지 여부이다.

---

46) 김형석, "은행의 정보제공책임," 민사판례연구 제32권, 2010, 475면.

47) 회계감사기준 15. 감사인은 제 기록이나 문서를 조사할 때 경영진이 과거에 식별하지 못하였거나 감사인에게 공개하지 않았던 특수관계 및 그 거래의 존재를 나타내는 것일 수 있는 약정이나 기타정보에 대해 주의를 유지하여야 한다. (문단A22-A23참조) 감사인은 경영진이 과거에 식별하지 못하였거나 감사인에게 공개하지 않았던 특수관계 및 그 거래의 존재를 나타내는 것이 있는지, 특히 다음의 기록이나 문서를 조사하여야 한다.
(a) 감사절차의 일부로서 입수한 은행의 확인서("은행조회서"라고도 한다)나 법률문제에 관한 확인서

48) 은행은 은행조회서, 보험회사는 보험거래조회서, 비은행(증권회사 등 포함) 금융회사 및 여신전문회사 등은 금융거래조회서라고 한다.

49) 한국공인회계사회, 은행조회서 작성 요령, "금융거래조회서 개정 및 은행조회서 작성요령 제정 공지"(연구 제2012-10565호; 2012.6.29).

50) 한국공인회계사회, 위의 자료.

51) 한국공인회계사회, 위의 자료.

나. 은행조회서와 은행의 주의의무

고객요구에 의하여 회계법인이 조회한 은행조회서 작성과 관련하여 은행의 주의의 [6-131] 무가 인정된다. 법원은 첫째, 관련법령상 은행은 고객이 본인의 신용정보 조회를 요구하는 경우 해당 내용에 관하여 정확하고 충분한 정보를 제공할 의무가 있고, 둘째, 은행의 공신력 및 전문성에 비추어 은행이 고객요구에 의하여 회계법인이 조회한 은행조회서에 대하여 회신하는 경우에도 고객에게 직접 정보를 제공하는 경우와 마찬가지로 그 회신을 받은 회계법인이 사실을 오인하지 않도록 정확하고도 충분한 신용정보를 제공해야 할 주의의무가 있다고 판단하였다(대법원 2007. 7. 26. 선고 2006다20405 판결; 대법원 2007. 10. 25. 선고 2005다10364 판결).[52)]

다. 은행조회서와 감사보고서의 관계

은행의 은행조회서 작성으로 은행이 투자자에 대해 직접 책임을 지는 근거와 관련 [6-132] 하여 은행조회서와 감사보고서의 관계에 주목하고 있다.

법원은 첫째, 은행조회서는 기업장부상 금융거래내역이 실제와 같은지 확인하기 위 [6-133] 한 서류로서 처음부터 감사보고서에 사용될 것이 예정된 것이고, 둘째, 은행조회서에 '귀행의 조회 회신은 당사의 건전하고 투명한 회계관행의 정착을 통한 적정한 회계정보 공시를 위해 꼭 필요한 것'이라고 명시되어 있음을 근거로, 은행은 은행조회서에 대한 회신이 향후 이를 송부받을 회계법인이 감사보고서 작성에 사용할 것임을 충분히 알고 있었거나 알 수 있었다고 판단했다(대법원 2007. 10. 25. 선고 2005다10364 판결).

이와 관련하여 외감법 제17조의 감사보고서의 부실기재에 따른 감사인의 손해배상 [6-134] 책임 규정을 감사보고서의 오류가 타인이 제공한 정보 오류로 인한 경우에 그 타인에 대하여 책임을 물을 수 있다는 법리가 전제되어 있다는 견해[53)]도 있다.

라. 은행의 투자자에 대한 책임

요컨대 은행이 회계법인으로부터 회계감사에 필요한 은행조회서를 송부받아 제대로 [6-135] 확인하지 않고 회신한 주의의무 위반과 이를 바탕으로 작성된 부실감사보고서를 믿고 주식을 매수한 일반투자자들의 손해 발생 사이에는 인과관계가 인정된다(대법원 2007. 7. 26. 선고 2006다20405 판결).

---

52) 김하늘, "가. 금융기관이 고객의 요구에 따라 제3자인 회계법인이 조회한 은행조회서에 대하여 회신하는 경우에 부담하는 주의의무의 내용, 나. 주식회사 외부감사인의 부실감사로 인하여 주식투자자가 입은 손해액의 산정방법," 대법원판례해설 71호 2007하반기, 2008. 358-397면; 김형석, "은행의 정보제공책임," 민사판례연구 제32권, 2010, 465-525면.

53) 김형석, 위의 논문, 517-518면.

마. 손해의 범위

[6-136] 은행의 부실회신이 없었더라도 주식을 매수하였을 것으로 인정된다면 은행의 부실회신으로 인한 원고들이 입게 된 통상손해는 실제보다 높은 가격에 주식을 매수하게 됨으로써 입게 된 손해로 보아야 할 것이다(대법원 2007. 10. 25. 선고 2005다10364 판결). 그러나 위 회사의 부도로 인하여 이 사건 주식의 매수대금 전체에 해당하는 손해를 입은 것을 사회일반의 관념상 금융기관의 부실회신이 있는 경우 통상 발생하는 것으로 생각되는 범위의 손해라고 할 수는 없다(대법원 2007. 10. 25. 선고 2005다10364 판결).

3. 주채무 이외에 연대보증채무 내역 미기재와 손해

[6-137] 금융거래(상황)확인서를 발급하는 금융기관으로서는 그 금융거래(상황)확인서의 발급 및 사용 목적과 문서의 양식이나 '작성상 유의사항' 등에 맞게 '대출금 거래상황', '담보내용', '연체 명세' 등 대출 내역을 사실대로 기재해야 하고, 만약 고의 또는 과실로 그 내용을 허위로 기재(누락도 포함)하여 발급하는 경우에는, 그 구체적인 용도가 어떠하든 그 자체로 위법한 행위라고 할 것이므로 다른 불법행위 성립요건(특히 손해와의 상당인과관계나 예견가능성 등)이 갖추어지면 그로 인해 손해를 입은 자에 대해 손해배상책임을 지게 된다(대법원 2006. 2. 24. 선고 2005다38355 판결).

4. 금융거래확인서의 용도 외 사용과 은행의 책임

[6-138] 발급신청인이 확인서의 용도란에 기재된 용도로 사용하지 않고 그 밖의 개인적인 용도로 사인 간의 거래에 사용했더라도 금융기관 직원들로서는 허위의 금융거래확인서 발급에 의하여 제3자에게 손해가 발생할 수도 있다는 점을 예견할 수 있었다고 하여 금융기관의 손해배상책임을 인정하였다(대법원 2006. 2. 24. 선고 2005다38355 판결).

Ⅳ. 은행의 비밀유지의무와 정보제공책임

[6-139] 은행의 고객 비밀유지의무와 제3자에 대한 정보제공에 따른 손해배상책임의 관계가 문제된 사례가 있다. 은행 지점의 직원들이 그 지점에 당좌예금계좌를 개설한 고객이 발행한 당좌수표를 취득하려는 제3자로부터 직접 은행 고객에 대한 신용조회를 받은 사안이다.

[6-140] 법원은 은행비밀에 속하는 사항에 관하여 은행종사자가 "신용이 있다", "튼튼하다", "염려없다"는 등의 대답을 한 경우에도 거래선의 일방적인 이익을 도모하기 위해 고의로 거짓 정보를 제공하는 등의 특별한 사정이 없는 한 "그것은 단지 조회에 대한 응답에 불과한 것이어서 그것에 대한 판단은 조회자의 책임사항이지 은행이 당해 응답에 대하여 바로 어떤 책임이 있다거나 그 신용을 보증한 것이라고 볼 수는 없다"고 판단하였다(대법원 1989. 6. 27. 선고 88다카9524 판결). 그러나 은행은 고객에 대한 비밀유지의무를 이유로

제3자에 대한 정보제공을 거부할 수 있지만, 거짓인 정보의 제공까지 허용되는 것은 아니다.[54)]

54) 김형석, 위의 논문, 512면.

제7절 이해상충관리

Ⅰ. 서 언

[6-141] 은행법상 이해상충관리체계는 은행에 이해상충 발생가능성의 인식·평가와 정보교류차단장치의 구축과 같은 이해상충방지의무를 부과하고, 이해상충의 정도에 따라 이해상충의 관리 - 통지 및 감축 후 거래 - 거래단념의 3단계로 강화되는 구조로 이루어진다. 은행법상 이해상충의 정도는 '이해상충을 공정하게 관리하는 것이 어렵다고 인정되는 경우'(28조의2 3항)와 '이해상충이 발생할 가능성을 낮추는 것이 어렵다고 판단되는 경우'(28조의2 4항)로 구분된다.

[6-142] 은행은 자본시장법상 겸영금융투자업자로서 동법상의 이해상충방지의무도 부담한다. 따라서 은행에 적용되는 이해상충방지체계와 관련한 은행법과 자본시장법의 관계가 정리되어야 한다. 여기서는 은행법상 이해상충방지에 관한 특칙을 간략히 정리하고 상세한 설명은 자본시장법 해당 제도를 참고하기로 한다.[55)]

Ⅱ. 이해상충의 의의와 관리

1. 의 의

[6-143] 금융업은 종류를 불문하고 다양한 이해상충 가능성에 노출된다. 은행은 은행법에 따른 업무를 운영할 때 은행과 은행이용자 간, 특정 이용자와 다른 이용자 간의 이해상충을 방지하기 위해 일정한 업무 간에는 이해상충발생가능성에 대하여 인식·평가하고 정보교류를 차단하는 등 공정하게 관리해야 한다(28조의2 1항). 시행령에서는 은행이 금융투자업을 겸영할 경우를 이러한 이해상충방지체계의 대상으로 규정하고 있다(령 18조의3 1항).

[6-144] 은행이 금융투자업을 운영할 경우 은행법과 자본시장법(44조·45조)상 이해상충방지의무가 중복으로 적용될 수 있다. 이해상충방지의무에 관한 은행법과 자본시장법상 규정의 관계는 자본시장법이 우선 적용되는 것이 타당하다. 그러나 동일한 사항에 대하여 은행법과 자본시장법에서 각각 규제를 두는 것은 비합리적이다.[56)]

2. 이해상충의 관리

[6-145] 은행의 이해상충관리체계는 정보교류차단장치, 내부통제기준, 장부 및 기록의 별도 유지관리를 내용으로 한다.

---

55) 자본시장법상 이해상충방지의무에 대해서는 정순섭 자본, 842-845면.

56) 금융위는 이해상충방지규제의 중복을 제거하기 위해 금융투자업 관련 이해상충방지규제는 은행법(28조의2)에서 삭제하고 자본시장법으로 일원화하는 내용의 은행법개정안을 입법예고하였다. 금융위·금감원, 보도자료: 은행법·시행령 및 은행업감독규정 개정안 입법예고, 2016.10.20., 2024.8.30. 그러나 입법이 이루어지지는 않았다.

첫째, 은행은 은행법에 따른 업무를 운영할 때 은행과 은행이용자 간, 특정 이용자와 다른 이용자 간의 이해상충을 방지하기 위해 은행업과 금융투자업 간에는 이해상충발생 가능성에 대하여 인식·평가하고 정보교류를 차단하는 등 공정하게 관리해야 한다(28조의2 1항; 령 18조의3 1항). [6-146]

둘째, 은행은 이해상충 관리방법 및 절차 등을 지배구조법상 내부통제기준(24조)에 반영해야 한다(28조의2 2항). 금융위는 은행이용자 보호 등을 위해 필요하다고 인정되는 경우에는 이해상충에 관한 내부통제기준의 변경을 권고할 수 있다(28조의2 5항). [6-147]

셋째, 은행은 집합투자업, 신탁업, 집합투자증권에 대한 투자매매업, 집합투자증권에 대한 투자중개업, 신용카드업은 은행업무와 구별하고 별도의 장부와 기록을 보유해야 한다(28조의2 6항; 령 18조의3 3항 1호-5호). [6-148]

Ⅲ. 이해상충의 정도와 은행의 의무

은행법은 이해상충의 정도에 따라 은행의 의무를 차별화하고 있다. 첫째, 은행은 이해상충을 공정하게 관리하는 것이 어렵다고 인정되는 경우에는 그 사실을 미리 해당 이용자 등에게 충분히 알려야 한다(28조의2 3항). 은행은 이해상충을 공정하게 관리하는 것이 어렵다고 인정되는 경우에는 해당 이용자 등에 대한 사전 통지 후 그 이해상충이 발생할 가능성을 내부통제기준이 정하는 방법 및 절차에 따라 은행이용자 보호 등에 문제가 없는 수준으로 낮춘 후 거래해야 한다(28조의2 3항). 그러나 은행은 그 이해상충이 발생할 가능성을 낮추는 것이 어렵다고 판단되는 경우에는 거래를 단념해야 한다(28조의2 4항). [6-149]

제8절 약관규제

Ⅰ. 서 언

1. 의 의

[6-150] 약관은 은행거래를 위한 기본적 조건을 포함한 문서로서 은행거래의 법적 기초에 해당한다. 불특정 다수인을 대상으로 하는 은행거래는 정형성과 집단성을 본질로 하므로 특히 약관에 의한 규율에 적합하다. 예금이나 대출과 같은 전형적인 은행거래는 약관에 기초하여 거래가 이루어진다. 따라서 약관규제는 은행법상 은행이용자 보호를 위한 기초가 된다.

[6-151] 은행법상 약관규제는 개별약관과 표준약관으로 구분된다. 은행의 개별약관은 금융위·금감원-공정위 간 협조체계를 통하여 규제하고 있고, 표준약관은 사업자단체가 심사청구하는 공정위 약관을 사용하고 있다. 은행약관에 대한 사법적 통제에 대해서는 상세히 살펴보지 않는다.[57]

2. 약관의 구속력

[6-152] "은행거래약관도 다른 일반거래약관과 마찬가지로 그 본질은 계약의 초안, 즉 예문에 불과하므로 그것이 계약당사자에 대하여 구속력을 가지려면 계약당사자 사이에서 계약내용에 포함시키기로 하는 합의가 있어야 할 것"이다(대법원 1992. 7. 28. 선고 91다5624 판결). 그러나 "일반적으로 계약당사자 사이에 약관을 계약내용에 포함시킨 계약서가 작성된 경우에는 계약당사자가 그 약관의 내용을 알지 못하는 경우에도 그 약관의 구속력을 배제할 수 없다"(대법원 1992. 7. 28. 선고 91다5624 판결).

Ⅱ. 개별약관

1. 제정·변경의 보고 및 공시

[6-153] 은행의 금융거래와 관련된 약관의 제정과 변경은 금융위 사후보고사항이다(52조 1항 본문). 다만, 이용자의 권리나 의무에 중대한 영향을 미칠 우려가 있는 경우에는 금융위에 사전신고해야 한다(52조 1항 단서; 령 24조의5). 종래의 사전신고원칙을 폐지하여 사후보고로 전환하되, 이용자의 권리의무에 중대한 영향을 미치는 경우 등에는 사전신고를 하게 한 것이다. 이는 "최근 금융업 성장에 따라 약관 심사 신청이 급증 추세인 반면에 인적 자원의 한계 등으로 심사가 지연되어 소비자에게 고도화된 금융서비스를 적시에 제공하지 못하는 문제가 있으며 일단 사전심사를 통과한 후에는 금융회사의 책임을 묻는 데 한계가 있었음"을 고려한 것이다.[58] 금융위는 보고나 신고의 절차 또는 방법 등을 정할 수 있다(52조 6항).

---

57) 김진우 "금융거래에서의 약관에 대한 사법적 통제," 민사판례연구 제37권, 2015, 1085- 1184면.
58) 은행법 개정이유[시행 2020. 1. 1.][법률 제16190호, 2018. 12. 31., 일부개정]

은행은 약관을 제정 또는 변경하는 경우 은행법 또는 다른 법령에 위반되는 내용을 포함하지 않을 것, 부당하게 은행이용자에게 불리한 내용을 포함하지 않을 것, 예금자 등 은행이용자의 권익을 보호하고 건전한 금융거래질서를 유지하기 위해 금융위가 고시하는 기준에 적합할 것의 3가지 기준을 준수해야 한다(52조 2항 1호-3호). [6-154]

금융위는 건전한 금융거래질서 유지를 위해 필요한 경우 은행에 대하여 보고받은 약관의 변경을 권고할 수 있다(52조 5항). 보험, 금융투자, 여신전문금융 약관은 변경명령의 대상이다(자본 56조 7항; 보험 131조 2항; 여전 54조의3 7항). [6-155]

은행은 약관을 제정·변경한 경우에는 인터넷 홈페이지 등에 공시해야 한다(52조 3항). [6-156]
은행이용자는 약관 열람을 신청할 수 있고 은행은 정당한 사유가 없으면 이에 따라야 한다(령 24조의6 3항). 은행이 약관 열람을 거부할 정당한 사유는 찾기 어려울 것이다.

2. 공정위와의 관계

은행법상 은행약관을 포함한 금융약관에 대해서는 금융위가 은행법 등에 따라 규제 [6-157]
하고, 공정위는 약관법에 따라 약관에 대한 일반적 규제를 담당한다. 금융위의 약관규제가 주로 사전심사로 이루어지는 데 비하여 공정위의 약관심사는 사후규제에 속한다.

약관을 보고 또는 신고받은 금융위는 그 약관을 공정위에 통보해야 한다(52조 4항 전단). [6-158]
이 경우 공정위는 통보받은 약관이 약관법상 불공정약관조항관련 규정(6조-14조)에 해당하는 사실이 있다고 인정될 때에는 금융위에 그 사실을 통보하고 그 시정에 필요한 조치를 취하도록 요청할 수 있으며, 금융위는 특별한 사유가 없는 한 이에 응해야 한다(52조 4항 후단).

Ⅲ. 표준약관

은행법은 표준약관에 관하여 별도의 규정을 두고 있지 않고, 사업자단체인 은행연합 [6-159]
회가 공정위에 심사청구하여 작성한 공정위의 표준약관을 사용한다. 금융위는 보험 표준약관은 금감원이 제정하게 하고 있고(보험 194조 3항; 동 시행령 100조 1항), 금융투자와 여전업의 경우 각 협회가 제정한 표준약관을 금감원이 심사한다(자본 438조 4항; 동 시행령 별표20, 여전 69조의2 1항; 동 시행령 23조의3 1항).

Ⅳ. 장외파생상품거래와 약관

1. 장외파생상품거래와 계약서작성 실무

은행이 기업들과 체결한 통화파생상품거래의 약관성이 문제되었다. 약관에 해당할 [6-160]
경우 약관법상 불공정한 약관으로서 무효인지 여부가 구체적인 쟁점이었다. 문제는 장외파생상품거래에서의 계약서작성 관행이다. 장외파생상품거래의 계약서작성은 미리 준비된 표준계약서의 본문과 부속서에 서명한 후 구체적인 개별거래별로 확인서에서 세부적인 거래조건을 확정하여 거래하는 형태를 취한다([12-22]). 표준계약서의 본문은 확정문자로 되어 있고 수정하거나 선택할 사항은 부속서에 기재하게 된다. 그리고 표준계약서의 계약서작성 관행은 표준계약서의 본문과 부속서와 개별확인서를 단일한 계약서로 보는 것이다.

2. 장외파생상품거래와 약관

[6-161] 장외파생상품계약을 약관법상 약관으로 보기 위해서는 개별교섭이 이루어졌는지가 기준이 된다. 법원은 계약의 일방당사자가 일정한 형식에 의하여 미리 계약서를 마련해 두었다가 이를 상대방에게 제시하여 그 내용대로 계약을 체결하는 경우에도 특정 조항에 관하여 상대방과 개별적인 교섭을 거침으로써 상대방이 자신의 이익을 조정할 기회를 가졌다면, 그 조항은 약관법의 규율대상이 아닌 개별약정이 된다고 본다(대법원 2013. 9. 26. 선고 2012다1146 전원합의체 판결; 대법원 2013. 9. 26. 선고 2011다53683 전원합의체 판결; 대법원 2013. 9. 26. 선고 2012다13637 전원합의체 판결; 대법원 2013. 9. 26. 선고 2013다26746 전원합의체 판결).[59] 이때 개별적인 교섭의 유무는 "그 교섭의 결과가 반드시 특정 조항의 내용을 변경하는 형태로 나타나야 하는 것은 아니고, 계약 상대방이 그 특정 조항을 미리 마련한 당사자와 대등한 지위에서 당해 조항에 대하여 충분한 검토와 고려를 한 뒤 그 내용을 변경할 가능성이 있었다고 인정되면 된다"고 한다(대법원 2013. 9. 26. 선고 2012다1146 전원합의체 판결; 대법원 2013. 9. 26. 선고 2011다53683 전원합의체 판결; 대법원 2013. 9. 26. 선고 2012다13637 전원합의체 판결; 대법원 2013. 9. 26. 선고 2013다26746 전원합의체 판결).

[6-162] 키코계약이 약관법의 규율대상인지 문제된 사안에서, 법원은 위 계약 구조는 "다른 장외파생상품들과 마찬가지로 을은행 등이 고객의 필요에 따라 구조나 조건을 적절히 변경하여 사용하기 편하도록 표준화하여 미리 마련해 놓은 것"일 뿐, "구조만으로는 거래당사자 사이에 아무런 권리의무가 발생하지 않고 거기에 개별적 교섭에 의해서 결정된 계약금액, 행사환율 등 구체적 계약조건들이 결부됨으로써 비로소 전체 계약의 내용으로 완결되는 것"이므로, 그 구조 자체는 따로 약관에 해당하지 않는다고 판단하였다(대법원 2013. 9. 26. 선고 2012다1146 전원합의체 판결; 대법원 2013. 9. 26. 선고 2011다53683 전원합의체 판결; 대법원 2013. 9. 26. 선고 2012다13637 전원합의체 판결; 대법원 2013. 9. 26. 선고 2013다26746 전원합의체 판결).

[6-163] 또한 장외파생상품에 관한 ISDA 마스터계약서는 약관법상 국제적으로 통용되는 금융업 및 보험업에 관한 약관으로서 불공정약관조항 중 일부(약관 7조-14조)를 적용되지 않는다고 본다(약관 15조; 동 시행령 3조 2호).

---

59) cf. 이병준, "키코판결과 약관 규제법상의 쟁점," 외법논집 제38권 제2호, 2014, 131-144면("키코계약은 약관성을 가지나, 문제된 내용이 급부 내지 급부목적물인 상품에 관한 설명에 해당되므로 약관법의 내용통제대상에서 제외되어 그 불공정성을 판단할 수 없다").

제9절 광고규제

Ⅰ. 의 의

은행법은 2010.5. 개정에서 광고규제를 신설했다. 종래 「은행업감독업무시행세칙」로 규제하던 것을 법률에서 규정한 것이다(52조의 3). 은행상품에 대한 과장 및 오인광고에 의한 은행이용자의 피해를 방지하기 위해 도입된 것이다(대법원 2016. 7. 7. 선고 2013다35764 판결). 은행법상 광고규제는 금융소비자법의 시행과 함께 금융소비자법으로 이관되었다(22조). 모든 금융상품에 대한 광고규제를 일원적으로 규제하기 위한 적절한 입법이다. [6-164]

Ⅱ. 내용과 방법

1. 적용범위

금융소비자법상 광고규제는 예금, 대출 등 은행상품에 관하여 적용된다(22조). 은행상품은 예금, 대출 등 은행이 취급하는 상품이다. 금융소비자법 시행 전에는 금융상품에 대한 광고규제가 금융상품의 종류에 따라 은행법과 자본시장법, 보험업법 등으로 나누어져 있었다. 그 결과 은행이 판매하는 금융투자상품과 보험상품에 대한 광고도 은행법의 규제를 받는지 등이 문제되었다. 금융소비자법 시행 전에는 금융투자상품과 보험상품에 대한 광고는 자본시장법(57조)과 보험업법(95조의4)상 규제를 받는다고 볼 수밖에 없었다. 그러나 금융소비자법에서 금융상품 광고규제를 일원화하고 있으므로 이러한 문제는 발생하지 않는다. 은행의 광고규제는 금융상품의 종류를 불문하고 금융소비자법의 적용을 받는다. [6-165]

2. 주 체

금융상품판매업자등이 아닌 자 및 투자성 상품에 관한 금융상품판매대리·중개업자 등 시행령으로 정하는 금융상품판매업자등은 금융상품판매업자등의 업무에 관한 광고 또는 금융상품에 관한 광고를 할 수 없다(금소 22조 1항 본문). [6-166]

다만, 금융투자협회 등과 그 밖에 금융상품판매업자등이 아닌 자로서 금융상품판매업자등을 자회사 또는 손자회사로 하는 금융지주회사 등 시행령으로 정하는 자는 금융상품등에 관한 광고를 할 수 있다(금소 22조 1항 단서).[60] [6-167]

3. 내 용

가. 소극적 규제

은행이 금융상품등에 관한 광고를 하는 경우 금융상품별로 일정한 행위를 해서는 안 된다(금소 22조 4항). 예금성 상품과 대출성 상품에 대해서만 살펴본다. [6-168]

---

60) 금융투자협회, 생명보험협회, 손해보험협회, 상호저축은행중앙회, 여신전문금융업협회, 그 밖에 이에 준하는 기관으로서 시행령으로 정하는 기관(금소 22조 1항 1호-6호).

[6-169] 예금성 상품의 경우에는 첫째, 이자율의 범위·산정방법, 이자의 지급·부과 시기 및 부수적 혜택·비용을 명확히 표시하지 아니하여 금융소비자가 오인하게 하는 행위, 둘째, 수익률이나 운용실적을 표시하는 경우 수익률이나 운용실적이 좋은 기간의 것만을 표시하는 행위 등 금융소비자 보호를 위하여 시행령으로 정하는 행위를 해서는 안 된다(금소 22조 4항 3호 가목·나목). 대통령령에서는 보험료를 일(日) 단위로 표시하는 등 금융소비자의 경제적 부담이 작아 보이도록 하거나 계약체결에 따른 이익을 크게 인지하도록 하여 금융상품을 오인하게끔 표현하는 행위, 비교대상 및 기준을 분명하게 밝히지 않거나 객관적인 근거 없이 다른 금융상품등과 비교하는 행위, 불확실한 사항에 대해 단정적 판단을 제공하거나 확실하다고 오인하게 할 소지가 있는 내용을 알리는 행위, 계약 체결 여부나 금융소비자의 권리·의무에 중대한 영향을 미치는 사항을 사실과 다르게 알리거나 분명하지 않게 표현하는 행위, 투자성 상품 또는 예금성 상품의 수익률이나 운용실적을 표시하는 경우 수익률이나 운용실적이 좋은 기간의 수익률이나 운용실적만을 표시하는 행위, 금융소비자에 따라 달라질 수 있는 거래조건을 누구에게나 적용될 수 있는 것처럼 오인하게 만드는 행위를 금지행위로 규정하고 있다(금소령 20조 4항 1호-3호, 1항 2호-5호; 금소규정 19조 3항 1호).

[6-170] 대출성 상품의 경우에는 첫째, 대출이자율의 범위·산정방법, 대출이자의 지급·부과 시기 및 부수적 혜택·비용을 명확히 표시하지 아니하여 금융소비자가 오인하게 하는 행위, 둘째, 대출이자를 일 단위로 표시하여 대출이자가 저렴한 것으로 오인하게 하는 행위 등 금융소비자 보호를 위하여 대통령령으로 정하는 행위를 해서는 안 된다(금소 22조 4항 4호 가목·나목). 시행령으로 정하는 행위는 위 예금성 상품에 대한 것과 동일하다(금소령 20조 4항 1호-3호, 1항 2호-5호; 금소규정 19조 3항 1호).

나. 적극적 규제

[6-171] 은행이 하는 금융상품등에 관한 광고에는 다음 내용이 포함되어야 한다(금소 22조 3항 본문). 이 규제는 일정한 범위의 집합투자증권(금소 17조 5항 본문)에 관한 광고에 대해서는 적용되지 않는다(금소 22조 3항 단서).

[6-172] 모든 금융상품에 적용되는 공통사항은 ① 금융상품계약 체결 전에 금융상품설명서 및 약관을 읽어 볼 것을 권유하는 내용, ② 금융상품판매업자등의 명칭, 금융상품의 내용, ③ 금융상품별 규제내용, ④ 그 밖에 시행령으로 정하는 사항의 4가지이다(금소 22조 3항 1호-4호; 금소령 18조).

[6-173] 금융상품별 규제내용으로는 예금성 상품과 대출성 상품에 대해서만 살펴본다. 첫째, 예금성 상품의 경우에는 만기지급금 등을 예시하여 광고하는 경우에는 해당 예시된 지급금 등이 미래의 수익을 보장하는 것이 아니라는 사항이 포함되어야 한다(금소 22조 3항 3호 다목). 다만 이 제한은 주가연계증권과 같이 기초자산의 가치에 따라 수익이 변동하는 예금성

상품의 경우에 한정한다(금소령 18조 2항). 둘째, 대출성 상품의 경우에는 대출조건이 포함되어야 한다(금소 22조 3항 3호 라목).

"그 밖에 금융소비자 보호를 위하여 대통령령으로 정하는 내용"은 설명을 받을 수 있는 권리(금소 19조 1항), 법령 및 내부통제기준에 따른 광고 관련 절차의 준수에 관한 사항, 예금자보호법 등 다른 법률에 따른 금융소비자의 보호 내용(대출성 상품은 제외), 금융상품판매대리·중개업자의 광고의 경우 금융상품판매대리·중개업자의 고지사항(금소 26조 1항 1호-3호), 그 밖에 금융소비자의 계약 체결이나 권리·의무에 중요한 영향을 미치는 사항으로서 금융위가 고시하는 사항을 말한다(금소령 18조 3항 1호-6호; 금소규정 17조 2항 [별표 5] 광고에 포함해야 하는 사항(제17조제2항 관련)). [6-174]

3. 방법과 절차

가. 전달방법

은행이 금융상품등에 관한 광고를 하는 경우에는 금융소비자가 금융상품의 내용을 오해하지 않도록 명확하고 공정하게 전달해야 한다(금소 22조 2항). 명확성은 전달방법의 정확성을, 그리고 공정성은 전달방법의 무차별성을 의미한다. 은행이 금융상품등에 관한 광고를 하는 경우에는 금융소비자가 광고의 내용을 쉽게 이해할 수 있도록 광고의 글자, 영상 및 음성 등 전달방법에 관하여 "금융위가 정하여 고시하는 기준"을 준수해야 한다(금소령 19조 1항). 여기서 "금융위원회가 정하여 고시하는 기준"은 광고에서 글자의 색깔·크기 또는 음성의 속도·크기 등이 해당 금융상품으로 인해 금융소비자가 받을 수 있는 혜택과 불이익을 균형 있게 전달할 것을 말한다(금소규정 18조). [6-175]

나. 내부통제기준과 준법감시인의 확인

은행은 광고의 제작 및 내용에 관한 준수사항을 내부통제기준에 반영해야 한다(금소 16조 2항; 금소령 10조 2항; 금소규정 9조 2항 [별표 2] 내부통제기준에 포함되어야 하는 사항(9조 2항 관련)). 또한 광고에 관하여 준법감시인의 사전 확인을 받아야 한다(금소령 19조 2항). 준법감시인이 없는 경우에는 감사를 말한다. [6-176]

다. 기록보존의무

은행은 금융상품등에 대한 광고자료를 10년 동안 보존해야 한다(금소 28조 1항; 금소령 26조 1항 3호·2항). 이는 은행이용자의 소송제기 시 필요한 증거를 확보하기 위한 것이므로 소멸시효를 고려하여 규정한 것이다. [6-177]

라. 기타 준수사항

금융상품등에 관한 광고를 할 때 표시·광고의 공정화에 관한 법률에 따른 표시·광고 사항(4조 1항)이 있는 경우에는 같은 법에서 정하는 바에 따른다(금소 22조 5항). 협회등은 은행의 금융상품등에 관한 광고와 관련하여 광고관련기준을 준수하는지를 확인하고 그 [6-178]

결과에 대한 의견을 해당 은행에게 통보할 수 있다(금소 22조 6항; 금소령 21조). 협회등이 금융상품등에 관한 광고관련기준을 준수하는지를 확인하는 경우에는 소속 회원사인 금융상품판매업자등이나 금융상품판매업자와 위탁계약을 체결한 금융상품판매대리·중개업자를 대상으로 한다(금소령 21조 1항). 협회등이 금융상품판매업자등이 금융상품등에 관한 광고관련기준을 준수하는지를 확인하기 위해 필요한 경우에는 관련 기관·단체 또는 전문가등에게 자료 또는 의견의 제출을 요청할 수 있다(금소 22조 6항; 금소령 21조 2항). 협회등이 금융상품판매업자등에게 그 의견을 통보하는 경우에는 문서로 해야 하고, 금융상품판매업자등의 법 위반사실이 있는 때에는 그 사실을 금융위에 알릴 수 있다(금소 22조 6항; 금소령 21조 3항).

제10절 다른 금융상품의 판매

Ⅰ. 서 언

은행이 금융투자상품이나 보험상품을 판매할 경우에는 자본시장법과 보험업법상 판매규제가 직접 적용된다. 은행에 적용되는 범위에서 자본시장법과 보험업법상 판매규제를 간략히 살펴본다. [6-179]

Ⅱ. 자본시장법상 금융투자상품의 판매

1. 적용법규

은행이 자본시장법상 증권이나 파생상품을 판매할 경우에는 동법상 겸영금융투자업자(자본 8조 9항 1호)로서 은행법에 앞서 자본시장법의 적용을 받게 된다. 다만 자본시장법상 재무건전성 및 경영건전성 규제(30조, 31조), 대주주와의 거래 등의 제한(34조), 금융투자업자의 겸영업무(40조) 등은 적용되지 않고 은행법이 적용된다. 자본시장법상 소유증권의 예탁의무(61조)는 적용되지 않고, 임직원의 금융투자상품 매매규제는 금융투자업을 담당하는 임직원에게만 적용된다(63조 1항). 그 외 자본시장법상 투자자예탁금의 별도예치(74조 2항), 장외파생상품의 투자매매업과 투자중개업에 필요한 자기자본비율(166조의2 1항 3호), 보고사항(418조 6호-9호), 금융투자업자에 대한 조치(420조 2항), 벌칙(445조 45호)에 대해서는 동법상 특례조항이 적용된다. 구속성거래규제에 관한 은행법과 자본시장법의 관계는 [6-60]-[6-61]에서 설명하였다. [6-180]

2. 방문판매법의 적용제외

은행이 영업점 밖에서 무선통신기기 등을 이용하여 금융상품 등을 판매할 경우 방문판매법의 적용 여부가 문제된다. 특히 동법 제8조의 청약철회 규정을 적용할 경우 은행이 금융상품을 판매한 후 투자자가 손실이 발생하였을 때 청약을 철회하게 되면 가격변동에 따른 손실분을 은행이 부담하는 문제를 지적하는 견해가 있었다. 은행이 판매하는 상품 중 특히 가격변동위험이 높은 증권이나 파생상품을 포함한 금융투자상품이 문제될 것이다. 2023. 7. 11. 개정 방문판매법은 금융상품판매업자인 은행과 예금성 상품, 대출성 상품, 투자성 상품 및 보장성 상품에 관한 계약을 체결하기 위한 거래를 적용제외하고 있다(3조 2호; 금소 2조 3호, 3조). 금융소비자법에서 청약철회제도를 도입한 것을 반영한 것이다. [6-181]

Ⅲ. 보험업법상 보험상품의 판매

은행은 보험업법상 금융기관보험대리점(보험 91조 1항 1호)으로 등록하여 일정한 보험상품을 판매할 수 있다. 은행이 판매할 수 있는 보험상품의 범위는 시행령에서 정한다(보험 91조 2항; 법 시행령 40조 2항 [별표 5]). 보험업법은 은행이 금융기관보험대리점으로서 보험 [6-182]

상품을 판매할 경우 구속성거래를 제한하는 규정을 따로 두고 있다(100조). 구속성거래규제에 관한 은행법과 보험업법의 관계는 [6-45]에서 설명한다.

제7장 은행거래와 가격

제1절 서 설

은행이 취급하는 금융상품이나 거래에도 가격이 존재한다. 대출이나 예금 그 밖의 은행업무에 적용되는 금리나 수수료가 그것이다. 1990년대 말 이후 금리자유화로 금리는 은행의 자율에 맡겨져 있고 수수료에 대해서도 기본적으로 같다. 금리에 대해서는 국제적으로 조작스캔들이 문제되었고 국내에서도 관심의 대상이 된 바 있다. 은행 금리의 산정체계에 대해서는 적정성에 관한 지적이 빈번히 이루어지고 있다. 수수료에 대해서도 그 법적 규율이 불명확한 부분이 존재한다. [7-1]

최근에는 영국 등을 중심으로 금융상품에 대한 가격통제권을 은행감독기관에 부여하는 사례가 나타나고 있다. 공시규제를 기초로 불공정거래에 관한 사법법리의 적용으로 해결하려는 전통적인 입장과 가격규제적 접근은 비교형량이 필요하다. 은행법상으로도 정리되어야 할 문제라고 생각된다. [7-2]

국내에서는 은행이 예금금리와 대출금리의 차이에 기반하여 수취하는 이자수입에 대하여 때때로 매우 부정적인 평가가 이루어지기도 한다. 근본적으로 은행업의 경쟁도나 은행의 금융소비자 편익 증대를 위한 노력의 정도에 대한 부정적 평가와 은행의 공공성에 대한 높은 기대가 반영된 것으로 이해된다. 필요하면 은행의 공공성 논리에 기초한 책임의 정도와 이행방법을 명확히 입법화하는 것이 옳을 것이다. 경우에 따라 은행업은 물론 은행이용자의 편익에도 결코 도움이 되지 않는 소모적인 논쟁을 초래할 수 있기 때문이다. [7-3]

제2절 가격규제의 기본원칙에서는 은행법상 은행거래에 적용되는 가격규제의 기본원칙을 살펴본다. 제3절 이자의 구조에서는 현행법상 이자의 개념과 시장에서 이용되는 이자의 구조를 설명한다. 제4절 이자의 결정과 변경에서는 예금과 대출에서 각각 적용되는 이자결정방식과 변경권을 살펴본다. [7-4]

제2절 가격규제의 기본원칙

Ⅰ. 의 의

[7-5] 은행법상 은행거래와 가격에 관한 기본원칙은 당사자들의 자율적 결정에 맡기는 것이다. 은행거래에서 가격에 관한 조건으로 문제되는 것은 금리와 수수료이다.

[7-6] 과거 행정지도를 통하여 가격통제가 이루어진 점을 고려하여 「금융규제 운영규정」은 금융위 및 금감원에 의한 금리·수수료 등 은행이 정하는 금융상품 가격에 대한 행정지도를 금지하고 있다(7조 6항 본문). 다만, 법령등에 따라 금융상품의 가격에 관한 행정작용을 하는 경우, 해당 행정지도를 하지 않으면 은행 건전성을 현저히 저해하거나 저해할 우려가 있는 경우, 금융소비자 보호를 위해 행정지도를 하는 것이 불가피한 경우, 이와 비슷한 경우로서 금융위가 인정하는 경우에는 행정지도를 할 수 있다(금융규제 운영규정 7조 6항 단서 1호-4호).

Ⅱ. 가격제한의 가부

1. 법령등에 따른 제한

[7-7] 법령등에 따라 금융상품의 가격에 관한 행정작용을 하는 대표적인 경우로는 한국은행법에 따른 금통위의 금리 등에 관한 결정 및 제한 등을 들 수 있다(30조 2항 1호; 한은 28조 15호-16호). 비상상황에서의 긴급조치권을 의미하므로 일상적으로 발동될 수 있는 권한은 아니다.

2. 행정지도에 의한 제한

[7-8] 금융규제 운영규정은 해당 행정지도를 하지 않으면 은행의 건전성을 현저히 저해하거나 저해할 우려가 있는 경우, 금융소비자 보호를 위해 행정지도를 하는 것이 불가피한 경우, 이와 비슷한 경우로서 금융위가 인정하는 경우에는 가격에 대하여 행정지도를 할 수 있는 근거를 두고 있다(동 규정 7조 6항 단서 1호-4호). 다만 이 경우에는 금융위 의결을 거치게 하고 있다.

[7-9] 금감원이 상시적으로 가산금리의 산출근거를 포함한 대출금리의 산정체계를 점검하여 정비를 요구하는 것은 일상적인 감독권 행사의 일부라고 본다. 그러나 이러한 과정을 통하여 실질적으로 은행거래의 가격에 영향을 미치는 것은 법적 근거를 요한다. 각 협회가 대출금리에 관한 모범규준을 두고 있는 것도 실질적으로는 규제로 작용할 가능성이 있다.[1]

---

1) 은행연합회, 대출금리 체계의 합리성 제고를 위한 모범규준(제정 2012.11.26.).

3. 지표금리의 관리

국내에서는 금융지표법을 제정하여 지표금리를 포함한 금융거래지표를 규제하고 있다([7-28]-[7-44]). 그러나 금융지표법은 국내외의 금리조작관련 문제를 계기로 국내 지표금리의 산출절차를 규제하려는 것으로서 여기서 말하는 가격규제를 위한 입법이 아니다. [7-10]

4. 은행감독기관의 가격규제

현행법은 금리 등 은행상품의 가격에 대하여 아래 [7-26]과 같은 공시규제를 기초로 불공정거래에 관한 사법법리의 적용으로 해결하는 전통적인 입장을 유지하고 있다. 그러나 은행이용자 보호를 위하여 과도한 가격은 직접 규제할 필요성이 있다. 다만 이러한 필요성이 인정되는 경우에는 영국 등의 입법례를 참고하여 은행감독기관이 은행거래의 가격을 통제할 수 있는 요건과 기준을 포함한 법적 근거를 명시적으로 두는 것이 적절하다. [7-11]

제3절 이자의 구조

Ⅰ. 의의와 구별

1. 개 념

[7-12] 이자 또는 금리는 **금전의 사용대가로서 원금과 사용기간에 비례하여 일정 이자율에 따라 지급되는 금전**이다. 금전소비대차나 금전소비임치에서 금전의 사용대가로 지급되는 금전을 말한다. 이자는 이론상 화폐의 시간적 가치와 신용위험의 부담대가를 말한다.

[7-13] 일반적으로 대출이자는 **기준금리와 가산금리(spread)**를 합하여 산출한다. 전자는 은행의 조달금리를 말하고 후자는 은행의 이윤에 해당한다. 은행거래에서 약관상 이자의 지급방법, 지급시기, 이자율의 조정 등에 관한 사항이 정형화되어 있다. 오히려 문제는 은행 관점에서의 총수익 또는 차주 관점에서의 총비용의 확정이라는 상업적 판단이다.

2. 구 별

가. 간주이자

[7-14] 이자제한법은 예금, 할인금, 수수료, 공제금, 체당금, 그 밖의 명칭에도 불구하고 금전의 대차와 관련하여 채권자가 받은 것은 이자로 본다(4조 1항). 채무자가 금전대차와 관련하여 금전지급의무를 부담하기로 약정하는 경우 의무발생원인 및 근거법령, 의무내용, 거래상 일반원칙 등에 비추어 **그 의무가 원래 채권자가 부담해야 할 성질인 때**에는 이를 이자로 본다(4조 2항). 이와 관련하여 금전사용의 대가가 아닌 신디케이티드 대출의 관리수수료나 약정수수료와 같은 수수료도 이자제한법상 간주이자에 포함될 수 있는가? 신디케이티드 대출의 조성이나 대출약정에 대한 비용이므로 '그 의무가 원래 채권자가 부담하여야 할 성질'이라고 볼 수 없다. 그러나 신용조사료, 공증료, 대출취급수수료는 "명목여하를 불문하고 대출과 관련된 것으로서 대출의 대가로 볼 수 있어" 이자로 볼 수 있다(대법원 2023. 6. 15. 선고 2022다211959 판결).

[7-15] 그러면 여기서 간주이자는 채무자가 부담하는 것만을 포함하는가? 그렇지 않다. 대부업법상 간주이자의 해석과 관련하여 동법 제8조 제2항은 "그 제공자를 '채무자'로 한정하고 있지 않"고, "위 규정의 취지는 … 위 법을 잠탈하기 위한 수단으로 사용하는 탈법행위를 방지하는 데 있으므로, 명목 여하를 불문하고 대부업자와 채무자 사이의 금전대차와 관련된 것으로서 금전대차의 대가로 볼 수 있는 것은 이자로 간주된다"고 보면서, "대부업자가 대부계약의 채무자 외의 자와 별도로 체결한 약정에 따라 금전 기타 대체물을 받기로 한 경우에도 그것이 대부업자와 채무자 사이의 대부계약에 따른 금전대차와 관련된 것으로서 금전대차의 대가로 볼 수 있는 것은 대부업법 제8조 제2항의 이자 또는 간주이자에 해당한다"고 판단한 사례가 있다(대법원 2024. 1. 25. 선고 2022다229615 판결).

나. 법정이자

계약무효의 경우 당사자가 상대방에 대하여 부담하는 반환의무는 성질상 부당이득 반환의무로서 악의의 수익자는 그 받은 이익에 법정이자를 붙여 반환해야 한다(민법 748조 2항). 법정이자는 부당이득반환의 성질을 갖다(대법원 2017. 3. 9. 선고 2016다47478 판결). [7-16]

다. 포인트

신용카드 사용실적에 따라 신용카드회사가 이용자에게 제공하는 포인트나 인터넷전문은행이 예금이자 대신에 지급하는 포인트[2]를 이자로 볼 수 있는가? 은행법상 이자는 금전의 사용대가이다. 따라서 신용카드 사용실적에 따라 신용카드회사가 이용자에게 제공하는 포인트를 '금전사용의 대가'라고 하기는 어려울 것이다. 인터넷전문은행이 예금이자 대신에 지급한다고 하는 포인트는 이자에 해당하는가? 구체적인 거래구조에 따라 판단할 문제이지만, 금전사용의 대가라고 보기 어려운 경우가 많을 것이다. [7-17]

라. 중도상환수수료

이자는 중도상환수수료와 구별된다. 중도상환수수료는 "금융이용자가 약정 변제기 전에 대부금을 변제하는 경우 그로 인한 대부업자의 손해배상 명목으로 지급하기로 하는 수수료"를 말한다(대법원 2012. 3. 15. 선고 2010도11258 판결). **조기상환수수료** 또는 **중도상환 제재금**이라고도 한다([9-44]-[9-46]). [7-18]

마. 수수료

은행의 수수료는 금전사용의 대가인 이자와 달리 은행이 제공하는 서비스에 대한 대가를 말한다. 송금수수료나 계좌유지수수료, 관리수수료나 약정수수료 등을 말한다. 국내 은행의 수수료 체계는 미국 영국 등 선진국 은행들에 비하여 낮은 것으로 평가되고 있다.[3] [7-19]

Ⅱ. 종 류

1. 고정금리와 변동금리

금융거래에서 금리결정방식에는 **고정금리방식과 변동금리방식**이 있다(대법원 2001. 12. 11. 선고 2001다61852 판결). 전자는 5%와 같이 고정된 금리를 적용하는 것이고, 후자는 COFIX 등의 기준금리에 연동되어 수시로 금리가 변동되는 방식이다. 대출기간 중 일정 기간은 고정금리를 적용하고 그 후에는 변동금리 적용하는 식으로 고정금리방식과 변동금리방식이 결합된 혼합금리방식도 있다. 금리결정방식은 당사자들이 정할 사항이다. [7-20]

2) 안태현·김정현, 인터넷전문은행의 미래와 신용평가시 고려사항, 한국기업평가 이슈리포트, 2016.12.15, 8-9면.
3) 저금리시대 한계 부딪힌 은행, 수수료 수익에 '사활', 이데일리, 2016.11.24.

2. 약정이율과 법정이율

[7-21] 이율(금리)은 금전소비대차 등에서 이자를 정하는 기준이다. 약정이율은 당사자들이 사전에 계약으로 결정하는 이율을, 그리고 법정이율은 법률의 규정이나 당사자의 약정이 없는 경우 법률로 정하는 이율을 말한다.

[7-22] 우리나라의 법정이율은 민사법정이율(5%, 민법 379조)과 상사법정이율(6%, 상 54조)로 구분된다. 법정이율은 제정 민법에 규정되어 변경된 적이 없다. 은행거래에서 당사자들이 이율을 정하지 않는 경우는 생각할 수 없다. 법정이율은 지연이자의 산출기준이 되는 점에서 특히 저금리기조가 유지되는 동안에는 채무자와 채권자의 입장에 따라 과소 또는 과대배상이 문제될 수 있다. 이를 고려하여 법정이율변동제를 도입하는 입법례가 있다.[4] 국내에서도 금리 현실화를 위해 법정이율의 변동제 도입이 필요하다는 논의가 있다.[5]

---

4) EU에서는 상거래상 지연금리는 「상거래상 지연지급에 대한 지침」(Directive 2011/7/EU of the European Parliament and of the Council of 16 February 2011 on combating late payment in commercial transactions Text with EEA relevance, OJ L 48, 23.2.2011, p.1-10)에서 규정한다. 지연지급에 대한 법정이자는 기준금리에 최소 8%를 합산한 금리로 계산한 지연지급에 대한 단순이자이다(Article 2(6)). 기준금리는 유로 사용국은 유럽중앙은행의 주요자금공급운영(major refinancing operation) 금리, 비유로 사용국은 중앙은행이 정하는 금리이며(Article 2(7)), 매년 상반기와 하반기에 적용될 기준금리는 각각 1.1과 7.1 결정된다(Article3 2). 2020년 시행된 개정 일본민법은 첫째, 법정이율을 3%를 기준으로 3년 주기의 변동이율제로 하고(제404조), 둘째, 민사와 상사로 구분되어 있던 법정이율을 단일화하였다(상법 제514조 삭제). UNIDROIT 국제상사계약원칙은 지연이자에 대한 법정이율을 "지급지의 지급통화에 적용되는 우량차주에 대한 평균은행단기대출금리"로 규정하고 있다 (UNIDROIT Principles of International Commercial Contracts 2010, ARTICLE 7.4.9). 권영준, "법정이율 변동제," 비교사법 제20권 제1호, 2013, 64-69면.

5) 권영준, 위의 논문, 51-90면; "사설: 고율의 법정이율 경제여건에 맞게 고쳐야 한다," 법률신문, 2014.12.11.

제4절 이자의 결정과 변경

Ⅰ. 금리규제

1. 금리자유화

금융자율화와 규제완화가 강조되면서 1991.8. 발표된 「4단계 금리자유화 추진계획」 [7-23]
에 따라 1997. 이후인 4단계 조치를 마지막으로 모든 금리가 자유화되었다. 2012. 은행 등의 대출금리 산정체계의 불확실성에 대한 지적이 이루어지면서 「대출금리체계 모범규준」이 도입되었다.[6] 최근에도 은행의 대출금리 산정체계, 특히 가산금리 결정방식에 대한 문제가 지적되고 있다.[7] 때때로 은행의 과도한 예대금리마진이 지적되기도 한다.[8] 대출금리 산정체계의 적정성을 감독차원에서 살펴보는 것은 금리자유화의 기본틀을 훼손할 가능성이 없는 한도에서 이루어져야 한다. 은행의 여수신금리 산정체계는 경영공시를 통하여 공시되고 있다.[9]

2. 금융규제 운영규정상 행정지도금지의 원칙

금리규제와 관련하여 2015년 제정된 금융규제 운영규정은 금융당국은 금리·수수료 [7-24]
등 은행이 정하는 금융상품의 가격 등에 대해 행정지도를 할 수 없는 것을 원칙으로 규정하고 있다(7조 6항 본문).

3. 한국은행 금통위의 금리 제한

은행은 한국은행법에 따른 금통위의 금리 등에 관한 결정 및 제한 등을 준수해야 [7-25]
한다(30조 2항 1호-2호; 한은 28조 15호-16호). 금통위는 은행의 예금이자 및 그 밖의 지급금의 최고율과 은행의 대출 등 여신업무에 대한 이자 및 그 밖의 요금의 최고율을 결정할 수 있다. 한국은행의 「금융기관 여수신이율 등에 관한 규정」은 여수신 금리 및 그 최고율을 은행 자율에 맡기고 있다(2조, 4조). 다만 위 규정에서 당좌예금은 무이자이다(2조 1항 단서).

4. 금리의 공시의무

가. 공시의무

은행은 금리 등 은행이용자 유의사항을 공시해야 한다(52조의2 2항; 령 24조의6 2항 [7-26]
1호). 은행은 대출가산금리를 포함한 이자, 부대비용, 지연배상금률·지연배상금액 등 지연배상금을 포함한 은행이용자의 유의사항을 인터넷홈페이지 등에 공시 또는 비교공시해야

6) 금감원·은행연합회, 은행 대출금리체계에 대한 감독 강화방안 마련, 2012.10.25.
7) 은행, 가산금리 멋대로 못 올린다, 동아일보, 2016.12.14.
8) 4대 은행 지난해 이자 수입으로만 33조 벌었다, 한겨레신문, 2024.2.8.
9) 은행업감독업무시행세칙 [별표23] 붙임1 35. 여·수신 금리 결정체계 및 금리현황 가. 여·수신 상품별 금리 결정체계, 나. 여·수신 상품별 금리 현황.

한다(규정 89조 1항 1호·2호, 6호). 겸영업무는 해당 법령에서 정하는 바에 따른다(규정 89조 1항 단서).

나. 설명의무

[7-27] 은행은 은행상품에 관한 계약을 체결하거나 계약체결을 권유하는 경우에는 위의 공시사항이 기재된 자료를 은행이용자에게 제공하고 그 내용을 설명해야 한다(령 24조의6 2항 2호; 규정 89조 3항 본문). 다만, 겸영업무에 대하여는 해당 법령에서 정하는 사항을 따른다(규정 89조 3항 단서). 은행은 위의 설명내용에 대해 은행이용자가 이해하였음을 은행이용자의 서명, 기명날인, 녹취, 그 밖에 금감원장이 정하는 방법 중 하나 이상의 방법으로 확인을 받아 이를 유지·관리해야 한다(규정 89조 4항).

5. 지표금리의 규제

가. 의 의

[7-28] 금융거래지표를 규제하는 법률은 금융지표법이다.[10] 금융지표법상 **금융거래지표**는 "금융회사등이 금융 계약의 당사자가 되거나 중개 또는 매매를 하는 금융거래에서 거래상대방에게 지급하거나 교환하여야 할 금액이나 금융상품의 가치[11]를 결정할 때 준거가 되는 수치로서 ① 시장에서 이루어진 거래에 기반한 수치, 호가, 평가액 또는 추정치 등의 자료("기초자료")를 모아서 사전에 정해진 방식에 따라 산출하는 것일 것과 ② 일반인에게 실시간 또는 주기적으로 공개되는 것일 것의 요건을 모두 갖춘 것"을 말한다(2조 2호 가목·나목). 금융거래지표에는 대출 등의 기준금리인 코픽스, 금리스왑거래 등의 기준금리가 되는 CD금리 등이 포함된다.

나. 외국입법례

[7-29] LIBOR 조작 문제 이후 국제적으로 지표금리의 관리에 관한 규제를 도입하였다.[12] 지표금리규제는 그 산출을 위한 정보제공자와 관리자의 지배구조와 감시, 정보제공 및 관리에 대한 책임, 제공정보의 집합과 관리를 위한 시스템과 통제, 제공기관의 행위준칙을 포함한다.

[7-30] 영국은 휘틀리보고서의 개혁권고[13]에 따라 지표금리관련행위의 규제와 지표금리조

---

10) [시행 2020. 11. 27.][법률 제16650호, 2019. 11. 26., 제정]

11) 여기서 금융상품의 가치는 "대출·예금의 이자, 자본시장법 제3조에 따른 금융투자상품의 이자·약정지급액·가격·가치 또는 자본시장법 제9조제18항에 따른 집합투자기구의 성과보수 등"을 말한다.

12) London Inter-Bank Offered Rate. FSB, Reforming Major Interest Rate Benchmarks, 22 July 2014; IOSCO, Principles for Financial Benchmarks: Final Report, FR07/13, July 2013; Bank for International Settlements, Towards better reference rate practices: a central bank perspective (18 March 2013). LIBOR 등 주요 지표금리에 대한 변화를 정리한 것으로, FSB, Reforming Major Interest Rate Benchmarks: Progress report on implementation of July 2014 FSB recommendations, 21 July 2016.

13) The Wheatley Review of LIBOR: Final Report, September 2012.

작에 대한 형사처벌을 규정했다. 재무부는 법률 개정[14]과 규제대상행위령[15] 개정으로 지정지표금리(specified benchmarks)의 관리와 정보제공을 규제대상행위로 포함했다. 파운드, 유로, 스위스프랑, 엔 LIBOR 고시는 2021.12월말, 달러 LIBOR 고시는 2023.6월말 중지되었다.

EU차원에서도 지표금리에 대한 규제가 도입되었다.[16] 특히 EU역외에서 산출된 지표를 EU역내에서 사용하는 방법은 첫째, EC에 의한 산출자의 모국규제와 EU규제의 동등성 인정, 둘째, EU 회원국 감독기관에 의한 산출자의 승인, 셋째, EU 산출자에 의한 보증 중 하나를 요구한다(EU Benchmarks Regulation, Articles 30-33). [7-31]

다. 내용

금융지표법은 중요지표, 산출기관, 제출기관, 사용기관을 규제단위로 한다. 첫째, '중요지표'는 법률상 요건에 해당하는 경우로서 금융위가 지정한 금융거래지표를 말한다(지표 2조 3호, 4조 1항 1호-3호). '산출업무'는 금융거래지표를 산정하여 확정하고 이를 사용자에게 제공하는 업무 및 이에 딸린 업무를 말하고, 금융위가 중요지표의 산출업무를 수행하도록 지정한 기관을 '중요지표산출기관'이라고 한다(지표 2조 4호·6호, 5조 1항). '제출업무'는 산출업무를 수행하는 기관에 기초자료를 제출하는 업무 및 이에 딸린 업무를 말하고, 중요지표와 관련한 기초자료 제출업무를 수행하는 기관을 '기초자료제출기관'이라고 한다(지표 2조 5호, 5조 2항 3호). '중요지표사용기관'은 중요지표를 금융거래에 사용하는 금융회사등을 말한다(지표 6조 7항). [7-32]

1) 중요지표 지정

금융위는 관련 금융거래의 규모, 다른 지표로의 대체가능성, 시장참여자에 대한 영향을 고려하여 금융거래지표 중 금융시장, 금융소비자 보호 및 실물경제 등에 중대한 영향을 미치는 금융거래지표를 중요지표로 지정한다(지표 4조 1항). 금융위는 중요지표를 지정하거나 지정해제하려는 경우 한국은행과 협의하여 그 필요성을 평가할 수 있다(지표 4조 3항 전단). 현재 금융위는 국채·통안채 익일물 RP거래금리(The Korea Overnight Financing Repo rate, KOFR, 한국예탁결제원)와 CD금리(금융투자협회)를 중요지표로 지정하였다. [7-33]

---

14) Financial Services and Markets Act 2000, Schedule 2 para 26(a); Financial Services Act 2012, section 94.

15) The Financial Services and Markets Act 2000 (Regulated Activities) (Amendment) Order 2015, S.I. 2015 No. 369.

16) Regulation (EU) 2016/1011 of the European Parliament and of the Council of 8 June 2016 on indices used as benchmarks in financial instruments and financial contracts or to measure the performance of investment funds and amending Directives 2008/48/EC and 2014/17/EU and Regulation (EU) No 596/2014, OJ L 171, 29.6.2016, p. 1-65. 이 규칙은 2018.1.1부터 적용된다. 일본도 금융지표의 산출자 등에 대한 규제를 금융상품거래법에 반영하였다(제5장의7).

2) 중요지표 산출기관 관리

[7-34] 중요지표를 지정한 경우에는 그 산출기관을 지정할 수 있다(지표 5조 1항). 산출기관은 지표의 타당성과 신뢰성이 확보될 수 있도록 산출과정을 관리할 수 있는 체계를 갖추어야 한다(지표 5조 2항 1호). 그리고 공정하고 투명한 중요지표 산출을 위해 기초자료 관리, 이해상충방지 등에 관한 산출업무규정을 마련하여 금융위의 승인을 얻어야 한다(지표 5조 2항 4호). 산출기관은 중요지표 관리위원회를 설치하고 산출업무규정의 마련과 변경, 기초정보 수집 등 중요지표 산출과 관련된 중요사항은 관리위원회의 심의를 거쳐야 한다(지표 6조 1항 1호-3호). 금융위는 중요지표산출기관이 거짓이나 부정한 방법으로 지정을 받은 경우, 지정요건을 유지하지 못한 경우, 해당 중요지표 산출업무를 중단한 경우에는 그 지정을 취소할 수 있다(지표 5조 3항 1호-3호, 4항). 다만, 거짓이나 부정한 방법으로 지정을 받은 경우에는 지정을 취소해야 한다(지표 5조 3항 단서).

3) 중요지표 산출 및 사용에 대한 행위준칙

[7-35] 금융지표법은 중요지표의 타당성과 신뢰성을 확보하기 위해 산출업무나 제출업무의 중단에 대비하고 있다. 첫째, 중요지표 산출의 중단이 초래할 금융시장의 혼란을 방지하기 위해 산출기관이 준수해야 할 절차 및 조치명령권을 규정하고 있다(지표 7조-11조). 산출기관은 중요지표 산출을 중단하기 전에 일정 기간 공시 후 금융위에 신고해야 하며, 금융위는 필요한 경우 산출업무의 이관이나 최대 24개월간 중요지표의 지속적 산출을 명령할 수 있다(지표 7조 1항·3항). 둘째, 제출기관이 기초자료 제출을 중단하려는 경우 6개월 전까지 산출기관이 금융위에 신고해야 하고 금융위는 필요한 경우 최대 24개월간 그 제출기관에 대해 기초자료 제출지속이나 다른 금융회사등에 제출업무수행을 명령할 수 있다(지표 8조 1항·3항).

[7-36] 사용기관은 일반투자자를 상대로 중요지표관련 금융계약[17]을 할 때 중요지표설명서를 내주고 그 내용을 설명해야 한다(지표 9조 1항). 또한 사용기관은 중요지표 산출이 중단될 경우에 대비한 비상계획을 금융계약에 반영하고 그 내용을 일반투자자에게 설명해야 한다(지표 9조 2항). 여기서 비상계획에는 중요지표를 대체할 금융거래지표의 선정과 그 근거, 중요지표를 대체지표로 전환하는 절차와 일정, 금융계약 상대방에 대한 중요지표 산출 중단 사실의 안내 등이 포함되어야 한다(지표 시행령 12조 2항 1호-4호). EU 지표금리규칙

---

17) 다음의 금융계약을 말한다(지표 시행령 12조 1항 1호).
① 은행법 등에 따른 예금·적금·대출 및 수출입은행법에 따른 대출을 목적으로 하는 계약
② 자본시장법 제3조제1항에 따른 금융투자상품의 거래를 목적으로 하는 계약
③ 보험업법 제2조제1호에 따른 보험상품계약
④ 여전법에 따른 신용카드의 발급, 시설대여, 연불판매, 할부금융을 목적으로 하는 계약
⑤ 외국환거래법에 따른 외국환거래를 목적으로 하는 계약
⑥ 그 밖에 금융소비자 보호가 필요한 금융계약으로서 금융위가 고시하는 금융계약

제28조와 동일한 취지의 규정이다. 다만 이 조항과 관련하여 중요지표 사용기관의 의무 중 비상계획 마련 및 비상계획의 계약 내용을 반영해야 하는 금융계약 상대방의 범위가 문제되었다. 그 상대방은 자본시장법상 전문투자자도 포함하지만, 상대방이 일반투자자일 경우에는 비상계획 설명의무도 이행해야 한다는 것이다.[18)]

제출기관 또는 산출기관은 중요지표기초자료를 제출하거나 중요지표를 산출하는 때 [7-37] 에 왜곡, 조작, 그 밖의 부정한 방법을 사용해서는 안된다(지표 10조 1항). 또한, 제출기관이나 산출기관은 합리적으로 요구되는 충분한 주의의무를 위반하여 중요지표의 타당성과 신뢰성을 저해하는 행위도 해서는 안 된다(지표 10조 2항). 금융거래의 기반이 되는 기초자료의 제출과 중요지표의 산출과정에서의 부정행위를 차단하려는 것이다. 제출기관 또는 산출기관이 자본시장법상 금융투자상품에 해당하는 금융계약에 사용되는 중요지표의 기초자료제출이나 중요지표산출과정에서 왜곡, 조작, 그 밖의 부정한 방법을 사용할 경우(지표 10조 1항) 자본시장법상 부정거래행위(178조)에 해당할 수 있다. 합리적으로 요구되는 충분한 주의의무를 위반하여 중요지표의 타당성과 신뢰성을 저해하는 행위(지표 10조 2항)를 한 제출기관이나 산출기관은 민법상 불법행위책임을 질 수 있다. 합리적으로 요구되는 충분한 주의의무는 금융지표법상 중요지표산출이라는 인프라기능의 수행에 필요한 것으로서 일반적인 금융회사가 거래상대방인 고객에 대하여 부담하는 주의의무보다 높은 수준으로 이해된다.

4) 실효성 확보

중요지표의 타당성과 신뢰성이 저해될 우려가 있을 경우 금융위는 기초자료 제출기관, [7-38] 산출기관·사용기관에 대해서 필요한 조치를 명령할 수 있다(지표 11조). 이러한 조치에는 이해상충관리, 각종 공시, 중요지표의 사용제한, 산출업무규정의 개선 등이 포함된다(지표 11조 1호-6호; 동 시행령 13조 1호·2호).

금융위는 금융지표법 또는 동법에 따른 명령의 준수 여부를 감독하고, 이를 위반한 [7-39] 경우 제출기관등 및 임직원을 제재할 수 있다(지표 12조).

금융위는 중요지표산출기관 지정 또는 산출업무지속명령(지표 7조 3항 2호)을 받지 않고 [7-40] 중요지표 산출업무를 수행한 자, 왜곡, 조작 또는 그 밖의 부정한 방법을 사용하여(지표 10조 1항) 제출업무 또는 산출업무를 수행한 자, 합리적으로 요구되는 충분한 주의의무(지표 10조 2항)를 위반하여 중요지표의 타당성과 신뢰성을 저해하는 행위를 한 자에게 그 위반행위로 자기 또는 제3자가 얻은 이익 또는 회피한 손실이 있으면 그 이익이나 손실액의 범위에서 과징금을 부과할 수 있다(지표 13조 1호-3호). 또한 금융위는 제출기관등에 업무정지조치(지표 12조 2항 6호)를 해야 하는 경우로서 업무정지가 공공의 이익을 해칠 우

---

18) 금융위·금감원·금융투자협회, CD수익률 중요지표 효력발생 관련 Q&A, 2023.9, 5면. 이 문제를 포함하여 금융지표법에 관한 설명으로, 이헌영, "「금융거래지표의 관리에 관한 법률」상 중요지표로서의 양도성예금증서(CD) 금리에 대한 법적연구", 은행법연구 제17권 제1호, 2024, 309-338면.

려가 있는 경우에는 업무정지처분을 갈음하여 1억원 이하의 과징금을 부과할 수 있다(지표 13조 1호-3호; 동 시행령 15조). 업무정지에 갈음하는 과징금을 규정한 것이다.

5) 역외적용

[7-41] 금융지표법의 입법취지상 외국에서 산출된 금융거래지표("외국지표")에 대해서도 동일한 규제를 적용해야 한다. 금융지표법은 "국외에서 이루어진 행위로서 그 효과가 국내에 미치는 경우에도 적용한다"고 하여 이러한 취지를 규정하고 있다(3조).

[7-42] 금융지표법상 역외적용이 인정되므로 외국지표의 모국규제와 국내규제의 관계가 문제될 수 있다. EU의 지표금리규제(EU Benchmarks Regulation, Articles 30-33)와 같이 첫째, 산출기관의 모국규제와 국내규제의 동등성 인정, 둘째, 금융위에 의한 산출기관의 승인, 셋째, 국내산출기관에 의한 보증 중 하나를 요구하는 방식으로 외국지표에 대한 구체적인 규제방안을 규정하는 것이 필요하다.

[7-43] 금융지표법은 위 둘째 방식을 채택하여 외국법에 따라 설립된 기관·단체 등이 중요지표 산출업무를 수행하는 경우에는 그 기관·단체 등이 산출하는 중요지표가 금융지표법과 같거나 비슷한 수준의 본국법령에 따라 감독받고 있을 것과 본국의 감독당국 또는 해당 기관·단체 등을 통하여 중요지표산출업무감독에 필요한 자료제출이 가능할 것이라는 법정요건을 모두 충족하여 금융위에 신고한 때에 중요지표산출기관으로 지정을 받은 것으로 본다(지표 15조 1항)("지정간주외국산출기관"). 지정간주외국산출기관에 대해서는 산출기관등의 행위준칙 등 일부규정(지표 6조-8조, 12조, 18조 2항 및 19조)을 적용하지 않는다(지표 15조 2항).

[7-44] 금융위는 지정간주외국산출기관이 지정취소사유(지표 5조 3항 1호-3호)에 해당하거나 외국법령위반 등으로 본국의 감독당국에 의하여 산출기관 지정 등이 취소된 경우에는 중요지표산출기관 지정을 취소할 수 있다(지표 15조 3항).

Ⅱ. 대출금리의 결정

1. 기본구조[19)]

[7-45] 대출금리는 은행이 자금조달원가, 예상 손실비용 등을 감안하여 산정한다. 구체적으로 잔액기준 코픽스나 CD 금리 또는 KOFR와 같은 대출 기준금리와 가산금리를 합산하여 결정된다. 가산금리는 업무원가, 법적비용, 위험프리미엄, 목표이익률, 가감조정금리 등을 의미한다.

[7-46] 당사자들이 약정한 기준금리의 적용과 관련하여 금리결정방식의 변동을 고려할 것인가? 계약체결시점에는 프라임레이트가 기준금리였지만, 새로운 기준금리제도 시행으로

19) 대출금리결정의 기본구조에 대해서는 은행연합회 홈페이지의 설명을 기초로 하였다. 은행연합회, 대출금리에 대한 이해 〈https://portal.kfb.or.kr/compare/loan.php〉.

'프라임레이트'라는 명칭의 금리는 우대금리 및 기준금리로서의 기능을 상실하였다. 법원은 현재의 프라임레이트는 계약체결당시 당사자들이 기준금리로 이해했던 프라임레이트와는 전혀 다른 금리이므로 이를 위 계약상 '피고의 은행계정 기준금리'로 볼 수 없다고 판단했다(대법원 2009. 10. 29. 선고 2007다6024(본소), 2007다6031(반소) 판결).

2. 금리결정권한

가. 은행의 일방적 금리결정권한

[7-47] 금리결정에 대해서 법령상 근거나 약정이 없는 경우 은행과 은행이용자 사이의 합의로 결정한다. 변동금리는 물론 고정금리에서도 금리변경이 필요한 경우가 있을 수 있다. 금리변경권을 금융기관에 부여하는 법령상 근거나 약정이 없는 경우 재정경제원장관의 업무운용준칙이나 금감위의 업무방법서가 근거가 될 수 있는지 문제된 사례가 있다. 법원은 '금고의 업무수행에 있어서 준수하여야 할 기준 내지 훈령에 불과'한 업무운용준칙이나, 업무방법서를 근거로 금고의 약정이율변경권한을 인정할 수 없다고 판단하였다(대법원 2002. 2. 22. 선고 2000다53274 판결). 이러한 업무운용준칙이나 업무방법서는 금고를 수범자로 하는 업무기준 내지 훈령에 불과한 것으로서 계약내용으로 포함하지 않는 한 거래상대방을 구속할 수 없다.

나. 은행의 금리변경과 차주의 추인

[7-48] 은행의 일방적 금리변경에 대한 차주의 추인을 인정할 수 있는가? 법원은 이를 인정하지만, 추인의 인정요건을 엄격하게 해석하고 있다. 법원은 "금융기관이 약정 대출금리의 인상을 요구할 아무런 법적 권원이 없음에도 불구하고 그 인상을 요구하였고, 그 요구를 받은 상대방이 이의를 유보함이 없이 인상된 금리에 따른 이자를 장기간 납입함으로써, 묵시적으로 금리 인상에 동의 내지는 추인한 것으로 볼 수 있는 경우에는, 적법한 대출금리의 인상이라는 법적 효과를 인정할 수 있다 할 것"이라고 하면서, "묵시적 동의 내지는 추인이 인정되기 위해서는, 그 상대방이 이의를 유보하지 아니하고, 법률관계의 변경에 따른 결과를 장기간 수용하였어야만 한다"고 판단하였다(대법원 2002. 2. 22. 선고 2000다53274 판결).[20]

다. 여신거래기본약관과 개별약정서

1) 약관상 금리변경권 조항

[7-49] 여신거래기본약관은 은행에 금리변경권을 인정한다. 은행은 "채무이행완료 전에 국가경제·금융사정의 급격한 변동 등으로 계약 당시에 예상할 수 없는 현저한 사정변경이

---

20) 법원은 "금융기관의 대출금리 인상요구에 대하여 상대방이 구두로 항의한 적이 있고, 금융기관이 강제집행을 예고하여 인상된 금리에 따른 이자를 납입한 사정이 엿보이며, 원리금을 모두 납입한 후 불과 10여 일만에 인상된 이자분이 부당이득에 해당한다며 소송을 제기한 경우"에는 상대방이 묵시적 동의 내지 추인한 것으로 볼 수 없다고 판단하였다.

생긴 때"에는 채무자에 대한 개별통지로 그 율을 변경할 수 있고, 그 변경요인이 해소된 때에는 지체없이 해소된 상황에 부합되도록 변경한다(여신거래기본약관 3조 3항). 이 약관조항이 약관법상 "상당한 이유 없이 급부의 내용을 사업자가 일방적으로 결정하거나 변경할 수 있도록 권한을 부여하는 조항"(10조 1호)으로서 무효라고 할 것인가? 이러한 약관조항은 상당한 이유가 있으므로 무효는 아니라고 본다.[21]

[7-50] 여기서 "국가경제·금융사정의 급격한 변동 등으로 계약 당시에 예상할 수 없는 현저한 사정변경"은 국가의 외환유동성위기 등으로 국제기구에 긴급자금을 요청하거나 국가신용등급이 2단계 이상 하락하는 경우 등과 같은 제한적 상황을 의미하는 것으로 전반적인 시장금리인상 기조만을 이유로 적용할 수 있는 것은 아니다.[22]

2) 여신거래기본약관과 개별약정서상 금리변경조항이 다른 경우

[7-51] 여신거래기본약관상 은행의 금리변경권조항과 달리 개별약정서에서 "약정 당시 정해진 이율은 당해 거래기간 동안 일방당사자가 임의로 변경하지 않는다"는 조항이 있는 경우 은행의 금리변경권이 문제된 사례가 있다. 법원은 위 약관조항과 약정서의 내용은 서로 상충되고, 약관법상 개별약정우선의 원칙(4조) 및 위 약정서에서 정한 개별약정 우선적용조항에 따라 개별약정은 약관조항에 우선하므로 대출 이후 당해 거래기간이 지나기 전에 금융기관이 한 일방적 이율인상은 효력이 없다고 판단하였다(대법원 2001. 3. 9. 선고 2000다67235 판결).[23]

라. 고정금리방식의 합의와 금리변경권

[7-52] 고정금리방식의 금리합의로 금융기관에게 금리변경권을 부여하는 약관의 적용이 배제되는가? 금리변경권 약정은 금융거래에서 계약자 일방에게 금리나 그 결정방법 등을 변경할 수 있는 권한을 부여하는 것을 말한다(대법원 2001. 12. 11. 선고 2001다61852 판결). 법원은 금리변경권 약정은 고정금리 또는 변동금리에 의한 금리결정방식을 보완하여 예측곤란한 경제사정의 불확실성에 대비하기 위한 것으로서, 고정금리방식에 의한 금리의 결정과 계약자 일방에게 금리변경권을 부여하는 것이 상호모순되는 관계에 있지는 않으므로, 고정금리방식의 금리결정을 합의했더라도 금융기관에게 금리변경권을 부여하는 약

---

21) 윤진수, "금융기관의 수신거래와 여신거래," 민법논고 Ⅲ, 2008, 289-290면; 정종관, "고정금리방식에 의한 금리의 결정과 계약자 일방에게 금리변경권을 부여하는 것이 상호 모순되는 관계에 있는지 여부," 대법원판례해설 제38호, 법원도서관, 2002, 429면. 대법원 2001. 12. 11. 선고 2001다61852 판결도 이를 전제로 한 것이라는 설명이 있다. 윤진수, 위의 논문, 290면 각주 203.

22) 금감원, 보도자료: 금융회사의 대출 고정금리 자의적 인상에 대한 대응조치, 2022.12.29.

23) 할부금융사와 주택수분양자들 사이의 대출계약상 금리변경을 할 수 없음에도 외환위기 당시 할부금융사가 금리를 인상한 것을 공정거래법상 거래상 지위의 남용으로 본 공정위 시정명령의 취소를 구하는 사안에서 이러한 인상이 불공정행위에 해당하지 않는다는 원심판결을 대법원에서 파기한 사례가 있다. 대법원 2002. 9. 27. 선고 2000두3801 판결.

관의 적용이 당연히 배제되는 것은 아니라고 판단하였다(대법원 2001. 12. 11. 선고 2001다61852 판결).

마. 대출금리 유지와 거래상 지위 남용

은행이 고객에게 변동금리부 주택담보대출을 한 후 대부분의 시장금리가 약 30% 하락했는데도 대출금리를 인하하지 않은 것이 공정거래법상 거래상 지위 남용에 해당하는가?[24] 원심은 대출약정서 제2조의 '은행은 채무자가 선택하는 매 기간이 종료하는 때마다 이자율을 변경할 수 있다'는 문언의 의미는, 은행이 자유롭게 대출금리를 인상·인하할 수 있다는 것이 아니라 여신거래기본약관 제3조 제2항의 적용을 받아 금리의 인상·인하 모두 건전한 금융관행에 따라 합리적인 범위 내에서 행할 의무를 부담한다는 의미라고 해석했다(서울고법 2007. 9. 5. 선고 2006누25089 판결). 대법원은 이 사건 행위기간(2002.12-2005.5) 중 대부분의 시장금리가 약 30% 하락했으므로 건전한 금융관행에 비추어 볼 때 은행은 합리적인 범위 내에서 적절한 수준으로 대출금리를 인하할 의무가 있음에도 정당한 이유 없이 인하하지 않은 것은 은행의 우월적 지위, 대출 고객이 입게 될 경제적 손해 등에 비추어 볼 때 정상적인 거래관행을 벗어난 것으로서 공정한 거래를 저해할 우려가 있는 부당한 행위라고 판단하였다(대법원 2009. 10. 29. 선고 2007두20812 판결).[25] [7-53]

바. 금리인하요구권

1) 의의

은행거래약관상 채무자의 신용상태에 현저한 변동이 있는 경우 은행에 제출한 증빙자료를 근거로 재평가를 받아 금리변경을 요구할 수 있다(은행여신기본거래약관(가계용) 3조 9항, 은행여신기본거래약관(기업용) 20조 3항). 2018년 은행법 개정에서는[26] 이러한 제도가 잘 알려지지 않아 신용상태가 개선된 채무자도 금리인하요구권을 활용하지 못하는 상황이라는 인식하에 금리인하요구권을 은행법에 규정하였다. 은행과 신용공여계약을 체결한 자는 재산 증가나 신용등급 또는 개인신용평점 상승 등 신용상태 개선이 나타났다고 인정되는 경우 은행에 금리인하를 요구할 수 있다(30조의2 1항). 은행은 신용공여계약을 체결하려는 자에게 이러한 금리인하요구권을 알려야 한다(30조의2 2항). 그 밖에 금리인하 요구의 요건 및 절차에 관한 구체적 사항은 시행령으로 정한다(30조의2 3항; 령 18조의4). [7-54]

2) 요건과 절차

은행과 신용공여계약을 체결한 자는 ① 개인이 신용공여계약을 체결한 경우에는 취업, [7-55]

---

24) 공정위는 "거래상 지위를 부당하게 이용하여 변동금리부 주택담보 대출상품의 대출금리를 고정시켜 대출고객들에게 불이익을 제공하는 행위"를 거래상 지위의 남용으로 보아 은행에 대하여 과징금을 부과했다. 공정위 의결 2006. 9. 15, 제2006-203호.

25) 같은 취지로 대법원 2010. 3. 11. 선고 2008두4695 판결; 서울고법 2008. 1. 31, 선고 2006누25362 판결.

26) [시행 2019. 6. 12.][법률 제15936호, 2018. 12. 11., 일부개정]

승진, 재산증가 또는 개인신용평점상승 등 신용상태의 개선이 나타났다고 인정되는 경우, ② 개인이 아닌 자(개인사업자를 포함)가 신용공여계약을 체결한 경우에는 재무상태개선, 신용등급 또는 개인신용평점상승 등 신용상태의 개선이 나타났다고 인정되는 경우 은행에 금리인하를 요구할 수 있다(30조의2 1항; 령 18조의4 1항 1호·2호). 종래 은행거래약관상 금리인하요구권의 행사요건으로서의 "채무자의 신용상태에 현저한 변동이 있는 경우"란 가계에서는 채무자의 직장변동, 연소득변동, 직위변동, 거래실적변동 그 밖에 전문자격증취득, 국가고시합격, 신용등급개선, 자산증가, 부채감소, 연체일수 등의 사유, 그리고 기업대출에서는 회사채등급상승, 재무상태개선, 특허취득, 담보제공 그 밖에 신용등급에 영향을 미칠만한 사유가 있는 경우가 포함될 수 있을 것이다.

[7-56] 금리인하요구를 받은 은행은 해당 요구의 수용 여부를 판단할 때 신용상태개선이 금리산정에 영향을 미치는지 여부 등 금융위가 고시하는 사항을 고려할 수 있다(령 18조의4 2항).

[7-57] 은행은 금리인하요구를 받은 날부터 10영업일 이내에 해당 요구의 수용 여부 및 그 사유를 금리인하 요구자에게 전화, 서면, 문자메시지, 전자우편, 팩스 또는 그 밖에 이와 유사한 방법으로 알려야 한다(령 18조의4 3항). 이 경우 10영업일에는 금리인하 요구자에게 자료보완요구일부터 자료제출일까지의 기간은 포함하지 않는다. 그 밖에 금리인하요구의 요건 및 절차 등에 관하여 필요한 사항은 금융위가 고시한다(령 18조의4 4항).

3) 효과

[7-58] 금리인하요구권은 은행의 재평가를 요구할 수 있는 권리로서 재평가결과에 따라 금리가 인하되지 않을 수도 있다. 은행이 금리인하요구권을 알리지 않는 경우 2천만원 이하의 과태료를 부과한다(69조 4항). 계약 또는 법령에 따른 금융소비자의 이자율 인하 요구에 대해 정당한 사유 없이 이를 거절하거나 그 처리를 지연하는 행위는 금융소비자법상 은행의 불공정거래행위에 해당한다(금소 20조 1항 6호; 금소령 15조 4항 3호 나목).

3. 금리결정권한의 남용

[7-59] 은행이 대출금리결정권한을 남용하는 경우가 지적되고 있다.[27] 예컨대, 은행이 신용프리미엄을 주기적으로 산정하지 않고 고정값을 적용하는 경우, 금리인하요구권에 따라 금리를 인하하면서 기존에 적용하던 우대금리를 축소하는 경우, 고객의 소득정보를 과소입력하여 부당하게 높은 이자를 수취하는 경우, 영업점 직원이 전산으로 산정된 금리가 아닌 해당 은행의 최고금리를 적용하는 경우, 고객이 담보를 제공했음에도 없다고 입력하여 부당하게 높은 이자를 수취하는 경우 등이 대표적이다. 이러한 경우 초과 부과된 이자를 채무자에게 반환해야 하는 것은 물론, 금리산정체계 공시의무 위반이 문제될 수 있다.

---

27) 금감원, 보도자료 : 은행 대출금리 산정체계 점검결과(잠정) 및 향후 감독방향, 2018.6.22.

은행이 채무자에게 통보하거나 협의하지 않은 채 금리를 인상하는 것이 형법상 컴퓨터등 사용 사기죄에 해당하는가? 법원은 "구두로라도 고객의 동의를 받거나 고객과 합의해 가산금리를 인상했다면 이는 유효"하므로 사기죄는 인정되지 않는다(서울고법 2016. 6. 24. 선고 2016노334 판결).[28] [7-60]

Ⅲ. 예금금리의 결정[29]

예금금리는 은행이 정한 시장대표상품의 금리를 기준으로 원가요소 및 적정마진 등을 감안하여 결정된다. 수신금리의 주요 구성요소는 기준금리, 지급준비예치금, 예금보험료, 업무원가, 적정마진 등을 포함한다. [7-61]

Ⅳ. 마이너스금리

1. 의 의

유럽중앙은행과 일본은행 등은 마이너스금리 도입을 결정하였다. 이에 따라 변동금리부 대출이나 변동금리를 참조하는 파생상품거래 등에서 기준이 되는 금리지표가 마이너스가 되는 사태가 나타나고 있다. 마이너스금리에 대해서는 계약에 의한 해결이 이루어진 경우와 그렇지 않은 경우를 나누어 법적 효력을 살펴볼 수 있다.[30] [7-62]

2. 계약에 의한 해결

가. 의 의

마이너스금리에 관하여 계약상 규정으로는 2006 ISDA 용어집상 '마이너스금리방법', 2014.5. 담보계약상 마이너스금리 프로토콜, LMA 대출계약상 '영 한도 금리조항'의 3가지가 있다.[31] [7-63]

나. 2006 ISDA 용어집상 '마이너스금리방법'

첫째 유형은 다른 약정이 없는 경우 2006 ISDA 용어집(2006 ISDA Definitions)에 규정되어 있는 '마이너스금리방법'(Negative Interest Rate Method)을 동 용어집을 포함하고 있는 스왑계약에 적용하는 것이다. 마이너스금리방법에서 변동금리지급자가 변동금리부분을 [7-64]

---

28) 대법원 2017. 12. 22. 선고 2016도10847 판결로 확정.

29) 예금금리결정의 기본구조에 대해서는 은행연합회, 예금금리에 대한 이해 〈https://portal.kfb.or.kr/compare/receiving.php〉

30) 이하 설명은 金融法委員会, 「マイナス金利の導入に伴って生ずる契約解釈上の問題に対する考え方の整理」, 2016.2.19; 金融法委員会, 「損失補てん等·特別の利益の提供の禁止に関する論点整理—金利スワップ取引における金利固定化に関する対応に関連して—」, 2017.4.20.에 기초한 것이다. 국내 논의로, 김원순, "마이너스 금리에 대한 법적 검토", 은행법연구 제13권 제2호, 2020, 147-196A면.

31) Amy Kho, Edward Nalbantian, Liz Saxton and Harriet Territt, Negative interest rates: where are we now?, Butterworths Journal of International Banking and Financial Law Vol.30 No.10, 2015, pp648-649.

지급하지만, 지급일자에 그 금액이 마이너스 수치인 경우 변동금리지급자는 지급의무가 없는 것으로 간주되고 상대방당사자는 마이너스 수치의 절대금액을 지급한다. 2006 ISDA 용어집상 또 다른 가능성은 '영 금리방법'(Zero Interest Rate Method)을 명시하는 것이다. 이 경우에는 금액이 마이너스로 되면 변동금리지급자의 지급의무를 면제하지만, 상대방당사자에게 금리부담의 역전으로 인한 지급도 요구하지 않게 된다.

다. 2014.5. 담보계약상 마이너스금리 프로토콜

[7-65] 둘째 유형은 ISDA 담보제공약정(Credit Support Annex)을 포함한 담보계약 수정을 위해 도입된 2014.5. 담보계약상 마이너스금리 프로토콜(Collateral Agreement Negative Interest Protocol)이다. 동 프로토콜은 2006 ISDA 용어집과 유사한 방법으로 '절대가치 마이너스 금리'(AV Negative Interest Amount) 개념 추가를 위한 각 담보계약 개정에 사용된다. 보통 양의 이자금액을 수취하는 당사자가 마이너스금리에 해당하는 절대금액을 상대방당사자에게 지급하게 된다. 이 금액의 지급의무는 지급인에게 제공되거나 이전된 담보금액의 잔액을 감액함으로써 이행된다.

라. LMA 대출계약상 '영 한도 금리조항'

[7-66] 셋째 유형은 대출시장협회(Loan Market Association)의 영국법을 준거법으로 하는 신디케이티드 대출계약서에서 규정하고 있는 '영 한도 금리조항'(Zero Floor interest provision)이다. 동 조항이 계약서에 포함될 경우 마이너스 금리는 0으로 간주되고 대출계약상 그에 따른 효과가 발생한다.

3. 법적 효력

[7-67] 변동금리대출에서는 기준금리에 가산금리를 합산한 적용금리를 원금에 곱하여 이자를 계산한다. 적용금리가 마이너스인 경우 대주는 차주에 대하여 지급일자에 금리상당액을 지급할 의무를 지는가? 명시적 약정이 있는 경우에는 그에 따르겠지만, 그러한 약정이 없는 경우에는 **대출계약은 차주가 대주에게 이자를 지급하는 것을 전제**로 해석하는 것이 옳다.

[7-68] 대출에서의 결론은 변동금리예금에도 그대로 적용된다. 명시적인 약정이 없는 경우 예금이자는 은행이 예금자에 지급하는 것을 전제로 해석하는 것이 타당하다.

[7-69] 대출이나 예금과 달리 금리스왑과 같은 파생상품에서는 변동금리 지급자의 적용금리가 마이너스의 수치가 된 경우 고정금리지급자가 그 절대액을 자신의 고정금리금액에 더하여 지급하는 것이 옳을 것이다.

V. 금리조작

영국에서는 LIBOR 금리조작이 문제되었다.[32] 국내에서도 CD 금리담합이 문제되었 [7-70] 다. CD의 발행규모가 감소하여 지표금리로서의 지위를 사실상 상실했음에도 지속적으로 발표되고 이용된 점은 문제다. 금감원은 CD금리담합에 관한 국민검사를 청구한 사건에서 공정위 조사가 진행 중이라는 이유로 청구를 기각했다.[33] 공정위는 최종적으로 CD금리조작을 인정하지 않았다.[34] 이런 점을 고려하여 금융지표법은 지표금리를 포함한 금융거래지표에 대한 규제를 신설하고 있다([7-28]-[7-44]).

32) UK Treasury, The Wheatley Review of LIBOR: final report, September 2012; 김도형, "리보(LIBOR)금리조작사건의 이해 및 법률쟁점," BFL 제62호, 2013, 101-114면.

33) 금감원, 보도자료: 제1차 국민검사청구 심의위원회 심의 결과, 2013.7.26.

34) 공정위, CD금리 담합관련 건 보도참고자료, 2016.7.6.

제5절 그 밖의 비용

Ⅰ. 의 의

[7-71] 은행이 대출을 할 때 이자 외에도 저당권설정비용 등 다양한 추가적인 비용이 발생한다. 이러한 비용을 누가 부담할 것인가?. 대표적으로 국내에서는 저당권설정비용의 부담주체가 문제되었다. 금융거래에서 발생하는 비용은 당사자들이 합의하여 그 부담주체를 정하는 것이 원칙이다. 그러나 저당권설정비용은 채권자로서의 은행이 채권보전을 위하여 발생하는 비용이므로 은행이 부담해야 할 비용을 불공정하게 채무자가 부담하게 하는 것이라는 주장이 제기되었다.

Ⅱ. 약 관

[7-72] 과거 여신관련 표준약관은 ① 대출거래약정서 등에서 인지세의 부담주체를 고객이 선택할 수 있도록 규정하고, ② 근저당권설정계약서 등에서 근저당권이나 저당권 설정에 드는 등록세, 교육세, 국민주택채권매입비, 법무사수수료, 말소(근저당권 해지비용), 감정평가수수료의 부담주체를 고객이 선택할 수 있도록 하는 **선택형 약관**으로 되어 있었다(서울중앙지법 2013. 5. 31. 선고 2012가합515824 판결).

[7-73] 그러나 현재의 여신관련 표준약관은 비용성격에 따라 **부담주체(은행 또는 고객)를 확정하는 구조**를 취하고 있다.[35] 그에 따르면 인지세는 은행과 고객이 반반씩, 근저당권 설정비용은 은행이, 근저당권 말소 비용은 고객 또는 저당권 설정자가 부담하도록 한다. 구체적으로 근저당권설정비용 중 등록세·지방교육세·등기신청수수료 및 법무사수수료·근저당물건의 조사 또는 감정평가수수료는 은행이, 국민주택채권매입비는 채무자·설정자가, 기타 부담주체가 불분명한 비용은 은행과 채무자·설정자가 50%씩 분담하는 것이다. 다만, 근저당권 말소비용은 채무자·설정자가 부담한다.[36]

---

35) 공정위, 보도자료: 은행대출시 저당권 설정비용 안내도 된다 … 소비자 부담 크게 감소 - 공정위의 개정 여신 표준약관은 정당, 법원 최종 확인 -, 2011.4.13.

36) 근저당권설정계약서[공정위 표준약관 제10045호(2016.10.7. 개정)]는 다음과 같이 규정하고 있다.
제8조(여러 절차의 이행과 비용부담)
② 채권자는 제1항의 청구를 할 때 당해 등기에 드는 비용의 종류와 산출근거를 채무자와 설정자에게 별도의 서면에 의하여 설명합니다. 채권자가 이 설명을 하지 아니한 비용은 채무자와 설정자에게 청구하지 아니하며, 이 설명을 한 비용은 다음 각 호에 따라 부담합니다.
1. 국민주택채권매입비 : 채무자 또는 설정자
2. 등록세, 지방교육세, 등기신청수수료 및 법무사 수수료
가. 근저당권 설정등기를 하는 경우 : 채권자
나. 근저당권 말소등기를 하는 경우 : 채무자 또는 설정자
3. 근저당물건의 조사 또는 감정평가 수수료
가. 근저당권을 설정하기 위한 경우 : 채권자
나. 채무자의 채무불이행으로 인하여 근저당권을 행사하는 경우 : 채무자 또는 설정자
4. 기타 비용으로서 부담주체가 분명하지 아니한 비용 : 채권자와 채무자 또는 설정자의 균분

Ⅲ. 판 례

종래 법원은 "저당권 설정등기에 있어서 당사자 간에 특별한 약정이 없는 한 그 비용은 채무자가 부담함이 거래상 원칙"(대법원 1962. 2. 15. 선고 4294민상291 판결)이라는 판단과 "담보권자가 담보권을 확보하기 위하여 지출한 비용은 특약이 없는 한 담보권자가 부담하여야 한다"(대법원 1981. 7. 28. 선고 81다257 판결; 대법원 1982. 4. 13. 선고 81다531 판결; 대법원 1987. 6. 9. 선고 86다카2435 판결)는 판단을 해왔다. 이러한 판결도 결국 비용부담에 관한 사항을 당사자들의 특약에 맡기고 있는 점은 분명하다. [7-74]

보험회사 등이 채무자에게 부동산담보 대출을 하면서 가산금리 적용 등과 결부시켜 '근저당권설정비용의 부담에 관하여 항목별로 제시된 세 개의 난 중 하나에 √표시를 하는 방법으로 비용을 부담한다'는 취지의 조항('비용부담조항')이 포함된 대출거래약정서, 근저당권설정계약서 등을 사용하여 계약을 체결한 사안에서, 법원은 "공정거래위원회가 비용부담조항과 같은 형식과 내용의 개정 전 표준약관 조항을 비용별로 부담자를 미리 구체적으로 정하여 명시하는 취지로 개정하여 이에 대한 사용권장 처분이 확정되었다는 사정만으로는 개정 전 표준약관 조항이나 이와 동일한 비용부담조항이 건전한 거래질서를 훼손하는 등 고객에게 부당하게 불이익을 주는 약관 조항으로서 구 약관의 규제에 관한 법률(2010. 3. 22. 법률 제10169호로 개정되기 전의 것) 제6조 제1항에 의하여 무효가 되는 '신의성실의 원칙에 반하여 공정을 잃은 약관 조항'에 해당한다고 보기 부족하다"고 판단하였다(대법원 2014. 6. 12. 선고 2013다214864 판결). [7-75]

Ⅳ. 기 준

금융거래의 당사자들은 해당 금융거래에서 발생하는 다양한 비용을 부담하게 된다. 결국 당사자들의 합의에 의하여 부담주체와 비중을 정할 수밖에 없을 것이다. 대출업자로서의 은행의 위험을 관리하기 위하여 발생하는 모든 비용을 채무자에게 전가하는 것이 부적절하다는 것은 당연하다. 저당권설정비용과 같은 신용위험관리비용도 마찬가지이다. 다만 은행의 비용부담구조상 거래별로 개별비용화하는 것과 은행 전체의 일반비용화하는 경우를 구분하여 채무자가 해당 금융거래에서 실제 부담하게 되는 이자와 거래비용을 포함한 총비용(all-in costs)이라는 관점에서 논의되어야 할 것으로 생각된다. [7-76]

제3편

은행의 거래

제8장 예 금

제1절 서 설

예금은 은행에게는 자금조달수단으로, 그리고 예금자에게는 안정적인 수익확보수단으로 이용되어 왔다. 금리하락으로 안정적 수익확보기능은 많이 약화되었지만 여전히 많은 국민들의 재산보관수단으로 활용되고 있다. 동시에 예금은 핵심 지급결제수단으로서 기능한다. 은행규제의 합리성을 설명하는 이유의 상당 부분이 예금이라는 지급결제수단의 운영자인 은행의 위험을 관리하는 것이 금융체계의 안정을 위한 초석이 된다는 것이다. 은행의 특수성은 은행의 지급결제기능에 따른 것이다. [8-1]

예금은 불특정 다수인으로부터의 외부자금 조달이라는 은행의 본질적 기능을 상징한다. 외부자금의 조달이 없으면 은행에 해당할 수 없다. 예금의 법률문제는 예금의 성립과 당사자 확정, 상속과 인출을 포함한 전통적인 은행거래법적 쟁점과 함께 금융실명법과 유사수신법, 자금세탁방지법 등 새로운 은행규제법적 쟁점도 모두 포함하고 있다. 예금의 법적 성질에 관한 논의는 원금보장과 예금자의 이익을 우선하는 예금의 본질과 직접 연결된다. 예금의 법적 성질을 소비대차가 아닌 소비임치로 보는 것 자체가 이러한 특징을 전제로 하는 것이다. [8-2]

제2절 의의와 종류에서는 예금의 의의와 종류를 간략히 정리한다. 제3절 법적 성질에서는 예금의 법적 성질을 살펴본다. 금전소비임치로서의 예금의 법적 성질은 예금의 제도적 기능과 경제적 특징을 잘 설명해 준다. 제4절 예금계약의 체결 및 이행에서는 예금의 성립과 당사자 확정, 인출 등의 문제를 살펴본다. 제5절 예금채권의 상속에서는 특히 공동상속예금의 취급이라는 난제를 정리한다. 제6절 예금지급준비금에서는 지급준비제도를 검토한다. 제7절·제8절·제9절에서는 예금과 금융실명법, 유사수신법, 자금세탁방지법의 관계를 살펴본다. 금융실명법, 유사수신법, 자금세탁방지법은 금융범죄에 대응하여 반사회적 세력의 금융체계접근을 차단하는 금융시장인프라로서의 성격을 가진다. 그러나 예금자나 예금취급기관의 입장에서는 준수해야 할 영업행위규제의 하나로서의 의미도 가진다. [8-3]

제2절 의의와 종류

Ⅰ. 의 의

1. 개 념

[8-4] 은행법상 예금의 명시적 정의는 없다. 일반적으로 은행이 "불특정다수인으로부터 일정한 기간을 정하거나 또는 정하지 않고 예금증서와 교환하여 금전의 예입을 받는 계약"으로 정의된다.[1] 예입시점에는 금전 아닌 어음·수표를 예입하기도 하지만 계약 목적물은 금전이다.[2]

[8-5] 예금의 법적 성질은 민법상 금전소비임치로서 첫째, 예금자가 은행에 금전 보관을 위탁하고, 둘째, 은행이 그 금전 소유권을 취득하고, 셋째, 은행이 예금자에 대하여 금전의 반환을 약정하는 것이다. 예금의 종류에 따라 위임(당좌예금)이나 소비대차(마이너스통장)와 같은 성격이 복합될 수도 있다.

2. 구 별

가. 표지어음 매출대금 보관계좌

1) 의 의

[8-6] 표지어음은 '금융기관이 할인하여 보유하고 있는 상업어음, 무역어음, 팩토링어음 등을 분할 또는 통합하여 새로이 발행한 약속어음'을 말한다.[3] 표지어음의 발행인인 은행은 어음할인에 따른 자금부담을 줄이고 어음할인금리와 표지어음 발행금리 사이의 차익을 얻게 된다. 표지어음 매수인에게 표지어음은 단기자금 운용수단이 된다.

[8-7] 표지어음은 무기명 예금증서가 아닌 약속어음이므로(대법원 2014. 6. 26. 선고 2014다13167 판결; 대법원 2015. 9. 10. 선고 2015다27545 판결) 특별한 약정이 없는 경우 어음법이 적용된다. 은행은 표지어음을 발행·매출하면서 발행의뢰인에게서 대가로 받은 자금을 향후 표지어음금 지급을 위하여 별도로 보관·관리하기 위해 표지어음 매출대금 보관계좌를 개설한다.

2) 표지어음 발행·매출의 법적 성격

[8-8] 표지어음 발행·매출의 법적 성격에 대해서는 어음매매설과 예금계약과 표지어음 발행계약의 혼합계약설이 있을 수 있다.[4] 그러나 첫째, 은행의 표지어음에 대한 지급책임은 어음발행인으로서의 당연한 책임이다. 둘째, 예금자보호법상 예금보험대상이 되는 예금등은

---

1) 은행감독원, 34-35면.
2) 윤진수, "금융기관의 수신거래와 여신거래," 민법논고 Ⅲ, 2008, 221면.
3) 정성욱, "표지어음 매출대금 보관 계좌의 법적 성격," 대법원판례 해설 제105호(2015년 하), 2016, 413-421면.
4) 정성욱, 앞의 논문, 421-425면.

은행법상 예금에 한정되지 않으므로 특정상품이 예금자보호법상 예금보험대상이 되는 것이 동 상품이 예금이라는 의미는 아니다(예보 2조 2호 라목; 자본 336조 1항). 은행이 표지어음을 발행하여 발행의뢰인에게 어음할인 방식으로 매출하는 것은 '어음의 매매'의 성격을 가진다(대법원 2015. 9. 10. 선고 2015다27545 판결).

3) 표지어음 매출대금 보관계좌의 법적 성격

표지어음 매출대금 보관계좌의 법적 성격에 대해서는 일반예금계좌설, 부담부예금계좌설, 별단예금유사설이 있을 수 있다.[5)] [8-9]

표지어음은 '금융기관이 할인하여 보유하고 있는 상업어음 등'의 자금 회수를 위해 이를 분할 또는 통합하여 이를 기초로 새로이 발행한 약속어음이다. 실무상 표지어음을 거치식 예금약관의 적용대상[6)]으로 하거나 예보 설명자료에서 표지어음을 정기예금, 저축예금, 주택청약예금 등과 함께 저축성예금으로 표시[7)]하고 있는 것은 표지어음의 법적 성질을 고려한 것은 아니라고 생각된다. [8-10]

발행의뢰인은 특별한 사정이 없는 한 은행에 대하여 자금의 대가로 발행된 표지어음금의 지급을 구할 수 있을 뿐 어음금과 별도로 계좌에 관한 예금의 반환을 구할 수는 없다(대법원 2015. 9. 10. 선고 2015다27545 판결). 자금관리 편의상 별단예금과 유사한 계좌를 개설한 것으로 본다.[8)] [8-11]

나. 콜머니

콜시장은 은행들이 일시적인 자금과부족을 조절하기 위해 상호간에 초단기로 자금을 차입하거나 대여하는 시장이다.[9)] 지급준비제도 적용대상 은행들이 지급준비금 과부족을 주로 콜거래를 통하여 조정한다. 콜시장에서의 자금공급기능을 콜론, 자금차입기능을 콜머니라고 한다. [8-12]

콜머니는 초단기차입금이지 예금이 아니다. 콜머니 자금이 법인세법시행령 제43조의2 제8항에 따라 이자 손금불산입 대상 차입금의 범위에서 제외되는 수신자금에 포함되는지 여부가 문제된 사례가 있다. 법원은 수신자금은 '예금의 수입, 유가증권 또는 기타 채무증서의 발행에 의하여 불특정 다수인으로부터 채무를 부담함으로써 획득한 자금'으로서 콜머니 자금은 수신자금이 아니라고 판단했다(대법원 1998. 12. 23. 선고 97누11812 판결). [8-13]

---

5) 학설에 대한 소개는 정성욱, 앞의 논문, 2016, 425-427면.

6) 「거치식예금약관」[시행 1998.9.2][공정거래위원회표준약관 10015호, 1998.9.2., 제정] 제1조(적용범위) ③ 복리자유적립식정기예금과 양도성예금증서 및 표지어음의 거래에는 이 약관을 적용한다.

7) 예금자보호제도 〈http://www.kdic.or.kr/protect/protect_product_list.jsp〉.

8) 정성욱, 앞의 논문, 427면.

9) 한국은행, 한국의 금융시장, 2021, 44면.

다. 환매조건부채권매매

[8-14] 환매조건부채권매매도 실질은 채권매매대금조로 입금된 금원에 대하여 일정비율의 수익을 보장해 주는 예금계약과 다를 바 없다는 하급심 판결도 있다(서울민사지법 1985. 5. 8. 선고 84가합3816 판결). 그러나 환매조건부채권매매는 채권매매로 보아야 한다([15-37]-[15-52]).

Ⅱ. 종 류

1. 의 의

[8-15] 예금의 종류는 다양하여 일반인이 은행별로 예금의 종류를 모두 파악하기는 어렵고, 예금은 특별한 사정이 없는 한 그 비밀이 보장되어 예금자의 채권자는 구체적으로 예금자의 예금의 종류와 금액 등을 상세히 알기 어렵다(대법원 2007. 11. 15. 선고 2007다56425 판결). 일반적으로 많이 이용되는 예금 종류를 살펴본다.

2. 요구불예금과 기한부예금

[8-16] 예금은 보통예금, 저축예금, 당좌예금 등 입출금이 자유로운 **요구불예금**과 정기적금, 상호부금과 같은 적립식예금, 정기예금과 같은 **거치식 또는 기한부 예금**으로 나눌 수 있다. 상호부금은 기한을 정하여 부금을 납입하면 중도 또는 만기에 일정 금액의 급부를 약정하는 예금으로 정기적금과 유사하지만, 중도급부금 지급이 사전에 약정되어 있다.[10] 요구불예금과 기한부예금은 목적에 따라 결제성예금과 저축성예금으로 나눌 수 있다.[11]

3. 보통예금

[8-17] 보통예금은 기한이 없어 언제든지 입출금이 가능한 예금이다. 보통예금은 일시적 유휴자금을 예치하여 제한 없이 자유롭게 거래할 수 있는 예금종목이며 은행의 입장에서는 저리자금조달수단이 된다.[12] 예금자는 보통예금을 단기저축수단이나 결제계좌로 주로 활용한다. 보통예금에 대하여 낮은 금리를 부과할 수 있는 것은 매우 낮거나 없는 계좌이체 수수료와 연결된다.

[8-18] 보통예금은 계속적 계약으로서의 성질을 갖는다. 예금계좌에 입금할 때마다 새로운 예금채권이 성립하는 것이 아니라 기존의 예금잔액과 합하여 단일한 예금채권이 성립한다.[13] 또한 보통예금은 해지할 수 있으나, 예금자가 해지하지 않으면 계좌 자체는 잔액이 없어도 유지된다. 잔액이 일정 금액 이하인 경우 계좌유지수수료를 부과하는 경우가 있다.[14]

---

10) 한국은행, 한국의 금융제도, 2018, 188면. 상호부금은 전통적인 계(契)를 변형한 제도라고 한다.

11) 神田秀樹외, 12-13면.

12) 은행연합회, 『은행회계해설(상)』, 2018, 537면.

13) 은행감독원, 117면. 그 근거로는 입금할 때마다 경개가 이루어진다고 보는 견해와 증감하는 잔액만큼의 단일한 예금채권이 있다는 약정을 한 것으로 보는 견해가 있다.

14) 씨티은행이 2017.7.부터 계좌유지수수료를 도입하기로 했다. SC제일은행은 2001년 계좌유지수수료를 도입

4. 당좌예금

당좌예금은 "은행과 당좌거래계약을 체결한 고객이 일반적인 상거래 등에서 취득한 현금, 수표 등을 은행에 예치하고 그 예금 잔액 범위 또는 당좌대출한도 범위 내에서 거래 은행을 지급인으로 하는 당좌수표(또는 거래은행을 지급지로 하는 약속어음)의 발행에 의해서 현금지급을 대신하는 등, 일상적인 출납업무를 은행이 대행토록 위임하고자 개설한 예금"이다.[15] 이와 유사한 것으로 통상의 예금과 일정 한도의 자동대출이 하나의 통장으로 관리되는 계좌(대법원 2003. 2. 11. 선고 2002도6154 판결)인 **마이너스예금거래계좌** 또는 **종합통장자동대출**(대법원 2015. 3. 12. 선고 2013다207972 판결; 대법원 2022. 6. 30. 선고 2016다237974 판결)이 있다. 흔히 마이너스통장이라고 한다. [8-19]

5. 별단예금

별단예금은 환, 대출, 보관 등 은행의 업무수행상 발생하는 미결제자금, 미정리예수금 또는 타 예금계정으로 처리할 수 없는 자금, 기타 특정자금을 일시 예수하는 계정으로서, 은행의 회계목적 달성에 필요한 계정이다.[16] 별단예금은 자기앞수표발행기금, 당좌개설보증금, 사고신고담보금, 주식납입보관금과 같은 특별한 목적을 가진 예금으로서 일반적인 예금과 달리 입출금이 자유롭지 않다. 동 예금은 후일 다른 계정으로 대체되거나 고객에게 환급될 과도적인 예금인 만큼, 일정한 거래기한이나 거래약관이 없음은 물론 예금증서나 통장 등도 발행하지 않으며, 필요한 경우에는 예치증, 영수증, 또는 확인서 등을 발행할 뿐이다. [8-20]

별단예금의 성격은 일반적으로 규정할 수 없으며 개별거래별로 다르다. 사채원리금 지급대행계약에 따라 발행인이 지급대행은행에 개설한 별단예금을 신탁으로 본 사례(대법원 2002. 7. 26. 선고 2000다17070 판결)가 있다. 이 경우에는 별단예금의 예금자의 반환청구권이 제한을 받게 된다. [8-21]

6. 정기적금

정기적금은 은행이 일정 기간 후에 일정 금액을 지급할 것을 약정하고 고객이 매월 일정일에 일정액을 적립하는 예금제도로 장기저축성예금이다.[17] 보통예금과 달리 질권설정을 통한 담보로 활용할 수 있다. 정기적금은 당초 계 등 사금융을 흡수할 목적으로 도입되었다. [8-22]

했다가 4년 4개월 만에 폐지했다. 국내 소비자들의 수수료에 대한 거부감이 그 이유였다.

15) 은행연합회, 『은행회계해설(상)』, 2018, 535면.

16) 은행연합회, 위의 자료(상), 537면.

17) 은행연합회, 위의 자료(상), 544면.

7. 정기예금

[8-23] 정기예금은 확정된 예금기간 중에는 인출할 수 없는 예금이다. 보통예금보다는 높은 이율이 적용된다. 예금자는 중도해지수수료를 부담하고 해지할 수 있다.

제3절 법적 성질

Ⅰ. 금전소비임치

1. 금전소비임치

예금의 법적 성질은 금전소비임치이다(대법원 1985. 12. 24. 선고 85다카880 판결; 대법원 2023. 6. 29. 선고 2023다218353 판결). 예금계좌에 입금된 금전의 소유권은 은행에 이전되고, 예금자는 그 계좌를 통한 예금반환채권을 취득한다(대법원 1972. 11. 14. 선고 72도1946 판결; 대법원 2007. 3. 15. 선고 2006도2704 판결 등).[18] 은행의 임직원은 예금자로부터 예금반환청구가 있으면 이에 응할 의무가 있을 뿐 예금자와 사이에서 그의 재산관리에 관한 사무를 처리하는 자의 지위에 있다고는 할 수 없다(대법원 2008. 4. 24. 선고 2008도1408 판결). [8-24]

금전소비임치로 보는 것은 2가지 의미를 가진다. 첫째, 기한의 이익이다. 금전소비임치에서는 은행이 임치물인 금전을 소비하고 동종·동량·동질의 원물을 반환할 의무를 지게 되므로 소비대차에 관한 규정이 준용된다(민 702조 본문). 다만 소비대차에서 기한은 채무자의 이익을 위한 것이지만 소비임치에서의 기한은 임치인의 이익을 위한 것이므로 예금자는 반환시기의 약정이 없는 경우 최고 없이 언제든지 반환청구할 수 있다(민 702조 단서). 둘째, 이자의 지급이다. 창고업 등 일반임치계약에서 대가는 임치인이 수치인에게 지급한다. 그러나 예금의 경우에는 수치인인 은행이 임치인인 예금자에게 이자의 형태로 대가를 지급하게 된다. 당좌예금에 대해서는 이자 지급이 금지된다. 마이너스 금리 상황에서 예금자가 그 절대금액을 은행에 지급할 경우 유상임치계약과 유사한 대가구조를 취한다.[19] [8-25]

예금에 대해서는 금전소비임치로서 민법상 소비대차에 관한 규정이 준용되지만(민 702조 본문), 사실상 그 계약 내용은 약관에 따라 정해진다(대법원 2023. 6. 29. 선고 2023다218353 판결). [8-26]

2. 위 임

예금은 금전소비임치이지만, 단순한 예금의 입금과 반환에서 나아가 계좌이체나 이자지급 등 다양한 서비스가 결부된다. 따라서 이러한 부가서비스의 존재를 고려한 성질 결정이 필요하다. 일본의 최고재판소는 예금계약에 이체입금의 수입, 각종 요금의 자동지급, 이자의 입금, 정기예금의 자동계속처리 등 복합적인 금융서비스를 부가하고 있는 경우에는 위임사무 내지 준위임사무도 포함되어 있어서 금전소비임치로서의 성질과 함께 위임과 유사한 성질도 가진다고 판단하였다(最一小判 2009.1.22.日民集63巻1号 228면). 그리고 [8-27]

---

18) 영국법상 이러한 관념이 최초로 형성된 것은 Foley v Hill (1848) 2 HLC 28, 9 ER 1002. Sheelagh McCracken and Anna Everett, Everett and McCracken's Banking and Financial Institutions Law 6th ed, Law Book Co, 2004, pp286-288 [802]-[804].

19) 三上徹, 「利息と銀行実務」, 金融法務事情 No 2023, 2015, 27면.

당좌예금은 어음·수표 등의 지급계좌로 사용되는 점에서 금전소비임치계약과 지급사무에 대한 위임계약의 혼합계약이라고 할 수 있다.

3. 금전소비대차와의 구별

[8-28] 경제적 실질에서 금전소비임차인 예금과 금전소비대차인 대출은 유사성이 있다. 특히 반환시기의 약정이 있는 기한부예금은 요구불예금에 비하여 대출의 성격이 강하다. 그러나 특히 소매시장에서 예금자가 은행에 자금을 대출한다는 인식은 존재하지 않는다.

4. 유형별 성질결정

[8-29] 예금의 법적 성질을 금전소비임치로 보는 것은 예금자보호에 가장 적합한 법률구조라는 점도 고려된 것이다. 그러나 예금이 수행하는 경제적 기능이 발전하고 있으므로 그 법적 성질에 대해서도 유형별로 개별적인 검토가 필요하다.[20] 예금을 단순히 보관하고 만기에 반환하는 기한부 예금과 각종 결제 기능이 부가되어 있는 결제성 예금, 유통성이 인정되는 양도성 예금증서의 법적 성질을 같이 보기는 어렵다.

Ⅱ. 요물계약인지 여부

[8-30] 임치는 낙성계약이다(민 693조). 예금계약에 대해서는 낙성계약설과 요물계약설이 있다. 법원은 "예금계약은 예금자가 예금의 의사를 표시하면서 금융기관에 돈을 제공하고 금융기관이 그 의사에 따라서 그 돈을 받아 확인을 하면 그로써 성립"하는 것으로 본다(대법원 1977. 4. 26. 선고 74다646 판결; 대법원 1984. 8. 14. 선고 84도1139 판결; 대법원 1996. 1. 26. 선고 95다26919 판결; 대법원 2005. 12. 23. 선고 2003다30159 판결; 대법원 2007. 9. 7. 선고 2005다30832 판결). 은행직원이 받은 돈을 실제로 입금했는지는 예금계약 성립에 영향이 없다. 당사자들의 권리의무에도 실질적인 영향이 없다.[21] 중요한 것은 계약의 성질보다 예입수단에 따라 예금의 성립시기가 다른 점이다.

Ⅲ. 원금보전성

1. 의 의

[8-31] 예금의 원금보전은 만기 또는 상환시 보장을 의미한다. 법률상으로는 "동종 동량 동질의 반환"이라는 요소에 반영되어 있다. 은행이 아니면서 원금보장을 조건으로 불특정 다수인으로부터 자금을 조달하면 유사수신법 위반으로서 처벌대상이 된다.

2. 외화예금

[8-32] 외화예금의 경우 만기 또는 상환시 원금의 반환이 예정되어 있으므로 은행법상 예금에 해당한다. 그러나 외화예금은 투자성이 있어 자본시장법상 금융투자상품(3조)이면서

---

20) 神田秀樹외, 21면.
21) 박준·한민, 30-31면.

투자성있는 예금(7조 1항)에도 해당되기 때문에 그 발행은 투자매매업이지만 은행은 투자매매업 인가를 받은 것으로 간주된다(77조 1항).[22]

3. 금전신탁

은행은 신탁업자로서 신탁업을 경영할 수 있다. 특히 금전을 신탁재산으로 하는 금전 [8-33] 신탁은 금전을 대상으로 하고 은행이 취급하는 점에서 예금과 구별이 필요하다. 그러나 금전신탁은 첫째, 신탁된 금전은 은행의 고유재산이 아닌 신탁재산에 속하게 되고, 둘째, 신탁행위 또는 관계 법령에서 정한 바에 따라 자금운용이 이루어져야 하며, 셋째, 실적배당주의가 적용되어 원칙적으로 원본과 이익이 보장되지 아니할 수 있다는 점 등에서, 예금된 금원이 은행의 고유재산에 속하게 되고 예금에 관한 은행의 자금운용 방법에 원칙적으로 제한이 없으며, 원금 및 약정이율에 따른 이자의 지급이 보장되는 금전의 소비임치계약인 예금과 차이가 있다(대법원 2007. 11. 29. 선고 2005다64552 판결).[23]

4. 신용부금

저축은행법은 '신용부금업무'를 일정한 기간을 정하고 부금을 납입하게 하여 그 기간 [8-34] 중에 또는 만료 시에 부금자에게 일정한 금전을 지급할 것을 약정하여 행하는 부금의 수입과 급부금의 지급 업무라고 정의한다(2조 3호). 금전을 만기에 지급하는 경우에는 예금과 차이가 없지만 가입 즉시 또는 중도에 금전의 급부를 선택하면 대출로 전환되는 성질을 가지므로 예금과는 차이가 있다.[24]

5. 투자자 예탁금

증권회사를 통하여 증권에 투자하려는 투자자는 금전을 증권회사에 예탁하고, 증권 [8-35] 회사는 이를 100% 증권금융에 예치해야 한다(자본 74조 2항). 투자자 예탁금은 증권회사가 소비할 수 없으므로 예금과는 다르다.[25] 만일 100% 예치비율을 낮추어 증권회사 스스로 일정 비율의 예탁금을 소비할 수 있게 되면 예금으로서의 성질을 갖출 가능성이 있다.

6. 예금계약과 중도해지수수료

정기예금은 해지시점에 따라 원래 약정한 이자를 받지 못할 뿐만 아니라 일정한 해 [8-36] 지수수료를 예금자가 은행에 지급하는 경우가 있다. 이를 **중도해지수수료**라고 한다. 자본시장법상 금융투자상품의 개념요소인 투자성을 판단할 때 중도해지수수료를 고려하면 원본보다 최종적으로 수취한 금액이 줄어들어 투자성이 있다는 판단이 가능하다. 이에 자본

22) 금융위·금감원 유권해석 2009-06-29.
23) 평석으로는 임채웅, "金錢信託의 硏究- 특정금전신탁과 불특정금전신탁을 중심으로 (대상판결 : 대법원 2007. 11. 29. 선고 2005다 64552 판결)," 인권과 정의 383호, 2008, 145-162면.
24) 주석은행법, 53면.
25) 주석은행법, 53면.

시장법은 예금의 투자성 판단에서 중도해지로 인하여 투자자, 그 밖의 고객이 지급하는 해지수수료 및 이에 준하는 것을 고려하지 않도록 규정하였다(3조 1항; 동 시행령 3조 2항 1호).

Ⅳ. 예금과 양도성

1. 의 의

가. 양도금지특약의 의의

[8-37] 예금채권도 지명채권의 일종으로서 양도성이 있다. 법원도 예금채권은 금전채권의 일종으로서 일반거래상 자유롭게 양도될 필요성이 큰 재산임을 인정하고 있다(대법원 1998. 11. 10. 선고 98다20059 판결). 그러나 예금거래기본약관은 예금 양도나 질권설정을 위해서는 은행에 대한 사전통지와 은행의 동의를 요구하고 있고(동 약관 12조 1항), 이 내용은 예금통장에도 기재된다. 예금채권의 자유로운 양도가 가능해지면 은행입장에서 예금자 확인이 곤란한 점을 고려한 것이다.[26)]

나. 양도금지특약의 인식

[8-38] 양도금지특약의 존재를 알지 못하고 채권을 양수한 경우에 그 알지 못함에 중대한 과실이 있는 때에는 악의의 양수인과 같이 양도에 의한 채권을 취득할 수 없다(대법원 1996. 6. 28. 선고 96다18281 판결). 예금채권의 양도가 제한되는 것은 은행거래경험이 있는 자에게는 널리 알려진 사항이므로, 은행거래경험이 있는 자가 예금채권을 양수한 경우 특별한 사정이 없는 한 예금채권에 대하여 양도제한특약이 있음을 알았거나, 알지 못한 데에 중대한 과실이 있다고 보아야 한다(대법원 2003. 12. 12. 선고 2003다44370 판결).

[8-39] 따라서 예금채권의 양도성은 일반적으로 제한되어 있다고 보는 것이 옳다. 자본시장법은 예금과 금융투자상품의 관계에 대하여 예금에는 양도성이 없는 것을 전제로 예금이 금융투자상품에 해당하지 않는다고 보는 체계이다. 만일 예금의 양도성이 일반적으로 인정되면 현재의 자본시장법 체계는 변경되어야 한다. 양도성 예금증서에 대해서는 아래에서 보는 바와 같이 자본시장법상 특칙이 있다.

다. 양도금지특약과 은행의 사후승낙

[8-40] 예금채권의 양도금지특약에 대하여 악의 또는 중과실로 채권양수를 받은 후 채무자인 은행이 그 양도에 대하여 승낙을 하면 은행의 사후승낙에 의하여 무효인 채권양도행위가 추인되어 유효하게 된다. 그러나 이 경우 다른 약정이 없는 한 소급효가 인정되지 않고 양도의 효과는 승낙 시부터 발생한다(대법원 2000. 4. 7. 선고 99다52817 판결; 대법원 2009. 10. 29. 선고 2009다47685 판결).

---

26) 神田秀樹외, 28-29면.

2. 양도금지특약에 대한 명시·설명의무

약관으로 예금채권의 양도성을 제한하는 실무와 관련하여 명시·설명의무의 유무와 그 위반의 효력이 문제될 수 있다. 명시·설명의무의 유무에 대하여 법원은 '예금채권은 금전채권의 일종으로서 일반거래상 자유롭게 양도될 필요성이 큰 재산'인 점을 근거로, 은행거래약관에서 예금채권에 관한 양도금지특약을 두는 경우 그 특약은 예금자의 이해관계와 밀접하게 관련되어 있는 중요한 내용에 해당한다고 보아 은행에 대하여 고객과 예금계약을 체결할 때 이러한 약관 내용에 대한 구체적이고 상세한 명시·설명의무를 인정하였다(대법원 1998. 11. 10. 선고 98다20059 판결). 그리고 은행이 그 명시·설명의무에 위반하여 예금계약을 체결한 경우 은행거래약관에 포함된 양도금지특약을 예금계약의 내용으로 주장할 수 없다고 한다(대법원 1998. 11. 10. 선고 98다20059 판결). [8-41]

3. 양도성예금증서

가. 의 의

양도성예금증서(certificate of deposit, CD)는 은행이 정기예금증서에 양도성을 부여한 것[27]을 말한다. CD 발행조건 등은 한국은행 금통위 의결로 제정된 「양도성예금증서의 발행조건」에 규정되어 있다. [8-42]

CD는 당사자의 입장에 따라 다양한 경제적 기능을 수행한다.[28] 은행입장에서는 자금사정에 따라 발행규모와 시기를 조절함으로써 탄력적인 자금조달수단이 된다. 중개기관은 중개수수료 수입뿐 아니라 자기계산으로 매매에 참가함으로써 시세차익을 얻을 수도 있다. 매수기관은 CD시장을 단기자금 운용수단으로 활용하고 있다. [8-43]

나. 법적 성격

1) 예 금

CD는 예금이다. CD는 한국은행법상 지급준비금 적립대상인 '예금채무'에 포함되지만, 은행을 상대로 발행하는 CD는 제외된다(금융기관 지급준비규정 2조 2항). 다만 CD는 2001년부터 예금자보호법상 보호대상 예금등에서 제외되어 있다(예보 2조 2호 단서; 동 시행령 3조 2항 2호). [8-44]

2) 상법상 유가증권

CD는 권리의 이전과 행사를 위해서는 증권의 소지를 요하는 점에서 상법상 유가증권에 해당한다(대법원 2000. 3. 10. 선고 98다29735 판결; 대법원 2009. 3. 12. 선고 2007다52942 [8-45]

---

27) 한국은행, 한국의 금융시장, 2021, 99면. 이하 CD에 관한 설명은 한국은행, 위의 책, 99-117면을 기초로 한 것이다.

28) 한국은행, 위의 책, 99면.

판결).[29] CD에 대해서는 유인증권인지 무인증권인지가 문제될 수 있다. 원인관계에 해당하는 예금계약의 부존재·무효·취소 등이 CD라는 증권상의 행위(특히 발행행위)에 영향을 미치는지의 문제이다. CD의 경우에는, 그 명칭 자체가 "양도성예금증서"라고 되어 있고, "예금거래기본약관과 특약에 따라" 증서와 상환으로 지급하겠다는 취지가 기재되어 있으며, "예금수령문구 및 실명확인난"이 있는 것이 통상이므로, 이를 무인증권으로 보기는 어려울 것이라는 견해[30]가 있다.

3) 자본시장법상 증권

[8-46] 자본시장법상으로도 CD는 양도성이 있고 양도손익이 발생할 수 있으므로 증권에 해당되어야 한다.[31] 그러나 자본시장법은 CD가 주로 은행의 업무대상인 점을 감안하여 원화표시 양도성예금증서를 금융투자상품의 정의에서 명시적으로 제외하였다(3조 1항 1호). 다만 외화표시 양도성예금증서는 환위험에 노출되므로 자본시장법상으로도 증권에 해당한다. 외화표시 CD는 만기시 원금지급이 보장되어 있어 은행법상 예금에도 해당되므로 자본시장법상 투자성 있는 예금으로 규제되고 있다.

다. 발행조건

[8-47] CD의 발행조건에 대해서는 제한이 없다. 다만 최단만기는 30일로 제한되고 있다(양도성예금증서의 발행조건, 1. 만기). 대고객 CD에 대하여는 예금지급준비금 예치의무가 부과되었다.[32]

라. 발행과 유통

[8-48] CD의 발행주체는 한국은행에 예금지급준비금 예치의무가 있는 은행이다. CD는 은행이 직접발행하거나 등록발행방식으로 발행된다.[33]

[8-49] CD는 무기명 할인식 양도가능증서로 발행된다(양도성예금증서의 발행조건, 2. 발행형식). 예금자는 발행시점에 만기까지의 이자를 공제한 금액을 지급하고 만기에 액면금액을 수취하는 할인방식으로 발행된다. 할인이자는 '액면금액×할인율×(만기시까지의 일수/365)'로 계산된다.[34]

---

29) 평석으로는 김학준, "양도성예금증서 거래의 구조와 그 법률행위의 성질," 대법원판례해설 79호(2009 상반기), 법원도서관, 2009, 169-183면.

30) 김학준, 위의 논문, 179면. 이 견해는 나아가 "유인증권으로 보아 무효가 된다 하더라도 외관법리의 보호상 선의의 제3자에 대항할 수 있는지는 별개로 따져 보아야 할 것"이라고 한다.

31) 이와 관련하여 양도성예금증서는 "현행 「자본시장과 금융투자업에 관한 법률」상 규정된 유가증권에는 해당되지 않으므로 넓은 의미의 「상법」상 유가증권에 속한다"는 의견이 있다. 한국은행, 한국의 금융시장, 2021, 99면 각주 106. 자본시장법상 증권과 상법상 유가증권은 전혀 무관한 개념이다.

32) 한국은행, 위의 책, 100면.

33) 한국은행, 위의 책, 103-104면. cf. 박준·한민, 29면(양도성예금증서는 전자등록, 발행은행 등록 또는 실물발행의 3가지 방법 중 하나를 이용하여 발행할 수 있게 된다).

34) 한국은행, 위의 책, 102면

CD는 만기전에 발행은행이 매입할 수 없고, 한국은행에 예금지급준비금 예치의무가 [8-50]
있는 은행을 상대로 발행된 CD는 동 은행 이외의 자에게 양도할 수 없다(양도성예금증서의 발행조건, 4. 기타).

제4절 예금계약의 성립과 이행

Ⅰ. 예금계약의 성립

1. 서 언

[8-51] 예금계약의 성립에서는 예금의 성립시기와 예금증서의 법적 성질, 공동명의예금이 문제된다. 예금계약의 중개·대리도 중요한 과제이다.

2. 예금계약의 성립

가. 의 의

[8-52] 예금계약은 예금자가 **예금의 의사**를 표시하면서 은행에 금전을 제공하고 은행이 그 의사에 따라 그 금전을 받아 확인을 하면 그로써 성립하며, 은행의 직원이 그 받은 돈을 은행에 실제로 입금하였는지 여부는 예금계약의 성립에는 영향을 미치지 않는다(대법원 1996. 1. 26. 선고 95다26919 판결; 대법원 2005. 12. 23. 선고 2003다30159 판결; 대법원 2007. 9. 7. 선고 2005다30832 판결 등). 예금의 성립시기는 예금을 위한 입금수단의 종류에 따라 다르다.

나. 예금증서의 작성과 예금의 성립

1) 예금증서의 의의와 기능

[8-53] 예금계약을 체결하면 예금증서나 통장을 교부한다. 이러한 증서나 통장의 작성 및 교부를 예금계약의 성립요건이라고 할 수 있는가?

[8-54] 예금계약은 예금자가 예금의 의사로 은행에 금원을 지급하고 은행이 승낙하여 수납하면 성립한다. 그러나 예금 종류에 따라 내용이 다르므로 이율과 종류를 특정하고, 인장과 금원을 은행에 교부하면 은행은 이를 수납하고 예금증서에 입금사실을 기재하여 예금자에게 교부하여 당해 금원의 예입사실을 확인하게 함으로써 거래관계가 개시되고 그 후는 예금통장에 의하여 입출금을 하는 것이 금융거래에 공지된 일반적 실례라 할 것이므로 예금증서는 예금계약서의 역할을 한다(대법원 1985. 5. 28. 선고 84다카2180 판결; 대법원 2006. 10. 27. 선고 2005다32913 판결).

[8-55] 예금증서나 통장이 예금계약의 성립요건은 아니지만 증서나 통장 없이 예금계약이 체결되는 것은 이례적이다. 은행이 예금자로부터 금원의 수납을 받고 현금보관증을 작성·교부하는 실무는 과거 극히 예외적인 경우(은행시간이 마감되고 창구직원이 없어 예금통장을 작성·교부할 수 없는 경우 등 특단의 사정이 있어 예금자가 이를 양해하는 경우 등)에 예상할 수 있는 일시적, 잠정적 거래방식이었다(대법원 1985. 5. 28. 선고 84다카2180 판결). 같은 취지에서 예금증서 대신 담보물건보관증을 교부받은 경우에는 특별한 사정이 없는 한 예금계약의 성립을 인정하기 어렵다(대법원 2006. 10. 27. 선고 2005다32913 판결). 예금의 의사가 없었다고 보는 것이다.

2) 예금증서의 법적 성질

예금증서나 통장은 유가증권이 아니라 증거증권에 불과하다.[35] 그러나 CD는 유가증권으로서 권리의 이전 및 행사를 위해 증서가 필요하므로 증서가 실제로 발행되지 않고 금원을 은행직원에게 제공한 것만으로는 CD의 매매계약이 성립될 수 없다(대법원 2000. 3. 10. 선고 98다29735 판결). 다만 CD가 표창하는 권리는 거치식 예금계약에 따라 발생하므로 권리발생에 그 증서 발행이 필요한 것은 아니다(대법원 2009. 3. 12. 선고 2007다52942 판결). [8-56]

다. 수기통장의 경우

은행직원이 기업 등과 공모하여 예금을 명목으로 자금을 모집하여 은행창구에서 공모한 직원이 예금을 받고 정상적인 예금통장이 아닌 수기통장을 교부하고, 자금은 은행직원이 횡령한 사안에서 법원은 비진의표시라고 하여 예금계약의 성립을 부정하였다(대법원 1987. 7. 7. 선고 86다카1004 판결; 대법원 1987. 11. 10. 선고 86다카371 판결).[36] 그러나 신협상무가 조합원 예탁금을 수기식 예탁금원장에만 기재하고 별도 관리하면서 임의로 사용한 사안에서 원고들이 신협상무가 배임적 의도로 예금유치를 한 사정 등을 알지 못한 데 대해 과실이 있었다고 보기 어렵다고 하여 예금계약의 성립을 인정한 판례도 있다(대법원 2002. 11. 26. 선고 2001다5876 판결). [8-57]

이런 사건은 현재의 예금업무시스템에서는 발생하기 어렵다. 현재 수기통장을 이용하는 경우는 예외 없이 예금계약의 성립을 부정해야 한다.[37] 현금을 취급하는 예금업무의 본질상 엄격한 내부통제시스템의 필요성은 여전히 강조되어야 할 것이다. [8-58]

3. 공동명의예금

가. 의 의

공동명의예금이란 '은행에 공동명의로 예금을 하고 은행에 대하여 그 권리를 함께 행사하기로 한 예금'을 말한다.[38] 예컨대 동업자금을 공동명의로 예금하거나 각자가 분담하여 출연한 금전을 동업 이외의 특정 목적을 위해 공동명의로 예치해 둠으로써 그 목적이 달성되기 전에는 공동명의 예금채권자가 단독으로 예금을 인출할 수 없도록 방지·감시하고자 하는 목적으로 공동명의로 예금을 개설한 경우 등을 생각할 수 있다. [8-59]

---

35) 小山, 113면. cf. 대법원 1984. 8. 14. 선고 84도1139 판결("통장은 예금계약사실을 증빙하는 증표일 뿐이므로 그 통장이 수기식이라고 하여 이미 성립한 예금계약이 소급하여 무효가 된다고는 할 수 없으며").

36) 다만 은행의 사용자책임을 묻는 방식으로 해결되었다. 박준·한민, 32면.

37) 대법원 2011. 11. 24. 선고 2011다41529 판결("특히 금융기관과의 거래에 있어서는 금융기관의 피용자와 거래 상대방 사이에 이루어진 금융거래의 내용, 거래의 방식, 사용된 서류의 양식 등이 건전한 금융거래의 상식에 비추어 정식의 금융거래와는 동떨어진 경우에는 거래 상대방에게 사무집행행위에 해당하지 않는다는 점에 대한 고의 또는 중대한 과실이 인정될 여지가 많다.").

38) 일본에서는 2인 이상의 자가 1개의 예금계좌를 보유하는 예금을 연명예금이라고 한다. 塩崎勤, 『金融商事取引法の諸問題』, 判例タイムズ社, 2001, 3면.

나. 공동명의예금의 당사자

[8-60] 공동명의예금의 당사자는 예금자 확정 기준에 따라 판단해야 한다. 은행으로서는 특별한 사정이 없는 한 실명확인을 한 명의자를 거래자로 보아 그와 예금계약을 체결할 의도라고 보아야 하고, 공동명의예금계약의 경우에도 공동명의자 전부를 거래자로 보아 예금계약을 체결할 의도라고 보아야 할 것이므로 공동명의자 중 일부만이 금원을 출연하였다 하더라도 출연자만이 공동명의예금의 예금자라고 할 수 없다(대법원 2001. 6. 12. 선고 2000다70989 판결).

다. 공동명의예금의 귀속

[8-61] 공동명의예금의 귀속관계에 대해서 공동명의예금의 예금자 사이에 조합관계가 있는 경우에는 채권의 준합유로, 그리고 상속재산을 임시로 공동상속인 전원 명의로 예금하는 등의 경우에는 공동예금자 전원 명의의 공동반환특약부 분할채권으로 보는 견해[39]가 유력하다.

[8-62] 판례는 첫째, '동업자금을 공동명의로 예금한 경우'라면 채권의 준합유관계로, 그리고 둘째, '공동명의 예금채권자들 각자가 분담하여 출연한 돈을 동업 이외의 특정 목적을 위해 공동명의로 예치해 둠으로써 그 목적이 달성되기 전에는 공동명의 예금채권자가 단독으로 예금을 인출할 수 없도록 방지·감시하고자 하는 목적으로 공동명의로 예금을 개설한 경우'라면, "하나의 예금채권이 분량적으로 분할되어 각 공동명의 예금채권자들에게 공동으로 귀속되고, 각 공동명의 예금채권자들이 예금채권에 대하여 갖는 각자의 지분에 대한 관리처분권은 각자에게 귀속되는 관계"로 본다(대법원 2004. 10. 14. 선고 2002다55908 판결).

라. 공동명의예금의 반환청구

1) 의 의

[8-63] 공동명의예금의 반환청구와 관련하여 첫째, 반환청구의 방법, 둘째, 공동명의 예금채권자들의 은행을 상대로 한 예금반환청구소송이 필수적 공동소송인지 여부, 셋째, 공동명의 예금채권자 중 일부가 은행에 대한 공동반환청구절차에 협력하지 않는 경우 예금주인 공동명의 예금채권자의 권리행사 방법이 문제된다. 아래에서 보는 바와 같이 공동명의예금에 관한 법률관계는 여전히 불명확한 부분이 있으므로 약관 등에 명문규정을 두어 해결하는 것이 필요하다.[40]

---

39) 윤진수, "금융기관의 수신거래와 여신거래," 민법논고 Ⅲ, 2008, 263면.
40) 윤진수, 위의 논문, 265면.

2) 반환청구

공동명의의 예금채권자들은 공동으로 이행청구나 변제수령을 하고 채무자의 이행도 예금채권자 전원에 대하여 해야 하며 채권양도 등 처분행위도 예금주들이 공동으로 해야 한다(대법원 1989. 1. 17. 선고 87다카8 판결). [8-64]

그러나 구체적인 인출방법은 공동명의자와 은행 사이의 예금계약 내용에 따라 결정된다. 계약 내용이 공동명의자 전원 명의의 예금청구서에 의할 경우 공동명의자 중 1인이 단독으로 예금청구를 할 수 있는 것이면 공동명의자 중 1인은 ① 다른 공동명의자의 동의를 받아 단독으로 예금을 청구할 수 있고, ② 다른 공동명의자와 은행을 공동 피고로 하여 다른 공동명의자에 대하여는 단독 예금청구에 관한 동의를, 금융기관에 대하여는 다른 공동명의자에 대한 승소를 전제로 한 예금청구를 소구할 수 있으며, ③ 공동명의자 중 1인이 다른 공동명의자 전원의 동의를 받은 이상 공동명의예금 전액을 청구할 수 있는 것이므로, 은행이 공동명의자들 사이의 내부적 지분을 들어 정당한 예금청구를 거절할 수 없다(대법원 2001. 6. 12. 선고 2000다70989 판결). [8-65]

실무적으로는 공동명의예금의 전체 명의인을 전산등록하고 있지만 일부 은행의 경우 예금통장에 대표명의인 1인만 표기하고 나머지 명의인은 수기로 부기하는 등 예금통장에 전체 명의인 표기가 미흡한 실정이었다.[41] 은행직원이 예금통장에 공동명의인 기재를 누락하는 경우 대표명의인 1인에 의한 단독 예금인출 등 사고 발생 가능성이 있다. 금감원은 통장에 공동명의 예금임을 표시하고 공동명의인 총 인원수를 기재하는 등 예금통장 표시방법을 변경하도록 지도하고 있다. [8-66]

3) 필수적 공동소송

공동명의 예금채권자들의 은행에 대한 예금반환청구소송이 필수적 공동소송으로서 예금채권자 전원이 당사자가 되어야 하는가? 공동명의예금의 귀속관계에 따라 달리 본다(대법원 1994. 4. 26. 선고 93다31825 판결). [8-67]

① 조합인 경우

동업자들이 동업자금을 공동명의로 예금한 경우는 채권의 준합유에 해당하므로 합유의 성질상 필수적 공동소송에 해당한다. [8-68]

② 공동관리관계인 경우

공동명의 예금채권자들 중 1인이 전부를 출연하거나 또는 각자가 분담하여 출연한 돈을 동업 이외의 특정목적을 위해 공동명의로 예치해 둠으로써 그 목적이 달성되기 전에는 공동명의 예금채권자가 자신의 예금도 단독으로 인출할 수 없도록 방지, 감시하고자 하는 목적으로 공동명의예금을 개설한 경우는 그 예금에 관한 관리처분권까지 공동명의 [8-69]

---

41) 금감원, 보도자료: 현장중심 민원 처리결과 도출된 금융회사의 불합리한 업무관행 개선 추진, 2016.5.23.

예금채권자 전원에게 공동으로 귀속된다고 볼 수 없으므로, 필수적 공동소송에 해당한다고 할 수 없다.

4) 공동명의 예금채권자 중 일부가 반환청구절차에 협력하지 않는 경우

[8-70] 공동명의 예금채권자 중 일부가 은행에 대한 공동반환청구절차에 협력하지 않는 경우 공동명의 예금채권자의 권리행사 방법에 대하여 법원은 다음과 같이 구분한다(대법원 1994. 4. 26. 선고 93다31825 판결).

[8-71] ① 위 ② 공동관리관계인 경우가 필수적 공동소송에 해당하지 않아도 공동명의 예금채권자는 '예금채권자들이 공동하여 예금반환청구를 하기로 한 약정'에는 구속되므로, 그 예금채권자 중 1인의 예금반환청구는 다른 공동명의 예금채권자와 공동반환청구절차를 밟아야만 은행으로부터 예금을 반환받을 수 있다.

[8-72] ② 만일 다른 공동명의 예금채권자가 그 공동반환청구절차에 협력하지 않을 때 예금자는 먼저 그를 상대로 제소하여 예금자의 단독으로 하는 반환청구에 관하여 승낙의 의사표시를 하라는 등 공동반환절차에 협력하라는 취지의 판결을 얻은 다음 이 판결을 은행에 제시함으로써 예금을 반환받을 수 있다.

[8-73] ③ 이와 같은 방식으로 약정에 의한 공동반환청구요건이 충족되었음에도 은행이 정당한 이유 없이 예금반환을 거절하는 경우 그 예금자가 은행을 상대로 단독으로 예금반환을 소구할 수밖에 없을 것이고, 미리 청구할 필요가 있을 때에는 다른 공동명의 예금채권자와 은행을 공동피고로 이러한 취지의 제소를 할 수 있다.

마. 공동명의예금과 상계

[8-74] 위에서 본 ② 공동관리관계인 경우에는 그 예금채권은 각 공동명의자가 출연한 만큼 분량적으로 분할되어 각자에게 공동으로 귀속되고, 각 공동명의 예금채권자가 예금채권에 대하여 가지는 각자의 지분에 대한 관리처분권은 각자에게 귀속된다. 이 경우 공동명의 예금채권자 중 1인에 대한 별개의 대출채권을 가지는 은행은 그 대출채권을 자동채권으로 하여 그의 지분에 상응하는 예금반환채권에 대하여 상계할 수 있다(대법원 2004. 10. 14. 선고 2002다55908 판결; 대법원 2005. 9. 9. 선고 2003다28 판결). 문제는 그 지분확정방법이다.

[8-75] 공동명의 예금채권자 중 1인이 다른 공동명의 예금채권자의 지분을 양수하였음을 이유로 그 지분에 대한 은행의 상계주장에 대항하기 위해서는 공동명의 예금채권자들과 은행 사이에 예금반환채권의 귀속에 관한 별도의 합의가 있거나 채권양도의 대항요건을 갖추어야 한다(대법원 2004. 10. 14. 선고 2002다55908 판결). 공동명의 예금채권자들과 은행 사이에 예금반환채권의 귀속관계에 관하여 명시적·묵시적인 약정이 있었던 경우에는 은행이 이미 예금반환채권을 상실한 공동명의 예금채권자 1인에 대한 별개의 대출금채권을 자동채권으로 하여 상계주장을 할 수 없다(대법원 2004. 10. 14. 선고 2002다55908 판결).

4. 예금계약의 중개·대리

가. 의 의

은행과 예금자 사이의 예금계약의 체결을 중개 또는 대리할 수 있는가? 예금 판매 의 분리현상이다. 과거 실명확인 문제로 불가했지만, 현재는 은행의 실명확인업무를 타인에게 위탁할 수 있다. 현재 우리나라에서는 예금계약 체결의 중개와 대리는 법률상 명시적으로 허용되어 있지는 않다. 미국과 영국 일본 등의 국가에서는 허용되어 있다.[42] 우리나라도 정기예·적금을 대상으로 하는 온라인 비교·추천이라는 이름으로 예금중개업무를 허용하였다.[43] 예금판매채널의 다양화라는 장점이 있지만 이러한 종류의 예금은 금리민감도가 높아 예금이 단기자금화하는 문제가 있다. [8-76]

나. 예금주가 예금유치인을 통하여 추가금리를 지급받기로 하고 예금한 경우 예금계약의 성부

판례 중에는 예금자와 은행 사이의 예금계약의 체결을 보조하는 예금유치인의 존재를 인정한 것이 있다. 정확한 사실관계를 파악할 수 없지만 예금계약 체결을 중개한 것으로 생각된다. "예금주가 예금에 있어 그 대가로 은행소정금리 외에 예금유치인을 통하여 추가금리를 지급받기로 하였다 하더라도 그것이 은행직원과 예금유치인들간에 은행의 예금고를 높임으로써 그 은행직원의 실적을 올리는 한편 예금유치인이 같은 은행으로부터 대출상의 특혜를 받기 위한 방편으로 이루어진" 사안에 대하여 법원은 "예금주에게 통장까지 전달된 이상 위와 같은 점만을 들어 예금주와 은행간의 예금계약의 성립을 부인하여 이를 단순한 예금주와 유치인간의 대차관계라고만 볼 수 없다"고 판단하였다(대법원 1985. 12. 24. 선고 85다카880 판결; 대법원 1996. 1. 26. 선고 95다26919 판결).[44] [8-77]

Ⅱ. 예금계약의 당사자

1. 당사자확정기준

예금계약에서 실질적 자금출연자와 형식상 예금명의인이 다를 경우 누구를 당사자로 볼 것인가? 국내에서의 논의는 금융실명법 시행 전후를 나누어서 보아야 한다. [8-78]

금융실명법 시행 전 은행법 논의에서는 출연자를 기준으로 하는 객관설과 예금행위자를 기준으로 하는 주관설, 그리고 원칙적으로 객관설을 그러나 예금행위자가 명시적으로 예금자임을 표시한 경우에는 주관설을 취하는 절충설 등이 소개되어 있었지만, 종래의 [8-79]

42) 赤上博人·渡邉雅之,『Q&A わかりやすい銀行代理業』, 金融財政事情研究会, 2006.

43) 업무범위는 복수 금융회사의 예금성 상품 비교·추천 허용하는 것으로서 실명확인, 예금 수취, 계약체결 대리 등 업무는 관련 법령취지 및 소비자보호 측면 등을 고려하여 중개업자의 영위를 금지한다. 금융위·금감원, 보도참고자료: 6월부터 한 번에 금리를 비교해 예금상품에 가입하실 수 있습니다. -온라인 예금상품 중개서비스 추진현황 및 향후계획-, 2023.3.23.

44) 하급심으로 대구고법 1985. 3. 21. 선고 84나983 판결.

국내 학설과 판례는 주로 객관설에 따르고 있었다.[45] 금융실명법 시행 후에는 예금명의자를 기준으로 보고 있고, 판례도 같은 입장이다([8-165]-[8-167]).

2. 모용계약의 체결과 은행의 주의의무와 책임

가. 은행의 본인확인의무

[8-80] 은행이 예금계약을 체결할 때 부담하는 본인확인의무는 아래 [8-103]-[8-107]에서 살펴보는 예금지급에서의 은행의 본인확인의무와 동일하다. 은행은 금융실명법상 본인확인의무도 부담한다.

나. 손해배상책임의 범위

[8-81] 모용(冒用)계약 체결에 따른 손해발생 시 은행의 손해배상책임의 범위도 문제된다. 법원은 예금자와의 모용계약의 체결과정에서 은행이 본인확인절차 등을 제대로 거치지 않은 사정만으로 모용계좌를 통하여 입출금된 금전 상당에 대하여 언제나 손해배상책임을 져야 한다고 볼 수는 없고, 손해배상책임을 인정하기 위해서는 금융기관의 주의의무 위반과 피모용자 또는 제3자의 손해 발생 사이에 상당인과관계가 있음이 인정되어야 한다는 입장이다(대법원 2016. 5. 12. 선고 2015다234985 판결).[46]

[8-82] 은행의 본인확인의무 위반으로 개설된 모용계좌가 거래에 이용되는 경위나 태양은 다양할 수밖에 없는데도 모용계좌를 이용하여 범죄행위가 이루어졌다는 사정만으로 그로 인하여 발생한 피해에 대한 모든 책임을 은행에 부담하게 하면 불특정 다수인이 자기책임으로 해야 할 본인확인이나 신용조사 등을 잘못하여 발생한 손해까지 무차별적으로 은행에 책임을 추궁하는 결과가 되어 은행의 결과발생에 대한 예측가능성은 물론 은행에 본인확인의무 등을 부과한 행동규범의 목적과 보호법익의 보호범위를 넘어서게 된다는 것이다(대법원 2016. 5. 12. 선고 2015다234985 판결).

[8-83] 그러나 본인의 명의와 신원을 도용당한 명의자 본인에 대한 관계에서 은행이 어떠한 의무나 책임을 지게 되는지도 문제이다. 예금의 경우 금융실명법상 실명확인의무의 이행방법으로서의 실명확인증표의 확인만으로 의무를 다한 것으로 보기는 어려울 것이다.

3. 비법인사단과 예금계약의 당사자

[8-84] 비법인 단체와 그 대표자 이름이 예금통장에 기재된 경우 누구를 예금계약의 당사자로 볼 것인가? 비법인사단인 원고의 대표자는 신용협동조합에서 예금계좌를 개설하였는데, 피고가 대표자에 대한 채권에 기해 위 예금채권에 대해 채권압류 및 추심명령을 받자, 원고가 피고를 상대로 예금주가 원고라고 주장하며 제3자이의의 소를 제기한 사건이다.

45) 윤진수, "금융기관의 수신거래와 여신거래," 민법논고 Ⅲ, 2008, 238-239면.

46) 평석으로 신신호, "모용계좌 개설에 관한 금융기관의 주의의무 위반과 피모용자 또는 제3자의 손해 발생 사이에 상당인과관계가 있는지 판단하는 기준[민법 제750조, 제760조 제3항]," 대법원판례해설 107호 2016상, 119-148면.

대법원은 원고와 그 대표자, 신협 사이에 원고를 이 사건 예금계약의 당사자로 하는 의사의 합치가 있었다고 볼 수 있는데도, 이와 달리 판단한 원심판결을 파기환송하였다(대법원 2020. 12. 10. 선고 2019다267204 판결). 금융실명법시행령은 개인, 법인 그리고 비법인 단체 등으로 구분하여 실명과 그 확인 방법을 정하고 있다. 비법인 단체의 경우 단체를 대표하는 자의 실명을 단체의 실명으로 하고 대표자의 실명을 확인할 수 있는 주민등록증 등과 같은 증표·서류에 의하여 실명을 확인하며, 다만 부가가치세법에 따른 고유번호나 소득세법에 따른 납세번호를 부여받은 단체의 경우 그 문서에 기재된 단체명과 고유번호 또는 납세번호를 단체의 실명으로 하고 고유번호 또는 납세번호를 부여받은 문서나 그 사본에 의하여 실명을 확인한다(3조 3호, 4조의2 1항 3호). 따라서 부가가치세법에 따른 고유번호나 소득세법에 따른 납세번호를 부여받지 않은 비법인 단체의 경우 그 대표자가 단체를 계약의 당사자로 할 의사를 밝히면서 대표자인 자신의 실명으로 예금계약 등 금융거래계약을 체결하고, 금융기관이 그 사람이 비법인 단체의 대표자인 것과 그의 실명을 확인하였다면, 특별한 사정이 없는 한 당사자 사이에 단체를 계약의 당사자로 하는 의사가 일치되었다고 할 수 있어 금융거래계약의 당사자는 비법인 단체라고 보아야 한다는 것이다. [8-85]

4. 제3자를 위한 예금계약과 신탁

은행이 제3자를 위해 일정한 자가 입금한 금전을 보관하는 경우 제3자를 위한 계약이나 신탁으로 보는 견해가 있을 수 있다. 제3자를 위한 계약설은 은행을 낙약자, 입금자를 요약자, 그리고 제3자를 수익자로 하는 제3자를 위한 계약으로 보는 입장이다. 신탁설은 은행을 수탁자, 입금자를 위탁자, 그리고 제3자를 수익자로 하는 신탁계약으로 보는 입장이다. [8-86]

이 쟁점은 사채원리금지급대행계약의 법적 성질과 관련하여 문제된 사례가 있다. 원심은 제3자를 위한 계약으로 보아 수익의 의사표시가 이루어진 시점을 다투었다. 그러나 대법원은 보증사채의 모집 또는 매출에 관한 공시제도의 취지와 사채원리금 지급대행사무를 금융기관의 업무로 하는 취지 및 사채원리금 지급대행계약의 내용 등을 종합하여 보면, 사채원리금 지급대행계약은 신탁계약으로서의 성질을 가지고, 은행이 사채권자의 이익과 관계없이 발행회사의 청구만에 의하여 위 사채원리금을 반환하거나 그 지급자금의 반환채권을 수동채권으로 하여 자신의 발행회사에 대한 채권과 상계하는 것은 신탁의 법리상 허용되지 않는다고 판단하였다(대법원 2002. 7. 26. 선고 2000다17070 판결). [8-87]

대법원이 당사자들이 명시적인 신탁설정의사를 표시하지 않은 사안에서 신탁의 성립을 인정한 판례로서 중요한 이론적 가치를 가진다. 대법원이 신탁의 성립을 인정한 근거에 대해서는 재산의 분별관리를 기준으로 묵시적인 신탁설정의사를 인정한 것으로 본다.[47] [8-88]

---

47) 분석으로는 정순섭 신탁, 145-164면; 정순섭, "사채원리금 지급대행계약의 법적 성질론," 증권법연구 제

같은 취지에서 신탁의 성립을 위해서는 "당사자 사이에 신탁을 설정하고자 하는 신탁설정의사가 묵시적으로라도 있어야 할 것"이라는 판결도 있다(서울고법 2012. 8. 1. 선고 2011나65695 판결). 다만 이 판결은 신탁의 성립 자체는 부정하였다(대법원 2014. 7. 10. 선고 2012다81630 판결로 확정).

Ⅲ. 예금의 성립시기

1. 의 의

[8-89] 예금의 성립시기에 관하여는 예입수단별로 나누어 볼 필요가 있다. 어음·수표에 의한 입금의 경우에는 그 결제와 관련하여 논의가 있다. 학설과 판례를 살펴본 후 예금거래기본약관상의 규정을 정리한다. 이 문제는 예입수단의 발전을 고려해야 한다. 어음·수표, 파출수납, 수기통장 등 과거의 거래방식을 중심으로 논의하는 것은 은행법상 실익이 없다.

2. 학설과 판례

[8-90] 현금에 의한 입금의 경우 예금의 성립시기는 예금계약 조건을 합의하고 은행직원이 현금을 확인한 때로 본다.[48] 은행직원이 그 과정에서 수령한 금원을 입금하지 않고 횡령한 경우라도 예금계약의 효력에 영향을 미칠 수 없다(대법원 2009. 3. 12. 선고 2007다52942 판결).

[8-91] 어음·수표와 같은 유가증권에 의한 입금의 경우 증권을 당해 은행지점에서 지급할 자점권과 당해 은행의 다른 지점이나 다른 은행에 의하여 지급될 타점권으로 나누어 논의한다. 자점권은 지급할 은행이 발행인의 지급자금을 확인할 수 있지만, 타점권은 이를 확인할 수 없기 때문이다.[49]

[8-92] 이 문제는 모든 경우에 적용되는 기준을 찾기는 어려우며, 약관의 해석문제가 될 수밖에 없다.[50] 같은 지급수단이라도 은행이 결제위험을 인수하면 은행이 합의하는 시점에 예금계약이 성립한다. 자기앞수표는 사실상 현금과 같은 것이고, 현금이나 어음·수표의 비중이 줄어드는 점도 중요하다. 오히려 계좌이체를 통한 입금이 더욱 중요하다.

3. 약 관

[8-93] 예금거래기본약관은 예금의 성립시기를 예입수단에 따라 구분한다. 첫째, 현금으로 입금한 경우에는 '은행이 이를 받아 확인하였을 때'이다(7조 1항 1호). 둘째, 증권으로 입금하거나 계좌송금한 경우에는 은행이 그 증권을 교환에 돌려 부도반환시한이 지나고 결제를

5권 제1호, 2004, 317-350면. 같은 취지로, 서울고법 2023. 11. 10. 선고 2023누44759 판결("신탁 또는 그와 유사한 성질을 가진 비전형계약"). 대법원 2024. 2. 29. 선고 2023두61059 판결로 심리불속행 확정.

48) 윤진수, "금융기관의 수신거래와 여신거래," 민법논고 Ⅲ, 2008, 223-224면. 대법원 1977. 4. 26. 선고 74다646 판결; 대법원 1984. 8. 14. 선고 84도1139 판결; 대법원 1987. 12. 22. 선고 87도2168 판결 등. 무기명식 양도성예금증서도 같다. 대법원 2009. 3. 12. 선고 2007다52942 판결.

49) 국내 논의는 윤진수, "금융기관의 수신거래와 여신거래," 민법논고 Ⅲ, 2008, 224-230면.

50) 윤진수, 위의 논문, 230-231면.

확인한 때이다. 그러나 자점권은 그날 안에 결제를 확인한 때이다(7조 1항 1호-3호).[51] 그 증권이 자기앞수표이고 지급제시기간 안에, 사고신고가 없으며 결제될 것이 틀림없음을 은행이 확인하였을 때에는 예금원장에 입금의 기록이 된 때 예금이 된다(7조 2항). 셋째, 현금으로 계좌송금하거나 계좌이체한 경우에는 '예금원장에 입금의 기록이 된 때'이다(7조 1항 2호).

문제는 위 약관이 예금성립시기를 은행이 확인한 때 또는 기록이 된 때라고 하여 은행의 판단 여지를 남기고 있는 점이다. 예금거래기본약관은 은행은 특별한 사정이 없는 한 '확인 또는 기록처리'를 신속히 할 의무를 부과하고 있다(7조 3항). 결국 당사자의 의사해석이 문제될 것이다. [8-94]

4. 특수한 경우

가. 계좌이체에 의한 입금

예금거래기본약관은 현금으로 계좌송금하거나 계좌이체한 경우의 예금의 성립시기를 '예금원장에 입금의 기록이 된 때'라고 규정하고 있다(7조 1항 2호). 판례는 이 규정이 적용되는 것은 거래처의 신청에 따라 은행이 특정 계좌에서 자금을 출금하여 다른 계좌로 자금을 이체하는 경우라고 하고, 은행의 지점 간에 '전금'의 방식으로 자금을 이체하는 경우에는 위와 같은 약관 규정이 그대로 적용된다고 보기 어렵다고 한다(대법원 2009. 3. 12. 선고 2007다52942 판결).[52] 그러나 이 문제는 예금계좌의 개설지점을 불문하고 예금인출이 가능한 현재는 실무적으로 논의할 실익은 없다. [8-95]

나. 기존 예금의 만기지급금에 의한 입금

은행이 고객에게 기존 예금의 만기도래에 따라 만기지급금 반환채무를 부담하는 경우, 고객과 은행은 기존 예금의 만기지급금을 입금하여 예금거래기본약관 및 거치식예금약관이 적용되는 양도성예금증서를 발행하기로 합의하는 방식으로 거치식 예금계약을 체결할 수 있다(대법원 2009. 3. 12. 선고 2007다52942 판결). [8-96]

위 합의 당시 은행직원이 기존 예금계좌에서 만기에 지급할 금원 상당액을 이미 인출·횡령한 상태라 하더라도 그와 같은 사정은 위와 같은 방식으로 체결된 거치식 예금계약의 성립을 인정하는 데 장애가 되지 않는다(대법원 2009. 3. 12. 선고 2007다52942 판결). "소비임치의 일종인 예금계약의 성질상 이는 은행 자금을 인출·횡령한 것일 뿐이므로, [8-97]

---

51) 여기서 결제를 확인한 때의 결제의 의미에 관하여 논의가 있다. 박준·한민, 35-39면.

52) 판례에서 말하는 전금은 고객이 금융기관의 어느 지점에서 예금의 의사로 입금을 할 때 아직 양도성예금증서 발행계좌가 개설되어 있지 아니한 관계로 그 금융기관의 다른 지점에 개설된 자신의 예금계좌에서 전금의 방식으로 입금지점에 자금이체를 하고 그 입금지점의 담당직원이 그러한 입금 사실을 확인한 때에는 그때 거치식 예금계약이 성립하고, 담당직원이 위와 같이 입금 사실을 확인하고 그에 따라 발생한 예금반환청구권을 표창하는 양도성예금증서를 발행한 후 그에 맞추어 양도성예금증서 발행계좌를 개설하고 그 원장에 입금기록을 하였을 때 비로소 거치식 예금계약이 성립하는 것은 아니다.

그로 인하여 은행의 고객에게 대한 만기지급금반환채무가 이행불능되거나 소멸된다고 볼 사정이 없는" 것으로 보아야 하기 때문이다.

다. 파출수납

[8-98] 은행은 예금계약을 영업소에서만 체결할 수 있는가? 은행업무를 반드시 영업소에서 하도록 의무화하기는 어렵다. 영업소 밖에서 이루어지는 은행업무 사례로 은행 직원이 영업소 밖에서 예금자의 금전을 수납하여 입금하는 '**파출수납**' 또는 **점외수금**을 들 수 있다.

[8-99] 파출수납에서 예금의 성립시기는 담당직원의 예금업무취급권한의 유무에 따라 결정된다.[53] 파출수납직원이 그러한 권한을 가지는 경우에는 금전을 수령한 때, 그러한 권한을 가지지 않는 경우에는 권한 있는 직원에게 금전을 인도한 때 예금계약이 성립한다.

[8-100] 법원은 파출수납방법에 의한 예금 입·출금은 은행직원 자신의 직무를 수행하는 것에 불과하고, 고객이 직원에게 예금 입·출금과 관련한 대리권을 수여하였다거나 그 수여 의사를 표시한 것으로 볼 수는 없다고 하여 표현대리의 성립을 인정하지 않았다(대법원 2001. 2. 9. 선고 99다48801 판결).

[8-101] 그러나 전표나 서류가 아니라 현금의 파출수납은 금융사고의 발생가능성이 높으므로 제한되어야 한다. 예금거래기본약관은 거래처는 예금계좌를 개설한 영업점에서 예금거래를 하는 것을 원칙으로 하고, 은행이 정하는 바에 따라 다른 영업점이나 다른 금융기관, 또는 현금자동지급기·현금자동입출금기·컴퓨터·전화기 등을 통하여 거래할 수 있다고 제한하고 있다(3조).

Ⅳ. 예금의 인출

1. 의 의

[8-102] 예금의 소멸원인은 변제 즉 인출이 일반적이지만, 상계나 공탁으로도 소멸한다. 소멸시효에 대해서는 휴면예금[54]의 처리에 관한 특별절차가 마련되어 있다. 예금인출에서는 첫째, 은행의 본인확인의무, 둘째, 폰뱅킹 등을 통한 특수한 인출방법, 셋째, 예금인출의 법령상 제한으로서 은행법상 제한, 통신금융사기법상 제한, 영업정지 은행의 예금인출, 질권설정계약 해지와 예금인출, 자기명의예금인출과 횡령죄를 살펴본다. 이와 함께 고령인구의 증가 등과 함께 피성년후견인이나 피한정후견인의 예금인출[55]이 문제될 수 있다.

---

53) 윤진수, "금융기관의 수신거래와 여신거래," 민법논고 Ⅲ, 2008, 231면.

54) 서민금융법상 휴면예금은 관련 법률 규정 또는 당사자 약정에 따라 채권 또는 청구권의 소멸시효가 완성된 예금등을 말한다(2조 3). 동법 시행으로 종래의 「휴면예금관리재단의 설립 등에 관한 법률」은 폐지되었다.

55) 관계기관합동, 성년후견인 금융거래 매뉴얼, 2023.6.

2. 은행의 본인확인의무와 책임

가. 예금인출과 은행의 본인확인의무

1) 취 지

예금인출 시에 은행은 정당한 예금채권을 가진 자인지를 확인할 의무를 진다. 은행은 이용자가 그 은행과 체결한 계약에 따라 가입한 저축성 예금·적금·부금을 해지하는 경우에는 휴대전화 인증, 대면확인 등으로 본인확인조치를 해야 한다(통신금융사기법 2조의4 1항 본문 및 2호; 동 시행령 2조의3 1항 1호-3호). [8-103]

2) 주민등록증의 확인

은행실무상 본인확인은 금융실명법상 실명확인증표인 주민등록증 확인으로 이루어진다. 주민등록증 확인만으로 은행의 본인확인의무를 다한 것인가? 법원은 은행의 본인 여부 확인은 거래명의인의 주민등록증 소지 여부의 확인만으로 부족하고 직무수행상 필요한 충분한 주의를 다하여 주민등록증의 진정 여부 등을 확인하고 사진과 실물을 대조해야 한다고 본다(대법원 1998. 11. 10. 선고 98다20059 판결). 만일 실제거래행위를 한 상대방이 주민등록상 본인과 다른 사람이었음이 사후에 밝혀진 경우에는 특별한 사정이 없는 한 은행이 본인확인의무를 다하지 못한 과실이 있는 것으로 사실상 추정된다(대법원 1998. 11. 10. 선고 98다20059 판결). [8-104]

3) 인감이나 서명의 대조

(가) 주의의무의 정도

청구자의 예금수령권한 유무의 판별방법으로 예금청구서상 인영과 은행에 신고한 인감을 대조할 때는 숙련된 은행원으로 하여금 직무수행상 필요한 충분한 주의를 다하여 인감을 대조해야 할 것이고, 주의의무를 다하지 못해 예금수령권한 없는 자에게 예금을 지급했다면 은행으로서는 그 예금지급으로 채권의 준점유자에 대한 변제로서의 면책을 주장할 수 없다(대법원 1992. 2. 14. 선고 91다9244 판결; 대법원 2001. 6. 12. 선고 2000다70989 판결; 대법원 2013. 1. 24. 선고 2012다91224 판결). 서명의 경우에도 같다. [8-105]

일반적으로는 인감대조 및 비밀번호 확인 등 통상적인 조사로 충분하지만, 예금청구자의 수령권한에 의심을 가질 만한 특별한 사정이 인정되는 경우에는 통상적인 조사 외에 청구자의 신원을 확인하거나 전산입력된 원고의 연락처에 연결하여 본인의사를 확인하는 등의 방법으로 청구자가 정당한 예금인출권한을 가지는지 여부를 조사할 업무상 주의의무를 부담한다(대법원 2007. 10. 25. 선고 2006다44791 판결).[56] [8-106]

---

56) 갑이 사실혼관계에 있던 을의 동의 없이 병 은행에서 예금청구서에 위조한 을 명의의 도장을 날인하여 을 명의의 예금통장과 함께 제출하고, 비밀번호 입력기에 비밀번호를 입력하여 예금을 인출한 사안에서, "제반 사정에 비추어 인감 대조에 숙련된 금융기관 직원이 충분히 주의를 다하여도 육안에 의한 통상의

(나) 예금자의 편리성과 보호

[8-107] 법원은 인감이나 서명 대조에서의 특별한 사정의 유무에 대한 판단에서 예금자의 보호와 함께 예금자의 편리성과 책임성도 고려되어야 한다는 입장이다. 인감대조 및 비밀번호의 확인 등을 통하는 금융거래 관행이 은행사무의 원활화를 위한 것이기도 하지만, 예금인출의 편리성이라는 예금자의 이익도 고려된 것인 점, 비밀번호의 성질에 비추어 비밀번호까지 일치하는 경우에는 은행이 그 예금인출권한에 대하여 의심을 가지기 어려운 것으로 보이는 점, 은행에게 추가확인의무를 부과하기보다는 예금자에게 비밀번호 등의 철저한 관리를 요구하는 것이 사회 전체적인 거래비용을 줄일 수 있는 것으로 보이는 점 등을 참작하여 신중하게 이루어져야 한다는 것이다(대법원 2007. 10. 25. 선고 2006다44791 판결; 대법원 2013. 1. 24. 선고 2012다91224 판결).[57]

나. 채권의 준점유자와 은행의 확인의무

[8-108] 첫째, 은행의 예금자의 대리인에 대한 예금지급행위가 채권의 준점유자에 대한 변제(민 470조)로서 유효하기 위한 요건은 무엇인가? 법원은 "채권의 준점유자란 변제자의 입장에서 볼 때 일반의 거래관념상 채권을 행사할 정당한 권한을 가진 것으로 믿을 만한 외관을 가지는 사람을 말하므로 준점유자가 스스로 채권자라고 하여 채권을 행사하는 경우뿐만 아니라 채권자의 대리인이라고 하면서 채권을 행사하는 때에도 채권의 준점유자에 해당"한다고 판단했다(대법원 2004. 4. 23. 선고 2004다5389 판결).

[8-109] 둘째, 민법상 채권의 준점유자에 대한 변제 규정은 CD나 ATM, 또는 폰뱅킹과 같은 거래방식을 이용하는 경우에도 적용될 수 있는가? 법원은 CD나 ATM보다 발전된 방식인 폰뱅킹에 의한 자금이체의 경우에 민법 제470조의 적용을 인정하였다(대법원 1998. 11. 10. 선고 98다20059 판결).[58]

[8-110] 셋째, 은행이 예금자의 대리인이라고 주장하는 자에 대하여 예금을 지급한 경우 채권의 준점유자에 대한 변제로서의 유효요건은 무엇인가? 예금자의 대리인이라고 주장하는 자가 예금자의 통장과 인감을 소지하고 예금반환청구를 한 경우 은행이 예금청구서에 나타난 인영과 비밀번호를 신고된 것과 대조 확인하는 외에 주민등록증으로 예금자와 청

대조 방법으로는 예금거래신청서와 예금청구서상의 각 인영이 다른 인감에 의하여 날인되었다는 것을 확인할 수 없고, 나아가 甲에게 정당한 변제수령권한이 없을 수 있다는 의심을 가질 만한 특별한 사정이 있어 예금주 乙의 의사를 확인하는 등의 방법으로 정당한 예금인출권한 여부를 조사하여야 할 업무상 주의의무가 있었던 것으로 보기 어렵다"고 판단하였다(대법원 2013. 1. 24. 선고 2012다91224 판결).

57) 비판적 검토로는 서희석, "훔친 통장과 인장을 이용한 예금인출의 유효성 : 대법원 2007. 10. 25. 선고 2006다44791 판결에 대한 비판적 검토," 소비자문제연구 35호, 2009, 41-64면.

58) PC뱅킹에 대한 것으로 대법원 2006. 12. 21. 선고 2004다41194 판결. 일본에서는 CD나 ATM을 이용하여 예금을 지급받는 것을 '기계불'이라 하고, 통장을 이용한 경우를 '통장기계불', 현금카드를 이용한 경우를 '카드기계불'이라고 한다. 김기현, "현금자동지급기를 통한 예금인출과 채권의 준점유자에 대한 변제," 재판과 판례 14집, 2006, 대구판례연구회, 276면.

구인의 호주이름이 동일하다는 점까지 확인하여 예금을 지급했다면 채권의 준점유자에 대한 변제로서 유효하다(대법원 2004. 4. 23. 선고 2004다5389 판결).

넷째, 채권의 준점유자에 대한 변제의 유효요건인 은행의 선의·무과실의 판단시점은 언제인가? 특별한 사정이 없는 한 변제시점이다(대법원 2003. 5. 16. 선고 2003다2956 판결). 다만 폰뱅킹에 의한 자금이체신청의 경우 은행창구직원이 직접 손으로 처리하는 경우와 달리 그에 따른 자금이체가 기계에 의하여 순간적으로 이루어지지만, 그것이 채권의 준점유자에 대한 변제로서 은행에 대하여 요구되는 주의의무를 다했는지 여부를 판단할 때는 '자금이체시의 사정'뿐만 아니라 '그 이전에 행하여진 폰뱅킹의 등록을 비롯한 제반 사정을 총체적으로 고려'해야 한다(대법원 1998. 11. 10. 선고 98다20059 판결; 대법원 2006. 12. 21. 선고 2004다41194 판결). [8-111]

다섯째, 금융실명제 하에서 본인의 이름으로 예금계약을 대리한 자는 채권의 준점유자로 볼 수 있는가? 금융실명제 하에서 예금하는 자는 주민등록증과 인감을 지참하고 직접 은행에 나가 자기 이름으로 하는 것이 원칙이지만, 대리인이 본인의 주민등록증과 인감을 가지고 본인의 이름으로 예금하는 것도 허용된다. 그러나 은행으로서는 실명확인을 한 예금명의자를 거래자로 보아 그와 예금계약을 체결할 의도를 가지고 있었다고 보아야 하므로 예금명의자가 아니고 예금통장도 소지하지 않은 예금행위자에 불과한 자는 금융실명제가 시행된 후에는 극히 예외적인 특별한 사정이 인정되지 않는 한 예금채권의 준점유자에 해당될 수 없다(대법원 1996. 4. 23. 선고 95다55986 판결).[59] [8-112]

3. 특수한 인출방법

가. ATM

1990년대 이후 널리 보급되기 시작한[60] ATM은 은행이용자가 직접 현금입출금, 계좌이체, 공과금납부 등을 처리하는 기기나 장치를 말한다. 특히 영업시간 종료 후에 통상적인 은행업무의 처리를 가능하게 하는 점에서 매우 효율적이다. 이러한 기기를 이용하기 위해서는 현금카드가 발급되어야 한다. 현금카드는 사전에 설정한 암호를 입력하여 거래한다. [8-113]

나. 캐시백서비스

캐시백서비스란 "소비자가 편의점 등 유통업체에서 물품의 구매와 함께 현금 인출을 [8-114]

---

59) 은행이 예금주가 아닌 자나 예금통장을 소지하지 아니한 자에게 예금을 지급하는 경우, 그 예금지급이 유효하게 되기 위하여는 위와 같이 예금지급을 청구한 자가 예금주로부터 정당한 권한을 위임받았다는 점을 입증하거나, 정당한 권한을 위임받았다는 점을 입증하지 못하더라도 채권의 준점유자에 대한 변제로서 유효하다는 점을 입증해야 한다(대법원 2002. 6. 14. 선고 2000다38992 판결; 대법원 2006. 12. 21. 선고 2004다41194 판결).

60) 일본에서의 ATM의 발전과정에 대해서는 根本忠明, 『銀行ATMの歴史 : 預金者サ- ビスの視点から』, 日本經濟評論社, 2008.

요청하면, 물품 구매대금은 결제되고 현금요청액은 소비자 예금계좌에서 인출되어 지급되는 서비스"를 말한다.[61] 캐시백 서비스는 결제기능이 있으면서 현금IC칩의 출금기능(또는 선불의 환급)이 탑재된 체크카드, 현금IC카드, 선불전자지급수단, 신용카드 등 다양한 지급수단을 통해 제공할 수 있다.

4. 예금인출의 법령상 제한

가. 은행법상 제한

[8-115] 금융위는 은행의 파산 또는 예금지급불능의 우려 등 예금자의 이익을 크게 해칠 우려가 있다고 인정할 때에는 예금의 전부 또는 일부의 지급정지, 그 밖에 필요한 조치를 명할 수 있다(46조). 이 조치는 취지상 은행업무뿐만 아니라 겸영업무나 부수업무에 대해서도 적용된다.[62]

나. 통신금융사기법상 제한

[8-116] 전기통신금융사기 피해 방지 및 피해금 환급에 관한 특별법('통신금융사기법')은 보이스피싱 등 통신금융사기에 따른 피해자보호를 위해 금융회사의 피해방지책임과 지급정지와 피해금환급 등의 절차를 규정하고 있다. **전기통신금융사기**는 "전기통신[63]을 이용하여 타인을 기망·공갈함으로써 자금 또는 재산상의 이익을 취하거나 제3자에게 자금 또는 재산상의 이익을 취하게 하는 자금을 송금·이체하도록 하는 행위나 개인정보를 알아내어 자금을 송금·이체하는 행위, 자금을 교부받거나 교부하도록 하는 행위, 그리고 자금을 출금하거나 출금하도록 하는 행위"를 말한다(통신금융사기법 2조 2호 본문 가목·라목). 보이스피싱 등을 포함하지만, 재화공급이나 용역제공 등을 가장한 행위는 제외하되, 대출의 제공·알선·중개를 가장한 행위는 포함한다(통신금융사기법 2조 2호 단서). 2014.1.28. 통신금융사기법 개정에서 통신금융사기수법이 빠르게 변화함에 따라 범죄대상을 불특정 다수인에서 타인으로 변경하여 불특정인과 특정인을 모두 포함하고, 대출의 제공·알선·중개를 가장한 행위를 포함했다.

[8-117] 전기통신금융사기는 전자금융거래의 이용자를 대상으로 한다. **이용자**는 금융회사와 체결한 계약에 따라 전자금융거래를 이용하는 자를 말한다(통신금융사기법 2조 7호). **전자금융거래**는 "금융회사가 전자적 장치를 통하여 금융상품 및 서비스를 제공하고, 이용자가 금융회사의 종사자와 직접 대면하거나 의사소통을 하지 아니하고 자동화된 방식으로 이를 이용하는 거래"를 말한다(통신금융사기법 2조 2호의2). 통신금융사기법은 일정 요건 아래 관련계좌에 대한 임시조치나 지급정지를 금융회사의 의무로 규정하고 있다. 이 경우 예

---

61) 금감원, 결제와 현금을 동시에'(캐시백서비스) 도입방안, 2016.10.4.

62) 이병화, 201-302면.

63) '전기통신'은 유선·무선·광선 및 기타의 전자적 방식에 의하여 부호·문언·음향 또는 영상을 송신하거나 수신하는 것을 말한다(전기통신기본법 2조 1호).

금인출이 제한되는 효과가 발생할 수 있다. 금융회사에는 은행이 당연히 포함된다(통신금융사기법 2조 1호 가목).[64]

다. 영업정지와 예금인출

1) 도산법상 부인권 행사

상호저축은행이 영업정지가 예상되는 상황에서 직원 및 직원의 친인척인 피고들에게만 예금을 지급한 행위에 대하여 부인권을 행사한 사안에서 예금지급행위의 정당성이 문제되었다. 원심은 "파산채권자들 사이의 평등한 배당을 저해하는 편파행위에 해당하므로, 피고들에 대한 예금 지급은 고의부인의 대상"이라고 판단하면서도, 일부 피고의 예금인출은 사회적으로 상당하거나 불가피한 행위였다고 볼 수 있음을 이유로 부인권 대상이 될 수 없다고 판단하였다(부산고법 2015. 8. 20. 선고 2014나53110 판결). 그러나 대법원은 부인권 행사요건을 판단한 후 위 예금지급행위의 사회적 필요성과 상당성 또는 불가피성이 인정되어 일반 파산채권자가 파산재단의 감소나 불공평을 감수해야 할 예외에 해당하기 어렵다고 판단하였다(대법원 2015. 12. 10. 선고 2015다235582 판결). [8-118]

2) 영업정지 은행의 예금인출과 업무방해죄

상호저축은행의 영업정지를 앞두고 직원들이 일부 예금자들에게 먼저 예금을 인출하도록 하는 행위가 업무방해죄를 구성하는지가 문제된 사례가 있다. 갑 상호저축은행 경영진인 피고인이 갑의 영업정지가 임박한 상황에서 갑에 파견된 금감원 감독관에게 알리지 않고 영업마감 후에 특정 고액 예금채권자들에게 영업정지 예정사실을 알려 예금을 인출하도록 함으로써 파견감독관의 상시감독업무를 방해하였다는 내용으로 기소된 사안에서, 법원은 피고인이 영업정지 예정사실 통지에 관한 파견감독관의 부지를 이용하여 예금채권자들로 하여금 예금을 인출하도록 한 것이 업무방해죄의 위계에 해당한다고 보았다(대법원 2013. 1. 24. 선고 2012도10629 판결). 금융시장의 신뢰성을 침해하는 중대한 행위로서 은행의 안정적인 구조조정을 저해하는 심각한 문제를 초래할 수 있다. [8-119]

라. 질권설정계약 해지와 예금의 지급

제3채무자인 갑 은행이 을 회사(질권자)와 병 회사(질권설정자) 사이의 예금채권에 대한 질권설정을 승낙했다. 을이 갑지점에 모사전송으로 질권해제통지서를 전송하였고 갑의 직원이 통지서를 받은 직후 병에 예금채권을 변제한 사안에서, 갑의 병에 대한 예금 변제는 유효한가? [8-120]

질권설정의 해지통지가 있으면 해지사실은 추정되고, 해지통지를 믿은 제3채무자의 [8-121]

64) 1회에 100만원 이상 금액이 송금·이체되어 입금된 경우 입금된 때로부터 해당 금액 상당액 범위 내에서 30분간 자동화기기(CD·ATM기 등)를 통한 인출·이체가 지연되는 지연인출제도도 일종의 인출제한으로 작용한다. 금감원 보이스피싱지킴이.

선의도 추정되므로 제3채무자가 악의라는 점은 선의를 다투는 질권자에게 증명책임이 있다(대법원 2014. 4. 10. 선고 2013다76192 판결). 을이 해제통지서를 모사전송으로 갑에 전송함으로써 해지통지는 갑에 도달하여 효력이 발생했다고 할 것이므로, 아직 을과 병 사이에 합의해지가 되지 않은 경우에도 선의인 갑의 입장에서 병에 대하여 한 변제는 을에 대해서도 유효하다(대법원 2014. 4. 10. 선고 2013다76192 판결).

마. 자기명의계좌의 예금인출과 불법행위

[8-122] 예금명의자가 자기 명의로 실명확인절차를 거친 예금계좌에서 금원을 인출한 행위도 타인으로부터 보관을 위탁받은 금원을 영득할 의사로 인출한 경우에는 위법한 금원 횡령행위로서 불법행위를 구성한다(대법원 2016. 3. 24. 선고 2015다211425 판결). 이 경우 예금명의자의 금원 인출행위가 위법하다는 점에 관한 입증책임은 불법행위를 주장하는 자에게 있다.

V. 예금채권의 소멸시효

[8-123] 예금채권도 소멸시효의 대상이 된다. 상사채권이므로 시효기간은 5년이다. 보통예금의 경우 예금자는 예금계약의 성립시점부터 권리를 행사할 수 있으므로 성립시점부터 소멸시효는 진행된다(대법원 1982. 12. 28. 선고 82다카693 판결; 서울고법 1982. 8. 2. 선고 81나3237 판결). 기한부예금은 기한이 도래한 때부터 시효가 진행된다. 금전소비임치계약과 지급사무에 대한 위임계약의 혼합계약인 당좌예금의 경우에는 당좌거래약정 존속 중에는 시효가 진행되지 않는다. 다만 은행의 이자 입금은 예금채권의 존재에 대한 인식을 의미하는 점에서 시효중단사유인 채무의 승인에 해당한다(대법원 2012. 8. 17. 선고 2009두14965 판결). 예금인출이나 통장기장도 승인에 해당한다.

[8-124] 은행이 소멸시효를 원용하는 것이 신의성실원칙에 반한다고 볼 것인가? 소멸시효 완성 예금에 대해서는 휴면예금 처리절차가 마련되어 있다. 서민금융법상 휴면예금은 관련 법률 규정 또는 당사자 약정에 따라 채권 또는 청구권의 소멸시효가 완성된 예금등을 말한다(2조 3호). 은행은 휴면예금을 휴면계정에 출연할 수 있다(서민금융법 40조 1항). 휴면예금관리위원회는 휴면예금이 휴면계정에 출연된 후 휴면예금 원권리자의 지급청구가 있는 경우 휴면예금을 갈음하는 금액을 해당 휴면예금 원권리자에게 지급해야 한다(서민금융법 45조). 휴면예금등 원권리자는 소멸시효가 완성되어 예금등에 대한 채권 또는 청구권을 상실한 자를 말한다(서민금융법 2조 4호).

VI. 예금만기와 이행지체

[8-125] 만기가 정해진 예금계약에 따른 은행의 예금반환채무는 만기가 도래하더라도 임차인이 미리 만기 후 예금 수령방법을 지정한 경우와 같은 특별한 사정이 없는 한 임차인의 적법한 지급 청구가 있어야 비로소 이행할 수 있다(대법원 2023. 6. 29. 선고 2023다218353 판

결). 따라서 예금계약의 만기가 도래한 것만으로 수치인인 은행이 임차인에 대하여 예금반환 지연으로 인한 지체책임을 부담한다고 볼 수는 없고, 정당한 권한이 있는 임차인의 지급청구에도 불구하고 수치인이 예금반환을 지체한 경우에 지체책임을 물을 수 있다고 보아야 한다(대법원 2023. 6. 29. 선고 2023다218353 판결).

제5절 예금채권의 상속

Ⅰ. 서 언

[8-126] 예금자가 사망하면 예금채권은 상속인에게 상속된다. 예금상속과 관련한 문제는 첫째, 상속인이 수인인 경우 공동상속예금의 법적 성질, 둘째, 공동상속인 중 1인에게 그 상속분을 초과하는 금액을 지급하거나 상속인 아닌 자를 상속인으로 믿고 예금을 지급한 경우의 은행의 책임, 셋째, 예금도 상속재산분할의 대상이 될 수 있는지 여부 등이다.

Ⅱ. 공동상속예금의 법적 성질과 인출실무

[8-127] 공동상속재산의 법적 성질에 관하여 학설은 공유설과 합유설이 있으나 판례는 공유설의 입장이다(대법원 1993. 2. 12. 선고 92다29801 판결; 대법원 1996. 2. 9. 선고 94다61649 판결). 금전채권과 같은 가분채권은 공동상속되는 경우 상속개시와 동시에 당연히 법정상속분에 따라 공동상속인들에게 분할되어 귀속된다.[65] 그러나 실무상 은행은 상속재산인 예금에 대한 청구가 있을 경우 법적 위험을 피하기 위해 모든 상속인의 청구가 있을 경우에만 응한다.[66] 따라서 실제로는 합유와 동일한 결과가 된다.

[8-128] 요컨대 공동상속예금을 공유로 보아 각 상속인의 권리행사를 인정하는 이론과 공동상속인 전원의 동의를 요하는 실무 사이에 상당한 괴리가 존재한다. 최근 법원은 주택공급을 신청할 권리와 분리될 수 없는 청약저축의 가입자가 사망하여 공동상속이 이루어진 경우 공동상속인이 청약저축 예금계약을 해지하려면 금융기관과 사이에 다른 내용의 특약이 있다는 등의 특별한 사정이 없는 한 전원이 해지의 의사표시를 해야 한다고 판단하였다(대법원 2023. 12. 21. 선고 2023다221144 판결; 대법원 2022. 7. 14. 선고 2021다294674 판결). 주택공급을 신청할 권리와 분리될 수 없는 청약저축의 특징이 고려된 것이다.

Ⅲ. 공동상속예금의 인출과 은행의 책임

[8-129] 상속분을 초과하는 예금지급이나 상속인 아닌 자에 대한 예금지급은 채권의 준점유자에 대한 변제의 문제로서 가족관계등록부의 확인 등을 통하여 상속사실을 확인하고 그 법정상속분에 따라 지급하면 면책이 되는 것인지 문제된다.[67]

[8-130] 공동상속인 중 1인이 행방불명인 상태에서 다른 상속인들에게 예금 전액을 지급한 사안에서 상속인이 수인인 때 상속재산은 그 공유에 속하는 점, 피신청인의 「예금총칙」에도 상속예금 지급시에는 공동상속인 전원 명의로 예금청구서를 받도록 되어 있는 점을

65) 대법원 2016. 5. 4. 선고 2014스122 결정. 대법원 2006. 6. 30. 선고 2005도5338 판결; 서울고법 1991. 1. 18. 선고 89르2400 판결(상고기각).

66) 김현선, "예금주가 사망한 경우 상속예금에 대한 법률관계-공동상속인 1인이 자기 법정상속 지분만큼 단독청구할 수 있는지 여부," 금융법연구 제9권 제2호, 2012, 387-417면.

67) 윤진수, "금융기관의 수신거래와 여신거래," 민법논고 Ⅲ, 2008, 270-271면.

근거로 은행이 신청인의 동의없이 예금 전액을 지급한 것을 부당하다고 판단하고, 은행의 책임범위를 민법상 신청인의 법정상속분(5.5분의 1)에 상당하는 금액으로 본 조정 사례가 있다.[68] 조정 사례이지만 은행으로서는 부담스러운 결정이다. 그러나 법원은 피상속인 명의의 예금채권은 피상속인의 사망으로 당연히 공동상속인들에게 법정상속분에 따라 귀속되는 것이고, "은행들이 주장하는 유언, 상속포기, 상속재산 분할 협의 등의 사유는 은행 내부의 업무지침 내지 처리절차에 불과하여 공동상속인들의 상속예금 지급청구권의 행사를 저지할 수 있는 사유가 될 수 없다"고 판단하고 있다(서울중앙지법 2015. 10. 22. 선고 2015가합524348 판결(확정)).

은행이 가족관계등록부 등을 이용하여 상속사실과 법정상속분을 확인하고 그에 따 [8-131]
라 지급한 경우에는 채권의 준점유자에 대한 변제로서 책임을 면하거나 변제공탁하는 방법을 대안으로 제시하는 견해[69]가 있다.

Ⅳ. 공동상속예금과 상속재산분할

예금채권도 상속재산분할의 대상이 될 수 있는가? 공동상속예금도 상속재산분할의 [8-132]
대상이 된다면 은행실무에 미치는 영향이 클 것이다.

법원은 가분채권은 상속개시와 동시에 법정상속분에 따라 공동상속인들에게 분할되 [8-133]
어 귀속되므로 분할대상이 될 수 없는 것이 원칙이지만, 가분채권을 일률적으로 상속재산분할의 대상에서 제외하면 부당한 결과가 발생할 특별한 사정이 있는 경우에는 상속재산분할을 통하여 공동상속인들 사이에 형평을 기할 필요가 있으므로 가분채권도 예외적으로 상속재산분할의 대상이 될 수 있다고 판단하였다(대법원 2016. 5. 4. 선고 2014스122 결정; 대법원 2023. 12. 21. 선고 2023다221144 판결). 여기서 특별한 사정이 있는 경우는 예컨대 공동상속인들 중에 초과특별수익자가 있는 경우 초과특별수익자는 초과분을 반환하지 않으면서 가분채권은 법정상속분대로 상속받게 되는 경우 등을 말한다.

Ⅴ. 사망한 예금자의 예금계좌의 취급

은행은 예금자가 사망할 경우 정당한 상속인 보호 및 분쟁예방 등을 위해 사망자 [8-134]
예금계좌의 출금을 제한하고 있지만, 일부 은행은 입금거래도 제한하고 있다.[70] 그 이유는 사망자 계좌에 오류입금이나 착오지급이 발생할 경우 자금의 반환이 어렵고, 사망자는 민법상 권리능력을 상실하기 때문이라는 설명이다. 그러나 실무상 입금이 제한될 경우 상속인이 피상속인의 채권내역을 알기 어려워 상속인의 채권회수를 어렵게 하는 등 문제가 있다는 지적이 있다.

---

68) 금융분쟁조정위원회 제8차결정, 1999.6.22. 조정번호 제99-18호.

69) 김현선, 앞의 논문, 405-413면; 李松昊·慶紋瑄·洪廷昊, 「韓国における相続預金の法制度 および実務」, 金融法務事情 2030号, 2015, 35-36면.

70) 금감원, 보도자료: 은행의 사망자 명의 예금계좌에 대한 입금제한 관행 개선, 2013.10.14.

제6절 예금지급준비금

Ⅰ. 의 의

1. 개 념

[8-135] 지급준비금은 은행이 예금채무 등 적립 대상채무의 일정 비율을 한국은행에 예치금으로 보유하게 하는 제도를 말한다. 은행은 적립대상 채무에 대하여 지급준비율(한은 56조)을 적용하여 산정한 금액 이상의 지급준비금과 지급준비자산을 보유해야 한다(30조 1항 본문; 한은 55조 1항). 한국은행은 「금융기관 지급준비규정」에서 상세한 내용을 규정하고 있다.

2. 제도적 기능

[8-136] 지급준비금은 최초 예금자보호수단으로 도입되었지만, 지금은 통화정책수단으로 활용되고 있다.[71] 일반적으로 지급준비율을 높이면 통화량이 줄어들고 반대로 지급준비율을 낮추면 통화량이 늘어나게 된다. 이는 대상 은행의 자금사정과 무관하게 모든 은행에 일률적으로 적용한다(한은 56조 2항). 그러나 지급준비율의 변경은 통화 공급에 영향을 주고 자주 변경하기 어려워 장기적인 조정수단으로 사용되는 것이 일반적이다.[72] 1990년대 들어 금융자유화의 진전과 금융시장의 발전으로 공개시장조작을 주된 통화정책수단으로 활용함에 따라 지급준비제도의 역할은 크게 축소되었다.[73] 한국은행은 은행의 지급준비금 예치와 한국은행에 개설된 은행간 지급결제제도의 운영을 위해 은행의 예금을 수입할 수 있다(한은 54조).

Ⅱ. 지급준비금 적립대상 채무

1. 지급준비금 적립대상 금융기관의 범위

[8-137] 한국은행법상 '금융기관'은 은행법상 은행과 금융지주법상 은행지주회사를 말한다(한은 11조 1항). 보험회사와 상호저축은행업무 또는 신탁업무만을 하는 회사는 금융기관으로 보지 않는다(한은 11조 3항). 이하 은행을 대상으로 살펴본다.

2. 지급준비금 적립대상 채무의 범위

가. 의 의

[8-138] 적립대상 채무는 '예금채무'와 '그 밖에 시행령으로 정하는 채무'를 말한다(한은 55조 1항). 예금채무는 외화예금도 포함한다(서울행법 2020. 10. 29. 선고 2019구합53723 판결(확정)).

---

71) 한국은행, 한국은행법 해설, 2018, 232면.

72) 은행감독원, 206면.

73) 한국은행, 한국은행법 해설, 2018, 227면. 중국인민은행은 지급준비율을 통화정책수단으로 적극 활용하고 있다. Guonan Ma, Yan Xiandong and Liu Xi, "China's evolving reserve requirements," BIS Working Papers No 360, November 2011.

'시행령으로 정하는 채무'란 발행만기 2년 이하의 원화표시채권으로서 금통위가 현저한 통화팽창기에 또는 현저한 통화팽창기가 될 우려가 있는 경우에 지급준비금 적립이 필요하다고 인정하는 기간 동안 발행되는 일반은행 발행 금융채(령 19조)와 금통위가 현저한 통화팽창기에 정부와 지급준비금 적립 여부 및 그 기간에 대하여 협의를 거쳐 정하는 기간 동안 발행되는 특수은행 발행 금융채[74]의 발행에 따라 발생한 채무를 말한다(한은 55조 1항; 동 시행령 12조의2 1호·2호).

나. 신탁업무

신탁업무에 대하여는 지급준비금과 지급준비자산을 보유하지 않을 수 있다(30조 1항 단서, 28조). [8-139]

Ⅲ. 지급준비율

1. 지급준비율의 결정 등

금통위는 지급준비율을 정하며, 필요한 때에는 변경할 수 있다(한은 56조 1항). 지급준비율은 은행이 보유해야 할 지급준비금의 최저율을 말한다. 지급준비율은 한계지급준비금(한은 57조)을 제외하고는 50% 이하로 하며, 모든 은행에 일률적으로 적용한다(한은 56조 2항). 금통위가 지급준비율을 인상하는 경우에는 점진적으로 해야 하며, 모든 은행에 사전 통보해야 한다(한은 61조). [8-140]

금통위는 필요한 경우에는 법정한도(한은 55조·57조)의 범위에서 지급준비금 적립대상 채무의 종류 및 규모별로 지급준비율을 달리 정할 수 있다(한은 58조). 금통위는 은행이 보유해야 할 지급준비금 적립대상 채무 종류별 지급준비금의 최저율을 장기주택마련저축, 재형저축에 대하여는 0%, 정기예금, 정기적금, 상호부금, 주택부금, 양도성예금증서에 대하여는 2.0%, 기타 예금에 대하여는 7.0%로 규정하고 있다(금융기관 지급준비규정 2조 1항). [8-141]

2. 한계지급준비금

금통위는 현저한 통화팽창기에 필요한 경우에는 금통위가 지정하는 날의 지급준비금 적립대상 채무액을 초과하는 증가액에 대하여 지급준비율을 적용하여 산정한 금액을 초과하여 전액까지를 최저지급준비금으로 추가로 보유하도록 요구할 수 있다(한은 57조). 통화팽창기의 유동성조절기능을 효과적으로 수행하기 위한 일시적인 긴급조치권의 하나이다.[75] [8-142]

---

74) 농업금융채권(농업협동조합법 153조), 수산금융채권(수산업협동조합법 156조), 중소기업금융채권(중소기업은행법 36조의2), 산업금융채권(산업은행법 23조).

75) 한국은행, 한국은행법 해설, 2018, 236면.

Ⅳ. 지급준비금의 계산과 사용

1. 최저지급준비금의 계산과 보유

[8-143] 은행이 보유할 최저지급준비금은 금통위 규정에 따라 월별로 계산한다(한은 59조 1항). 각 은행의 최저지급준비금은 대한민국에 있는 그 본점·지점 및 출장소를 종합하여 계산한다(한은 59조 2항). 이렇게 산출된 지급준비금을 은행은 한국은행에 예치해야 한다.

2. 지급준비금과 이자

[8-144] 지급준비금은 당좌예금이므로 이자를 지급할 필요가 없으나, 금통위 규정에 따라 이자를 지급할 수 있다(한은 55조 2항). 한국은행은 은행의 수지상황을 고려하여 지급준비금에 대한 이자 지급 여부를 결정한다. 창립 이후 1986년까지 지급하였고, 2008.9. 이후 금융시장 불안 및 경기부진의 영향으로 은행건전성이 악화되자 은행의 신용공급여력을 확충하기 위하여 2007.11.8.부터 2008.11.5.까지 지급준비금에 대하여 연 2.3%의 이자를 지급하기로 결정하였다. 한국은행은 2008.12.11. 해당 금융기관에게 지급준비금에 대한 이자로 5,002억원을 지급하였다.[76]

3. 지급준비금의 사용

[8-145] 한국은행에 보유된 지급준비금은 금통위 규정에 따라 한국은행 또는 다른 은행에 대한 결제자금으로 사용할 수 있다(한은 62조).

Ⅴ. 지급준비자산제도

[8-146] 금통위는 필요한 경우 은행에 지급준비금과는 별도의 지급준비자산의 보유를 요구할 수 있다(한은 63조; 동 시행령 14조). 금통위가 은행에 대하여 지급준비자산의 보유를 요구하는 경우 은행은 지급준비자산을 현금, 정부의 채무 또는 정부가 보증한 채무를 표시하는 유통증권 또는 한국은행의 채무를 표시하는 유통증권으로 보유해야 한다(한은 63조; 동 시행령 14조 1항). 전통적인 지급준비제도를 보완하면서 은행이 증권을 보유하게 하여 공개시장조작을 위한 기반을 구축하는 의미가 있다.[77]

Ⅵ. 실효성 확보수단

1. 과태료의 부과 등

[8-147] 은행법상 지급준비금 보유규정(30조)을 위반한 은행에게는 1억원 이하의 과태료를 부과한다(69조 1항 5호). 한국은행법상으로도 금통위가 정한 최저지급준비금 보유기간 중

---

76) 한국은행, 위의 책, 233면 각주 7.
77) 한국은행, 위의 책, 2018, 245면.

보유지급준비금이 최저지급준비금에 미치지 못한 경우에는 해당 은행은 그 최저지급준비금 보유기간 동안의 평균 부족액의 2%에 해당하는 과태금을 한국은행에 내야 한다(한은 60조 1항). 하급심이지만, 법원은 이 과태금의 성격을 한국은행법상 "지급준비금 보유의무 위반(구체적 사실)에 대한 제재 및 이익박탈·환수(법 집행)를 명한 공권력 행사"에 해당하고, "행정소송법 제1항 제1호의 처분으로서 항고소송의 대상이 된다"고 판단했다(서울행법 2020. 10. 29. 선고 2019구합53723 판결(확정)). 단순한 채무발생사실의 통지가 아니다.

2. 신규 대출 등의 금지

지급준비금 부족이 연속하여 3기의 최저지급준비금 보유기간에 걸쳐 계속된 경우에 [8-148]
는 금통위는 해당 은행에 대하여 최저지급준비금을 1기의 최저지급준비금 보유기간 이상 보유할 때까지 신규의 대출·투자 또는 주주에 대한 배당금의 지급 등을 금지할 수 있다(한은 60조 2항). 지급준비금의 유출을 초래하는 은행의 모든 업무가 정지될 수 있는 것이다.

제7절 예금과 금융실명법

Ⅰ. 서 언

[8-149] "실명에 의한 금융거래를 정착시킴으로써 금융거래를 정상화하여 그동안 만연하던 각종 부조리와 부패, 탈세, 탈법, 불법 등 반사회적 행위를 방지하고, 금융거래를 정상화하여 경제정의가 정착될 수 있는 기반을 마련함으로써 국민경제의 건전한 발전을 이루려는" 입법목적(대법원 2009. 3. 19. 선고 2008다45828 전원합의체 판결)에 따라 1993. 8. 12. 「금융실명거래 및 비밀보장에 관한 긴급재정경제명령」[78]이 시행되었다. 그 후 입법절차를 거쳐 금융실명법이 제정되었다.

Ⅱ. 실지명의의 확인

1. 확인의무

가. 원 칙

[8-150] 은행을 포함한 금융회사등은 거래자의 실지명의('실명')로 금융거래를 해야 한다(실명 3조 1항). 이 의무의 적용범위를 정하는 기준은 '금융거래'와 '실지명의'의 두 개념이다.

[8-151] 첫째, '금융거래'란 금융회사등이 금융자산을 수입·매매·환매·중개·할인·발행·상환·환급·수탁·등록·교환하거나 그 이자, 할인액 또는 배당을 지급하는 것과 이를 대행하는 것 또는 그 밖에 금융자산을 대상으로 하는 거래로서 총리령으로 정하는 것[79]을 말한다(실명 2조 3호). 금융회사등은 은행 그 밖의 예금수취기관, 한국은행, 자본시장법상 금융투자업자등, 보험회사 등 금융자산을 업무로 취급하는 자를 포함한다(실명 2조 1호; 동 시행령 2조). '금융자산'은 금융회사등이 취급하는 예금·적금·부금·계금·예탁금·출자금·신탁재산·주식·채권·수익증권·출자지분·어음·수표·채무증서등 금전 및 유가증권과 그 밖에 이와 유사한 것으로서 총리령으로 정하는 것[80]을 말한다(실명 2조 2호; 동 시행규칙 2조 1호,2호). 전금법상 전자금융거래업자와 전자지급수단은 금융회사등이나 금융자산에 해당하지 않으므로 금융실명법의 적용대상은 될 수 없다.[81]

[8-152] '둘째, '실지명의'란 주민등록표상의 명의, 사업자등록증상의 명의 그 밖에 시행령이 정하는 명의를 말한다(실명 2조 4호). 금융거래에서 실지명의는 개인의 경우 주민등록증 발급대상자는 주민등록증으로 확인하되, 주민등록증에 의하는 것이 곤란한 경우에는 국가기관,

---

78) 이 명령은 1997.12.31. 법률 제5493호 금융실명법 부칙 제2조로 폐지되었다.

79) 금융실명법시행규칙에서 따로 정하고 있지 않다.

80) 금융실명법시행규칙에서 신주인수권을 표시한 증서, 외국이나 외국법인이 발행한 증권 또는 증서를 규정하고 있다(실명 2조 2호; 동 시행규칙 2조 1호·2호).

81) 다만 전금법은 선불전자지급수단이 자금세탁 또는 속칭 '카드깡'에 사용될 폐해 등을 방지하기 위한 취지에서 선불전자지급수단을 금융실명법 제2조 제4호에 따른 실지명의로 발행되거나 확인되는 것('기명식')과 그 이외의 것('무기명식')으로 구분하여 발행권면 최고한도와 양도방법 등을 달리 정하고 있다(18조 2항, 23조 1항, 동 시행령 13조 1항). 대법원 2022. 6. 30. 선고 2018다248275 판결.

지방자치단체 또는 교육법에 의한 학교의 장이 발급한 것으로서 실지명의 확인이 가능한 증표 또는 주민등록표등본과 신분을 증명할 수 있는 증표로 확인한다(금융실명법시행규칙 3조 1호 가목).[82)]

나. 면 제

[8-153] 실명확인계좌에 의한 계속거래, 각종 공과금 등의 수납, 100만원 이하의 원화 송금 및 무통장 입금과 100만원 이하에 상당하는 외국통화의 매입·매각, 일정한 유형의 채권거래 및 이를 위한 수표거래는 실명확인을 하지 않을 수 있다(실명 3조 2항 1-3호; 동 시행령 4조 1항,2항).

다. 제 재

[8-154] 실명확인의무에 위반한 은행의 임직원은 3천만원 이하의 과태료에 처한다(실명 7조 1항). 주의할 것은 금융실명법상 실명확인의무는 금융회사등의 임직원의 의무이지 거래자의 의무가 아니라는 점이다. 과태료는 금융위가 부과·징수한다(실명 7조 2항). 법인 대표자나 법인 또는 개인의 대리인, 사용인, 그 밖의 종업원이 그 법인 또는 개인의 업무에 관하여 실명확인의무를 위반하면 그 행위자를 벌하는 외에 그 법인 또는 개인에게도 해당 조문의 과태료를 과한다(실명 8조 본문). 다만, 법인 또는 개인이 그 위반행위를 방지하기 위해 해당 업무에 관하여 상당한 주의와 감독을 게을리하지 않은 경우에는 그렇지 않다(실명 8조 단서).

2. 확인방법

가. 대면·비대면

[8-155] 금융실명법 시행 이후 금융거래계좌를 개설할 때 창구를 방문하여 은행 직원에게 주민등록증 등 신분증을 제시하고 실명확인절차를 거치는 대면확인이 원칙으로 적용되어 왔다. 그러나 금융실명법이 실명확인방법을 반드시 대면확인으로 한정한 것인지에 대해서는 의문이 있었고, 기술발전에 따라 필요성이 증가하면서 비대면 확인방식도 허용되었다.[83)] 비대면확인을 위해서는 ① 신분증 사본 제출, ② 영상통화, ③ 접근매체 전달시 확인, ④ 기존계좌 활용, ⑤ 그 밖에 이에 준하는 새로운 방식(바이오인증 등) 중 2 이상의 수단으로 확인하는 것은 필수이다. 그 외에 ⑥ 타기관 확인결과 활용(휴대전화 인증 등)과 ⑦ 다수의 개인정보 검증 중 한 가지 이상의 방법으로 추가적으로 확인할 것을 권고하고 있다. 그리고 ⑥과 ⑦ 외에 은행이 자체적으로 본인 확인방식을 도입하는 것도 가능하다.

---

82) 현행법상 은행이 거래상대방인 은행이용자의 확인의무를 지는 경우는 금융실명법, 통신금융 사기법, 특정금융정보법의 3가지이다. 각각의 확인의무의 내용과 목적은 서로 다르다.

83) 금융위, 계좌 개설시 실명확인 방식 합리화방안, 2015.5.18; 은행연합회, 금융실명거래 업무해설, 2016.8, 38-39면.

나. 실명확인의 위탁

[8-156] 은행은 실명확인 업무를 다른 금융회사등에 위탁할 수 있다(실명 3조 7항; 동 시행령 4조의2 2항·3항). 예컨대 은행("갑")이 다른 금융회사등("을")과 업무제휴 계약을 체결한 경우 갑(또는 을)의 근거계좌와 연결된 을(또는 갑)의 연결계좌에 대하여 갑(또는 을)이 실명확인을 할 수 있다.[84] 다만, 이 경우 당해 은행은 업무제휴시 직접 실명확인을 한 금융회사등 및 직원이 실명확인에 대한 책임을 부담하는 등의 실명확인 책임소재에 대한 사항을 당사자간 업무제휴 계약서 등에 명시적으로 규정해야 한다.[85] 다만 「금융기관의 업무위탁 등에 관한 규정」상 금융업의 본질적인 요소를 포함하는 업무에 대한 위탁 등은 불가능하다(3조 1항 단서 1호 본문 [별표 1]).

3. 불법목적 차명금융거래의 금지

[8-157] 금융실명법은 금융회사등에 거래자의 실명확인의무를 부과하는 것이지 거래자의 차명금융거래를 금지하는 법률이 아니다. 그러나 일정한 불법목적으로 하는 차명금융거래는 금지된다(실명 3조 3항). "이러한 금융거래를 범죄수익의 은닉이나 비자금 조성, 조세포탈, 자금세탁 등 불법·탈법행위나 범죄의 수단으로 악용하는 것을 방지"하려는 것이다(대법원 2017. 12. 22. 선고 2017도12346 판결; 대법원 2022. 10. 27. 선고 2020도12563 판결; 대법원 2022. 10. 27. 선고 2021도1965 판결).

[8-158] 여기서 불법목적은 특정금융정보법상 불법재산은닉, 자금세탁행위 또는 공중협박자금조달행위(2조 4-6호)([8-191]-[8-229]) 외에 강제집행면탈 그 밖에 탈법행위를 목적으로 하는 경우를 포함한다.[86] 예컨대 A가 공직자윤리법에서 금지하는 재산등록서류에 거짓으로 등록대상재산을 기재하거나 재산상태를 은폐하는 행위를 할 목적으로 B 명의로 입금받은 경우도 여기에 해당한다(대법원 2017. 12. 22. 선고 2017도12346 판결).

[8-159] 은행에 종사하는 자[87]는 이러한 금융거래를 알선하거나 중개할 수 없다(실명 3조 4

---

84) 은행연합회, 위의 책, 31면.

85) 은행연합회, 위의 책, 31면.

86) 일반적으로 ① 채권자들의 강제집행을 회피하기 위해 타인 명의 계좌에 본인 소유 자금을 예금하는 행위(강제집행 면탈) ② 불법도박자금을 은닉하기 위해 타인 명의 계좌에 예금하는 행위(불법재산 은닉) ③ 금융소득종합과세 회피를 위해 타인 명의 계좌에 본인 소유 자금을 예금하는 행위(조세포탈행위) ④ 생계형저축 등 세금우대 금융상품의 가입한도 제한 회피를 위해 타인 명의 계좌에 본인 소유 자금을 분산예금하는 행위(조세 포탈행위) 등을 불법목적의 예로 들고 있다. 은행연합회등, 금융실명법 주요 개정내용 및 관련 Q&A, 2014.12.12. 여기서 말하는 '그 밖의 탈법행위'는 "단순히 우회적인 방법으로 금지규정의 제한을 피하려는 행위 전반을 의미하는 것이 아니라, 구 금융실명법 제3조 제3항, 제6조 제1항에 구체적으로 열거된 불법재산의 은닉, 자금세탁, 공중협박자금조달 및 강제집행의 면탈과 같이 형사처벌의 대상이 되는 행위에 준하는 정도에 이르러야 하고, 여기에 해당하는지 여부는 구 금융실명법 제3조 제3항, 제6조 제1항의 입법 목적 등을 충분히 고려하여 판단해야 한다." 대법원 2022. 10. 27. 선고 2020도12563 판결; 대법원 2022. 10. 27. 선고 2021도1965 판결.

87) 금융실명법 제3조 제4항의 '금융회사등에 종사하는 자'와 동법 제7조 제1항의 "금융회사 등의 임원 또는 직원"은 같은 의미로 해석해야 할 것이다.

항). 이에 위반하여 타인의 실명으로 금융거래를 하거나 이를 알선 또는 중개한 자는 5년 이하의 징역 또는 5천만원 이하의 벌금에 처하고, 징역형과 벌금형은 병과할 수 있다(실명 6조 1항·2항). 이 경우에는 거래자도 실명거래의무를 부담하는 것이다. 이 경우에도 양벌규정이 적용된다(실명 8조). 금융실명법 제6조 제1항 위반죄는 이른바 초과주관적 위법요소로서 '탈법행위의 목적'을 범죄성립요건으로 하는 목적범이므로, 방조범에게도 정범이 위와 같은 탈법행위를 목적으로 타인 실명 금융거래를 한다는 점에 관한 고의가 있어야 하나, 그 목적의 구체적인 내용까지 인식할 것을 요하는 것은 아니다(대법원 2022. 10. 27. 선고 2020도12563 판결; 대법원 2022. 10. 27. 선고 2021도1965 판결).

거래자가 불법목적으로 차명거래를 할 것이라는 사실을 알면서도 명의를 빌려주었다면 명의대여자도 공범으로 처벌될 수 있다. 그러나 그 타인의 의사와 관계없이 자유롭게 금융거래를 할 수 있는 경우만 위 범죄가 성립하는 것이 아니다(대법원 2017. 12. 22. 선고 2017도12346 판결). [8-160]

Ⅲ. 비실명예금계약의 사법상 효력

1. 의 의

금융실명법에 위반하여 이루어진 비실명예금계약의 사법상 효력에 대해서는 입법취지와 관련하여 유효설과 무효설이 대립한다. [8-161]

2. 유효설

유효설은 "비실명금융거래계약의 사법상 효력에는 영향이 없다"고 본다. 판례는 유효설을 채택하고 있다(대법원 2001. 12. 28. 선고 2001다17565 판결). 예금거래와 같은 금융거래는 국민생활과 재산권 행사에 큰 영향을 미치므로 입법자가 비실명예금계약의 사법상 효력을 부정할 의도를 가지고 있었다면, 「부동산 실권리자명의 등기에 관한 법률」 제4조 제1항[88]과 같이 그 사법적 효력을 부정하는 규정을 두었을 것인데, 금융실명법에 그러한 규정을 두지 않은 것은 입법자가 제3조 제1항을 강행규정으로 의도하지 않았다는 점을 나타낸다는 것이다(대법원 2009. 3. 19. 선고 2008다45828 전원합의체 판결 [대법관 차한성의 보충의견]). [8-162]

3. 무효설

무효설은 금융실명법 제3조 제1항은 "실명확인 절차를 거칠 것을 예금계약의 효력요건으로 규정한 것이고, 위 규정의 취지에 반하는 예금계약의 효력을 부정하는 강행규정"이라고 보아야 하므로, 출연자 등이 금융기관과의 합의하에 명의자가 아닌 출연자 등을 예금계약의 당사자로 한 약정 자체는 강행규정인 위 조항에 위반되어 효력이 없다는 것이다(대법원 2009. 3. 19. 선고 2008다45828 전원합의체 판결 [대법관 박시환의 별개의견]). [8-163]

---

88) 제4조(명의신탁약정의 효력) ① 명의신탁약정은 무효로 한다.

4. 평가

[8-164] 부동산실명법과의 조문체계에 차이가 있는 점, 실명확인의무를 원칙적으로 거래자의 의무로 하고 있지 않은 점 등을 고려할 때 비실명금융거래계약의 사법상 효력을 부정할 수는 없는 것으로 본다.

Ⅳ. 비실명예금계약의 당사자확정

1. 명의자

[8-165] 법원은 실명확인절차를 거쳐 예금계약을 체결하고 실명확인사실이 예금계약서 등에 기재되어 있는 경우 당사자의 의사와 법률관계의 명확화 등을 근거로 예금명의자를 예금계약의 당사자로 보았다(대법원 2009. 3. 19. 선고 2008다45828 전원합의체 판결). 실명확인절차를 거쳤음에도 출연자 등을 예금계약의 당사자로 보기 위해서는 금융기관과 출연자 등과 사이에 명의자와의 계약을 부정하여 명의자의 예금반환청구권을 배제하고 출연자 등과 예금계약을 체결하여 출연자 등에게 예금반환청구권을 귀속시키겠다는 명확한 의사의 합치가 있는 극히 예외적인 경우로 제한된다고 판단하였다(대법원 2009. 3. 19. 선고 2008다45828 전원합의체 판결).[89)]

[8-166] 동 판결의 별개의견도 결론은 같지만 근거는 출연자 등을 예금계약의 당사자로 하는 별도의 약정 자체는 강행규정인 금융실명법 제3조 제1항에 위반되어 효력이 없으므로 "금융기관과 예금명의자 사이의 예금계약만이 유효하게 성립할 뿐이어서, 예금반환청구권을 갖는 예금계약의 당사자는 예금명의자"라고 보았다.

[8-167] 은행은 예금명의자와 출연자 등 사이에 예금반환청구권의 귀속을 둘러싼 분쟁이 발생한 경우에도 "그들 사이의 내부적 법률관계를 알았는지 여부에 관계없이 일단 예금명의자를 예금주로 전제하여 예금거래를 처리하면 되고, 이러한 금융기관의 행위는 특별한 사정이 없는 한 적법한 것으로서 보호되어야 할 것"이다(대법원 2013. 9. 26. 선고 2013다2504 판결).

2. 실명확인계좌자산의 명의자 소유 추정

[8-168] 금융실명법은 '실명이 확인된 계좌'에 보유하고 있는 금융자산은 명의자의 소유로 추정한다(3조 5항). 위 판례법리와 같은 취지에서 명의자를 예금자로 추정하는 취지의 규정이다. 금융실명법 개정 이전 예치된 금융자산과 이후 예치된 금융자산 모두 명의자의 소유로 추정된다.[90)]

---

89) 동 판결의 의의와 취지에 대해서는 윤진수·김재형, 민법기본판례, 2016, 61-65면. 같은 취지로 대법원 2011. 9. 29. 선고 2011다47169 판결.

90) 은행연합회등, 금융실명법 주요 개정내용 및 관련 Q&A, 2014.12.12.

문제는 동 조항에서 '외국관계법령에 따라 이와 유사한 방법으로 실명이 확인된 계좌'에 대해서도 동일한 추정을 하고 있는 점이다.[91] 내국인의 역외계좌를 이용한 차명거래행위를 염두에 둔 규정으로 생각된다. '외국관계법령에 따라 이와 유사한 방법으로 실명이 확인된 계좌'가 외국에 소재하는 계좌라면 그 계좌에 보유하고 있는 금융자산의 소유권에 관한 사항은 그 자산의 종류별로 적용되는 준거법에 따라 결정되어야 할 것이다. [8-169]

91) 「상속세 및 증여세법」 개정으로 금융실명법 제3조에 따라 실명이 확인된 계좌 또는 외국의 관계 법령에 따라 이와 유사한 방법으로 실명이 확인된 계좌에 보유하고 있는 재산은 명의자가 그 재산을 취득한 것으로 추정하여 증여추정규정을 적용한다(45조 1항·4항).

제8절 예금과 유사수신법

Ⅰ. 의 의

1. 의 의

[8-170] 유사수신법은 유사수신행위 및 유사수신행위의 표시·광고, 유사수신행위를 하기 위한 금융업유사상호의 사용을 금지한다(3조-5조). 유사수신법은 상환능력이 없는 자(또는 상환능력의 보장을 위한 규제가 없는 자)에 의한 불특정·다수인을 대상으로 한 자금조달행위를 금지하여 선량한 거래자를 보호하는 것을 목적으로 한다(유사수신행위규제 1조).[92] 일본에서는 은행중심의 금융구조에서 원본보전성 자금조달을 은행으로 한정하여 은행으로의 자금집중을 통한 경제개발자금의 확보도 목적으로 설명한다.

2. 헌법위반 여부

[8-171] 유사수신행위의 금지와 그에 대한 벌칙을 규정한 유사수신법 제6조 제1항, 제3조 중 제2조 제4호 부분이 죄형법정주의(명확성의 원칙)에 위반되는지에 대하여 헌재는 동법 제2조에 의하면 동법 제2조 제4호에서 금지하는 유사수신행위는 장래에 보전을 약속한 거래상대방의 경제적 손실액이 그 거래상대방으로부터 받은 금전의 액수를 초과하는지 여부를 불문함을 알 수 있으므로 죄형법정주의 원칙에 위배되지 않는다고 판단하였다(헌재 2003. 2. 27. 2002헌바4). 위 법률조항이 청구인의 직업선택의 자유를 침해하는지에 대해서도 헌재는 입법목적의 정당성이 인정되고, 방법 내지 수단의 적절성과 피해의 최소성의 요건을 갖추지 못하였다고 할 수 없고, 법익균형성의 요건도 갖추었다고 볼 수 있으므로 인정할 수 없다고 판단하였다(헌재 2003. 2. 27. 2002헌바4). 그리고 경제주체간의 부조화를 방지하고 금융시장의 공정성을 확보하기 위해 마련된 위 법률조항은 헌법의 경제질서에 위배되는 것이라 할 수 없다고 판단하였다(헌재 2003. 2. 27. 2002헌바4).

Ⅱ. 구 조

1. 의의와 판단구조

가. 의 의

[8-172] 유사수신행위는 다른 법령에 따른 인가·허가를 받지 않거나 등록·신고 등을 하지 않고 불특정 다수인으로부터 자금을 조달하는 것을 업으로 하는 다음의 행위를 말한다(유사수신법 2조).

---

92) 법원은 "유사수신행위를 규제하는 입법 취지는 관계 법령에 의한 허가나 인가를 받지 않고 불특정 다수인으로부터 출자금 등의 명목으로 자금을 조달하는 행위를 규제하여 선량한 거래자를 보호하고 건전한 금융질서를 확립하려는 데에 있다"고 설명한다. 대법원 2005. 11. 24. 선고 2003도2213 판결; 대법원 2006. 5. 26. 선고 2006도1614 판결; 대법원 2013. 11. 14. 선고 2013도9769 판결.

① 장래에 출자금 전액 또는 이를 초과하는 금액을 지급할 것을 약정하고 출자금을 받는 행위
② 장래에 원금 전액 또는 이를 초과하는 금액을 지급할 것을 약정하고 예금·적금·부금·예탁금 등의 명목으로 금전을 받는 행위
③ 장래에 발행가액 또는 매출가액 이상으로 재매입할 것을 약정하고 사채를 발행하거나 매출하는 행위
④ 장래의 경제적 손실을 금전이나 유가증권으로 보전하여 줄 것을 약정하고 회비 등의 명목으로 금전을 받는 행위

유사수신행위는 은행 등이 아닌 자가 원본보전을 조건으로 출자금, 예금등, 사채, 회 [8-173]
비 등의 명목으로 하는 불특정다수인으로부터의 자금조달행위를 말한다. 따라서 자본시장법상 금융투자업자가 금융투자상품의 매매 그 밖의 거래와 관련하여 투자자에게 하는 수익보장행위(55조)나 금융소비자법상 금융상품판매업자등이 금융상품계약체결을 권유하는 경우에 하는 단정적 판단의 제공 등의 행위(21조 1호)와는 다르다.

나. 불특정 다수인의 의미

불특정 다수인의 의미에 대하여 법원은 "입법 취지 등에 비추어 볼 때, 광고를 통하 [8-174]
여 투자자를 모집하는 등 전혀 면식이 없는 사람들로부터 자금을 조달하는 경우뿐만 아니라 평소 알고 지내는 사람에게 직접 투자를 권유하여 자금을 조달하는 경우라도, 그 자금조달 행위의 구조나 성격상 어느 누구라도 희망을 하면 투자에 참여할 수 있는 기회가 열려 있다고 한다면 이는 불특정 다수인으로부터 자금을 조달하는 행위로서 유사수신행위에 해당"한다고 판단하였다(대법원 2006. 5. 26. 선고 2006도1614 판결). 이 경우 모집의 대상이 특정 직업군 등으로 어느 정도 제한되어 있어도 동일하게 판단한다(대법원 2013. 11. 14. 선고 2013도9769 판결; 대법원 2013. 11. 14. 선고 2012도6674 판결).

다. 신탁업과 유사수신행위

유사수신법 제2조 제1호의 유사수신행위에는 금감위의 인가를 받지 않고 실질적으 [8-175]
로 신탁업을 하여 장래에 출자금의 전액 또는 이를 초과하는 금액을 지급할 것을 약정하고 출자금을 수입함으로써 불특정다수인으로부터 자금을 조달하는 것을 업으로 하는 행위도 포함된다(대법원 2005. 12. 9. 선고 2005도7120 판결).

따라서 피고인들이 "상가지분분양을 통한 분양대금의 수수라는 외형을 취하여 투자 [8-176]
자들로부터 출자금을 수입하였고, 또 임대료의 지급이라는 외형을 취하여 투자자들에게 수익금을 지급하였다고 하더라도," 신탁업 인가를 받지 않고 투자자들로부터 출자금을 수입한 행위는 그 실질에 있어서 '장래에 출자금의 전액 또는 이를 초과하는 금액을 지급할 것을 약정하고 출자금을 수입한 행위'로서 유사수신법 제2조 제1호의 유사수신행위에 해당한다(대법원 2005. 12. 9. 선고 2005도7120 판결).

라. 보험업과 유사수신행위

[8-177] 유사수신법 제2조 제4호 소정의 유사수신행위는 "보험업법 제5조 제1항의 규정에 의한 금융감독위원회의 허가를 받지 아니하고 실질적으로 보험사업을 하여 회비 등의 명목으로 금전을 수입함으로써 불특정다수인으로부터 자금을 조달하는 것을 업으로 하는 행위"를 말한다(대법원 2001. 12. 24. 선고 2001도205 판결). 법원은 교통범칙금 상당액을 보상해 주기로 약정하고 연회비를 납부받은 영업행위가 실질적으로 무허가 보험사업으로 '유사수신행위'에 해당한다고 판단하였다.

마. 상품거래가 매개된 자금수입과 유사수신행위

[8-178] 상품거래가 수반된 자금수입의 경우 유사수신행위로 볼 것인가? 법원은 원칙적으로 "'출자금'이라는 용어의 의미에 비추어 보면, 실질적으로 상품의 거래가 매개된 자금의 수입은 이를 출자금의 수입이라고 보기 어렵"지만, "그것이 상품의 거래를 가장하거나 빙자한 것이어서 실제로는 상품의 거래 없이 금원의 수입만 있는 것으로 볼 수 있는 경우에 한하여 이를 법에서 금하는 유사수신행위"라고 판단하였다(대법원 2005. 11. 24. 선고 2003도2213 판결; 대법원 2007. 1. 25. 선고 2006도7470 판결; 대법원 2007. 10. 25. 선고 2007도6241 판결; 대법원 2009. 9. 10. 선고 2009도5075 판결; 대법원 2016. 9. 8. 선고 2015도14373 판결 등).

[8-179] 이른바 판권마케팅사건에서는 "에이전트마케팅을 촉진하는 한편 광고비, 물류비 등의 비용을 절감하여 판매원들에게 인센티브로 제공하는 상품판매방식의 일종으로 보이고, 그 상품거래가 출자금의 수입을 가장하기 위한 것이라고 보이지는 아니한다"고 판단하였다(대법원 2005. 11. 24. 선고 2003도2213 판결).

[8-180] 그러나 첫째, "위탁자들로부터 받은 위탁대금으로 돼지를 사육하여 위탁자들에게 성돈을 인도하기로 하고 그 성돈을 미리 매수하여 선물매매대금을 지급한다는 등의 외형을 취한 경우"에 대하여, 법원은 "실질적으로 불특정 다수의 위탁자들로부터 양돈사업자금을 투자받고 그 수입금으로 위탁자들에게 위탁대금 원금과 고율의 수익금을 지급하겠다고 보장하는 내용으로서 위탁자들로부터 출자금을 받는 행위라고 할 수 있을 뿐 실물 거래인 돼지 위탁사육이나 성돈 거래가 매개된 것이라고 할 수 없으므로" 유사수신행위에 해당한다고 판단하였다(대법원 2016. 9. 8. 선고 2015도14373 판결). 둘째, 회사 운영자들이 국내 관계 법령에 따른 인허가 등을 받지 않고 투자자들로부터 광고팩 구입비 명목의 출자금을 지급받으면서 이를 초과하는 수익금 지급약정을 한 사안[93]에서 "투자자들이 하는 광고보기 등의 행위는 용역제공을 가장하거나 빙자하기 위한 것일 뿐 사실상 금전의 거래

---

93) "투자자가 광고팩을 구입한 후 88일 동안 광고보기 등을 수행하면 구입비의 150%를 수익금으로 지급받게 되는 등 일정 기간 광고미션을 수행하면 고정적으로 구입비 이상의 수익금을 지급하겠다는 취지이고, 수익금 지급조건으로 제시된 광고보기 등은 1일 최대 20회까지 인터넷 배너 광고를 보고 클릭하는 정도로서 누구나 단시간에 손쉽게 수행할 수 있는 행위"였다.

라고 볼 수 있으므로" 유사수신행위법 제2조 제1호에서 정한 유사수신행위에 해당한다고 판단하였다(대법원 2020. 7. 9. 선고 2018도5519 판결).

바. 신종 금융거래 등을 대상으로 하는 유사수신행위

비트코인을 지급수단으로 한 출자금을 대상으로 하는 거래에 대해서는 유사수신행위를 인정하였다. 비트코인을 금전대용물로 본 것이다(대법원 2019. 5. 30. 선고 2019도1462 판결).[94] 이를 반영하여 유사수신법은 유사수신행위의 개념상 '자금'이 '가상자산'(가상자산법 2조 1호)을 포함하는 것으로 개정하였다(2조). 그러나 비트코인을 지급수단으로 다른 가상자산을 거래한 경우는 여전히 유사수신행위로 보지 않았다(대법원 2020. 3. 12. 선고 2019도12324 판결). [8-181]

현행법상 유사수신행위의 정의는 출자금이나 예금등 또는 사채를 대상으로, 원금 보장하고, 당사자간 약정 있는 경우만 대상으로 하고 있다. 그러나 이러한 정의로는 외환증거금거래, 크라우드펀딩, 가상자산투자 등을 사칭한 유사수신행위를 규제할 수 없다는 의견이 있다. 유사수신행위에 이러한 신종상품도 포함해야 한다는 의견이 나오게 된 것이다. [8-182]

이와 함께 확정 수익률 보장행위나 일방적 표시·광고 행위도 규제할 필요가 있다는 주장도 있다.[95] 그러나 금융상품에 해당하지 않는 일반상품거래 등 비금융거래와 관련한 확정 수익률 보장행위 등을 유사수신법의 적용대상으로 하게 되면 동법의 입법취지 및 금융규제목적과의 관련성에 대한 설명이 필요하다. 이러한 경우도 처벌해야 한다는 것은 당연하지만, 적어도 금융규제법의 영역이라고 하기는 어렵다. [8-183]

2. 유사수신행위의 성립

유사수신법상 유사수신행위는 장래에 출자금의 전액 또는 이를 초과하는 금액을 지급할 것을 약정하고 출자금을 수입하는 행위를 함으로써 즉시 성립하고, 그와 동시에 완성되는 즉시범이다(대법원 2009. 9. 10. 선고 2009도5075 판결). [8-184]

Ⅲ. 유사수신행위의 감독

현재 유사수신행위업체는 금융회사가 아니므로 은행감독기관의 조사·감독권한이 인정되지 않는다. 그래서 유사수신행위에 대한 조사·감독이 피해자 신고와 제보에 의존할 수밖에 없다. 그리고 유사수신업체가 은행감독기관의 조사를 회피하거나 거부할 경우 대응할 법적 수단이 없다. 유사수신행위가 있다고 인정되는 경우에는 금감원장이 신고 또는 직권에 의하여 필요한 조사를 할 수 있도록 하고, 조사회피에 대한 처벌근거를 두자는 논의가 있다.[96] [8-185]

---

94) 원심은 "이 사건 사업은 투자금 및 수익금을 산정하거나 수수하는 단위 내지 매개로서 K을 활용하였을 뿐 그 실질은 금전의 거래"라고 판단하였다. 서울중앙지법 2019. 1. 9. 선고 2018노2816 판결.

95) 금융위·금감원, 보도자료: 유사수신행위, 철저히 잡아내고 확실히 처벌하겠습니다!, 2016.12.9.

Ⅳ. 유사수신행위규제 위반의 효과

1. 형 벌

[8-186] 누구든지 유사수신행위를 해서는 안 된다(유사수신법 3조). 이를 위반하여 유사수신행위를 한 자는 5년 이하의 징역 또는 5천만원 이하의 벌금에 처한다(유사수신법 6조 1항).

2. 은행법과의 관계

[8-187] 예금의 형식을 통한 유사수신행위가 은행법상 은행업에 해당하면 은행법 위반과 유사수신법 위반이 함께 문제된다. 은행법은 무인가 은행업 금지를, 유사수신법은 거래자 보호를 목적으로 하는 점에서 양법의 구성요건과 보호법익에 차이가 있으므로 실체적 경합으로 보아야 한다.

3. 사기죄와의 관계

[8-188] 유사수신행위는 그 자체 사기행위에 해당한다거나 사기행위를 반드시 포함한다고 할 수 없고, 유사수신법 위반죄가 형법 제347조 제1항의 사기죄는 구성요건과 보호법익이 다르므로 별개의 범죄이다(대법원 2023. 11. 16. 선고 2023도12424 판결).[97]

4. 유사수신행위와 사법상 효력 및 손해배상

[8-189] 유사수신행위의 사법상 효력은 인정된다(대법원 2024. 4. 25. 선고 2023다310471 판결). 유사수신법 제3조를 효력규정 또는 강행규정으로 보아 그 위반행위를 "일률적으로 무효로 보는 것은 선의의 거래 상대방을 오히려 불리하게 함으로써 '선량한 거래자를 보호'하기 위한 유사수신행위법의 입법 취지에 실질적으로 반할 수 있고, 계약의 유효성을 신뢰한 상대방의 법적 안정성을 해칠 수 있다"는 것이다.

[8-190] 유사수신행위를 주도한 자는 물론 단순가담자도 불법행위에 따른 손해배상책임을 진다(대법원 2007. 1. 26. 선고 2005다34377 판결). 민법 제760조의 공동불법행위에서는 "행위자 상호간의 공모는 물론 공동의 인식을 필요로 하지 아니하고, 다만 객관적으로 그 공동행위가 관련 공동되어 있으면 족하"기 때문이다(대법원 2007. 1. 26. 선고 2005다34377 판결).

---

96) 「유사수신행위의 규제에 관한 법률 일부개정법률안」(의안번호 2922, 발의연월일 : 2016. 10. 26., 김선동 의원 대표발의), 안 5조의2 신설, 안 8조 1항.

97) 따라서 "유사수신행위를 한 자가 출자자에게 별도의 기망행위를 하여 유사수신행위로 조달받은 자금의 전부 또는 일부를 다시 투자받는 행위는 유사수신행위법 위반죄와 다른 새로운 보호법익을 침해하는 것으로서 유사수신행위법 위반죄의 불가벌적 사후행위가 되는 것이 아니라 별죄인 사기죄를 구성한다".

제9절 예금과 자금세탁방지법

Ⅰ. 의 의

1. 의 의

자금세탁이란 "범죄수익을 은닉하거나 적법한 재산인 것처럼 가장하는 과정"을 말한다.[98] 자금세탁방지는 금융업자, 금융정보분석원, 수사기관 등이 하는 각종 예방적·억제적 조치의 총체적 체제를 말한다.[99] 자금세탁은 국제적 은행망을 통한 자금이체를 필수 수단으로 하므로 국경간 거래에 대한 국제적 대응이 필수적이다.[100] 따라서 자금세탁방지제도는 국제적인 권고나 합의에 기초하여 각국에서 국내법화하는 과정을 거친다(대법원 2017. 4. 26. 선고 2016도18035 판결).[101] [8-191]

은행법에서 자금세탁방지를 살펴보는 이유는 2가지다. 첫째, 자금세탁은 **예치(placement), 은폐(layering), 통합(integration)**의 3단계를 거친다.[102] 예치와 은폐는 주로 은행에 예금을 하고 여러 단계의 은행거래를 거치는 과정이다. 따라서 은행은 자금세탁을 이용하려는 자나 방지하려는 자 모두에게 최전선이 될 수밖에 없다. 은행은 고객확인의무를 이행하고 혐의거래 및 고액현금거래보고를, 금융정보분석원은 혐의거래 분석과 혐의정보 제공, 금융기관에 대한 감독검사를, 그리고 법집행기관은 처벌과 범죄수익 환수를 담당한다. 둘째, 자금세탁방지는 반사회적 세력으로부터 은행시스템을 보호하는 제도로 이해되어야 한다. 자금세탁은 잠재적인 금융체계위험의 유발요인으로 인정되고 있다.[103] 자금세탁방지제도의 [8-192]

---

98) 최성진·이종근·이준엽·권정훈·박영준·이영상, 자금세탁범죄 해설과 판례, 법무부·금융 정보분석원, 2011.1, 16면. 자금세탁방지에 대해서는, 법무부, 범죄수익은닉의 규제 및 처벌 등에 관한 법률해설, 2002; 성낙인·권건보, 자금세탁방지법제론, 경인문화사, 2007; 이명신, 자금세탁방지의 법적 구조, 경인문화사, 2023; 최성진외, 위의 책; Robin Booth, Simon Farrel, Guy Bastable and Nicholas Yeo, Money Laundering Law and Regulation: A Practical Guide, Oxford University Press, 2011; Ellinger, pp92-114; William Blair, Richard Brent and Tom Grant, Banks and Financial Crime: The International Law of Tainted Money, Oxford University Press, 2017.

99) 최성진외, 위의 책, 26면.

100) Ellinger, pp93-96.

101) 1988.12. "마약 및 향정신성 물질의 불법거래 방지를 위한 UN협약(The United Nations Convention against Illicit Traffic in Narcotic Drugs and Psychotropic Substance)"(일명 비엔나협약)과 바젤은행감독위원회의 "자금세탁을 목적으로 은행시스템을 불법적으로 이용하지 못하도록 방지하기 위한 제원칙의 선언(Statement of Principles on the Prevention of Criminal Use of the Banking System for the Purpose of Money-Laundering)"이 중요한 계기가 되었다.
국제기구로는 자금세탁방지 국제기구(Financial Action Task Force: FATF)와 OECD가 중요한 역할을 담당하고 있다. International Standards on Combating Money Laundering and the Financing of Terrorism & Proliferation: the FATF Recommendations. February 2012 Updated October 2016; OECD, Money Laundering Awareness Handbook for Tax Examiners and Tax Auditors, 2009. OECD 핸드북의 국문판은 〈https://www. oecd.org/ctp/crime/ 44751965.pdf〉.

102) Ellinger, p92.

103) Giannis Keramidis, "Money Laundering: Phases and Technologies/Typologies," in Illias Bantekas and Giannis Keramidas(eds), International and European Financial Criminal Law, 2006, Butterworths Law,

금융규제법상 지위에 대해서는 금융규제설과 비금융규제설이 있으나 두 가지 기능을 모두 가진다고 보아야 할 것이다.[104]

2. 구 조

[8-193] 자금세탁방지제도는 3 법률로 구성된다. 특정금융정보법은 은행 등의 자금세탁 관련 특정금융거래 보고의무를, 범죄수익법은 자금세탁행위의 범죄화를, 그리고 공중협박자금법은 공중협박자금조달행위의 범죄화와 사전예방조치를 내용으로 한다.

[8-194] 특정금융정보법은 금융정보분석원 설치와 금융기관 등의 자금세탁 관련 특정금융거래 보고제도를 규정한다. 금융기관 등의 고객확인의무와 내부보고체계 등 구축 및 운용의 근거를 두고 특정금융거래정보 등의 비밀보장을 규정하고 있다. 범죄수익규제법은 일정한 범죄행위의 수익을 대상으로 자금세탁행위를 범죄화하고, 범죄사실 인지 시 신고 의무, 범죄수익 및 범죄수익에서 유래한 재산 등의 몰수·추징을 규정하고 있다. 공중협박자금조달금지법은 공중협박자금조달행위의 범죄화와 공중협박자금 조달에 대한 사전예방조치와 범죄사실인지 시 신고의무를 규정한다.

[8-195] 자금세탁방지대책은 형사법분야의 자금세탁억제대책과 은행법분야의 자금세탁예방대책으로 구분할 수 있다.[105] 이 절에서는 주로 자금세탁예방과 관련하여 특정금융정보법을 중심으로 은행이 담당하는 역할과 자금세탁방지체제를 살펴본다. 다만 특정금융정보법은 직접적으로는 보이스피싱 범죄에 대응하기 위한 조치가 아니다(서울중앙지법 2023. 7. 10. 선고 2021가단5326284 판결(항소)).

Ⅱ. 자금세탁

[8-196] 자금세탁행위는 "범죄행위로부터 얻은 불법자산을 합법적인 자산인 것처럼 위장하는 과정"으로서 불법재산의 취득·처분 또는 발생 원인에 대한 사실을 가장하거나 그 재산을 은닉하는 행위 및 탈세목적으로 재산의 취득·처분 또는 발생 원인에 대한 사실을 가장하거나 그 재산을 은닉하는 행위를 말한다(특금 2조 5호 가목-다목). 특정금융정보법은 자금세탁의 방지를 위해 은행 등에 대하여 고객확인의무와 보고의무를 부과하고 있다(2조 1호 라목).

Ⅲ. 거래보고제도

1. 의 의

[8-197] 특정금융정보법은 은행 등의 자금세탁 관련 특정금융거래보고제도를 규정한다. 보고제도는 **혐의거래보고**(Suspicious Transaction Report, STR)와 **고액현금거래보고**(Currency Transaction

---

p20.

104) 이명신, 자금세탁방지의 법적 구조, 경인문화사, 2023, 99-108면.

105) 최성진외, 앞의 책, 26면.

Report, CTR)로 구분된다.

거래보고는 금융거래등과 관련하여 발생한다. 특정금융정보법은 금융거래등을 "금융 회사등이 금융자산을 수입·매매·환매·중개·할인·발행·상환·환급·수탁·등록·교환하거나 그 이자·할인액 또는 배당을 지급하는 것과 이를 대행하는 것, 그 밖에 금융자산을 대상으로 하는 거래로서 시행규칙으로 정하는 것 등"으로 정의하고 있다(2조 2호 가목-라목). 여기서 '금융자산'은 금융실명법상 금융회사등이 취급하는 예금·적금·부금·계금·예탁금·출자금·신탁재산·주식·채권·수익증권·출자지분·어음·수표·채무증서 등 금전 및 유가증권 등을 말한다(실명 2조 2호). 은행의 경우 주로 예금의 출입금과 관련하여 문제될 것이다. [8-198]

은행의 금융거래보고의무와 고객비밀유지의무의 관계도 중요한 문제이다. 그러나 현행법은 이를 입법적으로 해결하였다. 일반론으로 자금세탁방지업무와 관련하여 은행이 고객이나 범죄피해자 그리고 은행에 대하여 손해배상책임을 질 수 있는지도 문제될 수 있다.[106] 거래단절(특금 5조의2 4항) 등이 대표적이다. [8-199]

2. 혐의거래보고제도

가. 의 의

은행은 금융거래와 관련하여 수수한 재산이 불법재산이라고 의심되는 합당한 근거가 있는 경우, 거래상대방이 금융실명법(3조 3항)을 위반하여 불법적인 금융거래를 하는 등 자금세탁행위나 공중협박자금조달행위를 하고 있다고 의심되는 합당한 근거가 있는 경우 등에는 지체 없이 그 사실을 금융정보분석원장에게 보고해야 한다(특금 4조 1항 1호-3호). 이 경우 은행은 그 **의심되는 합당한 근거**를 분명하게 밝혀야 한다(특금 4조 3항). [8-200]

나. 자료의 보존과 열람

은행은 혐의거래보고를 하였을 때에는 금융거래 상대방의 실지명의 확인자료, 보고대상 금융거래자료, 의심되는 합당한 근거를 기록한 자료, 고객확인자료, 송금인 및 수취인정보, 그 밖에 금융정보분석원장이 고시하는 정보를 금융거래등의 관계종료일로부터 5년간 보존해야 한다(특금 5조의4 1항 1호-4호; 동 시행령 10조의9 1항-3항). 금융거래등의 관계종료일은 금융회사등과 고객 사이의 모든 채권채무관계의 종료일 등을 말한다(특금 5조의4 2항 1호-5호; 동 시행령 10조의9 4항). [8-201]

금융정보분석원장은 은행으로부터 보고받은 사항을 분석할 때 보고받은 사항이 보고요건에 해당하는지 심사하기 위해 필요한 경우에만 은행이 보존하는 관련 자료를 열람하거나 복사할 수 있다(특금 4조 5항). [8-202]

다. 보고사실의 누설금지

은행종사자는 혐의거래보고를 하려고 하거나 보고했을 때에는 그 사실을 보고와 관 [8-203]

106) 이명신, 앞의 책, 282-329면.

련된 금융거래의 상대방을 포함한 다른 사람에게 누설할 수 없다(특금 4조 6항 본문). 다만, 자금세탁행위와 공중협박자금조달행위를 방지하기 위해 같은 은행내부에서 보고사실을 제공하는 경우, 외국금융정보분석기구에 해당 외국법령에 따라 혐의거래보고에 상당하는 보고를 하는 경우는 가능하다(특금 4조 6항 단서 1호·2호).

라. 보고 은행의 면책

[8-204] 혐의거래보고를 한 은행과 그 종사자는 고의 또는 중대한 과실로 인하여 거짓 보고를 한 경우 외에는 그 보고와 관련된 금융거래의 상대방 및 그의 관계자에 대하여 손해배상책임을 지지 않는다(특금 4조 7항).

마. 범죄수익임을 안 경우

[8-205] 은행이 '의심되는 합당한 근거가 있는' 정도를 넘어 예치된 금전이 범죄수익임을 안 경우에는 예금자의 출금요청을 거부해야 하는가. 범죄수익규제법은 그 정황을 알면서 범죄수익등을 수수한 자는 3년 이하의 징역 또는 2천만원 이하의 벌금에 처한다(4조 본문). 여기서 '수수(收受)'는 수입행위만을 대상으로 하므로 예금지급행위는 포함되지 않는다.

[8-206] 은행이 고객과 선의로 예금계약을 체결한 후 은행 직원이 범죄수익임을 알면서 예금을 받은 경우에 범죄수익수수죄가 성립하는가? 구체적인 사안에 따라 판단할 사항이지만 고액 예금수입을 거절할 정당한 이유가 있다고 주장할 구체적인 자료가 없는 한 범죄수익수수죄는 성립하지 않는다.[107] 은행 직원이 범죄자와 공모한 경우에는 범죄수익은닉죄의 공범이 될 것이다.

[8-207] 그러면 대출을 실행한 때에는 범죄수익으로 변제된다는 점을 몰랐을 경우 범죄수익수수죄가 성립하는가? 범죄수익규제법 제4조 단서의 "계약 시에 그 계약에 관련된 채무의 이행이 범죄수익등에 의하여 행하여지는 것이라는 정황을 알지 못하고 그 계약과 관련된 채무의 이행으로서 제공된 것을 수수한 자"에 해당되어 처벌할 수 없다.[108]

3. 고액현금거래보고제도

가. 보고의무

[8-208] 은행은 '5천만원의 범위에서 시행령으로 정하는 금액' 이상의 현금이나 현금과 비슷한 기능의 지급수단으로서 시행령으로 정하는 것을 금융거래등의 상대방에게 지급하거나 그로부터 영수한 경우에는 그 사실을 30일 이내에 금융정보분석원장에게 보고해야 한다(특금 4조의2 1항 본문). 현재 보고기준금액은 1천만원이다(특금 4조의2 1항 본문; 동 시행령 8조의2 1항).

---

107) 법무부, 범죄수익은닉의 규제 및 처벌 등에 관한 법률해설, 2002, 130면.
108) 山口厚(編), 『経済刑法』, 商事法務, 2012, 131면.

보고기준금액을 산정할 때에는 은행이 동일인 명의로 이루어지는 1거래일 동안의 금융거래등에 따라 지급한 금액을 합산하거나 영수한 금액을 합산한다(특금 4조의2 1항 본문; 동 시행령 8조의2 2항 본문). 여기서 '동일인 명의'는 실지명의가 같은 것을 말한다(특금 4조의2 1항 본문; 동 시행령 8조의2 3항). [8-209]

고액현금거래보고제도는 외국통화를 제외한 현금 및 현금과 비슷한 기능의 지급수단에 의한 금융거래가 대상이다(특금 4조의2 1항 본문; 동 시행령 8조의3). 외국통화를 제외한 것은 외환정보집중기관인 한국은행에 보고되는 외환거래자료를 금융정보분석원이 이용기관으로서 그 업무목적을 위해 이용할 수 있는 점을 고려한 것이다(외환정보집중기관의 운영에 관한 규정 16조 4호).109) [8-210]

현금거래의 종류는 예금계좌의 입금과 출금은 물론 교환, 대출금의 변제, 양도성 예금증서의 매입 등을 모두 포함하고, ATM, 폰뱅킹, 인터넷뱅킹, 모바일뱅킹 등 거래방법은 불문한다. 다만 보고기준금액을 합산할 때 100만원 이하의 원화 송금(무통장입금을 포함) 금액, 100만원 이하에 상당하는 외국통화의 매입·매각 금액, 금융정보분석원장이 정하는 공과금 등을 수납하거나 지출한 금액을 제외한다(특금 4조의2 1항 본문; 동 시행령 8조의2 4항 1호-3호). [8-211]

나. 보고의무의 면제

다른 금융회사등과의 현금등의 지급 또는 영수, 국가, 지방자치단체, 그 밖에 일정한 공공단체와의 현금등의 지급 또는 영수, 자금세탁의 위험성이 없는 일상적인 현금등의 지급 또는 영수로서 시행령으로 정하는 경우에는 보고의무가 없다(특금 4조의2 1항 단서 1호-3호). [8-212]

다. 회피거래의 보고

은행은 금융거래의 상대방이 고액현금거래보고를 회피할 목적으로 금액을 분할하여 금융거래를 하고 있다고 의심되는 합당한 근거가 있는 경우에는 그 사실을 금융정보분석원장에게 보고해야 한다(특금 4조의2 2항). 보고의 방법 그 밖에 필요한 사항은 시행령으로 정한다(특금 4조의2 4항). [8-213]

4. 중계기관의 운영

금융정보분석원장은 고액현금거래보고에 관한 자료를 중계하는 중계기관(은행연합회, 금융투자협회, 상호저축은행중앙회)을 지정·운영할 수 있다(특금 4조의2 3항 1호-3호). 은행은 중계기관을 거쳐 고액현금거래를 금융정보분석원장에게 보고할 수 있다(특금 4조의2 4항; 동 시행령 8조의7 2항). [8-214]

---

109) 제정 1999. 3. 20. 재정경제부훈령 제68호.

5. 위반 시의 제재

[8-215] 혐의거래보고나 고액현금거래보고를 거짓으로 한 자는 1년 이하의 징역 또는 1천만원 이하의 벌금에 처한다(특금 17조 3항 1호·2호). 이러한 보고를 하지 않은 자는 1천만원 이하의 과태료를 부과한다(특금 20조 2항 1호).

[8-216] 보고의무를 거짓으로 하거나 하지 않은 자는 원칙적으로 은행의 보고담당 직원을 말한다. 그러면 보고의무이행을 거짓으로 하거나 하지 않는 행위에 가담한 고객은 같은 범죄로 처벌할 수 있는가? 미국에서는 이러한 고객을 방조범으로 기소했으나 법원에서 무죄가 확정되었다. 보고의무위반을 위하여 거래를 조작한 자를 처벌하는 규정을 두고 있다.[110] 공범의 법리에 따를 것이다.

Ⅳ. 고객확인의무

1. 의 의

가. 확인조치의 차별화

[8-217] 은행은 금융거래를 이용한 자금세탁행위 및 공중협박자금조달행위를 방지하기 위해 합당한 주의로써 고객확인의무를 이행해야 한다(특금 5조의2 1항 전단 1호-3호). 이러한 확인조치 등의 대상·기준·절차·방법과 그 밖에 필요한 사항은 시행령으로 정한다(특금 5조의2 3항).

[8-218] ① 고객이 신규 계좌 개설, 외국통화로 표시된 외국환거래의 경우에는 U$1만 또는 그에 상당하는 다른 통화로 표시된 금액, 그 밖의 금융거래의 경우에는 2천만원 이상으로 일회성 금융거래를 하는 경우에는 고객 신원과 실제소유자에 관한 사항을 확인해야 한다(특금 5조의2 1항 1호 가목·나목; 동 시행령 10조의3 1항 1호·2호). 다만, 고객이 법인 또는 단체인 경우에는 시행령으로 정하는 사항을 확인한다. 실제소유자는 고객을 최종적으로 지배하거나 통제하는 자연인을 말한다.

[8-219] ② 고객이 실제소유자인지 여부가 의심되는 등 고객이 자금세탁행위나 공중협박자금조달행위를 할 우려가 있는 경우에는 위의 사항 이외에 금융거래의 목적과 거래자금의 원천 등 금융정보분석원장이 정하여 고시하는 사항을 확인해야 한다(특금 5조의2 1항 2호 가목·나목). 다만 은행이 자금세탁행위나 공중협박자금조달행위의 위험성에 비례하여 합리적으로 가능하다고 판단하는 범위에 한정한다.

[8-220] ③ 고객이 가상자산사업자인 경우 위 ①과 ②의 사항, 나. 가상자산사업자의 신고 등에 관한 사항(특금 7조 1항-4항), 예치금과 고유재산의 구분관리 및 정보보호 관리체계 인증(정통망법 47조 또는 개인정보법 32조의2)의 획득의 이행에 관한 사항(특금

---

110) 미국은 보고 및 기록의무를 회피하기 위해 하나 또는 그 이상의 국내금융기관과의 거래를 조작하거나 조작을 방조하거나 조작이나 그 방조를 시도하는 행위를 금지하고, 위반할 경우 벌금이나 5년 이하의 징역 또는 이를 병과하고 있다(31 USC 5324).

5조의2 1항 3호 가목-마목). 여기서 예치금은 "가상자산사업자의 고객인 자로부터 가상자산거래와 관련하여 예치받은 금전"을, 그리고 고유재산은 가상자산사업자의 자기재산을 말한다.

위 ①의 확인조치를 하지 않은 자에게는 3천만원 이하의, 그리고 위 ② 확인조치를 하지 않은 자에게는 1억원 이하의 과태료를 부과한다(특금 20조 1항 2호, 2항 2호). 위 ③의 확인조치를 하지 않은 자에 대한 과태료는 규정이 없다. [8-221]

나. 위험중심 접근방식의 채택

특정금융정보법상 고객확인의무는 고객 유형 등을 고려하지 않고 일률적으로 운영되는 규정중심 접근방식에서 금융회사의 자율적인 노력, 지속적인 모니터링 및 위험관리 등을 강조하는 위험중심 접근방식(risk-based approach)에 따라 고객 유형별로 확인조치를 차별화하고 있다.[111] [8-222]

다. 금융실명제와의 차이

고객확인제도는 은행 고객의 신원확인절차라는 점에서 형식상 금융실명제와 유사하다. 그러나 고객확인제도는 금융실명제에서의 실지명의뿐만 아니라 주소와 연락처, 사안에 따라서는 실제당사자인지 여부와 금융거래 목적까지 확인하는 점에서 차이가 있다.[112] [8-223]

2. 업무지침의 작성·운용

은행은 이를 위한 업무지침을 작성하고 운용해야 한다(특금 5조의2 1항 후단). 업무지침에는 고객 및 금융거래의 유형별로 자금세탁행위 또는 공중협박자금조달행위의 방지와 관련되는 적절한 조치의 내용·절차·방법이 포함되어야 한다(특금 5조의2 2항). 이에 따라 은행은 스스로 고객 및 거래유형에 따라 자금세탁의 위험도를 평가하여 차등화된 고객확인제도를 시행하고 적절한 내부통제절차를 업무지침에 반영하여 운영해야 한다.[113] [8-224]

3. 고객의 정보제공 거부와 거래 종료

은행은 고객이 신원확인 등을 위한 정보제공을 거부하여 고객확인을 할 수 없는 경우에는 계좌개설 등 해당 고객과의 신규 거래를 거절하고, 이미 거래관계가 수립되어 있는 경우에는 해당 거래를 종료해야 한다(특금 5조의2 4항). 거래를 거절 또는 종료하는 경우에는 은행은 혐의거래의 보고 여부를 검토해야 한다(특금 5조의2 5항). [8-225]

---

111) 최성진, "차명거래와 자금세탁방지제도-고객확인제도를 중심으로," BFL 제46호, 2011, 84면. 위험중심 접근방식에 대해서는 Robin Booth, Simon Farrel, Guy Bastable and Nicholas Yeo, Money Laundering Law and Regulation: A Practical Guidem, Oxford University Press, 2011, pp206-209.

112) 최성진, 위의 논문, 84면.

113) 최성진외, 앞의 책, 32면.

V. 내부보고체계 등 구축 및 운용

[8-226] 은행은 보고의무를 원활하게 이행하고 은행을 통한 자금세탁행위와 공중협박자금조달행위를 효율적으로 방지하기 위해 보고업무담당자의 임명 및 내부보고체제의 수립, 자금세탁행위와 공중협박자금조달행위의 방지를 위해 해당 은행 임직원이 직무를 수행할 때 따라야 할 절차 및 업무지침의 작성·운용, 자금세탁행위와 공중협박자금조달행위의 방지를 위한 임직원의 교육 및 연수를 해야 한다(특금 5조 1호-3호).

Ⅵ. 특정금융거래정보 등의 비밀보장

1. 정보제공 및 그 요청의 금지

[8-227] 금융정보분석원 소속 공무원, 수취은행에 종사하는 사람 등은 그 직무와 관련하여 알게 된 특정금융거래정보 등의 사항을 다른 사람에게 제공 또는 누설하거나 그 목적 외의 용도로 사용할 수 없다(특금 12조 1항 1호-6호). 누구든지 위의 정보누설금지의무자에게 특정금융거래정보 등의 제공이나 목적 외의 다른 용도로 사용할 것을 요구할 수 없다(특금 12조 2항).

2. 증거능력의 부정 및 증언거부권

[8-228] 수사기관 등에 대한 정보제공절차(특금 10조)에 따라 제공된 특정금융거래정보는 재판에서 증거로 할 수 없다(특금 12조 3항). 혐의거래보고에 관여한 은행종사자는 특정금융정보법 위반에 대한 벌칙(특금 16조·17조)과 관련된 재판을 제외하고는 그 보고관련사항에 관하여 증언을 거부할 수 있다(특금 12조 4항 본문). 다만, 중대한 공익상의 필요가 있는 경우에는 예외로 한다(특금 12조 4항 단서).

Ⅶ. 금융정보분석원

[8-229] 금융정보분석원은 금융위 소속으로 자금세탁방지업무를 담당한다(특금 3조 1항 1호-7호). 금융정보분석원은 그 사무를 독립적으로 수행하며, 그 소속 공무원은 자금세탁방지업무 외에 다른 업무에 종사하지 못한다(특금 3조 2항). 금융정보분석원의 정원·조직 및 운영 등에 필요한 사항은 업무의 독립성, 정치적 중립성 등을 고려하여 시행령으로 정한다(특금 3조 3항; 금융위원회와 그 소속기관 직제 15조 1호-12호). 금융정보분석원장은 업무 수행과 관련하여 보고건수 등의 사항을 매년 정기국회에 보고해야 한다(특금 3조 4항 1호·2호, 2호의2, 3호·4호).

제9장 대 출

제1절 서 설

대출은 은행업의 본질적 요소가 되는 업무이다. 대출은 다양한 형태로 발전하고 있지만 예금 등을 통하여 조달한 외부자금을 기초로 하는 점에서 은행의 자산변환기능의 핵심적 수단이 된다. 은행법상 은행업은 대출하는 것을 업으로 한다고 하고 있으므로 대출을 해야 은행이 된다. [9-1]

대출의 종류는 대출형식이나 책임재산한정 여부 등을 기준으로 다양하게 분류할 수 있다. 신디케이티드 대출과 같이 새로운 방법으로 발전하기도 한다. 특정 자산에 의존하는 자산금융에 해당하는 프로젝트금융, 항공기금융, 선박금융 등은 대출에 프로젝트나 자산의 특징을 반영한 다양한 금융서비스가 결합된 구조라고도 볼 수 있다. 그러나 그 기본구조는 대출에서 출발한다. 계약시점 현재 자금부담이 없는 보증도 넓은 의미의 대출의 한 유형에 속한다. [9-2]

대출채권을 만기까지 보유하지 않는 대출영업모델의 변화는 은행 및 은행법의 기능에 대한 재검토를 요구한다. 은행 대출을 유동화증권이나 파생상품과 같은 금융상품 제조를 위한 중간단계로 보는 접근방식은 은행법에서 추구하는 금융안정목적에 근본적인 문제를 야기한다. 은행법이 단순히 은행시장에 한정되지 않고 금융시장 전체를 시야에 포함해야 할 이유가 될 것이다. [9-3]

최근에는 가상자산 등을 이용하여 대출에 해당하는 행위를 하는 경우도 발견된다. 이를 은행법이나 대부업법 등에서 대출행위로 볼 것인지는 새로운 기술발전의 산물을 금융규제법에 수용하는 과정에서의 대표적인 쟁점으로 이해된다. [9-4]

제2절 구조와 종류에서는 대출의 의의와 종류를 살펴본다. 제3절 대출규제에서는 은행의 의무를 비롯한 대출규제상 문제점을 정리한다. 제4절 대출거래에서는 대출 당사자의 확정, 차명대출의 책임, 대출의 상환 등에 관한 법률문제를 살펴본다. 제5절 부당대출과 책임에서는 부당대출에서 은행 임직원의 손해배상책임의 요건과 손해액 산정, 형사책임에 대하여 살펴본다. [9-5]

제2절 구조와 종류

Ⅰ. 의 의

1. 개 념

[9-6] 여신이란 은행이 거래상대방에게 신용을 공여하는 모든 업무로서 대출과 지급보증을 말한다. 대출은 여신의 핵심 업무이다. 「은행 여신거래기본약관(기업용)」은 여신을 "어음대출·어음할인·증서대출·당좌대출·지급보증·외국환 기타의 여신에 관한 모든 거래"라고 규정하고 있다(1조).[1] 대출은 '은행이 일정기간 후의 상환을 약정하고 자금의 수요자에게 자금을 융통하여 주는 행위'[2]를 말한다. 대출은 민법상 금전소비대차에 해당하며 유상의 낙성·쌍무계약이다. 대출계약을 체결하면 은행은 대출의무를, 차주는 대출실행 후에 원금상환의무와 이자지급의무를 부담한다.

2. 구 별

가. 신용공여

[9-7] 신용공여는 대출, 지급보증 및 자금지원적 성격인 유가증권 매입, 그 밖에 금융거래상 신용위험이 따르는 은행의 직접적·간접적 거래를 말하는 것으로서(2조 7호) 대출보다 넓은 개념이다. 법원은 신용공여를 "금융거래상의 신용위험을 수반하는 거래를 개념적 표지로 하는 것으로서 거래 상대방의 장래의 지급능력에 따라 그 상환이 지급불능에 빠질 위험이 있거나 그와 실질적으로 동일한 위험을 수반하는 금융상의 거래"라고 본다(대법원 2015. 10. 29. 선고 2013두23935 판결). 따라서 "상대방에게 지원·교부된 자금이 특정한 상품 또는 용역의 거래를 전제로 하여 그와 대가관계에 있는 것임이 인정되는 때"에는 자산매매행위로 보아 신용공여와 구별한다(대법원 2015. 10. 29. 선고 2013두23935 판결).

나. 투 자

[9-8] 사업을 수행하는 주식회사가 불특정 다수인에게 높은 수익을 보장하고 자금을 모집한 경우 투자로 볼 것인가 아니면 대출로 볼 것인가? 양자의 구별은 어려운 문제다. 계약해석문제이지만, 계약내용이 불확실한 경우가 많다.[3] 대출에 해당할 경우 수익은 이자가 되어 이자제한법의 적용을 받는 등 차이가 발생한다.

[9-9] 투자란 이익을 얻기 위해 어떤 일이나 사업에 자본 등의 생산요소를 투입하는 것이고, 투자수익의 발생 여부는 그 일이나 사업의 성패에 좌우되는 것이 통상적인 모습이다. 반면, 금전소비대차에서 이자란 차주가 대주로부터 금원을 일정 기간 동안 사용하는 대

1) 은행여신거래기본약관(기업용)(공정거래위원회 표준약관 제10005호, 2016.10.7. 개정).
2) 은행감독원, 37면.
3) 투자와 증여의 구별이 문제된 사례도 있다. 서울중앙지법 2015. 10. 30. 선고 2015나5247 판결; 서울중앙지법 2014. 11. 27. 선고 2014가소627056 판결.

가로서 당연히 발생하는 것이다(대전지법 2015. 7. 1. 선고 2014가합8015 판결). 그러나 명칭에 따라 판단할 사항은 아니며, '투자', '수익' 등의 표현이 있다는 이유만으로 이자제한법의 적용대상에서 제외된다고 볼 것은 아니다(대전지법 2015. 7. 1. 선고 2014가합8015 판결(이자제한법 회피가능성 강조)). 대출과 투자의 구별을 위해서는 금전소비대차와 구별되는 투자약정의 본질적 특징인 '수익발생의 불확실성 및 원금의 보장 여부'와 더불어 당사자 사이의 관계, 투자자 내지 대주가 사업에 실제로 관여하였는지, 투자금 내지 대여금 반환을 확보하기 위한 담보 등이 제공되었는지 등과 같은 약정 체결 전후의 구체적인 사정들을 종합적으로 고려하여 약정의 법적 성질을 규명하는 것이 옳을 것이다(대전지법 2015. 7. 1. 선고 2014가합8015 판결).[4)]

법원은 피고인이 다수의 연예기획사에 투자금 명목으로 7회에 걸쳐 합계 8억원의 [9-10]
자금을 융통하여 주고 투자수수료 등을 받음으로써 무등록 대부업에 의한 대부업법 위반으로 기소된 사안에서, "명칭이나 명목 여하에 상관없이 실질적으로는 일정한 기간 금전을 이용하게 하고 그 대가로 이자를 지급받는 금전의 대부행위를 한 경우에 해당"한다고 판단하였다(대법원 2012. 7. 12. 선고 2012도4390 판결).

다. 사모사채 취득

발행시장에서 특히 사모 형태로 취득한 사채는 대출과 같은 경제적 기능을 가진다. [9-11]
사모사채가 대출인지 회사채인지에 대한 논의도 존재한다.[5)] 은행법은 자금지원적 성격의 유가증권 매입을 신용공여로 보고 있다(2조 7호). 따라서 은행법상 신용공여규제에서는 사모사채 취득은 신용공여로 볼 가능성이 높다. 실제 감독규정은 사모사채를 신용공여의 범위에 포함하고 있다(규정 [별표 2] 신용공여의 범위).

라. 문화상품권의 할인 매입과 대부업법상 금전의 대부

피고인이 모바일 문화상품권을 할인 매입한 행위가 대부업법상 금전의 대부에 해당 [9-12]
하는지 여부가 문제된 사안이 있다. 법원은 "피고인이 상품권을 제3자에게 처분하거나 의뢰인들이 나중에 통신과금서비스제공자를 상대로 상품권 대금을 결제하는 것을 두고 피고인이 의뢰인들에게 지급한 상품권 대금 자체를 의뢰인 또는 제3자를 통해 상환받는 것과 마찬가지로 평가할 수 없어, 피고인이 상품권 대금을 돌려받을 것을 전제로 의뢰인에게 이를 교부함으로써 이를 통해 의뢰인들에게 신용을 제공하였다고 볼 수 없다는 이유로", 사안에서 문제되는 피고인의 상품권 할인 매입 행위는 대부의 개념징표를 갖추지 못하였다고 판단하였다(대법원 2019. 9. 26. 선고 2018도7682 판결).[6)]

---

4) 같은 취지: 인천지법 2016. 8. 19. 선고 2015가합 53496 판결("대여금인지 투자금인지 여부는 수익 발생의 불확실성, 원금의 보장 여부, 돈의 지급 경위와 동기, 원금에 대한 대가의 고정성, 당사자들의 의사 등을 종합적으로 고려하여 판단하여야 할 것").

5) (크레딧리포트)사모사채, 대출이냐 회사채냐, 이데일리, 2005.11.25.

6) 피고인의 상품권 할인 매입 행위는 매매에 해당하여 피고인이 의뢰인들에게 상품권 할인 매입 대금을

Ⅱ. 대출의 종류

1. 서 언

[9-13] 대출은 금전소비대차로서 가계나 기업에 대한 자금제공의 주요 경로의 하나이다. 대출은 형식과 특징에 따라 다양하게 분류할 수 있다. 이하 대출형식과 책임재산의 한정 여부에 따른 분류를 살펴본다.

2. 대출형식

[9-14] 대출은 형식에 따라 어음대출, 증서대출, 어음할인, 당좌대출로 구분한다. 전통적인 구분으로서 실무상 의미가 있는 것이라고는 할 수 없다.

[9-15] 어음대출은 차주가 발행한 약속어음을 받고 자금을 공여하는 대출이다. 이 경우 어음은 금전소비대차증서와 대출채권의 담보기능을 수행한다.[7] 증서대출은 차주가 작성한 금전소비대차증서 또는 차용증을 받고 자금을 공여하는 대출이다. 증서대출은 장기대출에서 특약할 사항이 많은 경우에 주로 사용된다.[8]

[9-16] 어음할인은 “아직 만기가 도래하지 아니한 어음의 소지인이 상대방에게 어음을 양도하고 상대방이 어음의 액면금액에서 만기까지의 이자 기타 비용을 공제한 금액을 할인의뢰자에게 교부하는 거래”를 말한다(대법원 2002. 4. 12. 선고 2001다55598 판결). 은행은 어음할인을 통하여 차주에게 자금을 공급한다.[9] 판례는 어음할인의 법적 성질은 거래의 실질과 당사자의 의사를 고려하여 판단할 문제라고 보고(대법원 2002. 4. 12. 선고 2001다55598 판결; 대법원 2008. 1. 18. 선고 2005다10814 판결) 전형적인 경우는 매매로 보지만(대법원 1985. 2. 13. 선고 84다카1832 판결) 은행거래약정이 수반되는 경우에는 소비대차로 본다.[10]

[9-17] 당좌대출은 은행이 당좌예금거래자에 대하여 약정한도액까지 당좌예금잔액을 초과하여 해당 거래약관에 따라 발행된 어음이나 수표를 은행이 지급하는 방식으로 이루어지는 대출이다.

지급함으로써 이들 간의 관계는 모두 종료된다고 본 것이다. 원심은 대부업법 위반으로 판단하였다. 부산지법 2018. 4. 26. 선고 2017노4694 판결.

7) 은행감독원, 119면.

8) 은행감독원, 120면.

9) 수표는 일람출금이므로 할인에 부적합하지만 특정기일 전까지 지급제시하지 않기로 약정하고 그 기일까지의 이자를 공제하는 방식으로 할인할 수 있다. 대법원 1997. 4. 25. 선고 97다6636 판결; 대법원 2002. 4. 12. 선고 2001다55598 판결.

10) 대법원 1997. 4. 25. 선고 97다6636 판결(수표할인); 대법원 2002. 9. 24. 선고 2000다49374 판결(“이 사건 어음거래약정에 따른 어음할인은 어음액면금에 대한 지급기일 전일까지의 할인율 상당의 선이자를 미리 공제하는 형식으로 이루어진 어음담보 대출의 한 형태에 불과”). 은행이 어음할인을 하는 경우는 여신거래기본약관상 어음에 문제가 발생할 경우 할인의뢰인에 대한 환매청구권을 유보하고 있어 할인의뢰인의 자행예금과 상계할 수 있다(동 약관 7조·9조). 김홍기, 앞의 책, 997-998면.

당좌대출과 유사한 것으로 흔히 마이너스통장이라고 알려진 **종합통장자동대출**이 있다. 종합통장자동대출은 "은행이 대출약정에서 정하여진 한도로 채무자의 약정계좌로 신용을 공여한 후 채무자가 잔고를 초과하여 약정계좌에서 금원을 인출하는 경우 잔고를 초과한 금원 부분에 한하여 자동적으로 대출이 실행되고 그 약정계좌에 다시 금원을 입금하는 경우 그만큼 대출채무가 감소"하는 거래를 말한다(대법원 2015. 3. 12. 선고 2013다207972 판결; 대법원 2022. 6. 30. 선고 2016다237974 판결). 수취인의 예금채권과 대출채권과의 상계를 통한 자동변제충당약정이 체결된 것으로 볼 수 있다. [9-18]

3. 책임재산

대출은 차주의 일반재산에 상환청구할 수 있는지 여부를 기준으로 책임재산비한정형과 책임재산한정형으로 구분할 수 있다. 담보대출은 담보물의 가치가 대출을 상환하기에 부족할 경우에는 차주의 일반재산에 상환청구할 수 있는 상환청구형(recourse) 또는 책임재산비한정형이다. [9-19]

책임재산한정형은 특정한 자산이나 프로젝트의 사업성이나 그로부터 발생하는 현금흐름을 기초로 할 뿐 차주의 일반재산에 상환청구할 수 없는 비상환청구형(non-recourse) 또는 제한상환청구형(limited recourse) 대출을 말한다. 주택도시기금법은 이를 '유한책임대출'이라는 이름으로 도입했다. 주택도시기금법상 유한책임대출은 "채무자 변제 책임을 담보물로 한정하는 대출"이라고 정의하고 있다(2조 1항 8호). [9-20]

Ⅲ. 대출의 법적 성질

1. 금전소비대차

대출은 금전소비대차에 해당한다. 첫째, 대출의 본질적 요소는 사전에 약정된 금전의 상환의무이다. 대부업법상 '금전의 대부'에 관하여 "그 개념요소로서 거래의 수단이나 방법 여하를 불문하고 적어도 기간을 두고 장래에 일정한 액수의 금전을 돌려받을 것을 전제로 금전을 교부함으로써 신용을 제공하는 행위를 필수적으로 포함하고 있어야 한다"고 보고 있다(대법원 2019. 9. 25. 선고 2019도4368 판결). 대여금에 이자나 변제기의 약정이 없어도 소비대차계약은 성립한다(대법원 1992. 10. 9. 선고 92다13790 판결). 둘째, 그러면 현물대여의 형식을 취할 경우 금전소비대차라고 볼 수 있는가? 법원은 "백미 105가마니를 현물로 대여한 것이 아니라 백미환산대금 2,415,000원을 대여하고 그 이자도 백미 차용시의 보통의 이자지급방법을 벗어나는 현금으로 수령"한 경우에 대하여 "대여미의 형식을 빌린 금전대차"라고 판단하였다(대법원 1984. 5. 22. 선고 83다카195 판결). 비트코인 대여의 형식을 취한 경우에도 동일한 기준에 따라 판단되어야 할 것이다. [9-21]

2. 경개와 준소비대차의 구분

기존 채권채무의 당사자가 목적물을 소비대차의 목적으로 하기로 약정한 경우, 그 [9-22]

약정이 경개인지, 준소비대차인지 여부의 판단 기준이 문제된다. 법원은 일차적으로 당사자의 의사에 의하여 결정되고, 당사자의 의사가 명백하지 않을 때에는 의사해석의 문제로서, 기존 채무와 신 채무가 동일성을 상실함으로써 채권자가 담보를 잃고 채무자가 항변권을 잃게 되는 것과 같이 스스로 불이익을 초래하는 의사를 표시하였다고는 볼 수 없으므로 일반적으로 준소비대차로 보아야 하지만, 신 채무의 성질이 소비대차가 아니거나 기존 채무와 동일성이 없는 경우에는 준소비대차로 볼 수 없다고 판시하였다(대법원 1989. 6. 27. 선고 89다카2957 판결; 대법원 2003. 9. 26. 선고 2002다31803,31810 판결; 대법원 2006. 12. 22. 선고 2004다37669 판결; 대법원 2007. 1. 11. 선고 2005다47175 판결).

제3절 대출규제

Ⅰ. 서 언

대출규제는 은행법의 대출규제법으로서의 지위, 대출계약의 중개, 대주의 의무 특히 대주책임, 중도상환수수료 등이 문제된다. 대출을 금융상품으로 보고 금융상품규제를 적용할 것인지 여부가 핵심 쟁점이다. [9-23]

Ⅱ. 대출의 규제

1. 은행법과 대출규제

가. 의 의

은행법을 대출규제의 기본법으로 볼 수 있는지가 문제된다. 은행업은 예금과 대출의 병행을 본질적 요소로 정의되고 있다. 따라서 예금 수입이 없이 이루어지는 대출에 대해서는 은행법은 기본규제법으로서의 지위에 있지 않다. 오히려 여전법과 대부업법 등이 그러한 역할을 하고 있다. 여전법과 대부업법의 적용대상이 아닌 대출행위는 금융업에 해당하지 않으므로 민법이나 상법의 규율 대상이 된다. [9-24]

나. 여신업무 원칙

현행법상 은행이 여신업무과정에서 준수해야 할 원칙은 감독규정에서 '여신운용의 원칙'으로 규정하고 있다(규정 78조 1항-10항). 감독규정상 여신운용원칙은 여신의 건전성 확보 노력(1항), 여신실행 이전부터 신용위험의 적절한 평가·관리를 위한 여신심사 및 승인업무에 관한 내부시스템 운영(2항), 여신실행 이후 신용리스크의 변동상태를 적절히 평가·관리를 위한 여신사후관리업무에 관한 내부시스템 운영과 수행 조직 지정 및 조직간 직무분장(3항·4항), 차주의 회계분식에 따른 손실 최소화를 위한 내부시스템의 구축·운용(5항), 중소기업 여신 운용시 기술신용정보의 합리적 반영(6항), 지역간 불합리한 차별의 배제(9항) 등으로 구성되어 있다. 이러한 원칙을 법률에 규정하기 위한 논의도 있다. [9-25]

다. 대출 규제기준의 통일

은행, 상호저축은행, 보험회사, 여신전문금융회사, 신용협동조합이 주택담보대출을 하는 경우 따라야 할 기준으로서 담보인정비율, 총부채상환비율, 고위험 취급제한 등을 금감위가 정할 수 있는지에 대한 유권해석이 있다.[11] 법제처는 금감위는 금융기관 등의 자산건전성 등을 확보하기 위해 금융기관 등이 주택담보대출을 하는 경우 따라야 할 기준으로 담보인정비율, 총부채상환비율, 고위험 취급제한 등을 정할 수 있다는 의견이다. [9-26]

---

11) 법제처, 재정경제부-「은행법」제42조 제2항 등(금융기관에 대한 감독규정) 관련, 안건번호 07-0097, 회신일자 2007. 4. 23.

라. 정부대행기관에 대한 대출

[9-27] 한국은행법에 따른 정부대행기관에 대한 은행의 대출은 정부가 원리금 상환을 보증한 경우에만 할 수 있다(36조). 한국은행법상 정부대행기관은 '생산·구매·판매 또는 배급에 있어서 정부를 위해 공공의 사업 또는 기능을 수행하는 법인으로서 정부가 지정한 법인'을 말한다(한은 77조 2항). 정부대행기관에 대한 대출은 정부사업을 대행하는 기관에 대한 대출로서 대출에 대한 최종적인 책임을 사업효과의 실질적 귀속주체인 정부가 지게 하는 것이 타당하기 때문이다.[12] 한국은행도 정부대행기관으로부터 예금을 받거나 대출할 수 있지만(한은 77조 1항), 그 대출은 정부가 원리금 상환을 보증한 경우로 한정된다(한은 77조 3항).

마. 한국은행 금통위의 대출 규제

[9-28] 은행은 금통위의 금리 등에 관한 결정 및 제한 등을 준수해야 한다(30조 2항 5호-5호; 한은 28조 16호-19호). 금통위는 은행 대출의 최장기한 및 담보의 종류에 대한 제한, 극심한 통화팽창기 등 국민경제상 절실한 경우 일정한 기간 내의 은행의 대출과 투자의 최고한도 또는 분야별 최고한도의 제한, 극심한 통화팽창기 등 국민경제상 절실한 경우 은행의 대출에 대한 사전승인 등의 권한을 가진다(30조 2항 3호-5호; 한은 28조 17호-19호).

2. 대출의 금융상품성

[9-29] 영국법상 주택담보대출(mortgage)은 2000년 금융서비스 및 시장법상 금융상품(specified investment)의 하나이다. 2008년 글로벌 금융위기 이후 대출을 금융상품으로 규제할 것인지에 대한 논의가 이루어졌다. 금융소비자법은 대출을 금융상품으로 규제한다(3조 2호).

3. 수신 없는 여신행위의 금융규제

[9-30] 국내법상 여신에 대한 규제는 예금을 통한 여신, 사채발행을 통한 여신, 자기자본을 통한 여신의 3가지로 구분된다. 예금을 통한 여신과 증권발행을 통한 여신은 은행법의 규율대상이다. 사채발행을 통한 여신 중 시설대여, 할부금융, 신용카드, 신기술사업금융과 같은 여신전문금융업에 해당하는 것은 여전법의 규율을 받는다. 대부업법상 대부업자는 주로 모회사자금이나 자기자본으로 대출한다. 은행법상 불특정다수인으로부터의 증권발행을 통한 여신도 은행업에 해당하므로 사채발행을 통한 여신을 은행 이외의 자에게 허용하기 위해서는 은행법의 적용을 배제하는 특칙을 관련 법률에서 두어야 한다.

4. 대출계약조건

[9-31] 대출계약은 국내거래인 경우 여신거래기본약관이 기본사항을 규율하고 구체적인 사항은 여신거래약정서나 대출거래약정서 등에서 규정한다. 신디케이티드대출이나 프로젝트

---

12) 은행감독원, 144면.

금융, 선박금융 등 특수한 형태의 대출에서는 각각 고유한 형식과 내용의 대출계약서가 이용된다.

Ⅲ. 대출계약의 중개

1. 의 의

[9-32] 대출계약의 체결을 중개하는 자를 대출모집인이라고 한다. 종래 대출모집인은 은행 등 금융업권별 모범규준에 따라 운영되고 있었을 뿐 별도의 법적 근거가 없다. 그러나 금융소비자법상으로는 대출모집인도 금융상품판매대리·중개업자로 등록하면 규제의 대상이 된다(12조 1항).[13]

2. 대출중개와 근저당권 설정의 중개

[9-33] 대출중개를 하면서 근저당권설정에 관한 중개행위도 할 경우 부동산중개업법 위반이 되는가? 저당권 설정에 관한 행위의 알선이 「공인중개사법」[14] 제2조 제2호(구 부동산중개업법 제2조 제2호에 해당) 소정의 '중개업'에 해당하는지 여부에 대하여, 법원은 구 부동산중개업법 제2조 제1호에서 말하는 '기타 권리'에는 저당권 등 담보물권도 포함되므로 타인의 의뢰에 의하여 일정한 수수료를 받고 저당권의 설정에 관한 행위의 알선을 업으로 하는 경우는 같은 법 제2조 제2호가 정의하는 중개업에 해당하고, 그 행위가 금전소비대차의 알선에 부수하여 이루어진 경우도 같다고 판단하였다(대법원 1996. 9. 24. 선고 96도1641 판결; 대법원 2000. 6. 19. 선고 2000도837 판결).

Ⅳ. 대출계약과 은행의 의무

1. 의 의

[9-34] 대출계약과 관련한 은행의 의무는 대출계약 체결 전과 체결 후로 나누어 살펴볼 수 있다. 체결 전에는 적합성원칙과 설명의무가 그리고 체결 후에는 인출거절이 주로 문제된다.

2. 대출계약의 체결 전

[9-35] 대출계약의 성립을 위한 교섭과정에서 대주인 은행은 일정한 주의의무를 부담한다. 대표적으로 논의되는 것이 적합성원칙과 설명의무이다. 설명의무에 대해서는 [6-110]-[6-128]에서 이미 설명하였으므로[15] 적합성원칙만 살펴본다.

---

13) 물론 다른 금융 관련 법률에 따라 금융상품 판매업 등을 할 수 있는 자는 당연히 제외된다.

14) 「부동산중개업법」으로 제정된 후 제명이 1차 「공인중개사의 업무 및 부동산 거래신고에 관한 법률」로 개정되었다. 2차로 「공인중개사법」으로 개정되고 부동산 거래신고에 관한 내용을 삭제하여 「부동산 거래신고 등에 관한 법률」로 제정하였다.

15) 전보성, "금융기관이 대출계약 시 부담하는 경고의무 : 프랑스법을 중심으로," 사법논집 제47집, 2008, 593-655면; 박종민, "은행 대출담당자의 설명의무의 범위(불법행위 성립 여부)," 대법원판례해설 제51호

[9-36] 대출에도 적합성원칙을 적용할 수 있는가? 대출에서 적합성원칙은 상환능력에 적합하지 않은 대출권유의 금지라는 형태로 적용된다. 대부업법은 과잉대부의 금지라는 이름으로 "대부업자는 거래상대방의 소득·재산·부채상황·신용 및 변제계획 등을 고려하여 객관적인 변제능력을 초과하는 대부계약을 체결하여서는 아니 된다"고 규정하고 있다(7조 2항).

3. 대출계약의 체결 후

[9-37] 대출계약이 성립하면 대주는 차주의 인출요청에 따라 대출할 의무를 부담하고 차주는 대출금지급청구권을 가지게 된다. 그러나 대출금지급청구권은 그 차주를 대상으로 한 엄격한 대출심사의 결과물이므로 양도성이 없고 압류나 가압류의 대상이 될 수 없다는 설명이 있다.[16)]

[9-38] 대출계약 체결 후에도 인출 전에 차주의 신용이 악화되었을 경우에는 차주가 파산하면 소비대차가 효력을 상실한다는 민법 제599조의 취지에 따라 자금의 공여를 거부할 수 있다.[17)] 법원도 신의성실의 원칙을 규정한 민법 제2조 제1항, 선이행의무를 지고 있는 당사자가 상대방의 이행이 곤란한 현저한 사유가 있는 때에 자기의 채무이행을 거절할 수 있는 경우를 규정한 민법 제536조 제2항 그리고 민법 제599조의 취지를 고려하여 "금전소비대차계약이 성립된 이후에 차주의 신용불안이나 재산상태의 현저한 변경이 생겨 장차 대주의 대여금반환청구권 행사가 위태롭게 되는 등 사정변경이 생기고 이로 인하여 당초의 계약내용에 따른 대여의무를 이행케 하는 것이 공평과 신의칙에 반하게 되는 경우에 대주는 대여의무의 이행을 거절할 수 있다"고 판단하였다(대법원 2021. 10. 28. 선고 2017다224302 판결).[18)]

4. 대주책임

가. 의 의

[9-39] 대출과 관련하여 대주의 일반적인 책임을 인정하는 대주책임(lender liability) 논의가 있다.[19)] 다양한 분야에서 발생할 수 있지만, 환경책임을 중심으로 살펴본다.

(2004 하반기), 2005, 306-332면.

16) 은행감독원, 120면.

17) 윤진수, "금융기관의 수신거래와 여신거래," 민법논고 Ⅲ, 2008, 282면.

18) 윤혜원, "금전소비대차계약의 성립 이후 대주의 대여금반환청구권 행사가 위태롭게 되는 등의 사정변경을 이유로 대주가 대여의무의 이행을 거절할 수 있는지 여부", 대법원판례해설 제129호, 2022, 257-282면.

19) A. Barry Cappello, Lender Liability 5th ed, Juris Publishing, Inc., 2014; Parker Hood, Principles of Lender Liability 1st ed, Oxford University Press, 2012; Edward F. Mannino and Scott Zesch, Lender Liability and Banking Litigation, Lslf ed, Law Journal Press, 2024; James O'Donovan, Lender Liability, Sweet & Maxwell, 2005; 도제문, "대출자 책임소송과 그 시사점에 관한 연구," 금융법연구 제11권 제2호, 2014, 227-252면; 심영, "대출자책임(Lender Liability) : 미국과 영국을 중심으로," 증권법연구 제4권 제2호, 2003, 319-364면.

나. 환경책임

1) 토양환경보전법상 오염토양의 정화책임

토양환경보전법상 토양오염물질의 누출·유출·투기·방치 그 밖의 행위로 토양오염을 발생시킨 자, 토양오염의 발생 당시 토양오염의 원인이 된 토양오염관리대상시설의 소유자·점유자 또는 운영자, 합병·상속이나 그 밖의 사유로 이들의 권리·의무를 포괄적으로 승계한 자, 토양오염이 발생한 토지를 소유하고 있었거나 현재 소유 또는 점유하고 있는 자는 정화책임자로서 토양정밀조사, 오염토양의 정화 또는 오염토양 개선사업을 실시해야 한다(10조의4 1항 4호, 10조의3).[20] 은행이 담보권을 행사하여 채무자의 토양오염이 발생한 토지를 취득한 경우 그 은행을 '토양오염이 발생한 토지를 현재 소유 또는 점유하고 있는 자로 볼 수 있을 것이다. [9-40]

2) 폐기물관리법상 담보물 경락받은 은행의 환경책임

특정폐기물이 방치되어 있던 공장의 경락 후 경락자와 종업원의 협의로 공장이 가동되어 추가로 배출된 특정폐기물이 방치됨으로써 인근 상수원 등에 중대한 위해가 발생할 우려가 있는 경우, 경락자인 은행에 대한 폐기물처리에 대한 조치명령의 적부가 문제된 사례가 있다. [9-41]

은행이 소외 회사에 대출하고 그 소유이던 공장용지 및 지상 공장건물 등에 관하여 근저당권설정등기를 경료한 후, 위 회사가 부도나자 근저당권 실행을 위한 경매를 신청하여 공장에 납, 주석 등 당해 특정폐기물 중 일부가 야적·매립, 방치되어 있던 공장용지 등을 경락받았다. 은행은 위 회사의 부도 후 공장을 관리하면서 종업원들과 협의하여 공장을 일부 가동하고 원료관리를 소홀히 하여 당해 특정폐기물 중 일부를 배출하여 공장에 야적, 방치하였으며, 그로 인하여 인근 상수원 등에 중대한 위해가 발생할 우려가 있었다. [9-42]

법원은 은행이 당해 특정폐기물의 처리를 한 자[21]에 해당한다는 전제 아래, 지방환경관리청장이 위해발생의 방지를 위해 은행에게 당해 특정폐기물처리에 대한 조치명령을 한 것은 적법하다고 판단하였다(대법원 1997. 8. 22. 선고 95누17724 판결). [9-43]

---

20) 개정전 토양환경보전법상 오염원인자조항에 대해 토양오염관리대상시설의 소유자·점유자·운영자의 정화책임은 다른 책임감면수단을 인정하지 않는 점에서 재산권 및 평등권을, 그리고 시설양수자의 정화책임은 양수시기에 상관없이 무제한적으로 부과되는 점에서 신뢰보호원칙을 침해한다는 헌법불합치 결정(헌재 2012. 8. 23. 선고 2010헌바167 전원재판부)에 따라 정화책임의 면책범위를 확대하고 책임한도를 설정하는 개정이 이루어졌다([시행 2015. 3. 25.][법률 제12522호, 2014. 3. 24., 일부개정]).

21) 구 폐기물관리법(1995. 8. 4. 법률 제4970호로 개정되기 전의 것) 제45조 제1항에 따라 환경처장관 또는 시·도지사는 일반 또는 특정 폐기물처리기준에 적합하지 아니하게 일반 또는 특정 폐기물을 처리한 경우 생활환경보전상 중대한 위해가 발생하거나 발생할 우려가 있다고 인정되는 때에는 기간을 정하여 당해 폐기물의 처리를 한 자 또는 당해 폐기물의 처리를 위탁한 자에 대하여 그 위해의 제거 또는 발생의 방지를 위해 필요한 조치를 명할 수 있다. 현행 폐기물관리법상 제48조이다.

V. 중도상환수수료

1. 의 의

[9-44] **중도상환수수료**는 "금융소비자가 대출만기일이 도래하기 전 대출금의 전부 또는 일부를 상환하는 경우에 부과하는 수수료"를 말한다(금소 19조 1항 라목 1)). **조기상환수수료** 또는 **중도상환제재금**이라고도 한다. 금융소비자법은 중도상환수수료를 "수수료, 위약금 또는 그 밖에 어떤 명목이든"이라고 하여 넓게 포함하고 있다(금소 20조 1항 4호 마목 1)-3); 금소령 15조 1항 1호·2호). 따라서 금리스왑해지비용도 포함된다. 중도상환수수료는 변제기 전의 변제 또는 기한이익의 포기로 인한 상대방의 손해를 배상하는 것으로서(대법원 2010. 3. 11. 선고 2008두4695 판결),[22] 민법 제153조 제2항 단서, 제468조 및 제398조 제1항에 그 근거를 찾을 수 있다.[23]

[9-45] 은행은 대출을 위해 대출기간에 대응하여 금융시장에서 자금을 조달해야 하는데, 차주가 약정 변제기보다 빨리 변제할 경우에는 해당 자금을 다시 운용하기 위한 방법을 모색해야 하고 다시 운용하지 못하면 조달비용만 부담하게 된다. 중도상환수수료는 조기상환을 억제하기 위한 것이 아니라 조기상환 시의 손해의 발생 및 손해액의 입증곤란에 대비하기 위한 손해배상액의 예정으로 볼 수 있다.[24]

[9-46] 1995년 공정위의 대출금을 중도에 갚은 고객에 대해 수수료를 부과하더라도 문제가 되지 않는다는 심결에 따라 7개 시중은행들이 1996년 1월부터 중도상환수수료 제도를 도입하였다.[25]

2. 대부업법상 간주이자와 중도상환수수료

[9-47] 대부업법상 대부에서는, 중도상환수수료를 포함하여 명목이나 명칭에 불구하고 대부업자가 받은 일체의 금원 중 구 대부업법 시행령 제5조 제4항에 열거된 비용을 제외한 금원을 모두 이자로 보아, 그 금액이 실제 대부기간에 대한 제한이자율 소정의 이율을 초과하게 되면 구 대부업법 제8조 제1항 위반에 해당하게 된다(대법원 2012. 3. 15. 선고 2010도11258 판결).

---

22) 대법원 2012. 3. 15. 선고 2010도11258 판결("금융이용자가 약정 변제기 전에 대부금을 변제하는 경우 그로 인한 대부업자의 손해배상 명목으로 지급하기로 하는 수수료").

23) 김양섭, "중도상환수수료가 구 대부업의 등록 및 금융이용자보호에 관한 법률(2009.1.21. 법률 제9344호 '대부업 등의 등록 및 금융이용자보호에 관한 법률'로 개정되기 전의 것) 제8조 제2항의 간주이자에 해당하는지 여부," 특별소송실무연구회, 특별법연구. 10, 2012, 1205면; 송우철, "중도상환수수료가 구 대부업의 등록 및 금융이용자보호에 관한 법률 제8조 제2항 소정의 간주이자에 해당하는지 여부," 자유와 책임 그리고 동행 : 안대희 대법관 재임기념, 2012, 487면.

24) 김양섭, 위의 논문, 1205-1206면; 송우철, 위의 논문, 487-488면.

25) 7대 市銀, 내년부터 중도상환 수수료 부과, 연합뉴스, 1995.12.19.

중도상환수수료는 대주와 차주 사이의 대출거래상 손익을 고려하여 미리 정한 것으로서 경제적 합리성을 가지므로 일률적으로 간주이자로 볼 수 있는지 의문을 제기하는 견해도 있다. 그러나 대부업법상 간주이자는 '해당 거래의 체결과 변제에 관한 부대비용으로서 대통령령으로 정하지 않은 사항'을 모두 포함하는 것이므로 문언상 중도상환수수료도 포함된다고 보는 것이다.[26) [9-48]

중도상환수수료가 이자제한법상 간주이자(4조)에도 포함되는가? 대부업법과 이자제한법상 간주이자의 정의에 차이가 있고,[27) 다른 법률에 따라 인가·허가·등록을 마친 금융업 및 대부업에 대해서는 이자제한법이 적용되지 않는 점(이자제한법 7조)을 고려할 필요가 있다.[28) [9-49]

3. 중도상환수수료와 은행규제

미국의 도드-프랑크법은 적격주택담보대출(qualified mortgages) 이외의 주택담보대출에 대한 중도상환수수료를 금지하였다(Truth in Lending Act, section 129C). 적격 주택담보대출에 대해서도 첫 1, 2, 3년째에 조기상환할 경우 중도상환수수료율을 각각 3%, 2%, 1%로 제한하였다. 대주는 중도상환수수료가 없는 대출의 권유 없이 중도상환수수료가 있는 대출만을 권유할 수 없다. 미국의 금융소비자보호국은 첫 2, 3년째에 조기상환할 경우 수수료율을 각각 2%와 1%로 제한하였다.[29) [9-50]

국내에도 중도상환수수료의 산정방식은 개선이 필요하다는 견해[30)가 있었다. 금융소비자법은 대출의 설명의무와 관련하여 중도상환수수료 부과 여부를 설명사항으로 규정하고 있다(19조 1항 1호 라목 1)). 중도상환수수료를 포함한 설명서의 내용 및 제공 방법·절차에 관한 세부내용은 시행령으로 정한다(금소 19조 4항, 2항). [9-51]

또한 은행이 할 수 없는 불공정영업행위의 하나로 대출계약이 성립한 날부터 3년 이내에 상환하는 경우, 다른 법령에 따라 중도상환수수료 부과가 허용되는 경우, 그리고 금융 [9-52]

---

26) 송우철, 앞의 논문, 491면.

27) 대부업법 제8조(대부업자의 이자율 제한) ② 제1항에 따른 이자율을 산정할 때 사례금, 할인금, 수수료, 공제금, 연체이자, 체당금(替當金) 등 그 명칭이 무엇이든 대부와 관련하여 대부업자가 받는 것은 모두 이자로 본다. 다만, 해당 거래의 체결과 변제에 관한 부대비용으로서 대통령령으로 정한 사항은 그러하지 아니하다.
이자제한법 제4조(간주이자) ① 예금(禮金), 할인금, 수수료, 공제금, 체당금(替當金), 그 밖의 명칭에도 불구하고 금전의 대차와 관련하여 채권자가 받은 것은 이를 이자로 본다.

28) 조기상환수수료 내지 벌칙은 제한이율을 잠탈하기 위한 목적이 아니라 이행기 전의 변제로 인한 손해를 채권자에게 배상케 할 목적의 손해배상이므로 간주이자로 볼 수는 없다고 하면서, 배상액의 감액에 관한 이자제한법 제6조로 인하여 논란의 여지가 전혀 없는 것은 아니라는 견해로, 윤부찬, "조기상환수수료(벌칙)의 법적 성격에 관한 연구," 비교사법 제16권 2호, 2009, 338면.

29) 12 CFR Part 1026 Ability-to-Repay and Qualified Mortgage Standards under the Truth in Lending Act (Regulation Z).

30) 노태석, "은행의 중도상환수수료 부과방식의 문제점과 개선 방안 검토," 소비자문제연구 제44권 제3호, 2013, 65-80면; 한국소비자원, 대출거래상 중도상환수수료의 문제점 및 개선방안, 2012, 1-32면.

소비자 보호 및 건전한 거래질서를 해칠 우려가 없는 행위로서 시행령으로 정하는 경우를 제외하고 수수료, 위약금 또는 그 밖에 어떤 명목이든 중도상환수수료를 부과하는 행위가 금지된다(금소 20조 1항 4호 나목 1)-3); 동 시행령 15조 1항 1호·2호).

제4절 대출거래

Ⅰ. 대출계약의 당사자

1. 의 의

대출계약을 체결한 실질차주와 명의차주가 다른 경우를 '차명대출' 또는 '명의대여 대출'이라고 한다.[31] 이 경우 누구를 기준으로 동일인 여신한도 위반 여부를 판단할 것인지 문제된다. 이에 대해서는 [5-349]에서 설명하였다. 그 판단을 위해서는 먼저 대출계약의 당사자를 확정하는 방법이 논의되어야 한다. [9-53]

2. 은행의 본인확인의무

대출의 경우 금융실명법은 적용되지 않지만, 신탁법상 신탁을 제외하고는 명의자를 기준으로 법률관계를 형성한다고 보는 것이 법률관계의 명확화와 은행거래의 안정을 위하여 당연하다고 생각한다.[32] 은행이 대출을 통하여 부담하는 위험의 주체가 누구인지를 확정하는 문제이다. [9-54]

은행은 대출거래에서도 상대방이 본인인지를 확인할 의무를 진다. 또한 통신금융사기법상으로도 은행은 이용자가 그 은행에 대출을 신청하는 경우에는 휴대전화 인증, 대면확인 등으로 본인확인조치를 해야 한다(2조의4 1항 본문 및 1호·2호; 동 시행령 2조의3 1항 1호-3호). 여전법상 여신전문금융업자도 특히 대출모집인을 통하여 대출을 하는 경우에도 "대출 실행 이전에 고객에게 본인 확인, 대출모집인의 사전 설명의무 등 이행 여부, 금지된 대출권유를 받았는지 여부, 대출계약의 중요사항 등을 직접 확인하여야 하고, 고객으로부터 대출모집 과정(대출모집인 성명, 소속, 모집경로 등)을 확인받아 이를 정기적으로 점검"할 의무를 부담한다(서울고법 2023. 4. 19. 선고 2022나2048678 판결). [9-55]

3. 차명대출의 책임

법원은 차명대출을 "특별한 사정이 없는 한 위 대출에 따른 경제적인 효과는 xxx에게 귀속시킬지라도 그 법률상의 효과는 자신에게 귀속시킴으로써 위 대출금채무에 대한 주채무자로서의 책임을 지겠다는 것으로 보아야 할 것"이므로, 비진의표시라고 할 수 없다고 판단하였다(대법원 1997. 7. 25. 선고 97다8403 판결). [9-56]

차명대출을 통정허위표시로서 무효로 볼 것인가? 법원은 차명대출도 금융기관이 명의대여자와 사이에 대출에 따른 법률효과를 실제 차주에게 귀속시키고 명의대여자에게는 채무 등의 부담을 지우지 않기로 합의한 사정이 적극적으로 입증되는 등 특별한 사정이 없는 한 통정허위표시로 보아 효력을 부인할 수는 없다고 판단하였다(대법원 2012. 2. 23. 선고 2011도15857 판결; 대법원 2010. 5. 27. 선고 2010도369 판결; 대법원 2008. 6. 12. 선고 2008다 [9-57]

31) 상세한 논의는, 윤진수, "차명대출을 둘러싼 법률문제," 민법논고 Ⅱ, 2008, 1-51면.
32) 윤진수·김재형, 민법기본판례, 2016, 74면.

7772,7789 판결). 금융거래당사자는 명의를 기준으로 정하는 것이 원칙이라고 선언하고 있다. 그러한 특별한 사정이 있는 경우로서 차명대출에 대해서 제3자는 형식상 명의만을 빌려 준 자에 불과하고 그 실질적 당사자는 금융기관과 실질적 주채무자이므로 제3자 명의의 대출약정은 금융기관의 양해하에 채무부담의사 없이 형식적으로 이루어진 사안에 대해서는 통정허위표시에 해당하는 무효의 법률행위라고 판단하였다(대법원 2007. 11. 29. 선고 2007다53013 판결; 대법원 2002. 10. 11. 선고 2001다7445 판결; 대법원 2001. 5. 29. 선고 2001다11765 판결; 대법원 2001. 2. 23. 선고 2000다65864 판결; 대법원 1996. 8. 23. 선고 96다18076 판결; 대법원 1999. 3. 12. 선고 98다48989 판결).

Ⅱ. 차명대출과 보증인책임

[9-58] 차명대출의 명의대여자가 그 연대보증인에 대하여 주채무자로서 구상의무를 부담하는가? 법원은 명의대여자인 제3자는 채권자인 금융기관에 대하여 주채무자로서의 책임을 지는지 여부와 관계없이 내부관계에서는 실질상의 주채무자가 아닌 한 연대보증책임을 이행한 연대보증인에 대하여 당연히 주채무자로서의 구상의무를 부담한다고 할 수는 없다고 본다(대법원 2008. 4. 24. 선고 2007다75648 판결). 다만, 그 연대보증인이 제3자가 실질적 주채무자라고 믿고 보증을 하였거나 보증책임을 이행하였고, 그와 같이 믿은 데 제3자에게 귀책사유가 있어 제3자에게 그 책임을 부담시키는 것이 구체적으로 타당하다고 보이는 경우 등에 한하여 제3자가 연대보증인에 대하여 주채무자로서의 전액 구상의무를 부담한다고 판단하였다(대법원 2008. 4. 24. 선고 2007다75648 판결).

[9-59] 차명대출에서 명의대여자에게 적어도 연대보증의사는 있었다고 보아 연대보증인으로서의 책임은 인정하는 것이 상당하다는 논의가 있다.[33] 명의대여자의 보증인책임을 인정하는 경우에도 다른 연대보증인에 대한 구상의무를 인정하는 것이지 채권자에 대한 관계에서 책임을 진다는 의미는 아니다.

[9-60] 법원은 주채무명의자인 제3자가 실질적 주채무자가 아니라는 사실을 연대보증인이 알고서 보증했거나 보증책임을 이행한 경우라도, 그 제3자가 실질상의 주채무자를 연대보증한 것으로 인정할 수 있는 경우에는 제3자는 연대보증인에 대하여 공동보증인 간의 구상권 행사 법리에 따른 구상의무는 부담한다 할 것이고, 제3자가 금융기관으로부터 대출을 받음에 있어 자신을 주채무자로 하도록 승낙한 경우의 제3자의 의사는 특별한 사정이 없는 한 대출에 따른 경제적인 효과는 실질상의 주채무자에게 귀속시킬지라도 법률상의 효과는 자신에게 귀속시킬 의사로서, 최소한 연대보증의 책임은 지겠다는 의사였다고 보아야 한다고 판단한 사례가 있다(대법원 2002. 12. 10. 선고 2002다47631 판결).

[9-61] 그리고 대출절차상 편의를 위해 명의대여한 것으로 인정되어 채무자로 볼 수 없는 경우, 형식상 주채무자가 실질적 주채무자를 위해 보증인이 될 의사가 있었다는 등의 특

---

33) 윤진수, "금융기관의 수신거래와 여신거래," 민법논고 Ⅲ, 2008, 287면.

별한 사정이 없는 한 그 형식상 주채무자에게 실질적 주채무자에 대한 보증의사가 있는 것으로 볼 수는 없다고 본 판례가 있다(대법원 1996. 8. 23. 선고 96다18076 판결; 대법원 2008. 4. 24. 선고 2007다75648 판결).

Ⅲ. 대출금의 상환과 출자전환

1. 의 의

출자전환(debt for equity swap)이란 "대출채권을 차주에 대한 주식 그 밖의 지분증권으로 전환하는 것"을 말한다. 신주발행방식, 실권주인수방식, 전환사채나 신주인수권부사채 제3자배정방식 등이 있으나 신주발행방식이 주로 이용된다. 출자전환의 법적 성질에 대해서는 현물출자로 보는 견해, 대물변제로 보는 견해, 상계로 보는 견해가 있다.[34] 출자전환의 법적 성격 외에 출자전환으로 소멸하는 채무의 범위, 출자전환에 따른 보증채무의 소멸범위가 주로 문제되고 있다. 법원은 회생절차와 기업개선절차를 구분하여 보고 있다. [9-62]

2. 채권의 소멸 범위 : 변제액[35]

구 회사정리법상 정리계획에서 출자전환한 경우에 신주발행의 효력발생일 당시를 기준으로 정리채권자가 인수한 신주의 시가평가액에 상당하는 채권액이 변제된 것으로 본다(일부소멸설)(대법원 2003. 3. 14. 선고 2002다20964 판결; 대법원 2003. 8. 22. 선고 2001다64073 판결). 이 경우 주채무자인 정리회사의 채무를 보증한 보증인들로서는 정리채권자에 대하여 위 변제된 금액의 공제를 주장할 수 있다.[36] [9-63]

기촉법 이전 기업개선작업절차에서 이루어진 신주발행방식의 출자전환에 대해서 법원은 신주인수대금채무와 대출채권의 상계로 보고, 그 계약에서 정한 금액만큼 소멸한다고 본다(전부소멸설)(대법원 2010. 9. 16. 선고 2008다97218 전원합의체 판결).[37] 기촉법상 경영정상화 [9-64]

---

34) 민정석, "기업개선작업절차에서의 출자전환의 법적성격 및 부진정연대채무자 중 1인이 한 상계 내지 상계계약의 효력," 민사재판의 제문제 23권, 2015, 506-528면; 진상범, "기업개선작업(Workout)에서의 출자전환과 채무의 소멸범위 - 대법원 2004. 12. 23. 선고 2004다46601 판결, BFL 제32호, 2008, 100-115면.

35) 박준·한민, 금융거래와 법 제3판, 박영사, 2022, 985-990면; 서울회생법원 재판실무연구회, 회생사건실무(상) 제6판, 박영사, 2023, 842-847면.

36) 대법원 2003. 1. 10. 선고 2002다12703,12710 판결; 대법원 2003. 8. 22. 선고 2001다64073판결; 대법원 2005. 1. 27. 선고 2004다27143 판결; 대법원 2006. 4. 13. 선고 2005다34643 판결; 대법원 2010. 3. 25. 선고 2009다85830 판결; 대법원 2010. 3. 25. 선고 2009다45344 판결; 대법원 2012. 6. 14. 선고 2010다28383 판결; 대법원 2015. 4. 9. 선고 2014다54168 판결.

37) 이에 대해 출자전환 당사자들의 목적과 의사, 일반적인 기업개선작업에서 출자전환 동기, 거래통념, 형평관념 등을 종합적으로 고려하면, 출자전환으로 대출금 등 채권에 관하여 출자전환 당시 신주의 시가 상당을 대물로 변제받고 그 나머지 금액은 면제한 것으로 보는 것이 타당하다는 반대의견이 있다(대법관 신영철의 반대의견). cf. 화의절차상 신주발행방식의 출자전환에 대해서 채권자와 채무자 사이에 합의가 없는 때에는 특별한 사정이 없는 한 신주발행의 효력발생일을 기준으로 신주평가액 상당의 기존채권이 변제된 것으로 본다. 대법원 2008. 7. 24. 선고 2008다18376 판결.

계획 이행으로 이루어진 신주발행방식의 출자전환에 대해서도 "출자전환으로 주식을 발행하는 경우에는 출자전환되는 채무 전부가 주식에 대한 인수가액으로 납입된 것으로 인정되어야만 발행예정주식 전부에 대하여 신주발행의 효력이 발생한다"고 하여 전부소멸설을 취한다(대법원 2012. 11. 22. 선고 2010두17564 전원합의체 판결).

3. 상법 및 은행법 등의 적용

가. 상 법

[9-65] 신주발행방식의 출자전환에서 대출채권을 신주대금납입채무와 상계하는 것은 "주주는 납입에 관하여 상계로써 회사에 대항하지 못한다"고 한 개정 전 상법 334조에 위반되는 문제가 있었다. 이를 피하기 위해 이용한 채권의 현물출자방식은 법원 인가 등 절차상 비용이 많이 소요되었다. 그러나 기발행주식과 상계하는 것은 제한이 없었다. 2011년 상법 개정으로 신주인수인은 회사의 동의를 받아 신주대금납입채무와 회사에 대한 채권을 상계할 수 있다(상 421조 2항).

나. 은행법

[9-66] 은행은 다른 회사등의 의결권 있는 지분증권의 15%를 초과하는 지분증권을 소유할 수 없지만(37조 1항), 출자총액제한을 전제로 금융관련업 등에 속하는 회사에 출자하거나 기업구조조정 촉진을 위해 금융위 승인을 받은 경우에는 예외로 한다(37조 2항). 금산법상 금융위의 정함에 따라 대출금 등을 출자전환함으로써 소유하게 된 주식은 증권취득제한 규정(38조)에 따른 주식취득으로 보지 않는다(38조 1호 나목 단서; 금산 11조 6항 1호·2호).

다. 기촉법

[9-67] 은행이 기촉법상 구조조정을 위해 출자전환하는 경우에는 은행법상 자회사등 주식소유와 증권취득의 제한규정, 금산법상 은행등의 다른 회사 주식소유의 금융위 승인규정, 금융지주법상 금융지주회사의 자회사인 은행의 다른 회사 지배의 금지규정을 적용하지 않는다(기촉법 33조 1항 1호, 4호·5호, 은행법 37조, 38조 1항, 금산 24조, 지주 19조). 이러한 특례는 기촉법상 관리절차가 종료 또는 중단된 후 2년 경과일까지 적용되며, 금융위 승인을 받아 2년의 범위 이내에서 연장할 수 있다(기촉법 33조 3항 전단). 관리절차의 종료와 중단은 기촉법상 공동관리절차나 주채권은행 관리절차의 종료와 중단을 말한다(기촉법 21조 2항, 20조·19조). 특례 자체가 예외이므로 일정기간 내 해소의무를 부과한 것이다.

라. 회생법

[9-68] 회생법은 주식회사인 채무자가 회생채권자·회생담보권자 또는 주주에 대하여 새로운 납입 또는 현물출자없이 신주를 발행하는 때에는 회생계획에 신주의 종류와 수, 신주의 배정에 관한 사항, 신주의 발행으로 인하여 증가하게 되는 자본과 준비금의 액, 신주의

발행으로 감소하게 되는 부채액을 기재하도록 하고 있다(206조 1항 1호-4호). 이 경우 은행법 제37조(다른 회사 등에 대한 출자제한 등)와 제38조 제1호(한도초과증권투자) 그리고 금산법 제24조(금융기관 및 동일계열 금융기관의 다른 회사 주식소유한도)는 적용되지 않는다(회생 206조 4항 1호·4호).

제5절 부당대출과 책임

Ⅰ. 의 의

[9-69] 은행 임직원의 부당대출로 은행에 손해가 발생한 경우 그 은행 임직원이나 차주 또는 차주의 임직원은 손해배상책임과 함께 형법상 배임죄나 사기죄가 문제될 수 있다. 여기서 부당대출, 부실대출 또는 불량대출은 은행의 지점장등 대출업무를 담당하는 자가 그 업무취급에 관한 은행의 관계규정을 위반하여 담보물에 대한 대출한도액을 초과하여 대출하거나 담보로 할 수 없는 물건을 담보로 하여 대출을 하는 것 등을 말한다(대법원 1987. 4. 4. 선고 85도1339 판결).

Ⅱ. 손해배상책임

1. 임원의 선관주의의무[38)]

가. 의 의

[9-70] 은행 임원은 은행에 대하여 선관주의의무를 충실히 한 때에 임원으로서 임무를 다하였다고 할 것이다. 그러나 은행이 그 임원을 상대로 대출과 관련된 임무해태를 이유로 채무불이행으로 인한 손해배상책임을 물을 경우 "그 대출이 결과적으로 회수곤란 또는 회수불능이 되었다는 것만으로 바로 대출결정을 내린 임원의 판단이 선관주의의무 내지 충실의무를 위반한 것"이라고 단정할 수 없다는 것이 일반적인 입장이다(대법원 2011. 10. 13. 선고 2009다80521 판결).

[9-71] 대출과 관련된 경영판단을 하면서 통상의 합리적인 은행 임원으로서 그 상황에서 합당한 정보를 가지고 적합한 절차에 따라 회사의 최대이익을 위해 신의성실에 따라 대출심사를 한 경우 "의사결정과정에 현저한 불합리가 없는 한 임원의 경영판단은 허용되는 재량범위 내의 것으로서 회사에 대한 선관주의의무 내지 충실의무를 다한 것"으로 볼 수 있다(대법원 2011. 10. 13. 선고 2009다80521 판결).

[9-72] 은행 임원이 위와 같은 선관주의의무에 위반하여 임무를 해태하였는지 여부는 "대출결정에 통상의 대출담당임원으로서 간과해서는 안 될 잘못이 있는지를 대출의 조건과 내용, 규모, 변제계획, 담보의 유무와 내용, 채무자의 재산 및 경영상황, 성장가능성 등 여러 가지 사항에 비추어 종합적으로 판정"해야 한다(대법원 2011. 10. 13. 선고 2009다80521 판결).

나. 결과채무 아님

[9-73] 대표이사나 이사를 상대로 주식회사에 대한 임무해태를 이유로 채무불이행으로 인한 손해배상책임을 물을 경우, "대표이사나 이사의 직무수행상 채무는 '미회수금 손해 등의

38) 은행의 기업부실대출에 관하여 은행 임원의 선관주의의무위반을 이유로 한 손해배상을 청구한 제일은행 주주대표소송에 관한 판결이 선례이다. 대법원 2002. 3. 15. 선고 2000다9086 판결.

결과가 전혀 발생하지 않도록 할 결과채무'가 아니라, '회사의 이익을 위해 선관주의의무를 가지고 필요하고 적절한 조치를 다해야 할 채무'"이므로, 회사에 대출금 중 미회수금 손해가 발생했다는 결과만을 가지고 채무불이행사실을 추정할 수는 없다(대법원 2011. 10. 13. 선고 2009다80521 판결(밑줄 필자)).[39] "대출결정을 내린 임원에게 그러한 미회수금 손해 등의 결과가 전혀 발생하지 않도록 하여야 할 책임을 물어 그러한 대출결정을 내린 임원의 판단이 선량한 관리자로서의 주의의무 내지 충실의무를 위반한 것"이라고 단정할 수는 없다(서울중앙지법 2016. 12. 13. 선고 2013가합535221 판결).[40]

다. 프로젝트금융과 임원의 주의의무

[9-74] 프로젝트금융 대출은 특정 프로젝트의 사업성을 평가하여 그로부터 발생할 미래의 현금흐름을 주된 원리금 변제재원으로 하는 거래이므로 대출상환능력에 대한 판단은 프로젝트의 사업성 평가에 주로 의존한다. 이 경우 금융기관의 이사가 대출요건으로서 프로젝트의 사업성을 심사하면서 첫째, 필요한 정보를 충분히 수집·조사하고 검토하는 절차를 거치고 둘째, 이를 근거로 금융기관의 최대 이익에 부합한다고 합리적으로 신뢰하고 신의성실에 따라 경영판단을 내렸고, 셋째, 그 내용이 현저히 불합리하지 아니하여 이사로서 통상 선택할 수 있는 범위 안에 있는 경우, 비록 사후에 회사가 손해를 입게 되는 결과가 발생해도 그로 인하여 이사가 회사에 대하여 손해배상책임을 부담한다고 할 수 없다(대법원 2011. 10. 13. 선고 2009다80521 판결). 그러나 금융기관의 이사가 "이런 과정을 거치지 않고 단순히 회사의 영업에 이익이 될 것이라는 일반적·추상적인 기대 하에 일방적으로 임무를 수행하여 회사에 손해를 입게 한 경우"에는 임원으로서의 선관주의의무를 다한 것으로 볼 수 없다(대법원 2011. 10. 13. 선고 2009다80521 판결).

[9-75] 사업부지에 관한 법적 분쟁으로 부지매입이 장기간 지연되어 사업의 수익성이 악화될 수 있었음에도 그 가능성에 관하여 충분한 자료를 받아 검토하는 등의 절차를 거치지 않고 거액의 대출을 실행한 것으로 볼 수 있는 경우에는 대출담당 임원에게 주의의무 위반이 있다(대법원 2011. 10. 13. 선고 2009다80521 판결).[41]

2. 손해의 발생

[9-76] 금융기관의 임직원이 채무자에 대한 신용조사, 담보물에 대한 외부감정의 절차를 거치지 않는 등 여신업무에 관한 규정을 위반하여 자금을 대출하면서 충분한 담보를 확보하지 않음으로써 그 임무를 게을리하여 금융기관이 대출금을 회수하지 못하는 손해를 입은 경우에, 금융기관이 입은 통상의 손해는 **"위 임직원이 규정을 준수하여 적정한 담보를**

39) 같은 취지: 대법원 2007. 9. 21. 선고 2005다34797 판결.

40) 서울중앙지법 2016. 12. 20.자 2013가합535221 판결경정결정; 서울고법 2018. 1. 11. 선고 2017나2010549 판결; 대법원 2020. 1. 16. 선고 2018다219499 판결(확정).

41) 그러나 이 판결에 따른 파기환송 후 원심은 대법원은 파기환송후 원심판결에 대한 원고의 상고를 기각하였다. 대법원 2014. 7. 10. 선고 2013다76918 판결.

취득하였더라면 회수할 수 있었을 미회수 대출원리금"이다(대법원 2015. 10. 29. 선고 2012다98850 판결; 대법원 2019. 1. 17. 선고 2016다236131 판결).

[9-77] 법원은 대환대출의 경우 기한연장 당시에는 채무자로부터 대출금을 모두 회수할 수 있었는데 "기한을 연장해 주면 채무자의 자금사정이 대출금을 회수할 수 없을 정도로 악화되리라는 사정을 알고서 기한을 연장해 준 경우에"만 그 기한연장으로 새로운 손해가 발생한 것으로 보아 부실경영책임을 물을 수 있을 뿐, 그러한 사정이 밝혀지지 않고서는 "단지 기한의 연장이 규정에 반하는 임무위배행위라는 사정만으로 그 대환대출금 중 미회수액 상당에 대한 손해배상책임이 성립한다고 단정할 수 없다"고 보았다(대법원 2006. 2. 24. 선고 2005다38492 판결; 대법원 2009. 10. 29. 선고 2008다94585 판결).

3. 분식회계와 대출의 인과관계

[9-78] 기업재무제표 및 외부감사인의 감사보고서가 가지는 재무적 기능을 고려할 때 분식회계와 대출 간에는 인과관계가 존재한다고 본다. "기업 임직원 등이 대규모 분식회계에 가담하거나 감사가 대규모로 분식된 재무제표의 감사와 관련하여 중요한 감사절차를 수행하지 않거나 소홀히 한 잘못이 있는 경우에는, 그로 말미암아 금융기관이 기업체에게 여신을 제공하게 되었다고 할 수 있다"(대법원 2008. 1. 18. 선고 2005다65579 판결).

[9-79] 충분한 담보가 제공되었다는 사정만으로 도산이 불가피한 상황에 있는 기업체의 분식회계와 금융기관의 지급보증 또는 대출 사이에 인과관계가 없다고 볼 수 없다(대법원 2007. 6. 28. 선고 2006다52259 판결; 대법원 2008. 2. 14. 선고 2006다82601 판결; 대법원 2008. 7. 24. 선고 2008다18376 판결).

4. 분식회계관련임직원에 대한 손해배상채권과 대출채권

가. 양 채권의 관계

[9-80] 은행이 회사 임직원의 분식회계로 회사의 재무구조를 잘못 파악하고 회사에 대출한 경우, 법원은 회사의 은행에 대한 대출금채무와 회사 임직원의 분식회계로 인한 은행에 대한 손해배상채무는 "동일한 경제적 목적을 가진 채무로서 중첩되는 부분에 관하여는 일방의 채무가 변제 등으로 소멸하면 타방의 채무도 소멸하는 부진정연대의 관계"에 있다고 본다(대법원 2019. 1. 17. 선고 2016다236131 판결; 대법원 2008. 1. 18. 선고 2005다65579 판결).

나. 대출채권의 양도와 손해배상채권

[9-81] 은행이 회사에 대한 대출금채권을 타인에게 양도한 경우 그 회사 임직원에 대한 손해배상채권도 함께 양도된 것으로 볼 것인가? 법원은 첫째, 회사 임직원에 대한 손해배상채권과 회사에 대한 대출금채권은 법률적으로 원인을 달리하는 별개의 채권으로서 성질상 전자의 채권이 후자의 채권의 처분에 당연히 종속된다고 볼 수 없는 점과 둘째, 금융기관이 신속한 부실채권 정리를 위해 타인에게 대출금채권을 양도하고 받은 대금이 대출

금채권액에 미달하는 경우에는 미회수된 채권 상당액을 회사 임직원에 대한 손해배상청구를 통하여 회수할 실익이 있는 점 등을 근거로 대출금채권 양도와 함께 회사 임직원에 대한 손해배상채권도 양도된 것으로 볼 수 없다고 판단하였다(대법원 2008. 1. 18. 선고 2005다65579 판결).

다. 일부 변제와 양채권의 관계

[9-82] 서로 부진정연대관계에 있는 부당대출로 인한 임직원의 금융기관에 대한 손해배상채무와 대출금채무자가 금융기관에 부담하는 대출금채무와 관련하여 다액채무자가 일부 변제를 하는 경우 그 변제로 인하여 먼저 소멸하는 부분은 당사자의 의사와 채무 전액의 지급을 확실히 확보하려는 부진정연대채무 제도의 취지에 비추어 볼 때 다액채무자가 단독으로 채무를 부담하는 부분으로 보아야 한다(대법원 2018. 3. 22. 선고 2012다74236 전원합의체 판결; 대법원 2019. 1. 17. 선고 2016다236131 판결).

라. 분식회계가담 임직원의 대출은행에 대한 책임

[9-83] 기업체 임직원이 분식회계에 가담하였다면 그 기업체에 대한 금융기관의 여신 제공행위에 직접 개입하지 않았더라도 분식회계 가담행위와 금융기관의 여신 제공으로 인한 손해 사이에 인과관계가 인정되어 민법 제750조의 불법행위책임이 성립한다(대법원 2008. 6. 26. 선고 2007다43436 판결).

5. 부당대출과 상법상 책임

[9-84] 은행 이사가 부당대출책임을 지는 경우 상법상 이사의 회사에 대한 손해배상책임도 인정될 수 있다. 상호신용금고의 대표이사가 재직 당시 동일인한도를 초과하여 대출하면서 충분한 담보를 확보하지 않는 등 임무를 해태하여 금고가 대출금 회수불능의 손해를 입게 한 경우, 미회수 대출금 중 동일인 대출한도를 초과한 금액에 해당하는 손해를 상법 제399조에 따라 금고에게 배상할 책임이 있다(대법원 2002. 6. 14. 선고 2002다11441 판결).

6. 부당대출과 감사위원의 책임

[9-85] 상호저축은행이 상근 감사위원이었던 을을 상대로 병주식회사 등에 대한 불법·부당대출로 인한 손해배상을 구한 사안에서, 그 감사위원의 책임을 인정한 사례가 있다.

[9-86] 법원은 먼저 주식회사의 감사위원으로서 상호저축은행 이사는 은행에 대하여 이사 업무집행감사 등의 의무를 부담하고 그 위반에 대하여 손해배상책임을 지는 점을 전제로(2항), 판단하고 있다. 감사위원의 의무이행여부의 판단기준에 대해서는 "금융기관 감사위원이 … 선량한 관리자의 주의의무를 위반하여 자신의 임무를 게을리하였는지 여부는 개별 대출에 대한 감사를 함에 있어 통상의 감사위원으로서 간과해서는 안 될 잘못이 있는지 여부를 제반 규정 준수 여부, 대출 조건과 내용 및 규모, 변제계획, 담보유무와

내용, 채무자의 재산 및 경영상황, 성장 가능성 등 여러 가지 사항에 비추어 종합적으로 판정해야 한다"고 보았다(대법원 2017. 11. 23. 선고 2017다251694 판결).

[9-87] 본 사안에서, 법원은 "을은 자신이 서명한 대출 관련 심사부의안과 대출심사자료만 선량한 관리자의 주의의무로 검토하였더라도 병회사 등에 대한 대출이 형식적인 신용조사만을 거쳐 충분한 채권보전조치 없이 이루어지는 것임을 쉽게 알 수 있었으므로, 관계서류의 제출 요구 등을 통해 대출이 위법·부당한 것인지 여부에 관하여 추가로 조사하거나 감사위원회를 통해 이사회에 위와 같은 사실을 보고하여 위법·부당한 행위의 시정 등을 요구할 의무가 있었음에도 그와 같은 의무를 다하지 않았다"고 판단하였다(대법원 2017. 11. 23. 선고 2017다251694 판결).

Ⅲ. 부당대출과 범죄

1. 부당대출과 배임죄

[9-88] 은행이 "차주가 변제능력을 상실하여 대출할 경우 손해가 발생할 것을 충분히 알면서 대출했거나, 충분한 담보를 제공받는 등 상당하고도 합리적인 채권회수조치를 취하지 않은 채 대출한 경우" 그 대출행위는 회사에 대하여 배임행위가 될 수 있다(대법원 2002. 7. 22. 선고 2002도1696 판결).

[9-89] 부당대출을 반드시 담보취득 여부에 따라 판단할 수는 없다. 신용대출도 정당한 절차에 따라 차주의 상환능력과 신용에 대한 평가가 이루어졌는지 여부가 중요하다.

[9-90] 은행지점장이 대출용도가 특정되고 별도로 배정되어 있는 여신자금을 관계규정에 위배하여 대출받을 적격이 없는 자에게 대출한 경우는 배임죄에 해당한다(대법원 1988. 1. 19. 선고 86도2654 판결). 이 경우 대출금 회수가 사실상 보장된다 해도 대출용도 위반 그 자체가 업무상 배임이 된다는 것이다(대법원 1997. 10. 24. 선고 97도2042 판결).

2. 대출용도의 허위기재와 사기죄 등

[9-91] 중소기업운전자금은 대출용도가 한정되어 있어, 그 용도 이외는 대출받을 수 없는 경우이므로 "피고인이 그 용도에 관하여 진실에 반하여 마치 중소기업운전자금으로 사용할 것같이 허위사실을 기재하여 융자신청을 하고 은행을 착오에 빠뜨려 그 자금을 융자받은 경우"는 사기죄에 해당한다(대법원 1983. 7. 26. 선고 83도1085 판결).

[9-92] 특정 목적을 위하여 조성된 자금을 지원한도를 초과하여 대출하는 행위로 인하여 자금운용 주체에게 업무상배임죄의 재산상 손해가 발생할 수 있다고 본다(대법원 2007. 4. 27. 선고 2007도1038 판결). "비록 충분한 담보가 제공되어 대출금의 회수가 보장된다고 하더라도, 결국 특정 목적을 위하여 조성된 위 경영개선자금의 감소를 초래하여 위 자금이 본래의 목적을 위하여 사용됨을 저해하는 것이기 때문"이다

3. 회계분식에 의한 대출과 사기죄

기업재무제표 및 이에 대한 감사보고서는 대상기업의 정확한 재무상태를 드러내는 가장 객관적인 자료로서 증권거래소 등을 통하여 일반에 공시되고, 기업의 신용도와 상환능력 등의 기초자료로서 그 기업이 발행하는 회사채 및 기업어음의 신용등급평가와 금융기관의 여신제공 여부의 결정에 중요한 판단근거가 된다(대법원 2017. 12. 22. 선고 2017도12649 판결). 따라서 해당 기업의 재무제표의 중요한 사항에 관하여 회계처리기준에 위반되는 분식이 있음을 알면서도, 대규모의 여신을 제공하는 것과 같은 사례는 이례적이라고 하지 않을 수 없고, 당기순이익이 흑자인지 적자인지와 같은 사정은 해당 기업체의 신용도를 판단할 때에 보통 중요한 사항의 하나에 해당한다(대법원 2017. 12. 22. 선고 2017도12649 판결). [9-93]

그러면 금융기관의 통상적인 여신처리기준에 의하면, 적자상태인 당해 기업에 대한 여신이 가능했을 수도 있다고 할 경우에는 판단이 달라질 수 있는가? 법원은 이로 인하여 획일적으로 부실 재무제표 제출로 인한 기망행위와 여신 결정 사이의 인과관계가 단절된다고 볼 수는 없고, 기업이 적자상태를 숨기기 위하여 흑자 상황인 것처럼 작성한 재무제표를 제출하였다는 사실이 발각될 경우 초래될 수 있는 신뢰성 평가에 미치는 부정적인 영향까지 적절하게 고려·평가하여 인과관계 단절 여부를 살펴보아야 한다는 입장이다(대법원 2017. 12. 22. 선고 2017도12649 판결). [9-94]

4. 허위사실고지에 의한 대출과 사기죄

사안에서 피고인은 갑저축은행에 대출을 신청하여 심사를 받을 당시 동시에 다른 저축은행에 대출을 신청한 상태였는데도 갑으로부터 다른 금융회사에 동시에 진행 중인 대출이 있는지에 대하여 질문을 받자 '없다'고 답변하였고, 갑으로부터 대출을 받은 지 약 6개월 후에 신용회복위원회에 대출 이후 증가한 채무를 포함하여 프리워크아웃을 신청하였다. 법원은 "피고인은 갑에 대하여 다른 금융회사에 동시에 진행 중인 대출이 있는지를 허위로 고지하였고, 갑이 제대로 된 고지를 받았더라면 대출을 해주지 않았을 것으로 판단되며, 그 밖에 피고인의 재력, 채무액, 대출금의 사용처, 대출일부터 약 6개월 후 프리워크아웃을 신청한 점과 그 경위 등의 사정을 종합하면", 기망행위, 기망행위와 처분행위 사이의 인과관계와 편취의 고의가 인정된다고 볼 여지가 있다고 판단하였다(대법원 2018. 8. 1. 선고 2017도20682 판결). [9-95]

5. 채무이행연기와 사기죄

채무이행을 연기받는 것도 재산상의 이익이 된다(대법원 1997. 7. 25. 선고 97도1095 판결). [9-96]
따라서 분식회계 등을 통하여 채무이행을 연기받은 경우에도 사기죄는 성립할 수 있으나, 채무이행을 연기받은 것에 의한 재산상의 이익액은 산출할 수 없으므로, 특경가법 제3조

제1항 제2호의 이득액을 계산할 때에 합산할 것은 아니다(대법원 1998. 12. 9. 선고 98도3282 판결; 대법원 2017. 12. 22. 선고 2017도12649 판결).

제10장 환거래

제1절 서 설

환거래는 수신 및 여신과 함께 은행의 고유업무를 구성한다. 환거래는 금융기능의 하나인 지급결제기능의 원형으로서 은행의 신용에 기초한 업무이다. 환거래는 기술발전의 영향을 직접적으로 받는 분야이다. 특히 내국환업무 중 송금환에서 전통적인 송금은 사라지고 계좌이체가 대부분을 차지하는 것은 대표적인 현상이다. [10-1]

오늘날 다양한 지급결제수단의 등장과 함께 지급결제업무를 은행의 고유업무로 볼 것인지는 여전히 유효한 논쟁이다. 지급결제업무를 환거래의 일부로 볼 것인지도 연관된 문제라고 할 수 있다. 그러나 환거래를 은행이 담당했던 것도 은행에 대한 신뢰에 기초한 것이므로 신뢰성 있는 업자가 나타나면 누구든지 지급결제업무를 담당할 수 있다고 본다. [10-2]

특히 우리나라에서는 지급결제기능의 발전이 은행에 한정되어 이루어진 것이 아니다. 외국 입법례도 적어도 2007년 이후에는 동일한 방향의 움직임을 보이고 있다. 그러나 전자금융거래법상 전자자금이체업무를 은행법과의 관계를 전혀 고려하지 않은 채 입법한 것은 아쉬움이 남는 부분이다. 지급결제업무에 관한 일반적인 규제법이 없는 상황에서 은행법이 지급결제업무의 기준을 제시할 수 있는 역할을 할 수 없기 때문이다. [10-3]

특히 계좌이체는 대규모 상업거래는 물론 개인 간의 소액결제에도 중요한 지급결제기능을 담당하고 있다. 계좌이체의 법률문제는 지급결제의 효율성과 안전성이라는 관점에서 금융체계상 고려를 요한다. 계좌이체의 법적구조는 최근에 등장하는 다양한 계좌기반의 거래형태의 원형이 되므로 정밀하게 분석할 필요가 있다. 어음교환제도는 지급결제제도의 원형으로서 여전히 중요한 기능을 담당하고 있다. [10-4]

제2절 의의와 구조에서는 환거래의 구조를 내국환과 외국환으로 나누어 살펴본다. 제3절 자금이체에서는 내국환에서의 송금환에 해당하는 자금이체의 구조와 법률문제를 정리한다. 제4절 어음교환에서는 환업무의 결과 발생한 채권채무를 결제하는 어음교환제도를 정리한다. [10-5]

제2절 의의와 구조

Ⅰ. 의 의

[10-6] 환거래는 **격지자간의 현금의 이동을 수반하지 않는 자금의 이동업무**를 말한다. 국내에서 이루어지는 것을 **내국환**, 국제적으로 이루어지는 것을 **외국환**이라고 한다. 환거래에 따라 은행은 수수료 수입을 올릴 수 있다. 내국환은 송금환과 추심환으로 구분된다. 이 장에서는 내국환을 중심으로 살펴보고, 외국환에 대해서는 제18장 외국환규제([18-1]-[18-103])에서 설명한다.

Ⅱ. 송금환과 추심환

[10-7] **송금환**은 송금인[1]이 은행을 통하여 수취인에게 자금을 보내는 방법이다. 송금과 계좌이체로 구분된다. 계좌이체에 대해서는 절을 바꾸어 살펴본다.

[10-8] **추심환**은 의뢰인이 은행을 통하여 채무자로부터 자금을 청구하는 방법이다. 채권자가 어음 등의 증권을 은행을 통하여 채무자로부터 추심하는 것을 말한다. 자금흐름이 [송금인 → 은행 → 수취인]으로 이루어지는 송금환을 **순환**이라고 한다. 반대로 자금흐름이 [채무자 → 은행 → 의뢰인]으로 이루어지는 추심환을 **역환**이라고 한다.

---

1) 이 책에서는 송금인 또는 송금의뢰인이라는 용어를 함께 사용한다.

제3절 계좌이체

Ⅰ. 의의와 구조

1. 의 의

계좌이체는 "은행 간 및 은행점포 간의 송금절차를 통하여 저렴한 비용으로 안전하고 신속하게 자금을 이동시키는 수단"이다(대법원 2012. 10. 25. 선고 2010다47117 판결). [10-9]

2. 법적 성질

수취인의 예금계좌를 지정계좌로 한 송금이 이루어진 경우 법률관계는 송금의뢰인과 송금은행 사이 및 송금은행과 수취은행 사이의 위임관계로 본다(대법원 2002. 1. 25. 선고 99다53902 판결; 대법원 2016. 4. 12. 선고 2015다1802 판결 등). 입금이체나 출금이체도 마찬가지로 보고 있다.[2] [10-10]

계좌이체의 법적 성질을 예금채권의 양도로 볼 것인가? 송금과정은 3단계를 거친다. ① 송금은행은 송금인의 예금계좌에서 송금은행의 자기계좌로 송금인이 요청한 송금금액만큼 자금을 이체한다. ② 송금은행은 해당 자금을 송금인이 지정한 수취은행의 고유계좌로 이체한다. ③ 수취은행은 그 은행에 개설된 수취인의 계좌로 해당 금액의 자금을 이체한다. ①단계에서 송금인의 송금은행에 대한 기존의 예금채권은 소멸한다. ③단계에서 수취인이 수취은행에 대하여 새로운 예금채권을 가지게 되는 것이다. 따라서 계좌이체는 송금인의 송금은행에 대한 예금채권을 수취인에게 양도하는 구조는 아니다. 송금인의 송금은행에 대한 예금채권이 소멸하고, 수취인의 수취은행에 대한 예금채권이 생성되는 것이다. [10-11]

3. 선이행·후분쟁의 원칙

자금이체는 지급결제제도를 구성하므로 지급결제의 완결성의 관점에서 그 법률문제를 살필 필요가 있다. 일단 이체지시가 이루어지면 당사자 간에 자금이체의 원인관계에 대하여 다툼이 있더라도 이체는 이행한 후에 분쟁을 해결한다는 것이 선이행·후분쟁의 원칙이다. 입금기장의 추상성 또는 원인관계 불요설이라고 표현하는 견해도 있다.[3] [10-12]

자금이체제도의 일종인 계좌이체에서는, 계좌이체의뢰인의 자금이체지시에 따라 지급은행 및 수취은행을 통하여 수취인의 예금계좌로 이체자금이 계좌이체되면 수취인과 수취은행 사이에 예금관계가 성립하고, 비록 계좌이체의뢰인과 수취인 사이에 계좌이체의 원인이 되는 법률관계가 당초부터 성립하지 않았거나 또는 그 법률관계가 사후에 일 [10-13]

---

2) 오영준, "은행의 착오로 인한 입금기장 정정권이 인정될 수 있는 요건," 대법원판례해설 제93호, 2013, 159면. Cf. 김상중, "송금인의 수취인 착오로 이루어진 계좌이체에 따른 반환관계," 고려법학 제55호, 2009, 232면.

3) 오영준, 위의 논문, 160면; 김상중, 위의 논문, 237면.

정한 사유로 소멸하게 되더라도 특별한 사정이 없는 한 그와 같은 원인관계의 흠결은 계좌이체의 효력이나 계좌이체로 말미암아 형성된 수취인과 수취은행 사이의 예금관계의 효력에 영향을 미칠 수는 없다(대법원 2006. 3. 24. 선고 2005다59673 판결; 대법원 2007. 11. 29. 선고 2007다51239 판결; 대법원 2022. 6. 30. 선고 2016다237974 판결).

4. 효력발생시기 : 입금의 기록이 된 때

[10-14] 송금만으로 수취은행은 송금은행에 대하여 그 위임내용에 따라 송금통지에서 지정한 수취인의 예금계좌에 송금액을 입금할 의무를 부담하지만, 그러한 절차 없이는 수취인에 대하여 바로 송금액을 지급할 의무를 부담하지 않는다(대법원 2002. 1. 25. 선고 99다53902 판결; 대법원 2016. 4. 12. 선고 2015다1802 판결 등). 따라서 수취은행이 송금사실을 확인하여 지정 예금계좌에 송금액을 입금하기 전까지는 그 송금액에 대한 수취인의 예금채권이 성립한다고 할 수 없다(대법원 2002. 1. 25. 선고 99다53902 판결; 대법원 2016. 4. 12. 선고 2015다1802 판결 등).

[10-15] 예금거래기본약관에 따라 송금인이 수취인의 예금계좌에 자금이체를 하여 예금원장에 입금기록이 된 때에는 특별한 사정이 없는 한 수취인과 수취은행 사이에는 입금액 상당의 예금계약이 성립하고, 수취인은 수취은행에 대하여 입금액 상당의 예금채권을 취득한다(대법원 2012. 10. 25. 선고 2010다47117 판결). 전금법상 전자자금이체에서의 지급의 효력도 거래지시된 금액의 정보에 대하여 수취인의 계좌가 개설되어 있는 금융회사 또는 전자금융업자의 계좌의 원장에 입금기록이 끝난 때 발생한다(13조 1항 1호).

Ⅱ. 유 형

1. 입금이체와 계좌이체, 추심이체

[10-16] 자금이체는 입금이체와 계좌이체, 추심이체로 구분한다.[4] **입금이체**는 이체자금이 현금으로 은행에 지급되고, 이를 지급은행이 수령하여 수취인계좌에 입금기장하는 형태의 자금이체를 말한다. **계좌이체**는 계좌이체 의뢰인이 특정은행에 개설하고 있는 특정계좌로부터 현금의 수수를 수반함이 없이 같은 은행 또는 다른 은행에 개설하고 있는 다른 계좌에 일정 금액을 대체 입금하는 것을 말한다. **추심이체**는 수취인이 거래은행에 추심지시를 하고 수취은행이 지급인의 거래은행에 요청하여 지급인계좌로부터 이체금액을 인출기장하고 동액을 수취인계좌에 입금기장하는 자금이체를 말한다. 전금법상 지급인의 지급지시에 따른 것을 입금이체와 계좌이체, 수취인의 추심지시에 따른 것을 추심이체라고 한다(2조 12호 가목·나목).

---

4) 오영준, "은행의 착오로 인한 입금기장 정정권이 인정될 수 있는 요건," 대법원판례해설 제93호, 2013, 157-158면.

2. 자동이체

자동이체는 자동납부와 자동송금으로 구분된다.[5] **자동납부**는 요금청구기관이 물품 및 서비스 제공 계약에 따라 발생한 이용요금을 고객이 지정한 계좌에서 출금하는 서비스를 말한다. 통신비, 보험료 등이 이에 해당한다. 자동납부에는 CMS자동이체, 지로자동이체, 펌뱅킹 자동이체 등이 포함된다. 추심이체에 해당한다. **자동송금**은 고객이 스스로 설정한 이체조건(수취인, 입금계좌, 금액, 주기 등)에 따라 특정계좌로 주기적으로 이체하는 서비스이다. 동창회비 등이 이에 해당한다. [10-17]

3. 자행이체와 타행이체

자금이체는 송금인과 수취인이 같은 은행에 계좌를 가지고 있는 경우의 **자행이체**(은행내 이체)와 송금인과 수취인이 서로 다른 은행에 계좌를 가진 경우의 **타행이체**(은행간 이체)로 구분할 수 있다. 은행간 이체의 경우에는 송금은행과 수취은행의 2 은행이 개입하게 되고, 최종적으로 결제통화 발행국의 중앙은행에 개설된 당좌계정간 이체로 결제가 완결된다. [10-18]

Ⅲ. 착오입금

1. 문 제

송금인이나 송금은행의 착오로 다른 계좌로 자금이 입금된 경우를 **착오입금** 또는 **착오송금**이라고 한다. 전자금융거래 기본약관은 착오송금을 “이용자가 송금금액, 수취은행, 수취인 계좌번호 등을 잘못 입력하여 송금”한 것으로 정의하고 있다(32조). 착오송금 반환서비스를 제공하는 예보는 2021.7월부터 2024.3월말까지 34,313건(644억원)의 반환지원 신청내역을 심사하여 14,717건(215억원)을 지원대상으로 확정한 후 관련 지원절차를 진행한 결과, 총 9,818건(123억원)을 반환하였다.[6] 착오입금의 유형별로 법률문제를 정리한다. 현재 착오송금의 법리는 첫째, 수취인의 예금채권 취득, 둘째, 송금인의 수취인에 대한 부당이득반환청구권 행사를 통한 반환, 셋째, 수취인이 착오송금된 예금을 인출하거나 그 밖의 방법으로 사용하면 횡령죄로 처벌이라는 3가지로 구성된다. 지급수단으로서의 예금의 특별한 지위를 반영한 것으로서 송금인과 수취인간의 원인관계를 불문하고 예금채권은 인정하면서, 송금인과 수취인간의 분쟁은 지급결제제도 밖에서 부당이득반환청구로 해결하게 하고, 수취인이 착오송금된 금원을 사용하면 횡령죄로 처벌한다는 것이다. 이하 차례대로 살펴본다. [10-19]

---

5) 금융결제원 홈페이지 소개 내용을 참조하였다.
〈https://www.payinfo.or.kr/guide/intro.do#tab_link1〉

6) 예보, 보도자료: ‘잘못 보낸 돈 되찾기 서비스’ 이용 현황 및 제도 개선 실적- ’24년 1분기말 ‘잘못 보낸 돈 되찾기 서비스’ 이용 현황 -, 2024.4.22.

2. 착오입금의 법리와 유형별 판단

가. 의 의

[10-20] 계좌이체는 다수인 사이에 다액의 자금이동을 원활하게 처리하기 위하여, 그 중개 역할을 하는 은행이 각 자금이동의 원인인 법률관계의 존부, 내용 등에 관여함이 없이 이를 수행하는 체제로 되어 있다(대법원 2007. 11. 29. 선고 2007다51239 판결; 대법원 2012. 10. 25. 선고 2010다47117 판결).[7] 송금인의 착오와 송금은행의 착오로 나누어 살펴본다.

나. 송금인의 착오

1) 수취인의 수취은행에 대한 예금채권의 취득

[10-21] 송금인이 수취인의 예금계좌에 계좌이체를 한 때에는, 송금인과 수취인 사이에 계좌이체의 원인인 법률관계가 존재하는지 여부에 관계없이 수취인과 수취은행 사이에는 계좌이체금액 상당의 예금계약이 성립하고, 수취인이 수취은행에 대하여 위 금액 상당의 예금채권을 취득한다.[8] 지급수단으로서의 예금의 특별한 지위를 반영한 것으로 이해된다.

[10-22] 다만, 수취인과 은행 사이의 예금계약의 성립 여부를 송금인과 수취인 사이에 계좌이체의 원인인 법률관계가 존재하는지 여부에 의하여 좌우되도록 한다고 별도로 약정하였다는 등의 특별한 사정이 있는 경우에는 수취인의 수취은행에 대한 예금채권이 발생하지 않는다(대법원 2007. 11. 29. 선고 2007다51239 판결).

[10-23] 한편, "은행이 대출약정에서 정하여진 한도로 채무자의 약정계좌로 신용을 공여한 후 채무자가 잔고를 초과하여 약정계좌에서 금원을 인출하는 경우 잔고를 초과한 금원 부분에 한하여 자동적으로 대출이 실행되고 그 약정계좌에 다시 금원을 입금하는 경우 그만큼 대출채무가 감소하게" 되는 종합통장자동대출(마이너스통장, 대법원 2015. 3. 12. 선고 2013다207972 판결; 대법원 2022. 6. 30. 선고 2016다237974 판결)에서는 특수한 문제가 발생한다. 종합통장자동대출의 약정계좌가 예금계좌인 경우에 그 예금계좌로 송금인이 자금이체를 한 경우 특별한 사정이 없는 한 송금인과 수취인 사이에 자금이체의 원인인 법률관계가 존재하는지 여부에 관계없이 수취인이 수취은행에 대하여 위 이체금액 상당의 예금채권을 취득한다(대법원 2022. 6. 30. 선고 2016다237974 판결).[9]

---

7) 서희석, "은행의 착오로 인한 자금이체의 효력-대법원 2012. 10. 25. 선고 2010다47117 판결," 민사법학 제64호, 2013, 275-319면.

8) 대법원 2004. 5. 14. 선고 2004다12219 판결; 대법원 2005. 11. 24. 선고 2005다54456 판결; 대법원 2006. 3. 24. 선고 2005다59673 판결; 대법원 2007. 11. 29. 선고 2007다51239 판결; 대법원 2009. 12. 10. 선고 2009다69746 판결; 대법원 2010. 5. 27. 선고 2007다66088 판결; 대법원 2010. 5. 27. 선고 2010도3498 판결; 대법원 2010. 11. 11. 선고 2010다41263, 41270 판결; 대법원 2010. 12. 9. 선고 2010도891 판결; 대법원 2012. 3. 29. 선고 2011다89040 판결 등.

9) "이 약정에 의한 채무가 있을 때에는 입금된 자금은 자동적으로 대출금변제에 충당"한다는 약정이 있는 종합통장자동대출("마이너스통장")에 마이너스 대출이 있는 상태에서 입금된 경우에는 이에 관한 예금계약이 성립되지 않고 바로 대출금변제에 충당되므로 수취인의 은행에 대한 예금채권 자체가 발생하지 않

2) 송금인의 수취인에 대한 부당이득반환청구권의 취득

[10-24] 송금인과 수취인 사이에 계좌이체의 원인이 되는 법률관계가 없는 상태에서 계좌이체에 의하여 수취인이 계좌이체금액 상당의 예금채권을 취득한 경우에는, 송금인은 수취인에 대하여 위 금액 상당의 부당이득반환청구권을 갖게 된다.[10] 그러나 수취은행은 이익을 얻은 것이 없으므로 수취은행에 대하여는 부당이득반환청구권을 취득하지 않는다.[11]

[10-25] 다만 종합통장자동대출 약정계좌의 잔고가 마이너스로 유지되는 상태, 즉 대출채무가 있는 상태에서 약정계좌로 자금이 이체되면, 그 금원에 대해 **수취인의 예금채권이 성립됨과 동시에 수취인과 수취은행 사이의 대출약정에 따라 수취은행의 대출채권과 상계**가 이루어지게 된다(대법원 2022. 6. 30. 선고 2016다237974 판결). 그 결과 송금인은 송금인과 수취인 사이에 자금이체의 원인인 법률관계가 없어도 대출채무가 감소하는 이익을 얻게 되는 수취인에 대하여 이체금액 상당의 부당이득반환청구권을 가지게 되고, 수취은행에 대하여는 부당이득반환청구권을 취득할 수 없다(대법원 2022. 6. 30. 선고 2016다237974 판결).[12] 수취은행은 "수취인과의 적법한 대출거래약정에 따라 대출채권의 만족을 얻은" 것이기 때문이다.

[10-26] 그리고 송금인은 수취인에 대하여 위 금액의 부당이득반환청구권을 가지게 되는 것에 그치고, 위 예금채권의 양도를 저지할 권리를 취득하는 것은 아니므로, 수취인의 채권자가 행한 위 예금채권에 대한 강제집행의 불허를 구할 수는 없다(대법원 2009. 12. 10. 선고 2009다69746 판결).[13]

다. 송금은행의 착오[14]

1) 의 의

[10-27] 송금은행의 착오에 의한 자금이체는 지급지시를 받은 경우와 그렇지 않은 경우를 나눌 수 있다.[15] 전자에는 지급지시를 받고 착오로 인한 입력오류나 수취인의 동일성에

는다고 본 하급심 판결이 있었다. 의정부지법 2016. 4. 22. 선고 2015나10708 판결; 의정부지법 고양지원 2015. 8. 13. 선고 2015가단772 판결.

10) 대법원 2007. 11. 29. 선고 2007다51239 판결.

11) 대법원 2007. 11. 29. 선고 2007다51239 판결. 수취은행의 법적 원인없는 이득의 부존재, 수취은행의 이득과 지급인의 손실 사이의 인과관계의 결여 등을 강조하기도 한다. 김상중, "송금인의 수취인 착오로 이루어진 계좌이체에 따른 반환관계," 고려법학 제55호, 2009, 241면.

12) 김호용, "타인의 마이너스 통장 은행계좌로 송금한 금액이 착오송금임을 주장하며 그 수취은행을 상대로 부당이득반환을 구한 사건," 대법원판례해설 제131호, 2022, 403-446면.

13) 송금인의 착오로 수취인계좌에 입금된 예금채권에 대한 체납처분의 효력을 인정한 것으로 대법원 2006. 3. 24. 선고 2005다59673 판결.

14) 서희석, "은행의 착오로 인한 자금이체의 효력-대법원 2012. 10. 25. 선고 2010다47117 판결," 민사법학 제64호, 2013, 275-319면; 오영준, "은행의 착오로 인한 입금기장 정정권이 인정될 수 있는 요건," 대법원판례해설 제93호, 2013, 151-181면.

15) 오영준, 위의 논문, 164면.

관한 착오를 일으켜 다른 계좌에 입금하는 수취인 상위, 의뢰받은 금액보다 많은 금액을 입금하는 초과입금, 동일한 지급지시를 중복해서 입력하는 중복입력이 포함된다. 후자는 지급인으로부터 지급지시를 받지 않았음에도 지급지시가 있었던 것으로 착오를 일으켜 수취인 계좌로 입금하는 경우를 말한다.

2) 예금채권과 부당이득반환청구권

[10-28] 착오입금에 관한 법리는 송금은행의 착오에 의한 경우에도 동일하게 적용된다(대법원 2012. 10. 25. 선고 2010다47117 판결). 수취인은 은행의 착오에 의한 자금이체의 경우에도 입금액 상당의 예금채권을 취득한다. 그리고 은행은 입금기록 완료와 동시에 수취인에 대하여 입금액 상당의 부당이득반환청구권을 취득한다. 은행의 부당이득반환청구권 취득에 대해서는 은행의 손해가 무엇인지에 대하여 논의가 있다.[16)]

3) 은행의 입금기장 정정권

[10-29] 은행 내 점포 간 자금이체의 경우 은행은 착오이체에 의하여 발생한 채권채무관계를 정리하기 위해 수취인의 예금계좌에 대한 입금기록을 정정하여 자금이체를 취소시키는 방법으로 은행의 수취인에 대한 부당이득반환청구권과 수취인의 은행에 대한 예금채권을 모두 소멸시킬 수 있다(대법원 2012. 10. 25. 선고 2010다47117 판결). 그 근거는 첫째, 전금법 제8조 제3항이 오류정정이 허용될 경우의 처리절차에 관하여 규정하고 있는 점, 둘째, 착오로 입금이 이루어진 수취인의 예금계좌가 그 은행에 개설되어 있는 경우 은행으로서는 수취인에 대한 부당이득반환청구권을 자동채권으로 하여 수취인의 예금채권과 상계할 수 있는 점 등을 들고 있다.

[10-30] 다만 위와 같은 상계로써 수취인의 예금채권에 관하여 이미 이해관계를 가지게 된 제3자 등에게 대항할 수 없는 등 특별한 사정이 있는 경우에는 예외로 한다. 은행의 부당이득반환청구권 취득 전에 제3자가 장래의 예금채권에 대하여 압류했거나 채권담보등기를 마친 경우 은행의 상계권 행사가 불가능하므로 그에 갈음하는 입금기장 정정도 불가능하다.[17)]

3. 상계권의 행사

가. 원칙: 행사가능, 상계권의 남용에 해당하는 경우는 금지

[10-31] 송금인이 착오로 자금이체의 원인관계 없이 수취인의 계좌에 금원을 입금한 경우 수취인이 예금채권을 취득하는 것이 원칙이다. 이 경우 수취은행이 수취인에 대한 대출채권 등을 자동채권으로 그 금원 상당의 예금채권과 상계하는 것이 유효한가?

---

16) 서희석, "은행의 착오로 인한 자금이체의 효력-대법원 2012. 10. 25. 선고 2010다47117 판결," 민사법학 제64호, 2013, 290-299면.

17) 오영준, "은행의 착오로 인한 입금기장 정정권이 인정될 수 있는 요건," 대법원판례해설 제93호, 2013, 173면.

수취은행은 원칙적으로 수취인 계좌에 입금된 금원이 송금인의 착오로 자금이체의 원인관계 없이 입금된 것인지 여부에 관하여 조사할 의무가 없으며, 수취은행이 수취인에 대한 대출채권 등을 자동채권으로 하여 수취인의 계좌에 입금된 금원 상당의 예금채권과 상계하는 것은 신의칙 위반이나 권리남용에 해당한다는 등의 특별한 사정이 없는 한 유효하다(대법원 2010. 5. 27. 선고 2007다66088 판결). 은행이 건별로 착오송금 여부를 조사할 의무를 부과하는 것은 예금계약 성립의 무인성을 인정한 취지에 반한다.[18] [10-32]

나. 상계권의 남용에 해당하는 경우

1) 의 의

송금인이 착오송금임을 이유로 수취은행에 송금액의 반환을 요청하고 수취인도 착오송금임을 인정하여 수취은행에 반환을 승낙하고 있는 경우, 수취은행이 수취인에 대한 대출채권 등을 자동채권으로 하여 착오송금된 금원 상당의 예금채권과 상계하는 것이 신의칙 위반이나 권리남용에 해당하는가? 이러한 상계는 상계제도의 목적이나 기능을 일탈하고 법적으로 보호받을 만한 가치가 없으므로 송금인에 대한 관계에서 신의칙에 반하거나 상계에 관한 권리를 남용하는 것이다(대법원 2010. 5. 27. 선고 2007다66088 판결; 대법원 2013. 12. 12. 선고 2012다72612 판결; 대법원 2022. 7. 14. 선고 2020다212958 판결; 대법원 2022. 7. 14. 선고 2020다230130 판결). [10-33]

그 이유로는 첫째, 형식적 예금계약의 성립을 전제로 한 이해관계를 합리적으로 조정할 필요성이 있는 점, 둘째, 수취인의 반환승낙이 있는 경우 은행의 신속·원활한 업무처리를 방해하지 않는 점, 셋째, 공공성을 지닌 자금이체시스템의 운영자가 그 이용자인 송금의뢰인의 실수를 기화로 그의 희생하에 당초 기대하지 않았던 채권회수의 이익을 취하는 행위는 부당한 점, 넷째, 판례는 이미 악의 또는 중과실로 횡령·편취한 금전을 수령한 자의 피해자에 대한 반환의무를 인정(대법원 2003. 6. 13. 선고 2003다8862 판결[횡령한 금전]; 대법원 2008. 3. 13. 선고 2006다53733,53740 판결[편취한 금전])하는 점을 들고 있다.[19] [10-34]

마찬가지로 수취인도 착오송금사실을 인정하고 송금인에게 금원을 반환할 것을 은행에 요청하고 있음에도 은행이 수취인이 사실상 파산상태에 있어 대출금을 변제받을 방법이 없으므로 대출계좌에 착오입금된 것을 이용하여 대출금과 상계하고 이를 반환하지 않은 사안에서 은행의 상계는 상계권남용으로 신의칙에 반하여 허용되지 않는다(서울중앙지법 2015. 5. 29. 선고 2014나49424 판결).[20] [10-35]

다만 잔고가 마이너스 상태인 종합통장자동대출의 약정계좌로 착오송금된 금원에 [10-36]

---

18) 오영준, "송금의뢰인의 착오송금시 수취은행의 수취인에 대한 상계의 가부," BFL 제43호, 2009, 101면.
19) 오영준, "송금의뢰인의 착오송금시 수취은행의 수취인에 대한 상계의 가부," BFL 제43호, 2009, 101-103면.
20) 서울중앙지법 2014. 8. 20. 선고 2013가단5196532 판결. 대법원 2015. 10. 15. 선고 2015다221453 판결(심리불속행기각).

대하여 수취인 명의의 "종합통장자동대출에서 실행된 소외인[수취인]의 대출채무가 감소하게 되었으므로, 이로 인해 피고[수취은행]가 부당한 이득을 취득한 것이 없다"고 보아 계좌소유자가 아닌 수취은행을 상대로 부당이득반환을 구할 수 없다고 판단하였다(대법원 2022. 6. 30. 선고 2016다237974 판결). 이 경우 송금의뢰인은 수취인에 대하여 이체금액 상당의 부당이득반환청구권을 가진다.[21)]

2) 특별한 사정

[10-37] 그러나 수취은행이 선의인 상태에서 수취인의 예금채권을 담보로 대출하여 그 자동채권을 취득한 경우나 그 예금채권이 이미 제3자에 의하여 압류되는 등의 특별한 사정이 있는 경우에는 권리남용으로 볼 수 없다(대법원 2010. 5. 27. 선고 2007다66088 판결; 대법원 2013. 12. 12. 선고 2012다72612 판결).[22)] 다만 수취인 계좌에 착오입금된 금원 상당의 예금채권이 이미 제3자에 의하여 압류되었다는 특별한 사정이 있어 수취은행이 수취인에 대한 대출채권 등을 자동채권으로 하여 수취인의 그 예금채권과 상계하는 것이 허용되더라도 이는 피압류채권액의 범위 내에서만 가능하고, 그 범위를 벗어나는 상계는 신의칙에 반하거나 권리를 남용하는 것으로서 금지된다(대법원 2022. 7. 14. 선고 2020다212958 판결; 대법원 2022. 7. 14. 선고 2020다230130 판결).

다. 상계권 남용의 효과

[10-38] 수취은행의 착오송금에 의한 예금채권에 대한 상계가 남용으로 인정될 경우 수취인은 그 예금을 송금의뢰인에게 반환할 의무를 부담한다. 그러나 수취은행은 직접적으로 얻은 이익이 없으므로 송금인에 대하여 직접 부당이득반환의무를 부담하지 않는다.[23)] 이 경우 수취인의 반환지시에 따라 수취은행이 반환할 의무를 부담하는지도 논의되고 있다.[24)]

---

21) 결론은 같지만, 근거를 달리해야 한다는 유력한 견해가 있다. 양창수, 판례평석: "마이너스 통장에의 착오 송금에서 부당이득반환청구의 상대방: 대법원 2022. 6. 30. 선고 2016다237974 판결," 법률신문 2022.8.25
"거기서 은행은 단지 송금의뢰자가 행하는 금전 지급의 '통로' 내지 '수단'일 뿐이고 그 상대방이라고 할 수 없고, 그의 법적 지위를 성질결정하자면 민법 제391조에서 정하는 '이행보조자(수령보조자)'에 불과하다. 그러므로 지급된 금전의 반환이라는 급부의 원상회복이 문제되는 법적 장면에서 그는 급부자의 급부 반환청구의 상대방이 될 수 없는 것이다 … 이에 따른다면, 대상판결이 비록 이른바 마이너스통장에 입금된 금전의 반환청구에 관한 것이었다고 해도, "원고의 이 사건 이체송금으로 인한 급부관계는 피고 은행이 아니라 A와의 사이에서 성립한 것이므로, 그 급부의 원인이 없음을 이유로 하는 반환청구도 그를 상대로 하여야 한다"는 것으로 간단하게 끝나고, 이체된 금전의 그 후의 운명(채권채무의 성립, 자동적 상계 등)은 애초 이를 문제 삼을 필요가 없었을 것이다."

22) 오영준, "송금의뢰인의 착오송금시 수취은행의 수취인에 대한 상계의 가부," BFL 제43호, 2009, 103-104면.

23) 오영준, 위의 논문, 104면.

24) 오영준, 위의 논문, 104면.

Ⅳ. 착오입금과 책임

1. 사법상 책임

가. 송금은행과 수취은행의 반환협력의무

자금이체에서 은행의 지위는 단순한 자금중개자로 보기도 하지만, 지급결제제도의 운영자로 표현하는 것이 정확하다. 착오이체에서 수취인의 수취은행에 대한 예금채권 취득과 지급인의 수취인에 대한 부당이득반환청구권 취득이라는 경로를 채택한 것은 지급결제제도의 완결성이라는 관점에서 불가피한 측면이 있다. 송금인과 수취인 간의 원인관계의 유무나 내용에 대해서는 지급결제제도의 밖에서 당사자 간의 다툼으로 해결하라는 취지이다. [10-39]

국내법상 착오송금의 반환에 대한 은행의 협조의무를 인정할 수 있는가? 전자금융거래기본약관은 은행은 수취인 또는 수취은행에게 착오송금사실, 반환의무 등을 알리고, 송금인에게 수취인에 대한 연락사실, 수취인의 반환의사 유무, 수취인이 반환의사가 없는 경우 그 사유 등을 알리도록 규정하고 있다(32조). 일본은 송금은행과 수취은행이 착오송금에 의한 예금의 성립 후에도 수취인의 의사를 확인하여 자금을 송금의뢰인에게 반환하는 이른바 조환(組還)에 의하여 대부분의 착오송금 문제를 해결하고 있다.[25] 그러나 법률관계가 명확한 것은 아니다. [10-40]

자금이체를 업무로 하는 은행의 의무를 어느 정도로 볼 것인가? 지급결제제도의 완결성을 확보한 후에 자금이체의 제공자와 이용자 사이의 위험분담 문제이다. 현행 법제상 자금이체에서 당사자 사이의 원인관계의 유무와 내용, 수취인의 동일성, 수취인과 계좌명의자의 일치 여부 등에 대한 조사의무를 은행에 부여하는 것은 곤란할 것이다. 다만 그러한 사항에 대한 송금의뢰인의 확인을 경고할 의무는 있다고 볼 것이다. 특히 인터넷이나 모바일뱅킹에서는 더욱 중요하다. [10-41]

나. 착오이론의 적용 가부

송금인이나 그 대리인의 착오로 송금된 경우 자금이체계약의 착오를 이유로 계약을 취소하고 송금인이 수취은행에 대하여 송금액의 반환을 요구할 수 있는가? 송금인의 송금은행에 대한 송금의뢰의 의사표시가 착오로 취소되어도 별개의 계약에 근거한 송금은행의 수취은행에 대한 입금의뢰와 수취은행의 수취인에 대한 입금처리까지 당연히 취소된다고 해석할 근거는 없다.[26] 송금인의 착오는 수취은행입장에서는 동기의 착오에 불과하다.[27] [10-42]

---

25) 오영준, 위의 논문, 89-90면.

26) 오영준, 위의 논문, 99면.

27) 오영준, 위의 논문, 99면. 실제 착오가 인정되어도 지급인의 중과실이 인정될 가능성이 크다. 서희석, "지급인의 착오로 인한 자금이체의 효력 - 착오이체의 법률관계에 관한 판례법리의 전개," 비교사법, 제20권

다. 송금은행의 손해배상책임

[10-43] 송금은행의 착오로 출금계좌에서 예금을 인출하여 이를 수취인의 예금계좌에 입금하여 그 기록이 완료된 때 송금은행의 책임은 무엇인가? 예금인출이 무효이므로 출금계좌의 예금자는 출금전과 같은 예금채권을 유지하게 되어 특별히 문제되지 않는다.

[10-44] 송금인이 송금은행에 사실과 다른 수취인의 계좌번호를 제공한 경우에는 어떠한가? 수취인의 동일성이나 계좌번호에 착오가 있는 경우에는 송금인에게 중대한 과실이 있다고 볼 수 있을 것이므로 송금은행의 책임을 물을 수 없을 것이다.

[10-45] 그러면 송금은행은 송금인이 제공한 계좌번호와 수취인 명의가 일치하는지 여부를 조사할 의무가 있는지 문제될 수 있다.

라. 예보의 착오송금반환지원

[10-46] 예보는 예보법상 착오송금반환지원계정을 설치하여 착오송금의 반환을 지원하고 있다(26조의4).[28] 착오송금인은 착오송금시 먼저 금융회사를 통해 수취인에게 반환을 요청해야 하며, 미반환된 경우에만 예금보험공사에 반환지원을 신청할 수 있다. 반환지원 신청대상은 착오송금 수취인으로부터 미반환된 5만원 이상-5천만원 이하의 착오송금으로서 은행 등 금융회사의 계좌, 주로 선불전자지급수단발행업자인 간편송금업자의 계정을 통해 송금하였으나 착오가 있었던 경우 반환지원 신청할 수 있다. 다만, 연락처 송금 등 예보가 수취인 정보(이름과 주민등록번호 등)를 확인할 수 없는 경우는 반환지원 대상에서 제외된다. 예보는 부당이득반환채권 매입 후 실제 회수된 경우에 한해 회수액에서 회수 관련 비용(우편 안내비용, 지급명령 관련 비용 등)을 차감한 잔액을 송금인에게 반환한다.

2. 수취인의 횡령죄와 사기죄

[10-47] 을이 갑 명의의 은행계좌로 착오송금한 금원을 인출하여 사용한 갑을 형법상 횡령죄로 처벌할 수 있는가? 이를 위해서는 우선 갑이 '타인의 재물을 보관하는 자'의 지위에 있어야 한다. 법원은 "예금계좌에 돈이 착오로 잘못 송금되어 입금된 경우에는 그 예금주와 송금인 사이에 신의칙상 보관관계가 성립"한다고 하여 "갑이 송금 절차의 착오로 인하여 피고인 명의의 은행 계좌에 입금된 돈을 임의로 인출하여 소비한 행위는 횡령죄에 해당"한다고 판단하였다(대법원 2010. 12. 9. 선고 2010도891 판결). 이러한 법리는 송금인과 갑 사이에 별다른 거래관계가 없어도 동일하다(대법원 2010. 12. 9. 선고 2010도891 판결). 지급수단으로서의 예금의 특별한 지위를 반영한 것으로 이해된다.

제3호, 2013, 740면.

28) 제도소개는, 예보, 보도자료: '잘못 보낸 돈 되찾기 서비스' 이용 현황 및 제도 개선 실적- '24년 1분기말 '잘못 보낸 돈 되찾기 서비스' 이용 현황 -, 2024.2.24.

제3자 명의 사기이용계좌인(이른바 대포통장)의 계좌명의인이 전기통신금융사기 피해금을 임의로 인출한 행위가 사기피해자에 대한 횡령죄에 해당하는지 여부가 문제된 사건이 있다. 대법원은 "계좌명의인은 피해자와 사이에 아무런 법률관계 없이 송금·이체된 사기피해금 상당의 돈을 피해자에게 반환하여야 하므로(대법원 2014. 10. 15. 선고 2013다207286 판결 참조), 피해자를 위하여 사기피해금을 보관하는 지위에 있다고 보아야 하고, 만약 계좌명의인이 그 돈을 영득할 의사로 인출하면 피해자에 대한 횡령죄가 성립한다"고 보았다(대법원 2018. 7. 19. 선고 2017도17494 판결). [10-48]

위에서 갑의 행위를 사기죄로 처벌할 수 있는가? 법원은 은행의 수취인에 대한 예금지급행위는 계좌이체금액 상당의 예금계약의 성립 및 그 예금채권 취득에 따른 것으로서 은행이 착오에 빠져 처분행위를 한 것이라고 볼 수 없으므로 은행을 피해자로 한 사기죄에 해당하지 않는다고 판단하였다(대법원 2010. 5. 27. 선고 2010도3498 판결). [10-49]

V. 계좌이동제

계좌이동제란 "고객이 은행 주거래계좌를 다른 은행으로 옮기면, 기존 계좌에 연결된 각종 공과금이체, 급여이체 등도 별도 신청 없이 자동이전되는 시스템"을 말한다.[29] 국내에서의 논의는 동 제도의 도입을 위한 은행법개정안[30] 발의와 함께 시작되었다. EU는 2009.11., 호주도 2012.7.부터 은행개혁방안의 일환으로, 영국에서는 2011. 독립은행위원회(Independent Commission on Banking)의 권고로 2013.9. 도입되었다. [10-50]

국내에서는 금융결제원이 여러 금융회사에 등록되어 있는 본인의 자동이체 등록정보를 웹사이트 등을 통해 일괄 조회하고 동 정보를 해지 또는 변경하는 '자동이체 통합관리서비스'를 시행하고 있다.[31] [10-51]

---

29) 국회 정무위원회 수석전문위원 구기성, 은행법 일부개정법률안【의안번호 6473, 이종걸 의원 대표발의】 검토보고서, 2013. 12, 3면.

30) 「은행법 일부개정법률안」(의안번호 6473 발의연월일 2013. 8. 22., 대표발의 이종걸의원)[임기만료폐기].

31) 〈https://www.payinfo.or.kr/guide/intro.do〉

제4절 어음교환

Ⅰ. 의의와 구조

1. 의 의

가. 개 념

[10-52] 어음교환은 "일정 지역 내의 금융기관이 상호 다른 금융기관에서 지급하여야 할 어음을 어음교환소에 제시 교환하고 총 수령액과 총 지급액의 차액만을 중앙은행의 본점 또는 지점의 당좌계정의 대체에 의하여 지급되는 것"을 말한다(대법원 1985. 2. 13. 선고 84다카1832 판결). '다수의 은행이 일정한 시간에 특정 장소에 모여' 어음을 교환하고, 이에 따른 대금을 결제하는 것으로 설명되지만,[32] 실물교환방식이 아니라 전자적 정보교환방식에 의하는 현재 특정 지역을 기준으로 한 설명은 의미가 없다.

[10-53] 어음교환소에서의 지급제시는 어음과 수표의 정당한 지급제시로 인정되고 있다(어음법 38조·77조 1항 3호, 수표법 31조). 어음교환제도는 어음·수표의 결제 비용과 시간을 줄이는 기능을 한다. 그러나 지급수단으로서의 어음·수표의 기능 약화와 다른 지급수단의 증가로 어음교환규모는 건수와 금액의 양면에서 2000년대 이후 지속적인 감소추세를 보이고 있다.

나. 법적 성질

1) 다자간 상계

[10-54] 어음교환에 관하여 은행이 발행한 자기앞수표나 약속어음 교환은 상호계산, 은행이 지급담당자로 되어 있는 어음 교환은 추심의 방법으로 보는 견해[33]도 있다. 어음교환은 다자간 상계로서, 교환기간이 매우 짧은 점에서 양자 간에 이루어지는 상계나 상호계산과 구별된다. 판례는 "어음교환소 또는 어음교환관리소의 정관 규약 등에 따라 어음을 결제하는 일종의 특수한 지급방법"이라고 본다(대법원 1985. 2. 13. 선고 84다카1832 판결). 어음교환은 지급결제제도의 하나로서, 어음교환소가 정하는 바에 따라 이루어지는 다자간 상계에 해당한다(대법원 2006. 5. 26. 선고 2003다65643 판결).[34]

2) 지급결제제도로서의 절차적 특징과 당사자의 실체적 권리

[10-55] 어음결제제도는 어음의 지급과 관련한 개별적, 실체적 권리관계의 확정 내지 안정과는 상관없이 어음교환소 및 참가은행들 사이의 업무처리방법을 획일화함으로써 대규모 어음

---

32) 한국은행, 한국의 지급결제제도, 2014, 182면. 이하 어음교환제도에 대해서는 한국은행, 한국의 지급결제제도, 2014; 금융결제원, 어음교환업무규약 해설, 2016.

33) 이철송, 어음·수표법, 박영사, 2014, 451면.

34) 해설로는 천대엽, "지급은행의 부도어음통보 해태와 어음소지인의 부당이득반환의무 여부," 대법원판례해설 60호, 2006, 107-126면.

교환결제의 신속, 원활 및 편의 도모를 주목적으로 '선이행(결제) 후분쟁'을 원칙으로 하는 참가은행들 사이의 다자간 상계결제 시스템이다(대법원 2006. 5. 26. 선고 2003다65643 판결).

어음교환소 규약은 어음의 교환결제에 수반되는 법률적 분쟁에 대하여는 해당 은행들 사이의 개별적 해결절차를 유보하고 있다(대법원 2006. 5. 26. 선고 2003다65643 판결). 위 규약 제25조 제1항 및 그 시행세칙 제85조 제1항 등의 규정은 부도가 확실시되는 사고어음을 발견한 경우에도 일단 지급은행이 이를 수취, 결제한 후 추후 대금을 청산하도록 하고, 교환된 어음의 부도, 금액의 오인 또는 교환 착오 등으로 인한 분쟁은 해당 참가은행들 사이에 자율적으로 해결하도록 하고 있다. [10-56]

2. 어음교환소

어음교환은 어음교환소에서 이루어진다. 어음교환소는 법무부장관이 지정한다(어음법 83조, 수표법 69조; 어음교환소 지정에 관한 규칙[시행 2011.5.31.][법무부령 제743호, 2011.5.31., 전부개정]). 2010.11. 어음교환정보를 전자적 방식으로 교환처리하는 전자정보교환제도(truncation)가 실시되면서 지방어음교환소는 폐쇄되었다. 현재 어음교환소는 서울어음교환소가 유일하며, 금융결제원 어음교환부가 업무를 담당한다. 금융결제원은 민법 제32조에 따라 설립된 비영리 사단법인이다. [10-57]

어음교환의 법률문제에 대해서는 어음교환업무규약 및 그 시행세칙이 적용된다. 어음교환업무규약과 그 시행세칙은 참가은행들 사이의 사적 자치규범으로서의 효력을 가진다(대법원 2006. 5. 26. 선고 2003다65643 판결). [10-58]

Ⅱ. 적용범위

1. 교환 대상 증서

교환 대상 어음은 어음, 수표 및 어음교환업무규약 시행세칙에서 정한 교환 가능한 증서를 말한다(어음교환업무규약 3조; 동 시행세칙 39조 1항 1호-18호).[35] 환대금청구서와 현송금영수증에 대해서만 살펴본다. [10-59]

환대금청구서란 참가은행간에 이루어진 내국환거래를 결제하기 위하여 취급점과 의뢰점의 결제지역 모점간에 자금결제를 청구하는 영수증을 말한다.[36] 은행 간의 환거래계약에 의하여 취급점에서 환대금을 지급하였을 때에는 환대금청구서를 각행 모점에 송달하고 각행 모점은 송달 집중된 내역을 교환결제한다. [10-60]

---

35) 현재는 환대금청구서, 지방자치단체 공금수납금영수증, 금융결제원, 은행연합회, 한국 금융연수원, 한국금융연구원 및 예보 발행 영수증, 감정수수료영수증, 은행신용 카드차액 결제대금영수증, 국민연금징수금영수증, 유가증권원리금영수증, 콜자금결제 통지서, 현송금 영수증, 증권투자신탁업무 관련 영수증, 사고환대금역청구서, 부도어음 대금영수증, 오류어음 대금영수증, 인터넷전문은행 관련 영수증, 기타 당사은행이 사전 합의한 정보 교환 가능 증서가 포함된다.

36) 금융결제원, 어음교환업무규약 해설, 2016, 117면.

[10-61] 현송금영수증은 현금이 부족하거나 현금이 필요하여 인근 은행 간에 현금을 수수한 경우 그 자금결제에 사용하는 영수증을 말한다.[37] 이런 경우 당사자 간에 직접 현송금영수증 수수만으로 결제하고, 대여은행은 현송금영수증을 교환결제하는 것이다.

2. 참가기관

[10-62] 어음교환제도의 참가기관은 일반참가은행, 특별참가은행 및 대리교환위탁참가은행으로 구성된다.[38] 일반참가은행은 금융결제원의 사원 및 준사원으로 가입한 은행 중 어음교환업무를 취급하는 자를 말한다. 특별참가은행은 일반참가은행 이외의 금융업 또는 금융관련 업무를 경영하는 자로서 은행이 아니면 금융결제원 사원총회의 의결을 거쳐야 한다. 참가은행 이외의 은행 또는 법령에 의하여 은행과 같이 보는 자는 일반참가은행에 대리교환을 위탁할 수 있다.

Ⅲ. 교환절차

1. 자금흐름

[10-63] 어음교환소에서 한 어음 제시는 지급제시로서의 효력이 있다(어음법 38조 2항). 제시은행이 어음 기재사항을 정보처리시스템에 의하여 전자적 정보의 형태로 작성한 후 그 정보를 어음교환소에 송신하여 그 어음교환소의 정보처리시스템에 입력되었을 때에는 지급제시가 이루어진 것으로 본다(어음법 38조 3항). 이에 대해 어음 지급제시의 의미를 어음교환소에서 제시은행의 직원이 지급은행의 직원을 만나 그 어음을 보여주는 방법을 전제로 한 것으로 보고, 정보처리시스템 입력시점을 지급제시시점으로 보는 어음법에 대해 의문을 제기하는 견해가 있다.[39] 지급제시시점은 지급정보가 지급은행에 제시된 때로 보는 것이 옳을 것이다.

2. 어음 부도와 제재

[10-64] 어음교환소의 기구나 업무내용상 교환 당일에는 지급거절할 수 없고 어음교환소에서 교환한 어음 중 예금부족, 무거래 기타의 사유로 지급에 응하지 못할 어음이 있을 때는 일정한 부도처리절차를 거쳐 거래정지처분을 하게 된다(대법원 1985. 2. 13. 선고 84다카1832 판결).

Ⅳ. 결제된 부도어음의 소지인에 대한 지급은행의 부당이득반환청구

[10-65] 지급은행에 개설된 발행인의 당좌예금부족으로 현실적으로 추심되지 않았음에도 어음교환일 당일 어음교환업무규약 등에 정해진 시각까지 미결제어음통보 혹은 부도어음통

---

37) 금융결제원, 위의 책, 120면.
38) 금융결제원, 위의 책, 14-27면.
39) 이철송, 어음·수표법, 박영사, 2014, 452면.

보가 없어 지급은행이 어음교환소에서 결제된 자금을 제시은행으로부터 회수하지 못하게 됨으로써 그 어음이 정상적으로 추심된 것처럼 입금·처리되고 소지인이 이를 인출한 사안에서 소지인이 얻은 위 인출금 상당액에 대하여 지급은행이 부당이득반환을 청구할 수 있는가? 법원은 어음소지인의 인출금은 지급은행의 결제자금 상당의 손해로 인한 것이므로 사회통념상 법률상 원인 없는 부당이득으로 반환할 의무가 발생한다고 판단하였다(대법원 2006. 5. 26. 선고 2003다65643 판결; 대법원 1995. 6. 16. 선고 95다9754,9761 판결; 대법원 1996. 9. 20. 선고 96다1610 판결; 대법원 1997. 11. 28. 선고 96다21751 판결; 대법원 1999. 2. 5. 선고 97다34822 판결 등).

그 근거는 첫째, 부도어음통보시각을 어긴 지급은행의 의사를 어음교환규약상 절차 [10-66] 적 불이익의 감수는 별론, 관련 이해당사자에 대한 실체적 권리관계의 포기까지 용인한 것으로 보기 어려운 점, 둘째, 소지인도 어음의 현실적 결제가 없었음에도 지급은행의 출연으로 추심금 상당액을 수령한 것은 위 규약상 결제가 이루어진 데에 따른 반사적 효과에 불과할 뿐, 부도어음통보시각의 경과로 어음의 현실적 결제 여부와 상관없이 그 어음의 추심금을 청구할 법률상 권리가 존재한다거나 그에 관한 법률상 보호되어야 할 정당한 기대권이 발생한다고 보기 어려운 점이다.

요컨대 어음교환의 지급결제제도로서의 본질상 인정되는 선이행·후분쟁원칙의 결과 [10-67] 부도어음통보가 없는 경우에는 정상적 결제가 이루어지게 한 것일 뿐이므로 당사자의 실체적 권리에는 영향이 없고 당사자 간의 개별적 분쟁을 통하여 해결할 수 있다는 일반원칙을 선언한 것이다.

제11장 신용위험관리

제1절 서 설

금융거래에 수반되는 다양한 위험 중에서 일차적인 위험은 신용위험이다. 신용위험을 관리하기 위해 여신심사와 같은 절차적 관리는 물론 전통적인 담보수단과 함께 신탁이나 위험의 증권화 등 새로운 구조를 활용한 실체적 관리가 이루어지고 있다. [11-1]

신용위험관리는 은행법상 은행의 건전성감독을 위한 주된 수단이다. 자기자본비율규제에서는 일정한 요건을 갖춘 담보를 취득할 경우 위험자산감축효과를 인정하여 자기자본비율이 높아진다. 이러한 효과의 인정을 위한 전제는 각 담보의 법적 효력이 인정되는 것이다. 이런 관점에서 신용위험관리의 은행규제법적 측면과 은행거래법적 측면은 상호 불가분의 관계를 유지하고 있다. 은행법 연구에서 은행거래법을 함께 할 수밖에 없는 이유이기도 하다. [11-2]

전통적인 담보는 현대적인 금융거래를 위한 신용위험관리수단으로 한계가 있다. 담보물과 그 피담보채권인 금융거래의 평가와 담보물의 교환주기가 매우 단축되고 있기 때문이다. 특히 담보물의 재사용을 통하여 대출시장과 단기금융시장 그리고 장외파생상품시장을 연계하는 구조는 중요한 시장발전이다. 그러나 전통적인 담보구조로는 이러한 수요에 대응하기 어렵다. [11-3]

제2절 신용위험의 의의와 규제에서는 신용위험을 정의하고 은행규제법과 은행거래법적 관점에서 신용위험관리의 법적 의의를 살펴본다. 제3절 신용위험의 관리에서는 절차적 관리와 실체적 관리로 나누어 은행의 신용위험관리실무를 설명한다. 제4절 위험부담과 담보구조의 변화 : 장외파생상품의 담보구조에서는 이른바 쌍방향 위험구조의 신종금융상품거래에서 담보물의 재사용을 가능하게 하는 새로운 담보구조를 살펴본다. 제5절 컴포트레터에서는 금융업의 특징인 평판과 명성에 기초한 신용위험관리수단인 컴포트레터의 기능을 정리한다. [11-4]

제2절 신용위험의 의의와 규제

Ⅰ. 신용위험의 의의

[11-5] **신용위험**(credit risk)은 거래상대방이 채무를 불이행함으로써 손실을 보게 될 위험을 말한다. **거래상대방위험**(counterparty risk) 또는 **채무불이행위험**(default risk)이라고도 한다. 금융상품이나 금융거래는 거래상대방이 그 채무를 이행함으로써 최종적으로 목적을 달성할 수 있다. 따라서 금융상품이나 금융거래의 만기 또는 처분 시점까지 거래상대방이나 발행인이 정상적인 기업활동을 지속할 수 있는지 여부를 평가하고 필요한 경우 보완수단을 마련하는 것은 위험관리의 출발점이 된다. 이런 관점에서 신용위험은 금융거래에서 가장 중요한 위험이라고 할 수 있다.

Ⅱ. 은행규제법적 측면과 은행거래법적 측면

[11-6] 은행규제법상 신용위험관리는 건전성감독의 수단이다. 자기자본비율규제는 자기자본을 위험가중자산으로 나눈 백분율을 일정 비율 이상으로 관리하는 것을 내용으로 한다. 이 비율을 높이는 방안으로서 분자인 자기자본을 늘리거나 분모인 위험자산을 줄이게 된다. 위험자산을 줄이는 방안으로서 상계에 기초한 일괄정산네팅의 위험자산감축효과를 인정한다든지 일정한 요건을 충족하는 담보를 취득한 경우 그 담보제공자나 담보물의 신용위험으로 대체하게 하는 것이다.

[11-7] 은행규제법적 관점에서 자기자본규제 등에서 이용되는 다양한 신용위험관리수단의 위험관리효과를 수용하기 위해서는 은행거래법상 그 법적 효과가 확인되어야 한다. 대표적으로 일괄정산네팅의 법적 효력이 인정되는 경우에만 자기자본비율 산출에서 위험자산 감축효과를 인정한다.

Ⅲ. 신용위험관리 효과의 차별성

[11-8] 금융거래에서 신용위험관리는 위험관리수단, 위험부담구조, 위험관리능력이라는 3가지 관점에서도 분석할 수 있다.

[11-9] 첫째, **위험관리수단**은 물적담보의 범위를 부동산에서 증권은 물론 동산과 채권(債權)으로 확대하고 있다. 그리고 신용파생상품이나 이를 증권화한 신용연계증권과 같은 **신용위험이전거래**(credit risk transfer)도 새로운 위험관리수단으로 발전하고 있다.[1)]

[11-10] 둘째, **위험부담구조**는 당사자 중 일방만이 위험을 부담하는지 아니면 그 상대방도 위험을 부담하는지에 따라 일방향과 쌍방향 구조로 나눌 수 있다. 특히 쌍방향 위험부담구조에서 신용위험관리구조는 새로운 문제를 맞이하고 있다.

---

1) Basel Committee on Banking Supervision, "The Joint Forum Credit risk transfer – developments from 2005 to 2007 – final document", July 2008.

셋째, **위험관리능력**에서도 신용위험관리수단별로 보증과 같이 단순히 신용위험의 대체에 그치는 경우와 신용연계증권과 같이 신용위험의 완전한 제거에 이르는 경우까지 상당한 격차를 보이고 있다. [11-11]

제3절 신용위험의 관리

Ⅰ. 서 언

[11-12] 신용위험의 관리는 절차적 관리와 실체적 관리로 나눌 수 있다. 절차적 관리는 은행의 거래상대방 선택이나 대출심사와 관리 등 절차적 수단을 통한 위험관리를 말한다. 실체적 관리는 인적담보나 물적담보, 그리고 새로운 담보구조를 이용하여 위험 자체를 대체하거나 이전하는 방식의 위험관리구조를 말한다.[2)]

Ⅱ. 신용위험의 절차적 관리

1. 거래상대방의 선택

[11-13] 은행은 일정한 기준에 따라 거래상대방의 신용위험관리를 위해 금융거래를 거절할 수 있다. 이는 위험관리를 본질적 업무로 하는 은행의 권리이자 의무이다. 은행은 신용위험관리를 위해 적정한 기준을 정하고 그 기준에 따라 금융거래를 거절할 수 있다([6-14]).

2. 대출심사와 관리

가. 대출심사 및 관리와 정보

[11-14] 은행은 대출심사와 관리를 통해 거래상대방인 특정 기업이나 기업집단 또는 산업에 대한 위험을 관리한다. 이 경우 특정 기업이나 기업집단의 신용정보를 활용하게 된다. 특히 대출심사와 관리의 과정에서 확보한 특정 기업이나 기업집단의 미공개정보를 이용하여 신용파생상품거래를 하거나 은행의 주식운용 등에 이용한 경우에는 자본시장법상 미공개중요정보 이용행위가 문제될 수 있다. 정보차단장치를 포함한 이해상충방지장치가 구축되어야 할 이유이기도 하다.

나. 신용평가

[11-15] 은행은 신용위험관리를 위하여 채무자인 기업의 신용평가를 하게 된다. 기촉법은 주채권은행의 거래기업에 대한 신용평가를 의무화하고 있다(4조 1항). 기촉법상 주채권은행은 정기적으로 대출기업에 대한 신용평가를 실시한다. 주채권은행은 해당 기업의 주된 채권은행을 그리고 주된 채권은행이 없는 경우에는 신용공여액이 가장 많은 은행을 말한다(기촉법 2조 5호 전단). 주채권은행이 아닌 채권은행은 거래기업의 신용위험을 평가한 결과 부실징후기업에 해당된다고 판단할 경우 그 사실을 지체 없이 주채권은행에 통보해야 한다(기촉법 4조 2항).

---

2) 이하 설명은 정순섭, "신종금융거래의 담보화에 관한 연구," 증권법연구 제4권 제1호, 2003, 145-175면에 기초한 것이다. 상세한 설명으로는 Paul Ali, The Law of Secured Finance: An International Survey of Security Interests Over Personal Property, Oxford University Press, 2002.

3. 신용한도

은행은 신용위험관리를 위한 기준으로 거래기업에 대한 신용위험보유한도를 설정할 수 있다. 이는 동일인 여신한도 등 법령상 규제와 무관하게 은행의 자체적인 신용위험관리를 위한 한도관리를 의미한다. [11-16]

4. 전문가의 활용

은행은 대출심사와 관리의 전체적인 과정에서 신용평가(credit rating)나 주간사은행 또는 전문가(회계, 법률, 환경 등)의 실사(due diligence), 외부감사인의 감사보고서 등 전문가의 전문적 의견과 평가에 의존한다. 이러한 금융시장의 문지기들(gatekeeper)에 의한 전문적 의견과 평가에 기초한 판단에 오류가 있는 경우의 책임 소재는 항상 중요한 문제가 된다.[3] [11-17]

Ⅲ. 신용위험의 실체적 관리

1. 개 관

은행은 신용위험관리수단으로서 현행법상 물적담보와 인적담보를 다양하게 활용하고 있다. 그러나 〈표 11-1〉 담보별여신현황(일반은행)에서 보는 바와 같이 여전히 신용대출보다는 담보대출이, 그리고 담보대출 중에는 부동산담보의 비중이 매우 높다. 그러나 이러한 통계에 포함되지 않는 새로운 신용위험관리수단인 증권대차와 상계의 예약, 신용파생상품이나 컴포트레터와 같은 발전에 대해서도 주목할 필요가 있다. [11-18]

---

3) 국내에서의 문지기책임에 대한 논의는 BFL 제82호, 2017, 특집 '자본시장의 신뢰와 문지기 책임'에 실린 논문들을 참고하기 바란다. 일반적인 논의로, John Coffee, Gatekeepers, Oxford University Press, 2006.

〈표 11-1〉 **담보별여신현황**(일반은행)

(단위 : 억원, 2018년말)

<table>
<tr><th colspan="2">담보별</th><th>원화
대출금
(A)</th><th>국내
외화대출
(B)</th><th>지급보증
대지급금
(C)</th><th>해외지점
외화대출
(D)</th><th>확정
지급보증
(E)</th><th>합 계
(F=A+B+C+D+E)</th></tr>
<tr><td colspan="2">부동산</td><td>5,980,179</td><td>33,680</td><td>128</td><td>22,897</td><td>28,823</td><td>6,065,707</td></tr>
<tr><td colspan="2">동산</td><td>2,122</td><td>–</td><td>–</td><td>3,903</td><td>22</td><td>6,047</td></tr>
<tr><td colspan="2">소 계</td><td>5,982,301</td><td>33,680</td><td>128</td><td>26,800</td><td>28,845</td><td>6,071,754</td></tr>
<tr><td colspan="2">국공채</td><td>91</td><td>–</td><td>–</td><td>–</td><td>123</td><td>214</td></tr>
<tr><td colspan="2">주식</td><td>22,481</td><td>67</td><td>–</td><td>1,212</td><td>1,557</td><td>25,318</td></tr>
<tr><td colspan="2">사채</td><td>–</td><td>–</td><td>–</td><td>–</td><td>115</td><td>115</td></tr>
<tr><td colspan="2">기타유가증권</td><td>26,968</td><td>108</td><td>–</td><td>21</td><td>865</td><td>27,962</td></tr>
<tr><td colspan="2">예금</td><td>78,109</td><td>3,801</td><td>1</td><td>4,810</td><td>19,977</td><td>106,697</td></tr>
<tr><td colspan="2">기타채권</td><td>52,327</td><td>679</td><td>–</td><td>752</td><td>1,691</td><td>55,449</td></tr>
<tr><td colspan="2">소계</td><td>179,976</td><td>4,654</td><td>1</td><td>6,794</td><td>24,329</td><td>215,755</td></tr>
<tr><td colspan="2">기타</td><td>6,754</td><td>5,550</td><td>–</td><td>5,767</td><td>1,926</td><td>19,996</td></tr>
<tr><td colspan="2">담보대출계</td><td>6,169,031</td><td>43,884</td><td>130</td><td>39,361</td><td>55,099</td><td>6,307,505</td></tr>
<tr><td rowspan="4">보증</td><td>보증보험</td><td>195,467</td><td>904</td><td>0</td><td>621</td><td>299</td><td>197,291</td></tr>
<tr><td>정부,금융기관</td><td>482,633</td><td>3,138</td><td>–</td><td>42,110</td><td>20,146</td><td>548,027</td></tr>
<tr><td>신용보증기금</td><td>833,045</td><td>896</td><td>9</td><td>–</td><td>348</td><td>834,299</td></tr>
<tr><td>기타</td><td>267,218</td><td>2,364</td><td>3</td><td>16,936</td><td>4,875</td><td>291,397</td></tr>
<tr><td colspan="2">보증대출계</td><td>1,778,364</td><td>7,302</td><td>12</td><td>59,667</td><td>25,668</td><td>1,871,014</td></tr>
<tr><td colspan="2">신용대출</td><td>2,845,686</td><td>242,484</td><td>358</td><td>122,662</td><td>275,164</td><td>3,486,355</td></tr>
<tr><td colspan="2">합계</td><td>10,793,080</td><td>293,671</td><td>500</td><td>221,691</td><td>355,931</td><td>11,664,873</td></tr>
</table>

(자료) 금감원

2. 물적 담보

가. 의 의

전통적인 물적담보로 은행거래에서 사용되는 것은 부동산저당권, 예금이나 증권질권 등이다. 예금질권은 상계제도와 함께 논의될 필요가 있다. 증권담보는 증권결제제도의 변화에 따른 법률문제를 고려해야 한다. 공장이나 공장재단저당권도 기업담보와 유사한 제도로서 도입되어 있다. 2012년 동산이나 채권에 대한 담보제도가 신설되었다. 양도담보나 가등기담보, 소유권유보[4]와 같은 권리이전형 담보수단도 여전히 활용되고 있다.[5] [11-19]

동산·채권담보나 기술담보와 같은 부동산담보 이외의 새로운 담보제도의 활용을 확대하려는 정책적 노력도 발견된다. 그러나 은행의 물적담보 활용은 신용위험관리의 확실성을 일차적인 기준으로 하는 점을 고려해야 한다. 물적 담보의 대상 물건이나 권리에 대한 제도적 장애를 제거하는 노력은 지속되어야 하지만 그와 동시에 은행의 관점에서 신용위험관리의 확실성에 대한 관심도 필요하다는 것이다. [11-20]

신용위험관리효과라는 관점에서 보면 물적담보도 그 담보물의 시장위험은 그대로 존재하고, 증권담보는 담보물인 증권 발행인에 대한 신용위험에도 노출되는 면에서 오히려 이중의 신용위험에 노출되는 결과가 된다. 여기에 동산과 같이 담보물 자체의 분실이나 도난 위험도 존재한다. 은행의 임직원이 이러한 여러 가지 의미에서의 관리가능성에 대한 우려를 가지는 한 그 담보제도는 실무상 활용되기 어렵다. 여기서는 은행법상 신용위험관리의 확실성이라는 관점에서 고려할 사항만을 간략히 설명한다. [11-21]

나. 부동산담보

1) 의의와 기능

전통적으로 여신거래를 위한 담보로는 부동산저당권이 주로 이용되고 있다. 지금도 주택금융은 대부분 부동산저당권에 근거하여 이루어진다. 그러나 부동산저당권은 등기문제로 인하여 일일정산을 기본으로 하는 장외파생상품과 같은 현대형 금융거래에는 사용하기에 적합하지 않다. [11-22]

2) 저당권과 상사유치권

상사유치권은 민사유치권과 달리 대상 물건은 '채무자 소유'여야 하지만, 목적물과 피담보채권 사이의 견련관계를 요하지 않는다(상 58조, 민 320조 1항). 따라서 상사유치권의 피담보채권은 유치권자와 채무자 사이에 발생하는 모든 상사채권으로 확장될 수 있다. [11-23]

---

4) "동산의 소유권유보부매매의 경우에, 매도인이 유보한 소유권은 담보권의 실질을 가지고 있으므로 담보 목적의 양도와 마찬가지로 매수인에 대한 회생절차에서 회생담보권으로 취급함이 타당하고, 매도인은 매매목적물인 동산에 대하여 환취권을 행사할 수 없다"(대법원 2014. 4. 10. 선고 2013다61190 판결).

5) 이에 대해서는 방대한 실무가 형성되어 있다. Hugh Beale, Michael Bridge, Louise Gullifer and Eva Lomnicka, The Law of Security and Title-Based Financing 3rd ed, Oxford University Press, 2018.

그 결과 이미 제3자가 목적물에 관하여 확보한 권리를 침해할 우려가 있다. 특히 은행대출에서는 저당권설정 후에 상사유치권의 성립요건을 갖춘 자와 저당권자의 선후관계가 문제된다.

[11-24] 법원은 상사유치권과 저당권을 유사한 담보물권으로 보아 저당권과의 순위를 판단하게 한다(대법원 2013. 3. 28. 선고 2012다94285 판결; 대법원 2013. 2. 28. 선고 2010다57350 판결).[6] 이미 선행저당권이 설정되어 있는 채무자 소유의 부동산에 관하여 채권자의 상사유치권이 성립한 경우, 상사유치권자가 선행저당권자 또는 선행저당권에 기한 임의경매절차에서 부동산을 취득한 매수인에게 대항할 수 없다는 것이다.

3) 공장 및 공장재단 저당권

[11-25] 기업의 재산 일체를 하나의 담보물로 허용하는 담보제도에 대한 요청을 반영하여 공장 및 공장재단저당권이 도입되었다. 「공장저당법」은 공장에 속하는 토지 또는 건물에 대한 저당권 설정, 공장재단의 구성과 이 재단에 대한 저당권의 설정 및 등기 등을 규율한다. 공장저당제도는 "공장에 속하는 토지, 또는 건물과 이에 부가하여 일체가 되는 물건 또는 그에 비치된 기계, 기구 기타 공장의 용에 공하는 물건과는 일체가 되므로서 비로소 기업시설로서의 특수한 가치를 발휘하게 되므로 공장저당은 그 공장시설들에 일체가 되므로서 … 가지는 특수한 가치를 파악하여 담보화 하려는데 그 목적"이 있다(대법원 1969. 12. 9. 선고 69마920 결정). 2009년 개정에서 「공장저당법」과 「광업재단저당법」[7]을 하나의 법률로 통합하여 기업담보에 관한 기본법의 기틀을 마련하기 위한 「공장 및 광업재단 저당법」으로 제명이 변경되었다.

다. 예금담보

1) 의 의

[11-26] 보통예금에 대한 질권설정의 가부가 논의되고 있다. 은행의 자행예금에 대한 상계가 자유로우므로 실무적으로는 문제되지 않는다. 은행의 자행예금에 대한 상계는 중요한 담보적 기능을 행사한다. 이하 보통예금에 대한 질권과 예금에 대한 상계에 대한 몇 가지 문제를 살펴본다.

2) 보통예금질권

[11-27] 보통예금에 대한 질권설정이 가능한가? 보통예금은 예금잔액이 지속적으로 변동하므로 질권설정 시의 대상 채권의 특정성과 독립성이 문제된다. 보통예금에 설정된 질권의 효력이 미치는 범위에 대하여 일본에는 장래의 불특정한 예금채권에 대하여 설정한

6) 간단한 설명으로 최승재, 금융거래법, 피앤씨미디어, 2016, 459면.

7) 「광업재단저당법」은 광업재단의 구성과 그 재단에 대한 저당권의 설정등의 제관계를 적절히 규율함으로써 광업권자로 하여금 자금을 확보하게 하며 지하자원의 개발과 산업의 발달을 도모하기 위해 제정되었다. 「공장 및 광업재단 저당법」의 시행으로 「광업재단저당법」은 폐지되었다.

질권은 유효하다는 판례(金沢地判 1957.4.3. 下民集8卷4号, 683면)[8]가 있다. 우리나라에는 이 문제를 직접적으로 판단한 판례는 없다. 위기 시의 예금증가행위가 부인권의 대상이 되는지의 문제도 있다. 실무에서는 예컨대 1주일 주기로 보통예금에 대한 질권설정절차를 반복하는 경우도 있다.

3) 예금에 대한 상계

(가) 은행의 예금채권에 대한 상계권 행사가 권리남용 또는 신의칙 위반에 해당하는지 여부

은행은 예금채권자에 대한 반대채권으로 예금채권과 상계할 수 있는 정당한 권리가 [11-28] 있고, 향후 그 권리를 행사하여 채권을 원활하게 회수할 수 있으리라는 합리적인 기대도 할 수 있으므로, 그 상계권 행사를 권리남용 또는 신의칙 위반이라고 하기 위해서는, 금융기관에게 자신의 정당한 권리를 제한하면서까지 상대방 또는 제3자에게 협력하거나 그의 이익을 보호할 의무가 있는데도 불구하고 그에 반하여 상계권을 행사하였음이 인정되는 등 상계권의 행사에 이른 구체적·개별적 사정에 비추어 그 행사에 법적 보호를 해 줄 가치가 없다고 볼 특별한 사유가 있어야 할 것이다(대법원 2003. 4. 11. 선고 2002다59481 판결; 대법원 2005. 9. 9. 선고 2003다28 판결; 대법원 2015. 4. 23. 선고 2012다79750 판결). 이하 은행의 상계권 행사의 정당성이 문제된 사례를 살펴본다.

(나) 공동명의예금과 상계권 행사

피고 은행이 "주택기금과 분양수입금을 건설사와 원고가 개설한 공동계좌에 입금함 [11-29] 에 동의한다"는 내용의 동의서를 작성하여 주택보증회사인 원고에게 교부하고, 건설사와 원고는 공동명의예금의 지급청구는 전원 연서로 하도록 되어 있는 사안에서 은행의 건설사에 대한 대출채권과 공동명의 예금채권에 대한 상계권 행사의 정당성이 문제되었다.

원심은 "상계권을 행사한 피고가 위 동의서를 교부할 당시에 공동명의예금의 목적 [11-30] 을 알고 있었고, 그러한 피고에게 상계권 행사를 허용하면 다른 명의자인 원고의 동의 없이 공동명의예금을 인출할 수 있게 되는 셈이어서 공동명의예금을 하게 된 목적과 취지에 어긋난다는 이유만"으로 권리남용이나 신의칙 위반에 해당한다고 판단하였다(대구고법 2002. 11. 29. 선고 2001나7989 판결). 그러나 대법원은 "위 피고의 동의서가 공동명의예금의 목적을 달성하기 위해 자신의 권리 행사를 포기 또는 제한하겠다는 데 있었는지 여부를 더 심리한 다음 피고의 상계권 행사가 권리남용 또는 신의칙 위반에 해당하는지 여부"를 판단하지 않았음을 이유로 원심을 파기하였다(대법원 2005. 9. 9. 선고 2003다28 판결).

(다) 대출채권의 기한이익상실과 예금과의 상계

은행이 대출채권과 관련하여 "채무자의 변제자력에 의심이 가는 상황이 발생한 때 [11-31]

---

8) 일본에서는 보통예금질권의 유효성을 주장하는 입장이 유력하다. 道垣内弘人, 「普通預金の擔保化」, 中田裕康·道垣内弘人(編), 『金融取引と民法法理』, 有斐閣, 2000, 43-062면; 森田宏樹, 「普通預金の担保化·再論」, 道垣内弘人·大村敦志·滝沢昌彦(編), 『信託取引と民法法理』, 有斐閣, 2003, 299-334면.

에는 채무자의 그 대출금 등 채권에 관한 기한이익이 상실되도록 함으로써 예금 등 채권에 대한 압류가 있어도 그 대출금 등 채권으로 피압류채권인 예금 등의 채권과 상계를 할 수 있도록" 한 특약의 유효성이 문제된 사안에서, 법원은 이를 인정하고 "특약에 따라 대출채권과 피압류채권인 예금채권이 곧바로 상계적상에 이르기 때문에" 제3채무자인 은행 등은 상계권을 행사할 수 있다고 판단하였다(대법원 2003. 6. 27. 선고 2003다7623 판결; 대법원 2015. 4. 23. 선고 2012다79750 판결).

(라) 질권설정과 상계

[11-32] 자행예금에 대한 질권설정에 동의한 은행은 대출채권과 예금채권을 상계할 수 없는가? 예금등 지명채권에 대한 질권은 설정자의 제3채무자에 대한 통지나 제3채무자의 승낙이 없으면 제3채무자를 포함한 제3자에게 대항할 수 없고(민 349조 1항, 450조), 제3채무자가 이의보류 없이 승낙한 때에는 승낙 당시 설정자에 대한 채권이 있어도 질권설정자에 대한 상계로써 질권자에게 대항할 수 없다(민 349조 2항, 451조 1항).

[11-33] 문제 사안에서 갑이 을에 개설한 정기예금에 병 등에게 질권을 설정하면서 을에 제출한 질권설정승낙의뢰서에 은행의 상계권 행사를 인정하는 문구[9]가 인쇄되어 있었고, 그 후 을이 여신거래기본약관에 따라 갑에 대한 대출채권과 갑의 예금채권을 상계하였다.

[11-34] 대법원은 먼저 이 사건 질권설정승낙의뢰서에 대하여 대량적·정형적으로 업무를 처리하는 을이 설정통지에 대한 동의와 함께 이 사건 상계권 유보조항을 통해 상계할 수 있다는 이의보류 승낙을 하면서, 이를 확인하는 기명날인을 하도록 마련한 것으로 보고, 이 사건 상계권 유보조항이 "일종의 예문에 불과하거나 실질적인 의미가 없는 것이라고 볼 수 없다"고 하여 을의 상계권 행사의 신의칙위반을 인정한 원심을 파기하였다(대법원 2015. 4. 23. 선고 2012다79750 판결).

라. 증권담보

1) 의 의

[11-35] 증권담보는 주로 질권과 양도담보의 형태로 이루어진다. 증권담보는 증권결제제도의 변화에 따라 실무적인 대응은 물론 법률적인 쟁점도 달라질 수 있다. 현재의 예탁제도와 전자등록제도에서의 증권담보실무에는 변화가 있을 것인가? 특히 실물의 소재지를 중심으로 하는 준거법 선택기준이 더 이상 유효할 수 없으므로 국제사법 문제도 고려되어야 한다.

2) 계좌질권과 종목질권

[11-36] 실무상으로는 계좌질권과 종목질권을 구분하기도 한다. 예탁증권의 경우 증권회사에

9) "질권설정 승낙일 이전에 질권설정자가 귀행에 부담하고 있는 채무가 있을 경우에는 은행거래약정서 또는 차용금증서 등의 상계예약조항에 따라 귀행이 상계권을 행사하여도 이의가 없겠습니다."

대한 투자자계좌부상 반환청구권에 대한 질권설정을 전자로, 그리고 대상 증권 자체에 대한 질권설정을 후자로 부르는 것으로 보인다. 그러나 예탁제도 하에서 형식적으로 양자가 구분될 수 있을지 모르지만, 그 실질은 동일한 것이다. 예탁제도 하에서 증권은 투자자계좌부상 반환청구권으로 나타나는 것이고 증권 실물은 의미가 없기 때문이다.

3) 주식담보

차주인 기업의 시설에 대하여 저당권을 설정한 후 그 주식을 담보로 추가 여신할 수 있는가? 주식의 가치는 결국 그 발행인인 기업 자산가치에 근거한 것이므로 이중담보에 해당한다. [11-37]

4) 무권화와 증권담보

증권결제제도가 예탁제도에서 전자증권법에 따른 전자등록제로 변경되었다. 증권의 전자등록제도에서의 담보실무의 변화를 고려할 필요가 있다. 전자등록방식의 증권에 대한 상사유치권의 성립 가부가 문제된다. 점유를 전제로 하는 현행법상 점유를 인정할 수 없는 전자등록증권에 대한 유치권의 성립을 인정하기 어려울 것이다.[10] [11-38]

마. 동산담보

전통적으로 동산담보로는 질권과 양도담보가 사용되었다. 그러나 엄격한 점유를 요건으로 하는 질권과 제도적으로 여전히 불명확한 부분이 지적되는 양도담보를 대체하는 제도로서 2010년 「동산·채권 등의 담보에 관한 법률」이 제정되었다. 그러나 특히 동산담보의 경우 다중담보 사례가 발생하는 등 활용도가 높지는 않다.[11] 은행담당자의 시각에서 은행의 신용위험관리의 완결성이라는 관점에서 제도를 살펴볼 필요가 있다. [11-39]

특수한 동산으로서 등기나 등록이 가능한 선박, 항공기, 건설기계, 자동차에 대해서는 저당권이 가능하다. 원래 소형선박은 「소형선박저당법」, 건설기계는 「건설기계저당법」, 자동차는 「자동차저당법」, 항공기는 「항공기저당법」 등 4개 법률로 규율하고 있었다. 그러나 규율 대상 물건의 종류만 다를 뿐 권리의 내용이나 형식이 유사하므로 이들 4개의 법률을 통합하여 특정동산저당법을 제정하였다. [11-40]

바. 신탁을 활용한 담보

담보신탁은 담보목적의 신탁을 말한다.[12] 담보신탁의 위탁자에 대한 회생절차의 구속을 받지 않는 점에서 도산절연성이 확보된다. 담보신탁은 부동산금융 등에서 중요한 신용위험관리수단으로 기능하고 있다. 담보신탁에서 담보권에 해당하는 **우선수익권**은 신탁법상 법률 용어는 아니나, "거래 관행상 통상 부동산담보신탁계약에서 우선수익자로 [11-41]

---

10) 金融法委員会, 振替株式等と商事留置権の成否について, 2016.10.
11) '고깃값 부풀리고 담보 중복설정' 5천700억 육류담보 대출사기, 연합뉴스, 2017.9.17.
12) 정순섭 신탁, 658-674면.

지정된 채권자가 채무자의 채무불이행 시에 신탁재산 처분을 요청하고 처분대금에서 자신의 채권을 위탁자인 채무자나 그 밖의 다른 채권자들에 우선하여 변제받을 수 있는 권리"를 말한다(대법원 2018. 4. 12. 선고 2016다223357 판결). 우선수익권은 수익급부의 순위가 다른 수익자에 앞서는 점을 제외하면 법적 성질은 일반적인 수익권과 다르지 않다. 채권자는 담보신탁을 통하여 담보물권을 얻는 것이 아니라 신탁이라는 법적 형식을 통하여 도산 절연 및 담보기능이라는 경제적 효과를 달성하게 되는 것일 뿐이므로, 우선수익권은 우선변제적 효과를 채권자에게 귀속시킬 수 있는 신탁계약상 권리이다(대법원 2018. 4. 12. 선고 2016다223357 판결).

[11-42] 담보신탁의 담보기능과 관련하여 우선수익권을 법정담보권에 준하여 볼 수 있는가? 법원은 이를 부정하여 채무자 소유의 수개 부동산에 관하여 공동저당권이 설정된 경우 적용되는 민법 제368조의 법리가 담보신탁의 경우에 유추적용되기 어렵다고 판단하였다(대법원 2013. 6. 27. 선고 2012다79347 판결). 실무상 우선수익권이 담보신탁계약의 피담보채권에 부종하는지에 대한 논란도 있었지만, 법원은 이를 부정하였다(대법원 2017. 6. 22. 선고 2014다225809 전원합의체 판결).

[11-43] **담보권신탁**은 "위탁자가 자기 또는 제3자 소유의 부동산에 채권자가 아닌 수탁자를 저당권자로 하여 설정한 저당권을 신탁재산으로 하고 채권자를 수익자로 지정한 신탁"이다(신탁 2조, 부동산등기법 87조의2 1항). 담보권신탁은 담보권을 신탁재산으로 하는 신탁인 점에서 담보신탁과는 구별된다.[13]

3. 인적 담보

가. 의 의

[11-44] 은행거래에 활용되는 인적 담보수단도 전통적인 보증과 함께 보증신용장, 독립적 은행보증, 보증보험 등 다양하게 발전하고 있다. 최근에는 신용파생상품이나 이를 증권화한 신용연계증권도 활용되고 있다. 신용위험관리효과라는 관점에서 보면 신용연계증권을 제외하고는 채무자의 신용위험을 보증인 등의 신용위험으로 대체하는 것이지 완전히 제거하는 것은 아니다. 독립적 은행보증과 신용파생상품에 대해서 간략히 살펴본다.

나. 독립적 은행보증

1) 의의 및 특징

[11-45] **독립적 은행보증**(first demand bank guarantee)은 "주채무에 대한 관계에서 부종성을 지니는 통상의 보증이 아니라, 주채무자(보증의뢰인)와 채권자(수익자) 사이의 원인관계와는 독립되어 그 원인관계에 기한 사유로서는 수익자에게 대항하지 못하고 수익자의 청구가 있기만 하면 보증인의 무조건적인 지급의무가 발생하게 되는 보증"을 말한다(대법원 1994.

---

13) 정순섭 신탁, 674-686면.

12. 9. 선고 93다43873 판결). 은행이 수급인(건설회사)의 보증의뢰에 따라 도급인(수익자)에게 '그 문언상 보증의뢰인이 수익자와의 계약조건의 어느 것이라도 불이행하였다고 수익자가 그 절대적 판단에 따라 결정한 때에는 보증인은 수익자의 서면에 의한 청구가 있으면 보증의뢰인의 어떤 반대에도 불구하고 즉시 수익자가 청구하는 보증금을 지급하겠다는 내용의 지급보증서'로서, '그 의무의 성질이 무조건적이고 보증인이 주장할 수 있는 어떠한 면책사유로도 대항하지 않겠다는 것'을 그 내용으로 한다.

따라서 독립적 은행보증의 보증인은 수익자의 청구가 있으면 보증의뢰인이 수익자에 [11-46] 대한 관계에서 채무불이행책임을 지는지를 불문하고 그 보증서에 기재된 금액을 지급할 의무가 있는 점에서 이 보증은 **수익자와 보증의뢰인간의 원인관계와는 단절된 추상성 내지 무인성**을 가진다(대법원 1994. 12. 9. 선고 93다43873 판결).

2) 보증은행의 수익자의 청구에 따른 보증금 지급의 거절 가부

독립적 은행보증에서 보증은행이 수익자의 청구에 따른 보증금 지급을 거절할 수 [11-47] 있는지에 대해서는 입법례에 따라 다르다. 영미법계의 경우 사기에 해당하는 경우를 제외하고 지급거절을 인정하지 않는다. 그러나 대륙법계에서는 **신의성실의 원칙 내지 권리남용금지의 원칙에 따른 지급거절**을 허용하고 있다(대법원 1994. 12. 9. 선고 93다43873 판결).

따라서 독립적 은행보증의 경우에도 수익자가 실제로는 보증의뢰인에게 아무런 권 [11-48] 리를 가지고 있지 못함에도 불구하고 은행보증의 추상성과 무인성을 악용하여 보증인에게 청구를 하는 것임이 객관적으로 명백할 때에는 권리남용에 해당하여 보증인도 수익자의 청구에 따른 보증금의 지급을 거절할 수 있다(대법원 2014. 8. 26. 선고 2013다53700 판결). 그러나 추상성 및 무인성이라는 독립적 은행보증의 본질적 특성에 비추어 권리남용은 "수익자가 보증금을 청구할 당시 보증의뢰인에게 아무런 권리가 없음이 객관적으로 명백하여 수익자의 형식적인 법적 지위의 남용이 별다른 의심 없이 인정될 수 있는 경우"에 한정되어야 한다(대법원 2014. 8. 26. 선고 2013다53700 판결). "수익자가 보증신용장 조건과 일치하는 지급청구를 하는 경우 보증신용장이 발행된 기초계약상 의무불이행 여부와 상관없이 수익자에 대한 보증신용장에 기재된 금액의 지급의무가 인정되는 보증"인 **보증신용장(stand-by letter of credit)**의 경우에도 유사한 법리가 적용된다(대법원 2022. 7. 28. 선고 2021다215909 판결).[14)]

다. 신용파생상품

신용위험을 거래하는 신용파생상품도 '피담보채무'를 '준거자산'으로 하면 담보기능 [11-49] 을 수행할 수 있다. 신용파생상품에 대해서는 보증이나 보험과의 구별이 문제되지만, 이제는 어느 정도 극복된 것으로 평가된다.[15)] 신용연계증권도 신용위험을 증권화하여 투자

---

14) 미국법상 은행이 보증업무를 할 수 있는지에 관한 법적 불확실성을 회피하기 위하여 활용되기 시작했다. 보증신용장에 대해서는, 박준·한민, 222-224면.

자에 분산하는 안전한 신용위험관리와 함께 투자상품의 다양화수단으로 활용된다. 그러나 이러한 위험이전거래에 대해서는 전문시장의 위험을 소매시장으로 전가하는 역기능을 강조하는 견해[16)]도 있다.

15) 박준, "파생상품거래를 둘러싼 법적 문제 개관," 박준·정순섭(편), 파생상품거래와 법(제1권), 2012, 109-112면; 정순섭, "총수익률스왑의 현황과 기업금융법상 과제," BFL 제83호, 2017, 6-17면.

16) Basel Committee on Banking Supervision, The Joint Forum Credit risk transfer - developments from 2005 to 2007 - final document, July 2008. 이 보고서는 2005년 발간된 것을 수정 보완한 것이다. Basel Committee on Banking Supervision, The Joint Forum Credit Risk Transfer, March 2005.

제4절 위험부담과 담보구조의 변화 : 장외파생상품의 담보구조[17)]

Ⅰ. 서 언

신용위험은 신용을 공여하는 은행이 부담한다. 그러나 장외파생상품거래는 상호 지급 의무를 지므로 당사자 모두 신용위험을 부담한다. 이런 경우 당사자들의 신용위험 노출액을 상계할 수 있으면 위험을 감축할 수 있다. 이를 위해 **일괄정산네팅**(close-out netting)이 이용된다. [11-50]

그러나 일괄정산네팅 후 남는 최종잔액채권에 대해서는 여전히 신용위험을 부담한다. 이러한 위험을 제거하기 위해 해당 거래를 **담보화**(collateralization)하고 있다. 담보화는 종래 무담보로 거래되던 거래를 위하여 담보를 제공하게 되는 것을 말한다. [11-51]

중앙은행도 통화정책의 일환으로 은행에 대한 여신기능을 활용하기 위하여 다양한 형태의 담보화구조를 활용하고 있다. 전통적인 적격담보증권 외에 대출채권을 추가하고 있는 추세를 확인할 수 있다. 이 경우에도 쟁점은 담보를 위한 대출채권의 양도나 저당권의 이전에 대한 특례를 인정하는 방법이다. [11-52]

Ⅱ. 담보화와 금융거래의 신용위험

1. 의 의

전통적인 금융업에서 담보는 신용도가 낮은 당사자가 높은 당사자에게 제공한다. 그러나 현대적인 의미의 담보구조는 당사자의 신용도와 무관하게 **시가평가개념**(mark-to-market)에 기초한 쌍무구조를 취한다. [11-53]

파생상품거래 등의 신용위험 관리를 위해서는 담보 외에도 많은 대체수단이 있다. 첫째, 일부 금융기관은 신용위험관리를 위해 **특별목적기구**(special purpose derivatives vehicles, SPV)를 이용한다.[18)] 둘째, 파생금융상품 거래에 따르는 신용위험을 원천적으로 제거하는 방법은 **청산**을 의무화하는 것이다. 2008년 글로벌 금융위기 이후 장외파생상품에 대한 청산을 의무화하는 국가가 늘어나고 있다([12-57]). 셋째, 물적 담보 특히 부동산 담보는 등기 등과 관련하여 절차상 번잡한 점이 많아 파생금융상품 거래에 있어서는 보증 등 인적 담보가 편리하다. 신용파생상품도 파생상품거래의 신용위험관리를 위해 활용되고 있다. [11-54]

---

17) 이하 설명은 정순섭, "신종금융거래의 담보화에 관한 연구," 증권법연구 제4권 제1호, 2003, 145-175면에 기초한 것이다. 담보화에 관한 연구로는, Matthias Haentjens(ed), Financial Collateral Law and Practice, Oxford University Press, 2020; Geoffrey Yeowart, Robin Parsons, with Edward Murray and Hamish Patrick, Yeowart and Parsons on the Law of Financial Collateral, Edward Elgar, 2016.

18) '파생상품거래전문회사'(structured derivative product companies, DPCs)라고 한다.

2. 경제적 기능

[11-55] 파생상품거래 등 신종금융거래에서 담보화 경향이 나타나게 된 배경으로는 거래규모의 확대와 금융기관의 신용력 저하, BIS 자기자본규제를 들 수 있지만, 그 요체는 **신용위험의 감축**이다. 첫째, 장외파생상품 거래 규모의 비약적 증가에 따라 금융기관들을 비롯한 거래당사자간의 신용위험 노출액은 급증하여 시장참여자 모두 신용위험 경감대책을 찾게 되었다.[19] 둘째, 거래필요성은 인정되나 신용력이 부족하여 파생금융상품 시장에 참가할 수 없던 많은 참가자들도 담보화구조를 이용하면 거래할 수 있게 된다. 셋째, 자기자본비율규제상 일정한 부외거래에 따른 위험자산평가는 일정한 방식에 따라 산출된 신용위험 상당액에 자산종류별 위험가중치를 곱하여 산정하도록 하고 있으며, OECD 가맹국의 국채나 현금을 담보로 제공한 부분에 대해 그 금액을 감축할 수 있도록 하고 있다.[20]

Ⅲ. 새로운 담보구조의 요건

1. 기본요건

가. 쌍방향 담보구조

[11-56] 은행이 여신거래나 장외파생상품 중 대고객거래에서 담보를 받는 경우에는 은행과 고객 간의 신용력 차이를 반영하여 고객만이 담보제공의무를 부담하고 거래종료 시까지 잉여담보는 반환하지 않는 **일방향 담보구조(one-way collateral arrangements)**를 취하게 될 것이다.

[11-57] 그러나 당사자가 서로 상대방의 신용위험에 노출되는 장외파생상품 등에서는 모두 담보제공의무를 부담하는 구조가 필요하다. 또한 자산의 수익기회를 포착하여 합리적으로 이익을 추구하는 은행으로서 상대방에 대하여 자신이 부담하는 신용위험을 초과하는 가치의 담보를 요구하는 것은 담보제공자가 가지는 당해 담보물의 수익기회를 박탈하는 결과가 된다. 그러므로 잉여담보는 담보제공자에 반환하는 것이 합리적이다. 이러한 측면에서 **쌍방향 담보구조(two-way collateral arrangements)**가 필요하게 된다.

나. 피담보채권액과 담보물의 가치 평가와 교환 구조

[11-58] 장외파생금융상품거래에서 일방이 상대방에 대하여 부담하는 신용위험의 정도는 대출 등과는 다르다. 대출에서 신용위험 노출액은 대출원리금으로 확정할 수 있지만, 장외파생금융상품거래에서의 신용위험 노출액은 명목원금으로 확정할 수 없으며 금리나 주가

---

19) 세계에서 거래되는 장외파생상품 거래규모는 2023.12. 잔액기준 667조 달러를 상회하고 있다. BIS, OTC derivatives statistics at end-December 2023, 16 May 2024.

20) 바젤위원회에서 발표한 「파생상품거래에 따른 리스크관리지침」(Risk Management Guidelines for Derivatives, July 1994)에서는 네팅이나 담보제공 혹은 제3자 보증 등 각종 신용보완수단을 이용하여 신용위험을 감소시킬 수 있음을 권고하고 있다.

등 기초자산의 가치에 따라 변동된다. 피담보채권액에 해당하는 거래의 가치가 기초자산 가치의 변동에 따라 지속적으로 변하는 것이다. 따라서 장외파생상품거래에서 제공되는 담보물의 가액은 피담보채권액의 변동에 맞추어 주기적으로 평가되고 교환되어야 한다. **피담보채권액과 담보물의 평가와 교환의 방법과 주기는 당사자가 계약으로 정할 수 있어야 한다**. 이러한 목적을 위해서는 등기를 요하는 부동산저당권은 사용할 수 없고 증권담보가 적합하다.

다. 담보물의 재사용

금융시장에서 담보물로 제공된 증권은 담보권자가 리포거래 그 밖의 거래를 위한 [11-59] 담보로 **재사용**(rehypothecation)할 수 있어야 한다. 국내에서도 헤지펀드의 도입과 함께 펀드 자산을 담보로 신용을 제공한 전담중개업자인 증권회사가 그 담보를 재사용하여 새로운 거래를 하려는 수요가 증가하고 있다. 그러나 현행법상 증권에 대한 담보권인 질권의 경우 질권자가 질물을 재사용하는 데에는 다양한 장애가 있다.[21]

2. 표준적인 담보특약의 작성

이러한 거래계의 요청에 부응한 새로운 담보구조 표준화의 노력으로 나타난 것이 [11-60] **ISDA의 담보특약**(Credit Support Annex)이다. ISDA는 1994년 뉴욕주법을 준거법으로 한 최초의 담보특약을 작성한 후, 1995년 영국법과 일본법, 프랑스법과 아일랜드법을 준거법으로 한 담보특약을 각각 작성하였다. 이들 담보특약은 모두 **쌍방향 담보구조, 피담보채권액과 담보물의 가치 평가와 교환 구조, 담보물의 재사용이라는 새로운 담보구조의 기능적 요건을 충족**하고 있다. 그 후 각국의 법령개정과 장외파생상품청산의 도입에 따른 양자간 장외파생상품과 청산대상 장외파생상품 사이의 담보화 등을 반영한 담보특약이 작성되었다. 한국법을 준거법으로 하는 담보특약도 질권과 증권대차의 선택을 가능하게 하는 구조로 2014년 작성되었다.[22]

Ⅳ. 우리나라의 담보구조

1. 서 언

장외파생상품거래 등의 담보화를 위해 여러 방식이 검토되었으며 미국, 영국 그리고 [11-61] 일본에서 각각의 방식을 확립하였다. 당사자로서 적절한 담보방식이 국가별로 다른 담보법제, 이용가능한 담보물이나 그 보유형태, 회계원칙이나 세제, 당사자의 사무처리능력 등에 따라 다르기 때문이다. 일국의 독주 방지도 중요한 요인이다. 우리나라에서 담보화를

21) 이에 대해서는 이영경, "금융거래에서의 담보물의 재활용", 서울대학교 법학 제61권 제1호, 2020, 367-434면; 한민·홍선경, "장외파생상품거래와 담보-rehypothecation 문제를 중심으로", 박준·정순섭 (편), 파생금융거래와 법(제1권), 소화, 2012, 239-269면.

22) 2014 ISDA Korean Law Credit Support Annex (Bilateral Form - Loan and Pledge).

위하여 어떤 물건이나 권리를 대상으로(담보물), 어떤 담보방식을 이용하여(담보방식), 어떤 범위의 채권을 담보할 것인가(피담보채권) 등이 문제된다.

2. 담보물

[11-62] 장외파생금융상품거래에서 담보로 취득할 수 있는 것은 물적담보에 한정되지 않는다. 실무에서는 보증 등 인적 담보가 훨씬 중요한 기능을 담당해 왔다. 여기서는 물적담보에 대해서만 검토한다.

[11-63] 장외파생금융상품거래에서 부동산담보를 이용하는 것도 불가능하지는 않으며, 기존 은행거래에서 널리 쓰이는 근저당권설정계약서상 피담보채권의 범위에 스왑 등 거래를 포함하는 것도 가능하다. 그러나 우리나라의 부동산담보 특히 저당권제도는 유통성이 극히 제한되어 금융거래에 따른 채권담보에는 부족한 점이 많다.

[11-64] 이러한 점을 감안하여 BIS에서도 OECD 국가의 국채나 현금을 담보로 사용하는 경우에 해당 금액만큼 신용위험을 감축해 주기 때문에 미국, 영국, 일본 등의 담보특약은 주로 국채나 현금 또는 예금을 대상으로 하며 실제 거래에서도 이를 담보로 사용하는 경우가 일반적이다.

3. 담보방식

가. 의 의

[11-65] 우리법상 국채나 현금 또는 예금을 담보물로 하는 담보방식으로는 질권, 양도담보, 소비대차를 들 수 있다. 이하 장외파생금융상품거래에서 담보제도의 요건에 유의하면서 가능한 담보방식을 살펴본다.

나. 질권

[11-66] 국채나 예금을 대상으로 먼저 고려할 수 있는 것은 질권이다. 장외파생금융상품거래와 관련하여 질권방식으로 담보를 취득할 경우에는 질권자에 의한 질물의 재사용이 문제된다. 그러나 질권자에 의한 질물의 자유로운 처분은 허용되지 않으므로(민 343조, 324조) 재사용이 어려워진다.

다. 양도담보

[11-67] 국채나 예금 등은 양도담보의 목적이 될 수 있다. 담보물의 처분 및 이용이라는 측면에서 양도담보를 담보권의 일종으로 구성하는 통설에 따르면 많은 제한이 따르게 될 것이다. 현실적으로 양도담보가 가진 여러 가지 불확실성은 실무자들의 이용에 소극적으로 작용하게 될 것이다.

라. 소비대차와 상계의 예약

1) 의 의

소비대차와 상계의 예약을 복합한 것이다.[23] 담보제공자는 담보권자에게 담보물(국채 [11-68]
나 현금 등)을 빌려주고, 담보권자는 담보제공자에게 동종·동량·동질의 물건을 반환할 의무를 부담하게 된다. 피담보채권액의 증감에 따라 담보물의 액도 조정된다. 담보제공자의 불이행으로 해지되는 경우에는 담보권자는 **정산후 최종잔액채권**과 **소비대차에 따른 담보물반환채권**을 상계할 것을 예약해 둔다. 소비대차의 효력으로 담보권자가 담보물을 처분하거나 이용할 수 있다.

〈그림 11-1〉 증권의 소비대차와 상계의 예약을 결합한 담보구조

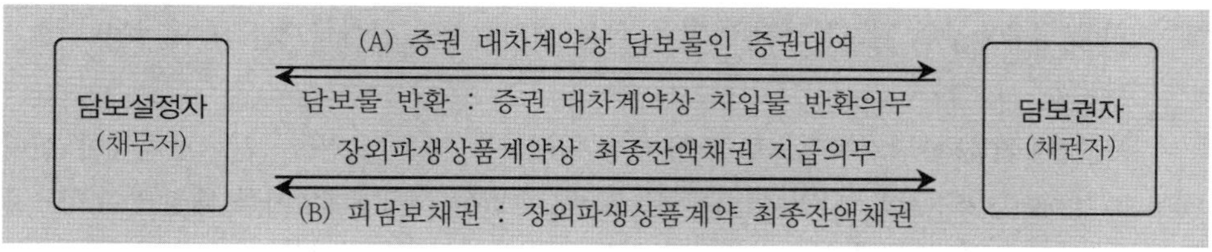

2) 법률문제

(가) 의 의

담보제공금지특약(negative pledge)이나 도산절차상 담보권 행사제한 등에 대비할 수 [11-69]
있는 점에서 이 방식이 가장 현실적이다. 그러나 법적 효력에 대해서는 상계에 관한 당사자 간 합의의 효력을 중심으로 약간의 문제가 있다. 이하 한국법을 준거법으로 하는 경우를 대상으로 한다.

(나) 동종성의 요건

상계의 대상인 증권반환채권과 최종잔액채권은 서로 다른 종류의 채권이므로 상계 [11-70]
요건 중 채권내용의 동종성에 위배된다는 의문이 있을 수 있다. 당사자 간 합의에 의한 상계인 경우 동종성 요건에 구속되지 않는다는 견해도 가능할 것이다. 그러나 담보권자의 반환채무를 현물반환채무와 금전채무의 선택채무로 해 두면 문제를 해결할 수 있을 것이다. 이러한 문제점을 반영하여 ISDA의 일본법을 준거법으로 하는 담보특약은 증권반환채무를 현금(금전채무)과의 선택채무로 구성하고 있다(Para 8(a)(iii)).

---

23) 소비대차방식에서 담보권자, 담보제공자, 담보물 등의 용어를 사용하는 것은 문제가 있음을 지적하는 견해도 있다. 그러나 소비대차방식은 상계와 혼합하여 그 담보적 기능을 이용하는 점에 착안하여 담보권자, 담보제공자, 담보물 등의 용어를 계속 사용한다.

(다) 은행과 증권대차

[11-71] 은행법상 증권의 대차거래업무는 은행의 겸영업무이다(28조 1항 3호; 령 18조의2 4항 5호). 그러나 은행이 담보를 취득하는 것은 당연한 업무의 연장으로서 별도로 인허가를 요한다고 할 수 없으며 은행이 취득할 수 있는 담보가 반드시 민법상 전형담보에 한정되는 것도 아니다.

(라) 담보목적 대차거래

① 의 의

[11-72] 금융투자업규정은 증권대차거래의 담보 및 장외파생상품 증거금 교부방식으로 증권대차거래를 허용하였다. 담보목적 대차거래 시행으로 <그림 11-2> 담보목적 대차거래의 절차와 구조에서 보는 바와 같이 금융회사등은 국채·통안채 담보증권을 재활용할 수 있게 되어 외국 금융회사의 담보물로서의 한국 국채 기피현상이 완화될 것으로 예상된다.[24)]

② 요 건

[11-73] 증권대차거래를 담보목적으로 활용하기 위해서는 다음 요건을 모두 충족해야 한다(금융투자업규정 5-25조 4항). 다만 이 요건은 자본시장법상 투자매매업자를 대상으로 하므로 투자매매업자가 아닌 은행에는 적용되지 않는다고 보아야 할 것이다.

[11-74] 첫째, 대상거래는 회생법상 일괄정산조항이 적용되는 적격금융거래에 한정된다. 여기에는 장외파생상품거래와 리포거래 등이 포함된다.

[11-75] 둘째, 담보증권은 유동성이 풍부하고 가격이 안정적인 국채와 통안채로 한정된다. 시장참가자들이 스스로 판단할 수 있는 사항이지만 규정으로 확인한 것이다.

[11-76] 셋째, 담보증권의 재사용 목적은 리포거래와 담보로 한정되고, 장외파생상품거래의 개시증거금으로는 사용할 수 없다.

[11-77] 넷째, 대차거래로 제공되는 증권의 재사용에 대하여 제공자의 동의를 받아야 하고, 증권 반환 없는 대차거래는 회생법 120조 3항에 따른 기본계약이 일괄정산 되는 경우에만 종료할 수 있다. 대차거래인 이상 담보권자에 해당하는 차입자는 당연히 대상 증권을 임의로 활용할 수 있다.

[11-78] 다섯째, 대차거래의 대상증권에 대하여 금융감독기관이 제시하는 담보가치 산정기준에 따른 시가평가를 통해 일일정산을 해야 한다.

---

24) 금융위·금감원, 보도자료: 국채 등 담보증권의 재활용 허용 등을 위한 금융투자업규정 개정, 2017.3.22.

〈그림 11-2〉 담보목적 대차거래의 절차와 구조

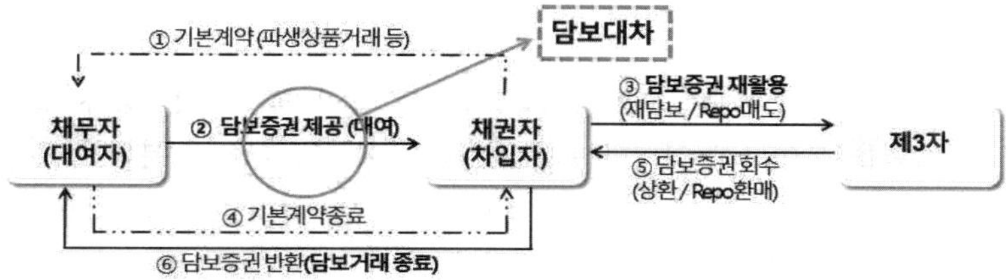

구 분	상세 내용
대상 증권	· 국고채권 및 통안증권 한정 (거래안정성 및 유동성 높음)
재활용 범위	· (1) 환매조건부매매, (2) 장외파생거래 변동증거금 제공 및 (3) 제3자 재담보 제공

(자료) 금융위·한국은행·금감원, 보도자료: 제2차 금융권 자금흐름 점검·소통 회의 -연말·연초 업권별 자금흐름 전망, 리스크 요인 등 점검-, 2022.12.7.

4. 도산법상 문제점과 입법적 해결

증권에 대한 소비대차와 상계의 예약을 결합한 담보구조도 회생법 제120조 제3항의 [11-79]
특칙의 적용대상인 '제1호 내지 제3호의 거래에 수반되는 담보의 제공·처분·충당'에 포함되는가? 해석론은 포함된다고 본다([20-132]).

제5절 컴포트레터

Ⅰ. 의 의

[11-80] 컴포트레터(comfort letter)는 "이행을 보장하는 자의 명예나 신용 등에 일임할 뿐 거기에 법적 구속력을 부여하지 아니하는 서면, 즉 자회사에 대한 지분의 확인 및 유지에 대한 언급, 자회사가 체결하는 계약에 대한 인식 및 승인, 자회사의 자력 또는 이행능력을 뒷받침할 방침의 선언 등을 담은 서면"을 말한다(대법원 2006. 8. 25. 선고 2004다26119 판결).[25)] 실무에서는 keep-well letter 등의 다양한 명칭으로 부르고 있다.[26)]

[11-81] 컴포트레터는 모회사로서의 보증한도 제한이나 정부의 국회 동의 요건 등으로 정식 지급보증을 할 수 없는 경우에 활용된다. 우발채무의 재무상태표상 노출을 회피하거나 세금문제 등도 고려되는 경우가 있다.

Ⅱ. 내 용

[11-82] 자회사나 공기업이 대출을 받는 등 신용제공을 수반하는 거래에서 채권자는 모회사나 정부에 대하여 계약당사자인 자회사 등에 관한 일정한 확인이나 보장을 요구하는 경우가 있다. 이러한 보장은 법적 구속력을 가지는 보증의 형태로 이루어지기도 하지만, 때로는 법적 구속력은 없지만 모회사 등의 명예나 신용을 고려한 이행을 기대하여 **컴포트레터(letter of comfort)**를 작성·교부받는 경우가 있다(대법원 2014. 7. 24. 선고 2010다58315 판결).

[11-83] 일반적으로 컴포트레터는 ① 자회사나 공공단체(채무자)의 채무 부담 사실을 인식하고 있으며 승인하였다는 취지의 채무 부담 사실에 대한 인식, ② 대출금 등이 전부 상환되지 않는 한 채무자에 일정 비율의 소유지분을 유지한다는 내용의 약속을 의미하는 지분의 유지, ③ 주채무자에 대한 지원 등의 내용으로 구성된다.[27)]

Ⅲ. 보증에의 해당 여부

1. '실체적 내용' 기준으로 판단

[11-84] 컴포트레터에 대한 법적 다툼은 보증에 해당하는지 여부를 중심으로 이루어진다. 일반적인 판단기준은 '명칭'이 아니라 그 '내용'이다.[28)]

---

25) 컴포트레터에 대해서는 김규식, "컴포트 레터 및 기타 유사보증행위에 대한 검토," BFL 제33호, 2009, 51-62면; 김양곤, "컴포트레터(Comfort Letter)의 법적 효력 - 한국, 미국, 영국 및 호주의 사례비교," BFL 제5호, 2004, 7-17면; 김연학, "컴포트레터(Letter of Comfort)에 기한 채무불이행책임," BFL 70호, 2015, 85-106면; 김용호·선용승, "국제금융을 위한 담보수단-개관 및 몇가지 관련문제," BFL 제10호, 2005, 101-120면; 박훤일, "컴포트 레터의 법적 문제," 비교사법 제9권 제3호, 2002, 399-417면.

26) 김연학, 위의 논문, 91면.

27) 김연학, 앞의 논문, 91면.

28) Colin Bamford, Principles of International Financial Law 3rd ed, Oxford Press, 2020, pp258-259 [9.50]-[9.51]; Joanna Benjamin, Financial Law, Oxford University Press, 2008, pp82-83 [4.74]. 대표적

법원은 컴포트레터의 "주된 내용은 위와 같이 여러 가지가 있을 수 있으며, 그 내용과 보장 문언의 해석에 따라서는 자회사의 계약상 채무에 관한 모회사의 보증책임을 인정할 수 있는 경우도 전혀 없다고는 단정할 수 없겠으나, 적어도 보증의 의사를 추단할 문구가 전혀 없이 단지 모회사가 자회사의 지분을 보유하고 있다는 사실의 확인과 자회사의 계약 체결을 인식 혹은 승인하였다는 등의 내용만으로는, 자회사가 모회사를 대리하여 계약을 체결하였다거나 자회사가 체결한 계약상 채무를 모회사가 보증하였다고 해석하기는 곤란"하다고 한다(대법원 2006. 8. 25. 선고 2004다26119 판결; 대법원 2014. 7. 24. 선고 2010다58315 판결). [11-85]

2. 책임의 인정 가능성 : 적극적 유인과 합리적 신뢰

컴포트레터는 보증으로서의 효력이 없는 것이지만 컴포트레터 발행인의 수취인에 대한 적극적 유인과 이에 의하여 형성된 발행인 신용에 대한 합리적 신뢰를 바탕으로 계약 체결에 이른 경우에는 모회사 등은 채무불이행으로 인한 손해배상책임을 부담할 수도 있게 된다고 한다(대법원 2014. 7. 24. 선고 2010다58315 판결). [11-86]

인 사례로는, Kleinwort Benson v Malaysia Mining Corporation [1989] 1 WLR 379(CA)(법적 구속력을 부정); Banque Brussels Lambert SA v Australian National Industries Ltd (1989) 21 NSWLR 502(법적 구속력을 인정); Re Atlantic Computers pic (in administration), National Australia Bank Ltd v Soden[1995] BCC 696(법적 구속력을 부정).

제12장 장외파생상품

제1절 서 설

파생상품은 거래소가 개설한 파생상품시장에서 거래되는 장내파생상품, 장외에서 당사자 간의 상대계약으로 이루어지는 장외파생상품, 예금이나 증권 또는 보험과 같은 전통적인 금융상품의 일부 요소로 포함되는 파생결합상품의 3가지 경로로 거래할 수 있다. 은행은 장외파생상품과 파생결합예금을 주된 거래자로서 취급한다. 은행은 장내파생상품에서도 헤지나 투자의 목적으로 중요한 기능을 수행한다. [12-1]

현행법상 장외파생상품에 대한 기본적인 규제법은 자본시장법이다. 과거 은행법과 구 증권거래법으로 이원화되어 있던 장외파생상품에 대한 규제는 자본시장법으로 일원화되었다. 규제의 공백이나 규제차익의 발생 가능성을 원천적으로 제거하는 입법방식으로 평가된다. 따라서 장외파생상품규제에 대해서는 자본시장법에서 논의할 사항으로 보아 간단히 설명한다. 은행법에서 장외파생상품이 차지하는 지위는 독특하다. [12-2]

은행법상 장외파생상품에 관한 논의는 은행규제법과 은행거래법의 양면에 영향을 미친다. 장외파생상품은 은행의 위험관리는 물론 투기목적으로도 활용될 수 있어 때로는 과도한 위험을 초래할 수도 있다. 이를 위하여 은행법은 엄격한 건전성규제의 대상으로 취급하고 있다. 장외파생상품은 당사자 간의 상대계약으로 거래가 이루어지므로 계약과 관련한 법적 쟁점이 다수 발생하게 된다. 또한 당사자 중 일방이 도산한 경우를 포함하여 거래를 지속할 수 없는 경우의 도산법상 취급도 중요한 문제가 된다. 2008년 글로벌 금융위기 이후에는 일부 표준화된 장외파생상품거래에 대하여 도입된 청산의무화구조도 관심의 대상이다. [12-3]

제2절 은행법과 장외파생상품에서는 장외파생상품업무의 은행법상 지위와 자기자본비율규제를 중심으로 살펴본다. 제3절 계약서작성에서는 장외파생상품에 관한 국제적인 표준계약서의 구조와 내용을 설명한다. 제4절 법률문제에서는 은행규제법과 은행거래법으로 나누어 장외파생상품에 관한 법률상 쟁점을 정리한다. [12-4]

제2절 은행법과 장외파생상품

Ⅰ. 서 언

[12-5] 장외파생상품은 자본시장법을 기본규제법으로 한다. 따라서 장외파생상품에 관한 은행법 논의는 장외파생상품업무의 법적 지위에서 시작할 수밖에 없다. 은행법상 장외파생상품업무는 겸영업무이다. 이 경우의 은행은 자본시장법상 겸영금융투자업자에 해당한다. 다음으로 자본시장법상 장외파생상품규제는 건전성규제와 영업행위규제를 모두 포함한다. 그러나 겸영금융투자업자로서의 은행의 건전성규제는 은행법이 적용된다. 은행법상 장외파생상품과 자기자본비율규제의 관계를 살펴볼 필요가 있다. 또한 장외파생상품업무가 외국환거래법상 외국환업무에 해당할 경우에는 외국환거래법이 적용된다.

Ⅱ. 은행의 파생상품업무의 은행법상 지위 – 겸영업무

1. 의 의

[12-6] 은행은 자본시장법상 파생상품의 매매·중개 업무를 겸영업무로 운영할 수 있다(28조 1항 1호; 령 18조의2 1항; 자본 3조 2항 2호). 자본시장법상 은행은 겸영금융투자업자로서의 지위를 가진다(8조 9항 1호). 은행의 장외파생상품업무에 대해서는 자본시장법이 우선 적용된다.

2. 자본시장법상 건전성 규제의 적용 배제

[12-7] 그러나 자본시장법상 겸영금융투자업자에 대해서는 금융투자업자에 대한 지배구조규제(22조), 재무건전성유지(30조, 31조), 대주주와의 거래제한(34조), 겸영업무규제(40조) 등 일부 건전성 규제가 적용되지 않는다. 이러한 건전성규제는 기관규제법인 은행법이나 지배구조에 관한 일반법인 지배구조법의 적용을 받는 것이 옳다는 판단에 따른 것이다. 다만 자본시장법은 금융투자업자에 대하여 파생상품업무책임자 선임의무를 두면서 "제22조에도 불구하고 겸영금융투자업자를 포함"한다고 하여 기능별 규제의 원칙을 명시하고 있다(28조의2 1항).

Ⅲ. 장외파생상품과 자기자본비율규제

1. 의 의

[12-8] 은행법상 자기자본비율의 계산을 위해 위험가중자산의 하나인 장외파생상품의 위험을 환산할 필요가 있다.[1] 장외파생상품의 경우 일괄정산네팅에 따른 위험자산감축효과를 반영하는지 여부에 따라 위험가중자산의 총액에 큰 차이가 발생한다. 이 문제는 장외파생상품거래의 양자간 일괄정산네팅은 물론 청산기관과의 다자간 청산의 경우에도 발생한다.

---

1) 김성은, "파생상품거래 일괄정산의 규제자본에 대한 효과," 박준·정순섭(편), 파생금융거래와 법(제1권), 2012, 345-373면.

2. 네팅효과의 반영

가. 양자간 네팅

은행법상 자기자본비율계산에서 네팅효과는 위험가중자산 산정 시 장외파생상품의 위험환산액을 일괄정산네팅 전의 총액기준이 아니라 일괄정산네팅 후의 잔액기준으로 산정하는 것을 말한다. 일괄정산네팅의 대상거래의 수와 규모에 따라 상당한 위험자산감축효과가 발생할 수 있다. 다만 은행의 자기자본비율계산에서 네팅의 위험자산감축효과를 반영하기 위해서는 그 구조의 법적 유효성이 전제되어야 한다. [12-9]

금감원은 위험자산감축효과가 인정되는 네팅을 '상계계약'이라고 하면서 양자간 네팅과 상품간 네팅 그리고 다자간 네팅으로 구분하여 규정한다. 상계계약은 "거래상대방이 채무불이행, 파산, 청산 등의 사건 발생시 양 당사자간의 상계 대상에 해당하는 모든 채권·채무관계가 상계되어 단일의 채권·채무관계인 순액으로 제한"하는 내용의 계약을 말한다(은행업감독업무시행세칙 〈별표 3〉 신용·운영리스크 위험가중자산에 대한 자기자본비율 산출 기준(바젤Ⅲ 기준), 261.나). 양자간 네팅은 "은행은 거래상대방과 상계계약하에 명시된 일자에 지정된 통화를 결제할 의무를 동일 통화와 동일 결제일의 모든 다른 의무들과 합쳐서 하나의 금액으로 산출하여 거래들을 상계"하는 것이라고 정의한다(은행업감독업무시행세칙 〈별표 3〉 신용·운영리스크 위험가중자산에 대한 자기자본비율 산출 기준(바젤Ⅲ 기준), 265). [12-10]

은행은 거래상대방과 상계계약하에 명시된 일자에 지정된 통화를 결제할 의무를 동일 통화와 동일 결제일의 모든 다른 의무들과 합쳐서 하나의 금액으로 산출하여 거래들을 상계할 수 있으며, 상계 적용을 위해서는 아래의 조건을 충족해야 한다(은행업감독업무시행세칙 〈별표 3〉 신용·운영리스크 위험가중자산에 대한 자기자본비율 산출 기준(바젤Ⅲ 기준), 265.가-다). [12-11]

① 거래상대방과의 단일 상계계약 또는 단일의 법적 의무를 만드는 계약을 통해 은행계약내 모든 거래에 대해 거래상대방이 부도, 파산, 청산 등으로 인해 정상적으로 채무를 불이행하는 경우에도 시가평가된 순가치를 수취하거나 지급할 의무를 가져야 한다.

② 법률의 변화가 있는 경우, 관할[2]내 법원 및 행정기관들이 은행의 거래익스포져를 아래의 조건하에서 상계된 금액임을 파악할 수 있도록 서면으로 쓰여지고 논의된 법적인 검토가 있을 것

(1) 거래상대방이 등록되어 있는 관할구역의 법률(거래상대방이 해외지점인 경우에는 해당 해외지점 소재 관할구역의 법률)

(2) 개별거래에 적용되는 법률

(3) 상계효과의 인정을 위해 필요한 계약 또는 약정에 적용되는 법률

---

2) 'jurisdiction'을 '관할' 또는 '관할구역'이라고 번역하고 있으나 '법역'이 정확하다. 이 책에서는 은행업감독업무시행세칙에 있는 용어를 그대로 사용한다.

③ 상계계약의 법적 특성을 보장하는 절차는 관할구역내 법률의 가능성 있는 변화를 고려하여 통제되어야 한다.

나. 다자간 네팅

[12-12] 청산기관에 대한 장내·외 파생거래 및 증권금융거래 관련 익스포져는 양자간 네팅 기준에 따라 처리한다(은행업감독업무시행세칙 <별표 3> 신용·운영리스크 위험가중자산에 대한 자기자본비율 산출 기준(바젤Ⅲ 기준), 257.다, 266).

다. 상품간 네팅

[12-13] 상품간 네팅(cross-product netting)에 대해서도 일정한 법률요건을 충족하는 것을 조건으로 네팅의 자산감축효과를 인정하고 있다(은행업감독업무시행세칙 <별표 3> 신용·운영리스크 위험가중자산에 대한 자기자본비율 산출 기준(바젤Ⅲ 기준), 261). 상품간 네팅은 현재 기본계약서별로 일괄정산네팅이 적용되고 있는 점을 고려하여 서로 다른 기본계약서의 적용을 받는 거래간의 네팅 효과를 높이기 위해 각종 마스터계약서를 망라하는 상품간 마스터계약서를 이용한 네팅을 말한다. 예컨대, SIFMA가 작성한 2003년 상품간 마스터계약서(Cross-Product Master Agreement (Cross-Affiliate Version 2) June 2003)[3]를 들 수 있다.

[12-14] 그러나 상품간 네팅에 대해서는 거래의 필요보다는 순수하게 네팅의 위험자산감축효과를 이용하는 측면이 강하여 부정적 시각이 있는 것도 사실이다. 회생법 제120조 제3항의 기본계약에 포함되는지에 대해 부정적 의견도 있다. 현재 국내에서는 상품간 네팅이 이루어지고 있지 않다.

3. 담보의 반영

[12-15] 은행이 장외파생상품거래에 대하여 **거래상대방 신용위험 표준방식**(SA-CCR)을 사용하고 적격금융자산담보를 이용할 때 개별 거래상대방 신용위험에 대한 소요자기자본은 해당 담보의 가치를 공제한 위험액을 기준으로 산정한다(은행업감독업무시행세칙 <별표 3>신용·운영리스크 위험가중자산에 대한 자기자본비율 산출 기준(바젤Ⅲ 기준), 83).

[12-16] **적격금융자산담보**는 현금 및 자행 예·적금(양도성예금증서, 기타 유사 상품 포함), 현금으로 조달된 신용연계채권(은행이 보유한 익스포져에 대해 발행된 것에 한함), 금, 대한민국 정부 또는 국내 지방자치단체가 발행하는 원화 기준의 채권, BIS, 국제통화기금, 유럽중앙은행 또는 표준방법에서 0%의 위험가중치가 적용되는 국제개발은행발행채권등의 금융상품을 말한다(은행업감독업무시행세칙 60·61).

---

3) <http://www.sifma.org/services/standard-forms-and-documentation/cross-product/>

제3절 계약서작성

Ⅰ. 서 설

계약자유의 원칙상 장외파생상품거래의 계약서작성도 당사자들이 원하는 내용과 형식으로 자유롭게 할 수 있다. 장외파생상품거래가 시작된 초기에는 시장참가자들이 각자 고유의 계약서식을 이용했다. 그 결과 계약서작성에 상당한 시간과 비용이 소요되었다. 그러나 시장의 발전에 따라 경쟁이 심화되면서 비용을 절감할 필요가 있었고, 법적 불확실성에 따른 다양한 법적 위험의 해소방안으로 계약서의 표준화 노력을 시작했다. 현재 장외파생상품의 계약서작성은 이러한 표준계약서를 이용하여 이루어진다. [12-17]

Ⅱ. 표준계약서

1. 의 의

현재 장외파생상품의 계약체결을 위한 표준계약서가 다수 존재한다. 가장 널리 사용되는 것은 국제스왑파생상품협회(International Swaps and Derivatives Association, ISDA)가 작성한 마스터계약서이다.[4] 국내에서는 **ISDA 기본계약**이라고 번역하기도 한다(대법원 2023. 8. 31. 선고 2021두41662 판결). 뉴욕외국환위원회가 영국은행협회·캐나다외국환위원회·동경외국환시장관행위원회와 함께 1997년 작성한 외국환·옵션마스터계약서(Foreign Exchange and Options Master Agreement, FEOMA), 국제외국환마스터계약서(International Foreign Exchange Master Agreement, IFEMA), 국제통화옵션시장마스터계약서(International Currency Options Market Master Agreement, ICOM), 2005년 국제외국환 및 통화옵션마스터계약서(International Foreign Exchange and Currency Option Master Agreement)도 사용되고 있다. [12-18]

국제금융계에서는 일괄정산효과를 높이기 위해 위에서 본 각종 마스터계약서를 망라하는 상품간 마스터계약서의 이용을 제안하고 있다. 예컨대, SIFMA가 작성한 2003년 상품간 마스터계약서를 들 수 있다. [12-19]

국내시장에도 우리말로 작성되고 우리나라 법을 준거법으로 하는 기본계약이 있다. 예컨대 한국금융투자협회에서는 장외파생상품거래 한글약정서를 작성하여 사용을 권고하고 있다.[5] [12-20]

여기서 말하는 표준계약서는 회생법 제120조 제3항에서 말하는 '기본계약'에 해당할 가능성이 높다. 이하 ISDA 마스터계약서를 중심으로 설명한다.[6] [12-21]

---

4) 1987년, 1992년, 2002년의 3종류가 있다. ISDA에 따르면 현재 세계 장외파생 상품거래의 약 90% 이상에서 사용된다고 한다. ISDA, 국회 정무위원회 법안심사소위원회 앞 의견서, 2015.11.18. 2002년판에 대해서는, 정순섭, "2002 ISDA 마스터 계약서의 주요개정사항 해설," BFL 제1호, 2003, 97-108면.

5) 한국금융투자협회, 장외파생상품거래 한글약정서 권고안.

6) 이하 설명은 정순섭, "2002 ISDA 마스터 계약서의 주요개정사항 해설," BFL 제1호, 2003, 97-108면에 기초한 것이다.

2. 구 조

가. 의 의

[12-22] ISDA 마스터계약서는 본문, 부속서(schedule), 확인서(confirmation), 담보특약으로 구성된다. 본문에는 주요조건이 인쇄되어 있다. 부속서는 본문의 주요조건 중 당사자들이 선택하거나 변경할 사항을 기재한다. 확인서는 본문과 부속서를 포함한 마스터계약서가 체결된 이후 개별거래가 이루어질 때 그 거래조건을 규정한다. 담보특약은 부속서의 일부를 구성한다. 따라서 장외파생상품거래에서 계약서작성은 부속서의 작성을 의미한다.

[12-23] ISDA 마스터계약서의 전제는 마스터계약서가 체결된 후 그 내용을 기초로 확인서가 작성되는 것이다. 그러나 실무상으로는 마스터계약서가 체결되지 않은 상태에서 확인서가 작성되는 경우도 있다. 이러한 상태에서 분쟁이 발생할 경우 마스터계약서 본문의 조항을 당해 거래에 적용할 수 있는가? 마스터계약서와 확인서의 관계를 살펴본다.

나. 마스터계약서와 확인서의 관계

1) 마스터계약서의 체결이 없는 경우 적용법규

[12-24] 과거에는 마스터계약서가 체결되지 않은 상태에서 확인서가 교환된 경우 마스터계약서의 조항을 당해 거래에 관습법으로 적용할 수 있다는 등의 견해가 있었으나 ISDA 마스터계약서를 관습법으로 볼 수는 없다. 따라서 이런 경우에 대비하여 거래의 경제적 조건만을 규정하는 약식확인서(short form confirmation)가 아니라 마스터계약서의 조항 중 필요사항을 규정한 확인서(long form confirmation)를 작성하는 것이 필요하다. 금융감독기관은 마스터계약서가 체결되지 않은 상태에서 확인서가 교환되는 불완전계약상태(backlog)를 해소하기 위한 노력이 필요하다.[7] 장외파생상품거래가 이미 상당한 시일 지속된 경우에는 주요 시장참여자 간에는 마스터계약서가 대부분 체결되어 있을 것이다.

2) 마스터계약서의 내용에 위반되는 확인서의 효력

[12-25] 확인서에서 마스터계약서를 따르기로 했는데 그에 따르지 않은 경우 확인서의 약정사항이 무효가 되는가? 법원은 외국회사가 발행한 환어음에 관한 환매계약체결시 거래확인서에 'this confirmation is issued in accordance with the rules of international securities market association.'이라는 문구가 기재되어 있다는 것만으로, 그 확인서가 국제증권시장협회 규정에 따르지 않을 경우 그 약정이 무효가 되는지 문제된 사안에서 이를 부정하였다(대법원 2002. 11. 13. 선고 2000다46450 판결). 따라서 확인서로 마스터계약서의 주요조항을 계약내용으로 포함하려면 명확하게 규정해야 한다.

7) OTC Derivatives: Settlement Procedures and Counterparty Risk Management: Report by the Committee on Payment and Settlement Systems and the Euro-currency Standing Committee of the central banks of the Group of Ten countries, September 1998; General Accounting Office, Credit Derivatives: Confirmation Backlogs Increased Dealers' Operational Risks, but Were Successfully Addressed after Joint Regulatory Action, GAO-07-716, June 2007.

3. 단일계약

ISDA 마스터계약서는 '마스터계약서와 확인서'가 단일계약서임을 규정하고 있다. 이는 회생법상 회생이나 파산절차상 일괄정산네팅의 효력과 관련하여 회생관리인이나 파산관재인의 선택적해지권(cherry-picking, 회생 119조·335조) 행사를 배제하기 위한 목적에서 규정된 것이다(section 1.c). [12-26]

4. 지급과 인도

장외파생상품계약은 양당사자가 반대급부를 이행할 의무를 지는 쌍무계약이다. 구체적인 지급방법은 확인서에 규정된다. 계좌변경, 네팅, 원천세, 연체이자 등에 관한 사항도 규정된다. 당사자의 지급 또는 인도의무는 상대방 당사자에 대하여 채무불이행사유나 잠재적 채무불이행사유가 없을 것을 선행조건으로 한다(2002년판 s.2(a)(iii)). 선행조건의 법적 성질과 그 채무가 면제되는지 여부와 같은 구체적 효과에 대해서는 논의가 있다.[8] [12-27]

5. 네 팅

ISDA 마스터계약서에서 규정하는 네팅은 **지급네팅(payment netting)**과 **일괄정산네팅**의 2가지이다. 지급네팅은 정상적인 지급과 인도를 위하여 양당사자의 지급금액을 정산한 잔액만을 지급하는 방식으로 결제하는 것을 말한다. 일괄정산네팅은 일방당사자의 채무불이행 등으로 거래를 지속할 수 없는 경우에 당해 마스터계약서에 따라 이루어진 모든 거래를 해지하여 양당사자의 지급의무를 상계하여 청산하는 방법을 말한다. 이런 점에 주목하여 일괄정산네팅을 **채무불이행네팅(default netting)** 또는 **해지네팅(termination netting)**이라고 한다. [12-28]

노베이션네팅(netting by novation, obligation netting)은 동일한 당사자가 1차 거래를 한 후 2차 거래시점에 1차 거래의 시가를 평가하여 2차 거래의 조건으로 반영하고 1차 거래를 해지하는 네팅을 말한다. ISDA 마스터계약서에서는 규정하고 있지 않다. [12-29]

6. 기한전해지

가. 의 의

기한전해지(early termination)는 일정한 사유가 발생하면 기한의 이익을 상실시키고 거래를 기한전에 해지하여 거래를 종결하는 절차를 말한다. 국내에서는 **조기종료**나 **중도종료**라고 표현하는 경우가 많지만 법률상으로는 '기한전해지'라고 하는 것이 옳다. 기한전해지는 ISDA 마스터계약서에 따라 체결된 모든 개별거래를 일시에 해지하여 청산함으로써 거래상대방에 대한 포지션을 완전히 정리하는 과정이다. [12-30]

---

8) 김창희, "ISDA 기본계약 s.2(a)(iii)의 도산절차에서의 효력," 선진상사법률연구 통권 제77호, 2017, 241-268면; 홍성균, "장외파생금융거래에 사용되는 'ISDA 기본계약서' 상의 선행조건 조항 : 계약해석 및 도산법상의 쟁점을 중심으로," 상사법연구 제33권 제4호, 2015, 159-223면.

[12-31] ISDA 마스터계약서상 기한전해지는 ① 기한전해지사유의 발생, ② 해지의 통지 또는 자동해지조항의 발동, ③ 거래의 평가, ④ 상계의 절차를 거치게 된다. 이 중 ②·③·④의 절차를 일괄정산네팅이라고 한다.

나. 기한전해지사유의 발생

[12-32] **기한전해지사유**(early termination events)는 거래를 지속할 수 없는 사유로서 **채무불이행사유**(events of default)와 **해지사유**(termination events)로 구성된다. 전자는 당사자 중 일방에 책임있는 사유로 거래를 지속할 수 없는 경우를, 후자는 당사자 쌍방에 책임없는 사유로 거래를 지속할 수 없는 경우를 말한다. 지급불이행은 전자에, 거래의 불법화는 후자에 해당할 것이다.[9)10)]

[12-33] 특히 "파산절차의 신청이나 선고 또는 회생절차의 개시신청이나 개시결정을 계약의 해지사유로 하거나 계약이 당연히 해지된다고 규정하는 조항"을 **도산해지조항**이라고 한다. 도산해지조항은 유효한가? 이에 대해서는 도산법의 기본목적을 회피하려는 약정으로서 효력을 부정하는 견해가 있다. 법원은 도산해지조항이 구 회사정리법에서 규정한 부인권의 대상이 되거나 공서양속에 위배된다는 등의 이유로 효력이 부정되어야 할 경우를 제외하고, 도산해지조항으로 인하여 정리절차개시 후 정리회사에 영향을 미칠 수 있다는 사정만으로는 그 조항이 무효라고 할 수 없다고 판단하였다(대법원 2007. 9. 6. 선고 2005다38263 판결). 다만 이 판결은 합작투자계약의 경우에 한하여 유효라고 한 것이고 그 밖의 계약에서는 무효가 될 가능성을 열어둔 것이라고 평가되고 있다.[11)] 그러나 최근 법원은 쌍방미이행 쌍무계약에서 도산해지조항은 원칙적 무효라고 판단하였다(서울고법 2023. 1. 13. 선고 2021나2024972 판결(확정)).[12)] 회생법 제120조 제3항은 도산해지조항의 효력을 인정하는 특칙이다.

---

9) "계약체결 후에 채무의 이행이 불가능하게 된 경우에는 채권자가 그 이행을 청구하지 못하고 채무불이행을 이유로 손해배상을 청구하거나 계약을 해제할 수 있다. 그러나 계약 당시에 이미 채무의 이행이 불가능했다면 특별한 사정이 없는 한 채권자가 그 이행을 구하는 것은 허용되지 않고, 민법 제535조에서 정한 계약체결상의 과실책임을 추궁하는 등으로 권리를 구제받을 수밖에 없다. 여기서 채무의 이행이 불가능하다는 것은 절대적·물리적으로 불가능한 경우만이 아니라 사회생활상 경험칙이나 거래상의 관념에 비추어 볼 때 채권자가 채무자의 이행의 실현을 기대할 수 없는 경우도 포함한다(대법원 1995. 2. 28. 선고 94다42020 판결 등 참조). 이는 채무를 이행하는 행위가 법률로 금지되어 그 행위의 실현이 법률상 불가능한 경우에도 마찬가지이다." 대법원 2017. 8. 29. 선고 2016다212524 판결.

10) 전자의 경우 사유발생에 책임있는 당사자를 **유책당사자(defaulting party)**, 그렇지 않은 당사자를 **비유책당사자(defaulting party)**라고 부른다. 후자의 경우 책임 없는 사유가 발생한 당사자를 **사유발생당사자(affected party)**, 그렇지 않은 당사자를 **비사유발생당사자(non-affected party)**라고 부른다.

11) 김재형, "2007년 민법 판례 동향," 민법론 IV, 2011, 428면. cf. 권영준, "도산해지조항의 효력," 비교사법 제25권 제2호, 2018, 749-802면("도산법의 목적을 달성하기 위한 집단 규율 앞에서 개별적인 도산해지조항의 효력은 뒤로 물러서야 한다").

12) 보증보험사(갑)가 을의 연대보증 아래 병 주식회사와 보증보험한도거래약정을 체결한 다음, 그 약정에 기초하여 병 회사와 사이에 병 회사가 정 주식회사와 특정 솔루션 라이선스를 공급하는 계약(주계약)을 체결하면서 납부하기로 한 계약보증금에 관하여 이행보증계약을 체결하였는데, 그 후 병 회사에 대한

다. 해지의 통지 또는 자동해지조항

마스터계약서는 민법상 기한이익상실사유에 해당하는 기한전해지사유를 **해지의 통지**(termination notice)를 요하는 사유와 별도의 해지통지를 요하지 않는 **자동해지**(automatic early termination)사유로 구분한다. [12-34]

기한이익상실특약은 그 내용에 따라 일정한 사유가 발생하면 채권자의 청구 등을 요함이 없이 당연히 기한의 이익이 상실되어 이행기가 도래하는 것으로 하는 **정지조건부 기한이익상실특약**과 일정한 사유가 발생한 후 채권자의 통지나 청구 등 채권자의 의사행위를 기다려 비로소 이행기가 도래하는 것으로 하는 **형성권적 기한이익상실특약**으로 구분된다(대법원 2002. 9. 4. 선고 2002다28340 판결). 기한이익상실특약이 위 2가지 중 어디에 해당하는지는 당사자의 의사해석의 문제이지만 일반적으로 기한이익상실특약이 채권자를 위하여 둔 것인 점에 비추어 명백히 정지조건부 기한이익상실특약이라고 볼 특별한 사정이 없는 이상 형성권적 기한이익상실특약으로 추정한다(대법원 2002. 9. 4. 선고 2002다28340 판결). [12-35]

ISDA 마스터계약서에서 명시적으로 자동해지사유로 규정한 경우에는 정지조건부 기한이익상실특약으로 볼 수 있다. [12-36]

라. 거래의 평가

1) 1992년판

거래평가를 위해서 1992년판은 시장가액방식(market quotation)[13]과 손해방식(loss)을 선택하게 했지만, 2002년판은 일괄정산금액(close-out amount)방식으로 변경했다. 20여년간 이루어진 평가모델의 발전에 대한 신뢰의 차이가 반영된 것이다. [12-37]

종전 1992 마스터계약서는 이를 위해 2가지 방법을 제시하고 당사자가 선택할 수 있는 구조를 취하고 있었다. 첫째, **손해방식**은 비유책당사자(non-defaulting party)가 거래의 기한전해지로 인하여 입은 손해(혹은 이익)를 산정하는 것이다. 둘째, **시장가액방식**은 비유책당사자가 당해 거래의 시장가치를 일종의 경매방식을 통하여 산정하는 것이다. 구체적으로는 기준시장조성자(reference market-makers)라고 불리는 제3자로부터 유책당사자를 대신하여 당해 거래를 계속하기 위하여 당해 제3자가 지급 또는 수취해야 할 금액의 호가를 구하여 그중 가장 높은 호가와 낮은 호가를 제외하고 나머지 호가를 산술평균한 값을 그 거래의 가치로 보는 것이다.[14] [12-38]

회생절차가 개시되어 정 회사가 주계약에서 정한 '병 회사에 대하여 파산, 회사정리 등 절차가 진행된 경우 계약을 해제할 수 있다.'는 내용의 조항을 근거로 주계약의 해제를 통지하고 갑 회사에 이행보증계약에 따른 보험금의 지급을 구하자, 갑 회사가 보험금을 지급한 다음 을을 상대로 연대보증채무의 이행을 구한 사안에서, 주계약이 쌍방미이행 쌍무계약의 상태에 있었으므로 위 조항에 근거한 해제통지는 효력이 없고, 주계약의 해제를 전제로 하는 연대보증채권은 발생하지 않았다고 한 사례이다.

13) 법원에서는 '시가인용방식'이라는 용어를 사용하고 있다. 서울고법 2003. 6. 10. 선고 2002나3619 판결(항소기각 확정); 서울지법 2001. 10. 19. 선고 99가합52591 판결.

[12-39] 2002 마스터계약서는 이를 하나로 통합한 **일괄정산금액**이라는 개념을 채택하였다. 이러한 변화는 시장가액방식은 왜곡된 시장조건 하에서 의미 있는 호가를 얻기 어렵고, 손해방식은 지나치게 주관적일 수 있다는 인식에 기인한다. 그러한 인식의 전환에는 손해금의 평가방식과 관련한 몇 가지 쟁점에 대한 전통적인 견해를 부정한 영국법원의 판결도 기여하였다. 그중 특히 중요한 것이 ① 시장가액방식은 당사자들의 신용상태에 의하여 영향을 받는지 여부, ② 시장가액방식과 손해방식은 전혀 무관한 선택지인지 여부의 2가지 쟁점이었다. 이러한 문제들에 대한 전통적인 입장은 ① 시장가액방식은 당사자들의 신용상태와는 무관하며, 순수하게 당해 거래의 경제적 조건에 따라서만 결정해야 하며, ② 시장가액방식과 손해방식은 전혀 무관한 선택지로서 당사자들이 그중 하나를 선택하면 나머지는 계약상 무시해야 한다는 것이었다. 그러나 영국 법원은 첫째 문제에 대하여 시장가액방식은 비유책당사자의 신용상태를 고려해야 한다고 보았고, 둘째 문제에 대해서도 "ISDA 마스터계약서의 배후에 존재하는 의도는 시장가액방식과 손해방식은 전체적으로 동일한 결과를 예상하고 있으며, 손해방식은 시장가액방식의 평가를 위한 기준이 되어야 한다"라고 하여 전통적인 견해를 부정하였다(Peregrine Fixed Income Ltd (In Liquidation) v. Robinson Department Store Public Co Ltd [2000] All ER (D) 1177).

2) 2002년판

[12-40] 일괄정산금액이란 "해지된 거래와 그에 대한 옵션의 경제적 조건을 대체하거나 그에 상응하는 경제적인 가치를 제공하기 위한 손해나 비용 혹은 이익의 액"을 말한다. 일괄정산금액산정을 위한 기본원칙으로 선의와 상업적 합리성의 2가지를 요구하고 있다. 일괄청산금액을 산정할 때 산정당사자는 선의로 '상업적으로 합리적인 결과'를 산출하기 위해 '상업적으로 합리적인 절차'를 사용해야 한다. 그리고 2002 마스터계약서의 가장 중요한 변화는 산정당사자에게 내부자료를 사용할 수 있게 한 점과 다른 종류의 상품이나 거래에 대해서는 다른 평가방법을 적용할 수 있게 한 점이라고 할 수 있다.

마. 손해금의 지급방식

1) 1992년판

[12-41] 1992 마스터계약서는 손해금 지급방식으로서 제1방식(first method)과 제2방식(second method)을 당사자들이 택일할 것을 요구하고 있었다. '제1방식'에 따르면, 유책당사자는 비유책당사자에 대한 지급의무를 이행해야 하지만, 비유책당사자는 유책당사자에게 그러한

---

14) 이에 대해 "원고는 위 4개의 시가평가액 중 최고액과 최저액을 제외한 나머지 2개의 시가평가액의 산술평균으로 시가가 산정되어야 한다고 주장하나, 위 기본약정서 제14조에 정의된 '시가'란 앞서 본 바와 같이 최고평가액과 최저평가액에 상관없이 (without regard to) 모든 시가평가액의 산술평균으로 산출되는 것이므로, 원고의 위 주장은 이유없다"고 한 판결이 있다. 서울지법 2001. 10. 19. 선고 99가합52591 판결. 명백한 오류이다.

의무를 부담하지 않는다. 이런 의미에서 이를 제한적 쌍방 지급방식(limited two-way payment) 혹은 취소가능조항(walk-away clause)이라고 한다. '제2방식'에 따르면, 유책당사자인지 여부를 불문하고 당사자 쌍방이 상대방이 입은 손실을 지급하는 방식이다. 이를 완전 쌍방 지급방식(full two-way payment)이라고 한다.

이러한 지급방식의 선택에는 규제상 문제가 있다. 은행 자기자본규제와 관련하여 바젤 [12-42] 은행감독위원회는 제1방식을 선택한 경우에는 네팅의 자산감축효과를 인정할 수 없다고 천명하였다. 그 이유는 유책당사자에게 그의 이익을 지급하지 않는 것은 네팅을 둘러싼 법적환경에 불안정성의 여지를 제공할 수 있기 때문이라고 한다. 우리나라도 동일한 기준을 가지고 있다. 이러한 제1방식에 대한 법적 의문의 제기가 모든 나라에서 타당한 것은 아니다. 그러나 대부분의 거래는 제2방식에 의하는 것이 실무상의 관행으로 정착되어 있다.

2) 2002년판

2002 마스터계약서는 이러한 구별을 폐지하여 제2방식만을 규정한다. 이러한 변화는 [12-43] 위에서 본 규제상 문제와 함께 제2방식을 사용해 온 시장관행을 계약서상 명시한 것으로 볼 수 있다.

바. 상 계

거래의 평가결과 산출된 양당사자의 채권액을 대등액을 한도로 소멸시키고, 그 결과 [12-44] 발생한 최종잔액채권을 예컨대 일방당사자가 파산한 경우에는 타방당사자가 파산절차상 파산채권으로 신고하게 된다. 실무상으로는 이 최종잔액채권에 대해서도 담보를 설정하여 상대방에 대한 위험을 완전히 제거하려고 한다. 이를 담보화(collateralization)라고 한다.

7. 준거법과 재판관할

ISDA 마스터계약서는 국제거래를 전제로 하므로 당사자들이 준거법과 재판관할을 [12-45] 정하도록 한다. 일반적으로 영국법(England)과 뉴욕주법, 그리고 런던과 뉴욕의 법원을 각각 준거법과 재판관할로 선택한다. 물론 이들 국가 이외의 법률과 법원을 지정할 수도 있다. 자국법과 자국법원을 선택할 수도 있다. 그러나 영국의 경우 장외파생상품을 포함한 국제금융거래에 관한 오랜 전통과 함께 풍부한 사례를 축적하고 있어 법률해석의 예측가능성이라는 관점에서 가장 높은 경쟁력을 가진 것도 사실이다.

제4절 법률문제

Ⅰ. 서 언

[12-46] 장외파생상품에 관한 법률문제는 은행규제법과 은행거래법 그리고 금융도산법에 이르기까지 다양한 분야에서 발생한다. 지금은 국내에서도 쟁점별로 어느 정도 정리되었지만, 여전히 많은 논의를 요한다. 권리능력과 대리권 그리고 당사자 간의 법률관계를 중심으로 한 판매책임위험을 정리하고, 신용위험관리수단으로서 청산의무화를 살펴본다. 금융도산법상 문제로 일괄정산네팅에 대해서는 [20-104]-[20-142]에서, 담보화에 대해서는 [11-50]-[11-79]에서 각각 살펴본다.[15)]

Ⅱ. 권리능력

1. 의 의

[12-47] 장외파생상품을 거래할 수 있는 권리능력은 일반사업회사, 은행 등 금융업자, 지방자치단체, 신탁 등으로 나누어 살펴볼 수 있다. 각각 회사법, 은행법 등 금융규제법상 제한의 유무, 조직의 본질적 기능과의 관련성, 당사자의 확정과 책임재산의 한도 등이 주로 문제된다.

2. 일반사업회사

[12-48] 금융업을 경영하지 않는 주식회사인 일반사업회사의 권리능력은 설립근거법과 정관상 목적에 의하여 제한된다. 그러나 "목적범위내의 행위라 함은 정관에 명시된 목적 자체에 국한되는 것이 아니고 그 목적을 수행하는데 있어 직접 또는 간접으로 필요한 행위는 모두 포함되며 목적수행에 필요한지 여부도 행위의 객관적 성질에 따라 추상적으로 판단할 것이지 행위자의 주관적, 구체적 의사에 따라 판단할 것은 아니다"(대법원 1987. 9. 8. 선고 86다카1349 판결). 따라서 주식회사의 형태를 취하는 일반사업회사의 경우 장외파생상품거래와 관련하여 권리능력이 문제되는 경우는 거의 없을 것이다.

3. 매매업자와 최종이용자

[12-49] 장외파생상품거래 참가자는 목적과 영업형태를 기준으로 시장조성을 목적으로 영업성을 가진 매매업자(dealer)와 보유자산의 헤지나 투기를 목적으로 영업성을 가지지 않은 최종이용자(end-user)로 구분할 수 있다. 전자의 경우 장외파생상품에 대한 투자매매업 인가를 가진 자만이 할 수 있다. 은행은 겸영업무로서 자본시장법상 장외파생상품에 대한

---

15) John-Peter Castagnino, Derivatives: The Key Principles 3rd ed, Oxford University Press, 2009; Schuyler K. Henderson, Henderson on Derivatives 2nd ed, LexisNexis, 2010; Alastair Hudson. Law on Financial Derivatives 6th ed, Sweet & Maxwell, 2017; Gary E. Kalbaugh, Derivatives Law and Regulation, 2nd ed, Carolina Academic Press, 2018; Philip R. Wood, Set-Off and Netting, Derivatives, Clearing Systems 3rd ed, Sweet & Maxwell, 2019.

투자매매업을 운영할 수 있다. 후자의 경우 특별한 진입규제의 대상이 되지는 않으며, 주식회사일 경우에는 회사법상 권리능력에 관한 일반법리가 적용된다. 그러나 지방자치단체 등 공공단체의 경우에는 권리능력의 범위에 관하여 논의가 있다. 은행은 매매업자와 최종이용자 모두 권리능력과 관련한 문제가 없다.

4. 지방자치단체

장외파생상품거래와 관련하여 법인의 권리능력이 문제된 대표적인 사례는 영국의 지방자치단체 사례이다(Hazel v Hammersmith & Fulham LBC[1991] 1 All ER 545). 당시 영국의 상원은 지방자치단체는 그 설립근거법상 장외파생상품거래를 할 수 있는 권리능력이 없다고 판단하였다. [12-50]

국내에는 지방자치단체의 장외파생상품거래에 관한 권리능력의 유무를 논의하고 있지 않다. 그러나 일본에서는 지방자치단체를 포함한 공공단체의 장외파생상품거래에 관한 권리능력의 문제를 지적하면서 입법적 해결을 강조한 의견이 있다.[16] [12-51]

5. 신 탁

신탁법상 신탁의 경우 신탁재산 자체는 독립적인 법인격을 가지지 않으므로 외부적인 거래의 당사자는 수탁자가 된다(대법원 2007. 9. 20. 선고 2005다48956 판결).[17] 따라서 신탁의 장외파생상품거래를 위해서는 수탁자는 그 거래를 할 수 있는 권리능력이 있는 자라야 한다. 투자신탁의 경우에는 집합투자업자가 아닌 신탁재산을 보관관리하는 신탁업자가 수탁자로서 당사자가 된다(대법원 2003. 4. 8. 선고 2001다38593 판결). 수탁자는 신탁업자로서 보통 은행이므로 장외파생상품거래를 위한 권리능력 문제는 발생하지 않는다. [12-52]

오히려 문제는 신탁의 장외파생상품거래로 인한 채무의 이행에서 수탁자는 고유재산으로 무한책임을 진다(대법원 2006. 11. 23. 선고 2004다3925 판결; 대법원 2004. 10. 15. 선고 2004다31883,31890 판결)는 일반법리와의 관계에서 발생한다. 실무적으로는 신탁을 위해 장외파생상품거래를 하는 경우 수탁자의 책임범위를 신탁재산으로 한정하는 책임재산한정특약으로 해결해 왔다.[18] 책임재산한정특약에 대해서도 의문을 표시하는 견해가 있는 점을 고려하여 자본시장법은 투자신탁의 경우 집합투자업자나 신탁업자의 책임을 신탁재산으로 한정하는 특칙을 두고 있다(80조 2항).[19] 신탁법은 수탁자의 책임재산을 신탁재산으로 한정하는 유한책임신탁을 허용한다(114조). [12-53]

---

16) 金融法委員会, 「公益法人と金融取引に関する一考察~特にデリバティブ取引を中心として」, 2005.2.24.
17) 정순섭 신탁, 325면.
18) 정순섭, "펀드의 금융거래와 당사자의 책임," 투신 제50호, 2005, 21-33면.
19) 정순섭 신탁, 635-652면.

Ⅲ. 대리권

[12-54] 장외파생상품거래와 관련하여 대리권이 문제되는 경우는 마스터계약서의 체결과 개별 거래별 확인서의 체결로 나눌 수 있다. 마스터계약서의 체결은 계약담당부서에서 하지만, 개별거래별 확인서는 후선부서에서 담당하게 될 것이다. 장외파생상품거래와 관련한 분쟁에서 많이 제기되는 쟁점 중 하나가 거래담당자의 대리권 유무이다. 국내에서는 주로 인감이나 서명감을 통하여 권한을 확인하는 것이 실무이다.

Ⅳ. 판매책임 - 당사자간의 법률관계

[12-55] 은행이 거래하는 장외파생상품에 대해서도 적합성원칙이나 설명의무와 같은 판매규제의 위반 여부가 문제된다. 국내에서 이루어진 장외파생상품거래에 관한 분쟁으로는 키코거래를 들 수 있다. 쟁점은 첫째, 상품의 구조 자체가 불공정한지 여부를 중심으로 한 제조책임과 둘째, 상품의 판매가 불완전한지 여부를 중심으로 한 판매책임으로 나눌 수 있다. 키코거래와 관련하여 대법원이 은행의 판매책임을 인정한 사례도 있다.[20]

Ⅴ. 도박규제

[12-56] 장외파생상품이 도박에 해당하는지 여부는 국내외 많은 사건에서 쟁점이 되어 왔다.[21] 장외파생상품은 기초자산 가치에 따라 지급자와 지급금액이 정해지는 점에서 참여한 사람들이 서로 재물을 걸고 우연한 사정이나 사태에 따라 재물의 득실을 결정하는 도박(대법원 2017. 4. 7. 선고 2016도19704 판결)과 구조와 기능의 양면에서 매우 유사하다. 자본시장법은 금융투자업자가 금융투자업을 영위하는 경우에는 도박죄를 규정한 형법 제246조의 적용을 배제하고 있다(10조 2항). 따라서 자본시장법상 겸영금융투자업자인 은행이 장외파생상품에 대한 투자매매업이나 투자중개업을 운영하는 경우에는 도박죄 규정은 적용되지 않는다. 다만 지나치게 사행성이 높은 경우에는 민법 제103조의 공서양속에 위반되는 계약으로서 그 효력을 부정할 가능성은 남아 있다.

Ⅵ. 청산의무화

[12-57] 2008년 글로벌 금융위기 이후 장외파생상품의 청산을 의무화하는 입법례가 늘고 있다.[22] 장외파생상품계약에 청산기관이 개입하여 모든 매도(수)자에게 매수(도)자가 됨으

---

20) 진상범·최문희, "KIKO 사건에 관한 대법원 전원합의체 판결의 논점(상)," BFL 제63호, 2014, 85-111면; 최문희, "KIKO 사건에 관한 대법원 전원합의체 판결의 논점(하)," BFL 제64호, 2014, 78-102면.

21) 정순섭, "금융거래와 도박규제-자본시장통합법상 도박면제규정의 입법론적 고찰," 증권법연구 제7권 제2호, 2006, 173-197면.

22) David Murphy, Derivatives Regulation: Rules and Reasoning from Lehman to Covid, Oxford University Press, 2022, pp47-81, 151-226

로써 다자간 차감에 의한 양자간 계약의 거래상대방위험을 감축하고, 순포지션 관리와 결제불이행 위험의 전이 차단 등의 효과를 목적으로 한 것이다. 우리나라도 자본시장법은 은행을 포함한 금융투자업자가 다른 금융투자업자를 포함한 일정한 범위의 거래상대방과 장외파생상품을 포함한 청산의무거래를 하는 경우 금융투자상품거래청산회사를 통한 청산을 의무화하고 있다(166조의3; 동 시행령 186조의3 2항).[23] 현재 청산의무거래는 원화 금리스왑에 한정된다.

23) 김창희, "장외파생상품 중앙청산에서의 네팅에 관한 법적 연구," 선진상사법률연구 73호, 2016, 85-114면; 정순섭, "자본시장 인프라에 관한 법적 연구 – 장외파생상품 청산의무화를 중심으로," 증권법연구 제12권 제3호, 2011, 57-114면.

제13장 신디케이티드 대출

제1절 서 설

신디케이티드 대출은 대규모 자금을 다수의 은행으로 구성되는 대주단이 분담하는 형식을 취한다. 신디케이티드 대출은 차주와 개별 대주 사이에 개별적 법률관계가 형성되고 각자 대출로서의 본질을 유지한다. [13-1]

그러나 채무불이행 선언 등 중요사항에 대해서는 대주단의 다수결에 따른 집단적 의사결정에 따르도록 하여 집단성도 존재한다. 이러한 개별성과 집단성을 고려하여 적절한 계약서작성이 법적 위험의 관리를 위해 중요한 의미를 갖게 된다. 또한 주간사은행과 대리은행 등의 역할에 의존하는 점에서 관계당사자 사이의 의무와 책임도 중요한 문제가 된다. [13-2]

신디케이티드 대출에도 일반적인 대출과 동일한 법리가 적용된다. 그러나 주간사은행이 차주로부터 차입의뢰문서를 받아 대출조건을 협의하고 대주단을 모집하여 대출을 실행한 후 대출채권을 자유롭게 양도하는 등 증권시장의 구조와 매우 유사한 측면을 나타낸다. 따라서 신디케이티드 대출은 대출시장과 자본시장의 특징을 함께 가진 대표적인 금융기법으로 알려져 있다. 신디케이티드 대출의 참여은행들이 가진 대출채권에 대하여 증권규제를 적용해야 한다는 주장은 그러한 관점에서 제기된 것이다. [13-3]

신디케이티드 대출은 프로젝트금융이나 항공기금융과 같은 대규모 자금조달을 필요로 하는 경우에 대출기법으로 활용된다. 따라서 신디케이티드 대출은 단순한 기업금융에 그치지 않고 다양한 금융시장거래의 기초가 되는 점을 염두에 두고 이루어져야 하는 것이다. [13-4]

제2절 의의와 특징에서는 신디케이티드 대출의 개념과 경제적 기능 그리고 유형을 정리한다. 제3절 구조에서는 신디케이티드 대출의 조성·자금인출·사후관리의 각 단계별로 법률문제를 살펴보고, 대주단의 법적 성질을 검토한다. 제4절 계약서작성에서는 신디케이티드 대출에 사용되는 대출계약서의 내용과 그 법적 의의를 살펴본다. 제5절 법률문제에서는 당사자의 책임, 수수료와 재분배, 유통시장과 대출채권의 환매 등 쟁점별로 법률문제를 검토한다. [13-5]

제2절 의의와 특징

Ⅰ. 의 의

1. 개 념

[13-6] 신디케이티드 대출(syndicated loan)은 "복수의 은행이 대주단(syndicate)을 구성하여 차주에게 공통의 조건으로 자금을 융자하는 것"을 말한다.1) 신디케이티드 대출은 대주단을 구성하는 개별 대주와 차주 간에 개별적인 대출계약이 성립하는 점에서 개별성을 원칙으로 한다. 그러나 복수의 대주가 대주단을 구성하여 공통의 조건으로 대출하는 점에서 대출실행과 회수 과정에 **단체성**이 반영된다. 차주와 대주단이 1개의 계약서로 대출법률관계를 규율하는 점에서 **협조융자**,2) **공동대출** 또는 **차관단대출**이라고 한다.

2. 경제적 기능

[13-7] 신디케이티드 대출은 대주와 차주의 입장에 따라 다양한 경제적 기능을 가진다.3)

[13-8] 대주입장에서 첫째, 대규모 자금조달에 따른 개별은행의 부담을 줄이고 차주위험을 분산할 수 있는 점, 둘째, 자기자본비율이나 여신한도 등 규제를 관리할 수 있는 점, 셋째, 심사능력이 부족한 소규모 기관들은 참여은행으로 참가함으로써 대출기회를 확보할 수 있는 점, 넷째, 계약서작성과 대출관리에 필요한 사무부담을 줄일 수 있는 점 등의 기능이 있다. 그러나 주간사은행이 정보공시를 부실하게 하면 참여은행의 위험이 증가할 수도 있다.4)

[13-9] 차주입장에서도 첫째, 조달수단의 안정화와 다양화를 실현할 수 있는 점, 둘째, 주간사은행이나 대리은행을 통하여 사무부담이 경감되는 점, 셋째, 양도가능성을 전제로 유통

---

1) Alastair Hudson, The Law of Finance, 2nd ed, Sweet & Maxwell, 2013, pp993-1018; Rafal Zakrzewski, "Syndicated Lending" in Sarah Paterson and Rafal Zakrzewski(eds), McKnight, Paterson, & Zakrzewski on the Law of International Finance 2nd ed, 2017, pp451-534; Agasha Mugasha, The Law of Multi-Bank Financing-Syndicated Loans and the Secondary Loan Market, Oxford University Press, 2007; 강일원, "Syndicated Loan 거래의 법적 구조," 민사재판의 제문제 11권, 2002, 385-415면; 박수만, "국제차관계약," 김건식·남효순(편), 금융거래법, 1999, 623-639면; 석광현, "국제적인 신디케이티드 론 거래와 어느 대주은행의 파산—대법원 2001. 12. 24. 선고 2001다30469 판결에 대한 평석," 석광현, 국제사법과 국제소송 제3권, 박영사, 2004, 543-579면; 한민, "신디케이티드 대출에 관한 법적 검토," 법학논집 제16권 제4호, 2012, 203-243면.

2) 일본에서는 메인뱅크가 복수의 금융기관과 협조하여 융자하는 경우를 '협조융자'라고 부르지만, 협조융자는 완전히 독립한 복수의 대출이 병존하는 데 불과하다. 小塚荘一郎, 「わが国におけるシンジケートローン取引といわゆるメインバンク·システム-貸し手間の法律関係を考える前提として」, 上智法学論集 第50巻 第3号, 2007, 2면.

3) 森下哲朗,「シンジケート·ローンにおけるアレンジャー,エージェントの責任」, 『上智法学論集』 第51巻 第2号, 2007, 2-4면.

4) Jonathan Jones, William W. Lang and Peter Nigro, "Recent Trends in Bank Loan Syndications: Evidence for 1995 to 1999," OCC Economics Working Paper 2000-10, December 2010.

시장에서 형성된 가격이 발행시장에도 영향을 주어 객관적인 가격산정이 가능한 점, 넷째, 대규모 자금의 신속한 조달이 가능한 점 등 장점이 있다.

3. 자금조달방법의 연계

신디케이티드 대출은 1970년대 말 형성되기 시작한 유로달러시장[5]에서 국가를 상대 [13-10]
로 등장한 이래 지난 50여 년간 중요한 자금조달수단으로 발전해 왔다.[6] 은행이 주도해 왔지만, 헤지펀드 등 집합투자기구, 자산유동화기구, 보험회사, 연기금 등 비은행금융회사의 참여도 증가하고 있다. 특히 대출채권 유통시장에서의 이러한 기관의 참여는 **신디케이티드 대출에 신용평가를 포함한 자본시장적 요소를 더욱 확대**하고 있다. 국내에서도 부동산금융을 중심으로 상호저축은행이나 상호금융조합의 참여가 확대되고 있다. 전통적인 기업자금조달수단인 신디케이티드 대출, 채권발행, 주식발행은 상호 연계되어 다양한 선택이 가능한 구조로 발전하고 있다.[7]

4. 거래기법의 다양화

신디케이티드 대출기법은 다양한 용도로 응용될 수 있다. 채권발행이 완료될 때까지만 [13-11]
대출하는 브릿지론의 형태도 있다. 대규모 보증거래에서 보증인단을 구성하여 보증하는 **신디케이티드 보증(syndicated guarantee)**[8]도 있다. 대출이나 보증 등의 선택이 가능한 구조(multi-option facility)도 있다.[9]

Ⅱ. 구 별

1. 집단대출

집단대출은 일정한 자격을 갖춘 특정집단의 차주를 대상으로 일괄승인에 의해 취급 [13-12]
되는 여신을 말한다. 분양아파트 및 재건축(재개발)아파트 입주(예정)자 전체를 대상으로 집단적으로 취급되는 대출을 말하며, 중도금, 이주비, 잔금 대출 등으로 구분된다.[10]

---

5) 유로달러시장은 1950년대 냉전시기 미국정부의 자산동결을 우려한 동구 공산국가의 미국 달러화자산이 유럽 소재 은행으로 이동한 것을 시작으로 1970년대 초 이후 산유국의, 그리고 1980년대 이후 일본의 무역흑자에 따른 미국 달러화 자산이 유럽소재 은행으로 집중되면서 형성되었다. 유로달러는 특정 통화가 그 발행국 이외의 시장에서 거래되는 경우를 말한다. 유로엔 등 모든 통화에 대하여 유로시장이 형성되어 있다. 연혁에 관한 간단한 설명으로, George Walker, International Banking Regulation:Law, Policy and Practice, Kluwer Law International, 2001, pp18-24.

6) Blaise Gadanecz, "The syndicated loan market: structure, development and implications," BIS Quarterly Review, December 2004, pp75-89.

7) Agasha Mugasha, 앞의 책, pp6-7.

8) 신디케이티드 보증에 대해서도 개별성과 재분배조항 등 신디케이티드 대출의 원칙이 그대로 적용된다. Philip R. Wood, International Loans, Bonds, Guarantees, Legal Opinions 3rd ed, Sweet & Maxwell, 2019, pp390-392.

9) Rafal Zakrzewski, "Syndicated Lending" in Sarah Paterson and Rafal Zakrzewski(eds), McKnight, Paterson, & Zakrzewski on the Law of International Finance 2nd ed, 2017, p452.

2. 공동대출

[13-13] **공동대출**은 2개 이상의 금융회사가 동일인 차주에게 동일 담보권을 설정하고 취급하는 대출을 말한다. 공동대출은 신디케이티드 대출의 형식을 취한다.11) 2012.2.24 단위농수협·산림조합·신용협동조합 등 상호금융조합에 대하여 금액기준 동일인대출한도가 새로 도입된 이후 조합은 공동대출을 통해 거액여신 취급을 확대해 왔다.12) 국내에서는 인터넷전문은행이 지방은행과 공동으로 대출하면서 대출심사와 대출관리 등을 인터넷전문은행이 업무위탁에 의하여 처리하는 구조를 공동대출이라고 부르기도 한다.13)

3. 대출참가거래

[13-14] **대출참가거래**(loan participation)는 특정 은행(lead bank)이 차주와 대출계약을 체결한 후 그 대출채권 중 원리금을 수취할 수 있는 권능만을 참여기관(participant)에게 양도하는 거래를 말한다. 복수의 참여기관이 관련되고 특정 은행이 주간사은행과 대리은행의 역할을 수행하는 것으로 볼 수 있는 점에서 대출참가거래는 신디케이티드 대출과 유사성을 갖게 된다. 그러나 참여기관은 차주에게 직접 권리를 행사할 수 없고 특정 은행을 통하여 할 수밖에 없다는 점에서 신디케이티드 대출과 다르다([13-108]). 신디케이티드 대출에서 대출채권 유통수단으로 사용될 수 있다.

4. 기업금융

[13-15] 신디케이티드 대출은 프로젝트금융, 자산금융, 인수금융 등 대규모 자금이 필요한 경우의 자금조달수단으로 활용되기 때문에 일반적인 기업금융과는 차이가 있다. 기업금융이 차주의 신용력을 포함한 기업가치에 근거하여 이루어지고, 자금사용 등의 판단은 기본적으로 차주의 역할이다. 그러나 신디케이티드 대출에서는 대주단의 판단이 프로젝트 자체, 항공기나 선박과 같은 특수자산 또는 기업인수의 실시시기 등 넓은 분야를 대상으로 하는 점에서 일반 기업금융에서의 은행의 역할과는 큰 차이가 있다.

---

10) 금감원 금융용어사전.

11) 공동대출에서 분배약정의 효력이 문제된 사건으로 대법원 2015. 9. 10. 선고 2013다207521 판결; 서울고법 2013. 5. 31. 선고 2012나53828판결; 서울중앙지법 2012. 6. 12. 선고 2011가합96739 판결이 있다.

12) 2-3개 단위조합이 동일인 대출한도를 피해 1개 차주에게 공동으로 대출을 해주는 것이다. 공동대출에서 발생할 수 있는 사후관리 책임의 분산 내지 전가 문제 방지를 위해 주간 조합, 참여조합 및 상호금융중앙회의 역할을 명확히 하는 노력이 이루어지고 있다. 금융 감독원·농협중앙회·수협중앙회·산림조합중앙회·신협중앙회, "보도자료: 상호금융, 공동 대출 리스크 관리에 적극 나서기로 - 금융감독원과 상호금융중앙회는 공동대출 리스크관리 기준을 새로 마련 -," 2014.11.5.

13) 토스뱅크-광주은행, 손 맞잡고 공동대출 추진, 한국금융신문, 2023.3.23.

Ⅲ. 종 류[14)]

1. 기한대출과 한도대출

기한대출(term loan)은 대주가 차주에 대하여 계약일로부터 일정 기간 경과 후에 일 [13-16]
반적으로는 1회에 대출을 실행하고 사전에 약정된 변제 기일에 1회 또는 수회에 걸쳐 원리금을 변제하는 대출을 말한다. 약정기간(commitment period)을 정한 경우 대주는 약정금액에 대하여 인출시점까지 약정수수료(commitment fee)를 받게 된다. **한도대출**(credit line)은 대출금 상환 후 다시 차입할 수 있는 점에 특징이 있다.

2. 클럽방식과 일반모집방식

클럽방식은 이미 차주와 거래가 있는 금융회사만을 대상으로 모집하는 경우를 그리 [13-17]
고 **일반모집방식**은 이미 거래가 있는 금융회사에 한정하지 않고 널리 대주를 모집하는 방식을 말한다.

3. 일시상환방식과 분할상환방식

일시상환방식(bullet payment or balloon payment)은 만기에 원금을 일시에 상환하는 경 [13-18]
우를, **분할상환방식**(amortizing payment)은 대출이후 대출만기까지 일정 횟수로 나누어 원금을 상환하는 방식을 말한다. 어떤 방식이든 이자는 매 지급일에 지급되는 것이 일반적이지만, 이자를 원금에 가산하여 만기에 일시 상환하는 방식도 있다.

---

14) 渥美·坂井法律事務所·外国法共同事業(編),『最新 シンジケート·ローン契約書作成 マニュアル〈第2版〉』, 中央経済社, 2014, 7-11면.

제3절 구 조

Ⅰ. 조 성

1. 차입의뢰문서와 주간사은행

[13-19] 차주가 사전에 협의된 조건에 따라 대출 주선을 요청하는 문서를 **차입의뢰문서(mandate)**라고 한다. 신디케이티드 대출은 차입의뢰문서를 보내기 전과 후로 나눌 수 있다. 차입의뢰문서를 받기 전 차주는 예비 주간사은행(lead manager, arranger)과 대출 조건을 협의한 후 그 은행을 주간사은행으로 지명하고 신디케이티드 대출의 주선을 의뢰한다. 은행법은 대출 및 대출채권매매의 중개·주선 또는 대리 업무를 은행의 겸영업무로 규정하고 있다(28조 1항 3호; 령 18조의2 4항 8호). 대출주선에는 **최선조건(best efforts)**과 **인수조건(underwritten)**의 2가지 방식이 있다.

[13-20] 차입의뢰문서를 받은 주간사은행은 차주와 협의하여 계약의 주요조건을 정하고, 간사은행단을 구성하여 역할을 분배하며, 참여은행을 모집하고, 계약서를 작성한다. 참여은행의 모집은 계약서작성과 함께 완전히 이루어지는 경우가 대부분이지만, 최초 계약체결 시점에는 단일 또는 소수의 은행들이 대주단을 구성하고 2단계로 계약체결 후 일정 시점이 경과한 후 그 대출약정의 전부 또는 일부를 매도하는 방식으로 대주단을 구성하는 경우도 있다.[15] 자금조달규모에 따라서 복수의 주간사은행이 참여은행모집과 계약서작성을 분담하기도 한다.

2. 기채취지서와 참여은행

[13-21] **기채취지서(information memorandum)**는 '주간사은행이 참여은행을 모집하기 위해 은행들에게 대출의 주요조건과 차주에 관한 기본사항을 기재한 문서'를 말한다. 증권공모절차에서 **투자설명서**에 해당한다. 투자설명서가 자본시장법상 규제(123조 이하)를 받는 데 비하여 기채취지서에 대한 규제는 따로 없다.

[13-22] 기채취지서의 작성주체는 주간사은행이거나 주간사은행의 자문을 받은 차주이다. 기채취지서의 내용에 대한 책임은 누가 부담하는가? 차주가 지급능력이 없는 경우에는 참여은행들은 당연히 주간사은행의 책임을 묻게 될 것이다. 책임에 관하여 주간사은행은 차주로부터 제공받은 정보에 기초한 것임을 밝히고 기채취지서 자체나 대출계약서에 면책규정을 둔다. 주간사은행이 참여은행에 부담하는 주의의무와도 관련된다. 그러나 신디케이티드 대출에 참여하는 은행 그 밖의 대주는 금융기관으로서 전문성과 분석능력을 갖춘 기관이라는 점에서 면책규정의 효력이 인정될 가능성이 높다(IFE Fund SA v Goldman Sachs International [2007] EWCA Civ 811).[16]

---

15) Rafal Zakrzewski, "Syndicated Lending" in Sarah Paterson and Rafal Zakrzewski(eds), McKnight, Paterson, & Zakrzewski on the Law of International Finance 2nd ed, 2017, p472.

16) Andrii Zharikov, "Liability of the Arranger of a Syndicated Loan: Methods of Protection," Law and

3. 참여은행과 참여의사의 철회

참여은행은 주간사은행의 권유에 따라 대출금의 일정 비율을 부담하는 은행을 말한다. [13-23]
참여은행은 기채취지서에 따라 참여를 결정한다. 참여은행은 주간사은행에 참여의사를 통지한다.

이러한 참여의사의 통지로 차주와 참여은행 간에 대출계약이 체결된 것으로 볼 것 [13-24]
인가? 일반적으로 참여의사의 통지를 차주의 청약에 대한 참여은행의 승낙으로 보기는 곤란하며, 참여의사통지문서에는 이 점을 명시하는 문구를 포함한다.

참여의사를 통지한 참여은행은 참여의사를 철회할 수 있는가? 특별한 사정의 변경 [13-25]
이 없는 한 참여은행은 손해배상책임을 진다고 볼 것인가? "거래조건이 기채취지서에 기재된 것과 동일하고 계약서의 내용이 시장관행에 비추어 표준적인 것이고, 기채취지서에 기재된 차주의 재무상황이나 시장환경에 실질적인 변동이 없는 등의 상황에서 합리적 이유없이 참여은행이 참여의사를 철회하는 경우에는 참여은행은 차주가 입은 손해를 배상할 법적책임이 있다"고 보는 견해[17]가 있다. 그 근거는 이러한 사정이 계약체결 시까지 발생하지 않는 것을 조건으로 대출계약의 성립에 관한 약속(예약)이 존재한다는 것이다.[18] 손해의 범위에 관하여는 융자를 받지 못함으로써 발생한 경영악화 등에 관한 손해는 인정하지 않은 판례를 소개하고 있다.[19]

Ⅱ. 자금인출 : 참여은행과 대리은행

1. 인출선행조건과 자금인출요청

차주는 인출선행조건(conditions precedent)이 갖추어진 경우 대리은행에게 자금인출요 [13-26]
청을 하게 된다. 대리은행은 인출선행조건이 충족되었는지를 확인한 후 각 참여은행에 대하여 분담비율별로 자금인출을 요청하게 된다. 계약서에 따라서는 개별 대주가 직접 인출선행조건의 충족 여부를 확인하도록 하는 경우도 있다.

2. 자금의 흐름

가. 대리은행계좌방식과 신디케이트계좌방식

신디케이티드 대출에서 자금의 흐름은 대출 실행 단계와 대출 회수 단계로 나눌 수 [13-27]
있다. 대출 실행과 회수의 각 단계에서의 자금 흐름은 계좌를 대리은행 명의로 하는 **대리은행계좌방식**과 계좌를 차주명의로 하는 **신디케이트계좌방식**을 이용할 수 있다.[20] 대리

Financial Markets Review Vol.9, 2015, pp154-158; Denis Petkovic, "Arranger Liability in the Euro Markets," Banking Law Journal Vol.125, 2008, pp49-65.

17) 森下哲朗,「シンジケート·ローンにおけるアレンジャー, エージェントの責任」, 『上智法学論集』第51巻第2号, 2007, 8-9면 각주 (21).

18) 森下哲朗, 위의 논문, 8-9면 각주 (21).

19) 森下哲朗, 위의 논문, 8-9면 각주 (21).

은행계좌방식을 이용할 경우 자금흐름은 대출실행단계에서는 개별 대주의 대리은행계좌에 대한 분담금 이체와 대리은행의 차주지정계좌로의 대출금 입금의 과정을 거친다. 그리고 대출 회수 단계에서는 차주의 지급일자별 대리은행계좌로의 원리금 이체와 대리은행의 각 대주계좌로의 원리금 이체의 절차를 거친다.

나. 자금의 흐름과 대리은행의 파산

[13-28] 대리은행계좌방식에서 중요한 위험은 대리은행이 참여은행의 대출분담금을 수취한 후 차주에게 입금하기 전에 또는 차주의 원리금을 수취하고 참여은행에 분배하기 전에 파산하는 경우에 발생한다.[21] 이 문제를 손쉽게 해결하는 방법은 신탁의 성립을 인정하는 것이다.[22]

[13-29] 국내에서도 보증부사채의 발행인이 사채원리금지급대행은행에 개설한 별단예금계좌로 입금한 사채원리금지급용자금에 대하여 지급대행은행이 발행인에 대한 대출채권과 상계한 사례에서 발행인을 위탁자, 지급대행은행을 수탁자, 사채권자를 수익자로 하는 신탁의 성립을 인정하여 해당 상계처리를 무효로 판단하였다(대법원 2002. 7. 26. 선고 2000다17070 판결).[23] 최근 중소업체 사업을 지원하기 위한 기부금에 관한 양해각서의 법적 성질을 "양해각서에 '신탁', '수탁', '수익자'라는 형식적 표현이 사용되지 않았다는 사정만으로는, 양해각서에 따른 법률관계가 신탁의 성질을 가졌음을 부인할 근거가 될 수는 없"고, "양해각서의 형식과 실질이 모두 신탁 또는 그와 유사한 법률관계에 있"다고 판단한 사례도 있다(서울고법 2023. 11. 10. 선고 2023누44759 판결(확정)). 한편 종교단체의 토지에 설정된 지상권에 관하여 위 2 판결과 동일한 취지로 묵시신탁의 성립을 인정하면서 대상 사안에서는 신탁의 성립을 부정한 사례도 있다(대법원 2014. 7. 10. 선고 2012다81630 판결). 이러한 판례의 입장에 따르면 대리은행의 파산에 따른 자금의 흐름 문제도 쉽게 해결할 수 있을 것이다. 다만 금융실명법상 실명확인을 거친 예금은 특별한 사정이 없는 한 명의인에게 귀속된다는 판례는 고려해야 한다. 그러나 묵시신탁의 성립이 인정되는 경우에는 명의인을 수탁자로 하는 특별한 사정이 있다고 보면 된다.

다. 대출금의 선입금 문제

[13-30] 참여은행이 영업시간이 다른 각국에 소재하는 경우에는 대리은행이 각 참여은행의 대출분담금을 수취하기 전에 차주에게 선입금하는 체당의 문제가 발생할 수 있다.[24] 실제

---

20) 渥美·坂井法律事務所·外国法共同事業(編), 앞의 책, 49-50면.

21) 森下哲朗, 위의 논문, 11면.

22) 신디케이티드 대출에 관한 판결은 아니지만 주간사리스회사가 관리절차에 들어간 공동리스거래에서 의제신탁의 성립을 인정한 사례로 Re Japan Leasing (Europe) plc [1999] B.P.I.R. 911(Chancery Division, 1999). 국내에는 주간사리스회사가 파산한 공동리스거래에서 참여리스회사가 주간사리스회사에 리스료분배청구권을 가지는 것으로 본 사례가 있다. 대법원 2004. 2. 27. 선고 2001다52759 판결.

23) 정순섭 신탁, 149-156면.

24) 南波洋,「シンジケートローンの実行時における「立替払い」, 金融法務事情 1768号, 2006. 26면 이하.

우리나라에서도 항공기금융의 경우 항공기제조사 소재지와 은행소재지의 시차로 인하여 주간사은행이 환거래은행과 협의하여 대리은행이 각 참여은행의 대출분담금을 수취하기 전에 차주에게 선입금하는 방식으로 실무가 이루어진 경우가 있다. 이 경우 실제 일부 은행이 대출분담금을 지급하지 않는 경우 주간사은행과 환거래은행 간에 법적 다툼이 발생할 수도 있다.

Ⅲ. 사후관리 : 대리은행

신디케이티드 대출에서 당사자구조는 '복수의 대주' 대 '차주'의 관계이므로 차주는 이해관계가 다양한 복수의 대주를 상대하게 된다. 이 문제를 해소하기 위해 대리은행이 대주단의 대리인 역할을 담당하게 된다. 대리은행은 참여은행과 위임관계에 있다. [13-31]

Ⅳ. 법률관계

1. 개별적 금전소비대차

신디케이티드 대출은 '복수의 대주' 대 '차주'의 관계로 구성된다. 대출계약 자체는 복수의 개별 대주와 차주간에 체결되는 복수의 소비대차계약이다. 신디케이티드 대출의 대주들은 그중 1인이 대출의무를 이행하지 않더라도 대신 이행할 의무가 없다.[25] 따라서 신디케이티드 대출에서는 각 대주와 차주간에 개별적·독립적인 소비대차계약이 성립하며, 각 대주는 차주에 대하여 독립적인 대출채권을 가진다.[26] [13-32]

2. 집단적 의사결정과 대주단의 법적 성질

기한이익의 상실, 계약의 변경, 소송제기 등 중요사항은 대주단의 다수결의 원칙에 의한 의사결정에 따라 대리은행이 처리한다.[27] 신디케이티드 대출에서 다수결원칙에 따른 대주단의 결정에 반대한 소수파 대주들이 구속되는지 여부에 대하여 영국법원은 이를 인정하였다(Redwood Master Fund Ltd v TD Bank Europe Ltd [2002] EWHC 2703).[28] [13-33]

이와 관련하여 대주단의 법적 성격을 조합으로 볼 것인지도 문제된다. 신디케이티드 대출에서 대주들은 대출금액에 비례하여 의결권을 가진다.[29] 대주들은 차주와 개별적으로 권리의무를 가지고 대주단에서 이익을 분배하지도 않는다. 개별성을 원칙으로 하지만 [13-34]

25) 이미현·고훈, "국제대출계약의 특징과 구조 : 신디케이티드론을 중심으로," 석광현·정순섭(편), 국제금융법의 현상과 과제(제1권), 2009, 76-77면.
26) 박준, "신디케이티드 대출에서 대리은행이 부담하는 선관주의의무," BFL 제59호, 2013, 97면.
27) 이미현·고훈, 앞의 논문, 72-105면.
28) 신디케이티드 대출계약상 다수결원칙의 적용을 '신디케이트 민주주의'(syndicate democracy)라고 한다. Louise Gullifer and Jennifer Payne, Corporate Finance Law: Principles and Policy 3rd ed, Hart Publishing, 2020, pp432-434; Philip R. Wood, International Loans, Bonds, Guarantees, Legal Opinions, 3rd ed, Sweet & Maxwell, 2019, pp189-191; Alastair Hudson, The Law of Finance, 2nd ed, Sweet & Maxwell, 2013, pp1011-1012.
29) Joanna Benjamin, Financial Law, Oxford University Press, 2008, p162 [8.24].

기한이익상실 등 중요사항에 관하여 집단적 의사결정을 요구하고 있을 뿐이다. 따라서 대주들이 조합계약을 명시적으로 규정하지 않는 한 일반적인 신디케이티드 대출에서 대주단을 조합으로 볼 수는 없다.[30] 한국법이 준거법인 통상의 신디케이티드 대출계약은 조합계약은 아니고, 대주들이 동 계약에서 정한 권리의무 관계를 가진 무명계약으로 보는 것이 적절하다는 견해[31]가 있다. 법원은 의료장비 리스계약과 관련하여 공동리스약정을 체결한 갑과 을 사이의 법률관계를 민법상 통상의 조합과 구별되는 조합적 성격을 내포하는 특수한 계약관계라고 본 사례가 있다(대법원 2004. 2. 27. 선고 2001다52759 판결). 호주에는 양자간 대출을 조합으로 성질결정한 사례도 있다(Canny Gabriel Castle Jackson Advertising Pty Ltd v Volume Sales (Finance) Pty Ltd(1974) 131 CLR 321).[32]

[13-35] 신디케이티드 대출은 차주와 대주단에 속하는 개별 대주 간의 개별적·독립적 계약관계이지만, 복수의 대주라는 신디케이티드 대출의 단체성을 반영하여 첫째, 모든 계약조건의 균등화, 둘째, 지급금의 재분배조항에 의한 회수의 균등화, 셋째, 대주단의 다수결원칙에 의한 의사결정과 주간사은행과 대리은행 등 업무집행기구의 개입을 통한 의사결정 기회의 균등화 등의 형태로 수정된 것이다.[33] 그러나 그러한 수정이 차주와 개별 대주 간의 법률관계의 개별성과 독립성을 부정하는 것은 아니다. 대주단의 법적 성질을 조합으로 보는 것은 당사자 의사와 대주단의 실질에 반한다.

30) Ellinger, p784; Joanna Benjamin, 위의 책, p162 [8.25]; Alastair Hudson, The Law of Finance, 2nd ed, Sweet & Maxwell, 2013, pp999-1001.

31) 석광현, 앞의 논문, 555-556면. 같은 취지: 한민, 앞의 논문, 208면.

32) Sheelagh McCracken and Anna Everett, Everett and McCracken's Banking and Financial Institutions Law 6th ed, Law Book Co, 2004, pp722-725 [1920]-[804].

33) 박준, 앞의 논문, 98면.

제4절 계약서작성

Ⅰ. 의 의

신디케이티드 대출에서 계약서작성은 대주와 차주 그리고 대주 상호간의 법률관계 를 규율할 대출계약서와 담보계약서, 후순위약정서 등을 작성하는 과정이다.[34] 신디케이티드 대출을 위한 계약서도 표준화되어 작성에 소요되는 시간과 비용을 줄이는 데 기여하고 있다. 영국 대출시장협회(Loan Market Association, LMA), 홍콩 아시아태평양대출시장협회(Asia Pacific Loan Market Association, APLMA), 미국 대출 신디케이션 및 거래협회(Loan Syndication and Trading Association, LSTA), 일본 대출채권시장협회(Japan Syndication and Loan-trading Association, JSLA)가 작성한 표준계약서를 이용하고 있다. 이하 신디케이티드 대출에 사용되는 대출계약서의 기본구조와 표준조항을 살펴본다.[35] [13-36]

Ⅱ. 계약조건의 균등화

신디케이티드 대출은 복수의 대주가 단일계약서를 사용하여 동일한 계약조건의 적용을 받는다. 그러나 대주들 사이에 변제순위나 통화 등에 대하여 다른 계약조건이 적용되는 경우에는 대주단이 예컨대 선순위-후순위와 같은 상이한 대출항목(tranche)으로 구분될 수 있다. 이 경우에도 동일한 대출항목별로는 계약조건의 균등화가 이루어진다. [13-37]

Ⅲ. 주요조항

1. 서 언

국제금융을 위한 대출계약서 등에는 표준적으로 포함되는 조항이 있다. 이러한 일반 조항 중 중요한 사항을 정리한다. 이자조항의 경우 이자에 대한 상세한 사항은 제7장 은행거래와 가격([7-1]-[7-76])에서, 그리고 재분배조항에 대해서는 아래 [13-84]-[13-97]에서 살펴본다. [13-38]

2. 이자조항

가. 의 의

신디케이티드 대출에서 이자조항은 유로달러시장의 관행을 정형화한 것이다. 유로달러시장의 관행은 단기조달로 장기대출을 하는 것이다.[36] 대주는 자금조달기간을 차주에 [13-39]

---

34) 실무상으로는 대출금의 약정, 인출, 상환에 관한 기본계약서만을 대출계약서라고 하고 담보계약서 등 대출과 관련된 모든 계약과 약정 그 밖의 문서를 금융관련계약서(finance documents)라고 정의한다. 이미현·고훈, 위의 논문, 81면.

35) Slaughter and May, The ACT Borrower's Guide to LMA Loan Documentation for Investment Grade Borrowers, 2013; Slaughter and May, The ACT Borrower's Guide to the LMA Facilities Agreement for Leveraged Transactions, 2009; 渥美·坂井法律事務所·外国法共同事業(編), 앞의 책.

36) 이하 이자율조항에 대한 설명은 따로 인용이 없을 경우 이미현·최승훈, "국제금융계약에서의 이자조항,"

대한 대출기간이 아니라 이자기간에 일치시킨다. 예컨대 만기 20년, 이자기간 6개월인 대출을 하면서 대주는 만기 20년이 아니라 이자기간인 6개월 만기로 자금조달을 반복하는 것이다. 대주의 이윤 확보를 위해서는 이자율을 6개월마다 변경하는 변동금리방식을 채택할 수밖에 없게 된다.

나. 기준금리의 선정

[13-40] 변동금리는 기준금리와 가산금리로 구성된다. 대출계약서에는 이자기간에 상응하는 지표금리 기간물을 기준금리로 규정한다. 오랫동안 국제금융시장에서 기준금리로 사용된 것은 리보금리(LIBOR)였다.[37] 리보금리는 은행 간 국제금융시장에서 적용되는 대표적인 단기금리이므로, 은행으로서는 대출금리에 관하여 리보금리에 연동되는 변동금리라는 사실을 고지하는 것 외에 변동금리의 내용에 대해 추가 설명을 할 필요는 없다고 해석되었다(대법원 2016. 7. 7. 선고 2013다35764 판결). 리보를 대체하는 기준금리에 대해서도 마찬가지로 볼 수 있을 것이다. 국내에서는 변동금리의 지표금리로서 CD금리, 금융채 금리, COFIX 등이 사용되고 있다.

다. 이자율의 조정

[13-41] 시장교란으로 기준금리를 얻을 수 없거나 기준금리가 대주의 조달금리를 반영하지 못할 경우에는 이자율을 조정하는 근거를 둔다. 대주의 일방적인 금리변경권한을 인정하는 것이다([7-47]). 이 조항은 실제로는 차주와의 재협상을 위한 근거로 작용할 것이다.[38]

[13-42] 대주의 수익보전조항을 두는 것도 일반적이다. 원천징수세율 변화 등에 대비하여 세금보전조항(tax gross-up)을 두거나 법령상 변화로 대주의 수익률이 하락하는 경우에 대비하여 비용전가조항(increased costs)을 두는 것이 일반적이다.[39] 예컨대 자기자본비율이나 신용보증기금 또는 기술보증기금 출연료의 증가 등의 경우에 비용전가가 문제될 것이다. 비용증가의 경우에는 차주의 조기상환권을 인정하거나 그 밖의 방식으로 재협상할 수 있는 길을 열어주는 것이 일반적이다.[40]

3. 동등취급

[13-43] 동등취급조항(Pari Passu)은 계약상 채권자가 채무자에 대하여 가지는 무담보 채권이 다른 채권자들이 가지는 무담보 채권과 동등한 순위에 있다는 채무자의 확약을 말한다.[41]

BFL 제35호, 2009, 6-19면을 기초로 한 것이다.

37) 국내에서는 원화 무위험지표금리로서 국채·통안채 익일물 RP거래금리(The Korea Overnight Financing Repo rate, KOFR)가 2021.11.25.부터 산출·공시되기 시작하였다. 금융위·금감원·은행연합회·예탁결제원, 보도자료: 리보 산출중단 관련 대응 현황 및 향후 계획, 2021.12.24.

38) Philip R. Wood, International Loans, Bonds, Guarantees, Legal Opinions, 3rd ed, Sweet & Maxwell, 2019, pp76-78 [7-016]-[7-018].

39) Philip R. Wood, 위의 책, pp81-87 [8-001]-[8-020].

40) Philip R. Wood, 위의 책, pp77-78 [7-018].

법률상 우선변제권이 부여되는 채권은 당연히 제외된다. 우리나라에는 채무자가 채권자의 동의 없이 특정 채권을 후순위로 할 수 있는 방법이 없다. 따라서 국내에서 동등취급 조항의 적용이 문제되는 경우는 많지 않다.

4. 후순위

가. 의 의

[13-44] 후순위약정(subordination)은 채무자에 대하여 특정 채권자(후순위채권자)는 다른 채권자(선순위채권자)가 전액상환을 받을 때까지 채무 상환을 받지 않기로 하는 약정을 말한다.[42] 후순위채권은 일정한 요건을 충족할 경우 은행법상 자기자본비율규제에서 자기자본으로 취급될 수 있다. 자산유동화 등 구조화금융에서는 선순위·후순위약정을 이용하여 내부적 신용보완구조를 만들 수도 있다.

나. 상계금지약정의 효력

[13-45] 후순위채권자가 자신의 후순위채권과 채무자가 자신에 대하여 보유하는 채권을 상계할 수 있다면 후순위약정은 그 목적을 달성할 수 없다. 은행에 대한 후순위채권자가 은행에 대하여 예금채권을 보유하고 있는 경우가 대표적이다. 따라서 계약으로 상계를 금지하거나 상계로 확보한 재원을 선순위채권자에게 지급하게 하는 규정을 두는 경우가 있다.

[13-46] 이러한 상계금지약정의 효력과 관련하여 후순위차입금의 상계가 문제된 사례가 있다. 구 증권거래법시행령 제37조에 의하여 증권관리위원회가 1997. 2. 28. 제정한 '증권회사의 재무건전성준칙' 제9조 제2항 제4호는 '영업용 순자본'에 가산될 수 있는 '후순위 차입금'은 그 본질을 해할 우려가 있는 상계약정이나 담보제공약정을 제한하고 있었다. 법원은 '증권회사의 재무건전성준칙' 제9조 제2항 제4호를 단속규정으로 보아 추가약정에 의한 상계권 부여특약이 위 규정에 위반했더라도 무효라고는 할 수 없다고 판단하였다(대법원 2002. 9. 24. 선고 2001다39473 판결). 건전성 규제수단으로서의 자기자본비율규제의 제도적 의의를 고려할 때 위 준칙에 위반하여 체결된 상계약정에 따른 상계는 무효로 보는 것이 타당하다.

다. 회생법상 후순위약정의 효력

[13-47] 채무자가 도산한 경우 회생법상 후순위약정의 효력이 문제된다. 파산절차상 후순위약정의 효력에 대하여 회생법은 이를 인정하는 특칙을 두고 있다(446조 2항). 회생절차에서는 후순위약정을 회생계획에 반영하도록 하고 있다(회생 193조 3항).

---

41) 김성용, "Pari Passu 조항," BFL 제35호, 2009, 32-38면.

42) 이하 후순위약정에 관한 설명은 정순섭, "후순위약정의 법적 문제," BFL 제35호, 2009, 39-48면에 기초한 것이다.

5. 담보제공금지

[13-48] 담보제공금지조항(Negative Pledge)은 채무자가 원리금채무가 잔존하는 동안 일정한 예외를 제외하고 채무자의 재산에 대하여 담보를 설정하는 것을 금지하는 것이다.43) 동등취급조항을 전제로 한 것이다.

[13-49] 담보제공금지조항의 적용범위와 관련하여 대상채무의 범위와 대상 담보의 범위가 문제된다. 대상채무의 범위를 확대하면 채무자로서는 장래의 재무활동에 장애를 받게 될 것이고, 지나치게 축소하면 실효성에 문제가 생긴다. 리포거래의 포함 여부도 동 거래의 법적 성질을 어떻게 보는지에 따라 달라진다. 계약상 명시적으로 규정하는 것이 필요하다. 그러나 일상적인 영업과정에서 이루어지는 경우는 제외하는 것이 실무관행이다.

[13-50] 대상담보의 범위와 관련하여 대상채무의 범위와 마찬가지 문제가 발생한다. 계약상 명시적으로 규정하는 것이 일반적이다. 그러나 이미 제공된 담보나 일상적인 영업과정에서 이루어지는 경우는 제외하는 것이 실무관행이다. 상계와 같이 법률상 담보는 아니지만 담보적 기능을 가지는 경우를 포함할 것인지도 문제된다. 계약상 명시적으로 규정할 사항이다.

6. 중대한 사정변경

[13-51] 은행은 대출 이후 만기까지 채무자나 그 대출의 신용적 기초에 부정적 영향을 초래할 수 있는 사정변경이 있는 경우 기한의 이익을 상실시킬 수 있는 **중대한 사정변경조항**(Material Adverse Change, MAC)을 둔다.44) **중대한 부정적 변화조항**이라고도 부른다(서울고법 2012. 6. 14. 선고 2011나26010 판결). 사정변경의 대상은 채무자는 물론 자산금융의 자산이나 사업 등을 포함한다. 중대성의 판단기준도 문제된다. 이를 대출금액의 일정 비율 이상 등으로 정량화하여 규정하는 방법도 있지만 여전히 해석상 논란의 여지는 있다. 대출당시 채권자가 이미 알고 있던 사실은 제외된다. 국내에서는 IMF 구제금융에 따른 금융환경의 급격한 변화를 이유로 한 대출금 지급 거절이 문제된 사례가 있다[6-31]. 계약서상 중대한 부정적 변화시 계약해제 등 조항의 부재만으로 불공정한 약정이라 단정할 수 없다(서울고법 2012. 6. 14. 선고 2011나26010 판결).45)

7. 진술보장

[13-52] **진술보장(representations and warranties)**은 채권자의 관점에서 계약체결의 기초가 되는 채무자의 법률적·경제적 상황에 대하여 사실임을 확인하는 조항을 말한다.46) 그 내용은

---

43) 이상현, "Negative Pledge 조항," BFL 제35호, 2009, 49-65면.

44) 이하 중대한 사정변경조항에 대한 설명은 최경선, "Material Adverse Change 조항," BFL 제35호, 2009, 66-71면에 기초한 것이다.

45) 대법원 2016. 7. 14. 선고 2012다65973 판결(파기환송); 서울고법 2018. 1. 11. 선고 2016나10959 판결(원고일부승).

행위능력 및 내부수권에 관한 사항, 당해 거래와 기존 계약, 법규 등과의 저촉에 관한 사항, 재무제표에 관한 사항, 발행회사에 관한 기타 사항 등이다. 대출계약에서는 진술보장내용의 부정확성을 채무불이행사유의 하나로 규정하는 경우가 일반적이다. 진술보장조항은 계약체결시점에 채권자가 대출판단의 근거로 삼았던 기본적인 정보의 정확성을 보장하는 것이다. 손해담보계약으로 보는 견해가 있다.[47]

M&A계약에서 매도인이 대상회사의 상태에 관하여 사실과 달리 진술·보증을 하고 [13-53]
이로 말미암아 매수인에게 손해를 입힌 경우 계약상 의무를 이행하지 않은 것에 해당하므로 채무불이행 책임이 성립한다(대법원 2018. 10. 12. 선고 2017다6108 판결).

---

46) 천경훈, "진술보장조항의 한국법상 의미," BFL 제35호, 2009, 80-92면.

47) 논의에 대한 소개로는, 천경훈, 위의 논문, 89면. 대법원은 M&A 계약에서 진술 및 보증 조항을 둔 목적을 "계약 종결과 이행 이후 진술 및 보증하였던 내용과 다른 사실이 발견되어 일방 당사자에게 손해가 발생한 경우에 상대방에게 그 손해를 배상하게 함으로써, 불확실한 상황에 관한 경제적 위험을 배분하고 사후에 현실화된 손해를 감안하여 매매대금을 조정할 수 있게 하기 위한 것"으로 보고 있다. 대법원 2018. 7. 20. 선고 2015다207044 판결.

제5절 법률문제

Ⅰ. 당사자의 권리와 의무

1. 의 의

[13-54] 신디케이티드 대출에서 참여은행은 여신심사를 생략한 채 주간사은행으로부터 차주 정보와 담보사항을 확인하고 대출에 참여한다. 따라서 주간사은행을 비롯한 간사은행단의 참여은행에 대한 의무와 책임을 확인하는 것은 중요하다. 그러나 신디케이티드 대출에서 주간사은행이나 대리은행의 의무와 책임에 대해서는 법률상 명시적 규정이 없고 계약으로 규율된다. 이하 주간사은행과 참여은행의 법적 지위와 책임, 대리은행의 참여은행에 대한 법적 지위와 책임, 각각의 경우의 면책규정을 살펴본다.

2. 주간사은행

가. 의 의

[13-55] 주간사은행의 책임은 차주에 대한 것과 참여은행에 대한 것으로 나누어 살펴본다.[48] 차주에 대한 주간사은행의 의무는 은행이용자와 은행 간의 일반적인 법률관계와 같을 것이다. 주간사은행의 참여은행에 대한 책임이 문제되는 것은 기채취지서에 부실표시가 있는 경우가 대표적이다. 주간사은행이 서로 이해가 대립되는 참여은행과 차주에 대하여 동시에 일정한 보호의무를 부담하는 것은 논리적으로 설명되기 어렵다. 따라서 영미법상으로도 주간사은행의 차주와 참여은행에 대한 신인의무는 일반적으로 부정되고 있지만,[49] 참여은행에 대해서는 담보의 부적정성을 알릴 신인의무를 인정한 판결(UBAF Ltd. v. European American Banking Corporation [1984] Q.B. 713)[50]이 있다.

나. 주간사은행의 차주에 대한 책임

1) 의 의

[13-56] 주간사은행과 차주의 법률관계는 주간사은행이 차입의뢰문서의 내용에 따라 적극적 중개의무를 지는 쌍방적 중개계약으로서 위임이다.[51] 따라서 주간사은행은 차주에 대하여 수임인으로서 선관주의의무를 진다. 주간사은행 직무는 차입의뢰문서의 효력발생시점에

48) Louise Gullifer and Jennifer Payne, 앞의 책, pp426-432; John Odgers(ed), Paget's Law of Banking 15th ed, LexisNexis UK, 2018, pp311-332; 森下哲朗, 「シンジケート・ローンにおけるアレンジャー, エージェントの責任」, 『上智法学論集』 第51巻第2号, 2007, 1-76면; 山中利晃, 「シンジケート・ローンにおけるアレンジャーの注意義務」, 『ジュリスト』 No1468, 2014, 106-109면. 국내 논의로, 박찬동, "국제대출거래에서 주간사의 신인의무에 관한 연구," 국제거래법연구 제23권 제2호, 2014, 135-164면.

49) Louise Gullifer and Jennifer Payne, 위의 책, p427.

50) 이 판결에서 은행은 간사은행과 담보수탁자 그리고 대리은행의 역할을 겸하였다. 따라서 담보의 부적정성은 간사은행이 아니라 담보수탁자로서의 지위에서 문제될 뿐이라는 등의 지적이 있다. Louise Gullifer and Jennifer Payne, 위의 책, pp427-428.

51) 한민, 앞의 논문, 217-218면.

개시되어 대출계약서 체결시점에 종료된다. 주간사은행의 차주에 대한 책임은 대출조성에 실패한 경우와 정보를 유용한 경우로 나눌 수 있다.

2) 신디케이션 조성에 실패한 경우

신디케이티드 대출의 조성에서 주간사은행의 책임기준은 **인수방식(underwritten base)과 최선방식(best effort base)**으로 나눈다.[52] 전자는 주간사은행이 차입의뢰문서에서 차주의 요청금액을 대출하기로 약정하고 참여은행을 모집하되 모집이 안 될 경우 주간사은행이 전액대출을 인수하는 것이다. [13-57]

주간사은행은 대출의 완성을 위해 수임인으로서 의무를 다해야 하며, 필요한 경우 대출조건의 변경 등 의무이행을 위해 필요한 사항을 차주와 협의해야 한다. 주간사은행이 '일의 완성'을 할 의무를 지지는 않으므로 도급에는 해당하지 않는다.[53] [13-58]

주간사은행을 공정한 절차를 거쳐 다수의 은행이 제시한 청약을 검토한 후 선정한 것인지 아니면 평소 거래관계가 있던 은행을 단독으로 선정한 것인지에 따라 주간사은행의 책임이 달라질 수 있다. 후자의 경우가 전자의 경우에 비하여 높은 의무를 부담할 것이다.[54] [13-59]

주간사은행은 시장이나 차주 상황의 급격한 변화가 발생할 경우의 위험관리를 위해 차입의뢰문서 등에 가격이나 기간 그 밖의 조건 변화를 가능하게 하는 조항(market flex clause)이나 중대한 사정 변경이 있는 경우에 대출약정을 취소할 수 있는 조항(material adverse change, MAC clause)을 둔다.[55] [13-60]

3) 주간사은행의 정보유용

주간사은행이 신디케이티드 대출의 조성을 위해 차주로부터 정보를 받은 경우 주간사은행은 비밀유지의무를 부담한다. 주간사은행이 그 정보를 다른 목적으로 유용한 경우 차주에 대한 비밀유지의무 위반으로 손해배상책임을 지게 될 것이다.[56] 해당 정보가 자본시장법상 상장법인의 미공개중요정보에 해당할 경우 주간사은행이 이를 이용한 증권 등의 매매를 하게 되면 차주와 계약을 체결하고 있는 자로서 그 정보유용은 미공개중요정보이용행위가 될 수도 있다(자본 174조 1항). [13-61]

---

52) 한민, 위의 논문, 215-216면.
53) 한민, 위의 논문, 218면.
54) 森下哲朗, 앞의 논문, 20면.
55) Agasha Mugasha, The Law of Multi-Bank Financing-Syndicated Loans and the Secondary Loan Market, Oxford University Press, 2007, pp125-128.
56) Agasha Mugasha, 위의 책, pp128-129.

다. 주간사은행의 참여은행에 대한 책임

1) 의 의

[13-62] 주간사은행과 참여은행 간에 계약관계는 없다. 그러나 참여은행은 주간사은행이 초청문서 등에 첨부한 정보와 자료에 기초하여 대출 참여를 결정한다. 동시에 주간사은행은 차주에 대하여 수임인으로서 비밀유지의무를 진다. 따라서 주간사은행은 차주와 참여은행에 대하여 이해상충상황에 놓이게 된다. 주간사은행은 스스로 참여은행으로서 대주단에 참여하기도 하고 대출계약 체결 후에는 대리은행의 역할을 맡는 경우가 많다.

2) 주간사은행의 참여은행에 대한 정보제공의무

(가) 의 의

[13-63] 신디케이티드 대출에서 참여은행은 주간사은행이 제공한 정보에 기초하여 대출 참가를 결정했고, 그 정보가 부정확하거나 불충분하다는 이유로 주간사은행의 책임을 묻는 경우가 있다. 이런 경우 첫째, 책임의 근거가 문제된다. 영미법계 국가에서는 주간사은행이 참여은행에게 신인의무를 부담하는지 여부, 부실표시(misrepresentation), 주의의무위반, 사기, 증권규제위반 등의 주장이 다투어졌다. 둘째, 주간사은행이 차주에게 비밀유지의무를 부담하는지 여부와 함께 차주에 대한 비밀유지의무와 참여은행에 대한 정보제공의무의 관계가 정리되어야 한다.

(나) 참여은행에 대한 정보제공의무

[13-64] 주간사은행은 참여은행에 대하여 정보제공의무를 지는가? 주간사은행과 참여은행은 모두 대출전문가로서 정보나 능력에 차이가 없는 것이 일반적이다. 따라서 주간사은행은 일반적인 경우 참여은행에 대한 정보제공의무는 부담하지 않는다. 그러나 차주의 동의가 있는 경우에는 정보를 제공할 수 있다. 주간사은행은 기채취지서 그 밖에 참여은행에 제공되는 정보는 차주의 책임으로 작성된 것이고 주간사은행은 그 내용에 대하여 책임을 지지 않는다는 면책규정을 두는 것이 일반적이다.

[13-65] 다만 기채취지서나 차주가 제공하는 정보에 허위표시나 기재누락이 있어 중요사항에 관하여 오인이 발생할 우려가 있음을 알고도 이를 고의 또는 중과실로 방치한 경우 주간사은행은 이로 인하여 대주가 입은 손해를 배상할 불법행위에 따른 손해배상책임이 있다고 본다.[57] 예컨대, 차주의 담보부족을 알고 있었던 경우 주간사은행의 정보제공의무가 인정되었다(UBAF Ltd. v. European American Banking Corporation [1984] Q.B. 713, 728).

57) 한민, 앞의 논문, 220면.

(다) 참여은행에 대한 정보제공의무와 차주에 대한 비밀유지의무의 관계

① 일본 최고재판소 판결

신디케이티드 대출에서 주간사은행의 참여은행에 대한 차주에 관한 정보제공의무와 [13-66]
차주에 대한 비밀유지의무의 관계가 문제된 사례가 있다.[58] 차주에 대한 신디케이티드 대출계약서를 체결한지 1개월 후 차주의 주거래은행이 주선한 다른 신디케이티드 대출의 기한이익이 상실되고 차주에 의하여 민사재생절차가 개시되었다. 차주는 본건 대출도 불이행했고, 참여은행들은 주간사은행을 상대로 손해배상을 청구했다. 쟁점은 주간사은행의 참여은행에 대한 차주의 분식회계관련 정보제공의무 유무이다.

원심은 주간사은행이 차주의 분식회계를 의심했음을 근거로 참여은행에 대하여 신 [13-67]
의성실의 원칙상 차주의 신용에 대한 정보를 제공할 의무를 진다고 판단하고, 이러한 책임이 발생하는 일반규칙을 제시하였다. 또한 주간사은행은 참여은행에 대하여 불법행위책임을 진다고 판단하였다. 주간사은행의 정보제공은 주간사은행이 정보제공불이행의 근거로 들고 있는 차주에 대한 비밀유지의무에 위반되지 않는다고 판단하였다.

최고재판소는 결론에서 원심을 지지했지만, 논거는 다르다. 최고재판소는 개별 사안 [13-68]
별로 판단해야 하고 주간사은행이 준수할 일반원칙을 제시할 정도는 아니라는 것이다. 첫째, 주간사은행의 정보제공의무와 그 범위에 대하여 최고재판소는 (i) 차주의 주거래은행이 차주의 재무제표에 대하여 분식회계의 가능성을 의심한 점, (ii) 주거래은행이 외부전문가에 의한 차주의 재무제표에 대한 주의깊은 재검토를 강하게 요구한 점, (iii) 주거래은행이 이전에 차주에게 다른 신디케이티드 대출의 참여은행들에게 위 (i)과 (ii)의 정보공시를 요구한 점을 근거로 주간사은행이 신의성실의 원칙에 따라 참여은행에 대하여 정보제공의무를 진다고 보았다. 그러나 최고재판소는 주간사은행의 정보제공의무에 관한 일반규칙이나 원심이 제시한 중요정보의 정의는 수용하지 않았다. 둘째, 정보제공의무와 비밀유지의무의 관계에 대해서 최고재판소는 원심의 논거를 수용하지 않고, 단순히 이 사안에서는 비밀유지의무위반이 없었다고 판단하였다.

② 차주를 통한 정보제공

차주는 주간사은행에게 신디케이티드 대출의 주선을 위임한 것이므로 그 목적달성 [13-69]
에 필요한 정보 공개에 동의한 것으로 볼 수 있는가? 위에서 본 일본 최고재판소 판결의 보충의견은 신디케이티드 대출의 조성에 필요한 정보는 차주와 주간사은행간에 "별도의 합의가 없는 한 당연히 초청기관에 공시해야 하는 것"이라고 설명하고 있다.

참여은행에 대한 정보제공의무와 차주에 대한 비밀유지의무가 충돌하는 상황에 대한 [13-70]

---

58) 最判 2012.11.27. 金法1959号, 30-33頁; 名古屋高判 2011.4.14. 金法1921号, 22-57頁; 名古屋地判 2010.3.26. 金判1340号, 18-34頁. 판결에 대한 해설로는 山梨良太,「シンジケート·ローンにおけるアレンジャーの責任—情報提供義務と守秘義務の関係について」, 立命館法政論集 第11号, 2013年, 203-240면.

실무적 해결방안으로는 차주에 관한 정보를 차주가 직접 참여은행들에게 제공하게 하는 것이다.

3) 계약서작성과 주간사은행의 책임

[13-71] 주간사은행은 계약서작성을 주도한다. 이와 관련하여 계약서의 유효성이나 계약서가 대주들의 권리를 충분히 반영하고 있는지 여부에 대하여 주간사은행이 참여은행에게 책임을 지는가?

[13-72] 주간사은행은 차주에 대하여 대출계약의 체결을 위해 최선을 다할 수임인으로서의 의무를 부담한다. 대출계약조건의 협상은 차주에 대한 주간사은행으로서의 의무를 이행하는 것이지 대주의 대리인으로서 협상하는 것으로 보기 어렵다.[59] 대주단에 참여하는 대주들은 스스로 전문가로서 대출계약조건을 보아 참여 여부를 판단하는 것이다.

[13-73] 주간사은행은 대부분 대주단의 일원으로서 대출을 한다. 주간사은행으로서의 의무와 대주로서의 이익이 충돌할 수 있는가? 주간사은행의 차주에 대한 책임을 판단할 때 고려해야 할 사항이다.[60] 그러나 주간사은행이 동시에 대주로 참여하는 경우에 대해서는 차주의 동의가 있는 것으로 보는 것이 옳을 것이다.[61]

3. 대리은행

가. 의 의

[13-74] 대리은행(agent bank)은 신디케이티드 대출에서 대주단으로부터 대출과 관련된 행정관리사무처리를 위탁받아 참여은행을 대리하는 은행을 말한다. 대리은행은 위탁사무에 관하여 참여은행과 위임관계에 있다(대법원 2012. 2. 23. 선고 2010다83700 판결; 대법원 2023. 8. 31. 선고 2019다224870 판결).[62] 따라서 대리은행은 대주에 대하여 선관주의의무를 부담한다. 다만 대리은행에 통상의 주의의무를 넘어 오로지 상대방의 이익을 위해 행동할 의무가 부과되면 전문가인 참여은행이 대등한 당사자로서 독립하여 개별적으로 책임을 진다는 신디케이티드 대출의 전제와 모순된다.[63]

[13-75] 만일 신디케이티드 대출의 채무자가 채무불이행한 경우 대리은행이 신디케이티드 대출과 자기 대출 중 어느 채권을 우선 회수할 것인지와 관련하여 이해상충이 발생한다. 대리은행이 자기 채권의 회수를 우선할 경우 선관주의의무 위반 여부가 문제될 것

---

59) 한민, 앞의 논문, 222면.
60) 森下哲朗, 앞의 논문, 22면.
61) 한민, 앞의 논문, 222면.
62) 해설로는, 박준, 앞의 논문, 90-111면; 진상범, “신디케이티드 론 거래의 대리은행이 부담하는 선관주의의무의 범위,” 대법원판례해설 91호(2012 상반기), 298-332면; 최승재, 앞의 책, 533-549면.
63) 野村美明,「シンジケートローン契約におけるエージェントの免責規定はどこまで有効か―比較法的検討」, OSIPP Discussion Paper :DP-2011-J-003, March 31, 2011, 6면. 일반적으로 의무면제규정을 둔다. Philip R. Wood, International Loans, Bonds, Guarantees, Legal Opinions, 3rd ed, Sweet & Maxwell, 2019, pp178 [17-008].

이다.[64]

나. 사무의 범위

대리은행은 계약체결 후 대출 실행부터 회수까지 대주단을 대리하여 행정사무를 대리한다. 대리은행은 차주로부터 대리수수료를 받지만, 대주단을 대리한다.[65] 대리은행의 업무범위는 대출계약에서 명시적으로 정한다. 일반적으로 대주에 대한 인출통지 및 차주에 대한 원리금 통지, 인출선행조건의 충족 여부 확인, 개별 대주의 분담 대출금 수취 및 차주로의 이체, 금리결정, 대주에 대한 원리금 분배, 재무제표의 징구 등의 단순행정 사무에 한정된다.[66] 기한이익의 상실이나 계약의 변경 등 중요사항은 계약으로 정한 다수결원칙에 의한 대주단의 의사결정에 따른다.[67] 담보를 취득하는 경우 담보대리인(security agent)을 따로 두기도 한다. [13-76]

구체적인 위임사무의 범위는 대출계약의 대리조항에서 정해진다. 그러나 참여은행과 대리은행은 상호 대등한 지위에서 계약조건을 교섭할 수 있는 전문적 지식을 가진 주체라는 점에서 원칙적으로 대리은행은 대리조항에 의하여 '명시적으로 위임된 사무의 범위 내에서' 위임 본지에 따라 선량한 관리자의 주의로써 위임사무를 처리해야 하고, 명시적으로 위임받은 사무 이외의 사항에 대하여는 이를 처리할 의무를 부담한다고 할 수 없다(대법원 2012. 2. 23. 선고 2010다83700 판결). [13-77]

대리은행은 차주의 신용을 확인할 의무를 지는가? 명시적인 규정이 없는 한 그러한 의무를 인정하기 어려울 것이다.[68] 대리은행의 역할은 "단순한 우편서비스는 아니지만 본질적으로 한정적이고, 채무불이행사유가 발생하였는지 여부의 평가업무를 포함하지 않는다"(Torre Asset Funding Ltd v Royal Bank of Scotland Plc [2013] EWHC 2670). [13-78]

다. 변형 신디케이티드 대출에서의 대리은행의 의무

갑 회사에 대한 아파트 신축사업 신디케이티드 대출에 참여한 을 은행이 대출금 집행의 관리·감독사무를 위임받은 병 은행[69]을 상대로, 병이 갑이 대주단에 담보로 제공할 [13-79]

---

64) 清原健·三橋友紀子,「シンジケート·ローンにおけるアレンジャーおよびエージェントの地位と責務」, 金融法務事情 1708号, 2004, 13면.

65) Philip R. Wood, International Loans, Bonds, Guarantees, Legal Opinions, 3rd ed, Sweet & Maxwell, 2019, p177 [17-005].

66) 미국 LSTA 계약서는 'administrative agent'라는 용어를 사용한다. Louise Gullifer and Jennifer Payne, 앞의 책, pp432.

67) 대리은행으로서는 소액의 수수료로 큰 위험에 노출되기를 싫어하고 참여은행은 중요사항을 스스로 결정하기를 원하기 때문이라고 한다. Philip R. Wood, International Loans, Bonds, Guarantees, Legal Opinions 3rd ed, Sweet & Maxwell, 2019, p175 [17-001].

68) Philip R. Wood, International Loans, Bonds, Guarantees, Legal Opinions, 3rd ed, Sweet & Maxwell, 2019, pp452-453 [35-033]-[35-034].

69) 이 사안의 융자협약은 병 은행을 대리은행이 아닌 '주간사은행'이라고 부르면서 통상 대리은행이 수행하는 업무를 주간사은행인 병 은행의 업무로 규정하고 있다. 이 판결은 병 은행이 대리은행임을 전제로 대리

토지 소유권 확보 목적으로 사용하기로 한 잔여 대출금을 다른 토지 계약금으로 사용하는데 동의하면 약정매입가 이상인 토지의 담보제공이 이루어질 수 없는 사정을 알았거나 알 수 있었음에도 즉시 이를 을 등 참여은행에 알리지 않았다며 손해배상을 구한 사안에서, 법원은 융자협약 당시 병이 참여은행에게서 그런 사정이 발생하는지를 감시·보고하는 사무를 별도로 위임받지 않은 이상 즉시 이를 을 등 참여은행에 알리지 않았다고 하여 병이 대출금 집행의 관리·감독사무에 관하여 선관주의의무를 위반했다고 볼 수 없다고 판단하였다.[70] 법원은 대리은행과 참여은행의 법률관계를 위임으로 보고, 선관주의의무를 부담한다고 보지만, 그 범위는 대리조항에 의하여 명시적으로 위임된 사무에 한정된다는 것이다. 그러나 이 사안에서 문제된 대출은 전형적인 신디케이티드 대출과는 차이가 있는 점을 지적하는 견해가 있다.[71]

4. 책임제한조항

[13-80] 대리은행에 대해서는 대출계약서상 대리은행의 책임을 고의·중과실이 있는 경우로 한정하는 책임제한규정과 업무수행과정에서 입은 손해를 대주단으로부터 보상받을 수 있다는 보상규정(indemnity)을 둔다.

[13-81] 영미법상으로는 대리은행과 대주들 즉 대리인과 본인 간에는 신인관계가 인정되어 대리은행의 대주들에 대한 신인의무가 발생할 수 있다. 영미법을 준거법으로 하는 신디케이티드 대출에서는 대리은행의 신인의무를 배제하는 규정을 두는 것이 일반적이다.[72] 그러나 일본의 표준적인 신디케이티드 대출계약서에서는 대리은행의 선관주의의무를 명시한다.[73]

Ⅱ. 수수료 구조

[13-82] 신디케이티드 대출에서 대출은행이 채무자로부터 받는 수수료는 관리수수료(management fee)와 약정수수료(commitment fee)로 구성된다. 관리수수료는 채무자가 대주단 구성을 주도한 간사은행단에게 대주단 구성과 대출계약의 체결 등에 대한 대가로 지급하는 수수료를

은행의 의무를 판단한 것이다. 박준, "신디케이티드 대출에서 대리은행이 부담하는 선관주의의무," BFL 제59호, 2013, 98면.

70) 대법원 2012. 2. 23. 선고 2010다83700 판결.

71) 박준, 앞의 논문, 100-102면.

72) APLMA SINGLE BORROWER, SINGLE GUARANTOR, SINGLE CURRENCY TERM FACILITY AGREEMENT(ENGLISH LAW) 25.5 No fiduciary duties
   (a) Nothing in any Finance Document constitutes any Administrative Party as a trustee or fiduciary of any other person.
   (b) No Administrative Party shall be bound to account to any Lender for any sum or the profit element of any sum received by it for its own account.

73) 일본론채권시장협회텀론계약서 2013.2.12., 제21조(대리은행의 권리의무)(3) 대리은행은 본계약에 정하는 책무를 수행하고 권한을 행사할 때 선량한 관리자로서의 주의를 기울인다.

말한다. **관리수수료**는 특별한 사정이 없는 한 대출계약이 성립함으로써 간사은행단에게 귀속되고, 그 뒤 간사은행단에 속한 은행이 대출계약상의 대출의무를 이행하지 아니하여 그 부분 대출약정이 해제되었다고 하더라도 그 은행이 간사은행단 내부 약정에 따라 분배받은 관리수수료를 채무자에게 반환해야 하는 것은 아니다(대법원 2001. 12. 24. 선고 2001다30469 판결).

약정수수료는 채무자가 참여은행의 대출계약에 따른 개별 대출약정에 대한 대가로서 지급되는 수수료를 말한다. 차주의 인출요청에 따라 대출하기 위한 자금대기에 대한 수수료이다. 은행의 채무불이행으로 대출약정이 해제되면 은행은 원상회복으로서 채무자로부터 받은 약정수수료를 반환해야 한다(대법원 2001. 12. 24. 선고 2001다30469 판결). [13-83]

Ⅲ. 재분배조항

1. 의 의

재분배조항(Pro Rata Sharing Clause)은 "어느 대주가 개별적으로 차주에게서 대출금을 회수한 경우 자신의 대출금 비율을 초과하는 부분을 다른 대주에게 분배한다"는 조항을 말한다.[74] 대주단과 차주가 차주로부터 회수한 금전이 모든 대출금 상환에 부족한 경우에는 대주단의 대출계약상 대출금약정비율에 따라 안분하여 분배한다는 것을 말한다. 재분배조항은 '대주들이 수령한 금액에 관하여 변제충당의 순서를 정한 규정'이 아니라, '어느 한 대주가 별도로 상환 받은 금원을 다른 대주들에게 대출참여비율에 따라 분배할 것까지 규정하는 조항'을 말한다(서울고법 2011. 11. 23. 선고 2011나43633 판결(확정); 서울중앙지법 2011. 5. 17. 선고 2010가합41015,2010가합87264(병합),2010가합83842(병합) 판결). [13-84]

재분배조항은 "차관단 대출에 참여한 대주들이 평등하게 대출금을 회수할 수 있도록 하기 위해 도입된 것"(서울지법 1999. 9. 22. 선고 98가합108848 판결(확정))으로서 대주 간의 관계에 영향을 미친다. 만일 일부 대주만 예금 등의 위험관리수단을 가지고 있을 경우 같은 금리로 대출하기는 어렵다. 특히 반복적 상계를 통하여 차주는 자신이 특정 대주에게 보유하는 예금채권을 모든 대주들에게 담보로 제공한 것과 같아진다.[75] 나아가 차주가 대주A가 분담한 대출금을 변제해도 재분배약정이 적용되어 대출계약상 모든 대출금이 전액 상환되지 않으면 A에 대한 대출금도 상환되지 못하게 되어 대주간에는 물론 대주와 차주간에도 매우 민감한 사안이므로 신중한 검토가 필요하다.[76] [13-85]

---

74) 신희강·강은주, "신디케이티드 대출에서의 분배조항에 대한 이해," BFL 제35호, 2009, 20-31면. '안분분배조항'이라고 부르기도 한다. 박준, 앞의 논문, 97면.

75) 신희강·강은주, 위의 논문, 24면.

76) 신희강·강은주, 위의 논문, 21면.

2. 구조와 효력

가. 기본요소

1) 의 의

[13-86] 재분배약정은 ① 대주 A가 대출금 비율을 초과하여 지급받는 경우 그 초과금액을 대리은행에 반납하고(분배규정), ② 대리은행은 그 초과금액을 다른 대주들에게 그 대출금 비율에 따라 지급하며(재분배규정), ③ 대주 A는 대리은행에 반납한 초과금액에 대해서는 지급받지 않은 것으로 본다(미지급의제규정)는 3가지 요소로 구성된다.[77)]

[13-87] 분배규정은 대주가 수취한 금전의 명목과 자발적인지를 불문한다.[78)] 따라서 상계나 담보권 행사로 수취한 금전은 물론 차주가 자발적으로 지급한 금액도 같이 취급한다. 재분배규정의 적용을 위해 당초 대주 A에게 지급된 금액은 대리은행에게 지급된 것으로 간주하는 규정을 둔다. 그리고 미지급의제규정은 ① 분배된 금액에 관하여 차주와 당초 수취한 대주 사이에 그러한 금액은 수취하지 않은 것으로 간주하는 방식과 ② 당초 초과금을 수취한 대주가 다른 대주들에 분배된 금액에 대하여 그 다른 대주들의 대출금에 대한 참여지분을 매입하게 하는 방식이 있다. 전자를 영국식 후자를 미국식이라고 한다.[79)] 국내실무는 영국식이라고 한다.[80)]

2) 재분배약정과 대리은행 및 대주의 관계

[13-88] 분배규정에 따라 대리은행은 초과금을 수취한 대주에 대하여 수취금 지급을 청구할 수 있다. 재분배규정에 따라 대주들은 대리은행에 대출금비율에 따른 지급을 청구할 수 있다.

[13-89] 만일 대리은행이 분배규정에 따른 지급청구권을 행사하지 않을 경우 대주들이 대위행사할 수 있는가? 채권자대위권 행사의 요건으로서 채무자의 무자력을 요구하는 해석상 한계가 있다는 견해가 있다.[81)] 대리은행은 참여은행들에게 대리조항상 위임사무에 관하여 선관주의의무를 부담하고(대법원 2012. 2. 23. 선고 2010다83700 판결) 분배규정에 따른 지급청

---

77) 신희강·강은주, 위의 논문, 23면.

78) 박준·한민, 187-188면(대출계약의 당사자 아닌 제3자가 관련되는 경우의 법적 불확실을 지적).

79) 신희강·강은주, 앞의 논문, 24-25면.

80) 신희강·강은주, 위의 논문, 26면. 법원은 "① 만약 어떤 대출자가 파산자 회사로부터 지급만기가 된 금액과 관련하여 돈을 직접 받는다면, 지급·상계·반소청구·은행가의 선취득권·소송 등이 자발적이든 비자발적이든, 수령액을 대리인에게 즉시 납부하여 대출자가 그 대출 지분에 맞는 비율로 나누어 갖도록 해야 한다. ② 대리인은 그 금액이 파산자 회사가 대리인에게 직접 준 돈으로 간주해야 하고, 파산자 회사와 처음 그 돈을 수령한 대출자 사이에서는 수령되지 않은 것으로 취급하며, 후에 대리인이 그 돈을 대출자들의 대출지분 비율로 나누어 해당 대출자에게 지급한 금액을 제외하고는 해당 대출자는 파산자 회사에 대하여 그 돈에 대한 권리를 여전히 가진다."는 약정에 대하여 지급금의 재분배약정을 인정하였다. 대전지법 2000. 9. 28. 선고 99가합10961 판결(확정). 이 사안의 재분배약정은 미지급의제규정에 대하여 영국식 방식을 채택한 것이다.

81) 신희강·강은주, 위의 논문, 27-28면.

구권 행사는 위임사무에 해당하므로 그 불행사에 대하여는 선관주의의무위반을 이유로 손해배상청구가 가능할 것이다.

대주들은 담보권이나 상계권을 보유한 특정 대주에 대하여 그 행사를 요구할 수 있는가? 분배조항의 해석상 그리고 현행 채권자대위권 제도의 해석상 그러한 권리를 인정하기는 어렵다는 견해[82]가 있다. [13-90]

나. 국내 사례

1) 연장조항과 분배조항

대주(갑·을은행)가 차주(병주식회사)와 공동대출약정을 체결하면서 '상환만기일 연장 결정은 대주들 전원의 동의에 따라 결정한다'는 연장조항과 '어느 대주가 개별적으로 차주에게서 대출금을 회수한 경우 자신의 대출금 비율을 초과하는 부분을 다른 대주에게 분배한다'는 분배조항을 두었는데, 을이 변제기 연장에 동의하면서 변제기를 달리 정하거나 개별적으로 추가담보를 제공받고도 이를 갑에 알리지 않았고, 그 후 추가담보를 실행하여 자신들의 대출금 상환에 충당하자, 갑이 을의 대출금 비율을 초과하는 부분에 관하여 분배를 구한 사안에서, 법원은 연장조항에 따른 변제기 연장이 이루어지지 않았고, 을이 회수한 채권액에 관하여 분배조항이 적용되어야 한다고 판단하였다(대법원 2015. 9. 10. 선고 2013다207521 판결). [13-91]

2) 재분배약정과 변제충당순서

재분배약정과 변제충당의 순서에 관한 규정은 구별해야 한다. "대주가 금융관련 계약에 따라 수령한 금액이 이행기가 도래한 채무 전부를 소멸시키기에 부족한 경우, 대주가 차주에게 달리 통지하지 않는 한, 대주는 '담보계약 및 담보의 실행비용, 금융관련계약에 따라 대주들에게 지급할 비용, 금융관련계약에 따라 대주들에게 지급할 수수료, 연체이자, 이자, 대출원금'의 순서로 수령한 금액을 대출참가비율에 따라 변제에 충당할 것"이라는 약정이 지급금의 재분배약정에 해당하는지 여부가 문제된 사안에서 법원은 이 약정은 "대주들이 공동으로 수령한 금액에 관하여 변제충당의 순서를 정한 규정으로 해석될 뿐이고, … 어느 한 대주가 별도로 상환 받은 금원을 다른 대주들에게 대출참여비율에 따라 분배할 것까지 규정하는 조항이라고 보기는 어렵다"고 판단하였다(서울고법 2011. 11. 23. 선고 2011나43633 판결(확정)). 명확한 계약서작성이 필요한 부분이다. [13-92]

다. 법적 효력

계약자유의 원칙상 재분배조항에 대한 합의도 당연히 유효하다.[83] 그동안 국내에서 재분배조항의 적용이 문제된 사례에서도 재분배조항 자체의 효력을 다툰 사례는 없다. [13-93]

---

82) 신희강·강은주, 위의 논문, 28면.
83) 신희강·강은주, 위의 논문, 26면.

3. 재분배조항과 상계

가. 상계의 포함

[13-94] 재분배조항은 대주가 수취한 금전의 명목과 자발적인지 여부를 불문한다. 따라서 상계로 수취한 금전도 담보권 행사를 통하여 수취한 금전과 같이 취급한다. 1979년 미국의 이란자산동결명령에 따라 이란의 대외부채 중 일부에 대하여 채무불이행처리가 이루어진 과정에서 이란정부의 예금보유은행들은 예금채권과 대출채권의 상계를 통하여 채권을 회수한 사례를 계기로 재분배조항의 대상에 상계가 추가되었다.[84)]

나. 파산절차와 상계

[13-95] 재분배조항이 있는 상황에서 차주의 기한이익이 상실되자 특정 대주가 대출금채권과 차주와의 선물환계약에 따른 채무를 상계한 사안에서 법원은 재분배약정의 효력을 인정하고 대주에게 초과금을 대리은행에 반환하게 했다(서울지법 1999. 9. 22. 선고 98가합108848 판결(확정)).

다. 반복적 상계의 가부

[13-96] 재분배약정을 하면서 채무자가 대주 중 1인에게 상계의 방법으로 대출금을 변제해도 당해 대주가 상계로 회수한 금액 전부를 대리인에게 납부하여 대리인으로부터 다른 대주들과의 대출비율에 따라 안분하여 지급받은 경우 그 상계의 효력이 문제된다.

[13-97] 이 경우 대출금액에 따라 안분하여 받은 금액에 대하여만 상계의 효력이 발생하고, 처음에 상계로 회수한 금액 중 대리인으로부터 지급받은 금액을 넘는 부분에 대하여는 처음부터 상계의 효력이 발생하지 않는 것으로 보아, 다시 그 금액을 자동채권으로 하여 상계할 수 있게 하는 것도 유효하다(대전지법 2000. 9. 28. 선고 99가합10961 판결(확정)). 이른바 **반복적 상계(double dipping)**가 허용되는 것이다.

Ⅳ. 신디케이티드 대출과 증권

1. 의 의

[13-98] 신디케이티드 대출에서 참여은행이 가지는 권리나 대출참가거래에서 참여은행이 가지는 권리를 자본시장법상 증권으로 볼 수 있는가?[85)] 차주와 복수의 대주들 사이의 법률관계의 개별성과 독립성을 강조하는 신디케이티드 대출과 특정 은행이 보유한 하나의 대출채권의 질적인 일부를 이전하는 형태를 취하는 대출참가거래의 문제상황은 크게 다르다.

---

84) 신희강·강은주, 위의 논문, 22면.

85) 일본은 신디케이티드 대출을 금융상품거래법의 적용대상으로 하는 방안에 대하여 검토하였지만, 포함하지는 않았다. 2007년 학교법인을 차주로 하는 신디케이티드 대출을 '간주유가증권'으로 지정하여 금융상품거래법의 적용대상으로 포함했다. 그러나 지금은 은행등만 대주단을 구성할 경우는 다시 적용대상에서 제외하였다. 神田秀樹외, 284면.

다만 이러한 대출거래와 사모사채의 유사성을 논의하는 것은 자본시장법상 사모사채를 인정하는 한 큰 의미가 없다.

2. 신디케이티드 대출과 증권 발행

대출과 채권의 차이는 무엇인가?[86] 첫째, 대출에는 채권과 같은 양도성이 없다. 이 [13-99] 러한 양도성의 부재로 대출에서는 채권과 달리 장기적 관점에서 대출심사가 이루어진다. 최근에는 대출채권에 대해서도 자산유동화 등을 위한 유통시장이 형성되고 있지만, 대출의 일반적 특징이라고 하기는 어렵다. 둘째, 채권발행은 일회성이지만 대출 특히 신디케이티드 대출의 경우에는 일정 기간 지속적으로 인출이 이루어질 수 있다. 채권도 일정 기간 발행가능한 프로그램 형태도 있지만, 대출과는 달리 채권보유자들이 새로 발행되는 채권을 인수할 의무는 없다. 셋째, 채권의 경우 신용평가에 따른 신용등급이 부여되어 투자 가능등급 이상만 발행할 수 있다. 대출의 경우 대출심사에 따르겠지만 원칙적으로 대상 차주에 제한이 없다.

대출과 채권은 공통점도 가진다.[87] 첫째, 신디케이티드 대출이나 채권의 계약서는 [13-100] 대주 및 채권보유자의 개별적 이해관계와 그룹의 집단적 이해관계의 균형을 추구하게 된다. 대출의 경우 각 대주들은 차주와 개별적 권리관계를 갖게 되지만, 기한이익의 상실에 따른 담보권 실행과 같은 권리행사는 대주단의 다수결에 의한 결정에 따라 대리은행이 하게 된다. 상계와 같이 개별적 권리행사가 인정되는 경우에도 재분배조항에 의하여 대주들간에 분배한다. 둘째, 다수의 대주와 채권보유자가 있지만, 하나의 계약서만 존재한다는 점이다.

3. 대출채권의 증권성

신디케이티드 대출에서는 복수의 대주들이 차주와 하나의 대출계약을 체결하지만 [13-101] 개별 대주들과 차주 간에 개별적·독립적인 금전소비대차계약이 성립된다. 다만 복수의 대주들이 단일한 거래조건에 따라 대출함에 따른 집단적 의사결정의 필요성을 반영하여 일부 중요사항에 대하여 대주단의 다수결원칙에 따른 의사결정 절차를 규정하고 있다. 따라서 신디케이티드 대출의 개별성과 독립성을 인정하는 한 차주에 대하여 대주들이 가지는 권리를 대출과 달리 채권이나 투자로 볼 것은 아니다.[88] 그러나 현실적으로 헤지펀드가 대출채권의 유통시장에서 대출채권을 양수하여 보유하는 상황에서는 금융규제상 구분이 쉬운 것은 아니다.[89]

---

86) Louise Gullifer and Jennifer Payne, 앞의 책, pp422-424.
87) Louise Gullifer and Jennifer Payne, 위의 책, pp423-425.
88) Philip R. Wood, Regulation of International Finance 2nd ed, Sweet & Maxwell, 2019, pp517-518 [33-077]-[33-078].
89) Joanna Benjamin, Financial Law, Oxford University Press, 2008, pp185-186 [8.78].

4. 대출참가거래의 증권성

[13-102] 대출참가거래에서 당사자간의 계약관계는 차주와 특정 은행 사이에 이루어지고, 참여은행은 특정 은행의 대출채권 중 일정 금액에 대하여 원리금수취권을 확보하게 된다. 대출참가거래에서 참여은행이 가지는 원리금수취권을 자본시장법상 채무증권이나 지분증권으로 볼 수 있는가? 온투법은 동법상 원리금수취권은 자본시장법상 금융투자상품으로 보지 않는다(3조 4항)는 특칙을 두어 해결하고 있다.

V. 신디케이티드 대출과 유통시장

1. 의 의

[13-103] 전형적인 신디케이티드 대출에서 대출채권의 유통시장은 중요한 요소이다.[90] 국내에서 대출채권의 유통은 1997년 외환위기 이후 은행의 부실채권 처리를 위해 시작되었다.[91] 그 이전에도 대출채권의 유통이 채권양도나 대출참가거래의 형태로 이루어졌지만, 조직적 형태의 유통시장이 형성된 것은 1997년 이후이다.

[13-104] 양도인은 타인에게 대출채권을 양도함으로써 부실채권 처리나 자기자본비율 관리 등을 위해 위험을 이전할 수 있다.[92] 양수인은 대출채권을 양수받음으로써 분산투자나 자산부채종합관리를 위한 위험의 다양화를 추구할 수 있다. 대출채권의 유통시장은 은행의 대출영업모델을 증권의 발행인에 가깝게 변화시킨다.

[13-105] 각국에는 대출채권의 유통시장을 위한 표준계약서가 이용되고 있다. 영국의 LMA, 미국의 LSTA, 일본의 JSLA가 표준계약서의 작성을 포함한 거래의 표준화를 위해 노력하고 있다.

2. 법적 형식

가. 채권양도

[13-106] 채권양도는 대출채권을 양수인에게 양도하는 것이다. 대출채권은 지명채권이므로 민법상 채권양도의 대항요건을 갖추어 제3자에게 양도하고 양도인은 대출금을 회수하게 된다.

[13-107] 대출계약상 채무자에 대한 채권양도의 대항요건을 배제할 수 있는가. 실무에서 양도성 대출계약(Transferable Loan Agreement)은 "채무자에 대한 사전통지 또는 동의를 거칠 필요 없이 주간사에 대한 등록절차만으로 금융기관간의 채권양도를 예정하고 있는" 대출계약을 말한다.[93] 법원은 "이 사건 계약은 … 양도성 대출계약인 데다가 그 양수인 자격도 금융

90) Louise Gullifer and Jennifer Payne, 앞의 책, pp435-438.
91) 신용균·김규진·김종수·유영재·임영환, 대출채권의 유통시장, 부연사, 2004.
92) Geoff Fuller, "Loan Transfers, Securitisation, and Structured Finance" in Sarah Paterson and Rafal Zakrzewski(eds), McKnight, Paterson, & Zakrzewski on the Law of International Finance 2nd ed, 2017, pp693-695 [12.1.4.1]-[12.1.5].
93) 1996.10.28. H유한공사가 K은행 등과 함께 K은행을 주간사로 하는 대주단을 구성하여 H종금과 사이에

기관으로 제한하고 있어 채무자로서는 금융기관에 의한 위 대출금채권의 양수를 충분히 예상하고 그에 대하여 직접 채무를 부담할 의사를 가지고 있었다"고 하여 그 효력을 인정하였다(대법원 2000. 10. 10.자 2000그41 결정).[94]

나. 대출참가

1) 의 의

대출참가거래(loan participation)는 특정 은행(lead bank)이 차주와 대출계약을 체결한 후 그 대출채권 중 원리금을 수취할 수 있는 이익만을 참여은행(participant)에게 양도하는 거래를 말한다.[95] 대출참가거래는 채권양도가 아니다.[96] 계약은 형식상 대주인 특정 은행과 차주 사이에 체결되지만 실질적인 대출위험은 참여은행들이 분담하는 구조가 된다. 복수의 참여은행이 관련되고 특정 은행이 주간사은행과 대리은행의 역할을 수행하는 것으로 볼 수 있는 점에서 대출참가거래는 신디케이티드 대출과 유사성을 갖게 된다. 그러나 참여은행은 차주에게 직접 권리를 행사할 수 없고 어디까지나 특정 은행을 통하여 권리를 행사할 수밖에 없다.[97] [13-108]

이러한 대출참가거래는 1990년대 초 차주와의 계속적 관계를 유지하면서 대출에 따른 자금 부담이나 신용위험을 참여은행에게 이전하는 거래로 이용되었다. 자산유동화 이전에 유동화목적을 달성하기 위한 거래라고도 볼 수 있다. 대출채권이 아니라 채무자에 대한 신용위험의 일부만을 인수하는 **위험참가거래(risk participation)**도 있다. [13-109]

2) 법적 성질

대출참가거래는 계약자유의 원칙상 유효하다는 전제하에 그 법적 성질에 대해 원채권자가 참가를 위한 회수대리인 역할을 한다고 보는 견해,[98] 원채권자가 원채무자에 대하여 가지는 권리 중에 원리금청구권(부수적으로 지연손해금을 포함)만을, 참가자가 원채무자에 대하여 직접적으로 아무런 청구권을 갖지 않는 것을 조건으로 하여, 원채권자로부터 참가자에게로 상대적으로 이전하는 원채권자와 참가자 간의 무명계약이라는 견해,[99] 그리고 대출원리금 채권 등의 상대적 이전의 효력이 생기는 매매계약으로 보는 견해[100]가 있다. [13-110]

체결한 미화 3천만 달러를 한도로 하는 양도성 대출계약에 의하면 대주는 차주에 대한 사전통지 또는 그의 사전 동의 없이 대출채권을 적격 양수인에게 양도할 수 있으며, 양수인이 양도인과 사이에 작성된 양도증명서를 주간사인 K은행에 송부하여 K은행이 양도사실을 등록함으로써 채권양도의 효력이 발생하는 것으로 되어 있었다. 대법원 2000. 10. 10.자 2000그41 결정.

94) 채무자에 대한 대항요건에 대해서는 임의법규설과 강행법규설이 있지만 법원은 채무자가 약정으로 배제할 수 있다고 본다. 대법원 1987. 3. 24. 선고 86다카908 판결. 그러나 제3자에 대한 대항요건은 강행법규로서 특약으로 배제할 수 없다.

95) 반기로·박훤일, "대출참가거래의 법적성질 및 거래상 유의점," 산은조사월보, 1996, 47-75면.

96) 神田秀樹외, 314면.

97) 박수만, "국제차관계약," 김건식·남효순(편), 앞의 책, 639면.

98) 반기로·박훤일, 앞의 논문, 1996, 68면.

99) 석광현, "국내기업의 해외차입의 실무와 법적인 문제점," 국제사법과 국제소송(제1권), 박영사, 2002, 588면.

[13-111] 대출참가거래의 자금흐름은 실행단계에는 특정 은행이 대출한 후 회수단계에는 차주가 특정 은행에게 원리금을 지급하면 특정 은행이 이를 참여은행에게 분담금 비율대로 분배하는 구조를 취한다. 이러한 대출참가거래의 가장 큰 법적위험은 형식상 차주와 직접적 계약관계를 유지하면서 참여은행에게 원리금수취권능을 이전한 특정은행이 차주로부터 원리금을 수취한 후 참여은행에게 분배하기 전에 파산한 경우에 발생한다.[101] 해당 원리금이 파산한 특정 은행의 파산재단에 귀속하는지 여부가 문제가 될 것이다. 이러한 위험을 관리하기 위해 특정 은행을 신용도가 높은 은행으로 한정하는 등 기법이 활용된다.

3. 양도 상대방의 제한

가. 의 의

[13-112] 신디케이티드 대출의 차주는 기존 대주의 채권양도 등으로 새로운 대주와 법률관계를 맺게 된다. 이 경우 차주의 정책에 따라 선호하지 않는 대주유형도 있을 수 있다. 이런 점을 고려하여 기존 대주가 채권양도 등으로 대출채권을 이전할 수 있는 상대방의 유형을 제한하려는 시도가 있다. 일반적으로 당사자들은 상대방의 유형을 '은행이나 다른 금융기관'으로 한정하는 조항을 둔다. 당사자 사이의 합의로서 가능하고 유효한 것이다. 문제는 금융기관의 범위에 있다.

나. 계약서상 명확화

[13-113] 이러한 문제를 고려하여 계약상 명확화를 시도한 사례가 있다. 예컨대 APLMA Investment Grade Syndicated Facility Agreement (2013 Revision)은 clause 24.1에서 다음과 같이 규정하고 있다.

> "대주는 그의 권리를 다른 은행이나 금융기관[또는 대출, 증권 그 밖의 금융자산(신용파생상품을 포함)의 제조, 매입 또는 투자에 규칙적으로 참여하거나 그 목적으로 설립된 신탁, 펀드 또는 다른 주체]에게 양도할 수 있다."

[13-114] 당사자들이 원할 경우에만 [또는 대출, 증권 그 밖의 금융자산(신용파생상품을 포함)의 제조, 매입 또는 투자에 규칙적으로 참여하거나 그 목적으로 설립된 신탁, 펀드 또는 다른 주체]를 포함할 수 있으므로 선택가능성은 여전히 존재한다.

[13-115] 우리나라 대법원도 "이 사건 계약은 … 양도성 대출계약인 데다가 <u>그 양수인 자격도 금융기관으로 제한하고 있어</u> 채무자로서는 금융기관에 의한 위 대출금채권의 양수를 충분히 예상하고 그에 대하여 직접 채무를 부담할 의사를 가지고 있었다"고 하여 양수인 자격 제한 합의의 효력을 전제하고 있다(대법원 2000. 10. 10.자 2000그41 결정).

---

100) 한민, 앞의 논문, 214-215면.
101) 이미현·고훈, 앞의 논문, 78-79면.

4. 신디케이티드 대출과 대출채권의 환매

신디케이티드 대출의 대주단 중 한 은행이 그 채권을 양도할 수 있다. 차주는 그런 [13-116] 경우에 대비하여 양수인 자격 제한을 합의하고 있더라도, 그 대출채권보다 저비용으로 신규대출을 받거나 증권을 발행할 수 있으면 해당 대출채권을 환매하려는 경우도 생각할 수 있다.[102] 유통 중인 대출채권을 채무자인 차주가 환매할 경우 그 채권은 혼동으로 소멸하게 될 것이다.

102) David Line Batty, "Necessity is the Mother of Innovation during the Credit Crisis," North Carolina Banking Institute Vol.14 Issue 1, 2010, pp14-24.

제14장 자산금융

제1절 서 설

동산이나 부동산, 채권 그 밖의 자산으로부터 발생하는 현금흐름이나 자산 그 자체를 기초로 이루어지는 금융수단을 발행인이나 차입자의 신용을 기초로 하는 기업금융(corporate financing)과 구분하여 자산금융(asset-based financing)이라고 한다. 대표적으로 자산유동화, 프로젝트금융, 그리고 항공기금융이나 선박금융 등을 생각할 수 있다. [14-1]

자산금융에서는 자산의 특성별로 상환구조에 차이가 있어 고려할 위험요소와 법률문제가 다르다. 항공기나 선박은 내용연수가 경과할수록 가치가 하락하기 때문에 리스료 등 자산으로부터 발생하는 현금흐름이나 자산 그 자체를 상환재원으로 한다. 이러한 자산 종류별 특징에 따른 상환구조의 차이는 자산유동화에서도 유동화자산의 유형에 따라 동일하게 반영된다. 프로젝트금융에서는 프로젝트별로 고유한 위험구조가 금융조건에 정확하게 반영되어야 한다. [14-2]

은행법에서 자산금융을 따로 살펴보는 것은 다음 2가지 이유에 따른 것이다. 첫째, 자산금융의 상환구조나 위험요소, 법률문제의 차이가 은행의 영업모델과 임원의 주의의무 등에 특별한 고려사항을 제시한다. 이러한 특징은 특히 임원의 주의의무의 판단기준에도 정확하게 반영되어야 한다. 둘째, 자산금융을 통하여 은행이 직접 상품위험을 인수하게 되므로 자산금융은 금산분리나 은행의 타회사 지분소유 등과 유사한 문제단위로 파악할 수도 있다. 이 장에서의 설명은 이러한 고려사항을 이해하는 데 필요한 범위에 한정된다. [14-3]

제2절 자산유동화에서는 특히 은행영업모델의 변화라는 관점에서 자산유동화의 구조와 법률문제를 정리한다. 제3절 프로젝트금융에서는 프로젝트금융의 구조와 내용을 살펴본다. 프로젝트의 사업성을 대출의 기초로 하는 점에서 특정자산의 가치에 주목하는 다른 형태의 자산금융과는 다른 특징을 가진다. 제4절 항공기금융과 제5절 선박금융에서는 항공기와 선박의 도입을 위한 리스금융을 중심으로 각각의 구조와 특징을 검토한다. [14-4]

제2절 자산유동화

Ⅰ. 서 언

[14-5] 은행법에서 자산유동화를 논의하는 이유를 생각해 보자. 일반적으로 자산유동화는 자본시장에 관한 법률 분야의 하나로 논의되어 왔기 때문이다. 특히 다음 3가지 관점에서의 접근이 중요하다.

[14-6] 첫째, 자산유동화는 파생상품과 함께 금융시장을 근본적으로 변화시킨 금융기법이다. 자산유동화는 은행 영업모델을 변화시켜 간접금융시장과 직접금융시장의 연계 구조를 가능하게 하였다. 따라서 전통적인 대출영업모델을 전제로 한 은행법은 새로운 변화에 대응할 수 없다. 둘째, 우리나라의 자산유동화는 1997년 외환위기 이후 부실채권 정리수단으로 도입되었다. 유동화법은 이제 부실채권정리법에서 구조화금융의 기본법으로 발전해야 한다. 셋째, 자산유동화는 자금중개기능이 은행법 규제 밖에서 이루어지는 그림자금융의 대표적 사례이다. 특히 은행 대출채권의 자산유동화에서 문제되는 것은 대출 심사 및 관리의 유명무실화이다. 최근의 자산유동화규제는 자산보유자의 신용위험 보유의무 등 대출 심사 및 관리 기능이 작동하기 위한 인센티브구조 확보를 핵심으로 한다.

[14-7] 이 절에서는 이상 3가지 쟁점을 중심으로 특히 은행의 대출채권을 유동화자산으로 하는 자산유동화를 대상으로 살펴본다.

Ⅱ. 의의와 구조

1. 의 의

가. 개 념

[14-8] 넓은 의미의 자산유동화는 "증권시장에서 거래되지 못했던 거래대상을 증권시장의 거래대상인 증권으로 변환하는 것"이다. 좁은 의미로는 유동화를 통하여 자금을 조달하려는 '자산보유자'가 보유자산인 '유동화자산'을 유동화하는 것을 말한다. 대출채권이나 부동산과 같이 유동성은 떨어지나 재산적 가치가 높은 유동화자산을 현금화하는 과정이다. 자산유동화증권(유동화증권, asset-backed securities, ABS)은 이러한 과정을 거쳐 발행된 증권으로서 유동화자산의 종류에 따라 명칭이 다양하다.[1] 유동화증권의 상환이 자산을 보유하고 있던 기업의 신용에서 분리되어 유동화자산 자체의 현금흐름에만 의존하는 점에서 전형적인 자산금융의 특징을 나타낸다. 그 실질은 유동화자산의 현금흐름과 위험이 자산보유자로부터 유동화증권의 투자자로 이전되는 것이다.[2]

1) 대출채권인 경우(collateralized loan obligation, CLO), 회사채인 경우(collateralized bond obligation, CBO), 부동산담보대출채권인 경우(mortgage-backed securities, MBS) 등이 대표적이다.

2) Joanna Benjamin, Financial Law, Oxford University Press, 2008, pp402-403 [18.03].

나. 연 혁

우리나라의 자산유동화는 1998년 유동화법 제정과 함께 시작되었다. 유동화법은 1997년 외환위기 이후 부실채권의 정리수단으로 도입되었다. 같은 시기인 1999년 주택저당채권 유동화를 위해 「주택저당채권유동화회사법」이 제정되었다. 그러나 2003년 한국주택금융공사가 설립된 이후 주택저당채권유동화회사법은 폐지되고, 주택금융공사법으로 관련규정이 이관되었다(23조-31조). 유동화법은 2023년 금융시장의 변화를 반영하여 대폭 개정되어 구조화금융의 기본법으로서의 성격이 더욱 강화되었다.[3] 그러나 유동화법은 지원법이므로 반드시 동법에 따라서만 자산유동화가 가능한 것은 아니다.[4] [14-9]

다. 종 류

1) 일반적 분류

(가) 분류의 기준

자산유동화는 다양하게 분류할 수 있다. 여기서는 정형유동화와 비정형유동화, 진정매매형 유동화와 합성유동화의 분류만을 정리한다. [14-10]

(나) 정형유동화와 비정형유동화

정형유동화는 유동화법에 의한 유동화를, 그리고 **비정형유동화**는 유동화법에 의하지 않는 유동화를 말한다. 전자를 **등록유동화**, 후자를 **비등록유동화**라고 부르기도 한다. 개정 유동화법은 제33조의2(유동화증권의 발행내역 등 공개)와 제33조의3(유동화증권의 의무보유)에서 규제대상인 유동화전문회사등에 **비정형유동화회사**(제3조에 따라 자산유동화계획을 등록하지 아니한 회사)를 포함하여 비정형유동화를 유동화법의 틀내로 흡수하였다. 비정형유동화는 유동화기구로 상법상 주식회사를 이용하는 경우가 많다. 유동화법은 유동화전문회사의 법적 형태에 종래의 유한회사 이외에 주식회사를 추가하였다(17조 1항). 비정형유동화회사가 발행하는 유동화증권을 "제3조에 따라 자산유동화계획을 등록하지 아니한 회사가 발행한 유동화증권에 준하는 증권"이라고 한다(유동 33조의2). 이를 **비정형유동화증권**이라고 한다.[5] 다만 새로 유동화법의 틀내로 포함된 비정형유동화회사와 비정형유동화증권의 범위에 대해서는 논의가 있다. 비정형유동화회사가 신탁과 같은 회사 형태가 아닌 유동화기구를 포함하는지, 비정형유동화회사가 대출(asset-based loan, ABL)과 같이 자본시장법상 증권에 해당하지 않는 거래를 하는 경우에도 비정형유동화증권이라고 할 수 있는지 등의 의문은 남는다.[6] [14-11]

---

3) [시행 2024. 1. 12.][법률 제19533호, 2023. 7. 11., 일부개정] 금융위·금감원, 보도자료: '24.1.12일 개정 「자산유동화에 관한 법률」이 시행됩니다, 2023.12.27.

4) 금감원, 자산유동화 실무 안내, 2023.12, 4면("금감원유동화(2023)").

5) 금감원은 **유사 유동화증권**이라고 한다. 금감원유동화(2023), 4면.

6) 이선지, "개정 자산유동화법의 주요내용과 쟁점", BFL 제125호, 2024, 83-85면.

(다) 진정매매형 유동화와 합성유동화

[14-12] **진정매매형 유동화**(true sale securitization)는 자산보유자가 유동화자산을 유동화기구로 법률상 완전한 의미에서 양도하는 것을 전제로 한다. **합성유동화**(synthetic securitization)는 자산보유자가 유동화기구와 파생상품계약 체결 등의 방식으로 유동화자산은 자산보유자가 계속 보유하고, 유동화기구에게는 유동화자산의 신용위험 그 밖의 재무적 위험만을 이전한다.

2) 유동화법상 유동화

[14-13] 유동화법은 정형·진정매매형 자산유동화를 다음 4가지로 분류하고 있다. 비정형유동화도 같은 기준에 따라 구분할 수 있다.

[14-14] [진정매매-회사형 / 자산양도 후 증권발행] 유동화전문회사[자산유동화업무를 전업으로 하는 외국법인 포함]가 자산보유자로부터 양도받은 유동화자산을 기초로 유동화증권을 발행하고, 해당 유동화자산의 관리·운용·처분에 따른 수익이나 차입금 등으로 유동화증권의 원리금 또는 배당금을 지급하는 일련의 행위를 말한다(유동 2조 1호 가목).

[14-15] [진정매매-신탁형 / 자산양도 후 증권발행] 신탁업자가 자산보유자로부터 신탁받은 유동화자산을 기초로 유동화증권을 발행하고, 그 유동화자산의 관리·운용·처분에 따른 수익이나 차입금 등으로 유동화증권의 수익금을 지급하는 일련의 행위를 말한다(유동 2조 1호 나목).

[14-16] [진정매매-신탁형 / 증권발행 후 자산양도] 신탁업자가 유동화증권을 발행하여 신탁받은 금전으로 자산보유자로부터 유동화자산을 양도받아 그 유동화자산의 관리·운용·처분에 따른 수익이나 차입금 등으로 유동화증권의 수익금을 지급하는 일련의 행위를 말한다(유동 2조 1호 다목).

[14-17] [진정매매-회사·신탁형 / 자산(유동화증권 또는 유동화자산) 양도 후 증권발행] 유동화전문회사 또는 신탁업자가 다른 유동화전문회사 또는 다른 신탁업자로부터 양도받거나 신탁받은 유동화자산 또는 유동화증권을 기초로 하여 유동화증권을 발행하고 당초에 양도받거나 신탁받은 유동화자산 또는 유동화증권의 관리·운용·처분에 따른 수익이나 차입금 등으로 자기가 발행한 유동화증권의 원리금·배당금 또는 수익금을 지급하는 일련의 행위를 말한다(유동 2조 1호 라목). 유동화증권을 유동화자산으로 하는 경우에는 이른바 **2차 유동화**가 이루어지는 것이다.

3) 주택금융공사법상 유동화

(가) 주택저당채권유동화

[14-18] 주택저당채권은 "주택[7]에 설정된 저당권이나 근저당권에 의하여 담보된 채권으로서 해당 주택의 구입 또는 건축에 들어간 대출자금, 주택의 구입 및 건축에 들어간 자금을

7) 주택법 2조 1호에 따른 주택. 다만 고가주택(소득세법 89조 1항 3호)은 제외한다.

보전하기 위한 대출자금, 또는 이러한 대출자금을 상환하기 위한 대출자금에 대한 채권"을 말한다(주금 2조 3호 가목·나목). 주택금융공사법은 주택저당채권의 유동화를 주택저당채권 담보부채권과 주택저당증권의 2가지로 규정하고 있다(2조 1호 가목·나목).[8)]

(나) 주택저당채권담보부채권형

주택금융공사가 금융기관으로부터 양수한 주택저당채권을 담보로 하여 주택저당채권담보부채권을 발행하고 그 소지자에게 원리금을 지급하는 행위를 말한다(주금 2조 1호 가목). **주택저당채권담보부채권**은 주택금융공사가 주택저당채권을 담보로 하여 발행하는 채권(주금 2조 4호)으로서 이중상환채권법상 이중상환청구권부채권에 해당한다. 거래구조는 ① 금융기관으로부터 양수한 주택저당채권을 담보로 발행하고 금융위에 담보자산으로 등록하고, ② 주택저당채권담보부채권 투자자는 담보가 된 주택저당채권에 대하여 우선변제권을 보유한다(주금 30조 1항, 24조 1항, 31조 2항). 발행한도는 주택금융공사의 자기자본의 50배까지이다(주금 31조 1항). [14-19]

(다) 주택저당증권형

주택금융공사가 금융기관으로부터 양수한 주택저당채권을 기초로 주택저당증권을 발행하고 그 수익자에게 주택저당채권의 관리·운용 및 처분으로 생긴 수익을 분배하는 행위를 말한다(주금 2조 1호 나목). **주택저당증권**은 주택금융공사가 주택저당채권을 기초로 하여 발행하는 수익증권(주금 2조 5호)을 말하는 것으로서 유동화법상 자산유동화증권에 해당한다. 거래구조는 ① 금융기관으로부터 양수한 주택저당채권에 대하여 자기신탁을 설정하여 발행하고 금융위에 양도 및 신탁등록하고, ② 주택금융공사는 주택저당증권 투자자에게 지급보증[9)]을 제공하는 구조로 되어 있다(주금 32조 1항·2항, 34조 1항). [14-20]

라. 구 분

첫째, 자산을 기초로 자금을 조달하는 방법으로 가장 단순한 것은 **자산양도**이다. 필요한 자본은 매도대금으로 확보된다. 그러나 그 자산 자체는 기업의 재무상태표에서 완전히 제거된다. 자산유동화도 진정매매요건을 충족할 경우 자산 자체는 자산보유자의 회계처리상 유동화기구에 매도한 것으로 나타나고, 자산보유자의 파산위험으로부터도 완전히 격리된다. 그러나 자산유동화에서는 완전한 자산 매도와는 달리 자산보유자가 유동화증권에 대하여 일정한 위험을 보유하게 하는 등의 규제가 적용된다. [14-21]

둘째, 자산유동화는 유동화자산에 대하여 직접 담보권을 설정하는 **담보부거래**와는 구분된다. 자산유동화는 유동화자산을 유동화기구에 양도하고 그로부터 발생하는 현금흐 [14-22]

---

8) 주택금융공사의 학자금대출보증 및 학자금대출증권(SLBS) 발행업무는 2009.5. 한국장학재단으로 이관되었다. 한국주택금융공사, 한국의 주택금융 70년, 2016, 318면 각주 28.

9) 주택금융공사는 주택저당증권·학자금대출증권 및 유동화법에 의한 유동화전문회사등이 주택저당채권을 유동화자산으로 하여 발행한 유동화증권에 대하여 공사의 자기자본의 50배를 초과하지 않는 범위안에서 지급보증을 할 수 있다(주금 34조 1항).

름을 유동화증권의 지급재원으로 하는 것이다. 담보부거래에서는 자산 자체는 여전히 자산보유자의 소유에 속하므로 자산보유자의 파산위험으로부터도 완전히 격리될 수 없다. 자산유동화에서 필요한 자본은 유동화자산의 양도대금의 형태로 확보된다. 그러나 담보부차입이나 담보부사채에서는 대출금이나 사채발행대금으로 조달된다. 과거 자산유동화증권을 자산담보증권이라고 번역하기도 했지만 정확한 용어라고 할 수 없다. 커버드본드는 은행 보유자산, 특히 주택담보대출을 기초자산집합으로 하여 발행하는 담보부사채이다 ([5-242]-[5-244]).

[14-23] 셋째, 자산유동화는 유동화자산의 현금흐름을 유동화증권의 지급재원으로 하는 점에서 그 가치가 기초자산의 가치에 연동되는 **파생상품**과는 다르다. 현물인도에 의한 결제가 이루어지는 파생상품의 경우에는 기초자산에 대한 직접적인 권리를 가질 수 있지만 자산유동화와는 다르다.

2. 구 조

가. 유동화자산

1) 의의와 유형

[14-24] 자산유동화의 대상이 되는 유동화자산은 **채권(채무자의 특정 여부에 관계없이 장래에 발생할 채권을 포함한다), 부동산, 지식재산권 및 그 밖의 재산권**을 말한다(유동 2조 3호). 특별한 제한은 없지만, 현금흐름의 확정·구분·예측가능성, 자산의 동질성과 규모의 경제가 가능할 것 등의 요건은 충족해야 할 것이다. 주택저당채권, 사채권, 대출채권, 신용카드매출채권, 자동차할부채권 등 모두 가능하다. 2023년 유동화자산별 유동화규모는 매출채권 특히 신용카드매출채권은 감소한 반면, 대출채권의 증가추세는 뚜렷하다.

〈표 14-1〉 유동화자산별 자산유동화증권 발행 실적

(단위: 억원, %)

유동화자산	2020년		2021년		2022년		2023년	
	금액	(비중)	금액	(비중)	금액	(비중)	금액	(비중)
대출채권	539,390	(68.2)	411,720	(66.8)	213,600	(48.5)	445,850	(67.5)
(주택저당채권)	485,739		365,733		171,982		370,414	
(기업 및 개인여신)[1]	34,217		31,505		33,299		56,286	
(부동산 PF)	19,434		14,482		8,319		19,150	
매출채권	182,813	(23.1)	148,927	(24.1)	172,597	(39.2)	161,823	(24.5)
(신용카드매출채권)	42,128		42,758		112,563		45,731	
(자동차할부채권)[2]	44,489		30,732		41,480		35,932	
(리스료채권)	1,905		3,898		5,850		17,930	
(팩토링채권)[3]	-		-		-		-	
(기업매출채권)[4]	94,291		71,539		60,034		62,230	
증권	69,079	(8.7)	56,092	(9.1)	53,979	(12.3)	53,100	(8.0)
(채권)[5]	69,079		56,092		53,979		53,100	
총 계	791,282	(100.0)	616,739	(100.0)	440,177	(100.0)	660,773	(100.0)

(자료) 금감원

주1) NPL, 중소기업 대출채권 기초 CLO 포함
2) 오토론 포함
3) 카드사의 단말기할부대금채권 ABS
4) 단말기할부대금채권 등 기초 ABS 포함
5) P-CBO의 기초자산이 되는 회사채

2) 법적 위험

(가) 의 의

유동화자산의 법적위험분석도 필요하다.[10] 유동화자산별로 그 자산을 발생시킨 원인 계약의 유무와 내용을 파악하는 것이 출발점이 될 것이다. 이를 통하여 유동화자산으로서의 적격성을 확인하게 된다. 자산의 실재성은 자산실사기관, 법적위험분석은 법률자문기관이 담당한다. 이하 유동화자산의 양도가능성과 유동화법상 특례의 적용 여부를 살펴본다. [14-25]

(나) 유동화자산의 양도 가능성

자산유동화가 이루어지기 위해서는 먼저 유동화자산의 양도가능성이 확보되어야 한다. [14-26] 양도가능성과 관련하여 문제되는 것은 신용카드매출채권과 장래채권[11]이다. 개정 유동화법은 "채무자의 특정 여부에 관계없이 장래에 발생할 채권을 포함한다"(2조 3호)고 하여

10) 김경무(편), ABS의 이해와 신용평가, 새로운 제안, 2013, 133-134면.
11) 양창수, "장래채권의 양도," 저스티스 제36권 제3호, 2003, 26-47면.

특정성 요건을 완화하는 형태로 장래채권이 포함됨을 확인하였다.[12] 여기서는 은행과 직접 관련되는 신용카드 매출채권에 대해서만 살펴본다.

[14-27] 여전법은 신용카드 매출채권의 양도를 제한한다. 신용카드가맹점은 '신용카드업자에게 가지는 매출채권'을 포함한 '신용카드에 따른 거래로 생긴 채권'을 신용카드업자와 은행(중소기업은행과 농협은행을 포함) 외의 자에게 양도할 수 없고, 신용카드업자와 은행 외의 자는 이를 양수할 수 없다(여전 20조 1항 본문). 이는 '신용카드에 의한 거래로 생긴 채권이 금전거래의 대상이 됨을 방지함으로써 신용질서 유지를 도모'하기 위한 규정이다(대법원 2016. 7. 22. 선고 2016도5399 판결). 이와 관련하여 3가지가 문제되었다.

[14-28] 첫째, '신용카드업자 외의 자는 이를 양수하여서는 아니 된다'는 이 규정 본문 후단의 의미와 관련하여 법원은 '신용카드업자 외의 자'가 '신용카드에 의한 거래로 생긴 채권'을 양수하는 행위를 금지하는 것이고, 그 양수행위의 상대방이 신용카드가맹점으로 제한되지 않는다고 판단하였다(대법원 2016. 7. 22. 선고 2016도5399 판결).

[14-29] 둘째, 2010년 여전법 개정에서 신용카드업자 외의 자에게 양도가 금지되는 '신용카드 거래에 의하여 발생한 채권'에 신용카드업자에 대한 채권을 포함시키고,[13] 유동화법상 자산유동화를 위해 신용카드업자에게 양도하는 경우에는 양도금지의 예외를 인정하였다(여전 20조 1항 단서). 그러나 비정형유동화를 위한 양도는 여전히 금지된다.

[14-30] 셋째, 유동화법상 자산유동화를 위해 신용카드업자 외의 자에게 양도하는 것을 허용한 특례규정(여전 20조 1항 단서)에 따라 은행이 고유계정의 신용카드매출채권을 신탁계정으로 자기신탁하는 방식으로 유동화할 수 있는지에 대한 논의가 이루어졌다.[14] 은행 신탁계정을 신용카드업자로 볼 수 있는지의 문제이다. 2016년 여전법 개정에서 신용카드매출채권 매입시장에 경쟁요소를 도입하기 위하여 은행에도 신용카드매출채권 매입업무를 허용함으로써 이 문제도 해결되었다(여전 20조 1항).

(다) 유동화법상 특례의 적용 여부

[14-31] 유동화자산의 법적위험과 관련하여 채권양도의 대항요건, 근저당권부채권의 확정, 저당권 등의 취득에 관한 유동화법상 특례(7조-8조)[15]의 적용 여부를 확인하는 것도 중요하다.

---

12) 그러나 채무자에 대한 통지나 승낙을 위하여는 채무자가 특정되어야 한다. 이선지, 앞의 논문, 76면.

13) 2010년 개정 전 여전법 제20조 제1항의 '신용카드에 의한 거래에 의하여 발생한 매출채권'은 '신용카드 이용자가 신용카드 가맹점에서 물건을 구매하거나 용역을 제공받고 신용카드를 사용함에 따라 발생한 신용카드 가맹점의 신용카드 이용자에 대한 채권'을 의미하고, '여전법상의 결제대행업체가 가맹점계약에 기하여 신용카드업자에 대하여 가지는 대행결제대금채권'을 포함하지 않는다고 한 대법원 2008. 1. 17. 선고 2006다56015 판결에 대응하여 명시적으로 포함하도록 개정한 것이다.

14) 김경무, 앞의 책, 138면.

15) 자산유동화계획에 따라 유동화자산을 양도·신탁하거나 유동화자산에 저당권을 설정하는 경우 국민주택채권매입 면제(유동 36조의2, 주택도시기금법 8조), 유동화전문회사가 배당가능이익의 90% 이상을 배당한 경우 배당의 소득공제(법인세법 51조의2 1항 1호), 유동화전문회사를 금융회사로 의제하여 이자소득금액에 대한 원천징수의무 면제(법인세법 73조 1항; 동 시행령 111조 2항), 유동화전문회사 및 자산관리

나. 당사자

1) 자산보유자

(가) 유동화법

자산보유자(originator)는 보유하는 유동화자산의 유동화를 통하여 자금을 조달하는 당사자를 말한다. 자산보유자는 국가와 지방자치단체, 그리고 은행 등 금융기관을 말하고, 그 밖의 일반사업회사에 대해서는 금융위가 정하는 기준을 충족하는 법인만을 포함하고 있다(유동 2조 2호 가목-러목; 유동화업무감독규정 2조 1호·2호). 현재 주택금융공사, 은행·증권·여전사 등 금융기관 외에 단말기할부대금채권, 항공운임채권 등을 기초로 통신사가 많은 발행실적을 보이고 있다. 자산보유자가 될 수 있는 일반법인의 자격을 종래의 신용도에서 외부감사대상인지와 자산규모 등으로 변경하여 그 범위를 크게 확대하였다.[16] 유동화법이 자산보유자의 범위를 제한한 것은 1997년 외환위기 이후 부실채권 정리기법으로 도입된 연혁에 따른 것이다. 이러한 관점에서 자산보유자의 범위를 일반사업회사로 크게 확대한 것은 유동화법이 단순한 부실채권처리의 근거법이 아니라 구조화금융의 기본법으로 발전하는 계기가 될 것으로 평가된다. [14-32]

유동화법은 자산보유자의 자격을 제한하고 있지만, 사모사채나 대출채권에 유동화자산을 결합하는 브릿지방식으로 그 제한을 회피할 수 있다. 브릿지방식에서 형식적인 자산보유자는 사모사채나 대출채권을 유동화기구에 양도하는 금융기관이지만, 실질적인 자산보유자는 유동화자산을 담보로 제공한 사모사채 발행인이나 대출채권의 차주가 된다.[17] 비정형유동화에는 자산보유자 자격제한 규정이 적용되지 않는다. [14-33]

(나) 주택금융공사법

주택금융공사법상 자산보유자에 해당하는 '금융기관'은 은행 및 은행으로 간주되는 기관, 증권회사, 보험회사, 상호저축은행, 여신전문금융회사, 주택도시기금 등을 말한다(2조 11호 가목-파목). [14-34]

자가 하는 자산유동화사업 및 자산관리사업을 금융보험용역으로 간주하여 부가가치세 면제(부가가치세법 26조 1항 11호; 동 시행령 40조 1항 10호·10호의2), 자산관리공사 또는 토지주택공사가 금융기관 부실자산정리, 부실징후기업 자구계획지원 및 기업구조조정을 위하여 취득한 부동산을 자산유동화계획에 따라 유동화전문회사등에 양도·신탁하는 경우 소유권이전등기 및 계약서검인 생략(부동산등기특별조치법 2조-4조), 교통유발부담금 면제 (도시교통정비촉진법 36조), 국민주택채권매입의무 면제(주택도시기금법 8조), 토지거래허가 및 신고의무, 외국인토지취득신고의무 면제(부동산 거래신고 등에 관한 법률 3조 1항(거래당사자가 동법 제2조제4호의 외국인등인 경우로 한정), 8조 2항 및 11조)(유동 36조)와 같은 특례도 확인해야 한다.

16) 이를 통해 자산보유자 요건을 충족하는 기업이 약 3,000개사에서 11,000개사 이상으로 약 3.8배 확대될 것으로 예상되고 있다. 금융위·금감원, 보도자료: '24.1.12일 개정 「자산유동화에 관한 법률」이 시행됩니다. 2023.12.27.

17) 김경무(편), 앞의 책, 19-20면.

2) 유동화기구

[14-35] **유동화기구**는 자산보유자로부터 유동화자산을 양수하여 유동화증권을 발행하는 자를 말한다. 유동화기구는 유동화전문회사·자산유동화업무를 전업으로 하는 외국법인 및 신탁업자이다(유동 3조 1항). 유동화법은 이를 **유동화전문회사등**이라고 부른다.

[14-36] **유동화전문회사**는 유동화법에 의하여 설립되어 자산유동화업무를 영위하는 회사를 말한다(유동 2조 5호·17조·20조). 유동화전문회사는 주식회사 또는 유한회사로 한다(유동 17조). 이 경우의 주식회사나 유한회사는 일정기간 존속하는 자산유동화를 위한 단순한 특별목적기구이므로 상법 일반원칙이 적용될 필요가 없으므로 상법에 대한 특칙을 두고 있다. 첫째, 유동화전문회사인 주식회사[18]나 유한회사의 주주총회 또는 사원총회의 결의는 총주주나 총사원의 동의가 없는 경우에도 서면으로 할 수 있다(유동 19조 1항, 상 363조 4항 또는 577조 1항·2항). 그러나 자산유동화계획에 어긋나거나 유동화증권을 소지한 자의 권리를 해하는 주주총회 또는 사원총회의 결의는 효력이 없다(유동 19조 2항). 둘째, 유동화전문회사는 정관에서 정하는 바에 따라 그 이익[19]을 초과하여 배당할 수 있고, 자본금증감을 정관으로 정할 수 있다(유동 30조 2항, 상 462조, 462조의3, 583조; 유동 30조 3항, 상 439조 1항, 597조, 586조). 셋째, 유동화전문회사의 회계에 관하여는 이익준비금의 적립의무를 적용하지 않는다(유동 30조 4항, 상 458조, 583조 1항).

[14-37] **자산유동화업무를 전업으로 하는 외국법인**(유동 3조 1항)은 외국법인인 유동화기구로서 외국법상 유동화법에 상응하는 법률의 유무를 불문한다. 이 외국법인도 자산유동화관련 업무 이외의 업무를 할 수 없다.

[14-38] **신탁업자**(유동 3조 1항)는 원칙적으로 자본시장법상 신탁업규제의 대상이 된다. 그러나 자산유동화계획에 따른 일시적인 자본조달구조인 점을 고려하여 자본시장법에 대한 특칙을 두고 있다. 첫째, 신탁업자가 자산유동화계획에 따라 유동화자산을 양도받은 경우와 자산유동화계획에 따라 유동화자산을 양도받거나 신탁받아 해당 자산유동화계획에 따라 여유자금을 운용하는 경우에는 자본시장법상 신탁자금운용의 제한을 받지 않는다(유동 16조 1항, 자본 105조). 둘째, 신탁업자가 자산유동화계획에 따라 유동화자산을 양도하거나 신탁하는 경우에는 자기신탁을 할 수 있다(유동 16조 2항, 신탁 3조 1항, 민 563조·596조). 신탁법상 자기신탁이 허용되지 않던 시대의 특칙이지만 이를 허용하는 현행 신탁법 하에서는 확인적 규정으로 본다. 셋째, 신탁업자가 유동화자산을 관리·운용하는 경우에는 금전인 신탁재산도 고유재산이나 다른 신탁재산에 속하는 금전과 물리적으로 구별하여 관리해야 한다(유동 16조 2항, 신탁 37조 3항). 자산유동화의 목적을 고려하여 신탁법상 원칙인 계정상 분리원칙에 대한 예외를 두어 의무를 강화한 것이다.

---

18) 주식회사의 경우에는 자본금 총액이 10억원 미만인 주식회사로 한정한다.
19) 재무상태표상의 자산에서 부채·자본금 및 준비금을 뺀 금액을 말한다.

3) 자산관리자

(가) 의 의

자산관리자(servicer)는 유동화자산의 관리, 운용 및 처분에 관한 업무를 수행하는 자를 말한다. 자산관리자는 자산보유자, 신용정보회사 중 채권추심업 허가를 받은 자, 채권추심회사 그 밖에 시행령상 요건을 갖춘 자가 할 수 있다(유동 10조 1항; 동 시행령 5조 1호-4호). 그러나 자산보유자가 담당하는 것이 일반적이다. 법원도 자산보유자와 자산관리자를 겸하는 실무를 확인하고 있다(서울고법 2008. 11. 14. 선고 2007나85890 판결). 자산관리자는 유동화기구의 대리인이다.[20] [14-39]

자산관리자는 유동화자산에 대하여 채권추심업무(신용 4조 1항 3호)를 수행할 수 있다(유동 10조 2항). 자산관리자의 역할은 거래유형에 따라 다르다. 채무자의 수가 많은 소매자산 유동화의 경우 자산관리자의 역할이 특히 중요하다.[21] 신탁업자를 제외한 유동화전문회사등은 자산관리위탁계약에 따라 자산관리자에게 유동화자산관리를 위탁해야 한다(유동 10조 1항). [14-40]

(나) 유동화자산의 관리

자산관리자의 위험으로부터 유동화자산을 보호하기 위해 유동화자산의 운용과 구분관리, 독립성, 강제집행 등의 금지를 규정하고 있다. 주택금융공사법도 같은 취지의 규정을 두고 있다(30조). [14-41]

첫째, 자산관리자는 위탁관리하는 유동화자산 및 이를 관리·운용 및 처분함에 따라 취득한 금전등의 재산권을 선량한 관리자의 주의로 관리해야 하며, 유동화증권에 투자한 투자자의 이익을 보호해야 한다(유동 11조 1항). 자산관리자는 위탁관리하는 유동화자산을 그의 고유재산과 구분하여 관리해야 한다(유동 11조 2항). 또한 자산관리자는 위탁관리하는 유동화자산에 대해서는 그 관리에 관한 장부를 별도로 작성·비치해야 한다(유동 11조 3항). [14-42]

둘째, 자산관리자가 파산하는 경우 위탁관리하는 유동화자산은 자산관리자의 파산재단을 구성하지 않으며, 유동화전문회사등은 그 자산관리자(또는 파산관재인)에 대하여 유동화자산의 인도를 청구할 수 있다(유동 12조 1항). 회생절차개시의 경우에도 같다(유동 12조 2항). [14-43]

셋째, 자산관리자가 위탁관리하는 유동화자산은 자산관리자의 강제집행이나 회생법상 보전처분 또는 중지명령의 대상이 되지 않는다(유동 12조 3항). [14-44]

4) 업무수탁자

업무수탁자는 유동화전문회사로부터 일상적 사무를 위탁받아 수행하는 자산보유자 그 밖의 제3자를 말한다. 장부상 회사에 불과한 유동화전문회사는 법정업무 외의 업무를 [14-45]

---

20) Sheelagh McCracken and Anna Everett, Everett and McCracken's Banking and Financial Institutions Law 6th ed, Law Book Co, 2004, p811 [2123].

21) 김경무(편), 앞의 책, 20-21면.

할 수 없고, 본점 외의 영업소를 설치할 수 없으며, 직원을 고용할 수 없어(유동 20조 1항·2항, 22조 1항) 스스로 일상적 사무를 수행할 수 없는 점을 고려한 것이다.

[14-46] 주로 은행이 담당해 왔지만, 최근 증권사의 참여도 확대되고 있다. 정형유동화는 은행이, 비정형유동화는 증권회사가 담당하는 관행이 정착되고 있다고 한다.[22] 업무수탁자의 자격은 유동화전문회사의 자금 관리·운용·차입에 관한 업무와 그 밖의 업무로 나누어 시행령으로 제한하고 있다(유동 23조 1항·2항; 동 시행령 5조의2 1호·2호).

[14-47] 업무수탁자의 업무범위는 일상적 사무에 그치는 것이므로 주주총회 또는 사원총회 의결사항, 이사의 회사대표권이나 감사권한에 속하는 사항, 유동화자산의 관리업무는 수행할 수 없다(유동 23조 1항 1호-5호). 업무위탁에 대해서는 자산유동화계획에서 정하는 바에 따라야 한다.

다. 자산유동화계획의 등록

1) 유동화계획의 등록

[14-48] 유동화전문회사등은 자산유동화에 관하여 유동화법을 적용받기 위해서는 유동화자산의 범위와 유동화증권의 종류, 유동화자산의 관리방법 등 유동화계획을 금융위에 등록해야 한다(유동 3조 1항 전단). 계산착오나 오기, 누락 등 경미한 사항을 제외한 계획변경도 등록해야 한다(유동 3조 1항 후단 및 단서; 동 시행령 2조의2). 주택금융공사법도 같은 취지의 규정을 두고 있다(23조). 자산유동화에서 유동화계획의 등록은 집합투자에서 집합투자기구의 설정·설립의 등록에 해당한다.

2) 1 유동화기구 1 유동화 원칙

[14-49] 신탁업자를 제외하고 유동화전문회사등이 등록할 수 있는 자산유동화계획은 유동화자산 및 자산보유자의 수에 관계없이 1개에 한정된다(유동 3조 2항). **1 유동화기구 1 유동화 원칙**이다. 자산금융의 기초가 되는 자산의 분리·독립성을 확보하기 위한 것이다. 그러나 당사자들의 계약으로 같은 목적을 달성할 수 있는 경우에도 이를 강요하는 것은 근거가 없다. 유동화법은 자산보유자의 수에 관계없이(유동 3조 2항)라고 하여 자산보유자가 복수인 1개의 유동화도 명문으로 허용하였다. 유동화자산의 집합을 허용함으로써 집합투자와의 구조적 유사성이 더욱 명확해졌다.

3) 공시

[14-50] 유동화계획의 등록은 자산유동화의 제도적 기초가 되므로 그에 관한 서류를 공시하는 것은 권리관계의 안정과 투자자보호를 위하여 필수적이다. 금융위는 자산유동화계획의 등록(유동 3조)에 따른 등록(또는 변경등록)서류와 유동화계획의 등록취소(유동 38조의2 1항)에 관한 서류를 공시해야 한다(유동 9조 1항). 또한 신탁업자, 유동화자산의 관리를 위탁받은 자

22) 김경무(편), 앞의 책, 21면.

(유동 10조 1항) 및 업무수탁자(유동 23조 1항)는 유동화자산 명세와 그 현황에 관한 서류를 작성·비치하고 그 유동화전문회사등의 투자자가 열람할 수 있게 해야 한다(유동 9조 2항).

4) 실효성 확보

금융위는 유동화전문회사등이 유동화계획의 등록(또는 변경등록)(유동 3조 1항)을 거짓 또는 부정한 방법으로 한 경우, 변경등록(유동 3조 1항 후단)을 하지 않고 자산유동화계획을 변경한 경우에는 청문을 거쳐 자산유동화계획의 등록을 취소할 수 있다(유동 38조의2 1항 1호·2호, 2항). [14-51]

라. 자산양도 등의 등록

1) 의 의

자산양도 등의 등록은 자산유동화의 법적 기초 중의 하나이다. 유동화법은 이러한 등록을 기초로 민법 등에 대한 특례를 인정하고 있다. 자산양도 등의 등록은 그 사유에 따라 의무등록과 임의등록으로 이원화하여 규제를 완화하였다. [14-52]

자산보유자 또는 유동화전문회사등은 자산유동화계획에 따른 유동화자산(유동화자산을 제3자가 점유하고 있는 경우 그 제3자에 대한 반환청구권을 포함)의 양도·신탁 또는 반환이 있는 경우에는 지체없이 그 사실을 금융위에 등록해야 한다(유동 6조 1항 1호·2호). 자산보유자는 자산유동화계획에 따라 유동화자산을 유동화전문회사등에 양도하거나 신탁업자에게 신탁한 경우에, 그리고 유동화전문회사등은 자산유동화계획에 따라 유동화자산을 다른 유동화전문회사등에 양도하거나 그 양도한 유동화자산을 반환받은 경우에 각각 등록을 하게 된다. 주택금융공사법도 같은 취지의 규정을 둔다(24조). [14-53]

유동화전문회사등은 ① 자산유동화계획에 따라 유동화자산을 자산보유자에게 양도하거나 양도의 취소 등을 이유로 반환한 경우(신탁업자가 신탁종료를 이유로 반환한 경우를 포함), ② 자산유동화계획에 따라 유동화증권의 투자자를 위하여 제3자에게 유동화자산에 대한 질권 또는 저당권을 설정·해지한 경우, ③ 자산유동화계획에 따라 유동화증권의 투자자를 위하여 제3자에게 유동화자산을 신탁하거나 신탁의 종료 등을 이유로 반환받은 경우에는 그 사실을 금융위에 등록할 수 있다(유동 6조 2항 1호-3호). [14-54]

2) 등록절차와 실효성

자산보유자 또는 유동화전문회사등이 자산양도 등의 등록을 하려는 경우에는 등록신청서에 등록사유에 관한 증명서류를 첨부하여 금융위에 제출해야 한다(유동 6조 3항). 등록신청서에는 유동화자산의 명세, 유동화자산의 양도·신탁 또는 반환의 방법·일정 및 대금지급방법, 유동화자산이 채권인 경우 채권양도의 대항요건이 갖추어져 있는지 여부, 유동화자산의 양도 등에 관한 계약의 취소요건, 양수인이 해당 유동화자산을 처분하는 경우 양도인 등이 우선매입권을 가지는지 여부, 그 밖에 투자자 보호를 위하여 필요한 사항으 [14-55]

로서 금융위가 고시하는 사항을 적어야 하며, 유동화자산명세는 전자기록이나 이에 준하는 방법으로 작성하여 제출해야 한다(유동 6조 4항). 유동화전문회사등은 법정보관·관리서류를 보관·관리해야 한다(유동 6조 5항). 법정보관·관리서류는 유동화자산의 양도 등에 관한 계약서, 등기필증, 등기필정보통지서, 등록증, 그 밖의 증빙서류를 말한다. 유동화전문회사등은 금융위 또는 유동화증권에 투자한 자로부터 법정보관·관리서류의 열람을 요구받은 경우 요구에 따라야 한다(유동 6조 6항, 5항).

[14-56] 자산양도 등의 등록은 자산유동화의 제도적 기초이므로 그에 위반한 경우 엄격한 제재가 이루어진다. 첫째, 금융위는 유동화전문회사등이 의무등록(유동 6조 1항)을 하지 않거나 의무등록(유동 6조 1항·2항)을 거짓으로 한 경우에는 자산유동화계획의 등록을 취소할 수 있다(유동 38조의2 1항 3호). 자산양도 등의 등록신청서 또는 등록사유에 관한 증명서류(유동 6조 3항)를 거짓으로 작성한 자는 3년 이하의 징역 또는 2천만원 이하의 벌금에 처한다(유동 39조 1호). 둘째, 금융위는 유동화전문회사등이 자산양도 등의 등록(유동 6조 1항)에 따른 등록을 하지 않거나 의무등록이나 임의등록(유동 6조 1항·2항)에 따른 등록을 거짓으로 한 경우에는 청문을 거쳐 자산유동화계획의 등록을 취소할 수 있다(유동 38조의2 1항 3호, 2항).

3) 채권양도 대항요건

(가) 의 의

[14-57] 민법상 채권양도의 대항요건은 채무자에 대한 통지 또는 승낙이다(민 450조 1항). 이러한 통지나 승낙을 채무자 이외의 제3자에 대항하기 위해서는 확정일자 있는 증서에 의해야 한다(민 450조 2항). 유동화법은 채권양도의 대항요건에 관한 특례를 두고 있다.

[14-58] 유동화법상 채무자에 대한 대항요건은 원칙적으로 민법상 대항요건과 같다. 따라서 자산유동화계획에 따른 채권의 양도·신탁 또는 반환은 양도인(위탁자를 포함) 또는 양수인(수탁자를 포함)이 채무자에게 통지하거나 채무자가 승낙하지 않으면 채무자에게 대항하지 못한다(유동 7조 1항 본문). 다만 양수인이 통지하는 것도 가능하다. 유동화법상 채권양도의 통지에 대하여 채권양도인(한빛은행)이 아닌 채권양수인(우리금융제삼차유동화전문 유한회사)에 의하여 이루어진 것으로서 효력이 없다고 판단한 원심을 배척한 사례가 있다(대법원 2008. 11. 27. 선고 2008다55672 판결).

[14-59] 유동화법은 예외를 규정한다. 양도인 또는 양수인이 해당 채무자에게 법정주소[23]로 두 번 이상 내용증명우편을 발송하여 채권양도(채권의 신탁 또는 반환을 포함) 사실을 통지했

---

23) 1. 해당 저당권의 등기부 또는 등록부에 적혀 있는 채무자의 주소(등기부 또는 등록부에 적혀 있는 주소가 채무자의 최후 주소가 아닌 경우로서 양도인 또는 양수인이 채무자의 최후 주소를 알고 있는 때에는 그 최후 주소)
2. 해당 저당권의 등기부 또는 등록부에 채무자의 주소가 적혀 있지 않거나 등기부 또는 등록부가 없는 경우로서 양도인 또는 양수인이 채무자의 최후 주소를 알고 있는 때에는 그 최후 주소

으나 그 소재를 알 수 없는 등의 사유로 반송된 경우에는 채무자의 주소지를 주된 보급지역으로 하는 둘 이상의 일간신문[24]에 채권양도 사실을 공고한 날에 채무자에게 채권양도의 통지를 한 것으로 본다(유동 7조 1항 단서).

자산보유자 또는 유동화전문회사등이 채권을 양도·신탁 또는 반환한 사실을 등록(유동 6조 1항·2항, 자산양도 등의 등록)한 경우 그 채권의 채무자(유동화자산에 대한 반환청구권의 양도인 경우 그 유동화자산을 점유하고 있는 제3자를 포함) 외의 제3자에 대해서는 그 등록을 한 때에 대항요건을 갖춘 것으로 본다(유동 7조 2항, 민 450조 2항). 확정일자있는 증서로 해야 하는 민법상 원칙에 대한 예외를 둔 것이다. [14-60]

(나) 보증채무

주채무자에 대한 채권이 이전되면 보증인에 대한 채권도 이전한다. 이 경우 채권양도의 대항요건도 주채권의 이전에 관하여 구비하면 되고, 보증채권에 관하여 따로 갖출 필요는 없다(대법원 2002. 9. 10. 선고 2002다21509 판결). 자산유동화를 위해 '리볼빙 결제계약의 상환채권'을 2003.10.24. 양수인(원고)에게 양도하고, 원고는 유동화법 제7조에 따라 2003.12.18. 주채무자에게 채권양도를 통지한 경우 보증인(피고)에 대한 채권 역시 원고에게 이전된다(대구지법 2009. 11. 5. 선고 2008나17760 판결).[25] [14-61]

4) 근저당권부채권의 양도

(가) 저당권부채권의 양도와 저당권의 이전

자산보유자 또는 유동화전문회사등이 자산유동화계획에 따라 질권 또는 저당권으로 담보된 채권을 양도·신탁 또는 반환한 사실을 금융위에 등록한 경우 그 채권을 양도·신탁 또는 반환받은 자산보유자 또는 유동화전문회사등[26]은 그 등록을 한 때에 그 질권 또는 저당권을 취득한다(유동 8조 1항, 6조 1항·2항). 질권이나 저당권으로 담보된 채권을 반환하는 경우에도 질권이전절차나 저당권이전등기 없이 저당권 양도가 가능한 것이다. [14-62]

저당권부채권의 경우 채권양도는 금융위에 대한 자산양도등의 등록으로 공시되며, 제3자에 대한 대항요건을 구비하게 되고, 저당권은 피담보채권과 분리하여 양도가 허용되지 않는다. 따라서 채권양도의 등록을 통한 제3자에 대한 대항요건이 갖추어지는 이상 **저당권의 이중양도는 일어날 가능성이 없으므로** 유동화법은 채권의 양수인인 유동화전문회사 등은 채권양도의 등록이 있는 때에 저당권의 이전이 없어도 저당권을 취득하는 것으로 규정한 것이다(서울고법 2016. 6. 9. 선고 2015나2034527 판결(확정)). [14-63]

유동화법에 따라 채권과 근저당권이 유동화전문회사에게 양도된 사안에서 양도인에 대하여 근저당권의 말소등기를 구하는 것은 피고적격이 없거나 소의 이익이 없는 것이어서 [14-64]

---

24) 전국을 보급지역으로 하는 일간신문이 하나 이상 포함되어야 한다.

25) 대법원 2010. 2. 25. 선고 2009다96403 판결로 확정.

26) 자산유동화계획에 따라 유동화증권 투자자를 위하여 제3자에게 유동화자산을 신탁하거나 신탁종료 등을 이유로 반환받은 경우(유동 6조 2항 3호) 유동화자산을 신탁받은 제3자를 포함한다.

부적법하다고 판단하였다(서울중앙지법 2009. 5. 15. 선고 2008가합21216 판결).

(나) 근저당권부채권액의 확정

[14-65] 저당권부채권을 양도할 경우 채권액의 확정이 필요하다. 자산유동화계획에 따라 양도하거나 신탁하려는 유동화자산이 근저당권으로 담보된 채권인 경우 자산보유자가 채무자에게 근저당권으로 담보된 채권의 금액을 정하여 추가로 채권을 발생시키지 않고 그 채권의 전부를 양도하거나 신탁하겠다는 의사를 적은 통지서를 내용증명우편으로 발송하였을 때에는 그 통지서를 발송한 날의 다음 날에 그 채권이 확정된 것으로 본다(유동 7조의2 본문). 다만, 채무자가 10일 이내에 이의를 제기하였을 때에는 해당 채권이 확정된 것으로 보지 않는다(유동 7조의2 단서).

(다) 피담보채권과 근저당권의 분리 여부

[14-66] 유동화법에 따라 유동화자산인 채권양도의 대항요건과 저당권의 이전은 금융위에 대한 자산양도등의 등록으로 이루어진다(8조 1항, 6조 1항). 따라서 양도사실이 금융위에 등록된 이상 대출채권을 담보하는 근저당권도 그 피담보채권이 확정되어 피담보채권인 대출채권과 함께 유동화회사에 이전되었으므로 채무자에 대한 대출채권만 처분되어 그 담보권이 소멸되었다고 보기 어렵다(서울고법 2016. 6. 9. 선고 2015나2034527 판결(확정)).

5) 부동산 소유권의 취득

[14-67] 부동산 소유권 이전등기는 원칙적으로 생략할 수 없다. 그러나 자산관리공사 또는 토지주택공사가 금융기관의 부실자산정리, 부실징후기업의 자구계획지원 및 기업의 구조조정을 위하여 취득한 부동산을 자산유동화계획에 따라 유동화전문회사등에 양도하거나 신탁한 경우 그 유동화전문회사등은 자산양도 등의 등록(유동 6조 1항)을 한 때에 그 부동산에 대한 소유권을 취득한다(유동 8조 2항). 자산양도 등의 등록만으로 등기 없이 부동산 소유권의 취득도 허용하고 있다. 이중양도의 위험이 낮고 공익적 목적을 위한 것임을 고려한 것이다.[27]

6) 진정매매의 요건

(가) 의 의

[14-68] 진정매매형 자산유동화에서 가장 중요한 법적 위험은 유동화자산의 양도를 **진정매매**(true sale)가 아닌 담보부대출로 성질결정하는 **성질재결정위험**이다([15-37]-[15-52]). 이렇게 되면 유동화자산으로부터 자산보유자의 도산위험을 차단하는 도산격리효과가 발생할 수 없다. 1998년 유동화법 제정 이전 시도된 몇 건의 자산유동화거래가 성공하지 못했던 이유도 바로 성질재결정위험 때문이다. 유동화법은 주로 미국의 판례이론에 기초해서 다음 4가지를 진정매매 요건으로 규정하였다(유동 13조 1호-4호). 이 경우 그 유동화자산의 양도는

27) 금감원유동화(2023), 36면.

담보권의 설정으로 보지 않는다(유동 13조 후단). 주택금융공사법에도 같은 내용의 규정이 있다(주금 25조 1호-4호).

① 매매 또는 교환으로 할 것
② 유동화자산에 대한 수익권 및 처분권은 양수인이 가질 것. 양수인이 그 자산을 처분할 때에 양도인이 우선매수권을 가지는 경우에도 수익권 및 처분권은 양수인이 가진 것으로 본다.
③ 양도인은 유동화자산에 대한 반환청구권을 가지지 않고, 양수인은 유동화자산에 대한 대가의 반환청구권을 가지지 않을 것
④ 양수인이 양도된 자산에 관한 위험을 인수할 것. 그 유동화자산에 대하여 양도인이 일정기간 위험을 부담하거나 채권양도인이 채무자의 지급능력을 담보한 경우를 포함하여 하자담보책임을 지는 경우는 제외한다.

진정매매를 통하여 대상 자산을 신속하고 확정적으로 유동화자산에 편입시킴으로써 [14-69] 자산유동화 업무의 안정적인 수행을 도모하면서도, 유동화자산의 부실화를 방지하기 위하여 양도인의 담보책임을 인정하고 있다(서울고법 2019. 2. 14. 선고 2017나2044573 판결).[28)] 자산양도계약에는 같은 목적으로 다양한 진술보장조항이 포함된다. 법원도 유동화자산의 양수·양도 등을 목적으로 하는 유동화전문회사나 대규모 부실채권의 집단적 거래를 지속적으로 해온 금융기관은 동일·유사한 거래의 관행에 대해서도 잘 알고 있었던 것으로 보인다고 하여 거래관행의 존재를 인정하고 있다(대법원 2022. 8. 11. 선고 2022다220076 판결).

(나) 판단

과세관청은 갑이 각국에서 수취한 해상운임채권을 유동화자산으로 유동화전문회사인 [14-70] A를 통하여 한 자산유동화와 관련하여 갑이 2000.12.20.부터 2004.10.15.까지 A회사에게 ‘CP rate’와 ‘usage fee’로 지급한 지급액을 위 해상운임채권을 담보로 제공하고 받은 대출금에 대한 이자에 해당한다고 보아 과세처분을 하였다. 법원은 유동화자산인 “채권매매 이후의 위험이 여전히 양도인인 원고(자산보유자)에게 남아있다고 볼 징표가 될 수 있지만, 이 사건 채권매매계약이 이 사건 채권의 반환을 매우 제한적으로 인정하고 있는 이상 이 사건 채권매매 이후의 환차손에 관한 위험이나 그 매각대금 중 13%에 관한 위험이 양도인인 원고에게 남아있다는 사정은 이 사건 채권매매의 전체적인 성격을 양도담보로 평가할 수 있는 결정적인 요소가 될 수 없을 뿐만 아니라, 원고가 위와 같은 위험을 부담하는 것은 채권매각대금 결정 방식의 일환으로 평가할 수 있는 점 등”을 근거로 유동화자산인 채권매매의 실질을 양도담보로 볼 수는 없다고 판단하였다(대법원 2013. 9. 26. 선고 2011두33037 판결).

---

28) 대법원 2019. 7. 24. 선고 2019다223778 판결로 심리불속행기각.

(다) 신탁과 진정매매

[14-71] 신탁방식에 의한 자산유동화에서도 진정매매의 문제가 발생할 수 있는가? 매매의 성질결정이 아니라 **신탁의 진정성립**이 문제된다.

(라) 자기신탁

[14-72] 자기신탁이란 신탁의 목적, 신탁재산, 수익자 등을 특정하고 자신을 수탁자로 정한 위탁자의 선언에 의하여 설정되는 신탁을 말한다. 개정 전 신탁법은 신탁의 설정방법을 계약과 유언으로 한정했지만, 개정 신탁법은 이를 명문으로 허용하고 있다(신탁 3조 1항 3호). 신탁법 개정이유서는 자기신탁의 허용 이유를 자산유동화 등의 활성화를 위한 것으로 설명하고 있다.[29] 그러나 신탁법 개정 전에도 유동화법상 신탁업자는 자산유동화계획에 따른 유동화자산을 신탁할 때 신탁법과 민법상 제한에도 불구하고 자기계약을 할 수 있었다(유동 16조 2항, 신탁 3조 1항, 민 563조·596조). 주택금융공사법도 주택저당증권의 발행을 위한 채권유동화에서 자기신탁을 이용할 수 있는 특칙을 두고 있다(32조).

(마) 대출채권의 자산유동화와 부당대출의 손해액

[14-73] 금융기관이 차주 회사 임직원의 분식회계로 인하여 재무구조를 잘못 파악하고 대출한 후 부실채권 정리를 위해 대출채권을 유동화회사에 양도하고 그 대출채권의 실질가액 정산을 거쳐 대가를 지급받은 경우, 부실대출로 인한 금융기관의 손해를 확정하는 기준은 무엇인가? 대출채권 양도 후 유동화회사가 채권행사나 담보권실행으로 추가로 회수한 경우 이를 그 손해액에서 공제할 것인지 여부가 문제된 사례가 있다.

[14-74] 법원은 금융기관의 손해액은 '유동화회사에의 양도대가에 의하여 회수되지 아니하는 대출금채권액'으로 확정되고, 그 후 유동화회사의 추가 회수금을 회사 임직원의 손해배상액에서 공제할 수 없다고 보았다(서울고법 2008. 11. 14. 선고 2007나85890 판결).[30] 진정매매가 일어난 이후 변경사항을 고려할 수는 없다. 그러나 대출채권을 양수한 유동화회사의 추후 회수금이 대출채권 양도대금을 상당히 초과하여 그 대가 산정의 적정성이 문제될 수 있는 등 특별한 사정이 인정되는 경우에만 회사 임직원의 손해배상책임을 제한하는 참작 사유가 될 수 있다(대법원 2008. 1. 18. 선고 2005다65579 판결).

마. 유동화증권

1) 의 의

[14-75] 유동화증권은 '유동화자산을 기초로 하여 자산유동화계획에 따라 발행되는 주권·출자증권·사채·수익증권 기타의 증권 또는 증서'를 말한다(유동 2조 4호). 주식회사는 물론 유한회사인 유동화전문회사도 유동화계획에 따라 사채를 발행할 수 있다(유동 31조 1항).

29) 법무부, 신탁법 개정이유서, 2009, 31-32면.
30) 대법원 2010. 9. 16. 선고 2008다97218 전원합의체 판결로 확정.

유한회사가 발행하는 사채에 관하여는 상법 중 주식회사의 사채발행규정(제3편제4장제8절)을 준용한다(유동 31조 2항).[31] 유한회사인 유동화전문회사는 상법상 금지되는 무기명식의 출자증권을 발행할 수 있다(유동 28조, 상 555조). 유동화기업어음(asset-backed commercial paper, ABCP)이나 유동화단기사채(Asset-backed Short Term Bond, ABSTB)도 발행된다. 신탁재산이 금전이 아닌 유동화수익증권도 발행할 수 있다(유동 32조 2항). 비정형유동화회사가 발행하는 유동화증권을 "제3조에 따라 자산유동화계획을 등록하지 아니한 회사가 발행한 유동화증권에 준하는 증권"이라고 하고(유동 33조의2), 비정형유동화증권 또는 유사유동화증권이라고 한다.

2) 발행절차와 한도

유동화증권의 발행에 관하여는 유동화법에 특칙이 있는 경우를 제외하고 상법·자본 [14-76] 시장법 그 밖의 관계법령에 따른다(유동 27조). 유동화증권의 발행총액은 양도 또는 신탁받은 유동화자산의 매입가액 또는 평가가액의 총액을 한도로 한다(유동 33조 본문). 매입가액과 평가가액이 상이한 경우 그중 큰 금액을 기준으로 한다.[32] 여기서 유동화전문회사의 차입금액(유동 22조 1항 5호)은 그 발행총액에 포함하지 않는다(유동 33조 단서).

3) 유동화증권의 의무보유

(1) 의의와 취지

자산보유자등이 유동화자산을 양도하면 그 위험으로부터 벗어나므로 엄격한 대출심 [14-77] 사나 관리기능을 수행할 유인이 줄어드는 도덕적 해이가 발생할 수 있다. 이를 방지하기 위한 것이 의무보유제도이다.

첫째, 의무보유자는 비정형유동화회사를 포함한 유동화전문회사등이 유동화증권을 [14-78] 발행하는 경우 그 회사등에 자산을 양도하거나 신탁한 자와 그 밖에 시행령으로 정하는 자이다(유동 33조의3 본문; 동 시행령 5조의4 1항 1호·2호). 시행령에서는 유동화전문회사등에 유동화자산을 양도하거나 신탁하는 행위에 준하여 제공한 자 외에 유동화증권에 투자한 투자자 보호를 위하여 그 유동화증권을 보유해야 할 필요가 있다고 인정되는 자를 감독규정으로 추가하게 한다(유동 시행령 5조의4 1항 1호·2호). 감독규정은 "참가계약(수익이전계약) 등을 통해 보유한 자산으로부터 발생하는 수익을 유동화전문회사등에 실질적으로 제공한 자"를 추가하고 있다(유동화업무감독규정 18조의3 2항).

둘째, 의무보유자는 그 유동화전문회사등이 발행한 유동화증권 발행금액의 5%에 해 [14-79] 당하는 금액의 유동화증권을 보유해야 한다(유동 33조의3 본문). 구체적인 보유방법은 시행

31) 신종사채의 발행근거가 되는 상법 제469조는 제외하고 있다.
32) 다만 평가가액과 매입가액의 차이가 큰 경우에는 합리적인 사유가 있어야 하며, 부동산을 유동화자산으로 하는 경우 원칙적으로 매입가액에서 채무인수액(임차보증금 등)을 공제한 가액을 발행한도로 하고 있다. 금감원유동화(2023), 67면.

령과 감독규정으로 정한다(유동 시행령 5조의4 2항; 동 감독규정 18조의3 3항 1호-3호). 의무보유 대상은 비정형유동화증권도 포함하고, 발행잔액의 감소에 비례하여 의무보유금액도 감소한다.[33]

[14-80] 셋째, 의무보유 대상은 모든 유동화증권이지만, 위험이 없거나 낮은 유동화증권은 제외한다(유동 33조의3 단서 1호·2호). 제외증권은 국가, 지방자치단체 또는 일정한 공공기관이 원리금을 지급보증하는 유동화증권과 신용위험이 낮거나 이해상충 발생가능성이 낮은 일정한 유동화증권이다(유동 33조의3 단서 1호·2호; 동 시행령 5조의4 3항; 동 감독규정 18조의3 1항·4항).

(2) 실효성 확보

[14-81] 금융위는 비정형유동화회사가 발행한 유동화증권에 준하는 증권과 관련하여 유동화증권의 의무보유(유동 33조의3)를 위반한 사항이 있는 경우에는 유동화전문회사등, 유동화전문회사등으로부터 업무 또는 자산관리를 위탁받은 자, 유동화전문회사등에 자산을 양도하거나 신탁한 자, 그 밖에 위반행위의 혐의가 있는 자에 준하는 자에게 참고가 될 보고 또는 자료의 제출을 명하거나 금감원장에게 장부·서류, 그 밖의 물건을 조사하게 할 수 있다(유동 34조 2항, 1항 1호-4호). 금융위는 조사 결과 유동화법에 따른 위반사항이 있는 경우에는 시정명령, 그 밖에 시행령으로 정하는 조치를 할 수 있으며, 조사 및 조치에 필요한 절차·조치기준, 그 밖에 필요한 사항을 고시할 수 있다(유동 34조 4항).

Ⅲ. 유동화법과 구조화금융

1. 의 의

[14-82] 구조화금융(structured finance)은 전통적인 금융상품인 예금이나 증권, 보험상품 등에 파생상품을 결합하여 새로운 금융상품을 만드는 금융기법을 말한다. 구조화금융은 전통적인 금융상품에 다양한 위험을 전가하거나 이전하는 방법으로 새로운 투자나 위험관리 수단을 만들게 된다. 합성유동화구조를 위해 유동화법은 유용한 수단이 될 수 있다. 그러나 현행 유동화법은 합성유동화를 위한 역할이 제한적이다.

2. 합성유동화와 유동화전문회사의 업무

가. 의 의

[14-83] 유동화법상 유동화전문회사는 유동화자산의 양수·양도 또는 다른 신탁업자에의 위탁, 유동화자산의 관리·운용 및 처분, 유동화증권의 발행 및 상환, 자산유동화계획의 수행에 필요한 계약의 체결, 유동화증권의 상환 등에 필요한 자금의 일시차입, 여유자금의 투자, 기타 이에 부수하는 업무만을 취급할 수 있다(유동 22조 1항).

---

33) 금감원유동화(2023), 71면.

유동화법이 유동화전문회사의 업무를 제한하는 취지는 "유동화증권 상환의 불확실성을 높이는 행위를 엄격하게 금지하여 유동화증권의 투자자를 보호하려는 것"이다(대법원 2024. 2. 8. 선고 2023다259262 판결). 하급심판결 중에는 "공시된 자산유동화계획에 따라 유동화전문회사의 설립 취지에 부합하는 합리적이고 정상적인 자산유동화 관련 업무 외의 업무는 수행하지 못하도록 함으로써 유동화자산을 계획에 따라 운용할 것을 기대하고 유동화증권에 투자한 투자자들에게 예측할 수 없는 위험이 발생하는 것을 방지할 필요가 있기 때문"이라고 해석한 것도 있다(서울중앙지법 2008. 9. 9. 선고 2008가합3898 판결(확정)). 은행감독기관은 유동화전문회사의 장외파생상품계약 체결이 이 업무범위에 포함되지 않는다고 해석한다. [14-84]

나. 업무의 범위

유동화법상 여유자금은 "유동화전문회사가 유동화자산의 운용, 유동화증권 기타 지급기한이 도래한 채무의 상환 등을 위하여 바로 필요로 하는 자금 이외의 자금" 또는 "자산유동화의 기초자산에서 회수된 현금이 유동화증권의 상환일정보다 일찍 발생할 경우 일시적으로 발생하는 자금"으로 보고 있다(헌재 2023. 10. 26. 선고 2023헌가1 전원재판부 결정). [14-85]

원고(B에 대한 주채권은행)와 피고(유동화전문회사)를 포함한 B의 채권금융기관들은 기촉법상 B에 관한 공동관리절차를 개시하였다. 그 절차의 일환으로 "원고가 B에게 신규 운영자금 100억 원 전액을 지원하되, 나머지 채권금융기관은 향후 원고에게 손실이 발생할 경우 각자의 분담금액에 따라 원고의 손실을 분담하기로 확약하는 내용"의 B에 대한 신규자금 지원을 의결하였다. 신규자금지원과 손실분담과 같이 유동화전문회사의 자금부실화를 유발할 위험성이 높은 행위를 유동화전문회사의 업무범위에 포함시키는 것은 투자자들의 이익을 위하여 유동화증권 이외의 채무를 부담하지 못하게 한 자산유동화법의 취지를 몰각하는 것이라는 주장에 대하여 법원은 "이 사건 손실분담확약은 … 자산유동화법 제22조 제1항 제2, 4호에 규정된 유동화자산인 워크아웃채권 관리의 일환으로서 피고 유동화전문회사의 자산유동화계획 수행에 수반되는 적법한 계약 체결 업무에 속한다"고 판단하였다(대법원 2019. 11. 14. 선고 2017다262694 판결). [14-86]

다. 실효성 확보

첫째, 금융위는 유동화전문회사등이 유동화전문회사가 겸업등의 제한(유동 20조 1항)을 위반하여 허용된 업무(유동 22조 1항) 외의 업무를 한 경우에는 청문을 거쳐 자산유동화계획의 등록을 취소할 수 있다(유동 38조의2 1항 4호, 2항). 둘째, 유동화전문회사의 업무를 자산유동화계획에 따른 일정한 행위로 제한하는 유동화법 제22조는 단속규정이 아니라 권리능력의 범위에 관한 강행규정으로서 이에 위반한 유동화전문회사의 행위는 효력이 없다(대법원 2024. 2. 8. 선고 2023다259262 판결). 이미 오래전부터 같은 취지의 하급심판결이 있었다(서울중앙지법 2008. 9. 9. 선고 2008가합3898 판결(확정)). [14-87]

3. 유동화의 정보공개규제

[14-88] 유동화법은 정형유동화만을 대상으로 한다. 비정형유동화도 감독정보의 확보를 위하여 필요한 범위에서 유동화법의 적용범위내로 흡수하는 것이 옳다. 개정 유동화법은 비정형유동화회사가 발행한 유동화증권에 준하는 증권을 포함한 유동화증권을 발행한 경우에는 유동화증권의 종류·총액·발행조건 등 발행내역, 유동화자산, 자산보유자 등 유동화 관련 정보, 유동화증권의 보유내역(유동 33조의3), 그 밖에 유동화증권의 발행에 관한 사항으로서 시행령으로 정하는 사항을 공개해야 한다(유동 33조의2 1호-4호; 동 시행령 5조의3 2항 1호-5호). 대상증권은 국내는 물론 해외발행과 실물발행도 포함한다.[34] 유동화증권의 정보공개규제는 특히 비정형유동화를 중심으로 자산유동화시장의 투명성을 높이게 될 것이다.

[14-89] 금융위는 비정형유동화회사가 발행한 유동화증권에 준하는 증권과 관련하여 유동화증권의 발행내역공개(유동 33조의2)를 위반한 사항이 있는 경우에는 유동화전문회사등, 유동화전문회사등으로부터 업무 또는 자산관리를 위탁받은 자, 유동화전문회사등에 자산을 양도하거나 신탁한 자, 그 밖에 위반행위의 혐의가 있는 자에 준하는 자에게 참고가 될 보고 또는 자료의 제출을 명하거나 금감원장에게 장부·서류, 그 밖의 물건을 조사하게 할 수 있다(유동 34조 2항, 1항 1호-4호).

34) 이선지, 앞의 논문, 79면.

제3절 프로젝트금융

Ⅰ. 서 언

프로젝트금융은 프로젝트의 사업성과 그로부터 발생하는 현금흐름에 기초하여 이루어지는 금융기법을 말한다. 이 점에서 차주의 신용력을 포함한 기업가치에 기초하여 이루어지는 **기업금융**과 다르고, 특정 자산과 그로부터 발생하는 현금흐름에 주목하는 **자산금융**의 일부라고 할 수 있다. 은행은 프로젝트금융의 전체적인 기획자로서 그리고 자금의 공급자로서 핵심적 역할을 담당한다. 은행법상 프로젝트금융은 일반 기업대출과 달리 은행이 프로젝트의 사업위험에 직접 노출된다는 점에서 신중한 접근을 요한다. 또한 프로젝트금융을 위한 자금조달수단의 다양화에 따라 전통적인 대출을 넘어서 프로젝트금융 채권의 발행 등을 통하여 간접금융시장과 직접금융시장의 연결고리가 되기도 한다. 프로젝트금융의 성공을 위해서는 사업성평가와 위험분석이 필수적이다. 이 과정에서 은행 이사의 주의의무를 확인하는 것도 중요한 과제이다. 프로젝트 자체의 신용제고를 위해 외부적 또는 내부적 신용보완수단이 이용된다. 다양한 신용보완수단이 프로젝트금융에서 가지는 법률문제도 정리할 필요가 있다. [14-90]

Ⅱ. 의의와 특징

1. 의 의

가. 개 념

프로젝트금융은 “당해 사업으로 생기는 장래의 수익이 주된 상환 재원이 되는 금융조달방식으로서 상환 불능 등의 위험을 프로젝트 금융 거래에 참여하는 당사자들이 분담”하는 구조를 말한다(대법원 2023. 11. 16. 선고 2022다265994 판결). 일반적으로 금융기관이 다른 보증 없이 프로젝트의 사업성을 기초로 자금을 지원하는 금융기법으로, 금융기관은 프로젝트 자체에서 나오는 수익으로 대출금을 상환받게 된다(서울고법 2011. 4. 14. 선고 2010나74524 판결(확정)). 프로젝트를 위해 보유하는 자산의 가치와 프로젝트에서 생산 또는 제공되는 ‘프로젝트상품’(project product)인 재화나 용역의 매출에 따른 장래 현금흐름이 기초가 되는 것이다. 예컨대 부동산개발 프로젝트의 사업성을 평가하여 그 사업에서 발생할 미래의 현금흐름을 대출금의 주된 변제재원으로 하는 금융거래이므로, 대출상환능력에 대한 판단은 그 프로젝트의 사업성 평가에 주로 의존하게 된다(대법원 2011. 10. 13. 선고 2009다80521 판결; 대법원 2020. 1. 30. 선고 2016다250427 판결). [14-91]

현행법상 프로젝트금융에 대한 정의는 자본시장법시행령에서 찾을 수 있다. 자본시장법시행령은 프로젝트금융을 “설비투자, 사회간접자본 시설투자, 자원개발, 그 밖에 상당한 기간과 자금이 소요되는 프로젝트를 수주한 기업을 위해 사업화 단계부터 특수목적기구에 대하여 신용공여, 출자, 그 밖의 자금지원”이라고 정의하고 있다(자본 시행령 68조 [14-92]

2항 4호의2). 2001년 발의되었던 「프로젝트금융투자회사법안」[35]은 '프로젝트금융'을 '프로젝트를 수행할 회사를 설립하고, 그 프로젝트에서 발생할 미래의 현금수입을 주요 상환재원으로 하여 자금을 조달하고 지원하는 금융기법'이라고 정의하고 있다(안 2조 2호).

나. 구 별

[14-93] 프로젝트금융에서는 실질적 사업주체인 프로젝트사업주(project sponsor)의 책임이 없거나 제한되는 점에서 일반 기업금융과 다르다. 프로젝트금융의 상환재원 전부를 프로젝트로부터 발생하는 현금흐름으로 한정하는 것을 **비상환청구형(non-recourse)**, 일부만 프로젝트 현금흐름에 한정하고 나머지를 프로젝트사업주에게 의존하는 것을 **제한상환청구형(limited-recourse)**이라고 한다. 이와 같은 차이는 프로젝트의 자산, 관련계약 및 현금흐름이 프로젝트사업주로부터 법률적으로 분리된 특별목적기구인 프로젝트회사에 귀속되는 형식과 구조에 반영되어 있다.[36]

[14-94] 「사회기반시설에 대한 민간투자법」[37]상 사회기반시설[38]에 대한 민간투자사업은 정부와 민간부문이 협력하여 사회기반시설의 계획과 설계, 건설, 자금조달, 운영을 분담하는 것으로서 프로젝트금융의 한 적용분야라고 할 수 있다.

2. 프로젝트의 범위와 사업유형

가. 프로젝트의 범위

[14-95] 프로젝트금융의 프로젝트 유형에는 제한이 없다. 사업성과 충분한 현금흐름의 발생 가능성에서 한계가 있을 뿐이다. 도로, 항만, 공항, 철도, 교량, 댐, 터널과 같은 인프라는 물론 원유나 가스, 광물과 같은 천연자원개발, 발전, 파이프라인, 제련 등의 생산시설, 경기장을 포함한 스포츠시설 등 모든 사업이 대상이 될 수 있다. 신개발사업은 물론 재개발사업도 무방하다. 2001년 발의되었던 「프로젝트금융투자회사법안」은 '프로젝트'를 '설비투자, 사회간접시설의 마련, 주택건설, 자원개발 등의 완성에 상당한 기간과 자금이 소요되는 특정사업'이라고 정의하고 있다(안 2조 1호).

[14-96] 프로젝트는 독립적인 경제단위로서 존속할 수 있는 것이어야 한다.[39] 프로젝트는 경제적으로 독립적인 운영체가 되기 위해 필요한 모든 시설을 포함해야 한다. 특정 프로젝트가 다른 프로젝트의 필요불가결한 일부인 경우 독자적인 프로젝트가 될 수 없다. 어느 단계이든 프로젝트가 타인 소유인 자산에 의존할 경우에는 해당 자산에 대한 접근성이 계약상 확보되어야 한다.

---

35) [의안번호 1213, 발의연월일 : 2001. 11. 24., 강운태의원 대표발의].
36) John D. Finnerty, Project Financing: Asset-Based Financial Engineering 3rd ed., Wiley, 2013, p2.
37) 「사회간접자본시설에 대한 민간자본유치촉진법」으로 제정되어 「사회간접자본시설에 대한 민간투자법」으로 개정되었다가, 현재의 제명인 「사회기반시설에 대한 민간투자법」으로 개정되었다.
38) 각종 생산활동의 기반이 되는 시설, 해당 시설의 효용을 증진시키거나 이용자의 편의를 도모하는 시설 및 국민생활의 편익을 증진시키는 시설로서, 법에서 열거하고 있다(2조 1호 가목-다목).
39) John D. Finnerty, 앞의 책, p3.

나. 프로젝트의 사업유형

프로젝트금융에서 사업유형은 다양하다(사회기반시설에 대한 민간투자법 4조). BTO(Build-Transfer-Operate)는 대상 프로젝트의 준공과 동시에 해당 시설의 소유권이 국가 또는 지방자치단체에 귀속되며, 사업시행자에게 일정기간의 시설관리운영권을 인정하는 방식을 말한다. BTL(Build-Transfer-Lease)은 대상 프로젝트의 준공과 동시에 해당 시설의 소유권이 국가 또는 지방자치단체에 귀속되며, 사업시행자에게 일정기간의 시설관리운영권을 인정하되, 그 시설을 국가 또는 지방자치단체 등이 협약에서 정한 기간 동안 임차하여 사용·수익하는 방식을 말한다. BOT(Build-Own-Transfer)는 대상 프로젝트의 준공 후 일정기간 동안 사업시행자에게 해당 시설의 소유권이 인정되며 그 기간이 만료되면 시설소유권이 국가 또는 지방자치단체에 귀속되는 방식을 말한다. BOO(Build-Own-Operate)는 대상 프로젝트의 준공과 동시에 사업시행자에게 해당 시설의 소유권이 인정되는 방식을 말한다. [14-97]

다. PPP

민관협력사업(public-private partnership, PPP)은 주로 국가가 담당해 왔던 공적업무를 행정주체와 민간이 서로 역할분담을 하여 파트너십의 형태로 수행하는 새로운 수법[40]으로서 프로젝트금융과의 접점은 사회기반시설에의 민간투자사업에서 찾을 수 있다. 우리나라의 「사회기반시설에 대한 민간투자법」상 민간투자사업이나 영국의 민간투자사업(private finance initiative)[41]이 대표적이다. [14-98]

3. 기본원칙

프로젝트금융과 사회적 책임에 관하여 다양한 원칙이 제시되고 있다. 적도원칙(The Equator Principle)은 프로젝트금융에서 환경 및 사회적 위험을 평가하고 관리·감시하는 일련의 정책과 절차이다.[42] 이 원칙을 채택한 금융기관(Equator Principles Financial Institutions, EPFI)은 차주가 적도원칙의 정책과 절차를 준수하지 않는 프로젝트에는 금융을 제공하지 않는다.[43] 적도원칙에 직접적인 법적 구속력을 인정할 수는 없겠지만, 이를 채택한 은행과 거래할 경우에는 당해 원칙이 중요한 업무기준이 될 것은 명백하다. [14-99]

---

40) 강문수, 민관협력(PPP, Public Private Partnership) 활성화를 위한 법제개선연구, 한국법제연구원 [연구보고] 2011-14, 2011, 25면, 33면.

41) 민간투자개발사업, 민간주도투자, 민간투자사업대안 등으로 번역되고 있다.

42) Roger McCormick, "Project Finance" in Sarah Paterson and Rafal Zakrzewski(eds), McKnight, Paterson, & Zakrzewski on the Law of International Finance 2nd ed, 2017, pp795-796 [13.5.6.2.1]-[13.5.6.2.4]. 국내 소개로, 박훤일, "해외투자(海外投資)와 지속가능발전 원칙-적도원칙(赤道原則)(Equator Principles)을 중심으로," 무역상무연구 제31권, 2006, 27-56면.

43) 국내에서는 2017.1. 산업은행이 최초로 가입한 후 신한은행 및 KB 국민은행, 농협은행, 우리은행, 하나은행 등이 가입했다.

Ⅲ. 구 조

1. 당사자

[14-100] 프로젝트의 건설과 운영을 담당하는 주체로서 **프로젝트회사**(project company)를 설립한다. 프로젝트회사는 프로젝트의 수행을 위한 단일목적의 특별목적기구로 설립되며, 프로젝트금융의 차주가 된다.

[14-101] 프로젝트회사의 법적 형태는 프로젝트사업주의 책임구조, 세제와 감가상각, 그 밖에 법제를 고려하여 결정한다. 개발도상국에서의 프로젝트금융에서는 현지국 정부나 기업과의 합작회사 형태로도 설립할 수 있다. 자본시장법시행령은 프로젝트금융의 **특수목적기구**를 '특정 프로젝트를 사업으로 운영하고 그 수익을 주주 등에게 배분하는 목적으로 설립된 회사, 그 밖의 기구'라고 정의하고 있다(자본 시행령 68조 2항 4호의2).

[14-102] 프로젝트회사가 주식회사 형태를 취할 경우 그 지분은 프로젝트사업주가 주주간 계약서에 따라 보유한다. 프로젝트로부터 발생하는 현금흐름은 프로젝트회사에 귀속되어 프로젝트금융을 위한 변제재원이 된다.

[14-103] 프로젝트회사의 주주 그 밖의 지분구성도 프로젝트상품의 특징을 고려하여 결정한다. 예컨대 음료수 캔을 생산하는 프로젝트의 경우 프로젝트회사를 음료수 제조사와 독립적으로 구성함으로써 이해상충의 우려 없이 모든 경쟁업체를 구매자로 확보할 수 있다.[44]

2. 사업성평가

가. 의 의

[14-104] 프로젝트금융에서 사업성평가는 금융의 출발점이면서 위험관리의 시작이 된다. 사업성평가와 위험분석은 프로젝트금융의 사업주와 대주에게 가장 중요한 절차가 된다.[45] 프로젝트사업주 입장에서는 해당 프로젝트의 수익성이 금융과 사업비용을 충당하고 사업주에게 충분한 이익을 제공할 수 있는지 여부라는 사업화 가능성을 판단하는 기준이 된다. 은행 입장에서는 해당 프로젝트의 현금흐름이 대출금 상환에 충분한지 여부를 중심으로 한 여신위험을 판단하는 기준이 된다. 일반적으로 논의되는 사업성 평가와 위험분석의 내용을 살펴보고 사업성평가에서 은행의 이사의 주의의무를 정리한다.

나. 사업성 평가

1) 의 의

[14-105] 프로젝트금융에서 프로젝트의 사업성은 경제적·재무적·기술적 타당성으로 구성된다.[46] 경제적 타당성은 프로젝트의 거시적 성과를 측정하는 것으로서 해당 프로젝트의 사회적

---

44) John D. Finnerty, 앞의 책, p6.
45) 반기로, 프로젝트 파이낸스 제11판, 한국금융연수원, 2021, 58-100면.
46) 이하 사업성 평가에 대해서는, 반기로, 위의 책, 58-79면.

비용편익분석과 산업연관분석을 내용으로 한다. 특히 정부나 개발금융기관에서 예산배분이나 투자상의 우선순위를 결정하는 기준이 된다. 재무적 타당성은 미시적 관점에서 해당 프로젝트의 수익성과 현금흐름을 분석하는 것이다. 사업주 입장에서는 수익성을 중심으로 사업으로서의 성립 가능성을 그리고 은행과 투자자 입장에서는 현금흐름을 중심으로 여신위험과 목표수익의 확보 가능성을 판단하는 기준이 된다. 기술적 타당성은 프로젝트의 생산기술 등 기술적 타당성과 소요자금 규모를 판단하는 것이다. 특히 입증되지 않은 기술, 특수한 환경조건, 대규모 사업 등의 예외적인 여건 하에서 해당 기술의 상업화가 가능한지를 기술평가전문기관의 평가를 받는 것이 일반적이다.

2) 절차와 방법

사업성평가는 자료수집, 예비조사와 본조사, 평가보고서 작성, 피드백과 수정 보완의 순서로 진행된다.[47] 사업성평가는 객관성과 공정성을 위해 기술자문이나 교통량조사, 사업성조사 등을 전담하는 독립자문기관을 이용한다. 은행은 사업성평가를 별도로 하기보다는 사업주가 제출한 사업성평가서를 은행 정보를 기초로 검토하는 방식으로 진행한다. [14-106]

다. 위험분석

프로젝트에는 다양한 위험이 존재한다. 프로젝트금융의 핵심은 위험을 정확히 파악하여 부담주체를 명확히 하는 것이다. 프로젝트의 위험으로는 첫째, 사업 자체의 위험을 말하는 사업위험, 둘째, 환율이나 금리와 같은 재무적 위험, 셋째, 현지국의 인허가 등이 이루어지는지 여부에 대한 행정위험, 넷째, 국유화 등에 의한 국가위험으로 구분할 수 있다.[48] [14-107]

라. 사업성평가와 이사의 책임

1) 사업성평가와 은행 이사

프로젝트금융은 프로젝트의 사업성을 평가하여 그 사업에서 발생할 미래의 현금흐름을 대출원리금의 주된 변제재원으로 하는 금융거래이므로, 대출할 때 이루어지는 대출상환능력에 대한 판단은 그 프로젝트의 사업성 평가에 주로 의존하게 된다(대법원 2008. 7. 10. 선고 2006다39935 판결; 대법원 2011. 10. 13. 선고 2009다80521 판결; 대법원 2021. 5. 7. 선고 2018다275888 판결). [14-108]

금융기관의 이사가 대출요건으로서의 프로젝트의 사업성에 관하여 심사할 때 "필요한 정보를 충분히 수집·조사하고 검토하는 절차를 거친 다음 이를 근거로 금융기관의 최대 이익에 부합한다고 합리적으로 신뢰하고 신의성실에 따라 경영상 판단을 내렸고, 그 내용이 현저히 불합리하지 않아 이사로서 통상 선택할 수 있는 범위 안에 있는 것이 [14-109]

47) 반기로, 위의 책, 60-62면.

48) Philip R. Wood, Project Finance, Securitisations and Subordinated Debt 3rd ed, Sweet & Maxwell, 2019, pp5-8 [1-004]. 또한 반기로, 앞의 책, 83-100면; Roger McCormick, 앞의 논문, pp791-796 [13.5.1]-[13.5.6].

라면," 비록 사후에 회사가 손해를 입게 되는 결과가 발생하였다고 하더라도 그로 인하여 이사가 회사에 대하여 손해배상책임을 부담한다고 할 수 없다(대법원 2008. 7. 10. 선고 2006다39935 판결; 대법원 2011. 10. 13. 선고 2009다80521 판결; 대법원 2021. 5. 7. 선고 2018다275888 판결).

[14-110] 그러나 금융기관의 이사가 이런 과정을 거치지 않고, 단순히 회사 영업에 이익이 될 것이라는 일반적·추상적인 기대 하에 일방적으로 임무를 수행하여 회사에 손해를 입게 한 경우에는 필요한 정보를 충분히 수집·조사하고 검토하는 절차를 거친 다음 이를 근거로 회사의 최대 이익에 부합한다고 합리적으로 신뢰하고 신의성실의 원칙에 따라 경영상의 판단을 내린 것이라고 볼 수 없으므로, 그와 같은 이사의 행위는 허용되는 경영판단의 재량범위 내에 있는 것이라고 할 수 없다(대법원 2008. 7. 10. 선고 2006다39935 판결; 대법원 2011. 10. 13. 선고 2009다80521 판결; 대법원 2020. 1. 30. 선고 2016다250427 판결; 대법원 2021. 5. 7. 선고 2018다275888 판결).

2) 외부 전문가 평가와 은행 이사의 책임

[14-111] 일반적으로 프로젝트의 사업성 평가는 전문가의 평가를 통하여 이루어지는 경우가 많다. 은행의 이사가 외부평가기관의 평가의견에 따랐다는 것만으로 은행 이사로서의 주의의무를 다한 것으로 볼 수 있는가? 외부평가기관의 평가에 기초하여 사업성에 대한 판단을 한 경우에는 '필요한 정보를 충분히 수집·조사하고 검토하는 절차를 거친' 것으로 볼 가능성이 높을 것이다. 그러나 외부 전문가의 평가를 거친 것만으로 이사로서의 주의의무를 다한 것으로 단정할 수는 없을 것이다.

3. 금융수단

가. 의 의

[14-112] 프로젝트금융을 위해서는 대출과 채권, 보험과 파생상품, 자산유동화, 브릿지론 등 다양한 금융수단이 활용된다. IFC나 EBRD같은 국제기구는 상업은행들과 함께 국제적인 프로젝트금융에서 주된 자금공급자로서 기능한다. 수출입은행 등 각국의 수출금융기구도 특히 저개발국의 고객을 위한 대출이나 보증 또는 보험을 제공하는 역할을 수행한다. 대상 프로젝트로부터 발생하는 현금흐름을 유동화자산으로 하는 자산유동화도 중요한 자금조달수단이 된다. 프로젝트사업주들도 자본이나 후순위채의 형태로 자금을 공급한다.

나. 대 출

[14-113] **상업은행**들은 신디케이티드 대출의 형태로 프로젝트금융에서 주된 자금공급자로서 기능한다. 은행대출은 외화대출, 현지비용조달을 위한 현지통화대출 등으로 구성된다. 국제금융기구나 수출금융기관은 그들의 여신에 상업은행들이 대출참가형태로 참여하는 것을 전제로 여신을 제공하는 경우도 있다. 이는 프로젝트사업주 입장에서 이러한 국제기구를

상대로 채무불이행을 발생시키는 것은 신중할 수밖에 없다는 점에서 신뢰형성에 기여하게 된다.[49]

IFC나 EBRD같은 **국제금융기구**는 상업은행들과 함께 국제적인 프로젝트금융에서 자금공급자로서 기능한다(multilateral agency credit). 국제금융기구의 참여는 상업기관들의 참여를 촉진하는 효과도 있을 것이다. [14-114]

수출입은행 등 각국의 **수출금융기구**도 특히 저개발국의 고객을 위한 대출·보증·보험을 제공하는 역할을 수행한다. 주로 자국 장비를 프로젝트회사에 수출하는 국내기업을 위한 대출·보증 형태를 취하게 된다. [14-115]

다. 채권발행 등

프로젝트채권을 발행하거나 대상 프로젝트로부터 발생하는 현금흐름을 유동화자산으로 하는 자산유동화도 중요한 자금조달수단이 된다. 대출, 채권발행, 자산유동화가 가능한 시점과 현금이 필요한 시점이 일치하지 않는 경우, 단기차입에 의하여 필요한 자금을 일시적으로 조달하는 것을 **브릿징**이라고 하며 이를 위해 도입되는 자금을 **브릿지론(bridge loan)**이라고 한다(서울고법 2011. 4. 14. 선고 2010나74524 판결(확정)). [14-116]

라. 출자 등

이상 살펴본 자금조달수단으로 조달한 금액 이외에 필요한 자금은 프로젝트사업주가 출자하거나 후순위채 또는 후순위대출 등으로 조달하게 된다. 프로젝트사업주의 출자나 후순위채로 조달된 자금은 다른 일반적인 금융제공자에 대하여 실질적인 담보로서의 역할을 수행하게 된다. [14-117]

4. 위험관리

가. 의 의

프로젝트금융의 손해배상, 제3자책임, 환경, 사업지체, 사업중단 등 다양한 위험관리를 위해 보험계약을 체결한다. 프로젝트기간동안 프로젝트회사의 금리나 환율 변동위험을 관리하기 위해 금리나 통화스왑 등 헤지계약을 체결하는 것이 일반적이다. 시공사의 완공보증이나 프로젝트사업주의 공사완료 전 대출보증도 함께 이루어진다. 국내 부동산개발사업에서는 특히 담보신탁이 중요한 담보수단으로 활용되고 있다(대법원 2013. 12. 12. 선고 2012다111401 판결; 대법원 2016. 11. 25. 선고 2016다20732 판결 등). [14-118]

나. 완공보증

1) 의 의

완공보증(completion guarantee)은 '특정일까지 프로젝트의 완공을 보증한다는 프로젝트 [14-119]

49) Philip R. Wood, 앞의 책, pp3-4 [1-002].

사업주가 대주에게 하는 약속'이다.[50] 일반적으로 프로젝트사업주가 하지만 시공사가 제공하기도 한다. **책임준공약정**이라고 부르기도 한다. 대출은행의 관점에서 완공은 프로젝트에서 현금흐름이 발생하는 것을 의미한다. 따라서 대상 프로젝트에서 현금흐름이 발생하기 전에 부담하는 건설위험을 헤지하기 위한 보증수단이 필요하게 된다. 완공보증의 의의와 법적 성질에 대해서는 논의가 있다.[51] 부동산분양 프로젝트금융에서 시공사가 제공한 책임준공약정을 법원에서 책임준공의무로 파악한 사례가 있다.[52]

2) 완공보증과 기촉법

[14-120] 호텔 등을 신축·분양하는 사업의 시행사에 대한 갑 은행 등의 프로젝트금융대출과 관련하여, 시공사인 을 주식회사가 책임준공을 약정하였으나 예정준공일까지 공사를 완료하지 못한 채 기촉법에 따라 부실징후기업으로 선정된 사안에서, 책임준공약정이 동법상 신용공여에 해당하는지 여부가 문제되었다. 법원은 책임준공약정은 당시 기촉법 제2조 제6호 바목에서 정한 '거래상대방의 지급불능 시 이로 인하여 금융기관에 손실을 초래할 수 있는 거래'에 해당하고, 책임준공의무 위반에 따른 손해배상채권은 기업구조조정 촉진을 위한 금융기관 감독규정 제3조 제1항 본문에서 정한 '부실징후기업에 대하여 상환을 청구할 수 있는 채권'에 해당한다고 판단하였다(대법원 2015. 10. 29. 선고 2014다75349 판결).

[14-121] 2016.3.18. 시행된 기촉법[53]은 신용공여 범위에 '기업의 지급불능 시 거래상대방에 손실을 초래할 수 있는 직접적·간접적 금융거래'를 추가하고(2조 8호 바목), '기업이 실질적으로 제3자의 채무이행을 담보·보증하기 위한 목적의 거래로서 기업의 지급불능 시 이로 인하여 거래 상대방에 손실을 초래할 수 있는 거래'를 명시하여(동 감독규정 3조 1항 7호) 이러한 판결취지를 입법화했다.[54] 현행법과 감독규정의 같은 조항에서도 동일한 내용을 규정하고 있다.[55]

Ⅳ. 계약서작성

[14-122] 프로젝트사업주는 은행의 자문을 받아 당해 프로젝트금융에 참여할 은행을 모집하기

50) 김승현, "프로젝트 금융 하에서의 건설공사계약과 완공보증을 둘러싼 법률문제," 국제거래법연구 제23집 제1호, 2014, 56면.
51) 김승현, 위의 논문, 52-84면.
52) 제1심판결 서울중앙지법 2007. 9. 13. 선고 2006가단88935 판결; 제1차 환송전 판결 서울고법 2009. 1. 23. 선고 2007나100874 판결; 제1차 환송판결 대법원 2010. 3. 11. 선고 2009다20628 판결; 제2차 환송전 판결 서울고법 2011. 1. 13. 선고 2010나31800 판결; 제2차 환송판결 대법원 2012. 3. 15. 선고 2011다19126 판결; 제3차 환송전 판결 서울고법 2013. 6. 13. 선고 2012나29603 판결; 제3차 환송판결 대법원 2015. 1. 29. 선고 2013다56891 판결; 서울고법 2015. 11. 10. 선고 2015나4735 판결(확정); 대법원 2015. 10. 29. 선고 2014다75349 판결도 같은 취지.
53) 2018.6.30.까지 효력.
54) 백종현·신동욱, "기업구조조정 촉진법 관련 쟁점에 관한 판례," BFL 제81호, 2017, 27면.
55) 기촉법[시행 2023. 12. 26.][법률 제19852호, 2023. 12. 26., 제정]; 기업구조조정 촉진을 위한 금융기관 감독규정[시행 2024. 1. 9.][금융위원회고시 제2024-2호, 2024. 1. 9., 폐지제정].

위한 기채취지서를 작성한다. 프로젝트금융을 위한 기채취지서에는 프로젝트 내역, 금융조건, 완공일자, 건설비용, 생산성, 시장가격, 금리와 환율 등 일정한 가정 아래 프로젝트의 재무적 타당성을 보여주는 현금흐름 전망 등이 포함된다.[56] 대주간계약서(inter-creditor agreement), 건설계약서, 장비공급계약서, 원자재공급계약서 프로젝트상품구매계약서, 운영계약서 등이 작성된다.

---

56) Philip R. Wood, 앞의 책, p5 [1-003]. 기채취지서의 내용과 형식에 관한 책임 특히 주간사은행의 책임에 대해서는 [13-21].

제4절 항공기금융

I. 의 의

[14-123] 항공기금융은 항공기 도입을 위해 항공기 자체와 그로부터 발생하는 현금흐름을 기초로 이루어지는 금융수단을 말한다.[57] 항공기 도입을 위한 재무수단으로는 자기자금이나 기업대출도 생각할 수 있다. 그러나 고가의 항공기 도입을 위해 자기자금이나 기업대출을 이용할 경우 재무상태표상 자산규모 확대나 부채비율 증가 등 부정적인 재무효과가 수반된다. 항공기에 대한 엄격한 내용연수규제에 대응하면서 세제상 혜택을 이용하여 총조달비용을 절감하는 방법으로 리스[58]구조를 이용하는 **리스금융(lease financing)**이 주로 이용되어 왔다. 항공기에 투자하여 그 리스료와 중고기 매각 수입을 투자자에게 배분하는 항공기펀드[59]도 있다.

[14-124] 항공기 리스금융의 당사자는 항공기 소유자(임대인, lessor), 항공사(임차인, lessee), 금융제공자인 금융기관, 설비공급자인 항공기제조사 등이다. 소유자(임대인)와 금융기관 간에 대출계약서가, 소유자(임대인)와 항공사(임차인) 간에 리스계약서가 체결된다. 이 2 계약서가 항공기 리스금융의 기본구조를 이루게 된다.

[14-125] 항공기 리스금융의 법률관계는 항공기 소유자(임대인)의 소유권, 항공사(임차인)의 임차권, 금융제공자인 금융기관의 저당권 등 당사자의 권리의무가 적절히 보호될 수 있게 구성되어야 한다. 이 절에서는 은행에 의한 리스금융형태로 이루어지는 항공기금융을 살펴본다.

---

57) 석광현·조영균, "국제항공기금융에 관한 법적 문제점," 석광현·정순섭(편), 국제금융법의 현상과 과제(제1권), 2009, 228-261면; Donal Patrick Hanley, Aircraft Operating Leasing: A Legal and Practical Analysis in the Context of Public and Private International Air Law, Kluwer Law International, 2012; Bijan Vasigh, Reza Taleghani and Darryl Jenkins, Aircraft Finance: Strategies for Managing Capital Costs in a Turbulent Industry, J. Ross Publishing, 2012; Berend J.H. Crans, Aircraft Finance: Recent Developments & Prospects, Kluwer Law International, 1996.

58) 여기서 리스는 금융리스와 운용리스를 말한다. 금융리스의 법적 성격에 대해서는 대법원 1997. 10. 24. 선고 97다27107 판결("형식에서는 임대차계약과 유사하나 그 실질은 대여 시설을 취득하는 데 소요되는 자금에 관한 금융의 편의를 제공하는 것을 본질적인 내용으로 하는 물적 금융이고 임대차계약과는 여러 가지 다른 특질이 있기 때문에 이에 대하여는 민법의 임대차에 관한 규정이 바로 적용되지 아니한다"). 석광현·조영균, 앞의 논문, 230-233면. 운용리스에 대해서는 회계처리상 부외거래화가 가능했다. 그러나 IFRS 16(리스회계처리기준서)이 도입되면서 금융리스와 운용리스의 구분을 폐지하여 기업의 모든 리스 자산과 부채를 기업재무상태표에 반영하게 되었다. 금융리스의 경우에는 차이가 없으나 운용리스 비중이 높은 항공사는 부채비율이 증가하게 된다. IFRS 16은 2019년 1월 1일 이후 최초로 시작되는 회계연도부터 시행되었다.

59) 예컨대 ① A항공 관련 특수목적법인(Special Purpose Company, SPC)인 S유한회사가 발행한 기업어음을 매입하고, ② SPC는 항공기 등(중고 항공기 동체와 엔진 2기) 및 스페어 엔진 1기를 구매하여 리모델링 및 수리를 한 후 이를 펀드의 상환을 위한 담보로 제공하고, A항공의 계열회사인 태국 법인 스카이스타에 항공기 등을 대여하며, ③ 스카이스타는 항공료 수입으로 SPC에 항공기 등 임대료를 지급하고, SPC는 위 임대료로 어음을 상환하는 구조이다. 대법원 2015. 2. 26. 선고 2014다17220 판결.

Ⅱ. 구조와 당사자

이때 항공기 소유자(임대인)는 일반적으로 금융기관이 조세피난처에 설립한 **특별목적 기구**로서 **장부상 회사**인 경우가 대부분이다. 이 항공기 소유자(임대인)가 대출과 리스의 연결점으로서 항공기 리스금융을 법적으로 가능하게 한다. [14-126]

금융기관은 장기간의 대규모 자금조달을 위해 대주단을 구성하여 신디케이티드 대출의 형태로 자금을 제공한다. [14-127]

Ⅲ. 계약서작성

항공기 리스금융에서 기본이 되는 계약서는 대출계약서와 리스계약서이다. 대출계약서는 신디케이티드 대출에서 살펴본 기본구조와 동일하다. 리스계약서는 항공기 리스금융의 기본취지, 항공기의 소유권과 등록, 항공기의 사용과 관리, 사고발생 시의 처리 등을 규정하고 있어 실질적으로 항공기 리스금융의 법률관계를 결정하는 기준으로서의 역할을 한다. 리스계약서상 임대인의 권리는 담보목적을 위하여 대주단에 양도된다. [14-128]

Ⅳ. 법률문제

1. 항공기등록

가. 항공기의 국적

항공기는 동산이지만 등록이라는 공시제도를 가진다. 부동산과 마찬가지로 저당권을 이용할 수 있다. 항공기의 국적에 대해서는 1944.12.7. 「국제민간항공협약」(Convention on the International Civil Aviation, 시카고협약)에서 규정한다. 국적 부여의 전제가 되는 등록은 등록국의 법령에 따른다(시카고협약 19조). 우리나라에서는 「항공안전법」[60]에서 규정한다. 항공기는 등록된 국가의 국적을 가진다(항공안전법 8조). 항공기에 관한 물권은 그 국적소속국법에 의한다(국제사법 20조). 항공기는 편의치적과 이중국적이 금지되는 점에서 선박과는 다르다(항공안전법 10조 2항). [14-129]

나. 항공기의 등록

1) 등록의 절차와 효과

항공안전법상 항공기를 소유하거나 임차하여 항공기를 사용할 수 있는 권리가 있는 소유자등은 항공기를 국토교통부장관에게 등록해야 한다(7조 1항 본문). 등록된 항공기는 대한민국의 국적을 취득하고, 이에 따른 권리와 의무를 갖는다(동법 8조). [14-130]

---

60) 1961년 제정된 「항공법」을 2016년 「항공사업법」, 「항공안전법」 및 「공항시설법」으로 분법하여 새로 제정한 법률이다.

[14-131] 항공안전법상 항공기의 등록을 할 수 있는 자는 원칙적으로 대한민국 국민이어야 한다(10조 1항). 다만 대한민국의 국민 또는 법인이 임차하여 사용할 수 있는 권리가 있는 항공기는 등록할 수 있다(10조 1항 단서).

[14-132] 항공안전법상 소유권 등록의 경우 등록은 항공기에 대한 소유권의 취득·상실·변경의 성립요건이지만(9조 1항), 임차권 등록의 경우 등록은 제3자에 대한 대항요건이다(9조 2항). 임차권 등록이 되면 항공기에 대한 소유권이 변동되어도 항공기 임차를 계속할 수 있다.[61]

2) 항공기 인도와 등록시점

[14-133] 항공기 제조사에서 이루어지는 임차인에 대한 항공기 인도와 국내에서의 등록시점 사이에 시차가 발생할 경우 최초운항이 가능한지 등의 문제가 있다. 이러한 문제점은 임차인이 항공기 인도전에 등록절차를 이행하고 국토교통부의 항공기 등록담당 공무원이 항공기 인도에 입회하여 필요사항을 확인한 후 국내 담당자에게 통보하여 항공기등록원부에의 기재와 항공기등록증과 감항증명서의 교부 등 절차를 현지에서 완료함으로써 실무적으로 해결되었다.[62] 항공기 등록일은 항공기 인도일과 같다.

2. 항공기저당권

가. 의 의

[14-134] 특정동산저당법상 항공기에 대해서는 항공기등록원부에의 등록을 통하여 저당권을 설정할 수 있지만(5조 1항 6호), 질권의 목적으로 할 수는 없다(9조). 항공기저당권에 관하여는 민법 중 저당권에 관한 규정을 준용한다(특정동산저당법 12조). 항공기 리스금융에서는 자산금융으로서의 특성상 물적 담보라고 할 수 있는 것은 항공기저당권뿐이다.

나. 저당권설정계약과 등록

[14-135] 저당권설정계약의 당사자는 채권자인 대주단과 항공기소유자(임대인)인 특별목적기구이다. 특정동산저당법상 항공기저당권에 관한 득실변경은 항공기등록원부에 등록해야 그 효력이 생긴다(5조 1항 6호). 항공기저당권에 관한 등록은 설정등록, 변경등록, 이전등록 및 말소등록으로 구분한다(특정동산저당법 5조 2항).

[14-136] 실무상 임차등록이 된 후에 항공기저당권이 등록되므로 항공기 인도와 동시이행관계인 구입자금 지급을 위한 은행 대출이 그 항공기에 대한 저당권이 설정되지 않은 상태에서 이루어지게 된다. 채권보전조치를 완료한 후에 자금을 대출하는 은행실무와는 차이가 있다. 장래 취득할 항공기에 대한 저당권등록신청이 가능한지 여부에 대한 논의가 있다.[63]

---

61) 리스계약서에는 항공기의 소유자가 변경되어도 리스계약상 채무불이행이 없는 한 리스기간동안 항공기를 사용할 수 있다는 취지의 조항(quiet enjoyment)이 규정되어 있다.
62) 석광현·조영균, 앞의 논문, 238면.
63) 석광현·조영균, 앞의 논문, 245면.

실무상 항공기저당권은 대주단의 모든 금융기관을 채권자로 표시하고 각각의 피담보채권액을 표시하는 방법으로 저당권 등록이 이루어진다. 이 경우 각 금융기관은 저당권을 준공유하는 것으로 보고 있다. 대출채권의 양도가 이루어진 경우 저당권의 이전등록이 필요하다. 다수의 대출기관이 관여되므로 채권의 양도 등을 통한 이전등록도 부담이 될 수 있다. 과거 채권자 중 일부를 저당권부채권의 수탁자로 지정하는 방식이 논의되었지만 명문의 규정이 없어 곤란하다는 의견이 지배적이었다.64) 현재는 신탁법상 담보권신탁도 가능하게 되었다. [14-137]

다. 목적물의 범위

항공기저당권의 효력이 미치는 목적물의 범위는 부합물과 종물을 포함한다(민 358조). [14-138]
항공기저당권의 경우에는 기체, 엔진 및 부품을 포함한다. 그런데 항공기 엔진의 경우 교체나 개폐가 수시로 이루어지므로 저당물로서의 항공기의 동일성과 관련하여 논의가 있다. 엔진이 분리되어 다른 항공기에 부착된 경우에도 저당권의 효력이 미치는가? 실무상으로는 대부분의 리스계약에서 엔진을 특정하고 있으며 다양한 약정을 통하여 엔진이 기존 기체에서 분리되어 새로운 기체에 장착된다고 해도 새로운 항공기의 저당권의 효력이 그에 장착된 엔진에 미치지는 않는다고 보는 것이 일반적인 것으로 이해된다.65) 입법적 해결을 주장하는 견해66)가 있다. 항공기저당권의 효력은 항공기에 관한 보험금청구권에도 미친다.

라. 준거법

항공기저당권 설정계약의 준거법을 외국법으로 할 수 있는가? 항공기등록원부에 등록할 수 있는 담보권은 특정동산저당법상 저당권을 말하므로 외국법에 따른 저당권을 등록할 수는 없다.67) 현재의 저당권제도는 각국의 국내법에 따라 설정된 저당권의 효력을 다른 국가에서 인정할 수 있는지와 같은 형식으로 논의되고 있다. [14-139]

이러한 문제를 고려하여 항공기와 같은 이동장비에 대한 국제적 권리의 창설을 내용으로 하는 2001년 「이동장비에 대한 국제적 권리에 관한 협약 및 항공기의정서」(Convention on International Interests in Mobile Equipment and Aircraft Protocol, 케이프타운협약)가 있다.68) 이 [14-140]

---

64) 석광현·조영균, 위의 논문, 242-243면.

65) 케이프타운협약과 항공기의정서에 따르면 항공기에 대한 권리는 엔진에 미친다(제 I 조 제2항(c)). 엔진에 대한 소유권 그 밖의 권리는 엔진을 항공기에 설치하거나 항공기로부터 분리하는 것에 의하여 영향을 받지 않는다(항공기의정서 제XIV조 제3항). 석광현, "항공기에 대한 국제적 담보거래—케이프타운협약과 항공기의정서를 중심으로," 국제거래법연구 제12집, 2003, 191면.

66) 석광현·조영균, 앞의 논문, 240-241면.

67) 석광현·조영균, 위의 논문, 243면.

68) 케이프타운협약과 함께 협약이 대상으로 하는 이동장비별로 항공기의정서, 철도의정서 및 우주장비의정서가 제정되었다. 선박은 별도의 제도가 있는 점을 고려하여 대상에서 제외되었다. 석광현, "항공기에 대한 국제적 담보거래—케이프타운협약과 항공기의정서를 중심으로," 국제거래법연구 제12집, 2003,

협약은 특정 국가의 국내법과 무관하게 모든 체약국들에서 승인되는 독자적인 '국제적 권리'(international interest)의 창설을 내용으로 한다. 동 협약은 이러한 국제적 권리의 공시를 위한 국제등록부를 도입하고, 국제등록에 의해 우선권(priority)을 판단한다는 것이다. 이러한 제도는 자산금융의 발전을 위한 출발점이 될 것이다.69)

163-200면. 케이프타운협약은 2006.3.1. 발효되었으며, 2016년 말 현재 73개 가입국과 1개의 지역경제통합기구가 가입되어 있다. 우리나라는 아직 가입하지 않고 있다.

69) Roy Goode, "The Cape Town Convention on International Interests in Mobile Equipment: a Driving Force for International Asset-Based Financing," Uniform Law Review 2002-1, pp3-15.

제5절 선박금융

Ⅰ. 의 의

선박금융은 선박구매를 위한 금융수단을 말한다.[70] 넓은 의미로는 조선소의 선박건 [14-141]
조금융 등 선박과 관련된 모든 금융거래를 포함할 수도 있지만, 선박 구매를 위한 금융거래에 한정하여 살펴본다. 선박금융은 선박 자체의 자산 가치 및 선박으로부터 발생하는 용선료 등 장래의 현금흐름을 기초로 하는 자산금융[71]으로서 항공기금융 및 프로젝트금융과 동일한 논리구조를 따르고 있다.[72] 따라서 항공기금융과 프로젝트금융에서 본 법률문제가 같이 발생한다. 선박투자회사법상 선박투자회사나 자본시장법상 선박펀드의 구조를 취할 수도 있다.[73]

은행규제법적 관점에서도 조선과 용선, 나아가 해운업이라는 특수한 산업위험에 은 [14-142]
행이 노출되는 점에서 신중한 접근이 요구된다. 이러한 문제는 대부분의 자산금융형태에 공통적으로 나타난다.

Ⅱ. 당사자

대주는 차주의 일반적인 신용력이나 책임재산이 아니라 선박 자체의 자산가치와 선 [14-143]
박으로부터 발생하는 장래의 현금흐름을 대출의 기초로 삼는 것이다. 세제 혜택 등을 고려하여 조세피난처인 역외금융센터에 설립되는 특별목적기구를 차주 겸 임대인으로 하고 은행 등 다양한 당사자가 관련되는 복잡한 구조를 취하게 된다.

선박금융에서 차주는 해운사와 도산격리된 SPV가 된다. 세금목적상 SPV는 우리나 [14-144]
라와 이중과세방지협정이 체결되어 있는 역외금융센터에 설립된다. 선박금융의 경우에는 특히 선박 등록 등에 소용되는 비용을 절감하기 위해 파나마와 같은 국가의 **편의치적제도(flag of convenience)**를 이용하는 경우가 대부분이다. 편의치적이란 선박의 실제상 소유

---

70) 김인현(편), 선박건조 금융법 연구 Ⅰ, 법문사, 2016; 정우영, "선박금융의 실무 소개," 석광현·정순섭(편), 국제금융법의 현상과 과제(제1권), 2009, 262-283면; Stephenson Harwood, Shipping Finance, 3rd ed, Euromoney Institutional Investor, 2006; 木原知己, 『船舶金融論—船舶に関する金融·経営·法の体系』, 海文堂出版, 2016; 箱井崇史·木原知己 編集代表, 『船舶金融法の諸相, 堀龍兒先生古稀祝賀論文集』, 成文堂, 2014; 木原知己, 『シップファイナンス—船舶金融概説』, 海事プレス社, 2010.

71) 현용석, "해운기업의 자금조달과 국내 선박금융의 발전방안," 김인현(편), 선박건조 금융법 연구 Ⅰ, 법문사, 2016, 4면.

72) 자산관리공사, 선박 금융 및 용어 해설, 2면("선박이 창출하는 경제적 이익으로 원리금을 상환하는 것을 기본 개념으로 하는 프로젝트 파이낸싱의 일종").

73) 예컨대 은행이나 증권회사가 금융기관이 특수목적법인에 선박매입자금을 대출하도록 해 그 특수목적법인이 선박을 매수하여 보유하면, 은행이나 증권 위 대출금채권을 양수한 후 그 원리금에 상당한 대가를 받고 펀드에 이를 판매하며, 펀드는 나용선자가 정기용선계약에 따라 수령하는 정기용선료 및 그에 따라 위 특수목적법인이 나용선자로부터 수령하는 나용선료를 재원으로 위 대출 원리금채권을 회수함으로써 투자수익을 얻는 방식이다, 선박매수를 위한 대출 원리금채권을 펀드의 투자대상으로 하고, 그 담보를 위하여 정기용선료채권 등을 제공받는 방식이다. 서울중앙지법 2014. 10. 30. 선고 2011가합109819 판결.

자가 자신이 소속된 국가와는 별도의 국가에 해운기업상의 편의를 위해 형식적으로 설립한 회사들로서 그 명의로 선박의 적을 두는 제도를 말한다(대법원 1988. 11. 22. 선고 87다카1671 판결). 주로 유연한 선박관련 세제, 고용관련 규제, 금융편의를 위해 이용된다.

[14-145] 선박금융의 경우 대규모 자금조달을 위해 신디케이티드 대출이 이용된다. 따라서 주간사은행과 대리은행 등 신디케이티드 대출에 관한 설명이 모두 적용된다.

Ⅲ. 계약서작성

1. 의 의

[14-146] 장기금융수단으로서 다양한 당사자의 개입 등에 따른 복잡한 계약서 구조에 대한 이해도 중요하다. 대출계약서는 역시 신디케이티드 대출의 일반적인 내용과 같다. 선박건조계약서[74]와 소유권이전조건부 나용선계약서(bare boat charter with hire purchase, BBCHP)가 선박금융의 독특한 구조를 설명해 준다. BBCHP계약서만 간략히 살펴본다.

2. BBCHP계약서

[14-147] 선박의 나용선은 선박에 대한 점유권을 확보하여 선박의 항해를 지배하는 점에서 선박점유권 없이 선박 또는 선복의 전부나 일부를 용선계약과는 다르다.[75] 선박의 나용선은 소유권이전조건부 나용선(BBCHP)과 단순나용선(bare boat charter, BBC)으로 구분된다. 나용선 기간이 종료되거나 중도 해지되는 경우 전자는 임차인인 선사가 만기까지의 미상환원금을 선주인 SPV에 지급하고 선박을 취득해야 하지만, 후자는 선박을 반환하고 미지급 용선료를 지급하면 된다.

[14-148] BBCHP의 법적 성질은 민법의 임대차 및 소비대차계약의 결합형태를 가지나, 대상물이 선박이라는 점에서 일반 임대차나 금전소비대차와는 다른 특징이 있다.[76] 나용선계약에는 용선료 지급 스케줄이 원리금 균등 형태로 작성되고, 보험의 종류와 조건이 상세히 기재되며, 선박 전손 시 처리방법, 규정손실금조항, 강제수용보상금 처리조항 및 선박관리조항이 규정된다.

Ⅳ. 법률문제

1. 선박 등록

[14-149] 선박소유권자 겸 임대인인 SPV의 설립지가 파나마인 경우 선박소유권도 파나마에 등록한다. 신조의 경우에는 선박 건조증명서와 매도증서를 그리고 그 밖의 경우에는 매도증서를 제출한다.[77]

---

74) 선박건조계약서에 대해서는, 김연신, 영문 선박건조계약서 작성실무, 박영사, 2008; 김인현, “선박건조표준계약서(SAJ)에 대한 연구,” 김인현(편), 선박건조 금융법 연구 Ⅰ, 법문사, 2016, 129-167면.

75) 정우영, 앞의 논문, 277-279면.

76) 정우영, 위의 논문, 279면.

2. 선박저당권의 설정

가. 의 의

선박소유권자 겸 임대인인 SPV의 설립지가 파나마인 경우 저당권설정계약서를 선박 소유권자인 SPV와 대주단 사이에 체결하며, 공증과 영사인증을 마친 후 파나마 영사관 또는 파나마 변호사에게 송부하는 방식으로 이루어진다.[78] [14-150]

항공기와 마찬가지로 선박인도일에 대출이 이루어져야 하고, 대출의 전제조건으로 저당권이 설정되어야 한다. 실무적 곤란을 고려하여 파나마에는 당일 내에 가등록을 완료하는 가등록제도를 두고 있다.[79] [14-151]

나. 국내법상 선박저당권[80]

1) 의 의

선박금융에서도 보험이나 보증 그 밖의 다양한 신용위험관리수단이 사용된다. 수입금과 보험금에 대한 권리양도도 함께 이루어진다. 이 책에서는 선박저당권에 대해서만 살펴본다. 특히 선박이라는 자산의 이동성에 따라 담보권의 설정 및 실행에 관한 법적 검토가 중요하다. 선박저당권은 채권을 담보하기 위해 등기된 선박을 목적으로 당사자 사이의 합의에 따라 설정되는 상법상의 특수한 저당권이다. [14-152]

2) 목적물

선박은 해상법상의 선박으로서 등기된 선박이다. 상법 제740조는 선박을 "상행위 기타 영리를 목적으로 항해에 사용하는 선박"이라고 규정하고 있다. 선박등기는 총톤수 20톤 이상의 기선과 범선 및 총톤수 100톤 이상의 부선에 대하여 적용한다(선박등기법 2조 본문).[81] 선박저당권의 목적이 되는 선박은 등기선박에 한정된다. 경매진행도중에 등기가 말소된 경우 구 경매법 제38조에서 말하는 등기한 선박이 아니고 등기하지 않은 선박으로 변하였으므로 구 경매법 제4조의 규정에 따라 새로 경매절차를 밟아야 한다는 판단이 있다(대법원 1978. 2. 1. 자 77마378 결정). [14-153]

2007년 선박등기법의 적용대상에서 제외되어 저당권설정이 불가능한 총톤수 20톤 미만의 소형선박의 등록제도를 활용한 저당제도를 도입하기 위해 소형선박저당법이 제정되었다. 이 법은 2009.9.26. 「특정동산저당법」의 시행으로 폐지되었다. 건조중의 선박에 대해서도 선박저당권에 관한 규정을 준용한다(상 790조). [14-154]

---

77) 정우영, 위의 논문, 280면.
78) 정우영, 위의 논문, 281면.
79) 정우영, 위의 논문, 281면.
80) 해상재판실무편람, 법원도서관, 2009, 41-44면.
81) 다만, 총톤수 20톤 이상인 부선 중 선박계류용·저장용 등으로 사용하기 위하여 수상에 고정하여 설치하는 부선(선박법 26조 4호 본문)에 대하여는 적용하지 않는다(선박등기법 2조 단서).

제15장 증권금융

제1절 서 설

증권금융거래는 증권의 일시제공을 통한 신용보완구조를 이용하는 모든 거래를 말한다. 여기에는 리포거래(repurchase agreement, repo), 증권대차, 증권담보화 등이 포함된다. 이러한 거래는 법적 형식과 당사자의 경제적 수요는 다르지만, 증권의 제공을 통한 유동성 개선과 거래상대방의 신용위험 감축이라는 기능에서는 같다. [15-1]

금융거래 전반에 대하여 지적되는 문제이지만, 증권금융거래의 원활한 수행을 위해서는 법제도, 회계와 조세, 그 밖에 운영상의 요건이 갖추어져야 한다. 특히 법적인 측면에서는 그러한 거래가 거래상대방의 채무불이행 시에 안정적으로 이행되거나 효율적으로 청산될 수 있는 제도적 기반을 제공하는 것이 매우 중요하다. [15-2]

증권금융거래 중에서 특히 리포거래에서는 법적 형식과 경제적 실질이 충돌하는 성질재결정위험이 논의되고 있다. 증권의 매매라는 법적 형식을 취하고 있지만, 경제적 실질은 증권담보부대출이기 때문이다. 이러한 성질재결정위험이 현실화될 경우 그 위험의 정도는 매우 중대한 것으로 생각된다. [15-3]

증권대차는 2가지 관점에서 살펴볼 필요가 있다. 첫째, 공매도 등과 연결되어 새로운 관점에서 접근하는 시각도 매우 강하다는 점이다. 둘째, 담보목적 증권대차는 금융시장에서의 현대적인 담보기능에 대한 수요와 관련하여 민법상 담보제도의 엄격성을 보완하는 기능을 제공할 수 있을 것으로 기대되고 있다. [15-4]

제2절 구조에서는 거래의 의의와 유형 및 구조를 정리한다. 제3절 계약서작성에서는 리포거래에 사용되는 국제표준계약서의 구조와 내용을 살펴본다. 제4절 법적 성질에서는 매매설과 담보부대출설의 논거를 살펴보고 성질재결정위험에 관하여 언급한다. 제5절 일괄정산네팅에서는 리포거래의 도산법상 효력에 관한 회생법상 특칙을 살펴본다. [15-5]

제2절 구 조

Ⅰ. 의 의

1. 개 념

[15-6] 리포거래는 "증권을 매매하면서 일정기간 후에 같은 증권을 매도인이 사전에 결정된 가격으로 매수인으로부터 재매입할 것을 조건으로 이루어지는 증권의 매매거래"를 말한다.[1] 리포거래는 매입단계(purchase, opening, on-side or first leg)와 환매단계(repurchase, closing, off-side or second leg)의 2단계로 구성된다. 1차적으로 매입단계에서는 매도인이 매수인에게 증권을 매도하고 매입가격을 수취한다. 2차적으로 환매단계에서는 매도인이 매수인으로부터 증권을 다시 매입하고 환매가격을 지급한다. 리포거래에서 자금과 증권의 이전은 일시적이다. 1단계 매입가격과 2단계 환매가격의 차이가 아래의 리포금리에 해당한다.

[15-7] 우리나라에서 리포거래는 일반적으로 채권을 대상으로 해왔기 때문에 '환매조건부채권매매'라고 부르지만, 리포거래는 채권 이외의 증권, 예컨대 주식도 그 대상으로 할 수 있다. 리포거래는 이론상 증권 이외의 자산을 대상으로 하는 경우도 포함할 수 있지만, 전통적으로 증권에 한정하여 사용되어 왔다. 리포거래에 관한 국제표준계약서들은 리포거래의 1단계인 매매거래의 당사자를 지칭하는 **매도인**과 **매수인**이라는 명칭을 리포거래 전반에 사용하고 있다.[2] **역리포(reverse repo)**는 리포거래를 매수인의 입장에서 본 것이다.

2. 리포 금리

[15-8] 리포거래에서 환매가격은 매입가격보다 높게 책정된다. 환매가격과 매입가격의 차이는 금융비용을 의미하는 환매차액(price differential) 혹은 리포금리(repo rates)를 의미한다. 리포금리는 수요와 공급의 법칙에 따라 결정되지만, 통상 일반적인 은행 간 대출금리보다는 낮다. 이는 리포거래에서 교환되는 '증권'과 '자금'의 담보적 기능이 고려된 것이다. 리포거래에서 매도되는 증권은 그 대가로 지급되는 현금에 비하여 소정의 증거금비율(margin ratio or haircut ratio)만큼 낮게 평가된다. 이는 매도인의 채무불이행 시 당해 증권의 청산에 따르는 시장위험을 보전하기 위한 것이다.

3. 경제적 기능

가. 자금주도형과 증권주도형

[15-9] 리포거래가 수행하는 경제적 기능은 **자금주도형**과 **증권주도형**으로 구분할 수 있다.[3]

---

1) 이하 설명은 정순섭, "국제증권금융거래에 관한 법적고찰-리포 거래를 중심으로," 경영법률 제14권 제2호, 2004, 153-206면에 기초한 것이다. 상세한 설명으로는 Moorad Choudhry, The Repo Handbook 2nd ed, Butterworth-Heinemann, 2010; 한국은행, 한국의 금융시장, 2021, 66-98면.

2) 이 책에서도 이 용어를 사용한다. 매도인을 리포매도인(repo seller) 혹은 증권제공자(securities provider), 매수인을 리포매수인(repo buyer) 혹은 현금제공자(cash provider)라고 부르기도 한다.

3) Technical Committee of the International Organization of Securities Commissions· the Committee on

당사자의 경제적 수요에 따른 구분으로서 법적 형식과는 직접 연결되지 않는다.

첫째, 자금주도형은 자금조달을 위해 증권을 담보로 제공하는 것이다. 리포거래는 미국 에서 증권의 대량보유자가 단기간에 이를 현금화할 수 있는 단기금융수단으로 개발되었다. 리포거래의 이러한 기능은 중앙은행이 동 거래를 통화정책수단으로 활용할 수 있게 했다. 중앙은행은 리포거래의 어느 당사자가 되는지에 따라 유동성을 공급(또는 감축)할 수 있다. [15-10]

둘째, 증권주도형은 결제이행을 위한 증권 확보를 위해 현금이나 다른 증권 또는 보증신용장을 담보로 제공하는 형태로서 증권결제제도에서 중요한 수단으로 기능하고 있다. [15-11]

나. 담보부 대출과의 기능적 유사성

리포거래는 증권과 자금을 신용위험 관리수단으로 교환하는 점에서 담보부 대출과 기능적으로 유사하다. 이러한 기능적 유사성은 리포거래의 법적 성질에 관한 논란의 원인이 되고 있다. 리포거래에는 담보거래로서의 특성이 분명히 내포되어 있지만, 현대자본시장에서 동 거래가 수행하는 기능의 중요성은 그 법적 안정성 확보의 강력한 근거가 되고 있다. [15-12]

Ⅱ. 리포거래의 종류

1. 의 의

리포거래는 기준에 따라 여러 가지로 구분할 수 있다. 리포거래에 사용되는 증권의 종류와 규모가 확대됨에 따라 동 거래는 점점 다양하게 발전하고 있다. 오늘날 리포거래는 현물시장과 장내 및 장외파생상품시장을 연결하는 매개체로서의 역할을 수행하고 있다. [15-13]

2. 참여자

리포거래는 참여자를 기준으로 금융기관과 고객 간의 대고객거래, 금융기관 간의 금융기관 간 거래, 그리고 중앙은행과 금융기관 간의 중앙은행 리포거래로 구분할 수 있다. 중앙은행 리포거래는 공개시장조작의 일환으로 통화안정증권이나 통화안정계정에 비하여 단기로 운용된다.[4) [15-14]

3. 거래기간

거래기간을 기준으로 1일물 거래(overnight Repo), 만기가 2일 이상으로 사전에 결정되어 있는 기일물 거래(term Repo), 그리고 만기를 사전에 정해두지 않고 당사자 일방이 청구시점을 만기로 하는 개방형 거래(open Repo) 등으로 나눌 수 있다. [15-15]

Payment and Settlement Systems of the Central Banks of the Group of Ten Countries, Securities Lending Transactions: Market Development and Implications, July 1999, pp5-6.

4) 한국은행, 한국의 금융시장, 2021, 66-98면.

4. 대상증권의 관리형태

[15-16] 리포거래는 증권의 관리형태에 따라 매도인이 매수인에게 증권을 교부하는 인도형(delivery Repo), 매도인이 보관하는 점유개정형(hold-in-custody Repo), 그리고 제3자가 관리하는 제3자형(triparty Repo)으로 나눌 수 있다.

[15-17] 리포거래는 대상증권의 특정 여부에 따라 증권을 특정하는 특정형(Special Collateral RP)과 증권유형과 범위을 지정하고 거래하는 개방형 또는 비특정형(General Collateral RP)으로 나눌 수도 있다.[5] 전자는 증권주도형, 후자는 자금주도형에 해당한다. 개방형의 경우 매수인으로부터 매도인이 담보증권을 교체할 수 있다는 사전포괄동의를 받고 거래하고 있다.[6]

5. 장내거래와 장외거래

[15-18] 리포거래의 도산법상 효력과 관련해서는 구체적인 거래구조를 기준으로 하는 장내거래와 장외거래의 구분이 유용하다. 장내거래의 경우 청산기관이 모든 당사자에 대하여 상대방이 되어 신용위험을 실질적으로 배제하고 있으므로 장외거래와는 위험을 달리한다. 장외거래는 당사자 간의 상대계약으로 이루어지는 거래로서 거래의 구체적인 형태에 따라 직접거래, 중개인을 통한 거래, 그리고 3자간 거래로 구분할 수 있다. 장외거래는 구체적인 형태에 차이가 있으나 당사자 간의 계약을 통한 상대거래임을 특징으로 하는 점에서 차이는 없다.

6. sell·buy back거래

[15-19] sell·buy back은 증권의 현물매도가격(spot sale price)에 의한 매매(sell)와 선도재매매가격(forward buy-back price)에 의한 재매매(buy-back)가 별도의 매매계약 또는 단일계약에 의하여 동시에 이루어지는 거래를 말한다.[7] 이 경우 재매매가격은 선도가격을 의미하며, 선도가격과 현물매도가격의 차액이 리포금리를 의미한다. sell·buy back은 선도가격의 계산을 전제로 하므로 개방형으로는 거래될 수 없다. 거래의 종료일자가 알려져 있지 않으면 대상증권의 선도가격을 계산할 수 없기 때문이다. sell·buy back은 완전한 의미의 매매가 당사자 간에 2차례 일어나는 것으로 보면 된다. sell·buy back은 증권에 대하여 발생한 과실의 지급, 시가평가나 증거금 관리구조의 부재, 대상증권의 대체 제한 등 측면에서 고전적인 리포와 구분된다.[8]

---

5) 한국은행은 전자를 특정담보형, 후자를 일반담보형이라고 한다. 한국은행, 위의 책, 68면.

6) 한국예탁결제원, 보도자료: 기일물 Repo거래 활성화를 위한「한국형 GCF Repo 시스템」 전면 개편 오픈, 2017.7.3., 1-2면.

7) 이하 sell·buy back 거래에 대한 설명은 Moorad Choudhry, The Repo Handbook 2nd ed, Butterworth-Heinemann, 2010, pp121-127.

8) Choudhry, 위의 책, pp126-127.

Ⅲ. 리포거래의 위험

리포거래는 **증권과 현금 사이의 균형유지**라는 담보 기능을 통하여 다른 금융거래보다 안전다고 평가된다. 그러나 이는 정도의 차이를 의미하는 것일 뿐 리포거래가 완전한 무위험 거래라는 것은 아니다. 리포거래는 신용위험, 시장위험, 유동성위험, 운영위험, 법적 위험 등 각종 위험을 가지는 것으로 인정되고 있다 [15-20]

리포거래의 경우에는 특히 대상증권의 담보위험이 존재한다. 이는 리포거래기간 중 대상증권의 발행인의 신용하락이나 파산으로 리포거래에 초래될 수 있는 위험을 말한다. 주로 발행인의 신용과 직결되므로 **발행인위험**이라고 한다. 이러한 발행인위험은 증권을 담보로 사용할 경우에는 일반적으로 존재한다. [15-21]

Ⅳ. 리포거래와 다른 금융거래

1. 증권대차

증권대차(securities lending)는 "담보와 교환으로 이루어지는 증권의 일시적인 대차거래"를 말한다. 특히 담보의 제공이 현금의 형태를 취하는 경우 증권대차는 리포거래와 유사한 구조를 갖게 된다. 이에 따라 리포거래와 sell·buy back, 그리고 증권대차를 **넓은 의미의 증권대차(securities lending)**라는 하나의 부류에 속하는 것으로 취급하기도 한다. 그러나 증권대차는 대상증권의 "매매와 환매"라는 요소가 전혀 개입되지 않기 때문에 고전적인 리포거래와는 엄격히 구분된다.[9] 증권대차에서 대주의 수익은 거래기간 중 금리가 아니라 차주의 증권사용대가로서 수수료의 형태로 지급된다. 증권대차의 차주는 대주에게 다른 증권이나 현금 또는 보증신용장과 같은 담보를 제공하는 것이 일반적이다. [15-22]

2. 담보화

장외파생상품 거래에 따른 신용위험관리를 위해 일방 당사자(담보제공자)가 현금이나 증권을 상대방(담보수령자)에게 제공하고, 담보제공자의 불이행시 담보수령자는 해당 담보자산을 활용하여 담보제공자가 담보수령자에게 부담하는 채무를 충족시키는 절차를 담보구조라고 한다. 담보화는 구조와 기능에 리포거래의 증거금 관리와 유사하다. [15-23]

3. 총수익률스왑

총수익률스왑은 그 대상자산의 매매와 연계되면 전형적인 리포거래와 같은 자금조달기능을 수행할 수 있다. 예컨대 ① A가 보유하는 채권을 특정 매매일자에 시장가격으로 B 혹은 제3자에게 매도하고, ② A가 B로부터 대상 채권의 실제현금흐름을 수취하는 대신에, 약정현금흐름을 지급하는 총수익률스왑계약을 체결한 후(그 기간은 ①의 매매일자로 [15-24]

---

9) Claude Brown, "How to Spot the Difference between Repos and Stock Loans," International Financial Law Review Vol.15 No6, 1996, p51.

부터 ③의 재매매일자까지로 한다), ③ A가 사전에 약정된 재매매일자에 해당 채권을 B 혹은 제3자로부터 시장가격으로 재매입하는 거래를 하는 경우를 가정한다.[10] 이는 A가 B와 해당 채권에 대하여 리포금리를 지급하는 전형적인 리포거래를 체결하는 경우와 동일한 경제적 효과를 가지게 된다.

4. 종 합

[15-25] 리포와 증권대차 그리고 담보화는 구체적인 형태에 차이가 있지만, 공통된 요청은 '신용차입자의 의무' 이행을 담보하기 위해 신용제공자에 대한 증권의 인도가 이루어져야 한다는 점이다. 차이는 '신용차입자의 의무'의 내용이다. 그 의무는 리포거래의 경우 '계약상 사전에 결정된 가액으로 제공된 증권을 환매수할 의무'를, 증권대차의 경우 '차입증권을 반환할 의무'를, 담보화의 경우 '대상파생상품거래를 이행할 의무'를 각각 의미한다. 총수익률스왑은 기초자산인 증권의 교환을 요구하지 않고, 부외거래로 이루어진다는 점에서 전형적인 증권금융거래와는 구별된다.

---

10) 이때 A는 보유채권을 반드시 스왑상대방에게 매도할 필요는 없으며, ①의 매매거래와 ③의 재매매거래의 상대방이 동일해야 하는 것은 아니다. 본문에서는 A와 B간의 전형적인 리포거래와 비교하기 위해 매매와 재매매가 A와 B간에 이루어지는 것으로 가정했을 뿐이다.

제3절 계약서작성

Ⅰ. 계약서의 표준화

리포거래도 거래별·당사자별로 개별계약서를 이용하는 것이 관행이었다. 그러나 거래가 확대되면서 계약서작성에 소요되는 부담이 문제되었다. 이에 리포거래계약서를 표준화하기 위한 노력이 진행되었다. 계약의 표준화는 해당 금융거래의 본질과 법적문제에 대한 예측가능성과 확실성을 높인다.[11] 이러한 국제표준계약서의 이용은 리포시장의 규모를 확대시키는데 크게 기여한 것으로 평가된다. [15-26]

그중 가장 역사가 오랜 것이 증권업·금융시장협회(Securities Industry and Financial Markets Association, SIFMA)와 국제자본시장협회(International Capital Market Association, ICMA)의[12] 국제마스터리포계약서(Global Master Repurchase Agreement, 이하 "GMRA")이다. 1992년 이후 1995년, 2000년, 2011년 3차례 개정되었다. 국내에서는 한국금융투자협회에서 국내기관간 리포거래에 사용하기 위한 기관간환매조건부채권매매약관을 제정하여 시행하고 있다.[13] 한편, 증권대차거래를 위한 국제표준계약서로는 SIFMA의 2000년 마스터증권대차계약서(Master Securities Loan Agreement)와 국제증권대주협회(International Securities Lenders Association)의 2010년 글로벌마스터증권대차계약서(Global Master Securities Lending Agreement)가 있다. 우리나라에는 한국금융투자협회에서 국내기관간 증권대차거래에 사용하기 위한 「증권대차거래약관」을 제정하였다.[14] [15-27]

장외파생상품거래를 위한 표준적인 계약서인 ISDA 마스터계약서도 리포와 증권대차와 같은 증권금융거래를 포괄할 수 있는 구조로 개정되었다. 이하 GMRA를 중심으로 정리한다.[15] [15-28]

Ⅱ. 국제마스터리포계약서의 구조와 내용

1. 본문과 부칙

국제마스터리포계약서는 본문과 부칙으로 구성된다. 본문은 거래에 적용될 표준조건을 규정한 21개 조항으로 이루어져 있다. 국제마스터리포계약서는 선택조항을 두고 있으며 당사자들이 추가해야 할 부분도 적지 않다. 부칙은 부칙I 부가조건(Annex I Supplemental Terms and Conditions)과 부칙II 확인서(Annex II Form of Confirmation)로 구성된다. [15-29]

---

11) 계약서의 표준화가 국제금융거래, 특히 파생상품시장의 유동성 확대에 크게 기여해 온 데 대해서는 이론이 없다.

12) 채권시장협회(The Bond Market Association; TBMA)와 국제증권시장협회(International Securities Market Association; ISMA)가 2006년과 2005년 각각 명칭을 변경한 것이다.

13) 2013. 9. 24. 제정 2013. 9. 30. 시행.

14) 2014. 6. 25. 개정 2014. 7. 01. 시행.

15) GMRA의 구조와 내용에 대해서는 공식 해설 자료인 SIFMA·ICMA, GUIDANCE NOTES FOR USE WITH THE GLOBAL MASTER REPURCHASE AGREEMENT(2011 VERSION), March 2012.

[15-30] 부칙 I은 2부로 구성되어 있는데, 제1부는 본문조항에서 당사자들의 선택에 맡기고 있는 사항을 선택하는 부분이다. 제2부는 당사자들이 추가하기를 원하거나 본문조항을 수정하기 위한 부가조건을 정하는 부분이다. 그러나 ISDA 마스터계약서와 달리 국제마스터리포계약서는 폭넓은 협상 대상이 되지 않는 것이 일반적이다.

[15-31] 부칙 II는 확인서로서 개별거래의 경제적 조건을 합의하는 부분이다. 확인서에는 매입일자, 매입가격, 환매일자, 가격산정금리, 지급계좌, sell·buy back인지 여부, 대리인거래인지 여부와 구체적인 내용, 기타 추가조건 등이 명시되어야 한다(Para 3(b)). 본문과 특정거래의 확인서간에 차이가 있는 경우에는 당해 거래에 대해서는 확인서가 우선적으로 적용된다.

2. 단일계약

[15-32] 국제마스터리포계약서는 그에 따라 이루어진 모든 거래가 "단일한 영업 및 계약상 관계"를 구성한다는 사실을 전제로 한다고 규정하고 있다(Para. 13). 이는 ISDA 마스터계약서에서 규정하고 있는 단일계약조항과 같은 취지로서 도산절차상 일괄정산네팅의 효력확보와 관련하여 도산관재인의 선택적 해지권의 행사가능성을 배제하기 위하여 규정된 것이다.

3. 거래의 성질결정

[15-33] 국제마스터리포계약서는 대상거래를 '담보부 대출'이 아닌 '진정매매'로 규정하기 위한 당사자의 의도가 일관되게 표현하고 있다. 그러나 이러한 규정방식은 매입증권을 '담보', 매수당사자가 수취하는 수익을 '리포이자'라고 표현하는 시장관행과 충돌하는 면이 있음을 부정할 수 없다. 국제마스터리포계약서는 그러한 계약관행과 시장관행의 충돌을 조화시키는 데 많은 노력을 기울이고 있다. 대표적인 예를 3가지만 들어보면 다음과 같다.

[15-34] 첫째, 환매가격(repurchase price). 리포거래에서 환매가격은 일반적으로 매입가격(purchase price)에 금융비용을 의미하는 일정한 프리미엄을 부가하는 방식으로 산출된다. 이 프리미엄은 국제마스터리포계약서에서 환매차액(price differential)이라고 규정되어 있다(Para. 2(ii)). 이 환매차액은 금융시장에서 일반적으로 리포금리(repo rate)라고 알려져 있는 가격산정율(pricing rate)의 일할적용에 의하여 산출된다(Para. 2(jj)). 이 가격산정율은 현금차입에 있어서의 금리와 동일한 경제적 기능을 수행하며 리포거래의 당사자의 합의에 의하여 결정된다.

[15-35] 둘째, 등가증권(equivalent securities). 환매시점에 매입당사자로부터 매도당사자에게 이전되는 증권을 매입증권과 등가관계에 있는 증권 혹은 '등가증권'이라고 한다. Para. 2(t)에 의하여 증권은 다른 증권과 (i) 동일한 발행자, (ii) 동일한 발행물량의 일부, (iii) 동일한 유형(type), 명목가치(nominal value), 종목(description), 액면금액(amount) 중 하나의 조건을 충족할 경우 그 다른 증권과 등가관계에 있는 것으로 본다.

셋째, 용어의 정리. 국제마스터리포계약서 Para. 6(f)는 다음과 같은 규정을 두어 시장관행과 용어의 차이가 리포거래의 본질에 영향을 미치지 않음을 명시하고 있다. 국제마스터리포계약서에서 환매일자(Repurchase Date), 환매가격(Repurchase Price), 증거금(margin), 순증거금(Net Margin), 증거금 비율(Margin Ratio), 대체(substitution) 등의 용어를 사용하더라도 이는 절대적 권리의 이전을 기초로 하는 리포거래의 본질에 영향을 미치는 것은 아니라는 것이다. [15-36]

제4절 법적 성질

Ⅰ. 서 언

[15-37] 리포거래의 법률문제에 대해서는 리포거래의 경제적 기능에 필요한 법적 기반의 확보라는 관점에서의 접근이 필요하다. 리포거래가 가진 경제적 기능을 다하기 위해서는 무엇보다도 신용위험관리가 관건이 된다. 국제마스터리포계약서는 신용위험 관리를 위해 증거금관리와 일괄정산네팅의 2가지를 규정하고 있다. 이러한 장치가 기능을 달성하기 위해서는 다양한 법적 요건이 필요하지만, 당사자 일방이 도산한 경우의 법적 효력 확보가 가장 중요하다. 리포거래의 당사자가 국가를 달리하거나 대상증권이 국제적으로 거래되는 등 국제거래의 요건을 갖추는 경우 준거법이 문제되지만, 이 절에서는 한국법의 적용을 전제로 논의한다.

Ⅱ. 형식과 실질

1. 서 언

[15-38] 리포거래는 증권의 진정매매임을 전제로 이루어진다. 따라서 리포거래의 법적성질에 대한 이해에 따라서는 당사자가 의도하는 효력에 장애가 생길 수 있다. 리포거래의 법적성질이 담보부 대출로 성질결정될 경우에는 성질재결정위험이 수반된다.[16] 특히 중요한 것은 권리이전의 효력 및 자산양도의 제한과 관련된 것으로서 다음과 같다.

[15-39] 첫째, 자산양도의 제한과 관련하여 담보권자는 담보대상자산에 대한 완전권을 보유하는 것이 아니므로 해당 자산을 제3자에게 재양도 또는 담보로 제공할 때 제한이 따른다(담보물의 재사용). 리포거래는 시장거래의 일부를 구성하므로 그러한 양도 제한은 금융시장의 법적구조와 유동성을 침해한다.

[15-40] 둘째, 추가담보(top-up collateral)는 편파행위로서 부인권의 대상이 될 수 있다(추가담보와 부인권). 추가담보란 증거금관리를 위해 추가적으로 제공하는 담보를 말한다. 도산 전 일정 기간 내에 이루어진 추가담보는 일부채권자에 대한 편파취급으로서 부인권 대상이 될 수 있다.

[15-41] 셋째, 계약상 담보제공금지약정과의 관계이다(담보제공금지약정). 담보제공금지약정은 대출계약에서 차주의 담보제공행위를 금지함으로써 일반채권자의 책임재산을 증가시키려는 규정이다. 담보제공금지약정은 규정 방식에 따라서는 담보로서의 기능을 수행하는 모든 장치를 포함할 수 있다. 이때 담보적 기능을 수행하는 것으로 인정되는 리포거래(특히 매도당사자의 증권매도행위)도 담보제공금지약정에 위배되는지 여부가 문제될 수 있다. 리포거래 자체가 담보부대출로 성질결정될 경우에는 담보제공금지약정에 정면으로 위배되는 결과가 될 것이다.

---

16) 이러한 성질재결정위험은 리포거래, Buy·Sell-back, 증권대차의 모든 거래에 공통적으로 발생할 수 있다. Paul U. Ali, The Law of Secured Finance, Oxford University Press, 2001, pp22-23, p109.

결국 이런 논란은 리포거래가 진정매매의 형식을 취하고 있지만, 증권담보부대출로서의 실질을 가지고 있는 점에 기인한다. 이러한 점을 고려하여 국제마스터리포계약서는 리포거래가 진정매매임을 명시하고 있다. 이러한 규정은 당사자의 진정한 의사에 법적 효력을 인정하는 영국법 하에서는 쉽게 효력이 인정될 수 있을 것이다.[17] [15-42]

2. 증권매매설

증권매매설은 리포거래를 대상증권의 매매라고 해석하는 견해로서 당사자의 의사와 매입증권의 소유권이전을 근거로 한다.[18] [15-43]

첫째, 당사자의 의사이다. 법원은 환매조건부로 이루어진 내국법인의 국·공채 취득의 법적 성질에 대하여 "당사자 사이에 실질적으로 그 권리를 이전하려는 의사가 존재하는 한 이를 매매로 볼 것이지 국·공채를 담보로 한 금전소비대차거래로 볼 것은 아니"라고 판단하였다(대법원 1988. 3. 22. 선고 87누451 판결). [15-44]

둘째, 매입증권의 소유권 이전이다. 소유권자로서의 임의처분권을 인정한 계약규정은 완전한 소유권의 이전, 즉 매매를 전제로 할 때만 이해할 수 있는 규정이다(국제마스터리포계약서 제6(f)조). 법원도 환매조건부주식매매에 의한 주식양도의 경우 주주로서의 의결권 기타의 공익권의 귀속주체가 문제된 사안에서 "환매특약부매매가 채권담보의 경제적 기능을 갖는 것은 사실이나, 그렇다고 하더라도 채권자(매수인)가 단순히 담보권만을 취득하는 것이 아니고 목적물의 소유권까지를 일단 취득하고 단지 채무자(매도인)가 환매기간 내에 환매할 수 있는 권리를 유보하는 부담을 갖는 데에 그치는 것"이라고 판단하였다(대법원 1992. 5. 26. 선고 92다84 판결). [15-45]

셋째, 자본시장법에서 특히 대고객 리포거래를 투자매매업으로 규정한 것이다(7조 4항·6항; 동 시행령 7조 4항 3호, 5항 4호 가목). 이는 입법자들이 규제법상 리포거래의 법적 성질을 매매로 결정한 것으로 볼 수 있다. [15-46]

3. 담보부대출설

담보부대출설은 리포거래를 증권을 담보로 하는 금전소비대차로 보는 견해로서 리포거래의 경제적 기능, 진정매매의 요건, 계약상 성질결정조항의 효력 등을 근거로 한다. [15-47]

첫째, 리포거래의 경제적 기능은 증권담보대출과 매우 유사하다. 즉, 매도당사자는 실질적인 자금수요자로서 매수당사자가 제공하는 금전의 사용대가로서 리포이자를 지급 [15-48]

---

17) 영국법상 리포거래는 해당 계약서가 사기(sham)거래에 해당되거나 소유권의 절대적 이전과 상충되는 규정을 포함하지 않는 것을 조건으로 그 효력이 인정되고 있다. 따라서, 영국법원은 대부분의 경우 국제마스터리포계약서에 따라 이루어지는 리포거래의 효력을 승인할 것으로 보인다. 예컨대, Burm Hur, "Some Legal Aspects in Cross-Border Repurchase Transactions Involving Immobilised Securities, Part 1," Butterworths Journal of International Banking and Financial Law Vol.15, 2000, p370 참조.

18) 송종준, "Repo거래의 법적성질론," 증권법연구 제2권 제2호, 2001, 194-199면; 대법원 1988. 3. 22. 선고 87누451 판결.

한다. 또한, 매수당사자도 실질적인 자금공급자로서 매도당사자의 금전의 사용대가로서 리포이자의 수취만을 기대하게 된다. 이러한 경제적 기능의 유사성은 국제마스터리포계약서 제5조(대체과실의 지급)와 제8조(매입증권의 대체)와 같은 구체적인 계약조항에도 반영되어 있다.

[15-49] 둘째, 계약상 성질결정조항의 효력에 대하여 당사자의 의사해석에 있어서 계약의 형식을 경제적 실질보다 중시하는 것이 일반법률행위해석의 가장 기본적인 원칙이라는데 동의하지만,[19] 일정한 한계가 있어야 한다는 점 또한 부인할 수 없다.

4. 기능적 유사성과 법적 동일성

[15-50] 금융상품의 법적성질을 논할 때 금융공학의 특성을 고려해야 한다. 금융공학은 파생상품을 요소로 하는 금융혁신 과정에서 당사자의 수요에 따라서 같은 경제적 기능을 가진 상품을 당사자들이 원하는 형식으로 설계할 수 있는 역량을 갖게 되었다. 따라서 금융상품에 대한 법적 논의에서는 당사자의 의사에 기초한 접근이 필요하다. 이러한 접근은 규제법 분야에서 더욱 의미 있겠지만, 거래법의 경우에도 충분히 고려되어야 할 것이다.

[15-51] 리포거래는 매매와 대출의 요소가 가미된 복합상품이다. 물론 기능적 유사성이 법적 동일성을 의미하는 것은 아니지만, 이 2 요소 중 어디에 중점을 둘 것인지의 문제는 항상 따르게 된다.

[15-52] 우리나라의 경우 회생법 제120조 제3항에서 기본계약에 따라 이루어진 리포거래를 "회생 및 파산절차상의 해제, 해지, 취소 및 부인의 대상에서 제외함으로써 매매거래로서의 성격을 강화"하고 있다는 설명이 있다.[20] 그러나 회생법상 특례조항은 일괄정산네팅의 효력과 관련하여 도산법 적용을 배제한 것이지 리포거래의 법적 성격을 직접 판단하는 규정은 아니다. 도산법이 특정한 금융거래의 사법상 성질을 결정할 수 있는 법이라고는 할 수 없다.

---

19) 송종준, 앞의 논문, 14면.
20) 한국은행, 한국의 금융시장, 2021, 67면.

제5절 일괄정산네팅

일괄정산네팅의 법적 유효성 확보는 리포거래의 핵심적인 과제가 된다. 일괄정산네팅이란 하나의 마스터계약서 하에서 이루어진 모든 개별리포거래상의 채권채무를 상대방 당사자가 거래를 지속할 수 없는 사유가 발생한 경우에 일괄적으로 해지된 것으로 보아 차감계산함으로써 당사자간에 단일한 채권채무만을 존속시키는 거래의 청산방식을 말한다. 이러한 일괄정산네팅은 전술한 바와 같은 경제적 기능으로 인하여 도산법상 일반채권자평등의 원칙을 해하는 것으로서 허용되어서는 안 된다는 주장이 있을 수 있다. 회생법은 리포거래에 관한 특칙을 두어 일괄정산네팅의 도산법상 효력을 입법적으로 명확히 정리하였다(120조 3항, 336조).[21] [15-53]

21) 정순섭, "통합도산법상 금융거래의 특칙에 관한 연구 - 채무자회생및파산에관한법률 제120조 제3항의 해석론을 중심으로," 증권법연구 제6권 제2호, 2005, 245-269면.

제4편

은행시장의 기초

'은행시장의 기초'는 지급결제제도, 중앙은행제도, 금융감독제도, 외국환규제, 국제은행규제 등 금융인프라를 포함한다. 자본시장에 특화된 거래소, 금융투자상품의 청산기관과 결제기관은 필자의 다른 책에서 다루고 있으므로 이 책에서는 제외한다. 정순섭 자본, 제4편 자본시장의 기초. 한국은행은 금융하부구조에 중앙은행제도, 지급결제제도, 금융감독제도, 예금보험제도를 포함한다, 한국은행, 한국의 금융제도, 2018, 61-150면. 이 책에서는 금융시장의 기초에 외국환규제를 포함하고 예금보험제도는 은행의 도산에 관한 제도로 이해하고 있다.

제16장 지급결제제도

제1절 서 설

지급결제를 위한 수단·업무·업자로 구성되는 지급결제제도는 금융거래를 위한 기초 [16-1]
가 된다. 지급결제에서 전통적인 법화의 역할이 줄면서 예금을 포함한 비현금 지급결제수단이 발전하고 있다. 특히 최근의 기술발전의 산물인 다양한 전자적 지급결제수단의 은행법상 지위를 정리하는 것은 중요한 과제이다. 이와 함께 지급결제수단을 통한 지급결제업무도 함께 다양화되고 있다. 지급결제업무의 주체를 비은행기관으로 확대하는 것은 이러한 변화를 상징한다.

지급결제제도에 대한 감독기능도 특히 중앙은행의 역할과 함께 논의되고 있다. 지급 [16-2]
결제수단은 지급결제제도의 구성요소이면서 동시에 금융상품으로서의 성질도 가진다. 따라서 지급결제제도에는 반드시 금융소비자 보호의 관점이 개입될 수밖에 없다. 그런 관점에서 지급결제제도의 감독에 대해서는 중앙은행과 금융감독기관의 역할 분담에 대한 원칙이 필요하다.

지급결제제도의 참가자에게 회생절차가 개시되거나 파산선고로 인하여 지급결제의 [16-3]
무의 이행이 불가능하게 되는 경우에는 지급결제의 완결성 관점에서의 고려가 필요하다. 지급결제제도의 완결성은 회생법에서 규정하고 있다.

다양한 전자적 지급결제수단이 등장하면서 지급결제제도의 기본원칙을 반영할 규제 [16-4]
의 틀이 문제되고 있다. 현재 국내법은 여전법과 전자금융거래법 등 다양한 법률에서 지급결제수단의 형태와 구조에 따라 규제근거를 달리하고 있다. 지급기능 자체를 대상으로 하는 규제법의 입법이 논의될 단계가 된 것으로 본다.

제2절 지급결제제도의 의의와 유형에서는 지급결제의 의의와 유형을 살펴본다. 제3 [16-5]
절 지급결제제도의 구성에서는 지급결제수단과 지급결제업자를 특히 은행 이외의 자에 의한 지급결제기능을 중심으로 정리한다. 제4절 결제완결성에서는 지급결제제도의 완결성 확보장치를 살펴본다.

제2절 지급결제제도의 의의와 유형

Ⅰ. 의 의

[16-6] 지급결제(payment settlement)는 지급·청산·결제의 3단계로 이루어진다.[1] 특히 청산기능의 법적 구조를 정확히 이해하고 도산법상 법적 위험을 제거하기 위한 회생법의 입법취지를 해석과 운용에 반영하기 위한 해석론의 전개가 필요하다.

[16-7] 지급(payment)은 지급인이 채무 해소를 위해 수취인에 대한 자금이체를 의뢰하는 지급지시를 송부하고 수취인이 이를 수취하는 과정을 말한다. 지급은 경제주체가 서로 주고받을 채권·채무를 해소하기 위해 현금, 어음, 수표 등의 지급수단을 직접 주거나 신용카드나 예금계좌를 이용하여 자금을 이체하는 과정을 거친다.

[16-8] 청산(clearing)은 청산기관이 당사자 사이에 개입하여 결제를 위해 교환된 어음, 수표 등의 지급수단을 확인한 후 최종적으로 수취하거나 지급할 차액을 산출하는 것이다. 청산은 결제 대상인 채권채무를 확정하는 절차로서 거래 이후 지급수단의 수령, 조회, 통지 및 차감이나 결제전의 포지션 산출과정 모두가 청산에 해당된다.

[16-9] 결제(settlement)는 청산을 통해 산출된 금액을 지급하여 완결시키는 과정이다. 중앙은행의 당좌예금계좌 간 자금이체 등을 통하여 지급은행에서 수취은행으로 실제로 자금이 이동되는 것을 말한다.[2]

[16-10] 예금을 지급수단으로 하는 협의의 지급결제업무만을 은행법상 은행의 고유업무로 본다. 그리고 지급인과 수취인 사이의 현금을 수반하지 않는 모든 자금이동업무를 광의의 지급결제업무로 본다. 지급결제제도는 광의의 지급결제업무를 대상으로 해야 한다.

Ⅱ. 유 형

1. 결제대상의 종류

[16-11] 결제제도(settlement system)는 자금결제, 외환결제, 증권·파생상품결제, 상품결제로 구분한다. 지급결제제도는 자금결제를 의미하며 외환결제를 포함한다. 한국은행은 증권·파생상품청산과 결제도 지급결제제도로 분류하고 있다.[3] 여기서는 외환을 포함한 자금결제만을 지급결제제도라고 한다. 외환결제도 지급결제의 일부이지만, 제18장 외국환규제에서 살펴본다.

2. 결제금액

[16-12] 지급결제제도는 결제금액을 기준으로 거액결제제도와 소액결제제도로 구분된다.[4]

---

1) 이하 지급결제의 절차에 관한 설명은 한국은행, 한국의 지급결제제도, 2014, 7면; 지급결제제도에 대한 개괄적인 설명으로, 금융결제원, 지급결제 A to Z, 2024.

2) 이를 협의의 결제라고 한다. 한국은행, 위의 책, 7면.

3) 한국은행, 위의 책, 255-297면.

4) 한국은행, 위의 책, 145-234면.

거액결제는 거액자금을 결제하는 제도를 말한다. 금액과 위험을 고려하여 한은금융망(BOK-Wire+)과 같이 중앙은행이 직접 운영한다.[5] 소액결제제도에서의 은행 간 채권·채무를 최종적으로 결제하는 기능도 수행한다.

소액결제는 개인이나 기업의 소액자금을 결제하는 제도를 말한다. 주로 계좌이체나 [16-13] 카드, 수표, 지로 등과 관련된 결제로서 건수가 많다. 어음교환시스템, 지로시스템, 금융공동망(CD공동망, 타행환공동망, 직불카드공동망, CMS공동망, 지방은행공동망, 전자금융공동망, 전자화폐공동망, 국가간ATM공동망)과 전자상거래 지급결제시스템이 여기에 해당한다. 금융결제원[6]이 주요 소액결제제도의 운영기관이다.

Ⅲ. 규제·감독

현재 우리나라에는 지급결제기능을 수행하는 지급결제수단, 지급결제업무, 지급결제 [16-14] 업자, 지급결제제도를 포괄하는 일반적인 규제 및 감독법규가 존재하지 않는다. 지급결제수단의 종류와 접근채널에 따라 은행법, 여전법, 전금법, 한국은행법 등에서 분산적으로 규제하고 있을 뿐이다. 지급결제에 관한 일반적인 규제 및 감독법규가 필요하다.

---

5) 거액결제제도의 결제금액의 최소기준이 있는 것은 아니다. 한국은행, 위의 책, 23면.
6) 금융결제원은 민법 제32조에 따라 설립된 사단법인이다.

제3절 지급결제제도의 구성

Ⅰ. 서 언

[16-15] 지급결제제도는 지급결제수단, 지급결제업무, 지급결제업자, 지급결제제도 운영기관으로 구성된다. 현재 지급결제제도의 운영기관은 한국은행과 금융결제원이다. 이하 지급결제수단과 지급결제업무, 지급결제업자로 나누어 살펴본다.

Ⅱ. 지급결제수단

1. 유 형

가. 의 의

[16-16] 지급결제수단(지급수단)은 지급결제를 위해 사용되는 수단을 말한다. 지급결제수단은 현금인지와 장표사용 여부에 따라 나눌 수 있다.

나. 현금과 비현금 지급수단

[16-17] 지급결제수단은 현금과 비현금 지급수단으로 구분된다. 현금은 한국은행이 발권한 은행권과 주화를 말한다. 현금은 법화로서 강제통용력을 가진다. 비현금 지급수단은 예금, 지급카드, 어음, 수표 등이 포함된다. 지급카드는 신용카드, 선불식카드와 직불카드가 있다. 비현금 지급수단은 최종적으로 은행을 거쳐 현금화할 수 있다.

다. 장표식과 전자식 지급수단

[16-18] 지급결제수단은 장표의 유무에 따라 장표방식과 전자방식으로 구분된다. 장표방식에는 어음, 수표, 장표식 지로 등이 포함된다. 전자방식에는 지로의 자동이체·대량지급과 타행환, CD·ATM, 인터넷뱅킹, 모바일뱅킹 등을 이용한 계좌이체가 포함된다.

2. 접근수단과 지급수단의 구별

[16-19] 지급수단을 접근채널별로 분류하기도 한다. 그러나 이러한 분류는 은행 영업점을 이용하는지 아니면 인터넷뱅킹이나 모바일뱅킹을 이용하는지와 같은 접근수단의 차이일 뿐이다. 인터넷뱅킹이나 모바일뱅킹의 경우에도 지급수단은 결국 예금이나 신용카드인 경우가 대부분이다. 그렇지 않은 경우에는 새로운 형태의 지급수단일 것이다. 예컨대 비트코인은 발행인이 없는 당사자 간의 합의에 기초한 자연화폐의 하나일 뿐이다.

〈표 16-1〉 지급수단별 결제규모

(일평균, 천 건, 십억 원, %)

		2020	2021	2022	2023	증감률
건수	어음·수표	308	271	235	177	−24.8
	계좌이체[1)]	27,156	31,967	35,604	39,305	10.4
	지급카드	63,273	66,900	73,453	78,379	6.7
	신용카드	39,211	42,044	46,400	50,097	8.0
	(물품 및 용역구매)	39,034	41,882	46,240	49,930	8.0
	(현금서비스)	177	162	161	167	4.2
	체크카드	23,187	24,163	26,271	27,648	5.2
	선불카드	734	504	565	358	−36.6
	직불카드	0.1	0.0	0.0	0.0	−69.4
	현금카드[2)]	141.8	189.5	216.9	276.7	27.6
	전자화폐	0.5	0.1	0.1	0.1	−26.9
금액	어음·수표	18,240	18,900	16,662	15,555	−6.6
	계좌이체[1)]	72,801	87,152	91,787	92,690	1.0
	지급카드	2,669	2,909	3,266	3,460	5.9
	신용카드	2,109	2,312	2,611	2,780	6.5
	(물품 및 용역구매)	1,960	2,160	2,453	2,621	6.9
	(현금서비스)	149	152	158	159	0.3
	체크카드	540	581	637	666	4.5
	선불카드	17.0	12.6	14.5	9.7	−33.3
	직불카드	0.0	0.0	0.0	0.0	−70.8
	현금카드[2)]	2.3	2.8	3.3	4.5	37.6
	전자화폐	0.0	0.0	0.0	0.0	−34.3

주 : 1) 한은금융망 계좌이체 제외, 2) 직불형카드의 일종으로 2012년 11월부터 서비스 개시

Ⅲ. 지급결제업무와 지급결제업자

1. 의 의

광의의 지급결제업무(지급업무)에는 은행법상 환업무, 여전법상 신용카드업무, 전금법 [16-20]
상 전자지급업무, 외국환거래법상 외화이체업, 정통망법상 통신과금서비스, 자본시장법상 금융투자업자의 자금이체업무가 포함된다. 협의의 지급결제업무는 은행의 예금을 지급수단으로 하는 지급업무를 말한다.

2. 신용카드업무

가. 의 의

여전법상 신용카드는 이를 제시함으로써 반복하여 신용카드가맹점에서 금전채무상 [16-21]
환 등 일정한 예외를 제외한 사항을 결제할 수 있는 증표로서 신용카드업자가 발행한 것을 말한다(2조 3호 가목-라목). 여전법상 신용카드업자는 직불카드나 선불카드도 발행할 수 있다(2조 6호·8호).

나. 지급결제업무로서의 성질과 적용법규

[16-22] 신용카드나 직불카드, 선불카드를 이용한 결제는 모두 지급인과 수취인 사이에 현금의 이동이 수반되지 않는 자금의 이동이 이루어지므로 광의의 지급결제업무에 해당한다. 이 경우 지급결제수단은 신용카드와 직불카드, 선불카드 등을, 지급결제업무는 신용카드 등을 통한 결제를, 그리고 지급결제업자는 신용카드업자를 말한다.

3. 전자지급업무

가. 의 의

[16-23] 전금법상 전자지급거래는 "지급인이 금융회사 또는 전자금융업자로 하여금 전자지급수단을 이용하여 수취인에게 자금을 이동하게 하는 전자금융거래"를 말한다(2조 2호). 전금법은 전자지급수단을 전자자금이체, 직불전자지급수단, 선불전자지급수단, 전자화폐, 신용카드, 전자채권, 그 밖에 전자적 방법에 따른 지급수단으로 구분한다(2조 11호). 통신과금서비스나 그 밖에 장래에 개발될 새로운 전자지급수단도 전금법의 적용대상이 되어야 한다.[7] 다만 전자자금이체는 그 자체 지급수단이라기보다 예금을 지급수단으로 하는 지급결제업무에 해당한다고 보는 것이 정확하다.

나. 지급결제업무로서의 성질과 적용법규

[16-24] 전자지급거래는 지급인과 수취인 사이에 현금이동을 수반하지 않는 자금이동이 이루어지는 점에서 광의의 지급결제업무에 해당한다. 지급결제수단은 전자지급수단을, 지급결제업무는 전자지급수단을 통한 전자지급거래를, 지급결제업자는 금융회사나 전자금융업자이다.

[16-25] 전금법은 전자금융거래의 형태를 취하는 모든 지급수단을 적용대상으로 한다. 전금법은 다른 법률에 특별한 규정이 있는 경우를 제외하고 모든 전자금융거래에 적용된다(3조 1항 본문). 다만 일정한 요건을 충족하는 금융회사나 전자금융업자에 대하여 일부 규정의 적용을 배제하고 있다(전금법 3조 2항·3항). 통신과금서비스에 관하여 정통망법과 전금법이 경합하는 때에는 정통망법을 우선 적용한다(정통망법 5조 단서).

4. 외화이체업무

가. 의 의

[16-26] 외국환거래법은 외화이체업무를 "대한민국과 외국 간의 지급 및 수령과 이에 수반되는 외국통화의 매입 또는 매도"라고 정의하고 금융회사등이 아닌 자에게도 허용하였다(8조 3항 전단 2호).

7) 손진화, 전자금융거래법, 2006, 법문사, 15면.

은행의 위탁을 받은 **위탁형 외화이체업** 이외에 은행의 위탁을 받지 않는 **독립형 외화이체업**의 허용 여부와 관련하여 외화이체업이 은행의 고유업무이므로 허용할 수 없다는 주장이 있다. 그러나 협의의 지급결제에 해당하지 않는 환업무 또는 광의의 지급결제업무를 은행의 고유업무로 볼 수 없다. 우리나라는 이미 전금법이나 자본시장법 등을 통하여 광의의 지급결제업무를 은행 이외의 자에게 폭넓게 허용하고 있기 때문이다. [16-27]

나. 지급결제업무로서의 성질과 적용법규

외화이체업은 독립형과 위탁형을 불문하고 지급인과 수취인 간의 현금이동을 수반하지 않는 자금의 이동이 이루어지므로 광의의 지급결제업무에 해당한다. 이 경우 지급결제수단은 외화송금계좌를, 지급결제업무는 외화송금계좌를 이용한 외화송금을, 그리고 지급결제업자는 외화이체업자를 말한다. [16-28]

5. 통신과금서비스

가. 의 의

정통망법상 통신과금서비스는 이용자가 가맹점인 인터넷 쇼핑몰 등에서 물품 또는 유료 컨텐츠 등을 구매한 대금을 제공자인 통신회사의 유·무선 전화료 등 통신요금에 합산하여 납부하는 서비스를 말한다(2조 10호 가목·나목).[8] 통신과금서비스이용자는 통신과금서비스제공자로부터 통신과금서비스를 이용하여 재화등을 구입·이용하는 자를 말한다(정통망법 2조 12호). 통신과금서비스제공자는 과학기술정보통신부장관에게 등록해야 한다(정통망법 53조 1항 1호-4호, 54조, 2조 11호). [16-29]

통신과금서비스의 구조는 다음과 같다.[9] 이용자인 구매자가 구매대금을 전화료 등에 합산하여 결제하고 전화결제대행업자는 제공자인 통신회사로부터 대금을 수취하여 수수료를 제외한 금액을 가맹점에 지급한다. 통신과금서비스는 이용자와 가맹점 간 재화등의 대금지급을 통신회사의 통신요금 청구시기에 맞추어 유예시킨 것이다. [16-30]

통신과금서비스의 안전성 확보를 위해 제공자의 선관주의의무와 함께(정통망법 57조 1항), 거래의 안전성과 신뢰성 확보를 위한 업무처리지침 제정 및 회계처리 구분 등의 관리적 조치와 정보보호시스템 구축 등의 기술적 조치를 취할 의무를 부과하고 있다(정통망법 57조 2항). [16-31]

나. 지급결제업무로서의 성질과 적용법규

통신과금서비스는 통신사와 결제대행업자 등의 서비스를 통하여 현금의 이동 없이 이용자로부터 가맹점으로의 자금의 이동을 발생시키므로 광의의 지급결제업무에 해당한다. 이 경우 지급결제수단은 통신요금납부수단을, 지급결제업무는 통신요금납부수단을 이용한 [16-32]

---

8) 한국은행, 전자금융총람, 2015, 163면.
9) 이하 통신과금서비스의 구조는 한국은행, 위의 책, 164면에 기초한 것이다.

대금결제를, 그리고 지급결제업자는 통신회사를 말한다. 다만 통신과금서비스에 관하여 정통망법과 전금법이 경합하는 때에는 정통망법을 우선 적용한다(정통망법 5조).

6. 금융투자업자의 자금이체업무

가. 의 의

[16-33] 자본시장법상 투자매매업 또는 투자중개업 인가를 받은 금융투자업자는 투자자를 대상으로 직접 자금이체업무를 할 수 있다. 종래 증권회사는 은행과의 제휴를 통한 가상계좌로 자금이체업무를 했다. 금융투자업자의 투자자예탁금을 이용한 자금이체업무(자본시장법 40조 4호)는 자금이체수단인 투자자예탁금 전액이 증권금융회사에 별도 예치(자본시장법 74조 1항)된다는 점에서 금융투자업자의 업무위험과 단절되고 은행법상 예금과도 구별된다.[10] 그러나 금융투자업자의 투자자 예탁금에 대한 전액 별도예치제도를 예치비율을 줄이거나 예치기관에 자기가 운영하는 신탁계정을 포함하는 등으로 변경할 경우에는 첫째, 예탁금계좌가 금융투자업자의 위험에 직접 노출되어 안전성에 문제가 발생하고, 둘째, 그러한 예탁금과 은행법상 예금은 구별이 곤란해진다.

나. 지급결제업무로서의 성질과 적용법규

[16-34] 금융투자업자는 금융결제원이 운영하는 소액결제시스템에 참여하여 금융투자업자의 예탁금을 지급수단으로 하는 자금이체업무는 직접 수행하되 차액결제는 대행은행을 통해 처리한다.[11] 따라서 금융투자업자의 자금이체업무는 협의의 지급결제업무에 해당하지 않는다.

[16-35] 그러나 지급인과 수취인 간의 현금이동을 수반하지 않는 자금이동이 이루어지는 점에서 광의의 지급결제에는 해당한다. 지급결제수단은 예탁금계좌를, 지급결제업무는 예탁금계좌를 이용한 자금이체를, 그리고 지급결제업자는 금융투자업자를 말한다.

Ⅳ. 지급결제제도의 감시

1. 의 의

[16-36] 우리나라는 IMF 금융부문 평가프로그램(FSAP)의 권고에 따라 2003년 한국은행법 개정으로 지급결제제도 감시업무를 도입했다(81조).[12] 감시업무의 내용은 지급결제제도 운영·관리규정(제정 2001. 12. 27. 제36차 금통위)에서 규정한다.

---

10) EU 지급업무지침상의 안전장치요건을 충족하는 것으로 본다. 그러나 평소에는 금융투자업자의 위험에 노출될 수밖에 없는 CMA의 형태로 운용되다가 이체시점에 투자자예탁금계좌를 일시적으로 통과하는 형태의 절차에서는 예금과 구별되는 투자자예탁금계좌의 특성이 명확하게 나타나지 않는다.

11) 한국은행, 한국의 지급결제제도, 2009, 54면. 상세한 내용은 한국은행 금융결제국, 금융투자회사의 자금이체업무 해설, 2011.4

12) 한국은행, 위의 책, 56면. 한국은행법상 한국은행의 목적조항에 지급결제제도의 안정성과 효율성 도모를 추가하자는 견해로, 고동원, 금융규제와 법, 박영사, 2008, 72-74면.

한국은행의 지급결제제도 감시와 은행감독기관의 역할은 어떻게 구분되는가? 한국 은행의 지급결제제도 감시는 지급결제제도와 그 운영기관을 대상으로 금융체계적 관점에서 위험요소를 파악하고 개선을 요청하는 작용이다. 은행감독기관은 지급결제업자와 지급결제 수단 및 자본시장인프라에 대한 건전성 및 영업행위감독을 담당한다. [16-37]

2. 평가와 개선 권고

가. 평가와 개선요청

한국은행은 '직접 운영하는 지급결제제도'와 '한국은행 외의 자가 운영하는 지급결제 제도'에 대하여 감시업무를 수행한다. 감시대상제도는 결제규모, 파급력 등에 따라 중요 지급결제시스템과 기타지급결제시스템으로 분류하여 전자는 3년 주기의 정기평가를 원칙으로 한다.[13] [16-38]

한국은행은 지급결제제도의 안전성과 효율성을 위해 직접 운영하는 지급결제제도에 관하여 필요한 사항을 정할 수 있다(한은 81조 1항). 한국은행은 한국은행 외의 자가 운영하는 지급결제제도에 대하여 필요한 경우 해당 운영기관 또는 감독기관에 운영기준개선 등을 요청할 수 있다(한은 81조 2항). 이 경우 평가기준은 국제기구의 권고기준이 활용된다.[14] [16-39]

한국은행의 지급결제제도에 관한 개선요청은 법적 구속력을 가지는가? 현행법상 위반에 대한 직접적인 실효성 확보수단이 없다. 은행감독기관은 국제기구에서 권고한 금융시장인프라에 관한 원칙을 금융투자상품 청산결제기관의 내부규정에 반영하는 방식으로 집행하고 있다.[15] [16-40]

나. 자료요구 등

자료요구는 한국은행 이외의 지급결제제도 운영기관에 대한 것과 한국은행이 직접 운영하는 지급결제제도의 참가기관에 대한 것으로 이원화되어 있다. 첫째, 한국은행은 지급결제제도의 원활한 운영을 위해 한국은행 이외의 지급결제제도 운영기관에 관련 자료를 요구할 수 있고, 요구받은 기관은 이에 따라야 한다(한은 81조 3항). 둘째, 한국은행은 직접 운영하는 지급결제제도 참가기관에 필요 자료의 제출을 요구할 수 있다(한은 81조 4항). 자료요구의 법적 구속력과 관련하여 미준수 시 지급결제제도 이용시 불이익 등의 제재조치는 [16-41]

---

13) 2024.4.1. 기존 2년이었던 중요지급결제시스템 정기평가 주기를 3년으로 확대했다. 한국은행, 2023년 지급결제보고서, 2024.4, 35면.

14) Committee on Payment and Settlement Systems and the Technical Committee of the International Organization of Securities Commissions, Principles for Financial Market Infrastructures (PFMI), Updated 11 December 2015. 국문 번역으로 한국은행 금융결제국, 금융시장인프라에 관한 원칙, 2012.6.

15) 금융위·금감원, 보도자료 : 「금융시장인프라 업무기준」 마련 ▶ 거래소, 예탁결제원 등 인프라기관이 준수해야 할 업무기준서 ▶ 국제기준(PFMIs)을 반영하여 국내 인프라기관의 대내외 공신력 제고, 2015.3.20.

가능하다는 견해[16]가 있다. 그러나 이는 지급결제제도의 운영자로서의 한국은행과 그 이용자 사이의 계약에 따른 것으로 보는 것이 옳을 것이다. 한국은행법이 자료요구제도를 이원화한 것도 이러한 인식에 기반한 것으로 생각된다.

3. 자금지원

[16-42] 한국은행은 금통위가 정하는 바에 따라 직접 운영하는 지급결제제도 참가기관에 일중(日中)의 일시적 결제부족자금을 지원할 수 있다(한은 81조의2).

16) 한국은행, 한국은행법 해설, 2018, 311면.

제4절 결제완결성

Ⅰ. 의 의

회생법은 지급결제의 완결성 보장을 위해 특칙을 규정하고 있다.[17] 지급결제제도의 완결성(finality)은 지급결제제도의 참가자에 대하여 회생절차가 개시되거나 파산선고된 경우 도산법원칙에 따라 지급지시 등 지급결제관련행위가 정지되거나 실효될 경우 지급결제제도 자체의 붕괴로 이어질 금융체계위험의 방지를 위해 지급결제관련행위 자체의 법적 효력은 인정한다는 의미이다. [16-43]

지급결제제도의 완결성이란 참가자 간의 개별적 법률관계에 다툼의 여지가 있어도 지급결제제도에서는 먼저 이행하고 동 제도 밖에서 분쟁을 해결하라는 '선이행·후분쟁'의 원칙을 말한다.[18] 지급결제제도의 완결성 보장을 위한 회생법상의 제도가 당사자들의 실체적 권리관계까지 변화를 의도한 것은 아니다. 어음교환제도에서 어음교환일 당일 어음교환업무규약 등에 정해진 시각까지 미결제어음통보 혹은 부도어음통보가 이루어지지 않아 그 어음이 정상적으로 추심된 것처럼 입금·처리되고 소지인이 이를 인출한 사안에서 소지인이 얻은 위 인출금 상당액에 대하여 어음소지인의 지급은행에 대한 부당이득반환의무를 인정한 사례가 있다.[19] [16-44]

지급결제제도에서의 금융체계위험은 일부 참가자의 결제불이행이 다른 참가자의 결제불이행으로 연쇄하여 파급될 결제위험에서 촉발된다(회생시행령 6조 1호). 다만 금융체계위험을 촉발할 수 있는 지급결제제도의 범위는 한은총재가 금융위와 협의하여 지정한다(회생 120조 1항 전단, 336조). [16-45]

파산선고 당일 지급결제제도의 참가자인 은행에 대한 일중대월과 관련한 담보의 처분 등이 가능할 것이다. 그러나 이 조항의 현실적 의미는 그렇게 크지 않다.[20] 지급결제제도 참가자가 은행일 경우 회생절차는 사실상 적용될 수 없고, 파산선고 후에 지급결제제도에 참가하는 은행도 생각하기 어렵기 때문이다. 은행에 대한 파산선고가 이루어지기 훨씬 전에 부실금융기관으로 지정되어 금산법상 정리절차를 거친 후 파산신청이 이루어질 것이기 때문이다. [16-46]

---

17) 박준·홍선경·김장호, "채무자회생 및 파산에 관한 법률 제120조의 해석 : 지급결제제도, 청산결제제도 및 적격금융거래에 대한 특칙의 적용범위," 박준·정순섭(편), 파생금융거래와 법(제1권), 소화, 2012, 270-315면; 임치용, "지급결제제도에 관한 회생 및 파산 절차의 특칙: 제120조의 해석론," 인권과 정의 통권356호, 2006, 87-110면.

18) 법원은 어음교환소를 통한 어음결제제도에 대하여 "어음의 지급과 관련한 개별적, 실체적 권리관계의 확정 내지 안정과는 상관없이 어음교환소 및 참가은행들 사이의 업무처리방법을 획일화함으로써 대규모 어음교환결제의 신속, 원활 및 편의 도모를 주목적으로 '선이행(결제) 후분쟁'을 원칙으로 하는 참가은행들 사이의 다자간 상계결제 시스템"이라고 설명하고 있다. 대법원 2006. 5. 26. 선고 2003다65643 판결.

19) 대법원 2006. 5. 26. 선고 2003다65643 판결. 상세한 설명은 [10-65]-[10-66].

20) 임치용, 앞의 논문, 101면.

Ⅱ. 지정지급결제제도의 지정

1. 지 정

가. 의 의

[16-47] 회생법 제120조 제1항의 지급결제제도는 자본시장법상 금융투자상품에 대한 청산기관과 결제기관을 포함하는가? 과거 회생법 제정 당시 구 증권거래법에는 증권 및 파생상품의 청산 및 결제의 개념이 명확하지 않았기 때문에 해석상 불명확한 점도 있었다.[21] 그러나 자본시장법은 금융투자상품시장 청산기관으로 금융위가 지정하는 거래소(378조 1항), 금융투자상품거래청산회사(9조 25항, 323조의3 1항), 증권시장 결제기관으로 한국예탁결제원(전자등록기관)(297조 전단), 파생상품시장 결제기관으로 금융위가 지정하는 거래소(378조 2항)에 관하여 명확히 규정하고 있다. 따라서 회생법 제120조 제1항의 지급결제제도는 자본시장법상 금융투자상품에 대한 청산기관과 결제기관을 포함하지 않는다.

[16-48] 지급결제제도지정은 직권지정과 신청지정이 있다. 한은총재는 지급결제제도의 안정을 위해 필요한 경우 금융위원장과 협의하여 직권으로 지급결제제도를 지정할 수 있다(회생시행령 7조 1항). 지급결제제도 운영기관도 지급결제제도로 지정받고자 하는 경우 운영규칙을 포함한 서류를 첨부하여 한은총재에게 신청한다(회생 120조 1항 후단; 동 시행령 5조 1호-4호).

[16-49] 한은총재는 지정을 신청한 지급결제제도가 지정요건을 갖춘 경우 금융위원장과 협의하여 당해 지급결제제도를 지정지급결제제도로 지정할 수 있다(회생시행령 6조 1호-4호). 직권지정의 경우 지정요건을 별도로 규정하고 있지 않지만, 취지상 같은 요건을 요구하게 될 것이다.[22]

나. 요 건

[16-50] 지정요건은 다음과 같다(회생시행령 6조 1호-4호).

1) 결제위험의 존재

[16-51] 일부 참가자의 결제불이행이 다른 참가자의 결제불이행으로 연쇄하여 파급될 결제위험이 있고, 결제규모 및 이체지시의 처리방법 등을 고려할 때 결제가 완결되지 못할 경우 금융시장의 정상적 운영에 심각한 장애를 초래할 가능성이 있는 지급결제제도여야 한다.

2) 운영기관 운영규칙

[16-52] 운영규칙이 이체지시가 최종적이고 취소불가능해지는 시점, 지급결제제도 참가자가 회생 또는 파산절차를 신청한 경우나 자신에 대하여 회생 또는 파산절차의 신청 또는

21) 박준·홍선경·김장호, 앞의 논문, 275면. 포함된다는 견해로 임치용, 위의 논문, 100면.

22) 「결제완결성 보장 대상 지급결제제도 지정에 관한 규정」(제정 2006. 3. 29. 결제정책팀-207). 2024.6.12. 현재 지정지급결제제도는 한은금융망(한국은행), CD공동망·타행환공동망·전자금융공동망·어음교환시스템·지로시스템·자금관리서비스(CMS)공동망(금융결제원), CLS 시스템(CLS Bank International)이다.

파산선고 사실을 인지한 경우에 그 사실을 지체 없이 운영기관을 통하여 한은총재에게 통보하는 절차, 이러한 사실을 인지한 운영기관의 해당 참가자에 대한 이용정지 등 제재 조치, 참가자 간의 이체지시등의 처리절차, 참가자의 이체지시등과 관련된 결제의무 불이행 시 조치관련 사항을 모두 포함해야 한다. 이체지시등은 이체지시 또는 지급 및 이와 관련된 이행, 정산, 차감, 증거금 등 담보의 제공·처분·충당 그 밖의 결제 등의 절차를 말한다.

3) 원화자금이체의 결제자산 요건

참가자 간 원화자금이체는 한국은행 원화당좌예금이나 신용위험 및 유동성 위험이 [16-53]
없는 다른 결제자산을 이용하여 실행해야 한다.

4) 그 밖의 요건

그 밖에 결제위험 방지대책 등 지급결제제도의 안정을 위해 한국은행 총재가 필요 [16-54]
하다고 인정하여 정하는 사항을 충족해야 한다.

다. 결정의 통보와 거부사유의 통지

한은총재는 지정결정을 하는 경우에는 지정내용을 해당 운영기관에게 서면 통지하 [16-55]
고 관보에 게재한다(회생시행령 8조 1항). 한은총재는 지정거부결정을 하는 경우 그 사유를 해당 운영기관에 서면으로 통지한다(회생시행령 8조 2항).

2. 지정 취소

한은총재는 지정지급결제제도가 지정요건을 미충족하는 경우 금융위원장과 협의하여 [16-56]
그 지정을 취소할 수 있다(회생시행령 10조 1항). 한은총재는 지정취소의 경우 취소원인이 되는 사실, 취소내용, 효력발생일 및 법적근거를 해당 제도운영기관에 서면으로 통지하고 관보에 게재한다(회생시행령 10조 3항). 지정취소는 그 이전에 이루어진 이체지시등에 영향을 미치지 않는다(회생시행령 10조 4항).

3. 자료요구 등

한은총재는 지정에 필요한 경우 운영기관에 자료제출을 요구할 수 있다(회생시행령 9조 [16-57]
1항). 운영기관은 운영규칙 변경이 지정요건 충족에 영향을 주는 것으로 판단되는 경우 한은총재와 사전협의한다(회생시행령 9조 2항). 운영기관은 운영규칙을 변경한 경우 변경 후 7영업일 이내에 한은총재에게 제출한다(회생시행령 9조 3항). 한은총재는 운영규칙 변경내용이 지정요건을 미충족하는 것으로 판단될 경우 해당 운영기관에게 운영규칙 변경 등 필요한 조치를 요구할 수 있다(회생시행령 9조 4항).

4. 외환동시결제제도에 대한 특례

[16-58] 국제외환동시결제은행(CLS Bank International)이 운영하는 외환동시결제제도에 대하여는 국제적 지급결제제도로서의 특수성을 고려하여 필요한 경우 참가자의 회생 또는 파산절차의 신청이나 선고관련 사항의 통보 등(회생시행령 6조 2호 나목·다목)과 운영규칙 변경관련 사항(회생시행령 9조 2항-4항)을 적용하지 않을 수 있다(회생시행령 12조).

Ⅲ. 지정지급결제제도의 참가자에 대하여 회생절차나 파산절차가 개시된 경우

[16-59] 회생법상 지급결제제도에 관한 특칙은 그 제도의 참가자에 대하여 회생이나 파산절차가 개시된 경우에 적용된다(120조 1항 전단, 336조).

Ⅳ. 도산법의 적용배제

1. 적용배제의 범위

가. 대상행위의 범위

[16-60] 회생법은 "그 참가자에 관련된 이체지시 또는 지급 및 이와 관련된 이행, 정산, 차감, 증거금 등 담보의 제공·처분·충당 그 밖의 결제에 관하여"라고 하여 지급결제제도에서 참가자가 지급결제를 위해 하는 모든 행위를 규정하고 있다. 이 경우 참가자의 행위는 회생절차 개시결정이나 파산선고의 전후를 불문한다.[23)]

나. 배제법률의 범위

[16-61] 회생법은 "이 법의 규정에 불구하고"라고 하여 회생법 전체의 적용을 배제하고 있다(120조 1항 전단, 336조). "해제, 해지, 취소 및 부인의 대상이 되지 아니한다"(회생 120조 1항 전단, 336조)는 이를 명시하지 않을 경우, 이 사항은 도산법상 중요한 사항이므로 특칙에도 불구하고 적용된다는 해석의 가능성을 고려하여 확인적으로 명시한 것이다.

[16-62] 회생절차개시 또는 파산선고 후 채권자취소권의 행사는 가능한가. 취지상 당연히 행사할 수 없다고 볼 것이다. 회생절차개시 또는 파산선고 전에는 채권자취소권을 행사할 수 있는가? 행사할 수 없다는 견해[24)]도 있지만, 이 문제는 회생법의 적용범위에 속하지 않는다.[25)]

2. 운영기관 결제규정의 우선 적용

[16-63] 지급결제제도에 대하여 회생법의 적용이 배제되는 경우 참가자의 회생이나 파산에 따른 업무처리는 지급결제제도 운영기관이 정하는 운영규칙에 따라 효력이 발생한다.

---

23) 박준·홍선경·김장호, 앞의 논문, 278-279면.
24) 박준·홍선경·김장호, 위의 논문, 281-282면.
25) 입법 당시 필자는 이러한 문제까지 포함하기 위해 회생법이 아닌 단행법으로 규정할 것을 제안하였으나 회생법에 규정하는 방안이 채택되었다.

제17장 중앙은행제도

제1절 서 설

전통적으로 중앙은행에 관한 법적 논의는 통화정책과 금융감독의 관계를 중심으로 이루어져 왔다. 통화정책의 독립성을 강조하면서 금융감독기능을 중앙은행으로부터 분리하는 입법모델이 일반화되어 있다. 그러나 2008년 글로벌 금융위기 이후 중앙은행의 금융안정과 건전성감독 역할이 다시 강조되고 있다. 이러한 관점에서 영국의 제도적 변화는 은행법의 관점에서도 많은 관심의 대상이 되고 있다. [17-1]

은행법에서 중앙은행제도를 살펴보는 것은 다음 3가지 고려에 따른 것이다. 첫째, 중앙은행은 통화정책의 수행자로서 그리고 은행에 대한 최종대부자 역할을 통하여 은행이 활동하는 금융시장의 기초를 제공한다. 둘째, 통화정책수단으로 활용되는 공개시장조작, 대출, 지급준비금은 은행의 관점에서는 조달금리의 기준이 된다. 셋째, 중앙은행은 법화를 발권하고 지급결제제도의 감시 및 운영자로서의 역할을 수행한다. 지급결제수단의 발전이 현재의 법화제도에 기초한 통화제도에 미칠 영향도 은행법상 중요한 과제라고 할 수 있다. [17-2]

한국은행법 제정 당초 중앙은행법은 미국의 법제를 모델로 한 것으로서 헌법 논의의 대상이 되기도 했다. 현재 국내에서는 여전히 금융감독기관의 독립성을 확보하기 위한 제도개선방향에 관하여 논의가 이루어지고 있다. 제정 당초의 헌법 논의는 현재 시점에도 여전히 시사점을 주고 있다. 중앙은행제도에 관한 법적 논의의 출발점으로서 살펴볼 가치가 충분하다고 생각한다. [17-3]

제2절 의의와 목적에서 중앙은행의 개념과 목적을 정리한다. 제3절 법적 지위와 지배구조에서는 중앙은행의 법적 지위와 지배구조를 살펴본다. 제4절 통화정책에서는 공개시장조작과 여수신 등 간접적 수단과 여수신금리 등에 대한 직접적 규제를 설명한다. 제5절 법화에서는 중앙은행의 발권기능을 중심으로 법화의 법률문제를 살펴본다. [17-4]

제2절 의의와 목적[1]

Ⅰ. 의 의

[17-5] 중앙은행은 독점적인 발권력을 보유한 통화신용정책의 수행자이자 최종대부자로서의 역할과 지급결제제도에 대한 감시 및 운영자로서의 기능을 담당한다. 설립 이후 중앙은행으로서의 한국은행의 역할은 정치상황과 경제여건에 따라 변화해 왔다. 특히 은행감독기관으로서의 역할은 1998년 금융감독체계 개편과 함께 금감원으로 통합되었지만, 지급준비제도와 긴급상황에서의 은행 여수신업무에 관한 조치권한(한은 28조 15호-19호)은 유지되고 있다. 그리고 2008년 글로벌 금융위기 이후 중앙은행의 금융안정기능이 강조되고 있다.

Ⅱ. 물가안정과 금융안정

1. 의 의

[17-6] 한국은행법은 한국은행의 목적을 효율적인 통화신용정책의 수립과 집행을 통한 물가안정으로 규정하고 있다(1조 1항). 또한 한국은행은 통화신용정책을 수행할 때에는 '금융안정에 유의'해야 한다(한은 1조 2항). 중앙은행 목적조항에서의 금융안정의 지위에 대해서는 논의가 있다.[2]

2. 물가안정

[17-7] 한국은행은 통화신용정책의 수립과 집행을 통한 물가안정을 일차적인 목적으로 한다. 물가안정은 통화가치의 안정을 의미한다.[3] 한국은행법상 통화신용정책의 중립적 수립과 자율적 집행 그리고 한국은행의 자주성은 존중되어야 한다(3조). 그러나 한국은행은 정부와 협의하여 물가안정목표를 정해야 하고(한은 6조 1항), 물가안정을 해치지 않는 범위에서 정부 경제정책과 조화를 이룰 수 있도록 해야 한다(한은 4조 1항).

3. 금융안정

[17-8] 2011년 한국은행법 개정으로 목적조항에 통화신용정책을 수행할 때에는 금융안정에 유의해야 한다는 내용이 추가되었다. 2008년 글로벌 금융위기 이후 중앙은행의 금융안정기능이 반영된 것으로 설명되고 있다.

---

1) 중앙은행법에 관하여는 Peter Conti-Brown and Rosa Maria Lastra(eds), Research Handbook on Central Banking, Edward Elgar Publishing, 2018; Guillaume Vallet, Sylvio Kappes, and Louis- Philippe Rochon(eds), Central Banking, Monetary Policy and the Future of Money, Edward Elgar Publishing, 2022.

2) Cranston, pp119-120.

3) 한국은행, 한국은행법 해설, 2018, 7면.

한국은행의 목적으로 물가안정과 금융안정의 관계를 어떻게 볼 것인지에 대해서는 첫째, 한은법 제1조 제2항과 관련한 법제처의 개정이유 및 주요내용 등을 종합하면 한국은행이 통화신용정책을 통해 추구해야 할 목적 중에 금융안정도 포함되는 것이므로 한국은행은 금융안정의 수행주체임이 분명하다고 보는 견해와 둘째, 한은법의 목적조항에 금융안정이 신설된 취지는 한국은행이 통화신용정책이라는 기능을 수행함에 있어 금융안정을 충분히 고려하고 이에 유의하라는 것이지 한국은행을 금융안정정책을 적극적으로 수립하는 것으로 인정하는 것은 아니라고 보는 견해의 가능성을 제시하면서 전자의 견해에 찬성하는 설명이 있다.[4) [17-9]

4. 고용안정

한국은행법상 목적조항에 고용안정을 추가하자는 논의가 있다. 한국은행이 물가안정 목표에만 치중하여 긴축적 통화정책을 실시할 경우 경기침체 및 고용불안을 가속화시킬 수 있으므로 고용안정 목표를 추가하여 물가뿐만 아니라 고용상황을 고려하여 적절한 수준의 통화정책을 결정할 필요가 있다는 것이다.[5) 중앙은행의 목표에 물가안정 외 고용안정을 규정한 국가는 미국, 뉴질랜드, 노르웨이, 캐나다, 호주, 아르헨티나, 브라질 등 이 있다. [17-10]

4) 노철우, "글로벌 금융위기 이후 경제 여건 변화에 따른 한국은행의 목적·기능 조정 방안에 관한 연구," 법과 기업 연구 제6권 제3호, 2016, 160면; 김동명, "중앙은행법상 중앙은행의 금융안정목적에 대한 고찰," 한국은행 Issue Paper Series No. 2012-3, 2012.7.4., 8-9면. 한국은행의 목적조항에 금융 안정의 도모를 추가하자는 견해로, 고동원, 금융규제와 법, 박영사, 2008, 74-75면.

5) 국회 기획재정위원회 수석전문위원 정연호, 한국은행법 일부개정법률안 검토보고, 〈한국은행의 목적에 고용안정 추가 등〉 ▣ 김주영의원 대표발의(의안번호 제2108438호) ▣ 양경숙의원 대표발의(의안번호 제2109551호), 2021.6., 9면.

제3절 법적 지위와 지배구조

Ⅰ. 서 언

[17-11] 한국은행은 직접 행정기능을 수행하는 무자본 특수법인으로서의 법적 지위를 가진다. 중앙은행의 지배구조에 대해서는 명확한 목적규정과 독립성 및 투명성이 강조되고 있다. 중앙은행의 책임성 확보장치에 대해서도 논의가 필요하다.

Ⅱ. 법적 지위

1. 무자본 특수법인

[17-12] 설립 당시 한국은행은 정부가 전액 출자한 자본금 15억원의 법인으로 설립되었다(한은 4조). 그러나 1962년 한국은행법 개정으로 무자본 특수법인이 되었다. 그 이유는 첫째, 발권력을 가진 중앙은행의 경우 일반 회사와는 달리 영업활동을 위한 기초자산인 납입자본금의 필요성이 없고, 둘째, 손실발생시 정부가 보전하도록 법에 규정되어 있으므로 자본금이 큰 의미가 없는 점 등으로 설명되고 있다.[6] 특수법인은 일반사업법이 아니라 개별 설립법에 의하여 설립된 법인이라는 의미이다.[7]

2. 행정기능과 한국은행

[17-13] 우리나라의 중앙은행인 한국은행은 「한국은행법」에 따라 설립되었다. 1948년 이후 중앙은행 설립에 관하여 많은 논의가 이루어졌지만, 미국 연방준비제도이사회의 자문을 받아 현재와 같은 독립적인 공법인 형태의 중앙은행이 설립되었다.[8]

[17-14] 한국은행법은 제정 당시 한국은행 은행감독부가 금통위 지시를 받아 모든 금융기관의 감독과 정기검사를 담당하도록 규정했다(28조). 1998년 금융감독체계 개편으로 은감원은 금감원으로 통합되었다. 따라서 현행법상 한국은행의 권한 중에는 일부 긴급조치권을 제외하고는 행정처분으로서의 성격을 가진 것이 거의 존재하지 않는다. 외국환거래법상 외환감독권한은 기재부로부터 위탁받은 것이다. 그러나 최근 법원은 한국은행법 제55조의 지급준비금 보유의무 위반에 대한 과태금의 성격을 한국은행법상 "지금준비금 보유의무 위반(구체적 사실)에 대한 제재 및 이익박탈·환수(법 집행)를 명한 공권력 행사"에 해당하고, "행정소송법 제1항 제1호의 처분으로서 항고소송의 대상이 된다"고 판단했다.[9] 나아가 법원은 한국은행총재는 한국은행법에 따른 권한을 행사하는 한국은행의 대표기관으로서 행정소송법 제2조 제2항의 행정청의 지위를 갖는다고 보고 있다.[10]

---

6) 한국은행, 한국의 금융제도, 2018, 66면. cf. 한국은행, 한국은행법 해설, 2018, 14-15면(한국은행의 설립 당시 자본금은 단순히 전시적 목적 또는 심리적 이유를 위한 것이라는 점 등을 고려).

7) 현행 금융관련법상 무자본 특수법인으로는 금감원(금융위설치법 24조 2항), 예보(예보 4조 1항)를 들 수 있다.

8) 한국은행, 한국은행법 제정 자료집 1-3, 2015.

9) 서울행법 2020. 10. 29. 선고 2019구합53723 판결(확정).

한국은행법 제정 당시에도 금통위의 행정처분권에 대해서는 위헌 논란이 있었다.[11] [17-15]
이에 대해 제정 한국은행법은 금통위원과 은행감독부장을 공무원으로 보는 규정(8조, 28조)을 둠으로써 해결을 시도했다는 설명이 있다.[12] 금통위원의 신분에 관한 한국은행법 제8조는 금융감독체계개편과 함께 1998년 한국은행법 개정에서 삭제되었다. 은행감독부장의 신분에 관한 제28조는 1962년 한국은행법 개정에서 한국은행의 임직원은 국가공무원에 준하는 신분을 가진다는 내용이 포함(112조의2)되면서 삭제되었다. 한국은행법 제112조의2는 1977년 한국은행법 개정에서 한국은행의 임원과 직원은 형법·기타 법률에 의한 벌칙의 적용에 있어서는 이를 공무원으로 본다는 내용으로 개정되어 현재에 이르고 있다(106조 1항). 현행 한국은행법은 금통위원의 공무원 겸직을 금지하고 있다(20조 2호·3호).

중앙은행은 그 기능과 본질상 독립성이 필수적이라는 점에 대해서는 이의가 있을 [17-16]
수 없다. 그러나 선출되지 않은 권력으로서의 민주정 정당성에 대해서는 논의가 이루어지고 있다.[13] 금융행정조직법상 행정청으로서의 한국은행총재 및 한국은행의 법적 지위에 대해서는 추가적인 논의가 필요하다.

Ⅲ. 지배구조

1. 의 의

한국은행법상 한국은행의 지배구조는 금통위, 집행기관, 감사가 각각 의결기관, 집행 [17-17]
기관, 감사기관으로 기능하는 구조로 되어 있다. 금통위는 통화신용정책 및 내부 운영에 관한 기본적 사항의 결정을, 총재는 금통위가 수립한 정책의 집행을, 그리고 감사는 한국은행업무의 감사를 각각 담당한다.

2. 원 칙

가. 의 의

중앙은행 지배구조의 원칙으로는 명확한 목적규정, 적정한 권한과 자원 확보, 목적과 [17-18]
동기의 긴밀한 연계를 강조하고 있다.[14] 한국은행법은 지배구조의 기본원칙으로 독립성,

---

10) 서울행법 2020. 10. 29. 선고 2019구합53723 판결(확정).

11) 김정렴, 최빈국에서 선진국 문턱까지: 한국 경제정책 30년사, 랜덤하우스중앙, 2006, 60면("금통위는 행정위원회로서 영미법 계통 국가에서는 흔히 있는 국가 대행기관이었으나 대륙법 계통 국가에서는 찾아보기 어려운 기구이므로 정부조직법 위반, 나아가 위헌 여부가 중점적으로 검토되었다."). 위 책의 저자는 심의에 참여한 관계자들이 "1개월여의 열띤 토론과 심의 끝에 금통위의 합법성에 합의를 보고"라고 설명하고 있다. 위의 책, 같은 면.

12) 차현진, 중앙은행 별곡, 인물과 사상사, 2016, 314-315면(당시 미국 경제협조처 법률고문으로 국내에 있던 Ernst Frankel 박사의 의견에 따른 것이라고 설명).

13) Paul Tucker, Unelected Power: The Quest for Legitimacy in Central Banking and the Regulatory State, 2018.

14) Bank for International Settlements, Issues in the Governance of Central Banks: A report from the Central Bank Governance Group(Chair: Guillermo Ortiz, Governor of the Bank of Mexico), May 2009

공공성·투명성, 책임성을 규정한다.

나. 독립성

[17-19] 한국은행법은 통화신용정책의 중립적 수립과 자율적 집행 그리고 한국은행의 자주성 존중을 강조하고 있다(3조). 여기서 중립성과 자율성은 한국은행의 내부기관에 그러한 권한과 책무를 부여하기 위한 것임에 비하여, 자주성은 정부 그 밖의 이해관계자로부터의 독립성을 강조한 것이라고 설명되고 있다.15) 한국은행법은 금통위의 구성과 운영 등에 관하여 위원의 임기제(15조·16조), 위원의 결격사유(17조), 정치활동의 금지(19조), 겸직 등의 금지(20조) 등 중립성 확보장치를 두고 있다. 그러나 물가안정을 해치지 않는 한도라는 제한은 있지만, 정부정책과의 조화도 강조하고 있다(한은 4조 1항). 여기서 말하는 중앙은행의 독립성은 운영상의 독립성을 의미하는 것이지 모든 법적 책임으로부터 면제된다는 것은 아니다.

다. 공공성과 투명성

[17-20] 한국은행법은 한국은행의 업무수행과 기관운영에서의 공공성과 투명성 확보 노력을 강조하고 있다(3조, 5조). 공공성은 일부 계층이나 한국은행 자신의 기관이익과 같은 부분이익이 아닌 국민 전체의 이익을 고려하는 것과 그리고 투명성은 정책의 수립과 집행에 관한 정보의 공시와 관련된다.16)

라. 책임성

[17-21] 한국은행법은 한국은행의 책임성과 관련하여 금통위원의 한국은행에 대한 책임을 규정하고 있다. 금통위가 고의 또는 중대한 과실로 인하여 한국은행에 손해를 끼친 경우에는 해당 회의에 출석한 모든 위원은 한국은행에 대하여 연대하여 손해배상책임을 진다(한은 25조 1항 본문). 다만, 그 회의에서 명백히 반대의사를 표시한 위원은 책임이 없다(한은 25조 1항 단서). 이러한 손해배상소송에서는 감사가 한국은행을 대표한다(한은 25조 2항).

[17-22] 한국은행의 중앙은행업무와 관련하여 한국은행이나 그 임직원은 국가배상법이나 민법 제750조에 따라 국민에 대하여 직접 손해배상책임을 지는가? 감독배상책임 문제([24-73]-[24-78])의 일부라고 생각된다. 이와 함께 한국은행 목적조항의 구체성과도 관련된다.17) 물가안정목적의 구체화를 위하여 한국은행법은 한국은행에게 정부와 협의하여 물가안정목표를 정하도록 하고, 이를 달성하기 위하여 최선을 다할 의무를 부과하고 있다(한은 6조 1항·3항).

[Electronic version; contains minor updates up to 25 May 2009].

15) 한국은행, 한국은행법 해설, 2018, 20면.

16) 한국은행, 위의 책, 26-27면.

17) Cranston, pp119-120.

제4절 통화정책

Ⅰ. 서 언

한국은행은 통화정책수행을 위해 다양한 정책수단을 사용할 수 있다. 통화정책은 전통적으로 공개시장조작, 여수신, 지급준비제도 등 간접적 수단으로 이루어져 왔다. 경우에 따라서는 은행의 여수신금리 등에 대한 직접적 규제도 가능하다. 지급준비제도에 대해서는 [8-135]에서 살펴본다. [17-23]

2008년 글로벌 금융위기 이후에는 **비전통적 통화정책수단**도 논의되고 있다.[18] 한국은행은 이를 "정책금리 조정 등 기존에 활용해 왔던 전통적 통화정책을 제외하고 주요국 중앙은행이 글로벌 금융위기 대응과정에서 활용한 다양한 통화정책"이라고 정의하고 있다. 이러한 비전통적 통화정책은 첫째, 신용경색 완화 등을 통해 금융시장의 중개기능을 회복시키는 것과 둘째, 금리가 제로 하한(zero lower bound)에 도달한 상황에서 통화정책 기조를 추가로 완화하여 거시경제를 안정시키는 것의 2가지 목적을 가진 것으로 설명되었다. 전자의 목적을 위한 것으로 금융기관 및 특정 신용시장을 대상으로 한 유동성 공급(targeted liquidity provision) 등, 그리고 후자의 목적을 위한 것으로 국채매입 등을 통한 양적완화, 사전적 정책방향 제시, 마이너스 금리정책 등이 있다. [17-24]

Ⅱ. 공개시장조작

1. 의 의

공개시장조작이란 "한국은행이 금융시장에서 금융기관을 상대로 국채 등 증권을 사고팔아 시중에 유통되는 화폐의 양이나 금리 수준에 영향을 미치려는 가장 대표적인 통화정책 수단"이다.[19] 전통적인 의미에서는 증권매매를 통하여 이루어진다. 한국은행은 금통위가 정하는 바에 따라 통화신용정책을 수행하기 위해 자기계산으로 일정한 유가증권을 공개시장에서 매매하거나 대차할 수 있다(한은 68조 1항 1호-3호). 이를 보완하기 수단으로 한국은행은 공개시장조작 대상증권인 통화안정증권을 발행할 수 있고(한은 69조), 통화안정계정에 강제예치명령을 할 수도 있다(한은 70조). [17-25]

2. 공개시장조작

가. 의 의

1) 개 념

공개시장조작은 통화신용정책을 수행하기 위해 자기계산으로 일정한 유가증권을 공개시장에서 매매하거나 대차하는 것이다. 공개시장조작의 개념은 목적(통화신용정책을 수행 [17-26]

18) 이하 설명은, 한국은행, 한국의 통화정책, 2017, 135면.
19) 한국은행, 한국의 금융제도, 2018, 56면. 한국은행은 공개시장운영이라는 용어를 사용한다. 그러나 이 책에서는 법률상 용어인 공개시장조작(한은 68조)이라고 한다.

하기 위한 것), 계산의 주체(자기계산으로), 대상증권(일정한 유가증권을), 대상시장(공개시장), 행위(매매하는 것)로 구성된다.

[17-27] 첫째, 목적은 투자이익의 취득이나 손실의 회피 또는 자본조달이 아니라 통화신용정책을 수행하기 위한 것이어야 한다. 둘째, 계산의 주체는 한국은행이어야 한다. 따라서 한국은행은 타인의 계산으로 증권의 매매를 할 수 없다. 셋째, 대상증권은 아래에서 살펴본다. 넷째, 대상시장은 공개시장이다. 공개시장은 "구매의사와 구매력만 있으면 누구나 참여하여 상품이나 서비스를 매입할 수 있는 시장"으로서 중앙은행이 주로 상대하는 금융기관뿐만 아니라 일반인에게도 그 거래가 공개되어 있는 것을 말한다.[20] 다섯째, 행위는 매매나 대차이다. 한국은행법상 매매와 대차 모두 가능하다. 매매의 법적 성질에 대해서는 아래에서 살펴본다.

2) 법적 성질

(가) 투자매매업에의 해당 여부

[17-28] 한국은행의 공개시장조작은 증권을 대상으로 계속적·반복적으로 이루어지므로 자본시장법상 투자매매업에 해당하는지 여부가 문제될 수 있다. 자본시장법상 투자매매업은 누구의 명의로 하든지 자기의 계산으로 금융투자상품의 매매를 영업으로 하는 것을 말한다(6조 2항). 그러나 한국은행의 공개시장조작은 통화신용정책의 수행을 위한 것으로서 영리성과 계속성 또는 반복성을 요소로 하는 영업성(자본 6조 1항)을 갖추었다고 보기 어려우므로 해석상 투자매매업에 해당한다고 볼 수 없다. 그러나 자본시장법은 한국은행이 한국은행법 제68조에 따라 공개시장 조작을 하는 경우를 투자매매업의 정의에서 제외하고 있다(자본 7조 6항 4호; 동 시행령 7조 4항 2호, 5항 4호 가목). 확인적 의미의 규정이다.

(나) 환매조건부매매의 성질 결정

[17-29] 공개시장조작을 위한 매매는 단순매매와 환매조건부 매매를 포함한다(공개시장조작규정 5조 1항). 한국은행법은 환매조건부매매의 법적 성질을 매매로 보고 있다. 한국은행법은 공개시장조작을 "자기계산으로 다음 각 호의 증권을 공개시장에서 매매"한다고 규정(68조 1항)하면서 공개시장조작규정은 이 경우의 매매는 단순매매와 환매조건부매매를 포함한다고 규정하고 있기 때문이다.[21]

나. 대상증권

[17-30] 공개시장조작의 대상증권은 자유롭게 유통되고 발행조건이 완전히 이행되고 있는 국채, 원리금 상환을 정부가 보증한 유가증권, 그 밖에 금통위가 정한 유가증권에 한정된다(한은 68조 1항 1호-3호, 2항). 금통위는 환매도를 조건으로 매입하는 경우에 한하여 통화안

---

20) 한국은행, 한국은행법 해설, 2018, 266면.

21) 환매조건부증권매매를 매매가 아니라 증권담보부 대출로 볼 경우 중대한 성질재결정위험이 발생한다. 상세한 설명은 [15-38]-[15-42].

정증권을 추가하고 있다(공개시장조작규정 4조 3호). 이는 공개시장조작을 위한 국채나 정부보증채권이 부족한 경우에 대비하기 위한 것이다.

3. 통화안정증권의 발행

한국은행은 법률과 금통위가 정하는 바에 따라 통화안정증권을 공개시장에서 발행 [17-31] 할 수 있다(한은 69조). 통화안정증권은 첫째, 채권시장이 아직 발전하지 못한 단계에서 특히 유용한 유동성 조절수단으로 도입되고, 둘째, 환매조건부증권매매와 통화안정계정이 일시적 유동성조절수단으로 이용되는 데 비하여 통화안정증권은 기조적 유동성조절수단으로 활용되고 있다.[22] 통화안정증권의 발행에 대해서는 「한국은행통화안정증권법」에서 규정한다.

4. 통화안정계정

한국은행은 금통위가 정하는 바에 따라 통화안정계정을 설치하여 은행으로 하여금 [17-32] 그 계정에 예치하게 할 수 있다(한은 70조 1항). 통화안정계정은 1967년 공개시장조작을 위한 시장 기반이 갖추어지지 못한 때에 단기 유동성 조절수단으로 설치된 통화조절수단이다.[23]

통화안정계정은 한시적 제도로서 이자가 지급된다.[24] 따라서 통화안정계정 예치금액은 [17-33] 지급준비금으로 보지 않으므로(한은 70조 2항) 결제자금으로도 사용할 수 없다(한은 62조).

2010년 한국은행은 통화안정증권을 보완하는 유동성 조절수단으로서 입찰방식의 기 [17-34] 한부예금인 '시장친화적 방식의 통화안정계정'을 도입하였다.[25] 이 제도는 경쟁입찰방식이라는 점에서 한국은행법 제70조에서 규정하는 강제적 예치명령인 통화안정계정과는 다르다.

Ⅲ. 여수신

1. 의 의

중앙은행은 은행을 대상으로 하는 대출 및 예금을 통해 자금의 수급을 조절한다. [17-35] 한국은행은 2008.3. 대기성 여수신제도인 자금조정대출과 자금조정예금을 도입하여 종래의 중앙은행 대출제도를 여수신제도로 변경했다.[26] 자금조정대출은 "금융기관이 자금수급 과정에서 발생한 부족자금을 한국은행으로부터 차입할 수 있는 대기성(standing) 여신제도"이다. 자금조정대출의 만기는 1영업일, 금리는 기준금리+1%p로 운영되어 콜금리가 기

22) 한국은행, 한국은행법 해설, 2018, 268면.
23) 한국은행, 위의 책, 262면 각주 3.
24) 한국은행, 위의 책, 273면.
25) 한국은행, 한국의 금융제도, 2018, 346면. 한국은행, 보도자료 : 시장친화적 방식의 통화안정계정 도입, 공보 2010-8-39호, 2010.8.31.
26) 한국은행, 보도자료: 통화정책 운영체계 개편 방안, 공보 2007-12-1호, 2007.12.4. 한국은행, 한국의 금융제도, 2018, 72면 각주 11),13).

준금리로부터 과도하게 벗어나지 않도록 하는 역할도 한다. 자금조정예금은 "금융기관이 여유자금을 한국은행에 예치할 수 있는 대기성 수신제도"이다. 만기는 1영업일, 금리는 기준금리-1%로 운영된다.

2. 여 신

가. 의 의

[17-36] 한국은행은 금통위가 정하는 바에 따라 은행에 대한 여신업무를 할 수 있다(한은 64조 1항). 중앙은행의 발권력에 기초한 최종적 자금공급기능이다. 대출의 형식은 재할인·할인 및 매매와 증권담보대출이다.

나. 종류와 형식

1) 종 류

[17-37] 한국은행의 대출은 유동성조절대출, 총액한도대출, 일시부족자금대출, 일중당좌대출로 구분한다(한국은행 금융기관대출규정 2조). 유동성조절대출은 통화 및 금융시장 여건과 금융기관의 유동성사정 등을 감안하여 정하는 한도 범위 내에서 취급하는 대출을 말한다. 총액한도대출은 통화동향과 중소기업 및 지역 금융동향 등을 감안하여 정하는 한도 범위 내에서 취급하는 대출을 말한다. 일시부족자금대출은 일시적으로 유동성이 부족하게 된 금융기관에 대한 대출을 말한다. 일중당좌대출은 금융기관이 지급 또는 결제하는 데 필요한 일중의 일시적인 부족자금을 지원하는 대출을 말한다.

[17-38] 유동성조절대출, 총액한도대출 및 일시부족자금대출의 형식은 어음재할인 또는 증권담보대출로 하며, 일중당좌대출의 형식은 증권담보대출로 한다(한국은행 금융기관대출규정 3조).

2) 형 식

(가) 재할인·할인 및 매매

[17-39] 은행이 받은 약속어음·환어음 그 밖의 신용증권의 재할인·할인 및 매매를 말한다(한은 64조 1항 1호 본문). 은행이 받은 신용증권의 재할인·할인 및 매매의 과정을 거쳐 은행에 자금이 공급된다. 재할인은 은행이 할인한 어음을 한국은행이 다시 한번 할인한다는 의미이다. 할인의 법적 성질에 대해서는 [9-16]에서 살펴본다.

[17-40] 재할인·할인 및 매매의 대상 증권은 약속어음·환어음 그 밖의 신용증권으로 한정된다. 이러한 증권은 한국은행이 취득한 날부터 1년 이내에 만기가 되는 증권으로 한정한다(한은 64조 1항 1호 단서). 금통위는 한국은행이 재할인할 수 있는 증권의 범위를 제한하고 있다(한국은행의 금융기관대출규정 4조). 재할인·할인 또는 매입한 신용증권에는 그 증권을 제공한 은행의 배서가 있거나 양도증서가 첨부되어야 한다(한은 64조 2항).

(나) 증권담보대출

적격담보증권을 담보로 하는 1년 이내의 기한부 대출을 말한다(한은 64조 1항 2호). 적격담보증권은 약속어음·환어음 그 밖의 신용증권, 정부채무 또는 정부보증채무를 표시하는 유통증권, 한국은행채무를 표시하는 유통증권, 그 밖에 금통위가 정한 증권을 말한다(한은 64조 1항 2호 가목-라목). 정부채무는 국채를 말한다. 유통증권은 유통성을 가진 증권을 말한다. 유통증권은 유가증권과 같은 용어가 아니며 전자가 후자보다 좁은 개념이라는 설명이 있다.[27] 그러나 정부나 한국은행이 발행할 수 있는 증권의 종류는 법정되어 있다. 그리고 '유통증권'은 우리법에서 일반적으로 사용하지 않는 용어이므로 입법론으로는 단순히 '증권'이라고 하면 충분하다. [17-41]

금통위는 한국은행이 취득할 수 있는 적격담보증권의 범위를 제한한다(한국은행의 금융기관대출규정 4조). 담보로 취득한 신용증권에는 증권을 제공한 금융기관의 배서가 있거나 양도증서가 첨부되어야 한다(한은 64조 2항). [17-42]

다. 긴급여신

한국은행은 자금조달운용의 불균형 등으로 유동성이 악화된 은행에 긴급여신을 하는 경우, 전산정보처리조직의 장애나 그 밖의 우발적 사고 등으로 은행에 지급자금의 일시적 부족이 발생함으로써 업무수행에 현저한 지장이 초래될 것으로 인정되어 일시적 여신을 하는 경우에는 위원 4명 이상의 찬성으로 은행에 대한 긴급여신을 할 수 있다(한은 65조 1항 전단 1호). 이 경우 적격담보증권(한은 64조 1항) 외에 임시로 적격성을 부여한 자산도 담보로 할 수 있다(한은 65조 1항 후단). 그에 대한 담보취득방법도 적격담보증권에 대한 것과 같다고 볼 것이다. [17-43]

유동성이 악화된 은행에 대한 긴급여신을 받은 은행에 대해서는 상환 시까지 금통위가 대출과 투자를 제한할 수 있다(한은 65조 2항). 한국은행은 긴급여신과 관련하여 필요한 경우에는 해당 은행의 업무와 재산상황을 조사·확인할 수 있다(한은 65조 3항). 금통위는 긴급여신을 의결하려는 경우 정부의견을 들어야 한다(한은 65조 4항). [17-44]

긴급여신의 취지상 그 여신기간은 목적달성에 필요한 최단기간으로 한정되어야 한다. [17-45]

라. 여신거부와 여신제한

한국은행에 융자를 신청한 은행이 다른 은행에 비하여 한국은행 여신에 지나치게 의존해 왔거나 불건전한 대출방침 또는 투자방침을 지속해 왔다고 금통위가 인정하는 경우 한국은행은 해당 은행에 대한 융자를 거부할 수 있다(한은 66조 1항). 금통위는 이러한 은행에 여신을 허용하는 경우 그 여신에 적용하는 할인율 또는 이율을 인상할 수 있다 [17-46]

27) 한국은행, 한국은행법 해설, 2018, 251면.

(한은 66조 2항). 한국은행은 극심한 통화팽창기에는 은행여신을 제한해야 하며, 부득이한 경우에만 신규로 여신하되 조속히 여신액을 감축하도록 노력해야 한다(한은 67조).

3. 수 신

[17-47] 자금조정 예금은 은행의 자금수급 과정에서 발생한 여유자금을 한국은행에 예치하는 것을 말한다. 자금조정 예금을 할 수 있는 은행은 지급준비금을 예치하는 은행으로 한정되고 만기는 1영업일이다(한국은행의 금융기관예금규정 2조-4조).

4. 법률문제

가. 한국은행의 은행에 대한 여신 거부

[17-48] 한국은행은 한국은행법에 따른 은행에 대한 여신을 거부할 수 있는가? 대출과 관련된 중앙은행과 은행의 관계가 사법적 거래관계라는 점에서 중앙은행은 은행의 융자신청에 반드시 응할 의무는 없지만 물가안정과 금융안정이라는 국민전체의 이익을 고려하여 합리적인 사유가 없는 한 금융기관을 차별적으로 취급해서는 안 된다는 설명이 있다.[28] 그러나 한국은행의 은행에 대한 대출 자체가 통화정책수단으로 인정되는 것이고, 목적요건이 규정되어 있으므로(한국은행의 금융기관대출규정 2조), 요건을 충족하지 못할 경우에는 대출해서는 안 될 법률상 의무를 부담한다.

나. 한국은행 규정 위반행위의 사법상 효력

[17-49] 총액한도대출의 취급과 관련한 한국은행 규정에 위반한 내국신용장을 발행한 경우 사법상 효력은 무효인가. 법원은 한국은행으로부터 내국신용장 결제용 대출금 중 일부를 받지 못하게 되는 것은 별론으로 하고, 그 내국신용장이 무효가 되었다고는 볼 수 없다고 판단하였다(대법원 1995. 5. 9. 선고 94다38144 판결).

Ⅳ. 직접규제

[17-50] 중앙은행의 통화정책수단은 간접규제수단과 직접규제수단으로 구분한다. 전자는 재할인정책·지급준비율정책 및 공개시장조작 등의 수단을 그리고 후자는 금융기관의 여수신 금리에 대한 규제, 금융기관의 대출·투자 등 자금운용에 대한 직접 통제를 말한다.[29] 금통위는 은행의 예금에 대한 이자나 그 밖의 지급금의 최고율, 각종 대출 등 여신업무에 대한 이자나 그 밖의 요금의 최고율, 대출의 최장기한 및 담보의 종류에 대한 제한, 극심한 통화팽창기 등 국민경제상 절실한 경우 일정 기간 내의 대출과 투자의 최고한도 또는 분야별 최고한도의 제한, 극심한 통화팽창기 등 국민경제상 절실한 경우 대출에 대한

---

28) 한국은행, 위의 책, 2018, 258면.
29) 한국은행, 위의 책, 24면.

사전 승인 등을 할 수 있다(한은 28조 15호-19호). 현재는 은행의 중소기업대출비율제도가 유지되고 있다(한국은행 금융기관 여신규정 2조 8호).

1997년 개정 한국은행법은 한국은행이 통화신용정책을 수행할 때 시장기능을 중시 하게 하는 조항(4조 2항)을 신설하였다. 한국은행이 통화신용정책을 수립·집행할 때 간접 규제수단을 주로 활용하라는 의미로 해석되고 있다.30) [17-51]

V. 양적 완화와 한국은행법

한국은행은 한국은행법에서 정한 경우를 제외하고 민간과의 직접 거래가 제한된다. 원칙적으로 정부·정부대행기관 또는 금융기관 외의 법인이나 개인과 예금 또는 대출의 거래를 하거나 정부·정부대행기관 또는 금융기관 외의 법인이나 개인의 채무를 표시하는 증권을 매입할 수 없다. 다만, 한국은행은 금통위가 정하는 바에 따라 업무수행에 필요하다고 인정하는 법인과 예금거래를 할 수 있다(한은 79조). 그러나 “금융기관의 신용공여가 크게 위축되는 등 금융기관으로부터의 자금조달에 중대한 애로가 발생하거나 발생할 가능성이 높은 경우” 한국은행은 금통위원 4명 이상의 찬성으로 “금융기관이 아닌 자로서 금융업을 하는 자 등 영리기업”에 여신할 수 있다(한은 80조 1항). 이 경우에는 한국은행법 제79조의 민간과의 거래제한 규정이 적용되지 않는다. 금통위의 정책적 판단에 따라 한국은행의 발권력을 이용한 민간자금공급이 가능한 것이다. 이 경우 여신에 대해서는 금통위가 지정하는 조건을 준수해야 한다(한은 80조 2항). 구체적인 여신의 방법과 형식은 은행에 대한 여신에 관한 규정(한은 65조 3항·4항)을 준용한다(한은 80조 3항). [17-52]

30) 한국은행, 위의 책, 24면.

제5절 법 화

Ⅰ. 서 언

[17-53] 법화는 국가의 통화고권에 따라 발권되고 강제통용력을 가진다.[31] 현재 법화의 지급결제수단으로서의 기능은 점점 축소되고 있다. 그러나 계산단위로서의 법화의 기능은 여전히 유효하다는 점에서 은행거래의 기초가 된다. 법화제도는 새로운 지급결제수단의 발전과 함께 변화가 불가피하다. 현행법상 법화제도를 살펴본다.

Ⅱ. 화폐의 법적 의의와 규제체계

1. 의 의

[17-54] 화폐에 관한 규제체계를 살펴보기 위해서는 먼저 화폐의 법적 의의를 정리할 필요가 있다. 화폐는 엄밀한 의미에서의 법화로 한정하여 살펴보는 것이 타당하다. 그러나 법화 이외의 다양한 지급결제수단의 발전이라는 현상에 대한 고려도 필요하다.

[17-55] 화폐에 관한 법률은 내용을 기준으로 크게 ① 화폐의 발행 및 통용, ② 화폐의 제조, ③ 화폐의 보호에 관한 것으로 구분할 수 있다. 내용상 화폐법의 핵심은 화폐의 발행과 통용에 관한 사항으로 보아야 할 것이다. 대부분의 입법례는 협의의 화폐법이라고 할 수 있는 화폐의 발행과 통용에 관한 사항을 중앙은행법에서 직접 규정하고 있다.

[17-56] 이러한 화폐법의 영역은 금전채무의 이행수단으로서의 금전에 관한 사법상 문제를 검토하는 금전사법상의 문제와는 구별된다.[32] 다만 화폐법이 계약의 내용이나 효력에 미치는 영향에 대해서는 화폐법의 적용범위의 문제로서 논의의 범위에 포함한다.

2. 법화의 의의

가. 의 의

[17-57] 법화는 국가의 통화고권에 기초하여 발행되고 강제통용력이 인정되는 통화를 의미한다. 우리나라의 법화는 한국은행이 발행한 은행권과 주화를 말한다(한은 48조, 53조 2항). 법화가 되기 위해서는 우선 일반적인 지급수단으로서 표준화되어야 한다. 모든 국가에서 화폐의 정의와 단위 등에 관한 법적 기준을 두고 있다. 그러나 특정 사회에서 표준화된 지급수단으로서 이용되는 모든 화폐가 법화에 해당하는 것은 아니다. 또한 법화는 그 금액과 무관하게 그 화폐에 표시된 액면금액에 상당하는 금전채무를 완전하고 유효하게 소멸시킬 수 있는 효력을 가져야 한다("명목주의").

---

31) 이하 법화에 관한 설명은 정순섭, "금전의 법적 측면에 관한 연구- '지급결제수단'의 다양화에 대한 법적 대응을 중심으로", 상사판례연구, 제22집 제2권, 2009, 274-281면.

32) 금전사법상의 문제에 대해서는 「주석민법 [채권총칙(1)]」(박준서 편집대표, 2000) 154면 이하(안법영집필부분); 「민법주해[VIII] 채권(1)」(곽윤직 편집대표, 1995), 161면 이하(이공현집필부분).

나. 화폐의 개념 확장

새로운 통화의 등장은 법화의 개념에 대해서도 재검토를 요구하고 있다. 대표적인 것이 예금과 전자화폐이다. 예금과 전자화폐 등이 실제 거래계에서 결제를 위해 활용되는 비중과 사실상 통용력을 고려해야 한다. 실제 국제금융거래에서는 현금이 지급결제를 위해 사용되는 경우는 거의 없고, 대부분 계좌이체를 이용하여 결제가 이루어지고 있다. 이와 관련하여 화폐나 금전이라는 개념을 오로지 현금만을 염두에 두는 것으로는 부족하고 예금통화를 대상으로 포함해야 한다는 지적이 이루어지기도 한다. [17-58]

법화는 반드시 통화고권에 의하여 발행된 화폐에 한정되는가? 통화고권은 자국의 영역 내에서 ① 법화의 발행, ② 법화의 가치 결정과 변경, ③ 법화 및 법화 이외의 다른 통화의 사용에 관한 규제의 3가지 사항에 대한 권리를 말한다.[33] 전통적으로 법화는 통화고권에 따라서 발행되는 것으로 인식되어 왔다. 그러나 예금이나 전자화폐와 같이 국가의 통화고권과 무관하게 발행되는 화폐에 대해서도 법화로서의 지위를 인정하기 위한 검토가 이루어지고 있는 점은 법화와 통화고권의 관계에 대한 인식의 변화를 의미한다. 이러한 법화와 통화고권의 관계의 변화를 나타내는 또 하나의 사례로는 영국에서 외화인 유로를 법화로 인정하려던 움직임을 들 수 있다. 2001년 채무자에게 영국 파운드화 채무를 유로로 이행할 수 있는 일방적인 권리를 부여하는 「유로 및 파운드 선택법안」(Euro and Sterling Choice Bill)이 의회에 제출되었지만, 입법에 이르지는 못했다.[34] [17-59]

3. 화폐법의 구성

가. 화폐법의 의의[35]

화폐법(lex monetae, law of currency)은 넓게 화폐의 발행, 가치 그리고 사용에 관한 규제를 내용으로 한다. 화폐의 정의에 관한 법을 협의의 화폐법 또는 법화법(legal tender law)이라고 할 수 있으며, 우리나라의 경우 한국은행법을 일차적인 법원으로 한다. [17-60]

광의의 화폐법은 화폐의 정의와 사용 및 보호에 관한 법을 말한다. 화폐의 정의에 관한 규제는 법화의 종류와 조직을 지정하고 계산단위를 정하는 법을 말한다. 화폐의 사용에 관한 규제는 자국통화의 사용을 규제하는 것으로서 예컨대 자국통화사용의 강제, 명목주의와 가치유지조항의 금지, 대용급부청구권의 인정[36] 등을 통하여 이루어지는 것 [17-61]

33) François Gianviti, 'Current Legal Aspects of Monetary Sovereignty in Current Developments' in Monetary and Financial Law, Volume 4(2005, International Monetary Fund), p.4. 이하.

34) Proctor, p83 [2.40].

35) 정순섭, "금전의 법적 측면에 관한 연구- '지급결제수단'의 다양화에 대한 법적 대응을 중심으로", 상사판례연구 제22집 제2권, 2009, 256-272면.

36) 외화로 표시된 금전채권의 이행이 자국내에서 이루어질 경우 지급일의 이행지의 환율로 자국통화에 의하여 결제할 수 있는 권리를 말한다. 국내에서도 대용급부청구권을 "국내화폐의 유통을 보호하려는 화폐정책적 견지에서" 인정된 제도라고 설명되고 있다. 이공현, 앞의 논문, 181면.

이다. 화폐의 보호에 관한 규제는 화폐의 훼손금지와 위변조행위의 처벌을 통하여 이루어진다.

[17-62] 최광의의 화폐법은 지급결제관계 규제법 일반을 포함한 의미이다. 광의의 화폐법을 화폐법이라고 부른다. 우리나라의 화폐법은 한국은행법을 근간으로 한다.

나. 화폐의 발행과 통용

1) 화폐의 발행

[17-63] 화폐의 발행 및 통용에 관한 사항은 한국은행법에서 규정하고 있다. 한국은행법은 한국은행을 국내 유일의 화폐발행권을 가진 기관으로 규정하고 있다(47조).

[17-64] 여기서 말하는 '화폐'의 의미에 대해서는 한국은행법상 한국은행의 주화발행권에 대한 별도의 규정(53조 1항)을 두고 있는 것과 관련하여 해석상 문제가 발생할 수 있다. 한국은행은 여기서 말하는 '화폐'에는 은행권(지폐)과 주화가 포함되는 것으로 해석하고, 한국은행법상 주화발행에 대한 규정은 확인적 규정으로 해석하고 있다.[37] 한국은행법은 화폐의 단위에 관한 사항(47조의2)과 화폐의 규격·모양 및 권종에 관한 사항(49조)을 규정하고 있다.

2) 화폐의 통용

[17-65] 한국은행법 제48조는 한국은행권은 법화로서 모든 거래에 무제한 통용된다고 규정하여 강제통용력을 부여하고 있다.[38] 법화는 '법으로 강제통용력을 부여받아 통용되는 화폐'를 말한다. 여기서 '강제통용력'이란 화폐의 교환성을 법적으로 보증하는 것으로서 모든 사람들이 은행권등의 화폐를 받아들여야 한다는 것을 말한다. 한국은행권의 강제통용력은 '모든 거래'에 적용된다. 여기서 모든 거래에는 재산거래와 관련하여 돈을 받는 모든 거래를 말하며, 사인간의 거래는 물론 행정주체와 사인간의 거래도 포함한다. 그리고 강제통용력이란 적어도 일정한 지역내에서 발생하는 상거래 및 채권채무관계에 대하여 화폐를 수수함으로써 결제가 종결되어야 한다는 것을 의미한다. 법화에 의한 지급결제의 완결성을 보장한다는 의미로 해석된다.

[17-66] 강제통용력은 채권채무의 존재를 전제로 변제를 위해 강제통용력있는 화폐를 제공한 때에 채권자가 그 수취를 거절하면 채무자는 유효한 변제가 되어 수령을 거절한 채권자는 채권자지체가 되는 것이다[39] 강제통용력 있는 법화를 변제에 충당한 경우에 그 수령을 거부한 채권자에 대하여 벌금 등의 형벌을 부과하는 형사법을 가진 국가도 존재한다.[40] 그러나 법화에 의한 변제는 채무내용에 좇은 것으로서 채권자가 채권자지체에

37) 한국은행, 한국은행법 해설, 2018, 219면.
38) 이하 설명은 한국은행, 위의 책, 196-197면.
39) 한국은행, 위의 책, 196-197면.
40) 벨기에 형법 556.4조; 프랑스 형법 R.642-3; 룩셈부르그 형법 556-4조, 그리스 형법 452조; 이탈리아 형법 693조. 그러나 실제로 적용된 사례는 거의 없다. Hans Weenink, "The Legal Nature of Euro

빠지지 않기 위해서는 변제로서 제공된 금전은 권면액으로서 수령할 수밖에 없다.41) 영국법상으로는 법화의 수령을 거절한 채권자는 채권의 회수를 위한 소송을 제기할 수 없다.42) 이러한 관점에서 법화는 당사자가 변제방법에 관한 별도의 합의를 해두지 않은 경우에 유효하게 추정되는 변제방법을 제시한 것으로도 볼 수 있다.43)

다만 주화에 한하여 법화의 이용한도를 규정하는 입법례도 있다.44) [17-67]

한국은행법상 한국은행권을 '대한민국내의 유일한' 법화라고 규정한 내용은 없다. [17-68] 그리고 위에서 본 바와 같이 한국은행을 유일한 '화폐의 발행권'을 가진 기관으로 규정하고 있다. 주화에 대해서는 화폐에 관한 규정을 준용하고 있다(한은 53조 2항).

다. 화폐의 제조

현행법상 화폐의 제조에 관한 사항은 「한국조폐공사법」에서 규정하고 있다. 한국조 [17-69] 폐공사법은 은행권·주화의 제조를 한국조폐공사의 업무로 규정하고 있다(11조 1항 1호). 한국은행법은 한국은행권의 규격·모양 및 권종에 관하여 정부의 승인을 얻어 금통위가 정하도록 하고 있고(49조), 이를 주화에 관하여 준용하고 있다(53조 2항).

Ⅲ. 법률문제

1. 서 언

법화에 관한 법률문제로 화폐의 법적 성질, 법화의 범위와 법화성의 제한에 관하여 [17-70] 살펴본다.

Banknotes" Journal of International Banking Law and Regulation, Issue 11, November 1993, p.438. 이 규정들의 실질적 의미는 폐지되었다고 설명된다. 曾野和明·神田秀樹, "東京國際通貨法セミナ-の模様: 「21世紀における通貨法 概念の再構築(Redefining the Concept of Lex Monetae for the 21st Century-International Monetary Obligations and Payment Systems-)」" (日本銀行金融研究所 Discussion Paper No. 2004-J-25, 2004), 3면(Antonio Sáinz de Vincuña 발표부분). 같은 취지의 규정으로는 나이지리아중앙은행법 20조 5항. 미국 독립전쟁기의 대륙회의는 전비마련을 위해 발행한 지폐(Continental notes)의 액면가에 의한 수령을 거부하는 자는 '국가의 적'으로 간주한다고 선언하여 그 가치의 유지를 시도한 바 있다. John J. Chung, 'Money as Simulacrum: the Legal Nature and Reality of Money', 5 Hastings Business Law Journal 109, 2009, p122 n.43.

41) 이공현, 앞의 논문, 163면. 이러한 입장은 대부분의 대륙법계 국가와 영미법계 국가에서 공통된 현상이라고 한다. Hans Weenink, 앞의 논문, pp437-438.

42) Proctor, pp175-176 [7.09].

43) 曾野和明·神田秀樹, 앞의 보고서, 6면(Antonio Sáinz de Vincuña 발표관련 토론내용 중 Giovanoli의 토론).

44) 영국에서도 10펜스 이상을 단위로 하는 주화는 10파운드, 그보다 낮은 단위의 주화는 5파운드, 그리고 동화는 20펜스를 초과하지 않는 금액에 대하여 법화로서 인정된다. 1983년 통화법(Currency Act), 제1조 제3항. EC의 Council Regulation 974/98의 제11조는 법화로서의 유로주화의 사용과 관련하여 중앙은행과 회원국 국내법에서 특별히 규정하고 있는 자를 제외하고는 1회에 50개 이상의 주화를 받을 의무는 없다고 규정하고 있다. COUNCIL REGULATION (EC) No 974/98 of 3 May 1998 on the introduction of the euro, OJ L 139, 11.5.1998, p.1.

2. 화폐에 대한 사법적 접근과 공법적 접근[45)]

[17-71] 금전에 대한 법적 취급을 비교법적으로 살펴보면 영미법과 대륙법상 본질적인 차이를 발견할 수 있다.[46)] 영미법은 화폐를 약속어음과 유사한 것으로 보아 사법적으로 접근해왔다. 이에 비하여 대륙법은 강제통용력을 규정하는 공법으로서의 화폐법에 의하여 지배되는 특수한 동산으로 파악하는 공법적 접근방법이 일반적이다.

[17-72] 영국의 은행권은 1882년 환어음법 제83조상 약속어음(promissory note)에 해당한다.[47)] 더욱 정확하게는 어음임과 동시에 화폐의 일종이라고 설명되고 있다. 미국의 Julliard v Greenman(1883)은[48)] 평시의 지폐 발행과 그에 대한 법화로서의 지위 부여를 규정한 1878년 의회법과 관련하여, 지폐를 발행하고 법화로 지정할 수 있는 권한은 금전을 차입할 수 있는 의회의 권한에 포함된다고 판시하였다. 이는 화폐라는 공법상 개념을 환어음에서 유래된 사법상 의무와 본질적으로 대등하게 본 것이다.[49)] 미국의 US v. Barnard는 국가가 조폐창에서 절취당한 금화의 반환을 요구할 수 있다고 하면서 그 근거를 단순한 동산일 뿐 화폐로서의 성질을 아직 보유하지 못한 점에서 찾았다.[50)] 동 판결은 실물화폐는 중앙은행에 의하여 발행되고, 보유자에게 교부되어야 화폐로서의 성질을 가지게 된다는 점에서 근거를 찾는다. 이러한 입장은 은행권을 약속어음으로 보는 입장과 일관된다.[51)]

[17-73] 유럽에서는 EC 조약상 재화의 자유이동에 관한 규칙이 법화인 주화에 대해서도 적용되는지 여부와 관련하여 법원은 회원국에서 법화인 주화는 지급수단(means of payment)이고 상품(goods)이 아니며, 전통적으로 국가의 근본적 이해가 관련된 것으로 간주되어 온 주화주조권에서 비롯되는 한 공공질서에 기초하여 주화에 대한 수출입 통제부과조치는 정당하다고 판시하였다.[52)] 이러한 판결의 취지는 은행권에도 그대로 적용될 수 있다고 해석되고 있다.[53)]

---

45) 정순섭, "금전의 법적 측면에 관한 연구- '지급결제수단'의 다양화에 대한 법적 대응을 중심으로", 상사판례연구 제22집 제2권, 2009, 254-256면.
46) Hans Weenink, 앞의 논문, pp436-437.
47) 1954년 통화 및 은행권법(Currency and Bank Notes Act 1954) 제3조는 은행권을 "영란은행이 발행한 소지인 지급식 어음"이라고 규정하고 있다. Proctor, p25; Anu Arora, Banking Law, Pearson, 2014, p3.
48) "The Legal-Tender Cases", 110 U.S. 421, 447-48, 4 S.Ct. 122, 28 L.Ed. 204 (1884).
49) Proctor, p.15 [1.23] n72. 미국의 Federal Reserve note에 대하여 "교부에 의해서만 유통가능한 소지인식 약속어음"이라고 설명한다. John J. Chung, 앞의 논문, p136(인용생략).
50) (1947) 72 F Supp 531.
51) Proctor, p38 [1.79] n206.
52) Case 7/78 R. v Thompson [1978] ECR 2247, [25]. 이 사례에서 문제된 것은 남아프리카공화국의 Krugerrands와 영국의 은화합금주화(silver alloy coins)였다. 전자는 계산단위의 표시가 없었고, 후자는 이미 영국내에서 법화로서의 지위를 상실한 상태였다. 그러나 법원에서는 Krugerrands에 대해서는 "금전에 상당하는 것으로 취급"된다고 하고, 영국 은화에 대해서는 법화는 아니지만 주화주조권은 통화고권에 속하는 점을 근거로 하였다. Krugerrands를 화폐로 본 것에 대해서는 강한 비판이 있었다. Proctor, p33 [1.66]-[1.67].
53) Jointed Cases C 358 & 416/93 Ministerio Fiscal v Bordessa and Mellado [1995] ECR I-0361, [12].

이러한 근본적인 접근의 차이는 채무로서의 화폐의 성격에 대해서도 서로 다른 입장을 보이고 있다. 미국의 Federal Reserve Note는 미국정부의 법적 채무이다.[54] 영국 법원은 은행권은 보유자의 금전자산을 형성하므로 중앙은행이나 그 밖의 발행주체의 금전채무를 구성한다고 해석하고 있다.[55] 회계상 법화의 부채성은 금태환시대의 유산이다. 법화제도의 본질에 대한 정확한 이해는 중요하다. 일본에서 일본은행권은 재무상태표상 일본은행의 부채이지만 "권면의 제시에 의하여 일정한 대가를 수취하는 법률관계로 보기 어렵다"는 견해[56]가 있다. [17-74]

한국은행은 법화를 회계상 부채로 처리하면서 한국은행에 대한 부채로 파악하고 있는 것으로 이해된다(한은 50조).[57] 그러나 이를 한국은행에 대한 채권으로 보더라도 그 행사를 통하여 얻는 것은 결국 다른 법화에 의한 지급에 불과하므로 특별한 법적 의미는 없다.[58] 법화는 공법상 화폐제도의 요소일 뿐 법률상 채무로서의 성질은 이미 상실했다. [17-75]

3. 법화의 범위

가. 의 의

대부분의 국가에서 법화는 은행권과 주화를 의미한다. 그러나 지급결제수단으로서의 예금계좌간 이체의 경제적 기능이 확대되는 것을 고려하여 예금을 법화로 지정하는 국가가 있다. 그리고 주화의 법화성을 인정하면서 일정한 한도를 두는 입법례가 있다. [17-76]

이 사례에서 문제된 것은 스페인으로부터 프랑스로 스페인 통화인 페세타 은행권을 밀반출하려는 행위였다. Hans Weenink, 앞의 논문, p.437. 프랑스 법원에서 프랑스 프랑으로 표시된 은행권에 대한 지적재산권 적용을 거부한 판례도 금전의 공법적 성질을 밝힌 것으로 보고 있다. Hans Weenink, 앞의 논문, p.437.

54) 11 USC § 411. The [Federal reserve] notes shall be obligations of the United States and shall be receivable by all national and member banks and Federal reserve banks and for all taxes, customs, and other public dues.

55) 통화법상 가장 유명한 판결 중 하나인 Banco de Portugal v. Waterlow & Sons Ltd [1932] AC 452. 범죄집단의 사기로 통화원판을 이용하여 통화를 추가로 제작한 화폐제조자인 피고에 대하여 통화발행기관인 Banco de Portugal이 손해배상을 청구한 사안에서 손해배상액은 단순히 '인쇄비용과 새로운 은행권제조비용'에 그치는 것이 아니라 '구 은행권을 대체하기 위해 발행되는 신 은행권의 액면 총액'이라고 판시하면서 그 근거로서 설시한 내용이다.

56) 古市峰子, 「現金´ 金銭に関する法的一考察」, 「金融研究」 第14券 第4號 日本銀行 金融研究所, 1995, 123면.

57) 한국은행, 한국은행법 해설, 2018, 213면.

58) Corinne Zellweger-Gutknecht, Benjamin Geva and Seraina Neva Grünewald, "Digital Euro, Monetary Objects, and Price Stability: A Legal Analysis", Journal of Financial Regulation Vol.7, 2021, p295; Corinne Zellweger-Gutknecht, "Developing the Right Regulatory Regime for Cryptocurrencies and other Value Data" in David Fox and Sarah Green(eds), 『Cryptocurrencies in Public and Private Law』, Oxford University Press, 2019, pp60-62(태환화폐는 자연채무로 변화), pp62-64(불태환화폐는 특수한 유형의 동산), pp72-73; Michael Kumhof, Jason G. Allen, Will Bateman, Rosa M. Lastra, Simon Gleeson and Saule T. Omarova, 앞의 논문, pp16-21(중앙은행화폐의 채무성을 부정), pp26-33(중앙은행화폐는 부채나 주주지분 또는 중앙은행의 자산은 아니고, 화폐시스템에서 인프라스트락쳐 역할을 수행하는 복합금융수단으로서, 지급제도와 경제에 참여할 수 있는 '사회적 지분'(social equity)). 국내에서의 논의로, 정순섭, "금전의 법적 측면에 관한 연구 - '지급결제수단'의 다양화에 대한 법적 대응을 중심으로-", 『상사판례연구』, 제22집 제2호(2009), 254-256면.

나. 예금의 법화성[59]

1) 의 의

[17-77] 예금자가 은행에 예치하고 있는 예금을 지급결제수단으로 사용하는 경우가 있다. 예금이 지급결제수단으로 기능하는 것은 지급이체나 추심이체 등 계좌이체를 통하여 채무자의 예금채권을 소멸시키고, 채권자의 예금채권을 성립시키는 방법에 의하게 된다. 이 경우 지급결제수단을 '계좌이체'라고 표현하기도 하지만, 정확하게 말하면 예금을 지급결제수단으로 이루어지는 지급결제방법이 계좌이체라는 형태를 취하는 것이다. 따라서 계좌이체를 지급결제수단 또는 통화로 인식하는 것은 적절하지 못하다.[60]

2) 계좌이체에 의한 지급

[17-78] 계좌이체에 의한 지급에 관하여 최근 일본은행에서 조직한 연구회 보고서에서는 당사자간에 은행이체에 의한 지급특약이 있는 경우와 없는 경우를 구별하여, 특약이 있는 경우는 물론 특약이 없는 경우라도 은행이체에 의한 거래사실이 있는 등 은행이체가 사회통념상 금전채무의 이행방법으로 인정되고 있으면 변제로서의 효력을 인정할 여지가 있다고 보고 있다.[61] "국제금융거래에서는 결제를 위한 은행계좌가 지정되는 경우가 많고, 그러한 계좌를 이용한 결제는 변제로서의 효력을 인정해야 할 것"이라고 보는 견해도 비슷한 입장이라고 볼 수 있다.[62]

3) 계좌이체의 강제통용력

(가) 의 의

[17-79] 예금의 강제통용력을 명문으로 규정하는 대표적인 입법례는 네덜란드이다. 네덜란드 민법은 채권자가 채무이행지에서 계좌를 보유하고 있는 경우 채권자가 유효하게 계좌로의 지급을 배제하지 않는 한 채무자는 이행기가 도래한 금액을 그 계좌에 증가기재하는 방법으로 채무를 이행할 수 있고(6:114조 1항), 이 경우 지급의 효력은 채권자의 은행계좌에 증가기재된 시점에 발생한다(6:114조 2항). 은행시스템을 통한 지급은 채권자가 이러한 지급수단을 유효하게 제외한 경우가 아니면 금전채무의 유효한 변제수단이 된다고 규정하고 있다.[63] 채권자의 은행계좌를 통한 지급에 대한 배제의 의사표시는 채권자 단독

---

59) 정순섭, "금전의 법적 측면에 관한 연구 - '지급결제수단'의 다양화에 대한 법적 대응을 중심으로", 상사판례연구 제22집 제2권, 2009, 278-280면.

60) 예금통화나 은행통화(bank money)라고 표현하기도 한다. Marek Dubovec, The Law of Securities, Commodities and Bank Accounts: The Rights of Account Holders, Edward Elgar Pub, 2014.

61) 中央銀行と通貨發行を巡る法制度研究會 報告書, 金融研究 第23巻 法律特輯號, 日本銀行金融研究所, 2004.8, 64면 이하.

62) 森下哲郎, 「"現代における通貨法の意義-國際的な金錢債務との關係を中心に」, 「金融法務事情」 No. 1715, 金融財政事情研究會, 2004, 28면.

63) Art. 6:114 1. Where the creditor has a postal account in a country where the payment must or may

으로 할 수 있고, 그러한 의사표시가 있는 경우에는 법화를 통하여 결제되어야 할 것이다.64)

(나) 예금의 법화성

네덜란드 민법상 은행계좌이체의 강제통용력 부여를 법화성을 인정한 것으로 볼 것인지에 대해서는 논의가 있다.65) 네덜란드 민법상 은행계좌이체에 관한 입법은 강제통용력을 인정한 것으로 볼 수 있다는 견해가 있다.66) 그리고 이 문제를 법화의 강제통용력을 당사자가 지급수단에 관하여 별도의 합의를 하지 않은 경우에 적용되는 보충적 기준으로 이해하면서, 계약의 자유를 법정한 것으로 이해하는 견해도 있다.67) [17-80]

네덜란드의 은행이체에 대하여 법화로서의 유로 은행권과 주화의 정의 등에 관한 전문가그룹에서는 은행 이체가 금전채무의 결제를 위한 완전하게 유효한 지급수단이지만 그 수령이 보편적으로 강제적인 것은 아니므로 'EU레벨에서는' 법화로서의 지위를 향유할 수 없다고 합의하였다.68) 최근 네덜란드 법원은 네덜란드에서의 법화의 정의는 "유럽중앙은행이 발행한 유로은행권과 주화에 한정된다"고 판시하였다.69) [17-81]

4. 주화의 법화성 제한

가. 의 의

대부분의 국가에서는 주화의 법화로서의 성격을 인정하면서도 그 한도를 규정하고 있다(일본 통화의 단위 및 주화의 발행등에 관한 법률 7조, 영국 Coinage Act 1971, Art 2(1), 호주 Currency Act 1965, Act No. 95 of 1965, Art 16(2), 캐나다 Currency Act, R.S.C., 1985, c. C-52, Art [17-82]

---

be made, the debtor can perform the obligation by having that account credited with the amount due, unless the creditor has validly excluded payment into that account.
2. In the case referred to in the preceding paragraph, payment is made at the time when the account of the creditor is credited.
영문 조문은 Danny Busch, Ewoud H. Hondius, Hugo J. Van Kooten, Harriet N. Schelhaas and Wendy M. Scharma(eds), Principles of European Contract Law and Dutch Law, Kluwer Law International, 2002, pp311-312 참조.

64) Peter Kilk, "The Netherlands", Dennis Campbell(ed), International Consumer Protection Volume 2, Springer, 1995, NET-V-4.

65) Antonio Sáinz de Vicuña, "The Introduction of the Euro Banknotes: Some Legal Issues" in John Bell, Alan Dashwood, John Spencer and Angela Ward(eds), The Cambridge yearbook of European legal studies Volume 5, 2002-2003, Hart Publishing, 2004, p63 이하.

66) Antonio Sáinz de Vicuña, 위의 논문, p63; René Smits, European Central Bank: Institutional Aspects, Kluwer Law International, 1997, p208.

67) Antonio Sáinz de Vicuña, 위의 논문, p63.

68) Report of the Euro Legal Tender Expert Group (ELTEG) on the definition, scope and effects of legal tender of euro banknotes and coins, p4.

69) Rechtbank Overijssel, Uitspraak, Case No. C/08/140456 / HA ZA 13-255 (May 14, 2014), de Rechtspraak website [Ref. No. ECLI:NL:RBOVE:2014:2667], 4.8.) Wendy Zeldin, Netherlands: Local Court Ruling on Bitcoin Transaction, Global Legal Monitor, June 4, 2014.

8(2)). 이와 같은 법화성의 제한에 관하여 일본에서는 "1회당 사용매수가 지나치게 많아지면 수취인의 계산이나 보관이 번잡하게 되는 등"의 이유를 들고 있다.[70] 우리나라의 현행법은 주화의 법화성을 인정하면서 그 한도를 두는 방식은 채택하고 있지 않다.

나. 주화의 강제통용력의 남용

[17-83] 국내에서는 체납임금 18만원을 받지 못했다고 노동청에 진정한 근로자에게 체납임금을 10원짜리로 바꿔 지급한 업주에 대한 보도가 있었다.[71] 이에 대하여 국내법은 민법상 변제방법의 적정성의 문제로 보고 있다. 당사자 사이에 다른 약정이 없다면 고액의 금전채권을 소액의 주화로 변제하는 것은 민법상 신의성실의 원칙에 반할 수 있다.[72] 그러나 현실적으로 이런 행위가 발생할 경우 법화로서의 강제통용력을 이유로 변제가 이루어질 가능성은 여전히 존재한다. 그리고 어느 정도의 고액의 금전채권에 대한 주화에 의한 지급을 신의성실의 원칙에 반한다고 볼 것인지는 여전히 해석과 판단이 필요한 영역이다. 따라서 주화에 대해서는 화폐법상 강제통용력 자체를 소액으로 제한하는 입법이 필요하다고 생각한다. 그러나 소액권 지폐를 사용하는 남용사례도 있으므로 완전한 해결책은 될 수 없다.

[17-84] 따라서 지급수단의 사용에 관하여 수취인에게 지급인에게 특별한 비용을 발생시키지 않는 한도에서 지급수단의 선택과 사용에 관하여 일정한 권리를 요구를 할 수 있는 권리를 인정할 필요가 있다.

5. 현금의 이용 보장

[17-85] 지급수단으로서의 현금의 사용비중이 급격히 감소하는 현상과 관련하여 현금의 사용을 소비자의 권리로 볼 것인지도 문제된다. 현금이 아닌 전자적 지급수단을 사용할 경우에는 첫째, 지급내역정보를 통한 개인정보의 축적과 유출가능성, 둘째, 디지털취약계층의 지급수단사용에 관한 금융소외의 가능성이 문제될 수 있다. 고객의 지급수단으로서의 현금선택을 보장하기 위한 입법안도 국회에 제출되기도 했다.[73]

[17-86] 기술의 발전과 현금의 지급수단으로서의 비중의 급격한 감소와 함께 현금 없는 사회로의 변화는 거스를 수 없는 시대의 흐름이라는 점을 부정할 수 없다. 그러나 개인정보와 디지털취약계층의 금융소외 가능성에 대비한 논의가 필요한 단계라고 생각된다.[74]

---

70) 古市峰子, 앞의 논문, 109면.

71) 10원짜리 동전으로 체납임금 지급한 '나쁜 업주', 연합뉴스 2015.4.21; 울산알바노조, 10원짜리로 체불임금 지급 업주에 항의, NEWSIS, 2015.7.1.

72) 지원림, 민법강의 제13판, 2015, 48면.

73) 전자금융거래법 일부개정법률안, 의안번호 20723, 발의일자 2019.5.30. 대표발의 김두관의원; 소비자기본법 일부개정법률안, 의안번호 2117284, 발의일자, 2022.9.7., 대표발의 이인선의원.

74) 정순섭, "현금없는 사회의 법적 과제-법화의 강제통용력을 중심으로-", 은행법연구 제12권 제1호, 2019, 195-235면.

제18장 외국환규제

제1절 서 설

외국환은 국제적인 자금이동수단으로서 은행거래의 인프라 중 하나이다. 법률상 외국환은 4가지 관점에서 살펴볼 수 있다. 첫째, 외국환은 은행업무로서는 환업무에 해당한다. 환업무에 대하여 은행은 은행법과 외국환거래법의 적용을 받게 된다. 둘째, 외국환거래의 변동성은 은행업무의 기초인 금융상품의 가격에 영향을 미칠 수 있다. 셋째, 외국환은 지급결제, 증권결제, 상품결제와 함께 결제제도의 일부를 구성한다. 외국환결제제도의 효율성과 안전성은 개별은행의 결제위험은 물론 금융체계위험의 방지에 핵심장치가 된다. 넷째, 개방경제에서 외국환은 대외거래를 위한 지급수단의 국제적 이동을 통하여 자본유출입의 변동성 확대와 환율의 불안정성 증대 등 국민경제의 안정을 저해할 수 있다. 따라서 이를 제어하기 위해 통화정책 및 재정정책 등 거시경제정책과 함께 외국환거래에 대한 직·간접적인 규제가 적용된다. [18-1]

우리나라의 외국환규제는 해방 이전 일본의 법제가 적용되다가 해방 이후 미군정을 거쳐 정부수립과 함께 우리의 외국환규제법규가 제정 시행되기에 이르렀다. 우리나라의 외국환규제는 첫째, 1960년대 이전 부족한 외화사정을 고려한 "외환지급에 대한 규제", 둘째, 1961.12 외국환관리법 제정 이래 "외환의 수입과 사용에 대한 관리", 셋째, 1999.4 시행된 외국환거래법은 "외환거래에 대한 사후보고 및 건전성감독위주의 사후관리"를 각각 기본원칙으로 하였다. 현시점에서 우리나라 외국환규제의 발전을 살펴보는 것은 현행법 해석은 물론 향후 입법론을 위해 필요한 것으로 판단된다. [18-2]

제2절 기본원칙과 구조에서는 규제의 기본원칙과 적용범위를 살펴본다. 제3절 규제의 내용에서는 지급과 거래, 환율, 외환시장, 외환결제 등을 정리한다. 제4절 감독과 실효성 확보수단에서는 외국환 규제 위반행위의 사법상 효력을 중심으로 실효성 확보수단을 검토한다. [18-3]

제2절 기본원칙과 구조

Ⅰ. 서 언

[18-4] 오늘날 개방경제하에서 원활한 대외거래의 보장은 지속가능한 경제활동을 위하여 필수적이다. 원활한 대외거래의 보장은 외환거래의 자유와 외환시장의 효율적인 작동을 중요한 전제조건으로 한다. 그러나 이러한 대외거래의 확대는 과도한 자본유출입과 환율의 불안정을 초래할 수 있다. 이러한 '변동성을 적정한 수준에서 관리하기 위해 일정한 규제가 필요하다'는 것이 외국환규제의 출발점이다. 격지자간의 자금이동업무를 말하는 환업무는 국내거래 결제에 사용되는 내국환과 국제거래 결제에 사용되는 외국환으로 구분된다. 외국환거래법은 외국환에 대한 규제법이다.[1]

Ⅱ. 의의와 구조

1. 의 의

[18-5] 외국환규제는 「외국환거래법」, 「외국환거래법 시행령」 그리고 「외국환거래규정」으로 구성된다. 외국환거래법은 일반적·추상적 규정만 두고 있고, 구체적 사항은 시행령 및 규정에서 정한다.

[18-6] 1960년대 이전 우리나라의 외국환규제는 부족한 외화사정을 고려하여 '외환지급에 대한 규제'를 내용으로 했다.[2] 1961.12 「외국환관리법」 제정 이래 외국환규제는 '외환의 수입과 사용에 대한 관리'로 전환되었다. 1997.12 외환위기 이후 1999.4 「외국환거래법」[3]이 시행되었다. 외국환거래법은 '외환거래에 대한 사후보고 및 건전성감독위주의 사후관리'를 기본원칙으로 한다. 그 후 자본거래에 대한 원칙 허용·예외 규제의 도입, 개인의 외환거래 자유화, 자본거래 허가제 폐지 등이 이루어졌다. 그러나 2008.10 글로벌 금융위기로 외환자유화 추진 일정이 잠정 유보되어 현재에 이르고 있다.

[18-7] 외국환거래법 관련법률로는 「대외무역법」, 「외국인투자촉진법」, 한미행정협정[4] 등이 있다.

---

1) 금감원·은행연합회, 외국환거래위반사례집, 2015; 조정철·정운상·서창희, 외국환거래법 실무, 세경사, 2015; 한국은행, 한국의 외환시장과 외환제도, 2023; Raj Bhala, The Law of Foreign Exchange, Carolina Academic Press, 1997; Proctor, pp375-488.

2) 외국환규제의 연혁에 대해서는, 조정철·정운상·서창희, 위의 책, 2015, 11-13면; 한국은행, 위의 책, 208-215면.

3) 외국환거래법의 시행으로 구 외국환관리법은 폐지되었다(부칙 3조).

4) 「대한민국과 아메리카합중국간의 상호방위조약 제4조에 의한 시설과 구역 및 대한민국에서의 합중국 군대의 지위에 관한 협정」(SOFA)(Agreement under Article IV of the Mutual Defense Treaty between the Republic of Korea and the United States of America, regarding Facilities and Areas and the Status of United States Armed Forces in the Republic of Korea)[발효일 1967.2.9][미국, 제232호, 1967.2.9.].

2. 감독체계

외국환거래법상 외환정책의 수립·운영, 외환시장의 안정 등에 대한 최종적인 권한과 책임은 기재부에 있다.[5] 기재부는 외국환업무취급기관의 등록, 외국환평형기금의 운용 및 관리, 외환거래에 대한 제한 및 허가, 외환거래의 비상정지 명령 등의 권한을 가진다. 기재부는 그 권한을 시행령에 따라 금융위, 증선위, 관계행정기관장, 한은총재, 금감원장, 외국환업무취급기관등의 장, 관세청에 위임·위탁할 수 있다(외환 23조 1항). [18-8]

기재부의 위탁에 따라 금융위는 외국환업무취급기관에 대한 감독 및 검사, 외환거래에 대한 사후관리업무를, 한국은행은 대외지급 및 자본거래 관련 신고접수 등의 업무, 환전영업자 및 외국환중개회사에 대한 업무감독, 외국환업무취급기관에 대한 검사, 외환거래에 대한 사후관리, 외국환평형기금의 운용·관리에 관한 사무처리, 외환건전성부담금 부과 등 외국환업무취급기관에 대한 건전성 규제 등을 취급한다.[6] [18-9]

3. 다른 법률과의 관계

가. 은행법과의 관계

은행은 은행법 또는 그 밖의 관계 법률의 범위에서 외국환업무를 운영할 수 있다 (27조 1항, 2항 3호). 과거 은행은 외국환관리법상 외국환은행으로서 외국환업무를 취급했다. 그러나 외국환거래법 시행으로 외국환관리법상 외국환은행은 외국환업무취급기관으로 본다 (부칙 6조). [18-10]

은행은 은행법에 규정이 없는 업무를 외국환거래법을 근거로 수행한 경우도 있었다. 과거 파생상품거래에 대해서는 은행법에 규정이 없었고, 외국환거래법을 근거로 거래했다. 은행법상 외국환업무에 해당한다는 생각에 기초했을 것으로 추측된다. 그 후 외국환거래법의 적용대상이 아닌 파생상품거래를 은행이 할 수 있는지 문제가 발생했다. 그러나 은행이 은행법에 전혀 규제근거가 없는 업무를 수행하는 것은 은행규제의 법체계적 정합성에 심각한 문제라고 할 것이다. 특히 외국환거래법은 외국환관리를 목적으로 하는 법으로서 투자자보호를 위한 영업행위규제를 내용으로 할 수 없는 점에서 문제가 있었다. [18-11]

이 문제를 처음에는 「은행업무에 부수하는 업무의 범위에 관한 지침」을 통하여 부수업무로 지정하는 방식으로 해결했다. 현재 은행은 자본시장법상 장외파생상품에 대한 투자매매업과 투자중개업을 겸영업무로 수행한다(28조 1항 1호; 령 18조의2 2항 1호). [18-12]

---

5) 한국은행, 앞의 책, 2023, 223-227면.

6) 제정 당시 한국은행법은 외환에 관한 정책수립과 외환관리기구로서의 기능을 한국은행에 부여하고 있었다(7조, 101조-108조). 한국은행의 주요목적에도 "정상적인 국제무역, 외환거래의 달성을 위한 국가의 대외결제준비자금의 관리"가 규정되어 있었다(한은 3조 3호). 1962년 구 외국환관리법의 시행으로 이러한 기능이 정부로 이관되었다.

나. 외국환거래법의 연관법률과의 관계[7]

[18-13] 대외무역법은 수출입거래를 중심으로 하는 재화의 국제적 이동을 규제하지만, 이를 위한 대금결제는 외국환거래법의 적용을 받는다. 외국인투자촉진법은 외국인의 직접투자와 관련하여 증권취득과 장기차관의 공여 등 외환거래 및 대외거래에 관하여 적용된다. 외국인투자촉진법에 특별한 규정이 있는 경우에는 외국환거래법에 우선하여 적용된다(외환 30조 1항). 한미행정협정은 주한미군 등에 대한 외환규제법으로서 외국환거래법에 대한 특별법으로서의 지위를 가진다.

다. 금융실명법과의 관계

[18-14] 외국환거래법상 외환건전성부담금의 부과·징수를 위해 필요한 자료의 제출(11조의3 5항), 기획재정부장관의 금융기관에 대한 검사 관련 자료 제출(20조), 기획재정부장관의 권한 위임 및 위탁에 따른 금융기관의 자료 제출(23조), 전자문서에 의한 자료 제출(24조) 및 외환정보집중기관 및 외환정보분석기관에 대한 자료 제출(25조 2항)의 규정은 금융실명법에 우선하여 적용된다.

Ⅲ. 기본원칙과 적용범위

1. 서 언

[18-15] 외국환규제의 목적은 외국환관리이다. 외국환관리를 위한 외국환거래법의 기본원칙과 적용범위를 명확히 하는 것은 은행법 등 금융규제법과의 관계를 확인하기 위한 첫걸음이 된다. 우리나라의 외국환규제는 과거 엄격한 통제주의에서 관리주의를 거쳐 보고주의로 전환되는 과정에 있다. 외국환거래법의 적용범위는 속지주의와 속인주의 그리고 보호주의를 혼합한 일반적인 기준에 따라 정해진다.

2. 규제목적

가. 의 의

1) 수단과 목적

[18-16] 외국환거래법은 외국환거래 그 밖의 대외거래의 자유 보장과 시장기능 활성화를 통하여 대외거래의 원활화, 국제수지의 균형, 통화가치의 안정을 달성하는 것을 목적으로 한다(제1조). 국민경제의 발전은 경제관련법에 일반적으로 규정되는 것이므로 특별한 의미는 없다.

[18-17] 외국환거래법의 목적인 대외거래의 원활화, 국제수지의 균형, 통화가치의 안정은 대외거래의 자유 보장과 시장기능 활성화를 통하여 달성되어야 한다. 그 반대해석으로 외

---

7) 조정철·정운상·서창희, 앞의 책, 37-39면.

국환거래법은 국가에 의한 개입은 긴급상황에서 예외적으로 이루어져야 한다는 것으로 볼 수 있다. 외국환규제는 외국환관리를 위한 정보의 집중과 긴급상황에서의 외환당국의 강력한 개입권 보장에 초점이 맞추어져야 할 것이다. 이러한 취지는 외국환거래법의 해석과 적용을 위한 기본지침으로 고려되어야 할 것이다.

2) 대외거래의 원활화

외국환거래법은 대외거래의 자유 보장과 시장기능의 활성화를 통한 대외거래의 원활화를 제1의 목적으로 한다. 이를 위해 외환당국은 외국환거래법상 제한을 필요한 최소한의 범위에서 하도록 하는 필요최소성의 원칙을 규정하고 있다(외환 4조 1항). [18-18]

3) 국제수지의 균형

외국환거래법은 외국환의 수요와 공급의 균형을 통하여 국제수지의 균형을 목적으로 한다. 국제수지란 일정 기간 동안 국제거래의 결과로 발생한 외화의 수입과 지급의 차이를 말한다. 외환당국은 안정적인 외국환수급의 기반 조성을 위해 노력하고 필요한 시책을 마련해야 한다(외환 4조 2항). [18-19]

4) 통화가치의 안정

외국환거래법은 외환시장의 안정을 통한 통화가치의 안정도 목적으로 하고 있다. 이를 위해 외환당국은 외환시장의 안정을 위해 노력하고 필요한 시책을 마련해야 한다(외환 4조 2항). 외환당국은 원활하고 질서 있는 외국환거래를 위해 필요하면 외국환거래에 관한 기준환율등을 정할 수 있다(외환 5조 1항). [18-20]

나. 외국환규제와 금융규제

현행 외국환거래법과 금융규제의 관계는 다음 3가지 관점을 고려해야 한다. 외국환거래법이 거래규제뿐만 아니라 사업규제로서의 성질을 가질 경우에 명확한 관계설정이 요구된다. [18-21]

첫째, 외국환거래법은 일정한 업자에게만 외국환업무를 허용하면서 일정한 거래나 결제에 대해서 신고나 허가를 요구한다. 동법은 은행도 외국환업무를 취급할 경우에는 별도의 진입규제와 신고나 허가 등을 통하여 특정한 거래형태의 가부를 정하는 의미에서의 상품규제를 포함한 영업행위규제를 적용한다. 외국환거래법은 또 하나의 금융업법으로 작용한다. [18-22]

둘째, 금융시장에서 국경이 의미를 상실한 상황에서 진입과 건전성, 영업행위와 퇴출의 전 과정에 걸쳐 엄격한 금융규제의 대상인 은행에 대하여 또 진입규제와 상품규제를 설정하는 것이 필요한지 의문이다. [18-23]

셋째, 외화이체업무 허용도 지급결제업무에 대한 전반적인 규제체계에 대한 판단이 선행되어야 할 문제라고 본다. 광의의 지급결제업무를 수행하는 업자에 대한 지급수단의 [18-24]

안전성 요건 등이 정비되지 않은 상태에서 개별 법률에서 지급결제업무의 유형을 확대하는 것은 적절하지 않다.

3. 법적 성격과 특징

가. 법적 성격

[18-25] 외국환거래법은 법률과 시행령에서는 일반적인 내용만 규정하고 규제의 실질적 내용은 기재부 고시인 외국환거래규정에 위임하는 위임입법주의를 채택하고 있다.

[18-26] 외국환거래법은 당사자의 준거법 선택 여부와 무관하게 적용되는 국제적 강행규정성을 가지는가? 외국환거래법의 적용대상인 외국환거래는 대부분 국제사법의 적용대상이 될 것이다. 외국환거래법은 당사자가 한국법을 준거법으로 선택했는지 여부와 무관하게 적용되는 국제적 강행규정성을 가진다.[8)]

나. 특 징

[18-27] 외환당국은 국내 외국환규제의 특징을 첫째, 외국환거래의 원칙적 자유화, 둘째, 외국환업무취급기관중심의 운영, 셋째, 유사시 안전장치 및 상시모니터링 체계 강화의 3가지로 정리한다.[9)]

[18-28] 첫째, 외국환거래법은 **원칙 규제·예외 허용**(Positive System)에서 **원칙 허용·예외 규제**(Negative System)로의 전환을 목적으로 외환자유화를 진행하고 있다. 다만 일부 지급방법(상계, 기간초과 지급, 제3자 지급 등)과 자본거래(금전대차, 채무보증 등)에 대한 신고 등의 제도는 유지하고 있다.

[18-29] 둘째, 외국환거래법은 은행 등 금융업자에 대해서 외환업무를 허용한다. 일부 지급방법과 자본거래에 대한 신고업무를 외국환은행 등 외국환업무취급기관의 장에게 위탁하여 외환거래의 효율성을 높이고 있다.

[18-30] 셋째, 외국환거래법은 천재지변, 전시·사변, 국내외 경제사정의 중대하고도 급격한 변동과 같은 긴급상황에서의 개입권을 확보하기 위해 외환거래정지, 자본거래허가, 가변예치의무 등을 규정하고 있다(6조 1항 2항).

Ⅳ. 적용범위

1. 의 의

[18-31] 외국환거래법의 적용범위를 정하는 기준은 인적 대상, 행위 대상 그리고 물적 대상

---

8) 석광현, “국제금융과 국제사법,” 석광현·정순섭(편), 국제금융법의 현상과 과제(제1권), 2009, 21면; 이헌묵, “국제적 강행규정의 판단기준,” 인권과 정의 Vol. 442, 2014, 86-87면. 국제적 강행규정은 준거법의 선택에 의하여 그 적용을 배제할 수 없는 법규정을, 그리고 국내적 강행규정은 당사자의 합의에 의하여 그 적용을 배제할 수 없는 법규정을 말한다. 장준혁, “국제적 강행법규 개념의 요소로서의 저촉법적 강행성”, 성균관법학 제19권 제2호, 2007, 567-570면.

9) 한국은행, 앞의 책, 207-208면.

으로 구성된다. 첫째, 외국환거래법은 거주자와 비거주자의 인적 구분에 따라 적용범위가 달라진다. 둘째, 외국환거래법은 외국환거래라는 행위를 대상으로 한다. 셋째, 외국환거래법은 외국환이라는 물적 대상에 적용된다.

2. 인적 대상

가. 거주자와 비거주자의 구분

외국환거래법은 거주자와 비거주자간의 채권·채무관계를 규제하는 것이므로 거주자 및 비거주자의 개념은 그 적용범위를 정하는 기본개념이 된다. 거주자와 비거주자를 구분하는 거주성 개념은 국적과는 관계없이 '일정 기간을 거주하고 있거나 거주할 의사를 가지고 있고'(일정기간 거주요건) '경제적으로 밀착되어 있는 지역'(경제적 밀착관계요건)을 기준으로 한다(헌재 2005. 6. 30. 2003헌바114 전원재판부). 즉, 외국 국적보유자가 대한민국에 경제 이익의 중심을 두고 있는 경우에는 외국인이라도 거주자로 취급되므로, 거주성의 개념이 국적과 논리 필연적인 관계에 있는 것은 아니다(헌재 2005. 6. 30. 2003헌바114 전원재판부). [18-32]

외국환거래법은 거주자를 대한민국 안에 주소 또는 거소를 둔 개인과 대한민국 안에 주된 사무소를 둔 법인으로, 그리고 비거주자는 거주자 외의 개인 및 법인으로 정의하고 있다(3조 1항 12호·13호). 양자는 상호 배타적인 정의로 되어 있다. 일본에 주소가 있는 재일 교포라도 '국내에 주민등록을 하고 처와 함께 거주'하면서 '영업을 하여 종합소득세까지 납부'하여 왔다면 거주자로 볼 수 있다(대법원 1980. 5. 27. 선고 80도884 판결). 다만 비거주자의 대한민국 안의 지점·출장소 그 밖의 사무소는 법률상 대리권의 유무에 불구하고 거주자로 본다(외환 3조 1항 15호 단서). [18-33]

거주자와 비거주자의 구분은 결코 쉽지 않다.10) 그러나 헌재는 "거주자 개념 정의는 … 거주성의 기본적인 원리에 따른 것이고, 이들 조항에 포함된 단어들은 대부분 법률용어로서 서술적인 개념을 사용하고 있어 그 의미에 혼동을 초래할 정도로 불명확한 것은 없다"고 보고 있다(헌재 2005. 6. 30. 2003헌바114 전원재판부). [18-34]

나. 거주자와 비거주자 구분이 불명확한 경우

외국환거래법은 거주자와 비거주자 구분이 불명확한 경우에는 시행령에 따른다(3조 2항; 동 시행령 10조). 법원은 구 외국환관리법 제3조 제2항이 규정하는 '거주자와 비거주자의 구분이 명백하지 아니한 경우'란 대한민국 내에 주소 또는 거소를 둔 개인 또는 주된 사무소를 둔 법인이 아닌 경우만을 가리키는 것은 아니고, 대한민국 내에 주소, 거소 또는 사무소를 두고 있는 경우라도 대한민국 외에도 주소, 거소 또는 사무소를 함께 두는 등의 사정으로 거주자와 비거주자의 구분이 명백하지 않은 경우도 포함한다고 판단하였다(대법원 1999. 4. 9. 선고 99도362 판결). [18-35]

---

10) 서문식, "외국환거래법상 거주성 판정기준과 관련한 제문제," 금융법연구, 제8권 제1호, 2011, 465면.

다. 거주성판단과 거래의 주체

[18-36] 거래의 형식상 주체와 실질상 주체가 다른 경우 거주성 판단에서 누구를 기준으로 할 것인가? 법원 판단은 일관성이 없다. 형식설을 취한 것으로 해외지사를 기준으로 하여 비거주자의 행위로 본 판결이 있다(대법원 1982. 11. 23. 선고 81도1737 판결). 실질설을 취한 것으로 국내법인 해외지사의 거래 행위로서 본사의 업무에 관하여 행하여진 행위에 대하여 거래의 실질적 주체인 국내법인의 행위로 본 판결(대법원 1988. 6. 21. 선고 88도551 판결), 부동산의 형식적 취득자가 아닌 실질적 소유자를 기준으로 거주성 여부를 판단한 판결(대법원 1998. 5. 12. 선고 96도2850 판결), 장부상회사(paper company)를 통하여 홍콩 소재 은행과 예금거래를 한 사건에서 실질적 거래 주체인 명목회사 설립자를 기준으로 거주성 여부를 판단한 판결(대법원 2008. 2. 15. 선고 2006도7881 판결)이 있다. 거래를 실질에 따라 보아야 한다면 외국환거래법 자체의 해석과 집행이 불가능해진다는 견해[11]가 있다.

라. 남북교류법과 외국환거래법의 관계

[18-37] 남한과 북한 주민 사이의 거래에 대한 「남북교류협력에 관한 법률」("남북교류법")과 외국환거래법의 관계가 문제된 사건이 있다. 헌재는 남한과 북한의 주민(법인, 단체 포함) 사이의 투자 기타 경제에 관한 협력사업 및 이에 수반되는 거래에 대하여는 우선적으로 남북교류법과 동법시행령 및 위 외국환관리지침이 적용되며, 관련 범위 내에서 외국환거래법이 준용되므로, 외국환거래의 일방 당사자가 북한의 주민일 경우 그는 이 사건 법률조항의 '거주자' 또는 '비거주자'가 아니라 남북교류법의 '북한의 주민'에 해당한다고 판단하였다(헌재 2005. 6. 30. 2003헌바114; 대법원 2004. 11. 12. 선고 2004도4044 판결). 현행법체계상 북한 및 북한 주민의 외국환거래법상 지위에 대해서는 논의가 있다.[12]

3. 행위 대상

가. 의 의

[18-38] 외국환거래법상 적용범위를 정하는 기준으로서 행위 대상은 일반적·추상적으로 규정되어 있다. 이러한 적용기준은 행위지와 지급수단에 기초한 속지주의, 거주성에 기초한 속인주의, 보호주의에 기초한 역외적용의 3가지로 구분할 수 있다. 이들 3 기준은 상호 중복될 수도 있지만, 그중 하나의 기준만 충족하면 외국환거래법은 적용된다고 해석되므로 특별한 문제는 없다.

나. 속지주의

[18-39] 외국환거래법은 행위지가 대한민국인 경우를 적용대상으로 한다. ① 대한민국에서의 외국환과 대한민국에서 하는 외국환거래, ② 대한민국과 외국 간의 거래 또는 지급·수령,

---

11) 서문식, 앞의 논문, 490-491면.
12) 조민제, "외국환거래법의 적용대상 관련 판례에 대한 고찰," 법률신문 2007.1.22.

③ 외국에 주소 또는 거소를 둔 개인과 외국에 주된 사무소를 둔 법인이 하는 거래로서 대한민국 통화로 표시되거나 지급받을 수 있는 거래, 그 밖에 이와 관련되는 행위(외환 2조 1항 1호-3호; 동 시행령 2조)가 여기에 해당한다.

②의 적용기준은 괄호안의 기준에 대한 반대해석으로 행위지가 대한민국인 경우에 한정된다. ③의 적용기준은 행위지를 불문하지만 행위지가 대한민국인 경우는 속지주의 관점에서 그리고 행위지가 외국인 경우는 보호주의 관점에서 국내법의 적용을 인정하는 기준이 될 수 있다. 여기서는 전자만을 대상으로 한다. [18-40]

'그 밖에 제1호부터 제2호까지의 거래와 관련되는 행위'는 외국환거래법 제2조 제1항 제1호부터 제3호까지의 규정에 따른 거래·지급 또는 수령과 "직접 관련하여 행하여지는 지급수단·귀금속·증권 등의 취득·보유·송금·추심·수출·수입 등"을 말한다(외환 2조 2항; 동 시행령 2조). [18-41]

다. 속인주의

외국환거래법은 속인주의의 취지를 고려하여 '대한민국에 주소 또는 거소를 둔 개인 또는 그 대리인, 사용인, 그 밖의 종업원'이 외국에서 그 개인의 재산 또는 업무에 관하여 한 행위(외환 2조 1항 4호), '대한민국에 주된 사무소를 둔 법인의 대표자, 대리인, 사용인, 그 밖의 종업원'이 외국에서 그 법인의 재산 또는 업무에 관하여 한 행위(외환 2조 1항 5호)도 적용대상으로 포함한다. 이 경우 속인주의는 거주자를 대상으로 하는 것이다. [18-42]

라. 역외적용

외국환거래법은 보호주의의 취지를 반영하여 효과발생지가 대한민국인 경우와 표시통화나 지급통화가 대한민국 통화인 거래를 적용대상으로 한다. [18-43]

전자는 대한민국과 외국 간의 거래 또는 지급·수령, '그 밖에 이와 관련되는 행위'(외환 2조 1항 2호, 2조 2항; 동 시행령 2조) 중 '외국에서 하는 행위로서 대한민국에서 그 효과가 발생하는 것'을 말한다. [18-44]

후자는 외국에 주소 또는 거소를 둔 개인과 외국에 주된 사무소를 둔 법인이 하는 거래로서 대한민국 통화로 표시되거나 지급받을 수 있는 거래(외환 2조 1항 3호), 그 밖에 이와 관련되는 행위(외환 2조 1항 3호)가 여기에 해당한다. 이 적용기준은 행위지가 외국인 경우에 한정된다. 지급수단이 대한민국 통화인 경우 외국환거래법상 대한민국 통화에 관한 규제가 적용되어야 한다고 본 것이다. [18-45]

'그 밖에 제2호나 제3호의 거래와 관련되는 행위'는 외국환거래법 제2조 제1항 제2호부터 제3호까지의 규정에 따른 거래·지급 또는 수령과 "직접 관련하여 행하여지는 지급수단·귀금속·증권 등의 취득·보유·송금·추심·수출·수입 등"을 말한다(외환 2조 2항; 동 시행령 2조). 이 경우 행위지는 외국인 경우에 한정된다. [18-46]

4. 물적 대상

가. 외국환

[18-47] 외국환거래법은 외국환을 '대외지급수단, 외화증권, 외화파생상품 및 외화채권'으로 규정하고 있다(3조 13호). 대외지급수단은 외국통화, 외국통화로 표시된 지급수단, 그 밖에 표시통화에 관계없이 외국에서 사용할 수 있는 지급수단을, 외화증권과 외화파생상품은 외국통화로 표시된 증권 또는 외국에서 지급받을 수 있는 증권과 파생상품을, 그리고 외화채권은 외국통화로 표시된 채권 또는 외국에서 지급받을 수 있는 채권[13]을 말한다(외환 3조 4호, 8호, 10호, 12호).

나. 내국지급수단

[18-48] "내국지급수단"이란 대외지급수단 외의 지급수단을 말한다(외환 3조 1항 5호). 외국환거래법은 외국에 주소 또는 거소를 둔 개인과 외국에 주된 사무소를 둔 법인이 하는 거래로서 대한민국 통화로 표시되거나 지급받을 수 있는 거래, 그 밖에 이와 관련되는 행위(외환 2조 1항 3호; 동 시행령 2조)도 적용대상으로 한다. '그 밖에 이와 관련되는 행위'는 외국환거래법 제2조 제1항 제3호에 따른 거래·지급 또는 수령과 "직접 관련하여 행하여지는 지급수단·귀금속·증권 등의 취득·보유·송금·추심·수출·수입 등"을 말한다(외환 2조 2항; 동 시행령 2조). 이러한 경우에는 내국지급수단도 외국환거래법의 적용대상이다.

다. 귀금속

[18-49] 외국환거래법은 동법 제2조 제1항 제1호부터 제3호까지의 규정에 따른 거래·지급 또는 수령과 "직접 관련하여 행하여지는 지급수단·귀금속·증권 등의 취득·보유·송금·추심·수출·수입 등"을 적용대상으로 한다(외환 2조 2항; 동 시행령 2조). 외국환거래법상 귀금속은 "금, 금합금의 지금(地金), 유통되지 아니하는 금화, 그 밖에 금을 주재료로 하는 제품 및 가공품"을 말한다(3조 1항 6호). 따라서 순수한 '팔라듐괴'는 귀금속에 포함되지 않는다.[14] 천재지변 등의 경우에는 기재부장관은 지급수단 또는 귀금속을 한국은행·정부기관·외국환평형기금·금융회사등에 보관·예치 또는 매각하도록 하는 의무를 부과할 수 있고, 이에 위반하면 5년 이하의 징역 또는 5억원 이하의 벌금에 처한다(외환 6조 1항 2호, 27조 1항 3호).

[18-50] 과거 관세법과 외국환거래법의 관계가 문제된 사례가 있다. 금괴를 밀수하다 체포된 피고인들에 대하여 법원은 관세법상의 무신고 수출입죄와 외국환거래법상의 무허가·신고 수출입죄의 입법목적, 대상물품과 구성요건, 수출입 및 통관절차규정 등을 비교·종합하여

13) 여기서 '채권'은 모든 종류의 예금·신탁·보증·대차 등으로 생기는 금전 등의 지급을 청구할 수 있는 권리를 말한다(외환 3조 11호).

14) 대법원 2009. 1. 30. 선고 2008도9822 판결.

보면, 귀금속 등의 수출입 및 통관에 관한 한 외국환거래법은 관세법의 특별법으로 보아야 할 것이므로, 대상행위에 대해서는 외국환거래법상 무허가·신고 수출입죄에 의하여 처벌할 수 있을 뿐이라고 판단하였다(대법원 1984. 7. 24. 선고 84도832 판결).[15] 그 근거규정인 외국환거래법 제17조가 2009.1.30. 개정되어 귀금속에 대한 수출입 신고의무는 폐지되었다.[16]

---

15) 같은 취지로 대법원 1991. 3. 22. 선고 90도1492 판결; 대법원 1996. 12. 23. 선고 96도2354 판결; 대법원 2005. 11. 18. 선고 2005도5582 판결; 대법원 2005. 12. 23. 선고 2005도6484 판결 등.

16) 위반행위에 대한 처벌규정은 외국환거래법 제28조 제1항 제3호였다.

제3절 규제의 내용

Ⅰ. 서 언

[18-51] 외국환거래법상 규제의 내용은 외국환업무취급기관, 지급과 거래, 환율과 외환시장, 외환결제제도로 구분할 수 있다. 구체적인 설명은 다른 책으로 미루고 여기서는 개괄적인 체계만 살펴본다.

Ⅱ. 외국환업무취급기관 등

1. 종 류

[18-52] 외국환거래법상 업무수행주체는 외국환업무취급기관, 전문외국환업무취급업자, 외국환중개회사로 구분한다.

[18-53] 외국환업무취급기관은 기재부장관에게 사전등록해야 한다(외환 8조 1항). 외국환업무는 금융회사등만 할 수 있고, 외국환업무를 하는 금융회사등은 시행령에 따라 그 금융회사등의 업무와 직접 관련되는 범위에서 외국환업무를 할 수 있다(외환 8조 2항; 동 시행령 14조). 은행은 모든 외국환업무를 할 수 있다. 외국환거래법상 외국환업무는 외국환의 발행 또는 매매, 대한민국과 외국 간의 지급·추심 및 수령, 외국통화로 표시되거나 지급되는 거주자와의 예금, 금전의 대차 또는 보증, 비거주자와의 예금, 금전의 대차 또는 보증, 그 밖에 이와 유사한 업무로서 시행령으로 정하는 업무를 말한다(3조 1항 16호 가목-마목).

[18-54] 전문외국환업무취급업자는 금융회사등이 아닌 자로서 외국통화의 매입 또는 매도, 외국에서 발행한 여행자수표의 매입, 대한민국과 외국 간의 지급 및 수령과 이에 수반되는 외국통화의 매입 또는 매도, 그 밖에 외국환거래의 편의 증진을 위해 시행령으로 정하는 외국환업무를 업으로 하려고 기재부장관에게 등록한 자를 말한다(외환 8조 3항). 종래의 환전업자의 업무범위를 확대한 것으로서 핀테크의 발전에 따른 외국환업무 수요를 반영한 것이다.

[18-55] 외국환중개회사는 외국통화의 매매·교환·대여의 중개, 외국통화를 기초자산으로 하는 파생상품거래의 중개, 그 밖에 이와 관련된 업무를 업으로 하려고 기재부장관의 인가를 받은 자를 말한다(외환 9조 1항). 외국환중개업무에 관하여는 자본시장법을 적용하지 않지만(외환 9조 6항 본문), 투자자보호규정을 준용할 수 있다(외환 9조 6항 단서).[17]

2. 외국환업무 해당 여부의 판단기준

[18-56] 외국환거래법상 외국환업무를 업으로 하려는 자는 요건을 갖추어 미리 기재부장관에게 등록해야 한다(8조 1항). '업으로'의 의미는 은행법이나 대부업법상 업으로의 의미와

17) 동일한 행위에 대하여 외국환업무에 해당한다는 이유만으로 자본시장법상 투자중개업자와 영업행위규제 자체를 차별화하려는 것으로서 금융규제법상 기능별 규제의 원칙에 부합되지 않는 입법방식이다.

갈다(대법원 2013. 9. 27. 선고 2013도8449 판결).

외국환업무에 해당하는지 여부는 구체적 업무태양과 통상적인 외국환업자의 업무태양 및 법위반으로 처벌받는 범행의 일반적인 수법과의 비교, 위반자와 관련된 주위정황 등을 종합적으로 고려하여 해당 영업행위를 객관적으로 과연 외국환업자의 정상적인 업무 범위 내의 행위로 평가할 수 있는지 그리고 이에 대하여 피고인의 고의가 인정되는지를 판단해야 한다(대법원 2016. 8. 29. 선고 2014도14364 판결). [18-57]

Ⅲ. 지급과 거래

1. 외국환거래의 구분

외국환거래는 원인행위와 결제행위로 구성된다.[18] 원인행위는 무역거래, 무역외거래, 자본거래로 다시 구분할 수 있다. 무역거래는 수출입거래, 비거주자와의 용역거래를, 무역외거래는 여행, 운수, 보험, 투자수익, 정부거래, 기타 서비스거래, 이전거래를 말한다. [18-58]

자본거래는 협의의 자본거래와 직접투자등으로 구분된다(외환 3조 1항 19호). 협의의 자본거래는 예금계약, 신탁계약, 금전대차계약, 채무보증계약, 증권발행과 취득, 파생상품거래 기타 자본거래를 말한다. 직접투자등은 해외직접투자, 지사설치, 부동산취득을 말한다. 결제행위는 지급과 수령을 말한다. A사가 외국사인 B로부터 차입하면서 콩을 수출하고 대금을 수령하는 것처럼 처리하여 B로부터 선이자를 공제한 외화를 A계좌로 입금받은 경우와 같이 매매 형식을 가장한 차입거래도 자본거래에 해당한다(대법원 2010. 5. 27. 선고 2009도4311 판결). [18-59]

2. 외국환거래의 규제

외국환거래법은 외국환거래행위에 대하여 원인행위, 결제행위 그리고 지급·수령의 방법의 3가지 측면에서 절차를 정하고 있다.[19] 거래의 유형에 따라 경상거래는 결제행위를 중심으로, 자본거래는 원인행위를 중심으로 외국환거래를 규제하고 있다. [18-60]

무역거래에 대해서는 대외무역법과 관세법이 적용되고 그에 따른 결제행위만 외국환거래법의 적용을 받는다. 무역외거래와 자본거래에 대해서는 원인행위와 결제행위 모두 외국환거래법의 적용을 받는다. 결제행위에 따른 지급과 수령은 주로 경상거래에 관한 것으로서 외국환거래법 제15조에서, 원인행위는 자본거래에 관한 것으로서 외국환거래법 제18조에서, 그리고 지급 및 수령방법은 경상거래와 자본거래를 포함하여 외국환거래법 제16조에서 규정한다.[20] [18-61]

18) 금감원·은행연합회, 외국환거래위반사례집, 2015, 12면.
19) 금감원·은행연합회, 위의 책, 12면.
20) 조정철·정운상·서창희, 앞의 책, 73면.

3. 외국환거래법상 당사자의 의무

가. 의 의

[18-62] 외국환거래에 대한 외국환거래당사자와 외국환은행의 의무를 비교하면 다음과 같다.

〈표 18-1〉 외국환거래에 대한 외국환거래당사자와 외국환은행의 의무

외국환거래당사자	대상행위	외국환은행
신고의무	· 원인행위 : 자본거래 신고 · 결제행위 : 상계, 제3자지급 등	확인의무
보고의무	· 직접투자등, 현지금융 등	사후관리의무
지급등 절차준수의무	· 미화 2천 달러 초과 지급 및 · 미화 2만 달러 초과 수령	확인의무
회수의무	· 채권회수의무 · 투자금회수의무	확인의무

(자료) 금감원·은행연합회, 외국환거래위반사례집, 2015, 13면.

나. 지급방법등

[18-63] 지급 또는 수령의 방법과 관련하여 상계나 상호계산 또는 제3자 지급과 같은 비정상적인 방법에 의할 경우 일정한 신고의무를 부과한다.

[18-64] 상계는 양자간 상계와 다자간 상계를 포함한다. 외국환거래법 제16조 제1호는 채권·채무를 소멸시키거나 상쇄시키는 방법으로 결제하는 경우로 상계를 예시하고 있으므로 동 조항에서 정한 '상계 등'은 "채권·채무를 소멸시키거나 상쇄시키는 결제방법 중에서 법률적으로 상계와 일치하지는 아니하지만 상계와 유사한 개념으로서 상계와 동일한 법적 평가를 받거나 적어도 상계라는 표현으로 충분히 예측가능할 만큼 유사한 행위유형"에 한정된다(대법원 2014. 8. 28. 선고 2013도9374 판결).

[18-65] 제3자 지급은 거주자가 비거주자와의 거래결제를 위해 거래당사자가 아닌 제3자에게 지급등을 하는 것을 말한다. 환치기 등 불법 외화자금유출 수단으로 악용될 가능성을 고려하여 한은총재 신고사항으로 규정한 것이다(외국환거래규정 5-10조).[21]

[18-66] 다만 정부가 지정한 금융제재대상자 등과의 지급 및 수령에 대해서는 한은총재의 허가를 요한다(외환 15조 2항; 동 시행령 29조 1항, 국제평화 및 안전유지 등의 의무이행을 위한 지급 및 영수허가지침 2조 1항 19호).

다. 현지금융

[18-67] 현지금융은 개인을 제외한 거주자나 그 현지법인등이 외국에서 사용할 목적으로 외국에서 자금을 차입하거나 증권을 발행하거나 지급보증을 받는 것을 말한다(외국환거래규정

---

21) 금감원·은행연합회, 앞의 책, 37면; 조정철·정운상·서창희, 앞의 책, 122면.

1-2조 42호, 8-1조 이하). 현지금융은 조달자금의 국내 유입 또는 국내예치가 금지된다는 점에서 일반적인 비거주자와의 금전대차와는 구별되었다.[22] 그러나 2023.7. 외환제도 개편 방안의 일환으로 현지금융 관련 규제를 폐지하여 금전대차·보증으로 통합하면서 지정거래외국환은행앞 사전신고를 보고로 완화하고 차입자금의 국내예치 제한을 폐지하였다.[23]

Ⅳ. 환율과 외환시장

1. 환 율

가. 의 의

환율은 통화의 다른 통화에 대한 상대적 가치를 표시하는 교환비율을 말한다. 외국환거래법상 기재부장관은 원활하고 질서 있는 외국환거래를 위해 외국환거래에 관한 기준환율, 외국환의 매도율·매입률 및 재정환율을 정할 수 있다(5조 1항). 외국환거래규정은 '매매기준율'은 "최근 거래일의 외국환중개회사를 통하여 거래가 이루어진 미화와 위안화 각각의 현물환매매중 익익영업일 결제거래에서 형성되는 율과 그 거래량을 가중 평균하여 산출되는 시장평균환율", 그리고 '재정된 매매기준율'은 "최근 주요 국제금융시장에서 형성된 미화와 위안화 이외의 통화와 미화와의 매매중간율을 미화 매매기준율로 재정한 율"이라고 정의한다(동 규정 1-2조 7호). [18-68]

거주자와 비거주자는 기재부장관이 기준환율등을 정한 경우에는 그에 따라 거래해야 한다(외환 5조 2항). 같은 내용을 규정하고 있던 구 외국환관리법 제5조 제4항 및 구 외국환관리규정 제1-4조에 의한 환율에 의하지 않고 암달러상인으로부터 미화를 매입한 경우 거래당시에 동 조항에 위반하였다고 판단하였다(대법원 1984. 4. 10. 선고 83도2037 판결). 거주자가 암달러상인으로부터 미화를 매입하였다면 매입한 외국환을 은행에 예치해도 구 외국환관리법 제5조 제4항의 기준환율등에 의하지 않은 거래에 해당된다(대법원 1983. 3. 22. 선고 81도488 판결). [18-69]

나. 환율제도

우리나라의 환율제도는 고정환율제도(1945.10-1964.5), 단일변동환율제도(1964.5-1980.2), 복수통화바스켓제도(1980.2-1990.2), 시장평균환율제도(1990.3-1997.12)를 거쳐 1997.12 이후 자유변동환율제도를 채택하고 있다. 외환당국은 외환시장에 참가하여 환율변동속도를 조절하는 역할(smoothing operation)을 한다.[24] [18-70]

2016.2. 발효된 미국의 「무역촉진법」(Trade Facilitation and Trade Enhancement Act of 2015, Bennet-Hatch-Carper Act)상 ① 대미 무역수지 흑자가 200억 달러 이상 ② 경상수지 흑자가 [18-71]

---

22) 금감원·은행연합회, 위의 책, 140면.
23) 한국은행, 한국의 외환시장과 외환제도, 2023, 285면.
24) 한국은행, 위의 책, 110면.

국내총생산(GDP)의 3% 이상 ③ 외환시장 개입 규모가 GDP의 2% 이상인 국가를 환율조작국을 의미하는 '심층분석 대상국'으로 지정할 수 있다.[25] 미국 재무부가 1년에 2회(4·10월) 환율조작국을 정해 미국 의회에 보고한다.

2. 외환시장

가. 의 의

[18-72] 외환시장은 "외환의 수요와 공급이 연결되는 구체적인 장소"를 의미하지만, 넓은 의미에서는 이러한 장소적 개념뿐만 아니라 외환거래의 형성, 결제 등 일련의 메커니즘을 포함한다.[26] 대외거래의 결과물인 외환의 수요와 공급은 환율을 매개로 외환시장을 통하여 조절된다. 외환시장의 참가자는 고객, 외국환은행을 포함한 외국환업무취급기관, 외국환중개회사, 중앙은행 등이다. 외환시장의 참가자는 각각 위험관리나 투자 등을 위해 외환시장에 참여한다.

[18-73] 중앙은행은 외환당국으로서 감독역할도 동시에 수행한다. 외환시장참가자 상호 간의 업무질서 유지 및 공정한 거래 관행 확립을 위한 외환시장 행동규범의 제정 등은 은행과 중개회사 등 참가자로 구성된 자율운영기구인 서울외환시장운영협의회가 담당한다(외국환거래규정 10-22조).

나. 종 류

[18-74] 외환시장은 여러 가지 기준에 따라 나눌 수 있다. 첫째, 외환시장은 거래당사자에 따라 외국환은행과 일반고객 사이의 대고객시장과 외국환은행 사이의 은행간시장으로 구분된다. 둘째, 외환시장은 결제일을 기준으로 현물환시장과 선물환시장으로 구분된다. 셋째, 외화자금시장은 외환의 대차거래가 이루어지는 시장을 말한다. 외환스왑시장과 통화스왑시장이 대표적이다. 외화자금시장은 금리를, 외환시장은 환율을 매개로 한다. 외환파생상품시장은 통화를 기초자산으로 하는 파생상품거래가 이루어지는 시장을 말한다. 외환파생상품시장에서의 거래는 자본시장법상 규제를 받는다.

V. 외환결제

1. 의 의

[18-75] 외환결제란 "거래당사자들이 매입·매도 통화를 서로 수취·지급하여 외환매매거래에서 발생한 채권·채무관계를 종결시키는 행위"를 말한다.[27] 외환결제는 환거래은행을 통한 외환결제와 외환동시결제시스템에 의한 결제로 구분된다.

---

25) 김문일, "환율 조작국: 신흥국과 선진국의 다른 점," 흥국증권 리서치센터, 2017.2.14.

26) 이하 외환시장에 대한 설명은 한국은행, 앞의 책, 3면; 한국은행, 한국의 금융제도, 2018, 361-365면에 기초한 것이다.

27) 한국은행, 한국의 지급결제제도, 2014, 237면. 이하 외환결제에 대한 설명은 한국은행, 위의 책, 237-254면에 기초한 것이다.

2. 환거래은행을 통한 결제

환거래은행을 통한 외환결제는 통화별로 지정된 환거래은행에 당좌예치금계좌(nostro account)를 개설하고 거래건별로 이루어지는 지급지시에 따라 결제통화의 지급결제시스템을 통하여 결제가 이루어지는 방식이다. 상호간 지급지시 등에 관한 전문 교환은 SWIFT 등을 통하여 이루어진다. [18-76]

SWIFT는 국내에 SWIFT 통신망을 연결하여 SWIFT가 표준화한 메시지양식에 따라 은행 간 송금의뢰 통지, 자금이체 지시, 외화자금 매매나 대출·예금계약 성립 등의 확인통지, 신용장 개설통지 등의 외환거래에 대한 메시지를 위 통신망을 이용하여 전송하고 이를 일정기간 저장하는 것이며, 이러한 거래메시지의 전송은 SWIFT통신망을 이용하는데 필요한 소프트웨어가 설치된 국내 은행 점포의 단말기에서 SWIFT통신망에 접속(log in)하여 표준화된 메시지양식에 따라 거래메시지를 입력함으로써 이루어진다(대법원 2006. 6. 16. 선고 2004두7528 판결). [18-77]

3. 외환동시결제시스템

외환결제위험은 매도통화의 지급과 매수통화의 수취가 개별적으로 이루어질 경우 거래당사자가 매도통화는 지급했지만 매수통화를 수취하지 못하는 위험을 말한다. 외환결제에서 결제되는 통화는 최종적으로 발행국의 중앙은행을 통하여 결제되기 때문에 결제대상 통화의 발행국 사이에 시차가 있는 경우에 그 위험도 커진다. 1974년 발생한 독일 헬슈타트은행의 파산으로 문제되기 시작한 것을 계기로 **헬슈타트위험**이라고 한다.[28) 외환동시결제시스템은 이러한 결제위험을 해소하기 위한 노력의 결과물이다. [18-78]

외환동시결제시스템은 "매도통화와 매입통화의 동시결제를 통한 외환결제리스크의 감축을 목적으로 설립된 외환결제전문기관인 CLS은행(CLS Bank International)이 운영하는 결제시스템"을 말한다(외국환거래규정 1-2조 20호). 이를 통하여 외환결제위험을 해소할 수 있다. 2004년 한국 원화도 결제대상통화로 지정되었다. [18-79]

---

28) 1974.6.26. 15:30(프랑크푸르트 시간) 독일 헬슈타트은행에 대해 청산명령이 내려지자 헬슈타트은행과 마르크화를 매도하고 미달러화를 매수하는 거래를 체결한 은행들은 마르크화를 지급했음에도 미달러화(약 2억달러로 추정)를 수취할 수 없게 되었다. 한국은행, 위의 책, 15면. 상세한 설명은 Emmanuel Mourlon-Druol, "'Trust is good, control is better': the 1974 Herstatt-Bank crisis and its implications for international regulatory reform", Business History, 2015, pp1-23.

제4절 감독과 실효성 확보수단

Ⅰ. 서 언

[18-80] 외국환거래는 거래 또는 행위의 성질상 비교적 쉽게 국제적으로 대규모 자금이동을 수반하므로 외화 수요를 증가시켜 환율 상승의 요인이 되는 등 국제수지 불균형과 통화가치의 불안정을 초래하여 국가경제에 큰 영향을 미칠 우려가 있지만, 외환당국이 그 거래내용이나 진실성을 파악하기는 쉽지 않다(헌재 2012. 5. 31. 2010헌가97). 외국환거래법은 감독수단으로 감독정보 확보를 위한 보고와 관련기관통보 등을 외환거래의 비밀보장과 함께 도입하고 있고, 포괄적인 외환검사를 허용하고 있다. 위반행위에 대한 실효성 확보수단으로 행정적 제재와 형사적 제재를 도입하고 있다.

Ⅱ. 감 독

1. 보 고

[18-81] 기재부장관은 외국환거래법의 실효성 확보를 위해 거래 당사자 또는 관계인으로 하여금 필요한 보고를 하게 할 수 있으며, 비거주자에 대한 채권을 보유하고 있는 거주자로 하여금 보유채권현황을 기재부장관에게 보고하게 할 수 있다(외환 20조 1항).

[18-82] 기재부장관은 외국환거래법 시행을 위해 필요하다고 인정되는 경우 국세청, 한국은행, 금감원, 외국환업무취급기관등 동법을 적용받는 관계기관장에게 관련 자료 또는 정보의 제출을 요구할 수 있다. 이 경우 관계기관장은 특별한 사유가 없으면 요구에 따라야 한다(외환 20조 2항).

2. 외환검사

[18-83] 기재부장관은 외환검사를 담당한다. 외국환거래법 시행을 위해 필요한 경우에는 소속 공무원으로 하여금 외국환업무취급기관등이나 그 밖에 외국환거래법을 적용받는 거래당사자 또는 관계인의 업무에 관하여 검사하게 할 수 있다(외환 20조 3항).

[18-84] 기재부장관은 효율적인 검사를 위해 필요한 경우 외국환업무취급기관등이나 그 밖에 외국환거래법을 적용받는 거래당사자 또는 관계인의 업무와 재산에 관한 자료제출을 요구할 수 있다(외환 20조 4항). 기재부장관은 검사결과 위법사실을 발견하였을 때에는 시정명령 그 밖에 필요한 조치를 할 수 있다(외환 20조 5항).

[18-85] 기재부장관은 필요한 경우 한은총재, 금감원장, 그 밖에 시행령으로 정하는 자에게 위탁하여 그 소속 직원으로 하여금 외환검사업무를 하게 할 수 있다(외환 20조 6항). 따라서 금감원장도 은행 이외의 거래당사자나 관계인에 대한 검사업무를 수행하고 있다.

3. 관련기관통보

[18-86] 다른 법률에도 불구하고 기재부장관은 외국환거래법을 적용받는 거래, 지급, 수령,

자금의 이동 등에 관한 자료를 국세청장, 관세청장, 금감원장 또는 수출입은행장에게 직접 통보하거나 한은총재, 외국환업무취급기관등의 장, 세관의 장, 그 밖에 시행령으로 정하는 자로 하여금 국세청장, 관세청장, 금감원장 또는 수출입은행장에게 통보하도록 할 수 있다(외환 21조 1항).

기재부장관은 시행령으로 정하는 자에게 외국환거래법을 적용받는 거래, 지급, 수령, [18-87]
자금의 이동 등에 관한 자료를 신용정보집중기관에 제공하도록 할 수 있다(외환 21조 2항).

4. 외환거래의 비밀보장

외국환거래법상 허가·인가·등록·신고·보고·통보·중개·중계·집중·교환 등의 업무에 [18-88]
종사하는 사람은 업무와 관련하여 알게 된 정보를 법에서 정하는 용도가 아닌 용도로 사용하거나 다른 사람에게 누설할 수 없다(외환 22조). 금융실명법 제4조에서 정하는 경우는 제외한다.

Ⅲ. 실효성 확보수단

1. 행정적 제재

행정적 제재는 경고나 정지, 과태료를 포함한다. 기재부장관은 일정한 경우 경고나 [18-89]
관련 외국환거래 또는 행위의 정지·제한, 허가 취소를 할 수 있다(외환 19조 1항·2항). 여기서 '관련 외국환거래 또는 행위'는 위반행위와 동종 또는 유사한 행위를 말한다. 정지 대상 거래는 이미 신고가 이루어진 거래를 포함하는가. 이미 신고가 이루어진 후 완료된 거래를 대상으로 할 수는 없다. 이미 신고가 이루어졌지만 아직 개시되지 않은 거래에 대해서는 위반행위의 동기 등을 고려하여 관련성을 판단할 문제일 것이다.

외국환거래법은 2009년 개정[29]으로 정지처분 사유를 축소하고, 신고의무 위반에 대한 [18-90]
제재를 일부 과태료로 전환하였다(32조).

2. 사법상 효력

가. 의 의

외국환거래법 위반행위의 사법상 효력에 대해서 판례는 효력규정설에서 단속규정설 [18-91]
로 변경되었다. 외환자유화와 함께 외국환거래법의 규범적 의의에 대한 인식의 변화가 반영된 것으로도 볼 수 있을 것이다.

나. 효력규정설

대법원은 구 외국환관리법 위반행위의 사법상 효력에 관하여 과거 효력규정설을 채 [18-92]
택하였다. 구 외국환관리법 제21조 제1항 제3호에서 금지하고 있는 비거주자를 위해 거

29) 개정이유는 거래정지처분은 기업에게는 영업상 타격 등으로 제재가 과도한 측면이 있다는 점이다. 외국환거래법 개정이유[시행 2009.2.4.] [법률 제9351호, 2009.1.30., 일부개정].

주자에게 행하는 지급행위를 무효라고 판단하였다(대법원 1972. 1. 31. 선고 71다2399 판결). 비거주자간의 금전대차로 인한 채무의 변제조로 거주자에게 국내 통화를 지급하기로 약정하는 거래는 외국환관리법 제21조, 제22조, 제30조의 강행규정에 위배되는 무효의 행위라고 판단하였다(대법원 1972. 7. 11. 선고 71다2175 판결).

다. 단속규정설

[18-93] 법원은 "외국환관리법에 의한 위의 규정들은 원래 자유로히 할 수 있었어야 할 대외거래를 국민경제의 발전을 도모하기 위해 과도적으로 제한하는 규정들로서 단속법규라고 해석함이 타당"하므로 "위 제한규정들에 저촉되는 행위라 할지라도 그 행위의 사법상의 효력에는 아무런 영향이 없는 것"이라고 판단하고, 외국환관리법의 제한규정들이 효력규정이라고 본 대법원의 종전판결은 이 판결로써 폐기한다고 하였다(대법원 1975. 4. 22. 선고 72다2161 전원합의체 판결). 또한 구 외국환관리법 제21조와 제23조를 위배한 자에 대한 처벌규정이 있어도 채권지급에 관한 재무부장관 허가 등은 집행의 조건에 불과한 것이고 채권금액의 지급을 명하는 판결에서 고려될 사항은 아니다(대법원 1975. 4. 22. 선고 72다2161 전원합의체 판결; 대법원 1981. 2. 10. 선고 80다1670 판결).

[18-94] 구 외국환관리법상 비거주자의 재무부장관 허가 없는 국내 부동산 또는 이에 관한 권리 취득 금지규정(외국환관리법, 제30조; 동 시행령 제37조 참조)에 대하여 "효력법규가 아니라 단속법규에 불과하여 위 제한규정들에 위반되거나 저촉되는 행위라 할지라도 사법상의 효력에는 아무런 영향이 없다"고 판단하였다(대법원 1981. 5. 26. 선고 80다2367 전원합의체 판결). 구 외국환관리법상 재무부장관의 허가 없는 주권에 관한 질권설정행위(대법원 1987. 2. 10. 선고 86다카1288 판결)와 재정경제원장관의 허가 없는 거주자와 비거주자 사이의 보증 또는 이와 유사한 계약에 따른 채권의 발생 등에 관한 거래행위, 그리고 비거주자의 거주자로부터의 증권 또는 이에 관한 권리의 취득행위(대법원 2009. 3. 26. 선고 2006다47677 판결)에 대해서도 사법상 유효하다고 판단하였다.

라. 고려사항

[18-95] IMF 협정 제8조 제2항은 회원국의 통화와 관련된 **환계약(Exchange contracts)**으로서 그 회원국의 환규제에 위반되는 환계약은 다른 회원국에서 **집행할 수 없다(unenforceable)**고 규정한다. IMF협정상 '환계약'에 대해서는 순수한 통화교환계약으로 한정하는 견해와 통화교환의 효과가 발생하는 모든 계약으로 보는 견해가 있다.[30] '집행할 수 없다'의 법적

30) Proctor, pp397-406 [15.27]; Marcus Smith, "Conflict of Laws in Transaction Matters" in Sarah Paterson and Rafal Zakrzewski(eds), McKnight, Paterson, & Zakrzewski on the Law of International Finance 2nd ed, 2017, pp287-288 [4.11.3.1]; 석광현, "국제금융거래에서 제3국의 외국환거래법과 국제적 강행규정의 적용: IMF 협정 제Ⅷ조 2(b)를 포함하여", 국제사법연구 제26권 제1호, 2020. 363-367면.

의의를 검토해야 하겠지만, 대법원 판례가 이러한 국제협정과 일관성을 유지할 수 있는지 논의가 필요하다.[31)]

3. 형사적 제재

가. 위임입법주의와 죄형법정주의

외국환거래법은 실효성 확보수단으로 형벌(27조-29조)을 규정하고 있다. 외국환거래 법은 위임입법주의에 따라 형벌의 대상인 범죄의 구성요건을 법률이나 시행령이 아닌 외국환거래규정에서 규정하고 있다. 특히 외국환거래규정에 구체적인 위반행위유형을 위임하는 것이 죄형법정주의에 반하는지 여부가 문제된 사례가 있다. [18-96]

첫째, '채권의 발생 등에 관한 거래와 관련이 없는 지급'을 한국은행 총재의 허가사항으로 정한 구 외국환관리규정 제6-15조의3 제15호가 구 외국환관리법 제17조 제1항의 위임범위를 벗어난 것인지 여부에 대하여 "거래를 수반하지 않는 지급의 경우에 특히 외화유출의 가능성이 있다고 보여지므로", 구 외국환관리법 또는 구 외국환관리법 시행령의 위임의 범위를 벗어난 것으로 볼 수 없다고 판단하였고, 둘째, 같은 규정이 죄형법정주의가 요구하는 명확성의 원칙에 반하는지 여부에 대하여 "법의 목적, 외국환거래 제한의 태양과 절차, 법 제17조의 의미 등에 비추어 관련 법 조항 전체를 유기적·체계적으로 종합판단하면 그 의미가 불명확하다고 할 수 없으므로" 명확성의 원칙에 위배되지 않는다고 판단한 사례(대법원 2006. 5. 11. 선고 2006도920 판결)가 있다.[32)] [18-97]

그러나 구 외국환관리규정 제6-15조의4 제2호 (나)목에 규정된 '도박 기타 범죄 등 선량한 풍속 및 사회질서에 반하는 행위'라는 요건이 죄형법정주의의 원칙에 위배되고 모법의 위임 범위를 벗어난 것으로서 무효의 규정이라고 판단한 사례(대법원 1998. 6. 18. 선고 97도2231 전원합의체 판결)와 "형벌법규의 해석은 엄격하여야 하고, 명문의 형벌법규의 의미를 피고인에게 불리한 방향으로 지나치게 확장해석하거나 유추해석하는 것은 죄형법정주의의 원칙에 어긋나는 것으로서 허용되지 아니한다"고 설시한 후, "투자일임업을 주요 업무로 하는 피고인이 고객인 투자자들로부터 투자일임을 받아 투자자들을 대신하여 증권회사에 외화증권의 매도를 지시하거나 국내외 외화파생상품의 매매를 지시한 행위는 법 제3조 제1항 제16호, 시행령 제6조에 규정된 외국환업무에 해당하지 않는다고 보아 이 사건 공소사실을 무죄로 판단"한 사례(대법원 2020. 12. 24. 선고 2018도17378 판결)[33)]도 주목된다. [18-98]

---

31) 석광현, 위의 논문; 석광현, "외환허가를 받지 아니한 국제보증과 관련한 국제사법상의 문제점," 석광현, 국제사법과 국제소송 제1권, 박영사, 2001, 42면; 석광현, "국내기업의 해외사채 발행의 실무와 법적인 문제점," 석광현, 국제사법과 국제소송 제1권, 박영사, 2001, 624면.

32) 구 외국환관리법 제17조 제1항에 대하여 비슷한 취지의 판단으로, 헌재 2007. 7. 26. 2006헌바12.

33) 원심은 서울중앙지법 2018. 10. 12. 선고 2018노737 판결. 같은 취지로, 대법원 2020. 12. 24. 선고 2019도16941 판결(투자일임업자); 대법원 2020. 12. 24. 선고 2020도4642 판결(집합투자업자).

[18-99] 종래 우리나라에서는 "외국환의 지급과 영수는 그 행위의 원인이 되는 거래형태와 방법이 다양할 뿐 아니라 외국환거래시장 자체가 유동적이고 급변하는 성격을 가지고 있는바, 이러한 상태에서 규제의 대상과 범위를 모두 법률에 구체적으로 규정하여 두는 것은 입법기술상 불가능하고 설사 가능하다 하더라도 비효율적이다. 그러므로 급변하는 국제통화시장의 변화에 탄력적으로 대처하기 위하여는 행정권에 대한 위임입법은 불가피하다"고 하여 종래의 위임입법주의를 긍정하는 듯한 입장을 보이는 경우가 많았다(헌재 2007. 7. 26. 2006헌바12). 그러나 형벌의 구성요건을 대부분 외국환거래규정에 위임하는 현재의 체계는 행정적 필요성에도 불구하고 반드시 정비될 필요가 있다. 입법기술상 불가피한 면이 있다 해도 법체계적인 관점에서는 허용될 수 없는 것이 아닌지 판단할 문제이다.[34]

나. 몰수·추징

1) 몰수·추징의 대상과 취득의 의의

[18-100] 외국환거래법상 형벌대상인 행위(27조 1항, 27조의2 1항 또는 29조 1항)를 한 자가 그 행위를 하여 취득한 외국환 그 밖에 증권, 귀금속, 부동산 및 내국지급수단은 몰수하고, 몰수할 수 없는 경우 가액을 추징한다(30조).

[18-101] 몰수·추징의 대상은 '범인이 외국환거래법에서 규제하는 행위로 인하여 취득한 외국환 등'이며, '취득'은 해당 범죄행위로 인하여 결과적으로 이를 취득한 때를 말한다(대법원 2013. 7. 12. 선고 2013도4721 판결; 대법원 2017. 5. 31. 선고 2013도8889 판결). 무등록업자가 환전을 위해 받은 국내지급수단이나 외국환 자체가 아니라 수수료로 받은 금액이 몰수·추징의 대상이다.[35] 따라서 수출행위에 제공하기 위해 일시 취득하였다가 이를 타에 전달한 경우(대법원 1979. 9. 25. 선고 79도1309 판결), 미화를 휴대하여 국내에 입국한 후 등록하지 않은 경우(대법원 1982. 3. 9. 선고 81도2930 판결), 거주자가 비거주자를 위한 지급금원 영수후 비거주자의 경비로 전액지급한 경우(대법원 1983. 7. 26. 선고 82도1491 판결), 외국환관리법 위반행위로 증권을 수출한 경우(대법원 1988. 8. 9. 선고 87도82 판결), 대외지급수단인 외화 등의 집중의무를 위반한 경우(대법원 1991. 6. 11. 선고 91도907 판결)는 결과적으로 취득한 대상이 없어 몰수·추징할 수 없다.

2) 과잉금지원칙 위반 여부

[18-102] 거주자가 신고없이 취득한 해외부동산의 필요적 몰수·추징을 규정한 구 외국환거래법 제30조 중 '제28조 제1항 제4호(현행 외국환거래법 제29조 제1항 제3호에 해당) 가운데 제18조 제1항의 규정에 의한 신고를 하지 않고 자본거래를 한 자가 당해 행위로 인하여 취득한 부동산에 관하여 적용되는 부분'이 과잉금지원칙에 위배되는지 여부가 문제된 사례가 있다.

34) 정순섭, 체계적 정합성 확보 및 이용자 편의 제고를 위한 외국환거래법령·규정 개편방안 연구, 2022.2.28., 148-160면.

35) 조정철·정운상·서창희, 앞의 책, 271면.

헌재는 첫째, 형벌 외에 부동산의 필요적 몰수·추징은 신고의 실효성 확보와 함께 [18-103] 정당한 입법목적을 위한 적절한 수단인 점, 둘째, 신고의 이행을 위해 미신고 부동산 취득에 관한 경제적 유인을 금지할 필요가 있는 점에서 침해최소성원칙에 반하지 않는 점, 셋째, 곤궁범이 아닌 이욕범이자 재정범으로 국가경제에 미치는 부정적 영향이 지대하다는 점을 고려할 때, 재산권 등 사익이 외국환거래질서 확립이라는 공익보다 클 수 없는 점 등을 근거로 이 사건 법률조항은 과잉금지원칙에 위배되지 않는다고 판단하였다(헌재 2012. 5. 31. 2010헌가97).

제19장 국제은행규제

제1절 서 설

국제은행업무는 은행업무가 국경을 넘어서 이루어지는 현상으로서 금융시장의 글로벌화를 배경으로 한다. 이는 첫째, 금융규제와 외환규제의 완화를 통한 금융의 자유화, 둘째, 상품 및 용역 등 실물시장의 글로벌화, 셋째, 정보통신 및 처리기술의 발전에 따라 가능하게 되었다. [19-1]

국제은행업무는 국제성을 가진 은행업무를 말한다. 국경이 사실상 의미를 상실한 금융시장에서 모든 은행업무는 잠재적으로 국제성의 요소를 갖출 수 있다. 전통적인 의미의 소매시장을 대상으로 하는 예금이나 대출 등을 제외하고는 국제거래의 형태로 이루어질 수 있다. 국제은행업무에서의 국제성은 당사자, 거래통화, 담보물 등 다양한 요소로 나타날 수 있다. 당사자들이 준거법으로 외국법을 선택하는 경우에도 국제성의 요소를 갖춘 것으로 볼 것이다. 따라서 국제은행업무의 의의와 종류를 다시 설명하는 것은 큰 의미가 없다. [19-2]

금융의 글로벌화에는 기술발전이 결정적인 역할을 한다. 과거 국제화를 이야기할 때는 인적·물적 시설의 국제적인 이동과 외국에서의 영업소의 설치와 같은 물리적인 이동을 전제로 했다. 그러나 인터넷의 발전과 모바일기술의 등장 그리고 블록체인의 활용 등은 금융의 글로벌화에 새로운 지평을 열고 있다. 국경간 영업에 관하여 심층적인 논의가 필요한 것도 이러한 기술발전에 따른 결과물이라고 할 수 있다. [19-3]

제2절 국제은행업무와 법에서는 국제은행규제법과 거래법의 구분과 국제은행법의 특징을 살펴본다. 제3절 국제은행규제에서는 국제적인 규제의 통일을 위한 그동안의 노력과 관련 법률문제를 설명한다. 제4절 국제은행업무와 국제사법에서는 은행업무와 관련하여 발생하는 국제사법상 쟁점을 정리한다. 제5절 은행의 해외진출에서는 은행법상 은행의 해외진출 규제를 살펴본다. [19-4]

제2절 국제은행업무와 법

Ⅰ. 의의와 범위

[19-5] 국제은행법은 국제은행업무에 관한 법이다. 국제은행법은 국제은행규제법과 국제은행거래법으로 구성된다. 이는 각각 국제은행거래의 거래적 측면과 규제적 측면 또는 사법적 측면과 공법적 측면을 규율한다.[1)]

[19-6] 국제은행규제법은 "주로 금융시장을 구성하는 금융기관, 거래상대방, 그리고 금융상품에 대한 사전적 기준의 제시를 통하여 금융시장의 안정성과 효율성을 유지하고 금융상품과 거래상대방의 적합성 확인을 통한 금융소비자 보호를 위한 목적으로 제정된 법과 제도"를 말한다. 공법적 색채가 강한 분야이므로 관련 국가가 자국법을 적용하는 경향이 강하다. 국제은행거래법은 "주로 금융거래의 계약법, 물권법 및 도산법적 측면을 다루는 규범으로 대체로 사법적 색채가 강한 분야"로서 관련 준거법에 의하여 규율되는 것이 원칙이다. 국제금융시장에서 영미의 금융기관이 주도적 지위를 차지하다 보니 금융계약의 측면에서는 영미법이 결정적인 영향을 가지게 된다.

Ⅱ. 국제은행법의 특징

1. 준거법의 불명확성

[19-7] 국제은행거래에 적용되는 법규제의 부재로 준거법을 확정하는 것이 중요한 문제가 된다. 당사자들이 실제사례에서 구체적으로 적용될 법의 내용을 사전에 예측하기 어렵다.

2. 영미법의 압도적 영향

[19-8] 국제은행법은 영미법, 특히 영국법과 뉴욕주법이 압도적인 영향을 가진다. 그 이유는 첫째, 친숙한 법의 선택, 둘째, 충분한 선례와 예측가능성에 대한 기대, 셋째, 법률가의 존재로 정리할 수 있다.

[19-9] 첫째, 친숙한 법의 선택과 관련하여 당사자에게 법선택의 자유를 부여하는 경우에 누구든 자기에게 친숙한 법을 선택하는 것이 당연할 것이다. 국제금융시장의 경우 주도적인 시장참여자는 주로 뉴욕과 런던에 본거지를 둔 영미계 금융기관인 경우가 대부분이다. 따라서 국제금융시장의 주요참여자인 영미계 금융기관 및 그 종사자들이 자신에 친숙한 영미법을 선택하는 것은 지극히 당연한 결과이다.

[19-10] 둘째, 충분한 선례와 예측가능성에 대한 기대와 관련하여 법선택의 자유가 있는 당사자로서는 해당 분야에 대해서 충분한 선례를 가지고 있고 그 판단결과에 대한 예측이

1) Charles Proctor, The Law and Practice of International Banking 2nd ed, Oxford University Press, 2015; Michael P. Malloy, International Banking: Cases, Materials, and Problems, Carolina Academic Press, 2013; Carl Felsenfeld, International Banking Regulation, 3rd ed, Juris Publishing, Inc., 2011; George Alexander Walker, International Banking Regulation, Law Policy & Practice, Kluwer Law International, 2001.

충분히 가능한 법을 선택하게 된다. 영미법은 이미 오랜 기간 국제금융의 실무와 궤를 같이 해서 발전해 왔으며 이미 상당한 선례를 확보하고 있다. 따라서 국제금융시장에 참여하는 당사자로서는 법적 안정성과 예측가능성을 제공해 줄 수 있는 영미법을 선택하게 되는 것이다.

셋째, 법률가의 존재와 관련하여 영미에 국제금융거래의 실무에 깊은 지식과 풍부한 [19-11]
경험을 가진 유능한 법률가가 많다는 현실을 부정할 수 없다.

3. 실무주도 경향

국제은행거래법은 국제금융을 전문으로 하는 변호사들이 주도하는 실무주도 경향이 [19-12]
특히 강한 분야이다. 국제금융시장에서는 기존의 법체계에서 알지 못하는 새로운 유형의 거래나 상품이 속속 등장하고 있다. 오늘날 금융거래의 발전 속도를 입법을 중심으로 한 법률의 발전이 따라잡지 못하고 있는 것이 사실이다. 따라서 국제금융시장에서는 당사자들이 작성한 계약서가 핵심적인 의미를 가진다. 기존의 법체계가 미처 대비하지 못한 새로운 거래의 활성화에는 법률가들의 전향적이고 적극적인 참여가 필수적이다. 그 과정에서 법률의견서의 역할이 강조된다.

Ⅲ. 외국은행 지점의 법적 지위

1. 은행규제법과 은행거래법상 지위의 구별

은행법상 외국은행 지점은 그 자체 은행으로 간주되므로 은행규제상 독립체이지만, [19-13]
법인격상으로는 외국은행과 단일체인 특수한 지위를 가진다. 은행규제상 법적 지위, 외국은행 지점에 대한 예금을 그 본점에 청구할 수 있는지 여부, 외국은행 지점의 정리나 도산절차상 지위([20-91]-[20-103])가 문제된다.

2. 독립적 규제단위로서의 외국은행 지점

외국은행 지점은 은행법상 독립적인 규제단위로 취급된다. 은행법은 외국은행 국내 [19-14]
지점을 은행법상 은행으로 본다. 그러나 이러한 규제단위로서의 독립성이 거래상 의무의 주체로서도 그 본점으로부터 분리된 독립적 주체임을 나타내는 것은 아니다.

3. 외국은행 지점 예금의 본점에 대한 청구 가부

외국은행 지점에 대한 예금채권을 그 본점에 대하여 행사할 수 있는가. 외국은행 [19-15]
지점이 소재하는 국가의 정치적 변화에 따른 국유화나 채무유예 등으로 예금을 인출할 수 없는 예금자가 그 본점을 상대로 예금지급을 청구할 수 있는지 여부가 문제된다.[2)]

은행규제법상 외국은행 지점은 독립적인 규제단위로 보고 있지만, 법인격상 외국은 [19-16]
행의 일부에 불과하다. 예금계약상 예금인출을 예입한 지점으로 엄격히 제한하고 그 예

2) Cranston, pp11-12.

금계약의 준거법을 그 소재지법으로 그리고 재판관할을 그 소재지법원의 전속관할로 합의하는 등의 사례가 있다.

[19-17] 미국에서는 이러한 예금지급청구를 인정한 판례가 나오자, 전쟁 등으로 외국지점이 예금을 지급할 수 없는 경우 그 본점은 그 예금계약상 명시적 허용규정이 없는 경우에는 이러한 청구에 따른 지급의무를 제한하는 입법이 이루어졌다.3)

3) 12 USC 633, 1828(q); New York Banking Law, c.265, §138(2)(a).

제3절 국제은행규제

Ⅰ. 서 언

이미 국제화된 금융시장에 대한 국내법에 기초한 각국별 규제는 한계가 있을 수밖에 없다. 특히 주요금융시장을 규제하는 각국의 규제 차이를 이용한 차익거래를 통한 과도한 위험인수가 2008년 글로벌 금융위기의 중요원인으로 지적되고 있다. 이에 대한 해결책으로 주요 20개국(G20) 정상회담[4]에서는 금융규제의 국제적 통일을 위한 노력을 지속하고 있다. [19-18]

금융거래의 국제화에 대한 법적 대응은 사법과 공법으로 나누어 이루어져 왔다. 사법측면은 금융거래법을, 공법측면은 금융규제법을 말한다. 전자는 국제사법으로 해결해 온 데 비하여, 후자는 본국법과 현지국법[5]의 적용이 엄밀하게 제도화되어 있지 않은 상태로 유지되어 왔다. [19-19]

금융규제의 역외적용은 자국법을 영역 밖에서 적용하여 이러한 상황을 해결하려는 것이다. 금융규제법에서는 미국 증권법에서 시작되어 2008년 금융위기 이후 미국의 2010년 「도드-프랑크 월스트리트개혁 및 소비자보호법」(Dodd-Frank Wall Street Reform and Consumer Protection Act 2010)과[6] EU의 시장인프라규칙[7]을 통하여 금융규제 전반으로 확대되고 있다. 우리나라도 외국환거래법(2조 1항 2호·3호, 2조 2항; 동 시행령 2조 2항), 공정거래법(1조의2)과 자본시장법(2조), 가상자산법(3조)에서 역외적용규정을 도입하였다. [19-20]

시장참가자입장에서는 국제사법에 따라 거래에 적용될 준거법에 대하여 예측가능성을 가지고 있는 데 비하여, 각국 금융규제의 역외적용이 확대되는 상황에서는 예측가능성을 유지하기 어렵다. 이러한 상황에서 금융규제의 역외적용의 법적 의의에 대해서는 분명한 정리가 필요하다. 역외적용문제에 관하여 효과주의로 수렴하고 있는 독점규제법과는 달리 금융규제법에서는 통일적 기준의 확보를 위한 노력이 지속될 필요가 있다.[8] [19-21]

---

4) G20는 국제경제협력을 위해 19개 국가와 EU로 구성되는 협의체로서 2008년 금융위기 이후 금융개혁과제를 선도하는 역할을 담당하고 있다.

5) 'host country'는 현지국, 투자유치국 또는 진출국 등으로 번역되고 있지만, 이 책에서는 현지국이라는 용어를 사용한다. 'home country'는 본국이라고 번역한다.

6) 124 STAT. 1376, Public Law 111-203. 특히 볼커규칙(619), 장외파생상품(722(d)), 그리고 자본시장 불공정거래(929P(b))조항이 역외적용규정을 두고 있다.

7) REGULATION (EU) No 648/2012 OF THE EUROPEAN PARLIAMENT AND OF THE COUNCIL of 4 July 2012 on OTC derivatives, central counterparties and trade repositories, OJ L 201, 27.7.2012, pp1-59. 특히 청산의무(Article 4(1)(a)(v))와 비청산거래에 대한 위험감소장치의무(Article 11(12))가 역외적용규정을 두고 있다.

8) 藤川信夫, 「國際取引における域外適用ルール統一化ならびに秩序形成に向けて」, 日本法學 第79卷第1号, 2013, 4-5면.

Ⅱ. 국제통일기준

1. 서 언

[19-22] 각국의 입법·사법·행정관할권에 기초하여 집행되는 금융규제가 이미 국제화된 금융시장을 규제하는 데 한계가 있다는 것은 명백하다.

[19-23] 국제금융시장에서 특정 국가의 규제 불확실성이나 상대적으로 엄격한 규제 부담이 존재할 경우에는 확실하거나 완화된 규제를 찾아 시장을 이동하게 된다. 대표적으로 2000년 상품선물현대화법 제정 이전의 미국에서 미국법상 규제의 불확실성을 회피하기 위해 영국으로 장외파생상품시장이 이동한 사례를 들 수 있다. 그리고 2008년 글로벌 금융위기의 과정에서 드러난 AIG Financial Products 사례도 같은 맥락에서 이해할 수 있다.[9]

[19-24] 따라서 금융규제원칙의 국제적 통일은 이러한 규제의 공백이나 규제차익거래의 가능성을 차단하기 위하여 반드시 필요하다.[10] 그 방안으로는 국제금융규제기관의 설립, 연성법을 통한 규제원칙의 통일, 각국규제의 역외적용이 논의되어 왔다. 세계무역기구의 예에 따른 세계금융기구와 같은 국제금융규제기관의 신설을 주장하는 견해도 있지만,[11] 실현가능성은 높지 않다. 연성법을 통한 규제원칙의 통일, 각국규제의 역외적용의 2가지 문제를 살펴본다.

2. 연성법을 통한 규제원칙의 통일

가. 의 의

[19-25] 그동안 금융규제의 국제적 통일은 국제금융기구를 통하여 정립한 규제원칙의 채택을 각국 금융당국에 권고하는 방식으로 이루어져 왔다. 예컨대 바젤은행감독위원회나 금융안정성위원회(Financial Stability Board, FSB)와 같은 국제금융기구[12]에서 은행감독을 위한 핵심원칙을 권고하면 각국 금융당국이 이를 국내법화하여 법적 구속력을 부여하는 절차를 거치는 것이다. 이때 국제금융기구에서 권고한 원칙을 **연성법(soft law)**이라고 한다.

[19-26] 2008년 글로벌 금융위기 이후에 이루어지고 있는 금융규제개혁도 대부분 G20라는 각국 정상간 합의를 통하여 이행가능성을 높였을 뿐 기본적으로 연성법을 통한 금융규제의

---

9) 미국 최대의 보험회사그룹인 AIG의 자회사로서 대규모 신용부도스왑거래로 인한 경영파탄을 경험하였던 AIG Financial Products는 프랑스 은행인가로 영국에서 영업을 한 미국 보험회사의 자회사로서 실질적인 규제기관이 존재하지 않는 상태였다.

10) 2008년 글로벌 금융위기 후의 국제금융규제의 변화 움직임에 대한 요약으로는, 神田秀樹, 「金融危機後の金融規制に関する国際的なルール形成」, 法律時報 第84巻第10号, 2012, 24-30면.

11) 대표적으로 John Eatwell, "A World Financial Authority" in Joseph R. Bisignano, William C. Hunter and George G. Kaufman(eds), Global Financial Crises: Lessons From Recent Events, Springer, 2000, pp373-388. 유사한 주장으로 Emilios Avgouleas, Governance of Global Financial Markets: The Law, the Economics, the Politics, Cambridge University Press, 2012.

12) 증권은 국제증권감독기구(International Organization of Securities Commissions, IOS CO), 보험은 국제보험감독자협의회(International Association of Insurance Supervisors, IAIS)가 같은 역할을 담당한다.

국제적 통일이라는 과정을 따르고 있다. 은행법도 금융위가 은행에 대한 경영지도기준을 정할 때에는 BIS가 권고하는 은행의 건전성 감독에 관한 원칙을 충분히 반영해야 한다고 하여 연성법의 국내법화에 관한 절차를 두고 있다(34조 3항).

나. 바젤은행감독위원회

독일의 헬슈타트은행을 비롯한 국제적인 은행파산에 따라 이러한 문제에 대한 국제 [19-27]
적으로 통일적인 접근을 위해 1974.12. G10 국가의 중앙은행총재들을 중심으로 바젤은행감독위원회가 설립되었다.[13] BIS가 사무국 기능을 수행하지만 형식상 BIS와는 다른 조직이다. 은행의 자기자본비율규제와 관련하여 1988년 최초로 바젤 I을 발표한 후 2005년 바젤 II, 2011년 바젤 III를 발표하였다.

다. 한 계

첫째, 금융시장의 발전정도나 금융에 대한 인식이 다른 국가별로 국제금융기구의 권 [19-28]
고를 국내법화하는 정도나 속도는 다를 수밖에 없다.

둘째, 연성법을 통한 규제의 국제적 통일은 특정 업종이나 기관의 이해관계에 취약 [19-29]
할 수밖에 없어 규제의 공백이나 규제의 형평성에 문제를 발생시킬 수밖에 없다.

3. 금융규제와 역외적용

가. 의 의

금융규제의 역외적용은 연성법에 기초한 금융규제의 국제적 통일이 가지는 현실적 [19-30]
한계를 극복하기 위한 방안으로 인식되고 있다. 종래 미국을 중심으로 증권법상 행위기준에 기초한 속지주의를 효과기준에 따라 자국시장에 영향을 미칠 경우에는 자국법의 역외적용을 인정하는 현상이 나타났다. 2008년 금융위기 이후에는 규제차익거래의 제한을 통한 금융체계위험의 방지를 위해 이를 넓게 인정하는 경향이 나타나고 있다.

나. 은행법의 역외적용

1) 의 의

은행법은 ‘대한민국에 있는 모든 은행’은 은행법, 한국은행법, 금융위설치법, 지배구 [19-31]
조법 및 이에 따른 규정 및 명령에 따라 운영되어야 한다고 규정한다(3조 1항). 그리고 은행법과 한국은행법은 상법 그 밖의 법령에 우선하여 적용한다(3조 2항). 외국은행 국내지점도 은행에 해당하므로 같은 법의 적용을 받는다(대법원 1974. 11. 12. 선고 74도2920 판결).

---

13) 설립 당초 바젤은행규제 및 감독실무위원회(Basel Committee on Banking Regulations and Supervisory Practices)였지만, 1989.9. 명칭이 변경되었다. Charles Goodhart, The Basel Committee on Banking Supervision: A History of the Early Years, 1974-1997, Cambridge University Press, 2011; George Walker, International Banking Regulation:Law, Policy and Practice, Kluwer Law International, 2001, pp17-81; 矢後和彦,『国際決済銀行の20世紀』, 蒼天社出版, 2010.

[19-32] 은행법도 역외적용될 수 있는가? 명문의 규정은 없으나 외국에서 이루어진 행위라도 은행법의 규제목적이나 보호법익을 침해하는 행위에 대해서는 은행법이 적용될 수 있다.[14] 은행법 규정 중에서는 주로 역외영업행위의 은행법 위반 여부가 문제될 것이다. 다만 지배구조법은 국외현지은행과 국외지점을 적용범위에서 제외하고 있다(3조 1항 1호).

[19-33] 역외적용을 판단할 때는 행위지가 중요하다. 행위지가 외국이라도 국내에 효과를 미치는 경우에는 국내법을 적용하는 것이기 때문이다. 행위의 일부 요소가 국내에서 이루어지면 행위지는 국내라고 볼 수 있다.

2) 외국 입법례

[19-34] 미국의 도드-프랭크법은 특히 볼커규칙(section 619)과 장외파생상품(section 722(d)), 그리고 자본시장 불공정거래(section 929P(b))에 관하여 역외적용규정을 두고 있다. EU규칙도 장외파생상품 청산과 비청산거래에 대한 위험감소장치의무에 관하여 역외적용규정을 두고 있다(Articles 4(1)(a)(v), 11(12)).[15]

[19-35] 특히 미국은 연방대법원에서 증권법의 역외적용에 소극적 입장(Morrison v. National Australia Bank Ltd., 130 S Ct 2869 (2010))을 명백히 한 직후에 입법으로 금융규제의 역외적용을 명시한 것으로서 흥미로운 변화이다. 불공정거래규제의 역외적용에 관한 도드-프랑크법 929P(b)가 SEC의 역외적용권한을 복원한 것인지에 대해서는 하급심판례가 나뉜다.[16]

3) 금융규제와 국제사법적 접근

[19-36] 이와 같은 각국의 금융규제법의 역외적용이 증가하는 상황에서 특히 국제금융업무를 수행하는 은행으로서는 각국법의 중첩적 적용을 통한 규제비용의 증가와 어느 국가의 법률이 적용될 것인지에 대한 예측가능성의 부재, 잠재적인 차별적 적용의 가능성 등 다양한 문제에 직면하게 된다. 자국 은행에 대한 미국 장외파생상품규제의 역외적용과 관련하여 G20 국가간에 타협이 이루어지지 않을 경우 극단적으로는 미국의 은행들은 20개국의 규제를 준수해야 하는 문제가 발생할 수도 있다.[17]

[19-37] 전통적인 국제사법의 적용범위는 국제재판관할과 준거법의 2가지로 정리할 수 있다. 특히 자국 금융규제법의 역외적용경향이 강화되고 있는 현재의 추세를 고려하면 국제사

---

14) 금융소비자법에 관하여 동일한 해석으로, 천창민, "금융소비자보호법의 적용범위와 진입규제에 관한 고찰", 은행법연구 제14권 제1호, 2021, 39-82면.

15) REGULATION (EU) No 648/2012 OF THE EUROPEAN PARLIAMENT AND OF THE COUNCIL of 4 July 2012 on OTC derivatives, central counterparties and trade repositories, OJ L 201, 27.7.2012, pp1-59.

16) John C. Coffee Jr., "Extraterritorial Financial Regulation: Why E.T. Can't Come Home", Cornell Law Review Vol.99, 2014, p1261 n6.

17) 이를 미국의 입장에서 **역역외적용(reverse extraterritorial jurisdiction)**이라고 한다. Christian A. Johnson, "Regulatory Arbitrage, Extraterritorial Jurisdiction and Dodd-Frank: The Implications of US Global OTC Derivative Regulation", Nevada Law Review Vol.14, 2014, p603.

법상 준거법선택원리를 적용한 문제해결을 생각해 볼 수 있다.

그러나 금융관련법령 중 행정법규적 성질의 규정에 대해서는 국제사법상 준거법 [19-38] 선택원리와는 다른 접근방식이 요구된다.[18] 행정법규적 성질의 규정에 대해서는 특정 국가의 행정기관인 금융규제당국이 자국의 법령의 적용범위를 정하는 문제이며, 이는 사법상의 법률관계의 준거법을 정하는 협의의 국제사법에 대비되는 **국제행정법(internationales Verwaltungsrecht)** 또는 **섭외공법(internationales öffentliches Recht)**의 문제이다.[19] 다만, 전통적인 국제사법적 접근방법이 방법론적 시사점을 제공할 수는 있을 것이다.

18) 석광현·정순섭, "국제자본시장법의 서론적 고찰 - 역외적용 및 역외투자자문업자등의 특례를 중심으로", 증권법연구 제11권 제2호, 2010, 39면.

19) Philip R. Wood, Conflict of Laws and International Finance, 2007, p359.

제4절 은행업무와 국제사법

[19-39] 은행거래에서 국제사법이 문제되는 경우는 준거법과 재판관할이다.[20] 준거법에 관하여 살펴보면 예금이나 대출 등 국내 소매시장에서 이루어지는 은행거래는 대부분 국내법 적용을 전제로 한다. 국내에도 금융거래와 관련하여 영국법을 준거법으로 하는 대출계약상 채권자가 한국법을 준거법으로 하는 항공기저당권을 준공유할 수 있는지 여부에 대하여 이를 긍정하는 견해가 유력하다.[21] 신용장에 따른 대금지급의무의 지체에 대한 지연손해금의 지급에 관하여 소송촉진등에 관한 특례법 제3조 제1항의 법정이율에 관한 규정은 소송절차에 의한 권리구제와 관련된 것이지만 절차법적인 성격을 가지는 것이라고만 볼 수 없다는 이유로 원본채권의 준거법을 적용한 사례가 있다(대법원 1997. 5. 9. 선고 95다34385 판결). 국내에도 오히려 보험(대법원 2016. 6. 23. 선고 2015다5194 판결; 대법원 2015. 3. 20. 선고 2012다118846,118853 판결)이나 보증(대법원 2015. 2. 26. 선고 2012다79866 판결)의 경우에는 국제사법적 쟁점이 포함된 사건이 다수 존재한다.

[19-40] 외국에서는 외국인의 상속예금의 취급, 제조물책임을 발생시킨 외국기업에 대출한 은행이 해외관계자로부터 손해배상청구를 받은 사례, 은행이 외국송금에서 착오입금한 경우 손해를 입은 외국기업이 은행에 대한 손해배상청구를 국내법원에서 하는 사례 등이 보고되어 있다.[22]

---

20) 석광현, "국제금융과 국제사법," 석광현·정순섭(편), 국제금융법의 현상과 과제(제1권), 2009, 9-71면. 외국에서의 논의로는, Philip R Wood, Conflict of Laws and International Finance 2nd ed, Sweet & Maxwell, 2019; 阿部耕一,『国際私法と銀 行取引―「法の適用に関する通則法」と銀行実務』, 経済法令研究会, 2009; 森下哲郎,「銀行取引と国際私法」金融法務事情 1717号, 2004, 8-20면. 일본에서의 고전적 논의로, 石黒一憲,『金融取引と国際訴訟-国際金融の抵触法的考察』, 有斐閣, 1983.

21) 석광현, 위의 논문, 24면.

22) 阿部耕一, 앞의 책, 7-8면.

제5절 은행의 해외진출

Ⅰ. 의 의

은행의 해외진출은 현지법인이나 지점 또는 사무소의 형태를 취하게 된다. 은행의 해외진출을 위해서는 은행법 이외에 외국환거래법 등 관련법의 적용을 받게 된다. [19-41]

Ⅱ. 신설계획의 수립과 신고

은행이 국외현지법인이나 국외지점을 신설하려는 경우에는 신설계획을 수립해야 한다(13조 1항). 국외현지법인과 국외지점은 각각 대한민국 외에 소재하는 자회사등(37조 2항 단서)과 지점을 말한다. [19-42]

신설계획을 수립한 은행 중 해당 은행, 그 국외현지법인 및 국외지점의 경영건전성, 해당 은행의 국외현지법인 및 국외지점의 진출방식, 해당 은행의 국외현지법인 및 국외지점의 업무범위, 해당 은행의 국외현지법인 및 국외지점이 소재할 국가의 특성 등을 고려하여 시행령으로 정하는 경우에는 그 계획을 미리 금융위에 신고해야 한다(13조 2항 1호-4호). [19-43]

금융위는 신고받은 내용이 은행의 경영건전성 및 금융시장의 안정성을 해칠 우려가 있는 경우 신설계획의 보완, 변경 및 제한을 명할 수 있다(13조 3항). [19-44]

제5편

은행도산

제20장 퇴출규제

제1절 서 설

은행의 퇴출은 임의적 퇴출과 강제적 퇴출, 정리절차와 도산절차, 국내금융도산과 국제금융도산으로 나눌 수 있다. 그러나 은행의 임의적 퇴출은 현실적으로 생각하기 어렵다. 은행의 경우 회생법상 파산은 이용되지만, 회생은 이용될 가능성이 사실상 없다. 대규모 은행도산은 국제금융도산으로 나타난다. 은행의 퇴출이 단순히 은행법문제가 아니라 도산법은 물론 국제사법적 접근도 요구되는 이유이다. [20-1]

이러한 전통적인 접근에 덧붙여 일정한 요건을 충족하는 경우에는 금융체계상 위험의 예방을 위하여 조기에 개입할 수 있는 신속정리제도가 도입되고 있다. 국내에서도 이러한 논의가 진행되고 있다. 전통적인 접근과의 차별성을 확보하기 위한 요건의 구체화와 명확화를 전제로 하는 차별화가 필요할 것이다. [20-2]

오늘날 은행도산은 국제도산으로 전개될 가능성이 높다. 은행의 국제적 영업 확대를 고려하면 이러한 가능성은 명백하다. 국제적인 은행의 퇴출은 국제은행규제법과 국제은행도산법이 교착되는 분야이다. [20-3]

제2절 의의와 범위에서는 임의적 퇴출과 강제적 퇴출의 구분과 회생과 파산의 구분을 중심으로 은행 퇴출규제를 개관한다. 제3절 강제적 퇴출에서는 은행감독기관 주도의 정리절차를 살펴본다. 제4절 도산절차에서는 회생법상 은행에 적용되는 회생절차와 파산절차를 정리한다. 제5절 외국은행 국내지점 등의 청산에서는 특히 외국은행 국내지점의 파산과 해산 그리고 청산을 살펴본다. 제6절 금융계약의 해지와 일괄정산네팅에서는 장외파생상품거래의 일괄정산네팅의 금융규제법 및 도산법상 문제를 정리한다. [20-4]

제2절 의의와 범위

Ⅰ. 서 언

[20-5] 은행의 퇴출은 임의적 퇴출과 강제적 퇴출로 구분된다. 은행의 경우 재무적 건전성이 유지되는 상태에서 스스로 폐업하거나 해산하는 경우는 생각하기 어렵다. 은행감독기관에 의한 정리절차와 법원주도의 회생 및 파산절차도 중요한 구분이다. 최근의 대규모 은행도산은 국제적으로 영향을 미치는 국제금융도산으로 나타난다. 은행의 퇴출이 단순히 은행법문제가 아니라 도산법은 물론 국제사법적 접근도 요구되는 이유이다.[1)]

Ⅱ. 임의적 퇴출과 강제적 퇴출

[20-6] 은행의 **임의적 퇴출**은 은행 스스로 일정한 경영상 이유로 폐업하거나 해산하는 경우인데 현실적으로 생각하기는 어렵다. 합병 등의 조직변경을 통하여 기존 은행이 소멸하는 경우가 일반적이다. 은행의 **강제적 퇴출**은 건전성 악화로 계속기업으로 존속할 가능성이 없는 경우에 적기시정조치인 경영개선명령 중 영업양도나 합병 등을 통하거나 중대한 은행법 위반으로 인한 인가취소 등을 통하여 강제적으로 퇴출되는 것을 말한다.

〈표 20-1〉 강제적 퇴출과 임의적 퇴출

구 분	사 유	내 용	절 차
임의적 퇴출		조직변경	금융위
강제적 퇴출	법령 위반	인가취소	
	건전성 악화	적기시정조치	
	도산절차	회생	법원
		파산	

[20-7] 은행의 임의적 퇴출은 금융시장에 미치는 영향을 고려하여 금융위의 인가 또는 승인사항으로 규제하고 있다. 은행은 분할, 다른 은행과의 합병이나 분할합병, 해산 또는 은행업의 전부 또는 중요한 일부의 폐지, 영업 전부 또는 중요한 일부의 양수도를 하려는 경우 금융위 인가를 받아야 한다(55조). 또한, 서로 다른 금융업종의 금융회사 간 합병의 경우에는 금산법에 따른 금융위 인가를 요한다. 은행의 청산절차에서는 일반사업회사와 달리 금융위가 청산인 또는 파산관재인을 추천하고 법원이 선임한다.

---

1) Eva H.G. Hüpkes, The Legal Aspects of Bank Insolvency: A Comparative Analysis of Western Europe, the United States and Canada, Kluwer Law International, 2000; Mario Giovanoli and Gregor Heinrich, International Bank Insolvencies, A Central Bank Perspective, 1st ed, Kluwer Law International, 1999; 貝瀬幸雄,「ＥＵの金融機関国際倒産法制―比較法学の観点から―」, 金融研究 第25巻 法律特集号, 2006, 97-140면; 石黒一憲·佐藤鉄男·真船秀郎·貝瀬幸雄·弥永真生,『国際金融倒産』, 経済法令研究会, 1995. 이 문제는 다른 책에서 다룰 계획이므로 이 책에서는 따로 설명하지 않는다.

Ⅲ. 정리절차와 도산절차

은행의 강제적 퇴출은 **정리절차**와 **도산절차**로 구분된다. 전자는 은행감독기관 주도로 적기시정조치, 부실금융기관지정, 계약이전결정, 자본감소명령 등을 통하여 이루어진다. 후자는 법원주도형이나 활용가능성은 낮다. 회생법상 파산은 이용되지만 회생은 이용가능성이 사실상 없다. [20-8]

Ⅳ. 금융체계상 중요한 금융기관과 자체정상화 및 부실정리계획

1. 지정과 계획

가. 지정

금융위는 대상 금융회사 중 매년 국내 금융시스템 측면에서 중요한 금융기관인 **금융체계상 중요한 금융기관**을 선정해야 한다(금산 9조의2 1항; 동 시행령 5조의4 1항 1호-4호). 대상 금융회사는 은행, 은행지주회사, 농협은행, 수협은행과 그 자회사로서 금융기관의 기능과 규모, 다른 금융기관과의 연계성 및 국내 금융시장에 미치는 영향력 등을 고려하여 결정된 것이다. 시행령으로 다른 금융회사도 추가할 수 있는 구조이다. 금융위는 금융체계상 중요한 금융기관을 선정한 경우 지체 없이 그 기관에 그 사실을 통보해야 한다(금산 9조의2 2항). [20-9]

금융체계상 중요한 금융기관의 선정을 위한 금융기관의 기능 및 규모, 다른 금융기관과의 연계성 등 선정기준의 구체적인 내용은 시행령으로 정한다(금산 9조의2 3항; 동 시행령 5조의4 2항 1호-4호).[2] [20-10]

나. 자체정상화 및 부실정리계획

금융체계상 중요한 금융기관에 대해서는 2011년 금융안정위원회가 권고한 **자체정상화 및 부실정리계획(Recovery and Resolution Plan)**[3]을 작성하고 수립할 대상이 된다. **자체정상화계획**은 금융체계상 중요한 금융기관이 경영 위기상황에 대비하여 자체적으로 건전성을 회복하기 위하여 작성한 자구계획이고, **부실정리계획**은 금융체계상 중요한 금융기 [20-11]

---

2) 시행령은 이를 ① 금융기관의 기능(개별 금융기관의 결제 업무 및 고객자산 관리 등을 통한 금융시스템 유지에 관한 사항), ② 금융기관의 규모(개별 금융기관의 자산 규모 및 거래 규모 등에 관한 사항), ③ 다른 금융기관과의 연계성(개별 금융기관의 재무적 위험 또는 손실이 다른 금융기관으로 전이될 가능성에 관한 사항), ④ 국내 금융시장에 미치는 영향력(개별 금융기관의 가계 대출 및 외화 차입 등이 금융시장의 안정성에 미치는 영향에 관한 사항)의 4가지로 구분하여 규정하고 있다(금산 9조의2 3항; 동 시행령 5조의4 2항 1호-4호).

3) Financial Stability Board(FSB), Reducing the Moral Hazard Posed by Systemically Important Financial Institutions: FSB Recommendations and Time Lines", 20 October 2010. 설명으로, 정순섭, "국제금융회사 정리제도 -바젤은행감독위원회의 권고안을 중심으로-", BFL 제45호, 2011, 33면(권고사항6－체계적 정리를 위한 사전 계획). FSB의 최종권고안은 FSB, Key Attributes of Effective Resolution Regimes for Financial Institutions, October 2011(updated in October 2014).

관이 자체적으로 건전성을 회복하기 불가능한 경우에 대비하여 정리당국이 해당 금융기관을 체계적으로 정리하기 위한 계획을 말한다.[4] 미국의 정상화정리계획(recovery and resolution plan)은 대상 금융기관이 작성하지만, 우리나라의 자체정상화계획은 대상 금융기관이 그리고 부실정리계획은 예보가 작성한다.[5]

[20-12] 금산법은 ① 선정된 금융체계상 중요한 금융기관은 자체정상화계획을 작성·제출하고, ② 금감원장이 이 계획을 평가한 평가보고서에 기초하여, ③ 예보가 부실정리계획을 작성하고, ④ 이들 자체정상화계획과 부실정리계획을 금융위가 승인하면, ⑤ 실제 위기발생시 금융체계상 중요한 금융기관이 그에 따라 조치를 이행하는 구조를 마련하고 있다. 금산법상 적기시정조치 발동요건을 갖추지 않은 단계에서 신속하고 체계적인 위기대응능력을 확보하여 정리과정에서 금융시스템의 혼란 및 재정투입을 최소화하려는 것이다.[6]

2. 자체정상화계획

가. 제출

[20-13] 금융체계상 중요한 금융기관은 심각한 위기상황에서 질서있는 정리를 위하여 사용할 **자체정상화계획(recovery and resolution plan)**을 작성해야 한다(금산 9조의3 1항). 이 계획은 **경영위기상황에 대비하여 자체적으로 건전성을 회복하기 위한 자구계획**이라고 할 수 있다(금산 9조의3 1항).

[20-14] 금융체계상 중요한 금융기관은 지정통보(금산 9조의2 2항)를 받은 날부터 3개월 이내에 금감원장에게 자체정상화계획을 제출해야 한다(9조의3 2항). 자체정상화계획에는 자본적정성 및 재무건전성의 확보, 인력구조 및 조직구조의 점검·개선, 사업구조의 평가 및 핵심사업의 추진, 지배구조의 평가 및 개편, 그리고 규정 <별표 9> 자체정상화계획 작성기준의 기재사항이 포함되어야 한다(금산 시행령 5조의5 1항 1호-5호; 규정 26조의4 1항). 금융체계상 중요한 금융기관은 이사회의결을 거쳐 서면으로 금감원장에게 자체정상화계획을 제출해야 한다(금산 9조의3 2항·3항, 동 시행령 5조의5 2항).

[20-15] 금융체계상 중요한 금융기관은 자체정상화계획을 제출한 후 그 금융기관의 영업 또는 조직구조의 변동 등 중대한 사항이 변경된 경우에는 지체 없이 그 변경내용을 반영한 자체정상화계획을 금감원장에게 다시 제출해야 한다(금산 9조의3 3항).

---

4) 예보, 예금보험공사_자체정상화 및 부실정리계획 제도 관련 용어집. 〈https://www.data.go.kr/data/15119830/fileData.do〉 회복정리계획, 회생정리계획 등의 번역을 정상화정리계획으로 변경하였다. 금융위·금감원·예보, 「대형금융회사 정상화·정리계획 제도」를 도입하여 금융 안정성을 제고하겠습니다, 2020.8.18.

5) 미국과 한국의 제도를 비교한 것으로, 김석우, "미국 RRP 제도와 우리나라 금융기관 자체정상화계획·부실정리계획 비교", 나이스신용평가 스페셜리포트, 2023.1.19.

6) 국회 정무위원회 수석전문위원 이용준, 금융산업의 구조개선에 관한 법률 일부개정법률안 검토보고 〈대형금융회사에 대한 정상화·정리 체계 도입〉 ▣ 유동수의원 대표발의(의안번호 제101호), 2020.7., 14면.

나. 평가

금감원장은 제출받은 자체정상화계획을 지체 없이 예보에 송부하고, 그 계획에 대한 평가보고서를 작성해야 한다(금산 9조의4 1항). 금감원장은 자체정상화계획을 제출받은 날부터 3개월 이내에 금융위에 자체정상화계획 및 평가보고서를 제출해야 한다(금산 9조의4 2항). 금감원장은 평가보고서를 작성하기 위해 필요한 범위에서 금융체계상 중요한 금융기관의 업무 및 재산 상황과 관련된 자료의 제출을 요구할 수 있고, 요구를 받은 금융기관은 정당한 사유가 없으면 이에 따라야 한다(금산 9조의4 3항 후단). 취지상 정당한 사유는 제한적으로 해석될 수밖에 없을 것이다. [20-16]

금감원장은 자체정상화계획을 평가하는 경우 자체정상화계획에 관한 이사회 및 임원 등의 권한과 책임, 경영위기상황의 발생 시 우선적으로 유지하려 하는 핵심기능 및 핵심사업, 예상되는 경영위기상황 및 경영위기상황에 대한 판단기준, 경영위기상황을 극복하기 위한 구체적인 수단 및 조치내용, 경영위기상황에 대비한 영업지속계획, 감독당국에 대한 보고 등 의사소통체계, 경영정보시스템 구축 등, 그 밖에 자체정상화계획의 적정성 여부 평가에 필요한 사항을 포함해야 한다(규정 26조의4 2항 1호-8호). [20-17]

3. 부실정상화계획

금융기관이 제출한 자체정상화계획에 따른 부실정상화계획의 수립은 예보가 담당한다. 예보는 금감원장으로부터 자체정상화계획을 송부받은 날(금산 9조의4 1항)부터 6개월 내에 **부실정리계획**을 수립하여 금융위에 제출해야 한다(금산 9조의5 1항 전단). 부실정리계획은 **해당 금융체계상 중요한 금융기관이 자체적으로 건전성을 회복하기 불가능한 경우에 대비하기 위하여 해당 금융체계상 중요한 금융기관을 체계적으로 정리하기 위한 계획**을 말한다(금산 9조의5 1항 전단). 예보는 부실정리계획 수립을 위해 필요한 범위에서 구체적인 범위를 정하여 금감원장에게 금융체계상 중요한 금융기관의 업무·재산상황과 관련된 자료 제공을 요청할 수 있고, 요청받은 금감원장은 이에 따라야 한다(금산 9조의5 2항).[7] [20-18]

금융위는 자체정상화계획·평가보고서 및 부실정리계획을 각각 제출받은 날부터 2개월 이내에 심의위원회(금산 9조의6 1항)의 심의를 거치고, 그 심의결과를 고려해 자체정상화계획 및 부실정리계획에 대한 승인 여부를 결정해야 한다(금산 9조의7 1항).[8] 이와 관련하여 금융위는 계획이 미흡하다고 판단되는 경우 이를 승인하지 않고, 해당 금융기관 또는 예보에 대해 기간을 정하여 보완한 후 다시 제출할 것을 요구할 수 있고, 요구를 받은 금 [20-19]

---

7) 정리당국으로서의 예보의 자료제출요구권에 대해서는, 국회 정무위원회 수석전문위원 이용준, 위의 보고서, 19-20면.

8) 금융위는 금융체계상 중요한 금융기관이 작성한 자체정상화계획(2024.4.3)과 예보가 수립한 부실정리계획(2024.7.10)을 승인하였다. 금융위·금감원·예보, 보도자료: 대형 금융회사에 대한 자체정상화·부실정리계획을 마련하였습니다, 2024.7.6.

융기관은 정당한 사유가 없으면 이에 따라야 한다(금산 9조의7 2항). 취지상 정당한 사유는 제한적으로 해석될 수밖에 없을 것이다.

[20-20] 금융위는 심의위원회의 심의결과 등을 고려하여 금융체계상 중요한 금융기관의 정리시 예상되는 장애요인 등을 평가하고, 그 금융기관에 특정 장애요인의 해소를 요구할 수 있고, 해당 금융기관은 금융위가 정하는 기간 내에 필요한 조치를 이행하고 그 결과를 금융위에 제출해야 한다(금산 9조의8 1항). 경미한 위기발생시 조기에 위기를 진화하여 부실 발생 및 심화를 사전에 예방하는 의미를 가진다.[9]

4. 조치이행 등

[20-21] 금융체계상 중요한 금융기관은 금융위가 승인한 자체정상화계획에 기재된 경영위기 상황이 발생한 경우 그 계획에 따른 조치를 해야 한다(금산 9조의9 1항 본문). 다만, 그 계획에 따른 조치를 이행하지 못할 불가피한 사유가 있는 경우는 제외한다(금산 9조의9 1항 단서). 그러나 금융위는 금융체계상 중요한 금융기관이 이러한 조치를 하지 않거나 조치가 미흡하다고 판단되는 경우 기간을 정해 그 기간 내에 그 조치이행을 요구할 수 있고, 요구를 받은 금융기관은 정당한 사유가 없으면 이에 따라야 한다(금산 9조의9 2항). 취지상 정당한 사유는 제한적으로 해석될 수밖에 없을 것이다.

[20-22] 금융체계상 중요한 금융기관은 금융위, 금감원장, 예보 및 심의위원회가 행하는 자체정상화계획의 평가, 부실정리계획의 수립, 자체정상화계획·부실정리계획의 심의 등을 위한 자료제출 및 임직원면담 등 필요한 사항에 대해 적극적으로 협조해야 한다(금산 9조의10).

V. 외국은행 국내지점의 도산

[20-23] 외국은행 국내지점의 신설, 폐쇄 및 사무소 신설의 경우에도 금융위의 인가가 필요하다(58조). 외국은행 지점의 본점이 해산, 파산, 은행업 폐지 또는 은행업 인가가 취소된 경우 외국은행 지점 또는 대리점의 인가가 취소된 것으로 간주한다(60조 3항 본문). 기준일은 그 사유가 발생한 날이지만, 금융위는 예금자 등 은행이용자의 이익을 보호할 필요가 있는 경우 취소된 날을 달리 정할 수 있다(60조 3항 단서).

9) 국회 정무위원회 수석전문위원 이용준, 앞의 보고서, 28-29면.

제3절 강제적 퇴출

Ⅰ. 의 의

강제적 퇴출은 은행법 위반으로 인한 은행업 인가취소와 부실은행정리로 나눌 수 있다.[10] 금산법상 부실금융기관이 경영개선명령(10조 1항) 또는 자본감소명령(12조 3항)을 불이행하거나 이행불능하게 된 경우 등에도 은행업 인가취소 등 필요한 처분을 할 수 있다(14조 2항 본문 1호-4호). 그러나 이 경우는 부실은행정리가 불가능한 경우를 대상으로 하는 것으로서 일반적인 은행법 위반으로 인한 인가취소와는 다르다. [20-24]

Ⅱ. 은행업 인가취소

금융위는 은행이 거짓이나 그 밖의 부정한 방법으로 은행업 인가를 받은 경우, 인가내용 또는 인가조건을 위반한 경우, 영업정지 기간에 그 영업을 한 경우, 시정명령(53조 1항 1호)을 불이행한 경우, 그 밖의 경우로서 은행법 또는 은행법에 따른 명령이나 처분을 위반하여 예금자 또는 투자자의 이익을 크게 해칠 우려가 있는 경우, 지배구조법 [별표] 금융회사 및 임직원에 대한 조치(제34조 및 제35조 관련)의 사유에 해당하는 경우(영업의 전부정지를 명하는 경우로 한정), 금융위의 시정명령이나 중지명령을 불이행한 경우 등(금소 51조 1항 4호·5호; 금소령 41조 2항 1호-4호), 내부통제기준의 마련의무 위반등의 경우(금소 51조 2항 본문; 금소령 41조 3항 금소령 [별표 1])(영업의 전부정지를 명하는 경우로 한정)에는 그 은행에 대하여 은행업 인가를 취소할 수 있다(53조 2항 1호-8호). 인가취소는 은행의 해산사유이므로(56조 2항, 53조) 인가취소된 은행은 해산과 청산의 과정을 거쳐 소멸하게 된다. 이 경우 법원은 이해관계인이나 금융위의 청구 또는 법원의 직권으로 청산인을 선임하거나 해임할 수 있다(56조 3항). [20-25]

Ⅲ. 부실은행정리

1. 의 의

가. 부실은행의 지정

부실금융기관은 "경영상태를 조사한 결과 부채가 자산을 초과하는 금융기관이나 거액의 금융사고 또는 부실채권 발생으로 부채가 자산을 초과하여 정상적 경영이 어려울 것이 명백한 금융기관으로서 금융위나 예금보험위원회("예보위")가 결정한 금융기관, 예금등 채권(예보 2조 4호)의 지급이나 다른 금융기관으로부터의 차입금 상환이 정지된 금융기관, 외부지원이나 별도 차입(정상적인 금융거래에서 발생하는 차입은 제외) 없이는 예금등 채권의 [20-26]

---

10) 서경환, "금융기관의 파산과 관련한 실무상 문제점," 재판자료 83집: 파산법의 제문제(下), 1999, 35-37면; 이은재, "한국에서의 금융기관 정리에 대한 논의 - 은행을 중심으로," 도산법연구 제5권 제2호, 2014, 197-209면.

지급이나 차입금의 상환이 어렵다고 금융위나 예보위가 인정한 금융기관"을 말한다(금산 2조 2호 가목-다목).[11] 금융위나 예보위의 부실금융기관지정은 그 자체 처분으로서 이를 다툰 사례도 있다(서울고법 2012. 12. 28. 선고 2012누7761 판결(확정) 등). 부실금융기관 판단을 위한 부채와 자산의 평가 및 산정은 금융위가 미리 정하는 기준에 따른다.

[20-27] 이와 관련하여 구 금산법 제2조 제3호 가목(현행법 2조 2호 가목)의 포괄위임입법금지(헌법 75조) 위반 여부가 문제되었다. 동 규정은 부실금융기관을 결정할 때 부채와 자산의 평가 및 산정의 기준을, 금산법 제10조 제1항·제2항은 적기시정조치의 기준을 고시에 위임하고 있었다. 헌재는 첫째, 위 위임사항은 전문적·기술적인 것으로 성질상 고시로의 위임이 불가피한 점, 둘째, 위 법률규정 자체에서 고시로 규제될 내용 및 범위의 기본사항이 구체적으로 규정되어 있어 고시규정내용의 대강을 예측할 수 있는 점을 근거로 합헌으로 판단하였다(헌재 2004. 10. 28. 99헌바91 전원재판부).[12]

나. 부실은행정리의 종류

1) 의 의

[20-28] 부실금융기관으로 지정된 부실은행의 정리방향은 금융위의 회생 또는 청산의 결정에 따른다.[13] 회생을 결정하면 자본감소명령에 따라 자본감소하고 공적자금의 지원을 받아 정상적인 은행으로 만든 후 매각이나 합병 또는 자체정상화를 하게 된다. 그러나 청산을 결정하면 영업정지와 인가취소 그리고 계약이전결정 후 부실은행은 파산절차를 거친다. 2012년부터 금융거래의 중단 없는 정리를 위해 상호저축은행을 대상으로 '금요일 영업종료 후 영업정지 및 가교저축은행으로의 계약이전, 월요일 영업재개방식'이 도입되었다.[14] 부실은행정리는 폐쇄형과 회생형으로 구분된다.[15]

2) 폐쇄형

[20-29] [청산·파산방식] 예보가 예금자에게 보험금을 지급하고 부실은행을 폐쇄하는 전통적인 방식이다. 예보는 보험금을 지급하고 예금자로부터 예금채권을 양수받아 파산절차상 파산채권으로 신고하여 배당을 받는다.

[20-30] [자산부채인수방식] 자산부채인수(Purchase of assets & Assumption of liabilities, P&A) 방식은 합병과 달리 인수은행의 동반부실화를 방지하기 위해서 자산과 부채가 부분적으로 인수되고, 또 합병이나 청산보다 신속한 처리가 가능하여 인수과정 장기화에 따른 은행

11) 예보법상 부실금융회사도 같은 취지이다(2조 5호 가목-다목). 부실우려금융회사는 재무구조가 취약하여 부실금융회사가 될 가능성이 매우 크다고 예보위가 결정하는 부보금융회사를 말한다(예보 2조 6호).

12) 같은 취지로, 대법원 2005. 1. 27. 선고 2002두5313 판결; 대법원 2005. 2. 18. 선고 2002두9360 판결.

13) 조정래·박진표, "금융산업의구조개선에관한법률의 개선방안," BFL 제7호, 2004, 43-44면; 이은재, 앞의 논문, 2014, 199면.

14) 이은재, 위의 논문, 199면.

15) 예보, 사라진 이름 살아난 이름, 다산출판사, 2007, 132-143면.

가치훼손, 예금자피해, 거래기업부도 및 금융시장불안 등 부작용을 최소화하기 위한 것이다(대전지법 1999. 8. 8. 선고 99가합3147 판결).

[가교은행방식] 일시적으로 가교은행을 설립하여 부실은행의 자산 및 부채를 이전하는 방식을 말한다. M&A나 계약이전 등의 필요성은 있으나 적정한 인수자가 없는 경우에 이용된다. [20-31]

3) 회생형

[매각 또는 합병] 부실은행을 공개매각절차를 통하여 매각하거나 합병시키는 방식이다. 청산이나 파산을 통한 정리가 금융체계상 위험을 초래할 가능성이 있는 경우에 이용된다. 제일은행과 한빛은행 정리가 여기에 해당한다. [20-32]

[자체정상화] 부실은행에 대하여 예보가 출자를 통한 자금지원으로 경영을 정상화시키고 일정 기간 경과 후 매각하는 방식이다. 조흥은행, 우리은행, 서울은행 사례가 여기에 해당한다. 예보는 주식 매각으로 자금을 회수한다. [20-33]

2. 적기시정조치

가. 의 의

적기시정조치(prompt corrective action, PCA)는 은행의 자기자본비율이 기준에 미달하는 등 재무상태가 악화되거나 거액의 금융사고 또는 부실채권의 발생으로 은행의 재무상태가 악화될 것이 명백하다고 판단될 경우 금융위가 부과하는 시정조치를 말한다(금산 10조). 적기시정조치는 금융기관의 부실화를 예방하고, 건전한 경영을 유도하기 위한 감독수단이다. [20-34]

나. 경영개선 권고·요구·명령

1) 의 의

금융위는 은행의 재무상태가 악화되거나 거액금융사고 또는 부실채권발생으로 은행의 재무상태가 악화될 것이 명백하다고 판단되면 은행의 재무건전성을 높이기 위해 필요한 조치를 권고·요구·명령하거나 그 이행계획제출을 명령해야 한다(금산 10조 1항 1호- 9호). **적기시정조치**는 **경영개선권고, 경영개선요구, 경영개선명령**으로 구분된다. 금융위는 적기시정조치관련 권한을 금감원장에게 위탁할 수 있다(금산 10조 5항; 동 시행령 6조의2). [20-35]

2) 기 준

금융위는 적기시정조치를 할 경우 사전에 그 기준 및 내용을 고시해야 한다(금산 10조 2항). 과거 금감위가 자본감소명령을 할 때 기준을 사전에 고시하지 않은 것에 대하여 법원은 "하자가 있으나, 부실화 우려 있는 금융기관이 자본감소명령이 발령될 것임을 사전 [20-36]

에 알고 있었던 점 등에 비추어 그 하자가 위 자본감소명령을 무효로 할 만큼 중대하고 명백한 것이라고 볼 수 없다"고 판단하였다(대법원 2010. 4. 29. 선고 2007다12012 판결).

[20-37] 금융위는 **중대한 조치**는 은행이 부실금융기관이거나 재무상태가 적기시정조치기준에 크게 미달하고 건전한 신용질서나 예금자의 권익을 해칠 우려가 뚜렷하다고 인정되는 경우에만 해야 한다(금산 10조 4항 1호-5호). 여기서 **중대한 조치**는 은행이나 은행 주주에게 중대한 재산상 손실을 끼칠 우려가 있는 조치로서 영업전부정지, 영업전부양도, 계약전부이전, 주식전부소각명령, 그 밖에 이에 준하는 조치를 말한다.

3) 유 예

[20-38] 금융위는 적기시정조치기준에 일시 미달한 은행이 단기간에 그 기준을 충족시킬 수 있다고 판단되거나 이에 준하는 사유가 있다고 인정되는 경우에는 기간을 정하여 적기시정조치를 유예할 수 있다(금산 10조 3항). 적기시정조치의 유예에 대해서는 반대론도 있다.[16)]

---

16) 찬성론으로, 박상현, "적기시정조치 유예제도의 필요성에 관한 소고", 은행법연구 제15권 제2호, 2022, 3-50면("금융기관의 부실 판정과 퇴출 결정의 적정성을 도모할 수 있는 제도로 운영될 필요").

〈표 20-2〉 적기시정조치의 종류와 기준

<table>
<tr><th colspan="2" rowspan="2">구분</th><th colspan="3">조치 단계</th></tr>
<tr><th>경영개선권고</th><th>경영개선요구</th><th>경영개선명령</th></tr>
<tr><td rowspan="3">요건</td><td>자본비율</td><td>·총자본비율 8% 미만 또는 기본자본비율 6.0% 미만 또는 보통주자본비율 4.5% 미만</td><td>·총자본비율 6% 미만 또는 기본자본비율 4.5% 미만 또는 보통주자본비율 3.5% 미만</td><td>·총자본비율 2% 미만 또는 기본자본비율 1.5% 미만 또는 보통주자본비율 1.2% 미만</td></tr>
<tr><td>경영실태평가</td><td>·종합평가등급 1-3등급이고
·자산건전성 또는 자본적정성부문 4-5등급</td><td>· 종합평가등급 4-5등급</td><td>· 해당 사항 없음</td></tr>
<tr><td>기타</td><td>·거액금융사고 또는 부실채권발생으로 자본비율 또는 경영실태평가 기준에 해당될 것이 명백하다고 판단되는 경우</td><td>·거액금융사고 또는 부실채권발생으로 자본비율 또는 경영실태평가 기준에 해당될 것이 명백하다고 판단되는 경우
·경영개선권고를 받은 은행이 경영개선계획을 성실히 이행하지 않는 경우</td><td>·금산법상 부실금융기관
·경영개선요구를 받은 은행이 경영개선계획의 주요사항을 이행하지 않아 이행촉구를 받았음에도 이를 이행하지 않거나 이행이 곤란하여 정상적인 경영이 어려울 것으로 인정되는 경우</td></tr>
<tr><td colspan="2">조치내용</td><td>·인력·조직운영개선, 경비절감, 영업소관리효율화, 고정자산투자·신규업무영역진출 및 신규출자 제한, 부실자산처분, 증자 또는 감자, 이익배당제한, 특별대손충당금등 설정</td><td>·영업소폐쇄·통합 또는 신설제한, 조직축소, 위험자산보유제한 및 자산처분, 예금금리수준 제한, 자회사정리, 임원진 교체 요구, 영업일부정지, 합병, 금융지주회사의 자회사로의 편입, 제3자인수, 영업전부·일부양도계획 수립
·경영개선권고 조치내용</td><td>·주식 전부 또는 일부 소각, 임원직무집행정지 및 관리인선임, 합병 또는 금융지주회사의 자회사로의 편입, 영업전부·일부양도, 제3자인수, 6월이내 영업정지, 계약 전부·일부 이전
·경영개선요구 조치내용</td></tr>
<tr><td colspan="2">불이행처리</td><td>경영개선요구</td><td>경영개선명령</td><td>퇴출</td></tr>
<tr><td colspan="2">이행기간</td><td>1년</td><td>1년 6월</td><td>금융위 결정</td></tr>
</table>

(자료) 금감원 자료 수정 보완(규정 34조-36조, 40조)

4) 적기시정조치의 이행을 위한 지원조치 등

(가) 합병 등의 권고와 특례

[20-39] 금융위는 적기시정조치의 일환으로 은행에 대하여 합병, 영업양도 또는 계약이전을 명하는 경우 다른 은행을 지정하여 명령대상인 은행과의 합병·영업양수·계약이전을 권고할 수 있다(금산 11조 1항, 10조 1항).

[20-40] 예보는 합병·영업양수·계약이전을 권고받은 은행에 대하여 그 이행을 전제로 예보법상 자금지원 금액과 조건 등(예보 2조 7호)을 미리 제시할 수 있다(금산 11조 2항). 예보는 은행이 적기시정조치의 원활한 이행을 위해 필요하면 합병·영업양수도·제3자인수를 알선할 수 있다(금산 11조 3항).

[20-41] 적기시정조치에 따른 은행과 은행 또는 은행과 비은행 금융기관 간의 합병·인수, 영업양수도 또는 계약이전의 결과가 자본시장법상 공개매수 규정 등(81조, 133조, 165조의15, 167조, 340조, 342조, 344조 및 347조) 그 밖의 관련 법령의 규정에 위반하는 경우 그 은행은 금융위가 정하는 절차에 따라 3년 이내에 관련 법령에 적합하게 해야 한다(금산 11조 5항 1호-4호).

(나) 은행 인가취소의 유예

[20-42] 금융위는 적기시정조치의 일환인 자본감소명령(금산 10조 1항) 또는 주식소각(일부 또는 전부)이나 주식병합명령(금산 12조 3항)을 받은 은행이 명령을 이행하거나 은행이 자본증가를 위해 주식을 병합(금산 5조 7항 또는 5조의2)한 결과 자본금이 은행법상 최저자본금 미만으로 감소한 경우에는 1년 이내의 기간 동안 그 은행의 인가취소를 유예할 수 있다(금산 11조 4항 1호·2호).

(다) 자산운용규제의 특례

[20-43] 은행이 금융위가 정하는 바에 따라 기존의 대출금 등을 출자전환함으로써 소유하게 된 주식이나 정부가 원리금의 지급을 보증한 채권(債券)의 취득은 은행법상 증권취득제한 규정(38조) 등에 따른 주식 또는 유가증권의 취득으로 보지 않는다(금산 11조 6항 1호·2호).

5) 임직원 등의 비밀유지의무

[20-44] 은행의 임직원 또는 임직원이었던 사람은 소속 은행에 대한 적기시정조치에 관한 비공개정보를 업무 외의 목적으로 이용하거나 외부 또는 은행법에 따른 대주주와 그의 특수관계인에 제공 또는 누설할 수 없다(금산 11조의2 1항). 은행 임직원으로부터 비공개정보를 받은 대주주와 그의 특수관계인은 이를 그 은행 업무 외의 목적으로 이용하거나 타인에게 제공 또는 누설할 수 없다(금산 11조의2 2항). 비공개정보를 이용한 예금인출 등 남용행위에 의한 질서있는 은행정리의 저해행위를 방지하기 위한 것이다. 은행법상 임직원의 비밀유지의무(21조의2)와는 주체와 정보의 범위에 차이가 있다([6-107]).

3. 행정처분

가. 임원 업무집행정지 등

금융위는 은행이 경영개선요구나 명령(금산 10조 1항)을 위반하거나 불이행한 경우, [20-45] 또는 자본감소명령(금산 12조 3항)을 불이행한 경우 금감원장 건의에 따라 그 은행 임원의 업무집행정지를 명하고, 그 업무대행관리인을 선임하거나 주주총회에 임원해임을 권고할 수 있다(금산 14조 1항). 이 경우 관리인이 행사할 수 있는 권한은 선임목적으로 제한된다.[17]

나. 인가취소 등

1) 의 의

금융위는 부실은행이 경영개선명령(금산 10조 1항) 또는 자본감소명령(12조 3항)을 불 [20-46] 이행하거나 이행불능하게 된 경우, 경영개선명령(금산 10조 1항) 및 합병등의 알선(금산 11조 3항)에 따른 부실은행의 합병 등이 이루어지지 않는 경우, 부채가 자산을 뚜렷하게 초과하여 경영개선명령의 이행이나 부실은행의 합병 등이 이루어지기 어렵다고 판단되는 경우에는 그 부실은행에 대해 영업정지(6개월 이내), 영업 인허가의 취소 등 필요한 처분을 할 수 있다(금산 14조 2항 본문 1호-4호). 인가취소된 은행은 해산한다(금산 14조 4항).

다만, 자금사정의 급격한 악화로 예금등 채권 지급이나 차입금 상환이 어렵게 되어 [20-47] 예금자의 권익이나 신용질서를 해칠 것이 명백하다고 인정되는 경우에는 영업정지처분(6개월 이내)만을 할 수 있다(금산 14조 2항 단서, 1항 4호). 부실은행이 부실은행에 해당하지 않게 된 경우에는 그러한 처분을 할 수 없다(금산 14조 2항 단서, 1항 4호, 1항 1호·2호).

2) 은행의 주주가 영업정지처분을 다툴 원고적격이 있는지 여부

법인의 주주가 당해 법인에 대한 행정처분의 취소를 구할 원고적격이 있는가? 법원 [20-48] 은 법인의 주주는 원칙적으로 처분취소를 구할 원고적격이 없지만, ① 처분으로 인하여 법인이 더 이상 영업 전부를 행할 수 없게 되고, ② 영업에 대한 인·허가의 취소 등을 거쳐 해산·청산되는 절차 또한 처분 당시 이미 예정되어 있으며, ③ 그 후속절차가 취소되더라도 그 처분의 효력이 유지되는 한 당해 법인이 종전에 하던 영업을 다시 할 수 없는 예외적인 경우에는 주주도 그 효력을 다툴 원고적격이 있다고 한다(대법원 2005. 1. 27. 선고 2002두5313 판결). 이 경우에는 주주도 그 처분에 관하여 직접적이고 구체적인 법률상 이해관계를 가진다고 본 것이다.

따라서 부실금융기관의 정비를 목적으로 은행영업 관련 자산 중 재산적 가치가 있 [20-49] 는 자산 대부분과 부채 등이 이전됨으로써 더 이상 그 영업 전부를 행할 수 없게 되고, 은행업무정지처분 등의 효력이 유지되는 한 은행이 종전에 행하던 영업을 다시 행할 수

17) 노혁준, "부실금융기관의 관리인에 관한 연구," 규제연구 제14권 제1호, 2005, 235-243면; 이은재, 앞의 논문, 204면.

없는 경우 은행의 주주에게 당해 은행의 업무정지처분 등을 다툴 원고적격이 인정된다(대법원 2005. 1. 27. 선고 2002두5313 판결).

4. 자본감소

가. 의 의

[20-50] 금산법상 부실은행에 대하여 정부 또는 예보가 출자하기로 한 때에는 금융위가 당해 은행에 대하여 자본감소명령을 할 수 있다(10조 1항·2항, 13조의2, 12조 3항·4항). 이 경우 당해 은행은 상법 제438조의 규정에도 불구하고 이사회결의만으로 자본감소를 할 수 있다.

나. 금산법상 자본감소절차의 위헌 논의

1) 의 의

[20-51] 금산법상 자본감소절차의 위헌성이 문제된 사례가 있다.[18] 은행의 채무초과로 지원 없이는 정상운영이 어려운 상황에 이르자 금감위는 1998.1.15. 부실금융기관으로 지정된 ○○은행에 1차 자본감소명령을 하고, 1999.6.25. ○○은행에 2차 자본감소명령을 하였다. ○○은행은 1999.6.28. 정부보유주식은 주당 액면가 5,000원의 5.51주를 같은 액면가의 주식 1주로 병합하고, 소액주주 보유주식은 1주당 금 907원에 매수하기로 결정하였다. 그 결과 주당 9,800원에 구입했던 청구인들의 주식은 주당 907원에 유상소각되었다. ○○은행의 우리사주를 보유해 온 청구인들은 국가를 상대로 손해배상청구소송계속 중에 위 자본감소 및 주식소각의 근거인 금산법 제12조 제3항의 위헌심판제청신청을 했으나 기각되자 헌법소원심판을 청구하였다.

2) 판 단

[20-52] 헌재는 부실금융기관정리절차상 주주의 책임, 주식의 실질가치 확인에 불과한 자본감소명령의 효과, 공익과 기본권제한효과의 균형 등을 근거로 합헌으로 결정하였다(헌재 2003. 11. 27. 2001헌바35; 헌재 2004. 10. 28. 99헌바91 전원재판부; 대법원 2010. 4. 29. 선고 2007다12012 판결).[19]

[20-53] 한편 부실사기업은 도산절차로 처리하는 것이 원칙이고, 부실기업에 대한 국가지원은 국민경제적 고려에서 불가결한 경우에 한정되어야 하며, 부실사기업이 금융기관이라는 점만으로 국가지원을 정당화한다고 볼 수 없어, 국가지원의 사전단계인 자본감소조치를 정당화하지 못하므로 이 사건 법률조항은 시장경제질서에 부합되지 않아 위헌이라는 의견도 있다(헌재 2003. 11. 27. 2001헌바35 재판관 권성, 재판관 주선회의 위헌의견).

---

18) 헌재 2003. 11. 27. 2001헌바35.

19) 山本慶子,「金融機関の早期破綻処理のための法的一考察：破綻した金融機関の株主の権利を巡る欧米での議論を踏まえて」,『金融研究』第33巻第3号, 2014, 83-126면.

그러나 부실은행정리에서 공적자금지원보다는 그 내부자인 주주나 채권자의 책임을 우선 물어야 한다는 관점에서 접근할 필요가 있다. 부실은행에 대한 정리절차와 도산절차의 관계에 대해서는 이미 살펴보았다. 특히 부실은행 정리절차는 금융체계위험을 고려한 것이다. [20-54]

5. 계약이전결정

가. 의 의

금융위는 법정사유[20)]가 있는 경우에는 그 부실은행에 대하여 계약이전결정을 할 수 있다(금산 14조 2항 본문 1호-4호). 금산법상 계약이전결정은 부실은행정리절차 중 자산부채인수방식을 제도화한 것이다. [20-55]

나. 법적 성질

1) 행정처분

금감위의 금산법 제14조 제2항에 의한 계약이전결정은 "금융거래에서 발생한 계약상의 지위를 이전하는 형식으로 부실금융기관의 자산 및 부채 중 특정 부분을 제3자인 인수금융기관에게 양도 및 인수하게 하되, 이전되는 부채와 자산 가치와의 차액을 인수금융기관에게 지급하는 부실금융기관 정리방식 중의 하나로서 이루어진 것"으로서 "그 성질은 금융감독위원회의 일방적인 결정에 의하여 금융거래상의 계약상의 지위가 이전되는 사법상의 법률효과를 가져오는 행정처분"에 해당한다(대법원 2002. 4. 12. 선고 2001다38807 판결; 대법원 2003. 5. 30. 선고 2002다23826 판결; 대법원 2005. 1. 27. 선고 2002두5320 판결).[21)] [20-56]

2) 재산권의 본질적 침해 여부

금산법상 계약이전결정의 위헌성에 대하여 법원은 국가경제의 안정을 위해 필요적절한 수단이고, 이를 통하여 달성하고자 하는 공익과 부실금융기관 주주들이 입는 재산권 침해의 정도를 비교해도 양자 사이에 적절한 균형관계가 인정되므로, 과잉금지원칙에 위배되어 사유재산권의 본질적 내용을 침해하는 규정이라거나 헌법 제23조, 제37조 제1항, 제119조, 제126조 등의 규정에 위반되는 규정이라고 할 수 없다고 판단하였다(대법원 2005. 1. 27. 선고 2002두5313 판결). [20-57]

---

20) 부실금융기관이 경영개선명령(금산 10조 1항) 또는 자본감소명령(12조 3항)을 불이행하거나 이행불능하게 된 경우, 경영개선명령 및 합병등의 알선(금산 11조 3항)에 따른 부실금융기관의 합병 등이 이루어지지 않는 경우, 부채가 자산을 뚜렷하게 초과하여 경영개선명령의 이행이나 부실금융기관의 합병 등이 이루어지기 어렵다고 판단되는 경우, 자금사정의 급격한 악화로 예금등 채권 지급이나 차입금 상환이 어렵게 되어 예금자의 권익이나 신용질서를 해칠 것이 명백하다고 인정되는 경우.

21) 권순일, "금융산업의 구조개선법상 계약이전결정 등 처분에 대한 취소소송," 행정판례평선, 박영사, 2011, 1210-1215면.

다. 이전되는 권리의무의 범위

[20-58] 금융위는 계약이전결정을 할 때 이전되는 계약의 범위를 정해야 한다(금산 14조 5항 전단). 계약이전결정에 따라 이전되는 자산 및 부채 등의 범위에 관한 판단기준이 문제된다. 법원은 계약이전결정서 내용에 따라 판단하고, 규정이 불분명하여 문언만으로 범위를 알 수 없는 경우에는 계약이전결정의 취지와 경위, 이전되는 계약에 관련된 당사자 사이의 공평한 결과 등을 종합적으로 고려하여 판단한다고 본다(대법원 2005. 10. 27. 선고 2003다66691 판결; 대법원 2006. 4. 28. 선고 2004다70260 판결; 대법원 2010. 4. 29. 선고 2009다77730 판결; 대법원 2015. 7. 9. 선고 2015다1475 판결). 다음 2가지를 살펴본다.

[20-59] 첫째, 무효인 보험계약의 보험자 지위가 계약이전결정으로 이전되는가? 법원은 계약이전결정에 따른 이전대상에서 제외되는 '강행법규에 위반되는 등의 사유로 인해 이전기준일 현재 무효인 보험계약'은 이전기준일 현재 판결 등으로 무효임이 확정된 보험계약만을 의미한다고 보고, 대상 보험은 보험금 부정취득을 목적으로 하여 민법 제103조 위반으로 무효이지만, 이전기준일 당시에는 판결 등으로 확정되지 않았으므로, 계약이전결정에 따라 병이 보험자 지위를 이전받았다고 판단하였다(대법원 2015. 7. 9. 선고 2015다1475 판결).

[20-60] 둘째, 부실금융기관이 근저당권의 행사방법에 관하여 채권자들과 한 합의는 계약이전결정으로 이전되는가? 갑회사에 대한 대출금채권을 피담보채권으로 하여 갑 소유 집합건물에 근저당권설정등기를 마친 금융기관 을이, 각 구분건물의 분양을 통한 채권회수를 위해 갑의 채권단이 일정 기간 동안 각 구분건물을 분양할 수 있도록 하되, 그 기간 내에 분양되지 않는 호실에 대하여는 채권단이 유치권 행사를 포기하기로 하는 내용의 합의를 하였는데, 그 후 금감위의 계약이전결정으로 을의 위 대출금채권과 근저당권 및 그 권리 발생의 기초가 되는 계약상의 지위가 금융기관 병에게 이전된 사안이다. 쟁점은 위 합의가 이전대상인 "위 대출금채권과 근저당권 및 그 권리 발생의 기초가 되는 계약상의 지위"에 포함되는지 여부이다. 법원은 위 합의는 을이 근저당권자의 지위에서 채권단과 "위 근저당권의 구체적인 실행 또는 근저당채권의 회수 방안 및 채권단의 유치권 행사 또는 포기"에 관하여 합의한 것일 뿐, 위 "근저당권 자체나 근저당권 발생의 기초가 되는 계약상 지위"에 관한 합의라고 보기 어려우므로 효력이 병에게 미치지 않는다고 보았다(대법원 2010. 4. 29. 선고 2009다77730 판결).

라. 효력발생

1) 결정과 공고

[20-61] 계약이전결정이 있는 경우 해당 부실금융기관 및 인수금융기관은 공동으로 그 결정 요지와 계약이전사실을 2개 이상의 일간신문에 지체 없이 공고해야 한다(금산 14조의2 2항).

2) 효력발생시점

금산법상 계약이전결정의 효력발생시점은 계약이전결정시점이다(14조의2 2항). 계약이전결정에 포함된 계약에 의한 권리의무는 계약이전결정이 있는 때 인수금융기관이 승계한다(금산 14조의2 1항 본문). [20-62]

계약이전대상이 되는 계약에 의한 채권을 피담보채권으로 하는 저당권은 계약이전결정공고시점에 인수금융기관이 취득한다(금산 14조의2 1항 단서). 계약이전과 관련된 채권자·채무자·물상보증인 및 그 밖의 이해관계인과 해당 부실금융기관 사이의 법률관계는 계약이전결정공고가 있는 때에 인수금융기관이 같은 내용으로 승계한다(금산 14조의2 3항 본문). 다만, 이해관계인은 계약이전결정공고 전에 그 부실금융기관과의 사이에 발생한 사유로 인수금융기관에 대항할 수 있다(금산 14조의2 3항 단서). [20-63]

3) 계약이전결정의 효력

계약이전결정만으로 계약 자체가 이전되는 법률효과가 발생하는가? 과거 계약이전결정의 효력에 관하여 계약이전결정시점에는 이전할 공법상 의무가 발생한다는 하급심판결(서울지법 2001. 2. 8. 선고 99가합61465 판결)[22]이 있었다. 그러나 대법원은 계약이전결정시점에 계약이전의 효력이 발생한다고 판단하였다(대법원 2007. 11. 16. 선고 2007다36537 판결). [20-64]

마. 계약이전결정절차

1) 인수금융기관의 선정 등

금융위는 계약이전결정을 할 때에는 필요한 범위에서 이전되는 계약의 범위, 이전조건 및 계약이전을 받을 인수금융기관을 정해야 한다(금산 14조 5항 전단). 이 경우 인수금융기관 이사회의 사전 동의를 받아야 한다(금산 14조 5항 후단). 인수금융기관으로서는 사전에 재산실사와 예보와의 협의 등을 거쳐 인수대상이 되는 부실금융기관의 자산과 부채의 차액, 부실금융기관의 인수 후 추정영업수익, 부실금융기관의 인수시 피고로부터 지원받을 수 있는 자금의 규모 등을 면밀히 검토하여 이를 기초로 부실금융기관의 인수 여부를 자기 책임 하에 결정할 것이 요구된다(대법원 2007. 11. 29. 선고 2006다76583 판결). [20-65]

금융위는 계약이전결정을 한 때에는 부실금융기관의 관리인을 선임해야 한다(금산 14조 7항). 이 경우 관리인이 행사할 수 있는 권한은 선임목적으로 제한된다.[23] [20-66]

2) 주주총회 결의 등

인수금융기관이 계약이전과 관련하여 주주총회결의, 주식매수청구, 채권자이의제출 등의 절차를 이행하는 경우에는 합병·전환에 관한 절차의 간소화 등에 관한 규정(금산 [20-67]

---

22) 계약이전결정시점에 계약이전효력이 발생한다고 판시한 항소심에서 파기되었다. 서울고법 2003. 7. 15. 선고 2001나17840 판결(확정).

23) 노혁준, 앞의 논문, 235-243면; 이은재, 앞의 논문, 204면.

5조)을 준용한다(금산 14조 9항). 계약이전은 관계 법률 및 정관 규정에도 불구하고 계약이전을 하는 부실금융기관의 이사회 및 주주총회 결의를 필요로 하지 않는다(금산 14조 6항). 이 규정은 1998.9.14. 금산법 개정으로 신설되었다.

[20-68] 동 규정의 신설 전인 1998.6.29. 금감위가 갑은행에 대한 P&A방식의 계약이전결정, 영업정지 등 처분을 하고, 1998.9.30. 재정경제부장관이 은행업 등 인가·허가를 취소한 사안에서 주주총회 특별결의를 거치지 않고 부실금융기관을 자산부채인수방식에 의해 퇴출시키는 것이 소액주주의 권리를 침해하는지 여부가 문제된 사례가 있다. 법원은 주식의 '전부 소각'이나 자산부채의 '부분 인수'는 "주주총회의 특별결의 없이도 예금자보호 등을 위해 취할 수 있는 긴급한 조치에 해당하는 것으로 금융위기를 초래한 부실금융기관의 정리를 위한 불가피한 대안"으로서, "원고들이 소액주주라는 사정만으로는 금감위의 위 처분이 헌법, 민법 및 상법의 기본원리를 위반하여 강제적으로 원고들의 주주로서의 권리를 침해하는 위법한 것이라고 볼 수 없다"고 판단하였다(대전지법 1999. 8. 8. 선고 99가합3147 판결).

3) 계약이전결정과 채권양도

(가) 계약이전결정과 채권양도의 대항요건

[20-69] 계약이전결정으로 채권이 이전되는 경우 채권양도의 대항요건을 갖추어야 하는가? 계약이전결정으로 계약이전효력이 발생하고 채권양도의 대항요건은 필요없다(대법원 2007. 11. 16. 선고 2007다36537 판결). 1998.9. 개정 금산법은 계약이전결정공고로 채권양도의 대항요건(민 450조)을 갖춘 것으로 본다고 규정(14조의2 4항 본문)하였다. 이 규정이 있다고 달리 볼 것은 아니다(대법원 2007. 11. 16. 선고 2007다36537 판결). 그러면 금산법상 대항요건에 관한 특례규정의 의미는 무엇인가? 특례규정은 그 단서에서 이해관계인이 계약이전결정 공고 전에 그 부실금융기관과의 사이에 발생한 사유로 인수금융기관에 대항할 수 있도록 한 것이 중요하다(금산 14조의2 4항 단서).

(나) 계약이전결정과 채권양도제한특약

[20-70] 계약이전결정과 채권양도 제한특약의 관계는 어떠한가? 제도취지 및 금산법에서 계약이전결정시점에 승계 효력이 발생한다고 규정한 점을 근거로 원래의 채권자였던 부실금융기관과 채무자 사이의 채권양도제한특약에 의하여 이전의 효력에 장애가 생기는 것은 아니라고 본다(대법원 2002. 12. 26. 선고 2002다12727 판결; 대법원 2002. 12. 26. 선고 2002다12734 판결).

4) 계약이전결정과 영업양도

(가) 주주총회 특별결의

[20-71] 계약이전결정을 상법상 영업양도로 볼 것인가? 그렇게 보면 주주총회 특별결의를

요한다. 법원은 "계약이전과 상법상의 영업양도는 그 목적, 법적 성질, 효과를 달리하므로" 계약이전결정을 위해 주주총회 특별결의를 요하지 않는다고 판단하였다(대법원 2002. 4. 12. 선고 2001다38807 판결).[24] 은행 구조조정을 위해 금융위 판단에 따라 이루어지는 법정특별절차에 당사자 사이의 자율적 합의에 기초한 상법상 영업양도 규정을 적용할 수는 없다는 것이다.

(나) 계약이전결정과 고용승계

상법상 영업양도로 볼 수 없는 계약이전결정으로 고용승계를 수반하는 영업양도의 효과도 발생할 수 없다(대법원 2000. 11. 28. 선고 2000다43932 판결; 대법원 2003. 5. 30. 선고 2002다23826 판결; 대법원 2003. 6. 10. 선고 2001다17596 판결; 대법원 2003. 6. 13. 선고 2002다37641 판결). 이와 관련하여 금감위가 퇴출은행 직원에 대한 인수은행의 고용승계를 보장하지 않은 것이 위법한지 문제되었다. 자산부채인수방식은 "원칙적으로 종업원 고용승계 책임이 없고 퇴출은행의 직원 가운데 필요한 만큼만 선별적으로 고용할 수 있는 재량권을 인수은행에 부여하고 있는 것"으로서 금감위가 퇴출은행 직원에 대하여 고용승계의무를 부담하지 않는 은행에 대하여 직원들의 고용을 보장하도록 조치하지 않았다고 해서 위 자산부채인수방식에 의한 계약이전결정이 부당해고를 초래하는 등 근로자의 기본권을 침해하는 위법한 처분에 해당한다고 볼 수 없다(대전지법 1999. 8. 8. 선고 99가합3147 판결). [20-72]

5) 계약이전결정과 자료의 보관·열람

계약이전결정이 있는 경우 금융위는 해당 부실금융기관 및 인수금융기관으로 하여금 계약이전과 관련된 자료를 보관·관리하게 하고, 이해관계인이 열람할 수 있게 해야 한다. 이 경우 보관·관리 및 열람에 필요한 기준 및 절차는 금융위가 정한다(금산 14조의2 5항). [20-73]

6. 공적자금 지원과 도덕적 해이

가. 의 의

금융위는 부실금융기관이 계속된 예금인출 등으로 인한 재무구조악화로 영업지속이 어렵다고 인정되면 정부등에 대하여 그 부실금융기관에 대한 출자나 유가증권 매입을 요청할 수 있다(금산 12조 1항). 금융위 요청에 따라 정부등이 부실금융기관에 출자하는 경우 그 부실금융기관의 이사회는 발행할 신주의 종류와 내용, 수량, 발행가액, 배정방법 및 그 밖의 절차에 관한 사항을 결정할 수 있다(금산 12조 2항). 이 경우 상법상 주식발행관련 규정(330조, 344조 2항, 416조-418조)은 적용되지 않는다. 금융위는 정부등이 출자 또는 유가증권 매입을 하였거나 출자 또는 유가증권 매입을 결정한 부실금융기관에 대하여 자본감소명령을 할 수 있다(금산 12조 3항). [20-74]

---

24) 상세한 설명으로, 조한창, "금융감독위원회의 계약이전결정과 영업양도의 인정 여부," 대법원판례해설 44호(2003 상반기), 법원도서관, 2004, 683-715면.

나. 손실분담방식으로의 전환

[20-75] 2008년 글로벌 금융위기 이후 전통적인 구제금융방식(bail-out)을 손실분담방식(bail-in)으로 전환하고 있다. 주주의 손실분담에 대해서는 자본감소명령 등으로 제도화되어 있다. 과거 예금채무에 대한 임원과 과점주주의 연대책임을 규정한 구 상호신용금고법(1995.1.5. 법률 제4867호로 개정된 것) 제37조의3의 위헌 여부가 다투어진 사안에서 헌재는 "'부실경영의 책임이 없는 임원'과 '금고의 경영에 영향력을 행사하여 부실의 결과를 초래한 자 이외의 과점주주'에 대해서도 연대채무를 부담하게 하는 범위 내에서 헌법에 위반된다"고 판단하였다(헌재 2002. 8. 29. 2000헌가5·6, 2001헌가26, 2002헌가3·7·9·12, 2000헌바34, (병합) 전원재판부). 이 결정에 대해서 의문을 제기하는 견해[25]도 있다.

[20-76] 채권자에 대해서도 조건부자본증권이나 손실분담가능채권(bail-inable bond)의 형태로 손실분담을 요구할 수 있다. 손실분담가능채권에 대해서는 그 도입범위에 대하여 논의 중이다.

25) 이은재, 앞의 논문, 207면.

제4절 도산절차

Ⅰ. 서 언

은행도산에 대하여 일반기업과 같은 도산법의 적용대상으로 하는 입법례와 은행 등 금융회사에 대한 도산법을 일반기업에 대한 도산법과 따로 제정하는 입법례가 있다. 미국, 캐나다, 이탈리아 등은 후자의 입법례에 속한다.[26] 그러나 국내에서도 파탄한 은행은 은행감독기관 주도의 정리절차를 통하여 회생 여부를 결정하고, 불가능할 경우 인가취소와 계약이전을 거쳐 회생법상 파산절차로 이행되는 것이 일반적이다. [20-77]

은행에 대해서 기촉법상 구조조정절차를 적용할 수 있는가? 은행에 대하여 회생법상 회생절차를 적용할 수 있는지 여부도 문제된다. 신용과 평판을 영업의 본질적 기초로 하는 은행에 대하여 회생법상 회생절차를 적용할 실익이 있는지 생각해 볼 사항이다. [20-78]

Ⅱ. 기업구조조정절차

기촉법은 채권금융기관에 의한 채무조정과 신규 신용공여를 통한 부실징후기업의 구조조정절차를 규정한다.[27] 금융회사도 기촉법의 적용대상이 될 수 있는가? 기촉법은 은행을 포함한 금융회사를 대상에서 제외하고 있다(2조 6호 나목; 동 시행령 2조 2항, 법인세법 시행령 61조 2항 1호-31호). 한편, 개인채무법은 은행과 같은 채권금융회사등에 대하여 개인금융채무자의 채무조정 요청을 부당하게 거절하거나 그 처리를 지연할 수 없다고 하여 채무조정요청권을 인정하고 있다(31조 1항). [20-79]

Ⅲ. 회생 및 파산절차

1. 개 관

일반도산절차에 관한 기본법인 회생법은 회생절차와 파산절차를 규정하고 있다. 은행 등 금융회사에 대한 도산절차와 일반사업회사에 대한 도산절차를 별도법으로 규정하는 입법례도 있지만, 우리나라는 양 절차를 모두 회생법에서 규정하고 있다. 그러나 은행의 [20-80]

---

26) Eva Hupkes, The Legal Aspects of Bank Insolvency, a Comparative Analysis of Western Europe, the United States and Canada, Kluwer Law International, 2000.

27) 「기업구조조정촉진법」의 연혁은 다음과 같다.
2001.8.14, 법률 제6504호, 2001.9.15. 시행(5년 시한의 한시법 2005.12.31. 폐지)
2007.8.3, 법률 제8572호, 2007.11.4. 시행(5년 시한의 한시법 2010.12.31. 폐지)
2011.5.19, 법률 제10684호, 2011.5.19 시행(2013.12.31.까지 효력)
2014.1.1, 법률 제12155호, 2014.1.1. 시행(2015.12.31.까지 효력)
2016.3.18., 법률 제14075호, 2016.3.18. 시행(2018.6.30.까지 효력).
2018.10.16, 법률 제15855호, 2018.10.16. 시행(2023.10.15.까지 효력)
2023.12.26, 법률 제19852호, 2023.12.26. 시행(2026.12.25.까지 효력)
정순섭, "기업구조조정의 법률관계-기업구조조정촉진법의 구조와 내용을 중심으로", 2010.5.12 기업구조조정촉진법관련 심포지움, 서울지방변호사회.

경우에는 그 특성상 회생절차를 적용하기는 어렵고 파산절차가 적용된 사례는 많다.

2. 회생절차

[20-81] 은행이 회생절차의 대상이 될 수 있는가? 법원은 1997.12.26. 동서증권과 고려증권의 회사정리절차개시신청 및 보전처분신청을 기각하였다.[28] 기각결정이유는 도산한 금융기관은 회사정리절차를 통하더라도 "갱생의 가망성"이 없다는 점과 금융기관이 공익성이 있다 해도 회사정리절차를 통하여 갱생을 도모하기에는 부적절하다는 점이었다.[29]

[20-82] 첫째, 갱생의 가망성에 관하여 법원은 다음과 같이 판단하였다.

"사건본인 회사에 관하여 갱생의 가망이 있는가 여부에 관하여 보건대, 첫째, 사건본인회사는 이미 부도발생으로 인하여 증권관리위원회로부터 영업정지처분을 받고 고객예탁금을 자력으로 반환할 능력이 상실되어 있는 등 증권회사로서의 영업의 주요 원천인 "신용 또는 신뢰성"이 훼손되어 있는데다가, 앞으로 회사정리절차가 개시되어 정리회사로서 회사정리법상의 제약을 받게 되는 경우에 이러한 신용 또는 신뢰성이 회복되리라고 보기 어려운 점, 둘째, 현재의 불안정한 금융시장 여건 하에서 사건본인 회사가 다른 금융기관으로부터 추가자금을 차입하는 것은 극히 곤란하므로 결국 사건본인 회사가 자체 영업을 통하여 갱생하기 위해서는 제3자인수를 통하여 외부로부터 대규모의 신규자본투입이 필요하다고 할 것인바, 현재 국내 증권회사들이 증권시장 침체 등으로 인원과 조직을 축소하고 있는 상황에서 사건본인 회사를 인수하려는 재력 있는 제3자가 나타났다거나 빠른 시일 안에 나타날 개연성이 있다는 점에 대한 소명이 없는 점, 셋째, 재정경제원장관은 증권거래법 제55조의 규정에 의하여 사건본인 회사의 증권업허가를 취소할 수 있는데, 사건본인 회사는 현재 유가증권 매매거래에 따른 수도결제 불능 및 고객예탁금 반환이 불가능하게 되어 위와 같은 허가취소사유에 해당하므로 가사 회사정리신청이 받아들여지더라도 증권업허가가 취소될 경우 그 존립의 근거가 상실되는 점 등에 비추어 보면. 사건본인회사는 현재 상황에서 회사정리절차를 개시하더라도 갱생의 가망이 없다고 할 것이다."

[20-83] 둘째, 법원은 금융기관의 공익성이 인정된다고 해도 회사정리절차를 통하여 갱생을 도모하기에는 부적합하다고 판단하였다.

"사건본인 회사는 국내 증권회사 중 4위에 해당하는 오랜 전통을 가진 대규모의 증권회사로서 임직원수 1,520여 명, 총주주수 46,823명에 이르고 국내 금융기관으로부터의 차입금이 5,100억원에 이르며 72개 주식회사의 회사채에 지급보증을 하고 있는 등 일견 그 공익적 성격이 강한 회사라고 볼 여지가 있으나, 첫째 사건본인 회사와 같은 금융기관이 보유하고 있는 자산은 대부분 부동산 및 금융자산으로서 제3자가 어떠한 형태로 취득하더라도 그 효용이 별로 감소하지 않는 대체재로서(이 점에서 제조업체가 보유하고 있는 생산설비, 생산기술·공업소유권·영업권 등의 자산형태와 구별된다) 사건본인 회사만이 위 자산에 대한 효용의 극대화를 이루는 것이 아닌 점, 둘째 이러한 금융기관 보유자산의 특성 및 한 금융기관의 부실이 다른 금융기관의 예금자(투자자)와 국민경제에 미치는 연쇄파급효과를 고려하여 금융산업의구조개선에관한법률은 제3장 및 제4장에서 부실금융기관의 정비, 청산 및 파산에 관한 특별절차를 규정하여 예금자(투자자)의 보호와 신속한 정리절차를 마련하고 있는 점 등에 비추어 보면, 사건본인 회사는 회사정리절차를 통하여 정리재건을 도모하기에 부적합한 경우에 해당한다고 할 것이다."

---

28) 당시 회사정리법은 회사정리절차의 개시요건으로 갱생의 가망성과 공익성을 규정하고 있었지만, 1998.2.24 개정으로 그 요건이 경제성(존속가치 > 청산가치)으로 변경되었다.

29) 서경환, 앞의 논문, 35-37면. 해당 판결을 확보할 수 없어 서경환, 위의 논문에 기재된 근거를 참고한 것임을 밝혀 둔다.

회생법은 '그 밖에 회생절차에 의함이 채권자 일반의 이익에 적합하지 아니한 경우'를 회생절차개시신청의 기각사유로 규정하고(42조 3호) 있다. 회생절차에 의하지 않는 것이 채권자 일반의 이익에 부합하는 경우는 **청산가치가 존속가치보다 높은 경우**를 포함한다(대법원 1999. 1. 11. 선고 98마1583 결정; 대법원 2008. 6. 17. 선고 2005그147 결정; 대법원 2009. 12. 24. 선고 2009마1137 결정). 따라서 은행 등 금융회사에 대하여 회생절차가 개시되기는 어려울 것으로 본다.[30] 은행 등 금융회사에 대한 회생은 금산법상 부실금융기관처리절차를 통하여 이루어지게 될 것이다. 금산법에 따른 구제 가능성이 없는 경우에는 파산절차의 대상이 될 것이다. [20-84]

3. 파산절차

가. 의 의

은행도 회생법상 파산능력이 있다. 1997년 외환위기 이후 일부 지방은행도 인가취소와 계약이전결정을 거쳐 파산절차로 처리되었다. [20-85]

나. 금융위의 파산신청이 행정처분에 해당하는지 여부

금융위의 부실금융기관 파산신청이 행정소송법상 행정처분에 해당하는가? 법원은 금산법 제16조 제1항 및 구 저축은행법 제24조의13상 금감위의 파산신청은 "그 성격이 법원에 대한 재판상 청구로서 그 자체가 국민의 권리·의무에 어떤 영향을 미치는 것이 아닐 뿐만 아니라, 위 파산신청으로 인하여 당해 부실금융기관이 파산절차 내에서 여러 가지 법률상 불이익을 입는다 할지라도 파산법원이 관할하는 파산절차 내에서 그 신청의 적법 여부 등을 다투어야 할 것"이므로 행정처분이 아니라고 판단하였다(대법원 2006. 7. 28. 선고 2004두13219 판결). [20-86]

다. 은행파산이 진행 중인 경우 금융위의 인가취소처분 취소를 구할 소의 이익이 있는지 여부

은행파산이 상당부분 진행 중인 경우 금융위의 은행업 인가취소처분의 취소를 구할 소의 이익이 있는가? 법원은 "파산결정이 확정되고 이미 파산절차가 상당부분 진행되고 있다 하더라도 파산종결이 될 때까지는 그 가능성이 매우 적기는 하지만 동의폐지나 강제화의 등의 방법으로 당해 부실금융기관이 영업활동을 재개할 가능성이 여전히 남아 있으므로," 인가취소처분에 대한 취소를 구할 소의 이익이 있다고 판단하였다(대법원 2006. 7. 28. 선고 2004두13219 판결). 그러나 금융위의 정리절차를 거쳐 파산절차가 진행 중인 은행의 영업재개가능성이 있는지 의문이다. [20-87]

---

30) 서경환, 앞의 논문, 39면.

라. 예보와 파산관재인

[20-88] 공적자금관리특별법은 예금자보호법상 공적자금지원이나 금산법상 계약이전결정된 부보금융회사의 해산이나 파산에서 공적자금의 효율적 회수필요성이 있는 경우 예보 또는 그 임직원을 청산인이나 파산관재인으로 선임하고, 청산인이나 파산관재인의 해임에 관한 규정을 적용배제한다(20조 1항). 이 조항의 위헌성이 다투어졌다. 쟁점은 파산관재인 선임의 법적 성격과 예보의 공적 기능이다.

[20-89] 헌재는 첫째, 예보에 대한 법원의 감독권 배제가 자의적이거나 불합리한 법원의 사법권 제한이라 보기 어려운 점, 둘째, 예보의 법적 지위 내지 공적 기능을 볼 때 예보를 파산관재인 선임으로 다른 채권자와의 관계에서 비합리적인 차별취급으로 볼 수 없는 점, 셋째, 위 조항들은 입법목적과 실현수단의 적정성, 예보의 법적 지위와 전문성, 공적 지위 등을 고려할 때, 합리성과 정당성을 갖춘 것이라 할 것이므로 적법절차원칙에 위배되지 않는 점을 근거로 합헌으로 판단하였다(헌재 2001. 3. 15. 2001헌가1).

[20-90] 이러한 다수의견에 대해서는 첫째, 파산관재인 선임은 파산재단의 규모·자산상태 등을 감안하여 적격자를 심사·선임하는 결정이므로 법원의 재판사항에 속하는 점, 둘째, 채권자들 간 이해관계가 상충되는 파산절차에서 이해관계인 중 1인인 예보가 파산관재인 역할을 맡아 법원감독에서 벗어나 절차를 전단할 수 있고, 법원의 해임권을 제한한 것은 절차와 내용에서 합리성과 정당성을 갖추었다고 볼 수 없으므로 적법절차원칙에 위배되는 점, 셋째, 파산채권자들 사이에 현저히 불합리하게 예보만을 우대하는 매우 불공평한 취급을 초래하므로 평등의 원칙에도 위반되는 점을 근거로 위헌으로 보는 반대의견이 있다.[31)]

31) [재판관 김영일, 재판관 김효종의 반대의견]. 재판관 권성의 반대의견은 위 반대의견과 입장을 같이 하면서 이 사건 조항은 판사의 이러한 선택과 결단의 권한을 배제하고 있어서 "판사의 이름과 권한은 불가양(不可讓)의 것"임을 규정한 헌법 제101조와 제103조에 어긋나는 것이고 삼권분립의 원칙에 위반"된다는 보충의견을 제시하고 있다.

제5절 외국은행 국내지점 등의 청산

Ⅰ. 의 의

은행법은 외국은행 국내지점이나 대리점의 청산이나 파산 시 내국채권자 보호를 위해 일정한 기준에 따른 국내자산보유의무를 부과하고(62조 1항), 실제 청산이나 파산의 경우에는 그 국내보유자산을 내국채권자의 채권에 우선 충당하는(62조 2항) 제도를 두고 있다. [20-91]

국내자산보유의무는 1991.12 은행법 개정에서 외국은행 국내지점의 체계적 관리를 위해 외국은행 국내지점 등에 대한 별도의 장을 신설하면서 도입된 것이다. 내국채권자 우선보호조항은 제정 은행법 제14조에서 도입한 것을 1991.12 은행법 개정에서 종래의 제14조를 폐지하고 현재의 내용으로 개정한 것이다.32) [20-92]

Ⅱ. 외국은행 지점의 법적 지위

외국은행 지점은 은행법상 규제단위로는 독립된 은행으로 본다. 그러나 그 법적 실체는 법인으로서의 외국은행의 일부일 뿐이다. 은행도산법상 외국은행 지점은 독자적으로 청산이나 파산의 대상이 될 수 있다. 그러나 2008년 글로벌 금융위기 이후 외국은행 지점에 대한 현지국 단위의 청산이나 파산보다는 그 은행의 전 세계 영업점 전체에 대한 단일한 정리나 도산절차가 효율적이라는 지적이 이루어졌다. [20-93]

그런 관점에서는 외국은행 지점에 대한 현지국 차원의 개별적인 청산이나 파산, 특히 내국채권자우선보호조항이 오히려 국제적인 단일 정리나 도산절차의 효율성을 침해할 수 있다는 것이다. 그러나 내국채권자 보호라는 목적상 결코 쉽지 않은 문제이다. [20-94]

Ⅲ. 외국은행 지점 또는 대리점의 국내자산보유의무

외국은행의 지점 또는 대리점은 자산의 전부 또는 일부를 대한민국 내에 보유해야 한다(62조 1항).33) 외국은행의 국내지점이 국내에 보유해야 하는 자산의 범위는 영업기금(26조)에 상당하는 자산이다(62조 1항; 령 25조). 외국은행지점은 국내보유자산이 영업기금상당액에 미달하는 때에는 사유발생일로부터 90일 이내에 이를 보전해야 한다(규정 12조 1항). [20-95]

국내보유자산은 외국은행지점이 운용하는 자산의 소재지가 국내로 되어 있는 모든 원화자산과 외화자산으로 한다(규정 12조 2항). 자산의 소재지를 판단하는 기준은 무엇인가? 동산이나 부동산과 같이 소재지를 쉽게 파악할 수 있는 경우에는 그 소재지 기준을 적용한다. 그러나 소재지를 파악할 수 없는 자산에 대해서는 청산 또는 파산 시의 집행 가능성도 함께 고려되어야 한다. [20-96]

---

32) 국회 재무위원회, 은행법중개정법률안 심사보고서, 1991.12, 25면.

33) 고동원, "외국은행 국내지점에 대한 규제·감독의 방향," 금융감독연구 제1권 제1호, 2014, 61-98면.

Ⅳ. 외국은행의 청산·파산과 내국채권자우선보호

1. 의 의

[20-97] 외국은행의 지점 또는 대리점이 청산하거나 파산한 경우 그 자산, 자본금, 적립금, 그 밖의 잉여금은 대한민국 국민과 대한민국에 주소 또는 거소를 둔 외국인의 채무를 변제하는 데에 우선 충당되어야 한다(62조 2항). **내국채권자 우선보호조항**(ring-fencing)이라고 한다. 외국은행이 국내의 영업소를 폐쇄할 때 국내보유자산을 반출함으로써 내국채권자의 이익을 침해하는 것을 방지하기 위한 것이다.[34] 이 조항은 외국은행에 대한 국제금융도산 상황에서 내국채권자보호에 중요한 역할을 한다. 그러나 다국적 금융회사의 효율적이고 체계적인 정리에는 지장을 줄 수도 있다.

2. 요 건

[20-98] 첫째, 내국채권자 우선보호조항은 외국은행의 지점 또는 대리점이 청산하거나 파산한 경우를 대상으로 한다. 이 경우 외국은행의 지점 또는 대리점의 청산이나 파산은 그 자체의 청산이나 파산뿐만 아니라 그 본점의 청산이나 파산에 따라 이루어지는 경우도 포함한다.

[20-99] 둘째, 우선충당 대상 자산은 '그 자산, 자본금, 적립금 그 밖의 잉여금'이다. 여기서 우선충당의 대상이 되는 자산은 외국은행의 지점 또는 대리점의 자산에 한정된다. 제정 은행법에서 "대한민국내에 있는 외국금융기관이 청산 또는 파산되는 때에는 그 자산, 자본금, 적립금 기타 잉여금"이라고 하여 외국은행 국내지점이나 대리점의 자산 등 외에 외국은행 전체의 자산을 포함하는 것인지에 대하여 논란이 있었던 점[35]을 고려하여 이를 분명히 한 것이다. 그러나 실제 집행가능한 것은 외국은행 지점 또는 대리점의 국내자산 보유의무의 대상이 되는 자산에 한정될 것이다.

[20-100] 셋째, 우선변제권이 인정되는 채무는 '대한민국 국민과 대한민국에 주소 또는 거소를 둔 외국인의 채무'에 한정된다. 제정 은행법에서 한국국민이라고 했던 것에 '대한민국에 주소 또는 거소를 둔 외국인'을 추가한 것이다. 이를 **내국채권자**라고 한 것이다.

3. 효 과

[20-101] 내국채권자 우선보호조항의 적용으로 외국은행 국내지점이나 대리점의 자산은 **변제하는 데에 우선 충당**한다는 것은 내국채권자의 우선변제권을 인정한 것이다. 여기서 내국채권자의 우선변제권을 인정하는 핵심은 은행법상 **내국채권자에 해당하지 않는 자**에

34) 서형석·이용선, 113면. 외국은행 국내지점 등의 청산에 관한 조항은 뉴욕주 은행법(N.Y. Banking Law § 606(4)(a))을 참고한 것으로 알려져 있다. 다만, 뉴욕주 은행법은 미국채권자가 아니라, 해당 지점과 거래한 채권자를 대상으로 한다.

35) 서형석·이용선, 116면.

비하여 우선변제를 인정하자는 것이지 국내법상 다른 우선변제권을 모두 부정하는 것은 아니다. 내국채권자 우선변제권과 국내법상 다른 권리자와의 관계를 살펴본다.[36]

첫째, 회생법상 임금채권 등 법정우선변제권자나 담보권자인 별제권자의 권리와의 관계는 이들 법정우선변제권자와 별제권자의 권리가 우선한다. 국내지점이나 대리점을 파산단위로 생각할 경우 파산절차상 적용되는 기준이 변경될 수 없기 때문이다. [20-102]

둘째, 회생법 이외의 법률상 밖의 우선변제권자에 대해서는 은행법과 그 법률과의 우선관계를 고려하여 판단하는 것이 타당하다. [20-103]

36) 이병화, 371-372면.

제6절 금융계약의 해지와 일괄정산네팅

Ⅰ. 서 언

[20-104] 회생법은 첫째, 지급결제제도, 둘째, 청산결제제도, 셋째, 적격금융거래의 3분야에 대하여 법적 위험을 정리하는 내용을 담고 있다. 구체적으로는 회생법 제120조에서 일정한 범위의 지급결제제도, 청산결제제도, 그리고 적격금융거래에 대하여 회생절차상 제약규정의 적용을 배제하고, 이를 제336조에서 파산절차에 준용하는 것이다. 이러한 특칙의 대상이 되는 제도와 거래는 특히 금융체계위험의 방지 및 국제금융환경과의 정합성 유지를 위해 법적 조치의 필요성이 지속적으로 주장되어 온 분야이다.[37)]

Ⅱ. 입법의 배경과 외국의 입법례

1. 배 경

가. 개 관

[20-105] 회생법상 특칙이 논의되어 온 것은 금융체계위험의 방지와 국제금융환경과의 정합성 유지라는 2가지 배경에 따른 것이다.[38)] 회생법상 특칙을 요하는 문제가 발생하는 근원은 "금융체계위험의 방지"라는 금융규제법의 기본원칙과 "일반채권자평등의 원칙"이라는 도산법의 기본원칙의 충돌에 있다. 특칙에 대한 남용의 우려를 주장하는 견해 역시 그러한 정책적 목적의 차이를 반영하고 있다고 보인다. 회생법상 특칙과 관련한 문제의 인식과 적정한 해법의 제시는 금융규제법과 도산법이 가지는 기본원칙의 차이를 충분히 인식할 때 비로소 가능해진다.

나. 금융체계 위험의 방지

[20-106] 회생법상 금융거래특칙은 금융거래 및 금융제도를 동법상 각종 제한에서 제외함으로써 특정한 금융거래나 제도로부터 발생할 수 있는 금융체계위험을 제거하는 것을 목적으로 한다. 이러한 위험요인이 상대적으로 강한 것으로 평가되는 장외금융상품거래, 거래소 등 다자간 금융상품거래시스템, 지급결제제도 등의 경우에는 그 위험요인의 현실화를 방지하지 위해 네팅과 담보화 및 거래의 해지 등 계약장치를 두고 있다. 이러한 각종 계약장치가 도산법상 제약으로 인하여 그 효력이 상실되거나 제한될 경우 위에서 언급한 금융체계위험이 현실화될 수 있다. 회생법상 금융거래특칙은 이러한 계약장치가 당사자의 도산상황에서도 효력을 발휘할 수 있게 하는 것을 목적으로 한다.

---

37) 이하 정순섭, "통합도산법상 금융거래의 특칙에 관한 연구 - 채무자회생및파산에관한법률 제120조 제3항의 해석론을 중심으로," 증권법연구 제6권 제2호, 2005, 245-269면에 기초한 것이다. 국내 논의로는 박준·홍선경·김장호, 앞의 논문, 287-315면; 임치용, 앞의 논문, 87-110면.

38) 회생법상 특칙의 입법방안에 대해서는 「장외파생금융거래의 일괄정산규정에 관한 워크숍」(2004. 10. 1 증권예탁원)과 「도산법상결제시스템의 보호」(2004. 11. 17, 이화여대 도산법센터)의 2차례 워크숍에서 구체적으로 논의되었다.

다. 국제금융환경과의 정합성 유지

이 특례와 관련하여 또 하나 중요한 사실은 국내 금융시장에 참여하는 외국금융기관 등 외국참여자의 국내 법적환경에 대한 인식의 문제이다. 입법이나 판례 등에 의한 법적 불확실성의 해소를 기본으로 생각하는 외국참여자의 인식을 고려하면 국제금융환경과의 정합성 유지는 국내금융시장의 국제경쟁력 유지에 중요한 요소가 될 수 있다. 법적 불확실성의 존재는 정확한 계량이 불가능하기는 하지만, 국내기관이 **법적 위험에 따른 프리미엄(legal risk premium)**을 부담하는 원인이 될 수 있다. 회생법상 특칙은 국제금융환경과의 정합성 유지에 목적이 있음에 유의해야 한다. [20-107]

라. 특례와 남용방지의 우려

금융기관을 주된 참여자로 하는 일부 금융거래와 금융제도에 대한 특례에 대해서는 특히 그 남용의 가능성과 관련하여 반대의 의견도 있을 수 있다. 그리고 회생법상 특칙의 남용을 논할 때 유의할 사항은 해석론상 네팅을 요소로 하는 장외금융상품거래, 장내금융상품거래, 그리고 지급결제제도에 대하여 그 효력을 부인하는 견해는 현실적으로 없었다는 점이다. 회생법상 특례규정은 국제금융시장에서의 국내 법률 제도에 대한 인식을 확실하게 하는 방안으로 입법에 의한 명확화를 선택한 것이다. [20-108]

그러나 상대거래임을 특징으로 하는 장외금융상품거래의 경우에는 남용 가능성을 완전히 부정할 수는 없다. 예컨대 본 특칙의 적용을 받기 위해 대출과 같은 금융상품을 적격금융거래로 구성하는 등 대상상품의 종류와 관련한 남용가능성은 충분히 인정된다. 거래주체와 대상상품에 대한 법원과 금융당국의 적극적인 관심이 요구된다. [20-109]

2. 입법례

가. 국제적 논의

일부 금융제도와 금융거래에 대한 법적 기반의 확보 필요성이 논의되기 시작한 것은 1989년 이후이다. 논의의 단초를 연 것은 BIS에서의 일련의 작업에 의한 것이었다. 1989년 BIS에서 발표한 네팅구조에 관한 보고서에서 은행간 지급결제와 외환결제를 중심으로 네팅의 효과와 편익을 분석한 후,[39] 1990년 역시 BIS에서 발표한 보고서에서 주로 외환결제를 대상으로 네팅의 효력 확보를 위한 기준의 하나로 법적 기반의 확보를 제안하였다.[40] 1999년 BIS의 체계상 중요지급제도에 관한 기본원칙에서 1990년 보고서에서 제안된 기준을 다자간 네팅이 이루어지는 시스템 일반으로 확대할 것으로 제안하였다.[41] [20-110]

39) Bank for International Settlements, Report on Netting Schemes Prepared by the Group of Experts on Payment Systems of the Central Banks of the Group of Ten Countries(Basle, February 1989)(“Angell Report”)〈http://www.bis.org/publ/cpss02.pdf〉.

40) Bank for International Settlements, Report of the Committee on Interbank Netting Schemes of the Central Banks of the Group of Ten Countries(Basle, November 1990)(“Lamfalussy Report”).

나. 입법적 해결 사례

[20-111] 이러한 요청을 입법하기 시작한 것은 1989년 이후이다. 미국은 1989년 금융기관개혁회복집행법(Financial Institutions Reform, Recovery and Enforcement Act 1989)에 의한 연방예금보험법(Federal Deposit Insurance Act) 개정, 1990년 연방도산법 개정, 1991년 연방예금보험공사개선법(Federal Deposit Insurance Corporation Improvement Act 1991) 등을 통하여 실현하였다. 일본은 1998년의 일괄청산에 관한 특별법과 그 후의 파산법, 회사갱생법 및 민사재생법 개정, 2004년 증권거래법과 금융선물거래법 개정 등을 통하여 장외금융상품과 장내금융상품거래에 대한 특칙을 마련했다. 그 밖에 주요 금융선진국에서도 장내외금융상품거래와 지급결제제도에 대한 도산법상 특례입법을 실현하였다. 특히 미국의 경우 2005년 도산남용방지 및 소비자보호법(the Bankruptcy Abuse Prevention and Consumer Protection Act 2005)에서 그동안 불명확하다고 지적된 부분을 대폭 정비하는 입법을 완료했다.

다. 국내에서의 논의

[20-112] 우리나라의 경우 장외파생금융상품거래에 대해서는 1995년 이후 이루어진 일련의 연구에서 입법적 해결의 필요성이 강조되어 왔다.[42] 지급결제제도에 대한 회생법상 특칙의 필요성에 대해서는 특히 CLS 외환동시결제시스템에서의 원화지정과 관련하여 문제로 부각되었다.[43] 증권 및 장내파생상품거래의 청산에 대해서도 유사한 위험이 지적되어 왔다.

[20-113] 특별입법의 실현수단에는 도산법을 개정하는 방법, 특별법을 제정하는 방법, 금융규제법을 개정하는 방법 등이 있을 수 있다. 그러나 이러한 다양한 입법방법이 이용되고 있는 것은 각국의 특유한 상황과 환경에 따른 것이다. 우리나라는 회생법에 규정을 두는 방안을 채택했다.

Ⅲ. 적용요건

1. 서 언

[20-114] 회생법 제120조는 지급결제제도, 청산결제제도, 적격금융거래에 대하여 동법의 적용

---

41) Bank for International Settlements, Committee on Payment and Settlement System, Core Principles for Systematically Important Payment Systems(July 2000). 청산결제제도에 대한 것으로는 Committee on Payment and Settlement System and Technical Committee of the International Organization of Securities Commissions, Recommendations for Securities Settlement Systems(November 2001), [Recommendation 1], pp8-9; Committee on Payment and Settlement System and Technical Committee of the International Organization of Securities Commissions, Recommendations for Central Counterparties(November 2004), [Recommendation 1], pp13-16.

42) 논의를 정리한 것으로, 정순섭, 장외파생금융상품거래의 도산절차상 취급에 관한 법제도 정비방안(현안분석 2003-7, 한국법제연구원, 2003).

43) CLS은행은 2004.9. 입법예고된 「채무자회생및파산에관한법률(안)」이 외환동시결제의 완결성을 저해할 수 있다는 우려를 표명하였다. 한국은행, '보도참고자료: 통합도산법(안)상의 결제완결성 보장 추진'(2004.12.6). 외환동시결제제도에 대해서는 한국은행 금융결제국, 우리나라의 외환동시결제제도(2005.4).

을 배제하고 있다. 지급결제제도에 대해서는 [16-43]에서 살펴보았고, 청산결제제도에 대해서는 자본시장법에서 논의할 사항이다. 이하 적격금융거래의 특례를 살펴본다.

2. 기본계약의 존재

가. 의 의

회생법 제120조는 기본계약에 근거하여 적격금융거래를 행하는 당사자 일방에 대하여 회생절차가 개시된 경우를 적용요건으로 규정하고 있다. 따라서 동조의 적용범위는 **기본계약**이 이용되는 경우에 한정된다. 따라서 **기본계약**의 개념은 동조의 적용범위를 정할 때 가장 중요한 기준이다. 그런데 회생법은 기본계약에 대해서 '일정한 금융거래에 관한 기본적 사항을 정한 하나의 계약'이라고만 규정할 뿐 그 구체적인 의미를 정의하고 있지 않다. 동조의 입법취지와 연혁을 고려하면 그 의미는 분명하다. [20-115]

나. ISDA 마스터계약서에 한정되는지 여부

기본계약은 'Master Agreement'를 번역한 용어이지만, ISDA 마스터계약서로 한정할 것은 아니다. 금융시장에는 장외파생상품이나 리포 또는 증권대차 등을 위한 기본계약이 다수 존재한다([12-18],[15-27]). 국내시장에도 우리말로 작성되고 우리법을 준거법으로 하는 기본계약이 존재한다. [20-116]

이와 함께, 국제금융계에서는 일괄정산네팅의 효과를 높이기 위해 위에서 언급한 각종 마스터계약서를 망라하는 상품간 마스터계약서의 이용을 제안하고 있다. 그러나 첫째, 실제 거래를 위한 것이 아니라 순수하게 일괄정산네팅의 효과를 이용하기 위하여 체결되는 계약서를 포함할 것인지에 대해서는 견해가 나뉜다. 둘째, 기본계약에 해당하기 위해서는 국내외 금융시장에서 일정한 '표준성'을 확보할 필요가 있다. 이러한 표준성의 요구는 본 특칙의 남용방지수단으로서도 기능할 수 있다. [20-117]

다. 정의규정의 필요성

본조에서 말하는 기본계약은 각종 표준계약서를 포괄적으로 포함하는 개념으로 해석되지만, 혼란을 피하기 위해 정의규정을 둘 필요가 있다. 예컨대, 일본의 「금융기관 등이 행하는 특정금융거래의 일괄청산에 관한 법률시행규칙」(1998)은 우리법의 기본계약에 해당하는 "기본계약서"를 "특정금융거래를 행하고자 하는 금융기관 등과 그 상대방간에 둘 이상의 특정금융거래를 계속적으로 행하기 위해 작성된 계약서로서, 계약당사자간에 행하여지는 특정금융거래에 관련된 채무에 관하여 그 이행의 방법 기타 당해 특정금융거래에 관한 기본적 사항을 정하는 것"으로 정의하고 있다(2조). 우리나라에서의 해석에도 참고가 될 수 있을 것이다. [20-118]

3. 적격금융거래에의 해당

가. 서 언

[20-119] 회생법 제120조는 그 적용범위를 정하는 기준으로 **적격금융거래**를 규정하고 있다. 적격금융거래로는 "통화, 유가증권, 출자지분, 일반상품, 신용위험, 에너지, 날씨, 운임, 주파수, 환경 등의 가격 또는 이자율이나 이를 기초로 하는 지수 및 그 밖의 지표를 대상으로 하는 선도, 옵션, 스왑 등 파생금융거래로서 대통령령이 정하는 거래"('제1호 상품'), 즉 전통적인 의미의 장외파생금융거래, "2. 현물환거래, 유가증권의 환매거래, 유가증권의 대차거래 및 담보콜거래" 등 일부 외환 및 증권금융거래('제2호 상품'), 그리고 이들 두 가지 거래를 혼합한 거래('제3호 상품')의 3가지 거래 이외에 이들 각각의 거래에 수반되는 담보의 제공·처분·충당과 같은 담보거래('제4호 상품')가 포함되는 것으로 하고 있다. 여기서 담보거래는 편의상 '제4호 상품'이라고 부르지만, 엄밀한 의미의 금융상품에는 해당하지 않으며, 본조의 적용범위에 관한 독립적인 기준으로서 별도로 설명한다.

나. 제1호 상품

[20-120] '제1호 상품'은 회생법 제120조 제3항 제1호에서 규정하는 "통화, 유가증권, 출자지분, 일반상품, 신용위험, 에너지, 날씨, 운임, 주파수, 환경 등의 가격 또는 이자율이나 이를 기초로 하는 지수 및 그 밖의 지표를 대상으로 하는 선도, 옵션, 스왑 등 파생금융거래로서 대통령령이 정하는 거래"로서 전통적인 장외파생금융거래를 의미한다. 회생법시행령은 자본시장법상 정의(4조 10항 1호-5호)와 동일하게 규정하고 있다.[44]

다. 제2호 상품

[20-121] '제2호 상품'이란 회생법 제120조 제3항 제2호에서 규정하고 있는 "현물환거래, 유가증권의 환매거래, 유가증권의 대차거래 및 담보콜거래" 등 일부 외환 및 증권금융거래를 말한다.

[20-122] 본 특례의 적용대상에 리포와 증권대차를 포함할 것인지에 대해서는 논의가 있다. 그러나 현재 논의되고 있는 도산법상 특별조항의 필요성이 인정되어 온 것은 '일괄정산'이라는 위험감축기법을 대상으로 한 것이지 특정한 금융상품을 대상으로 한 것이 아니다.

[20-123] 리포나 증권대차를 도산법상 특칙의 적용범위에 반드시 포함해야 할 이유는 그에 고유한 법률문제인 성질재결정위험([15-37]-[15-52])에서도 찾을 수 있다. 리포나 증권대차를 위한 표준계약서상 일괄정산조항의 효력을 도산법상 확보하는 특칙을 두는 것은 그러한 성질재결정위험을 완전히 제거하는 정도는 아니겠지만, 중요한 보완책이 될 수 있을 것이다.

---

44) 입법연혁상 자본시장법에 규정하기 위하여 만든 정의규정을 회생법시행령에 먼저 규정한 것이다. 회생법시행령상 정의에 당시 입법상 존재하지 않던 금융투자상품(14조 1항 1호)이라는 용어가 규정된 것은 이러한 배경에 따른 것이다.

문제는 회생법에서 리포거래를 지칭하는 것으로 사용하고 있는 문언이 입법예고안 과 약간 다르다는 점이다. 입법예고안에서는 '유가증권의 환매조건부거래'라고 하여 리포 거래의 개념을 명확히 규정하였지만, 회생법 조문에서는 이것이 '유가증권의 환매거래'라 고 규정되어 있다. 그 입법취지와 연혁을 고려하여 이를 리포거래로 해석·운용하는 것이 불가능하지는 않을 것으로 생각되지만, 의문의 여지를 완전히 부정할 수는 없다. [20-124]

현물환거래란 결제일이 거래일로부터 2영업일 이내인 외환거래를 말하며, 결제일이 거래일로부터 2영업일을 초과하는 외환거래인 선물환거래와 구별된다(외국환거래규정 1-2조 9호 참조). 현물환거래를 반드시 포함해야 하는지에 대해서는 의문의 여지가 있다. [20-125]

담보콜거래는 은행간 신용거래임을 특징으로 하는 초단기대출상품인 콜거래를 통한 자금조달 기회를 은행 이외의 금융기관에 확대하기 위해 콜거래에 유가증권을 담보로 제공한 것으로서 전형적인 대출이다. [20-126]

라. 제3호 상품

제3호 상품은 제1호 상품과 제2호 상품에 대한 거래가 혼합된 거래를 말한다. 이는 장래의 복합상품의 출현가능성에 대비한 규정이다. [20-127]

4. 일괄정산조항의 규정

본 특칙의 적용을 위해서는 **일괄정산구조**(close-out netting)가 포함되어야 한다. 일괄 정산은 거래의 위험구조가 쌍방향일 것을 전제로 한다. 일방당사자만이 위험을 부담하는 일방향 구조에서는 본 특칙상 정산조항이 애초에 적용될 여지가 없다. 적격금융거래로 규정되어 있는 상품이라도 쌍방향 위험구조를 가지지 않는 경우에는 일괄정산구조를 가질 수 없고, 본 특칙이 적용될 수 없다. 본 특칙의 해석에서 주의할 부분이다. [20-128]

5. 최종잔액채권의 담보화구조[45)]

가. 담보의 의의와 형식

회생법 제120조 제3항 제4호에서는 "제1호 내지 제3호의 거래에 수반되는 담보의 제공·처분·충당"를 적격금융거래로 규정하고 있다. 그 취지는 역시 담보화라는 금융시장의 관행을 고려한 것이다([11-53]-[11-60]). [20-129]

일괄정산에 따라 산출된 **최종잔액채권**은 도산절차상 도산채권으로 취급되어야 한다. 그러나 금융시장에서는 이 잔액채권에 대한 위험까지도 완전히 제거하기를 원하였고, 그 결과가 바로 **담보화구조**이다. 즉, 본호에서 말하는 담보는 "당사자가 사전에 약정한 기간 또는 기일에 양당사자간의 거래에 일괄정산이 일어난 것으로 보고, 그 결과 산출된 최종 잔액채권에 대한 담보를 설정하는 것"을 말한다. 담보에 대한 회생법상 제한을 배제하여 즉시의 집행을 통한 위험의 제거를 목적으로 하는 것이다.[46)] [20-130]

45) 이 요건은 위에서 언급한 3가지 요건과 병렬적인 것은 아니고, 담보거래가 수반되는 경우에만 적용된다.

[20-131] "제1호 내지 제3호의 거래에 수반되는 담보의 제공·처분·충당"에는 소유권 이전의 형식에 의한 것을 포함하는가? 이 조항은 입법예고안에서 "8. 제1호 내지 제3호의 거래에 수반되는 담보 및 담보목적의 소유권 이전 거래"라고 했던 것을 수정한 것이다.

[20-132] 여기서 담보거래는 질권 등 법률상 담보 이외에 금융시장에서 담보적 기능을 수행하는 각종 형태를 포함하기 위한 것으로 일괄정산네팅에 부수적인 것으로 이해되어야 한다. 해석론으로는 증권대차를 포함하여 소유권 이전의 형식에 의한 것을 포함하는 것으로 보고 있다.[47]

나. 일괄정산네팅 후의 단일잔액채권에 대한 담보거래

[20-133] 본 특칙에서 말하는 담보거래는 이러한 **일괄정산네팅 후의 단일잔액채권에 대한 담보거래**를 말하는 것이며, 일반적인 담보거래가 아니다. 본호의 담보를 대출거래 그 밖의 여신거래를 위한 담보권 행사에 대하여 부인권행사를 면제하는 것으로 보는 것은 입법취지를 오해한 것이다.

Ⅳ. 적용효과

1. 도산법적용의 배제

[20-134] 본 특례에서 회생법 적용을 배제하는 범위에 대해서는 ① 회생법 일반의 적용을 배제하는 방식과 ② 문제되는 조문을 선정하여 구체적·개별적으로 배제하는 방식이 논의되었다. 회생법 제120조 제3항은 "이 법의 규정에 불구하고 기본계약에서 당사자가 정한 바에 따라 효력이 발생하고"라고 하여 ①을 채택하였다. "해제, 해지, 취소 및 부인의 대상이 되지 아니하며, 제4호의 거래는 중지명령 및 포괄적 금지명령의 대상이 되지 아니한다"고 한 것은 확인적 규정이다.

2. 특칙의 남용방지

[20-135] 회생법 제120조 제3항 단서에서 "다만, 채무자가 상대방과 공모하여 회생채권자 또는 회생담보권자를 해할 목적으로 적격금융거래를 행한 경우에는 그러하지 아니하다"라는 규정을 둔 것은 일괄정산규정의 남용방지를 위한 것이다. '공모'와 '해할 목적'이 입증되어야 한다.

---

46) 다만 회생절차개시 후에 하는 담보물의 처분이나 충당은 개별집행금지원칙에 반하므로 허용되지 않는다는 견해가 있다. 임치용, 앞의 논문, 108면.

47) 박준·홍선경·김장호, 앞의 논문, 310면; 정순섭, "통합도산법상 금융거래의 특칙에 관한 연구—채무자회생및파산에관한법률 제120조 제3항의 해석론을 중심으로," 증권법연구, 2005, 261-262면.

V. 일괄정산네팅의 일시정지제도

1. 취지

일괄정산네팅에 대해서는 부실금융기관에 대한 순조로운 정리절차를 방해할 수 있다는 우려가 있다. 정리당국의 개입 이전에 일괄정산네팅이 완료되기 때문이다. 따라서 상호공조를 통해 다국적 금융기관에 대한 효과적인 정리절차를 마련하기 위해서는 당해 금융계약을 건전한 금융기관에게 이전하기 위해 잠시 계약상의 해지효과를 지연하는 것이 필요하다. 이를 위해 금융당국이 이러한 권한을 보유해야 한다. [20-136]

장외파생상품 등 적격금융계약에 대한 도산법상 특칙은 금융체계위험의 방지와 국제금융환경과의 정합성 유지 등을 위한 선택이다. 일괄정산네팅조항의 일시정지제도는 일괄정산네팅에 관한 특칙의 취지를 저해하지 않으면서 건전한 금융거래의 유지라는 목적을 달성할 수 있다.[48] 법체계상 회생법이 아닌 금산법상 정리당국의 판단사항이 되어야 한다. [20-137]

2. 구조

금융위는 **금융체계상 중요한 금융기관**이 체결한 **적격금융거래**(회생 120조 3항)의 상대방에 대하여 금산법상 부실금융기관결정, 부실금융회사결정(예보 2조 5호), 그리고 적기시정조치 명령[49]을 **정지사유**로 하는 적격금융거래의 종료 및 정산을 **일시정지 결정의 효력이 발생한 때부터 다음 영업일 자정까지** 정지할 수 있다(금산 14조의9 1항 1호-4호; 동 시행령 5조의10). 이 기간 동안 인수은행을 찾아 인수시키는 등을 고려한 것이다. [20-138]

금융위는 정지결정을 하면 지체 없이 그 내용을 인터넷 홈페이지에 게시하고 관보 또는 일간신문 중 하나 이상에 공고해야 한다(금산 14조의9 2항). 정지의 효력은 **정지결정이 있은 때**부터 발생한다(금산 14조의9 3항). [20-139]

금융위에 의하여 종료 및 정산이 정지된 적격금융거래가 정부등의 출자(금산 12조 1항)를 통하여 자본이 증가하는 금융체계상 중요한 금융기관에 해당 적격금융거래의 잔여분이 있는 경우나 계약이전(금산 14조 2항)이 되는 경우 적격금융거래의 상대방은 정지기간(금산 14조의9 1항)이 종료되더라도 위 정지사유에 해당하는 조치를 사유로 하여 그 거래의 종료 및 정산을 할 수 없다(금산 14조의9 4항 1호·2호). [20-140]

48) 도입사례로 미국 12 U.S.C. Sec.5390(c)(10)(B)(i); EU Bank Recovery and Resolution Directive 2014, Article 71; 일본 預金保險法 137조의3.

49) 그 밖에 이에 준하는 조치로서 시행령으로 정하는 조치를 추가할 수 있지만 현재 시행령에는 규정이 없다.

Ⅵ. 회생법상 특례와 금융체계위험의 방지효과

[20-141] 이러한 특례의 금융체계위험 방지효과에 대해서는 의문을 표시하는 견해[50]가 있다. 이러한 주장은 특히 1998년의 Long Term Capital Management(LTCM) 사태에서 근거를 찾을 수 있다. 도산법상 특칙은 금융체계위험의 방지를 주된 목적으로 하지만, 실제로는 금융체계위험을 증폭시키는 결과를 초래했다는 것이다. 다시 말해, 일정한 금융거래에 따른 계약의 해지 및 그에 대한 담보권 행사를 미국도산법상 자동정지의 예외로 규정함으로써 오히려 대상기관의 도산을 촉진하고, 다량의 담보물건을 일시에 시장에서 처분하려는 시도는 전체적인 시장위기를 촉발할 수 있다는 우려를 발생시켰다는 것이다. 결국 그러한 위기에 대한 우려는 중앙은행의 영향력으로 채권금융기관에 의한 구제금융이 이루어짐으로써 진정되었다. 이러한 문제는 엔론사태에서 또 한 번 발생할 것으로 우려되었지만, 그러한 사태는 재연되지 않았다. 이를 두고 일부에서는 도산법상 특례를 통한 금융체계위기 방지의 구체적인 사례로 주장하고 있다.[51]

[20-142] 본 특칙이 금융체계위험의 방지에 어느 정도 효과를 가지는지는 여전히 논란의 대상이다. 그러나 이러한 논의에서는 대상과 범위를 명백히 할 필요가 있다. 본 특칙의 대상이 되는 계약장치 중에서 특히 네팅과 거래의 해지가 전체적인 수준에서의 **위험의 양**을 감축하는 것은 명백하다. 본 특례규정과 금융체계위험에 관한 논란은 네팅 이후의 최종 잔액채권에 대한 담보권의 행사까지 회생법의 예외로 한 데서 비롯된 것이다.[52]

50) 우선, Robert R. Bliss and George G. Kaufman, 'Derivatives and Systemic Risks: Netting, Stays, and Closeout' (Paper presented at the Conference on "Derivatives and Financial Stability," Associazione Guido Carli and the Journal of Financial Stability, Rome October 25, 2004).

51) 시장참가자의 이익을 대변하는 기관에서는 '기업의 실패, 시장의 성공'이라는 제목으로 이 점을 강조하고 있다. International Swaps and Derivatives Association, Inc, Enron: Corporate Failure, Market Success(ISDA 17th Annual General Meeting, Berlin, 17 April 2002).

52) 같은 취지로 이영경, "채무자 회생 및 파산에 관한 법률의 적격금융거래에 대한 특례조항의 비판적 검토", 서울대학교 법학 제60권 제2호, 2019, 261면.

제21장 예금보험

제1절 서 설

은행법에서 예금보험을 살펴보는 이유는 예금보호를 통하여 은행을 중심으로 하는 지급결제제도의 안전성을 유지하고 은행정리를 위한 출발점이 되기 때문이다. 예금보험의 이해를 위해서는 예금자우선변제권에 대한 논의도 필요하다. 글로벌 금융위기 이후 금융회사의 정리와 관련하여 손실분담(bail-in)이 강조되면서 예금보험은 새로운 의미를 갖게 되었다. [21-1]

우리나라의 예금보험제도는 원본보전상품의 원본보전의무의 전부나 일부를 보장하는 데 그치지 않고 증권과 보험 등 비은행권의 지급의무에 대해서도 일부 보장을 하고 있다. 운영의 효율성이라는 관점에서는 충분히 이해될 수 있는 부분이지만, 논의 자체는 구분되어야 한다. 이 장에서 말하는 예금보험은 은행법상 예금을 대상으로 하는 원본보전의무의 일부나 전부를 보장하는 것을 말한다. 이런 관점에서 예금보험의 기본원칙과 적용대상 예금의 범위, 그리고 금융소비자보상기금과의 비교가 중요하다. [21-2]

예금보험에는 예금인출사태를 포함한 은행의 불안정성 제거라는 긍정적 기능과 함께 시장규율의 작동을 방해할 수 있는 도덕적 해이의 가능성도 존재한다. 따라서 예금보험제도는 필요한 최소한의 범위에 그쳐야 한다. 1997년 금융위기 이후 은행 파탄으로 인하여 실제 예금보험금 지급사례가 발생하면서 지급실무와 관련한 쟁점도 존재한다. 디지털 기술의 발전과 함께 예금인출사태는 새로운 국면을 맞이하고 있다. [21-3]

제2절 의의와 기능에서는 예금자우선변제권 및 금융소비자보상기금과의 비교를 통하여 예금보험제도의 개념을 설명한다. 제3절 기본원칙에서는 예금보험의 기본원칙으로 기금조성과 관련하여 차등요율제와 목표기금제를, 그리고 기금집행과 관련하여 최소비용의 원칙과 공평손실분담의 원칙을 정리한다. 제4절 적용범위와 구조에서는 예금보험대상이 되는 예금의 범위와 예금보험금 지급실무상 쟁점, 그리고 디지털 기술의 발전과의 관계를 살펴본다. [21-4]

제2절 의의와 기능

Ⅰ. 의 의

[21-5] 예금보험은 은행이 파산 등으로 예금을 지급하지 못할 경우 예금자에게 보험금을 지급하는 공적보험제도이다.[1] 예금보험제도는 보험사고가 발생할 경우 보험금 지급만 담당하는 **협의의 예금보험제도**(pay box)와 금융회사의 부실을 사전에 예방함으로써 보험위험을 최소화하는 **광의의 예금보험제도**(risk minimizer)로 구분할 수 있다.[2] 예금자보호법상 예금보험제도는 단순한 보험금 지급뿐만 아니라 금융회사의 부실예방기능도 함께 수행한다. 예금자보호법은 부보대상 금융회사의 확대와 예보의 부실금융회사 정리기능이 강화되는 형태로 발전하고 있다.

[21-6] 우리나라는 1980년대 이후 업종별로 예금보험제도를 운영하다가 현재는 1995년 예보가 운영을 담당하고 있다. 1998.4. 은행권과 비은행권의 예금보험제도를 통합하였다.[3]

Ⅱ. 기 능

[21-7] 예금보험제도는 예금자보호를 통한 예금인출사태의 예방을 위하여 도입된 것이다. 그러나 집단적 보험제도의 적용 결과 예금자의 감시유인을 제거함으로써 도덕적 해이의 가능성에 대한 우려도 존재한다.[4] 1933년 미국의 연방예금보험공사(Federal Deposit Insurance Corporation, FDIC)를 시작으로 구체적인 형태의 차이는 있지만 은행제도를 가진 대부분의 국가에서 운용하고 있다.[5]

Ⅲ. 구 별

1. 예금자우선변제권

가. 의 의

[21-8] 예금자우선변제권(Depositor Preference)이란 은행이 파탄한 경우 예금채권에 그 은행에 대한 다른 채권에 우선하여 변제받을 수 있는 권리를 부여함으로써 다른 채권자에 앞서 지급받도록 하는 제도를 말한다.[6] 국제예금보험기구협회에 따르면 예금자우선변제권은

---

1) 예보, 예금자보호법 해설, 2016; 한국법제연구원, 예금자보호법해설서, 법제처 연구용역보고서, 2011.

2) 예보, 위의 책, 3면. 이를 세분화하여 금융회사 파산 시 예금자에게 보험금 지급기능만 수행하는 형태(Pay-box, 호주·오스트리아 등 9개국), 보험금 지급 외에 자금지원 등 부실금융회사 정리단계에서 추가적인 기능을 수행하는 형태(Pay-box Plus, 리히텐슈타인·영국), 최소비용 정리방식 선택과정에 적극적으로 참여하는 형태(Loss Minimizer, 프랑스), 통합보호기구가 폭넓은 정리권한을 가진 형태(Risk Minimizer, 한국·말레이시아)로 구분하기도 한다. 황인창·김해식·이승준·김동겸·안소영, 예금보험 및 정리제도 개선방안, 보험연구원, 2020.9, 68면.

3) 예금보험제도의 연혁에 대해서는 예보, 위의 책, 10-19면.

4) 예보, 위의 책, 5-10면.

5) 국가별 현황은 국제예금보험기구협회(International Association of Deposit Insurers, IADI)의 설명이 자세하다. 〈http://www.iadi.org/en/deposit-insurance-systems/dis-worldwide/〉

예금보험을 위한 자격요건을 충족하는 모든 예금에 우선권을 부여하는 방식, 부보예금에 대해서 우선변제권을 부여하는 방식, 적격비부보예금에 대해서 일반 무담보 비우선 채권자보다 앞선 순위를 인정하되 부보예금자에 대해서는 적격비부보예금보다 우선순위를 인정하는 방식, 부보 여부와 적격 여부를 불문하고 모든 예금채권에 대하여 일반 무담보 비우선 채권자보다 앞선 순위를 인정하는 방식으로 구분할 수 있다.[7]

나. 구 상호신용금고법상 예금채권자우선변제권

과거 상호신용금고법에서 금고의 예금채권자에게 예탁금 한도 내에서 금고의 총재 [21-9]
산에 대하여 다른 채권자에 우선하여 변제받을 권리를 부여하고 있었다(37조의2). 헌재는 예금자우선변제제도는 예금채권자를 우대하기 위해 일반채권자를 불합리하게 희생시킴으로써 일반채권자의 평등권 및 재산권을 침해하는 것으로서 헌법 제11조 제1항과 제23조 제1항에 위반된다고 판단하였다(헌재 2006. 11. 30. 2003헌가14).[8] 헌재는 첫째, 예금자우선변제권은 예금자보호와 금고의 공신력 제고를 목적으로 하지만, 일반채권자의 희생을 수단으로 하는 점, 둘째, 제정 당시 예금자우선변제가 필요했지만, 금고의 건전경영과 부실방지 장치의 보완, 업무 확대로 일반 금융기관과 다를 바 없게 되었고, 특히 1997.12.31.부터 금고의 예금자도 예금보험대상이 된 점, 셋째, 예보의 공적자금을 일반채권에 우선하여 회수할 수 있게 하여 금고 도산으로 인한 부실화 방지 필요는 있지만, 은행의 경우와 달리 금고의 일반채권자를 희생시키는 수단을 정당화시키는 목적으로 삼기는 어려운 점, 넷째, 서민예금채권자 보호필요성이 있다 해도 입법자는 예금의 종류나 한도를 묻지 않고 무제한적인 우선변제권을 줄 것이 아니라 입법취지에 맞게 예금의 종류나 한도를 제한하여 다른 일반채권자의 재산권 침해를 최소화할 헌법상 의무가 있는 점 등 4가지를 근거로 들고 있다.

이러한 헌재 결정에 대해서는 반대의견이 있었다(재판관 김종대, 재판관 민형기의 반대의 [21-10]
견). 첫째, 금고의 도산위험감소와 예금보험적용으로 별도의 예금자보호 필요성이 감소되었지만, 자산규모의 취약성, 고객범위 및 업무내용상 한계, 경영투명성 미흡으로 인한 금고의 도산위험성을 부정할 수 없기 때문에 금융정책적으로 예금채권자를 보호하고 대외적 공신력을 제고할 필요가 있는 점, 둘째, 입법자는 서민금융편의와 신용질서확립을 위해 지역단위의 소규모 금융기관인 금고를 육성하고 예금채권자보호제도를 도입할 수 있고, 그 내용이 국민의 기본권을 과도하게 침해하는 경우가 아니면 섣불리 헌법에 위반된다고 할 수 없는 점, 셋째, 예금자우선변제제도는 예금채권자를 일반채권자에 우선하여 상대적

6) Daniel C. Hardy, Bank Resolution Costs, Depositor Preference, and Asset Encumbrance, IMF Working Paper, July 2013.

7) 〈https://www.iadi.org/en/core-principles-and-guidance/glossary/depositor-preference/〉

8) 상호신용금고법(1999. 2. 1. 법률 제5738호로 개정되기 전의 것) 제37조의2 (예금자등의 우선변제권) 예금 등을 예탁한 자는 예탁금액의 한도안에서 상호신용금고의 총재산(공탁한 재산을 포함한다)에 대하여 다른 채권자에 우선하여 변제를 받을 권리를 가진다.

으로 보호하는 데 반하여, 예금보험제도는 전체 금융기관 예금자의 일정 예금액을 절대적으로 보호하는 것으로, 보호목적과 비교대상이 차별화되므로, 예금보험제도 도입 후에도 우선변제제도를 유지할 것인지 여부는 입법자의 판단에 맡겨야 할 사항인 점 등을 근거로 이 사건 법률조항은 헌법에 위반되지 않는다는 의견을 제시하였다.

다. 예금채권자 우선변제권의 제도적 기능

[21-11] 국제적으로도 예금자우선변제권의 도입은 법률 및 사법 구조와 금융체계를 고려하여 판단할 것을 권고하고 있다.[9] 예금자우선변제권은 정리비용 경감과 정리절차 효율화, 그리고 법역간의 통일적인 예금자 취급으로 국제적인 정리절차의 효과에도 기여할 수 있다, 그러나 일반비예금채권자의 상대적인 손실가능성 확대로 인하여 비예금채권의 담보화나 만기단축 등의 조치를 취하게 될 것이다. 이러한 조치는 은행자금조달에 심각한 영향을 미쳐 예금자우선변제권의 긍정적 효과를 소멸시킬 수 있다.

[21-12] 헌재 다수의견의 논리도 유사하다. 첫째, 예금채권자와 일반채권자의 관계에 대하여 헌재는 "총부채 중에서 예금채권이 차지하는 비율이 90%가 넘기 때문에 예금채권이 우선변제권을 행사하고 나면 일반 채권자의 몫으로 남는 자산은 없거나 극히 적게 되어 일반 채권자들은 거의 변제를 받지 못하게 된다"는 점을 강조한다. 둘째, 예금보험이 도입되었으므로 예금채권자우선변제권은 불필요하다는 것이다. 두 제도는 결국 예금자 보호와 금융체계의 안정을 목적으로 하는 점에서 같다. 그러나 업무범위가 방법과 지역의 양면에서 제한되는 상호저축은행의 특성상 예금채권자 보호를 위해 추가적인 보장제도를 둔 것이다. 헌재 결정의 소수의견에서 밝힌 바와 같이 예금자우선변제제도는 예금채권자를 일반채권자에 우선하여 상대적으로 보호하기 위한 것인데 반하여, 예금보험제도는 전체 금융기관 예금자의 일정 예금액을 절대적으로 보호하기 위한 것으로, 이들 상호 간에 보호의 목적과 비교 대상이 차별화되는 것이다.

[21-13] 따라서 헌재 결정에서 밝힌 바와 같이 '예금의 종류나 한도를 묻지 않고 무제한적인 우선변제권을 줄 것이 아니라' '입법취지에 맞게 예금의 종류나 한도를 제한하여 다른 일반채권자의 재산권 침해를 최소화'하는 형태로 도입할 수 있는 것이다.[10] 예컨대 예금보험 대상 예금의 예금채권자로 한정하여 우선변제권을 인정하는 것도 대안이 될 수 있다.

2. 금융소비자보상기금

[21-14] 예금보험이 원본보전상품의 원본반환의무를 보장하는 것이라면, 금융소비자보상기금

9) International Association of Deposit Insurers, Core Principles for Effective Deposit Insurance Systems, November 2014, p17.

10) 김진곤, "우선변제제도와 재산권 보호의 함수관계 – 헌재결 2006. 11. 30. 2003헌가14·15(병합)를 중심으로," 헌법학연구 제13권 32호, 722면.

은 은행 등의 영업행위규제위반에 따른 손해배상청구권을 금융회사의 파탄 등으로 인한 책임재산부족으로 지급받지 못할 경우 일부의 지급을 보장하는 것을 말한다.[11] 예컨대 금융상품을 판매하는 은행이 설명의무를 위반하여 은행이용자에 대하여 손해배상책임을 지게 되었지만, 책임재산이 없거나 부족한 경우에 기금으로 지급한다는 발생이다. 이러한 기금의 필요성은 건전성규제의 수준과 함께 논의되어야 한다.

11) 홍성균, "금융투자업자에 대한 금융소비자보상기금 제도의 도입에 관한 연구," 서울대학교 법학, 제52권 제1호, 2011, 247-297면.

제3절 기본원칙

Ⅰ. 의 의

[21-15] 예금자보호법은 예금보험의 기본원칙으로 기금조성과 관련하여 **차등요율제**와 **목표기금제**를, 그리고 기금집행과 관련하여 **최소비용의 원칙**과 **공평손실분담의 원칙**을 규정하고 있다.

Ⅱ. 차등요율제

1. 의 의

[21-16] 예금보험료의 산정방식은 은행에 대하여 같은 요율을 적용하는 고정보험요율방식과 은행의 위험노출 정도에 따라 상이한 보험료를 징수하는 차등보험요율방식이 있다.[12] 예금자보호법상 은행은 [예금등의 분기별 평균잔액 × 8/1만 × 1/4](그 금액이 10만원보다 적은 경우에는 10만원)을 분기별 보험료로 매 분기 종료 후 1개월 이내에 예보에 납부하는 것을 원칙으로 하면서(예보 30조 1항 전단; 동 시행령 16조 1항 단서, 예금자보호법 시행령 [별표 1] 보험료의 산식(16조 1항 및 16조의2 1항 관련)), 은행별로 경영상황 및 재무상황, 계정별 적립금액 등을 고려하여 그 비율을 다르게 하는 차등보험요율방식을 도입하였다(예보 30조 1항 후단). 차등보험료율을 적용받는 은행의 매 사업연도 1분기 보험료는 직전 사업연도의 보험료율을 적용하여 계산하고 해당 사업연도의 차등보험료율에 따른 2분기 보험료 납부 시 정산하되 차액에 대한 이자는 발생하지 않은 것으로 본다(예보법 시행령 16조의2 3항).

2. 고정보험요율방식의 문제와 차등보험요율방식

[21-17] 모든 은행에 대하여 동일한 보험요율을 적용하게 되면 회사의 과도한 위험추구행위를 조장하여 도덕적 해이를 초래한다는 문제가 있다.[13] 또한 예금자도 은행의 건전성과 무관하게 보험금을 지급받게 되므로 은행을 차별화할 동기가 없다. 전체적으로 고정요율방식은 도덕적 해이의 가능성에 무력하다는 지적이 있다. 차등요율방식은 은행의 실제 위험에 비례하여 보험료를 차등화함으로써 회사의 도덕적 해이를 방지하고 예금보험기구의 사전적 위험관리자 역할을 높이게 된다.[14]

3. 감 면

[21-18] 예보는 예금보험기금 적립액이 목표규모에 도달한 경우 향후 예상되는 예금보험기금의 수입액과 지출액의 규모를 고려하여 은행이 내는 보험료를 감면한다(예보 30조의4 4항;

---

12) 한국법제연구원, 앞의 책, 101면.

13) 고정요율방식과 차등요율방식의 장단점에 대한 비교는 예보, 예금자보호법 해설, 2016, 283-285면; 한국법제연구원, 위의 책, 101면.

14) 한국법제연구원, 위의 책, 101면.

동 시행령 16조의5). 예보의 직전 회계연도 말일 현재 예금보험기금의 계정별 기금 적립액이 목표규모의 하한을 초과하는 경우 해당 계정의 수입이 되는 보험료를 감액해야 한다(예보 시행령 16조의5 1항). 그리고 예보의 직전 회계연도 말일 현재 예금보험기금의 계정별 기금 적립액이 목표규모의 상한을 초과하는 경우에는 해당 계정의 상한초과금액의 전부나 일부를 은행에 환급하거나 해당 계정의 수입이 되는 보험료 납부를 면제해야 한다(예보 시행령 16조의5 2항). 감면이나 환급은 예보위의 의결을 거쳐야 한다.

Ⅲ. 목표기금제

1. 의 의

목표기금제는 기금 적립액을 적정한 목표수준으로 유지함으로써 예금보험기금의 안정적 확보와 함께 장기적으로 부보금융회사의 부담을 줄이기 위해 도입되었다.[15] 사전에 적정한 적립규모를 정하고 이를 달성하면 그 후의 보험료를 감면해 주는 것이다. [21-19]

예보는 예금보험기금 적립액이 적정한 수준을 유지하도록 그 목표규모를 설정해야 한다(예보 30조의4 1항). 목표규모는 예보위의 의결을 거쳐 예금보험제도의 효율적 운영을 해치지 않는 범위에서 부보금융회사의 경영상황 및 재무상황 등을 고려하여 각 계정별로 정한다(예보 30조의4 2항 전단). 이 경우 목표규모는 상하한을 두어 일정 범위로 정할 수 있다(예보 30조의4 2항 후단). 예보는 국민경제의 전반적인 여건과 금융제도의 안정성 등을 고려하여 목표규모의 적정성을 주기적으로 검토하고, 필요하면 예보위의 의결을 거쳐 목표규모를 재설정할 수 있다(예보 30조의4 3항). [21-20]

2. 예 외

예보는 부보금융회사의 수가 적어 목표규모를 정하는 것이 부적절하다고 인정하는 경우 예보위 의결에 따라 해당 계정의 목표규모설정을 미룰 수 있다(예보 30조의4 5항; 동 시행령 16조의5 4항). 부보금융기관의 수가 적으면 대수의 법칙이 적용될 수 없어 목표규모를 확정하기 어렵고 상대적으로 규모가 큰 1개사가 도산하는 경우 기금으로 처리하기 어려운 점을 고려한 것이다.[16] 은행의 경우 적용가능성은 낮다. [21-21]

Ⅳ. 최소비용의 원칙

1. 의 의

최소비용의 원칙이란 예보가 부보금융회사 및 그 회사를 자회사등으로 두는 금융지주회사에 대하여 보험금을 지급하거나 자금지원을 하는 경우에는 예금보험기금의 손실이 최소화되는 방식을 적용하는 것을 말한다(예보 38조의4 1항). 예보는 보험금 지급 또는 자 [21-22]

---

15) 예보, 앞의 책, 297-300면; 한국법제연구원, 위의 책, 108-109면.
16) 한국법제연구원, 위의 책, 110면.

금지원이 최소비용으로 이루어졌음을 입증하는 자료를 작성·보관한다(예보 38조의4 2항). 여기서 최소비용은 [(투입금액-회수금액)+국민경제적 손실]의 최소화를 말한다.[17] 공적자금관리특별법상 최소비용원칙(13조)과 같은 취지이다.

2. 예 외

[21-23] 예보는 부실금융회사등의 청산 또는 파산 등이 금융제도의 안정성을 크게 해칠 우려가 있다고 예보위가 인정하는 경우 최소비용원칙이 아닌 다른 방식으로 보험금을 지급하거나 자금지원을 할 수 있다(예보 38조의4 3항). '부실금융회사등의 청산 또는 파산 등'의 경우와 자금지원을 하는 경우를 비교형량하여 파산시키는 것이 최소비용일 경우에는 파산시키는 것이 원칙이다. 그러나 그러한 조치가 금융제도의 안정성을 크게 해칠 우려가 있다고 인정되는 경우에는 예외적으로 최소비용원칙을 적용하지 않는다는 것이다.[18] 이에 대해 국민경제적 손실까지 최소비용의 개념에 합산하면 엄밀한 의미에서 최소비용원칙의 예외는 아니라는 설명도 있다.[19]

V. 공평한 손실분담의 원칙 등

1. 의 의

[21-24] 예보는 자금지원을 할 때에 지원 대상인 부보금융회사의 부실에 책임이 있는 자가 공평한 손실분담을 하는 것을 전제로 해야 한다(예보 38조의5 1항). 여기서 부실책임자의 공평한 손실분담은 주주의 경우 자본감소를, 임원의 경우 징계 또는 교체를, 직원의 경우 감원이나 임금동결을 통하여 부실책임자 사이에 공평한 손실분담이 이루어지는 것을 말한다.[20] 결국 최소비용의 원칙과 동일한 취지에 기초한 것이다. 공적자금관리특별법상 공평한 손실분담의 원칙(14조)과 같은 취지이다.

2. 경영정상화계획이행약정

[21-25] 예보가 자금지원을 할 때에는 자금지원전까지 해당 부보금융회사와 경영정상화계획의 이행을 위한 서면약정을 체결한다(예보 38조의5 2항 전단; 동 시행령 24조의4 1항). 다만, 정리금융회사에 대하여 자금지원을 하는 경우, 부보금융회사등을 인수·합병하거나 계약이전을 받는 자로부터의 자금지원 신청(예보 38조 1항 1호; 37조)이 있거나 부실금융회사등의 합병등이 원활하게 이루어질 수 있도록 하기 위하여 필요하다고 인정되는 자금지원을 하는 경우,[21] 예보가 금융회사의 자산매수방식으로 자금지원을 하는 경우는 취지상 경영정상

---

17) 예보, 앞의 책, 411면.
18) 한국법제연구원, 앞의 책, 151면.
19) 예보, 앞의 책, 411면.
20) 예보, 위의 책, 397면, 417면.
21) 다만, 취지상 자금지원을 받는 자가 부실금융회사등인 경우는 제외한다,

화계획의 이행을 위한 서면약정은 요하지 않으므로 예외로 한다(예보 38조의5 2항 전단; 동 시행령 24조의4 1항 단서 1호-3호).

이 경우 약정에는 그 부보금융회사의 경영정상화를 위한 것으로서 재무건전성기준, 수익성기준, 자산건전성기준에 관한 해당 부보금융회사의 목표수준, 이러한 목표수준이행에 필요한 해당 부보금융회사의 인원·조직 및 임금의 조정 등 구조조정계획과 자금조달계획 등을 포함한 구체적인 실천계획, 위 실천계획에 따른 사항으로서 해당 부보금융회사 노동조합 동의가 필요한 사항에 대한 동의서, 위의 목표수준을 달성하지 못할 경우 총인건비의 동결 등 해당 부보금융회사가 추가적으로 추진할 이행계획이 포함되어야 한다(예보 38조의5 2항 후단).[22] [21-26]

예보는 이러한 약정을 체결한 경우에는 전자문서 등을 통하여 이를 공개한다(예보 38조의5 3항 본문). 다만, 해당 부보금융회사의 경영에 중대한 영향을 줄 수 있는 사항은 제외할 수 있다(예보 38조의5 3항 단서). [21-27]

3. 이행점검과 제재

예보는 경영정상화계획이행약정에 따른 이행실적을 분기별로 점검하여 예보위에 보고한다(예보 38조의5 4항). 예보는 이행실적을 점검하기 위해 자금지원을 한 은행에 업무 또는 재산에 관한 보고, 자료의 제출, 관계자의 출석 및 진술을 요구할 수 있다(예보 38조의5 5항). [21-28]

예보는 자금지원을 한 은행의 임직원이 약정불이행, 예보법 제38조의5 또는 약정에 따라 예보가 요구하는 보고서 또는 자료를 거짓으로 작성하거나 그 제출을 게을리하는 경우, 예보법 제38조의5 또는 약정에 따른 공사의 업무수행을 거부·방해 또는 기피한 경우, 예보의 시정명령이나 징계요구의 이행을 게을리한 경우에는 해당 은행의 장에게 이를 시정하게 하거나 그 임원의 해임·직무정지·경고·주의 또는 직원의 징계·주의를 요구할 수 있다(예보 38조의5 6항 1호-4호). [21-29]

---

22) 그 밖에 시행령으로 정하는 사항을 추가해야 한다. 현재 시행령에는 별도 규정이 없다.

제4절 적용범위와 구조

Ⅰ. 부보금융회사

[21-30] 부보금융회사는 예금보험의 적용대상 기관으로서 은행, 외국은행 국내지점 및 대리점을 포함한다. 대상이 아닌 신용협동조합이나 지역농수협, 새마을금고는 그 중앙회가 자체 보험제도를 가지고 있는 경우가 많다.

Ⅱ. 예금등

1. 의 의

[21-31] 예금보험의 대상인 예금등에는 은행의 예금·적금·부금등과 원본이 보전되는 금전신탁등(자본 103조 3항)이 포함된다. 예금보험제도의 긍정적 기능과 부정적 기능을 고려하여 그 범위가 정해져야 한다.

2. 예금등과 후순위채

[21-32] 상호저축은행이 발행한 후순위채가 예금보험의 대상이 되는 예금등에 포함되는가? 법원은 갑상호저축은행 등이 발행한 후순위채권을 매입한 을 등이 갑 등의 파산선고를 이유로 예보를 상대로 예금보험금지급을 구한 사안에서 후순위채권에 '계금·부금·예금 및 적금'에 준하는 성격이 있다고 볼 수 없는 점, 구 저축은행법에서 정한 '예금 등'에 후순위채권은 포함될 여지가 없는 점 등을 근거로 이를 부정하였다(대법원 2015. 10. 15. 선고 2015다221316 판결). 법제처 법령해석도 같은 결론이다.[23] 당연한 판단이다.

3. 경개 또는 준소비임치에 의하여 성립된 예금

[21-33] 경개 또는 준소비임치에 의하여 성립된 신용협동조합에 대한 예탁원리금채권이 예금보험대상인 예금등에 해당하는?[24] 법원은 예보법은 신용협동조합이 출자금, 예탁금 및 적금에 의하여 조달한 금전을 '예금등'으로 규정하고 있으므로, 경개 또는 준소비임치에 의하여 신용협동조합의 기존 채무를 소멸시키고 출자금, 예탁금 및 적금계약을 새로이 성립하도록 한 경우에는 그 출자금, 예탁금 및 적금계약에 의하여 신용협동조합이 금전을 조달하였다고 할 수 없어 '예금등'에 해당되지 않는다고 판단하였다(대법원 2004. 6. 11. 선고 2003다29708 판결). 신용협동조합의 기존 채무를 경개나 준소비임치에 의하여 출자금, 예탁금 및 적금에 따른 채권으로 변경하여 예금보험혜택을 받는 등의 도덕적 해이 가능성이 있으므로 적절한 판단이다. 은행의 경우에도 동일하게 해석해야 할 것이다.

---

23) 상호저축은행이 발행한 후순위채권을 "예금등"으로 볼 수 있는지 여부(「예금자보호법」 제2조 등 관련) 안건번호 : 12-0540, 법제처, 법령해석 사례집, 2012·하, 2013, 15-20면.

24) 신용협동조합은 예금자보호법 2002.12.26. 개정으로 부보금융회사에서 삭제되었다.

4. 비실명예금

예보법은 비실명금융거래로 인한 예금자나 예금 등 채권을 보험금 지급대상에서 제외하는 규정을 두고 있지 않으므로 예보는 비실명금융거래로 인한 예금 등 채권이라는 이유만으로 보험금 지급책임을 면할 수는 없다(대법원 2001. 12. 28. 선고 2001다17565 판결). [21-34]

Ⅲ. 예금보험과 은행합병

예금자보호법은 합병 후 신설은행, 합병 후 존속은행은 그 합병등기일부터 1년까지는 보험금 적용 시 합병 후 신설은행, 합병 후 존속은행과 합병 후 소멸부보금융회사가 각각 독립된 부보금융회사로 존재하는 것으로 본다(예보 31조 4항). [21-35]

합병 전 복수의 은행에 대하여 각각 5천만원 한도 내의 예금자보호를 받을 수 있었던 예금자는 합병 후에도 보장이 1년간 유지되는 특례를 부여한 것이다.[25] 이에 대하여는, "예·적금의 만기 등 거래관행이나, 펀드나 신탁상품과 같이 장기거래를 전제로 한 금융상품이 증가하고 있는 현실을 감안할 때, 위 1년의 보장기간을 3년 정도로 연장하는 것이 바람직하다"는 의견이 있다.[26] 그러나 예금인출이 자유로운 상황에서 이러한 유예기간의 연장이 필요한지 의문이다. [21-36]

Ⅳ. 보험관계의 성립

예보와 은행 및 예금자등 사이의 보험관계는 예금자등이 은행에 대하여 예금등 채권을 가지게 된 때에 성립한다(예보 29조 1항). 은행은 예보가 정하는 바에 따라 보험관계의 성립 여부와 그 내용을 표시해야 한다(예보 29조 2항). [21-37]

은행은 금융거래 계약을 체결하는 경우에는 예보가 정하는 바에 따라 보험관계 성립 여부와 보험금의 한도를 상대방(은행 등 시행령으로 정하는 자는 제외)에게 설명해야 한다(예보 29조 3항 1호·2호; 동 시행령 15조의2 1항 1호-3호). 은행은 이와 같이 설명한 내용을 상대방이 이해하였음을 서명, 기명날인, 녹취, 그 밖에 시행령으로 정하는 방법 중 하나 이상의 방법으로 확인을 받아야 한다(예보 29조 4항; 동 시행령 15조의2 2항 1호-4호). [21-38]

예보는 은행에 대하여 보험관계 표시와 보험관계 설명 및 확인의 이행 여부를 조사할 수 있다(예보 29조 5항). [21-39]

Ⅴ. 보험금의 지급

1. 청구권자

예보에 보험금지급을 청구할 수 있는 '예금자 등'은 은행에 대하여 예금자보호법 제 [21-40]

---

25) 한국법제연구원, 앞의 책, 115면.

26) 김종승, "은행 간 합병의 적합성 및 경쟁제한성 심사에 관한 법적 연구," 박사학위논문, 연세대학교 법학전문대학원, 2016.8, 178면.

2조 제2호 소정의 금융거래에 의하여 예금 등 채권을 갖는 자를 말한다(대법원 2005. 11. 25. 선고 2004다39092 판결).

[21-41] '예금 등 채권'의 질권자는 예보에 보험금을 청구할 수 있는가? 그러나 질권자는 은행에 대하여 금융거래에 의하여 '예금 등 채권'을 갖는 자에 해당되지 않으므로 '예금자 등'에는 해당할 수 없지만, '예금 등 채권'의 질권자가 '예금자 등'의 예금자보호법 제31조 제1항에 의한 보험금청구권을 행사하는 것은 가능하다(대법원 2005. 11. 25. 선고 2004다39092 판결).

2. 지급보험금의 산정

[21-42] 예금자보호법은 보험금지급공고일 현재 각 예금자등의 예금등 채권의 합계액에서 각 예금자등이 그 은행에 대해 지고 있는 채무의 합계액을 공제한 금액을 보험금으로 규정하고 있다(32조 1항). 그러나 예금자등이 은행에 대하여 채무를 부담하고 있는 경우에도 은행이 예금자등에 대하여 그 채권을 행사할 수 없고 이를 자동채권으로 하여 예금자등에 대한 예금반환채무와 상계할 수 없는 경우에는 예금자등이 은행에 대하여 지고 있는 그 채무액은 공제할 수 없다(대법원 2005. 11. 25. 선고 2004다39092 판결).

[21-43] 예금등 채권의 질권자가 예금자등의 은행에 대한 예금자등의 보험금지급청구권을 행사하는 경우 질권자는 '예금자 등'에 포함되지 않으므로 예금자등의 은행에 대한 예금등 채권과 질권자의 은행에 대한 채무를 위 규정에 의하여 상계할 수는 없다(대법원 2005. 11. 25. 선고 2004다39092 판결).

3. 보험금의 지급한도

[21-44] 예보법상 보험금지급한도 5,000만원은 예금자 1인당 지급한도이다. 법원은 예보법에서 보험금을 예금자의 예금 등 채권액에서 채무합계액을 공제한 금액으로 하고, 보험금의 한도를 '1인당 국내총생산액 등을 고려'해 정하고 있어[27] 지급보험금 또는 그 한도 산정을 **계좌가 아닌 예금자를 기준**으로 한다고 판단하였다(대법원 2005. 9. 28. 선고 2005다32760 판결).

4. 보험금청구권의 발생요건

가. 보험사고의 발생

[21-45] 부보금융회사인 은행에 보험사고가 발생한 경우 그 은행의 예금자등의 청구에 의하여 보험금을 지급해야 한다(예보 31조 1항 본문). 다만, 제1종 보험사고에 대해서는 예보위의 보험금지급결정이 있어야 한다(예보 31조 1항 단서). 제1종 보험사고는 은행의 예금등 채권의 지급정지 그리고 제2종 보험사고는 부보금융회사의 영업 인가·허가의 취소, 해산결의 또는

27) 판결문은 제31조 제1항과 제2항을 인용하고 있으나, 제32조 제1항과 제2항이다. 특히 제2항의 국내총생산 등의 고려는 2000.12.30. 예금자보호법 개정으로 도입된 것이다. [시행 2001. 1. 1.][법률 제6323호, 2000. 12. 30., 일부개정]

파산선고를 말한다(예보 2조 8호 가목·나목).

나. 제1종 보험사고의 경우

제1종 보험사고에서 예보위의 보험금지급결정은 보험금청구권의 발생요건이다(대법원 2008. 11. 13. 선고 2006다28119 판결). "채권 등의 지급정지 후에도 경영정상화의 가능성이 있음을 고려하여 … 금융기관의 정리방안을 예보가 결정하도록 하여 사회적 비용의 최소화를 도모한 후에 최종적으로 보험금 지급 여부를 결정"하게 하려는 취지이다(대법원 2008. 11. 13. 선고 2006다28119 판결). [21-46]

5. 보험금지급채무의 지체책임 발생시기

예금자보호제도의 성격과 지급기간의 설정취지, 예금자들의 동등대우의 필요성 등에 비추어 **예보의 보험금지급채무는 공고된 지급기간이 종료한 날**에 이행기가 도래하며, 미지급분에 대하여는 그 다음날부터 일괄하여 지체책임이 발생한다(대법원 2001. 12. 28. 선고 2001다68082 판결). 지급사무의 편의상 각 예금자에 대하여 그 지급기간 내에서 따로 지급기일을 정하고 이를 은행이 예금자에게 안내했더라도 그 지급기일의 다음날부터 지체책임을 지는 것이라고 할 수 없다(대법원 2001. 12. 28. 선고 2001다68082 판결). [21-47]

Ⅵ. 자금지원

1. 의 의

예보는 자금지원신청이 있거나 부실금융회사등의 합병등에 필요한 경우, 예금자보호 및 신용질서 안정을 위하여 부실금융회사등의 재무구조개선이 필요한 경우, 금융위 요청(금산 12조 1항)이 있는 경우에는 예보위 의결에 따라 부보금융회사 또는 그 부보금융회사를 자회사등으로 두는 금융지주회사에 자금지원을 할 수 있다(예보 38조 1항 1호-3호). 시행령은 자금지원의 기준·방법·조건으로서 자금지원을 위한 실사, 자금지원의 횟수와 중단 등을 규정하고 있다(예보 38조 2항; 동 시행령 24조의2). [21-48]

2. 자금지원과 재량

예보의 자금지원 여부나 시기 및 방법에 관한 사항은 원칙적으로 부실금융회사 구조조정 등의 촉진을 위해 필요한 범위에서 예보가 재량으로 결정할 사항이다. 다만 예보의 자금지원의무는 부실금융회사를 인수·합병하는 자 등과 사이에 체결된 출연약정과 같은 별도의 사법상의 계약 등을 매개로 하여 비로소 기속적·구체적 의무로 전환된다(대법원 2007. 2. 23. 선고 2005다63481 판결; 대법원 2007. 11. 29. 선고 2006다76583 판결). [21-49]

3. 자금지원의 규모

[21-50] 자금지원규모를 정하는 기준은 무엇인가? 자금지원규모는 원칙적으로 부실금융회사의 청산·파산 시 예보가 부담할 청산손실금을 기초로 해야 한다. 예보입장에서 부실금융회사 정리방식은 계약이전결정 이외에도 청산·파산 등의 방법이 있으므로 부실금융회사의 제3자 인수라는 사유만으로 특별한 사정이 없는 한 부실금융회사의 청산·파산 시 예보가 투입할 자금보다 더 많은 자금을 인수금융회사를 위해 출연할 이유는 없다(대법원 2007. 11. 29. 선고 2006다76583 판결). 이 경우 인수대상인 부실금융회사의 총부채와 총자산의 차액에 비하여 자금지원규모가 과소하여 재정적 어려움이 예상된다는 사정만으로 예보가 신의칙에 반하거나 형평과 정의의 원칙에 어긋나게 과소한 자금지원결정을 하거나 자금지원약정을 체결하였다고 할 수는 없다(대법원 2007. 11. 29. 선고 2006다76583 판결).

4. 채권양도의 특례

[21-51] 예보 및 정리금융회사가 예보가 보험금지급(예보 31조 1항)이나 자금지원(예보 38조) 등과 관련하여 양도받는 자산, 예보가 정리금융회사로부터 양도받는 자산, 정리금융회사가 정리업무(예보 36조의5 1항)와 관련하여 양도받는 자산의 취득으로 인하여 지명채권을 양도받는 경우에는 전국을 보급지역으로 하는 일간신문을 1개 이상 포함한 2개 이상의 일간신문에 그 지명채권 양수사실을 공고함으로써 지명채권 양도의 대항요건(민 450조)을 갖춘 것으로 본다(예보 38조의3 1항 본문 1호-3호). 예보가 보험금지급이나 자금지원 등의 업무를 수행할 때 취득하는 자산이 채권인 경우 대항요건을 갖추기 어려움을 반영한 특례이다. 다만, 채무자, 물상보증인, 그 밖의 이해관계인은 공고 전에 그 채권양도인과의 사이에 발생한 사유로 공사등에 대항할 수 있다(예보 38조의3 1항 단서). 채권양도 후 공고 전에 이루어진 변제나 상계 등의 효력을 예보에 대하여 주장할 수 있다는 것이다.[28]

[21-52] 예보와 정리금융공사가 채권양도의 공고를 했을 때에는 양도받은 채권과 관련된 자료를 보관·관리하고 이해관계인이 열람할 수 있게 해야 한다(예보 38조의3 2항 전단). 이해관계인의 권리보호를 위한 공시제도를 규정한 것이다.

Ⅶ. 기술발전과 예금인출사태

[21-53] 디지털기술의 발전에 따라 전통적인 예금인출사태는 새로운 규모와 속도로 진행될 수 있다.[29] 따라서 예금보험제도의 운영도 사전적·예방적 요소가 현재보다 강하게 반영될 필요가 있다.

---

28) 예보, 앞의 책, 407면.

29) Signe Krogstrup and Thomas Sangill, "New Technologies and the Future Governance of Bank Run Risk", Journal of Financial Regulation Vol.10, 2024, pp135-141; Signe Krogstrup, Thomas Sangill, and Mette von Sicard, "Containing Technology-Driven Bank Runs", Finance & Development Vol.61, 2024, pp48-51.

제6편

은행지주회사 및 정보규제

제22장 은행지주회사[1]

제1절 서 설

금융지주회사는 은행·금융투자·보험의 3대 업종별로 엄격하게 구분되어 있는 현행 법상 금융업 겸영을 위한 법적 기구로서 도입된 것이다. 지주회사는 은행을 비롯한 금융업자의 지배구조 개선을 위한 도구로도 설명되고 있지만 그 효과에 대해서는 의문이 있다. 이 장에서는 은행을 자회사로 두는 은행지주회사를 중심으로 살펴본다. [22-1]

국내에서 은행지주회사의 법리는 상법상 **개별회사 중심주의** 또는 **자회사 독립의 원칙**과 관련하여 논의할 필요가 있다. 첫째, 은행지주회사는 금융업종 간 시너지 효과의 극대화를 위한 겸영구조이다. 지주회사의 자회사에 대하여 회사법상 개별회사로서의 독립성을 지나치게 강조하는 것은 오히려 그 목적과 충돌할 수 있다. 둘째, 지주회사구조는 지주회사와 자회사 간 위험의 수직적 이동은 허용하되 자회사 간 위험의 수평적 이동은 제한하는 것을 기본전제로 한다. 자회사 중 일부의 문제가 다른 자회사로 전파되는 것을 방지하면서 겸영구조를 실현하려는 것이다. 은행지주회사 규제에서 반드시 고려할 사항이다. 셋째, 순수지주회사인 은행지주회사의 업무범위와 관련하여 자회사 경영에 어느 정도 개입할 수 있는지에 대한 논의가 필요하다. 넷째, 지주회사와 자회사의 임직원 겸직 문제도 같은 관점에서 살펴보아야 한다. 지주회사와 자회사 이사의 의무를 정리할 필요가 있다. 현행법상 개별회사 중심주의 또는 자회사 독립의 원칙을 전제로 하면서도 지주회사로서의 시너지 효과를 극대화하기 위한 전략적 관점에서 은행지주회사에 관한 법률 논의가 이루어져야 한다. [22-2]

제2절 지주회사의 의의와 기능에서는 은행지주회사를 중심으로 금융지주법상 지주회사의 유형과 기능을 살펴본다. 제3절 지주회사의 규제상 특례에서는 진입규제, 건전성규제, 영업행위규제, 퇴출규제를 중심으로 지주회사의 규제상 취급을 살펴본다. 제4절 자회사등 사이의 업무위탁에서는 지주회사 내 자회사등 사이의 업무위탁규제를 간략히 살펴본다. [22-3]

---

1) 이 장에서 '금융지주회사'는 '은행지주회사'를 말한다. 그러나 문맥에 따라 필요한 경우 '금융지주회사'를 '은행지주회사'와 함께 사용한다.

제2절 지주회사의 의의와 기능

Ⅰ. 의 의

1. 개 념

[22-4] 금융지주법은 2000년 금융기관의 대형화·겸업화를 통한 금융기관의 경쟁력 제고와 지배구조개선을 목적으로 제정되었다.[2)] 금융지주회사는 ① 금융기관등을 ② 주식의 소유를 통하여 지배하는 것을 ③ 주된 사업으로 하는 회사라고 정의할 수 있다(지주 2조 1항 1호 가목-다목).

2. 금융기관등을

[22-5] 금융기관등은 **금융기관** 또는 **금융업의 영위와 밀접한 관련이 있는 회사**를 말한다. **금융기관**은 통계법상 한국표준산업분류에 의한 금융 및 보험업을 경영하는 회사를 말한다(지주령 2조 1항 본문). 다만, 금융지주회사가 아닌 지주회사는 제외한다(지주령 2조 1항 단서). 금융지주회사가 되기 위해서는 최소 1 이상의 금융기관을 지배해야 한다(지주 2조 1항 1호 가목).

[22-6] **금융업의 영위와 밀접한 관련이 있는 회사**는 금융기관에 대한 전산·정보처리 등의 용역 제공, 금융기관 보유 부동산 기타 자산의 관리, 금융업 관련 조사·연구, 자본시장법상 기관전용 사모집합투자기구의 재산 운용 등 그 업무집행사원이 행하는 업무, 그 밖에 금융기관의 고유업무와 직접적인 관련이 있거나 금융기관의 효율적인 업무수행을 위해 필요한 사업으로서 금융위가 고시하는 사업을 하는 것을 목적으로 하는 회사를 말한다(지주령 2조 2항 1호-5호).

[22-7] 금융지주회사가 금융기관등 이외의 일반사업회사를 지배할 수 있는지는 금융지주회사의 유형에 따라 달라진다. 은행지주회사는 비금융회사를 지배할 수 없다.

[22-8] 또한 금융지주법은 벤처투자회사가 다른 국내회사의 주식을 취득한 경우 그 다른 국내회사, 신기술사업금융업자가 국내회사의 주식을 취득한 경우 그 다른 국내회사, 기관전용 집합투자기구가 다른 회사의 주식을 취득한 경우 그 다른 회사, 금융지주회사의 자회사등[3)]이 민간투자대상사업을 영위하기 위한 회사의 주식을 취득한 경우 그 민간투자대상사업을 영위하기 위한 회사, 투자매매업자가 다른 회사의 주식을 인수·취득하여 취득하는 날부터 3개월 이내의 기간 동안 보유하는 경우 그 다른 회사, 금융지주회사의 자회사등인 금융기관이 기촉법 또는 기업구조조정을 추진하기 위한 채권자 간의 자율적인 협약에 따른 공동관리절차, 회생절차가 진행 중인 다른 회사의 주식을 구조조정의 목적

---

2) 국회 재정경제위원회 전문위원 김문희, 금융지주회사법안 검토보고, 2000.7, 5-8면. 금감원 감독총괄국 지주회사감독팀, 금융지주회사법해설, 2003, 3면; 이광제, "금융지주회사법 해설," 법제 2001, 123-124면.

3) 금융지주회사의 자회사, 손자회사 및 증손회사 그리고 금융지주회사에 편입(지주 19조의2, 32조)된 다른 회사를 포함하여 '자회사등'이라 한다.

으로 출자전환 등을 통하여 취득하는 경우 그 다른 회사,[4] 자본시장법상 투자회사(외국 법령에 따라 설립된 투자회사를 포함)로서 사모집합투자기구(외국 법령에 따라 설립된 사모집합투자기구를 포함)인 투자회사나 다른 회사를 지배(지주 2조 1항 1호)하는 투자회사에 해당하지 않는 투자회사와 같이 일시적인 목적으로 주식을 취득한 대상회사를 지배대상 회사의 정의에서 제외하고 있다(지주령 2조 3항 1호-7호). 금융지주의 자회사인 은행이 무한책임사원인 기관전용 사모집합투자기구가 생명보험회사를 인수한 경우 그 생명보험회사는 금융지주의 자회사등에 해당하지 않는다.[5]

3. 주식의 소유를 통하여 지배하는 것을

주식의 소유를 통하여 금융기관등을 지배해야 한다. 여기서 '주식'은 지분을 포함한다 (지주 2조 1항). [22-9]

지배는 주식 소유를 통한 것으로서 지주회사 단독으로 또는 특수관계자(공정거래법시행령 11조 1호·2호)와 합하여 계열회사의 최다출자자가 되는 것을 말한다(지주령 2조 3항 본문). 여기서 최다출자자는 계열회사가 기관전용 집합투자기구인 경우에는 그 업무집행사원을 말하고, 계열회사는 공정거래법상 계열회사를 말한다. 다만, 지주회사 소유주식이 각각의 특수관계자의 소유주식보다 적은 경우를 제외한다(지주령 2조 3항 단서). [22-10]

4. 주된 사업으로 하는 회사

주된 사업의 기준은 지주회사가 소유하는 외국법인을 제외한 자회사의 주식 또는 지분가액의 합계액이 해당 지주회사의 자산총액의 50% 이상인 것이다(지주령 2조 4항 전단). 이 경우 자회사의 주식가액 및 해당 회사의 자산총액은 자회사의 종류에 따라 해당 사업연도에 설립되었거나 합병 또는 분할·분할합병·물적분할을 한 회사의 경우에는 설립등기일·합병등기일 또는 분할등기일, 그 이외의 회사는 직전 사업연도 결산일 현재의 재무상태표에 표시된 금액을 기준으로 한다(지주령 2조 4항 후단). 지주회사가 되기 위해서는 기준일 현재 재무상태표에 표시된 자산총액이 5천억원 이상이어야 한다(지주령 2조 5항). [22-11]

Ⅱ. 유 형

1. 의 의

지주회사는 자회사에 은행이 있는지 여부를 기준으로 은행지주회사와 비은행지주회사로 구분한다. 비은행지주회사는 은행이나 은행지주회사를 지배하지 않는 금융지주회사를 말한다(지주 2조 6호의2). [22-12]

---

4) 다만, 공동관리절차 또는 회생절차가 중단되거나 종료된 날부터 2년(기촉법 제33조제3항에 따라 금융위의 승인을 받아 연장된 경우에는 그 기한)이 경과한 회사는 제외한다.

5) 박정원·김동현, "금융지주회사법상 자회사 편입 관련 제반 사항 검토," BFL 제72호, 2015, 96면 각주 16.

[22-13] **비은행지주회사**는 다시 보험지주회사와 금융투자지주회사로 구분된다. **보험지주회사**는 보험회사를 포함하여 1 이상의 금융기관을 지배하는 비은행지주회사를 말한다(지주 2조 6호의3). **금융투자지주회사**는 금융투자업자인 1 이상의 금융기관을 지배하면서 보험회사, 상호저축은행, 종금사나 증권금융, 이들 금융기관을 지배하는 금융지주회사를 지배하지 않는 비은행지주회사를 말한다(지주 2조 6호의4 가목-라목).

2. 은행지주회사와 지방은행지주회사

[22-14] **은행지주회사**는 은행이나 은행지주회사를 포함하여 1 이상의 금융기관을 지배하는 금융지주회사를 말한다(지주 2조 5호 가목, 다목·라목). **지방은행지주회사**는 시중은행이나 은행지주회사를 지배하지 않는 은행지주회사로서(지주 2조 6호 가목·나목), 지방은행을 지배하는 은행지주회사이다. 이하 이 장에서는 은행지주회사를 중심으로 살펴본다.

3. 중간금융지주회사

[22-15] **중간금융지주회사**는 다른 금융지주회사의 지배를 받는 지주회사를 말한다. 금융지주법은 중간금융지주회사를 전제로 하는 규정을 두고 있다(7조 1항 1호, 3항, 16조 1항, 45조 1항).

Ⅲ. 지주회사와 집합투자

[22-16] 금융지주회사는 주식의 소유를 통하여 금융기관등을 지배하는 것을 주된 사업으로 하므로 형태상 자본시장법에 따른 주식을 운용하는 집합투자와 유사하다. 금융지주회사는 자회사의 경영관리 등을 목적으로 하므로 자산운용을 통한 수익 창출을 목적으로 하는 집합투자와 개념상 구분된다. 그러나 외관상 유사성을 고려하여 자본시장법은 지주회사를 집합투자의 정의에서 배제하고 있다. 지분증권의 소유를 통하여 다른 회사의 사업내용을 지배하는 것을 주된 사업으로 하는 국내회사가 그 사업을 하는 경우가 그것이다(자본 6조 5항 3호; 동 시행령 6조 4항 6호).

Ⅳ. 다른 법률과의 관계

[22-17] 2009.7 금융지주법 개정에서 금융지주법과 공정거래법의 관계에 관하여 다음 3가지 원칙을 명시하였다.[6]

[22-18] 첫째, 일반지주회사에 대해서는 공정거래법, 금융지주회사에 대해서는 금융지주법만 적용하는 것을 원칙으로 한다. 다만 금융지주회사의 설립이나 자회사편입 등에서 관련시장에서의 경쟁제한성요건은 금융위·공정위간 협의대상이다(지주 3조 4항, 5조 삭제).

[22-19] 둘째, 공정거래법상 지주회사의 행위제한에 관한 규정 중 금융지주회사의 비금융회사 주식소유 금지와 금융지주회사의 자회사 아닌 계열회사 주식취득 금지를 금융지주법으로 이관하였다(지주 6조의3, 6조의4).

6) 국회 정무위원회, 금융지주회사법 일부개정법률안 심사보고서, 2009.7, 64면.

셋째, 금융지주회사에 관하여 금융지주법에 특별한 규정이 있는 것을 제외하고는 상법, 지배구조법과 자본시장법에 의한다고 하여 금융지주법을 공정거래법의 특별법으로 해석할 수 있는 규정을 개정하였다(지주 62조 1항).[7] 여기서 자본시장법은 주권상장법인의 특례조항을 말한다. [22-20]

V. 외국금융지주회사에의 적용 여부

금융지주법은 국내에 자회사를 가진 외국금융지주회사에 대하여 적용되는가? 제정 당시 정부제출법안[8]에는 외국금융지주회사를 적용대상으로 하는 규정이 있었다.[9] 그러나 동 법안에 대한 심사보고서에서는 별다른 설명이 없이 삭제되어 있다.[10] 국내 금융지주회사만을 적용대상으로 하려는 취지로 이해된다. [22-21]

7) cf. 개정 전 제62조 (다른 법률과의 관계) ① 금융지주회사에 관하여 이 법에 특별한 규정이 있는 것을 제외하고는 상법과 독점규제및공정거래에관한법률에 의한다.

8) 금융지주회사법안, 의안번호 : 160053 제출일자 : 2000. 6. 30. 제출자 : 정부.

9) 제60조(외국금융지주회사) 국내금융기관을 자회사로 하는 외국금융지주회사(외국의 법령에 의하여 설립된 금융지주회사를 말한다)에 대하여 이 법을 적용함에 있어서 필요한 사항은 대통령령으로 정한다.

10) 국회 재정경제위원회, 금융지주회사법안 심사보고서, 2000.7.

제3절 지주회사의 규제상 특례

Ⅰ. 의 의

[22-22] 은행지주회사에 대해서는 진입규제, 건전성규제, 영업행위규제, 퇴출규제에 관하여 각각 특칙을 두고 있다. 은행에 준하여 규제하는 것이 원칙이지만 시너지효과의 창출을 위한 자회사등 사이의 영업상 특례도 인정된다. 은행지주회사를 도입한 목적을 고려한 해석과 운용이 중요하다.

Ⅱ. 진입규제

1. 의 의

[22-23] 금융지주법상 지주회사의 설립은 금융위 인가사항이다(지주 3조 1항). 금융지주회사는 자회사를 지배함으로써 금융체계의 안정성과 예금자보호 등에 중대한 영향을 주는 점을 고려하여 인가제로 한 것이다.[11] 금융지주회사를 설립하는 대표적인 방법은 주식이전·교환방식과 회사분할방식이다. 우리나라에서는 주로 주식이전방식으로 이루어졌고, 농협지주는 물적분할, 메리츠금융지주는 인적분할에 의해 설립되었다.[12] 금융지주법은 상법상 주식교환 및 주식이전에 관한 특례를 규정하여(62조의2) 지주회사의 설립을 지원하고 있다.

2. 인가 대상

[22-24] 금융지주법상 금융지주회사요건(2조 1항 1호)에 해당하는 자는 미리 금융위의 인가를 받아야 한다(지주 3조 1항).

[22-25] 금융지주회사요건에 해당하지 않는 자는 지주회사 인가를 받을 수 없다. 그러나 **시행령으로 정하는 부득이한 사유**[13]로 금융지주회사요건에 해당하게 된 인가대상금융지주회사는 기준일[14]로부터 4개월 이내에 그 사실을 금융위에 보고해야 한다(지주 5조의2 1항; 지주령 5조의2 2항). 보고 절차 및 방법 등에 관하여 필요한 사항은 금융위가 정하여 고시한다(지주 5조의2 3항).

---

11) 이광제, 앞의 논문, 125면.

12) 금감원, 금융감독개론, 2024, 334면.

13) ① 자회사 주식가액 증가, ② 자회사의 감자, 다른 주주의 주식처분 또는 이에 준하는 것으로 금융위가 고시하는 원인에 의하여 자회사의 주주권 변동, ③ 인가대상금융지주회사(지주 5조의2)의 자산총액 감소, ④ 인가대상금융지주회사가 담보권실행, 대물변제수령, 유증 또는 그 밖에 이에 준하는 것으로서 금융위가 고시하는 원인에 의한 자회사 주식 소유, ⑤ 인가대상금융지주회사가 증권인수업무(자본 9조 11항)를 영위하는 과정에서 자회사 주식 소유, ⑥ 인가대상금융지주회사에 해당하는 금융기관이 그 금융기관에 적용되는 법령에 따른 업무 또는 자산운용의 범위에서 긴급하게 자회사 주식을 소유하게 되는 경우로서 금융위가 고시하는 경우(지주령 5조의2 1항 1호-6호).

14) 자회사의 주식가액 및 해당 회사의 자산총액의 평가기준일을 말한다(지주령 2조 4항 후단). 다만 금융지주법 시행령 제2조제4항제2호 단서에 따른 기준일은 적용하지 않는다.

인가대상금융지주회사는 기준일부터 1년 이내에 인가를 받거나 금융지주회사요건에 해당되지 않도록 해야 한다(지주 5조의2 2항 본문; 동 시행령 5조의2 3항). 다만, 불가피한 사유가 있는 경우에는 금융위의 승인을 받아 1년의 범위 안에서 그 기간을 연장할 수 있다(지주 5조의2 2항 단서). [22-26]

3. 소유제한 등

가. 의 의

금융지주법은 특히 은행지주회사에 대하여 은행 주식소유 및 의결권제한과 같은 취지의 동일인 주식소유한도규제를 두고 있다. 은행지주회사를 지배하는 주주는 결국 그 자회사인 은행에 대해서도 지배권을 가지는 것과 같다고 보기 때문이다.[15] 금융지주법상 은행지주회사 소유규제는 주식보유 외에 금융기관과 금융지주회사의 지배관계를 제한한다. [22-27]

나. 은행지주회사 주식의 보유제한 등

동일인의 은행지주회사 주식 보유한도에 대해서는 은행법상 동일인의 은행 주식보유한도에 준하여 규제가 구축되어 있다(지주 8조-10조의2). 여기서는 상세한 설명을 생략한다. [22-28]

다. 금융기관과 금융지주회사의 지배관계 제한

1) 의 의

금융지주회사는 외국법령에 의하여 설립된 금융기관을 포함한 금융기관과 **시행령이 정하는 지배관계**에 있어서는 안 된다(지주 7조 1항 본문). 이는 금융기관이 금융지주회사의 사업내용을 지배하는 것을 금지함으로써 금융지주회사가 자회사 및 손자회사에 대한 완전한 지배권을 가지도록 하여 지배구조의 단순화와 효율적 그룹 관리를 추구하는 것이다.[16] [22-29]

여기서 **지배관계**는 금융기관이 공정거래법 제3조에 따른 기준에 의하여 사실상 금융지주회사의 사업내용을 지배하는 것(지주령 5조의3), 즉 그 금융기관을 계열주로 하는 기업집단에 금융지주회사가 속한다는 것[17]을 말한다. [22-30]

금융지주회사요건으로서의 **지배**는 지주회사 단독으로 또는 특수관계자(공정거래법시행령 11조 1호·2호)와 합하여 계열회사의 최다출자자가 되는 것인 점에서(지주령 2조 3항 본문), 여기서 말하는 지배관계와 구분된다. [22-31]

2) 예 외

다만, 다음에 해당하는 경우로서 시행령으로 정하는 요건에 해당하는 때에는 지배관계의 제한을 적용하지 않는다(지주 7조 1항 단서 1호-3호). [22-32]

---

15) 금감원 감독총괄국 지주회사감독팀, 앞의 책, 75-76면.
16) 금감원 감독총괄국 지주회사감독팀, 위의 책, 69면.
17) 금감원 감독총괄국 지주회사감독팀, 위의 책, 69-70면.

(가) 중간금융지주회사

[22-33] 금융지주회사가 다른 금융지주회사와 지배관계에 있는 경우 그 다른 금융지주회사를 **중간금융지주회사**라 한다. 중간금융지주회사는 그 자체 지주회사이므로 업무범위의 제한을 받고, 인가를 취득해야 하며, 금융지주회사의 자회사로서 자회사편입승인이나 신고의 대상이 된다.

[22-34] 금융지주회사가 중간금융지주회사에 대하여 지배관계를 설정하려는 경우에는 다음 요건을 모두 갖추어야 한다(지주 7조 1항 1호; 지주령 5조의4 1항 1호-3호). 금융위는 세부기준을 고시할 수 있다(지주 7조 2항).

① 금융지주회사가 지배관계를 설정하려는 중간금융지주회사의 발행주식 총수를 소유할 것

[22-35] 중간금융지주회사의 발행주식총수를 소유해야 하므로 의결권의 유무를 불문하고 모든 주식을 소유해야 한다.[18] 다만, 주식교환 또는 주식이전에 의하여 설립되는 중간금융지주회사에 대하여 지배관계를 설정하는 경우로서 금융지주회사가 중간금융지주회사 발행주식 총수의 95% 이상을 소유하고, 금융지주회사가 중간금융지주회사의 소수주주에게 그 소유 주식의 매도를 청구하였으나 그 소수주주가 매도청구를 받은 날부터 2개월 이내에 그 주식을 매도하지 않거나 그 소수주주의 소재를 확인할 수 없는 등 부득이한 사유로 중간금융지주회사의 발행주식 총수를 취득할 수 없을 경우에는 예외로 한다(지주 7조 1항 1호; 지주령 5조의4 1항 1호 가목·나목).

② 동일한 중간금융지주회사에 의하여 지배받는 자회사가 영위하는 업종이 동일하거나 업무상 관련이 있을 것

[22-36] 이 경우 중간금융지주회사는 외국법인인 자회사만을 지배하는 중간금융지주회사는 제외한다. 중간금융지주회사로 편입될 당시에 그 자회사 중 업종이 다르거나 업무상 관련이 없는 자회사가 있는 경우 그 편입된 날부터 2년간은 예외로 한다(지주 7조 1항 2호; 지주령 5조의4 1항 2호 단서). 금감원은 여기서 **업무상 관련성**은 금융지주법 제19조 제1항에서 정하는 자회사별 손자회사의 범위를 기준으로 판단하는 것이 옳다는 입장이다.[19] 업무의 동종성 또는 업무상 관련성을 요구한 것은 중간금융지주회사를 통한 무분별한 확장을 방지하고 그룹 전체의 경영효율성을 제고하기 위한 것으로 설명되고 있다.[20]

③ 중간금융지주회사는 손자회사를 지배하지 아니할 것

[22-37] 중간금융지주회사가 외국법인인 자회사만을 지배하는 경우에는 손자회사를 지배할 수 있다(지주 7조 1항 3호; 지주령 5조의4 1항 3호 단서).

---

18) 금감원 감독총괄국 지주회사감독팀, 위의 책, 71면.
19) 금감원 감독총괄국 지주회사감독팀, 위의 책, 71면.
20) 금감원 감독총괄국 지주회사감독팀, 위의 책, 71면.

(나) 투자회사 등

투자회사·기관전용 집합투자기구 또는 투자목적회사가 금융지주회사와 지배관계에 있는 경우도 지배관계제한의 예외가 된다. 투자회사에 대한 예외는 첫째, 의결권 행사방법이 제한되고, 둘째, 구조조정을 위해 정부나 예보가 보유한 은행지주회사 주식의 잠재적인 매수자 범위 확대라는 정책적 목적으로 설명해 왔다.[21] [22-38]

(다) 외국금융지주회사의 경우

경영능력, 규모 및 건전성 등을 감안하여 **시행령으로 정하는 외국금융기관**으로서 금융위가 인정한 외국금융지주회사가 금융지주회사와 지배관계에 있는 경우는 지배관계제한의 예외가 된다. [22-39]

외국금융기관은 외국의 법령에 따라 설립되어 외국에서 금융업을 영위하는 자를 말한다. 여기서 **시행령으로 정하는 외국금융기관**은 '외국에서 은행업, 금융투자업, 보험업 또는 이에 준하는 업으로서 금융위가 정하여 고시하는 금융업을 영위하는 사업회사에 대하여 주식 소유를 통하여 지배하거나 임원의 임면 등의 방법으로 지배적인 영향력을 행사하면서 사업회사의 경영을 관리하는 회사 및 그 특수관계인', 즉 외국금융지주회사를 말한다(지주 7조 1항 3호; 지주령 5조의6 1항). [22-40]

외국금융지주회사 중에서 국내의 금융지주회사의 주식을 소유하는 회사 또는 이에 지배적인 영향력을 행사하는 회사는 ① 자산총액, 영업규모 등이 국제적 영업활동에 적합하고 국제적 신인도가 높고, ② 최근 3년간 계속하여 BIS기준에 따른 위험가중자산에 대한 자기자본비율이 8% 이상이거나 이에 준하는 경우로서 금융위가 고시하는 기준에 적합해야 한다(지주 7조 1항 3호; 지주령 5조의6 2항 1호·2호). 이 경우 해당 회사가 사업회사가 아니어서 위 ①과 ②의 요건 전부 또는 일부를 그 회사에 적용하는 것이 곤란하거나 불합리한 경우에는 외국금융지주회사 중 그 요건 전부 또는 일부를 충족하는 특정사업회사가 있는 때에는 해당 회사가 그 요건을 충족하는 것으로 본다(지주 7조 1항 3호; 지주령 5조의6 3항). 이 경우 특정사업회사는 해당 회사의 경영을 사실상 지배하고 있는 사업회사 또는 해당 회사가 경영을 사실상 지배하고 있는 사업회사에 한한다. 금융위는 위 ①과 ②의 요건에 관한 세부기준을 고시할 수 있다(지주 7조 1항 3호; 지주령 5조의6 4항). [22-41]

3) 비자발적 지배관계의 해소의무

담보권의 실행 등 시행령으로 정하는 부득이한 사유[22]로 금융기관이 금융지주회사와 지배관계에 있게 된 경우에는 기준일부터 1년 이내에 그 금융지주회사와 지배관계를 해 [22-42]

---

21) 금감원 감독총괄국 지주회사감독팀, 위의 책, 73면.

22) 다음에 해당하는 경우를 말한다(지주령 5조의8 1항 1호-4호).

① 금융지주회사의 감자, 다른 주주의 주식처분 또는 이에 준하는 것으로 금융위가 고시하는 원인에 의하여 그 회사의 주주권이 변동된 경우

소해야 한다(지주 7조 2항 본문; 지주령 5조의8 2항). 다만, 불가피한 사유가 있는 경우에는 금융위의 승인을 받아 1년의 범위 안에서 그 기간을 연장할 수 있다(지주 7조 2항 단서).

[22-43] A금융지주회사가 B금융지주회사와 지배관계에 있는 경우(지주 7조 1항 1호) B금융지주회사와 그 자회사등은 자회사등의 다른 회사 지배 등의 규정(지주 19조 및 19조의2)을 적용할 때 A금융지주회사의 자회사등으로 보지 않는다(지주 7조 3항).

4. 인가 요건

[22-44] 인가를 받고자 하는 자는 신청서를 금융위에 제출해야 한다(지주 3조 2항; 동 시행령 4조). 금융지주회사의 인가기준은 주식회사로서 사업계획이 타당하고 건전할 것, 자회사, 손자회사 및 증손회사가 되는 회사의 사업계획이 타당하고 건전할 것, 대주주가 충분한 출자능력, 건전한 재무상태 및 사회적 신용을 갖추고 있을 것, 금융지주회사와 자회사등이 되는 회사의 재무상태 및 경영관리상태가 건전할 것, 주식교환 또는 주식이전에 의하여 완전지주회사가 되는 경우에는 주식교환비율이 적정할 것 등이다(지주 4조 1항 1호-5호). 인가기준에 관한 세부기준은 시행령으로 정한다(지주 4조 2항). 금융위는 금융지주회사의 인가에서는 관련시장에서의 경쟁을 실질적으로 제한하는지 여부에 관한 사항을 미리 공정위와 협의해야 한다(지주 3조 4항).

5. 조건부 인가

[22-45] 금융위는 인가에 조건을 붙일 수 있다(지주 3조 3항 본문). 다만, 금융지주회사의 부채를 통한 자회사의 주식 소유 등으로 해당 금융지주회사의 경영건전성 등을 현저히 저해할 우려가 있다고 인정되는 경우 인가에 경영건전성 등의 개선을 위한 조건을 붙여야 한다(지주 3조 3항 단서). 조건의 내용에 대해서는 비례의 원칙상 일정한 제한이 따른다. 금융지주회사 업무의 본질적 내용에 해당하는 사항을 조건으로 제한할 수는 없을 것이다.

6. 금융지주회사 설립인가와 자회사 인가 또는 대주주 변경승인 요건

[22-46] 금융지주회사는 금융지주회사 설립인가를 받아 지배하게 된 자회사등에 대하여 해당 금융관련법령에 따른 설립 인가·허가 또는 주식취득에 의한 대주주 변경승인에서 요구되는 대주주 기준을 갖춘 것으로 본다(지주 42조의2 1호).

---

② 금융지주회사와 지배관계에 있는 금융기관("지배금융기관")이 담보권의 실행, 대물변제의 수령, 유증 또는 그 밖에 이에 준하는 것으로서 금융위가 고시하는 원인에 의하여 금융지주회사의 주식을 소유하게 된 경우

③ 지배금융기관이 증권인수업무(자본 9조 11항)를 영위하는 과정에서 금융지주회사의 주식을 소유하게 되는 경우

④ 지배금융기관이 그 금융기관에 적용되는 법령에 따른 업무 또는 자산운용의 범위에서 긴급하게 금융지주회사의 주식을 소유하게 되는 경우로서 금융위가 고시하는 경우

Ⅲ. 건전성규제

1. 서 언

금융지주회사의 건전성규제는 **위험의 수직적 이동**은 가능하지만 **위험의 수평적 이동**은 엄격히 제한되는 것을 기본전제로 한다. [22-47]

2. 지배구조규제

가. 정관 변경의 신고

금융지주회사는 정관을 변경하려는 때에는 금융위에 미리 신고해야 한다(지주 6조의2 1항 본문). 금융위는 신고를 받은 날부터 14일 이내에 신고수리 여부를 신고인에게 통지해야 한다(지주 6조의2 2항). 금융위가 제2항에서 정한 기간 내에 신고수리 여부 또는 민원 처리 관련 법령에 따른 처리기간의 연장을 신고인에게 통지하지 않으면 그 기간(민원처리 관련 법령에 따라 처리기간이 연장 또는 재연장된 경우에는 해당 처리기간)이 끝난 날의 다음 날에 신고를 수리한 것으로 본다(지주 6조의2 3항). 신고처리절차를 명확하게 규정하여 신고업무의 투명하고 신속한 처리와 적극행정을 촉진하려는 것이다. 다만, 정관변경사항 중 금융위가 정하는 경미한 사항을 변경하는 때에는 변경한 날부터 7일 이내에 그 사실을 금융위에 보고해야 한다(지주 6조의2 1항 단서). 금융위는 신고내용이 관계법령에 위반되거나 금융지주회사의 경영건전성을 훼손할 우려가 있는 경우 해당 금융지주회사에 시정하거나 보완할 것을 권고할 수 있다(지주 6조의2 4항). [22-48]

나. 완전자회사의 특례

1) 의 의

지배구조법은 은행의 독립적 경영을 위해 사외이사와 감사위원회 등을 두고 있다. 지배구조법상 은행 이사회에는 사외이사를 3명 이상 두되, 이사 총수의 과반수여야 한다(12조 1항·2항). 그러나 금융지주법상 지주회사의 완전자회사, 완전손자회사, 완전증손회사에 대해서는 이 요건이 적용되지 않는다(지배 23조 1항·2항). 경영효율성과 비용절감을 위한 특례이다. 자회사는 지주회사에 의하여 지배받는 회사를, 손자회사는 자회사에 의하여 지배받는 회사를, 그리고 증손회사는 손자회사에 의하여 지배받는 회사를 각각 말한다(지주 2조 2호, 3호 ,3호의2). 자회사등은 외국법인을 포함한다. [22-49]

지배구조법상 완전자회사의 특례조항이 금융지주회사의 자회사에 대한 직접적 경영개입을 쉽게 하여 은행 등의 독립경영 원칙을 훼손하는 양상이 일어나면서 위기발생시 위험이 자회사간에 급속하게 전이되는 등 금융회사의 건전한 발전과 공공적 역할이 축소되고 있고, 사외이사제도 자체를 부정하는 형태이기 때문에 완전자회사의 지배구조에 대 [22-50]

한 특례조항을 삭제해야 한다는 주장[23]이 있다. **개별회사 중심주의** 또는 **자회사 독립의 원칙**을 강조하는 입장으로 생각되지만, 지주회사의 존재이유도 함께 생각할 필요가 있다.

2) 은행법과 금융지주법의 관계

[22-51] 이와 관련하여 과거 은행법과 금융지주법의 관계가 문제되었다. 은행법과 금융지주법에서 각각 규정하던 은행과 금융지주회사의 지배구조를 현재는 지배구조법에서 함께 규정한다. 따라서 이 문제와 관련하여 은행법과 금융지주법의 관계는 더 이상 문제되지 않는다. 지배구조법 23조가 금융지주회사의 완전자회사등에 대한 특례로서 우선 적용된다. 다만 완전자회사 특례가 적용되는 경우에는 사외이사 선임, 이사회내 위원회 설치 등에 대한 의무가 면제되는 것이지, 사외이사의 선임 또는 이사회내 위원회 설치가 금지되는 것은 아니다.[24]

다. 임직원 겸직

[22-52] 지배구조법상 은행 임직원 겸직이 허용되는 경우는 은행의 자은행, 해당 은행지주회사 임직원, 해당 은행지주회사가 지배하는 다른 자회사의 임원으로 한정된다(10조 2항·3항). 그러나 지주회사 임직원의 경우에는 자회사 등의 임직원, 집합투자업과 변액보험업무를 제외한 다른 자회사 등의 임직원 겸직을 허용하고 있다(10조 4항).

3. 업무범위규제

가. 의 의

[22-53] 금융지주법상 지주회사는 사업을 운영하지 않는 순수지주회사이다. 지주회사의 업무는 경영관리업무와 경영관리부수업무로 한정된다.[25] 지주회사에서 자회사편입은 사실상 다른 금융업자의 인수합병에 해당하는 중요한 업무이다. 금융지주회사를 순수지주회사로 한 것은 사업지주회사로 할 경우 지주회사와 자회사 간 이해상충, 자회사의 경영부실이 지주회사의 경영부실로 직접 연결될 수 있는 점 등을 고려한 것이다.[26] 이하 이 절에서는 지주회사의 업무와 자회사편입에 대하여 살펴본다.

---

23) 국회 정무위원회 수석전문위원 구기성, 금융지주회사법 일부개정법률안【김기준의원 대표발의】 검토보고서, 2013.4, 2면.

24) 금융위, 금융회사 지배구조에 관한 법률 설명서, 2016.10, 43면. KB금융지주는 "13개 자회사를 거느린 KB금융지주 이사회가 KB저축은행까지 통솔하는 것은 현실적으로 어렵기 때문"에 KB금융지주의 완전자회사인 KB저축은행에 대하여 완전자회사특례를 적용하지 않기로 했다. KB저축은행, 금융지주 완전자회사 특례 포기 : [지배구조 분석]사외이사 면제조항 적용 않기로… "지주 이사회 직접통제 비효율적" 지적도, 더벨, 2016.10.27.

25) 윤법렬·김지은, "금융지주회사법 소고 - 은행지주회사의 자회사인 증권회사의 입장에서," BFL 제34호, 2009, 110-123면.

26) 이광제, 앞의 논문, 129면.

나. 지주회사의 업무

1) 의 의

금융지주법상 지주회사는 순수지주회사로서 직접 금융업을 수행할 수 없다. 금융지 [22-54]
주회사의 도입이유가 금융업자의 지배구조개선과 구조조정 원활화였기 때문에 지주회사가 직접 금융업을 경영하는 것은 허용할 수 없었다.[27] 금융지주법은 지주회사의 업무범위를 시행령이 규정하는 자회사 경영관리업무와 부수업무로 한정하고 있다(지주 15조). 금융지주회사는 그 이외의 영리를 목적으로 하는 다른 업무를 운영할 수 없다. 시행령은 금융지주회사의 경영관리업무와 경영관리 부수업무를 구체적으로 열거하고 있다(지주령 11조 1항).

2) 업무의 범위

(가) 경영관리업무

경영관리업무는 경영기획과 지배구조에 관한 업무로 한정된다(지주령 11조 1항 1호 [22-55]
가목-바목). 구체적으로는 자회사등에 대한 사업목표 부여 및 사업계획 승인, 자회사등의 경영성과 평가 및 보상 결정, 자회사등에 대한 경영지배구조 결정, 자회사등의 업무와 재산상태 검사, 자회사등에 대한 내부통제 및 위험관리업무, 그 밖에 이에 부수하는 업무를 말한다.[28]

① 사업목표 부여 및 사업계획 승인

지주회사는 그룹 차원의 사업목표를 설정하여 개별 자회사에 부여하고 개별 자회사 [22-56]
별 사업목표를 반영한 사업계획을 승인한다. 이 과정에서 자회사별 사업계획의 조정을 통하여 그룹 차원의 경영효율을 높일 수 있다. 개별 회사 중심주의 또는 자회사 독립의 원칙 하에서 지주회사 차원의 공동의 영업전략을 수립하는 과정이 될 것이다.

② 자회사등의 경영성과 평가 및 보상결정

지주회사는 매사업연도별 경영성과의 평가와 보상의 결정을 통하여 그룹차원의 공 [22-57]
동영업성과에 대한 협력 유인을 제공할 수 있다. 지주회사 차원의 전략 수립과 집행을 가능하게 하는 장치라고 할 수 있다.

③ 자회사등에 대한 경영지배구조 결정

여기서 말하는 '지배구조 결정'은 정관상 자회사등의 지배구조를 정하는 것과 구체 [22-58]
적으로 이사를 선임하는 행위를 포함한다.

---

27) 금감원 감독총괄국 지주회사감독팀, 앞의 책, 108면.
28) 이하 경영관리업무에 대한 상세한 설명은 금감원 감독총괄국 지주회사감독팀, 위의 책, 119-120면.

④ 검사 및 내부통제와 위험관리

[22-59] 지주회사는 자회사등의 업무와 재산상태 검사, 자회사등에 대한 내부통제 및 위험관리 업무를 담당한다.

(나) 경영관리 부수업무

[22-60] 경영관리 부수업무는 경영자원 조달과 지원업무로 한정된다(지주령 11조 1항 2호 가목-마목). 구체적으로는 자회사등에 대한 자금지원, 자회사에 대한 출자 또는 자회사등에 대한 자금지원을 위한 자금조달, 자회사등의 금융상품 개발·판매 지원, 그 밖에 자회사등의 업무에 필요한 자원제공, 전산·법무·회계 등 자회사등의 업무지원을 위해 자회사등으로부터 위탁받은 업무, 그 밖에 법령에 의하여 인가·허가 또는 승인 등을 요하지 않는 업무로 한정된다. 자회사등의 업무에 필요한 자원 제공과 자회사등으로부터 수탁업무의 세부내용은 [별표 3]과 같다(지주령 11조 2항, 1항 2호 다목·라목).

① 자금지원

[22-61] 자금지원은 금전·증권 등 경제적 가치가 있는 재산의 대여, 채무이행 보증, 그 밖에 거래상의 신용위험을 수반하는 직접적·간접적 거래를 포함한다(지주령 11조 1항 2호 가목). 자회사등은 지주회사로부터 외부자금보다 유리한 조건으로 자금을 조달할 수 있다. 금융지주회사가 경영관리업무나 그에 따른 자금지원의 일환으로 은행업자 등의 개입 없이 자신이 지배·경영하는 자회사에 개별적으로 자금을 대여하고 순수한 이자 명목으로 돈을 받은 것은 "소비세인 부가가치세 부과대상 자체가 되지 않는 비과세사업을 하는 것에 지나지 않는다"는 것이 법원의 입장이다(대법원 2019. 1. 17. 선고 2015두60662 판결). 이것이 부가가치세 부과대상이지만 면제될 뿐인 금융·보험 용역이나 이와 유사한 용역을 제공한 것이라고 할 수 없다는 것이다.

[22-62] 자회사가 발행하는 후순위채나 조건부자본증권을 매입하는 방식의 자금지원도 포함되는가? '금전·증권 등 경제적 가치가 있는 재산의 대여, 채무이행 보증'이 거래상의 신용위험을 수반하는 직접적 거래라고 하면 증권의 매입은 간접적 자금지원으로서 허용된다고 볼 것이다.[29]

[22-63] 과거 자금지원에 신용보강이 포함되는지 여부가 논의되기도 했지만,[30] 현재는 '채무이행 보증 그 밖의 거래상 신용위험을 수반하는 간접적 거래'에 포함된다고 볼 것이다.

[22-64] 다만 지주회사의 자회사등에 대한 자금지원은 공정거래법상 '현저히 유리한 조건의 거래'(23조 1항 7호, 현행 45조 1항 9호에 해당)에 해당할 수 있다. 그러나 금융지주법에 의한 완전지주회사가 완전자회사에게 자신의 조달금리 이상으로 자금지원을 하는 경우는 부당한 지원행위에 해당하지 않는다(부당한 지원행위의 심사지침 공정거래위원회 예규 제190호, Ⅳ.3.마).

29) 윤법렬·김지은, 앞의 논문, 112면.
30) 윤법렬·김지은, 위의 논문, 112면.

② 자금조달

금융지주회사는 자회사등에 대한 자금지원을 위해 자금조달을 할 수 있다. 자회사등 [22-65]
이 직접 조달하는 경우와 지주회사를 통하여 조달하는 경우의 비용을 비교하여 자금조달 방법을 결정하게 될 것이다.

③ 자원제공업무 및 위탁업무

금융지주법시행령은 자원제공업무와 위탁업무의 범위를 구체적으로 열거하고 있다 [22-66]
(지주령 [별표 3] 금융지주회사의 업무에 대한 세부 내용(제11조 제2항 관련)).

첫째, 자회사등의 금융상품의 개발·판매를 위한 지원, 그 밖에 자회사등의 업무에 [22-67]
필요한 자원의 제공 업무는 자회사등의 금융상품 개발·판매를 위한 기획·조사·분석, 자회사등과의 설비·전산시스템 등의 공동활용 등을 위한 지원, 자회사등의 업무와 관련된 전산시스템 및 소프트웨어의 개발 및 제공, 자회사등에 대한 상표권 및 특허권 등 지적재산권의 제공, 업무용부동산의 소유 및 자회사등에 대한 임대, 그 밖에 자회사등이 영업을 위해 사용하는 재산의 소유 및 자회사등에 대한 제공을 포함한다.

둘째, 전산, 법무, 회계 등 자회사등의 업무를 지원하기 위해 자회사등으로부터 위탁 [22-68]
받은 업무는 전산시설 등 전산 관련 업무, 인사관리 및 연수, 총무업무, 조사분석업무, 법률 및 세무업무, 회계관리업무, 홍보업무, 준법감시업무, 내부감사업무, 위험관리업무, 신용위험의 분석·평가, 그 밖에 이들 업무에 준하는 업무를 포함한다.

경영관리부수업무에 관한 시행령상 규정은 한정적 열거규정으로 볼 것인가. 법문상 [22-69]
으로는 한정적 열거규정으로 생각되나 취지상 예시적인 것으로 보아야 할 것이다.

은행은 회계관리업무, 준법감시업무, 내부감사업무, 위험관리업무를 지주회사에 위탁 [22-70]
할 수 있다. 금융지주회사가 자회사등의 위험관리기준을 마련하는 경우 그 자회사등은 위험관리기준을 마련하지 않을 수 있다(지배 27조 2항).

3) 위반시의 제재

금융지주회사의 업무범위는 순수지주회사로서의 본질을 고려하여 구체적으로 제한 [22-71]
되고 있다. 이에 위반한 자는 1년 이하의 징역 또는 3천만원 이하의 벌금에 처한다(지주 70조 4항 1호). 업무범위의 제한에 위반한 행위의 사법상 효력은 무효라고 할 수는 없을 것이다.

다. 자회사등의 편입

1) 의 의

은행지주회사의 자회사편입은 자회사등의 형태로 은행 그 밖의 금융업자를 인수·합 [22-72]
병하는 절차이다. 따라서 은행지주회사의 자회사편입은 지주회사 자체의 설립과 함께 지주회사법상 가장 중요한 진입규제라고 할 수 있다.[31] 그러나 지주회사 관점에서는 겸영업무의 범위를 확대하는 의미를 가지므로 업무범위규제에서 함께 살펴본다. 편입승인은 금융지주회사 설립인가와 동일하게 운용되고 있다.[32)]

[22-73] 자회사등은 자회사, 손자회사 및 증손회사, 금융투자업자인 손자회사·증손회사 등의 다른 회사 지배나 손자회사·증손회사 등의 다른 회사 지배의 특례에 따라 금융지주회사에 편입된 다른 회사를 포함한다(지주 4조 1항 2호, 19조의2, 32조). 자회사의 범위와 관련하여 2가지 문제가 있다.

[22-74] 첫째, 자회사등에 금융지주회사가 포함되는가? 금융지주법은 중간금융지주회사를 전제로 하므로(7조 1항 1호, 3항, 16조 1항, 45조 1항) 자회사등에 당연히 포함된다. 과거 A금융지주의 자회사이던 B증권을 인적분할하여 C운용지주를 중간금융지주회사로 설립하기 위해 자회사의 분할 등을 편입신고사유로 한 규정에 따라 자회사 편입신고를 거친 사례가 있다.[33)]

[22-75] 둘째, PEF등 일시적 지배를 목적으로 주식을 취득하는 경우를 자회사등으로 볼 것인가? 금융지주법은 중소기업창업투자회사가 주식을 취득한 경우 그 다른 국내회사, 신기술사업금융업자가 국내회사 주식을 취득한 경우 그 다른 국내회사, PEF가 투자한 기업의 가치를 높여 그 수익을 사원에게 배분하기 위한 목적으로 다른 회사 주식을 취득한 경우 그 다른 회사 등을 계열회사 정의에서 제외하고 있어 자회사등에 포함되지 않는다(지주령 2조 3항 1호-7호).

2) 자회사등의 편입승인

(가) 의 의

[22-76] 중간금융지주회사가 아닌 금융지주회사는 새로이 자회사등을 편입하는 경우에는 금융위 승인을 얻어야 한다(지주 16조 1항). 편입승인을 얻고자 하는 자는 시행령이 정하는 바에 따라 신청서를 금융위에 제출해야 한다(지주 16조 2항).

[22-77] 금감원은 금융위 승인을 얻지 못한 상태에서는 지주회사와 자회사등에게 허용되는 규정을 적용할 수 없는 것을 근거로 이 경우의 승인을 **인가적 성격이 내포된 승인**으로 해석한다.[34)]

(나) 승인요건

[22-78] 자회사등의 편입승인을 얻고자 하는 금융지주회사는 자회사등으로 편입되는 회사의 사업계획의 타당성과 건전성, 금융지주회사 및 자회사등의 재무상태와 경영관리상태의 건전성, 주식교환에 의하여 자회사등으로 편입하는 경우에는 주식의 교환비율의 적정성의 요건을 갖추어야 한다(지주 17조 1항). 승인의 세부요건은 시행령으로 정한다(지주 17조 3항).

31) 박정원·김동현, 앞의 논문, 92-104면.
32) 금감원 감독총괄국 지주회사감독팀, 앞의 책, 115면.
33) 박정원·김동현, 앞의 논문, 95면 각주 14.
34) 금감원 감독총괄국 지주회사감독팀, 앞의 책, 115면.

또한 금융위는 편입승인을 할 때 당해 자회사등의 편입이 관련시장에서의 경쟁을 실질적으로 제한하는지 여부에 관하여 미리 공정위와 협의해야 한다(지주 17조 2항).

(다) 조건부 승인

금융위는 자회사등의 편입승인에 조건을 붙일 수 있다(지주 16조 3항 본문). 다만, 금융지주회사의 부채를 통한 자회사의 주식소유 등으로 해당 금융지주회사의 경영건전성 등을 현저히 저해할 우려가 있다고 인정되는 경우 승인에 경영건전성 등의 개선을 위한 조건을 붙여야 한다(지주 16조 3항 단서). KB금융지주의 LIG손해보험 편입 승인에서 KB금융지주의 지배구조상 일부 취약성을 고려하여 내부통제 및 지배구조 개선계획을 충실히 이행할 것을 명령한 사례가 있다.[35) [22-79]

(라) 다른 법률상 승인과의 관계

자회사가 은행인 경우 은행법상 한도초과보유주주승인이 필요한가? 은행지주회사는 은행법상 제한에도 불구하고 의결권 있는 발행주식총수의 10%를 초과하여 은행주식을 보유할 수 있으므로(13조) 문제없다. [22-80]

금융지주회사는 금융위 승인을 얻어 편입한 자회사등에 대하여 해당 금융관련법령에 따른 설립 인가·허가 또는 주식취득에 의한 대주주 변경승인에서 요구되는 대주주기준을 갖춘 것으로 본다(지주 42조의2 1호-3호). [22-81]

자회사등을 편입하는 경우에는 금산법 제24조를 적용하지 않는다(지주 16조 4항). 동일한 취지의 심사가 이루어진 것으로 보는 것이다. [22-82]

3) 자회사등의 편입신고

(가) 의 의

신고대상회사를 자회사등으로 편입한 금융지주회사는 금융위에 신고해야 한다. 신고대상회사는 업무의 종류·특성 등을 감안하여 시행령으로 정한다. [22-83]

신고대상회사를 자회사등으로 편입한 금융지주회사는 그 신고대상회사를 자회사등으로 편입한 날부터 30일 이내에 신고서를 금융위에 제출해야 한다(지주 18조 1항 전단; 동 시행령 14조 2항). 신고서에는 금융지주회사 및 편입대상회사의 정관, 편입대상회사를 자회사등으로 편입한 이후 3개 사업연도의 편입대상회사의 추정재무제표를 포함한 사업계획서, 그 밖에 금융위가 고시하는 서류를 첨부해야 한다(지주 18조 1항; 동 시행령 14조 3항). [22-84]

이 경우에는 공정거래법상 기업결합신고(11조 1항)를 적용하지 않는다(지주 18조 1항 후단). [22-85]

35) 금융위·금감원, 보도자료: KB금융지주의 LIG손해보험등, 메리츠금융지주의 아이엠투자증권, DGB금융지주의 우리아비바생명 자회사등 편입 승인, 2014.12.24.

(나) 신고대상회사

[22-86] 신고대상회사는 설립 시 금융위의 인허가를 요하지 않는 금융기관,[36] 최근 사업연도말 현재 자산총액이 1천억원 미만인 금융기관, 금융지주회사등[37] 사이의 주식 소유관계의 변동, 자회사등 사이의 합병·분할·분할합병·물적분할, 그 밖에 금융위가 고시하는 원인에 의하여 인가 당시 금융지주회사의 자회사등이거나 새로 편입된 자회사등이 금융지주회사의 자회사등으로 되는 경우 그 자회사등, 금융업 영위와 밀접한 관련이 있는 회사를 말한다(지주 18조 1항; 동 시행령 14조 1항 본문 1호-3호, 5호).

[22-87] 편입신고에도 편입승인과 마찬가지로 편입대상회사 주식에 대한 의무보유비율이 정해진다. 금융지주법은 50% 또는 30% 기준을 자회사주식과 손자회사주식의 소유의무에서 의무보유비율로 규정하고 있다(43조의2·43조의3). 그러나 이 기준은 자회사가 손자회사를 편입하는 경우와 손자회사가 증손회사를 편입하는 경우에는 적용되지 않는다. ① 자회사가 손자회사를 편입하는 경우로서 자회사가 편입대상회사의 주식을, 그리고 ② 손자회사가 증손회사를 편입하는 경우로서 손자회사가 편입대상회사의 주식을 의무보유비율미만으로 소유하는 경우 각각의 편입대상회사는 제외하며, 증손회사 이하 단계의 회사들이 그 아래 단계의 회사를 편입하는 경우에도 같다(지주 18조 1항; 동 시행령 14조 1항 단서).

(다) 신고요건

[22-88] 금융위는 편입신고를 받은 때에는 그 자회사등의 편입이 관련시장에서의 경쟁을 실질적으로 제한하는지 여부에 관하여 공정위와 협의한다(지주 18조 2항).

(라) 처분명령

[22-89] 금융위는 편입한 자회사등이 신고대상회사에 해당하지 않거나 당해 자회사등의 편입이 관련시장에서의 경쟁을 실질적으로 제한한다고 인정되는 때에는 6월 이내의 기간을 정하여 금융지주회사 또는 자회사에 대하여 새로이 편입한 자회사등의 주식을 처분할 것을 명할 수 있다(지주 18조 3항).

[22-90] 금융지주회사 또는 그 자회사가 제3항의 규정에 의하여 주식처분명령을 받은 때에는 당해 명령을 받은 날부터 그 처분명령을 받은 주식에 대하여는 의결권을 행사할 수 없다(지주 18조 4항). 별도 조치를 요하지 않는 자동적인 효과이다.

(마) 금산법 제24조와의 관계

[22-91] 금융지주회사 또는 그 자회사등이 신고대상회사를 자회사등으로 편입하는 경우에는 금산법 제24조의 규정을 적용하지 않는다(지주 18조 5항).

---

36) 다만, 금융지주회사의 자회사 또는 손자회사(외국법인인 자회사의 지배를 받는 회사에 한정)로 편입되는 외국법인으로서 설립시 금융위의 인허가를 요하는 국내 금융기관과 동일한 업종을 주로 영위하는 법인은 제외한다.

37) 금융지주법시행령은 금융지주회사 및 그 자회사등을 금융지주회사등이라고 정의하고 있다(4조 1항 1호).

금융지주회사는 신고대상회사 중 시행령으로 정하는 자회사등(지주 3조, 16조, 18조)에 대하여 해당 금융관련법령에 따른 설립 인가·허가 또는 주식취득에 의한 대주주 변경승인에서 요구되는 대주주 기준을 갖춘 것으로 본다(지주 42조의2 3호). [22-92]

라. 손자회사

1) 의 의

금융지주회사가 지배할 수 있는 자회사는 국내에서는 손자회사까지로 한정된다. 다만 자회사가 금융투자업자인 경우에는 고손회사 이하도 지배할 수 있다. 경제력 집중의 방지를 위한 규정이다. [22-93]

2) 자회사의 다른 회사 지배

금융지주회사의 자회사는 당해 자회사의 업무와 연관성이 있는 금융기관으로서 시행령이 정하는 금융기관, 금융업의 영위와 밀접한 관련이 있는 회사로서 시행령이 정하는 회사를 제외한 다른 회사를 지배해서는 안 된다(지주 19조 1항 본문 1호·2호; 지주령 15조 1항·2항). 다만, 자회사가 될 당시에 지배하고 있던 회사의 경우에는 당해 자회사가 된 날부터 2년간은 예외로 한다(지주 19조 1항 단서). 금융지주회사가 지배하려는 금융기관등을 모두 자회사로 재편할 경우에 소요되는 자금부담을 고려하여 제한적으로 손자회사의 지배를 허용한 것이다.[38] [22-94]

3) 손자회사의 다른 회사 지배

금융지주회사의 손자회사는 다른 회사를 지배해서는 안 된다(지주 19조 2항 본문). 다만, 외국에서 설립된 금융기관 또는 금융업의 영위와 밀접한 관련이 있는 회사를 지배하는 경우, 손자회사가 될 당시에 지배하고 있던 회사의 경우로서 손자회사에 해당하게 된 날부터 2년 이내인 경우, 또는 주식을 소유하고 있는 계열회사가 아닌 회사가 계열회사에 해당하게 되어 지배하게 된 경우로서 해당 회사가 계열회사에 해당하게 된 날부터 1년 이내인 경우에는 예외로 한다(지주 19조 2항 단서 1호-3호). [22-95]

4) 증손회사의 다른 회사 지배

금융지주회사의 증손회사는 다른 회사를 지배해서는 안 된다(지주 19조 3항 본문). 다만, 증손회사가 될 당시에 지배하고 있던 회사인 경우로서 증손회사에 해당하게 된 날부터 2년 이내인 경우 또는 주식을 소유하고 있는 계열회사가 아닌 회사가 계열회사에 해당하게 되어 지배하게 된 경우로서 해당 회사가 계열회사에 해당하게 된 날부터 1년 이내인 경우에는 예외로 한다(지주 19조 3항 단서 1호·2호). [22-96]

---

38) 이광제, 앞의 논문, 127면.

[22-97] 이는 금융지주회사에 편입된 자회사등이 증손회사 이하 단계로 수직적으로 출자하여 다른 회사를 지배하는 경우에 준용한다(지주 19조 4항).

5) 금융투자업자인 손자회사·증손회사 등의 다른 회사 지배

[22-98] 금융지주회사의 자회사인 금융투자업자의 지배를 받는 손자회사가 금융지주법 제19조 제2항에 따라 예외적으로 지배하는 외국 증손회사는 그 다른 회사가 외국에서 설립된 금융기관 또는 금융업의 영위와 밀접한 관련이 있는 회사일 것, 자회사등의 주식소유기준(지주 43조의2 1항-3항) 이상으로 다른 회사의 주식을 소유할 것의 요건을 충족하는 경우에는 증손회사의 다른 회사 지배를 금지하는 금융지주법 제19조 제3항에도 불구하고 다른 회사를 지배할 수 있다(지주 19조의2 1항 1호·2호).

마. 자회사등의 주식소유의무

1) 의 의

[22-99] 금융지주회사는 특별한 규정이 없는 한 자회사의 주식을 기준 이상 소유해야 한다(지주 43조의2 1항 본문). 소유기준은 원칙적으로 자회사 발행주식 총수의 50%이다. 다만 자회사가 주권상장법인인 경우 또는 경영에 영향을 미칠 수 있는 상당한 지분을 소유하고 있는 2인 이상의 출자자가 계약 또는 이에 준하는 방법으로 출자지분의 양도를 현저히 제한하고 있어 출자자간 지분변동이 어려운 공동출자법인인 경우에는 30%이다. 공동출자법인에 관하여 필요한 사항은 시행령으로 정한다(지주 43조의2 4항).

2) 예 외

[22-100] 다만, 다음 사유로 주식소유기준에 미달하게 된 경우는 예외로 한다(지주 43조의2 1항 단서 1호-5호).

1. 금융지주회사요건에 해당하게 된 당시에 자회사의 주식을 주식소유기준 미만으로 소유하고 있는 경우로서 금융지주회사요건에 해당하게 된 날부터 2년 이내인 경우
2. 주권상장법인이었던 자회사가 그에 해당하지 않게 되어 주식소유기준에 미달하게 된 경우로서 그 해당하지 않게 된 날부터 1년 이내인 경우
3. 자회사가 주식을 모집하거나 매출하면서 우리사주조합에 우선배정하거나 해당 자회사가 전환사채 또는 신주인수권부사채의 전환이 청구되거나 신주인수권이 행사되어 주식소유기준에 미달하게 된 경우로서 그 미달하게 된 날부터 1년 이내인 경우
4. 자회사가 아닌 회사가 자회사에 해당하게 되고 주식소유기준에는 미달하는 경우로서 해당 회사가 자회사에 해당하게 된 날부터 1년 이내인 경우
5. 자회사를 자회사에 해당하지 않게 하는 과정에서 주식소유기준에 미달하게 된 경우로서 그 미달하게 된 날부터 1년 이내인 경우(주식소유기준에 미달하게 된 날부터 1년 이내에 자회사에 해당하지 아니하게 된 경우에 한한다)

3) 해외상장 자회사의 특례

자회사가 주식을 해외에서 발행하여 해외시장에서 상장·등록한 경우에도 해외시장의 [22-101] 안정성·유동성·투명성, 외국 거래소의 공시수준·자율규제체계 등을 고려하여 금융위가 인정하는 때에는 주식소유기준의 적용에 있어 주권상장법인으로 본다(지주 43조의2 2항).

금융위는 금융지주회사가 외국법인인 자회사, 즉 외국 자회사에 대하여 시행령으로 [22-102] 정하는 사실상의 지배력을 확보할 수 있음을 충분히 소명한 경우에는 해당 외국 자회사의 주식에 대한 소유기준을 완화하여 정할 수 있다(지주 43조의2 3항 전단; 지주령 제21조의3). 이 경우 금융지주회사는 금융위가 인정하는 소유기준 이상으로 외국 자회사의 주식을 소유해야 한다(지주 43조의2 3항 후단).

외국의 유가증권시장 및 주식소유기준의 완화에 관하여 필요한 사항은 시행령으로 [22-103] 정한다(지주 43조의2 4항).

4) 손자회사주식의 소유의무

금융지주회사의 자회사 주식소유의무(지주 43조의2)는 특별한 규정이 없는 한 지주회 [22-104] 사의 자회사가 손자회사의 주식을 소유하는 경우 및 손자회사가 증손회사의 주식을 소유하는 경우에도 준용한다(지주 43조의3). 다만 금융지주회사요건에 해당하게 된 당시에 자회사의 주식을 주식소유기준 미만으로 소유하고 있는 경우로서 금융지주회사요건에 해당하게 된 날부터 2년 이내인 경우의 예외는 적용하지 않는다.

5) 금융지주회사의 자회사에 대한 출자한도 폐지

과거 금융지주법은 금융지주회사의 자회사에 대한 출자액 및 유가증권의 투자액 합 [22-105] 계액을 지주회사의 자기자본의 범위 내로 제한하고 있었다(구법 46조). 지주회사가 부채를 통해 자기자본을 초과하는 자회사 출자를 함으로써 발생할 수 있는 과도한 지배력 확장 등을 방지하기 위한 것이었다.[39] 그러나 이러한 사전적 한도 설정방식은 과도한 측면이 있음을 고려하여 2009.7 개정에서 삭제되었다(지주 46조 삭제).

4. 재무건전성규제

가. 의 의

금융지주회사는 자기자본을 충실히 하고 부채와 현금흐름 등을 적절히 관리하며, 자 [22-106] 회사등에 대한 경영관리를 통하여 금융지주회사등 전체의 경영건전성을 확보해야 한다 (지주 50조 1항).

---

39) 금감원 감독총괄국 지주회사감독팀, 앞의 책, 192면.

나. 자기자본비율규제

1) 의 의

[22-107] 금융지주회사는 경영건전성을 유지하기 위해 지주회사와 그 자회사등의 재무상태, 경영관리상태, 그 밖에 경영건전성 확보를 위해 필요한 사항에 관하여 시행령으로 정하는 바에 따라 금융위가 정하는 경영지도기준을 준수해야 한다(지주 50조 2항 1호-3호). 금융지주법 제50조 제2항의 경영지도기준에 힘의 원천의 원칙이 반영되었다.[40)]

2) 자본적정성비율

[22-108] 은행지주회사는 연결기준 위험가중자산에 대한 자본적정성관련 비율로서 보통주자본비율, 기본자본비율 및 총자본비율에 관하여 지주감독규정 <별표 3>에서 정하는 최소준수비율을 준수해야 한다(지주 50조; 지주령 28조; 동 감독규정 25조 1항). 은행지주회사는 손실흡수능력을 높이기 위해 추가적으로 유지해야 하는 자본보전완충자본 및 금융체계상 중요 은행지주회사 추가자본, 경기대응완충자본을 포함한 자본비율로서 지주감독규정 <별표 3-2>에서 정하는 자본비율을 준수해야 한다. 금융지주회사는 경영지도비율을 산정하고 그 결과를 감독원장에게 분기별로 보고해야 한다(지주 50조; 지주령 28조; 동 감독규정 25조 3항).

3) 유동성비율

[22-109] 유동성비율은 금융지주회사만의 개별비율로서 원화유동성비율과 외화유동성비율로 구분된다(금융지주회사감독규정 25조 1항 2호·3호). 금융지주회사의 원화유동성부채에 대한 원화유동성자산 비율을 말하는 원화유동성비율은 100% 이상, 금융지주회사의 외화유동성부채에 대한 외화유동성자산 비율을 말하는 외화유동성비율은 80% 이상이어야 한다.

4) 자산건전성분류 및 대손충당금

[22-110] 금융지주회사는 정기적으로 채무자의 채무상환능력과 금융거래내용 등을 감안하여 보유자산의 건전성을 "정상", "요주의", "고정", "회수의문", "추정손실"의 5단계로 분류하고 적정한 대손충당금등(지급보증충당금 및 대손준비금을 포함)을 적립·유지해야 한다(금융지주회사감독규정 26조 1항).

5) 경영실태평가

[22-111] 금감원장은 금융지주회사등의 경영실태를 분석하여 경영의 건전성 여부를 감독한다(금융지주회사감독규정 35조 1항). 경영실태평가는 검사기준일 현재 평가대상기관의 경영실태를 리스크관리, 재무상태, 잠재적 충격의 3 부문별로 평가하고 그 평가결과와 전반적인 경영상태 등을 고려하여 종합평가한다(금융지주회사감독규정 35조 3항). 경영실태평가는 1등

---

40) 윤법렬·김지은, 앞의 논문, 112면.

급(우수), 2등급(양호), 3등급(보통), 4등급(취약), 5등급(위험)의 5단계 등급으로 구분한다(금융지주회사감독규정 35조 4항). 금감원장은 금융지주회사등에 대한 검사 등을 통하여 경영실태 평가하고 그 결과를 감독 및 검사업무에 반영할 수 있다(금융지주회사감독규정 35조 2항).

6) 금융체계상 중요 은행지주회사 선정

금융위는 매년 금융체계상 중요도를 고려하여 금융체계상 중요 은행지주회사를 선정해야 한다(금융지주회사감독규정 25조의2 1항). 금융체계상 중요도는 은행지주회사의 규모, 다른 금융회사와의 연계성 등 국내 금융체계에 미치는 영향력을 말하는 것으로서 규모, 상호연계성, 대체가능성, 복잡성, 국내 특수요인을 평가지표로 산정한다(금융지주회사감독규정 25조의2 2항 1호-5호). 금융위는 금융체계상 중요 은행지주회사에 대하여 추가자본의 적립을 요구할 수 있다(금융지주회사감독규정 25조의2 3항).[41] [22-112]

7) 행정처분

금융위는 금융지주회사가 경영지도기준 미준수 등 경영 건전성을 크게 해할 우려가 있다고 인정되는 때에는 경영개선계획제출, 자본금증액, 이익배당제한, 자회사 주식 처분, 상각형 또는 전환형 조건부자본증권의 발행·보유 등 경영개선조치를 명할 수 있다(지주 50조 3항). [22-113]

다. 여신한도규제

1) 의 의

은행법을 비롯한 개별 금융업법상 동일인 여신한도규제를 준수해도 금융지주회사 전체의 위험은 증가되는 점을 고려하여 그룹차원의 신용공여한도를 따로 두고 있다.[42] 자회사등의 범위, 신용공여 기준, 자기자본 및 자기자본의 순합계액의 산정방법은 시행령으로 정한다(지주 45조 5항). [22-114]

여기서 기준이 되는 단위인 금융지주회사등은 중간금융지주회사를 제외한 금융지주회사 및 자회사등을 말한다(지주 45조 1항). 금융지주회사등의 자기자본은 자회사등의 자기자본을 산정하고 이를 합산한 후 중복되는 부분을 공제하는 방법으로 산정된다. 자기자본의 산정은 자회사등이 은행인 경우 은행법 2조 1항 5호에 따른 자기자본을 그리고 금융지주회사인 경우 금융지주법시행령 제24조의3 제7항 제2호에 따른 자기자본[43]을 말한다 [22-115]

---

41) 금융위는 신한, KB, 하나, 우리, 농협을 금융체계상 중요한 은행지주회사로 선정하였다. 금융위·금감원, 보도자료: 2025년도 금융체계상 중요한 은행·은행지주회사 및 금융체계상 중요한 금융기관 선정 결과, 2024.7.10.

42) 금감원 감독총괄국 지주회사감독팀, 앞의 책, 166면.

43) 은행지주회사 및 자회사등의 경우: 최근 분기 말 현재의 재무상태표(최근 분기 말 현재의 재무상태표가 없는 경우 최근 사업연도 말 현재의 재무상태표)의 자산총액에서 부채총액을 차감한 금액. 이 경우 최근 분기 말(최근 분기 말 현재의 재무상태표가 없는 경우 최근 사업연도 말) 이후의 자본금의 증감분을 포함하여 계산한다.

(지주 45조 5항; 동 시행령 24조 3항 1호-7호). 금융지주회사등의 자기자본의 순합계액의 산정방법은 [금융지주회사와 자회사등의 자기자본을 합한 금액]에서 [금융지주회사가 보유하는 자회사등의 주식과 자회사등간에 보유한 주식 및 자회사등이 보유하는 금융지주회사의 주식 금액]을 차감한 금액으로 한다(지주 45조 5항; 동 시행령 24조 4항 1호·2호).

2) 유 형

(가) 동일차주

[22-116] 동일차주에 대한 금융지주회사등의 신용공여의 합계액은 금융지주회사등의 자기자본의 순합계액의 25%를 초과할 수 없다(지주 45조 1항 본문). 동일차주는 은행법상 동일차주로서 동일한 개인·법인 및 그 개인·법인과 신용위험을 공유하는 자를 말한다(35조 1항). 금융지주회사등은 금융지주회사와 자회사등을 말한다. 중간금융지주회사는 제외한다.

(나) 동일인

[22-117] 동일한 개인이나 법인 각각에 대한 금융지주회사등의 신용공여 합계액은 금융지주회사등의 자기자본의 순합계액의 20%를 초과할 수 없다(지주 45조 2항 본문).

(다) 금융지주회사의 대주주44)

[22-118] 금융지주회사의 의결권있는 발행주식총수의 10%를 초과하는 주식을 보유하는 동일인에 대한 금융지주회사등의 신용공여의 합계액은 [금융지주회사등의 자기자본의 순합계액의 25%에 해당하는 금액과 동일인의 당해 금융지주회사에 대한 출자비율에 해당하는 금액 중 적은 금액]을 초과할 수 없다(지주 45조 3항 본문; 동 시행령 22조 3항).

3) 예 외

[22-119] 그러나 국민경제를 위해 또는 금융지주회사등의 채권확보의 실효성확보를 위해 필요한 경우나 금융지주회사등이 추가신용공여를 하지 않았음에도 자기자본변동, 동일차주 변동 등으로 한도를 초과하는 경우로서 시행령이 정하는 경우에는 동일차주, 동일인, 대주주에 대한 신용공여한도를 초과할 수 있다(지주 45조 1항 단서 1호·2호, 45조 2항 단서, 45조 3항 단서).

4) 위반시의 효과

(가) 초과신용공여의 축소

[22-120] 금융지주회사등은 추가신용공여없이 부득이한 사유로(지주 45조 1항 2호) 신용공여 한도를 초과한 경우에는 당해 한도를 초과하게 된 날부터 1년 이내에 가장 최근에 제공한 신용공여, 같은 날인 경우에는 금액이 적은 신용공여의 순서로 당해 한도에 적합하도록

---

44) 은행법상 대주주에 대한 신용공여 규제에 해당하는 은행지주회사의 주요출자자에 대한 신용공여한도 등(지주 45조의2)에 대해서는 아래 주요출자자와의 거래제한 등에서 살펴본다.

해야 한다(지주 45조 4항 본문; 동 시행령 23조 1항). 다만, 회수곤란 등 부득이한 사유에 해당하는 경우에는 금융위가 그 기간을 정하여 연장할 수 있다(지주 45조 4항 본문; 동 시행령 23조 2항).

(나) 위반행위의 사법상 효력

[22-121] 금융지주법상 신용공여한도위반을 이유로 그 신용공여행위 자체의 사법상 효력을 부정할 수는 없을 것으로 본다.

라. 다른 회사의 주식소유제한

1) 금융지주회사의 비금융회사 주식소유 제한

[22-122] 금융지주회사는 특별한 규정이 없는 한 비금융회사의 주식을 소유할 수 없다(지주 6조의3 본문). 다만, 금융지주회사로 설립될 당시에 비금융회사의 주식을 소유하고 있는 때에는 금융지주회사로 설립된 날부터 2년간은 그 회사의 주식을 소유할 수 있다.

2) 금융지주회사의 계열회사 주식소유 제한

[22-123] 금융지주회사는 자회사 외의 공정거래법상 계열회사의 주식을 소유할 수 없다(지주 6조의4 본문). 다만, 금융지주회사요건에 해당하게 된 당시에 계열회사 주식을 소유하고 있는 경우로서 금융지주회사요건에 해당하게 된 날부터 2년 이내인 경우, 주식을 소유하고 있지 않은 계열회사를 자회사에 해당하게 하는 과정에서 그 계열회사 주식을 소유하게 된 날부터 1년 이내인 경우[45], 자회사를 자회사에 해당하지 않게 하는 과정에서 당해 자회사가 자회사에 해당하지 않게 된 날부터 1년 이내인 경우에는 예외로 한다(지주 6조의4 단서 1호-3호).

3) 자회사등이 아닌 회사의 주식 소유

[22-124] 금융지주회사가 자회사등이 아닌 비금융회사의 경영에 영향을 미칠 수 없도록 주식 소유한도를 정하고, 그 한도 내에서 주식을 소유한 경우에도 의결권 행사방법을 제한하고 있다.[46]

[22-125] 첫째, 금융지주회사는 자회사등이 아닌 회사의 발행주식총수의 5% 이내에서 다른 회사의 주식을 소유할 수 있다(지주 44조 1항 본문). 다만, 해당 주식의 소유가 금지되는 계열회사 주식소유(지주 6조의4)에 해당하는 경우에는 할 수 없다(지주 44조 1항 단서).

[22-126] 둘째, 금융지주회사가 다른 회사의 주식을 소유하는 경우 당해 금융지주회사는 그 다른 회사의 주주총회의 참석 주식수에서 금융지주회사가 소유한 주식수를 차감한 주식수의 의결내용에 영향을 미치지 않도록 의결권을 행사해야 한다(지주 44조 2항). 다만 금융기관 및 금융업과 밀접한 관련이 있는 회사의 경우에는 예외로 한다.

---

45) 같은 기간 내에 자회사에 해당하게 된 경우에 한한다.
46) 금감원 감독총괄국 지주회사감독팀, 앞의 책, 162-164면.

4) 증권투자한도 폐지

[22-127] 과거 금융지주법은 금융지주회사가 자기자본에서 자회사출자총액을 차감한 금액을 초과하여 유가증권에 투자하는 것을 금지하고 있었다(제43조). 현행법은 이를 삭제하였다. 그 이유는 첫째, 법률에서 자회사 출자를 사전적·획일적으로 제한하는 방식은 해외 사례에 비추어 과도한 측면이 있고, 둘째, 신설 금융지주회사의 경우 이러한 사전한도로 인해 일정기간 동안 M&A참여가 어려워 대형화에 제약요인으로 작용하기 때문이었다.[47)]

[22-128] 다만 무분별한 자회사 출자를 방지하기 위해 금융위는 자회사등의 편입승인 시 부채를 통한 자회사의 주식소유 등으로 해당 지주회사의 경영건전성 등을 현저히 저해할 우려가 있는 경우 승인에 경영건전성 등의 개선을 위한 조건을 붙여야 한다(지주 16조 3항).[48)]

마. 이익준비금의 적립

[22-129] 금융지주회사는 적립금이 자본금의 총액에 달할 때까지 결산순이익금을 배당할 때마다 그 순이익금의 10% 이상을 적립해야 한다(지주 53조). 은행법 제40조의 이익준비금 적립과 동일한 취지의 규정이다.

5. 기타 경영건전성규제

가. 경영정보의 공시

1) 경영공시

[22-130] 금융지주회사는 자회사등의 예금자 및 투자자의 보호를 위해 시행령이 정하는 사항을 금융위가 정하는 바에 따라 공시해야 한다(지주 56조). 경영공시는 은행법상 경영공시(43조의3)와 같은 취지의 제도이다. 일반공시와 수시공시로 구분된다(지주 56조; 지주령 31조; 동 감독규정 34조).

2) 업무보고서의 제출

[22-131] 금융지주회사는 매 사업연도 개시일부터 3월간·6월간·9월간 및 12월간의 당해 금융지주회사등의 영업실적 및 재무상태 기타 시행령이 정하는 사항을 기재한 업무보고서를 작성하여 각각 그 기간 경과후 1월 이내에 금감원장에게 제출해야 한다(지주 54조 1항 전단). 이 경우 금감원장은 부득이한 사유가 있다고 인정되는 때에는 업무보고서의 제출기한을 연장할 수 있다(지주 54조 1항 후단). 업무보고서의 작성을 위한 세부사항 기타 필요한 사항은 금융위가 정한다(지주 54조 2항).

---

47) 이러한 보완방안을 제시한 것으로, 국회 정무위원회 전문위원 손준철, 금융지주회사법 일부개정법률안【공성진의원 대표발의】 검토보고서, 2009.1, 42-43면.

48) 국회 정무위원회 전문위원 손준철, 위 보고서, 2009.1, 46면; 국회 정무위원회, 금융지주회사법 일부개정법률안 심사보고서, 2009.7, 46면.

3) 재무제표의 공고 등

금융지주회사는 결산일부터 3월 이내에 금융위가 정하는 서식에 따라 결산일 현재 의 재무상태표, 당해 결산기의 손익계산서 및 외감법에 따른 연결재무제표 중 금융위가 정하는 서류를 공고해야 한다(지주 55조 본문). 상법상 재무상태표 공고의무(상법 449조)의 대상을 확대하고 공고시기를 명시한 것이다. 다만, 부득이한 사유로 3월 이내에 공고할 수 없는 서류에 대하여는 금융위 승인을 얻어 공고를 연기할 수 있다(지주 55조 단서). 3월 이내에 공고할 내용이 확정되지 않는 경우에 대비한 것이다.[49)] [22-132]

4) 전자문서에 의한 제출 등

금융지주회사가 업무보고서 제출 및 재무제표 공고를 위해 자료를 제출하거나 공고를 하는 때에는 금감원장 또는 금융위가 정하는 바에 따라 전자문서의 방법에 의할 수 있다(지주 55조의2, 54조·55조). [22-133]

나. 주요출자자와의 거래제한 등

1) '은행지주회사의 주요출자자'에 대한 은행지주회사등의 신용공여 한도 등

(가) 의 의

금융지주법은 '은행지주회사의 주요출자자'에 대한 은행지주회사등의 신용공여한도를 규제한다. 은행지주회사를 통하여 은행을 지배하는 주요출자자에 대하여 은행법상 은행의 대주주에 대한 신용공여규제와 동일하게 규제하려는 것이다.[50)] 은행지주회사등의 신용공여한도규제를 위한 자회사등의 범위, 신용공여기준, 자기자본 및 자기자본의 순합계액의 산정방법은 시행령으로 정한다(지주 45조의2 7항). [22-134]

주요출자자는 10% 초과 보유자와 사실상 영향력 행사자를 포함한다. 전자는 은행지주회사의 주주 1인을 포함한 동일인이 은행지주회사의 의결권 있는 발행주식 총수의 10%(지방은행지주회사의 경우에는 15%)를 초과하여 주식을 보유하는 경우의 해당 주주 1인을 말한다(지주 2조 10호 가목). [22-135]

후자는 은행지주회사의 주주 1인을 포함한 동일인이 지주회사의 의결권 있는 발행주식 총수의 4%를 초과하여 주식을 보유하는 경우로서 해당 동일인이 최대주주이거나 시행령으로 정하는 임원의 임면 등의 방법으로 해당 은행지주회사등의 주요 경영사항에 대하여 사실상의 영향력을 행사하고 있는 자인 경우의 해당 주주 1인을 말한다(지주 2조 10호 나목). 이 경우 은행지주회사는 지방은행지주회사를 제외한다. 의결권 있는 발행주식 총수는 비금융주력자가 의결권행사포기를 조건으로 보유승인받은 의결권을 행사하지 못 [22-136]

---

49) 금감원 감독총괄국 지주회사감독팀, 앞의 책, 267면.
50) 은행지주회사 주식소유한도가 4%에서 10%로 확대된 2002.2 금융지주법 개정에서 도입되었다. [시행 2002.7.28.] [법률 제6692호, 2002.4.27., 일부개정].

하는 주식을 제외한다(지주 8조의2 2항). 은행지주회사등은 은행지주회사 및 그 자회사·손자회사·증손회사, 금융지주회사에 편입된 다른 회사(지주 19조의2)를 말한다.

[22-137] 주요출자자에 대한 신용공여규제에서 주요출자자는 그 특수관계인을 포함한다(지주 45조의2 1항 본문). 여기서 특수관계인은 본인과 은행법시행령 1조의4 1항 각 호의 어느 하나에 해당하는 관계에 있는 자를 말한다(지주령 3조 1항). 금융지주법상 자회사, 손자회사 및 증손회사는 금융지주법 45조의2를 적용할 때 주요출자자의 특수관계인에 해당되지 않는다.[51]

(나) 유 형

[22-138] [개별 주요출자자] 은행지주회사등이 그 지주회사의 주요출자자에게 할 수 있는 신용공여의 합계액은 [당해 은행지주회사등의 자기자본의 순합계액의 25%에 해당하는 금액과 그 주요출자자의 당해 은행지주회사에 대한 출자비율에 해당하는 금액 중 적은 금액]을 초과할 수 없다(지주 45조의2 1항 본문; 지주령 24조의2 1항). 여기서 은행주지회사등은 중간금융지주회사를 제외한다. 다만, 은행지주회사등이 동일차주에 대한 신용공여한도의 예외사유에 해당하는 경우에는 예외로 한다(지주 45조의2 1항 단서, 45조 1항 단서).

[22-139] [주요출자자 전체] 은행지주회사등이 그 지주회사의 주요출자자 모두에게 할 수 있는 신용공여의 합계액은 [당해 은행지주회사등의 자기자본의 순합계액의 25%에 해당하는 금액]을 초과할 수 없다(지주 45조의2 2항; 지주령 24조의2 2항).

(다) 교차신용공여의 금지

[22-140] 은행지주회사등은 개별주요출자자와 주요출자자 전체에 대한 신용공여한도를 회피하기 위해 다른 은행지주회사등 또는 은행과 교차하여 신용공여를 할 수 없다(지주 45조의2 3항). 주요출자자에 대한 신용공여규제의 탈법행위를 고려한 것이다. 은행법 제35조의2 제3항과 같은 취지의 규정이다.

(라) 단일거래금액 기준 신용공여의 절차적 규제

[22-141] [이사회 결의] 은행지주회사등은 그 은행지주회사의 주요출자자에 대하여 [단일거래금액이 은행지주회사등의 자기자본의 순합계액의 0.1%에 해당하는 금액 또는 50억원 중 적은 금액] 이상의 신용공여와 [자본시장법상 공모 발행되는 사채권을 취득하는 거래]를 하려는 때에는 미리 이사회의 의결을 거쳐야 한다(지주 45조의2 4항 전단; 지주령 24조의2 3항 전단, 24조의2 4항). 이 경우의 이사회는 재적이사 전원의 찬성으로 의결한다(지주 45조의2 4항 후단). 여기서 신용공여의 유형별 단일거래금액의 구체적인 산정기준은 금융위가 정한다(지주령 24조의2 3항 전단).

[22-142] [금융위 보고 등] 은행지주회사등이 그 은행지주회사의 주요출자자에 대하여 [단일거래금액이 은행지주회사등의 자기자본의 순합계액의 0.1%에 해당하는 금액 또는 50억원 중 적은 금액]

---

51) 금융위·금감원, 유권해석 : 금융지주회사법 제45조의2 해석관련 질의, 2010.3.9.

이상의 신용공여를 한 때에는 지체없이 그 사실을 금융위에 보고하고 컴퓨터통신 등을 이용하여 공시해야 한다(지주 45조의2 5항; 동 시행령 24조의2 3항 전단). 은행지주회사등은 그 은행지주회사의 주요출자자에 대한 신용공여에 관한 사항을 분기별로 컴퓨터통신 등을 이용하여 공시해야 한다(지주 45조의2 6항).

(마) 주요출자자의 출자지원 신용공여

은행지주회사등은 해당 지주회사의 주요출자자의 다른 회사에 대한 출자를 지원하기 위한 신용공여를 할 수 없다(지주 45조의2 8항). 은행법상 대주주에 대한 같은 내용의 규제와 같은 취지로 해석된다(35조의2 7항). [22-143]

(바) 자산의 무상양도 등

은행지주회사등은 해당 지주회사의 주요출자자에게 자산을 무상으로 양도하거나 통상의 거래조건에 비추어 해당 지주회사등에게 현저하게 불리한 조건으로 매매 또는 교환을 하거나 신용공여를 할 수 없다(지주 45조의2 9항). 은행법상 대주주에 대한 같은 내용의 규제와 같은 취지로 해석된다(35조의2 8항). [22-144]

2) 주요출자자가 발행한 주식의 취득한도 등

(가) 의 의

은행지주회사등은 [자기자본의 순합계액의 1%에 해당하는 금액]을 초과하여 그 은행지주회사의 주요출자자가 발행한 주식을 취득할 수 없다(지주 45조의3 1항 전단; 동 시행령 24조의3 1항). 여기서 은행지주회사등은 중간금융지주회사를 제외한다. 주식은 출자지분을 포함한다. [22-145]

취득은 신탁업무에 의하여 취득하는 것을 포함한다. 은행지주회사등이 위탁자 또는 위탁자가 지정하는 자가 신탁재산인 금전의 운용방법을 지정하는 특정금전신탁에 의하여 취득하는 것은 주식의 취득에 해당하지 않는다(지주 45조의3 1항; 동 시행령 24조의3 2항 본문). 여기서 특정금전신탁은 취지상 위탁자 또는 위탁자가 지정하는 자가 주식의 종목까지 직접적·구체적으로 지정하는 경우에 한정된다. 다만, 위탁자가 은행지주회사등인 경우에는 포함한다(지주 45조의3 1항; 동 시행령 24조의3 2항 단서). [22-146]

주요출자자의 발행주식이 비상장인 경우 자금지원적 성격이 특히 강하다. 이런 경우에 취득한도를 차별화할 필요가 있다. 금융위는 법령상의 취득한도 이내에서 주식의 종류별로 취득한도를 따로 정할 수 있다(지주 45조의3 1항 후단). [22-147]

(나) 한도초과주식의 처분의무

은행지주회사의 주요출자자가 아닌 자가 새로 주요출자자가 됨에 따라 은행지주회사등이 취득한도를 초과하게 되는 경우 당해 은행지주회사등은 1년 이내에 그 한도를 초과한 주식을 처분해야 한다(지주 45조의3 2항; 동 시행령 24조의3 3항 본문). 다만, 금융위는 초 [22-148]

과보유한 주식규모, 증권시장상황 등에 비추어 부득이하다고 인정되는 경우에는 기간을 정하여 연장할 수 있다.

(다) 취득 절차

[22-149] [이사회 결의] 은행지주회사등이 그 지주회사의 주요출자자가 발행한 주식을 [단일거래금액이 은행지주회사등의 자기자본의 순합계액의 0.1%에 해당하는 금액 또는 50억원 중 적은 금액] 이상으로 취득하고자 하는 때에는 미리 이사회 의결을 거쳐야 한다(지주 45조의3 3항 전단; 동 시행령 24조의3 4항). 이 경우 이사회는 재적이사 전원의 찬성으로 의결한다(지주 45조의3 3항 후단). 단일거래금액에서 자본시장법상 증권시장 또는 이와 유사한 시장으로서 외국에 있는 시장에서 취득하는 금액은 제외한다. 시장상황에 따라 수시로 매매할 수 있는 점[52]과 남용의 가능성이 적은 점을 고려할 때 과도한 규제가 될 수 있기 때문이다.

[22-150] [금융위 보고 등] 은행지주회사등이 그 지주회사의 주요출자자가 발행한 주식을 [단일거래금액이 은행지주회사등의 자기자본의 순합계액의 0.1%에 해당하는 금액 또는 50억원 중 적은 금액] 이상으로 취득한 때에는 지체없이 그 사실을 금융위에 보고하고 컴퓨터통신 등을 이용하여 공시해야 한다(지주 45조의3 4항; 동 시행령 24조의3 4항). 은행지주회사등은 그 지주회사의 주요출자자가 발행한 주식의 취득에 관한 사항을 시행령이 정하는 바에 따라 분기별로 컴퓨터통신 등을 이용하여 공시해야 한다(지주 45조의3 5항).

(라) 의결권 행사

[22-151] 은행지주회사등은 그 은행지주회사의 주요출자자가 발행한 주식의 의결권을 행사함에 있어 그 주요출자자 주주총회의 참석주식수에서 당해 은행지주회사등이 소유한 주식수를 차감한 주식수의 의결내용에 영향을 미치지 않도록 의결권을 행사해야 한다(지주 45조의3 6항 본문).

[22-152] 다만, 주요출자자의 합병, 영업의 양도·양수, 임원의 선임, 그 밖에 이에 준하는 사항으로서 당해 은행지주회사등에 손실을 초래할 것이 명백하게 예상되는 경우에는 예외로 한다(지주 45조의3 6항 단서).

3) 주요출자자의 부당한 영향력 행사 금지

[22-153] 은행지주회사의 주요출자자는 그 지주회사의 이익에 반하여 주요출자자 개인의 이익을 취할 목적으로 부당한 역향력을 행사하는 행위를 할 수 없다(지주 45조의4 1호-3호, 3호의2-3호의6, 4호). 여기서 은행지주회사는 중간금융지주회사를 제외한다. 은행법상 대주주의 부당한 영향력 행사 금지와 동일한 취지의 규정이다(35조의4).

4) 주요출자자에 대한 자료제출요구 등

[22-154] 금융위는 은행지주회사등 또는 그 지주회사의 주요출자자가 주요출자자 관련 신용

52) 금감원 감독총괄국 지주회사감독팀, 앞의 책, 184면.

공여한도, 주식취득한도, 부당한 영향력 행사 금지(지주 45조의2-45조의4)를 위반한 혐의가 있다고 인정할 때에는 은행지주회사등 또는 그 지주회사의 주요출자자에 대해 필요한 자료제출을 요구할 수 있다(지주 45조의5 1항). 여기서 은행지주회사등은 중간금융지주회사를 제외한다.

5) 주요출자자의 부실화에 대한 조치

은행지주회사의 주요출자자가 부실화되면 은행지주회사등에 부당한 영향력을 행사하여 그 경영건전성을 침해할 우려가 있다. 금융위는 일정한 경우에 자료제출을 요구하고 신용공여제한 등 조치를 취할 수 있다(지주 45조의5 2항). [22-155]

금융위는 은행지주회사의 주요출자자인 회사의 부채초과 등 재무구조의 부실화로 그 지주회사등의 경영건전성을 현저히 저해할 우려가 있는 경우로서 시행령이 정하는 경우에는 은행지주회사등 또는 그 지주회사의 주요출자자에 대하여 필요한 자료의 제출을 요구할 수 있으며, 은행지주회사등에 대하여는 그 은행지주회사의 주요출자자에 대한 신용공여제한, 그 채권이나 주식의 취득제한 등 조치를 할 수 있다(지주 45조의5 2항; 지주령 24조의5 2항). [22-156]

다. 자회사등의 행위제한

1) 의 의

금융지주회사구조에는 금융업종 간 겸영을 위한 자회사를 통한 위험전이와 경영위험증가로 인한 동반부실위험이 존재한다.[53] 금융지주법은 이러한 위험을 고려하여 금융지주회사의 자회사등의 행위를 제한한다(지주 48조). 이를 위험전이를 막기 위한 차단벽으로 설명하기도 한다.[54] [22-157]

2) 신용공여의 제한

금융지주회사의 자회사등의 신용공여행위는 3가지 방식으로 제한된다. 제한되는 신용공여와 관련한 자회사등의 범위, 신용공여의 기준은 시행령으로 정한다(지주 48조 8항). 금융지주회사와 자회사등 간의 위험의 전이를 방지하기 위한 것이다. 여기서 신용공여(지주 48조 1항 1호, 3호 및 2항)는 "대출·지급보증 및 유가증권의 매입(자금지원적 성격의 것에 한한다) 기타 금융거래상의 신용위험을 수반하는 직접·간접적 거래로서 금융위원회가 정하여 고시하는 거래"로 한다(지주령 27조 11항). [22-158]

첫째, 자회사등은 그가 속하는 지주회사에 대한 신용공여를 할 수 없다(지주 48조 1항 본문 1호), 사모사채도 인수할 수 없지만, 무보증사채를 인수할 수 있는지 여부에 대해서는 견해가 나뉜다.[55] 자금지원적 성격일 경우 취지상 허용될 수 없다. [22-159]

---

53) 금감원 감독총괄국 지주회사감독팀, 위의 책, 198면.
54) 이광제, 앞의 논문, 132면.

[22-160] 둘째, 동일한 금융지주회사에 속하는 자회사등 상호간에 신용공여를 하는 경우에는 적정담보를 확보해야 한다(지주 48조 2항 본문). 여기서 적정담보로는 신용공여액의 150%의 범위내에서 유가증권·부동산 등 담보의 종류에 따라 금융위가 정하는 비율 이상의 담보를 확보해야 한다(지주령 27조 5항). 다만, 자회사등의 구조조정에 필요한 신용공여 등 금융위가 정하는 요건에 해당하는 경우에는 예외로 한다(지주 48조 2항 단서).

[22-161] 셋째, 당해 자회사등이 속하는 금융지주회사의 다른 자회사등에 대한 신용공여로서 시행령이 정하는 기준을 초과하는 신용공여를 할 수 없다(지주 48조 1항 본문 3호; 동 시행령 27조 4항). 다만, 당해 자회사등이 새로이 금융지주회사에 편입되는 등 시행령이 정하는 경우에는 예외로 한다(지주 48조 1항 단서; 동 시행령 27조 1항). 금융지주회사의 자회사(A캐피탈)의 해외 자회사(라오스자회사)가 금융지주회사의 계열 은행(A은행)으로부터 대출을 받을 때 A캐피탈이 라오스자회사를 위하여 지급보증을 제공하는 경우 A은행에 대한 신용공여로 볼 수 있는가? 금융당국은 A캐피탈의 지급보증 대상은 A은행이 아닌 라오스자회사이고, A캐피탈이 독립적이고 합리적인 방식에 따라 지급보증 여부를 심사하는 경우 동 지급보증은 라오스자회사에 대한 신용공여에 해당할 뿐 계열 은행에 대한 신용공여라고는 볼 수 없다고 해석하였다.[56)]

3) 주식소유의 금지

(가) 의 의

[22-162] 금융지주회사의 자회사등은 그 지주회사나 그 지주회사에 속하는 다른 자회사등의 주식을 소유할 수 없다. 이해상충과 위험의 전이를 방지하기 위한 것이다. 이러한 규제를 위반하면 의결권을 행사할 수 없다.

(나) 자회사등의 지주회사 주식 소유 금지

[22-163] 금융지주회사의 자회사등은 당해 금융지주회사의 주식을 소유할 수 없다(지주 48조 5항 본문). 다만, 금융지주회사의 자회사가 주식교환 또는 주식이전에 의한 취득(지주 62조의2 1항) 또는 자회사에 의한 모회사주식의 취득(상 342조의2)에 의하여 당해 금융지주회사의 주식을 취득하는 경우에는 예외로 한다(지주 48조 5항 단서).

[22-164] 금융지주회사의 자회사인 증권회사가 인수업무를 위해 지주회사의 주식을 인수하는 것은 가능한가? 자본시장법상 인수업무와 관련하여 대주주의 증권을 취득한 경우 그 취득일로부터 3개월간 소유할 수 있게 한 규정(자본 34조 1항 1호; 동 시행령 37조 1항 1호 나목, 마목, 2호 사목; 금융투자업규정 3-71조 2항 1호)과 관련하여 허용된다는 견해[57)]가 있다. 아래 자회사등의 주식인수에 대해서도 같은 논의가 있다. 그러나 자본시장법상 규정은 증권회

---

55) 윤법렬·김지은, 앞의 논문, 115면.

56) 다만 여전법상 대주주(특수관계인)에 대한 신용공여(49조의2 1항)에는 해당할 수 있다. 자회사등에 대한 신용공여에 해당하는지, 금융규제민원포털 법령해석, 금융위원회, 금융감독원, 2017.9.4.

57) 윤법렬·김지은, 앞의 논문, 114면.

사가 그 대주주의 주식을 인수하는 경우에 대한 일반규정이지만, 금융지주법은 금융지주회사와 자회사등의 경우에 대한 특칙이므로 금융지주법상 규정이 우선한다고 생각된다.

(다) 자회사등의 다른 자회사등의 주식 소유 금지

금융지주회사의 자회사등은 그 회사등이 속하는 금융지주회사의 다른 자회사등의 주식을 소유하는 행위도 금지된다(지주 48조 1항 본문 2호). 그러나 그 회사등에 의하여 직접 지배받는 회사의 주식을 소유하는 경우나 다른 자회사등이 지배하는 외국법인의 주식을 소유하는 경우로서 다른 자회사등이 지배하는 개별 외국법인 주식 가액은 그 회사등의 자기자본(지주령 24조의3 7항 각 호)의 10%를 그리고 다른 자회사등이 지배하는 모든 외국법인 주식 가액의 합계액은 그 회사등의 자기자본의 20%를 초과하지 않는 범위 내에서 그 외국법인의 주식을 소유하는 경우는 허용된다(지주 48조 1항 본문 2호 가목·나목; 지주령 27조 3항 1호·2호). [22-165]

(라) 의결권 행사 제한

금융지주회사의 자회사등이 그 금융지주회사 또는 그 금융지주회사의 다른 자회사등의 주식을 소유하는 경우에는 그 주식에 대하여 의결권을 행사할 수 없다(지주 48조 7항 본문). 다만, 자회사등이 다른 자회사등의 주식을 법률상 예외적으로 소유하는 경우는 예외로 한다(지주 48조 8항 단서, 1항 2호 가목·나목). [22-166]

4) 불량자산의 거래

은행, 보험회사 그 밖에 이에 준하는 금융기관으로서 시행령으로 정하는 자회사등은 그 자회사등이 속하는 금융지주회사 및 자회사등으로부터 시행령으로 정하는 불량자산을 매입할 수 없으며 금융지주회사와 자회사등 간 또는 자회사등 상호간에 불량자산을 거래하는 경우에는 그 외의 자를 상대방으로 하여 거래하는 경우 등 통상적인 거래조건과 비교하여 해당 금융지주회사 또는 자회사등에 현저하게 불리한 조건으로 해당 불량자산을 매매할 수 없다(지주 48조 3항 본문). [22-167]

여기서 불량자산은 경영내용·재무상태 및 미래의 현금흐름 등을 감안할 때 채무상환에 어려움이 있거나 있을 것으로 판단되는 채무자 등에 대한 자산으로서 금융위가 정하는 자산을 말한다(지주 48조 3항; 지주령 27조 7항). 불량자산의 거래를 통한 위험의 전이를 방지하기 위한 것이다. [22-168]

다만, 자회사등의 구조조정에 필요한 거래 등 금융위가 정하는 요건에 해당하는 경우에는 예외로 한다(지주 48조 3항 단서). [22-169]

5) 시설의 공동사용

금융지주회사등은 다른 법령에도 불구하고 공동광고를 하거나 전산시스템, 사무공간, 영업점, 전산자료 저장설비, 정보통신망(정통망법 2조 1호), 전자적 장치(전금 2조 8호), 고객 [22-170]

등의 전화에 응대하는 시설을 공동사용할 수 있다(지주 48조 4항 전단; 지주령 27조 8항 1호-4호). 이 경우 예금자 또는 투자자 보호, 금융지주회사등 상호간의 이익상충 방지, 그 밖에 건전한 금융질서 유지를 위해 필요한 사항으로서 금융위가 정하는 사항에 관한 기준을 준수해야 한다(지주 48조 4항 후단; 지주령 27조 9항 1호-3호).

Ⅳ. 영업행위규제

1. 정보공유규제

가. 의 의

[22-171] 금융지주회사를 채택하는 이유는 여러 가지가 있지만, 그중 정보공유가 가장 중요하다. 정보공유에 관한 규정의 적용을 받는 금융지주회사등 및 자회사등의 구체적인 범위는 시행령으로 정한다(지주 48조의2 9항). 과거 영업목적으로 제공할 수 있게 했던 것을 2014.5 개정에서 내부 경영관리목적으로 제한하였다.[58]

나. 정보공유의 범위와 요건

1) 대상정보

(가) 금융거래정보

[22-172] 금융지주회사등은 금융거래정보(실명 4조) 및 개인신용정보(신용 32조 1항)를 금융위가 정하는 고객정보제공절차에 따라 그가 속하는 금융지주회사등에게 제공할 수 있다(지주 48조의2 1항). 이는 금융거래의 비밀보장(실명 4조 1항) 및 개인신용정보 제공동의요건(신용 32조·33조)에 우선한다.

[22-173] 금융위가 정하는 고객정보제공절차는 제공할 수 있는 정보의 범위, 고객정보의 암호화 등 처리방법, 고객정보의 분리 보관, 고객정보의 이용기간 및 이용목적, 이용기간 경과 시 고객정보의 삭제, 그 밖에 고객정보의 엄격한 관리를 위해 시행령으로 정하는 사항에 관하여 구체적인 방법과 절차를 규정한다(지주 48조의2 1항 1호-6호; 동 감독규정 24조의2 1항).

(나) 증권총액정보등

[22-174] 금융지주회사의 자회사등인 투자매매업자 또는 투자중개업자는 해당 투자매매업자 또는 투자중개업자를 통하여 증권을 매매하거나 매매하고자 하는 위탁자가 예탁한 금전 또는 증권에 관한 정보 중 증권총액정보등을 고객정보제공절차에 따라 그가 속하는 금융지주회사등에게 제공할 수 있다(지주 48조의2 2항). 여기서 증권총액정보등은 예탁금 총액, 예탁증권 총액, 예탁증권의 종류별 총액, 그 밖에 이에 준하는 것으로서 금융위가 고시하는 정보를 말한다(지주 48조의2 2항 1호-4호).

---

58) 상세한 논의는 노혁준, “금융지주회사의 정보공유 법리,” 금융정보연구 제3권 제1호, 2014, 1-37면.

2) 제공의 목적

금융지주회사등의 정보제공은 내부경영관리상 이용하게 할 목적으로 한정된다(지주 48조의2 1항·2항). 여기서 **내부경영관리**는 고객에게 상품 및 서비스를 소개하거나 구매를 권유하는 업무가 아닌 업무로서 신용위험관리 등 위험관리와 내부통제, 업무 및 재산상태 검사, 고객분석과 상품 및 서비스 개발, 성과관리, 위탁업무 수행을 말한다(지주 48조의2 1항·2항; 지주령 27조의2 1항 1호-5호). **고객에게 상품 및 서비스를 소개하거나 구매를 권유하는 업무**는 명시적으로 제외되어 있다. [22-175]

다. 신용정보법의 배제

금융지주법에 따라 자회사등이 정보를 제공할 때 개인신용정보를 제공하는 경우 개인신용정보를 제공받는 자의 신원과 이용목적을 확인하게 하는 신용정보법 규정(32조 10항)을 적용하지 않는다(지주 48조의2 3항). [22-176]

라. 제공내역의 통지 등

금융지주법에 따라 고객정보를 그가 속하는 금융지주회사등에게 제공하는 경우에는 그 제공내역을 고객에게 통지해야 한다(지주 48조의2 4항 본문). 다만, 연락처 등 통지할 수 있는 개인정보를 수집하지 않은 경우에는 예외로 한다(지주 48조의2 4항 단서). 통지하는 정보의 종류, 통지 주기 및 방법 그 밖에 필요한 사항은 시행령으로 정한다(지주 48조의2 5항). [22-177]

마. 고객정보관리체계의 구축

금융지주회사등은 고객정보의 엄격한 관리를 위해 임원 중 1인 이상을 고객정보관리인으로 선임해야 한다(지주 48조의2 6항). 고객정보관리인은 고객정보의 엄격한 관리를 위해 업무지침서를 작성하고, 그 내용을 금융위에 보고한다(지주 48조의2 7항). 금융지주회사등은 고객정보취급방침을 정해야 하며, 이를 당해 금융지주회사등의 거래상대방에게 통지하거나 공고하고 영업점에 게시한다(지주 48조의2 8항). [22-178]

2. 수뢰등의 금지

금융지주회사의 임직원은 직무와 관련하여 직접·간접을 불문하고 증여를 받거나 뇌물을 수수·요구 또는 약속할 수 없다(지주 48조의3 1항). 여기서 '직무와 관련하여'는 '금융지주회사 또는 금융기관 임직원이 그 지위에 수반하여 취급하는 일체의 사무와 관련하여'를 뜻하며, 그 권한에 속하는 직무행위뿐 아니라 그와 밀접한 관계가 있는 사무 및 그와 관련하여 사실상 처리하고 있는 사무도 직무에 포함된다(대법원 2017. 3. 9. 선고 2014도144 판결). 그러나 금융지주회사 임직원이 개인적인 지위에서 취급하는 사무까지 이에 포함된다고 할 수는 없다(대법원 2017. 3. 9. 선고 2014도144 판결). [22-179]

[22-180] 다만 법원은 **직무관련성**을 넓게 인정하고 있다. 금융지주회사 임직원이 거래처 고객으로부터 금품 기타 이익을 받은 때에는, 사회상규에 비추어 의례상 대가에 불과한 것이거나 개인적인 친분관계가 있어서 교분상의 필요에 의한 것이라고 명백하게 인정할 수 있는 경우 등 특별한 사정이 없는 한, 직무관련성을 부정할 수 없다(대법원 2017. 3. 9. 선고 2014도144 판결). 그리고 금융지주회사 또는 금융기관 임직원이 수수한 금품에 직무행위에 대한 대가로서의 성질과 직무 외의 행위에 대한 사례로서의 성질이 불가분적으로 결합되어 있는 경우에는, 그 전부가 불가분적으로 직무행위에 대한 대가로서의 성질을 가진다(대법원 2017. 3. 9. 선고 2014도144 판결).

3. 정보누설등의 금지

[22-181] 금융지주회사의 임직원 또는 임직원이었던 자는 업무상 알게 된 미공개정보 또는 자료를 다른 사람에게 누설하거나 업무외의 목적으로 이용할 수 없다(지주 48조의3 2항). 이 조항은 "금융지주회사의 업무 과정에서 생성되는 다양하고 광범위한 정보 또는 자료가 왜곡되어 공개되거나 부정하게 이용될 경우, 금융지주회사 영업의 특성상 그로 인해 금융소비자 등 다수의 이해관계인과 금융산업 전반에 미치는 영향이 크다는 점을 고려한 것"이다(대법원 2018. 10. 4. 선고 2018도613 판결). '공개되지 아니한 정보 또는 자료'는 "그 정보 또는 자료가 법령에 따라 공고 또는 공시되는 등 불특정 다수인에게 알려져 있지 않아 금융지주회사 임·직원 또는 임·직원이었던 사람을 통하지 아니하고는 이를 통상 입수할 수 없는 것"을, 그리고 '누설'은 "그 정보 또는 자료를 아직 알지 못하는 다른 사람에게 임의로 알려주는 행위"를 말한다(대법원 2018. 10. 4. 선고 2018도613 판결). 여기서 '다른 사람'은 금융지주회사의 대주주·주요출자자 또는 해당 대주주·주요출자자의 특수관계인을 포함한다.

[22-182] 금융지주회사 임원이 주총에서 일부 사외이사의 연임을 저지할 목적으로 이사회 간담회 보고자료 등을 위 주총의 자문을 담당하던 분석기관(ISS)에 전달한 행위가 본조의 정보누설행위에 해당하는가? 법원은 첫째, 대상 정보가 "언론 보도 내용과 같거나 기본해설서에 기재된 일반적인 내용을 기재한 것이거나 관련 사실과 수치를 토대로 단순 계산하여 추출할 수 있는 정보가 아니라 관련 사실 등을 토대로 XXX금융지주 주식회사의 경영 전략적인 판단을 반영하여 구체적인 결론을 담아낸 정보"이므로, 본조의 미공개정보 또는 자료에 해당하고, 둘째, 대상 정보를 제공하면서 금융지주의 내부판단과정을 거쳤다고 보기 어렵고, 셋째, 피고인의 정보제공행위를 금융지주의 행위로 볼 수 없다고 판단하여 정보누설행위에 해당한다고 보았다(대법원 2018. 10. 4. 선고 2018도613 판결).[59]

---

59) 원심은 서울중앙지법 2017. 12. 15. 선고 2016노445 판결.

V. 퇴출규제

1. 의 의

금융지주회사는 직접 사업을 하지 않는 순수지주회사이기 때문에 퇴출규제가 적용 [22-183] 되는 것은 자회사등의 부실화에 따른 것이다. 다른 절차는 은행과 거의 유사한 구조로 나타난다. 강제적 퇴출을 중심으로 적기시정조치를 거쳐 최종적으로 파산절차의 대상이 될 수도 있다. 이하 금융지주회사의 인가취소에 대해서만 간략히 살펴본다.

2. 인가취소

가. 의 의

금융위는 금융지주회사등이 허위 그 밖에 부정한 방법에 의한 인가취득, 시정명령의 [22-184] 불이행, 영업정지기간 중의 영업지속행위, 그 밖에 금융지주법 또는 동법에 의한 명령이나 처분에 위반하여 자회사등의 예금자 또는 투자자의 이익을 크게 해할 우려가 있는 경우, 금융지주회사가 사업연도 중에 소유주식 감소, 자산 증감 등으로 금융지주회사요건(지주 2조 1항 1호)에 해당하지 않게 되는 경우에는 그 금융지주회사등에 대하여 6월 이내의 영업전부정지 또는 그 자회사등의 주식의 처분을 명하거나 당해 금융지주회사의 인가를 취소할 수 있다(지주 57조 2항 1호-5호).

나. 금융지주회사요건의 해소의무

금융지주회사는 인가가 취소된 때에는 3개월 이내에 금융지주회사요건에 해당되지 [22-185] 않게 해야 한다(지주 57조 3항). 지주회사요건의 해소는 자회사등의 주식을 처분하는 등의 방법으로 금융지주법상 지주회사요건을 스스로 충족하지 않는 상황을 적극적으로 만들 의무이다(2조 1항 1호).

다. 처분명령

금융위는 인가취소 후 금융지주회사요건의 해소의무(지주 57조 3항)를 위반한 자에 대 [22-186] 하여 법 위반상태 시정계획의 제출 또는 그 계획의 수정, 위반행위에 관련된 회사에 대한 주의·경고, 위반행위에 관련된 회사의 임원 또는 직원에 대한 주의, 경고 또는 문책의 요구, 주식의 전부 또는 일부의 처분, 그 밖에 법 위반상태를 시정하기 위해 필요한 조치를 명할 수 있다(지주 58조 1항 1호-5호). 주식처분명령을 받은 자는 해당 명령을 받은 날부터 그 처분명령을 받은 주식에 대하여 의결권을 행사할 수 없다(지주 58조 2항).

3. 합병 등의 인가

금융지주회사가 해산하거나 다른 회사와 합병하려는 때에는 금융위 인가를 받아야 [22-187] 한다(지주 60조 1항). 금융위는 인가여부를 결정할 때 해산 또는 합병이 경쟁을 제한하거나 건전한 금융시장질서를 저해하지 않는지 여부 등을 심사한다(지주 60조 2항). 설립인가에 관한 사항은 합병 등 인가에 준용한다(지주 60조 3항, 3조 2항·3항).

제4절 자회사등 사이의 업무위탁

Ⅰ. 의 의

1. 개 념

[22-188] 금융지주회사의 자회사등은 상호 업무를 위탁할 수 있는가. 금융지주회사를 통한 경영의 효율성과 시너지효과의 달성을 위해서는 필요에 따라 자회사등 상호 간에 적정한 업무위탁이 이루어질 수 있어야 한다.

2. 업무위탁의 범위와 한계

[22-189] 금융지주회사의 자회사등은 원칙적으로 '금융업 또는 금융업의 영위와 밀접한 관련이 있는 업무에 관하여 그 자회사등이 영위하는 업무의 일부'를 다른 자회사등에게 위탁할 수 있다(지주 47조 1항 본문). 전부 위탁은 금지된다. 업무위탁의 기준·방법 및 절차에 관하여 필요한 사항은 시행령으로 정한다(지주 47조 6항).

[22-190] 그러나 금융지주회사의 자회사 간에는 서로 준법감시인업무(지배 25조 1항), 내부감사업무, 위험관리업무를 위탁할 수 없다(지주 47조 1항 단서; 지주령 26조 1항 1호-3호). 다만 위탁이 제한되는 것은 그 업무에 관한 의사결정권한까지 위탁하는 경우이다. 그러나 자회사등 사이의 위험전이, 고객과의 이해상충 또는 건전한 거래질서를 해할 우려가 없는 경우로서 금융위가 고시하는 업무는 제외한다(지주 47조 1항 단서; 지주령 26조 1항 단서).

Ⅱ. 업무위탁의 절차

1. 승 인

[22-191] 금융지주회사는 자회사등 사이에 업무위탁이 이루어지는 경우 내부통제기준의 적절성(지배 24조) 등 시행령으로 정하는 기준을 갖추어 미리 금융위 승인을 얻어야 한다(지주 47조 2항 본문; 지주령 26조 2항). 승인대상이 되는 자회사등의 범위, 승인방법 및 절차에 관하여 필요한 사항은 시행령으로 정한다(지주 47조 6항). 금융지주회사는 그 자회사등 사이에 본질적 업무의 위탁이 이루어지는 경우에는 금융위 승인을 받아야 한다(지주령 26조 3항). 본질적 업무라도 다른 법령에서 위탁을 허용하면서 따로 금융위 승인을 요구하지 않는 업무는 제외한다.

[22-192] 본질적 업무는 그 금융기관 또는 금융업의 영위와 밀접한 관련이 있는 회사가 인가를 받거나 등록을 한 업무와 직접적으로 관련된 필수업무로서 시행령으로 정하는 업무를 말한다(지주령 [별표 6] 금융업의 본질적 업무(제26조 제9항 관련)). 은행업의 본질적 업무는 ① 예적금 수입과 그에 따른 계좌 개설·해지 및 입금·지급 업무, ② 대출·채무보증 또는 어음할인 등에 대한 심사 및 승인, ③ 내국환·외국환 거래 관련 심사 및 승인을 말한다.

다만, ①의 경우 예금잔액 증명서의 발급 등 해당 입금·지급 업무에 따라 금융이용자에게 부가적으로 제공되는 업무, ATM을 통한 입금·지급, 계좌이체 및 잔액조회 등에 관한 업무, 이들 업무와 비슷한 업무로서 금융위가 고시하는 업무는 제외한다. ②의 경우 전산시스템에 의한 대출심사 및 신용조사표 작성 등 단순심사행위는 제외한다. 전산시스템 등을 통하여 단순 반복적으로 처리가능한 업무로서 최종의사결정권한이 위탁자에 있는 업무나 위탁자가 사전설정한 기준에 따라 사실관계를 단순확인하는 업무는 본질적 업무에서 제외한다. [22-193]

2. 보 고

가. 보고의 대상

위험전이, 이해상충 또는 금융회사의 건전성 저해 우려가 적은 경우로서 시행령으로 정하는 경우[60]에는 위탁업무범위, 수탁자의 행위제한, 위탁업무처리에 대한 기록유지, 그 밖에 자회사등 사이의 위험전이방지, 고객과의 이해상충방지 또는 건전한 거래질서를 위해 필요한 사항을 금융위에 보고해야 한다(지주 47조 2항 단서 1호-4호). 보고대상이 되는 자회사등의 범위, 보고의 사항, 방법 및 절차에 관하여 필요한 사항은 시행령으로 정한다(지주 47조 6항). 금융지주회사는 자회사등 사이에 본질적 업무에 해당하지 않는 업무위탁이 이루어지는 경우 자회사등이 그 위탁업무를 실제 수행하려는 날의 7일 전까지 서류를 갖추어 금융위에 보고해야 한다(지주령 26조 6항). [22-194]

나. 제한 또는 시정명령

금융위는 보고내용이 금융기관의 경영건전성을 저해하는 경우, 고객과의 이해상충을 초래하는 경우, 금융시장의 안정성을 저해하는 경우, 금융거래질서를 문란하게 하는 경우에는 해당 업무위탁을 제한하거나 시정할 것을 명할 수 있다(지주 47조 3항 1호-4호). [22-195]

Ⅲ. 업무수탁자의 자격 등

1. 본질적 업무의 위탁과 자격제한

위탁받는 업무가 본질적 업무인 경우 그 본질적 업무를 위탁받는 자회사등은 그 업무수행에 필요한 인가를 받거나 등록을 한 자여야 한다(지주 47조 4항 전단; 동 시행령 26조 9항). 이 경우 그 업무를 위탁받는 자회사등이 외국 자회사등으로서 '시행령으로 정하는 요건'을 갖춘 경우에는 그 업무수행에 필요한 인가를 받거나 등록을 한 것으로 본다(지주 47조 4항 후단). 여기서 '시행령으로 정하는 요건'은 외국 자회사등이 있는 국가에서 외국 감독기관의 허가·인가·등록 등을 받아 위탁받으려는 금융업 또는 금융업의 영위와 밀접한 관련이 있는 업무에 상당하는 영업을 하는 것을 말한다(지주 47조 4항 후단; 동 시행령 26조 10항). [22-196]

60) 현재 시행령에는 따로 규정이 없다.

2. 사용자책임

[22-197] 사용자책임(민 756조)은 위탁받은 자회사등이 수탁업무를 영위하는 과정에서 고객에게 손해를 끼친 경우에 준용한다(지주 47조 5항 전단). 이 경우 금융지주회사와 업무를 위탁한 자회사등은 연대하여 그 손해를 배상할 책임이 있다(지주 47조 5항 후단).

제23장 은행과 정보

제1절 서 설

은행은 정보산업이다. 은행의 본질적 기능은 수집한 채무자의 정보를 분석하여 신용을 평가하고 그 신용에 기초하여 자본을 배분하는 것이다. 따라서 은행업의 지속 가능성을 위해서는 정보의 수집과 이용이 불가피하다. 그러나 정보는 개인의 기본적 권리로서 유출되거나 남용될 경우 정신적·재산적 피해의 가능성에 노출된다. 따라서 은행과 정보에 관한 법제는 은행의 정보이용 필요성과 개인정보 보호라는 법익 간의 적절한 균형을 찾는 데 목적이 있어야 한다. [23-1]

은행은 거래상대방인 은행이용자에 대한 계약상 의무로서 비밀유지의무를 부담한다. 동시에 은행은 금융실명법상 비밀유지의무를 부담한다. 또한 금융정보의 이용과 보호를 규율하기 위한 다양한 법률이 존재한다. 은행감독기관의 감독이나 검사를 통하여 확보한 금융감독정보는 피감기관의 정보이면서 동시에 공공재로서의 성격을 가진다. [23-2]

기술의 발전에 따라 은행과 정보의 문제는 새로운 차원을 맞이하고 있다. 오픈뱅킹으로 비롯된 연결성의 강화는 실질적으로 공유되는 정보의 양적 확대를 초래한다면 인공지능은 정보규제에 관한 질적 변화를 요구하고 있다. 정보산업으로서의 은행업의 본질상 고객정보가 집중되는 곳으로 업무가 이전될 수밖에 없다. 빅테크기업을 중심으로 은행업에 대한 새로운 도전이 등장하게 될 것이다. [23-3]

제2절 은행과 비밀유지의무에서는 은행의 비밀유지의무라는 관점에서 은행과 정보의 관계를 살펴본다. 제3절 금융정보의 이용과 보호에서는 이용과 보호라는 관점에서 은행과 정보의 관계를 정리한다. 이용과 보호는 상호 모순적인 개념일 수도 있지만, 적절한 균형을 찾아야 할 보완적 개념이기도 한다. 제4절 금융감독정보 공개에서는 금융감독기관이 감독 및 검사 과정에서 확보한 금융감독정보의 공개가 가지는 법률문제를 은행이용자의 증거 확보와 감독정보는 공공재라는 관점을 중심으로 살펴본다. [23-4]

제2절 은행과 비밀유지의무

Ⅰ. 의 의

[23-5] 은행은 금융실명법 및 신용정보법상 비밀유지의무를 부담한다. 법률 규정이 없어도 은행의 은행이용자의 금융거래정보에 대한 비밀유지의무는 은행이용자와 은행의 계약관계의 해석 및 은행이용자의 인격권에 근거하여 인정된다.[1] 은행의 비밀유지의무는 은행업의 본질이다(대법원 1989. 6. 27. 선고 88다카9524 판결).[2] 이용자관점에서도 예금자가 특정 은행을 선택하는 주된 이유는 은행이용자의 비밀보장의 정도에 따라 결정된다는 시각도 존재한다.[3] 이하 금융실명법상 비밀유지의무에 대하여 살펴본다.

Ⅱ. 금융실명법과 비밀보장

1. 금융거래의 비밀보장

가. 제공 및 제공요구의 금지

1) 명의인의 서면에 의한 요구나 동의

[23-6] 은행종사자는 명의인의 서면 요구나 동의를 받지 않고 그 거래정보등을 타인에게 제공하거나 누설할 수 없고, 누구든지 은행종사자에게 거래정보등의 제공을 요구할 수 없다(실명 4조 1항 본문). 명의인이 누구인지 문제되는 경우가 있다. 신탁의 명의인은 위탁자 또는 수익자이다(실명 4조 1항 본문). 위탁자와 수익자가 같은 경우에는 문제없지만 다른 경우에는 수익자가 명의인이다. 그리고 명의인의 서면 동의나 요구는 정보를 제공할 때마다 건별로 이루어져야 한다.[4] 헌재는 누구든지 은행종사자에게 거래정보등의 제공을 요구할 수 없다고 한 부분과 그에 대한 형벌 규정(실명 4조 1항 본문, 6조 1항)에 대해 "공익에 비하여 지나치게 일반 국민의 일반적 행동자유권을 제한하는 것"으로서 위헌으로 판단하였다(헌재 2022. 2. 24. 선고 2020헌가5 전원재판부).

2) 거래정보등

[23-7] **거래정보등**은 명의인의 금융거래 내용에 대한 정보 또는 자료를 말한다. 거래정보등은 특정인의 금융거래사실과 은행 등이 보유하고 있는 금융거래에 관한 기록의 원본·사본 및 그 기록으로부터 알게 된 것으로, 금융거래사실을 포함한 금융거래내용이 누구의 것인지를 알 수 없는 것은 여기에 포함되지 않는다(실명 시행령 6조).[5]

---

1) 김형석 "은행의 정보제공책임," 민사판례연구 32권, 2010, 473-474면.
2) "은행은 법률(현행법은 금융실명거래에 관한 법률, 이 사건 당시에는 예금, 적금 등의 비밀보장에 관한 법률)에 의해서도 그렇거니와 은행업의 본질에 터잡아서도 은행거래에 의하여 알게 된 거래선에 관한 예금의 비밀은 물론, 거래선의 거래선에 관한 내정과, 인물, 신용상태 등에 관한 은행자신의 가치판단까지도 비밀로 하고 있는 것이 일반적인 관례라는 것은 현저한 사실".
3) Carl Felsenfeld, International Banking Regulation, Juris Publishing, 2007, p355.
4) 은행연합회, 금융실명거래 업무해설, 2016.8., 103면.

금융거래는 금융자산을 대상으로 하는 거래 등으로(실명 2조 3호), **금융자산**은 금융기관이 취급하는 예금·적금·부금·계금·예탁금·출자금·신탁재산·주식·채권·수익증권·출자지분·어음·수표·채무증서 등 금전 및 유가증권 등으로(실명 2조 2호) 각각 정의하고 있다. [23-8]

대출·보증 등 채무부담거래는 금융거래가 아니다(대법원 1997. 6. 27. 선고 95도1964 판결; 대법원 2003. 2. 11. 선고 2002도6154 판결). 어음할인과 그 할인액의 지급은 실질이 대출이지만 금융거래이다(대법원 1997. 7. 27. 선고 95도1964 판결). 마이너스예금거래계좌는 '통상의 예금과 일정 한도액 범위 내의 자동적 대출이 하나의 통장으로 함께 관리되는 계좌' 이므로 "위 조회 당시에 위 계좌의 잔고가 일시적으로 마이너스 상태(예금이 없고 대출만 되어 있는 상태)에 있었다고 하더라도, 위 계좌의 개설 이래 금융거래(예금 등의 거래)가 전혀 없이 대출만 행해졌다는 경우가 아닌 이상" 그 계좌정보는 거래정보등이다(대법원 2003. 2. 11. 선고 2002도6154 판결). "신용카드에 의하여 물품을 거래할 때 금융회사 등이 발행하는 매출전표의 거래명의자에 관한 정보"인 신용카드 사용내역(신용카드 사용일자, 가맹점명, 사용금액 등)이나 승인내역(신용카드 거래승인일시, 가맹점명, 승인금액 등)도 거래정보등이다(대법원 2020. 7. 23. 선고 2015도9917 판결). 보험 및 보험료를 대상으로 하는 거래는 금융거래가 아니다(대법원 2009. 3. 26. 선고 2008도7874 판결).[6] [23-9]

금융실명법상 비밀보호대상인 거래정보등은 **금융거래**에 관한 정보를 대상으로 하는 법취지상 정보주체의 금융거래의 세부내역을 파악할 수 있는 것에 한정된다. 개별 정보로부터 파생된 정보, 예컨대 국세청이 각종 과세자료를 통하여 스스로 생성한 **개인별 이자 및 배당소득총액**은 거래정보등에 해당한다고 보기 어렵다(금융위 유권해석 2017.6.22). [23-10]

나. 제공 및 제공요구의 허용

1) 허용요건

(가) 의 의

일정한 제한된 경우에는 사용목적에 필요한 최소한의 범위에서 거래정보등의 제공이나 그 제공요구가 허용된다(실명 4조 1항 단서 및 1호-8호). 거래정보등의 제공이나 제공요구의 허용요건은 첫째, 금융실명법상 예외사유에 해당할 것과 둘째, 필요최소성의 원칙을 충족할 것의 2가지이다. [23-11]

(나) 예외사유

금융실명법상 허용되는 예외사유는 다음 8가지다(실명 4조 1항 1호-8호). 매우 포괄적인 예외라고 생각되지만, 필요최소성의 원칙도 충족해야 한다. [23-12]

---

5) 당해 거래정보 등만으로 거래자를 알 수 없더라도 다른 거래정보 등과 용이하게 결합하여 그 거래자를 알 수 있는 것을 제외한다.

6) 은행연합회, 앞의 책, 10면.

① 법원의 명령 또는 영장

[23-13] 법원의 제출명령 또는 법관이 발부한 영장에 따른 거래정보등의 제공은 일반적인 예외라고 할 수 있다(실명 4조 1항 1호).

② 조세관련법률상 제출의무

[23-14] 조세관련법률에 따라 제출의무가 있는 과세자료 등의 제공과 소관관서의 장이 상속·증여 재산의 확인, 조세탈루의 혐의를 인정할 만한 명백한 자료의 확인, 체납자의 재산조회, 「국세징수법」 제14조 제1항 각 호의 사유로 조세관련법률에 따른 질문·조사를 위해 필요로 하는 거래정보등의 제공을 말한다(실명 4조 1항 2호).

③ 국정조사

[23-15] 「국정감사 및 조사에 관한 법률」에 따른 국정조사에 필요한 자료로서 해당 조사위원회의 의결에 따른 금감원장 및 예보사장의 거래정보등의 제공을 말한다(실명 4조 1항 3호). 금융위(증권시장·파생상품시장의 불공정거래조사의 경우에는 증선위), 금감원장 및 예보사장이 금융회사등에 대한 감독·검사를 위해 필요로 하는 거래정보등의 제공으로서 국정조사위원회에 제공하기 위한 경우도 허용된다(실명 4조 1항 4호).

④ 금융감독·검사

[23-16] 금융위(증권시장·파생상품시장의 불공정거래조사의 경우에는 증선위), 금감원장 및 예보사장이 금융회사등에 대한 감독·검사를 위해 필요로 하는 거래정보등의 제공을 말한다(실명 4조 1항 4호). 다만 이 경우 정보제공이 가능한 것은 내부자거래 및 불공정거래행위 등 조사, 고객예금 횡령이나 무자원 입금 기표후 현금 인출 등 금융사고 적발, 구속성예금 수입이나 자기앞수표 선발행 등 불건전 금융거래행위의 조사, 금융실명거래 위반이나 장부 외 거래, 출자자 대출 및 동일인 한도 초과 등 법령 위반행위의 조사, 예금보험업무 및 금산법에 따라 예보사장이 예금자표 작성업무를 위해 필요한 경우로 제한된다.

⑤ 은행 내부 또는 은행 상호간 거래

[23-17] 같은 금융회사등의 내부 또는 금융회사등 상호간에 업무상 필요한 거래정보등의 제공을 말한다(실명 4조 1항 5호). 금융실명법 시행령은 '동일한 금융회사등의 내부에서 업무상 필요한 거래정보등을 제공하는 경우'는 그 금융회사등의 본점·지점·영업소 및 그 금융회사등의 위탁을 받거나 그 밖의 계약에 의하여 그 금융회사등의 업무의 일부를 처리하는 자간에 업무상 필요한 거래정보등을 제공하는 경우, 그리고 '금융회사등 상호간에 업무상 필요한 거래정보등을 제공하는 경우'는 금융회사등이 다른 금융회사등에게 업무상 필요한 거래정보등을 제공하거나 금융회사등이 법령 또는 금융회사등간의 협약 등에 의하여 거래정보등을 수집·관리·제공하는 자나 거래자간의 금융자산이체업무를 취급하는 자에게 업무상 필요한 거래정보등을 제공하는 경우라고 규정하고 있다(9조 1항·2항).

법원은 금융실명법의 전신인 「금융실명거래및비밀보장에관한긴급재정경제명령」[7] [23-18]
제4조 제1항 제4호에서 규정하는 '동일 금융기관의 내부에서 업무상 필요한 정보 등을 제공하는 경우'에 금융기관종사자가 자신의 업무와 관련 없이 개인적인 필요에 따라 제3자적인 지위에서 관련 업무를 담당하는 동일 금융기관 산하 지점의 직원들에게 금융거래자료의 제공을 요구하는 행위나 이를 제공하는 행위는 포함되지 않는다고 판시하였다(대법원 1997. 6. 27. 선고 95도1964 판결).

⑥ 감독정보교환

금융위 및 금감원장이 그에 상응하는 업무를 수행하는 국제금융감독기구를 포함한 [23-19]
외국 금융감독기관과 금융회사등 및 금융회사등의 해외지점·현지법인 등에 대한 감독·검사, 정보교환 및 조사 등의 협조(자본 437조)에 대한 업무협조를 위한 거래정보등의 제공을 말한다(실명 4조 1항 6호).

자율규제기관으로서의 거래소가 이상거래심리 또는 회원감리(자본 404조)를 하는 경우, [23-20]
이상거래심리 또는 회원감리와 관련하여 거래소에 상응하는 업무를 수행하는 외국거래소 등과 협조하기 위한 투자매매업자·투자중개업자 보유 거래정보등의 제공도 포함된다(실명 4조 1항 7호). 다만 외국거래소 등과의 협조를 위한 경우는 금융위의 사전승인을 받은 경우로 한정한다. 여기서 '거래소에 상응하는 업무를 수행하는 외국거래소 등'은 자율규제기관으로서 이상거래심리와 회원감리를 담당하는 기관을 말하는 것으로서 반드시 거래소에 한정되지 않는다.

⑦ 기 타

그 밖에 법률에 따라 불특정 다수인에게 의무적으로 공개해야 하는 것으로서 해당 [23-21]
법률에 따른 거래정보등의 제공을 포함한다(실명 4조 1항 8호).

(다) 필요성과 최소성의 원칙

거래정보등의 제공이나 제공요구가 허용되는 예외사유에 해당하더라도 그 제공이나 [23-22]
제공요구는 그 사용목적에 필요한 최소한의 범위에서 허용된다(실명 4조 1항 단서). 금융실명법상 **필요성과 최소성의 원칙**은 「개인정보보호법」상 "처리목적을 명확히 하고 목적에 필요한 최소한의 정보만을 적법·정당하게 수집해야 한다"는 **최소수집원칙(Collection Limitation Principle)**(동법 3조 1항, 16조 1항)에서의 필요성 및 최소성의 원칙과 동일하게 해석해야 할 것이다.

2) 제공요구 절차

허용요건 중 같은 금융회사등의 내부 또는 금융회사등 상호간에 업무상 필요한 거 [23-23]
래정보등의 제공의 경우를 제외한 예외사유에 따라 거래정보등의 제공을 요구하는 자는

---

7) 제정 1993.08.12 [대통령긴급명령 제16호, 시행 1993.08.12]. 이 긴급명령은 금융실명법(법률 제5493호, 1997.12.31.) 부칙 제2조에 의하여 폐지되었다.

명의인의 인적사항, 요구 대상 거래기간, 요구의 법적 근거, 사용 목적, 요구하는 거래정보등의 내용, 요구하는 기관의 담당자 및 책임자의 성명과 직책 등 인적사항이 포함된 금융위가 정하는 표준양식에 의하여 금융회사등의 특정 점포에 이를 요구해야 한다(실명 4조 2항 본문 및 1호-6호).

[23-24] 다만, 법원의 명령이나 영장에 의한 거래정보등의 제공요구나 조세관련법상 제출의무에 따라 거래정보등의 제공을 요구하는 경우로서 부동산 및 부동산에 관한 권리의 보유기간, 보유 수, 거래 규모 및 거래 방법 등 명백한 자료에 의하여 시행령으로 정하는 부동산거래와 관련한 소득세 또는 법인세의 탈루혐의가 인정되어 그 탈루사실의 확인이 필요한 자(그 부동산 거래를 알선·중개한 자를 포함)에 대한 거래정보등의 제공을 요구하는 경우 또는 체납액 1천만원 이상인 체납자의 재산조회를 위해 필요한 거래정보등의 제공을 시행령으로 정하는 바에 따라 요구하는 경우에는 거래정보등을 보관 또는 관리하는 부서에 이를 요구할 수 있다(실명 4조 2항 단서).

[23-25] 감사원법 등 법률의 규정[8]에 따라 거래정보등의 제공을 요구하는 경우에는 해당 법률의 규정에도 불구하고 금융위가 정한 표준양식으로 해야 한다(실명 4조 6항 1호-7호).

3) 위법한 제공요구의 거부

[23-26] 은행에 종사하는 자는 금융실명법을 위반하여 거래정보등의 제공을 요구받은 경우에는 그 요구를 거부해야 한다(실명 4조 3항).

2. 제공정보의 관리

가. 제공받은 자의 비밀유지의무

[23-27] 금융실명법상 허용요건과 절차를 갖추어 제공요구한 거래정보등을 알게 된 자는 그 알게 된 거래정보등을 타인에게 제공 또는 누설하거나 그 목적 외의 용도로 이용할 수 없으며, 누구든지 거래정보등을 알게 된 자에게 그 거래정보등의 제공을 요구해서는 안 된다(실명 4조 4항 본문). 다만, 금융위 또는 금감원장이 예외사유에 따라 알게 된 거래정보등을 외국 은행감독기관에 제공하거나 거래소가 예외사유에 따라 외국거래소 등에 거래정보등을 제공하는 경우에는 예외로 한다(실명 4조 4항 단서, 4조 1항 4호, 6호, 7호).

[23-28] 금융실명법을 위반하여 제공 또는 누설된 거래정보등을 취득한 자 및 그로부터 거래정보등을 다시 취득한 자는 그 위반사실을 알게 된 경우 그 거래정보등을 타인에게 제공 또는 누설해서는 안 된다(실명 4조 5항, 1항·4항).

---

8) 1. 「감사원법」 제27조제2항 2. 「정치자금법」 제52조제2항
3. 「공직자윤리법」 제8조제5항 4. 「독점규제 및 공정거래에 관한 법률」 제50조제5항
5. 「상속세 및 증여세법」 제83조제1항
6. 특정금융정보법 제10조제3항
7. 「과세자료의 제출 및 관리에 관한 법률」 제6조제1항.

나. 거래정보등의 제공사실의 통보

1) 통보의무

은행은 명의인의 서면상의 동의를 받아 거래정보등을 제공한 경우나 법원의 명령이 나 영장, 조세관련법[9], 국정조사 그 밖의 법률(실명 제4조 1항 1호-3호 및 8호)에 따라 거래정보등을 제공한 경우에는 제공한 날(제2항 또는 제3항에 따라 통보를 유예한 경우에는 통보유예기간이 끝난 날)부터 10일 이내에 제공한 거래정보등의 주요 내용, 사용 목적, 제공받은 자 및 제공일 등을 명의인에게 서면으로 통보해야 한다(실명 4조의2 1항). [23-29]

2) 통보유예

은행은 통보 대상 거래정보등의 요구자로부터 해당 통보가 사람의 생명이나 신체의 안전을 위협할 우려가 있는 경우, 해당 통보가 증거 인멸, 증인 위협 등 공정한 사법절차의 진행을 방해할 우려가 명백한 경우 또는 해당 통보가 질문·조사 등의 행정절차의 진행을 방해하거나 과도하게 지연시킬 우려가 명백한 경우에 해당한다는 사유로 통보유예를 서면으로 요청받은 경우에는 유예요청기간 동안 통보를 유예해야 한다(실명 4조의2 2항 1호-3호). 해당 통보가 증거 인멸, 증인 위협 등 공정한 사법절차의 진행을 방해할 우려가 명백한 경우 또는 해당 통보가 질문·조사 등의 행정절차의 진행을 방해하거나 과도하게 지연시킬 우려가 명백한 경우를 사유로 하는 경우 그 유예요청기간이 6개월 이상인 경우에는 6개월을 유예요청기간으로 한다(실명 4조의2 2항 2호·3호). [23-30]

은행은 거래정보등의 요구자가 통보유예사유가 지속되고 있음을 제시하고 통보유예를 서면으로 반복하여 요청하는 경우에는 요청받은 날부터 두 차례만 매 1회 3개월의 범위에서 유예요청기간 동안 통보를 유예해야 한다(실명 4조의2 3항 본문). 통보유예사유가 사람의 생명이나 신체의 안전을 위협할 우려인 경우(실명 4조의2 2항 1호)는 회수제한이 적용되지 않는다(실명 4조의2 3항 본문). 다만, 조세관련법(4조 1항 2호)[10]에 따른 거래정보등의 제공을 요구하는 자가 통보의 유예를 요청하는 경우에는 요청을 받은 때마다 그 날부터 6개월의 범위에서 유예요청기간 동안 통보를 유예해야 한다(실명 4조의2 3항 단서). [23-31]

3) 통보비용

은행이 거래정보등의 제공사실을 명의인에게 통보하는 경우에 드는 비용은 거래정보등의 제공을 요구하는 자가 부담한다(실명 4조의2 4항). 감사원법 등 일정한 법률 규정[11]에 따라 거래정보등의 제공을 요구하는 경우에는 통보의무와 통보유예, 통보비용에 관한 금융실명법 규정을 적용한다(실명 4조의2 5항, 1항-4항). [23-32]

---

9) 조세에 관한 법률에 따라 제출의무가 있는 과세자료 등의 경우는 제외한다.

10) 조세에 관한 법률에 따라 제출의무가 있는 과세자료 등의 경우는 제외한다.

11) 1. 「감사원법」 제27조제2항, 2. 「정치자금법」 제52조제2항, 3. 「공직자윤리법」 제8조제5항, 4. 공정거래법 제50조제5항, 5. 「상속세 및 증여세법」 제83조제1항, 6. 「과세자료의 제출 및 관리에 관한 법률」, 제6조제1항.

다. 거래정보등의 제공내용의 기록·관리

[23-33] 은행은 명의인의 서면상의 동의를 받아 명의인 외의 자에게 거래정보등을 제공한 경우나 금융실명법상 허용요건[12]에 따라 명의인 외의 자로부터 거래정보등의 제공을 요구받거나 명의인 외의 자에게 거래정보등을 제공한 경우에는 요구자(담당자 및 책임자)의 인적사항, 요구하는 내용 및 요구일, 제공자(담당자 및 책임자)의 인적사항 및 제공일, 제공된 거래정보등의 내용, 제공의 법적 근거, 명의인에게 통보한 날, 통보를 유예한 경우 통보유예를 한 날, 사유, 기간 및 횟수가 포함된 금융위가 정하는 표준양식으로 기록·관리해야 한다(실명 4조의3 1항 1호-6호). 그 기록은 거래정보등을 제공한 날 또는 제공을 거부한 경우에는 그 제공을 요구받은 날부터 5년간 보관해야 한다(실명 4조의3 2항). 감사원법 등 일정 법률의 규정[13]에 따라 거래정보등의 제공을 요구하는 경우에도 같다(실명 4조의3 3항).

3. 감독과 처벌

가. 금융위의 현황 파악 등

[23-34] 금융위는 금융실명법 또는 다른 법률에 따른 거래정보등의 요구, 제공, 통보 및 통보유예 현황에 관한 통계자료를 파악해야 하며, 매년 정기국회에 이를 보고해야 한다(실명 4조의4).

나. 벌 칙

[23-35] 금융실명법상 거래정보등의 제공금지, 부당한 제공요구의 거부, 제공받은 자의 정보누설 등의 금지의무를 위반한 자는 5년 이하의 징역 또는 5천만원 이하의 벌금에 처한다(실명 6조 1항). 이 경우 징역형과 벌금형은 병과할 수 있다(실명 6조 2항, 4조 1항, 3항-5항).

[23-36] 금융실명법상 거래정보등의 제공사실의 통보, 거래정보등의 제공내용의 기록·관리의무를 위반한 은행의 임원 또는 직원에게는 3천만원 이하의 과태료를 부과한다(실명 7조 1항, 4조의2 1항·5항(4조의2 1항을 적용하는 경우로 한정)·4조의3). 과태료는 금융위가 부과·징수한다(실명 7조 2항).

---

12) 금융실명법 제4조 제1항 제1호·제2호(조세에 관한 법률에 따라 제출의무가 있는 과세자료 등의 경우는 제외한다)·제3호·제4호·제6호·제7호 또는 제8호에 따른 경우를 말한다.

13) 1.「감사원법」 제27조제2항, 2.「정치자금법」 제52조제2항, 3.「공직자윤리법」 제8조제5항, 4. 공정거래법 제50조제5항, 5.「상속세 및 증여세법」 제83조제1항, 6.「특정금융정보법」 제10조제3항, 7.「과세자료의 제출 및 관리에 관한 법률」 제6조제1항.

제3절 금융정보의 이용과 보호

Ⅰ. 서 언

국내에서는 은행 등 금융업자가 보유하고 있던 '금융거래상 개인정보'("금융정보")가 외부로 유출됨으로써 은행 등 금융업자의 금융정보보호체계에 대하여 많은 비판이 제기되었다.[14] 이와 함께 은행감독기관의 감독해태의 가능성도 지적되었다. [23-37]

금융정보의 유출은 은행 임직원이나 그와 업무위탁관계에 있는 외부의 업무수탁자에 의한 정보의 유출이나 절취와 컴퓨터시스템에 대한 해킹과 같은 고도의 전문기술을 이용하여 은행 시스템을 침범함으로써 이루어지는 정보의 절취의 2 유형으로 나눌 수 있다. 금융정보의 주체인 금융소비자 입장에서는 어떤 유형에 의한 정보의 유출이든 동일한 재산적 또는 비재산적 위험에 노출될 것이다. 그러나 이 2가지 유형의 정보유출에 관한 법률문제는 실질과 내용에서 상당한 차이를 보일 수밖에 없다.[15] [23-38]

금융정보는 신용사회에서 금융거래의 기반이 된다는 점에서 정보의 활용가능성을 고려한 조화로운 접근이 요구된다. 그러나 정보주체의 동의를 기초로 금융업자의 무제한한 정보의 수집과 이용을 가능하게 하는 것은 동의가 가지는 제도적 한계에 비추어 부적절하다. [23-39]

Ⅱ. 금융정보보호의 체계와 구조

1. 서 언

현행법상 은행의 금융정보보호의무의 근거는 금융정보를 포함한 개인정보에 대한 기본법인 개인정보보호법, 신용정보에 관한 신용정보법, 전자금융거래정보에 관한 전금법, 금융거래의 비밀보장에 관한 금융실명법이다. 그 밖에 은행법, 보험업법, 자본시장법과 같은 금융업법도 금융업자의 정보보호의무를 부과하고 있고, 금융지주법, 자동차손해배상보장법 등에도 금융정보보호에 관한 사항이 포함되어 있다. 그리고 정통망법상 정보통신망을 통하여 정보를 수집할 경우에는 동법도 적용될 수 있다. 은행은 금융소비자의 거래상대방으로서 사법상 보호의무의 하나로서 일반적인 정보보호의무를 부담하게 될 것이다. 이하 신용정보법을 중심으로 간략히 살펴본다. [23-40]

---

14) 그동안 국내에서는 최근의 신용카드회사나 은행, 보험회사 등에 의한 정보유출 이외에 게임회사, 정유회사, 통신판매업자 등 다양한 분야에서 정보유출사고가 발생하였다. '개인정보는 없다' 최근 5년간 개인정보 2억5000만여건 유출, 헤럴드경제 2014.4.5.

15) 금융감독상 일차적인 관심은 금융업자의 임직원이나 업무수탁자에 의한 정보의 유출이나 절취의 방지에 있을 수밖에 없다. 해킹을 통한 정보유출에 관한 법적 논의로는 권영준, "해킹(hacking) 사고에 대한 개인정보처리자의 과실판단기준", 저스티스 통권 제132호, 2012, 34-72면. 동 논문은 해킹을 "컴퓨터시스템이나 네트워크의 약점을 찾아내어 침입하는 행위"로 정의하고 있다. 권영준, 앞의 논문, 42면.

2. 금융정보의 의의

[23-41] 금융정보는 **금융거래상 개인정보로서 금융실명법상 금융거래정보와 신용정보법상 신용정보 중 개인정보법상 개인정보에 해당하는 것**을 말한다. 개인정보법상 **개인정보**는 “살아 있는 개인에 관한 정보로서 성명, 주민등록번호 및 영상 등을 통하여 개인을 알아볼 수 있는 정보를 말하는 것”으로서, “해당 정보만으로는 특정 개인을 알아볼 수 없더라도 다른 정보와 쉽게 결합하여 알아볼 수 있는 것을 포함”한다(동법 2조 1호).

[23-42] 신용정보법상 **신용정보**는 “금융거래 등 상거래에 있어서 거래 상대방의 신용을 판단할 때 필요한 특정 신용정보주체를 식별할 수 있는 정보, 신용정보주체의 거래내용을 판단할 수 있는 정보, 신용정보주체의 신용도를 판단할 수 있는 정보, 신용정보주체의 신용거래능력을 판단할 수 있는 정보, 그 밖에 이들 정보와 유사한 정보”로서 구체적인 내용은 시행령으로 정한다(2조 1호 각 목; 동 시행령 2조 1호). ‘개인신용정보’란 신용정보 중 기업 및 법인에 관한 정보를 제외한 살아 있는 개인에 관한 정보로서 성명·주민등록번호 등을 통하여 개인을 알아볼 수 있는 정보 및 해당 정보만으로는 특정 개인을 알아볼 수 없더라도 다른 정보와 쉽게 결합하여 알아볼 수 있는 정보를 말한다(신용 2조 2호; 동 시행령 2조 2호).

[23-43] 금융정보와 관련하여 특히 문제되는 것은 첫째, 예금 등 수신거래에 관한 수신정보도 신용정보에 포함되는지 여부, 둘째, 공개정보도 신용정보에 포함해야 하는지 여부, 셋째, 개인식별정보를 신용정보에 포함할 것인지 여부, 넷째, 개인기업정보가 개인신용정보에 포함되는지 여부, 다섯째, 개인정보의 개념요소로서의 관련성요소의 인정기준 등이다.

3. 금융정보 보호의 근거

[23-44] 금융정보 보호의 이론적 근거를 확인하는 것은 보호의 범위와 정도를 설계하고 운영하는 기준이 될 수 있다. 금융정보 보호의 근거로는 개인의 정보자기결정권과 금융업자의 위험관리, 그리고 금융범죄의 방지를 들 수 있다.

[23-45] 금융정보는 개인정보로서 당연히 보호되어야 하지만, 신용평가라는 현대 금융거래 인프라의 원천이 된다는 점에서 이용의 가능성을 완전히 부정할 수는 없다.[16] 이러한 관점에서 금융정보는 금융소비자들에게 정확한 신용평가에 기초하여 적정한 비용을 지급하고 거래할 수 있는 기초가 되고, 기업가들에게는 소비자의 기호를 이해하고 정확한 범위의 고객그룹을 파악하는 수단이 되기도 한다.[17]

---

16) 개인정보를 정보경제시대의 ‘혈액’이나 ‘기축통화’로 묘사하기도 한다. Neil Robinson, Hans Graux, Maarten Botterman and Lorenzo Valeri, Review of the European Data Protection Directive (Technical Report, Rand Corporation, 2009), p12.

17) Neil Robinson, Hans Graux, Maarten Botterman and Lorenzo Valeri, 위의 보고서, p12. 신용정보의 이용 필요성에 대해서는 Expert Group on Credit Histories, Report of the Expert Group on Credit Histories, May 2009, pp13-16.

동시에 불법적인 금융상품 판매나 보이스피싱과 같은 남용의 가능성도 부정할 수 없다. 정보 그 자체가 하나의 상품이 되었다는 말[18]은 반드시 긍정적인 의미만을 갖는 것은 아니다. 현재 대부분의 국가에서는 개인정보를 보호하면서 동시에 일정한 요건 하에 정보의 이용을 허용하고 있다. 금융정보 이용의 범위와 수준은 개인의 정보자기결정권과 금융정보의 이용 필요성 간의 조화를 통하여 결정되어야 할 것이다.[19] [23-46]

Ⅲ. 금융정보의 수집·이용·파기

1. 의 의

종래의 실무에서는 신용평가 등 금융거래상 필요에 의하여 금융업자에게 제공된 정보가 수집·이용·제공·파기되는 과정에서 정보주체인 금융소비자의 역할은 제한적이었음을 부정할 수 없다. 신용정보법상 '처리'는 "컴퓨터를 이용하여 신용정보를 입력·저장·가공·편집·검색·삭제 또는 출력하는 행위, 신용정보를 배달·우송 또는 전송 등의 방법으로 타인에게 제공하는 행위, 그 밖에 이와 비슷한 행위"를 말한다(2조 13호). 동의모델에 기초한 정보보호법제의 한계를 고려할 때 금융거래상 개인정보의 수집과 이용 및 파기에 관한 모든 단계에서 정보주체인 금융소비자의 주도적 역할을 어느 정도 강화할 것인지에 대한 논의도 필요하다. [23-47]

2. 동의에 기초한 정보보호법제의 한계

우리나라를 포함한 많은 나라에서 채택하고 있는 동의에 기초한 정보보호법제는 개인이 정보를 스스로 관리할 능력이 있으면, 즉 통지를 받고 동의를 제공하였다면 다양한 형태의 정보의 수집, 이용 및 공시가 허용될 수 있다는 '공정정보실무원칙'(Fair Information Practice Principles, FIPPs)에서 비롯된 것이다. [23-48]

동의에 기초한 정보보호법제에 대하여 ① 동의에 기초한 정보보호법제는 인식상 문제와 구조적 문제의 2가지 근본적인 한계로 인하여 목적을 달성할 수 없다는 견해,[20] ② 정보주체의 동의가 정보처리의 정당한 근거가 되기 위해서는 특정한 정보처리의 의미에 대한 인식과 동의 표시에 대한 수용가능한 대체수단의 이용가능성 등 2가지 요건을 충족해야 한다고 하고, 특히 소비자대출과 같이 정보주체의 정보처리에 대한 동의가 없이는 대출절차 자체를 진행할 수 없는 상황에서는 이러한 요건을 충족할 수 없는 점을 지적하는 견해,[21] ③ 개인정보의 처리나 정보주체의 정보침해에 해당할 수 있는 행위에 대한 [23-49]

---

18) Mario Viola de Azevedo Cunha, Market Integration through Data Protection : An Analysis of the Insurance and Financial Industries in the EU, Springer, 2013, p3.
19) 이민영, 개인정보법제론, 진한엠앤비, 2005, 47면.
20) Daniel J. Solove, "Privacy Self-Management and the Consent Dilemma", Harvard Law Review Vol.126, 2013, pp1880-1903.
21) Mario Viola de Azevedo Cunha, 앞의 책, pp18-22.

동의의 요구가 항상 정보보호를 지키는 안전장치가 될 수 없음을 지적하면서, 정보보호 법제에서 동의가 '게으른 절차적 정당화 요소'로 이용될 수 있음을 지적하는 견해가 있다.22)

[23-50] 법원도 정보보호법제상 동의가 가지는 한계를 강조하면서 동의의 인식상 및 구조적 한계의 제거를 동의의 요건으로 보고 있다(서울고법 2014. 1. 9. 선고 2013누14476 판결).

3. 이 용

가. 의 의

[23-51] 금융정보의 이용은 정보를 수집한 은행의 영업목적을 위한 이용과 제3자의 영업목적을 위한 제공으로 나눌 수 있다. 신용정보법은 제3자에 대한 정보의 제공을 제3자 제공(신용 32조)과 업무위탁(신용 17조)으로 구분하고 있다. 전자는 제3자의 목적을 위해 정보가 제공되지만, 후자는 신용정보제공회사등 또는 개인정보처리자의 목적을 위해 정보가 제공된다는 점에 차이가 있다.23) 제3자 제공의 '제3자'에 업무위탁의 수탁자(신용 17조)도 포함되는지가 문제된 사례가 있다. 법원은 정보통신서비스 제공자인 갑의 임원 을이 이용자들의 동의를 받지 않고 개인정보를 제3자인 병에 제공했다고 하여 구 정통망법 위반으로 기소된 사안에서, 병은 갑을 위하여 갑의 일부 업무를 위탁받아 수행하는 '수탁자' 지위에 있어 동법 제24조에서 정한 '제3자'가 아니라고 판단하였다(대법원 2011. 7. 14. 선고 2011도1960 판결).24)

[23-52] 신용정보법은 개인신용정보의 이용에 관한 의무의 준수주체를 명시하고 있지 않다(33조 1항). 이와 관련하여 신용정보법 제33조 제1항의 의무준수주체가 신용정보회사등에 한정되는지 여부가 문제된 판례가 있다. 법원은 적용대상에는 '신용정보업자등 이외의 자'도 포함된다고 보는 것이 체계적이고도 논리적인 해석이라 할 것이고, 그와 같은 해석이 죄형법정주의에 위배된다고 볼 수는 없다고 판시하였다(대법원 2010. 4. 8. 선고 2009도13542 판결).25)

---

22) Deryck Beyleveld and Roger Brownsword, Consent in the Law, Hart Publishing, 2007, p136.

23) 김준우·소재선, "개인정보보호법제에 대한 소고: 개인정보보호법 및 신용정보법을 중심으로", 「경희법학」 제47권 제3호, 2012, 67면. "개인정보 보호법 제17조와 정통망법 제24조의2에서 말하는 개인정보의 '제3자 제공'은 본래의 개인정보 수집·이용 목적의 범위를 넘어 그 정보를 제공받는 자의 업무처리와 이익을 위하여 개인정보가 이전되는 경우인 반면, 개인정보 보호법 제26조와 정통망법 제25조에서 말하는 개인정보의 '처리위탁'은 본래의 개인정보 수집·이용 목적과 관련된 위탁자 본인의 업무 처리와 이익을 위하여 개인정보가 이전되는 경우를 의미한다. 한편 어떠한 행위가 개인정보의 제공인지 아니면 처리위탁인지는 개인정보의 취득 목적과 방법, 대가 수수 여부, 수탁자에 대한 실질적인 관리·감독 여부, 정보주체 또는 이용자의 개인정보 보호 필요성에 미치는 영향 및 이러한 개인정보를 이용할 필요가 있는 자가 실질적으로 누구인지 등을 종합하여 판단하여야 한다." 대법원 2017. 4. 7. 선고 2016도13263 판결.

24) 같은 취지: 대법원 2017. 4. 7. 선고 2016도13263 판결("개인정보 처리위탁에 있어 수탁자는 위탁자로부터 위탁사무 처리에 따른 대가를 지급받는 것 외에는 개인정보 처리에 관하여 독자적인 이익을 가지지 않고, 정보제공자의 관리·감독 아래 위탁받은 범위 내에서만 개인정보를 처리하게 되므로, 개인정보 보호법 제17조와 정통망법 제24조의2에 정한 '제3자'에 해당하지 않는다.").

25) 동 판결에서 문제된 조항은 구 신용정보법 제24조 제1항으로서 "개인신용정보가 금융거래 등 상거래관

신용정보제공·이용자가 동의서에 명시된 신용정보의 내용, 제공대상자, 용도나 목적 과 다르게 개인신용정보를 제공하였다면 이는 서면에 의한 동의 없이 개인신용정보를 제공한 경우에 해당한다(대법원 2006. 6. 15. 선고 2004도1639 판결). [23-53]

나. 제3자 제공

1) 금융지주회사

금융지주법상 금융지주회사등은 금융실명법 제4조 제1항 및 신용정보법 제32조·제33조에도 불구하고 금융실명법 제4조에 따른 금융거래정보 및 신용정보법 제32조 제1항에 따른 개인신용정보를 고객정보제공절차에 따라 그가 속하는 금융지주회사등에게 신용위험관리 등 내부 경영관리상 이용하게 할 목적으로 제공할 수 있다(지주 48조의2 1항). 그 목적을 내부경영관리목적으로 제한한 것이다. [23-54]

2) 외국계 금융업자

외국금융업자가 국내에 지점 등 영업소를 설치하거나 현지법인을 설립하여 금융업을 경영하고 있는 경우 외국금융업자의 본점이나 본사에서 국내지점 등 영업소나 현지법인의 고객정보를 조회할 가능성이 있다. 국내에 영업소를 설치하거나 현지법인을 설립하여 금융업을 경영하고 있는 외국금융업자의 본점이나 본사에서 국내지점 등 영업소나 현지법인의 고객정보를 조회할 경우도 정보주체의 동의를 얻어 처리하는 것이 현재까지의 실무관행이다. 외국계 보험회사가 외부인인 외국 본사 감사팀에게 고객 신용정보를 조회할 수 있도록 해 은행감독기관의 제재를 받은 사례가 있다.26) [23-55]

4. 파 기

금융정보는 거래관계 종료나 목적 달성 등 일정한 사유가 발생하면 당연히 파기되어야 한다(신용 20조의2 2항). 정보주체가 원할 경우에도 마찬가지다. 정보의 수집과 이용이 정보주체의 동의에 기초하여 이루어지는 현행 정보보호법제에서는 동의의 철회에 의해서도 [23-56]

계의 설정 및 유지 여부 등의 판단목적으로만 제공·이용되어야 한다"고 규정하고 있었다. 이 사건의 원심(서울중앙지법 2009. 11. 19. 선고 2009노2059 판결)은 구 신용정보법 제24조 제1항, 제32조 제2항 제7호는 신용정보업자등이 개별 신용정보주체의 개인신용정보를 제공 또는 제공받거나 이용하는 경우에 그 제공·이용 목적 및 범위를 제한하고 이를 위반한 행위에 대하여 처벌하기 위한 규정일 뿐이지, 신용정보업자등에 포함되지 않는 일반인이 불상의 경위로 유출된 개인신용정보를 제공 또는 제공받거나 이용하는 경우에 대해서까지 적용되는 규정이라고 할 수는 없다고 판시하였다.

26) 금감원 검사결과제재 조회화면에서 조회. 〈http://www.fss.or.kr/fss/kr/bsn/announce/openinfo_search.jsp〉 보도에 따르면 외국 본사 감사팀이 한국 현지법인인 보험회사를 감사하는 과정에서 "고객이 낸 초회보험료와 보험금이 제대로 회사의 시스템에 반영되고 있는지 고객에게 지급해야 할 이자와 보험금 등의 계산이 정확한지 등을 순수하게 감사할 목적 아래 개인정보를 조회한 것"이다. 그 과정에서 "계약자 25명의 개인신용정보가 담긴 전산화면을 총 38회, 계약자 26명의 고객식별정보가 담긴 전산화면을 총 28회 조회했다"고 한다. 이데일리, 2014.2.3., 푸르덴셜생명 "고객 개인정보 외부유출 전혀 없다".

같은 효과가 발생할 수 있다. 정보의 파기문제는 '잊혀질 권리'(right to be forgotten)[27]와 함께 논의되기도 한다.

5. 금융정보주체의 권리보장

[23-57] 금융정보의 수집·이용·파기의 모든 과정에서 금융정보주체의 정보자기결정권을 보장하는 것이 금융정보보호의 기초가 될 것이다. 위에서 본 바와 같이 정보의 수집과 이용 및 파기의 모든 과정에서 정보주체의 권리는 일반적이고 추상적인 형태로 규정되어 있는 경우가 많다.

Ⅳ. 금융정보와 민사적 제재

1. 의 의

[23-58] 금융정보의 유출로 인한 손해배상은 금융정보보호를 위한 규제의 실효성 확보를 위한 중요한 제재수단이 될 수 있다.[28] 그러나 증거가 금융업자 등에 편재되어 있는 등으로 인하여 은행 등의 법령위반사실과 손해액을 입증하는 것이 매우 곤란하여 금융정보보호 규제의 실효성 확보수단으로서 민사적 제재의 하나인 손해배상제도의 이용이 결코 쉽지 않다.[29]

[23-59] 정보유출과 관련한 손해배상 청구에서 먼저 논의되어야 할 것은 무엇을 손해로 볼 것인가의 문제이다. 정보유출과 관련한 손해는 첫째, 금융정보의 유출 그 자체를 손해로 인식할 수 있는지 여부와 둘째, 유출된 정보를 이용한 2차적 손해의 발생 여부로 나눌 수 있다. 유출된 정보를 이용한 2차적 손해의 발생은 구체적으로 발생하기 전에는 확정할 수 없다.[30] 개인정보유출로 인한 정보자기결정권 침해와 정신적 손해의 관계에 대하여 학계에서도 다양한 견해가 제기되고 있다.[31]

---

27) 문법상으로는 '잊힐 권리' 또는 '잊어질 권리'가 정확한 표현이라고 한다. 황해륙, "잊혀질 권리에 대한 소고 - 유럽연합 개인정보보호규칙(안)을 중심으로" 법학논고 제44집, 2013, 363면.

28) 정보보호에서 민사적 구제방안의 중요성을 강조한 것으로 배대헌, "가상공간상 개인 신용·금융정보의 보호방안에 관한 연구," 상사판례연구 제19집 제1권, 2006, 107면.

29) 개인정보 유출에 따른 손해배상법제의 현황과 문제점에 대한 상세한 연구로는 강경근 외, 개인정보 분쟁해결 및 손해배상제도 발전방안 연구, 한국정보보호진흥원 연구보고서, 2009.6이 있다.

30) 김효연·최지현, "신용카드사의 대규모 개인신용정보 유출의 쟁점과 과제", 이슈와 논점 제740호, 2014, 국회입법조사처, 2면.

31) 김재형, 2012년 분야별 중요판례분석 민법(하), 법률신문 2013.2.28., 13면("개인정보가 한정된 범위에서 유출된 경우에 피해자들의 정신적 손해 자체가 발생하지 않았다고 볼 수 있는지 의문이다"); 이원우, "개인정보 보호를 위한 공법적 규제와 손해배상책임 : 개인정보 누출을 중심으로", 행정법연구 제30호, 2011, 272면("개인정보의 '누출'은 손해발생의 위험을 야기하거나 증대시키기 때문에 공법적 규제의 대상이 되어야 하지만, 그 자체로서 인격권의 침해라는 손해와 동일시해서는 안 될 것이다"); 정상조·권영준, "개인정보의 보호와 민사적 구제수단", 법조 제58권 제3호 통권 제630호, 2009, 33면("인격권의 일종인 개인정보자기결정권이 침해되었다고 해서 논리필연적으로 정신적 손해가 곧바로 발생하는 것은 아니다").

2. 5배배상제

신용정보회사등이나 그 밖의 신용정보 이용자가 고의 또는 중대한 과실로 신용정보법을 위반하여 개인신용정보가 누설되거나 분실·도난·누출·변조 또는 훼손되어 신용정보주체에게 피해를 입힌 경우에는 해당 신용정보주체에 대하여 그 손해의 5배를 한도로 배상할 책임이 있다(신용 43조 2항 본문). 다만, 신용정보회사등이나 그 밖의 신용정보 이용자가 고의 또는 중대한 과실이 없음을 증명한 경우에는 예외로 한다(신용 43조 2항 단서). [23-60]

손해배상액을 정할 때 법원은 고의 또는 손해 발생 우려의 인식 정도, 위반행위로 인하여 입은 피해규모, 위반행위로 인하여 책임을 질 자가 취득한 경제적 이익, 위반행위에 따른 벌금 및 과징금, 위반행위의 기간·횟수 등, 책임을 질 자의 재산상태, 책임을 질 자의 개인신용정보 분실·도난·누출 후 해당 개인신용정보 회수 노력의 정도, 책임을 질 자의 피해구제 노력의 정도를 고려해야 한다(신용 43조 3항 1호-8호). [23-61]

신용정보주체는 신용정보회사등이나 그로부터 신용정보를 제공받은 자가 이 법의 규정을 위반한 경우에는 신용정보회사등이나 그로부터 신용정보를 제공받은 자에게 제43조에 따른 손해배상을 청구하는 대신 300만원 이하의 범위에서 상당한 금액을 손해액으로 하여 배상을 청구할 수 있다. 이 경우 해당 신용정보회사등이나 그로부터 신용정보를 제공받은 자는 고의 또는 과실이 없음을 입증하지 아니하면 책임을 면할 수 없다(신용 43조의2 1항 전단). 이 경우 해당 신용정보회사등이나 그로부터 신용정보를 제공받은 자는 고의 또는 과실이 없음을 입증하지 아니하면 책임을 면할 수 없다(신용 43조의2 1항 후단). 법원은 이러한 청구가 있는 경우 변론 전체의 취지와 증거조사결과를 고려하여 300만원 범위에서 상당한 손해액을 인정할 수 있다(신용 43조의2 2항, 개인정보 보호법 39조의2 2항). [23-62]

제4절 금융감독정보 공개

Ⅰ. 의의와 특성

1. 의 의

[23-63] 금융감독정보란 은행감독기관이 은행에 대한 감독이나 검사 과정에서 확보한 정보를 말한다. 은행감독기관 입장에서 소극적으로 은행이 제출한 정보를 수령한 경우와 적극적으로 은행감독기관이 감독 및 검사 과정에서 확보한 정보를 포함한다. 금융위는 물론 금감원도 특별법에 따라 설립된 특수법인으로서 정보공개법에서 정한 공공기관에 해당하고, 금융감독원이 직무상 작성 또는 취득하여 관리하고 있는 문서에 대하여는 정보공개법이 적용된다(대법원 2024. 4. 25.자 2023마8009 결정).

[23-64] 은행감독기관이 은행으로부터 취득 또는 확보한 1차 정보와 이를 기초로 은행감독기관이 작성한 보고서나 백서 또는 품의서와 같은 2차 정보로 나눌 수 있다.

2. 금융규제와 금융감독정보

[23-65] 금융규제의 실효성 확보수단 중 민사제재의 하나인 손해배상청구는 활성화될 경우 강력한 효과를 발휘할 것으로 기대된다. 국내에서 손해배상청구의 제도적 한계로 논의되는 것은 결국 소송을 제기하는 원고의 증거 확보 문제이다. 이를 위해 은행감독기관은 다양한 재판 외 분쟁해결제도와 민원처리절차를 구축하는 데 많은 규제자원을 사용하고 있다.

[23-66] 은행감독기관이 감독이나 검사과정에서 확보한 금융감독정보를 금융소비자에 의한 손해배상청구소송에서 증거로 활용할 수 있다면 그 실효성 제고에 큰 기여를 하게 될 것이다.

3. 금융감독정보의 공개 등

[23-67] 증선위의 의결서 공개를 제외하고 은행법 등 금융관련법에는 금융감독정보에 대한 열람 등을 허용하는 규정이 없다. 현행법상 금융감독정보는 민사소송법에 규정된 문서제출명령과 「공공기관의 정보공개에 관한 법률」('정보공개법')에 따른 정보공개절차를 통하여 확보할 수밖에 없다.

[23-68] 자율규제기관도 정보공개법상 정보공개의 대상이 되는가? 구 증권거래법상 한국증권업협회(현재 한국금융투자협회)에 대하여 법원은 첫째, 증권회사 등으로 구성된 회원조직으로서, 법령상 특별한 규정이 있는 것을 제외하고는 민법 중 사단법인에 관한 규정을 준용하는 점, 둘째, 그 업무가 국가기관 등에 준할 정도로 공동체 전체의 이익에 중요한 역할이나 기능에 해당하는 공공성을 갖는다고 볼 수 없는 점을 근거로 이를 부정하였다(대법원 2010. 4. 29. 선고 2008두5643 판결).

Ⅱ. 금융감독정보의 비공개대상정보 여부

금융감독상 은행감독기관이 확보한 정보를 금융소비자가 은행 등 금융회사를 상대로 한 손해배상청구소송 등에 증거로 활용할 수 있다면 증거의 확보와 관련한 어려움은 상당 부분 해소할 수 있을 것이다. 금융감독정보의 정보공개가 문제된 사례를 살펴본다. [23-69]

금융감독정보의 공개를 거부한 금융당국의 처분을 다툰 사례가 있다. 쟁점은 정보주체의 비공개요청이 있음에도 이를 공개하면 향후 금융감독업무의 원활한 수행을 보장할 수 없다고 볼 것인지 여부이다. [23-70]

외국계 펀드가 제출한 동일인 현황 등 자료 및 금감원 심사결과보고서 등 정보의 비공개정보해당성이 문제된 사건에서 원심은 관련법령상 필요한 자료를 관련자로부터 징구할 권한과 거부하는 경우 벌칙 부과하는 등의 권한이 있는 점 등을 근거로 당해 정보의 비공개정보해당성을 부정하였고(서울고법 2009. 9. 23. 선고 2009누4823 판결), 대법원은 원심의 판단을 수용하였다(대법원 2011. 11. 24. 선고 2009두19021 판결). 국내 증권사 감독정보에 대해 같은 취지의 판례도 있다(대법원 2018. 9. 28. 선고 2017두69892 판결). [23-71]

한편, 국내금융회사에 대한 검사결과 확보한 업무관련서류의 비공개정보해당성에 대하여 법원은 감독기관이 검사과정에서 제출받은 정보를 공개할 경우 금융기관이 부담을 느껴 향후 검사에서 자료제출이나 협조를 꺼리게 되어 검사업무 수행에 현저한 지장을 초래할 개연성이 상당히 높은 점을 근거로 해당 정보의 비공개정보해당성을 인정하였다(대법원 2014. 7. 24. 선고 2012두12303 판결).[32] 위 자료제출자체가 규제를 위해 필수적이거나 규제기관의 강제력이 동반되지 않았다는 사정도 고려된 것으로 보는 설명도 있다.[33] [23-72]

한편 외국 또는 외국기관으로부터 비공개를 전제로 정보를 입수하였다는 이유만으로 이를 공개할 경우 업무의 공정한 수행에 현저한 지장을 받을 것이라는 주장도 부정하면서, "위와 같은 사정은 정보 제공자와의 관계, 정보 제공자의 의사, 정보의 취득 경위, 정보의 내용 등과 함께 업무의 공정한 수행에 현저한 지장이 있는지를 판단할 때 고려해야 할 형량 요소"라고 판단하였다(대법원 2018. 9. 28. 선고 2017두69892 판결). [23-73]

은행이용자의 소송 등의 목적을 위해서는 금융회사로부터 직접 확보한 **1차 정보**보다는 그에 기초하여 작성된 보고서나 백서와 같은 **2차 정보**에 해당하는 금융감독정보의 활용가능성을 넓히기 위한 제도적 개선이 필요하다. 1차 정보에 대해서는 그 금융회사의 영업상 비밀보호와 관련하여 고려할 사항이 있을 것이다. [23-74]

---

32) 원심은 서울고법 2012. 5. 2. 선고 2011누24943 판결이다. 이 판결에 대한 해설로는, 진상범, "피검금융기관이 금융감독기관의 종합검사과정에서 제출한 정보의 비공개대상정보 여부," 대법원판례해설 제101호(2014하), 2015, 447-475면.

33) 설민수, "공익과 충돌 시 영업비밀 보호의 한계 - 공익신고와 직장 내 유해물질에 대한 정보공개를 중심으로 -", 법제 제686호, 2018, 34면.

제 7 편

은행과 책임

제24장 은행감독

제1절 서 설

은행감독은 은행이 은행법을 준수하고 있는지 여부를 공권력에 기초하여 확인하는 [24-1]
절차와 방법을 말한다. 구체적으로는 은행감독과 은행검사를 통하여 이루어진다. 급박한 시장변화에 대응해야 하는 은행감독의 특징상 구체성과 명확성의 요건을 모두 충족하는 법적 근거 아래 이루어지기 어려운 경우에 대비해야 한다. 이를 위해 금융위와 금감원은 포괄적인 감독 및 검사권한을 보유하고 있다.

은행감독의 모든 과정에서 은행 및 임직원의 방어권을 보장하는 것도 은행감독의 [24-2]
절차적 정당성을 위해 필요하다. 이런 관점에서 은행감독에서 은행감독기관의 책임성을 확인하는 것도 중요하다. 그러나 은행감독기관의 부실감독에 대한 책임은 책임을 우려한 소극적 감독의 가능성을 고려하여 책임성과 독립성 사이의 균형 있는 접근이 필요하다.

디지털 기술의 발전은 은행감독에도 영향을 미치기 시작했다. 디지털환경에서 은행에 [24-3]
대한 위험의 전파와 확산 속도는 전통적으로 인식해온 것에 비할 바가 아니다. 디지털 환경에서는 예금인출사태도 그 속도가 훨씬 빠르게 진행된다. 금융당국에 대한 정보도 디지털 기술에 기반한 기계가독형(machine-readable)으로 제공될 경우 섭테크(Suptech)의 활용으로 연결될 수 있을 것이다. 디지털 환경에서 은행감독도 근본적으로 변화하게 될 것이다.

제2절 은행감독기관에서는 금융위와 금감원을 중심으로 하는 은행감독의 담당주체를 [24-4]
살펴본다. 제3절 은행의 감독에서는 다양한 감독수단을 정리하고 특히 행정지도와 관련하여 절차적 통제방안과 외부감사 그리고 디지털 기술의 활용에 대해서 살펴본다. 제4절 은행의 검사에서는 은행 및 대주주에 대한 검사와 함께 경영실태평가를 정리한다. 제5절 은행감독과 감독책임에서는 부실한 은행감독에 대한 은행감독기관의 책임을 살펴본다.

제2절 은행감독기관

Ⅰ. 서 언

[24-5] 은행법상 은행감독기관은 금융위설치법에 따른 금융위와 금감원이다. 한국은행은 통화신용정책의 수행이나 지급결제제도의 감시 등을 위해, 그리고 예보는 부실금융기관의 정리업무 수행을 위해 필요한 범위에서 일정한 권한을 행사한다.

Ⅱ. 금융위

[24-6] 금융위는 금융정책, 외국환업무 취급기관의 건전성 감독 및 금융감독에 관한 업무를 독립적으로 수행하기 위해 정부조직법에 따라 국무총리 소속으로 설치된 합의제 독립 중앙행정기관이다(금융위설치법 3조 1항·2항). 금융위의 소관사무는 행정권에 속하는 사항이지만 그 행사방법을 법률로 별도로 규정하여 정부로부터 독립성을 보장하고 있는 점에 특징이 있다.

[24-7] 금융위는 '금융정책, 외국환업무 취급기관의 건전성 감독 및 금융감독에 관한 업무'를 수행한다. 금융위의 소관사무는 정부조직법이 아니라 금융위설치법과 그 하위법령에 의하여 규정된다. 금융위는 위원장과 부위원장 그리고 비상임위원 1인을 포함한 9인의 위원으로 구성된다. 금융위의 회의는 위원장이 소집, 재적위원 과반수의 출석과 출석위원 과반수의 찬성으로 의결한다.

Ⅲ. 금감원

1. 의 의

[24-8] 금감원은 금융위나 증선위의 지도·감독을 받아 금융기관에 대한 검사·감독 업무 등을 수행하기 위해 설립된 '무자본특수법인'이다(금융위설치법 24조 1항·2항). 금감원은 무자본특수법인으로서 민간조직이지만 법령상 금융감독업무를 수행하므로 금융위의 지도와 감독을 받는 공적 민간조직으로서 공법상 '영조물법인' 또는 '공무수탁사인'으로서의 법적 지위를 가지는 것으로 볼 수 있다.

[24-9] 금감원은 그 법적 지위를 "특별법에 근거하여 설립된 행정조직으로서 국가 또는 지방자치단체로부터 독립하여 특정한 공공사무를 담당하는 공법인"으로 규정하고 있다.[1] 금감원을 정부조직으로 하지 않고 독립된 공법인으로 법제화한 것은 "금융회사 감독업무에 대해 정부의 간섭을 최소화함으로써, 동 업무가 공정하고 독립적으로 시행될 수 있도록 한 것"이라고 설명하고 있다.[2]

---

1) 금감원, 2011년도 금융감독제도, 2011.11.28., 276면.
2) 금감원, 위의 책, 276면.

금감원은 금융위설치법상 검사대상기관의 업무 및 재산상황에 대한 검사, 검사 결과 와 관련한 법령에 따른 제재, 금융위와 금융위 소속으로 두는 기관에 대한 업무지원, 그 밖에 법령에서 금감원이 수행하도록 하는 업무를 수행한다. [24-10]

2. 금융위와 금감원의 관계

가. 원 칙

금융위설치법은 금융위는 동법 또는 다른 법령에 따라 금감원의 업무·운영·관리에 대한 지도와 감독을 하고(18조), 금감원은 금융위나 증선위의 지도·감독을 받아 금융기관에 대한 검사·감독 업무 등을 수행하도록(24조 1항) 하고 있다. 금융위는 금감원에 대한 지도·감독을 위하여 금감원의 정관 변경, 금감원의 예산 및 결산에 대한 승인권을 가진다(금융위설치법 18조 1호). 금감원장은 금융위 의결을 거쳐 금융위원장의 제청으로 대통령이 임명하고, 부원장은 원장 제청으로 금융위가 임명하며, 감사는 금융위의 의결을 거쳐 금융위원장의 제청으로 대통령이 임명한다(금융위설치법 29조 2항·4항). [24-11]

금융위설치법상 금감원장은 금융위에 대하여 금융감독 등에 필요한 자료의 제출 의무(58조), 검사의 결과 및 조치사항의 보고의무(59조)를 부담하고, 금융위는 필요한 경우 금감원의 업무·재산·회계관련 사항의 보고요구 및 그 업무·재산상황·장부·서류 및 그 밖의 물건에 대한 검사권을 가지며(60조), '금융감독원의 업무를 지도·감독하는 데 필요한 명령'이나 '그 처분의 전부 또는 일부의 취소나 집행정지'를 할 수 있다(61조). [24-12]

나. 권한의 위탁

금융위는 은행법에 따른 권한 중 인가 심사, 신고사항 검토, 보고 접수, 승인 심사, 자료제출 요구 등 업무를 금감원장에게 위탁한다(65조; 령 26조의2 1항, 별표 3, 인터넷은행법 19조; 인터넷은행령 8조 별표 1). 금감원장은 위탁받은 업무의 처리내용을 6개월마다 금융위에 보고해야 한다(65조; 령 26조의2 2항 본문). [24-13]

Ⅳ. 한국은행

한국은행은 은행에 대하여 지급준비금과 금리 등에 관한 준수사항을 정한다(30조 1항·2항). 한국은행은 업무수행에 필요한 은행의 재무상태표 그 밖의 정기적 통계자료 또는 정보를 제출받는다(42조 1항-3항). 한국은행은 금통위가 통화신용정책 수행을 위한 필요성을 인정하는 경우 은행에게 필요최소한의 자료제출을 요구할 수 있고(한은 87조 1호), 금감원에 은행에 대한 검사 또는 공동검사를 요구할 수 있고, 금감원은 이에 따라야 한다(한은 88조 1항). 한국은행은 금감원에 검사결과송부나 은행에 대한 시정조치를 요청할 수 있다(한은 88조 2항). [24-14]

V. 예 보

[24-15] 예금자보호법은 예보에 필요한 범위에서 유사한 자료제출요구권과 공동검사권을 인정하고 있다(21조).

Ⅵ. 공정위

[24-16] 1999년 개정으로 공정거래법은 금융·보험 사업자도 적용 대상으로 하고 있다. 은행 합병 등의 경우에도 공정위의 기업결합 심사를 거치게 된다. 은행의 약관심사에서도 금감원의 심사와 함께 공정위의 일반적 심사권의 적용대상이 된다. 일반적 소비자보호기관으로서 공정위는 소비자문제 전반에 관하여 권한을 보유한다.

제3절 은행의 감독

Ⅰ. 의 의

은행감독의 이해를 위해서는 먼저 규제(regulation)와 감독(supervision)을 구분해야 한다. 일반적으로 규제는 규정의 제개정을, 그리고 감독은 규정의 준수 여부의 확인과 집행을 말한다.[3] 은행법 제44조의 '감독'은 규정의 준수 여부의 확인과 집행을 의미한다. 은행법에서 금감원은 금융위 규정과 지시에 따라 은행법 그 밖의 관계법률, 금융위의 규정·명령 및 지시에 대한 은행의 준수 여부를 감독한다고 규정한 것은 이러한 취지를 반영한 것이다(44조). '그 밖의 관계법률'은 지배구조법, 금융실명법, 금산법 등 은행법 이외의 규제법을 말한다. [24-17]

금융규제 운영규정은 '금융규제'를 "금융위 또는 금융유관기관이 금융회사등의 경영 건전성을 확보하고 금융소비자를 보호하는 등 금융행정의 목적을 달성하기 위해 법률상 금융회사등의 권리를 제한하거나 의무를 부과하는 것 또는 법령에서 주어진 권한 또는 기능에 근거하여 사실상 금융회사등의 영업 또는 업무 등에 영향력을 행사하는 것"이라고 정의한다(금융규제 운영규정 2조 3호).[4] 이 정의는 위에서 본 규제와 감독을 합친 광의의 규제 개념이다. [24-18]

Ⅱ. 감독수단

1. 의 의

감독방법은 금융위 규정과 지시에서 정하는 바에 따라 이루어져야 한다(44조). 은행감독을 위한 수단은 사전적 감독수단으로 규정, 인가·승인·결정, 지시·명령·요구, 신고·보고, 협의·지도·권고·설득이, 사후적 감독수단으로 검사와 제재가 있다. 여기서는 사전적 감독수단을 살펴보고, 사후적 감독수단으로서의 검사와 제재에 대해서는 아래 제4절 은행의 검사([24-52]-[24-72])와 제5장 은행의 책임([25-1]-[25-63])에서 살펴본다. [24-19]

2. 규 정

금융위는 은행법령의 위임에 따라 은행감독에 관한 포괄적인 규정제정권을 가진다. 이에 따라 금융위는 은행법 및 동 시행령, 외국환거래법 및 동 시행령, 산업은행법 등 특수은행법 및 동 시행령, 농업협동조합법 및 동 시행령, 수산업협동조합법 및 동 시행령, 금융위설치법 및 동 시행령, 금산법 및 동 시행령과 기타 관계법령에서 정하는 은행 [24-20]

---

3) 금감원, 금융감독개론, 2024, 4면.

4) 금융규제는 명시적 금융규제와 비명시적 금융규제로 구분된다. 명시적 금융규제는 법령등(법률·대통령령·총리령, 그 위임을 받는 고시 등)에서 정하는 금융규제를 말한다(금융규제 운영규정 2조 3호 가목). 비명시적 금융규제는 법령등에서 정하지 않은 금융규제로서 금융행정지도와 금융유관기관의 업무규정, 지침, 업무방법서, 그 밖에 이와 비슷한 것을 말한다(금융규제 운영규정 2조 3호 나목).

감독에 관한 금융위 소관사항의 시행에 필요한 사항을 정하는 「은행업감독규정」[5]을 제정하여 시행하고 있다. 금감원장도 금감원의 업무 수행과 관련하여 필요한 경우에는 규칙을 제정할 수 있다(금융위설치법 39조 1항). 이에 따라 금감원장은 「은행업감독업무시행세칙」을 제정하여 시행하고 있다.

3. 인가·승인·결정

가. 인 가

[24-21] 은행법상 인가에는 은행업의 인가(8조)가 있다. 은행업 인가 등 금융규제법에서 '인가'라는 용어를 사용하는 사례가 있으나, 이는 주로 특허적 성격이 강한 사업에 대한 허가의 의미로 사용된 예로서 강학상 의미의 인가와는 다르다.

나. 승 인

[24-22] 승인은 은행이나 대주주의 행위에 대하여 동의의 의사를 표시하는 것을 말한다. 은행법상 자본금감소의 승인(10조), 동일인 주식보유한도승인(15조 3항, 15조의3 등) 등이 여기에 해당한다. 무승인 행위의 사법상 효력은 무효인가? 승인을 받지 않고 한 자본금 감소도 건전성 유지를 위한 동 제도의 취지를 고려하더라도 사법상 무효라고 하기는 어렵다. 승인 없는 한도초과보유주식에 대하여 사법상 효력을 부정해야 한다는 견해가 있지만, 의결권 제한이나 주식처분명령이 존재하는 상황에서 그렇게 해석하기는 어려울 것이다.

다. 결 정

[24-23] 결정은 금융감독기관이 그 권한에 속하는 특정한 사실의 존부나 정부에 관하여 확인하는 준법률행위적 행정행위를 말한다. 은행법상 은행 해당 여부의 결정(7조), 은행업에의 해당 여부의 판단 등이 대표적이다.

4. 지시·명령·요구

[24-24] '지시·명령'을 함께 '감독권자가 은행감독을 위해 은행법 등을 근거로 일반적인 규정을 제정, 금융기관에 시달하여 실시토록 하는 권한'이고, 그 규정은 법규명령에 해당한다는 설명이 있다.[6] 그러나 같은 조문에 '규정'이 이미 있는 상황에서 명령을 이렇게 해석할 수 있는지 의문이다. 은행법에는 이 규정 외에도 '이 법 또는 이 법에 따른 명령'에 위반하는 행위를 요건으로 하는 규정이 다수 존재한다.[7]

---

5) 동 규정의 제정을 금감원이 담당했지만, 현재는 금융위 소관이다.

6) 은행감독원, 48면.

7) 15조의5 3호(이 법 또는 이 법에 따른 명령을 위반하는 행위), 53조 1항(은행이 이 법 또는 이 법에 따른 규정·명령 또는 지시를 위반하여 은행의 건전한 경영을 해칠 우려가 있다고 인정되…는 경우), 53조 2항 5호(이 법 또는 이 법에 따른 명령이나 처분을 위반하여 예금자 또는 투자자의 이익을 크게 해칠 우려가 있는 경우) 54조 1항(은행의 임원이 이 법 또는 이 법에 따른 규정·명령 또는 지시를 고의로 위반하…는 경우) 54조 2항(은행의 직원이 이 법 또는 이 법에 따른 규정·명령 또는 지시를 고의로 위반하…는 경우)

헌재는 구 새마을금고법상 '이 법과 이 법에 의한 명령…에 위반하는 행위를 함으로써 금고 또는 연합회에 손해를 끼쳤을 때' 형벌을 부과하는 내용의 규정에 대하여 위헌결정을 하면서 '이 법에 의한 명령' 부분은 시정명령인지 시행령인지 알 수 없다고 지적하였다.[8] [24-25]

여기서 명령은 구체적인 시정명령으로서 한도초과보유주식에 대한 처분명령이나 예금 수입 및 여신의 제한 명령 등(46조)으로 해석하는 것이 타당할 것이다.[9] 금융위는 은행법상 12월 31일인 은행의 결산일 변경을 지시할 수 있다(41조 3항 단서). 금감원장은 건전성 유지에 필요할 때 은행에 불건전자산을 위한 적립금보유 등을 요구할 수 있다(50조). [24-26]

5. 신고·보고

신고와 보고는 은행이 은행법규의 준수 여부를 감독기관에 알리는 통지행위로서 감독의 기초가 되는 감독정보를 확보하는 과정이 된다. [24-27]

은행법상 신고사항으로는 국외현지법인 신설 등의 신고(13조 2항), 부수업무의 신고(27조의2 2항 본문), 겸영업무의 신고(28조 2항), 외국은행 지점 등의 다른 시도로의 이전 등의 신고(58조 3항) 등이 있다. 보고사항에는 금융위에 대한 정관변경, 자본금 감소, 본점의 이전, 국외현지법인 등의 신설이나 폐쇄, 상호변경, 자회사 출자, 일정한 지분증권 담보대출, 외국은행 지점 등의 동일한 시도로의 이전이나 사무소 폐쇄 등의 보고(47조 1호-10호)나 금감원장에 대한 업무보고서의 제출(43조의2 1항) 등이 해당한다. [24-28]

6. 협의·지도·권고·설득

협의·지도·권고·설득은 상대방의 임의적 협력에 기초해서 이루어지는 비권력적 감독수단이다. 일반적으로 행정지도에 해당할 것이다. 행정지도에 대해서는 아래 [24-30]에서 살펴본다. [24-29]

Ⅲ. 행정지도

1. 의 의

가. 개 념

행정지도는 금융위 또는 금감원이 은행의 경영건전성 확보와 금융소비자 보호 등 금융행정목적을 달성하기 위해 은행의 자발적 협력에 기초하여 그 은행에 일정한 행위를 하거나 하지 않을 것을 요청하는 행위로서 조문형식 등 일반적이고 추상적인 형식으로 [24-30]

69조 1항 11호(그 밖에 이 법 또는 이 법에 따른 규정·명령 또는 지시를 위반한 은행) 53조의2 1항(기관전용 사모집합투자기구등이 제15조의5를 위반하는 경우) 53조의2 3항(기관전용 사모집합투자기구등이 제15조의5 각 호의 어느 하나에 해당하는 경우) 53조의2 4항(기관전용 사모집합투자기구등의 재산 운용 등을 담당하는 업무집행사원이 제15조의5 각 호의 어느 하나에 해당하는 경우).

8) 헌재 2001. 1. 18. 99헌바112.

9) 정찬형외, 359면.

하는 행위를 포함한다(금융규제 운영규정 2조 4호 본문). 다만, 감독행정작용, 유권해석이나 비조치의견서, 조치사실통보, 인가·허가·등록 등 통보, 분쟁조정, 그 밖에 이와 비슷한 행위는 제외한다(금융규제 운영규정 2조 4호 단서, 가목-바목).

[24-31] 감독행정작용은 금융위 또는 금감원이 은행에 법령등을 지키도록 하기 위해 직권으로 필요한 지침을 개별적이거나 구체적인 형식으로 제시하는 행위를 말한다(금융규제 운영규정 2조 5호). 행정지도와 감독행정작용의 구별은 형식의 일반성·추상성과 개별성·구체성을 기준으로 한다고 하지만 실무상 구별이 쉬운 것은 아니다.

나. 실질적 구속력과 규제 필요성

[24-32] 행정지도는 은행의 자발적 협력을 전제로 하지만, 은행감독기관과 은행의 관계를 고려할 때 현실적 구속력을 가질 수밖에 없다. 법령상 명확한 근거가 없는 경우에도 행정지도가 사용된 사례가 많았다. 그러나 문제는 행정지도의 활용 자체가 아니라 예측가능성과 법적안정성의 부족에 있다. 행정지도가 예측가능한 방법으로 법적안정성을 침해하지 않으면서 활용될 수 있다면 오히려 문제되지 않을 수도 있다. 행정지도가 구두로 이루어지고 담당자의 변경과 함께 효력 유무를 알 수 없는 상황이 지속된다면 법적 위험이 될 수 있다.

[24-33] 은행감독기관의 대응능력에 대한 우려도 있지만, 금융위설치법상 금융위원장은 긴급조치가 필요한 경우로서 금융위를 소집할 시간여유가 없을 때에는 금융위 권한 내에서 필요한 조치를 할 수 있고(14조 1항), 금융규제 운영규정도 문서로는 목적을 달성할 수 없는 경우에는 구두로 행정지도를 할 수 있는 근거를 두고 있다(금융규제 운영규정 제8조 3항 전단).

2. 원 칙

[24-34] 금융규제 운영규정은 행정지도의 필요성·최소성·합리성·투명성·책임성, 명확성, 은행 내규·업무방법서 등 또는 자율규제기관의 정관·규칙 또는 규약 등에 행정지도 내용 반영요구 금지, 행정지도 미준수만을 이유로 한 불이익조치의 금지, 법령등에서 정하는 경우 외에는 은행의 인사개입금지, 금리·수수료 등 금융상품의 가격이나 은행의 배당 등에 대한 개입금지를 행정지도의 원칙으로 규정하고 있다(금융규제 운영규정 7조 1항- 6항 본문). 행정절차법에도 행정지도의 기본원칙으로 필요최소성의 원칙과 부당한 강요의 금지, 미준수 시 불이익조치의 금지원칙이 규정되어 있다(행정절차법 48조 1항·2항).

[24-35] 다만, 법령등에 따라 금융상품의 가격, 금융회사등의 배당 등에 관한 행정작용을 하는 경우, 해당 행정지도를 하지 않으면 은행의 건전성을 현저히 저해하거나 저해할 우려가 있는 경우, 금융소비자보호를 위해 행정지도가 불가피한 경우, 이와 비슷한 경우로서 금융위가 인정하는 경우는 예외로 한다(금융규제 운영규정 7조 6항 단서, 1호-4호). 금융상품의 가격 등에 대하여 예외적으로 행정지도를 하는 경우에는 미리 금융위 의결을 거쳐야 한다

(금융규제 운영규정 7조 7항 본문). 다만, 법령등에 따라 이루어지는 경우는 그렇지 않다(금융규제 운영규정 7조 7항 단서).

3. 절차와 방식

금융위 및 금감원은 새로 행정지도를 하려는 경우 상대방인 은행에 행정지도인지 여부, 내용과 목적, 유효기간 등의 사항을 밝혀야 한다(금융규제 운영규정 제8조 1항 전단). 기존의 행정지도 내용을 변경하거나 그 유효기간을 연장하려는 경우도 같다(금융규제 운영규정 제8조 1항 후단). 행정지도나 그 내용의 변경 또는 유효기간 연장 등의 행위는 문서로 해야 한다(금융규제 운영규정 제8조 2항). 그러나 행정지도를 문서로 하면 목적을 달성할 수 없다고 인정되는 경우에는 구두로 할 수 있다(금융규제 운영규정 제8조 3항 전단). 이상의 절차에 위반한 행정지도는 효력이 없다(금융규제 운영규정 제8조 1항 후단). [24-36]

금융위 및 금감원은 행정지도를 하는 경우 사전에 관리번호를 부여하고 민원포탈에 등록해야 한다(금융규제 운영규정 12조 1항·2항). [24-37]

4. 실효성 확보

금융규제 운영규정상 행정지도 그 밖의 규제절차와 방식을 위반하는 경우에는 인사상 필요한 조치를 할 수 있다(금융규제 운영규정 22조 2항). 또한 옴부즈만을 두어 규정의 준수 여부를 확인한다(금융규제 운영규정 18조). 물론 이러한 실효성 확보수단만으로는 부족하다는 평가가 있을 수 있다. 그러나 금융규제의 예측가능성과 법적 안정성을 확보하기 위한 노력으로는 의미가 있다. [24-38]

5. 은행법과 행정지도

가. 주무장관의 대출권고

정부조직법상 금융 담당 장관의 은행에 대한 대출권고의 위법성이 문제된 사례가 있다. 법원은 구 정부조직법상 경제의 기획·운용에 관하여 각부를 통괄·조정하며, 금통운위 의장으로서, 국가경제 전반, 특히 금융사무에 관하여 포괄적 권한을 행사하는 장관이, "국민경제에 미치는 영향력이 심대한 대기업 등의 도산과 그로 인한 관련 기업들의 연쇄도산, 금융기관의 부실화, 대량실업의 발생 등 국가경제의 안정과 발전을 저해하는 사태의 발생을 방지하기 위해", "국민경제에 미치는 영향력이 큰 기업으로서 회생 가능성이 있는 기업"에 대하여 일정한 요건을 전제로 금융기관에 융자를 권고하거나 요청하는 것은 일반적 직무권한에 속한다고 판단하였다(대법원 2004. 5. 27. 선고 2002도6251 판결). [24-39]

그러나 위 장관이 대기업에 해당되지 않고 회생가능성도 불투명하여 대출요건을 갖추었다고 보기 어려운 기업에 대하여 은감원장으로부터 경영개선명령을 받아 신규대출을 기피하고 있던 해당 기업의 주거래은행장에게 개인적 친분이 있는 해당 기업을 도와주기 위한 목적으로 대출을 요구하고, 위 요구에 따라 위 은행장이 같은 은행으로부터 대출거 [24-40]

절되었던 해당 기업에 대하여 다른 채권은행장들과 협조융자를 추진하고 대출하도록 한 행위는 직권남용죄에 해당한다고 판단하였다(대법원 2004. 5. 27. 선고 2002도6251 판결).

[24-41] 금융업 담당 장관의 포괄적 권한범위에 금융체계위험의 방지를 위한 부실기업 대출의 권고는 포함되지만, 그러한 요건을 갖추지 않은 기업대출의 요구는 직권남용에 해당한다는 것이다.

나. 부실채권정리

[24-42] 재무부장관은 금융기관의 부실채권정리에 관한 행정지도를 할 권한과 책임이 있다(대법원 1999. 7. 23. 선고 96다21706 판결). 그러나 재무부장관이 정부방침을 금융기관에 전달할 때 통상의 행정지도 방법과는 달리 사실상 지시하는 방법으로 한 경우 그것은 헌법상의 법치주의 원리, 시장경제의 원리에 반하게 된다(대법원 1999. 7. 23. 선고 96다21706 판결).

[24-43] 법원은 행정지도가 채무기업의 주주들이 아니라 채권자인 은행에 대하여 이루어졌고, 은행 스스로의 판단으로 이러한 지도를 받아들여 채권금융단들과의 협의를 거쳐 채권금융단의 담보권 실행 의사에 따라 제3자에 대한 주식 매매계약이 이루어진 경우에는 이러한 국가 공권력의 관여 방법 및 정도만으로 통상의 행정지도의 한계를 넘어서 헌법 또는 법률에 위반된다고 하거나 위 주식 매매를 무효로 만들 사유가 된다고 할 수 없다고 판단하였다(대법원 1999. 7. 23. 선고 96다21706 판결).[10]

[24-44] 그러나 재무부 국장 등이 특정기업그룹 정리방안에 따라 그 계열회사의 주식을 은행에게 매각하도록 종용한 행위가 행정지도에 해당되어 위법성이 조각된다는 주장은 배척하였다(대법원 1994. 12. 13. 선고 93다49482 판결). 헌재도 재무부장관이 은행장에 대하여 한 특정기업그룹의 해체준비착수지시와 언론발표 지시는 상급관청의 하급관청에 대한 지시가 아님은 물론 동 은행에 대한 임의적 협력을 기대하여 행하는 비권력적 권고·조언 등의 단순한 행정지도로서의 한계를 넘어선 것으로서 헌법에 위반된다고 판단하였다(헌재 1993. 7. 29. 89헌마31).

6. 금감원장의 채권행사유예요청의 법적 구속력

[24-45] 2001.9.15. 시행 기촉법 제14조 제1항에 따라 금감원장은 "채권금융기관에 협의회가 소집 통보된 날부터 1차 협의회가 소집되는 날까지" 채권행사유예를 요청할 수 있었다. 이 유예요청의 구속력이 문제된 사안에서 법원은 채권유예요청은 채권금융기관을 구속하는 법적 효력이 없다고 판단하였다(대법원 2005. 9. 15. 선고 2005다15550 판결).

[24-46] 2016.3.18. 시행 기촉법은 채권행사유예요구의 주체를 주채권은행으로 변경하고(9조 3항), 유예요구를 받은 채권자가 이에 응하지 않은 때는 공동관리절차개시 후 지체 없이 원상회복하게 하고(9조 4항), 그렇지 않으면 2천만원 이하의 과태료를 부과하도록 했다(35조 1항 1호).

10) 평석으로는 허만, "부실기업 정리에 있어서 정부 개입의 한계," 상사판례연구 V권, 2000, 319-338면. 유사한 문제에 대한 판단으로, 대법원 1996. 4. 26. 선고 94다34432 판결; 헌재 1994. 5. 6. 89헌마35.

Ⅳ. 은행감독과 외부감사

1. 의 의

2008년 금융위기는 은행의 위험관리와 내부통제 및 지배구조의 취약성뿐만 아니라 은행에 대한 외부감사의 품질을 높일 필요성도 확인해 주었다. 은행의 외부감사인은 은행의 재무제표에 대한 시장의 신뢰를 형성할 은행품질감사(quality bank audits)를 제공함으로써 금융안정에 기여할 수 있다. 은행품질감사는 감독과정에서도 중요한 자산이 될 수 있다. 은행의 감사위원회는 외부감사과정에서 외부감사인과의 소통 및 적극적인 감시를 통하여 은행감사의 품질을 높일 수 있다. [24-47]

감독기관과 외부감사인, 감독기관과 감사감시기구 사이의 효과적인 관계의 구축은 은행감독의 수준을 높일 수 있다.11) 금감원장은 외감법에 따라 은행이 선임한 외부감사인에게 그 은행 감사 결과 알게 된 정보나 그 밖에 경영 건전성에 관련되는 자료 제출을 요구할 수 있다(48조 3항). [24-48]

2. 금융감독정보와 외부감사

은행감독기관이 은행법상 감독·검사업무를 위해 다양한 자료와 정보를 필요로 한다. 예컨대 은행 인가요건으로 대주주의 최근 사업연도의 부채비율이 일정 비율 이상일 것을 요구한다. 이 경우 부채비율은 외부감사인에 의하여 확정된 재무제표를 기초로 산출된 비율을 의미하는가. 예컨대 12월 31일이 결산일인 회사인 경우 그다음 해 1월에는 확정된 재무제표를 확보할 수 없다. [24-49]

해석상 최근사업연도를 현재를 기준으로 첫째, 물리적으로 가장 최근인 사업연도로 볼 것인지 아니면 둘째, 확정된 재무제표가 있는 최근 사업연도로 볼 것인지가 문제되는 것이다. 첫째 견해에 따르면 재무제표가 확정되지 않은 상태에서는 가결산자료라도 있으면 이를 이용하고 이도 없으면 산출가능시점까지 심사를 유보할 수밖에 없다. 둘째 입장에 따르면 확정된 재무제표가 있는 최근사업연도를 기준으로 판단하고, 그 이후의 부정적 재무정보를 미확정인 상태라도 확보할 수 있으면 심사에 반영하면 될 것이다. 조문해석상 최근사업연도는 확정된 재무제표가 있는 최근사업연도로 해석하는 것이 옳을 것이다.12) [24-50]

---

11) Basel Committee on Banking Supervision, External audits of banks - final document, March 2014; European Parliament DIRECTORATE-GENERAL FOR INTERNAL POLICIES ECONOMIC GOVERNANCE SUPPORT UNIT, BRIEFING : The relationship between banking supervisors and banks' external auditors, 30 June 2016; 越智信仁,『銀行監督と外部監査の連携―我が国金融環境の変化, 各国制度の比較等を踏まえて』, 日本評論社, 2008.

12) 여기서의 논의는 재무제표를 기초로 산출되는 재무비율에 한정된 것임을 밝혀둔다.

V. 은행감독과 섭테크(Suptech)

[24-51] 섭테크는 금융감독과 기술의 결합을 말한다. 금융당국의 규정집과 금융회사가 금융당국에 제출하는 감독정보를 기계가독형으로 제공할 경우 인공지능 등의 디지털 기술을 활용하여 자동적으로 규제준수상황을 확인할 수 있게 될 것이다. 이 경우 1단계로 감독정보의 표준화, 2단계로 기계가독형 규정집과 감독정보의 확보, 3단계로 자동적인 규제준수상황의 확인으로 진행될 것이다.

제4절 은행의 검사

Ⅰ. 의 의

은행법상 은행검사(examination)는 은행의 업무 및 재산 상황에 관한 검사와 일정한 범위의 대주주에 대한 적격성 검사로 구성된다. 은행검사의 법적 성질에 대해서는 첫째, 형사사법상 강제수사나 세법상 강제조사는 아니지만 검사방해를 처벌하고 있으므로 간접적인 형태의 강제조사로 보는 견해,[13] 둘째, 금융회사의 임의적 협력에 의한 비권력적 임의조사라는 견해,[14] 셋째, 법률에 근거하여 검사를 실시하며 검사권한을 표시하는 증표를 제시하고 검사방해 시 행정벌이 수반된다는 점을 감안할 때 권력적 강제조사인 행정조사에 해당한다는 견해[15]가 있다. [24-52]

Ⅱ. 은행에 대한 검사

1. 의 의

은행검사는 은행업무를 분석하고 자산 및 부채를 파악하여 경영성과와 능력을 평가하고 은행업무가 관계법령이나 지시 등에 위반했는지 여부를 확인하는 행위를 말한다.[16] 은행검사에 관한 세부사항은 금융위 규정인 「금융기관 검사 및 제재에 관한 규정」("검사제재규정")에 규정되어 있다. 금융위설치법은 '금융기관의 감독 및 검사·제재(制裁)에 관한 사항'을 금융위의 소관 사무로 규정하면서(17조 2호), 필요한 경우 금감원의 업무 등에 관한 사항을 보고하게 하거나 금융위가 정하는 바에 따라 업무 등을 검사할 수 있다고 정하고 있다(60조). 그 위임에 따라 금융위가 고시한 검사제재규정은 금감원장이 실시하는 검사의 방법, 검사 결과의 처리와 제재, 그 밖에 필요한 사항을 정하고 있는데, 이는 금감원장이 검사를 실시하는 금융기관에 적용될 뿐만 아니라(2조 1항), 필요한 범위 내에서 금융위가 검사를 실시하는 금융기관에도 준용된다(2조 2항)(대법원 2019. 5. 30. 선고 2018두52204 판결). [24-53]

검사제재규정에 대해서는 그 위임근거의 명확성과 관련하여 실무상 논의가 있다. 대법원은 금융위설치법 제60조의 위임에 따라 금융위가 고시한 검사제재규정 제18조 제1항이 대외적으로 구속력이 있는 법규명령의 효력을 가지는지 여부에 대하여 "금융위원회 법령의 위임 한계를 벗어나지 않으므로 그와 결합하여 대외적으로 구속력이 있는 법규명령의 효력을 가진다고 보아야 한다"고 판단하였다(대법원 2019. 5. 30. 선고 2018두52204 판결). 그러나 보험업법상 과징금 부과기준을 정하고 있는 검사제재규정에 관하여는 보험업법상 금융위의 과징금 부과처분(111조 1항 2호, 196조 1항 5호)이 재량행위임을 전제로 "보 [24-54]

13) 은행감독원, 51면.
14) 정찬형·도제문, 은행법 2판, 박영사, 2005, 347면.
15) 정찬형외, 385면; 주석은행법, 533면.
16) 은행감독원, 51면.

험업법상 과징금 부과처분의 법적 성격, 법령의 위임 체계나 구조, 그 내용 등에 비추어 재량행위인 과징금 부과처분에 관한 행정청 내부의 사무처리 기준을 정한 재량준칙에 불과한 것으로 대외적으로 국민이나 법원을 구속하는 법규적 효력이 없다"고 판단하였다(대법원 2019. 5. 30. 선고 2014두281 판결).

[24-55] 검사제재규정은 은행검사를 종합검사와 부문검사, 현장검사와 서면검사로 구분한다. 종합검사는 은행의 업무전반 및 재산상황에 대하여 종합적으로 실시하는 검사를 말한다(검사제재규정 3조 3호). 부문검사는 금융사고예방, 금융질서확립, 기타 금융감독정책상의 필요에 의하여 은행의 특정부문에 대하여 실시하는 검사를 말한다(검사제재규정 3조 4호). 현장검사는 검사원이 은행을 방문하여 실시하는 검사를 말한다(검사제재규정 3조 5호). 서면검사는 검사원이 은행으로부터 자료를 제출받아 검토하는 방법으로 실시하는 검사를 말한다(검사제재규정 3조 6호).

2. 범 위

가. 은행업무와 재산상황

[24-56] 금감원장은 은행업무와 재산상황을 검사한다(48조 1항). 금감원은 금융위설치법 또는 다른 법령에 따라 은행업무 및 재산상황의 검사, 검사결과와 관련한 제재업무를 수행한다(금융위설치법 37조 1호·2호). 은행법상 검사권이 특별법으로 우선 적용된다.

[24-57] 법률상 검사의 범위는 '은행의 업무 및 재산상황'이라고만 규정하고 있으므로 특별한 제한은 없다.[17] 검사의 범위는 은행감독기관이 검사를 통하여 확보한 정보의 공개 가부와도 연계된 문제이다.

나. 자료제출요구 등

[24-58] 금감원장은 검사를 하면서 필요할 때는 은행에 대하여 업무 또는 재산에 관한 보고, 자료 제출, 관계자 출석 및 의견 진술을 요구할 수 있다(48조 2항). 금감원장은 외감법에 따라 은행이 선임한 외부감사인에게 감사 결과 알게 된 정보나 그 밖에 경영건전성에 관련되는 자료 제출을 요구할 수 있다(48조 3항). 이를 거부하거나 허위 사실을 보고하거나 제출 또는 진술하는 경우에는 검사방해가 된다.

3. 절 차

[24-59] 은행검사에서는 검사대상 은행과 그 임직원의 권리가 보장되어야 한다. 입법론상으로는 그러한 권리는 금융위 규정보다는 법률상 권리로 인정되어야 할 것이다.

[24-60] 금감원장은 현장검사를 하는 경우 검사목적 및 검사기간 등이 포함된 검사사전예고통지서를 당해 은행에 검사착수일 1주일 전까지 통지해야 한다(검사제재규정 8조의2 본문). 다만, 자료 등의 조작·인멸, 대주주의 자산은닉 우려 등으로 검사목적 달성에 중요한 영

17) 은행감독원, 53면.

향을 미칠 것으로 예상되는 경우와 검사 실시 사실이 알려질 경우 투자자 및 예금자 등의 심각한 불안 초래 등 금융시장에 미치는 악영향이 클 것으로 예상되는 경우, 사전통지를 위한 시간적 여유가 없는 불가피한 경우 등 사전통지에 따라 검사목적 달성이 어려워질 우려가 있는 경우에는 통지의무가 없다(검사제재규정 8조의2 단서).

검사원은 권한표시증표를 관계자에게 내보여야 한다(48조 4항). 현장검사 과정에서 [24-61]
검사를 받는 은행 임직원은 문답서 및 확인서 작성 시 변호사 기타 조력자의 조력을 받을 수 있다(검사제재규정 8조의3 1항). 금감원장은 검사업무수행과정에서 은행 및 그 임직원의 권익보호를 위해 권익보호담당역을 둔다(검사제재규정 10조 1항).

4. 공동검사

한국은행은 금통위가 통화신용정책 수행을 위한 필요성을 인정하는 경우 은행에게 [24-62]
필요한 최소한의 자료제출을 요구할 수 있고(한은 87조 1호), 금감원에 은행검사 또는 공동검사를 요구할 수 있고, 금감원은 이에 따라야 한다(한은 88조 1항). 한국은행은 금감원에 검사결과송부나 시정조치를 요청할 수 있다(한은 88조 2항). 예금자보호법은 예보에 필요한 범위에서 유사한 자료제출요구권과 공동검사권을 인정하고 있다(21조).

한국은행이나 예보의 업무수행에 필요한 정보의 확보를 위한 것으로 이해된다. 그러 [24-63]
나 자료제출이나 공동검사는 가급적 금감원 등 유관기관 사이의 업무협조를 통하여 정보수요를 해소하고 은행의 부담을 최소화하는 필수적인 범위에서 이루어져야 하는 것이 은행법과 한국은행법 및 예금자보호법의 기본취지라고 본다.

Ⅲ. 은행의 대주주등에 대한 검사

1. 일반원칙

금융위는 일정한 범위의 은행 대주주등에 대해서는 금감원장으로 하여금 해당 대주 [24-64]
주등의 업무 및 재산 상황을 검사하게 할 수 있다(48조의2 1항). 검사범위는 목적에 필요한 최소한의 범위에서 이루어져야 한다(48조의2 1항).

첫째, 비금융주력자의 금융주력자로의 전환대상자에 대하여 전환계획 이행상황 점검 [24-65]
결과를(16조의3 2항) 확인하기 위해 필요한 경우와 전환대상자가 차입금의 급격한 증가, 거액의 손실 발생 등 재무상황의 부실화로 인하여 은행과 불법거래를 할 가능성이 크다고 인정되는 경우(48조의2 1항 1호 가목·나목).

둘째, 비금융주력자의 특례 중 예외취급 승인을 받은 기금등(16조의2 3항 3호)에 대하 [24-66]
여 이해상충방지체계와 주식보유요건(16조의2 3항 3호 가목·다목)의 충족 여부를 확인하기 위한 경우와 해당 비금융주력자가 지배하는 비금융회사의 차입금의 급격한 증가 등 재무상황 부실로 인하여 은행과 불법거래를 할 가능성이 크다고 인정되는 경우(48조의2 1항 2호 가목·나목).

[24-67] 셋째, 은행의 대주주 및 은행의 대주주가 되려고 하는 자에 대하여 금융주력자 한도승인심사(15조 3항)를 위해 필요한 경우, 대주주의 부당한 영향력 행사의 금지(35조의4) 위반혐의가 인정되는 경우(48조의2 1항 3호 가목-다목).

[24-68] 검사의 구체적 범위, 방법, 그 밖에 검사에 필요한 사항은 금융위가 정한다(48조의2 2항). 대주주등에 대한 검사절차와 방법에 관하여는 은행검사에 관한 규정(48조 2항-4항)을 준용한다(48조의2 3항).

2. 인터넷전문은행의 특칙

[24-69] 인터넷전문은행의 경우 금융위는 인터넷전문은행의 대주주의 부당한 영향력 행사혐의(인터넷은행법 10조 1항)가 인정되는 경우 금감원장으로 하여금 그 목적에 필요한 최소한의 범위에서 해당 대주주의 업무 및 재산 상황을 검사하게 할 수 있다(인터넷은행법 12조 1항). 이 검사에 관하여는 은행검사에 관한 규정(48조 2항-4항)을 준용한다(인터넷은행법 10조 2항).

Ⅳ. 검사방해

[24-70] 은행의 임원등 또는 직원이 은행에 대한 검사(48조)를 거부·방해 또는 기피한 경우에는 2천만원 이하의 과태료를 부과한다(69조 4항 5호). 은행 대주주에 대한 금감원의 검사(48조의2)를 거부·방해 또는 기피한 자에게는 1억원 이하의 과태료를 부과한다(69조 1항 8호; 인터넷은행법 23조 1항 2호).

[24-71] 금감원장은 은행의 임직원이 금융위설치법에 따른 금감원의 감독과 검사 업무의 수행을 거부·방해 또는 기피한 경우에는 은행장에게 이를 시정하게 하거나 해당 직원의 징계를 요구할 수 있다(금융위설치법 41조 1항 3호).

Ⅴ. 경영실태평가

[24-72] 금감원장의 은행 경영실태평가는 은행 본점, 외국은행 지점, 은행 국외지점 및 국외현지법인을 대상으로 하며 1등급(우수), 2등급(양호), 3등급(보통), 4등급(취약), 5등급(위험)의 5단계 등급으로 구분한다(규정 33조 5항). 경영실태평가를 위한 구체적인 사항은 금감원장이 정하며, 이 경우 자기자본비율 산정시 연결대상이 되는 회사의 경영실태를 감안할 수 있다(규정 33조 6항). 국외현지법인에 대한 경우에는 해당 은행 또는 은행 국외현지법인 전체의 자본적정성, 자산건전성, 경영관리의 적정성, 수익성, 유동성, 리스크 관리를 그리고 은행 국외지점에 대한 경우에는 해당 지점의 리스크 관리, 경영관리 및 내부통제, 법규준수, 자산건전성을 평가한다(규정 33조 3항 1호·2호).

제5절 은행감독과 감독책임

Ⅰ. 의 의

은행감독기관이 감독과정에서의 부실이나 태만으로 예금자 그 밖의 은행이용자의 [24-73] 손해를 초래한 경우의 손해배상책임을 감독배상책임이라고 한다. 은행감독기관의 책임성은 넓은 의미에서 국회나 언론에 대한 정치적·사회적 책임, 감사원 등에 대한 행정적 책임과 함께 감독배상책임도 포함한다. 은행감독기관의 과도한 책임은 소극적 감독행태를 초래할 수 있고 책임의 부재는 은행감독의 효과 자체를 침식할 것이므로 쉽지 않은 문제이다. 은행감독기관의 독립성을 강조하는 시각에서 책임성의 강조는 독립성의 침해로 인식될 수도 있다. 은행감독기관의 감독배상책임에 대하여 살펴본다.[18]

Ⅱ. 은행감독과 국민의 개인적 이익

은행감독기관이 은행에 대한 감독권행사를 바라는 국민요구를 거부하는 경우 그 거 [24-74] 부결정을 처분으로 볼 수 있는가? 법원은 은감원의 금융기관 감독과 검사는 금융기관의 건전한 운영을 위한 것으로서 국민의 개인적 이익의 구제를 목적으로 하는 것은 아니므로 국민은 은감원에 대하여 감독권행사 등을 요구할 구체적인 청구권이 없다할 것이고 또 은감원이 감독수단으로서 금융기관에 대하여 어떤 지시를 하거나 금융기관을 검사하는 행위는 그 자체만으로서 국민의 권리, 의무 기타 법률관계에 직접적인 변동을 가져오게 하는 것이라고도 할 수 없다고 본다(대법원 1982. 7. 27. 선고 82누231 판결).

따라서 은감원이 국민의 금융기관에 대한 감독권행사 요구를 거부하는 결정을 해도 [24-75] 그로 인하여 국민의 구체적인 권리나 이익이 침해되었다고는 할 수 없으므로 위와 같은 결정은 국민의 권리, 의무 기타 법률관계에 직접적인 관계가 있는 처분이라고 할 수 없고 따라서 이는 행정소송의 대상이 되는 행정처분에 해당된다고 할 수 없다고 판단하였다(대법원 1982. 7. 27. 선고 82누231 판결).

Ⅲ. 직원의 위법한 직무집행과 상호저축은행 후순위채 투자자 손해의 상당인과관계

상호저축은행 후순위채 투자자가 은행감독기관을 상대로 손해배상청구를 제기한 사 [24-76] 건에서 은행감독기관 직원의 위법한 직무집행과 저축은행 후순위채 투자자 손해의 상당인과관계가 문제되었다.

법원은 "공무원에게 직무상 의무를 부과한 법령의 목적이 사회 구성원 개인의 이익 [24-77] 과 안전을 보호하기 위한 것이 아니고 단순히 공공일반의 이익이나 행정기관 내부의 질서를 규율하기 위한 것이라면, 설령 공무원이 그 직무상 의무를 위반한 것을 계기로

---

18) 이 문제는 정순섭, "금융감독기관의 감독배상책임에 관한 연구," 상사법연구 제31권 제4호, 2013, 151-231면에서 상세히 논의하고 있다.

하여 제3자가 손해를 입었다고 하더라도 공무원이 직무상 의무를 위반한 행위와 제3자가 입은 손해 사이에 상당인과 관계가 있다고 할 수 없다"는 일반론(대법원 2001. 4. 13. 선고 2000다34891 판결 등 참조)을 전제로, 금융위설치법의 입법취지 등에 비추어 피고 금감원에 금융기관에 대한 검사·감독의무를 부과한 법령의 목적이 금융상품에 투자한 투자자 개인의 이익을 직접 보호하기 위한 것이라고 할 수 없으므로, 피고 금감원 및 그 직원들의 위법한 직무집행과 B저축은행의 후순위사채에 투자한 원고들이 입은 손해 사이에 상당인과관계가 있다고 보기 어렵다고 판단하였다(대법원 2015. 12. 23. 선고 2015다210194 판결).[19]

Ⅳ. 감독책임의 명확화

[24-78] 은행감독기관의 감독부실에 대한 책임을 명확히 정리할 필요가 있다. 감독배상책임을 완전히 부정하는 것은 감독기관의 책임성 확보 측면에서 적절하다고 볼 수 없다. 다만 고의나 중과실이 없는 경우 감독배상책임을 면책하는 방안을 입법론으로 고려할 필요가 있다고 생각한다.

---

19) 같은 취지로, 대법원 2020. 7. 9. 선고 2016다268848 판결. 김중권, "국가의 금융기관감독과 국가배상책임 : 대법원 2015. 12. 23. 선고 2015다210194 판결," 법조 제65권 제7호, 2016, 483-500면.

제25장 은행의 책임

제1절 서 설

은행법상 은행은 다양한 책임을 부담한다. 건전성규제와 영업행위규제를 비롯한 다양한 규제준수는 물론이고 은행이용자와의 관계에서도 은행법 및 일반사법상 다양한 의무의 주체가 된다. 금융투자상품거래나 보험상품판매의 경우에는 은행법 이외에 자본시장법이나 보험업법상 다양한 규제도 준수해야 한다. 이 장에서는 은행법상 각종 규제를 중심으로 실효성 확보수단을 살펴본다. [25-1]

은행법상 규제의 실효성 확보수단으로 은행법은 행정제재, 형사제재, 민사제재를 규정하고 있다. 행정제재는 기관에 대한 제재와 임직원에 대한 제재로 구성되고, 금전적 제재와 비금전적 제재로 나눌 수 있다. 형사제재는 형벌을 수단으로 하는 것을 말한다. 민사제재는 은행법 위반행위의 사법상 효력과 은행법 위반행위에 대한 손해배상책임으로 구성된다. 은행법 위반행위에 대한 임직원 개인을 대상으로 하는 손해배상책임이 널리 인정되면 가장 강력한 실효성 확보 효과를 거둘 수 있다. 행정제재, 형사제재, 민사제재의 순서로 살펴본다. [25-2]

특히 행정제재 중 금전제재와 관련하여 과징금 등을 통하여 확보한 재원을 은행이용자의 손해배상을 위하여 사용하는 방안도 논의되고 있다. 현행법상 국고귀속을 원칙으로 하지만 과징금의 대상인 위법행위로 인하여 손해를 입은 은행이용자의 손해배상재원으로 사용할 수 있다면 이익환수적 제재로서의 과징금제도의 취지에 잘 부합하는 것으로 생각된다. [25-3]

제2절 행정제재에서는 은행 자체, 임원, 직원에 대한 제재로 구분하여 영업 제재, 금전 제재 그리고 신분 제재를 살펴본다. 제3절 형사제재에서는 은행과 그 임직원에 대한 형벌을 정리한다. 특히 형벌과 관련하여 은행법상 위반행위를 규정하고 있는 규정상 행위유형의 구체성과 명확성이 문제될 수 있다. 그리고 제4절 민사제재에서는 은행과 그 임직원의 손해배상책임을 설명한다. [25-4]

제2절 행정제재

Ⅰ. 의 의

[25-5] 은행법상 은행에 대한 행정제재는 은행 자체, 임원, 직원에 대한 제재로 구성된다. 임직원 제재는 재임 또는 재직 임원이나 직원 제재와 퇴임 또는 퇴직 임원이나 직원 제재로 구분된다. 현재 금융위는 개인제재에서 기관제재 특히 금전적 제재로 전환하여 규제의 실효성을 높이는 것을 기본방향으로 하고 있다. 그러나 실무가 반드시 그러한 방향으로 이루어지는지에 대해서는 논란이 있다.

[25-6] 은행법 등 개별 금융법에서 행정제재에 관한 사항을 규정하고 있어 제재의 사유와 내용, 그리고 양정에 차이가 발생하는 경우가 있다. 제재 사유는 업종별로 다를 수 있지만 양정기준이 달라야 할 이유는 생각하기 어렵다. 금융위는 검사제재규정을 제정하여 기준의 통일을 시도하고 있다. 검사제제규정은 체계상 법률로 규정하는 것이 옳을 것으로 생각된다.

Ⅱ. 기관제재 및 인적 제재

1. 은행에 대한 제재

가. 인가의 취소 등

1) 의 의

[25-7] 인가취소는 행정행위의 철회에 해당한다. 인가취소로 은행은 장래에 향하여 은행업을 경영할 수 없다. 취소 전에 이루어진 은행의 행위의 효력에 영향을 미치는 것은 아니다. 인가취소는 은행의 해산사유이므로(56조 2항, 53조, 인터넷은행법 13조 3항) 인가취소된 은행은 해산과 청산을 거쳐 소멸한다. 금융위는 은행이나 외국은행지점 등의 인가취소(53조, 60조 1항)를 하려면 청문을 해야 한다(64조 1호·2호). 청문의 절차 등에 대해서는 행정절차법을 따른다.

2) 인가취소나 영업전부 정지

(가) 의 의

[25-8] 금융위는 은행이 거짓 그 밖의 부정한 방법으로 은행업 인가를 받은 경우, 인가내용 또는 인가조건을 위반한 경우, 영업정지기간에 영업한 경우, 시정명령(53조 1항 1호)을 불이행한 경우, 그 밖의 경우로서 은행법 또는 은행법에 따른 명령이나 처분을 위반하여 예금자 또는 투자자의 이익을 크게 해칠 우려가 있는 경우, 금융위의 시정명령이나 중지명령을 불이행한 경우 등(금소 51조 1항 4호·5호; 금소령 41조 2항 1호-4호)에는 그 은행에 대하여 영업전부정지(6개월 이내)를 명하거나 은행업 인가를 취소할 수 있다(53조 2항 1호-5호, 7호). 그리고 지배구조법과 금융소비자법상 일정한 사유도 추가하고 있다. 지배구조법 [별표]

금융회사 및 임직원에 대한 조치(제34조 및 제35조 관련)의 사유에 해당하는 경우와 내부통제 기준 마련의무 위반등의 경우(금소 51조 2항 본문; 금소령 41조 3항 금소령 [별표 1])에는 영업 전부정지조치를 취할 수 있다(53조 2항 6호-8호). 인터넷은행도 동일하다(인터넷은행법 13조 2항 1호·2호, 3조 1항).

(나) 은행법 또는 은행법에 따른 명령이나 처분을 위반하여 예금자나 투자자의 이익을 크게 해칠 우려가 있는 경우

여기서 **명령이나 처분**은 시행령이나 감독규정에 한정되지 않고 금융위나 금감원이 [25-9]
은행법에 따라 하는 명령이나 처분을 모두 포함한다. **해칠 우려**만으로 충분하며 구체적인 결과발생을 요하지 않는다. **은행법 또는 은행법에 따른 명령이나 처분을 위반하여 예금자 또는 투자자의 이익을 크게 해칠 우려가 있는 경우**는 해석상으로는 다른 제재 요건에 준하는 정도의 부정성이 증명된 경우에만 이 요건에 따른 인가취소 등이 인정되어야 할 것이다. 다만 이 요건은 구체성과 명확성 그리고 예측가능성에 문제가 있어 개선이 필요하다(헌재 2001. 1. 18. 99헌바112).

(다) 6개월 이내의 영업전부 정지

영업전부는 은행업과 겸영업무, 부수업무를 포함한 해당 은행의 영업 전부를 말한다. [25-10]
은행법상 은행업에 한정되지 않는다. 6개월 이내는 제재건수별로 6개월을 한도로 한다는 것이다. 수회 부과될 경우의 총한도를 의미하는 것은 아니다.

3) 시정명령 또는 영업일부 정지

(가) 의 의

금융위는 은행이 은행법 또는 은행법에 따른 규정·명령 또는 지시를 위반하여 은행 [25-11]
의 건전한 경영을 해칠 우려가 있는 경우에는 금감원장의 건의에 따라 그 위반행위에 대한 시정명령과 영업일부정지조치(6개월 이내)를 하거나 금감원장으로 하여금 해당 위반행위중지 및 경고 등 적절한 조치를 하게 할 수 있다(53조 1항 1호·2호; 인터넷은행법 13조 1항 1호·2호). 지배구조법 [별표] 금융회사 및 임직원에 대한 조치(제34조 및 제35조 관련)의 사유에 해당하는 경우와 금융소비자법상 금융위의 시정명령 또는 중지명령을 받고 금융위가 정한 기간 내에 시정 또는 중지하지 않은 경우, 금융위의 금융상품판매제한명령 등을 불이행한 경우 등(금소 51조 1항 4호·5호; 금소령 41조 2항 1호-4호, 금소 49조 2항), 또는 은행이 금융소비자법시행령 [별표1] 금융상품판매업자등 및 그 임직원에 대한 조치 또는 조치요구 기준(제41조제3항 및 제42조제1항 관련)의 사유에 해당하는 경우(금소 51조 2항 본문; 금소령 41조 3항)에는 같은 절차를 거쳐 영업일부정지조치(6개월 이내)를 취할 수 있다.

여기서 **해당 위반행위중지 및 경고 등은 적절한 조치**를 예시한 것이다. 이러한 취 [25-12]
지에 따라 검사제재규정은 제재의 종류를 영업·업무의 일부정지, 영업점의 폐쇄, 영업점 영업 전부 또는 일부 정지, 위법·부당행위 중지, 계약이전결정, 위법내용공표 또는 게시

요구, 기관경고, 기관주의로 구체화하고 있다(검사제재규정 17조 1항 2호-9호). 다만 법률에서 명시하지 않은 종류의 제재를 하위규정에서 신설할 수 있는지에 대해서는 의문이 있다.[1] 제재내용과 절차 및 양정기준의 통일이라는 관점에서 이해할 수 있지만, 법률의 명시적인 위임이 필요한지에 대한 재검토가 필요하다. 현재의 검사제재규정은 내용이나 체계상 법률로 규정할 사항이 대부분인 것으로 생각된다.

(나) 은행법 또는 은행법에 따른 규정·명령 또는 지시를 위반하여 은행의 건전한 경영을 해칠 우려가 있다고 인정되는 경우

[25-13] 규정·명령 또는 지시는 시행령이나 규정에 한정되지 않고 금융위나 금감원이 은행법에 따라 하는 모든 명령이나 지시를 포함한다. '해칠 우려'만으로 충분하며 구체적인 결과를 요하는 것은 아니다. 해석상으로는 다른 제재 요건에 준하는 정도의 부정성이 입증된 경우에만 이 요건에 따른 영업정지 등이 인정되어야 한다. 다만 이 요건도 구체성과 명확성 그리고 예측가능성의 관점에서 개선이 필요하다(헌재 2001. 1. 18. 99헌바112).

(다) 시정명령과 강제집행

[25-14] 여기서 시정명령을 불이행할 경우 강제집행은 불가능한 것으로 해석되고 있다.[2] 시정명령을 불이행하면 인가취소나 영업전부정지조치(6개월 이내)를 취할 수 있다(53조 2항 4호).

(라) 6개월 이내 영업일부정지의 의의

[25-15] 영업의 일부정지는 은행업과 겸영업무, 부수업무를 포함한 해당 은행이 경영하는 다양한 업무 중 일부를 정지하는 것이다. 그 방법은 업무의 종류별, 지역별, 고객별 등 다양한 기준으로 범위를 한정할 수 있다고 해석할 것이다. 위법 부당한 행위가 이루어진 영업이 대상이 되는 것이 취지에 맞겠지만 그 범위는 금융위의 재량으로 결정할 사항이다. 문제를 일으킨 업무단위와 연계되는 것이 옳을 것이다.

[25-16] 특정 지점과 같은 영업소의 영업전부의 정지가 가능한가? 영업의 일부정지의 형태로 가능하다는 견해[3]가 있다. 검사제재규정은 영업점의 폐쇄, 영업점 영업의 전부 또는 일부 정지에 관한 근거를 두고 있다(17조 1항 3호). 그 법적 성질은 은행법상 영업의 일부정지로 보아야 한다. 6개월 이내의 의미는 영업전부 정지의 그것과 같다.

나. 외국은행 지점 등의 인가취소 등

1) 본점의 소멸 등

[25-17] 금융위는 외국은행 본점이 합병이나 영업양도로 소멸한 경우, 위법행위, 불건전영업행위 등 사유로 감독기관으로부터 징계를 받은 경우, 휴업하거나 영업을 중지한 경우에는

---

1) 주석은행법, 569면. 이 의문은 임원 및 직원에 대한 제재에서도 같이 제기될 수 있다.
2) 은행감독원, 269-270면.
3) 주석은행법, 566면.

그 외국은행지점 또는 대리점에 관한 은행업인가를 취소할 수 있다(60조 1항 1호-3호). 여기서 **감독기관**은 외국의 금융감독기관(16조의5 1항 2호)은 물론 우리나라는 물론 우리나라의 금융당국도 포함한다.

2) 외국은행 지점 등의 보고의무

외국은행의 지점·대리점 또는 사무소는 그 본점이 합병이나 영업양도로 인하여 소멸한 경우, 위법행위, 불건전영업행위 등 사유로 감독기관으로부터 징계를 받은 경우, 휴업하거나 영업을 중지한 경우에는 그 사유발생일로부터 7일 이내에 그 사실을 금융위에 보고해야 한다(60조 2항, 1항 1호-3호). 감독정보의 확보를 위한 것이다. [25-18]

3) 외국은행 본점의 해산 등의 경우 지점 등의 인가 자동 취소

외국은행 본점이 해산, 파산, 은행업 폐업 또는 은행업 인가취소된 경우에는 그 외국은행 지점 또는 대리점에 대한 인가(58조 1항)는 그 사유발생일에 취소된 것으로 본다(60조 3항 본문). 다만 금융위는 예금자 등 은행이용자의 이익을 보호할 필요가 있는 경우 취소일을 달리 정할 수 있다(60조 3항 단서). 2008년 글로벌 금융위기 이후 이러한 자동취소제도에 대해서 효율적이고 질서있는 국제은행정리를 위해 개선 논의가 이루어졌다. [25-19]

2. 임직원에 대한 제재

가. 재임·재직 중인 임직원

1) 재임 중인 임원

재임 중인 임원에 대한 제재는 업무정지명령, 해임권고, 경고 등이고, 주체는 금융위다. 금융위는 은행 임원이 은행법 또는 은행법에 따른 규정·명령 또는 지시를 고의로 위반하거나 은행의 건전한 운영을 크게 해치는 행위를 하는 경우에는 금감원장의 건의에 따라 해당 임원의 업무집행정지를 명하거나 주주총회에 그 임원의 해임을 권고할 수 있으며, 금감원장으로 하여금 경고 등 적절한 조치를 하게 할 수 있다(54조 1항; 인터넷은행법 14조 1항). 검사제재규정은 이를 **해임권고(해임요구, 개선(改選)요구 포함), 업무집행정지(전부 또는 일부), 문책경고, 주의적 경고, 주의**로 구분한다(18조 1항 1호-5호). 임원이 은행에서 차지하는 역할과 위상을 고려하여 은행감독기관이 직접 임원에 대한 제재를 할 수 있게 된 것이다.[4] [25-20]

검사제재규정 제18조 제1항이 특히 그 위임근거의 명확성과 관련하여 대외적으로 구속력이 있는 법규명령의 효력을 가지는지 여부에 대하여 대법원은 "관련 법령의 규정 체계와 내용, 입법 취지 등을 종합하면, 이 사건 고시 제18조 제1항은 금융위원회법의 위임에 따라 법령의 내용이 될 사항을 구체적으로 정한 것으로서 금융위원회 법령의 위임 [25-21]

4) 최동준, "문책경고제도의 운영에 대한 고찰," 금융법연구 제4권 제1호, 2007, 139면.

한계를 벗어나지 않으므로 그와 결합하여 대외적으로 구속력이 있는 법규명령의 효력을 가진다"고 판단하였다(대법원 2019. 5. 30. 선고 2018두52204 판결).

2) 재직 중인 직원

[25-22] 재직 중인 직원에 대한 제재는 면직·정직·감봉·견책 등이고 주체는 금감원장이다. 금감원장은 은행 직원이 은행법 또는 은행법에 따른 규정·명령 또는 지시를 고의로 위반하거나 은행의 건전한 운영을 크게 해치는 행위를 하는 경우 면직·정직·감봉·견책 등 적절한 문책처분을 할 것을 해당 은행의 장에게 요구할 수 있다(54조 2항; 인터넷은행법 14조 2항). 검사제재규정은 이를 당해 은행의 장에 대한 **직원 면직, 정직, 감봉, 견책 또는 주의 등의 요구**로 구분한다(19조 1항).

나. 퇴임·퇴직한 임직원

[25-23] 금융위 또는 조치를 하거나 문책처분 요구할 수 있는 금감원장은 은행의 퇴임·퇴직한 임직원이 재임·재직 중이었다면 임직원 제재조치(54조 1항·2항)를 받았을 것으로 인정되는 경우에는 그 받았을 것으로 인정되는 조치내용을 해당 은행의 장에게 통보할 수 있다(54조의2 1항; 인터넷은행법 15조 1항). 퇴임·퇴직한 임직원에 대한 제재조치권자가 금융위인지 금감원장인지에 대한 해석상 혼란[5]을 명확히 했다.

[25-24] 통보를 받은 은행의 장은 이를 퇴임·퇴직한 임직원에게 통보하고 그 내용을 기록·유지해야 한다(54조의2 2항; 인터넷은행법 15조 2항). 이는 퇴임·퇴직한 임직원이 재임·재직 중이었다면 받았을 제재를 그러한 제재조치 전에 미리 퇴임·퇴직함으로써 회피하는 것을 방지하기 위해 퇴임·퇴직한 임직원에 대하여도 제재조치를 할 수 있는 근거를 마련한 것이다(서울고법 2016. 3. 22. 선고 2015누52038 판결).

다. 문책경고의 처분성

1) 문책경고의 효과

[25-25] 문책경고는 행정처분에 해당하는가? 먼저 문책경고의 법적 효과를 살펴본다. 지배구조법은 임원결격사유로서 "이 법 또는 금융관계법령에 따라 임직원 제재조치(퇴임 또는 퇴직한 임직원의 경우 해당 조치에 상응하는 통보를 포함한다)를 받은 사람으로서 조치의 종류별로 5년을 초과하지 아니하는 범위에서 대통령령으로 정하는 기간이 지나지 아니한 사람"을 규정하고 있다(지배 5조 1항 7호). 그 기간은 임원문책경고는 경고일로부터 3년, 퇴임임원 문책경고조치상당 통보는 통보일로부터 3년이다(지배시행령 7조 2항 1호·4호).

---

5) 서울고법 2016. 3. 22. 선고 2015누52038 판결("은행법 제54조가 임원에 대하여는 금융위원회가 제재조치를 하고 직원에 대하여는 금융감독원장이 제재조치를 하는 것으로 규정하고 있다는 이유만으로 퇴직한 직원에 대하여는 피고(금감원장)가 제재조치를 할 권한이 있다고 은행법 제54조의2를 해석할 수는 없고"). 대법원 2016. 7. 14. 선고 2016두36659 판결(심리불속행 기각으로 확정). 임원에 대하여 같은 취지로 서울행법 2011. 3. 31. 선고 2009구합54499 판결.

2) 문책경고의 처분성

문책경고를 받은 자는 문책경고일로부터 3년간 은행 임원이 될 수 없으므로 문책경고는 그 상대방의 직업선택의 자유를 직접 제한하는 효과를 발생하게 하는 등 상대방의 권리의무에 직접 영향을 미치는 행위로서 행정처분에 해당한다(대법원 2005. 2. 17. 선고 2003두14765 판결). [25-26]

라. 퇴임·퇴직자 조치내용 통보의 처분성

1) 퇴임·퇴직자 조치내용 통보의 처분성

(가) 업무집행 전부정지 3개월 상당 통보

금감원장이 은행장으로 근무하다가 퇴임한 원고의 재임 중 위법·부당행위를 이유로 재임 중이었다면 업무집행 전부정지 3개월에 해당하는 조치를 받았을 것이라는 내용을 은행에 통보한 통보조치(54조의2 1항)가 행정처분에 해당하는가? 여전법상 임원결격사유에 해당함으로써 직접적으로 취업제한의 불이익을 입게 되어 직업선택의 자유를 제한받게 되므로 행정처분에 해당한다(대법원 2013. 2. 14. 선고 2012두3774 판결).[6] [25-27]

(나) 문책경고 상당 통보

금감원장이 금융회사 전 대표이사에게 재직 중 위법·부당행위 사례를 첨부하여 금융관련법규를 위반하고 신용질서를 심히 문란하게 한 사실이 있다는 '문책경고장(상당)'을 보낸 행위가 행정처분에 해당하는가? [25-28]

법원은 이 통보는 법적근거에 따른 것이 아니고, 금감원 검사결과 인정된 위법·부당행위 사례에 관한 단순한 사실의 통지에 불과하여 위 통보행위로 퇴직 후의 원고의 권리의무에 직접적 변동을 초래하는 법률상의 효과가 발생한다고 할 수 없으므로, 행정처분에 해당하지 않는다고 판단하였다(대법원 2005. 2. 17. 선고 2003두10312 판결).[7] 현행 지배구조법과는 법률 자체가 다른 내용으로 되어 있던 때의 판단이다. [25-29]

(다) 주의적 경고 상당 통보

주의적 경고는 "은행법 제54조 등에 근거하여 문책경고사유에는 해당되나 정상참작사유가 있거나 위법·부당행위 정도가 가벼운 경우에 취해지는 조치이고, 주의적 경고 상당은 은행법 제54조의2에 근거하여 제재 당시 퇴임한 임원 또는 퇴직한 직원에 대하여 위반자가 재임 또는 재직 중이었더라면 받았을 조치(주의적 경고)를 통보하고 해당 금융기관으로 하여금 이를 인사기록부에 기록하고 관리하도록 하는 조치"(서울행법 2012. 6. 28. 선고 2012구합5251 판결)이다. 법원은 임원결격사유에 해당되지 않는 점을 근거로 행정처분에 해당하지 않는다고 판단했다(서울고법 2012. 11. 29. 선고 2012누21538 판결(확정); 서울행법 2013. 7. 25. 선고 2013구합2204 판결(확정)). [25-30]

---

6) 원심은 서울고법 2012. 1. 10. 선고 2011누15222 판결.
7) 원심은 서울고법 2003. 8. 19. 선고 2002누12061 판결.

2) 퇴임·퇴직자 조치내용 통보의 소급적용은 불가

[25-31] 퇴임 후 은행법 개정으로 퇴임임원에 대한 제재조치가 신설된 상황에서 제재규정의 소급적용 여부가 문제되었다. 법원은 2008.3.14. 신설된 구 은행법 제54조의2에 따른 통보조치는 행정법규불소급의 원칙에 위배되고 소급적용을 정당화할 공익상 필요도 없는 점을 이유로 이를 취소하였다(대법원 2013. 2. 14. 선고 2012두3774 판결; 서울고법 2012. 1. 10. 선고 2011누15222 판결).

Ⅲ. 과징금

1. 의 의

[25-32] 은행법은 은행이나 대주주의 위반행위에 대하여 과징금을 규정하고 있다. 은행법상 과징금에 대해서는 규정상 고의나 중과실을 요건으로 하고 있지 않은 것에 대한 논의가 있다.[8] 그러나 행정법규 위반에 대한 제재처분은 행정목적의 달성을 위하여 행정법규 위반이라는 객관적 사실에 착안하여 가하는 제재이므로, 특별한 사정이 없는 한 위반자에게 고의나 과실이 없더라도 부과할 수 있다(대법원 2014. 10. 15. 선고 2013두5005 판결 등). 다만 양정기준에서는 차이를 둘 수 있다. 특히 필요한 경우에는 자본시장법상 대주주와의 거래제한위반 등이나 공시규제위반, 공매도규제위반 등에 따른 과징금부과와 같이 부과대상자에게 각 해당 규정의 위반행위에 대하여 고의 또는 중대한 과실이 있는 경우에 한한다(자본 430조 1항, 428조, 429조(4항 제외) 및 429조의3 1항 2호)는 특칙을 둔다.

2. 과징금의 부과

가. 의 의

[25-33] 금융규제에서 과징금제도는 법령위반행위를 억제하고 규제의 실효성을 확보하기 위한 것이다. 은행법상 과징금제도는 제재로서의 성격을 갖지만, 이익 환수의 의미도 함께 가진다. 은행법상 과징금 기준은 일정한 산식에 따라 산정하지만, 경우에 따라서는 실제 취득한 경제적 이익에 못 미치는 경우도 있을 수 있고, 그 반대의 경우도 발생할 수 있다. 이러한 기준설정의 배경에는 과징금을 형벌과 병과하면 헌법상 금지되는 이중처벌에 해당할 수 있다는 우려에서 과징금제도가 이득을 박탈하는 기능에 한정되는 형태로 도입되었다는 경위가 있다.[9] 2017.4. 개정 은행법은 과징금 부과한도를 인상하였다(65조의3).

---

8) 이병화, 386면.

9) 杉村和俊, 「金融規制における課徴金制度の抑止効果と法的課題」, 『金融研究』 第34巻第3号, 2015, 143-180면.

나. 부과기준

1) 의 의

금융위는 은행이나 대주주가 신용공여한도, 지분증권 투자한도, 부동산소유한도 등에 위반한 경우 과징금을 부과할 수 있다(65조의3, 35조, 35조의2, 35조의3, 37조, 38조 또는 62조, 35조의4). 과징금 부과기준은 위반금액의 5·30·100%를 한도로(65조의3 1호-18호), 위반행위의 내용 및 정도, 기간 및 횟수, 위반행위로 인하여 취득한 이익 규모를 고려해 산정한다(65조의4 1항). [25-34]

금융위는 인터넷전문은행이나 그 대주주가 신용공여 및 그 한도, 지분증권 투자한도, 부당한 영향력 행사 금지 등에 위반한 경우 과징금 부과기준은 위반금액의 5·30·100%를 한도로 과징금을 부과할 수 있다(인터넷은행법 20조 1호-8호, 6조-10조, 은행 3조 1항, 65조의4 1항). [25-35]

금융위는 과징금을 부과할 때 그 위반행위의 종류와 해당 과징금의 금액을 구체적으로 밝혀 과징금을 낼 것을 서면으로 통지해야 한다(령 26조의3 1항). 위 통지를 받은 자는 통지받은 날부터 60일 이내에 금융위가 정하는 수납기관에 과징금을 내야 한다(령 26조의3 2항). [25-36]

2) 과징금 성질과 비례의 원칙

공정거래법상 과징금에 대하여 제재적 성격을 갖지만 기본적으로 위반행위로 얻은 불법적인 경제적 이익을 박탈하기 위해 부과되는 것이므로, 과징금 액수는 위법성의 정도뿐만 아니라 그로 인한 이득액의 규모와도 상호 균형을 이룰 것이 요구되고, 이러한 균형을 상실할 경우에는 비례의 원칙에 위배되어 재량권의 일탈·남용에 해당할 수 있다고 한다(대법원 2001. 2. 9. 선고 2000두6206 판결; 대법원 2010. 1. 14. 선고 2009두11843 판결). 공정거래법상 사원판매행위에 대한 과징금 액수가 법정상한을 초과하지 않아도 그로 인한 이익 규모를 크게 초과하여 그 매출액에 육박하게 된 경우, 불법적인 경제적 이익의 박탈이라는 과징금 부과의 기본적 성격과 그 사원판매행위의 위법성의 정도에 비추어 볼 때 그 과징금 부과처분은 비례의 원칙에 위배된 재량권의 일탈·남용에 해당한다고 한다(대법원 2001. 2. 9. 선고 2000두6206 판결). 은행법상 과징금에서도 고려할 사항이다. [25-37]

과징금 부과기준은 위반금액의 5·30·100%를 한도로(65조의3 1호-18호) 한다. 현재 실무는 위반행위로 인하여 취득한 부당이득액을 합리적으로 산정할 수 있고 그 부당이득액이 기본과징금보다 큰 경우에는 그 초과차액만큼 가중할 수 있다(검사제재규정 〈별표2〉 과징금 부과기준 5.나(4)). [25-38]

다. 의견제출과 이의신청

금융위는 과징금 부과 전에 미리 당사자 또는 이해관계인 등에게 의견제출기회를 주어야 한다(65조의5 1항). 과징금 부과의 당사자 또는 이해관계인 등은 금융위 회의에 출석하여 의견을 진술하거나 필요한 자료를 제출할 수 있다(65조의5 2항). [25-39]

[25-40] 과징금 부과처분에 불복하는 자는 그 처분을 고지받은 날부터 30일 이내에 사유를 갖추어 금융위에 이의신청할 수 있다(65조의6 1항). 금융위는 이의신청에 대해 30일 이내에 결정해야 한다(65조의6 2항 본문). 다만, 부득이한 사정으로 그 기간에 결정할 수 없는 경우에는 30일의 범위에서 기간을 연장할 수 있다(65조의6 1항 단서). 이에 불복하는 자는 행정심판을 청구할 수 있다(65조의6 3항).

라. 납부기한연장 및 분할납부

[25-41] 금융위는 과징금납부의무자에 대하여 재해 등으로 재산에 현저한 손실을 입은 경우, 사업 여건의 악화로 사업이 중대한 위기에 처한 경우, 과징금을 한꺼번에 내면 자금 사정에 현저한 어려움이 예상되는 경우 등의 사유로 과징금 전액을 한꺼번에 내기 어렵다고 인정될 때에는 그 납부기한을 연기하거나 분할 납부하게 할 수 있다(65조의7 1항 전단, 행정기본법 29조 단서). 필요하면 담보를 제공하게 할 수 있다(65조의7 1항 후단).

[25-42] 과징금납부의무자는 과징금납부기한을 연기(기한의 다음 날부터 1년 이내)받거나 분할납부(6개월 간격 3회 이내)를 하려는 경우에는 그 납부기한의 10일 전까지 금융위에 신청해야 한다(65조의7 2항; 령 26조의4 1항·2항). 금융위는 납부기한이 연기되거나 분할납부가 허용된 납부의무자가 분할납부하기로 한 과징금을 그 납부기한까지 내지 않은 경우, 담보제공요구에 따르지 않거나 제공된 담보가치를 훼손하는 행위를 한 경우, 강제집행, 경매의 개시, 파산선고, 법인의 해산, 국세 강제징수 또는 지방세 체납처분 등의 사유로 과징금의 전부 또는 나머지를 징수할 수 없다고 인정되는 경우, 납부기한연기 및 분할납부사유(행정기본법」 29조 1호-4호)가 해소되어 과징금을 한꺼번에 납부할 수 있다고 인정되는 경우 등에는 그 납부기한연기 또는 분할납부 결정을 취소하고 과징금을 일시에 징수할 수 있다(65조의7 3항).

3. 과징금의 징수

가. 과징금의 징수

[25-43] 금융위는 과징금납부의무자가 납부기한까지 과징금을 미납하면 체납일부터 납부일 전일까지 체납과징금에 연 6%의 가산금을 부과한다(65조의8 1항 전단; 령 26조의5). 가산금 상한규정이 없어 가산금 부담이 과도해지는 경우가 있다. 이에 60개월 상한을 두고 있는 자본시장법 등 다른 법률에 맞추어 과징금에 대한 가산금 징수기간이 60개월을 넘지 않도록 상한을 두었다(65조의8 1항 후단, 자본시행령 382조).

[25-44] 금융위는 과징금납부의무자가 기한까지 과징금을 미납하면 기간을 정하여 독촉하고, 지정 기간 이내에 과징금과 가산금을 미납하면 국세체납처분의 예에 따라 징수할 수 있다(65조의8 2항; 령 26조의6). 금융위는 과징금 및 가산금의 징수 또는 체납처분에 관한 업무를 국세청장에게 위탁할 수 있다(65조의8 3항; 령 26조의7).

나. 이행강제금

금융위는 주식처분명령(16조 3항·16조의2 5항·16조의3 5항·16조의4 5항 또는 53조의2 2항)을 받은 자가 그 처분기간 이내에 명령을 이행하지 않으면 이행기한이 지난 날부터 1일당 처분대상 주식의 장부가액에 0.03%를 곱한 금액을 초과하지 않는 범위에서 이행강제금을 부과할 수 있다(65조의9 1항). [25-45]

이행강제금은 주식처분명령에서 정한 이행기간종료일 다음 날부터 주식처분을 이행하는 날(주권지급일)까지의 기간에 대해 부과한다(65조의9 2항). 주권지급일은 결제일을 말한다. 장내거래는 취지상 매매체결일로 하는 것이 옳을 것이다. 금융위는 주식처분명령을 받은 자가 그 명령에서 정한 이행기간종료일부터 90일이 지난 후에도 그 명령을 불이행하면 종료일부터 매 90일이 지나는 날을 기준으로 이행강제금을 징수한다(65조의9 3항). 이행기간종료일부터 3개월 단위로 이행강제금을 부과한다는 뜻이다. [25-46]

이행강제금의 부과 및 징수에 관하여는 과징금의 부과 및 징수에 관한 규정(65조의4-65조의8)을 준용한다(65조의9 4항). [25-47]

다. 과오납금의 환급

금융위는 과징금납부의무자가 이의신청 재결 또는 법원 판결 등의 사유로 과징금 과오납금의 환급을 청구하는 경우에는 지체 없이 환급해야 하며, 과징금납무의무자의 청구가 없어도 금융위가 확인한 과오납금은 환급해야 한다(65조의10 1항). 금융위가 과징금을 환급하는 경우에는 과징금납부일부터 환급일까지의 기간에 대하여 국세기본법상 기본이자율(국세기본법 시행령 43조의3 2항 본문)을 적용하여 환급가산금을 환급받을 자에게 지급해야 한다(65조의10 2항; 령 27조; 규정 84조의4). [25-48]

라. 결손처분

금융위는 과징금납무의무자에게 체납처분이 끝나고 체납액에 충당된 배분금액이 체납액에 미치지 못하는 경우, 징수금 등의 징수권에 대한 소멸시효가 완성된 경우, 체납자 행방이 불분명하거나 재산이 없다는 것이 판명된 경우, 체납처분 목적물인 총재산의 추산가액이 체납처분 비용에 충당하면 남을 여지가 없음이 확인된 경우, 체납처분의 목적물인 총재산이 징수금 등보다 우선하는 국세, 지방세, 전세권·질권 또는 저당권으로 담보된 채권 등의 변제에 충당하면 남을 여지가 없음이 확인된 경우 등에는 결손처분을 할 수 있다(65조의11 1호-6호; 령 28). [25-49]

Ⅳ. 과태료

은행법은 일정한 은행법 위반행위에 대하여 그 정도에 따라 1억원 이하, 5천만원 이하, 3천만원 이하의 과태료를 부과한다(69조 1항-3항). 은행이 금리인하요구권을 알리지 [25-50]

않은 경우나 은행의 임원등 또는 직원의 일정한 위반행위에 대해서는 2천만원 이하의 과태료를 부과한다(69조 4항·5항). 인터넷전문은행의 경우 자료 제출 요구에 따르지 않거나 검사를 거부·방해 또는 기피한 자에게는 1억원 이하의 과태료를 부과한다(인터넷은행법 23조 1항 1호·2호, 11조·12조 1항). 과태료는 금융위가 부과·징수한다(69조 5항; 인터넷은행법 23조 2항). 이와 관련하여 과태료의 면제가 가능한지 여부에 대한 논의가 있을 수 있다.

제3절 형사제재

Ⅰ. 서 언

은행법은 일정한 위반행위에 대해서는 형벌을 규정하고 있다. 위반행위의 정도에 비례하여 5년 이하의 징역 또는 2억원 이하의 벌금, 3년 이하의 징역 또는 1억원 이하의 벌금, 1년 이하의 징역 또는 3천만원 이하의 벌금, 3천만원 이하의 벌금으로 구분하여 규정하고 있다. 특경가법도 은행 임직원이 그 직무에 관하여 금품이나 그 밖의 이익을 받는 등의 행위를 엄격하게 처벌하고 있다(5조-9조). 이하 은행법상 규정만 살펴본다. [25-51]

Ⅱ. 위반행위와 형벌

1. 제1유형 : 10년 이하의 징역 또는 5억원 이하의 벌금

은행임직원의 비공개정보누설 등 금지위반자(21조의2), 대주주에 대한 한도위반 신용공여·무상양도자와 그로부터 신용공여·무상양도를 받은 대주주 또는 자산을 매매·교환한 당사자(35조의2 1항-3항, 7항·8항), 대주주 발행 지분증권의 한도위반취득자(35조의3 1항), 대주주의 부당한 영향력 행사 금지위반자(35조의4)는 10년 이하의 징역 또는 5억원 이하의 벌금에 처한다(66조 1항 1호-4호). [25-52]

인터넷은행법도 대주주에게 신용공여를 하거나 대주주와 거래를 한 자 및 그로부터 신용공여를 받거나 그와 거래를 한 대주주, 한도위반하여 대주주가 발행한 지분증권을 취득한 자, 부당한 영향력을 행사한 대주주에 대해 같은 취지의 규정을 두고 있다(인터넷은행법 21조 1항 1호-3호, 8조, 9조 1항, 10조). [25-53]

2. 제2유형 : 5년 이하의 징역 또는 2억원 이하의 벌금

무인가로 은행업을 경영한 자는 5년 이하의 징역 또는 2억원 이하의 벌금에 처한다(66조 2항, 8조). 처벌사례도 있다(대법원 2016. 10. 27. 선고 2016도9654 판결). [25-54]

3. 제3유형 : 3년 이하의 징역 또는 1억원 이하의 벌금

미승인 자본금감소(10조 1항), 신용공여규제(35조 1항·3항·4항) 위반, 다른 회사 등에 대한 출자제한 등 위반(37조 1항·3항, 6항-8항)에 대해서는 3년 이하의 징역 또는 1억원 이하의 벌금에 처한다(67조 1호-3호). 인터넷은행법상 한도위반 신용공여자도 같다(인터넷은행법 21조 2항, 7조 1항·2항). [25-55]

4. 제4유형 : 1년 이하의 징역 또는 3천만원 이하의 벌금

은행의 임원등이나 그 직원이 최저자본금유지의무(9조)에 위반한 경우, 당좌예금은 상업금융업무를 운영하는 은행만이 취급할 수 있게 한 규정(32조)에 위반한 경우, 금융채의 발행방법(33조)을 위반하여 채권을 발행한 경우, 위험투자 등의 금지(38조)를 위반한 경우, [25-56]

이익준비금 적립의무(40조)에 위반한 경우, 합병·해산·폐업의 인가(55조 1항)를 받지 않고 해당 행위를 한 경우, 외국은행의 은행업 폐쇄인가(58조 1항)를 위반한 경우 외국은행 국내 지점 등의 국내자본보유의무와 청산등의 경우 내국채권자우선변제의무(62조 1항·2항)를 위반한 경우에는 1년 이하의 징역 또는 3천만원 이하의 벌금에 처한다(68조 1항). 은행의 임원등은 은행의 임원, 지배인, 대리점주 또는 청산인, 대리점주가 법인인 경우에는 그 업무를 집행하는 사원, 임원, 지배인, 그 밖의 법인의 대표자를 말한다. 인터넷전문은행에서 법인에 대한 신용공여를 한 자도 같다(인터넷은행법 21조 3항, 6조).

5. 제5유형 : 3천만원 이하의 벌금

[25-57] 과거 은행법상 광고규제(52조의3 1항·2항)를 위반한 은행을 3천만원 이하의 벌금에 처하는 규정은 금융소비자법으로 이관되어 동법의 시행과 함께 삭제되었다(68조 2항). 금융소비자법은 광고규제위반에 대해 과태료(69조 1항 5호, 6호 라목, 22조 1항·3항·4항)와 과징금(57조 1항 4호, 22조 3항·4항)을 부과한다. 다만, 업무를 대리하거나 중개하게 한 금융상품판매대리·중개업자로서 그 위반행위를 방지하기 위해 해당 업무에 관하여 적절한 주의와 감독을 게을리하지 않은 자는 제외한다(금소 22조 4항 단서).

Ⅲ. 양벌규정

1. 의 의

[25-58] 법인 대표자나 법인 또는 개인의 대리인, 사용인 그 밖의 종업원이 그 법인 또는 개인의 업무에 관하여 위 제1유형부터 제4유형까지의 위반행위(66조-68조)를 하면 그 행위자를 벌하는 외에 법인 또는 개인에게도 해당 조문의 벌금형을 과한다(68조의2 본문). 그 취지는 "법인 등 업무주의 처벌을 통한 벌칙조항의 실효성 확보"이므로, 법인의 사용인에는 '법인과 정식 고용계약이 체결되어 근무하는 자'뿐만 아니라 '그 법인의 업무를 직접 또는 간접으로 수행하면서 법인의 통제·감독하에 있는 자'도 포함된다(대법원 2006. 2. 24. 선고 2003도4966 판결; 대법원 2009. 4. 23. 선고 2008도11921 판결; 대법원 2012. 5. 9. 선고 2011도11264 판결 등). 인터넷전문은행법도 같다(22조).

2. 상당한 주의 또는 관리·감독 의무를 게을리한 경우

[25-59] 법인 또는 개인이 그 위반행위를 방지하기 위해 해당 업무에 관하여 상당한 주의와 감독을 게을리하지 않은 경우에는 양벌규정을 적용하지 않는다(68조의2 단서; 인터넷은행법 22조). 법인 또는 개인은 위반행위가 발생한 그 업무와 관련하여 상당한 주의 또는 관리·감독 의무를 게을리한 과실로 인하여 처벌되는 것이다.

[25-60] 구체적인 사안에서 법인이 상당한 주의 또는 감독을 게을리하였는지 여부는 "당해 위반행위와 관련된 모든 사정 즉, 당해 법률의 입법 취지, 처벌조항 위반으로 예상되는 법익 침해의 정도, 위반행위에 관하여 양벌규정을 마련한 취지 등은 물론 위반행위의 구

체적인 모습과 그로 인하여 실제 야기된 피해 또는 결과의 정도, 법인의 영업 규모 및 행위자에 대한 감독가능성이나 구체적인 지휘·감독 관계, 법인이 위반행위 방지를 위해 실제 행한 조치 등"을 전체적으로 종합하여 판단한다(대법원 2010. 4. 15. 선고 2009도9624 판결; 대법원 2010. 12. 9. 선고 2010도12069 판결; 대법원 2012. 5. 9. 선고 2011도11264 판결 등).

3. 합병에 의한 승계

회사합병이 있는 경우 피합병회사의 사법 및 공법상 권리·의무는 합병 후 존속하는 회사에 승계되는 것이 원칙이지만, 성질상 이전을 허용하지 않는 것은 승계 대상에서 제외된다. [25-61]

법원은 "양벌규정에 의한 법인의 처벌은 형벌의 일종으로서 행정적 제재나 민사상 불법행위책임과는 성격을 달리하는 점, 형사소송법 제328조가 '피고인인 법인이 존속하지 아니하게 되었을 때'를 공소기각결정의 사유로 규정하고 있는 것은 형사책임이 승계되지 않음을 전제로 한 것이라고 볼 수 있는 점 등에 비추어 보면, 법인이 형사처벌을 면탈하기 위한 방편으로 합병제도 등을 남용하는 경우 이를 처벌하거나 형사책임을 승계시킬 수 있는 근거규정을 특별히 두고 있지 않은 현행법하에서는 합병으로 소멸한 법인이 그 종업원 등의 위법행위에 대해 양벌규정에 따라 부담하던 형사책임은 그 성질상 이전을 허용하지 않는 것으로서 합병으로 인하여 존속하는 법인에 승계되지 않는다"(대법원 2009. 12. 24. 선고 2008도7012 판결; 대법원 2015. 12. 24. 선고 2015도13946 판결 등)고 본다. [25-62]

제4절 민사제재

[25-63] 자본시장법과 달리 은행법은 은행법 위반행위에 대한 손해배상책임을 따로 규정하고 있지 않다. 은행법은 대부분 은행을 수범자로 하는 규정으로서 제3자에게 직접적으로 영향을 미치는 경우가 드물기 때문이다. 그러나 은행법 위반으로 손해를 입은 자는 은행에 대하여 민법상 불법행위에 따른 손해배상책임을 물을 수 있다.

◇ 판례색인 ◇

[헌법재판소]

[대법원]

[고등법원]

[지방법원]

◇ 사항색인 ◇

[국문 색인]

(가)

(나)

(다)

(라)

(마)

(바)

(사)

(아)

(자)

(차)

[기타 색인]

(숫자)

(A)

(B)

(C)

(D)

(E)

(F)

(G)

(I)

(L)

(N)

(O)

(P)

(R)

(S)

(T)

〈저자약력〉

정 순 섭

1987 서울대학교 사법학과 졸업
2002 호주 멜버른대학교 (PhD)

현) 서울대학교 법학전문대학원 교수
현) 금융연구포럼 회장
전) 금융위원회 비상임위원
전) 은행법학회·금융정보학회·금융소비자학회장

〈주요저서〉

금융법(홍문사, 2023)
신탁법(지원출판사, 2021)
자본시장법(박영사, 2023 공저)
자본시장법 기본판례(소화, 2021 공저)

은행법 제2판

2024년 9월 3일 초판발행

저 자 정순섭
발행인 정종률
발행처 知元出版社
서울시 용산구 원효로1가 30-1 프린팅하우스 1층
(휴대폰) 010-6220-5962
(전 화) (02) 702-5962
(F A X) (02) 998-5962
E-mail : jungjjy@hanmail.net
홈페이지 : www.jwb.or.kr

ISBN 979-11-89425-15-9
ISBN 978-89-962777-7-4 (세트)

정가 60,000원

독자 여러분의 소중한 원고 투고를 기다리고 있습니다.
소중한 아이디어와 함께 간단한 개요와 연락처를 보내주시면 감사하겠습니다.